V&R

Kritisch-exegetischer Kommentar
über das Neue Testament

Begründet von
Heinrich August Wilhelm Meyer
herausgegeben von
Dietrich-Alex Koch

Band 5
Der erste Brief an die Korinther

Vandenhoeck & Ruprecht

Der erste Brief an die Korinther

übersetzt und erklärt
von
Dieter Zeller

1. Auflage dieser Auslegung

Vandenhoeck & Ruprecht

Bibliografische Information der Deutschen Nationalbibliothek

Die Deutsche Nationalbibliothek verzeichnet diese Publikation in der Deutschen Nationalbibliografie; detaillierte bibliografische Daten sind im Internet über http://dnb.d-nb.de abrufbar.

ISBN 978-3-525-51534-1

© 2010, Vandenhoeck & Ruprecht GmbH & Co. KG, Göttingen / www.v-r.de
Alle Rechte vorbehalten. Das Werk und seine Teile sind urheberrechtlich geschützt. Jede Verwendung in anderen als den gesetzlich zugelassenen Fällen bedarf der vorherigen schriftlichen Einwilligung des Verlages. Hinweis zu § 52a UrhG: Weder das Werk noch seine Teile dürfen ohne vorherige schriftliche Einwilligung des Verlages öffentlich zugänglich gemacht werden. Dies gilt auch bei einer entsprechenden Nutzung für Lehr- und Unterrichtszwecke
Printed in Germany.
Satz: Dörlemann Satz, Lemförde
Druck und Bindung: ⊕ Hubert & Co, Göttingen

Gedruckt auf alterungsbeständigem Papier

Vorwort

Nur „mit Furcht und Zittern" (1Kor 2,3) habe ich angesichts der großen Vorgänger die Bearbeitung des 1. Korintherbriefes in dieser Reihe übernommen. Ich hatte ja Exegese des Neuen Testaments zunächst innerhalb der katholischen Theologie betrieben und mich 1984 der Religionswissenschaft, genauer dem jüdisch-hellenistischen Umfeld des Neuen Testaments, zugewandt. Allein der Umstand, dass diese Kommentarreihe, spätestens seit C.F.G. Heinrici, immer schon ein besonderes Augenmerk auf den religionsgeschichtlichen Hintergrund des Briefes richtete, ermutigte mich, das freundliche Angebot des Herausgebers, Prof. Dr. D.-A. Koch, vor über 10 Jahren anzunehmen. Um dieser Ausrichtung unter den heutigen Voraussetzungen gerecht zu werden, mussten die Vergleichstexte, die der Kommentar von H. Conzelmann noch in der Originalsprache bietet, übersetzt werden, wobei entscheidende Begriffe originalsprachlich in Klammern stehen. Allerdings waren die Belege kritisch zu sichten und auf repräsentative Stellen einzuschränken; gleichzeitig sollte ihr literarischer und geschichtlicher Kontext wenigstens angedeutet werden. Die Suche nach analogen Motiven in der Religionsgeschichte sowie die traditionsgeschichtliche Beleuchtung sollten sich mit den philologischen Mitteln der Textanalyse verbinden, um die theologische Aussage des Paulus herauszuarbeiten, die vor diesem Hintergrund besser verstehbar wird oder Profil gewinnt. Wie diese Aussage heute zu aktualisieren oder zu bewerten ist, muss ich dagegen weithin dem Leser überlassen. Als Anregung dazu zitiere ich gelegentlich am Ende von Abschnitten exemplarisch Stimmen von Theologen und Theologinnen. Allerdings sind die Meinungen oft kontrovers.

Mein Dank gilt dem Herausgeber der Reihe, Prof. Dr. D.-A. Koch. Er hat mir nicht nur vertrauensvoll die Kommentierung übertragen, sondern auch aufmerksam einen Entwurf gelesen. Zu danken habe ich ferner dem Verlag, besonders Herrn Jörg Persch und Frau Tina Grummel, für die freundliche Betreuung des Bandes. In den Anfängen verdanke ich viel meinen wissenschaftlichen Mitarbeitern an der Johannes Gutenberg-Universität Mainz; nach meiner Pensionierung 2004 hat sich vor allem Frau Dr. Anemone Zschätzsch um die Beseitigung von Fehlern verdient gemacht. Kollege Paul Hoffmann, Bamberg, hat mir freundlicherweise mehrere Ordner mit Sonderdrucken und Fotokopien überlassen.

Wiesbaden, im August 2009   Dieter Zeller

Inhalt

Literaturverzeichnis 11
   1. Textausgaben und Hilfsmittel 11
   2. Kommentare zum ersten Korintherbrief 13
   3. Monographien, Sammelbände und Aufsätze 14

Abkürzungen und Zitierweise 28

Einleitung 29
   1. Die römische Stadt Korinth 29
      a) Lage, Geschichte 29
      b) Anlage, Kulte 32
   2. Die Gemeinde in Korinth 33
      a) Die Entstehung der Gemeinde 33
      b) Die Zusammensetzung der Gemeinde 36
      c) Gruppierungen und Konflikte 39
   3. Die Situation des Autors 45
   4. Der Aufbau des Briefes 48
   5. Epistolare und rhetorische Gesichtspunkte 49
   6. Literarkritik 52
      a) Forschungsgeschichte 53
      b) Indizien für die Einheit 54
      c) Doch noch Reste des Vorbriefs? 56
   7. Kanon- und Wirkungsgeschichte 58
      a) Sammlung der Paulusbriefe, „Apostolische Väter" 59
      b) Die Gnosis 60
      c) Apologeten, antignostische Schriftsteller des 2./3. Jh. n. Chr. . . . 61
      d) Auslegung in Predigt und Kommentar 62
   8. Theologische Bedeutung 64
   9. Zu Text und Übersetzung 66

Auslegung

I. *Die Brieferöffnung*

1. 1,1-3 Das Präskript 69
2. 1,4-9 Die Danksagung 78

II. Das Briefkorpus

A. *1,10–4,21 Gegen Spaltungen auf Grund von weltlicher Weisheit* 85
   1. 1,10–17 Exposition 86/87
   2. 1,18–2,5 Das Kreuzesereignis lässt sich nicht in weiser Rede vermitteln 104
      a) 1,18–25 Die Torheit des Kreuzes als Gottes Kraft und Weisheit . 104
      b) 1,26–31 Beweis aus der sozialen Struktur der Gemeinde 116
      c) 2,1–5 Beweis aus der Erstpredigt des Apostels 122
   3. 2,6–16 Die den Reifen vorbehaltene Weisheit 129
   4. 3,1–4 Rechtfertigung und Kritik 150
   5. 3,5–4,5 Die Rolle der Verkünder wird geklärt 155
      a) 3,5–17 Pflanzung und Bau als Illustration 155
      b) 3,18–23 Gegen weltliche Weisheit und Ruhm auf Grund von Menschen 169
      c) 4,1–5 Als Verwalter der Geheimnisse Gottes schuldet Paulus nur dem Herrn Rechenschaft 173
   6. 4,6–21 Schlussteil 178
      a) 4,6–13 Die Apostel als Gegenbild zu den Aufgeblasenen . . . 178
      b) 4,14–21 Schlussappell mit stützenden Ankündigungen 190

B. *5,1–6,20 Gegen sexuelles und soziales Fehlverhalten* 196
   1. 5,1–13 Trennung vom Unzüchtigen 197
   2. 6,1–11 Heidnische Gerichte und Unrecht überhaupt meiden . . . 209
   3. 6,12–20 Der Leib ist nicht für die Unzucht, sondern für den Herrn da 220

C. *7,1–40 Über Ehe und Ehelosigkeit* 234
   1. 7,1–24 Eheprobleme 236
      a) 7,1–7 Grundsätzliches zum ehelichen Leben 236
      b) 7,8–16 Einzelfragen zu Ehelosigkeit und Scheidung 241
      c) 7,17–24 Verallgemeinerung: In der Berufung bleiben 249
   2. 7,25–40 Ratschläge für „Jungfrauen" und Witwen 257
      a) 7,25–35 Vorzüge der Jungfräulichkeit 257
      b) 7,36–38 Konkretisierung: Umgang mit der anvertrauten Jungfrau 271
      c) 7,39f Weisung für Witwen 275

D. *8,1–11,1 Über das Essen von Götzenopferfleisch* 279
   1. 8,1–13 Trotz Erkenntnis – Rücksicht auf das schwache Gewissen . . 283
   2. 9,1–27 Freiheit im Verzicht auf Rechte – das Beispiel des Apostels . 298
      a) 9,1–18 Paulus verteidigt seine Freiheit durch die Analogie des Verzichts auf Unterhalt 300
      b) 9,19–27 Ausweitung und Applikation des Beispiels 315
   3. 10,1–22 Den Götzendienst meiden 324
      a) 10,1–13 Das abschreckende Beispiel der Väter 324

		b) 10,14–22 Eucharistische Teilhabe an Christus schließt Teilnahme an Opfermählern aus	336
	4.	10,23–11,1 Freiheit praktizieren, ohne Anstoß zu geben	343
E.	*11,2–34 Regelungen für den Gottesdienst*	350
	1.	11,2–16 Die Verhüllung der Frau	350
	2.	11,17–34 Missstände beim Herrenmahl	364
F.	*12,1–14,40 Über die geistlichen Gaben*	381
	1.	12,1–30 Vielfalt und Zusammenwirken der Gnadengaben	384
		a) 12,1–3 Themenangabe und Präambel	385
		b) 12,4–11 *Eine* Wirkursache hinter den verschiedenen Gnadengaben .	389
		c) 12,12–31a Bezug der Vielheit auf das Ganze, erläutert am Bild des Leibes	394
	2.	12,31b–13,13 Die Liebe als alle Charismen übertreffender Weg	405
		a) 13,1–3 Ohne Liebe sind die Charismen wertlos	407
		b) 13,4–7 Die charakteristischen Verhaltensweisen der Liebe	411
		c) 13,8–13 Die Unvergänglichkeit der Liebe	414
	3.	14,1–40 Prophetie und Glossolalie im Dienst der Erbauung der Gemeinde	421
		a) 14,1–25 Der Vorrang der Prophetie	421
		b) 14,26–40 Anweisungen für den geordneten Vollzug in der Gemeindeversammlung	438
G.	*15,1–58 Gegen die Leugner der Auferstehung*	454
	1.	15,1–11 Erinnerung an die Tradition von der Auferweckung Christi als Basis	459
	2.	15,12–34 Die These V. 12b wird *ad absurdum* geführt, aber auch positiv überwunden	476
		a) 15,12–19 Negative Folgen der Bestreitung einer Auferstehung . .	476
		b) 15,20–28 Die Auferstehung aller als Folge der Auferweckung Christi	484
		c) 15,29–34 Weitere Gegenargumente aus der Erfahrung, Warnungen	498
	3.	15,35–58 Wie die Toten auferweckt werden	504
		a) 15,35–49 Leiblichkeit – jedoch pneumatischer Art	505
		b) 15,50–58 Notwendigkeit der Verwandlung, paränetische Folgerung	517
H.	*16,1–12 Verschiedene Projekte*	530
	1.	16,1–4 Über die Sammlung	530
	2.	16,5–9 Reisepläne	534
	3.	16,10f Empfehlung des Timotheus	536
	4.	16,12 Über Apollos	537

III. *16,13–24 Der Briefschluss*

1. 16,13f Kurze Mahnungen 539
2. 16,15–18 Mahnung zur Achtung von Gemeindestützen 541
3. 16,19–21 Verschiedene Grüße 543
4. 16,22–24 Fluch und Segen 546

Exkurse

1. Rhetorische Weisheit als Gegenpol zum Evangelium 96
2. Das Kreuz und seine Bedeutung in der Theologie des Paulus 112
3. Zum religionsgeschichtlichen Hintergrund von 2,6–16 144
4. Mögliche Hintergründe der Warnung vor Unzucht 229
5. Jungfräulichkeit in der frühen Kirche und ihrer Umwelt 267
6. Die Problematik des Götzenopferfleisches 280
7. Der Unterhalt der Missionare 311
8.1 Glossolalie im frühen Christentum 433
8.2 Prophetie im frühen Christentum 449
9.1 Anfänge und Funktion des Auferstehungsglaubens in Israel 480
9.2 Auferstehung und messianisches Reich 496
9.3 Identität und Andersartigkeit des Auferstehungsleibes 526

Literaturverzeichnis

1. Textausgaben[1] und Hilfsmittel

Aelius Arist.: Behr, Ch.A. (Hg.): P. Aelius Aristides, The Complete Works, Leiden I 1986, II 1981.
Aesopica: Perry, B.E. (Hg.): Aesopica, Urbana 1952.
ALAND, K.: Text und *Textwert* der griechischen Handschriften des Neuen Testaments, II Die paulinischen Briefe, Bd. 2 Der 1. und der 2. Korintherbrief, ANTT 17, Berlin/New York 1991.
ALAND, K./BLACK, M./METZGER, B.M./WIKGREN, A. (Hg.): The Greek New Testament, New York usw. ³1975 (= GNT).
ALAND, K. und B.: Der *Text* des Neuen Testaments, Stuttgart ²1989.
ALAND, B. und K./KARAVIDOPOULOS, J./MARTINI, C.M./METZGER, B.M. (Hg.): Novum Testamentum Graece, Stuttgart ²⁷1993 (= NESTLE-ALAND).
Alexander (Rhet.): Spengel, L. (Hg.): Rhetores Graeci, III Leipzig 1856, 9–40.
Alkiphron: Benner, A.R./Fobes, F.H. (Hg.): The Letters of Alciphron, Aelian and Philostratus, LCL, Harvard 1962.
ALTHOFF, J./ZELLER, D. (Hg.): Die *Worte* der Sieben Weisen, TzF 89, Darmstadt 2006.
ANDERSON Jr., R.D.: *Glossary* of Greek Rhetorical Terms, CBET 24, Leuven 2000.
Apollonius von Tyana: Penella, R.J. (Hg.): The letters of Apollonius of Tyana, Mn.S 56, Leiden 1979.
Aristophanes, Fragmenta: Kock, T. (Hg.): Comicorum Atticorum fragmenta I, Leipzig 1880.
Artemidor: Pack, R. A. (Hg.), Artemidori Daldiani Onirocriticon, Leipzig 1963.
BAUER, W.: *Wörterbuch* zum Neuen Testament, 6., völlig neu bearb. Aufl. von K. u. B. Aland, Berlin/New York 1988.
BERGER, K./COLPE, C.: Religionsgeschichtliches *Textbuch* zum Neuen Testament, TNT 1, Göttingen 1987.
BEYER, K.: Semitische *Syntax* im Neuen Testament I. Satzlehre Teil 1, Göttingen ²1968.
–: Die aramäischen *Texte* vom Toten Meer, I Göttingen 1984; II Ergänzungsband 1994.
Bion: Kindstrand, J.F. (Hg.): Bion of Borysthenes: a collection of the fragments with introduction and commentary, Uppsala 1976.
BLASS, F./DEBRUNNER, A.: Grammatik des neutestamentlichen Griechisch, bearb. von F. Rehkopf, Göttingen ¹⁵1979 (= B-D-R).
Cyrill, Johanneskommentar: Pusey, Ph.E. (Hg.): Cyrilli archiepiscopi Alexandrini in D. Ioannis Evangelium, 3 Bd., Nachdruck Brüssel 1965.
DIELS, H./KRANZ, W. (Hg.).: Die Fragmente der *Vorsokratiker*, Zürich/Hildesheim ¹⁸1989.
Epikur: Usener, H. (Hg.): Epicurea, Leipzig 1887.
FISCHER, J.A. (Hg.): Die Apostolischen Väter, SUC 1, Darmstadt 1976.
Galen: Kühn, C.G. (Hg.): Claudii Galeni opera omnia, 20 Bd., Leipzig 1821–1833, Nachdruck Hildesheim 1965.

---

[1] Bei klassischen Autoren werden nur dann Editionen genannt, wenn die Zählung differiert.

HENNECKE, E./SCHNEEMELCHER, W. (Hg.): Neutestamentliche *Apokryphen*, Tübingen ⁴1968.
HOFFMANN, E.G./VON SIEBENTHAL, H.: Griechische *Grammatik* zum Neuen Testament, Riehen ²1990 (= H-S).
HORBURY, W./NOY, D.: Jewish *Inscriptions* of Graeco-Roman Egypt, Cambridge 1992.
KAIBEL, G.: Epigrammata Graeca, Berlin 1878.
KÖRTNER, U.H.J./LEUTSCH, M. (Hg.): Papiasfragmente, Hirt des Hermas, SUC 3, Darmstadt 1998.
KÜHNER, R./GERTH, B.: Ausführliche *Grammatik* der griechischen Sprache, Nachdruck der 3. Aufl. 1898 Darmstadt 1966 (= K-G).
LICHTENBERGER, H./KÜMMEL, W.G. u.a. (Hg.): Jüdische Schriften aus hellenistisch-römischer Zeit, Gütersloh 1973ff (= JSHRZ).
LIDDELL, H.G./SCOTT, R.: A Greek-English *Lexicon*, rev. ed., Oxford 1968, mit revised supplement, hg. P.G.W. Glare 1996 (= L-S).
LOHSE, E. (Hg.).: Die Texte aus Qumran. Hebräisch und deutsch, Darmstadt 1964.
MAIER, J.: Die *Qumran-Essener*: Die Texte vom Toten Meer, I, UTB 1862, II, UTB 1863, München/Basel 1995.
Menander: Jaekel, S. (Hg.): Menandri sententiae, Leipzig 1964.
–: Kassel, R./Austin, C. (Hg.): Fragmenta apud scriptores servata, Poetae Comici Graeci 6,2, Berlin/New York 1998.
–: Koerte, A. (Hg.): Menander reliquiae, 3 Bd. Nachdruck Leipzig 1955.
Musonius: Hense, O. (Hg.): C. Mvsonii Rvfi Reliquiae, Leipzig 1905.
NAUCK, A. (Hg.): Tragicorum Graecorum Fragmenta, 1889, 2. Nachdruck Hildesheim 1964.
Oracula Chaldaica: des Places, E. (Hg.): Oracles chaldaiques, Paris 1971.
Orphische Fragmente: Bernabé, A. (Hg.): Poetae epici Graeci, testimonia et fragmenta, II 1.2, München/Leipzig 2004f.
ROBINSON, J.M. (Hg.): The Nag Hammadi Library, San Francisco 1981.
ROYSE, J.R.: Scribal *Habits* in Early Greek New Testament Papyri, NT Tools, Studies and Documents 36, Leiden/Boston 2008.
Solon: Diehl, E. (Hg.): Anthologia Lyrica Graeca, fasc. 1, Leipzig ³1949.
Sophokles: Radt, S. (Hg.): Tragicorum Graecorum Fragmenta 4, Göttingen 1999.
SPICQ, C., *Lexique* théologique du Nouveau Testament, Fribourg 1991.
STEUDEL, A. (Hg.): Die Texte aus Qumran II. Hebräisch/Aramäisch und Deutsch, Darmstadt 2001.
Stobaeus: Wachsmuth, C./Hense, O. (Hg.): Ioannis Stobaei anthologium, Berlin 1884–1912.
STRACK, H.L./BILLERBECK, P.: Kommentar zum Neuen Testament aus Talmud und Midrasch, München ⁵1969, 6 Bd. (= Bill. mit Bandangabe in römischen Zahlen).
STRECKER, G./SCHNELLE, U. (Hg.): Neuer Wettstein. Texte zum Neuen Testament aus Griechentum und Hellenismus, II Texte zur Briefliteratur und zur Johannesapokalypse, Berlin/New York 1996 (= NEUER WETTSTEIN).
SWANSON, R. (Hg.): New Testament Greek *Manuscripts*: 1 Corinthians, Carol Stream (Il.)/Pasadena (Cal.) 2003.
UEDING, G. (Hg.): Historisches *Wörterbuch* der Rhetorik, Darmstadt 1992ff (= HWRh).
VIDMAN, C. (Hg.): *Sylloge* inscriptionum religionis Isiacae et Sarapiacae, RVV 28, Berlin 1969.
WENGST, K. (Hg.): Didache (Apostellehre), Barnabasbrief, Zweiter Klemensbrief, Schrift an Diognet, SUC 2, Darmstadt 1968.
WETTSTEIN, J.: Novum *Testamentum* Graecum (1952), Nachdruck Graz 1962, 2 Bd.

2. Kommentare zum ersten Korintherbrief

ALLO, E.-B.: Première épitre aux Corinthiens, EtB, Paris 1935.
AMBROSIASTRI qui dicitur commentarius in epistulas paulinas, pars II in epistulas ad Corinthios, in: Vogels, H.I. (Hg.), CSEL 81,2, Wien 1968, 3–194.
ARZT-GRABNER, P./KRITZER, E./PAPATHOMAS, A./WINTER, F.: 1. Korinther, Papyrologische Kommentare zum Neuen Testament 2, Göttingen 2006.
BACHMANN, PH.: Der erste Brief des Paulus an die Korinther, KNT 7, Leipzig/Erlangen ³1921.
BARBAGLIO, G.: La Prima lettera ai Corinzi, Scritti delle origini cristiane 16, Bologna 1996.
BARRETT, C.K.: The First Epistle to the Corinthians, BNTC, London ²1971.
BRUCE, F.F.: 1 and 2 Corinthians, NCBC, Grand Rapids/London 1971.
CALVIN, J.: Commentarius in epistulam Pauli ad Corinthios I., in: Reuss, E./Erichson, A./Horst, L. (Hg.): Ioannis Calvini opera exegetica et homiletica 27, Braunschweig 1892, Sp. 298–574.
–: Auslegung des Römerbriefes und der beiden Korintherbriefe, in: Weber, O. (Hg.): Johannes Calvins Auslegung der Heiligen Schrift, Neue Reihe 16, Neukirchen 1960 (bei 1/2Kor nur in Auswahl).
COLLINS, R.F.: First Corinthians, Sacra Pagina Series 7, Collegeville 1999.
CONZELMANN, H.: Der erste Brief an die Korinther, KEK 5. Bd., Göttingen ¹²1981.
CRAMER, J.A.: Catenae in Sancti Pauli epistulas ad Corinthios, in: Ders.: Catenae Graecorum patrum in Novum Testamentum, Oxford 1841, Nachdruck Hildesheim 1967, Bd. 5, 1–344.
FABRIS, R.: Prima lettera ai Corinzi, I libri biblici, Nuovo Testamento 7, Milano 1999.
FASCHER, E.: Der erste Brief des Paulus an die Korinther, Erster Teil, ThHK 7/I, Berlin 1975.
FEE, G.D.: The First Epistle to the Corinthians, NIC, Grand Rapids 1987.
FITZMYER, J.A.: First Corinthians, The Anchor Yale Bible, New Haven/London 2008.
GARLAND, D.E.: 1 Corinthians, Baker Exegetical Commentary on the New Testament, Grand Rapids 2003.
GODET, F.: Kommentar zu dem ersten Briefe an die Korinther, deutsch bearbeitet von P. und K. Wunderlich, Hannover I 1886, II 1888.
GROSHEIDE, F.W.: Commentary on the First Epistle to the Corinthians, NIC, Grand Rapids 1953.
HAYS, R.B.: First Corinthians, Interpretation, Louisville 1997.
HEINRICI, C.F.G.: Der erste Brief an die Korinther, KEK 5. Abt., Göttingen ⁸1896.
HÉRING, J.: La première épitre de Saint Paul aux Corinthiens, CNT 7, Neuchâtel ²1959.
HORSLEY, R.A.: 1 Corinthians, Abingdon New Testament Commentaries, Nashville 1998.
JOHANNES CHRYSOSTOMUS: Homiliae XLIV in Epistolam ad Corinthios, in: Montfaucon, B. (Hg.), PG 61,10, Paris 1859, 9–382.
KLAUCK, H.-J.: 1. Korintherbrief, NEB.NT 7, Würzburg 1984.
KOVACS, J.L.: 1 Corinthians Interpreted by Early Christian Commentators, in: Wilken, R.L. (Hg.): The Church's Bible, Grand Rapids/Cambridge 2005.
KREMER, J.: Der Erste Brief an die Korinther, RNT, Regensburg 1997.
LANG, F.: Die Briefe an die Korinther, NTD 7, Göttingen 1986.
LIETZMANN, H.: An die Korinther I/II, HNT 9, ergänzt von W.G. KÜMMEL, Tübingen ⁵1969.
LINDEMANN, A.: Der Erste Korintherbrief, HNT 9/I, Tübingen 2000.
LUTHER, M.: Die Korintherbriefe, in: Ellwein, E. (Hg.): D. Martin Luthers Epistel-Auslegung, Bd. 2, Göttingen 1968.
MERKLEIN, H.: Der erste Brief an die Korinther, ÖTBK 7, Gütersloh/Würzburg, Bd. 1 1992, Bd. 2 2000, Bd. 3 mit GIELEN, M. Gütersloh 2005.

MEYER, H.A.W.: Kritisch exegetisches Handbuch über den ersten Brief an die Korinther, KEK 5. Abt., Göttingen ⁵1870.
MURPHY-O'CONNOR, J.: 1 Corinthians, New Testament Message 10, Wilmington (Del.) 1979.
ORR, W.F./WALTHER, J.A.: I Corinthians, AB 32, New York usw. 1976.
PETERSON, E.: Der erste Brief an die Korinther und Paulus-Studien, hg. H.-U. Weidemann, Ausgewählte Schriften 7, Würzburg 2006.
ROBERTSON, A./PLUMMER, A.: The First Epistle of St Paul to the Corinthians (1911), ICC, Nachdruck Edinburgh 1999.
SCHLATTER, A.: *Paulus* der Bote Jesu (1934), Stuttgart 1956.
SCHMIEDEL, P.W.: Die Briefe an die Thessalonicher und an die Korinther, HC 2, 1. Abt., Freiburg 1892.
SCHNABEL, E.J.: Der erste Brief des Paulus an die Korinther, Historisch-Theologische Auslegung, Wuppertal/Gießen 2006.
SCHRAGE, W.: Der erste Brief an die Korinther, EKK VII, Bd. I Zürich/Braunschweig/Neukirchen-Vluyn 1991, II Solothurn/Düsseldorf/Neukirchen-Vluyn 1995, III Zürich/Düsseldorf/Neukirchen-Vluyn 1999, IV Düsseldorf/Neukirchen-Vluyn 2001.
SENFT, CH.: La première Épitre de Saint Paul aux Corinthiens, CNT (N) 7, Genf ²1990.
STAAB, K.: Pauluskommentare aus der griechischen Kirche, NTA 15, Münster 1933, Nachdruck 1984.
STROBEL, A.: Der erste Brief an die Korinther, ZBK.NT 6.1, Zürich 1989.
TALBERT, CH.H.: Reading Corinthians. A literary and theological Commentary on 1 and 2 Corinthians, New York 1987.
THEODORET VON CYRUS: Interpretatio primae epistolae ad Corinthios, in: Schulze, J.L. (Hg.), PG 82,3, Paris 1859, 225-376.
–: The First Letter to the Corinthians, in: Hill, R.Ch. (Hg.), Commentary on the Letters of St. Paul, Bd. I, Brookline (Mass.) 2001, 158-254.
THISELTON, A.C.: The first Epistle to the Corinthians, NIGTC, Grand Rapids/Cambridge/Carlisle 2000.
THOMAS AQUINAS, Super primam epistolam ad Corinthios lectura, in: Cai, R. (Hg.): Super epistolas S. Pauli lectura, Turin/Rom ⁸1953, I 231-435.
WEISS, J.: Der erste Korintherbrief, KEK 5. Abt., Göttingen ¹⁰1925.
WITHERINGTON III, B.: Conflict & Community in Corinth. A Socio-Rhetorical Commentary on 1 and 2 Corinthians, Grand Rapids/Carlisle 1995.
WOLFF, CH.: Der erste Brief des Paulus an die Korinther, ThHK 7, Leipzig ²2000.

3. Monographien, Sammelbände und Aufsätze

ACKERMAN, D.A.: Lo, I Tell You a *Mystery*, PTMS 54, Eugene (Ore.) 2006.
ADAMS, E./HORRELL, D.G. (Hg.): *Christianity* at Corinth, Louisville/London 2004.
AGRELL, G.: *Work*, Toil and Sustenance, Lund 1976.
AGUILAR CHIU, J.E.: *1 Cor 12–14*. Literary Structure and Theology, AnBib 166, Rom 2007.
ALETTI, J.-N.: L'*Argumentation* de Paul et la position des Corinthiens. 1Co 15,12-34, in: De Lorenzi, Résurrection 63-97.
ALKIER, ST.: *Wunder* und Wirklichkeit in den Briefen des Apostels Paulus, WUNT 134, Tübingen 2001.
–: Die *Realität* der Auferstehung, in: Linde, G. u. a. (Hg.): Theologie zwischen Pragmatismus und Existenzdenken. FS H. Deuser, MThSt 90, Marburg 2006, 339-359.

ANDERSON JR., R.D.: Ancient Rhetorical *Theory* and Paul, CBET 18, (Kampen 1996) Leuven ²1998.
ANDRESEN, C./KLEIN, G. (Hg.): *Theologia* Crucis - Signum Crucis. FS E. Dinkler, Tübingen 1979.
ARZT-GRABNER, P.: Philemon, PKNT 1, Göttingen 2003.
ASHER, J.R.: *Polarity* and Change in 1 Corinthians 15, HUTh 42, Tübingen 2000.
AUNE, D.E./SELAND, T./ULRICHSEN, J.H. (Hg.): *Neotestamentica* et Philonica. FS P. Borgen, NT.S 106, Leiden/Boston 2003.
BAASLAND, E.: ἀνάγκη bei Paulus im Lichte eines stoischen Paradoxes, in: Cancik u. a., Geschichte III 357-385.
BACKHAUS, K./UNTERGASSMAIR, F.G. (Hg.): *Schrift* und Tradition. FS J. Ernst, Paderborn usw. 1996.
BALCH, D.L./FERGUSON, E./MEEKS, W.A. (Hg.): *Greeks*, Romans, and Christians. FS A.J. Malherbe, Minneapolis 1990.
BALTENSWEILER, H.: Die *Ehe* im Neuen Testament, AThANT 52, Zürich/Stuttgart 1967.
BARBOUR, R.S.: *Wisdom* and the Cross in 1 Corinthians 1 and 2, in: Andresen/Klein, Theologia 57-71.
BARRETT, C.K.: *Essays* on Paul, London 1982.
-: The *significance* of the Adam-Christ typology for the Resurrection of the dead: 1Co 15, 20-22. 45-49, in: De Lorenzi, Résurrection 99-126.
BARTH, G.: Die *Frage* nach der in 1. Korinther 15 bekämpften Auferstehungsleugnung, ZNW 83, 1992, 187-201.
BARTH, K.: Die *Auferstehung* der Toten, München ²1925.
BAUER, K.-A.: *Leiblichkeit*, das Ende aller Werke Gottes, StNT 4, Gütersloh 1971.
BAUER, W.: *Aufsätze* und kleine Schriften, hg. G. Strecker, Tübingen 1967.
BAUMANN, R.: *Mitte* und Norm des Christlichen. Eine Auslegung von 1 Korinther 1,1-3,4, NTA NS 5, Münster 1968.
BAUMERT, N.: *Ehelosigkeit* und Ehe im Herrn, fzb 47, Würzburg ²1986.
-: *Antifeminismus* bei Paulus?, FzB 68, Würzburg 1992.
BAUR, F.C.: Die *Christuspartei* in der korinthischen Gemeinde, der Gegensatz des petrinischen und paulinischen Christenthums in der ältesten Kirche, der Apostel Petrus in Rom, 1831, in: Ausgewählte Werke in Einzelausgaben I, Stuttgart-Bad Cannstatt 1963, 1-146.
BECKER, J.: *Auferstehung der Toten* im Urchristentum, SBS 82, Stuttgart 1976.
-: *Paulus*. Der Apostel der Völker, Tübingen 1989.
-: Die *Auferstehung Jesu Christi* nach dem Neuen Testament, Tübingen 2007.
BECKER, M.: *Theologie* zwischen Rezeption und Verkündigung, in: Ders./W. Fenske (Hg.): Das Ende der Tage und die Gegenwart des Heils. FS H.-W. Kuhn, AGJU 44, Leiden usw. 1999, 201-227.
BELLEVILLE, L.L.: *Continuity* or Discontinuity: A Fresh Look at 1 Corinthians in the Light of First-Century Epistolary Forms and Conventions, EvQ 59, 1987, 15-37.
BECKHEUER, B.: *Paulus* und Jerusalem, EHS XXIII 611, Frankfurt/M. 1997.
BERGER, K.: Hellenistische *Gattungen* im Neuen Testament, ANRW II 25.2, 1984, 1031-1885.
-: *Formgeschichte* des Neuen Testaments, Heidelberg 1984.
-: *Theologiegeschichte* des Urchristentums, Tübingen/Basel 1994.
BEST, E.: The *Power* and the Wisdom of God (1.18-25), in: De Lorenzi, Paolo 9-41.
BIERINGER, R. (Hg.): The Corinthian *Correspondence*, BEThL 125, Leuven 1996.
-/KOPERSKI, V./LATAIRE, B. (Hg.): *Resurrection* in the New Testament. FS J. Lambrecht, BEThL 165, Leuven usw. 2002.
BIRGE, M.K.: The *Language* of Belonging, CBET 31, Leuven usw. 2002.

BJERKELUND, C.J.: *Parakalô*, BTN 1, Oslo usw. o.J. (1967).
BLANK, J.: *Paulus* und Jesus, StANT 18, München 1968.
BLISCHKE, F.: Die *Begründung* und die Durchsetzung der Ethik bei Paulus, AzBG 25, Leipzig 2007.
BOCKMUEHL, M.N.A.: *Revelation* and Mystery in Ancient Judaism and Pauline Christianity, WUNT II 36, Tübingen 1990.
BONHÖFFER, A.: *Epiktet* und das Neue Testament, RVV 10, Gießen 1911.
BORGEN, P./GIVERSEN, S. (Hg.): The *New Testament* and Hellenistic Judaism, Aarhus 1995.
BORNKAMM, G.: Das *Ende* des Gesetzes, BEvTh 16, München 1952.
  darin: Der köstlichere *Weg* (1. Kor 13), 93–112.
–: *Studien* zu Antike und Urchristentum. Gesammelte Aufsätze II, BEvTh 28, München 1959.
BOSMAN, PH.: *Conscience* in Philo and Paul, WUNT II 166, Tübingen 2003.
BRANDENBURGER, E.: *Fleisch* und Geist, WMANT 29, Neukirchen-Vluyn 1968.
–: *Studien* zur Geschichte und Theologie des Urchristentums, SBA.NT 15, Stuttgart 1993.
BRAUN, H.: Gesammelte *Studien* zum Neuen Testament und seiner Umwelt, Tübingen ²1967.
  darin: Exegetische *Randglossen* zum 1. Korintherbrief, 178–204.
BREYTENBACH, C. (Hg.): *Paulus*, die Evangelien und das Urchristentum. Beiträge von und zu W. Schmithals zu seinem 80. Geburtstag, AGJU 54, Leiden/Boston 2004.
–/PAULSEN, H. (Hg.): *Anfänge* der Christologie. FS F. Hahn, Göttingen 1991.
BROCKHAUS, U.: *Charisma* und Amt, Wuppertal 1972.
BÜNKER, M.: *Briefformular* und rhetorische Disposition im 1. Korintherbrief, GTA 28, Göttingen 1983.
BULTMANN, R.: Der *Stil* der paulinischen Predigt und die kynisch-stoische Diatribe, FRLANT 13, Göttingen 1910.
–: *Theologie* des Neuen Testaments, ergänzt von O. Merk, UTB 630, Tübingen 1984.
BURCHARD, CH.: *Ei* nach einem Ausdruck des Wissens oder Nichtwissens Joh 9 25 Act 19 2 1 Cor 1 16 7 16, ZNW 52, 1961, 73–82.
–: The *Importance* of Joseph and Aseneth for the Study of the New Testament: A General Survey and a Fresh Look at the Lord's Supper, NTS 33, 1987, 102–134.
BURKE, T.J./ELLIOTT, K.J. (Hg.): *Paul* and the Corinthians. FS M. Thrall, NT.S 109, Leiden/Boston 2003.
BURNETT, F.W.: The *Place* of „The Wisdom of God" in Paul's Proclamation of Salvation (1 Cor 2:6–16), in: Phillips, G.A./Duran, N.W. (Hg.): Reading Communities – Reading Scripture. FS D. Patte, Harrisburg 2002, 324–340.
BYRNE, B.: *Sinning* against One's Own Body: Paul's Understanding of the Sexual Relationship in 1 Corinthians 6:18, CBQ 45, 1983, 608–616.
CAMBIER, J.-M.: *Doctrine* paulinienne du mariage chrétien, EeT 10, 1979, 13–59.
CANCIK, H./LICHTENBERGER, H./SCHÄFER, P. (Hg.): *Geschichte* – Tradition – Reflexion, FS M. Hengel, Tübingen 1996.
CAPES, D.B.: Old Testament Yahweh *Texts* in Paul's Christology, WUNT II 47, Tübingen 1992.
CARROLL, J.T./COSGROVE, CH.H./JOHNSON, E.E. (Hg.): *Faith* and History, FS P.W. Meyer, Atlanta 1990.
CARSON, D.A.: *Showing* the Spirit, Grand Rapids 1987.
CHESTER, ST.J.: *Conversion* at Corinth, London/New York 2003.
CHEUNG, A.T.: Idol *Food* in Corinth, JSNT.SS 176, Sheffield 1999.
CHOI, SUNG BOK: *Geist* und christliche Existenz, WMANT 115, Neukirchen-Vluyn 2007.
CHOW, J.K.: *Patronage* and Power, JSNT.SS 75, Sheffield 1992.
CIPRIANI, S.: *Rapporto* fra „carità" e „carismi" in 1 Co 12.31a–14,1a, in: De Lorenzi, Charisma 295–318.

CLARKE, A.D.: Secular and Christian *Leadership* in Corinth, AGAJU 18, Leiden usw. 1993.
CLASSEN, C.J.: Rhetorical *Criticism* of the New Testament, WUNT 128, Tübingen 2000.
CLAUDEL, G.: *1 Kor 6,12–7,40* neu gelesen, TThZ 94, 1985, 20–36.
CONZELMANN, H.: *Theologie* als Schriftauslegung. Aufsätze zum Neuen Testament, BEvTh 65, München 1974.
–: *Grundriß* der Theologie des Neuen Testaments, München 1967, bearbeitet von A. Lindemann, UTB 1446, Tübingen ⁴1987.
COPE, L.: *First Corinthians 8–10*: Continuity or Contradiction?, in: Hultgren, A.J./Hall, B. (Hg.): Christ and the Communities, FS R.H. Fuller, AThR.SS 11, Evanston 1990, 114–123.
COUNE, M.: Le *problème* des idolothytes et l'éducation de la syneidêsis, RSR 51, 1963, 497–534.
DAUTZENBERG, G.: Urchristliche *Prophetie*, BWANT 104, Stuttgart usw. 1975.
–: *Botschaft* und Bedeutung der urchristlichen Prophetie nach dem ersten Korintherbrief (2:6–16; 12–14), in: Panagopoulos, J. (Hg.): Prophetic Vocation in the New Testament and Today, NT.S 45, Leiden 1977.
DAVIS, J.A.: *Wisdom* and Spirit. An Investigation of 1 Corinthians 1.18–3.20 Against the Background of Jewish Sapiential Traditions in the Greco-Roman Period, Lanham usw. 1984.
DE BOER, M.C.: The *Defeat* of Death, JSNT.SS 22, Sheffield 1988.
–: The *Composition* of 1 Corinthians, NTS 40, 1994, 229–245.
DEINES, R./NIEBUHR, K.-W. (Hg.): *Philo* und das Neue Testament, WUNT 172, Tübingen 2004.
DELCOR, M.: The *Courts* of the Church of Corinth and the Courts of Qumran, in: Murphy-O'Connor, J. (Hg.): Paul and Qumran, London 1968, 69–84.
DELOBEL, J.: *1 Cor 11,2–16*: Towards a Coherent Interpretation, in Vanhoye, Paul 369–389.
–: *Coherence* and Relevance of 1 Cor 8–10, in: Bieringer, Correspondence 177–190.
–: The Corinthians' *(Un-)belief* in the Resurrection, in: Bieringer u.a., Resurrection 343–355.
DEISSMANN, A.: *Licht* vom Osten, Tübingen ⁴1923.
DELLING, G.: Paulus' *Stellung* zu Frau und Ehe, BWANT 57, Stuttgart 1931.
DE LORENZI, L. (Hg.): *Paul* de Tarse, Ben.SM section paulinienne 1, Rom 1979.
–: *Paolo* a una chiesa divisa (1 Co 1–4), Ben.SM sez. bibl.-ecum. 5, Rom 1980.
–: *Freedom* and Love. The Guide for Christian Life (1 Co 8–10; Rm 14–15), Ben.SM sez. bibl.-ecum. 6, Rom 1981.
–: *Charisma* und Agape (1 Ko 12–14), Ben.SM, bibl.-ökum. Abt. 7, Rom 1983.
–: *Résurrection* du Christ et des chrétiens (1 Co 15), Ben.SM sez. bibl.-ecum. 8, Rom 1985.
DEMING, W.: *Paul* on Marriage and Celibacy, MSSNTS 83, Cambridge 1995.
–: The *Unity* of 1 Corinthians 5–6, JBL 115, 1996, 289–312.
DETTWILER, A./ZUMSTEIN, J. (Hg.): *Kreuzestheologie* im Neuen Testament, WUNT 151, Tübingen 2002.
DIBELIUS, M.: Die *Geisterwelt* im Glauben des Paulus, Göttingen 1909.
DOBBELER, A. VON: *Glaube* als Teilhabe, WUNT II 22, Tübingen 1987.
DOBBELER, A. VON/ERLEMANN, K./HEILIGENTHAL, R. (Hg.): *Religionsgeschichte* des Neuen Testaments. FS K. Berger, Tübingen/Basel 2000.
DODD, B.: Paul's Paradigmatic *‚I'*, JSNT.SS 177, Sheffield 1999.
DOUGHTY, D.J.: The *Presence* and Future of Salvation in Corinth, ZNW 66, 1975, 61–90.
DUNN, J.D.G.: *Jesus* and the Spirit, London 1975 = 1978.
– (Hg.): *Paul* and the Mosaic Law, WUNT 89, Tübingen 1996.
DUPONT, J.: *Gnosis*. La connaissance religieuse dans les épîtres de Saint Paul, Louvain/Paris 1949 (danach zitiert), ²1960.
EBEL, E.: Die *Attraktivität* früher christlicher Gemeinden, WUNT II 178, Tübingen 2004.

ECKSTEIN, H.-J.: Der *Begriff* Syneidesis bei Paulus, WUNT II 20, Tübingen 1983.
ELLIGER, W.: *Paulus* in Griechenland, Stuttgart 1987.
ELLIOTT, J.K.: The Divine *Names* in the Corinthian Letters, in: Burke/Ders. (Hg.), Paul 3–15.
ELLIS, E.E.: *Prophecy* and Hermeneutic, WUNT 18, Tübingen 1978.
–/GRÄSSER, E. (Hg.): *Jesus* und Paulus. FS W.G. Kümmel, Göttingen 1975.
ENGBERG-PEDERSEN, T. (Hg.): *Paul* in His Hellenistic Context, Minneapolis 1995.
– (Hg.): Paul *Beyond* the Judaism/Hellenism Divide, Louisville (Ky.) 2001.
EPP, E.J./FEE, G.D. (Hg.): New Testament Textual *Criticism*. FS B.M. Metzger, Oxford 1981.
ERIKSSON, A.: *Traditions* as Rhetorical Proof, CB.NT 29, Stockholm 1998.
–: Special *Topics* in 1 Corinthians 8–10, in: Porter, St.E./Stamps, D.L. (Hg.): The Rhetorical Interpretation of Scripture, JSNT.SS 180, Sheffield 1999, 272–301.
EVANG, M./MERKLEIN, H./WOLTER, M. (Hg.): *Eschatologie* und Schöpfung. FS E. Gräßer, BZNW 89, Bonn/New York 1997.
EXLER, F.J.: The *Form* of the Ancient Greek Letter of the Epistolary Papyri, Washington 1923.
FARLA, P.: The Rhetorical *Composition* of 1 Cor 8,1–11,1, EThL 80, 2004, 144–166.
FEE, G.D.: Textual-Exegetical *Observations* on 1 Corinthians 1:2, 2:2, and 2:20, in: Black, D.A. (Hg.): Scribes and Scripture, FS J.H. Greenlee, Winona Lake 1992, 1–15.
–: Εἰδωλόθυτα Once Again: An Interpretation of 1 Corinthians 8–10, Bib. 61, 1980, 172–197.
FEHRLE, E.: Die kultische *Keuschheit* im Altertum, RVV 6, Gießen 1910.
FENSKE, W.: Die *Argumentation* des Paulus in ethischen Herausforderungen, Göttingen 2004.
FEUILLET, A.: Le *Christ* Sagesse de Dieu d'après les épitres pauliniennes, EtB, Paris 1966.
FISK, B.N.: *Eating* Meat Offered to Idols: Corinthian Behavior and Pauline Response in 1 Corinthians 8–10, TrinJ 10, 1989, 49–70.
FITZGERALD, J.T./OLBRICHT, Th.H./WHITE, L.M. (Hg.): Early *Christianity* and Classical Culture. FS A.J. Malherbe, NT.S 110, Leiden/Boston 2003.
FITZMYER, J.A.: A Wandering *Aramean*. Collected Aramaic Essays, SBL.MS 25, Chico, Cal. 1979.
–: To *advance* the Gospel. New Testament Studies, New York 1981.
FORBES, CH.: *Prophecy* and Inspired Speech in Early Christianity and its Hellenistic Environment, WUNT II 75, Tübingen 1995.
FORNBERG, T./HELLHOLM, D. (Hg.): *Texts* and Contexts, FS L. Hartman, Oslo 1995.
FORTNA, R.T./GAVENTA, B.R. (Hg.): The *Conversation* Continues. Studies in Paul & John. FS J.L. Martyn, Nashville 1990.
FOTOPOULOS, J.: *Food* Offered to Idols in Roman Corinth, WUNT II 151, Tübingen 2003.
FREY, J./SCHRÖTER, J. (Hg.), *Deutungen* des Todes Jesu im Neuen Testament, WUNT 181, Tübingen 2005.
FRID, B.: *Structure* and Argumentation in 1 Cor 12, SEÅ 60, 1995, 95–113.
FRIEDRICH, G.: Auf das *Wort* kommt es an. Ges. Aufs. hg. J. H. Friedrich, Göttingen 1978.
FRIEDRICH J./PÖHLMANN, W./STUHLMACHER, P. (Hg.): *Rechtfertigung*. FS E. Käsemann, Tübingen 1976.
FUNK, R.W.: The Apostolic *Parousia*: Form and Significance, in: Christian History and Interpretation. FS J. Knox, Cambridge 1967, 249–268.
FURNISH, V.P.: *The Theology* of the First Letter to the Corinthians, Cambridge 1999.
GÄCKLE, V.: Die *Starken* und die Schwachen in Korinth und in Rom, WUNT II 200, Tübingen 2005.
GALLOWAY, L.E.: *Freedom* in the Gospel, CBET 38, Leuven usw. 2004.
GARDNER, P.D.: The *Gifts* of God and the Authentication of a Christian, Lanham usw. 1994.
GARLAND, D.E.: The Christian's *Posture* Toward Marriage and Celibacy: 1 Corinthians 7, RExp 80, 1983, 351–362.

GAYER, R.: Die *Stellung* des Sklaven in den paulinischen Gemeinden und bei Paulus, EHS XXIII 78, Frankfurt/M. 1976.
GEORGI, D.: Der Armen zu *gedenken*, Neukirchen-Vluyn 1994.
GERBER, CH.: *Paulus* und seine „Kinder", BZNW 136, Berlin/New York 2005.
GIELEN, M./KÜGLER, J. (Hg.): *Liebe*, Macht und Religion. Gedenkschrift H. Merklein, Stuttgart 2003.
GIESRIEGL, R.: Die *Sprengkraft* des Geistes, Thaur 1989.
GILL, D.W.J./GEMPF, C.: The Book of *Acts* in Its Graeco-Roman Setting, Grand Rapids/Carlisle 1994.
GILLESPIE, TH.W.: The First *Theologians*, Grand Rapids 1994.
GLAD, C.E.: *Paul* and Philodemus, NT.S 81, Leiden usw. 1995.
GLADD, B.L.: Revealing the *Mysterion*, BZNW 160, Berlin/New York 2008.
GNILKA, J. (Hg.): Neues Testament und *Kirche*. FS R. Schnackenburg, Freiburg usw. 1974.
GOEHRING, J.E./HEDRICK, CH.W./SANDERS, J.T. (Hg.): Gospel *Origins* & Christian Beginnings. FS J.M. Robinson, Sonoma (Cal.) 1990.
GOOCH, P.D.: Dangerous *Food*, Studies in Christianity and Judaism 5, Waterloo (Ont.) 1993.
GORDON, J.D.: *Sister* or Wife? 1 Corinthians 7 and Cultural Anthropology, JSNT.SS 149, Sheffield 1997.
GOULDER, M.D.: Σοφία in 1 Corinthians, NTS 37, 1991, 516-534.
–: Jewish Christians and the *Resurrection*, in: Illmann, K.-J. u.a. (Hg.): A Bouquet of Wisdom. FS K.-G. Sandelin, Religionsvetenskapliga skrifter 48, Åbo 2000, 59–77.
–: *Paul* and the Competing Mission in Corinth, Peabody (Mass.) 2001.
GRÄBE, P.J.: The *Power* of God in Paul's Letters, WUNT II 123, Tübingen 2000.
GRAGG, D.L.: Discourse *Analysis* of 1 Corinthians 1:10–2:5, LingBibl 65, 1991, 37–57.
GRANT, R.M.: *Paul* in the Roman World, Louisville usw. 2001.
GREEVEN, H.: *Propheten*, Lehrer, Vorsteher bei Paulus, ZNW 44, 1952/3, 1–43.
GRINDHEIM, S.: *Wisdom* for the Perfect: Paul's Challenge to the Corinthian Church (1 Corinthians 2:6–16), JBL 121, 2002, 689–709.
GRUDEM, W.A.: The *Gift* of Prophecy in 1 Corinthians, Boston/London 1982.
GUÉNEL, V. (Hg.): Le *corps* et le corps du Christ dans la première épître aux Corinthiens, LeDiv 114, Paris 1983.
GÜTTGEMANNS, E.: Der leidende *Apostel* und sein Herr, FRLANT 90, Göttingen 1966.
GUNDRY, R.H.: *Sôma* in Biblical Theology, MSSNTS 29, Cambridge usw. 1976.
GUNDRY-VOLF, J.M.: *Controlling* the Bodies, in: Bieringer, Correspondence 519–541.
HAINZ, J.: Ekklesia, BU 9, Regensburg 1972.
HALL, D.R.: The *Unity* of the Corinthian Correspondence, JSNT.SS 251, London/New York 2003.
HAHN, F.: Christologische *Hoheitstitel*, Göttingen ⁵1995.
–: *Studien* zum Neuen Testament II, Bekenntnisbildung und Theologie in urchristlicher Zeit, WUNT 192, Tübingen 2006.
HANGES, J.C.: *1 Corinthians 4:6* and the Possibility of written Bylaws in the Corinthian Church, JBL 117, 1998, 275–298.
HARDING, M.: *Church* and Gentile Cults at Corinth, GTS 10, 1989, 203–223.
HARLAND, PH.E.: *Familial Dimensions* of Group Identity, JBL 124, 2005, 491–513.
HARNACK, A.: Das hohe *Lied* des Apostels Paulus von der Liebe (I. Kor. 13) und seine religionsgeschichtliche Bedeutung, SPAW 1911, 132–163.
HAUBECK, W.: *Loskauf* durch Christus, Gießen 1985.
HAY, D.M. (Hg.): Pauline *Theology* II, 1 & 2 Corinthians, Minneapolis 1993.

HECKEL, U.: *Kraft* in Schwachheit, WUNT II 56, Tübingen 1993.
–: Das *Bild* der Heiden und die Identität der Christen bei Paulus, in: Feldmeier, R./Ders. (Hg.): Die Heiden, WUNT 70, Tübingen 1994, 269–296.
HEMPELMANN, H.: Einige exegetische *Bemerkungen* zu 1. Korinther 15, in: Maier, G. (Hg.): Zukunftserwartung in biblischer Sicht, Wuppertal 1984, 98–113.
HENGEL, M.: *Paulus* und Jakobus. Kleine Schriften III, WUNT 141, Tübingen 2002.
–: *Studien* zur Christologie. Kleine Schriften IV, WUNT 201, Tübingen 2006.
–/LÖHR, H. (Hg.): *Schriftauslegung* im antiken Judentum und im Urchristentum, WUNT 73, Tübingen 1994.
HOCK, R.F.: The Social *Context* of Paul's Ministry, Philadelphia 1980.
HOFIUS, O.: *Paulusstudien* II, WUNT 143, Tübingen 2002.
–: Exegetische *Studien*, WUNT 223, Tübingen 2008,
  darin: Die *Auferstehung* der Toten als Heilsereignis, 102–114.
HOLLANDER, H.W.: The *Meaning* of the Term „Law" (ΝΟΜΟΣ) in 1 Corinthians, NT 40, 1998, 117–135.
HOLLEMAN, J.: *Resurrection* and Parousia, NT.S 84, Leiden usw. 1996.
HOLTZ, G.: Damit *Gott* sei alles in allem. BZNW 149, Berlin/New York 2007.
HOLTZ, T.: Das *Kennzeichen* des Geistes (1Kor. XII.1–3), NTS 18, 1972, 365–376.
HOOKER, M.D./WILSON, S.G. (Hg.): *Paul* and Paulinism. FS C.K. Barrett, London 1982.
HORN, F.W.: Das *Angeld* des Geistes, FRLANT 154, Göttingen 1992.
–/ZIMMERMANN, R. (Hg.): *Jenseits* von Indikativ und Imperativ, WUNT 238, Tübingen 2009.
HORRELL, D.G.: The Social *Ethos* of the Corinthian Correspondence, Edinburgh 1996.
–: Theological *Principle* or Christological Praxis? Pauline Ethics in 1Corinthians 8.1–11.1, JSNT 67, 1997, 83–114.
HORSLEY, R.A.: *Wisdom* of Word and Words of Wisdom in Corinth, CBQ 49, 1977, 224–239.
–: *„How* Can Some of you Say that there is no Resurrection of the Dead?" Spiritual Elitism in Corinth, NT 20, 1978, 203–231.
–: *Consciousness* and Freedom among the Corinthians: 1 Corinthians 8–10, CBQ 40, 1978, 575–589.
HULTGREN, A.J./HALL, B. (Hg.): *Christ* and His Communities. FS R.H. Fuller, AThR.SS 11, Cincinatti 1990.
HUNT, A.R.: The Inspired *Body*, Macon (Ga.) 1996.
HURD, J.C.: The *Origin* of I Corinthians, London 1965, Macon (Ga.) ²1983.
JEREMIAS, J.: *Abba*, Göttingen 1966,
  darin: ‚*Flesh* and Blood cannot inherit the Kingdom of God'. I Cor. XV 50, 298–307.
–: Die *Abendmahlsworte* Jesu, Göttingen ⁴1967.
JERVIS, L.A./RICHARDSON, P. (Hg.): *Gospel* in Paul. FS R. Longenecker, JSNT.SS 108, Sheffield 1994.
JONES, F.ST.: *„Freiheit"* in den Briefen des Apostels Paulus, GTA 34, Göttingen 1987.
JUDGE, E.A.: The First *Christians* in the Roman World, WUNT 229, Tübingen 2008.
KÄSEMANN, E.: Exegetische *Versuche* und Besinnungen I und II, Göttingen 1964,
  darin: *Sätze* heiligen Rechtes im Neuen Testament, II 69–82.
–: Paulinische *Perspektiven*, Tübingen 1969.
KAMMLER, H.CH.: *Kreuz* und Weisheit. Eine exegetische Untersuchung zu 1 Kor 1,10–3,4, WUNT 159, Tübingen 2003.
KAMPLING, R./SÖDING, TH. (Hg.), *Ekklesiologie* des Neuen Testaments, FS. K. Kertelge, Freiburg usw. 1996.
KARAKOLIS, CH./BELEZOS, K./DESPOTIS, S. (Hg.): Saint Paul and *Corinth*, 2 Bd., Athen 2009 (im Druck).

KARRER, M.: Der *Gesalbte*, FRLANT 151, Göttingen 1991.
KER, D.P.: *Paul* and Apollos – Colleagues or Rivals?, JSNT 77, 2000, 75–97.
KESSLER, A./RICKLIN, TH./WURST, G. (Hg.): Peregrina *Curiositas*. FS D. van Damme, NTOA 27, Freiburg (Schweiz)/Göttingen 1994.
KIEFFER, R.: Le *primat* de l'amour, LeDiv 85, Paris 1975.
KIRCHHOFF, R.: Die *Sünde* gegen den eigenen Leib, StUNT 18, Göttingen 1994.
KLAUCK, H.-J.: *Herrenmahl* und hellenistischer Kult, NTA NS 15, Münster 1982.
–: *Gemeinde* – Amt – Sakrament, Würzburg 1989.
–: Die antike *Briefliteratur* und das Neue Testament, UTB 2022, Paderborn usw. 1998.
–: *Religion* und Gesellschaft im frühen Christentum, WUNT 152, Tübingen 2003.
KLEINSCHMIDT, F.: *Ehefragen* im Neuen Testament, ARGU 7, Frankfurt/M. 1998.
KLINGHARDT, M.: *Gemeinschaftsmahl* und Mahlgemeinschaft, TANZ 13, Tübingen/Basel 1996.
KOCH, D.-A.: Die *Schrift* als Zeuge des Evangeliums, BHTh 69, Tübingen 1986.
–: „Seid *unanstößig* für Juden und für Griechen und für die Gemeinde Gottes" (1Kor 10,32), in: Trowitzsch, Paulus 35–54 (= Ders., Christentum 145–164).
–: Hellenistisches *Christentum*, hg. F.-W. Horn, NTOA 65, Göttingen 2008.
KONRADT, M.: *Gericht* und Gemeinde, BZNW 117, Berlin/New York 2003.
–: Die korinthische *Weisheit* und das Wort vom Kreuz, ZNW 94, 2003, 181–214.
KRAMER, W.: *Christos* Kyrios Gottessohn, AThANT 44, Zürich/Stuttgart 1963.
KRAUS, W.: Das *Volk* Gottes, WUNT 85, Tübingen 1996.
KRUG, J.: Die *Kraft* des Schwachen, TANZ 37, Tübingen/Basel 2001.
KUCK, D.W.: *Judgement* and Community Conflict, NT.S 66, Leiden usw. 1992.
KÜLLING, H.: *Ehe* und Ehelosigkeit bei Paulus, Zürich 2008.
KÜMMEL, W.G.: *Heilsgeschehen* und Geschichte, MThS 3, Marburg 1965.
LAMBRECHT, J.: *Pauline Studies*, BEThL 155, Leuven 1994,
    darin: The Most Eminent *Way*. A Study of 1 Corinthians 13, 79–107.
    Three Brief *Notes* on 1 Corinthians 15, 71–85.
–: *Collected Studies* on Pauline Literature and on The Book of Revelation, AnBib 147, Rom 2001,
    darin: Paul as *example*. A Study of 1 Corinthians 4,6–21, 43–62.
LAMPE, P.: Ad Ecclesiae *Unitatem* (Habilitationsschrift Bern 1989).
–: Theological *Wisdom* and the „Word About the Cross", Interpret. 44, 1990, 117–131.
–: Das korinthische *Herrenmahl* im Schnittpunkt hellenistisch-römischer Mahlpraxis und paulinischer Theologia Crucis (1 Kor 11,17–34), ZNW 82, 1991, 183–213.
–: Paul's *Concept* of a Spiritual Body, in: Peters, T./Russell, R.J./Welker, M. (Hg.), Resurrection, Grand Rapids/Cambridge 2002, 103–114.
LANGE, A.: *Weisheit* und Prädestination, STDJ 18, Leiden usw. 1995.
LIETZMANN, H.: Zwei *Notizen* zu Paulus, SPAW.PH 1930, 151–156 = Ders., Gesammelte Kleine Schriften II, TU 68, Berlin 1958, 284–291.
LINDARS, B./SMALLEY, ST.S. (Hg.): *Christ* and Spirit in the New Testament. FS F.D. Moule, Cambridge 1973.
LINDEMANN, A.: *Paulus*, Apostel und Lehrer der Kirche, Tübingen 1999.
LIPS, H. VON, Weisheitliche *Traditionen* im Neuen Testament, WMANT 65, Neukirchen-Vluyn 1990.
LITFIN, D.: St. Paul's *Theology* of Proclamation. 1 Corinthians 1–4 and Greco-Roman rhetoric, MSSNTS 79, Cambridge 1994.
LÜDEMANN, G.: *Paulus*, der Heidenapostel. I Studien zur Chronologie, FRLANT 123, Göttingen 1980; II Antipaulinismus im frühen Christentum, FRLANT 150, Göttingen 1983.

LÜHRMANN, D.: Das *Offenbarungsverständnis* bei Paulus und in den paulinischen Gemeinden, WMANT 16, Neukirchen 1965.
LUZ, U.: Das *Geschichtsverständnis* des Paulus, BEvTh 49, München 1968.
MACDONALD, M.Y.: *Women* Holy in Body and Spirit: the Social Setting of I Corinthians 7, NTS 36, 1990, 161-181.
MALAN, F.S.: Rhetorical Analysis of 1 Corinthians 4, ThViat(S) 20, 1993, 100-114.
MALY, K.: Mündige *Gemeinde,* SBM 2, Stuttgart 1967.
MAY, A.S.: ‚The *Body* for the Lord', JSNT.SS 278, London/New York 2004.
MARSHALL, P.: *Enmity* in Corinth, WUNT II 23, Tübingen 1987.
MARTIN, D.B.: The Corinthian *Body,* New Haven/London 1995.
MARTIN, R.P.: The *Spirit* and the Congregation, Grand Rapids 1984.
MATTERN, L.: Das *Verständnis* des Gerichtes bei Paulus, AThANT 47, Zürich/Stuttgart 1966.
MAURER, CH.: Grund und Grenze apostolischer *Freiheit,* in: Antwort. FS K. Barth, Zollikon/Zürich 1956, 630-641.
-: *Ehe* und Unzucht nach 1. Korinther 6,12-7,7, WuD 6, 1959, 159-169.
MCLEAN, B.H. (Hg.): *Origins* and Method. FS J.C. Hurd, JSNT.S 86, Sheffield 1993.
MEGGITT, J.J.: *Paul,* Poverty and Survival, Edinburgh 1998.
MELL, U./MÜLLER, U.B. (Hg.): Das *Urchristentum* in seiner literarischen Geschichte, BZNW 100, Berlin/New York 1999.
MERKLEIN, H.: *Studien* zu Jesus und Paulus, WUNT 43, Tübingen 1987.
-: *Studien* zu Jesus und Paulus II, WUNT 105, Tübingen 1998.
- (Hg.): Neues Testament und *Ethik.* FS R. Schnackenburg, Freiburg usw. 1989.
METZGER, B.M.: A Textual *Commentary* on the Greek New Testament, London/New York ²1994.
MITCHELL, M.M.: *Paul* and the Rhetoric of Reconciliation, HUTh 28, Tübingen 1991.
MOISER, J.: A *Reassessment* of Paul's View of Marriage with Reference to 1 Cor. 7, JSNT 18, 1983, 103-122.
MÜLLER, K.: Die *Leiblichkeit* des Heils, in: De Lorenzi, Résurrection 171-281 (mit Diskussion).
MÜLLER, U.B.: *Prophetie* und Predigt im Neuen Testament, StNT 10, Gütersloh 1975.
MUNCK, J.: *Paulus* und die Heilsgeschichte, AJut XXVI 1, Kopenhagen 1954.
MURPHY-O'CONNOR, J.: *Interpolations* in 1 Corinthians, CBQ 48, 1986, 81-94.
-: *Freedom* or the Ghetto (I. Cor., VIII, 1-13; X,23-XI,1), RB 85, 1978, 543-574.
-: *Paul* et l'art épistolaire, Paris 1994.
NASUTI, H.P.: The *Woes* of the Prophets and the Rights of the Apostle: The Internal Dynamics of 1 Corinthians 9, CBQ 50, 1988, 246-264.
NEIRYNCK, F.: The *Sayings* of Jesus in I Corinthians, in: Bieringer (Hg.), Correspondence 141-176.
NEUENZEIT, P.: Das Herrenmahl, StANT 1, München 1960.
NEWTON, D.: *Deity* and Diet, JSNT.SS 169, Sheffield 1998.
NIEDERWIMMER, K.: *Erkennen* und Lieben, KuD 11, 1965, 75-102.
-: *Askese* und Mysterium, FRLANT 113, Göttingen 1975.
OLLROG, W.-H.: *Paulus* und seine Mitarbeiter, WMANT 50, Neukirchen-Vluyn 1979.
OSTEN-SACKEN, P. VON DER: *Evangelium* und Tora. Aufsätze zu Paulus, TB 77, München 1987.
OSTMEYER, K.H.: Die *Sexualethik* des antiken Judentums im Licht des Babylonischen Talmuds, BThZ 12, 1995, 167-185.
PAGELS, E.H.: The Gnostic *Paul,* Philadelphia 1975.

PEARSON, B.A.: The Pneumatikos-Psychikos-*Terminology* in I Corinthians. A Study in the Theology of the Corinthian Opponents of Paul and its Relation to Gnosticism, SBL.DS 12, Missoula 1973.
PEDERSEN, S. (Hg.): Die Paulinische *Literatur* und Theologie, Teologiske Studier 7, Århus/ Göttingen 1980.
PENNA, R.: L'*apostolo* Paolo. Studi di esegesi e teologia, Milano 1991.
PERES, I.: Griechische *Grabinschriften* und neutestamentliche Eschatologie, WUNT 157, Tübingen 2003.
PESCH, R.: Simon-Petrus, PuP 15, Stuttgart 1980.
PESCH, W.: Der *Sonderlohn* für die Verkündiger des Evangeliums, in: Blinzler, J./Kuss, O./ Mussner, F. (Hg.): Neutestamentliche Aufsätze, FS J. Schmid, Regensburg 1963, 199–206.
PICAZIO, V.: Die *Freiheit* des Apostels, Diss. theol. Freiburg i. Br. 1984.
PICKETT, R.: The *Cross* in Corinth, JSNT.SS 143, Sheffield 1997.
PÖTTNER, M.: *Realität* als Kommunikation, Theologie 2, Münster 1995.
POGOLOFF, ST.M.: *Logos* and Sophia. The Rhetorical Situation of 1 Corinthians, SBL.DS 134, Atlanta 1992.
POPOVIĆ, A.: *Freedom* and Right of the Apostle, Anton. 78, 2003, 415–445.
PORTER, ST.E. (Hg.): *Handbook* of Classical Rhetoric in the Hellenistic Period 330 B.C.–A.D. 400, Leiden usw. 1997.
-/OLBRICHT, TH.H. (Hg.): *Rhetoric* and the New Testament, JSNT.SS 90, Sheffield 1993.
- (Hg.): The Rhetorical *Analysis* of Scripture, JSNT.SS 146, Sheffield 1997.
- (Hg.): The Pauline *Canon*, Pauline Studies 1, Leiden/Boston 2004.
-/STANLEY, CH.D. (Hg.): As it is *Written*, SBL Symposion 50, Atlanta 2008.
PRATSCHER, W.: Der *Verzicht* des Paulus auf finanziellen Unterhalt durch seine Gemeinden, NTS 25, 1979, 284–298.
PRETE, B.: *Matrimonio* e continenza nel cristianesimo delle origini, StBi 49, Brescia 1979.
PROBST, H.: *Paulus* und der Brief, WUNT II 45, Tübingen 1991.
RAMSARAN, R.A.: Liberating *Words*. Paul's use of rhetorical maxims in 1 Corinthians 1–10, Valley Forge (Pa.) 1996.
REITZENSTEIN, R.: Die hellenistischen *Mysterienreligionen*, Nachdruck der 3. Aufl. von 1927 Darmstadt 1980.
RENGSTORF, K.H. (Hg.): Das *Paulusbild* in der neueren deutschen Forschung, WdF 24, Darmstadt 1969.
REUMANN, J.: *OIKONOMIA-Terms* in Paul in Comparison with Lucan *Heilsgeschichte*, NTS 13, 1966, 147–167.
RICHARDSON, P.: *Temples*, Altars and Living from the Gospel (1 Cor. 9.12b–18), in: Jervis/Richardson, Gospel 89–110.
RICHARDSON, P./HURD, J.C. (Hg.): From *Jesus* to Paul. FS F.W. Beare, Waterloo (Ont.) 1984.
-/GOOCH, P.: *Logia* of Jesus in 1 Corinthians, Gospel Perspectives 5, 1985, 39–62.
RIEDWEG, CH.: *Mysterienterminologie* bei Platon, Philon und Klemens von Alexandrien, UALG 26, Berlin/New York 1987.
ROBERTSON, C.K.: *Conflict* in Corinth, Studies in Biblical Literature 42, New York usw. 2001.
ROETZEL, C.J.: *Judgement* in the Community, Leiden 1972.
ROHR, I.: *Paulus* und die Gemeinde von Korinth, BSt(F) IV 4, Freiburg 1899.
ROSNER, B.S.: *Paul*, Scripture and Ethics, AGJU 22, Leiden usw. 1994.
SABBE, M.: De *weg* van de liefde (1 Cor. 13), CBG 10, 1964, 494–511; 11, 1965, 433–480.
SÄNGER, D./KONRADT, M. (Hg.): Das *Gesetz* im frühen Judentum und im Neuen Testament, NTOA 57, Göttingen/Fribourg 2006.

SALZMANN, J.CH.: *Lehren* und Ermahnen, WUNT II 59, Tübingen 1994, 50–77.
SANDELIN, K.-G.: Die *Auseinandersetzung* mit der Weisheit in 1. Korinther 15, Medddelanden från Stiftelsens för Åbo Akademi forskningsinstitut 12, Åbo 1976.
–: *Drawing* the Line: Paul on Idol Food and Idolatry in 1 Cor 8:1–11:1, in: Aune, D.E./Seland, T./ Ulrichsen, J.H. (Hg.): Neotestamentica et Philonica. FS P. Borgen, NT.S 106, Leiden/Boston 2003, 108–125.
SANDERS, J.T.: *First Corinthians 13*. Its Interpretation Since the First World War, Interp. 20, 1966, 159–187.
SANDNES, K.O.: *Paul* – One of the Prophets?, WUNT II 43, Tübingen 1991.
SAVAGE, T.B.: *Power* through weakness, SNTS.MS 86, Cambridge 1996.
SAW, I.: Paul's *Rhetoric* in 1 Corinthians 15, Lewiston (N.Y.) 1995.
SCHENK, W.: Art. „*Korintherbriefe*", TRE 19, 1990, 620–640.
SCHLIER, H.: Die *Zeit* der Kirche, Freiburg ²1958,
  darin: Über die *Liebe*, 186–193.
–: *Besinnung* auf das Neue Testament, Freiburg usw. 1964.
SCHMELLER, TH.: *Paulus* und die „Diatribe", NTA NS 19, Düsseldorf 1987.
–: *Hierarchie* und Egalität, SBS 162, Stuttgart 1995.
SCHMITHALS, W.: Die *Gnosis* in Korinth, FRLANT 66, Göttingen 1956, ³1969.
–: *Theologiegeschichte* des Urchristentums, Stuttgart 1994.
–: Die *Kollekten* des Paulus für Jerusalem (1994), in: Breytenbach, Paulus 78–106.
SCHNABEL, E.J.: Urchristliche *Mission*, Wuppertal 2002.
SCHNELLE, U.: Paulus, Berlin/New York 2003.
SCHNELLE, U./SÖDING, TH. (Hg.): Paulinische *Christologie*. FS H. Hübner, Göttingen 2000.
SCHNIDER F./STENGER, W.: *Studien* zum neutestamentlichen Briefformular, NTTS 11, Leiden usw. 1987.
SCHNIEWIND, J.: Nachgelassene *Reden* und Aufsätze, Berlin 1952 = Gießen/Basel 1987,
  darin: Die Leugner der Auferstehung in Korinth, 110–139.
SCHOWALTER, D.N./FRIESEN, ST.J. (Hg.): Urban *Religion* in Roman Corinth, HThS 53, Cambridge (Mass.) 2005.
SCHRAGE, W. (Hg.): *Studien* zum Text und zur Ethik des Neuen Testaments. FS H. Greeven, BZNW 47, Berlin/New York 1986.
–: *Kreuzestheologie* und Ethik im Neuen Testament, FRLANT 205, Göttingen 2004.
–: *Studien* zur Theologie im 1. Korintherbrief, BThSt 94, Neukirchen-Vluyn 2007.
SCHREINER, J. (Hg.): *Freude* am Gottesdienst. FS J.G. Plöger, Stuttgart 1983.
SCHRÖTER, J.: Das Abendmahl, SBS 210, Stuttgart 2006.
SCHÜRMANN, H.: Die geistlichen *Gnadengaben* in den paulinischen Gemeinden, in: Ders., Ursprung und Gestalt, Düsseldorf 1970, 236–267.
SCHÜTZ, J.H.: Apostolic *Authority* and the Control of Tradition: I Cor. XV, NTS 15, 1969, 439–457.
SCROGGS, R.: Paul: Σοφός and Πνευματικός, NTS 14, 1967, 33–55.
–: Paul and the Eschatological *Woman*, JAAR 40, 1972, 283–303.
SELBY, G.S.: *Paul*, the Seer: The Rhetorical Persona in 1 Corinthians 2.1–16, in: Porter/Olbricht, Analysis 351–373.
SELLIN, G.: Das „*Geheimnis*" der Weisheit und das Rätsel der Christuspartei, ZNW 73, 1982, 60–96.
–: „Die *Auferstehung* ist schon geschehen", NT 25, 1983, 220–237.
–: Der *Streit* um die Auferstehung der Toten, FRLANT 138, Göttingen 1986.
–: *Hauptprobleme* des 1. Korintherbriefs, ANRW II 25.4, 1987, 2940–3044.
–: Der Brief an die Epheser, KEK 8, Göttingen 2008.

SMIT, J.F.M.: *Argument* and Genre of 1 Corinthians 12–14, in: Porter/Olbricht, Rhetoric 211–230.
–: „About the Idol *Offerings*", CBET 27, Leuven usw. 2000.
–: „*What* is Apollos? What is Paul?", NT 44, 2002, 231–251.
SMIT SIBINGA, J.: The *Composition* of 1 Cor. 9 and its Context, NT 40, 1998, 136–163.
SODEN, H. VON: *Sakrament* und Ethik bei Paulus (1931), in: Rengstorf, Paulusbild 338–379.
SÖDING, TH.: Die *Trias* Glaube, Hoffnung, Liebe bei Paulus, SBS 150, Stuttgart 1992.
–: *Starke* und Schwache, ZNW 85, 1994, 69–92.
–: Das *Wort* vom Kreuz, WUNT 93, Tübingen 1997.
SPICQ, C.: *Agapè* dans le Nouveau Testament, EtB, II, Paris 1959.
SPÖRLEIN, B.: Die *Leugnung* der Auferstehung, BU 7, Regensburg 1971.
STANDAERT, B.: *1 Corinthiens 13*, in: De Lorenzi, Charisma 127–147.
STANLEY, CH.D.: *Paul* and the language of Scripture, MSSNTS 69, Cambridge 1992.
STANTON, G.N./LONGENECKER, B.W./BARTON, ST.C. (Hg.): The Holy *Spirit* and Christian Origins. FS J.D.G. Dunn, Grand Rapids/Cambridge 2004.
STENGER, W.: *Beobachtungen* zur Argumentationsstruktur von 1 Kor 15, LingBibl 45, 1979, 71–126.
STERLING, G.: „*Wisdom* among the Perfect:" Creation Traditions in Alexandrian Judaism and Corinthian Christianity, NT 37, 1995, 355–384.
STILL, E.C.: Paul's Aims Regarding *eidolothyta*: A New Proposal for Interpreting 1 Corinthians 8:1–11:1, NT 44, 2002, 333–343.
STOWERS, ST.K.: Letter-Writing in Greco-Roman Antiquity, Philadelphia 1986.
STRACK, W.: Kultische *Terminologie* in ekklesiologischen Kontexten in den Briefen des Paulus, BBB 92, Weinheim 1994.
STRECKER, CH.: Die liminale *Theologie* des Paulus, FRLANT 185, Göttingen 1999.
STRÜDER, C.W.: *Paulus* und die Gesinnung Christi, BEThL 190, Leuven 2005.
Studiorum Paulinorum Congressus Internationalis Catholicus 1961, AnBib 17/18, Rom 1963.
STUHLMACHER, P.: Zur hermeneutischen *Bedeutung* von 1Kor 2,6–16, ThBeitr 18, 1987, 133–158.
SUHL, A.: *Paulus* und seine Briefe, StNT 11, Gütersloh 1975.
SYNOFZIK, E.: Die Gerichts- und *Vergeltungsaussagen* bei Paulus, GTA 8, Göttingen 1977.
TEANI, M.: *Corporeità* e risurrezione, Aloi. 24, Rom/Brescia 1994, 81–153.
THEIS, J.: *Paulus* als Weisheitslehrer, BU 22, Regensburg 1991.
THEISSEN, G.: Psychologische *Aspekte* paulinischer Theologie, Göttingen 1983.
–: *Studien* zur Soziologie des Urchristentums, Tübingen ³1989.
–: *Legitimation* und Lebensunterhalt: Ein Beitrag zur Soziologie urchristlicher Missionare, NTS 21, 1975, 192–221 (= Ders., Studien 201–230).
–: Die *Starken* und Schwachen in Korinth (1975), in: Ders., Studien 272–289.
THISELTON, A.C.: Realized *Eschatology* at Corinth, NTS 24, 1978, 510–526.
THOMAS, R.L.: *Understanding* Spiritual Gifts, Grand Rapids ²1999.
THRAEDE, K.: *Grundzüge* griechisch-römischer Brieftopik, Zet. 48, München 1970.
THRALL, M.E.: Greek *Particles* in the New Testament, NTTS 3, Leiden 1962.
THÜSING, W.: Per Christum in Deum, NTA 1, Münster 1965 (3. Aufl. 1989 als: *Gott* und Christus in der paulinischen Soteriologie I).
–: *Studien* zur neutestamentlichen Theologie, hg. Th. Söding, WUNT 82, Tübingen 1995.
TIBBS, C.: Religious *Experience* of the Pneuma, WUNT II 230, Tübingen 2007.
TIEDEMANN, H.: Die *Erfahrung* des Fleisches, Stuttgart 1998.
TOMLIN, G.: *Christians* and Epicureans in 1 Corinthians, JSNT 68, 1997, 51–72.
TOMSON, P.J.: *Paul* and the Jewish Law: Halakha in the Letters of the Apostle to the Gentiles, CRINT III 1, Assen/Minneapolis 1990.

TROBISCH, D.: Die *Entstehung* der Paulusbriefsammlung, NTOA 10, Fribourg/Göttingen 1989.
TROWITZSCH, M. (Hg.): *Paulus*, Apostel Jesu Christi. FS G. Klein, Tübingen 1998.
TUCKETT, CH.M.: Jewish Christian *Wisdom* in 1 Corinthians?, in: Porter, St.E./Joyce, P./Orton, D.E. (Hg.): Crossing the Boundaries, FS M.D. Goulder, BInt 8, Leiden/New York/Köln 1994, 201–219.
–: The *Corinthians* Who Say „There is no resurrection of the dead" (1 Cor 15,12), in: Bieringer, Correspondence 247–275.
–: *Paul*, Scripture and Ethics, NTS 46, 2000, 403–424.
ULRICHSEN, J.H.: Die *Auferstehungsleugner* in Korinth, in: Fornberg/Hellholm, Text 781–799.
UMBACH, H.: In Christus getauft – von der *Sünde* befreit, FRLANT 181, Göttingen 1999.
VANHOYE, A. (Hg.): L'apôtre *Paul*, BEThL 73, Leuven 1986.
VERBURG, W.: *Endzeit* und Entschlafene, FzB 78, Würzburg 1996.
VIELHAUER, PH.: *Geschichte* der urchristlichen Literatur, Berlin 1975.
–: Oikodome, TB 65, München 1979.
VOLLENWEIDER, S.: *Freiheit* als neue Schöpfung, FRLANT 147, Göttingen 1989.
–: *Horizonte* neutestamentlicher Christologie, WUNT 144, Tübingen 2002.
VOS, J.S.: Die *Argumentation* des Paulus in 1 Kor 1,10–3,4, in: Bieringer, Correspondence 87–119.
–: Argumentation und Situation in *1Kor. 15*, NT 41, 1999, 313–333.
–: Die *Kunst* der Argumentation bei Paulus, WUNT 149, Tübingen 2002.
VOSS, F.: Das *Wort* vom Kreuz und die menschliche Vernunft, FRLANT 199, Göttingen 2002.
WATSON, D.F.: Paul's Rhetorical *Strategy* in 1 Corinthians 15, in: Porter/Olbricht, Rhetoric 231–249.
WEDDERBURN, A.J.M.: The *body* of Christ and related concepts in 1 Corinthians, SJTh 24, 1971, 74–96.
–: The *Problem* of the Denial of the Resurrection in I Corinthians XV, NT 23, 1981, 229–241.
–: *Baptism* and Resurrection, WUNT 44, Tübingen 1987.
WEDER, H.: Das *Kreuz* Jesu bei Paulus, FRLANT 125, Göttingen 1981.
WEIMA, J.A.D.: Neglected *Endings*, JSNT.SS 101, Sheffield 1994.
WEISS, J.: *Beiträge* zur Paulinischen Rhetorik, in: Theologische Studien. FS B. Weiss, Göttingen 1897, 165–247.
WELBORN, L.L.: On the *Discord* in Corinth: 1 Corinthians 1–4 and Ancient Politics, JBL 106, 1987, 85–111.
–: *Politics* and Rhetoric in the Corinthian Epistles, Macon (Ga.) 1997.
WENGST, K.: Christologische *Formeln* und Lieder des Urchristentums, StNT 7, Gütersloh 1972.
WHITE, J.: Die *Erstlingsgabe* im Neuen Testament, TANZ 45, Tübingen 2007.
WILCKENS, U.: *Weisheit* und Torheit, BHTh 26, Tübingen 1959.
–: Das *Kreuz* Christi als die Tiefe der Weisheit Gottes (2,1–16), in: De Lorenzi, Paolo 43–108 = Zu 1 Kor 2,1–16, in: Andresen/Klein, Theologia 501–537.
WILK, F.: Die *Bedeutung* des Jesajabuches für Paulus, FRLANT 179, Göttingen 1998.
WILKINS, M.J./PAIGE T. (Hg.): Worship, Theology and Ministry in the Early Church. FS R.P. Martin, JSNT.SS 87, Sheffield 1992.
WILLIS, W.L.: Ideol *Meat* in Corinth, SBL.DS 68, Chico (Cal.) 1985.
–: An Apostolic *Apologia?*, JSNT 7, 1985, 33–48.
WILSON, J.H.: The *Corinthians* Who Say There Is No Resurrection of the Dead, ZNW 59, 1968, 90–107.

WINTER, B.W.: *Seek* the Welfare of the City, Grand Rapids/Carlisle 1994.
–: *Philo* and Paul among the Sophists, MSSNTS 96, Cambridge 1997, Grand Rapids ²2001.
–: *After* Paul left Corinth. The Influence of Secular Ethics and Social Change, Grand Rapids/Cambridge 2001.
WINTER, M.: *Pneumatiker* und Psychiker in Korinth, MThSt 12, Marburg 1975.
WIRE, A.C.: The Corinthians Women *Prophets*, Minneapolis 1990.
WISCHMEYER, O.: Der höchste *Weg*, StNT 13, Gütersloh 1981.
–: *1. Korinther 15*. Der Traktat des Paulus über die Auferstehung der Toten in der Wahrnehmung unterschiedlicher Textzugänge, in: Dies.: Von Ben Sira zu Paulus, WUNT 173, Tübingen 2004, 243–275.
WITHERINGTON III, B.: *Not* so Idle Thoughts about *Eidolothuton*, TynB 44, 1993, 237–254.
WOLBERT, W.: Ethische *Argumentation* und Paränese in 1 Kor 7, Moraltheologische Studien 8, Düsseldorf 1981.
WOLTER, M.: Der *Kompromiß* bei Paulus, in: Bader, G. u.a. (Hg.): Im Labyrinth der Ethik, Rheinbach 2004, 66–78 (= Ders., Theologie 170–180).
–: *Theologie* und Ethos im frühen Christentum, WUNT 236, Tübingen 2009.
WOYKE, J.: *Götter*, ‚Götzen', Götterbilder, BZNW 132, Berlin/New York 2005.
YARBROUGH, O.L.: *Not* Like the Gentiles: Marriage Rules in the Letters of Paul, SBL.DS 80, Atlanta 1985.
YEO, KHIOK-KHNG: Rhetorical *Interaction* in 1 Co 8 and 10, BInt 9, Leiden usw. 1995.
YOU-MARTIN, CH.: Die *Starken* und Schwachen in 1 Kor 8,1–11,1 im Licht der griechisch-römischen Antithesen „Frömmigkeit – Aberglaube" und „Vernunft – Emotion", Diss. theol. Heidelberg 1993 (Mikrofiche).
ZELLER, D.: Der Brief an die *Röme*r, RNT, Regensburg 1985.
–: *Charis* bei Philon und Paulus, SBS 142, Stuttgart 1990.
–: Zur *Transformation* des Χριστός bei Paulus, JBTh 8, 1993, 155–167.
–: Die angebliche enthusiastische oder spiritualistische *Front* in 1 Kor 15, StPhA 13, 2001, 176–189.
–: Vierfache *Schriftverwertung* im 1. Korintherbrief, in: F. Sedlmeier (Hg.): Gottes Wege suchend. FS R. Mosis, Würzburg 2003, 497–516.
–: Der *Vorrang* der Ehelosigkeit in 1 Kor 7, ZNW 96, 2005, 61–77.
–: *Neues Testament* und hellenistische Umwelt, BBB 150, Hamburg 2006, darin: *Selbstbezogenheit* und Selbstdarstellung in den Paulusbriefen, 201–213.
ZIMMERMANN, M. u. R.: *Zitation*, Kontradiktion oder Applikation?, ZNW 87, 1996, 83–100.
ZUNTZ, G.: The *Text* of the Epistles, London 1953.

Abkürzungen und Zitierweise

Abkürzungen

Allgemeines, Altes und Neues Testament, außerkanonische Literatur und Apostolische Väter, rabbinisches Schrifttum, Schriften aus Nag Hammadi nach Betz, H.D. u.a. (Hg.): Religion in Geschichte und Gegenwart, 4. Aufl., Tübingen 1, 1998, XXf.XXII–XXVIII.
  Qumranschriften nach Maier, Qumran-Essener (s. Literaturverzeichnis unter 1).
  Sonstige antike Literatur: Autorennamen werden – bis auf Beinamen – in latinisierter Form ausgeschrieben. Werke nach Cancik, H./Schneider, H. (Hg.): Der Neue Pauly. Enzyklopädie der Antike, Stuttgart/Weimar 1, 1996, XXXIX–XLVII, erweitert 3, 1997, XXXVI–XLIV (in einigen Fällen allerdings konsequenter latinisiert, z.B. oec. statt oik.).
  Philo und Josephus nach Schwertner, S.: Theologische Realenzyklopädie. Abkürzungsverzeichnis, Berlin ²1994, XXIVf (aber mit Punkt nach Werktitel, der nur bei Eigennamen großgeschrieben wird; cont. statt VitCont, Gai. statt LegGai, Mos. statt VitMos, spec. statt Spec Leg, hyp. = Hypothetica).
  Inschriften und Papyri nach Bauer, Wörterbuch (s. Literaturverzeichnis unter 1) XVIII–XX.
  Zeitschriften, Reihen, Lexika nach Schwertner, S.: Internationales Abkürzungsverzeichnis für Theologie und Grenzgebiete, Berlin ²1992.

Zusätzlich werden verwendet:

AzBG = Arbeiten zur Bibel und ihrer Geschichte, Leipzig
BBR = Bulletin for Biblical Research, Winnona Lake
B-D-R = Blass/Debrunner/Rehkopf, Grammatik (s. Literaturverzeichnis unter 1)
BInt = Biblical Interpretation Series, Leiden
CBET = Contributions to Biblical Exegesis and Theology, Leuven
GNT = Aland/Black/Metzger/Wikgren, Testament (s. Literaturverzeichnis unter 1)
HWRh = Ueding, Wörterbuch (s. Literaturverzeichnis unter 1)
L-S = Liddell/Scott, Lexicon (s. Literaturverzeichnis unter 1)
H-S = Hoffmann/Siebenthal, Grammatik (s. Literaturverzeichnis unter 1)
K-G = Kühner/Gerth, Grammatik (s. Literaturverzeichnis unter 1)
StPhA = The Studia Philonica Annual, Atlanta (Ga.)
TANZ = Texte und Arbeiten zum neutestamentlichen Zeitalter, Tübingen/Basel
TrinJ = Trinity Journal, S. Antonio (Tex.)
ZNT = Zeitschrift für Neues Testament, Tübingen

Zitierweise

Im Literaturverzeichnis genannte Titel werden im Kommentar und in den Spezialverzeichnissen nur mit Verfassernamen und Titelstichwort angeführt. In den Spezialverzeichnissen vor den einzelnen Abschnitten genannte Literatur wird im betreffenden Abschnitt nur mit Verfassernamen aufgeführt. Kommentare zu einer biblischen Schrift werden mit Verfassernamen und der Abkürzung der biblischen Schrift zitiert.

Einleitung

1. Die römische Stadt Korinth

ELLIGER, Paulus. ENGELS, D.: Roman Corinth, Chicago/London 1990. DEMARIS, R.E.: Cults and the Imperial Cult in Early Roman Corinth, in: Labahn, M./Zangenberg, J. (Hg.): Zwischen den Reichen: Neues Testament und römische Herrschaft, TANZ 36, Tübingen/Basel 2002, 73–91. GREGORY, T.E. (Hg.): The *Corinthia* in the Roman Period, JRA.SS 8, Ann Arbor 1993. MURPHY-O'CONNOR, J.: St. Paul's Corinth. Texts and Archaeology, Good News Studies 6, Wilmington (Del.) 1983 (³2002). ROTHAUS, R.M.: Corinth. The First City of Greece, RGRW 139, Leiden usw. 2000. SCHOWALTER/FRIESEN, Religion. WISEMAN, J.: Corinth and Rome I: 228 B.C. – A.D. 267, ANRW II 7.1, 1979, 438–548.

a) Lage, Geschichte

Wie schon das wegen des Reichtums berühmte alte Korinth[1] profitierte auch die römische Neugründung von den günstigen geographischen Gegebenheiten: Sie lag auf einer trapezförmigen Fläche nördlich des schützenden Akrokorinth, an dessen Fuß zahlreiche Quellen entspringen. Die Küstenebene bis zum Korinthischen Golf besteht aus fruchtbarem „rendzina"-Boden. Die Stadt kontrollierte die Handelsstraßen, die über die einzige Landbrücke vom griechischen Festland in die Peloponnes, besonders in die Argolis, liefen. Durch eine von Mauern flankierte, 2 km lange Straße war sie mit dem künstlichen Hafen Lechaion im Norden verbunden, von dem aus die Seefahrt nach Westen ging. Weiter entfernt (8,5 km) war die Hafenstadt Kenchreai am Saronischen Meerbusen. Beide Meere waren von Periander Anfang des 6. Jh. v. Chr. durch einen Landweg (διόλκος) verbunden worden. So sparte man sich die 6 Tage dauernde gefährliche Umsegelung von Kap Malea. Der Isthmus war aber auch der Ort eines Poseidon geweihten Heiligtums und eines panhellenischen Festes.[2] Aus Anlass der Isthmia hielt im Jahr 156 n. Chr. der bekannte Rhetor Aelius Aristides eine Lobrede auf Poseidon,[3] in der er auch die Vorzüge der korinthischen Landschaft poetisch schildert. In § 27 kommt er auch auf ihre kulturelle

---

[1] Vgl. SALMON, J.B.: Wealthy Corinth. A History of the City to 338 B.C., Oxford 1984; Strabo VIII 6,20: ἀφνειός (wohlhabend) wie Homer, Il. II 570; Pindar, Frgm. 122,2 (MAEHLER); Thukydides I 13,5. Herodot III 52,4: εὐδαίμων (glücklich). Strabo VIII 6,23 preist Töpferei- und Bronzeware des alten Korinth „Die Stadt der Korinther war also groß und reich die ganze Zeit und verfügte über hervorragende Männer für die Politik und die Handwerkskünste". Auch nach Herodot II 167,2 waren dort die Handwerker am wenigsten verachtet; Pindar, O. 13,17-23 rühmt den Erfindergeist der Stadt.

[2] Vgl. BRONEER, O.: Paul and the Pagan Cults at Isthmia, HThR 64, 1971, 169-187.

[3] Vgl. or. 46 (BEHR), im Folgenden eine eigene Übersetzung.

Potenz zu sprechen, obwohl natürlich Athen mit seinen Philosophenschulen das Bildungszentrum der Griechen war und blieb. Hier einige Auszüge:

> (23) Und alles kommt von allen Seiten zu Land und zu Wasser hierher, deswegen wird auch seit alters das Land „reich" gepriesen von den Dichtern, zugleich wegen der Menge der vorhandenen Güter wie wegen des darin liegenden Glücks. Denn es ist gleichsam der Markt und der gemeinsame Hof der Griechen und der Festplatz, nicht wie ihn alle zwei Jahre das Griechenvolk erfüllt wie die gegenwärtige Festversammlung, sondern gleichsam das ganze Jahr hindurch und jeden Tag. Wenn es wie zwischen Menschen auch zwischen Städten gegenseitige Gastfreundschaft gäbe, dann hätte die Stadt diesen Titel und diese Ehre überall; (24) denn sie empfängt alle Städte bei sich und entlässt sie wieder aus sich, und ist die gemeinsame Zuflucht aller, wie ein Weg und Durchgang aller Menschen, wohin einer auch reisen will, und eine gemeinsame Stadt der Griechen, gleichsam tatsächlich eine Metropole und Mutter in dieser Beziehung. [...] (27) Wer könnte ein größeres Zeugnis ihrer Größe bringen als dass sie sich nach allen Meeren erstreckt, sie ist an ihrem Rand angesiedelt und dazwischen, nicht dem einen oder dem andern, sondern allen gleichzeitig. (28) Schon immer war sie Beförderung der guten Ordnung[4], und auch jetzt waltet sie als Schiedsrichter über das Recht[5] für die Griechen. Mit Reichtum und einer Menge Güter, soviel nur möglich, da sie überhäufen das allseits umgebende Land oder das allseits umgebende Meer; sie wohnt ja inmitten der Güter und ist ringsum umspült, wie ein Lastschiff, von Gütern. (29) Du würdest beim Kommen auch Weisheit[6] am Weg finden; und von den unbelebten Dingen würdest du lernen und hören. So groß sind die Schätze der Gemälde über sie in ihrer Gänze, wo einer nur hinblickt, sowohl längs der Wege selber als auch in den Stoen. Dazu noch die Gymnasien, die Lehrhäuser, sowohl (Orte) zum Lernen wie zum Erforschen.

Nachdem die Achaeische Liga den Krieg gegen Sparta, und damit gegen Rom, erklärt hatte, war das alte Korinth 146 v. Chr. von Lucius Mummius zerstört worden; sein Land wurde *ager publicus Romanus* und an die Sikyonier verpachtet, die auch die Ausrichtung der Isthmischen Spiele übernahmen. Zwar hausten in den Ruinen noch wenige Bewohner; doch war das städtische Leben am Ende.[7]

Erst Cäsar siedelte am alten Ort 44 v. Chr. – parallel zu Karthago – Freigelassene und Veteranen an.[8] Das neue Gemeinwesen nannte sich zu Cäsars Ehren *Colonia Laus Iulia Corinthiensis*. Als römische Kolonie hatte es eine eigene Verfassung; es bestand aus städtischen *cives* (Bürger), die allein ein Amt bekleiden durften, und *incolae* (Einwohner), die aus den Anrainerländern des Mittelmeers in die Hafenstadt strömten, darunter auch Juden.[9] Wie die überwiegend lateinischen Inschriften, die in

---

[4] Griech. εὐνομία, vgl. Pindar, O. 13,6.
[5] Griech. βραβεύει τὰ δίκαια.
[6] BEHR liest offensichtlich σοφίαν statt σοφόν (DINDORF).
[7] Vgl. einerseits Cicero, Tusc. III 53 und Funde, andererseits zeigt GILL, D.W.J.: Corinth: a Roman Colony in Achaea, BZ 37, 1993, 259–264 gegen WILLIS, W.: Corinthusne deletus est?, BZ 35, 1991, 233–241 „the break in the civic identity."
[8] Vgl. Appian, Pun. 136; Plutarch, Caes. 57,5; Cassius Dio XLIII 50,3–5; Strabo VIII 6,23. Entsprechend zu der Zahl der Kolonisten Karthagos schätzt man 3000. WALTERS, J.: Civic Identity in Roman Corinth and Its Impact on Early Christians, in: Schowalter/Friesen 397–417, 402 kommt allerdings auf 12000–16000. Sie verhökern Grabfunde in Rom. Krinagoras, Anth. Pal. IX 284 beklagt die nichtswürdigen Neukömmlinge (παλίμπρητοι).
[9] Philo, Gai. 281 zählt Korinth zu den Orten, an denen gleichsam eine Kolonie von Jerusalem zu finden ist.

Die römische Stadt Korinth 31

der Forumsgegend gefunden wurden, zeigen, hatte die Stadt im 1. Jh. n. Chr. ein stark römisches Gepräge.[10] Aber zu der anfänglich römischen Bevölkerung kamen auch Griechen, die das Bürgerrecht geschenkt bekamen. Während die Herstellernamen auf den Terrakottawaren zunächst lateinisch sind, finden sich ab der Mitte des 1. Jh. n. Chr. auch immer mehr griechische. Die offizielle Sprache war Latein; aber im Alltag sprach man Griechisch, wie nicht zuletzt die Korintherbriefe bezeugen. Im 2. Jh. n. Chr. war die römische Kolonie schließlich ganz von der griechischen Kultur überformt.[11]

Handwerk und Handel[12] ließen die Stadt rasch aufblühen, so dass sie wohl 27 v. Chr. zur Hauptstadt der neugegründeten Provinz Achaia wurde, die die Inseln und das ganze Festland bis Makedonien umfasste. Tiberius unterstellte die zunächst senatorische Provinz 15 n. Chr. seiner direkten Kontrolle und schlug sie samt Makedonien Mösien zu. Claudius stellte 44 n. Chr. die senatorische Provinz unter einem *proconsul* wieder her.[13] Während diesem die kriminale Rechtsprechung zufiel, wurde die Stadt selbst durch zwei jährlich gewählte *duoviri iure dicundo* verwaltet,[14] die alle vier Jahre als *duoviri quinquennales* den Zensus vornahmen und neue Mitglieder des Stadtrats (*decuriones*) ernannten. Ihnen standen zwei jährlich gewählte Ädile bei, die sich um die öffentlichen Bauten und den Markt (deswegen auch ἀγορανόμοι) kümmerten. Dazu sorgte ein *curator annonae* für die nötigen Getreideimporte, ein ἀγωνοθέτης für die alle zwei Jahre stattfindenden Isthmia, assistiert von zehn Hellanodiken. Alle vier Jahre wurden diese als „Große Isthmien" mit Cäsarspielen verbunden.[15] Daneben gab es noch seit Tiberius Kaiserwettspiele, geleitet von ἰσαγωγεῖς. Drei *pontifices* und drei Auguren waren für die städtischen Kulte verantwortlich. Ein in Korinth ansässiger *archierus domus Aug.* ist seit Nero Träger eines Provinzialkultes der Achäer.[16] Diese Ämter, die auch in Personalunion ausgeübt werden konnten, machten erhebliche persönlichen Aufwendungen notwendig. Ein fiktiver Brief des Alkiphron lässt erahnen, dass sich auch in dieser Stadt allmählich eine tiefe Kluft zwischen dem Luxus der Reichen und dem Elend der Armen auf-

---

[10] Das betont WINTER, After 7–22.
[11] Wie der Redner Favorinus (Dio Chrys. 37,26) feststellt, gilt von ihr dasselbe wie von ihm selber: Ῥωμαῖος ὢν ἀφηλληνίσθη („obwohl Römer, vollkommen hellenisiert").
[12] WILLIAMS II, C.K.: Roman Corinth as a commercial center, in: Gregory 31–46 zählt die bisher entdeckten Märkte auf. Zum Bankwesen: Plutarch, mor. 831a: Ein korinthischer Zinsnehmer und Wucherer wird von einem aus anderen Städten abgelöst.
[13] Vgl. GILL, D.W.J.: Achaia, in: Ders./Gempf, Acts 433–453.
[14] SPAWFORTH, A.J.S.: Roman Corinth. The Formation of a Colonial Elite, in: Rizakis, A.D. (Hg.): Roman Onomastics in the Greek East: Social and Political Aspects, Meletemata 21, Athen 1996, 167–182 untersucht 42 *duoviri* bis in die Zeit Neros. Neun kommen aus Freigelassenenfamilien. Zu den Funktionen vgl. CLARKE, Leadership 13–18.
[15] Zum Verhältnis vgl. GEBHARD, E.R.: The Isthmian Games and the Sanctuary of Poseidon in the Early Empire, in Gregory 78–94, 86. Nach Gebhard fanden die Spiele zunächst in Korinth statt; erst Nero habe sie wieder an den Isthmus verlagert.
[16] SPAWFORTH, A.J.: Corinth, Argos, and the Imperial Cult I, Hesp. 63, 1994, 211–32 erschließt aus Pseudo-Julian, epist. 198, jährliche *venationes*, zu denen die Provinzstädte beizutragen hatten. Diese Tierhatzen in dem archäologisch nachgewiesenen Amphitheater sind kennzeichnend für die Römer.

tat.[17] Von ihrer Bevölkerungsstruktur her eröffnete sie in besonderer Weise Aufstiegschancen und förderte soziale Mobilität, die aber auch in gnadenlose Konkurrenz ausarten konnte.[18]

b) Anlage, Kulte

Die römischen Stadtplaner errichteten ein rechteckiges Straßennetz, in dessen Mittelpunkt das leicht schräg dazu liegende hellenistische Areal eines Rennplatzes zum Forum ausgestaltet wurde.[19] Die Lechaion-Straße bzw. ihre Verlängerung nach Süden bildete den *cardo maximus*. Die hellenistischen Stoen nordwestlich und südöstlich des Forums konnten wie der nördlich davon gelegene archaische Apollontempel übernommen werden. Am westlichen Rand entstand eine Reihe von kleinen Tempeln typisch römischer Bauart.[20] Der beherrschende Tempel E im Westen war nach Pausanias II 3,1 der Schwester des Augustus, Octavia, zu eigen; wahrscheinlich war er auch der Verehrung der Julischen Dynastie gewidmet,[21] wie die Basilika Julia im Osten des Forums dieses Gründergeschlecht ehrte. Ältere Heiligtümer griechischer Götter, die in römischer Zeit erneuert wurden, sind der Asklepiostempel im Norden der Stadt, der Tempel der Athena Chalinitis beim Theater und der Tempel der Demeter und Kore im Süden, sowie der kleine Tempel der Aphrodite auf Akrokorinth.[22] Sie war neben den älteren Göttern Poseidon und Helios die Schutzgöttin der Stadt.[23] Für die griechische Zeit bezeugt Strabo VIII 6,20 im Verbund mit Pindar,

---

[17] III 24 (BENNER/FOBES). Der Schreiber weigert sich wegen dieses sozialen Kontrastes, sich in Korinth niederzulassen. Besonders stößt ihn ab, wie zwei Jünglinge sich von kümmerlichen Essensresten ernähren müssen.

[18] Vgl. SAVAGE, Power, Kap. 1: The social setting of first-century Corinth: an historical examination, bes. 37-39.

[19] Vgl. ROMANO, D.G.: Post-146 B.C. land use in Corinth, and planning of the Roman colony of 44 B.C., in: Gregory 9-30; WILLIAMS II, C.K.: The Refounding of Corinth: Some Roman Religious Attitudes, in: Macready, S./Thompson, F.S. (Hg.): Roman Architecture in the Greek World, London 1987, 26-37.

[20] Zur Identifikation vgl. WILLIAMS II, C.K./FISHER, J.E.: Corinth, 1974: Forum Southwest, Hesp. 44, 1975, 1-50, 25-29. Die ältere Auffassung in: American School of Classical Studies at Athens (Hg.): Ancient Corinth, ⁶1954.

[21] Vgl. WILLIAMS II, C.K.: A Re-evaluation of Temple E and the West End of the Forum of Corinth, in: Walker, S./Cameron, A. (Hg.): The Greek Renaissance in the Roman Empire, BICS.SP 55, 1989, 156-162. WALBANK, M.E.: Pausanias, Octavia and temple E at Corinth, BSA 84, 1989, 361-394 hält ihn für den Tempel der Kapitolinischen Trias, verzeichnet aber 385f Spuren des Kaiserkultes. Dieser wurde vor allem von einem Kollegium von Freigelassenen (*augustales*) propagiert. Vgl. NEWTON, Deity 105-110. Neuester Stand bei BOOKIDIS, N.: Religion in Corinth: 146 B.C.E. to 100 C.E., in: Schowalter/Friesen 141-164, 155-157.

[22] Vgl. WILLIAMS II, C.K.: Corinth and the Cult of Aphrodite, in: Del Chiaro, M.A. (Hg.): Corinthiaca. FS D.A. Amyx, Missouri 1986, 12-24.

[23] Das - freilich erweiterte - Euripides-Zitat bei Strabo VIII 6,21 spricht wie Aelius Arist. 46,25 (BEHR) von der „Stadt Aphrodites". SAFFREY, H.D.: Aphrodite à Corinthe, RB 92, 1985, 359-374, 369f sucht das zu entwerten. Richtig ist, dass das Attribut ἐπαφροδιτοτάτη bei Favorinus (Dio Chrys. 37,34) an sich nichts über die Beziehung zur Göttin besagen, sondern mit „allerlieblichst" übersetzt werden muss. Aber Alkiphron III 24,3 (BENNER/FOBES) zeigt, dass dabei eine Anspielung auf Aphrodite mitgehört werden

Frgm. 122 (MAEHLER) sakrale Prostitution zu Ehren der Göttin. Sehr fraglich ist, ob sie auch noch unter den Römern geübt wurde.[24] Auf jeden Fall galt Korinth in der ganzen Antike als Hochburg des Dirnenwesens, was für eine Hafenstadt nicht ungewöhnlich ist.[25] Pausanias II 4,6 erwähnt beim Aufstieg nach Akrokorinth zwei Heiligtümer der Isis und zwei des Sarapis. Zusammen mit dem Isistempel in Kenchreai (Pausanias II 2,3)[26] und Statuenfunden weist das auf ein Erstarken der ägyptischen Kulte, die wohl von Kauf- und Seeleuten aus Ägypten importiert worden waren.[27] Während die Abkömmlinge der Kolonisten und die Bürger den offiziellen Kult der griechischen und römischen Götter sowie der Kaiser pflegten, waren die Zuwanderer ihren heimischen orientalischen Gottheiten zugetan. In diesem Milieu ist dann auch in erster Linie die jüdische und die christliche Gemeinde anzusiedeln.

2. Die Gemeinde in Korinth

a) Die Entstehung der Gemeinde[28]

Paulus kam auf der eigenständigen Missionsreise, die ihn erstmals nach Griechenland führte und die konventionell als „zweite" gezählt wird, von Athen – auf dem Land- oder auf dem Seeweg – nach Korinth (Apg 18,1). Er reiste allein, weil er seinen Mitarbeiter Timotheus zuvor von Athen aus nach Thessaloniki geschickt hatte (vgl. 1Thess 3,1-5). Der Verbleib des Silas ist nicht ganz klar: nach Apg 17,14 weilte er mit Timotheus in Beröa. Aber die Apostelgeschichte weiß nichts von der Sendung des Timotheus von Athen aus (vgl. 17,16). Jedenfalls fand der Apostel in Korinth auch als Einzelgänger Unterkunft und Arbeit bei den Juden Aquila und Priszilla, die gleich ihm Zeltmacher waren (vgl. Apg 18,2f). Nach der Apostelgeschichte waren sie erst kürzlich von Italien zugezogen, weil der Kaiser Claudius angeordnet hatte, dass „alle Juden Rom verlassen sollten".

---

kann, die hier „Stadtherrin" (πολιοῦχος) heißt, wenn auch ihr Patronat *ad hoc* auf die Frauen eingegrenzt wird.

[24] Vgl. ELLIGER 238-242 und SALMON (s. Anm. 1) 398f gegenüber der völligen Bestreitung bei CONZELMANN, H.: Korinth und die Mädchen der Aphrodite, in: Ders., Theologie 152-166, SAFFREY (s. vorige Anm.) und LANCI, J.R.: The Stones Don't Speak and the Texts Tell Lies: Sacred Sex at Corinth, in: Schowalter/Friesen 205-220.

[25] Vgl. nur Cicero, rep. II 7. Seit Aristophanes, Frgm. 354 (KOCK), ist das Verbum κορινθιάζομαι im Sinn von „huren" bzw. „kuppeln" belegt. Komödientitel verweisen auf diese Spezialität der Stadt. Maximus Tyr. XXXII 10,1 nennt die Korinther „Lustfreunde" (φιληδονοί).

[26] Die Ausgräber glaubten, ihn in einem apsidialen Gebäude im Süden des Hafens gefunden zu haben. Zweifel daran jetzt bei ROTHAUS 69-83.

[27] Vgl. SMITH, D.E.: The Egyptian Cults at Corinth, HThR 70, 1977, 201-231. Apuleius, met. XI beschreibt im 2. Jh. n.Chr. den Isiskult in Kenchreai.

[28] Vgl. SCHNABEL, Mission 1135-1144.

Dieses Edikt setzt man gleich mit einer Maßnahme, von der Sueton, Claud. 25,4 ohne zeitliche Angaben berichtet.[29] Sie traf offensichtlich nicht „alle Juden", sondern die, die wegen einer Kontroverse um Christus – so deutet man das Mißverständnis Suetons weithin – auffällig geworden waren. Deshalb vermutet man, dass Aquila und Priszilla bereits in Rom Christen wurden. Paulus deutet auch nirgends an, dass erst er sie bekehrt und getauft hätte. Der kirchliche Historiker Orosius (hist. adv. pag. VII 6,15f; geschrieben 417/8) datiert eine Vertreibung der Juden aus der Hauptstadt ins neunte Regierungsjahr des Claudius (Januar 49 bis Januar 50), beruft sich allerdings dabei auf ein nicht verifizierbares Zeugnis des Josephus. Wegen seiner Unzuverlässigkeit haben einige Forscher die Notiz des Sueton und Apg 18,2 mit dem Vorgehen des Claudius zusammengebracht, das Cassius Dio LX 6,6 eher am Anfang seiner Darstellung des Kaisers berichtet, und entsprechend die Griechenlandmission des Paulus zeitlich vorgezogen.[30] Doch erwähnt er weder Chrestos noch bestätigt er eine Vertreibung. So ist fraglich, ob es sich um dasselbe Ereignis handelt.[31] Wenn Dio die Notiz Suetons korrigieren sollte, dürfte er kaum eigene Quellen für die zeitliche Einordnung haben. So übernehmen neuere Kommentare zur Apostelgeschichte die Datierung des Orosius, die auch sehr gut zur Amtszeit des Apg 18,12–17 genannten Procurators Gallio passt.[32]

Wenn man das προσφάτως ernst nimmt, könnte Paulus schon Anfang 50 eingetroffen sein. Er hätte dann vorher in Athen überwintert. Wenn Aquila und Priszilla einige Zeit brauchten, um sich in Korinth niederzulassen und ihr Geschäft zu etablieren, wird Paulus frühestens in der zweiten Hälfte des Jahres 50 zu ihnen gestoßen sein. Apg 18,3f erzählen im Imperfekt von seiner fortgesetzten handwerklichen Tätigkeit bei ihnen. Am Sabbat hingegen suchte er in der Synagoge Juden und Griechen zu gewinnen.[33] Als Erfolg seiner Verkündigung kann Paulus die Bekehrung eines Synagogenvorstehers samt seinem Haus verbuchen (Apg 18,8; vgl. 1Kor 1,14). Wenn man Apg 18,8b so versteht, dass „viele Korinther auf die Kunde davon glaubten und sich taufen ließen", dann sind damit wohl Gottesfürchtige gemeint, auf die

---

[29] *Iudaeos, impulsore Chresto assidue tumultuantes, Roma expulit* („er vertrieb die Juden, die von Chrestos angestiftet heftig in Aufruhr waren"). Vgl. BOTERMANN, H.: Das Judenedikt des Kaisers Claudius, Hermes.E 71, Stuttgart 1996. ALVAREZ, D.: Die Religionspolitik des Kaisers Claudius und die paulinische Mission, HBS 19, Freiburg usw. 1999, 194–216.

[30] LÜDEMANN, Paulus I 24.183–195 u.a. Die Nachricht des Cassius Dio lautet: „Die Juden hatten sich wieder so vermehrt, dass es wegen ihrer großen Zahl schwierig gewesen wäre, sie ohne Tumult von Rom auszuschließen. So trieb er sie zwar nicht aus, ließ ihnen auch ihre überkommene Lebensweise, verbot ihnen aber Versammlungen" (Übers. CONZELMANN, H.: Geschichte des Urchristentums, NTD.E 5, Göttingen 1969, 144). Dio stellt LX 3,1–8,3 die guten Taten des Claudius zusammen, von denen viele Maßnahmen des Gaius rückgängig machen; sie können aber alle kaum ins erste Regierungsjahr gesetzt werden. Einziges Indiz: 5,7 „in diesem Jahr".

[31] Auch ist es möglich, dass er von der Vertreibung in einem späteren Teil seines Werkes berichtete, das jetzt nur noch in einer byzantinischen Epitome erhalten ist.

[32] Vgl. BARRETT, C.K.: The Acts of the Apostles, ICC, II, Edinburgh 1998, 861f; FITZMYER, J.A.: The Acts of the Apostles, AncB 31, New York usw. 1998, 619–623.

[33] Eine Inschrift weist an der Lechaion-Straße eine „Synagoge der Hebräer" aus (CII 718). Dazu kommen noch in der Nähe des Theaters entdeckte Fragmente einer Säule, deren Kapitell drei Menorot und dazwischen Lulab und Etrog zeigt, Symbole für den jüdischen Gottesdienst. Beide Monumente werden allerdings erst ins 5. Jh. n.Chr. datiert. Vgl. ADAMS/HORRELL, Christianity 10. Die Rekonstruktion einer Inschrift von Akrokorinth mit „Synagogenvorsteher" und „Synagoge" ist unsicher (vgl. NDIEC 4, 1987, 213–220).

die Konversion des Vorstehers Eindruck machte.[34] Ein solcher wohlhabender Gottesfürchtiger wird dann ja auch mit Titius Justus Apg 18,7 genannt.

Einen gewissen Einschnitt bildet die Ankunft des Silas und Timotheus aus Makedonien (Apg 18,5; vgl. 1Thess 3,6). Von da an kann sich Paulus verstärkt der Predigt widmen.[35] Silvanus und Timotheus werden auch an der Seite des Apostels als Absender des ersten Thessalonicherbriefs (1Thess 1,1) und als Verkünder des „Sohnes Gottes" unter den Korinthern (vgl. 2Kor 1,19) aufgeführt. Die Apostelgeschichte verschweigt, was wir aus 2Kor 11,7-11 entnehmen können: Paulus hatte aus Rücksicht auf die offensichtlich nicht besonders reichen neuen Christen in Korinth auf Unterstützung verzichtet – was ihm dort dann später zum Vorwurf gemacht wird (vgl. Exkurs 7); erst die „aus Makedonien kommenden Brüder" haben seine materielle Not gelindert, wohl mit Spenden aus Philippi, wie Paulus sie mehrfach empfangen hat (vgl. Phil 4,15). Das ermöglicht nun seine intensivierte Missionsarbeit. Dazu kommt noch, dass er nach einem von der Apostelgeschichte dramatisch geschilderten Bruch von der Synagoge in das Haus des anscheinend wohlhabenden Römers Titius Justus umzieht (Apg 18,7). In diesem Lokal kann Paulus vermehrt Heiden ansprechen (vgl. den 1Kor 14,23 gesetzten Fall eines Hinzukommens von Ungläubigen), obwohl die Nachbarschaft zur Synagoge darauf hindeutet, dass sie immer noch aus dem Kreis der Sympathisanten mit dem Judentum kommen.[36]

In einem nächtlichen Traumgesicht wird Paulus nach Apg 18,9f zugesagt, dass dem Herrn in Korinth „viel Volk" gehört. Das bezieht sich wohl auf eine spätere Zeit, in der die korinthische Gemeinde blühte, wie auch der 1. Clemensbrief bezeugt (vgl. 3,1 πλατυσμός). Für die Anfangszeit aber wird man sich die Zahl der Christen nicht zu groß vorstellen dürfen, wenn sich die ganze Gemeinde an einem Ort versammeln konnte (1Kor 14,23) und einige Jahre später Gaius in Röm 16,23 als Gastgeber der ganzen Gemeinde fungiert. Auch ein vornehmes Haus konnte kaum mehr als 100 Gläubige fassen.[37] Es gab wohl mehrere häusliche Gemeindezentren,[38] wenn etwa Aquila und Priszilla wie später in Ephesus (1Kor 16,19) und Rom (Röm 16,5a) auch schon in Korinth eine Hausgemeinde hatten. Der Römerbrief lässt erkennen,

---

[34] So SCHNEIDER, G.: Die Apostelgeschichte, HThK V 2, Freiburg usw. 1982, 251; anders FITZMYER (s. o. Anm. 32) 628, der an „Corinthian Gentiles" wie Gaius und Stephanas denkt.

[35] Das Imperfekt συνείχετο suggeriert allerdings die Fortsetzung seiner früheren Tätigkeit; aber er kann sie wohl nun nicht nur am Sabbat ausüben.

[36] Die Kontinuität zum Judentum unterstreicht KOET, B.J.: As Close to the Synagogue as Can Be. Paul in Corinth (Acts 18,1-18), in: Bieringer, Correspondence 397-415. Meeks, W.A.: Corinthian Christians as Artificial Aliens, in: Engberg-Pedersen, Beyond 129-138 zeigt, dass die Christen sich einerseits vom Judentum absetzen, andererseits aber auch den Strategien jüdischer Immigrantengruppen folgen.

[37] Vgl. BLUE, B.: Acts and the House Church, in: Gill/Gempf, Acts 119-189, 175. ELLIGER, W.: Mit Paulus unterwegs in Griechenland, Stuttgart 1998, 112 berechnet für Triclinium und Atrium der Villa von Anaploga 30 Plätze. HORRELL, D.G.: Domestic Space and Christian Meetings at Corinth: Imagining New Contexts and the Buildings East of the Theatre, NTS 50, 2004, 349-369 lehnt die wohl vor den Mauern gelegene Villa als Modell ab und bringt seinerseits Häuser beim Theater ins Spiel, deren Obergeschoss (Apg 20,8!) größeren Gruppen Raum bot. Nach WILLIAMS II, CH.K.: Roman Corinth: The Final Years of Pagan Cult Facilities along East Theater Street, in: Schowalter/Friesen, Religion 221-247, 244 fehlt aber – zumindest bei Haus 5 und 7 – eine Treppe, die auf ein 2. Geschoss deutete.

[38] KONRADT, Weisheit 185f sieht in diesen Hausgemeinden auch die Kristallisationspunkte der 1,10-12 beklagten Gruppenbildung.

dass sich auch eine Gemeinde in der Hafenvorstadt Kenchreai bildete (16,1). Den zweiten Korintherbrief schreibt Paulus nicht nur an die Kirche in Korinth, sondern darüber hinaus an „alle Heiligen in ganz Achaia" (2Kor 1,1). Auch deutet die relativ lange Zeit, die Paulus sich für seinen Aufenthalt in Korinth nimmt (nach Apg 18,11 eineinhalb Jahre), darauf hin, dass seine Arbeit hier lohnend war.

Es ist nicht ganz klar, in welchem Verhältnis zu diesen eineinhalb Jahren die Episode steht, in der Paulus vor den Richterstuhl des Statthalters Gallio gezerrt wird (Apg 18,12–17). Nach der redaktionellen Überleitung in Apg 18,18 fiel sie gegen Ende dieser Zeit, weil Paulus danach nur noch „einige Tage" bleibt. Wenn der Vorfall historisch ist, was kaum noch jemand bezweifelt, bietet er wieder einen Anhaltspunkt, um die Anfänge der korinthischen Christenheit zeitlich zu bestimmen. In einer Inschrift aus Delphi erwähnt Claudius seinen Freund und Prokonsul L. Junius Gallio, der ihm von der Verwaisung des heiligen Ortes berichtete. Sie ist in das 12. Regierungsjahr (Rekonstruktion) des Kaisers datiert, in dem Claudius zum 26. Mal als Imperator akklamiert wurde. Dies lässt sich auf die Zeitspanne zwischen dem 25. Januar und dem 1. August 52 eingrenzen. Je nachdem, ob man das kaiserliche Schreiben an Delphi noch unter dem Prokonsulat des Gallio ansetzt[39] oder an seinen Nachfolger gerichtet sein lässt,[40] ergibt sich für seine Amtszeit Sommer 52–53 oder 51–52. Sie war faktisch viel kürzer, weil Gallio nach dem Zeugnis seines Bruders Seneca (epist. 104,1) in Achaia von einem Fieber gepackt wurde und sofort ein Schiff bestieg. Meist nimmt man an, dass die Juden gleich nach seinem Amtsantritt den Versuch machten, die Mission des Paulus als illegal zu denunzieren. In Verbindung mit dem wahrscheinlichen Datum seiner Ankunft ergibt sich bei der letzteren Datierung deshalb für das erste Wirken des Paulus in der Stadt eine Zeit von Herbst 50 bis Frühjahr 52. Wer ihn schon im Frühjahr 50 nach Korinth bringt, kann ihn bereits im September 51 nach Syrien abreisen lassen. Nach Fitzmyers Annahme dagegen kann Paulus frühestens im Spätsommer 52 absegeln. Für die Entwicklung der Gemeinde wichtiger als das Datum ist der Ausgang des Verfahrens. Der Statthalter weigerte sich, die Klage überhaupt anzunehmen, weil er den Streit als eine innerjüdische Angelegenheit betrachtete. Das bedeutet aber, dass sich das Christentum in der Provinz Achaia vorerst unter dem Deckmantel des als *religio licita* anerkannten Judentums entfalten konnte.[41]

b) Die Zusammensetzung der Gemeinde

ADAMS/HORRELL, Christianity. CLARKE, Leadership 41–57. FRIESEN, St.J.: Prospects for a Demography of the Pauline Mission: Corinth among the Churches, in: Schowalter/Friesen, Religion 351–370. GILL, D.W.J.: In Search of the Social Élite in the Corinthian Church,

---

[39] So FITZMYER (s. Anm. 32) 621–623.
[40] So die meisten. Die 2. Person Singular ist in Z. 7 allerdings nicht eindeutig zu lesen. Andere nehmen 2. Pl. an. Das Reskript des Kaisers könnte ins Interregnum fallen und den Rat der Stadt anreden.
[41] Vgl. WINTER, B.W.: The Imperial Cult, in: GILL, D.W.J./DERS.: Acts and Roman Religion, in: Gill/Gempf, Acts 99–103. Den Haupteffekt sieht er in der Befreiung vom Kaiserkult. Ich bin nicht sicher, wie weit hier schon Pflichten für den einzelnen bestanden, sofern er keine Ämter bekleidete oder Soldat war.

TynB 44, 1993, 323-337. LINDEMANN, A.: Die paulinische Ekklesiologie angesichts der Lebenswirklichkeit der christlichen Gemeinde in Korinth, in: Bieringer, Correspondence 63-86. MEEKS, W.A.: Urchristentum und Stadtkultur, Gütersloh 1993. MERKLEIN, 1Kor I 36-42. SELLIN, Hauptprobleme 2996-3001. THEISSEN, G.: Soziale Schichtung in der korinthischen Gemeinde (1974), in: Ders., Studien 231-271.

Ethnisch-religiöse Prägung
Die Korinther werden 1Kor 6,9-11a auf ihre heidnische Vergangenheit als Götzendiener (εἰδωλολάτραι) angesprochen; auch 12,2 erinnert sie an ihr früheres Dasein als den Götzen willfährige ἔθνη; vielleicht auch 2Kor 12,21. Der Verkehr mit Dirnen und das Prozessieren vor heidnischen Gerichten (Kap. 6) erklären sich am besten als eingefleischte heidnische Praxis. Die Schwachen in Kap. 8 sind nicht notwendig Judenchristen, sondern nach 8,7 ehemalige Heiden, die noch an den Götzendienst gewöhnt sind. Wenn Kap. 10 vor Götzendienst warnt, sind – obwohl Paulus einen Vergleich mit „unseren Vätern" (10,1) anstellt – sicher zunächst ehemalige Heiden im Blick. Schließlich ist die Kollekte 16,1-4 eine Verpflichtung vorwiegend heidenchristlicher Gemeinden (vgl. Röm 15,26f). Apg 18,1-11 aber macht klar, dass auch Juden zur Gemeinde gehörten. Wir kennen Aquila und Priszilla, Crispus, vielleicht Lucius in Röm 16,21,[42] Sosthenes 1,1, wenn es der bekehrte Synagogenvorsteher von Apg 18,17 ist. Auch konnten die Heiden in der Synagoge gewonnene Gottesfürchtige sein. Nach 1,24 sind die Berufenen Juden wie Griechen. 7,18 setzt den Fall, dass einer als Beschnittener oder Unbeschnittener berufen wurde. 9,19-22 beschreibt sich Paulus als Missionar, der sich sowohl den Juden wie den Heiden anpasst. Das bezieht sich freilich nicht nur auf sein Verhalten in Korinth. 10,32 ruft dazu auf, weder Juden noch Griechen Anstoß zu geben. Wie das anschließende „der Gemeinde Gottes" zeigt, sind damit nicht nur Gruppen in der Gemeinde gemeint. 12,13: Sowohl Juden wie Griechen sind auf den einen Leib getauft. Was die ethnische Herkunft angeht, so sind die Personennamen sowohl lateinisch wie griechisch.[43] Dabei können die Angaben aus der Apostelgeschichte und 1Kor durch die Liste von Grüßenden Röm 16,21-23 ergänzt werden.

Soziale Zuordnung
1,26 bescheinigt der Gemeinde, dass die Gebildeten und Angesehenen in der Gemeinde selten sind; doch kann man daraus entnehmen, dass es doch einige Weise (vgl. auch den Konditionalsatz 3,18 und 6,5b), Mächtige und Vornehme gegeben haben muss. Kandidaten dafür sind:

---

[42] Die andern beiden hier genannten „Stammesgenossen" sind wohl Kollektenbegleiter aus Makedonien: vgl. Apg 17,5-9; 20,4.
[43] Vgl. SELLIN 2997, wo aber Crispus fälschlich unter den Griechen eingereiht ist; Achaikos kann auch lateinisch gelesen werden. MEEKS 122f behauptet italische Herkunft wegen der Analogie, dass auch El Greco erst in Spanien so genannt wurde. Die korrekte griechische Form wäre Ἀχαϊκός. Unter den von SPAWFORTH (s. Anm. 14 zu 1) aufgezählten höheren Beamten gibt es auch einen M. A. Achaicus aus Argos, der korinthischer Bürger ist. Bei SCHENK, Korintherbriefe 625 wird Erastus als lateinischer Name gewertet. Doch ungeachtet der noch zu besprechenden lateinischen Inschrift (s. Anm. 49) ist er vom Ursprung her griechisch.

- *Titius Justus* (Apg 18,7) aus der Familie der Titii, allerdings aus dem *praenomen* Titus abgeleitet, so dass es mehrere Familien dieses Gentilnamens gab. Er wäre also ein Vertreter der εὐγενεῖς und der römischen Elite der Kolonie. Das *cognomen* Justus könnte darauf deuten, dass schon die Eltern zum Umkreis der Synagoge gehörten, wie Titius Justus selbst Gottesfürchtiger ist, den Paulus wohl in der Synagoge kennengelernt hat. Er besitzt ein Haus, das dem Apostel und seinen Hörern Platz bietet.[44]
- *Crispus* (röm. *cognomen*: „Krauskopf") wird von Theißen für reich gehalten, weil Synagogenvorsteher oft Stiftungen machten (235f). Er steht einem Haus[45] vor, das seinem Beispiel folgt (Apg 18,8a) ebenso wie viele Korinther (Apg 18,8b, wo freilich nicht eindeutig eine Reaktion auf 8a vorliegt). Vielleicht war der 1,1 so hervorgehobene *Sosthenes* ehemaliger Synagogenvorsteher (Apg 18,17), der sich als Christ nach Ephesus abgesetzt hat.
- *Stephanas* (1,16; 16,15.17) – nach dem griechischen Namen vielleicht ein Freigelassener – ist Vorstand eines οἶκος bzw. einer οἰκία. Seine Bekehrung zog nicht nur die Taufe des ganzen Hauses nach sich, sondern hatte offensichtlich auch Signalwirkung, weshalb Paulus sein Haus „Erstling von Achaia" nennt. Es ist bekannt bei den Korinthern, es verfügt über Mittel; sonst hätten er und die Seinen sich nicht in den Dienst für die Heiligen stellen können.[46] Er war zusammen mit *Fortunatus* (röm. *cognomen*) und *Achaicus* (*cognomen*) nach Ephesus gesegelt, hatte wohl die Anfragen überbracht und wird nun wahrscheinlich als Überbringer des 1. Korintherbriefs der Gemeinde als Autoritätsperson empfohlen.
- *Erastos* (Röm 16,23) hat einen griechischen Namen, ist aber zum Ökonomen der Stadt aufgestiegen. Das kann er kaum, wenn er mit einem mobilen Mitarbeiter des Paulus in Ephesus und Makedonien (Apg 19,22) identisch ist.[47] Οἰκονόμος τῆς πόλεως bezeichnet im westlichen Kleinasien eine gehobene Stellung, obwohl der Amtsträger Sklave (so in Belegen aus Sparta und Thessalonich[48]) bzw. Freigelassener sein kann. Ein Ädil Erastus (*praenomen* und *nomen* nicht erhalten, aus der Kürze des verfügbaren Platzes schließt man auf einen Freigelassenen ohne Gentilnamen) hat nach einer Inschrift aus der Mitte des 1. Jh. das Pflaster vor dem Theater gestiftet.[49] Die Übersetzung von *aedilis* ist aber nach einer korinthischen Inschrift von 170 n. Chr.[50] ἀγορανόμος, der in Kleinasien manchmal neben den οἰκονόμος tritt. Theißen 243f vermutet, dass Erastus vorher *quaestor* (=οἰκονόμος, gewöhnlich aber ταμίας) war.[51] Cadbury u.a. wenden gegen eine Identifizierung ein, dass ein Ädil den Amtseid bei heidnischen Göttern leisten musste.[52] Das Argument mit

---

[44] GOODSPEED, E.J.: Gaius Titius Justus, JBL 69, 1950, 382-383 identifiziert ihn mit dem Gastgeber von Röm 16,23. Dies ist möglich und wahrscheinlich, weil Paulus 1Kor 1,14 ihn nicht unter den Getauften nennt, dafür aber Crispus und Gaius. Letzteres wäre sein *praenomen* gewesen.

[45] THEISSEN 245-249 zeigt, dass darin Sklaven eingeschlossen sein können, aber nicht müssen.

[46] Nach GILL 336 war der Dienst Hilfe bei Hungersnot, nach MERKLEIN wegen V. 16 eher kerygmatischer Art.

[47] Anders THEISSEN 237; dass dieser nach 2 Tim 4,20a in Korinth blieb, muss nicht heißen, dass er da immer schon war.

[48] Deshalb auch in Korinth: CADBURY, H.J.: Erastus of Corinth: JBL 50, 1931, 42-58; MEGGITT, J.J.: The Social Status of Erastus (Rom. 16:23), NT 38, 1996, 218-223.

[49] Vgl. CLARKE 47-49 *Erastus pro aedilit[at]e / s(ua) p(ecunia) stravit*. GILL, D.W.J.: Erastus the Aedile, TynB 40, 1989, 293-301 gibt den Stand der Forschung.

[50] WINTER, Seek 179-197, 190f macht aber darauf aufmerksam, dass es vorher keine offizielle griechische Übersetzung von *aedilis* gibt. Ein Epiktet III 1,34 und IGBulg. 1023 belegtes Äquivalent wäre ἀστυνόμος.

[51] ELLIGER, Paulus 230 hält *arcarius* für die wahrscheinliche Entsprechung zu οἰκονόμος.

[52] Dagegen verweist WINTER, Seek 192-194 auf Juden in hohen städtischen Ämtern. Apg 18,12-17 bezeuge, dass in Achaia „Christianity was actually ruled to be Jewish". „Christians were thereby exempted from the civic obligation to participate in the imperial cult" (142).

der Seltenheit des Namens wurde in letzter Zeit geschwächt.[53] So bleibt eine Unsicherheit.
- *Phöbe* – der griechische mythologische Name weist auf eine Freigelassene – dient der Kirche in Kenchreai und hat sich für Paulus und viele andere als Patronin erwiesen, sie reist nach Rom (Röm 16,1f).
- *Chloe* dürfte als Herrin der 1,11 genannten Sklaven Christin gewesen sein, sonst hätte sie ihre Leute nicht zu Paulus reisen lassen. Oder waren sie nur auf Geschäftsreise zufällig bei ihm? Sie trägt einen mythischen Namen, was auf eine Freigelassene deutet.[54] Fee, 1Kor 54 nennt Gründe, weshalb sie eher in der Asia zuhause war. Doch ist sie den Korinthern bekannt.
- *Aquila und Priszilla* sind Arbeitgeber mit lateinischen Namen, die in Ephesus (16,19) und später in Rom (Röm 16,3-5a) eine Hausgemeinde um sich scharen.

Mögen auch die tonangebenden Persönlichkeiten hauptsächlich aus Kreisen von Freigelassenen kommen, die sich als Händler oder Handwerker selbständig machten, so legt doch H. Merklein[55] zu Recht gegen den sich herausbildenden „neuen Konsens" Gewicht auf die Feststellung, dass die Mehrheit der Gemeinde Menschen ohne Sozialprestige und Besitz umfasste. Soziale Differenzen spielen auch bei den in 1Kor offensichtlichen Spannungen in der Gemeinde eine Rolle.[56] Das Verlangen nach Rhetorik und Weisheit (vgl. 2,1) ist der gehobenen Schicht der Griechen (die hier die Römer einschließen) eigen. Winter,[57] Gill und Clarke wiesen daraufhin, dass das 6,1-8 kritisierte Prozessieren um zivilrechtliche Kleinigkeiten nur Betuchten möglich war. Einladungen in die Häuser von Ungläubigen (10,27) bzw. in Tempel (8,10) werden auch nur die Bessergestellten bekommen haben. Die Unterschiede zwischen den angesprochenen Führenden in der Gemeinde und denen, „die nichts haben", sind auch die Ursache für die 11,17-22 beklagten Spaltungen, die beim Herrenmahl zu Tage treten.

c) Gruppierungen und Konflikte

ADAMS/HORRELL, Christianity (Anthologie zur Forschungsgeschichte und methodische Überlegungen). BAIRD, W.: „One Against the Other": Intra-Church Conflict in 1 Corinthians, in: Fortna/Gaventa, Conversation 116-136. BARRETT, C.K.: Christianity at Corinth, in: Ders., Essays 1-27. –: Sectarian Diversity at Corinth, in: Burke/Elliott, Paul 287-302. BAUR, Christuspartei. BEATRICE, P.F.: Gli avversari di Paolo e il problema della Gnosi a Corinto, CrSt 6, 1985, 1-25. CARTER, T.L.: ‚Big Men' in Corinth, JSNT 66, 1997, 45-71.

---

[53] CLARKE 54f mit Verweis auf eine korinthische Inschrift aus dem 2. Jh. n.Chr. (s. DERS.: Another Corinthian Erastus Inscription, TynB 42, 1991, 146-151); MEGGITT (s. Anm. 48) 222 zählt 55 lateinische und 23 griechische Belege auf.
[54] MERKLEIN, 1Kor I 36. Die „Grüne" war ein Beiname der Demeter, der Göttin des Getreidewachstums.
[55] 1Kor I 41. Ähnlich MEGGITT, Paul, und FRIESEN. Mit MEGITT setzt sich auseinander THEISSEN, G.: The Social Structure of Pauline Communities, JSNT 84, 2001, 65-84. Mit diesen beiden wiederum HALL, Unity 51-79.
[56] Vgl. HORRELL, Ethos 101-125. Skeptisch dagegen LINDEMANN 71-73.
[57] After 62-64.

DAHL, N.A.: Paul and the Church at Corinth According to 1 Corinthians 1:10–4:21, in: Ders.: Studies in Paul, Minneapolis 1977, 40–61. ELLIS, E.E.: Paul and his Opponents, 1969, in: Ders., Prophecy 80–115. GOULDER, Paul. GUENTHER, H.O.: Gnosticism in Corinth?, in: McLean, Origins 44–81. HYLDAHL, N.: The Corinthian ‚Parties' and the Corinthian Crisis, STL 45, 1991, 19–32. –: Paul and Hellenistic Judaism in Corinth, in: Borgen/Giversen, Testament 204–216. LANG, F.: Die Gruppen in Korinth nach 1. Korinther 1–4, ThBeitr 14, 1983, 68–79. LÜTGERT, W.: Freiheitspredigt und Schwarmgeister in Korinth. Ein Beitrag zur Charakteristik der Christuspartei, BFChTh 12,3, Gütersloh 1908. MACHALET, C.: Paulus und seine Gegner. Eine Untersuchung zu den Korintherbriefen, in: Theokratia II. FS K.H. Rengstorf, JbIJD 2, Leiden 1973, 183–203. MANSON, T.W.: The Corinthian Correspondence 1, 1941, in: Ders.: Studies in the Gospels and Epistles, Manchester 1962, 190–209. MUNCK, Paulus 127–161. PAINTER, J.: Paul and the πνευματικοί at Corinth, in: Hooker/Wilson, Paul 237–250. ROHR, I.: Paulus und die Gemeinde von Korinth, BSt(F) IV 4, Freiburg 1899. SCHMITHALS, Gnosis. SELLIN, „Geheimnis". –, Hauptprobleme 3001–3023. THISELTON, Eschatology. THURÉN, L.: The Corinthian Heresies Revisited: A rhetorical Perspective to the historical Situation, in: Karakolis u.a., Corinth (im Druck). WILCKENS, Weisheit.

Nun müssen wir uns mit den Gruppierungen befassen, wie sie wenige Jahre nach der Gründung der 1. Korintherbrief spiegelt. Anscheinend gibt gleich 1,12 (s.z.St.) klare Auskunft: Die Streitigkeiten unter den Korinthern sind dadurch bedingt, dass sich die einzelnen bestimmten Autoritäten zuordnen: Paulus, Apollos, Kephas und schließlich Christus. Die Auslegungsgeschichte[58] seit dem 19. Jh. ist dadurch gekennzeichnet, dass man von diesen vier „Parteien" her den ganzen Brief, meistens auch noch 2Kor, erklären wollte, wobei oft nur eine Partei als besonders gefährliche Gegnerin des Paulus angesehen wurde.

- So findet BAUR hier wie auch sonst im frühen Christentum die Konfrontation zwischen Heidenchristen, die sich um Paulus scharen, und *Judenchristen*, die sich auf Petrus berufen und mit 2Kor 10,7 den Apostolat auf Grund einer nachweisbaren Verbindung zu Christus exklusiv für ihn beanspruchen. Apollos dagegen stehe auf der Seite des Paulus. Diese Position stützt sich auf die vermeintliche Verteidigung des paulinischen Apostolats in 9,1–3 und wirkte im 20. Jh. besonders in England weiter.[59] Dabei entdeckte man auch in 3,10–17 Polemik gegen Petrus als Fundament.[60] Sonst ist aber der Brief – im Unterschied zu 2Kor – frei von antijudaistischen Tönen, und auch die in Kap. 8 auftauchenden „Schwachen" lassen sich nicht einfach mit Judenchristen gleichsetzen, denen die Heidenchristen als „Starke" gegenüberstehen. Paulus setzt sich sogar für sie ein.
- Gegen Ende des 19. Jh. lösten deshalb verschiedene Forscher[61] die Christuspartei von der Petruspartei wieder ab. Die „Christischen" seien zwar auch extreme Judenchristen, aber sie hätten versucht, ihre Lehre den Griechen durch theosophische Elemente schmackhaft zu

---

[58] Vgl. dazu ELLIS, MACHALET, BEATRICE sowie die Anthologie bei ADAMS/HORRELL, Christianity, dazu ihre Einleitung 13–34 und den Beitrag von J.D.G. DUNN, ebd. 295–310.

[59] Vgl. MANSON, BARRETT, GOULDER.

[60] So auch VIELHAUER, P.: Paulus und die Kephaspartei in Korinth, NTS 21, 1975, 341–352; MURPHY-O'CONNOR, 1Kor 26; LÜDEMANN, Paulus II 120–123. Das lässt sich nicht halten (s. z.St.).

[61] Nach BEYSCHLAG, W.: Über die Christuspartei zu Korinth, ThStKr 37, 1865, 217–277 sei hier exemplarisch GODET, 1Kor I 33–40 genannt. Vgl. auch den Überblick von HOLTZMANN, H.: Der Streit um die Christus-Partei in Korinth, ZWTh 28, 1885, 233–245.

machen. Die Polemik des Paulus in 1Kor 1–3 gegen die Vermischung menschlicher Weisheit mit dem Evangelium richtete sich gegen die Christus-Predigt dieser Leute,[62] die auf Kosten des irdischen Jesus ging (vgl. 12,3). Mit den Worten Kniewels (1842) möchte Godet sie als „die Gnostiker vor dem Gnosticismus" bezeichnen.

- An diese Gleichsetzung der Christus-Leute mit den in 2Kor 10–12 apostrophierten jüdischen Gegnern konnte LÜTGERT anknüpfen. Sie seien „libertinistische Pneumatiker", die die paulinische Freiheitspredigt radikalisierten und in ihrer „Erkenntnis" eine Unmittelbarkeit zu Christus besitzen wollen. Von hier aus würden nicht nur das Streben nach Weisheit bzw. Gnosis im 1Kor verständlich, sondern auch sexuelle Exzesse (Kap. 5f) ebenso wie asketische Bestrebungen (Kap. 7), schließlich auch die Leugnung der Auferstehung (Kap. 15).[63] Diese *Enthusiasten*-These wird bis heute von den Forschern geteilt, die den Korinthern oder einer starken Strömung in der Gemeinde eine „realized eschatology" zuschreiben, wie sie sich in der Karikatur des Paulus 1Kor 4,8a abzeichnet,[64] und das als Hauptproblem betrachten. Dagegen äußere der Apostel immer wieder seinen „eschatologischen Vorbehalt".[65]
- In dieser Bewegung erblickte Lütgert 134 „*Gnostizismus*" und regte damit ihre religionsgeschichtliche Verortung an, wie sie dann SCHMITHALS durchführte. Sein Versuch, das korinthische Gegenüber durchgängig von späteren gnostischen Zeugnissen her zu deuten, stieß aber auf Bedenken.[66] Die inzwischen veröffentlichten Texte von Nag Hammadi schienen es nicht zu rechtfertigen, die Polemik der Kirchenväter, etwa gegen gnostischen Libertinismus, allzu ernst zu nehmen.[67] Vor allem vermissen neuere Ausleger einen gnostischen Weisheits- bzw. Christusmythos in 1Kor (s. zu 2,6-8), wie ihn WILCKENS postuliert hatte.[68] So begnügt man sich damit, Entwicklungslinien zur Gnosis des 2./3. Jh. zu ziehen und nimmt die Parallelen in der Bewertung der Leiblichkeit zum Anlass, von einer Prae-

---

[62] Die Schwierigkeit dieser These ist, dass die Christus Zugehörigen nach 1,13 aus der Argumentation entschwinden.

[63] LÜTGERT sieht Paulus in einen Zweifrontenkrieg zwischen Nomisten und Antinomisten verwickelt, so wie die Reformatoren zwischen der alten Kirche und den Schwärmern standen (vgl. 8.51.71.86.130). Diese erhellende Analogie birgt auch die Gefahr einer Rückprojektion in sich.

[64] Vgl. THISELTON und die neueren deutschsprachigen Kommentare von WOLFF, KREMER, SCHRAGE, LINDEMANN. Dabei ist zu beachten, dass 4,8 die Gemeinde als ganze charakterisiert; der unbestreitbare Enthusiasmus ist nicht kennzeichnend für eine der 1,12 genannten Parteien oder für die Auferstehungsleugner in 15,12.

[65] SCHRAGE, 1Kor I 56 mit Anm. 153; IV 7 mit Anm. 1. Die Meisten der hier genannten Stellen lassen aber nur feste Zuversicht, nicht ein Korrektiv erkennen. Einflußreich für diese Auffassung war vor allem KÄSEMANN, E.: Zum Thema der urchristlichen Apokalyptik, in: Ders.: Versuche II 105-131, bes. 119-130. Er bringt die Apokalyptik in der paulinischen Korrektur des hellenistischen Enthusiasmus zur Geltung, während R. Bultmann seiner Paulusinterpretation eine präsentische Eschatologie zu Grunde gelegt hatte.

[66] Vgl. ARAI, S.: Die Gegner des Paulus im I. Korintherbrief und das Problem der Gnosis, NTS 19, 1972/3, 430-437; McL. WILSON, R.: How Gnostic were the Corinthians?, NTS 19, 1972, 65-74; DERS.: Gnosis at Corinth, in: Hooker/Wilson, Paul 102-114; FASCHER, E.: Die Korintherbriefe und die Gnosis, in: Tröger, K.W. (Hg.): Gnosis und Neues Testament, Gütersloh 1973, 281-291; PEARSON, B.A.: Philo, Gnosis and the New Testament, in: Ders.: Gnosticism, Judaism, and Egyptian Christianity, Studies in Antiquity and Christianity, Minneapolis 1990, 165-182; SEVRIN, J.-M.: La gnose à Corinthe, in: Bieringer, Correspondence 121-139; HENGEL, M.: Paulus und die Frage einer vorchristlichen Gnosis, in: Ders., Paulus 473-510.

[67] Vgl. WISSE, F.: The ‚Opponents' in the New Testament in the Light of the Nag Hammadi Writings, in: Barc, B. (Hg.): Colloque International sur les textes de Nag Hammadi, Quebec/Louvain 1981, 99-120. Vgl. aber u. Exkurs 4.

[68] Dagegen SCHMITHALS, Gnosis 130-132. WILCKENS selber hat seine Thesen 1979/80 widerrufen.

Gnosis bzw. einem beginnenden Gnostizismus oder „gnostisierenden" Tendenzen zu reden.[69]
- Einen neueren Ansatz markieren R.A. HORSLEY[70], B. PEARSON, Terminology und G. SELLIN. Sie leiten die Hochschätzung der Weisheit, das Pneumatikertum und die dualistische Anthropologie vom alexandrinischen Judentum her. Konkret ist der nach Apg 18,24 aus Alexandrien stammende Apollos der Vermittler. Nach SELLIN hat er sich mit der Christusparole selber als Mittler zwischen den Seinen und Christus stilisiert. Dieser Spiritualismus ist prinzipiell uneschatologisch. Seine Vertreter lehnen die Auferstehung nicht ab, weil sie sie schon in der Erkenntnis vorweggenommen haben, sondern weil sie sich nur eine Himmelfahrt der Seele denken können. 1Kor 4,8, der Beleg für die realisierte Eschatologie, wird auf verschiedene Weise abgeschwächt. Diese Auslegungsrichtung muss aber damit fertig werden, dass Paulus die Suche nach Weisheit, die stark mit Rhetorik einhergeht, als eine Eigenheit der Griechen bezeichnet (1,22); er geht nicht auf die hellenistisch-jüdische Variante ein. Es ist auch sehr die Frage, ob er seine anthropologische Terminologie von seinen Gegnern beziehen muss.[71]

Aus der bisherigen Forschung ist Folgendes zu lernen: Die Verquickung mit der Problematik von 2Kor, die bei Baur, Lütgert, Schmithals, aber auch noch bei Sellin zu beobachten ist, trägt nicht zu größerer Eindeutigkeit bei. Die dort auftretenden „Superapostel" kommen neu von außen, wie wohl aus 2Kor 11,4 hervorgeht.[72] Zwar begegnet 1Kor 1,12 wie 2Kor 10,7 der Anspruch, zu Christus zu gehören, das eine Mal aber als Losung eines Gemeindemitglieds, das andere Mal als Losung eines Apostels.[73] Freilich sind die Korinther wie in 1Kor 1f weiterhin für „fleischliche Weisheit" (dagegen 2 Kor 1,12; ironisch φρόνιμοι 1Kor 4,10; 2Kor 11,19) und die rhetorischen Künste dieser Apostel anfällig und vermissen sie bei Paulus (vgl. 2Kor 10,10; 11,6). Auch wird die 2Kor 11,7-11; 12,13-16 verhandelte Frage des apostolischen Unterhalts schon 1Kor 9 thematisiert; schon hier grenzt sich Paulus vom Stil judenchristlicher Missionare aus Palästina ab. Doch sind diese noch nicht in Korinth aktiv geworden und haben seinen Anspruch als Apostel unterwühlt wie in 2Kor. Dort rühmen sich diese Missionare noch ihrer hebräischen Herkunft, ihrer Visionen, Zeichen und Wunder, was in 1Kor noch nicht zur Debatte steht. Sie verkünden nach 2Kor 11,4 einen anderen Jesus als Paulus, ein anderes Evangelium; solche christologischen Dif-

---

[69] Vgl. SCHRAGE, 1Kor I 52. KLUTZ, T.E.: Re-Reading 1 Corinthians after Rethinking „Gnosticism"; JSNT 26, 2003, 193-216 möchte eine „ideologische Kontinuität" zwischen den korinthischen Starken und dem Verfasser des EvPhil aufzeigen.

[70] In verschiedenen Aufsätzen Ende der 70er Jahre, die zu 1Kor 1-4.8.15 zitiert werden. U.a. sympathisieren BEATRICE, HYLDAHL und MERKLEIN, 1Kor mit dieser Lösung. MERKLEIN, 1Kor I 147 möchte allerdings zu Recht „ich bin Christi" nicht als Ausdruck apostolischen Bewußtseins lesen.

[71] Vgl. ZELLER, Front 182-189; KONRADT, Weisheit 195-202 und Exkurs 3.

[72] Freilich ist das Präsens textkritisch, der Realis grammatikalisch nicht sicher. GEORGI, D.: Die Gegner des Paulus im 2. Korintherbrief, WMANT 11, Neukirchen-Vluyn 1964, 220 macht eine neue Frontstellung wahrscheinlich, allerdings von der Voraussetzung aus, dass es sich in 1Kor um Gnostiker handelt. Vgl. zur Beziehung der beiden Briefe zueinander BIERINGER, R.: Zwischen Kontinuität und Diskontinuität, in: Ders., Correspondence 3-38. HALL, Unity kann die Gegner von 2Kor nur deshalb schon in 1Kor annehmen, weil Paulus verdeckt gegen sie vorgehe. Aber 1,12 ist nicht „kryptisch" (gegen 6).

[73] Sie könnte wie Mk 9,41 einen Unterhaltsanspruch begründen: So THEISSEN, Legitimation, in: Ders., Studien 219. Diese Thematik fehlt in 1Kor 1,12.

ferenzen sind in 1Kor noch nicht erkennbar.[74] Zumal Paulus nach 1Kor 16,12 ein gutes Verhältnis zu seinem „Bruder Apollos" hat, wird dieser kaum der erste Repräsentant dieser falschen Apostel sein.

Wie sich herausstellen wird, richtet sich zwar ein großer Teil der Ausführungen in Kap. 1–4 gegen die von Apollos angestoßene Bewegung,[75] aber es ist davor zu warnen, ihn bzw. seine Gruppe hinter allen im übrigen Brief angesprochenen Problemen zu suchen. Weisheit im negativen Sinn kommt nur Kap. 1–3 vor, als Charisma werden Weisheit, Erkenntnis und die Gabe des Wortes dagegen positiv in 1,5; 6,5; 12,8 genannt. Es wird zu überlegen sein, ob man die Anhänger der Weisheitsrede von Kap. 1–3 und die, welche die Glossolalie überschätzen (Kap. 12–14), auf den gemeinsamen Nenner „Pneumatiker" bringen kann. Doch charakterisiert Paulus in Kap. 1–3 die von den Korinthern erstrebte Weisheit als „weltlich" und geht bei der Gegenüberstellung von Pneumatikern und Psychikern in 2,13–16 nicht sichtlich auf eine Selbstbezeichnung der Korinther ein.[76] Die kritisierte Weisheitsrede hat jedenfalls keinen ekstatischen Charakter.[77] U.U. rekrutierten sich die Glossolalen aus einer anderen sozialen Schicht als die elitären Freunde rhetorischer Weisheit.[78] Ein analoges Problem stellt sich bei den „Gnosis-Leuten" von Kap. 8–10, in denen man auch oft dieselbe „kleine, aber einflußreiche Gruppe von Geist-Enthusiasten" sieht.[79] Doch Paulus zieht keine Linie von ihnen zum Kap. 12–14 besprochenen Charisma der „Erkenntnis". Eine pneumatische Einheitsfront ist kaum anzunehmen. Das widerrät schon die Vielzahl der 1,12 erwähnten Parteien.[80] Sie müssen freilich nicht immer hinter den berührten Konflikten stecken. Zwar darf man sie auch nicht zu harmlosem Gezänk ohne theologische Differenzen herabmildern,[81] aber die Ideologie ihrer Führer ist nicht durch „mirror reading" aus dem Text des Paulus, schon gar nicht im ganzen Brief, zu gewinnen. So kann man wohl kaum[82] die „Erkenntnis-Leute" von Kap. 8–10 einfach mit den Anhängern des Apollos identifizieren, weil Paulus in 8,1–11,1 fast durchweg die „Starken" anredet. Sie müssen also – im Unterschied zu

---

[74] Zu 12,3a, das SCHMITHALS dafür ausschlachtet, s. z.St.

[75] S. Exkurs 1. Vgl. auch KER, Paul; SMIT, What. Ich kann allerdings – gegen PÖTTNER, Realität 174; SMIT 243f – in den ἀπολλύμενοι 1,18 bzw. im ἀπολῶ 1,19 keine Anspielung auf Apollos erkennen, da dahinter das Ich Gottes steckt.

[76] Die so beschriebene rhetorische Situation ist allerdings von der historischen zu unterscheiden. Vgl. STAMPS, D.L.: Rethinking the Rhetorical Situation: The Entextualization of the Situation in New Testament Epistles, in: Porter/Olbricht (Hg.), Rhetoric 193–210.

[77] Das ist kritisch gegen PAINTER 241 zu bemerken.

[78] BAIRD: Frauen, Unterschicht; ähnlich MERKLEIN, 1Kor I 139–144 im Anschluss an THEISSEN, Aspekte 300f aus allgemeinen Erwägungen heraus. Die Gegenposition bei MARTIN, D.B.: Tongues of Angels and Other Status Indicators, JAAR 59, 1991, 547–589. Da konkrete Indizien fehlen und nur Analogieschlüsse möglich sind, wird man das Urteil in der Schwebe lassen müssen.

[79] Z.B. SÖDING, Starke 74.77.

[80] Man sollte also lieber nicht über „die korinthische Theologie" schreiben, wie z.B. SCHRAGE, 1Kor I 38, wo freilich in der Folge auch „die Methodenprobleme der Rekonstruktion" ausführlich bedacht werden. Klug BARBAGLIO, 1Kor 36–42, 37: „orientamenti e sensibilità spirituali di vario genere e prive di sistematicità". Die Pluralität der Meinungen hebt nun – fast etwas übertrieben – BAIRD hervor. Zumal man sich die Gemeinde nicht zu groß vorstellen darf, gilt auch der Grundsatz: *entia non sunt multiplicanda*.

[81] Dazu neigt MUNCK und unter den Kommentatoren GARLAND, dagegen DAHL.

[82] Mit GÄCKLE, Starken 202–205, zurückhaltend MERKLEIN, 1Kor II 169.179.

den Apollosfans, die nur mit τίς (3,17f) bzw. τινές (4,18) apostrophiert werden – die große Mehrheit bilden. Zweifelhaft ist auch der umgekehrte Versuch, bei Kap. 8 einzusetzen und die korinthische Front – auch in Kap. 1-4 – von den „Starken" her, die sich zudem durch sozial höheren Status auszeichnen sollen, aufzurollen.[83] Einzig über die Paulusleute sind Vermutungen möglich, weil wir die Theologie des Apostels kennen und mutmaßen können, dass seine Anhänger manche seiner Grundsätze verallgemeinert oder radikalisiert haben.[84] So kann es sein, dass der Slogan „Alles ist mir erlaubt" (6,12; 10,23) aus der paulinischen Debatte um die Gültigkeit der Ritualgesetze aufgegriffen ist. Aber schon schwieriger ist die Annahme, die, welche hieraus sexuelle Freizügigkeit ableiten, gehörten zur selben Gruppe wie die Kap. 7 greifbaren Asketen.[85] Jedenfalls brauchen nicht alle Missstände in der Gemeinde denselben Hintergrund zu haben. Sexuelle Exzesse etwa hat schon der Vorbrief gebrandmarkt, sie sind 2Kor 12,20 immer noch zu beklagen. Sie haben wohl nichts mit dem Parteienunwesen zu tun, sondern mit der immer noch nicht überwundenen heidnischen Mentalität.[86] Diese ist möglicherweise auch für die Leugnung der Auferstehung maßgebend. Im Vergleich zur aus 1Thess ablesbaren Situation der makedonischen Gemeinden fällt auf, dass die korinthischen Christen stärker in die städtische Gesellschaft integriert scheinen und von aktueller Verfolgung verschont blieben. Das kann mit geistigen Kompromissen und Verweltlichung einhergehen.[87] Nach neueren Analysen[88] beschäftigt sich 1Kor fast zur Hälfte mit solchen faulen Kompromissen mit der römischen Gesellschaft Korinths, nur die andere Hälfte mit innergemeindlichen Auseinandersetzungen.

Dass die Probleme auf verschiedenen Ebenen liegen, hängt sicher auch mit den unterschiedlichen Informationsquellen des Paulus zusammen. Durch die Anfragen, auf die er antwortet (s.u.), erfährt er wohl nichts von einer schweren Gefährdung der Gemeinde. Ihre Wortführer, die sie formulierten, gehören vielleicht selbst zu den Liebhabern der Weisheit und Erkenntnis. Auf diese Gaben spielt 1,4-7 positiv an, jedoch im Sinn einer *captatio benevolentiae*, die die folgende Kritik vorbereitet, ganz ähnlich wie das Lob 11,2. Auch die drei in 16,17 genannten Prominenten haben Paulus eher beruhigt (16,18a). Durch die Chloeleute aber hört er von den Parteiungen

---

[83] So MARTIN, Body, der diese Minderheit durch eine bestimmte Konzeption des individuellen und sozialen Leibes charakterisiert.

[84] Das vermutet vor allem HURD, Origin 273-288 für eine Reihe korinthischer Parolen und Haltungen. Mit Missverständnissen der ersten paulinischen Predigt rechnen auch GUENTHER und neuerdings THURÉN. Problematisch ist aber die Annahme von Hurd und Guenther, dass ein zwischenzeitlicher Meinungsumschwung bei Paulus (auf Grund des Apostoldekrets) zur gegenseitigen Entfremdung beigetragen hat.

[85] Ob sich für das Nebeneinander von Libertinismus und Askese ein brauchbares Modell bei den Gnostikern aufzeigen lässt, wird unten im Kommentar zu Kap. 6f diskutiert werden (s. Exkurs 4).

[86] Vgl. schon ROHR 148f. ROBERTSON, Conflict versucht jetzt, die Schwierigkeiten der Gemeinde systemtheoretisch zu fassen: Er diagnostiziert eine Unsicherheit der Identität innerhalb sich überschneidender Beziehungs-„Netzwerke". Dazu gehört auch die mangelnde Distanz zur heidnischen Umwelt (27f).

[87] Vgl. BARCLAY, J.M.G.: Thessalonica and Corinth: Social Contrasts in Pauline Christianity, JSNT 47, 1992, 49-74 mit noch weitergehenden Folgerungen.

[88] Vgl. WINTER, B.W.: The ‚Underlays' of Conflict and Compromise in 1 Corinthians, in: Burke/Elliott, Paul 139-155, danach der Kommentar von SCHNABEL. Die Zuordnung von Kap. 7 zu dieser Thematik will mir freilich nicht einleuchten.

(1,11), wahrscheinlich auch von dem Fall von Unzucht (5,1); denn die das Sagen in der Gemeinde haben, scheinen den Unzüchtigen zu decken. Dieselben Informanten werden ihn über das Prozessieren (6,1), den Missbrauch der Freiheit (6,12f) und die Kritik an seinem Verhalten gegenüber den Schwachen (9,3) unterrichtet haben. Nicht-offizielle Quellen sind auch für die Benachrichtigung über die fehlende Ordnung beim Gottesdienst (11,2–34),[89] wohl auch über die so gravierende Bestreitung der Auferstehung (15,12) zu vermuten.[90] Es ist jedoch nicht auszuschließen, dass die Überbringer des Gemeindebriefes, offensichtlich Vertrauensmänner des Apostels, ihm zusätzliche Erklärungen zu den Anfragen gaben. Als weiterer Lieferant von Nachrichten kommt aber auch Sosthenes in Frage.[91] Das bringt uns zur Situation des Briefe schreibenden Apostels.

3. Die Situation des Autors

GEORGI, gedenken 91–96. HYLDAHL, N.: Die paulinische Chronologie, AThD 19, Leiden 1986. JEWETT, R.: A Chronology of Paul's Life, Philadelphia 1979. LÉGASSE, S.: Paul apôtre, Quebec/Paris 1991. RIESNER, R.: Die Frühzeit des Apostels Paulus, WUNT 71, Tübingen 1994, 31–203. SÖDING, T.: Zur Chronologie der paulinischen Briefe. Ein Diskussionsvorschlag, in: Ders., Wort 3–30. SUHL, A.: Paulinische Chronologie im Streit der Meinungen, in: ANRW II 26.2, 1995, 939–1188.

Die Apostelgeschichte lässt Paulus nach seinem Gründungsaufenthalt in Korinth über Ephesus, wo er Priszilla und Aquila zurücklässt, und Cäsarea, von wo er einen Abstecher zur Jerusalemer Urgemeinde unternimmt,[92] nach Antiochien zurückkehren (Apg 18,18–22). Diese Stadt bleibt die Basis seiner immer weiter ausgreifenden Mission.[93] Den größten Teil des Weges nach Syrien hat der Apostel zur See zurückgelegt; die Reise wird noch im Oktober 51 oder im Frühsommer 52 stattgefunden haben.

In der Zwischenzeit trat in Ephesus der Alexandriner Apollos als begnadeter Prediger auf; seine Adressaten waren nach der Apostelgeschichte Juden. Er wurde von

---

[89] Die wohlhabenderen Größen der Gemeinde werden die Nöte der sozial Schwächeren kaum wahrgenommen haben.

[90] Wenn 11,2–34 und Kap. 15 zum Vorbrief gehörten – wie unter 6 vorgeschlagen wird –, können das freilich nicht die Leute der Chloe gewesen sein.

[91] Wenn es sich um den aus Korinth geflohenen Synagogenvorsteher handelt, worauf seine Rolle als Mitabsender hinweist. S. zu 1,1.

[92] Der Vorschlag (z.B. JEWETT, HYLDAHL), in Apg 18,22 das sogenannte „Apostelkonzil" (Gal 2,1–10) unterzubringen, scheitert daran, dass dort Paulus mit Barnabas „hinaufzieht", von dem er sich auch nach Apg schon längst getrennt hat. Ein neuerliches Stelldichein mit Barnabas in Cäsarea wäre vollkommen unvorbereitet. Die Folge ist, dass man in 1Kor keine durch das Apostelkonzil oder gar durch das Aposteldekret verursachten Probleme hineinlesen darf.

[93] Vgl. LA VERDIÈRE, E.A.: Paul and the Missions from Antioch, BiTod 83, 1976, 738–752. Zu SELLIN, Hauptprobleme 2988f: Man mag an der Verkündigung des Paulus in der Synagoge von Ephesus zweifeln, die er nach Apg 18,19c.20f nur anfängt. Damit soll ihm sicher die Priorität als Missionar gesichert werden. Deshalb braucht man aber nicht die ganze Reise nach Syrien ausfallen zu lassen. Sellin will damit die in der vorigen Anm. genannte These unmöglich machen, die mir aus anderen Gründen überholt scheint.

ephesischen Christen nach Korinth weiterempfohlen.[94] Für die dortigen Gläubigen war er eine große Hilfe, weil er das Christentum in der Synagoge als schriftgemäß erwies (Apg 18,24–28). „Lukas" vermeidet die Formulierung, dass durch seine Predigt manche erst zum Glauben kamen. Das war nach 1Kor 3,5 durchaus der Fall, obwohl auch Paulus seine Funktion eher als Begießen des schon Gepflanzten bzw. als Weiterbauen auf dem bereits gelegten Fundament beschreibt (3,6.10). Diese Erfolge führten aber auch zur Gruppenbildung in der Gemeinde. Zur Zeit der Abfassung des 1. Korintherbriefs ist Apollos wieder in Ephesus, will aber noch nicht mit den Brüdern[95] nach Korinth zurückkehren (16,12).

Im Frühjahr 52[96] bzw. – wenn man eine Überwinterung in Antiochien von 52/53 annimmt – erst im Frühling 53 bricht Paulus dann – nun mit Titus statt mit Silvanus als zweitem Mitarbeiter – zur sogenannten 3. Missionsreise auf. Außer der Verkündigung in der bisher ausgelassenen Provinz Asia hatte sie den Zweck, die Kollekte für Jerusalem in den einzelnen Gemeinden in Gang zu bringen und einzusammeln. Auf seinem Zug durch das anatolische Hochland gab Paulus den Gemeinden Galatiens entsprechende Anweisungen, wie der Rückblick 1Kor 16,1 erkennen lässt. Obwohl es in Ephesus bereits Christen gab, wurde Paulus in der blühenden Provinzhauptstadt seinem Grundsatz Röm 15,20f untreu und begann dort eine intensive Mission, die auch ins Mäandertal ausstrahlte. 1Kor 16,19 setzt schon mehrere in der Asia bestehende Gemeinden voraus. In 16,9 erwähnt Paulus „die große und wirksame Tür", die sich ihm hier auftut, aber auch „viele Widersacher", vielleicht Juden, die sich von der christlichen Konkurrenz distanzierten. Die Apostelgeschichte verzeichnet jedenfalls auch hier – wie bereits in Korinth – einen Bruch mit der Synagoge[97] nach drei Monaten und die Umsiedlung in ein auch den Heiden offenstehendes Lehrlokal (Apg 19,8f). Paulus hat nach 1Kor 15,32 in Ephesos auch schon eine lebensgefährliche Prüfung, die als „Kampf mit wilden Tieren" umschrieben wird,[98] bestanden.

Trotz seiner vielversprechenden Arbeit in der Asia hielt der Apostel Kontakt zu den jungen Gemeinden Europas. In 5,9 bezieht er sich auf einen vorhergehenden Brief an die Korinther, den er wohl bald nach seiner Ankunft in Ephesus geschrieben hat. Wahrscheinlich hat er darin auch die Kollekte angestoßen, für die er dann in 16,1–4 Ausführungsbestimmungen nachreicht. Inzwischen sind über die „Leute der Chloe" beunruhigende Nachrichten zu ihm gedrungen (1,11f), so dass er schon einmal den Timotheus – vermutlich auf dem Landweg – abgeschickt hat, der den Ko-

---

[94] Es ist nicht nötig, die erste Tätigkeit des Apollos in Ephesus zu bestreiten, weil Paulus davon in 1Kor schweigt: so aber BECKER, Paulus 162, LÉGASSE 172. Dass „die Brüder" – also die schon vor Paulus bestehende ephesische Gemeinde – für Apollos einen Empfehlungsbrief ausstellen, ist vielmehr glaubhaft. Umgekehrt macht THIESSEN, W.: Christen in Ephesus, TANZ 12, Tübingen/Basel 1995, 43–86 Apollos zum Gründer eines Zwölferkreises von Ephesus-Jüngern mit besonderem Taufverständnis.
[95] Wahrscheinlich das 16,17 genannte Trio.
[96] Der an sich auch denkbare Spätsommer 52 ist deswegen unwahrscheinlich, weil dann zu wenig Zeit für die erfolgreiche Arbeit des Apostels in der Asia bleibt, über die er im Brief des folgenden Frühjahrs berichtet.
[97] Entsprechen „die den Weg vor der Menge Schmähenden" den ἀντικείμενοι von 1Kor 16,9?
[98] Mögliche Erklärungen bei SELLIN, Hauptprobleme 2992f.

rinthern das rechte Verhalten, das sich nach Paulus in Christus gehört, einschärfen soll (4,17).[99] Er wird in Ephesus zurückerwartet. In der Zwischenzeit hat eine Abordnung aus Korinth – wahrscheinlich nach Eröffnung der Schifffahrt – Paulus eine Liste mit Anfragen überbracht, auf die er 7,1.25; 8,1; 12,1; 16,1.12 eingeht.[100] Paulus gibt ihr – es wird sich um die 16,15-16 Empfohlenen handeln – sein zweites Schreiben mit. Auf dem Seeweg sind sie schneller als Timotheus, so dass der Brief noch die Korinther auf seinen Empfang vorbereiten kann (16,10f). Zumal einige – Gerüchten zufolge – auf den Vorbrief hin mutmaßten, Paulus getraue sich nicht, wieder nach Korinth zu kommen (4,18), kündigt er jetzt seinen Besuch an (4,18-21; 11,34b). Er will aber noch bis Pfingsten in Ephesus bleiben und dann über Makedonien kommen (16,5-8), wohl um die inzwischen laufende Kollekte dort mitzunehmen.

Dies deutet alles daraufhin, dass Paulus den 1. Korintherbrief einige Wochen vor Pfingsten schrieb, während derer Timotheus nach Korinth und wieder zurück reisen konnte. Die 5,6-8 verwendeten Bilder legen ein Datum um das Passafest herum nahe. Je nachdem, ob man den Apostel schon 52 oder erst 53[101] in Ephesus eintreffen lässt, wird man die Tätigkeit des Apollos in Korinth und den Vorbrief in dieses Jahr setzen. Paulus reagiert dann zu Anfang des folgenden Jahres auf die Hiobsbotschaften aus Korinth mit der Sendung des Timotheus und im Frühjahr 53 oder eher 54 mit seinem Brief auf die offiziellen Anfragen der Korinther. Obwohl 16,8 den Eindruck erweckt, dass dies am Ende seiner Zeit in Ephesus geschieht, darf man den dortigen Plan nicht mit seinem faktischen Aufenthalt in dieser Stadt gleichsetzen.[102] Die Absichten des Paulus werden nämlich durchkreuzt durch die Widerspenstigkeit der Korinther, die ihn zu einem Blitzbesuch und mindestens noch einem „Tränenbrief" zwingt, aber auch durch eine Gefangenschaft (in Phil und Phlm vorausgesetzt) und eine erneute „Bedrängnis" (2Kor 1,8-10), die den Apostel an den Rand des Todes bringt. So dauert nach der Apostelgeschichte seine tatsächliche Wirksamkeit in Ephesus zwei Jahre und drei Monate (vgl. Apg 19,8-10) bzw. drei Jahre (rückbli-

---

[99] Der Aorist ἔπεμψα hat hier wohl zeitliche Bedeutung. War die Seefahrt noch nicht eröffnet? Sollte Timotheus die Gemeinden Makedoniens zur Kollekte aufrufen? Dass er nicht als Überbringer des Briefes in Frage kommt, geht aus 16,10f hervor: Beim Eintreffen des Briefes ist Timotheus noch nicht in Korinth angekommen.

[100] Diese Punkte werden mit einer z. T. unverbundenen präpositionalen Wendung mit περὶ δέ + Gen. am Satzanfang angeführt. Ihre Schriftlichkeit ist zwar nur 7,1 explizit, und MITCHELL, M.M.: Concerning περὶ δέ in 1 Corinthians, NT 31, 1989, 229-256 hat herausgearbeitet, dass antike Autoren mit der Formel nicht auf schriftliche Mitteilungen eingehen *müssen*. Das ist z.B. 1Thess 4,9 evident. Aber ein gemeinsames Vorwissen ist bei Adressat und Schreiber notwendig. In unserem Fall werden Sachverhalte angesprochen, die sich erst nach dem Gründungsaufenthalt ergeben haben. Über sie muss also zwischendurch eine Kommunikation stattgefunden haben. So ist die traditionelle Annahme schriftlicher Anfragen immer noch wahrscheinlich, wenn auch nicht zwingend.

[101] Die seit 51/2 anzunehmenden Tätigkeiten des Apollos und die Entwicklung in Korinth sprechen für das zweite Datum.

[102] So aber offensichtlich VIELHAUER, Geschichte 141; SCHRAGE, 1Kor I 36, MERKLEIN, 1Kor I 51, die 1Kor ans Ende der ephesischen Zeit verlegen. Bei MERKLEIN, 1Kor I 53 hat das die merkwürdige Folge, dass „die ganze Korrespondenz mit Korinth […] in weniger als einem Jahr entstanden sein" soll. Das ist auch die Ansicht von SCHMITHALS, Gnosis 105f, der ja auch von der Einheitlichkeit der Gegner ausgeht. M.E. kommen die Jahre 55 oder 56 für 1Kor nicht mehr in Betracht. FITZMYER, 1Kor 43 nimmt auf Grund seiner Spätdatierung der Gallio-Episode nun sogar 57 an.

ckend 20,31). Der erste Korintherbrief gewährt uns Einblick nur in den Anfang eines über zwei Jahre währenden Ringens mit der korinthischen Gemeinde.

4. Der Aufbau des Briefes

Von einem Brief kann man kein bestimmtes oder gar einheitliches Thema erwarten.[103] Schon gar nicht von 1Kor, der ja durch verschiedene Nachrichten veranlasst ist und darauf reagiert. Zunächst beschäftigt sich Paulus mit den unangenehmen Gerüchten, wahrscheinlich weil er erst einmal seine angeschlagene Autorität wiederherstellen will. Von 7,1 an bestimmen die offiziellen Diskussionspunkte die Gliederung, wobei Paulus oder ein Redaktor allerdings in 11,2–34 inhaltlich Passendes einfügt und mit Kap. 15 eine eschatologische Klimax schafft. Jedenfalls bildet die Behandlung dieser Probleme (s.u. „Gegen") und Anfragen (s.u. „Über") das Korpus des Briefes. Von dem mehr stereotypen Briefrahmen ist der Eingangsteil (Präskript und Prooemium in Gestalt einer Danksagung) gut erkennbar. Der Schluss wird meistens schon mit 16,1 angesetzt. Doch gehen 16,1–4 und 16,12 noch einmal auf Fragepunkte ein. Damit verschlungen sind allerdings Reisepläne (16,5–9) und Weisungen für den Empfang des Timotheus (16,10f). So ergibt sich folgende Grobgliederung:

I. Briefeingang 1,1–9
   1. Präskript 1,1–3
   2. Danksagung 1,4–9
II. Briefkorpus 1,10–16,12
   A. Gegen Spaltungen auf Grund von weltlicher Weisheit 1,10–4,21
   B. Gegen sexuelles und soziales Fehlverhalten 5,1–6,20
   C. Über Ehe und Ehelosigkeit 7,1–40
   D. Über das Essen von Götzenopferfleisch 8,1–11,1
   E. Gegen Missstände beim Gottesdienst 11,2–34
   F. Über die geistlichen Gaben 12,1–14,40
   G. Gegen die Auferstehungsleugner 15,1–58
   H. Über verschiedene Projekte 16,1–12
III. Briefschluss 16,13–24

Eine derartige genetische Analyse hat den Vorzug vor Strukturierungen auf Grund von theologischen Leitmotiven.[104]

---

[103] Vgl. REED, J.T., The Epistle, in: Porter, Handbook 171–193, 178. Die von SCHRAGE, 1Kor I 91 Anm. 345 angeführten Pliniusbriefe bilden eine Ausnahme.

[104] Z.B. CIAMPA, R.E./ROSNER, B.S.: The Structure and Argument of 1 Corinthians: A Biblical/Jewish Approach, NTS 52, 2006, 205-218. Sie wollen 4,18–14,40 unter der Sorge um die Reinheit der Gemeinde und den wahren Gottesdienst zusammenfassen.

5. Epistolare und rhetorische Gesichtspunkte

AMADOR, J.D.H. (= HESTER, J.): Rediscovering and Re-inventing Rhetoric, Scriptura 50, 1994, 1-40. ANDERSON, Theory. AUNE, D.E.: The New Testament in Its Literary Environment, Philadelphia 1987, 158-225. BERGER, Gattungen 1326-1363. BÜNKER, Briefformular. CLASSEN, Criticism. COLLINS, R.F.: Reflections on 1 Corinthians as a Hellenistic Letter, in: Bieringer, Correspondence 39-61. DOTY, W.G.: Letters in Primitive Christianity, Philadelphia ²1977. KLAUCK, Briefliteratur. LAMPE, P.: Rhetorische Analyse paulinischer Texte – Quo vadit?, in: Sänger/Konradt, Gesetz 170-190. MITCHELL, Paul 192-213. MURPHY-O'CONNOR, Paul. PORTER, ST.E.: Paul of Tarsus and His Letters, in: Ders., Handbook 533-585, 551-554. SCHÜSSLER-FIORENZA, E.: Rhetorical Situation and Historical Reconstruction in 1 Corinthians, NTS 33, 1987, 386-403. STOWERS, Letter Writing. WHITE, J.L.: New Testament Epistolary Literature in the Framework of Ancient Epistolography, in: ANRW II 25.2, 1984, 1730-1756. WUELLNER, W.: Greek Rhetoric and Pauline Argumentation, in: Schoedel, W.R./Wilken, R.L. (Hg.): Early Christian Literature and the Classical Intellectual Tradition. FS R.M. Grant, ThH 53, Paris 1979, 177-188. –: Paul as Pastor, in: Vanhoye, Paul 49-77.

Wie schon die Gestalt des Präskripts (s. zu 1,1-3) zeigt, fällt das autoritative Schreiben des Gemeindegründers und Apostels an seine Gemeinde in mancherlei Hinsicht aus dem Rahmen der antiken Briefliteratur. Dennoch vergleicht man es mit Briefen der Umwelt. Geschäftsbriefe kommen allerdings nicht in Betracht. Mit den Privatbriefen hat es Formalien am Anfang und am Ende (vgl. zum Dankgebet 1,4 und zu den Grüßen 16,19-21) sowie die Topik der Freundschaft[105] gemeinsam. Z.B. geistige Anwesenheit trotz körperlicher Abwesenheit (vgl. zu 16,17f); dieser Topos erfährt aber in 5,3f eine bezeichnende Abwandlung. Die Briefe des Paulus sind Ersatz für die „apostolische Parusie"[106] bzw. bereiten sie vor (vgl. 4,18f). Trotz dieses Autoritätsgefälles werden die Adressaten auf gleicher Ebene als „Brüder" angeredet (1,10 u.ö.). Wenn der Apostel sich bittend an sie wendet, kann man darauf verweisen, dass auch hellenistische Herrscher in amtlichen Schreiben ähnliche höfliche Formulierungen gebrauchen.[107] Aber die eigentümliche Stellung des Apostels gegenüber der Gemeinde, die Anspruch mit Brüderlichkeit vereint, ist letztlich christologisch begründet. Unter inhaltlichen Aspekten bieten sich die Briefe von Philosophen an ihre Anhänger[108] als Analogie an. Im Fall der Epikureer sind letztere sogar als Gemeinschaft organisiert. Hier hat auch die im Freundschaftsbrief verpönte Lehre einen Platz. Oft suchen die philosophischen Lehrer das Verhalten der Adressaten zu korrigieren. Z.B. schreibt der neupythagoreische Wanderprediger Apollonius von Tyana (Ende 1. Jh. n. Chr.) an Könige, Zunftgenossen und Städte, um Sitten und Gebräuche tadelnd richtigzustellen.[109] Das erinnert an 1Kor mit seinen überwiegend praktischen Anliegen. Hier spielt auch wie 4,16f; 7,7f; 8,13-9,27; 10,33-11,1; 14,18f das Vorbild des Meisters eine große Rolle.

---

[105] Vgl. KOSKENNIEMI, H.: Studien zur Idee und Phraseologie des griechischen Briefes bis 400 n. Chr., AASF 102,2, Helsinki 1956; THRAEDE, Grundzüge.
[106] Vgl. FUNK, Parousia.
[107] Vgl. BJERKELUND, Parakalô 59-74.
[108] Vgl. die Zusammenstellung bei KLAUCK 97-106.
[109] Vgl. Philostrat, Ap. I 2.

Antike Briefsteller[110] bieten eine reiche Auswahl an Brieftypen, denen sich der weitgehend auf Änderung des Verhaltens ausgehende 1Kor mit seinen verschiedenen Tonlagen[111] zuordnen ließe: Kritik, Zurechtweisung (vgl. 4,14 νουθετεῖν), Tadel (vgl. 11,17.22 „nicht loben"), an einigen Stellen (vgl. 3,17a; 4,21; 14,38; 16,22a) spricht sogar Drohung[112] aus den härteren Passagen. In 7,25.40 gibt Paulus aber nur einen Rat.[113] Für Ermahnung, die keinen Widerspruch duldet, hat Pseudo-Libanius[114] den Typ des „paränetischen" Briefes. So charakterisiert Stowers 1Kor als einen komplexen, zugleich ermahnenden und beratenden Brief.[115] Kap. 15 ist freilich lehrhafte Mitteilung, wenn auch in V. 33f und 58 die Lehre in Imperative ausmündet. Da Paulus verschiedene Register zieht, wird man den Brief dem „gemischten Typ"[116] zuweisen müssen.

Das stimmt schon skeptisch gegenüber den neueren Versuchen, 1Kor eindeutig einer rhetorischen Gattung zuzuteilen. Abgesehen von der Problematik, Kategorien der Rhetorik auf Briefe anzuwenden,[117] ist hier die Palette nicht so reichhaltig.[118] Es bleibt eigentlich[119] nur das deliberative Genus. Nach Schüssler-Fiorenza hat vor allem M. Mitchell diese Zuordnung für den ganzen Brief durchgeführt. 1,10 sei die alles bestimmende *propositio*, der Kampf gegen „factionalism" das durchgehende Thema, das mit ähnlichen Mitteln wie in antiken Reden für die politische Eintracht verfolgt werde. In der Tat hat 1,10 in den προθέσεις dieser Reden formale Parallelen;[120] zunächst erstreckt sich die Reichweite dieser Mahnung aber nur auf die V. 11f angedeu-

---

[110] Vgl. MALHERBE, A.J.: Ancient Epistolary Theorists, OJRS 5, 1977, 3-77; KLAUCK 167-162.

[111] Vgl. 4,14 mit 6,5; 15,34: Beschämung wird einmal bestritten, ein andermal ausdrücklich als Ziel angegeben.

[112] Vgl. bei Pseudo-Demetrius Nr. 3 (μεμπτικός), 6 (ἐπιτιμητικός), 7 (νουθετητικός); 8 (ἀπειλητικός); 9 (ψεκτικός).

[113] Vgl. Pseudo-Demetrius Nr. 11 (συμβουλευτικός).

[114] Nr. 1 (παραινετική), vgl. §§ 4f.52.

[115] 96. Vgl. 128: „First Corinthians mixes admonition with paraenesis and advice."

[116] Vgl. Nr. 41 bei Pseudo-Libanius. Nach BERGER 1339 sind die neutestamentlichen Briefe im Unterschied zu den antiken literarischen Briefen überhaupt der Gattung nach häufig zusammengesetzt. Auch SCHRAGE, 1Kor I 86-90 betrachtet 1Kor als Mischform; es überwiege allerdings der praktisch-paränetische Charakter.

[117] Vgl. PORTER, St.E.: The Theoretical Justification for Application of Rhetorical Categories to Pauline Epistolary Literature, in: Ders./Olbricht, Rhetoric 100-122; ANDERSON, Theory 109-127; KLAUCK 165-180; REED (s.o. Anm. 103). Ein auffälliges Manko: rhetorische Handbücher haben keinen Ort für die usuelle Paränese.

[118] Quintilian, inst. III 4,3f kann in den drei Redegattungen Sprechakte wie „klagen, trösten, besänftigen, anfeuern, erschrecken, bestärken, Weisung geben, Dunkles erklären, erzählen, flehen, danken, beglückwünschen, Vorwürfe machen, schmähen, beschreiben, empfehlen, mitteilen, wünschen, vermuten und so vieles andere" nicht unterbringen.

[119] WUELLNER und AMADOR legen das epideiktische Genus - allerdings in einer „(re-)definition" der „New Rhetoric" (ANDERSON, Theory 25f) - zu Grunde, weil der Brief „adherence to shared, and accepted values" erreichen wolle. Dadurch unterscheidet sich m.E. Paränese von Protreptik. Vgl. die Diskussion bei SCHRAGE, 1Kor I 79-81. Neuerdings arbeitet SMIT, J.F.M.: Epideictic Rhetoric in Paul's First Letter to the Corinthians 1-4, Bib. 84, 2003, 184-201 den Enkomion-Charakter der tragenden Stücke von Kap. 1-4 heraus.

[120] Vgl. MITCHELL, Paul 200 Anm. 81: Sätze mit δεῖ, πρέπει, προσήκει. Gegen eine zu enge politische Deutung der Begriffe in 1,10 s. aber die Auslegung.

teten Konflikte; man kann darin höchstens die *propositio* für 1,11–4,21 sehen. Sicher, das Thema der Einheit wird immer wieder akut (bes. 11,17–22; 12,4–30), es fehlt indes in Kap. 5–7.[121] Das für die symbuleutische Gattung bezeichnende Argument mit dem συμφέρον (Zuträglichen) begegnet zwar in 6,12; 7,35; 10,23; 12,7, hat aber in 6,12; 7,35 einen individuellen Aspekt und ist in Kap. 1–4 gar nicht relevant. Überhaupt wurden mehrfach[122] Bedenken angemeldet, ob die Sprechhaltung des symbuleutischen Redners, der an die Urteilskraft seiner Hörer appelliert, sie mögen seine Vorschläge annehmen, die des Paulus in 1Kor ist. Das könnte 10,15 zwar bestätigen; aber manchmal ordnet der Apostel einfach an: παραγγέλλειν 7,10 (mit Berufung auf den κύριος); 11,17; διατάσσεσθαι, διατάσσειν 7,17; 11,34; 16,1. In 11,2–16 und Kap. 14 schneidet er die Argumentation schroff mit dem Hinweis auf seine Gepflogenheiten und die der andern Gemeinden bzw. das Gebot des Herrn ab. Gewiss erlaubt nach Cicero, de orat. II 339 auch das *genus deliberativum* „bald energischen Tadel, falls man Autorität hat, bald Ermahnungen – sozusagen einen sanften Tadel, [...] bald dringende Bitten", aber gerade angesichts der Vielfalt rhetorischer Prozeduren in 1Kor stellt sich die Frage, welchen Erkenntniswert eine pauschale Kennzeichnung hat, zumal sich die Handbücher über Techniken wie „Ermunterungen, Vorschriften, Trost, Ermahnungen" ausschweigen.[123]

Dies gilt auch für das heutzutage beliebte, in sich schon problematische Unternehmen,[124] in Teilstücken – der ganze Brief ist offensichtlich zu komplex – die klassischen *partes orationis* aufzufinden. Die Vielzahl und Widersprüchlichkeit der angebotenen Lösungen disqualifiziert hier oft schon die Methode im vorhinein.

Das sei für die Gliederung von Kap. 1–4 exemplarisch vorgeführt.
BÜNKER[125] fasst 1,10–17 als *exordium* mit V. 11 als *propositio*,
1,18–2,16 als *narratio*. Kap. 3f enthalte zwei Beweisgänge mit jeweiliger *peroratio*:
3,1–17 *probatio*, 3,18–23 *peroratio*,
4,1–13 *refutatio*, 4,14–21 *peroratio*.
Dagegen wurde zu Recht eingewandt, dass schon 1,4–9 leistet, was man von einem *exordium* erwartet, nämlich den Leser aufmerksam und wohlwollend zu stimmen. 1,18–2,16 entsprechen nicht der *narratio*. Auch halten Kritiker[126] die doppelte Abfolge von *probatio-peroratio / refutatio-peroratio* rhetorisch für unmöglich, obwohl sich eine ähnliche Zweiteilung auch in Kap. 15

---

[121] Vgl. SCHRAGE, 1Kor I 64 Anm. 194 kritisch zu Mitchell: In Korinth lasse sich nicht alles auf den Nenner „factionalism" bringen, der zudem nur ein Symptom darstelle. Vgl. auch die Diskussion bei ANDERSON, Theory 256–264; er bestreitet, dass die von Mitchell angeführten Modellreden für die Eintracht ein ähnlich weites Spektrum aufweisen. Ablehnend nun auch FITZMYER, 1Kor 55.
[122] PÖTTNER, Realität 145: Die instruktive Sprechweise setze – anders als der symbuleutische Modus – eine assymetrische Beziehung voraus. THISELTON, 1Kor 112 macht auf den Unterschied zwischen „*illocutionary* speech-acts (on the basis of apostleship or friendship) and *perlocutionary* speech-acts (on the basis of rhetorical persuasion)" aufmerksam.
[123] Das bedauert Antonius in Cicero, de orat. II 64.
[124] S. die Einleitungen zu den Abschnitten A, D, F und G.
[125] Ihm folgen mit Abweichungen im Einzelnen die Kommentare von MERKLEIN I 109–112, der 3,1–4 wie 4,1–5 als *transitus* erklärt, und KREMER. Ebenso MALAN, Analysis 100–103; RAKOCY, W.: Retoryczny schemat argumentacji w 1 Kor 1–4, RBL 48, 1995, 231–242, der allerdings in 1,17 die *propositio* erkennt.
[126] ANDERSON, Theory 252; PROBST, Paulus 305–309; nach ihm umfasst das *exordium* 1,10–31, die *narratio* 2,1–3,4, die *peroratio* 3,18–4,21. Damit schrumpft die Argumentation auf wenige Verse (3,5–17).

findet. Lindemann[127] bestreitet überhaupt, dass man 3,18-23 als *peroratio*, 4,1-5 bzw. 4,6-13 als *refutatio* bezeichnen kann.

Wieder anders gliedert PÖTTNER, Realität 122-128, der Kap. 1-4 als selbständigen Mahnbrief ansieht. Er findet nach der These 1,10-12 in 1,13 die *partitio*[128] für drei recht ungleiche, chiastisch angeordnete Teile (1,14-17; 1,18-3,4; 3,5-17). Ihr Epilog ist 3,18-23. Was soll man dann mit 4,1-5 (Pöttner: *translatio*) anfangen? 4,14-21 wird jedenfalls als Epilog des ganzen Briefes aufgefasst.

Der Entwurf von MITCHELL kombiniert Briefteile (Präskript und Proömium 1,1-3.4-9; Schluß Kap. 16) mit Redeteilen und bestimmt im Briefkorpus

1,10 als *Thesis*,
1,11-17 als *narratio*,
1,18-15,57 als vier Beweisgänge,
15,58 als *conclusio*.

WITHERINGTON, 1/2Kor, der sich sonst Mitchell anschließt, sieht zu Recht, dass 15,58 nur Kap. 15 abrundet, zählt 16,1-12 noch zu den „proofs" und nimmt 16,13-18 als *peroratio*. Fraglich ist aber – außer der Tragweite von 1,10 (s. o.) – auch, ob man 1,13-17 noch zur *narratio* schlagen kann. COLLINS, 1Kor 18-20 verzichtet überhaupt auf eine *narratio*, die nach Aristoteles, rhet. III 16 1417b ohnehin bei der Volksrede selten ist, und sieht in 1,10-17 „Theme and occasion", gefolgt von 6 Beweisgängen bis einschließlich Kap. 15.

Besonders irreführend ist es, wenn – wie auch im Fall von Gal 1,13-2,14 – ein Text in Erzählform (z.B. 1,14-17; 2,1-5) schon deswegen als *narratio* bezeichnet wird, obwohl er Teil der Argumentation ist. Dagegen heben sich im Gedankengang oft deutlich die zu beweisenden Thesen heraus: So 1,17b; vgl. im Gal 1,11f, im 2Kor 1,12, im Röm 1,16b. Nicht immer aber nimmt der Beweisgang einen solchen Umfang ein wie im Röm (bis 11,36). Die Reichweite von 1,10 wird bei Mitchell, Witherington, Collins überschätzt; Kap. 5 – 16,12 lassen sich diesem Thema nicht einfach als weitere Beweise zuordnen. Auch 1,17b trägt den Gedanken nur bis 2,5.[129] Bei der Analyse wird auf jeden Fall die Untersuchung der logischen Struktur und des semantischen Zusammenhangs (Stichworte usw.) den Vorrang haben vor rhetorischer Etikettierung.

6. Literarkritik

HURD, J.C.: Good News and the Integrity of 1 Corinthians, in: Jervis/Richardson, Gospel 38-62. JEWETT, R.: The Redaction of I Corinthians and the Trajectory of the Pauline School, JAAR Suppl. 46, 1978, 389-444. HORN, F.W.: Zur Literarkritik der Paulusbriefe, in: Breytenbach, Paulus 745-763. MERKLEIN, H.: Die Einheitlichkeit des ersten Korintherbriefes, ZNW 75, 1984, 153-183 (= Ders., Studien 345-375). PESCH, R.: Paulus ringt um die Lebensform der Kirche, HerBü 1291, Freiburg 1986, 75-100. SCHENK, W.: Der 1. Korintherbrief als Briefsammlung, ZNW 60, 1969, 219-243. SCHMITHALS, W.: Die Korintherbriefe als Briefsammlung, ZNW 64, 1973, 263-288. –: Die Briefe des Paulus in ihrer ursprünglichen Form, Zürich

---

[127] 1Kor 91.95.
[128] Ähnlich der Vorschlag von FUNK, R.W.: Language, Hermeneutic, and the Word of God, New York usw. 1966, 261f und TALBERT, 1/2Kor 7, wo der dritte Teil bis 4,7 reicht.
[129] Gegen die zu schematische Einteilung von RAFIŃSKI, G.: Problem struktury 1 Kor 1-4, RBL 47, 1994, 73-82: *exordium* (1,10-17), *propositio* (1,17), *probatio* in vier Schritten (1,18-4,13), *peroratio* (4,14-21).

1984. –: Methodische Erwägungen zur Literarkritik der Paulusbriefe (1998), in: Breytenbach, Paulus 107–144. SELLIN, Hauptprobleme 2964–2986. –: 1 Korinther 5–6 und der ‚Vorbrief' nach Korinth, NTS 37, 1991, 535–558. STEWART-SYKES, A.: Ancient Editors and Copyists and Modern Partition Theories: The Case of the Corinthian Correspondence, JSNT 61, 1996, 53–64. SUHL, Paulus 203–213.

a) Forschungsgeschichte

Nachdem die Kommentare von J. Weiß[130] und J. Héring[131] Teile des Briefes dem 5,9 erwähnten „Vorbrief" zugeschlagen hatten und nur noch „katholisierende Bemerkungen" einer die Briefe sammelnden „Redaktion" zuschrieben, ging in der zweiten Hälfte des 20. Jh. die Zerlegung des Briefes weiter. W. Schmithals[132] unterschied zunächst nur Brief A und Brief B, der sowohl auf Gerüchte eingeht wie Fragen der Korinther beantwortet, schwenkte dann[133] aber auf die Position von W. Schenk ein, der gleich vier Briefe in unserem Schreiben entdeckte.[134] Seine Hypothese, dass 1,10–4,21 als eigenes, zeitlich nach dem Antwortbrief liegendes Fragment anzusehen ist, wurde auch von Ch. Senft[135] und G. Sellin[136] befürwortet. Auch R. Pesch[137] rekonstruiert aus dem Material des 1Kor vier Briefe, die jedoch wieder völlig anders zusammengesetzt sind. Nach ihm gehört z.B. 1,1–5,8 (+ 6,1–11) zum Vorbrief. In den Zürcher Werkkommentaren zur Bibel[138] löst Schmithals dann aber noch Stücke aus den ersten vier (4,1–5; 4,7–13) und späteren Kap. heraus und fügt sie mit Abschnitten aus 2Kor, ja sogar aus Röm zu weiteren kleinen Schreiben zusammen, so dass die Korintherkorrespondenz insgesamt 13 Briefe umfasst.

Solche Vorschläge fanden im englischen Sprachraum kaum Resonanz.[139] Nachdem Schmithals die Willkür der Aufteilung auf die Spitze getrieben hatte, tendierten auch die deutschsprachigen Kommentare[140] bei 1Kor wieder zur Einheitlichkeit. Ausschlaggebend dafür war nicht nur ein Aufsatz von H. Merklein von

---

[130] 1Kor XLIf. Ähnlich im Umfang KLAUCK, 1Kor 13.
[131] 1Kor 10f. Merkwürdigerweise nimmt er die „strenge" Passage 10,1–22 zum zweiten Brief. Wenn er diesem Kap. 11–15 zuordnet, steht auch der Widerspruch zwischen 11,5 und 14,33b–36 im selben Brief.
[132] Gnosis 84–89.
[133] Korintherbriefe 263–288.
[134] 1. Korintherbrief. Vgl. auch DERS., „Korintherbriefe" 622–624. Demnach hätte es vor der Antwort auf die korinthischen Anfragen schon zwei Paulusbriefe gegeben. Deren Inhalt bestimmen Schenk und Schmithals allerdings unterschiedlich. Z.B. steht nach Schmithals Kap. 5 in keinem dieser Vorbriefe, was den Singular 5,9 nicht erklärt.
[135] 1Kor 17–19. Ihm stimmt zu DE BURGOS NÚÑEZ, M.: La Correspondencia de Pablo con las Communidades de Corinto, Communio 26, 1993, 33–67, 42–47.
[136] Hauptprobleme 2979: insgesamt drei Briefe.
[137] 75–100.
[138] Briefe.
[139] Vgl. HURD. Eine Ausnahme bildet JEWETT. Er meint, dass die Brieffragmente von verschiedenen Gruppen im kirchenpolitischen Kampf verwendet wurden, und favorisiert das ursprüngliche Modell von Schmithals – mit kleineren Änderungen.
[140] CONZELMANN, 1Kor 16f; LANG, 1Kor 6f; STROBEL, 1Kor 12; SCHRAGE, 1Kor I 63–71; MERKLEIN, 1Kor I 46–48; KREMER, 1Kor 14; WOLFF, 1Kor 6–8; LINDEMANN, 1Kor 3–6; SCHNABEL, 1Kor 39–42.

1984[141], sondern auch der zeitgemäße Trend zu ganzheitlicher Betrachtung und zum Primat der Synchronie in der exegetischen Methodik. Dazu kam die Beobachtung an einem möglichen antiken Parallelfall, den Sammelausgaben der Cicerobriefe, dass höchstens Briefe aneinandergefügt wurden. Für komplizierte Theorien, wonach Brieffragmente in andere Briefe interpoliert wurden, findet sich keine Analogie.[142] Sie sind auch wegen der technischen Bedingungen des Schreibens auf Rollen unwahrscheinlich.[143]

b) Indizien für die Einheit

Gegen die Verselbständigung von Kap. 1-4 spricht der Umstand, dass der Dank für die reiche Begabung der Gemeinde in jeglichem Wort und jeder Erkenntnis 1,5-7 auf das Zugeständnis der Gnosis in 8,1 und die Charismenkapitel 12-14 vorzugreifen scheint.[144] Auch das 1,10f angerissene Thema der Spaltungen in der Gemeinde taucht in den späteren Briefteilen (11,18f – dazu freilich noch unter c –; 12,25) wieder auf. Sicher, 4,14-21 macht den Eindruck eines Briefendes.[145] Doch die Reisepläne in 4,17-21 sind nicht unbedingt charakteristisch für den Abschluss eines Briefkorpus;[146] sie lassen sich auch durchaus mit den am Ende in 16,5-11 mitgeteilten Plänen vereinbaren, wenn auch die Akzente verschieden gesetzt sind: Am Schluss von Kap. 4 droht Paulus gegenüber den „Aufgeblasenen" mit seinem baldigen Kommen – freilich *sub conditione Iacobaea* (4,19), in Kap. 16 wirbt er um Verständnis für eine Verzögerung des Besuchs. Das setzt die Kap. 4 geweckte Erwartung voraus, ebenso wie die Vorbereitung des Kommens des Timotheus 16,10f nicht ohne die Ankündigung seiner Sendung 4,17 verständlich ist.[147] Man kann also kaum aus den Divergenzen zu 16,5-11 die briefliche Selbständigkeit von Kap. 1-4 folgern.

Der Anschluss von Kap. 5 mit ὅλως („überhaupt") ist zwar lose, lässt aber erkennen, dass zuvor Missstände in der Gemeinde verhandelt wurden. Vor allem scheint 5,2 an die schon 4,18f kritisierte Haltung des Aufgeblasenseins anzuknüpfen. Auch 6,1-11 ist durch das Stichwort „richten" fest mit dem Vorhergehenden verbunden.

---

[141] Vgl. auch LÜHRMANN, D.: Freundschaftsbrief trotz Spannungen, in: Schrage, Studien 298-314. Er versucht, in 5,1-11,1 ein Geflecht von Vor- und Rückverweisen aufzuzeigen.

[142] Vgl. KLAUCK, H.-J.: Compilation of Letters in Cicero's Correspondence, in: Fitzgerald u.a., Early Christianity 131-155. Im Wesentlichen bestätigt durch SCHMELLER, TH.: Die Cicerobriefe und die Frage nach der Einheitlichkeit des 2. Korintherbriefs, ZNW 95, 2004, 181-208.

[143] Vgl. STEWART-SYKES.

[144] Vgl. SCHRAGE, 1Kor I 70. Gegen weitere Beziehungen zum Korpus vgl. unsere Schlussbetrachtung zu 1,4-9.

[145] Herausgestellt von DE BOER, Composition 235-240, der dafür als Erklärung die „double occasion" des Briefes anbietet.

[146] Vgl. WOLFF, 1Kor 431.

[147] Dass Paulus in 4,17 – im Unterschied zu 16,10 – schon mit der Anwesenheit des Timotheus in Korinth rechne (SCHMITHALS, Korintherbriefe 266), kann man wegen des futurischen Relativsatzes schwerlich sagen. Die Aufgabe des Timotheus wird hier so umschrieben, dass man eher an mündliche Tradition von Paulusweisungen denn an die Verlesung eines Briefs denkt. Gegen PESCH 82f, der hier Timotheus als Briefüberbringer sieht.

Andererseits ist 6,12–20 durch vielfältige Bezüge mit dem Kap. 7 beginnenden Antwortschreiben verschweißt: durch den korrigierten Slogan 6,12ab und 10,23ab, die Problematik der Speisen 6,13ab (vgl. Kap. 8.10) und das Thema „Unzucht" (wieder 7,2; 10,8). Überhaupt ist Motivverdoppelung – z. B. das unterschiedlich angewandte Bild vom Tempel 3,16f/6,19f; der Aufruf zur Nachahmung 4,16/11,1; der Lasterkatalog 5,10f/6,9f – eher ein Zeichen für Kohärenz als ein Kriterium für Quellenscheidung.

Der Ausgangspunkt für diese waren meist die unterschiedlichen Stellungnahmen des Paulus zum Essen von Götzenopferfleisch in Kap. 8–11,1. Aber die Brüche zwischen den beiden einander entgegengestellten Stücken 8,1–13; 10,23–11,1 und 10,1–22 erweisen sich als nicht so tief. H. von Soden[148] hat darauf hingewiesen, dass der liberale Standpunkt von 8,4 in der Frage 10,19 wiederkehrt. Umgekehrt hat Merklein[149] herausgearbeitet, dass 8,9f das strikte Verbot von 10,14.21 vorbereitet. Dem Christen wird praktisch die Teilnahme am heidnischen Kultmahl unmöglich gemacht, wenn auch nicht aus prinzipiellen Gründen, sondern um der Rücksicht auf den Schwachen willen. 10,25–30 haben dagegen nicht die kultische Situation, sondern den privaten Einkauf auf dem Fleischmarkt und die Einladung in Privathäuser im Auge. Solche Strategien auf unterschiedlichen Ebenen schließen sich nicht aus, sondern können Teil eines rhetorischen Gesamtkonzepts sein.[150] Zudem wird die Spannung zwischen Kap. 8 und 10,1–22 durch das eingeschaltete Kap. 9 verringert. Die neueren Literarkritiker sehen, dass 9,24–27 auf 10,1–13 hinführen. Da aber 9,27 V. 23 entspricht, lassen sich die Verse 24–27 nicht vom Rest des Kap. 9 trennen. Hier kommen Schmithals und Sellin in Verlegenheit.[151] Kap. 9 schließt gut an 8,9–13 an, wo die ἐξουσία problematisiert wird. An seinem eigenen Verhalten in der Unterhaltsfrage[152] zeigt Paulus, dass man auch im Verzicht auf ἐξουσία frei von Menschen sein (V. 1a.19) kann. Damit gibt er auch das Stichwort „Freiheit" für 10,29 vor. Durch den Übergang in 9,24–27 ist nun aber auch das rigorose Zwischenstück 10,1–22 in denselben Zusammenhang eingebunden.

Eine mit Kap. 9 vergleichbare exkursartige Bedeutung hat auch Kap. 13, wobei 12,31b und 14,1 die künstlichen Scharniere darstellen. Gerade 14,1 bildet aber auch zugleich den thematischen Auftakt für Kap. 14. Der hier vorherrschende Gesichtspunkt des „Auferbauens" ist seit 8,1c mit der Liebe assoziiert. So lässt sich Kap. 13 nicht einfach herausheben oder umstellen.[153] Vielmehr wird an der Kapitelfolge die Möglichkeit anschaulich, dass Paulus im Zuge des Diktats ein ursprüngliches Konzept umstößt oder modifiziert.

---

[148] Sakrament 358.
[149] Einheitlichkeit 164–167.
[150] S. die Bemerkungen vor 8,1–13.
[151] Wie WEISS, 1Kor XLI rechnen sie V. 24–27 noch zum (Schmithals: zweiten) Vorbrief. V. 1–23 dagegen wird – bei Schmithals zerstückelt – dem Antwortbrief oder gar späteren Schreiben gegeben. Diese Inkonsequenz moniert zu Recht WIKENHAUSER, A./SCHMID, J.: Einleitung in das Neue Testament, Freiburg ⁶1973, 430.
[152] Wer wie SCHMITHALS, Briefe 57ff hier eine Apologie des Apostolats 9,1b–18 herausschält und in einen anderen Kontext verpflanzt, verkennt die Funktion dieser Verse.
[153] Gegen die Vorschläge von Schmithals und Schenk zu Recht SELLIN 2984.

Schließlich scheitert auch der Versuch von Weiß, Schmithals und Schenk, aus Kap. 16 zwei Briefschlüsse zu gewinnen, wovon 16,13–24 einem früheren Brief zugehören sollen, während die περὶ δέ-Einsätze V. 1 und 12 mindestens V. 1–12 als Bestandteil des Antwortbriefes ausweisen. Die Art, wie Paulus in V. 17–18a die Dreiergruppe mit Stephanas als Ersatz für die abwesende Gemeinde begrüßt, lässt annehmen, dass sie den Fragenbrief der Gemeinde mitbrachten. Darüberhinaus ermahnt der Apostel V. 15f.18b die Gemeinde zu Achtung und Gehorsam gegenüber solchen Leuten, die offensichtlich seine Sache in Korinth vertreten sollen. Dann haben sie aber wahrscheinlich auch den Antwortbrief überbracht. Demnach stehen V. 1–12 und 13–24 im selben Text.

Dass erst am Ende des Briefes von den möglichen Mittelsmännern die Rede ist, kann auf den Gedanken bringen, dass sie, als Paulus die von den Nachrichten der Chloe-Leute ausgelösten Kap. 1–4 schrieb, noch nicht eingetroffen waren. Darauf deutet 1,16a, wo Stephanas erst nachträglich und nebenbei erwähnt wird.[154] Das muss aber nicht heißen, dass Kap. 1–4 und 16,15–18 aus verschiedenen Briefen stammen. Es kann eher sein, dass das nach der Begegnung mit den Leuten der Chloe begonnene Schreiben mit den Antworten auf die von der korinthischen Delegation überbrachten Fragen fortgesetzt wurde.[155] Das erklärt den Einschnitt mit Kap. 7 und manche formalen wie inhaltlichen Unebenheiten.

c) Doch noch Reste des Vorbriefs?

Und doch ist es möglich, dass man bei der Abschrift von Paulusbriefen zum Austausch mit anderen Gemeinden schon im letzten Drittel des 1. Jh. auch Teile des Vorbriefes aufnahm. Das müsste am ehesten an der Struktur des Briefes, die durch die verschiedenen Informationsquellen bedingt ist,[156] abzulesen sein. Während 7,1 die Beantwortung schriftlicher Anfragen einsetzt, beruhen die vorhergehenden Ausführungen Kap. 1–6 auf mündlichen Nachrichten. Allerdings drängen sich auch zwischen die περὶ δέ-Abschnitte mit 11,2–34[157] und Kap. 15 Stücke, die mündliche Informationen aufnehmen. Das ist insofern ungewöhnlich, als in unserem einzigen Vergleichstext, 1Thess, die Kette von περὶ (δέ)-Texten 4,9–12.13–18; 5,1–11 nicht unterbrochen wird. Die Anbindung von 11,2ff an 11,1 ist brüchig. Nach dem Aufruf zur

---

[154] Diese Möglichkeit wird von Merklein, Einheitlichkeit 161f heruntergespielt. Dagegen vorgeschlagen von Bruce, 1/2Kor 23–25.52f, ausführlich von de Boer, Composition. Dass Kap. 5f wegen thematischer Verwandtschaft mit Kap. 7 ebenfalls von der Stephanasdelegation veranlasst sind, überzeugt mich allerdings nicht. Denn die hier angezogenen Fälle hätten kaum „den Geist des Paulus beruhigt" (16,18). Das gilt auch für die mündlichen Nachrichten 11,18 und 15,12, die de Boer 232 den Leuten um Stephanas zutraut. Von den Missständen beim Herrenmahl, unter denen die Habenichtse zu leiden hatten, erfuhr Paulus vermutlich nicht durch den besser gestellten Stephanas.

[155] Den umgekehrten Prozess nimmt de la Serna, E.: Los orígenes de 1 Corintios, Bib. 72, 1991, 192–216, 211 an. Er geht von der Priorität des Antwortbriefes aus und leiht sich dazu als Proömium 1,1–9.

[156] Vgl. die Aufstellung bei Hurd, Origin 93 und o. Nr. 4.

[157] Die Vermutung von Lietzmann, 1Kor 53 u.a., das Lob des Apostels in V. 2 sei durch eine entsprechende Versicherung im Brief der Korinther veranlasst, ist ohne Grund. Dagegen auch Klauck, Herrenmahl 286.

Nachahmung des niemand Anstoß gebenden Apostels wirkt das überschwängliche Lob 11,2 unpassend. Auch geht es bei den Traditionen um etwas anderes als um das persönliche vorbildliche Verhalten des Paulus.[158] Das zweckgerichtete Kompliment wäre gut am Anfang eines Briefes denkbar.[159] Wenn 14,33b–36 ein paulinischer Nachtrag ist, wie z.St. wahrscheinlich gemacht wird, ist der Widerspruch zwischen den in der Gemeindeversammlung betenden und prophezeienden Frauen (11,5) und dem Schweigegebot in Kap. 14 eklatant und nicht auszugleichen.[160] Das spricht für die Herkunft von 11,2–16 aus einem anderen, früheren Brief. In den damit zusammenhängenden Versen 11,17–19 tadelt (= Nicht-Loben) der Apostel zwar die σχίσματα in der Gemeindeversammlung, hält aber V. 19 αἱρέσεις in einer Zeit endzeitlicher Scheidung und Bewährung für notwendig. Viele Literarkritiker sahen hier einen Gegensatz zur Vermeidung von αἱρέσεις 1,10 und schlossen daraus auf verschiedene Briefe. Um den Gegensatz abzumildern, wies man daraufhin, dass die Parteiungen in Kap. 1–4 durch die Gefolgschaft gegenüber führenden Lehrern verursacht sind, in 11,17–34 dagegen sind die Absonderungen durch soziale Unterschiede bedingt.[161] Doch es ist zu beachten, dass V. 19 ganz allgemein formuliert ist. Zwar bekämpft Paulus Abspaltungen hier wie dort. Aber in 1,10–12 fehlt solche heilsgeschichtliche Relativierung. So ist eine situative Verschiedenheit unübersehbar. Kann Paulus sich die theologische Rationalisierung 11,19 erlauben, weil die Spaltungen noch nicht die Gemeinde zerstören (so dann 3,17a)? Wie im Fall der in der Gemeinde redenden Frauen spräche das eher für eine frühere Phase. Schließlich befremdet am Ende des Abschnitts die Ankündigung des Apostels, „das Übrige" – das müssen nach dem Prätext Dinge des Gottesdienstes sein – bei seinem Besuch regeln zu wollen (11,34b). Denn Kap. 12 fährt ja mit den Geistesgaben weiter, die weitgehend im Gottesdienst anzusiedeln sind. Und in Kap. 14 ordnet Paulus schon brieflich an, wie sie zu gebrauchen sind. 11,2–34 dürften ursprünglich also kaum in einem Schreiben gestanden haben, das vor allem die Antworten des Paulus umfasste. Freilich ist das Stück jetzt geschickt eingeordnet, so daß viele Kommentatoren den ganzen Passus 11,2–14,40 unter „Gottesdienstfragen" zusammenfassen.[162] Mit dem unmittelbaren Kontext ist es durch das Stichwort „Leib" verknüpft (vgl. 11,24.27.29 mit 10,16f; 12,12–27), wobei allerdings die ekklesiologische Bedeutung von σῶμα bei 10,17 und in Kap. 12 m.E. in 11,29 nicht mitschwingt. Eher wird 10,16 erst von 11,23f her verständlich. Das passt zu der von uns angenommenen Priorität von 11,2–34.

Nun ist natürlich die Verlockung groß, auch das nächste, die περὶ δέ-Reihe unterbrechende Stück, Kap. 15, dem Vorbrief zuzuweisen. In ihm klingt ja die Traditionsterminologie von 11,2.23 wieder auf (V. 1–3). Es ist – bis auf das weiterführende δέ

---

[158] Die *captatio benevolentiae* in V. 2 steht so zum vorausgehenden Imperativ in Spannung. Das δέ ist jedoch nicht adversativ, sondern führt am Perikopenanfang weiter wie das δέ in 15,1 und zu Beginn der περὶ δέ-Stücke.
[159] Vgl. WEISS, 1Kor 268, dem SELLIN 2974 zustimmt.
[160] Etwa dadurch, dass man in Kap. 11 kleinere, häusliche Gottesdienste oder eine andere Gruppe von Frauen (z.B. Jungfrauen) postuliert, oder in Kap. 14 eine vom Beten und Prophezeien verschiedene Art des Redens.
[161] Vgl. z.B. MERKLEIN, Einheitlichkeit 175 Anm. 88.
[162] Vgl. im Kommentar die Einleitung zu diesem Abschnitt F.

in 15,1 – unabhängig von den rahmenden Kapiteln. Auch sachlich verwundert, dass Paulus erst jetzt gegen die Leugnung einer so fundamentalen Glaubenswahrheit, der Auferstehung der Christen, angeht. In 6,14 hatte er noch selbstverständlich mit der aus der Auferweckung des Herrn folgenden künftigen Auferweckung der zu Christus Gehörigen argumentiert, ein Zusammenhang, den 15,20–23 ausführlich entfalten.[163] Offensichtlich ist die Frage inzwischen geklärt. Zudem wird sich ergeben, dass die Bestreitung der Auferstehung nichts zu tun hat mit der „realized eschatology" einiger Korinther, also der Problematik des Enthusiasmus, die hinter Kap. 12–14 stecken mag.[164] So könnte auch Kap. 15 seinen Platz im Vorbrief gehabt haben. Der Redaktor hätte es ans Ende gestellt, wo man eine Abhandlung über Eschatologie erwartet.[165]

11,2–34 und Kap. 15 waren schon in den bisherigen weitergehenden Teilungshypothesen Kandidaten für den Vorbrief.[166] Diese hier vertretene „kleine Lösung" findet sich ähnlich bei F. Hahn.[167] Sie ist zwar nicht „zwingend", schon gar nicht bei Kap. 15. Sie hilft jedoch, einige Probleme des 1. Korintherbriefs zu entschärfen. Ihre Eigenart als Hypothese bringt es freilich mit sich, dass sie nirgends der Exegese zu Grunde gelegt, sondern nur ergänzend und unter Vorbehalt herangezogen werden kann. Dass darüber hinaus unpaulinischer Stoff an verschiedenen Stellen interpoliert wurde, wird sich im Zug der Kommentierung als unnötige Annahme herausstellen.[168]

7. Kanon- und Wirkungsgeschichte

ALAND, K.: Die Entstehung des Corpus Paulinum, in: Ders.: Neutestamentliche Entwürfe, TB 63, München 1979, 302–350. DASSMANN, E.: Der Stachel im Fleisch. Paulus in der frühchristlichen Literatur bis Irenäus, Münster 1979. FINEGAN, J.: The Original Form of the Pauline Collection, HThR 49, 1956, 85–103. LINDEMANN, A.: Paulus im ältesten Christentum, BHTh 58, Tübingen 1979. NOORMANN, R.: Irenäus als Paulusinterpret, WUNT II 66, Tübingen 1994. PORTER, ST.E.: When and How was the Pauline Canon Compiled?, in: Ders., Canon 95–127. ROUKEMA, R.: De uitleg van Paulus' eerste brief aan de Corinthiërs in de tweede

---

[163] Vgl. SELLIN 297f, der umgekehrt folgert: weil 6,12–20 Teil des Vorbriefs ist, kann Kap. 15 nicht dazu gerechnet werden. Die übrigen Argumente von Schmithals und Schenk für zeitliche Vorordnung von Kap. 15 vor den Antwortenbrief weist SELLIN 297f zurück. Vor allem: Paulus habe sich nicht in einem Brief, indem er sein Apostolat verteidigen muss (9,1f), als „Geringsten der Apostel" (15,9) bezeichnen können. Das beruht auf einer Fehlinterpretation von 9,1f. Dort ist noch nicht die Bestreitung des Apostolats vorausgesetzt.
[164] Vgl. ZELLER, Front und die Einführung zu Kap. 12–14.
[165] Vgl. die kleine Apokalypse am Ende der Didache (16,3-8) und das freilich der Bußmahnung dienende Gerichtsgemälde 2Clem 17,4-7.
[166] Nach VIELHAUER, Geschichte 141 nur 11,2–34.
[167] Studien II 323 Anm. 1, 326 Anm. 7, 335 Anm. 2.
[168] Vgl. auch MURPHY-O'CONNOR, Interpolations. Von ihm abgewiesene Hypothesen werden im Kommentar nicht mehr erwähnt. Er behält nur τὸ Μὴ ὑπὲρ ἃ γέγραπται in 4,6 als Glosse und 14,34f als Interpolation bei. S. z.St. Wesentlich mehr und umfangreichere Interpolationen spürt WALKER, W.O.: Interpolations in the Pauline Letters, in: Porter, Canon 189–235 auf. Vgl. sein gleichnamiges Buch JSNT.S 213, London 2001.

en derde eeuw, Kampen 1996. THEISSEN, G.: Die Entstehung des Neuen Testaments als literaturgeschichtliches Problem, Schriften der Philosophisch-historischen Klasse der Heidelberger Akademie der Wissenschaften 40, Heidelberg 2007, 136–145. TROBISCH, Entstehung. WELBORN, L.L.: „Take up the Epistle of the Blessed Paul the Apostle": The Contrasting Fates of Paul's Letters to Corinth in the Patristic Period, in: Phillips, G.A./Wilkinson Duran, N. (Hg.): Reading Communities, Reading Scripture. FS D. Patte, Harrisburg 2002, 345–357.

a) Sammlung der Paulusbriefe, „Apostolische Väter"

Vom Beginn des 2. Jh. an zählt 1Kor zu den am häufigsten zitierten oder benutzten ntl. Schriften. Kopien davon sind nach Rom (1Clem), Smyrna bzw. Kleinasien (Polyk), Antiochien (Ign) gelangt. Wenn 1Clem 47,1f die Korinther auffordert, in „dem Brief des seligen Apostels Paulus" über die Parteiungen 1,10ff nachzulesen, so setzt er voraus, dass 1Kor in der Gemeindebibliothek von Korinth greifbar ist. Etwaige Teile des Vorbriefes müssten darin schon aufgenommen sein.[169] Von 2Kor fehlt dagegen bis Marcion (Mitte des 2. Jh.) jede sichere Spur. Das Interesse von 1Clem und überhaupt der frühen Kirche an 1Kor geht hauptsächlich auf die Wahrung der Einheit und das Verbot der Spaltung, wie der Canon Muratori bezeugt.[170] Wegen dieser kirchenpolitischen Bedeutung führt 1Kor hier die Paulusbriefe an. Da Marcion den Gal den beiden Korintherbriefen voranstellt, könnte man annehmen, dass auch er diese schon an der Spitze vorgefunden hat. Genaues über Anzahl und Reihenfolge der Briefe bei der Sammlung der Paulusbriefe, die schon 2Petr 3,16 voraussetzt, weiß man aber nicht.[171] Weil die Handschriften in der Treue der Textüberlieferung und in der Anordnung der Briefe stark voneinander abweichen, geht K. Aland nicht von einer einzigen Ursammlung aus, sondern nimmt lokale Teilsammlungen an, die dann zu mehreren Urcorpora anwuchsen. Zu ihnen gehörte jedenfalls immer 1Kor. Allerdings steht er in der ältesten erhaltenen Handschrift ($\mathfrak{P}^{46}$, um 200) erst an dritter Stelle der Paulusbriefe – nach Röm und Hebr. Die Reihenfolge ist hier wohl durch die Länge der Briefe bedingt. In der 2. Hälfte des 4. Jh. liegt dann die heutige Anordnung Röm–1/2Kor im Osten (Codex Vaticanus und Sinaiticus, 39. Osterfestbrief des Athanasius) wie im Westen (vgl. angebl. Damasusdekret und das Verzeichnis des Codex Claramontanus) fest. In der Zeit der „Apostolischen Väter" ist außer Clemens von Rom besonders Ignatius von Antiochien als Rezipient des 1Kor zu nennen. Ihm ist die Sprache des Briefes so eingegangen,[172] dass er keine Einzelzitate braucht, er hat die Kreuzestheologie verinnerlicht (vgl. IgnEph 18,1; 19,1) und mit ei-

---

[169] Zumindest 1Kor 15, das in 1Clem 24,1.5 anklingt.
[170] Z. 42f: *primum omnium Corinthiis schismae haereses interdicens*. Die Datierung dieses Textes ist neuerdings unsicher geworden. Setzte man ihn früher noch ins 2. Jh., so schiebt man ihn jetzt teilweise ins 4. Jh.
[171] TROBISCH 130 setzt eine erste Sammlung mit Röm, 1/2Kor und Gal in Ephesus an; THEISSEN vermutet eine Sammlung in Korinth mit dem Röm an der Spitze. Aber sollte eine in Korinth entstandene Sammlung nicht eher mit 1/2Kor beginnen? PORTER diskutiert die Theorien zur Entstehung des paulinischen Kanons, auch die von Trobisch vorgeschlagene Autorenrezension eines Teils der Briefe.
[172] Angefangen von der Anwendung paulinischer Phrasen auf die eigene Person (z.B. IgnRöm 4,3; 5,1; 9,2) bis zur Stilimitation: Vgl. die Anm. 578 zu 4,10 und Anm. 272 zu 15,30–32.

ner Leib-Christi-Ekklesiologie verbunden (vgl. IgnTrall 9,2; IgnSm 1). In der Verlängerung des Kreuzes und in den Spuren des Paulus (IgnEph 12,2) opfert er sich selbst für die Gemeinden auf (IgnEph 8,1 περίψημα, vgl. 1Kor 4,13). Für Polykarp und seine Paränese an die Philipper hingegen scheint die Relevanz von 1Kor eher im Praktischen zu liegen; er zitiert in 11,2 aus 6,2 und in 5,3 die auf sexuelle Sünden verkürzte Ausschlussformel 6,9f. In anderen Schriften dieser Zeit ist der Einfluss von 1Kor weniger spürbar; sie stehen entweder eher in judenchristlicher Tradition (Did, Herm) oder kennen ihn zwar, aber benutzen ihn kaum (Barn, 2Clem, Justin).

b) Die Gnosis[173]

Gnostische Schriften bedürfen an sich nicht der Autorität eines Apostels, und sei es Paulus. Doch, wie wir noch sehen werden,[174] sind christliche Gnostiker, besonders die Valentinianer, bei ihrer Unterscheidung eines geistlichen Menschen vom psychischen und stofflich-fleischlichen von Paulus, speziell 1Kor 2,13-15 und 15,44-46, angeregt. Auch mit 15,50 gibt er ihnen eine Steilvorlage, um den Leib vom Heil auszuschließen.[175] Der Brief an Rheginus (NHC I 4) über die Auferstehung bezieht sich ausdrücklich auf den Apostel; er kommt mit ihm darin überein, dass er den Sieg über den Tod dem Sohn Gottes verdankt. Er redet von der „geistigen Auferstehung", die die seelische und fleischliche verschlingt. Aber das aus 15,54 entliehene Verbum „verschlingen" macht es zweifelhaft, ob hier die Leiblichkeit integriert wird. Entsprechend liegt der Ton in der zweiten Hälfte des Textes auf dem gegenwärtigen Besitz der Auferstehung bei denen, die nicht mehr nach dem Fleisch wandeln. Das entspricht eher dem Tenor von Deuteropaulinen wie Eph/Kol. Auch dem EvPhil (NHC II 3) ist wichtig, dass wir schon in dieser Welt das ewige Leben erwerben (66,16-20) bzw. die Auferstehung erlangen (56,18f; 73,3f). Die Gnosis macht also vor allem Anleihen bei der paulinischen Anthropologie, baut sie jedoch in ihr System ein. Aussagen über die „Erkenntnis" in 8,1-3 (s. z.St.) werden ausgeschlachtet (z.B. EvPhil 77,25f), aber so, dass ihr Gegensatz zur Liebe entschärft wird. Wenn Silv (NHC VII 4) 111,20-112,8 die Nichtigkeit menschlicher Weisheit mit einer an 1Kor 1-3 angelehnten biblischen Paraphrase dartut, so handelt es sich um eine nicht-gnostische Schrift. Aber auch hier ist die Selbsterkenntnis der Weg zur Erkenntnis des Seienden, sprich Gottes (117,3-7). Sittliche Weisungen wie die Warnung vor der Unzucht 5,9f werden spiritualisiert: „Der große (Kampf) richtet sich gegen die Prostitution der Seele" (ExAn = NHC II 6, 131,1-8). Nicht die Gemeinde (3,16f) oder der

---

[173] Vgl. PAGELS, Paul; LINDEMANN 297-343; KOSCHORKE, K.: Paulus in den Nag-Hammadi-Texten, ZThK 78, 1981, 177-205.
[174] S. Exkurs 3.3; DASSMANN 211-214, der auch auf die Unterschiede zur paulinischen Verwendung hinweist.
[175] Zitiert von den Ophiten (Irenaeus, haer. I 30,13) dafür, dass Jesus nicht *in corpore mundiali* (in einem weltlichen Leib) auferstanden sein könne, im EvPhil (NHC II 3) 56,32 gegen die, die „im Fleisch auferstehen" möchten. Der Verfasser findet den Ausweg, dass nur das Fleisch Jesu das Reich Gottes erben kann. Vgl. Lit. z.St.

Leib (6,14) ist Tempel Gottes, sondern das Innere des Menschen ist Tempel Christi = Gottes (Silv 109,15–27 mit Anführung von 3,17a).

    c) Apologeten, antignostische Schriftsteller des 2./3. Jh. n. Chr.

Während so die Esoterik der Gnostiker in der menschlichen Innerlichkeit ansetzt und sich die Valentinianer auf mündliche Geheimlehren à la 1Kor 2,6 berufen,[176] halten es apologetische Schriften wie der Brief an Diognet mit Paulus in 1Kor 2,6–16: Wie die Deuteropaulinen mit ihrem „Revelationsschema" umgeben sie die christliche Kernbotschaft von der Erlösung durch den Gekreuzigten selbst mit dem Schleier des „Geheimnisses". Durch seinen Sohn offenbarte Gott seinen weisen Ratschluss, den er „im Geheimnis zurückgehalten hatte" (Diogn 8,10; vgl. 9,1; 11,2). Für die Zusammengehörigkeit von Erkenntnis und Leben zitiert Diogn 12,5f 1Kor 8,1f. Irenaeus, haer. II 26,1 bekämpft mit dieser Stelle eine sich aufblasende Gnosis und verweist mit 13,9 darauf, dass Erkenntnis Stückwerk ist (haer. II 28,7; V 7,2). Gegen das gnostische Verständnis betont er, dass zum vollkommenen Pneumatiker auch der Leib gehört (haer. V 6,1 mit 2,6). Als Tempel des Geistes und als Glied Christi ist der Leib zur Auferstehung bestimmt (haer. V 6,2 mit 3,17; 6,13–15; V 7,1 mit 15,36.42–44).[177] Wichtig ist Irenaeus auch 15,22.45f.49: Der Fall Adams wird im Menschgewordenen wieder gutgemacht.[178] So hat er am Ende des 2. Jh. „durch seine Reflexion auf die Vorsehung Gottes und dessen Heilsökonomie den Zugang zum theologischen Verständnis der Geschichte erneuert."[179] Bei Clemens Al. verbindet sich der apokalyptische Geheimnis-Begriff von 2,6ff mit der Terminologie der Mysterienkulte;[180] wie dort erscheint der Weg vom Glauben zur Schau „von Angesicht zu Angesicht" als ein dreifach abgestufter Prozess. 2,6 belegt ihm zwar eine besondere mündliche Unterrichtung von Fortgeschrittenen wie bei den Gnostikern, aber deswegen sind die kirchlichen Gläubigen noch keine Psychiker, sondern erst die Zuhörer, die sich dieser Botschaft verschließen.[181] Auch Origenes sieht in 1Kor Christen unterschiedlicher Reife angesprochen; er spornt seine Hörer dazu an, sich mit ihm für Gottes „Geheimnisse" bereit zu machen, die er durch Allegorese aus dem Text herausholt. Dann erkennen sie darin nicht nur Christus, den Gekreuzigten, sondern den ewigen Logos.[182] 2,6–16 wird zur Leseanweisung für den ganzen Brief.

---

[176] Vgl. Irenaeus, haer. III 2,1.
[177] Vgl. NOORMANN 282–289. Vgl. 293–300.500–508 zur Auseinandersetzung um 15,50a, 486f zur Verknüpfung von 15,53 mit 2Kor 12,9a.
[178] Vgl. NOORMANN 308–315.
[179] DASSMANN 294.
[180] Vgl. RIEDWEG, Mysterienterminologie 150.
[181] Vgl. ROUKEMA 43f.271–273.
[182] Vgl. ROUKEMA 46–55, auch zur Unterscheidung zwischen „Milch" und „fester Speise" (3,1–3).

d) Auslegung in Predigt und Kommentar

Nachdem die Paulusbriefe Teil der neutestamentlichen „Heiligen Schrift" geworden waren, wurden sie selbst zum Gegenstand von Auslegung. Die Quellen dazu sind für 1Kor in den Kateneneditionen von Cramer und Staab bzw. in der Anthologie von Kovacs leicht greifbar;[183] die Auslegungs- und Wirkungsgeschichte ist im großen Kommentar von W. Schrage zu den einzelnen Passagen aufgearbeitet.[184] So genügen hier wenige Linien. Origenes ist der erste Kirchenvater, von dem Homilien zu 1Kor – leider nur noch in Fragmenten[185] – überliefert sind (Mitte 3. Jh.). Zeitlich und räumlich am nächsten steht ihm Didymus von Alexandria mit Kommentarfragmenten zu Kap. 15 f. Aus derselben Schule ist dann auch der Patriarch Cyrill von Alexandrien (1. Hälfte des 5. Jh.) zu nennen; in seinem in Bruchstücken überlebenden Kommentar setzt er den Paulusbrief in Beziehung zum Alten Testament.

Johannes Chrysostomus dagegen kommt aus der wörtlichen Auslegungstradition Antiochiens, in der auch sein Lehrer Diodor von Tarsus und sein Freund Theodor von Mopsuestia mit Pauluskommentaren hervortraten. Im Rahmen seiner Predigttätigkeit an der Hauptkirche Antiochiens (386–397) hielt er zu unserem Brief 44 Homilien, die oft in moralischen Appellen an die Hörer enden. Dabei macht er nachvollziehbar, wie Paulus mit seiner Argumentation auf die Leser psychologisch eingeht. Sachlich steht er vor einer ähnlichen Problematik wie Paulus in 1Kor 1–4. Selber in der Schule des heidnischen Rhetors Libanius ausgebildet soll er die christliche Botschaft den auf ihre Bildung stolzen Griechen vermitteln. So kämpft er gegen eine sich selbst genügende Weisheit und stellt das unanschauliche Zu-Glaubende als die höchste Philosophie dar. Im Unterschied zu Paulus kann er aber auf den Erfolg der ungebildeten Apostel in der ganzen Ökumene verweisen (vgl. hom. 3,4f; 5). In glühenden Farben malt er das zur Nachahmung einladende Bild des „Lehrers der Welt" (bes. hom. 13,3f).[186] Von seinem Mitarbeiter in Konstantinopel und späteren Gegner Severian von Gabala gibt es Homilien zu 1Kor. Darin setzt er sich mit den christologischen und trinitarischen Häresien seiner Zeit auseinander. So z.T. auch der eigenständige knappe Kommentar (um 445) des Theodoret, Bischof von Cyrus. Spätere Väter wie Johannes von Damaskus (8. Jh.) legen ihren Kompilationen oft Chrysostomus, Theodoret und Cyrill zu Grunde.

Im lateinischen Westen beginnt die Kommentierung der Paulusbriefe mit „Ambrosiaster" (2. Hälfte des 4. Jh.),[187] der nach der Zuschreibung an Ambrosius so genannt wird. Hinter den Parteiungen 1,11f verbergen sich für ihn Falschapostel. Von

---

[183] Vgl. Literaturverzeichnis unter 2. Im Novum Testamentum Patristicum, Göttingen, ist ein Band zu 1Kor von R. Roukema für 2011 angekündigt.

[184] Vgl. aber auch einzelne Exkurse bei THISELTON, 1Kor.

[185] JENKINS, C.: Documents: Origen on I Corinthians, JThS 9, 1908, 232–247.353–372.500–514; 10, 1909, 29–51.

[186] Vgl. MITCHELL, M.M.: The Heavenly Trumpet, HUTh 40, Tübingen 2000, bes. 104–121 zu hom. 13.

[187] Vgl. GEERLINGS, W.: Der Ambrosiaster. Ein Paulus-Kommentator des vierten Jahrhunderts, in: Ders./Schulze, Ch. (Hg.): Der Kommentar in Antike und Mittelalter, Bd. 2, Leiden/Boston 2004, 213–223. Er siedelt ihn zusammen mit dem gleichzeitigen „Budapester" Pauluskommentar in der „römisch-antiochenischen Auslegungstradition" an (215f).

ihnen aus zieht er eine Linie zu späteren Irrlehrern, angefangen von Marcion. Von Ambrosiaster geprägt ist Pelagius[188], der wiederum von (Pseudo-)Primasius (6. Jh.) und Sedulius Scotus (9. Jh.) benutzt wurde. Noch Petrus Lombardus zitiert in seinen Collectanea öfter „Ambrosius"; so wurde der Ambrosiaster bis ins Hochmittelalter hinein wirksam.

Aus den mittelalterlichen Auslegungen ragen die Vorlesungen des Thomas von Aquin zu unserem Brief durch logische Zergliederung des Textes und durch reiche biblische Parallelen hervor. Gegenüber dem Röm, der von der Gnade Gottes handle, bestimmt er im Prolog die Eigenheit von 1Kor durch die Thematik der *sacramenta*, womit gleichermaßen „Geheimnisse" wie die Sakramente der Kirche gemeint sind. Entsprechend unterteilt er den Brief: Kap. 1–4 betreffen die Taufe, Kap. 5–7 die Ehe, Kap. 8–11 die Eucharistie, Kap. 12–14 die in den Sakramenten bezeichneten Gnaden. Zu ihnen gehört auch die Herrlichkeit der Auferstehung (Kap. 15), die allerdings noch aussteht (*lectio* II 19).

Von M. Luther haben wir hauptsächlich Predigten zu Texten von 1Kor, darunter eine ganze Serie zu Kap. 15. Er sieht in unserem Brief „die allerhärteste Schrift" des Apostels. „Die Korinther, die sicher geworden waren, meinten, sie hätten ja Christus, die Taufe, das Sakrament [der Eucharistie], und sie gingen in ihrer Dreistigkeit so weit, dass sie die Werke anstehen ließen und Rotten und Sekten anrichteten."[189] Diese sogenannte „Sakramentalistenthese" ist bis in die Exegese unserer Zeit von Einfluss (s. bei 10,5). Mit seinem Kampf gegen „Rottenbildung" wird 1Kor für Luther, der mit der Uneinigkeit im Lager der Reformation fertig werden muss, aktuell.

Die Auslegung der beiden Korintherbriefe durch Johannes Calvin stammt erst aus der Zeit des zweiten Genfer Aufenthaltes des Reformators (1546/47). In seiner Einleitung stellt er fest, dass die Lügenapostel in Korinth die Gemeinde nicht so sehr durch falsche Lehren verwirrten, sondern durch Prunkrede und Prahlerei beeindruckten. Demgegenüber treten in Kap. 3f die Kennzeichen der rechten evangelischen Predigt hervor. Sie wird im Laufe der Kommentierung immer wieder gegen die Lehre der „Papisten" abgegrenzt, bei der Abendmahlsperikope (zu 11,23–29) setzt Calvin sein Verständnis auch gegen das Verständnis Luthers, der aber nicht mit Namen genannt wird.

Die Kommentare der protestantischen Orthodoxie und des Pietismus, der Gegenreformation und der Aufklärungszeit konnten aus arbeitsökonomischen Gründen nicht eingesehen werden. Sie sind beim Begründer dieser Reihe, H.A.W. Meyer, berücksichtigt.[190] Mit ihm setzt auch die Fülle der neuzeitlichen Kommentare ein, die in der vorliegenden Auslegung herangezogen wurden, freilich immer noch in Auswahl. Sein Nachfolger, C.F.G. Heinrici, hat im Rückgriff auf seine früheren Erklärungen der Korintherbriefe (1880, 1887) neben der „spätjüdischen Denkweise" besonders den hellenistischen Einschlag, die Nähe zur kynisch-stoischen Diatribe,

---

[188] Vgl. SOUTER, A.: Pelagius's Expositions of Thirteen Epistles of St Paul, 3 Bd., Texts and Studies IX 2: The Text, Cambridge 1926, 127–230. Souter schreibt die unter Primasius laufende Version Cassiodor und seinen Schülern zu.
[189] So die Rörer-Nachschrift einer Predigt von 1535 bei ELLWEIN, Epistel-Auslegung II 100f.
[190] Vgl. auch das umfassend dokumentierende Werk von SCHRAGE, 1Kor.

in unserem Brief herausgestellt.[191] Diesen literatur- und religionsgeschichtlichen Ansatz führte J. Weiß weiter. Als er 1910 seinen Kommentar vollendete, lagen ihm wichtige Arbeiten der „Religionsgeschichtlichen Schule" vor.[192] In seiner Einleitung bietet er aber auch in Auseinandersetzung mit G. Heinricis These, dass die Gemeinde sich in den Formen der griechischen Genossenschaften konstituiert habe, eine religionssoziologische Verortung der korinthischen ἐκκλησία.[193] Damit das Christentum aber nicht als Produkt von Fremdeinflüssen erscheint, legt er Wert auf „die religionsgeschichtliche Nuance, auf die *meist Alles ankommt.*"[194] In der Neubearbeitung durch H. Conzelmann zeugen längere Exkurse[195] von ähnlichem religionsgeschichtlichen Problembewusstsein. Manche Hypothesen der „Religionsgeschichtlichen Schule", z.B. die von einem omnipräsenten gnostischen Urmensch-Mythos, wurden inzwischen *ad acta* gelegt. In neuerer Zeit werden vor allem die Beziehungen der korinthischen Theologie und auch des Paulus zu Philo von Alexandrien diskutiert.[196]

Neben diesen wissenschaftlich ausgerichteten Kommentaren gibt es noch viele für Pfarrer und Gemeinde bestimmte Auslegungen, die das praktische Anliegen des 1Kor aufnehmen. Auch sie zeugen von seiner anhaltenden Wirkung. Dabei regt sich freilich z.T. auch Sachkritik an manchen heute schwer nachvollziehbaren oder eindeutig überholten Anschauungen des Apostels, besonders was Sexualmoral und die Stellung der Frau in der Gemeinde betrifft (vgl. zu 6,9f; Kap. 7; 11,2–16; 14,33b–36).

8. Theologische Bedeutung

COUSAR, CH.B.: The Theological Task of 1 Corinthians, in: Hay, Theology 90–102. FEE, G.D.: Toward a Theology of 1 Corinthians, in: Hay, Theology 37–58. FITZMYER, 1Kor 69–93. FRIEDRICH, G.: Christus, Einheit und Norm der Christen, in: Ders., Wort 147–170. FURNISH, V.P.: Theology in 1 Corinthians, in: Hay, Theology 59–89. –: The Theology of the First Letter to the Corinthians, Cambridge 1999. SCHLIER, H.: Über das Hauptanliegen des 1. Briefes an die Korinther, in: Ders., Zeit 147–159. SCHRAGE, Studien.

Dass der Brief der Bewältigung von Konflikten in der Gemeinde und der Herstellung der Einheit dient, darüber wird man sich leicht einigen. Aber entwickelt Paulus dazu in 1Kor auch eine spezifische Theologie? Wer, wie K. Barth, Auferstehung oder A.C. Thiselton, Eschatology[197] die Wurzel des Übels in einem „Monismus" oder ei-

---

[191] Vgl. Vorrede in HEINRICI, 1Kor Vf.
[192] REITZENSTEIN, Mysterienreligionen, worauf Weiß noch im Vorwort anspielt, erschien im gleichen Jahr in 1. Auflage.
[193] Vgl. WEISS, 1Kor XX–XXV.
[194] Vgl. 1Kor III im Vorwort.
[195] Vgl. 25f „Paulus und die kynisch-stoische Ethik"; 93f „πνευματικός/ψυχικός"; 228f „εἰκών"; 349-353 „Adam und Urmensch".
[196] S.o. 2c die Arbeiten von HORSLEY, PEARSON, SELLIN u.a.
[197] In 1Kor 40 möchte THISELTON freilich seinen Aufsatz von 1978 bei gleichbleibender Emphase „qualifizieren".

ner „realized eschatology" sieht, wird die Spitze der theologischen Aussage in der Eschatologie finden. Demgegenüber hat G. Friedrich auf die relative Häufigkeit des Christustitels[198] gerade in der Eingangspartie hingewiesen und die Christologie als das „Grundmotiv" des Briefes bestimmt.

Christus ist der Inhalt des Evangeliums (9,12; vgl. 1,6), genauer sein Heilstod am Kreuz (1,23; 2,2; 15,3; vgl. 1,13ab; 5,7; 8,11), er ist das vom Apostel gelegte Fundament des Glaubens (3,11). Er steht hinter der Sendung des Apostels (1,17; 4,1) und ist das Um-willen seiner christusförmigen Existenz (4,10; 11,1; vgl. 9,21 ἔννομος Χριστοῦ). Er verkörpert für die Gläubigen Gottes Kraft und Weisheit (1,24). Diese werden ihnen „in Christus" zuteil zusammen mit Gerechtigkeit, Heiligung und Erlösung (1,30; vgl. 6,11). Ihre bleibende Zugehörigkeit zu Christus wird nicht nur mit ἐν Χριστῷ,[199] sondern auch mit der Genitivkonstruktion τοῦ Χριστοῦ εἶναι (1,12; 3,23; 15,23; vgl. 6,19b; 7,22b) und mit dem Bild vom Leib (6,15; 10,17; 12,12–27; vgl. 1,13a) ausgedrückt.

Wenn man freilich die Botschaft von Christus als Kreuzestheologie fasst,[200] ist zu beachten, dass σταυρός, σταυροῦν nur in den ersten beiden Kapiteln vorkommen. In 15,3b-4 ist das Evangelium vom heilsamen Sterben Christi traditionell um die Auferweckung erweitert. Theologisch ist auch bemerkenswert, dass die Herrscherstellung Christi mehrfach gekappt wird, indem Paulus sie auf Gott, den Vater, hinordnet (vgl. 3,23; 8,6; 11,2; 15,24-28). Besonders die Aussagen über die heilvolle Wirkung des Todes Jesu sind nicht originell, sondern der Tradition entnommen, wie 11,23-25 und 15,1-5 ausdrücklich machen. Soll man also das „Hauptanliegen" des Briefes in der Erinnerung an die apostolische Paradosis festmachen?[201] Hier ist anzumerken, dass Paulus nirgends das Kerygma als Selbstzweck zur Geltung bringt, sondern immer in gewissen Argumentationszusammenhängen, meist zur Lösung praktischer Probleme.[202] Das theologisch Spannende ist gerade, wie er z. B. die überkommene Christusbotschaft argumentativ einsetzt. Christus bekommt für ihn so in wechselnden Situationen immer neue Bedeutung.[203] Z. B. tritt in der Auseinandersetzung mit der Weisheit dieser Welt zu den Heilsgütern, die die Christen traditionell Christus verdanken, noch die in Christus mitgeteilte Weisheit von Gott hinzu (1,30). Immer wieder klingt auch die vorgeprägte „Sterbensformel" an (s. zu 1,13b). In 5,7f deutet Paulus mit dem Bild vom geschlachteten Osterlamm die Relevanz des Todes Christi für die neue Lebensführung der Christen an. In 6,14.20 rekurriert er auf die Auferweckung des Herrn und den im Tod Jesu erfolgten „Kauf", um eindrücklich zu ma-

---

[198] Im Vergleich mit dem etwa gleich langen Röm (65 mal Χριστός) sind 62 Vorkommen nicht besonders auffällig. Signifikanter ist der Gebrauch von κύριος: 67 Belege gegenüber 43 im Röm.

[199] 1,2.4f.30; 3,1; 4,10.15(2x).17; 15,18.22.31; 16,24. Von 4,17 an herrscht das für kirchliche und individuelle Vollzüge geeignetere ἐν κυρίῳ vor (4,17; 7,22.39; 9,1f; 11,11; 15,58; 16,19). Vgl. KRAMER, Christos 176–178.

[200] Z.B. COUSAR.

[201] So SCHLIER 150f, der das objektive Kerygma der in Korinth beliebteren persönlichen und individuellen Offenbarung mittels des charismatischen Pneuma entgegensetzt. Dabei stehen ihm deutlich Tendenzen in der zeitgenössischen evangelischen Kirche vor Augen.

[202] Vgl. CONZELMANN, 1Cor 25: „Der hohe Reiz des 1Kor aber liegt darin, daß Paulus hier sozusagen angewandte Theologie treibt." Theologie aber ist für Paulus „primär die Auslegung des im Credo lehrhaft formulierten, im Evangelium aktualisierten Heilsgeschehens."

[203] So BOERS, H.: Christ in the Letters of Paul, BZNW 140, Berlin/New York 2006, 4.

chen, dass auch der Leib Christus bzw. Gott gehört. Weil Gott sich um den Preis des Sterbens Jesu die Menschen als Eigentum erworben hat, ist auch der Statusunterschied zwischen Herr und Sklave eingeebnet (vgl. 7,22f). Ein anderes Beispiel ist 8,11, wo die Rücksicht auf den schwachen Bruder damit eingeschärft wird, dass Christus um seinetwillen gestorben ist. Und in 11,26 bringt Paulus das von der Tradition gebotene Tun beim Herrenmahl auf den Punkt: Es ist Verkündigung des Todes des Herrn. Daraus ergeben sich wieder Folgen für die Praxis. Schließlich begründet Paulus aus der übernommenen Botschaft von der Auferweckung Jesu die Hoffnung auf die Auferstehung der Christen (6,14; 15,1–28). Freilich muss man gegenüber Conzelmann hinzusetzen, dass das überlieferte Credo für Paulus zwar die Hauptquelle seines Denkens, aber nicht die einzige ist. Es sind auch zu nennen – ersichtlich z.B. in 11,2–16 – die oft auf das Beweisziel hingebogene Argumentation aus der Schrift, der Verweis auf den Brauch anderer Gemeinden, auf das gesellschaftlich Akzeptierte, manchmal auch auf Vorgänge in der Natur. Paulus ist in seinem Denken zwar grundsätzlich vom Heilsereignis im Kreuz Christi geleitet, zugleich aber auch ein sehr pragmatischer Theologe. Und wenn man – wie Furnish[204] – versucht, dieses formelhaft umrissene Heilsereignis auf einen zentralen Begriff zu bringen, z.B. den der Liebe Gottes (Genitiv des Subjekts), muss man feststellen, dass dieser in 1Kor fehlt und aus dem Röm gewonnen ist. Es fällt also schwer, aus dem Brief ein theologisches Gesamtthema herauszudestillieren; erst die systematische Zusammenschau mit anderen Briefen kann die theologischen Linien von 1Kor ausziehen und bündeln.

9. Zu Text und Übersetzung

Im Vergleich mit anderen Paulusbriefen ist der griechische Text von 1Kor gut erhalten. Im allgemeinen wird der wohl auf Hesych zurückgehende alexandrinische Text bevorzugt. Seine Abweichungen vom Koine-Text halten sich aber bei 1Kor in Grenzen. K. und B. Aland[205] haben in einer Sondierung an ausgewählten Stellen die Textzeugen ermittelt, die dem Urtext relativ nahe kommen. Das Verfahren scheint zwar zirkulär, weil der Urtext ja nicht feststeht.[206] Aber auch bei unserem Durchgang ergibt sich eine ziemlich konstante Allianz von Handschriften (A B C 33 1175 1739 1881) für Varianten, die aus *inneren* Gründen wahrscheinlich ursprünglich sind. Manchmal, z.B. bei 2,4, muss man freilich die ursprüngliche Lesart noch weiter zurückgehend erschließen. Oder die genannten Zeugen gehen in einer vermutlich sekundären Variante zusammen. Die älteste Handschrift 𝔓46 steht – wie der Codex Sinaiticus –

---

[204] The Theology 72–75.98.103 u. ö. Dass die in Kap. 13 empfohlene Liebe nichts anderes als die fortdauernde Wirklichkeit von Gottes eigener Liebe ist, wird sich exegetisch nicht verifizieren lassen. S. die Schlussbemerkungen zu diesem Kap.
[205] Vgl. beider Buch: Text 116f zu den Kategorien; ALAND, K., Textwert.
[206] Vgl. die Kritik von EHRMAN, B.D.: A Problem of Textual Circularity: The Alands on the Classification of New Testament Manuscripts, in: Ders.: Studies in the Textual Criticism of the New Testament, NTTS 33, London 2006, 57–70.

oft im Verbund mit dieser Gruppe, erweist sich aber als ziemlich nachlässig.[207] So werden die von K. und B. Aland aufgestellten Kategorien I und II auch für unsere Darbietung der Zeugen und ihre Beurteilung wichtig werden. Die gebotene Knappheit erlaubt allerdings nur die textkritische Besprechung von Stellen, an denen die Varianten zu dem von Nestle/Aland bzw. Aland/Black/Metzger/Wikgren erarbeiteten „Standard-Text" von Bedeutung für den Inhalt oder die Auslegungsgeschichte sind. Wechselnde Wortstellung, Rechtschreibfehler oder dialektale Formen können z.B. gemeinhin nicht berücksichtigt werden. Nur vereinzelt bezeugte Lesarten müssen meist unerwähnt bleiben. Auch was die Präsentation der Manuskripte angeht, muss eine Auswahl getroffen werden. Im Rampenlicht stehen, wie gesagt, die Zeugen der Kategorie I und II. Bei Kategorie III, den Übersetzungen und Väterzitaten wird die Dokumentation nur ausnahmsweise ausführlicher. Ohnehin ist für ein vollständigeres Bild der Bezeugung die *Editio Critica Maior* abzuwarten. Einstweilen kann die Darstellung von Swanson, Manuscripts schon wertvolle Dienste leisten.[208] Oft fällt eine Entscheidung schwer; dann sollen wenigstens die wichtigsten Argumente dafür genannt werden.

In der Übersetzung ist unsicherer Text eckig eingeklammert. Alternative Lesarten werden mit Schrägstrich nebeneinander gestellt, ebenso gleich wahrscheinliche grammatikalisch-syntaktische Auffassungen und Wortbedeutungen. Sinngemäße Ergänzungen bei der Übertragung ins Deutsche stehen in runden Klammern. Bei der Unterteilung der Verse werden nur grammatikalisch selbständige Sätze mit a, b, c usw. gezählt. Andere Satzteile werden nach ihrer grammatikalischen Funktion benannt. Auf einen Satzteil am Schluss des Verses verweist ein an die Versangabe angehängtes *fin*.

---

[207] Vgl. ROYSE, Habits.
[208] Sie verzeichnet aber keine Übersetzungen und nur ausnahmsweise Väter. – Für Auskünfte bei Unklarheiten danke ich Frau Dr. Beate Köster vom Institut für neutestamentliche Textforschung, Münster.

AUSLEGUNG

I. Die Brieferöffnung

1. 1,1-3: Das Präskript

(1) **Paulus, berufener Apostel Christi Jesu[1] durch den Willen Gottes, und Sosthenes, der Bruder, (2) der Gemeinde Gottes in Korinth, den Geheiligten in Christus Jesus,[2] den berufenen Heiligen, mit allen, die den Namen unseres Herrn Jesus Christus an jedem Ort anrufen, (an) ihrem und unserem: (3) Gnade (sei) euch und Friede von Gott, unserem Vater, und vom Herrn Jesus Christus.**

ARZT-GRABNER, Phlm 109-123. FRIEDRICH, G.: Lohmeyers These über das paulinische Briefpräskript kritisch beleuchtet, in: Ders., Wort 103-106. LANGEVIN, P.-É.: „Ceux qui invoquent le nom du Seigneur" (1 Co 1,2), ScEc 19, 1967, 373-407; ScEs 20, 1968, 113-126; 21, 1969, 71-122. LOHMEYER, E.: Briefliche Grußüberschriften, in: Ders.: Probleme paulinischer Theologie, Stuttgart o.J. 9-29. PARKIN, V.: Some Comments on the Pauline Prescripts, IBSt 8, 1986, 92-99. SCHNIDER/STENGER, Studien 3-41. TAATZ, I.: Frühjüdische Briefe, NTOA 16, Freiburg (Schweiz)/Göttingen 1991.

Die meisten neutestamentlichen Briefe – ausgenommen der Hebräerbrief und 1Joh – nennen zu Beginn Absender (im Nominativ) und Adressat (im Dativ). Es folgt – abgesehen von 3Joh – ein Segensgruß. Mit Ausnahme des Jakobusbriefes, der sich nach dem griechischen Muster richtet (vgl. auch Apg 15,23), ist dieser als selbständiger Satz formuliert, der die Adressaten anredet und ihnen „Frieden" wünscht. Das entspricht dem Schema vorderorientalischer Briefe, wie es auch in aramäischen und hebräischen Schreiben des Judentums realisiert ist.[3] Im Neuen Testament treten zu „Frieden" noch andere Segensgüter wie „Gnade", „Erbarmen"; außerdem wird die Quelle des Segens, Gott und Christus, angegeben.[4] Stereotyp für die echten Paulusbriefe und deren Imitate 2Thess, Eph, Kol ist die Formel mit 2 × 2 Gliedern[5], wie sie

---

[1] Diese Stellung haben 𝔓46 B D F G 33 69 629 2344 it vg^cl Ambrosiaster. Der Mehrheitstext normalisiert: „Jesu Christi".

[2] 𝔓46 B D*.2 F G b m Ambrosiaster schieben ἡγιασμένοις ἐν Χριστῷ ᾽Ιησοῦ ungeschickt zwischen τῇ ἐκκλησίᾳ τοῦ θεοῦ und τῇ οὔσῃ ἐν Κορίνθῳ ein. FEE, Observations 1-8 verteidigt das als *lectio difficilior*. Das ändert nichts an der Übersetzung. Solche Varianten bleiben künftig unberücksichtigt.

[3] Vgl. FITZMYER, Aramean 188-193; KLAUCK, Briefliteratur 181-207.

[4] Die präpositionale Wendung entfällt nur 1Thess 1,1; 1Petr 1,2 und Jud 2, wo Gott, der Vater, und Jesus Christus aber schon im Vorhergehenden genannt sind. In Kol 1,2 fehlt das christologische Glied.

[5] So grammatikalisch gesehen. LOHMEYER 14 teilt in gleich lange Kola und kommt auf drei Glieder.

1,3 bietet. Sie begegnet aber auch leicht abgewandelt in 1Petr 1,2; 2Petr 1,2; 2Joh 3 und Apk 1,4 f. Weil zumindest 1Petr, 2Joh und Apk nicht literarisch von Paulus abhängen, kann man schwerlich mit der Mehrheit der Forscher behaupten, die Kombination von εἰρήνη mit χάρις sei eine paulinische Erfindung, so sehr sie seiner Gnadentheologie entgegenkommt.[6] Zwar ist sie bisher in jüdischen Briefen nicht belegt,[7] aber ihre Verbreitung legt doch nahe, dass Paulus sie bereits im hellenistischen Judenchristentum vorfand. Sie ist denkbar in der Korrespondenz der Gemeinden untereinander (späteres Beispiel 1Clem). Für die Schreiben der Missionare an ihre Gründungen ist darüber hinaus anzunehmen, dass sie im Absender ihre Legitimation zum Ausdruck brachten. Der Aposteltitel oder ein Äquivalent wie „Knecht Jesu Christi" begegnet zwar außer in den Paulinen nur in fiktiven Apostelbriefen (Jak 1,1; 1Petr 1,1; 2Petr 1,1; Jud 1), aber auch hier liegt eher eine alte Sitte als Nachahmung einer paulinischen Eigentümlichkeit vor.[8]

In 1Kor ist dieses Formular apostolischer Briefe ausgestaltet: Nicht nur wird die Autorität des Absenders durch einen hinzugefügten Titel unterstrichen; ein Mitabsender verstärkt den amtlichen Charakter des Schreibens. Der Adressat wird durch zwei Appositionen gewürdigt. Locker mit σύν angehängt ist eine partizipiale Wendung; sie hat zwar in 2Kor 1,1 und Phil 1,1 formale Parallelen, macht aber doch die Eigenart des Präskripts in unserem Brief aus. Zu ihrer inhaltlichen Bedeutung siehe die Auslegung.

V. 1 Paulus firmiert nicht nur als „Apostel Christi Jesu"[9] wie dann noch 2Kor 1,1 (ebenso die Nachahmungen in Eph, Kol, 1Tim, 2Tim, vgl. Tit), sondern wie Röm 1,1 als „berufener (κλητός) Apostel". Er spielt damit auf die in den Gemeinden bekannte (vgl. 9,1) Personallegende von seiner Berufung vor Damaskus an, die er Gal 1,15 in Anlehnung an Jes 49,1 als Ruf durch die Gnade Gottes (καλεῖν διὰ τῆς χάριτος αὐτοῦ) beschreibt. In 1Kor 1,1 wie in 2Kor 1,1 (und wieder in den Präskripten von Eph, Kol, 2Tim) ist es der „Wille Gottes", dem er sein Apostelsein verdankt

---

[6] Vgl. ZELLER, Charis 132 f. Anders z. B. LIEU, J.M.: „Grace To You and Peace": The Apostolic Greeting, BJRL 68, 1985/6, 161–178; FITZMYER, 1Kor 127 f. Mein zusätzliches Argument ist, dass 1/2Petr, Jud, 1Clem, Polyk, MartPol anders als Paulus ein optatives Verb ergänzen. Damit sind sie näher am aramäischen Vorbild, vgl. Dan 3,31 (Th 4,1 πληθυνθείη); 6,26, die beiden Beispiele aus Ägypten bei BEYER, Texte II 243 und die drei Briefe Gamaliels I. bei TAATZ 83 f.

[7] Aramäische Briefe verbinden „Frieden" gelegentlich mit „Leben", „Wohlergehen" (FITZMYER, Aramean 192 unter III und IV), „Treue" (Est 9,30) und „Erbarmen" (ausführlicher Satz bei FITZMYER, Aramean 192 unter II; vgl. 2Bar 78,2). FRIEDRICH 105 erinnert an altorientalische Briefe, in denen auf den Friedenswunsch ein Satz in der Art „Die Götter mögen dem Adressaten gnädig sein" folgt. In Segensformeln wie Num 6,25 f; 1QS II 3 f steht „gnädig sein" neben „Frieden", allerdings innerhalb ausgedehnterer Satzkonstruktionen.

[8] BERGER, K.: Apostelbrief und apostolische Rede, ZNW 65, 1974, 190–231 verweist auf ParJer 6,17: „Baruch, der Knecht Gottes, schreibt dem Jeremia." Vgl. Jak 1,1. Ich folge Berger – gegen die geläufige Meinung – in der Rekonstruktion eines vorpaulinischen Formulars, ohne seine Thesen zum Offenbarungscharakter der Briefe zu übernehmen. Auch TAATZ bes. 111–114 möchte aufzeigen, dass sich im Frühjudentum eine Tradition offizieller gemeindeleitender Briefe entwickelte, an die Paulus anknüpfen konnte. Sie überspringt aber eine mögliche christliche Vorstufe.

[9] Das Substantiv ἀπόστολος leitet sich vom Verbum ἀποστέλλω („senden") her; der Genitiv „Christi Jesu" expliziert das Subjekt der Sendung. Das wird 1,17 evident. Vgl. BÜHNER, J.-A.: Art. ἀπόστολος, EWNT I, 1980, 342–351 mit älterer Lit., FITZMYER, 1Kor 123 f. Weiteres zum Begriff s. zu 9,1–5; 15,7–9.

(vgl. 15,10).[10] So stellt Paulus seine göttliche Autorisierung heraus; noch polemischer formuliert er Gal 1,1: „Apostel, nicht von Menschen noch durch einen Menschen, sondern durch Jesus Christus und Gott, den Vater." Tut er das, weil sein Apostelamt in Korinth bestritten wird (s. zu 9,1-3)? Auf jeden Fall lässt sich vom ersten erhaltenen Schreiben 1Thess 1,1, wo er sich titellos mit andern Mitarbeitern zusammenfasst, bis zum Röm eine Steigerung des apostolischen Selbstbewusstseins in den Präskripten beobachten, die auch durch wachsende Widerstände bedingt sein mag.[11] Schon in der gegenüber 1Kor, 2Kor und Gal bescheideneren Formulierung des Absenders von 1Thess und Phil wird deutlich, dass sein Verhältnis zu den makedonischen Gemeinden weniger problematisch war als das zur Gemeinde in Korinth. Die ausladende Darstellung seines apostolischen Dienstes für das Evangelium unter den Heiden in Röm 1,1-5 dagegen verfolgt einen anderen Zweck: Sie soll die Zuständigkeit des Paulus für eine nicht von ihm gegründete Gemeinde und für das Missionsprojekt im Westen untermauern.

In den meisten seiner Briefe (vgl. 2Kor 1,1; Gal 1,2; Phil 1,1; 1Thess 1,1; Phlm 1,1) nennt Paulus noch einen oder mehrere Mitabsender; es sind durchweg Mitarbeiter in der Mission, die für die angeschriebene Gemeinde Bedeutung hatten. Das verrät die Bezeichnung „Knecht" (Phil 1,1). Aber auch wo sie der im Judentum und bei den frühen Christen für Glaubensgenossen gängige (s. zu 1,10) Titel „Bruder" – wie hier – deutlich gegenüber dem Apostel abstuft, können sie missionarisch tätig sein (vgl. Timotheus 2Kor 1,1; Phlm 1,1). Das ist auch für die „Brüder" in Gal 1,2 (vgl. Phil 4,21 gegenüber V. 22) und für Sosthenes an unserer Stelle anzunehmen. Aus der Gründungsphase der korinthischen Gemeinde hören wir von ihm nichts, dagegen werden Silas und Timotheus erwähnt. Letzterer kann hier nicht als Absender zeichnen, weil er von Paulus schon auf einem Umweg nach Korinth losgeschickt wurde (vgl. 4,17; 16,10f). Sosthenes muss bei den Korinthern eine hohe Bekanntheit genießen, obwohl er vielleicht nicht an ihrem Christwerden beteiligt war. Trotz der Geläufigkeit des Namens ist er deshalb wahrscheinlich mit dem Synagogenvorsteher von Apg 18,17 zu identifizieren; er hätte sich erst nach dem Weggang des Paulus bekehrt und wäre in Ephesus zu ihm gestoßen, wohl um der Verfolgung durch seine jüdischen Mitbrüder zu entgehen. Manchmal vermutet man, dass Paulus ihm den Brief diktiert hat.[12]

---

[10] Der Ausdruck mit διά gehört nicht – wie Gal 1,15 vermuten lassen könnte – zum Verbaladjektiv κλητός, weil dieses zu weit weg steht und in den Parallelen (2Kor 1,1 usw.) fehlt. Anders BARBAGLIO, 1Kor 71. Paulus fasst den „Willen Gottes" nicht nur ethisch (vgl. 1Thess 4,3; Röm 2,18; 12,2), sondern sieht ihn auch in der Erlösungstat Christi (Gal 1,4) und im Verhalten der Christen (1Thess 5,18; 2Kor 8,5) am Werk. In Gal 1,15f führt er die Offenbarung bei Damaskus auf den göttlichen Ratschluss (εὐδοκεῖν) zurück. – Auch heidnische Priester haben ihr Amt „nach dem Willen Gottes" (κατὰ τὴν τοῦ θεοῦ βούλησιν): Vgl. OPPERMANN, H.: Zeus Panamaros, RVV 19,3, Gießen 1924, 54f. Vgl. Apuleius, met. XI 21,8 *magni numinis dignatione iam dudum felici ministerio nuncupatum destinatumque* („durch Würdigung der großen Gottheit seit jeher für den seligen Dienst benannt und bestimmt"). Das *adligere* („hinzuerlesen") durch Osiris erfolgt ebd. 30,3f in einer Traumerscheinung. HÖRIG, M./SCHWERTHEIM, E.: Corpus Cultus Iovis Dolicheni, EPRO 106, Leiden usw. 1987, Nr. 381: *Quos elexit [...] sibi servire* („die er erwählt hat [...] ihm zu dienen").

[11] Vgl. WOLFF, CH.: Der zweite Brief des Paulus an die Korinther, ThHK 8, Berlin 1989, 16.

[12] HÉRING, 1Kor 15; FEE, 1Kor 31 („vielleicht"); THISELTON, 1Kor 71. Für die Gleichsetzung mit dem Synagogenvorsteher nun KARAKOLIS, CH.: „Alle schlugen Sosthenes, Gallio aber kümmerte sich nicht da-

V. 2 Wie der Apostel, so sind auch die Empfänger des Briefes durch ihre Beziehung zu Gott und zu Christus ausgezeichnet; wie Paulus sind die Korinther „Gerufene". „Gemeinde Gottes" (ἐκκλησία τοῦ θεοῦ) ist eine Paulus schon vorgegebene Selbstbenennung der Christen; sie drückt aus, dass Gott (*Genetivus auctoris*) diese als sein endzeitliches Volk versammelt hat. Der Bedeutungsgehalt „Versammlung" scheint noch präsent zu sein, wenn Paulus 11,18 vom „Zusammenkommen in der Gemeinde" spricht (vgl. 14,23).

Der Ausdruck hat meist eine örtlich konkrete Bedeutung und meint nicht eine über die Welt ausgebreitete „Kirche".[13] Deshalb kann er oft auch im Plural stehen (z.B. 11,16). Man sollte deshalb nicht zu viel in die hier vorliegende partizipiale Ergänzung hineingeheimnissen.[14] Wenn Paulus wörtlich von „der Gemeinde Gottes, die in Korinth ist" (ebenso 2Kor 1,1) redet, so ist das gleichbedeutend mit der aus den Korinthern bestehenden Gemeinde (vgl. 1Thess 1,1 „der Gemeinde der Thessalonicher", 2Kor 8,1 „die Gemeinden Makedoniens"; statt „die Gemeinden, die in Judäa in Christus sind" kann Paulus auch „die Gemeinden Judäas in Christus" sagen: vgl. 1Thess 2,14 mit Gal 1,22). Nur weil schon der Genitiv „Gottes" angehängt ist, muss Paulus zur partizipialen Umschreibung greifen. Manchmal überwiegt bei „Gemeinde Gottes" allerdings der qualitativ-theologische Sinn (vgl. zu 10,32; 11,22; 15,9).

Nach Roloff[15] ist die geprägte Wendung Übersetzung des Terminus קְהַל אֵל/*qᵉhal 'el*, der im apokalyptischen Judentum (vgl. 1QM IV 10; 1QSa II 4 *Txt.em.*) belegt ist. Andere[16] halten diese Textbasis für zu schmal. Der Begriff müsste jedoch spätestens von den Jerusalemer Hellenisten in Anlehnung an LXX eingeführt worden sein. Die LXX hat aber – und das noch ziemlich selten (Dtn 23,2-4.9; 1Chr 28,8; Mi 2,5) – ἐκκλησία κυρίου, nur 2Esr 23,1 (= Neh 13,1) als *varia lectio* ἐκκλησία θεοῦ (so auch Philo, all. III 8; ebr. 213 im Bezug auf Dtn 23). Außerdem ist es unwahrscheinlich, dass sich die Hellenisten auf die atl. Passagen stützten, die gerade auf die Reinheit des Gottesvolkes dringen (Dtn 23 = Neh 13,1). Deshalb nimmt H.-W. Kuhn[17] – wie schon früher W. Schrage – an, die Hellenisten hätten ohne Rückgriff auf die LXX ἐκκλησία statt des von der Tora her bestimmten συναγωγή gewählt, um sich von der Synagoge abzugrenzen. Faktisch unterschied im Griechischen der hinzugesetzte Genitiv die christliche Gemeinde von der profanen Volksversammlung, die auch ἐκκλησία hieß.

---

rum" (Apg 18,17), ZNW 99, 2008, 233-246. Der Name sei – zumindest in literarischen Quellen – doch nicht so häufig.

[13] 6,4 und 12,28 (letzteres auch nach Wolff, 1Kor 16) sind nach Conzelmann, 1Kor 40 Kandidaten für „Gesamtkirche". Doch wird die Einzelexegese ergeben, dass diese Auffassung nicht nötig ist. Die „Christen" haben über die Fremdbezeichnung Χριστιανοί hinaus offensichtlich zur Zeit des Paulus noch keinen Begriff, der sie zu einer ortsübergreifenden Gemeinschaft zusammenschließt. Deshalb bildet Paulus auch Formulierungen wie V. 2b. Das „ökumenische" Bewusstsein ist zwar entwickelt, aber es fehlt ein *Terminus technicus*.

[14] So Lindemann, 1Kor 26: Paulus deute damit an, dass er „die Kirche" als „weltweite" Einheit sieht und dementsprechend die korinthische (Orts-)Kirche als deren Konkretion versteht. Ähnlich Schrage, 1Kor I 102f.

[15] Vgl. Roloff, J.: Art. ἐκκλησία, EWNT 1, 1980, 998-1011 mit älterer Lit.; ders.: Die Kirche im Neuen Testament, GNT 10, Göttingen 1993.

[16] Wie Schenk, W.: Die ältesten Selbstverständnisse christlicher Gruppen im ersten Jahrhundert, ANRW II 26,2, 1995, 1357-1467.

[17] Kuhn, H.-W.: „Gemeinde Gottes" in den Qumrantexten und bei Paulus unter Berücksichtigung des Toraverständnisses, in: Sänger/Konradt (Hg.), Gesetz 153-169. Vgl. auch Sellin, Eph 146f.

Ohne direkte Parallele in den übrigen paulinischen Präskripten (aber in dem von 1Clem) ist der Zusatz „den in Christus Jesus Geheiligten". Dennoch könnte auch diese Charakteristik der Christen jüdisch vorgeprägt sein.[18] Das Wort bezeichnet die kultische Inbeschlagnahme für Gott. Sie geschieht „in Christus Jesus", der nach 1,30 „unsere Heiligung" geworden ist, und zwar durch seinen Sühnetod, wie das Joh 17,17.19 und Hebr weiter entwickeln. Nach 6,11 vollzog sich die Heiligung in der Taufe. Ganz sicher traditionell ist die zweite Apposition „berufene Heilige". Sie kehrt im Präskript des Röm (1,7), wieder, wobei das vorausgehende κλητοί ᾿ Ἰησοῦ Χριστοῦ klärt, dass dieser Ruf durch Jesus Christus erging. κλητοί begegnet aber auch in der davon unabhängigen Adresse Jud 1 und in der von 1Clem. Auf den Feldzeichen der endzeitlichen Gemeinde steht nach der Kriegsrolle von Qumran neben „Versammlung Gottes" auch „Berufene Gottes" (1QM IV 10f). Dies und der mit „Erwählte" (vgl. noch Mk 13,20.22.27; Lk 18,7; Röm 8,33) parallele Gebrauch von „Berufene" in Apk 17,14, wo es auch um das Heer des Lammes im Endkampf geht, weisen darauf hin, dass beide Bezeichnungen im apokalyptischen Selbstverständnis der frühen Gemeinde eine Rolle spielten. Für Paulus jedenfalls erfolgt die Konstitution der Gemeinde in Korinth als Ruf (1,9.26, vgl. zu 7,20) und Erwählung (1,27f) Gottes. Diese souveräne Initiative Gottes arbeitet er gerade im 1. Kap. (vgl. noch „Berufene" 1,24) heraus.[19] Κλητοί ist – wie Röm 1,7 – dem substantivierten Adjektiv ἅγιοι zugeordnet, das sich auch in der erweiterten Zuschrift von 2Kor sowie in Phil 1,1 findet. Dort bedeutet „den Heiligen in Christus Jesus, die in Philippi sind" so viel wie „den Christen in Philippi". Eine ähnliche Wendung steht in den nachpaulinischen Präskripten von Kol und Eph. Wenn schon zur Zeit des Paulus „die Heiligen" eine geläufige Insiderbezeichnung[20] geworden ist, erstaunt auch nicht, dass er im Zusammenhang der Kollekte von „den Heiligen in Jerusalem" spricht (Röm 15,25f). Doch deutet die Selbstverständlichkeit, mit der er die Jerusalemer Christen absolut als „die Heiligen" apostrophiert (16,1; 2Kor 8,4; 9,1.12; Röm 15,31), darauf hin, dass die Urgemeinde zuerst diesen Ehrentitel für sich in Anspruch nahm. Er wird deshalb im selben eschatologischen Kontext zu sehen sein wie „Versammlung Gottes", „Berufene" und „Erwählte". Gemäß der prophetischen Verheißung (vgl. Jes 4,3; 62,12) stellt Gott am Ende sein Volk in Heiligkeit wieder her und übergibt „den Heili-

---

[18] Da Jahwe sich nicht nur Priester und Sachen heiligt, sondern auch das ganze Volk (vgl. Ex 31,13 u. ö.; eschatologisch Ez 37,28), kann die LXX vereinzelt von Israel als „Gott Geweihten" (ἡγιασμένοι) reden: Lev 20,3; 1Baσ 7,16; Jdt 6,19. In Dtn 33,3LXX übersetzt das Partizip die „Heiligen", ursprünglich wohl (Völker-) Engel; das wird 4Makk 17,19 auf die Frommen (nach V. 20 ist ἁγιάζεσθαι Medium) unter der Hand Gottes ausgelegt. Die gleiche Umdeutung vollzieht Apg 20,32 in dem wohl nach Dtn 33,3f gebildeten Ausdruck „Erbe unter allen Geheiligten", der Apg 26,18 mit „Los der Geheiligten" abgewandelt wird. Ähnlich spricht Kol 1,12 vom „Los der Heiligen im Licht". Darunter sind aber nach den Parallelen SapSal 5,5; 1QS XI 7f wieder die Engel im Himmel zu verstehen.
[19] Die Ausdrücke werden hier im Unterschied zu Mt 22,14, aber auch zum Nacheinander in Röm 8,28–30 parallel verwendet. – Auch im Kult der Isis kommt man nur durch göttliche Berufung zu höheren Weihen: Vgl. Apuleius, met. XI 21,5 *vocatus*; 21,7 *elicere*; Pausanias X 32,13–18: Nur denen ist der Zugang zum Adyton möglich, die Isis vorzieht und durch Träume beruft. Ähnlich ruft Asklepios zu sich: Aelius Arist. 23,15 (Behr).
[20] Vgl. noch 6,1f; 14,33; 16,15 u. ö. in anderen Briefen. Dass Paulus das Wort nie singularisch vom einzelnen Christen gebraucht – so Conzelmann, 1Kor 40 –, stimmt wegen Phil 4,21 nicht ganz.

gen des Höchsten" Herrschaft und Gericht (vgl. Dan 7,18.22; diese Tradition in 1Kor 6,1–3, s. z.St.).[21] Das heißt aber auch, dass an unserer Stelle der Indikativ im Vordergrund steht: Heilig sein bedeutet: Gott angehören. Die angeschriebenen Christen sind schon Heilige durch den bei der Taufe verliehenen Geist Gottes, wie noch einmal aus der parallelen Passivform „Geheiligte" hervorgeht (vgl. auch zu 3,16f bezüglich der Gemeinde; 6,11.19 bezüglich des Einzelnen). Zu dieser geradezu ansteckenden Qualität der Christen wird bei 7,14 noch mehr zu sagen sein. Der mahnende Zeigefinger wird im Präskript noch nicht erhoben,[22] obwohl der Apostel dazu noch allen Anlass hat. Zunächst versichert er ihnen, dass sie – mitten in einer Weltstadt des römischen Reiches lebend – der Profanität und ihren „Sachzwängen" entnommen sind.

Die mit σύν angeschlossene Periode macht Schwierigkeiten. „Die den Namen unseres Herrn Jesus Christus an jedem Ort anrufen" sind die Christen in aller Welt. Sie werden mit einem sich im AT und im nachbiblischen Judentum[23] verfestigenden Ausdruck umschrieben, wobei die LXX-Wiedergabe des Jahwe-Namens mit κύριος jetzt auf Christus bezogen ist. Das deutet auf eine Herkunft aus dem Kreis Griechisch sprechender Judenchristen. Röm 10,12; Apg 9,14.21 (jeweils ohne „Herr"); 2Tim 2,22 (ohne „Name") bezeugen den Gebrauch der partizipialen Wendung als Gruppenbezeichnung. Mit ihr wird ein Proprium Israels auf die Christusgläubigen übertragen. Das Anrufen vollzog sich im Gottesdienst und meint vielleicht konkret – wie im Röm 10,12f vorausgehenden Kontext – das Bekenntnis zu Jesus als Herrn (12,3).[24] Was soll aber dieser weitere Adressatenkreis? Nach den Analogien in 2Kor 1,1 und Phil 1,1 ist ja anzunehmen, dass der Brief auch für ihn bestimmt ist. Bei „allen Heiligen in ganz Achaia" (2Kor 1,1) ist es noch denkbar, dass die Korinther ihnen den Brief zum Lesen weitergeben, obwohl auch hier der plerophore Ausdruck auffällt. „An jedem Ort"[25], wo Christen sind, kann Paulus aber sicher keine potentiellen Leser erwarten.

---

[21] Weitere Stellen zur endzeitlichen Heiligkeit Israels: PsSal 17,26f: Der Messias „wird versammeln ein heiliges Volk ..., das geheiligt ist vom Herrn seinem Gott"; 1Hen 62,8 Am Tag des Menschensohnes wird „die Gemeinde der Heiligen und Auserwählten gesät werden". Das ist in Qumran schon realisiert. Die Qumran-Leute betrachten sich mit Ex 22,30 als „Männer der Heiligkeit". Sie heißen 1QM X 10 „das Volk der Heiligen des Bundes", III 5 u. ö. „die Heiligen" (Gottes). 1QSb I 5 spricht von der „Gemeinde der Heiligen". Die „Lager seiner Heiligen" 1QM III 5 begegnen wieder in Apk 20,9 bei den Christen des tausendjährigen Reiches.
[22] Deshalb klingt auch schon die Übersetzung des Doppelausdrucks bei FABRIS, 1Kor 33 „chiamati a essere santi" zu moralisierend. Es gilt vielmehr mit 1Thess 4,7f.3f: Weil die Christen „in Heiligung" berufen wurden, kann ihnen die Heiligung als Wille Gottes vorgehalten werden.
[23] Mit finitem Verb Gen 4,26 u. ö. im AT; im Judentum PsSal 6,1 u. ö. Οἱ ἐπικαλούμενοι τὸ ὄνομα Ps 98,6LXX, vgl. den Singular Jes 64,6. Das Partizip οἱ ἐπικαλούμενοι τὸν κύριον PsSal 2,36; 9,6; TestJud 24,6; TestDan 5,11; 6,3. Da hier überall τὸ ὄνομα fehlt (nur *varia lectio* in TestDan 6,3), war vielleicht die Paulus (Röm 10,13) und Apg 2,21 gleichermaßen wichtige Verheißung Jo 3,5 „Und jeder, der den Namen des Herrn anruft, wird gerettet werden" von Einfluss. Dass dem Namen Gottes „an jedem Ort" geopfert werden wird, sagt Mal 1,11 voraus; dass alle Völker den Namen des Herrn anrufen werden, Zeph 3,9.
[24] VAN UNNIK, W.C.: „With All Those Who Call on the Name of the Lord", in: Weinrich, W.C. (Hg.): The New Testament Age, Essays in Honor of Bo Reicke, Macon GA 1984, II 533–551 möchte das „Anrufen" vom AT her als Gebet in Not bestimmen. Das macht aber nicht so sehr die Identität der Christen aus.
[25] Paulus suggeriert hier optimistisch eine weltweite Verbreitung des Christentums wie 2Kor 2,14; 1Thess 1,8; Röm 1,8; 10,18. Vgl. ἐν παντὶ τόπῳ Mal 1,11LXX.

- J. Weiß[26] hat deshalb vorgeschlagen, die Worte σὺν πᾶσιν bis ἡμῶν als Zusatz des Redaktors der paulinischen Sammlung zu betrachten. Auf sein Konto gingen möglicherweise auch andere Passagen des Briefes, in denen sich der Blick auf „jede Gemeinde" (4,17 fin.), „alle Gemeinden" (7,17b; 14,33b), „die Gemeinden Gottes" (11,16 fin.) öffnet (sog. „katholisierende Bemerkungen"). Eine derartige Erweiterung – allerdings im Original und mit καί angefügt – bietet das Präskript des MartPol.[27] Gegen eine solche Lösung sprechen aber die Formparallelen 2Kor 1,1 und Phil 1,1.[28] Auch verrät die Textüberlieferung nichts von einer solchen Einfügung.[29] Die übrigen „katholisierenden Bemerkungen" stehen zwar locker im Kontext, passen aber zu der vorwurfsvollen Frage 14,36, die paulinisch anmutet (s. z. St.). Es scheint geradezu ein Anliegen von 1Kor, die korinthische Praxis aus dem weiteren Blickwinkel der übrigen Gemeinden zu beleuchten. Von da her legt sich die Authentizität des Zusatzes nahe.
- Dann aber raten mehrere Kommentatoren,[30] die Phrase gar nicht als Adressatenangabe zu nehmen, sondern sie mit dem Passiv „Geheiligte" und dem Verbaladjektiv „Berufene" zu verbinden. Gegen „partikularistische Tendenzen der Korinther", gegen ihr „enthusiastisches Elitebewußtsein" wird ihnen bedeutet, dass sie nicht allein geheiligt und berufen sind, sondern nur in Gemeinschaft mit den Christusgläubigen an jedem Ort. Doch ist eine solche Spitze schon in der ehrenden *adscriptio* zu erwarten? Viel eher ist anzunehmen, dass Paulus den unvermeidlichen Minoritätskomplexen des kleinen Häufchens von Christen in Korinth[31] entgegenwirken will. Der suggerierten grammatikalischen Auffassung[32] steht aber entgegen, dass entsprechende Bezugsworte bei den parallelen σύν-Wendungen in 2Kor 1,1 und Phil 1,1 fehlen.
- Deshalb ist eine Anregung von H. Lietzmann[33] zu erwägen, die freilich weder von ihm selbst noch von andern konsequent aufgenommen wurde. Er machte auf zwei galiläische Synagogeninschriften[34] aufmerksam, in denen der Friedenswunsch universal ausgeweitet wird, dazu noch mit der Vokabel „Ort"[35]: „Friede sei über diesem Ort und über allen Orten seines Volkes Israel". Eine solche umfassende Adressierung des Friedenswunsches ist auch sonst auf hebräischen bzw. griechischen Inschriften[36] an Synagogen oder in Briefen[37] anzu-

---

[26] 1Kor 4, vgl. XLI. Ihm folgen u. a. SCHENK, Korintherbriefe 621; SCHNIDER/STENGER, Studien 23; TROBISCH, Entstehung 81f; PÖTTNER, Realität 133 Anm. 19.
[27] Καὶ πάσαις ταῖς κατὰ πάντα τόπον τῆς ἁγίας καὶ καθολικῆς ἐκκλησίας παροικίαις.
[28] Man wollte sie natürlich auch schon als Interpolationen erklären.
[29] In Röm 1,7 und 1,15 streicht G die Ortsangabe, was eine „ökumenische" Bearbeitung anzeigen könnte. In 1Kor 1,2 jedoch stellen nur manche Handschriften „geheiligt in Christus Jesus" um. Das ist – gegen TROBISCH, Entstehung 81f – nicht als Konflation einer Ausgabe mit konkretem Adressat und einer Ausgabe mit allgemeinem Adressat zu deuten. Denn die „den berufenen Heiligen" bleibt eine Pluralform, die auch Röm 1,7 steht und nicht durch eine allgemeine Ausgabe bedingt ist.
[30] Z.B. ALLO, 1Kor 2; BACHMANN, 1Kor 37; WOLFF, 1Kor 14.17; LINDEMANN, 1Kor 27. Auch LANGEVIN 110f.
[31] Zu ihrer Anzahl s. die Einleitung unter 2a.
[32] Dagegen betont schon WEISS, 1Kor 3, dass der Hauptbegriff das substantivische „Heilige" ist.
[33] Notizen 284–286.
[34] 'Alma (3. Jh. n. Chr.) und Kafr Bar'am (3. Jh. n. Chr., hier fehlt „seines Volkes"): BEYER I Nr. 373 = CII Nr. 973f.
[35] Freilich bedeutet מָקוֹם/*māqôm* hier das konkrete Synagogengebäude, wie das gelegentlich das Demonstrativpronomen und das Attribut „heilig" deutlich macht. Das Qaddisch de-Rabbanan (Bill. III 321) schließt alle ein, „die sich mit der heiligen Tora beschäftigen an diesem Ort und an jedem einzelnen Ort".
[36] Vgl. Gerasa: „Friede sei über ganz Israel" (4.–5. Jh. n. Chr., hebr.: BEYER, Texte I 397); Kleinasien „(Es sei Frieden über) Israel und über Jerusalem und (über diesen Ort bis zur Zeit) des Endes" (hebr., MAMA 6,334). In einer Inschrift über dem Türbogen einer alexandrinischen Synagoge (HORBURY/NOY,

treffen. Im aramäischen Qaddisch de-Rabbanan[38] steht eine präpositionale Konstruktion, die sich auf Israel und die überall mit der Tora Beschäftigten erstreckt, vor dem Segenswunsch. Er ist traditionell an die 2. Pl. gerichtet, muss aber wegen des Vorspanns „ihnen und uns" nachtragen, was wieder dem αὐτῶν καὶ ἡμῶν am Ende unseres V. 2 entspricht. Daher ist es wahrscheinlich, dass der „ökumenische" Zusatz „in formelhafter Plerophorie die Glaubensgenossen an allen Orten in den Gnaden- und Segenswunsch" einbeziehen will.[39] Doch übersetzt kein Kommentar: „Mit allen ... sei (auch) euch Gnade und Friede". Zu festgefügt ist der Einsatz des Segens. In der obigen Übersetzung ist dem sinngemäßen Bezug des losen σύν-Anhangs auf V. 3 mit einem Doppelpunkt Rechnung getragen.

Paulus will also mit dem Zusatz nicht sagen, dass seine Ausführungen auch Relevanz für andere Gemeinden haben,[40] er stellt die Korinther vielmehr damit in eine große Gemeinschaft des Bekenntnisses, aber auch des Segens. Die jüdischen Parallelen machen plausibel, dass die Personalpronomina am Ende von V. 2 noch einmal „an jedem Ort"[41] spezifizieren wollen: Paulus legt Wert darauf, dass der Name des Herrn überall angerufen wird, und dehnt den göttlichen Segen darauf aus. Wie im Qaddisch de-Rabbanan meint die 1. Plural den Absender, hier die Gemeinde in Ephesus. Paulus setzt damit nicht seine eigenen Gründungen gegen die übrigen ab.[42]

V. 3 Obwohl die Christen durch die Gnade Gottes gerechtfertigt sind, in ihr stehen (vgl. Röm 3,24; 5,2) und so Frieden mit Gott haben (vgl. Röm 5,1), ist es doch sinnvoll, dass ihnen diese Segensgüter mit dem Paulus vermutlich überkommenen Wunsch immer wieder zugesprochen werden. Sie bezeichnen traditionell die Zuwendung Gottes[43] und das daraus entstehende Heil, wobei das hier mit „Frieden" wiedergegebene εἰρήνη hebr. שָׁלוֹם/šālôm eine breite Skala umspannt: In jüdischen Briefen meint es zunächst Gesundheit und Wohlergehen unter göttlichem Schutz, bei Paulus wird es eschatologisch vertieft[44] und theologisch gefüllt: Es signalisiert die

---

Inscriptions Nr. 17 = CII Nr. 1437) ist zwischen τῷ ἁγίῳ τό(πῳ) und (Ἰ)σραήλ Ähnliches auf der linken Seite zu ergänzen.

[37] Vgl. den hebräischen Schlussgruß „Es sei Friede (dir) und (dem) ganzen Haus Israel" in einem Brief aus dem Umkreis des Bar Kochba (BEYER, Texte II 218f), dem Gal 6,16 mit seiner umstrittenen Erweiterung „und über das Israel Gottes" an die Seite zu stellen ist. Von da her hat die Lesart ἐν παντὶ τόπῳ (statt τρόπῳ) im finalen Friedenswunsch 2Thess 3,16 eine Chance.

[38] Vgl. Bill. III 321.

[39] LIETZMANN, Notizen 286; BARRETT, 1Kor 33: „If he (Paul) wishes grace and peace for the church at Corinth, so he does for believers elsewhere". Ähnlich STROBEL, 1 Kor 25.

[40] So HVALVIK, R.: All those who in Every Place Call on the Name of Our Lord Jesus Christ: The Unity of the Pauline Churches, in: Ådna, J. (Hg.): The Formation of the Early Church, WUNT 183, Tübingen 2005, 123–143, 137.

[41] Die Alternative wäre das weiter wegstehende „Herr". So Theodoret von Cyrus, LIETZMANN, 1Kor 5; BARRETT, 1Kor 34; FEE, 1Kor 33f.; THISELTON, 1Kor 77f, die wieder eine Pointe gegen korinthischen Partikularismus wittern. Dass alle denselben Herrn haben, wird zwar Röm 10,12 betont, hier ist der Bezug aber grammatikalisch zu schwierig. Während das ἡμῶν bei κύριος auch die Adressaten einbegreift, scheint es hier – im Vorausblick auf das ὑμῖν – enger gefasst werden zu müssen, genau wie das „Wir" in 11,16, dem auch dort „die Gemeinden Gottes" zugesellt sind. Anders MERKLEIN, 1Kor I 76; SCHRAGE, 1Kor I 105.

[42] Gegen MANSON, T.W.: Studies in the Gospels and Epistles, Manchester 1962, 192.

[43] Zu χάρις als Segensgut in frühjüdischen Schriften vgl. ZELLER, Charis 27f.

[44] Vgl. Röm 2,10; 8,6; 14,17.

durch Christus bewirkte Versöhnung mit Gott.[45] Deswegen wird als Spender neben Gott[46], dem Vater der Christen[47], auch der Herr[48] Jesus Christus genannt.

Wie die Traditionsgeschichte der rühmenden Titel in V. 2 ergab, wendet Paulus hier ganz selbstverständlich theologische Auszeichnungen Israels auf die mehrheitlich heidenchristliche Gemeinde in Korinth an. Sie ist die „Versammlung Gottes", die dieser am Ende der Geschichte berufen und geheiligt hat. Aus Jahwe-Anrufern sind aber Bekenner des Herrn Jesus Christus geworden; sie können den Gott Israels nun auch ihren Vater nennen. Das alles gilt „in Christus Jesus". So umschreibt Paulus hier und noch oft die in Tod und Auferweckung Jesu geschaffene Heilswirklichkeit, an der man durch Glauben und Taufe Anteil bekommt. Obwohl dabei – wie auch im Genitiv „Apostel Christi Jesu" V. 1 – „Christus" vorangestellt ist, wird dadurch die ursprüngliche titulare Bedeutung „Gesalbter" nicht verstärkt.[49] Der Messias Israels, an wenigen Stellen bei Paulus (z.B. Röm 9,5) noch als solcher erkennbar, ist als der erhöhte „Herr aller", von Juden und Hellenen (vgl. Röm 10,12), für die heidenchristliche Gemeinde bedeutsam. In der V. 2f zweimal begegnenden festen Wendung „(unser) Herr Jesus Christus" liegt das titulare Gewicht auf κύριος, während „Jesus Christus" wie ein Eigenname wirkt. Das hierin angezeigte heilsgeschichtliche Gefälle von den Juden zu den Heiden wird in 1Kor – im Unterschied zum Röm – nicht thematisiert. Die Christen dürfen sich als Fortsetzung des Gottesvolkes Israel am Ende der Zeit betrachten (s.u. zu 10,1-11).

---

[45] Zu der schon genannten Stelle Röm 5,1 vgl. V. 10f und 2Kor 5,18-21. Der 14,33; Gal 5,22; Röm 14,19 geforderte zwischenmenschliche Friede, vor allem in der Gemeinde, dürfte im Segenswunsch nicht im Blickpunkt stehen. 7,15c bleibt noch zu erörtern.

[46] Er heißt in Wünschen am Schluss von Briefen (vgl. zu 14,33) „der Gott des Friedens", wird also durch seine Gabe geradezu charakterisiert. Vgl. den *Genetivus auctoris* in Phil 4,7 „der Friede Gottes" (= 1QM III 5).

[47] Die Wendung „Gott, unser Vater" kommt nur in paulinischen Präskripten vor: Vgl. LOHMEYER 25f, der daraus auf „überkommenes Gut" schließt. Die Vatermetaphorik beschreibt zunächst das enge Verhältnis Gottes zu Israel; die Christen sprechen nicht nur absolut von ihm als „dem Vater", sondern nennen ihn im Gebet – wie die Juden – auch „unser Vater". Nach Paulus (vgl. 2Kor 6,18; Gal 4,4-7; Röm 8,15-17), aber auch nach dem 4. Evangelium (vgl. Joh 20,17) und dem Hebräerbrief (vgl. Hebr 1,5f.10-13) ist diese Kindschaftsbeziehung zu Gott durch „den Sohn", Jesus Christus, und durch den Geist vermittelt. Rein grammatikalisch könnte man καὶ κυρίου Ἰησοῦ Χριστοῦ mit ἡμῶν verbinden (vgl. Gott als Vater „unseres Herrn Jesus Christus" 2Kor 1,3; 11,31; Röm 15,6 u.ö. in den ntl. Briefen). Doch widerrät das die Reihenfolge, die Parallele 1Thess 3,11 und die Tatsache, dass ἡμῶν auch wegfallen kann (2Thess 1,2 *lectio difficilior*; 1Tim 1,2; 2Tim 1,2; Tit 1,4; 2Joh 1,3). 2Joh 1,3 wiederholt παρά, Apk 1,4f setzt dreimal ἀπό.

[48] Zum Titel κύριος und seiner Herkunft s. zu 8,5f; 12,3.

[49] Anders WOLFF, 1Kor 15 und KARRER, Gesalbte. Dazu ZELLER, Transformation, bes. 158f. Das Fazit lautet: „Der Christustitel verschmolz also schon in der hellenistischen Gemeinde um Paulus so stark mit dem Individuum Jesus, daß er zum cognomen wurde und auch das praenomen ersetzen kann. Ob noch eine titulare Bedeutung mitschwingt, muß die Untersuchung des jeweiligen Kontextes ergeben" (159). Vgl. noch zu 15,3b.

2. 1,4–9: *Die Danksagung*

(4) Ich danke meinem[50] Gott jederzeit für euch wegen der Gnade Gottes, die euch in Christus Jesus gegeben wurde, (5) dass ihr in allem reich gemacht wurdet in ihm, in jeglichem Wort und in jeder Erkenntnis, (6) wie das Zeugnis von Christus[51] unter euch befestigt wurde, (7) so dass ihr an keiner Gnadengabe Mangel leidet, indem ihr die Offenbarung unseres Herrn Jesus Christus erwartet, (8) der euch auch bis zum Ende fest machen wird als tadellose am Tag unseres Herrn Jesus Christus[52]. (9) Getreu ist Gott, durch den ihr berufen wurdet zur Gemeinschaft mit seinem Sohn Jesus Christus, unserm Herrn.

ARZT, Thanksgiving. MACRAE, G. W.: A Note on 1 Corinthians 1:4-9, ErIs 16, 1982, 171-175. MALAN, F.S.: Die funksie en boodskap van die ‚vorwoord' in 1 Korintiërs, HTS 49, 1993, 561-575. O'BRIEN, P.TH.: Introductory Thanksgivings in the Letters of Paul, NT.S 49, Leiden 1977, 107-137. OSTEN-SACKEN, P. VON DER: Gottes Treue bis zur Parusie, in: Ders., Evangelium 31-55. REED, J.T.: Are Paul's Thanksgivings „Epistolary"?, JSNT 61, 1996, 87-99. SCHNIDER/STENGER, Studien 42-49. SCHUBERT, P.: Form and Function of the Pauline Thanksgivings, BZNW 20, Berlin 1939. VERME, M. DEL: Le formule di ringraziamento postprotocollari nell'epistolario paolino, Presenza 5, Roma 1971, 75-116.

Die griechischen Privatbriefe bringen meist am Anfang den Wunsch für das Wohlergehen des Empfängers zum Ausdruck. Manchmal ist das auch verbunden mit Dank gegenüber den Göttern[53] oder der Zusicherung von Gebet und Gedenken (vgl. auch das Fürbittgebet im Schreiben der Jerusalemer Juden an die in Ägypten 2Makk 1,2-6). Wenn dann der Briefautor auch sein eigenes Wohlergehen mitteilt, kann das in der Form einer Danksagung für Errettung (vgl. auch das Dankgebet im offiziellen jüdischen Brief 2Makk 1,11-17 und die Eulogie 2Kor 1,3-7) geschehen. Zuweilen dankt er auch den Göttern für eine erhaltene Nachricht über den Adressaten. Diese einleitenden Formeln möchten eine Atmosphäre des beiderseitigen Wohlwollens erzeugen. Das Gebet vollzieht sich sozusagen „im Schaufenster", es wird dem Leser mitgeteilt, so dass man treffend von einem „prayer-report" gesprochen hat.

---

[50] ℵ* B lassen das Personalpronomen weg. Es steht sonst immer nach εὐχαριστῶ (Röm 1,8; Phil 1,3; Phlm 4) und fehlt naturgemäß nach εὐχαριστοῦμεν. Mit METZGER, Commentary 543 ist es eher beizubehalten. Anders WEISS, 1Kor 6.

[51] B* F G 1175 1836 1874 und einige weniger bedeutsame Minuskeln haben τοῦ θεοῦ statt τοῦ Χριστοῦ – so 𝔓46 ℵ A C D L P Ψ und viele Minuskeln, angefangen von 33 1739 (I. Kategorie). Erstere Lesart erklärt sich vielleicht durch Einfluss von 2,1, wo die besagten Zeugen ebenfalls τὸ μαρτύριον τοῦ θεοῦ aufweisen.

[52] Χριστοῦ fehlt in 𝔓46 B, die auch in 5,5 zu einer kürzeren Form tendieren. METZGER, Commentary 550f hält dort bloßes κυρίου für ursprünglich, während er hier Χριστοῦ mit Zweifel im Text belässt (543f). Dagegen etwa OSTEN-SACKEN 35. ZUNTZ, Text 183f vermutet noch eine kürzere Form am Ursprung.

[53] Vgl. EXLER, Form 104f. Zwischen dem 3. Jh. v. Chr. und dem 2. Jh. n. Chr. fehlen allerdings dafür Belege, worauf ARZT insistiert. Die Lücke sucht REED zu schließen.

1,4–9: Die Danksagung

Die meisten Briefe unter dem Namen des Paulus[54] weisen nun nach dem Präskript eine Danksagung oder eine Eulogie auf, die rhetorisch als Proömium oder *exordium* fungiert.[55] Diese Gebete des Apostels haben meist den guten Stand der Adressaten in Glaube und Liebe zum Inhalt. Deshalb fehlt in Gal situationsgemäß eine Danksagung. Im häufiger bezeugten Typ des Dankgebets schließt sich eine Partizipialkonstruktion an, in der Paulus betont, dass er stets vor Gott an die Gemeinde denkt. In 1Kor dagegen gibt – wie in 1Thess 2,13; 2Thess 1,3; 2,13; Röm 1,8 – ein ὅτι-Satz den Grund des Dankes an. Ein Komparativsatz (vgl. auch Phil 1,7; Eph 1,4; Kol 1,6f; 1Thess 1,5 in Proömien) erläutert ihn. Er wird mit einem Konsekutivsatz (vgl. 1Thess 1,7.8fin.; 2Thess 1,4 in Proömien) fortgeführt. Eine partizipiale Ergänzung seines Subjekts (V. 7b) und ein Relativsatz (V. 8) bringen die lange Konstruktion seit V. 4 zu Ende. Inhaltlich blicken sie auf die Parusie hinaus; eine solche „eschatologische Klimax" findet sich auch in den Proömien des 1Thess (1,10) und des Phil (1,6.10b). In 2Thess 1,5–10 wächst sie sich zu einer Gerichtsschilderung aus. Die Eulogie 1Petr 1,3–9 ist ganz eschatologisch ausgerichtet. Schließlich bekräftigt Paulus seine Zuversicht noch mit einem Nominalsatz (V. 9).[56] Bezeichnend für die Danksagung ist der überschwängliche Stil (πάντοτε V. 4, 3 mal πᾶς V. 5, doppelte Verneinung V. 7). Auch die vollen christologischen Titulaturen am Ende von V. 7.8.9 fallen auf.

V. 4 Paulus formuliert seinen Dank mit dem erst in hellenistischer Zeit in dieser Bedeutung aufgekommenen Wort εὐχαριστεῖν[57], und zwar im Singular. Der Mitabsender, der vielleicht das pluralische εὐχαριστοῦμεν in 1Thess 1,2; 2Thess 1,3; Kol 1,3 noch beeinflusst, ist hier bereits vergessen. Der Apostel betet „allezeit"[58] zu seinem „persönlichen Gott" („mein Gott", s. Anm. 1; noch außerhalb der Danksagung 2Kor 12,21 und im Gebetswunsch Phil 4,19), eine Konzeption, die im Alten

---

[54] Vgl. aber auch die Eulogie 1Petr 1,3–9, die ich – gegen SCHUBERT 8f – ebensowenig wie Eph 1,3–14 für eine Nachahmung der Eulogie von 2Kor halte; denn diese dreht sich um das Handeln Gottes am Apostel, jene beiden um das Handeln Gottes an der Gemeinde.

[55] S. Einleitung Nr. 5 und SCHRAGE, 1Kor I 111f.

[56] SANDERS, J.T.: The Transition from opening epistolary Thanksgiving to Body in Letters of the pauline Corpus, JBL 81, 1962, 348–362, 357f vermutet eine strukturelle Analogie zu den doxologischen Ausklängen hauptsächlich nachpaulinischer Danksagungen. Vgl. auch die Doxologie Gal 1,5 zwischen Präskript und Korpus. OSTEN-SACKEN 36f stellt aber klar, dass eine Beteuerung kein Segensspruch ist. Er selbst möchte in V. 7b–9 ein „parakletisches" Traditionsstück nachweisen. Mehr als traditionelle Wendungen sind aber kaum auszumachen.

[57] Vgl. CONZELMANN, H.: Art. εὐχαριστέω κτλ, ThWNT 9, 1973, 397–405. Das Verbum erscheint erst in den Apokryphen der LXX. Wenn Paulus für andere dankt, bekommt es – wie hebr. ידה/*jdh* hif. – die Bedeutung „preisen": Vgl. O'BRIEN, P.T.: Thanksgiving within the Structure of Pauline Theology, in: Hagner, D.A./Harris M.J. (Hg.): Pauline Studies. FS F.F. Bruce, Exeter 1980, 50–66, 62. Die Nähe der paulinischen Danksagungen zur Sprache der Psalmen im AT und in Qumran hat u.a. DEL VERME 75–116 herausgearbeitet. Im Kultvollzug redet der Beter Gott aber meist mit Du an.

[58] Stereotyp wie das „jeden Tag" in den προσκύνημα-Formeln heidnischer Briefe (EXLER, Form 108–112): Röm 1,10; Phil 1,4; Kol 1,3; 1Thess 1,2; 2Thess 1,3.11; Phlm 4; vgl. „unaufhörlich" beim Dank 1 Thess 2,13, beim Gedenken Röm 1,9; Eph 1,16; Kol 1,9; 1Thess 1,2. Das praktisch unmögliche Gebet „bei Tag und Nacht" (vgl. Lk 2,37; 1Thess 3,10) wird auch in der Paränese gefordert: Lk 18,1; 21,36; Röm 12,12; Eph 5,20; 1Thess 5,17. Wer den übertreibenden Ausdruck wörtlich verstehen will, muss daraus eine Haltung bzw. eine Gesinnung machen.

80   1,4-9: Die Danksagung

Orient, besonders im Psalter, gebräuchlich, dagegen in Griechenland mit dem Personalpronomen nicht belegt ist.[59] Der Gegenstand seines Danks ist die korinthische Gemeinde[60] bzw. die Gnade[61] Gottes, wie ja schon vom Wortklang her εὐχαριστεῖν ein Echo auf empfangene χάρις ist. Darunter möchte man zunächst die Rechtfertigungsgnade verstehen (vgl. Röm 3,24 und zu 1,3). Sie ist als einmalige Gabe[62] aufgefasst, die durch den Sühnetod Jesu vermittelt wurde[63] („in Christus Jesus"). Aber Röm 12,6 (auch hier „die uns gegebene Gnade") und der Fortgang zeigen, dass man sie nicht darauf einengen darf.

V. 5 Der nach dem Verbum des Dankens übliche Kausalsatz hat hier inhaltlich explizierende Funktion; die Begnadung entfaltet sich in eine Fülle[64] von Gnadengaben, wofür V. 7 χαρίσματα[65] steht. Sie sind wieder „in Christus" ermöglicht und als Gabe des „Wortes" und der „Erkenntnis" spezifiziert. Wie in anderen schmeichelhaften Würdigungen (vgl. 2Kor 8,7; Röm 15,14) werden sie der ganzen Gemeinde zugesprochen, während nach 12,8 nur einzelnen durch den Geist ein „Wort der Weisheit" bzw. „der Erkenntnis" gegeben ist. Wegen des verallgemeinernden πᾶς wird λόγος nicht nur die Weisheitsrede (so 12,8), sondern auch Glossolalie und Prophetie einschließen.[66] Ebenso breit gefächert erscheint die γνῶσις (vgl. zu 8,1). Das pauschale Kompliment, das Paulus hier den Korinthern macht, hindert ihn jedenfalls nicht daran, sich später noch differenzierend, ja sogar kritisch (vgl. 4,8) mit ihrer reichen charismatischen Begabung auseinanderzusetzen.

---

[59] Vgl. VORLÄNDER, H.: Mein Gott, AOAT 23, Neukirchen-Vluyn 1975; BURKERT, W.: „Mein Gott"?. Persönliche Frömmigkeit und unverfügbare Götter, in: Cancik u.a., Geschichte II 3-14.

[60] Mit περί eingeführt wie Röm 1,8; 1Thess 1,2; 3,9; 2Thess 1,3; 2,13.

[61] Mit ἐπί + Dat. wie Phil 1,5; 1Thess 3,9.

[62] Διδόναι bei χάρις im engeren Sinn des Apostelamts noch Röm 12,3; 15,15; 1Kor 3,10; Gal 2,9; auf das Kollektenwerk bezogen 2Kor 8,1, auf die Charismen Röm 12,6. Aber auch die in der Rechtfertigung erhaltene (vgl. δέξασθαι 2Kor 6,1) Gnade ist ein „Geschenk" (vgl. Röm 5,15-17, das δωρεάν Röm 3,24 und χαρίζεσθαι 1Kor 2,12).

[63] Vgl. noch einmal Röm 3,24-26 und den Genitiv des Ursprungs in der Rede von der Gnade Christi (Gal 1,6 nach wahrscheinlicher Lesart, vgl. Röm 5,15). Das ἐν hat hier instrumentale Bedeutung.

[64] Πλουτίζεσθαι ist hier wohl passiv zu nehmen (nicht so sicher 2Kor 9,11, wo ebenfalls ἐν παντί damit verbunden ist). Vgl. aktiv 2Kor 6,10 vom Apostel. Der dadurch erreichte Zustand kann mit πλουτεῖν (vgl. 4,8; 2Kor 8,9) oder περισσεύειν (vgl. 14,12; 2Kor 8,7 wieder mit ἐν παντί; 9,8 im Finalsatz) umschrieben werden. Diesem Reichtum entspricht in V. 7a „nicht Mangel leiden". Ὑστερεῖσθαι (mit ἐν wie Justin, dial. 82,1 im Zusammenhang prophetischer Charismen) ist wohl nicht mit „zurückstehen" (so die intransitive Form 2 Kor 11,5; 12,11d) – im Blick auf andere Gemeinden – zu übersetzen. Anders O'BRIEN 123.

[65] Vgl. CONZELMANN, H.: Art. χάρισμα, ThWNT 9, 1973, 393-397. Das Wort kommt etwa gleichzeitig mit Paulus erstmals bei Philo vor. Wenn 1Petr 4,10f nicht von Röm abhängig ist, sondern eine antiochenische Tradition bezeugt, könnte Paulus es als Bezeichnung der vom Geist verliehenen Fähigkeiten schon vorgefunden haben. Dieser technische Sinn wird jedenfalls in 1Kor (vgl. noch 7,7; 12,4.30f) als bekannt vorausgesetzt. Zur Sache vgl. die Lit. zu Kap. 12-14.

[66] Vgl. die vielfältigen Wortbegabungen 14,26. Dazu zählt aber für Paulus weder die Rhetorik – gegen LINDEMANN, 1Kor 30 – noch die einfache christliche Verkündigung – gegen WOLFF, 1Kor 21, der so einen Bogen zu 1,18ff schlagen möchte.

V. 6.7a illustrieren noch einmal V. 4f.[67] Denn das „Zeugnis von Christus" (*Genetivus obiectivus*)[68] meint die fundamentale (vgl. 3,11) Christusverkündigung, die in Korinth Fuß gefasst hat. Die Beteiligung des Apostels dabei (vgl. Phil 1,7 βεβαίωσις des Evangeliums) ist ausgespart, so dass man in ἐβεβαιώθη ein theologisches Passiv sehen kann. Auch in V. 8 und 2Kor 1,21 ist Christus bzw. Gott Subjekt von βεβαιοῦν. In späteren Texten, Hebr 2,3f und im unechten Markusschluss Mk 16,20, stellt man sich vor, dass diese Befestigung durch begleitende Zeichen geschieht, in denen Gott sich selbst bezeugt bzw. der Herr das Wort seiner Jünger bestätigt. Hier geht es aber nicht um die Weise, sondern um das Ergebnis der Bekräftigung, und so kommt V. 6 der sonstigen rühmenden Erwähnung des Glaubens gleich (vgl. mit Passivpartizipien Kol 2,6). Die feste Verankerung des Evangeliums in der Gemeinde manifestiert sich nach V. 7a in der Gegenwart durch den Überfluss an Charismen.

V. 7b.8 Der Gott zu verdankende gute Zustand der Gemeinde gipfelt in der lebendigen Erwartung[69] der Wiederkunft Jesu. Diese wird mit einem gemeinchristlichen Begriff (vgl. 2Thess 1,7; 1Petr 1,7.13; verbal Lk 17,30) als „Enthüllung" (ἀποκάλυψις) umschrieben; am Ende lässt Gott bisher verborgene Wirklichkeiten sichtbar werden.[70] Der sich aller Welt machtvoll offenbart, ist aber „unser Herr Jesus Christus", den die Gläubigen schon jetzt herbeisehnen (vgl. 16,22b). Aus dem atl. „Tag Jahwes" (vgl. Am 5,18–20; Jo 3,4) ist der „Tag unseres Herrn Jesus (Christus)"[71] (V. 8fin.) geworden.

Auf wen sich das den V. 8 einleitende Relativpronomen bezieht, ist unklar. Am nächsten liegt es, es an „unsern Herrn Jesus Christus" von V. 7fin. anzuschließen.[72] Der κύριος ist es ja auch, der in 1Thess 3,13 (vgl. V. 12) die Herzen untadelig stärkt (ebenso 2Thess 3,3; vgl.

---

[67] Der καθώς-Satz ist weder begründend – so B-D-R 453,2 – noch korrelativ. Er hat also nicht den Sinn, „Kriterien für die Bewertung der pneumatischen Phänomene" anzudeuten: gegen CONZELMANN, 1Kor 45 und SCHRAGE, 1Kor I 117, nach dem „das Christuszeugnis als *Maß* der Wirklichkeit von Charismen gilt".

[68] Μαρτύριον kommt in den echten Paulusbriefen nur noch 2,1 als umstrittene Lesart vor. Nach 15,15 bezeugt aber Paulus die Botschaft von der Auferweckung Christi. Es handelt sich um eine verbreitete urchristliche Vorstellung. Sie findet sich in den Deuteropaulinen (vgl. 2Thess 1,10; 2 Tim 1,8 mit τοῦ κυρίου ἡμῶν), bei Lukas und in Apg (vgl. nur 1,8 mit μου), wo Paulus durch seine Christusvision zum „dreizehnten Zeugen" (Ch. Burchard) wird. Auch das johanneische Schrifttum legt Wert auf Augenzeugenschaft. In der Apk 1,2 dagegen könnte μαρτυρία Ἰησοῦ Χριστοῦ *Genetivus subiectivus* sein (vgl. 22,20); wo der Ausdruck freilich das Leiden der Christen motiviert, besagt er wohl das bekennende Eintreten für Jesus, mit dem auch „Petrus" als „Zeuge" im Leiden solidarisch sein will (1Petr 5,1). – Auch der Kyniker versteht sich als Zeuge für Gott: Epiktet, diss. I 29,47–49; III 22,86.88 (μαρτυρεῖν, μάρτυς, μαρτυρία). Zum Ganzen vgl. BEUTLER, J.: Martyria, FTS 10, Frankfurt/M. 1972; DERS.: Art. μαρτυρέω κτλ, EWNT 2, 1981, 958–964; μαρτυρία ebd. 964–968; μάρτυς ebd. 969–973. Er versteht allerdings μαρτυρία Ἰησοῦ in der Apk durchweg als „Zeugnis, das von Jesus kommt" (*Genetivus subiectivus*). – MACRAE 173 möchte das μαρτύριον τοῦ Χριστοῦ in der Existenz der Gemeinde selber sehen, um einen juridischen Sinn von βεβαιόω zu vermeiden. Der ist aber ohnehin nicht sicher: s. CONZELMANN, 1Kor 45 Anm. 29.

[69] Ἀπεκδέχεσθαι auch Röm 8,19.23.25; Gal 5,5; Phil 3,20 im Zusammenhang eschatologischer Anspannung.

[70] Vgl. ἀποκαλύπτεσθαι 3,13; Röm 1,18; 8,18f; ἀποκάλυψις Röm 2,5; φανερωθῆναι 2Kor 4,10f; Kol 3,4; 1Petr 5,4; 1Joh 2,28; 3,2.

[71] Ähnlich 2Kor 1,14; nur vom „Tag des Herrn" sprechen 5,5; 1Thess 5,2; 2Thess 2,2; 2Petr 3,10; oft – z.B. 3,13 – ist auch absolut von „dem Tag" die Rede. Phil hat dagegen „Tag Christi (Jesu)" (vgl. 1,6.10; 2,16).

[72] So die älteren Kommentare von HEINRICI 48, WEISS 10f, ROBERTSON/PLUMMER 9; ALLO 5; BARRETT 39, aber auch WOLFF 22, THISELTON 101, LINDEMANN 31.

Eph 6,10). Dieser Vers entkräftet auch das Argument, dass dann V. 8fin. von „seinem Tag" die Rede sein müßte. Denn obwohl logisch schon „der Herr" Subjekt von 1Thess 3,13 ist, steht am Ende der formelhafte Ausdruck „bei der Ankunft unseres Herrn Jesus". Ebenso feierlich voll klingen die christologischen Abschlüsse von V. 7.8.9. Dennoch ist nach neueren Auslegern in V. 8 Gott gemeint, an den sich die ganze Danksagung ab V. 4 richtet; er sei auch untergründig in den theologischen Passiva V. 5f Subjekt.[73] Man verweist auf 2Kor 1,21, wo Gott der βεβαιῶν ist, und andere Stellen, wo das analoge „Stärken" von Gott ausgesagt wird (1Thess 5,23f, die nachpaulinische Doxologie Röm 16,25; 1Petr 5,10; vgl. 1,4; vgl. auch sachlich Phil 1,6). Außerdem erkläre sich das „auch" durch die Wiederaufnahme des passiven βεβαιοῦσθαι V. 6. An sich muss man καί nach dem Relativpronomen nicht immer übersetzen.[74] Aber hier wird deutlich das Handeln Gottes in Vergangenheit und Gegenwart durch eine zukünftige Aussage fortgesetzt. Dieses Handeln geschah freilich immer schon „in Christus" (V. 4f). So ist Christus als Subjekt von V. 8 nicht ausgeschlossen. Zumal dann V. 9 einen zusätzlichen theologischen Akzent setzt.[75] Obwohl sich so keine durchschlagenden Gründe für eine der beiden Auffassungen beibringen lassen, empfiehlt sich sprachlich die christologische.[76]

Paulus äußert jedenfalls seine Zuversicht, dass Gott oder eher Christus die Korinther bis zum Ende[77] so in ihrem Glaubensstand (vgl. 15,2.58; 16,13) befestigen wird, dass am Gerichtstag keine Anklage gegen sie vorgebracht werden kann (zu ἀνέγκλητος vgl. Kol 1,22, das Verbum ἐγκαλεῖν Röm 8,33; gleichbedeutend im selben Kontext ἄμεμπτος Phil 2,15f; 1Thess 3,13; 5,23; εἰλικρινής, ἀπρόσκοπος Phil 1,10). Selbstverständlich scheint, dass die Angeredeten den Tag des Herrn erleben (vgl. 15,51f).

V. 9 ist asyndetisch angefügt, dürfte aber den Grund für die Gewissheit von V. 8 enthalten: Gottes Treue. Die Wendung πιστὸς ὁ θεός, bei der das Prädikat betont vorangestellt ist, kommt noch öfter bei Paulus vor (10,13 ebenfalls mit Relativsatz und in Schlussposition wie in der ähnlichen Formulierung 1Thess 5,24; 2Kor 1,18 mit Kausalsatz); sie könnte vorgeprägt sein, obwohl die Anklänge im sonstigen NT (Hebr 10,23b; 1Joh 1,9; 2Thess 3,3 wandelt die paulinische Formel mit κύριος ab) und am Ende von IgnTrall (13,3) nur sporadisch sind. Dass der Bundesgott zu seinen Verheissungen steht, ist natürlich vom AT her selbstverständlich und wird dort auch manchmal ähnlich ausgedrückt (vgl. Dtn 7,9; 32,4LXX; Ps 144,13aLXX „getreu in

---

[73] BACHMANN, 1Kor 46f; CONZELMANN, 1Kor 47; FEE, 1Kor 44; MERKLEIN, 1Kor I 82f; KREMER, 1Kor 25f; O'BRIEN 127f; BAUMANN, Mitte 39f. Man setzt dann mit dem GNT ein Semikolon nach V. 7 und fängt mit V. 8 einen selbständigen Satz an.

[74] CONZELMANN, 1Kor 47 mit Verweis auf HAENCHEN, E.: Die Apostelgeschichte, KEK, Göttingen ⁶1968, 108 Anm. 6. Er behält aber wenig konsequent „auch" in seiner Übersetzung bei. Dafür auch OSTEN-SACKEN 37 mit Hinweis auf 1Thess 5,24; MACRAE 174.

[75] Aber auch wenn man „Gott" in V. 8 als Subjekt ergänzt, stellt V. 9 keine tautologische Wiederholung dar. Wir haben dieselbe Abfolge in 1Thess 5,23f.

[76] So schließlich auch SCHRAGE, 1Kor I 121f.

[77] τέλος in diesem Sinn 15,24; vgl. mit εἰς, μέχρι, ἄχρι 1Thess 2,16; Hebr 3,14; 6,11; Apk 2,26; vgl. „bis zum Tag Christi Jesu" Phil 1,6. Dagegen könnte ἕως τέλους 2Kor 1,13 im Gegensatz zu ἀπὸ μέρους in V. 14 „vollkommen" bedeuten, obwohl auch hier nicht der endzeitliche Horizont fehlt. Für diese Bedeutung in 1Kor 1,8 BAUMANN, Mitte 41, da „der Tag unseres Herrn Jesus" bereits eine zeitliche Bestimmung darstelle. Die ist aber zu ἀνεγκλήτους zu ziehen. Deshalb ist hier auch das ἐν korrekt (vgl. 1Thess 3,13; 5,23); gegen LIETZMANN, 1Kor 6.

seinen Worten"; Jes 49,7; als Gebetsanrede 3Makk 2,11).[78] Hier ist das wirkmächtige Wortgeschehen der im Christwerden ergangene Ruf Gottes.[79] Die engste Parallele bildet 1Thess 5,24. Weil sonst manchmal das Reich und die Herrlichkeit Gottes als Ziel der Berufung angegeben sind,[80] könnte man die „Gemeinschaft mit seinem Sohn" als das ewige Zusammensein mit dem Herrn (vgl. 1Thess 4,17) deuten, das den Gläubigen nach seiner Parusie winkt. Aber eine ähnliche Passage wie Röm 8,31-39, wo die stellvertretend für die Christen eintretende Liebe Christi solche Heilsgewissheit verleiht, legt doch nahe, dass die κοινωνία schon mit der Taufe beginnt.[81] Ähnlich spricht 1Joh 1,3.6 von der schon gegenwärtigen Gemeinschaft mit dem Vater und seinem Sohn Jesus Christus, Hebr 3,14 von dem Anteil, den die Glaubenden an Christus gewonnen haben. Nicht von ungefähr erscheint auch 1Kor 1,9 der Sohnestitel; denn er besagt das Selbstengagement Gottes zugunsten der Menschen.[82] Dieses garantiert, dass die Korinther nicht aus der Gemeinschaft mit Christus herausfallen, die freilich erst im Eschaton vollendet wird.

Da Danksagungen in Privatbriefen schon zum Korpus gehören können, hat P. Schubert ihre Aufgabe herausgearbeitet, in die Themen des Briefes einzuführen. Manchmal erkennt man in 1Kor 1,4-9 eine regelrechte *partitio* (Themenangabe) für das Folgende.[83] Dabei wird aber übersehen, dass Paulus mit λόγος gerade nicht die in 1,17-4,21 verhandelte Weisheitsrede meint. Erst 8,1 wird ein Stichwort des Proömiums (γνῶσις) aufgenommen. Die Bezüge von VV. 7b.8 zu Kap. 15 sind schwach. Der Gerichtstag wird eher schon vorher (3,12-15; 4,3-5; 5,5) thematisiert. Man sollte das Stück nicht systematisch überfordern. Sein Tenor ist entsprechend seiner Funktion, die Leser geneigt zu machen, durchweg positiv. Didaktische und

---

[78] Vgl. noch PsSal 14,1; 17,10; mAv 2,16. Rabbinische Sachparallelen bei Bill. III 321. VAN UNNIK, W.C.: Reisepläne und Amen-Sagen, Zusammenhang und Gedankenfolge in 2. Korinther 1:15-24, in: Studia Paulina. FS J. de Zwaan, Haarlem 1953, 215-234, 221 hat auf einen Segensspruch nach der Prophetenlesung im heutigen Synagogengottesdienst hingewiesen: „der getreue Gott, der spricht und (auch) tut".

[79] S. zu κλητοί 1,2 und in unserem Brief v.a. 7,17-24. Vgl. ECKERT, J.: Art. καλέω κτλ, EWNT 2, 1981, 592-601. Ich würde allerdings 1 und 2Petr, wo ähnlicher Gebrauch für „Berufung" vorliegt, nicht als paulinisch beeinflusste Schriften, sondern als Zeugen einer breiten urchristlichen Tradition werten.

[80] Vgl. 1Thess 2,12; 2Thess 2,14; 1Petr 5,10; vgl. „ewiges Leben" 1Tim 6,12; den „Ruf nach oben" Phil 3,14. So SCHMIEDEL, 1Kor 96: „Genossen Christi werden die Gläubigen in der Antheilnahme an seiner himmlischen δόξα".

[81] PÖTTNER, Realität 134 Anm. 23 erläutert den Ausdruck in V. 9 durch ἐν Χριστῷ bzw. ἐν αὐτῷ V. 4.5. Der Apostel kennt allerdings auf Erden nur die Gemeinschaft mit dem Leiden Christi: Phil 3,10. Zur engeren eucharistischen Verwendung des Begriffs vgl. 10,16. Vgl. HAINZ, J.: Art. κοινωνία κτλ, EWNT 2, 1981, 749-755 und THISELTON, 1Kor 104f mit einem Forschungsbericht.

[82] Vgl. im obigen Kontext Röm 8,32 und ZELLER, Transformation 165f; ferner HENGEL, M.: Der Sohn Gottes, Tübingen 1975, bes. 18-29.93-99; LABAHN, A. u. M.: Jesus als Sohn Gottes bei Paulus, in: Schnelle/Söding, Christologie 97-120, 114f. LANG, 1Kor 19 bemerkt, dass κοινωνία hier auch die Teilhabe am Sohn-Sein (vgl. Gal 4,4-7; Röm 8,29) beinhaltet. SCHRAGE, 1Kor I 124 konstatiert dagegen mit anderen Autoren einen abgeschliffenen Gebrauch.

[83] BELLEVILLE, Continuity 20f stellt einander gegenüber:
„enrichment in all speech   speech problems chs. 1-4
enrichment in all knowledge   knowledge problems chs. 5-10 (11)
not lacking in any spiritual gift   spiritual gift problems chs. 12-14
the day of our Lord Jesus (Christ)   resurrection problems ch. 15"

paränetische Funktionen, die O'Brien[84] erkennen will, würden es überfrachten. Enthält die Anerkennung der Charismen zugleich kritische Töne? Conzelmann z.B. will sie aus dem ἐν αὐτῷ V. 5, dem Gebrauch des Passivs und dem Hinweis auf die Parusie heraushören.[85] Doch dass die ersteren Ausdrücke „Selbstbespiegelung im eigenen Reichtum" abwehren sollen und dass der Ausblick auf den Tag des Herrn einen „eschatologischen Vorbehalt"[86] anmelden will, kann man höchstens erahnen, wenn man 4,7f gelesen hat. Vorerst herrschen überschwängliche Dankbarkeit für das Erreichte und uneingeschränktes Vertrauen in die Zukunft. Eine blühende Gemeinde Christusgläubiger aus einstigen Heiden und inmitten heidnischer Umgebung ist ein Wunder. Deshalb hebt Paulus wie 6,11 in den Passivformen das Handeln Gottes an den Korinthern, das „in Christus" gewährleistet ist, hervor; es hat drei Dimensionen: die im Aorist angedeutete des Gründungsereignisses, die gegenwärtige charismatischen Überströmens und die futurische, die der Erwartung der Gemeinde entspricht. Dabei soll das zurückliegende und gegenwärtige Handeln Gottes das künftige gerade gewiss machen. Erst auf dem Boden solch gemeinsamer intensiver Erwartung und befördert durch die Erfahrung vielfacher Charismen sprießt auch der Enthusiasmus. Der Ton in V. 7b liegt nicht auf dem „Noch-Nicht".[87] Indem der Apostel diese dreifache Aktivität Gott verdankt, kann er nicht zugleich Zweifel oder Kritik äußern.[88] Dass so der geistliche Reichtum der Korinther als Gottes Geschenk in Christus erscheint, ist nicht schon ein Korrektiv.[89] Höchstens schwingt Hoffnung mit, dass die Gemeinde sich im Gericht auch so tadellos darstellen wird. In der Tat kann man im Vergleich mit andern Proömien – also nur textextern – beobachten, dass Paulus hier den Korinthern nicht wie andern Gemeinden gegenseitige Liebe attestiert. Das passt zum Fortgang V. 10. Dass die κοινωνία mit Jesus Christus auch brüderliche Gemeinschaft erfordert, müssen die Korinther erst noch lernen. Das Lob ihres Gnadenstandes bildet so den leuchtenden Hintergrund, vor dem sich die folgenden Mahnungen abheben.[90]

---

[84] 135 f. Auch BAUMANN, Mitte 45f entdeckt mehrere paränetische Anliegen des Apostels.

[85] 1Kor 40f. Zu seiner Auffassung von V. 6 s.o. Anm. 67.

[86] Nach SCHRAGE, 1Kor I 119f hält Paulus V. 7b den *beati possidentes* die futurische Komponente der Eschatologie entgegen; dazu s. Einleitung 2c mit Anm. 65. Vgl. auch CONZELMANN, 1Kor 46: „Der Besitz der χαρίσματα ist noch nicht die Verwirklichung des Eschaton, sondern Unterpfand dessen, was sein wird." Vgl. OSTEN-SACKEN 49.

[87] So aber FEE, 1Kor 36.42; MERKLEIN, 1Kor I 91f; WOLFF, 1Kor 22; THISELTON, 1Kor 90.99.

[88] Nach PÖTTNER, Realität 132–135.140 redet 1,4–9 „von den expliziten Lesern, wie sie sein sollten"; für die realen Leser dagegen, die Paulus in Kap. 4 beschreibt, habe 1,4–9 „sehr viel eher den Charakter einer verhüllten *vituperatio*".

[89] So aber FEE, 1Kor 36–39; ähnlich SCHRAGE, 1Kor I 144f; MERKLEIN, 1Kor I 88.

[90] Eine ähnliche Kontrastfunktion hat die nachgeholte *captatio benevolentiae* in 1Clem 1,2f, wo das erfreuliche Erscheinungsbild der Gemeinde aber Vergangenheit ist. Insofern ist es bemerkenswert, dass Paulus παρακαλῶ in 1,10 mit δέ, und nicht wie 1Kor 4,16 oder bei der Einleitung des paränetischen Teils Röm 12,1; 1Thess 4,1; Eph 4,1 mit οὖν anschließt. Die Partikel δέ muss freilich nicht einen Gegensatz, sie kann auch nur den Übergang zu einem neuen Thema anzeigen. Vgl. mit παρακαλεῖν 16,15; Röm 15,30; 16,17; 2Kor 10,1; 1Thess 4,10; 5,14; mit ἐρωτᾶν 1Thess 5,12; 2Thess 2,1. Das gilt auch für andere performative Verben in einleitender Funktion (vgl. 11,2; 15,1).

II. Das Briefkorpus

A. 1,10–4,21: Gegen Spaltungen auf Grund von weltlicher Weisheit

Literaturauswahl zu 1,10–4,21

ACKERMAN, Mystery 38–75. BARBOUR, Wisdom. BAUMANN, Mitte. BECKER, Theologie. BORGHI, E.: Il Tema ΣΟΦΙΑ in 1Cor 1–4, RivBib 40, 1992, 421–458. DAVIS, Wisdom. DE LORENZI, Paolo. GOULDER, Σοφία. GRAGG, Analysis. HOPPE, R.: Der Triumph des Kreuzes, SBB 28, Stuttgart 1994, 36–99. HORSLEY, Wisdom. JOHNSON, E.E.: The Wisdom of God as Apocalyptic Power, in: Carroll/Cosgrove/Johnson, Faith 137–148. KAMMLER, Kreuz. KONRADT, Gericht 201–222. –, Weisheit. LAMP, J.S.: First Corinthians 1–4 in Light of Jewish Wisdom Traditions, SBEC 42, Lewiston 2000. LAMPE, Unitatem. –, Wisdom. LIPS, Traditionen 318–350. LITFIN, Theology. NIEDERWIMMER, Erkennen 78–89. PÖTTNER, Realität. POGOLOFF, Logos. POLHILL, J.B.: The Wisdom of God and Factionalism: 1 Corinthians 1–4, RExp 80, 1983, 325–339. SCHMITHALS, Theologiegeschichte 125–139. SCHMELLER, TH.: Schulen im Neuen Testament?, HBbSt 30, Freiburg usw. 2001, 103–182. SCHWARZ, E.: Wo's Weisheit ist, ein Tor zu sein, WuD 20, 1989, 219–235. SELLIN, „Geheimnis". SMIT, What. STRÜDER, Paulus. THEIS, Paulus. TUCKETT, Wisdom. VOLLENWEIDER, S.: Weisheit am Kreuzweg, in: Dettwiler/Zumstein, Kreuzestheologie 43–58. VOS, Argumentation. –, Kunst 29–64. VOSS, Wort. WANAMAKER, CH.A.: A Rhetoric of Power: Ideology and 1 Corinthians 1–4, in: Burke/Elliott, Paul 115–137. WELBORN, Discord, überarbeitet in: Ders., Politics 1–42. WILCKENS, Weisheit; –, Kreuz. WINTER, Philo.

Der Abschnitt 1,10–4,21 zeichnet sich durch seine Thematik klar ab: Der Apostel wehrt Spaltungen, die durch eine falsche Bewertung der Verkünder in die Gemeinde getragen wurden. Deutlich ist auch eine Einleitung, die das Problem benennt und erste Argumente bringt (1,10–17). Die Schlussverse 4,14–21 heben sich durch ihre pragmatische Ausrichtung ab: Nachdem das vorher Ausgeführte auf den Ton väterlicher Zurechtweisung heruntergestimmt ist (V. 14f), ruft V. 16 im Stil von 1,10 zur Nachahmung auf. Auch die Sendung des Timotheus dient der Unterrichtung der Gemeinde in den Wegen des Apostels. Außerdem bekräftigt Paulus sein eigenes Kommen. Was es für die Korinther bedeutet, hängt von ihrem Verhalten ab.

Auf das Dazwischenstehende lassen sich die hergebrachten *partes orationis* kaum anwenden (s. Einleitung 5). Auch eine strikte logische Untergliederung ist schwierig, da der Apostel auch auf früher Gesagtes zurückkommt[1] und sich die Themen über-

---

[1] CONZELMANN, 1Kor 57.105 spricht von „Ringkomposition", weil 3,18–23 wieder zu 1,18–25 zurücklenkt; SCHRAGE, 1Kor I 129f möchte den Bogen noch weiter zurück – bis 1,10–17, ja noch zu 1,1.7f – schlagen und weist auch auf die Rückbezüge in Kap. 4 hin. FEE, 1Kor 51 findet in 1,18–2,5/2,6–3,4/3,5–23 ein im Brief auch sonst noch begegnendes „A-B-A pattern". Viele Autoren neigen deshalb dazu, 3,18–23 schon als

blenden. 1,17b führt den Gegensatz ein, der die Argumentation bis 2,5[2] beherrscht: Das Wort vom Kreuz ist mit der „Weisheit der Rede" nicht vereinbar. Allgemein unterscheidet man in 1,18–2,5 drei Beweisgänge: einen grundsätzlichen (1,18–25), den Beweis aus der Zusammensetzung der Gemeinde (1,26–31) und aus der Erstpredigt des Apostels (2,1–5). 2,6–16 bringt aber doch noch eine Weisheitsrede des Apostels, die allerdings auch nur den Gekreuzigten zum Inhalt hat und in V. 13 die Abwehr menschlicher Weisheit fortsetzt. In dem Übergangsstück 3,1–4 rechtfertigt sich Paulus dafür, dass er den Korinthern diese Art der Verkündigung bisher vorenthalten musste. Der Grund dafür ist ihre Zerrissenheit. Die aus 1,12 wiederaufgenommenen Parolen sind Anlass, am Beispiel des Apollos und des Paulus die Rolle der Glaubensboten vor der Kulisse des Endgerichts darzulegen. Wie der Rückverweis 4,6 zeigt, reicht diese Abhandlung von 3,5 bis 4,5.[3] Sie zerfällt in drei Abschnitte: 3,5–17 (Bilder!); 3,18–23 (Schriftzitate! Hier klingt die Weisheitsthematik wieder auf) und das wieder mit einem Bild, dem des Verwalters, arbeitende Stück 4,1–5. Probleme bereitet die Zuordnung von 4,6–13. V. 6 klärt metatextuell den pragmatischen Sinn von 3,5–4,5. Das bisher angeprangerte „Sich Rühmen" wird jetzt als „Sich Aufblähen" verurteilt. Der Selbstüberschätzung der Gemeinde stellt Paulus die Niedrigkeit seines Apostolats gegenüber. Mit der *recapitulatio* V. 6 und der paradoxen Selbstdarstellung des paulinischen Ethos[4] V. 9–13 hat die Passage Züge einer *peroratio*. So wird Paulus als genuiner Vertreter der Kreuzesbotschaft zum nachahmenswerten Vorbild (vgl. V. 16).

Auf die Gefahr hin, zu schematisieren, können wir folgende Gliederung erstellen:

Exposition: 1,10–17

1. Gedankengang:
1,18–2,5: *Das Wort vom Kreuz als Weisheit Gottes lässt sich nicht in weiser Rede vermitteln*

a) 1,18–25 (grundsätzlich): Gottes Weisheit in Christus ist dem Weisheitsstreben der Griechen entgegengesetzt
b) 1,26–31: Bei der Berufung der Gemeinde hat Gott das Törichte erwählt
c) 2,1–5: Paulus verzichtete bei seinem ersten Auftreten in Korinth auf menschliche Weisheit

– 2,6–16: *doch kann Paulus es als Gottes verborgene Weisheit auslegen*

Epilog eines von 1,18–3,23 reichenden Hauptteils zu nehmen. Aber dann hängt 4,1–5 in der Luft. Dagegen etwa SMIT, What 232.
[2] Dazu GRAGG, Analysis. Hilfreich auch die Analyse von SMIT, What 235–241.
[3] BECKER, Theologie möchte in 2,6–4,15 einen zweiten, zu 1,18–25 parallelen Argumentationsgang finden, muss aber 3,5–17 und 4,6–13 als Exkurse auffassen.
[4] Sie hat – neben dem Proömium – ihren Platz im Epilog: vgl. ANDERSON, Glossary 62f.

Übergang: 3,1-4

2. *Gedankengang:*
3,5-4,5: *Die Bedeutung der Glaubensboten relativiert sich angesichts des Handelns Gottes und des Gerichts*

a) 3,5-17: Bildhafte Darstellung der Rolle des Apollos und des Paulus beim Entstehen der Gemeinde
b) 3,18-23: Ausfall gegen Möchte-gern-Weise unter Rückgriff auf Motive aus 1,10-31
c) 4,1-5: Paulus ist als Verwalter der Geheimnisse Gottes nur dem Herrn Rechenschaft schuldig

Peroratio mit recapitulatio: 4,6-13: *Kontrast zwischen Gemeinde und paulinischem Ethos*
Pragmatischer Schluss: 4,14-21

1. 1,10-17: Exposition

(10) Ich rufe euch aber, Brüder, kraft des Namens unseres Herrn Jesus Christus dazu auf, dass ihr alle miteinander übereinstimmt und es unter euch keine Spaltungen[5] gebe, dass ihr vielmehr wiederhergestellt seiet in demselben Denken und derselben Gesinnung. (11) Es wurde mir nämlich über euch, meine Brüder, von den Leuten der Chloe berichtet, dass es Streitigkeiten unter euch gibt. (12) Ich meine aber (damit) dieses, dass ein jeder von euch sagt: „Ich gehöre zu Paulus", „Ich aber zu Apollos", „Ich aber zu Kephas", „Ich aber zu Christus". (13) Ist (denn)[6] Christus geteilt? Wurde etwa Paulus für[7] euch gekreuzigt? Oder seid ihr auf den Namen des Paulus getauft worden? (14) [Gott][8] sei Dank, dass ich niemand von euch getauft habe außer Crispus und Gaius, (15) damit nicht einer sage, ihr wäret auf meinen Namen getauft[9]. (16) Freilich, ich habe auch das Haus des Stephanas getauft; sonst wüßte ich nicht, dass ich (noch) einen andern getauft habe. (17) Denn Christus sandte mich nicht zu taufen, sondern die Frohe Botschaft zu verkünden, nicht in Weisheit der Rede, damit nicht das Kreuz Christi (seines Sinnes) entleert werde.

---

[5] 𝔓⁴⁶ 33 und wenige andere Hsn. haben den Singular; LINDEMANN, 1Kor 36: in fast schon „konfessionellem" Sinn.

[6] 𝔓⁴⁶ (nur η erhalten) 326 1837 2464* ziehen das μή von V. b sinngemäß vor; 𝔓⁴⁶ verbindet auch V. b – wie V. c – mit ἤ. Diskussion bei THISELTON, 1Kor 156.

[7] 𝔓⁴⁶ B D* schreiben περί statt ὑπέρ. Ähnlich gespalten ist die Bezeugung Gal 1,4. Vgl. B-D-R 229 Anm. 4.

[8] Bei ℵ* B 6 424^c2 1739 fehlt τῷ θεῷ. ℵ^c C D G L Ψ 1881 und die Masse der Minuskeln ergänzen sinngemäß τῷ θεῷ. A und andere fügen noch μου hinzu wie 1,4. Doch wird εὐχαριστεῖν auch absolut für den Dank gegenüber Gott gebraucht (vgl. 10,30; 14,17; 2Kor 1,11; 1Thess 5,18). Die Auslassung ist also kaum theologische Korrektur: gegen LINDEMANN, 1Kor 41.

[9] So – grammatikalisch inkongruent – die besten Hsn. Zur Variante ἐβάπτισα s. LIETZMANN, 1Kor 8.

BJERKELUND, Parakalô. MITCHELL, Paul 68–80. WHITE, J.L.: Introductory Formulae in the Body of the Pauline Letter, JBL 90, 1971, 91–97.

Wie in dem Bittbrief Phlm 9f[10] und in zahlreichen Papyrus-Briefen[11] steht nach der Danksagung ein mit παρακαλεῖν oder ἐρωτᾶν formulierter Aufruf. Er ist im NT eine der Möglichkeiten, vom Proömium zum Korpus des Briefes überzuleiten.[12] Dieselbe Abfolge lässt sich etwa in der 23. Rede (BEHR) des Aelius Aristides, die die Städte Kleinasiens zur Eintracht anhält, beobachten: Auf die Komplimente (§§ 8–26) folgt ab § 27 der λόγος παρακλήσεως. In 1Kor gibt 1,10 den ersten vier Kapiteln ihre pragmatische Ausrichtung, wie die Wiederaufnahme des mahnenden Tons im Schlussteil 4,14–16 erkennen lässt.[13] Dort steht νουθετεῖν parallel zu παρακαλεῖν, ein Indiz dafür, dass dem Text des Paulus von vornherein ein direktiver Grundzug eignet und Bittbriefe höchstens formal mit ihm zu vergleichen sind.[14] In privaten und offiziellen Bittschreiben gehört aber zur Bitte ein „background".[15] Dieser wird hier V. 11f nachgetragen; die Verse könnten der Fallbeschreibung (*narratio*) in der Gerichtsrede entsprechen, die freilich sehr kurz ausfiele.[16] An die Selbstbezeichnung der letzten Gruppe knüpft Paulus eine knappe Argumentation mit einer *reductio ad absurdum* (V. 13–17a), die sich primär gegen seine eigenen Fans richtet. Dabei häuft sich das Stichwort „taufen". In der letzten Feststellung V. 17 präzisiert Paulus aber die Weise seiner Verkündigung und gibt mit σοφία λόγου und σταυρός τοῦ Χριστοῦ die entscheidende Antinomie für die folgenden Darlegungen vor. Wenn irgendwo, dann steckt in V. 17b die *propositio*, die den Gedankengang mindestens bis 2,5 trägt.[17] Somit erhellen aus V. 10–17 nicht nur das Thema der folgenden, zunächst anscheinend ziemlich abstrakten Ausführungen, sondern auch ihr konkreter Hin-

---

[10] Zu vergleichen ist auch 1Thess, wo auf die ausgedehnte Danksagung in Kap. 1–3 ein mit „Im übrigen, Brüder, bitten und ermahnen wir euch im Herrn Jesus" (4,1) eingeführter paränetischer Teil folgt. U.U. bildete auch 2Kor 10,1 einmal den Anfang eines selbständigen Schreibens. Nachpaulinische Beispiele für die Abfolge Danksagung-Bitte wären 2Thess 1,3–12; 2,1–3a und 2Tim 1,6 (mit ἀναμιμνῄσκω).

[11] Vgl. BJERKELUND 45–50; P. ARZT-GRABNER in: Ders. u. a., 1Kor 58f.

[12] Vgl. außer WHITE noch MULLINS, T.Y.: Formulas in New Testament Epistles, JBL 91, 1972, 380–390. Die Forschungsgeschichte bei ROBERTS, J.H.: Transitional Techniques to the Letter Body in the *Corpus Paulinum*, in: Petzer, J.H./Hartin, P.J. (Hg.): A South African Perspective on the New Testament, Leiden 1986, 187–201. Seine eigenen Vorschläge zu 1Kor sind aber nicht hilfreich.

[13] Dagegen ist der παρακαλῶ-Satz 16,15f zu weit entfernt und zu speziell, um den ganzen Brief unter das Vorzeichen von 1,10 zu stellen.

[14] Damit gehe ich auf einen Einwand von PÖTTNER, Realität 149f ein. MÜLLER, Prophetie 121f verweist gegenüber BJERKELUND auf den jüdischen Sprachgebrauch, v. a. in Abschiedsreden von Eltern oder Führern, der für den Sinn von παρακαλεῖν als „Mahnen" zuständig sei.

[15] Vgl. MULLINS, T.Y.: Petition as a Literary Form, NT 5 (1962) 46–54; WHITE, J.L.: The Form and Structure of the Official Petition, SBL.DS 5, Missoula 1972. S. 2f Anm. 2 verweist er auf eine Diss. von Chan Hie Kim. Danach wird der „background" meist vor der „request period" dargestellt; aber manchmal ist er ihr auch mit ἐπεί angehängt.

[16] Nach SCHRAGE, 1Kor I 129.134f (wo er auch die Schwierigkeiten sieht) umfasst die *narratio* V. 10–17. „Dagegen spricht jedoch, daß Paulus in V. 13 eindeutig Argumente gegen die korinthische Position vorbringt. Die narrativen Elemente in V. 14–17 stehen nur im Dienst dieser Argumente; sie sind keine Fortführung von V. 11–12." So zu Recht VOS, Argumentation 90.

[17] SCHRAGE, 1Kor I 167 findet die *propositio* erst in V. 18. Der ist aber schon Begründung und lässt das Stichwort „Weisheit" vermissen.

tergrund und Zweck. Wir können die Verse deshalb als Exposition[18] für 1,18–4,21 betrachten. Ihr Stil ist sehr persönlich gehalten; es dominieren die 1. Person Sg. für den Apostel und die 2. Pl. für die Gemeinde, die auch zweimal mit „Brüder" angeredet wird. Auch die rhetorischen Fragen V. 13 machen die Argumentation lebendig.

V. 10 Das Verbum παρακαλεῖν entfaltet im NT zwar ein breites Bedeutungsspektrum von „herbeirufen", „einladen", „bitten" über „auffordern" zu „ermuntern" und „trösten".[19] Es wäre aber verfehlt, all diese Nuancen in die apostolische Ermahnung hineinzulegen.[20] Sie findet sich – meist mit der Anrede „Brüder"[21] – am Anfang des Briefkorpus (s.o.), aber auch im Innern (vgl. 4,16; 2Kor 2,8; 6,1; Phil 4,2; 1Petr 2,11), in der Einleitung des paränetischen Teils (Röm 12,1; 1Thess 4,1, wieder aufgenommen 4,10, dies die Vorlage für 2Thess 3,12; Eph 4,1) und im Schluss[22] (meist mit beschränkterer Tragweite). Wie die parallelen Verben ἐρωτᾶν und δεῖσθαι sowie der Gegensatz zu ἐπιτάσσειν (vgl. Phlm 8–10) zeigen, hat παρακαλεῖν hier an sich keinen autoritären Klang. Aber im Unterschied zur Bitte in Briefen unter Gleichgestellten[23] ist die einleitende Formel in den Paulusbriefen oft noch mit einer präpositionalen Wendung (διά mit Genitiv, ἐν[24]) verbunden; sie umschreibt das Medium der Mahnung, das sie dringlich macht. Hier wird doch deutlich, dass hinter dem zurückhaltend formulierten Zureden des Apostels die Autorität des Herrn Je-

---

[18] So die Kennzeichnung bei WEISS, 1Kor 12. Zur rhetorischen Verwendung des Begriffs vgl. FICHTE, J.O.: Art. „Exposition", HWRh 3, 1996, 156–160.

[19] Vgl. SCHMITZ, O./STÄHLIN, G.: Art. παρακαλέω, παράκλησις, ThWNT 5, 1954, 771–798, wo der Schwerpunkt auf letzterer Bedeutung liegt. BAUER, Wörterbuch s.v. παρακαλέω. GRAYSTON, K.: A Problem of Translation: The meaning of Parakaleo, paraklesis in the New Testament, ScrB 11, 1980, 27–31.

[20] Das ist das Fragwürdige an SCHLIER, H.: Vom Wesen der apostolischen Ermahnung, in: Ders., Zeit 74–89; ders.: Die Eigenart der christlichen Mahnung nach dem Apostel Paulus, in: Ders., Besinnung 340–357. Ähnlich SCHRAGE, 1Kor I 136f.

[21] Das Christentum hat den metaphorischen Gebrauch von „Bruder" vom Judentum (vgl. nur 2Makk 1,1 und BIRGE, Language 77–122) übernommen. Er ist nun aber nicht mehr in der Zugehörigkeit zu einem Volk, sondern im gemeinsamen Glauben an Christus (vgl. Kol 1,2 „Bruder in Christus") begründet. Die Anrede ἀδελφοί meint die ganze Gemeinde einschließlich der Frauen. Dennoch übersetze ich sie nicht wie neuere Kommentare mit „Geschwister", weil das die Tatsache verschleiern würde, dass Paulus die Gemeinde – trotz Gal 3,28 – seiner Zeit gemäß *a parte potiori* benennt. WIRE, Prophets 42: „this broad familial address [...] carries over from its masculine plural form a tendency to see all members of the community in light of men." – Zum relativ seltenen Vorkommen des „Bruder"-Namens in heidnischen Kultvereinen vgl. EBEL, Attraktivität 203–213. Doch HARLAND, Familial Dimensions erweitert das Belegmaterial. Dazu P. ARZT-GRABNER in: Ders.u.a., 1Kor 39f.

[22] Röm 15,30 Bitte um Fürbitte wie Hebr 13,19; engerer Adressatenkreis: Phil 4,2f; 2Thess 3,12; 1Petr 5,1; Appell zur Unterordnung unter andere: 16,15f; 1Thess 5,12f; Warnung vor Irrlehrern: Röm 16,17; 2Thess 3,6; Aufnahme und Verlesen des Briefes: Hebr 13,22; vgl. 1Thess 5,27. Einen allgemeinen Tenor haben nur die so eingeführten Imperative 1Thess 5,14f.

[23] Hier überwiegt das personale παρακαλεῖν und das familiäre ἐρωτᾶν, während die amtlichen Petitionen die förmlicheren Verben ἀξιοῦν und δεῖσθαι (deutsch etwa „ersuchen") bevorzugen.

[24] Διά mit Genitiv 1,10; 2Kor 10,1; Röm 12,1; 15,30; vgl. Röm 12,3; 1Thess 4,2, ἐν 1Thess 4,1; 2Thess 3,6.12. BJERKELUND 42f.162–168 möchte das analog zum Akkusativ bei Verben des Beschwörens (vgl. 1Thess 5,27) verstehen. Aber obwohl παρακαλεῖν manchmal parallel zu (δια-, ἐπι-)μαρτύρεσθαι verwendet wird (z.B. 1Thess 2,12), scheint mir doch ein Unterschied zwischen dem begleitenden Umstand und dem Beweggrund (διά mit Akkusativ, vgl. Phlm 9) zu bestehen.

sus Christus steht.²⁵ Den Lesern von 1Kor ist dies spätestens durch 1,1 geläufig; und im Präskript wie im Proömium kam die hoheitsvolle Stellung Jesu Christi immer wieder im κύριος-Titel zum Ausdruck (V. 2 sogar mit ὄνομα, vgl. 3.7.8.9). Sein „Name" meint die wirkkräftige Präsenz des Erhöhten in der Kommunikation mit der Gemeinde.²⁶

Paulus formuliert sein Anliegen in einem dreiteiligen ἵνα-Satz, der einem Objektsatz entspricht, mit Topoi der für politische Verbände,²⁷ aber auch für Freundschaften und Familien gängigen Gemeinschaftsethik. Τὸ αὐτὸ λέγειν heißt zwar wörtlich „dasselbe sagen", meint aber nicht nur die verbale Übereinstimmung, etwa im Bekenntnis, sondern auch die im Handeln.²⁸ Negativ sollen dadurch „Spaltungen" ausgeschlossen werden; σχίσμα (11,18f gleichbedeutend mit αἱρέσεις; 12,25 im Gegensatz zur gemeinsamen Sorge) hat zwar noch nicht die kirchenrechtliche Präzision späterer Jahrhunderte,²⁹ bezeichnet aber doch bildhaft die negativen Auswirkungen der Zwistigkeiten (V. 11f) auf die Gemeinde. Sie soll demgegenüber wieder³⁰ zur Einheit im Denken³¹ und in den Entschlüssen³² finden.

---

²⁵ Das Bitten „durch den Namen unseres Herrn Jesus Christus" (1Kor 1,10) bzw. „durch unsern Herrn Jesus Christus" (Röm 15,30) hat seine engste Parallele in 2Thess 3,6 („im Namen des Herrn Jesus Christus"). Vgl. „im Herrn Jesus (Christus)" (1Thess 4,1; 2Thess 3,12).
²⁶ Außer 1,2 vgl. 5,4 (parallel mit δύναμις); 6,11. Vgl. STEYN, G.J.: Reflections on τὸ ὄνομα τοῦ κυρίου in 1 Corinthians, in: Bieringer, Correspondence 479-490.
²⁷ Z.B. betet Dio Chrys. 39,8 zu den Göttern Nikaias, sie mögen der Stadt „*eine* Gesinnung und dasselbe Wollen und Denken einflößen, Aufruhr aber und Streit und Ehrsucht entfernen". Die politische Terminologie stellen WELBORN, Discord 85-90 und MITCHELL einseitig heraus. Die Begriffe verrieten einen „Machtkampf", letztlich gehe es Paulus darum, einen Aufruhr (στάσις) zu verhindern. Kritisch SCHRAGE, 1Kor I 151; Zustimmung bei THISELTON, 1Kor 115-120.
²⁸ Das zeigen die Beispiele aus Historikern, angefangen von Thukydides IV 20,4, und Rednern, aber auch die Grabinschrift aus Rhodos IG 12.1.50, Nr. 149 (2. Jh. v. Chr.) für Eheleute „Dasselbe sagend, dasselbe denkend, gingen wir den unermesslichen Weg zum Hades" bei MITCHELL 69.
²⁹ Vgl. MEINERTZ, M.: Σχίσμα und αἵρεσις im Neuen Testament, BZ 1, 1957, 114-118. Frühester Beleg für den übertragenen Sinn ist der P.Lond. VII 2193 Z. 13, wonach Grüppchenbildung (σχίματα, zu verbessern) in einem Kultverein für Zeus Hypsistos verboten wird.
³⁰ Καταρτίζειν muss zwar - gerade in Verbindungen mit ἐν (IgnEph 2,2; IgnSm 1,1) - nicht eine vorhergehende Unordnung konnotieren; aber die übrigen Belege bei BAUER, Wörterbuch 849 und der Kontext legen eine Übersetzung mit „zurechtgebracht" (SCHRAGE, 1Kor I 133) o.ä. nahe und lassen das Bauer'sche „vollendet" als zu schwach erscheinen: richtig MITCHELL 74f; KAMMLER, Kreuz 5f; STRÜDER, Paulus 155-161.
³¹ Zu ὁ αὐτὸς νοῦς gibt MITCHELL 76f nur zwei spätantike Parallelen (vgl. dann christlich εἷς νοῦς IgnMagn 7,1; Herm sim IX 17,4; 18,4); sinngemäß ist natürlich der für das paränetische Feld zentrale Begriff ὁμόνοια, ὁμονοεῖν zu vergleichen; er fehlt im NT - wohl nicht aus Scheu vor der gleichnamigen Göttin - und begegnet erst problemlos bei 1Clem und Ign. Sachlich entspricht ihm auch τὸ αὐτὸ φρονεῖν (Röm 12,16; 15,5; 2Kor 13,11; Phil 2,2; 4,2), das nicht nur in der Politik (MITCHELL 69 mit Anm. 25), sondern auch in der Freundschaft wichtig ist. Dazu FITZGERALD, J.T.: Philippians in the Light of Some Ancient Discussions of Friendship, in: Ders. (Hg.): Friendship, Flattery and Frankness of Speech, NT.S 82, Leiden usw. 1996, 141-160, 145f.
³² Γνώμη kann neben dem kognitiven (vgl. „Meinung" 7,25.40) auch noch ein voluntatives Moment beinhalten. So geben die Könige der Erde in Apk 17, die μίαν γνώμην haben, ihre Macht dem Tier (V. 13) und vollziehen so ihren einmütigen Entschluss (V. 17). Die Wendung μία γνώμη ist häufig im politischen Zusammenhang (VAN UNNIK, W.C.: MIA ΓΝΩΜΗ, Apocalypse of John XVII 13, 17, in: Studies in John. FS J.N. Sevenster, NT.S 24, Leiden 1970, 209-220; MITCHELL 79), aber auch darüber hinaus (z.B. Philo, Mos. I 86.235; spec. II 165; III 73).

V. 11f Der Anlass der Mahnung sind Streitigkeiten unter den Korinthern, die Paulus von Leuten aus dem Haushalt der Chloe[33] hinterbracht wurden. Diese ἔριδες[34] veranschaulicht er mit vier Parolen, die – wie das übertreibende ἕκαστος (vgl. 11,21; 14,26) – wenigstens z. T. von Paulus stilisiert sein dürften.[35] Mit dem Genitiv der Zugehörigkeit[36] ordnen sich die einzelnen exklusiv einer Autorität zu. Paulus tadelt aber nicht nur diese „Bindung des jeweils einzelnen an eine Leitfigur",[37] sondern die dadurch hervorgerufene Fraktionierung der Gemeinde, wie auch aus der Fortsetzung V. 13a hervorgeht. Zur Paulus-Partei zählen wahrscheinlich die von ihm Bekehrten (vgl. V. 14.16; 16,15.17). Möglicherweise – so mutmaßt Weiß, 1Kor XXXII – haben sich aber einige von ihnen vom später aufgetretenen judenchristlich-hellenistischen Prediger Apollos (s. Apg 18,24–28 und Einleitung 3) beeindrucken lassen, dessen Anhängern wohl vor allem die Ausführungen über die Weisheit (s. Exkurs 1) gelten.

In der Geschichte der Forschung[38] werden Hypothesen darüber vorgetragen, dass die Apollos- oder die Kephas-Parole erst die der Pauliner ausgelöst haben könnte. Die Christus-Parole versteht man oft als Reaktion auf solche Berufung auf menschliche Autoritäten.[39] Jedenfalls wirkt sie asymmetrisch. Will man die Gruppen konkretisieren, so geben vor allem die Kephas- und die Christusleute Rätsel auf.

---

[33] Eher Sklaven als sonstige Familienangehörige. Vgl. THEISSEN, Studien 254 f. Zur Person und zum Status der Chloe s. Einleitung 2b.

[34] Der Sg. noch 3,3 neben ζῆλος wie in den Lasterkatalogen Röm 13,13; 2Kor 12,20; Gal 5,20. Im Katalog Röm 1,29 ist ἔρις dem Neid (so auch Phil 1,15; 1Tim 6,4), dem Mord und der Hinterlist benachbart. Schon das zeigt, dass der Begriff sich – trotz der vielen Belege bei MITCHELL 81f – nicht auf „political discord" festlegen lässt. Eine Var. zu 3,3 hat noch das sinnverwandte διχοστασίαι, das Gal 5,20 zwischen ἐριθεῖαι und αἱρέσεις steht. Eine reichhaltige Palette von Ausdrücken für Störungen der Gemeinschaft verwendet auch 1Clem, z. B. 3,2; 46,5.

[35] Zumindest das μέν – δέ – δέ – δέ und die Auslassung des Verbums bei den letzten drei. Nach SCHRAGE, 1Kor I 150 Anm. 303 auch der Gen. der Zugehörigkeit. LINDEMANN, 1Kor 38 bezweifelt sogar den Zitatcharakter der Aussagen. MITCHELL 96 denkt an προσωποποιΐα (fiktives Rollenspiel), COLLINS, 1Kor 73 an von Paulus geschaffene Karikaturen, hinter denen keine realen Gruppen stehen.

[36] B-D-R 162,7. Als sachgemäße Analogie kann nicht so sehr die Weihe an eine Gottheit (Jes 44,5LXX; Apg 27,23; vgl. die bei WINTER, Philo 186 aufgeführten Inschriften aus dem alten Korinth: τᾶς Ἀφροδίτας ἐμί, Ἀπέλλωνος ἰμί – hier spricht nicht der Dedikant, sondern das Gefäß! -, Διονύσου) als die Anhängerschaft eines Schülers gegenüber einem philosophischen Lehrer (Diogenes Laertius VI 82: καὶ ὃς εὐθέως Διογένους ἦν) gelten. Hier fehlt ausnahmsweise das sonst hinzugesetzte ἀκροατής bzw. μαθητής, das etwa im Bekenntnis des Perikles zu Anaxagoras (Diogenes Laert. II 13) καὶ μὴν ἐγὼ τούτου μαθητής εἰμι steht. Auch die Gefolgschaft gegenüber einem politischen Führer kann mit dem Genitiv ausgedrückt werden. Aber auch hier fehlen formale Parallelen in der 1. Sg., wie MITCHELL 83–85 gegenüber WELBORN, Discord 90–93 feststellt.

[37] So LINDEMANN, 1Kor 38; richtig PÖTTNER, Realität 20 mit Anm. 30 gegen eine ähnliche einseitige Betonung des „Individualismus" bei CONZELMANN, 1Kor 50.

[38] S. dazu Einleitung 2c und die dortige Literaturliste.

[39] Vgl. z. B. ROHR, Paulus 149–151; MERKLEIN, 1Kor I fasst seine 134–152 entwickelten Vermutungen 162 zusammen.

– Dass Petrus in Korinth missioniert hat[40], scheint nicht so sicher. 9,5 setzt zwar voraus, dass die Korinther mit seiner Missionspraxis vertraut sind; deshalb muss er aber nicht in Korinth gewesen sein – ebensowenig wie „die übrigen Apostel und die Brüder des Herrn".[41] Obwohl 3,22 Kephas noch einmal nennt, verdeutlicht Paulus das Verhältnis von Missionaren und Gemeinde nur an sich und an Apollos (3,5–9). Dass Petrus doch noch anonym in 3,10–17 hereinkommt, wird uns bei der Exegese z.St. nicht einleuchten. So könnte es sich bei den Kephas-Fans auch nur um aus dem Osten zugewanderte (Juden?-)Christen handeln, die den Namen ihres Heimatapostels hochhalten. Ob wir sie in den „Schwachen" von Kap. 8 wiedererkennen können, ist nicht eindeutig auszumachen (s. z.St.). Lietzmann u.a. gehen von einer von Jakobus und Petrus betriebenen judaistischen Gegenmission aus. Davon ist in 1Kor nichts zu spüren. Im Gegenteil, in 15,11 legt Paulus auf die Übereinstimmung seines Kerygmas mit dem der Urapostel Wert. In 2Kor mag es anders aussehen.[42]

– Von den vielen Vorschlägen zur aus der Reihe fallenden Christus-Parole verdient nur die Deutung als „ironisierende Überbietung der andern umlaufenden Parolen"[43] Beachtung. Aber ein solcher Wechsel in der Tonlage ist durch nichts angedeutet. Das folgende Gegenargument V. 13a scheint mit einer real existierenden Gruppe zu rechnen. Sie müsste in Absetzung von menschlichen Lehrern die unmittelbare Lehrautorität Christi für sich beansprucht haben. Soll man sie also mit den Pneumatikern identifizieren, die „eine Lehre, eine Offenbarung" (14,26) oder ähnliches haben?[44] Im Folgenden wird aber – abgesehen von 13a – nirgends eine klare Auseinandersetzung mit solchen Leuten erkennbar. Die Weisheitsrede 2,6–16, in der Paulus Offenbarung (V. 10) und den „Sinn Christi" (V. 16) für die Christen reklamiert, könnte zwar auf sie zielen, aber das ist nicht offensichtlich. Die Polemik richtet sich gegen menschliche Weisheit (V. 13). In der erneuten Anspielung auf die Gruppierungen 3,22 fehlt gar der Christusname – verständlicherweise, denn Paulus zählt Menschen auf, in denen sich einer rühmen könnte. „Christus" ist für ihn aber nicht reiner Mensch. Die Weiterführung 3,23a könnte die Christus-Parole[45] aufnehmen, nun aber auf die ganze Gemeinde ausgeweitet und nachdem die Rolle menschlicher Vermittler geklärt ist. Das zeigt aber, wie nahe der Christus-Slogan, wenn man den Ausschließlichkeitsanspruch abzieht, der paulinischen Linie kommt, so sehr, dass man im vierten Ruf 1,12 einen protes-

---

[40] So LIETZMANN, Notizen 287–289 mit Berufung auf Eusebius, h.e. II 25,8. Dort sagt Dionysius, der um 170 n. Chr. Bischof in Korinth war, von Petrus und Paulus: „beide haben in unserer Stadt Korinth die Pflanzung begonnen". Das könnte aus 1Kor erschlossen sein, dessen Metaphorik (3,6–8) Dionysius verwendet. – Dass Petrus von Korinth nach Rom weiterreiste (ebd. 289f), ist unwahrscheinlich, denn vor dem Tod des Claudius (54) konnte er sich schwerlich dort hintrauen, und der frühestens im Winter 55/56 geschriebene Röm müsste ihn erwähnen: Vgl. PESCH, Simon-Petrus 109.

[41] Gegen BARRETT, C.K.: Cephas and Corinth, in: Ders., Essays 28–39.

[42] GOGUEL, M.: L'apôtre Pierre a-t-il joué un rôle personnel dans les crises de Grèce et de Galatie?, RHPhR 14, 1934, 461–500 erkennt zwar judaistische Propaganda in Korinth, bestreitet aber – gegen LIETZMANN – eine bewusste Führerrolle des Petrus.

[43] E. KÄSEMANN in seiner Einleitung zu BAUR, Christuspartei X. Ebenso BAUMANN, Mitte 54f mit älteren Autoren. Man muss dann etwa ergänzen: „Es fehlt nur noch, dass einer sagt …" SCHRAGE, 1Kor I 148: „rhetorische Überspitzung des Paulus selbst […], um damit die Gruppenbildung ad absurdum zu führen".

[44] Vgl. LIETZMANN, 1Kor 7; ALLO, 1Kor 83–87. MERKLEIN, 1Kor I 162 vermutet, die Christus-Parole sei von den Glossolalen ins Spiel gebracht worden. Aber die Kap. 12–14 beschriebenen Erscheinungen sind für die ganze Gemeinde typisch, nicht einer Partei zuzurechnen.

[45] Dass sie erst von hier in den Text 1,12 eingedrungen ist, ist durch die Fortsetzung 13a ausgeschlossen. Ihr Fehlen in 1Clem 47,1–4 muss dann anders erklärt werden. Auch dort stehen nur „bezeugte Apostel und ein erprobter Mann" im Gegensatz zu den jetzigen Verführern im Blick.

tierenden Einwurf des Paulus sehen wollte.[46] Wegen dieser Undeutlichkeit wird man auf eine weitere Bestimmung der Christus-Partei verzichten müssen.[47]

Überhaupt ist beim Versuch, die Gruppen gegeneinander zu profilieren, zu beachten, dass sie sich in erster Linie durch ihre Verabsolutierung von Führerpersönlichkeiten, nicht durch feste Lehren und Programme unterscheiden.[48] Conzelmann[49] etwa erkennt im Hintergrund der Gruppenbildung eine „pneumatische Erhöhungs-Christologie". Dies ließe sich u.U. daraus folgern, dass Paulus das Wort vom Kreuz (s.u. Exkurs 2) zum Kriterium erhebt. Aber die Kephas-Gruppe ist damit keineswegs getroffen. Und 1,18–25 sagt nicht, dass Teile der Gemeinde das Kreuz für eine Torheit gehalten hätten. Das tun nur die ungläubig bleibenden Griechen.

V. 13 Die erste Gegenfrage bezieht sich auf die Christusparole:[50] Wenn damit Christus exklusiv für eine Gruppe in Beschlag genommen wird, wird er *de facto* geteilt,[51] weil ja auch die anderen Christen von ihm abhängen. Man braucht hier noch nicht den Gedanken des „Leibes Christi" einzutragen.[52] Vielmehr assoziiert Paulus mit dem Christusnamen seine universale Heilsbedeutung. Sie spricht sich in der traditionellen Sterbensformel,[53] hier mit σταυροῦσθαι abgewandelt, und in der Taufe auf den Namen Christi[54] aus, durch die das am Kreuz erworbene Heil dem Einzelnen zugeeignet wird. Indem Paulus seinen Namen in die bekannten Formeln einsetzt, führt er den Personenkult seiner eigenen Anhänger *ad absurdum*. Taktisch ist das geschickt: Dadurch entsteht der Eindruck, dass er es nicht auf Konkurrenten, sondern auf die Überhöhung menschlicher Autoritäten überhaupt abgesehen hat. Nicht als hätte man ihnen in Korinth explizit soteriologische Bedeutung zugeschrie-

---

[46] Vgl. KAMMLER, Kreuz 11–16: „durchaus ernst gemeinte und theologisch begründete *Antithese des Paulus.*" Dann würde freilich das vierte Ἐγώ nicht mehr durch ἕκαστος ὑμῶν gedeckt.

[47] SELLIN, „Geheimnis" 90–96 wollte in der Christus-Parole das Selbstverständnis des Apollos ausgedrückt finden, der sich als Mittler zwischen den Seinen und Christus verstehe. Aber das religionsgeschichtliche Fundament ist brüchig: Der „Mensch Gottes" (im Sg.!), den Philo exegetisch mit dem Logos identifiziert, ist kein konkreter Mensch. Auch kann man kaum von der Bedeutung, die Χριστοῦ εἶναι sonst bei Paulus hat (vgl. zu 3,23), auf eine soteriologische Bedeutung der menschlichen Führer zurückschließen. Vgl. ZELLER, D.: Philonische Logos-Theologie im Hintergrund des Konflikts von 1Kor 1–4?, in: Deines, R./Niebuhr, K.-W. (Hg.): Philo und das Neue Testament, WUNT 172, Tübingen 2004, 155–164 und die Entgegnung von SELLIN, G.: Einflüsse philonischer Logos-Theologie in Korinth, ebd. 165–172.

[48] Vgl. MAURER, CH.: Art. σχίζω, σχίσμα, ThWNT 7, 1964, 959–965, 964f nach MUNCK.

[49] 1Kor 52.

[50] Deshalb kann man diese kaum als textfremde Glosse erklären: Gegen HEINRICI, 1Kor 60f, WEISS, 1Kor XXXVIII, 16f. Die von beiden vermisste Logik wird im obigen Text rekonstruiert.

[51] Μερίζεσθαι schädlich für das Gemeinwesen (vgl. Mt 12,25parr.; MITCHELL 86f) wie für den Einzelnen (7,34). Μέρις bzw. μέρος entspricht dem lat. *pars* und kann wie dieses „Partei" bedeuten.

[52] Richtig MERKLEIN, 1Kor I 162f, KREMER, 1Kor 32f, LINDEMANN, 1Kor 41 gegen viele vorausgehende Ausleger. Vgl. schon 1Clem 46,7.

[53] Vgl. in unserem Brief 8,11; 15,3 und WENGST, Formeln 78–83.

[54] Vgl. 6,11. Paulus spricht sonst verkürzt von der Taufe „auf Christus (Jesus)" (Röm 6,3; Gal 3,27). Während die ältere Forschung – z.B. WEISS, 1Kor 18f; noch CONZELMANN, 1Kor 54 – in der Formel die Übereignung an Christus ausgedrückt fand, deutet man sie neuerdings vorsichtiger als „mit Bezug auf", „unter Berufung auf"; das legen auch die parallelen Wendungen mit ἐν bzw. ἐπί + Dat. nahe. Vgl. HARTMAN, L.: Auf den Namen des Herrn Jesus, SBS 148, Stuttgart 1992, zu unserer Stelle 60–64. Freilich bewirkt die Aneignung des Heilswerkes Christi in der Taufe auch eine Zugehörigkeit zu ihm, was gut zu unserem Kontext passen würde, aber nicht notwendig eingelesen werden muss.

ben.⁵⁵ Die Argumentation des Paulus funktioniert ja nur dann, wenn die Unsinnigkeit der Fragen evident ist.

V. 14-16 Um aber der Spekulation V. 13c jeden faktischen Boden zu entziehen, spielt Paulus seine Rolle als Täufer herunter. Zu den hier genannten Täuflingen des Paulus vgl. die Einleitung unter 2b. Die in die Form eines Dankes an Gott⁵⁶ gekleidete Beteuerung muss er zunächst V. 16a durch einen Nachtrag korrigieren, bekräftigt sie aber wieder in V. 16b. Dieser ist also nicht als Zeugnis der Vergesslichkeit des Apostels zu lesen, sondern mit Ch. Burchard⁵⁷ wie oben zu übersetzen. So schließt sich auch V. 17 besser an.

Wieder darf man aus der ausführlichen und umständlichen Bestreitung nicht folgern, in Korinth sei eine Taufpraxis geübt worden, bei der der Name des Taufenden eine Rolle spielte.⁵⁸ Die in V. 12 erwähnten Zuschreibungen könnten ja auch nur teilweise in der Tauftätigkeit ihren Grund haben; bei Kephas ist diese fraglich, bei Christus unmöglich. Vielmehr beziehen die Korinther sich auf Lehrautoritäten. Dass Apollos, der Apg 18,25fin. eher durch ein Defizit bezüglich der christlichen Taufe auffällt, seine Person bei der Taufe in den Vordergrund gestellt haben könnte,⁵⁹ ist durch nichts belegt. Durch den hypothetischen Charakter der Ausführungen V. 13-15 werden auch alle Vermutungen obsolet, die Korinther hätten ein „mysterienhaftes Taufverständnis"⁶⁰ gepflegt. Sicher sind Mystagogen (der Hierophant und andere Priester) bei der Unterweisung des Initianden und beim Initiationsritus selber wichtig; daraus entsteht aber in zentralisierten Kulten wie Eleusis und Samothrake kein bleibendes Verhältnis; denn die Mysten kehren nach Hause zurück. In einigen dezentralen Kultvereinen tragen sie zwar den Ehrentitel *pater* o. ä.; hätten die Korinther aber so ihre Täufer bewertet, hätte Paulus kaum dieses Bild 4,15 auf sich angewendet (s. z.St.).

Wer nun in Korinth die Paulusleute getauft hat, bleibt schleierhaft. Man denkt an Silas und Timotheus, aber der Apg zufolge hat Paulus auch noch nach deren Ankunft den Synagogenvorsteher Crispus getauft (vgl. 1,14 mit Apg 18,8). Auf keinen Fall spricht aus 1,14-17 eine Geringschätzung des sakramentalen Ritus gegenüber dem persönlichen Glauben; der Glaube bezieht sich auf das Handeln Gottes, das im Taufakt zum Ziel kommt (vgl. zu 6,11); es kommt nur nicht auf die Person des Tau-

---

[55] So in neuerer Zeit SELLIN, „Geheimnis" 94; PÖTTNER, Realität 150: Apostel und Erlöser würden in der Tendenz auf eine Stufe gestellt.
[56] Floskelhaft wie 14,18, ja hier sogar leicht ironisch; Parallelen aus Briefen bei ARZT, Thanksgiving 33-35.
[57] Εἰ δ1f.
[58] So aber PÖTTNER, Realität 21f. Dagegen warnt MERKLEIN, 1Kor I 157 mit Recht davor, V. 14-16 als Anti-Text zu lesen, aus dem man die gegenläufige korinthische Auffassung erschließen könnte. SCHNELLE, Paulus 208 kombiniert, die einzelnen Täuflinge hätten den Taufakt als eine Hinführung zu einer pneumatischen Weisheit verstanden, die wesentlich durch den Täufer vermittelt wurde.
[59] Nach der Ketzerbeschreibung des Pseudo-Tertullian, haer. 1,3 spricht dann Menander denen das Heil ab, die nicht „in seinem Namen getauft sind". Weil er sich selber als Erlöser proklamiert, können seine Schüler durch die Taufe auf ihn die Auferstehung empfangen (vgl. Irenaeus, haer. I 23,5). Dass sich Apollos eine solche Rolle angemaßt haben könnte, ist jedoch unwahrscheinlich.
[60] Vgl. WEISS, 1Kor XXXII.19. Dagegen BAUMANN, Mitte 58-60, SCHRAGE, 1Kor I 148f, KAMMLER, Kreuz 23f.

fenden an.[61] Nach katholischem Kirchenrecht kann noch heute jeder Beliebige die (nicht feierliche) Taufe vollziehen. Die Korinther freilich mögen die Heilsnotwendigkeit der Taufe übertrieben haben, indem sie sich anstelle der Verstorbenen taufen ließen (s. 15,29).

V. 17 Ganz ähnlich wie in Röm 1,16a leitet Paulus mit einem durch γάρ an V. 14–16 angeschlossenen persönlichen Bekenntnis zum Thema über. Während jeder andere taufen kann, ist sein spezifischer Auftrag[62] die Verkündigung des Evangeliums[63], und zwar für die Heiden, wie man aus anderen Texten (Gal 1,16; Röm 15,16.20) ergänzen kann. Inhaltlich ist seine Botschaft durch den *Genetivus obiectivus* „von Christus" (9,12 u. ö.) gefüllt; 1Kor 15,3b–5 gibt er sie mit einer traditionellen Formel wieder. Stehen dort Tod und Auferweckung Christi im Mittelpunkt, so spitzt er sein Evangelium jetzt (vgl. schon V. 13b) auf das Kreuz Christi zu. Denn er möchte sich von einer Weise (modales ἐν wie 2,4.13) des Verkündigens absetzen, die seine Botschaft dieser Spitze berauben würde[64]: einer Verkündigung ἐν σοφίᾳ λόγου (zum Verständnis s. den folgenden Exkurs). Obwohl dieser Gegensatz unvermittelt aufgerissen wird, kann man doch annehmen, dass dieser Verkündigungsstil von Paulus in Korinth erwartet wurde; die Beteuerung V. 17 hätte dann nicht nur paradigmatischen, sondern auch apologetischen Sinn.[65] Ja, weil sich das Stichwort σοφία, σοφός in 1Kor 1–3 in ungewöhnlicher Dichte findet, wird weithin vermutet, dass es ihm von den Korinthern vorgegeben war. Der Kontext legt nahe, dass es im Zusammenhang mit den Parteiungen V. 12f steht.

---

[61] Vgl. die Richtigstellung zu LIETZMANN, 1Kor 9 durch KÜMMEL, ebd. 168. Auch Apg 10,48 scheint Petrus nicht selbst zu taufen. Zum Problem vgl. PESCE, M.: „Christ did not send me to baptize, but to evangelize" (*1 Co 1, 17a*), in: De Lorenzi, Paolo 339–362. Zum Verhältnis von „Glaube und Taufe" vgl. den gleichnamigen Aufsatz von HOFIUS, O. in: Ders., Neutestamentliche Studien, WUNT 132, Tübingen 2000, 253–275.

[62] Ἀποστέλλειν bei Paulus nur noch allgemein bezüglich der Verkünder Röm 10,15a. Vgl. aber Anm. 9 zu 1,1.

[63] Nach Röm 10,15b war Paulus der Terminus εὐαγγελίζεσθαι für die Heilsbotschaft von Jes 52,7LXX her bekannt; er hat ihn mit dem Substantiv εὐαγγέλιον von der judenchristlich-hellenistischen Gemeinde übernommen. Vgl. STRECKER, G.: Art. εὐαγγελίζω, εὐαγγέλιον, EWNT 2, 1981, 173–186; MERKLEIN, H.: Zum Verständnis des paulinischen Begriffs „Evangelium", in: Ders., Studien 279–295; FITZMYER, J.A.: The Gospel in the Theology of Paul, in: Ders., advance 149–161.

[64] Κενοῦσθαι wie Röm 4,14; dort im Zusammenhang der Rechtfertigungslehre. Auf diese Parallele macht BRAUN, Randglossen 178–182 aufmerksam. Da das Verbum dort mit καταργεῖσθαι parallel läuft (vgl. noch Gal 5,11), übersetzen manche „seiner Wirkungskraft entleeren". Dann wäre es Paulus um die abstoßende Wirkung des Kreuzes als solche zu tun. Aber der Kreuzestod würde überhaupt sinnlos (vgl. Gal 2,21), wenn das Heil durch Gesetzeswerke oder Weisheit der Rede vermittelt werden könnte.

[65] So VOS, Argumentation 91–93. Dagegen LINDEMANN, 1Kor 43: „nicht zwingend".

Exkurs 1: Rhetorische Weisheit als Gegenpol zum Evangelium

1. Hinweise im Text

In 1,17 verwirft Paulus eine Form der Verkündigung, die ἐν σοφίᾳ λόγου geschieht, d.h.[66] als Weisheit, die sich im Wort äußert. Nach traditioneller Auffassung, die in neuerer Zeit besonders von der englischsprachigen Forschung wieder zur Geltung gebracht wird,[67] zielt der Ausdruck auf die griechische Rhetorik. Dabei nimmt man manchmal σοφία im praktischen Sinn von „Kunstfertigkeit" und übersetzt mit „cleverness of speech".[68] Gegen diese Einengung auf eine formale Technik protestierten immer schon vor allem deutsche Autoren;[69] sie betonten, dass σοφία der Hauptbegriff sei, der eine bestimmte Inhaltlichkeit besage. Man möchte zumindest auch die griechische Philosophie berücksichtigt wissen. Dabei spielt oft ein von eben dieser Philosophie eingegebenes Vorurteil mit, wonach sich Rhetorik in Effekthascherei erschöpft (s.u. 2). Sie lehrt aber auch bestimmte Weisen logisch-rationalen Argumentierens.

Dass man die Rhetorik nicht außer acht lassen darf, wird zunächst durch parallele Wendungen bestätigt, welche Paulus im Folgenden in der Form der *correctio* als Alternativen zu seinem Verkündigungsstil angibt: 2,1 „in der Überlegenheit[70] von Wort oder Weisheit",[71] 2,4 „mit überredenden Worten der Weisheit".[72] Die Überredung gilt immer schon als die eigentliche Aufgabe der Rhetorik.[73] 2,13 heißt es dafür: „in von menschlicher Weisheit gelehrten Worten". Zur vollendeten Form kommt hier noch Sachwissen hinzu. Freilich kann λόγος bzw. λόγοι auch fehlen, und es ist nur von der „Weisheit dieser Welt" (1,20; 3,19) bzw. „der Menschen" (2,5) oder „dieses Äons" (2,6; vgl. 3,18) die Rede. Hier scheinen nun tatsächlich in der Wahrnehmung des Apostels Redekunst und Philosophie zu verschwimmen. In dieser Weisheit hätte

---

[66] Genitiv des Inhalts: vgl. B-D-R 167,1. SMIT, What 245f möchte λόγος mit „reasoning, logic" übersetzen, stößt aber gleich 1,18 damit auf Probleme; 2,4 macht die Auffassung „Logik des Kreuzes" unwahrscheinlich. KAMMLER, Kreuz 30-35 nimmt Hypallage an und stützt so seine These, dass es „ausschließlich" um theologische Inhalte geht.

[67] POGOLOFF, Logos; LITFIN, Theology; WINTER, Philo; THISELTON, 1Kor 143-145.

[68] POGOLOFF, Logos 108-112; SCHNABEL, 1Kor 104; das wäre gleichbedeutend mit σοφία τοῦ λέγειν, das einem σοφὸς λέγειν entspricht: vgl. VOS, Argumentation 94; zu den Bedeutungen des Wortes in der griechischen Antike vgl. WILCKENS, U.: Art. σοφία κτλ, ThWNT 7, 1964, 467-475. Als reine Rhetorik ist σοφία bei Plato, rep. 365d näher durch δημηγορική (in der Volksversammlung) und δικανική (vor Gericht) bestimmt.

[69] Vgl. HEINRICI, 1Kor 65f; WEISS, 1Kor 23; auch FEE, 1Kor 68. ANDERSON, Theory 274 meint, Paulus spreche hier nur inhaltlich von Weisheit. „At most he is thinking of what Greeks in general consider to be wise or sensible".

[70] Der „Überlegenheit" (ὑπεροχή) entspricht bei Isokrates, antid. 275 der Begriff πλεονεξία, der allerdings 281f ethisch bestimmt wird. Vgl. auch den u.a. in rhetorischen Fähigkeiten überlegenen Bruder Plutarch, mor. 485a πλέον ἔχειν, 485cd ὑπερέχειν, ὑπεροχή. POGOLOFF, Logos 132f verweist noch auf ὑπεροχή σοφίας bzw. λόγων in Eunapius, vit. soph. 466 bzw. 475. Vgl. auch Sextus Emp., math. II 76.

[71] Hier scheinen die beiden Begriffe austauschbar.

[72] Zum Textproblem s.z.St. Hier legt sich ein *Genetivus qualitatis* (B-D-R 165,1) nahe: Die Worte zeugen von Weisheit.

[73] Vgl. Plato, Gorg. 452e, 453a; Phaidr. 271a; zu Isokrates vgl. LITFIN, Theology 64, zu Aristoteles LITFIN, Theology 77. Quintilian, inst. II 15,3-22 stellt entsprechende ältere Definitionen der Rhetorik zusammen, die er allerdings für unzureichend hält. Ebenso Sextus Emp., math. II 61f. Zur Bedeutung der Überredungskunst (πείθω) und ihrer Vergöttlichung vgl. die im NEUEN WETTSTEIN II 1, 242-245 gesammelten Texte.

die Welt ja Gott erkennen sollen (1,21).[74] Philosophie wird in Griechenland als Streben nach Weisheit, einem Wissen um die obersten Ursachen, verstanden (Plato) oder gar mit σοφία gleichgesetzt (Aristoteles). Wenn sie bei Paulus nicht von der Rhetorik unterschieden wird, so entspricht solche pauschale Sicht dem Selbstverständnis mancher Rhetoren zur Zeit des Paulus; sie glaubten die Weisheit gleichsam mit Löffeln gefressen zu haben und deshalb über Gott und die Welt handeln zu können. Wegen des umfassenden Charakters der weltlichen Weisheit werden als ihre Vertreter „Weise, Literaten und Forscher" genannt (1,20a). Sie erscheint in 1,22b als eine Spezialität der Griechen, und tatsächlich hielten diese sich auch für die Pioniere in Philosophie und Rhetorik; das gestanden ihnen auch die Römer zu. Die Juden dagegen sind auf „Zeichen", also auf Sichtbares, aus. Obwohl die Juden auch zur „Welt" gehören, sind die „Welt"-Aussagen in 1,20f nicht auf sie zu beziehen. Wegen der griechischen Eigenheit der σοφία müssen bei ihrer Näherbestimmung jüdische Weisheitsspekulation[75] und die Identifikation von Tora und Weisheit außer Betracht bleiben.[76] Die Vermutung, dass bei den Korinthern eine bestimmte, vom alexandrinischen Judentum geprägte Christologie und Heilslehre gepflegt wird, verkennt außerdem, dass Paulus nicht gegen den Inhalt der Verkündigung, sondern gegen die Art und Weise polemisiert, die allerdings seiner Meinung nach den Inhalt, den gekreuzigten Christus, preisgeben würde.[77] Doch diese Konsequenz sieht nur Paulus. Deshalb sind auch ältere Folgerungen, man habe in Korinth an die Stelle des Kreuzes eine Weisheitslehre gesetzt bzw. eine gnostisierende Christologie vertreten, in der die Kreuzigung Christi keine Heilsbedeutung hatte,[78] verfehlt.

Zusammenfassend: Paulus hat eine undifferenzierte Vorstellung von griechischer Weisheit, betrachtet aber offensichtlich ihre rhetorische Versiertheit als ihr Kennzeichen. Und noch etwas geht aus dem Text hervor: die hohe gesellschaftliche Stellung der „Weisen". Sie stehen in 1,26 neben den Mächtigen und Vornehmen. Zeitgenössische Quellen bezeugen denn auch Einfluss und Reichtum der Rhetoren,[79] die oft zugleich bedeutende Staatsmänner waren. So könnte sich auch erklären, dass 2,6 von der „Weisheit der Herrscher dieser Welt" spricht (s. z.St.).

---

[74] Man darf sie aber deswegen nicht auf „theologische Weisheit" zuspitzen, wie das LAMPE, Unitatem 33–38 tut; er deutet fälschlich σοφία τοῦ θεοῦ in 1,21 auf „Theo-sophie"; erst später geht er auf ihre rhetorische Komponente ein.
[75] HORSLEY, Wisdom: Wie bei Philo und in SapSal werde die Weisheit in Korinth auch als „means and content of salvation" gewertet. So auch KAMMLER, Kreuz 37–41, der jedoch keine Sophia-Christologie annimmt wie etwa MERKLEIN, 1Kor I 128: Die Korinther hätten Christus als Inbegriff der „Weisheit" verstanden. Dagegen FEE, 1Kor 65.
[76] Dieser Vorbehalt ist grundsätzlich gegen den Ansatz von DAVIS, Wisdom zu machen, der eine „nomistische Weisheit" erschließt. Gegen eine ähnliche These von GOULDER, Σοφία zu Recht TUCKETT, Wisdom. Wie wir sehen werden, nötigt auch 1,20 nicht zur Annahme einer tora-zentrierten Weisheit in Korinth – gegen DAVIS, Wisdom 73.
[77] Richtig LINDEMANN, 1Kor 43.
[78] SCHMITHALS, Gnosis 130; WILCKENS, Weisheit 20.210–212. Dagegen BAUMANN, Mitte 69.72: Hier wird zu kurzschlüssig aus der Polemik des Paulus die Position der Gegner rekonstruiert.
[79] Vgl. Tacitus, dial. 8; zu Isokrates LITFIN, Theology 66.

2. Die antike Rhetorik und ihre Entwicklung bis ins 2. Jh. n. Chr.[80]

Beredsamkeit war von jeher in Griechenland eine wichtige Eigenschaft politischer Führer; sie blühte besonders in Demokratien wie Athen, wo sie Entscheidungsprozesse lenken konnte. Als Technik reflektiert und gelehrt wurde sie erst von der 2. Hälfte des 5. Jh. v. Chr. an. Handbücher der Rhetorik kamen aus Sizilien nach Athen. Sophisten unterwiesen ihre Privatschüler für Geld in der Kunst, mit Worten zu überreden; der Ort dafür war sowohl das Gericht wie die Volksversammlung. Sie stellten allgemeine Regeln für das effektive Sprechen in der Öffentlichkeit auf. Manche betätigten sich auch als professionelle Redenschreiber für andere. Nach ihnen übt der gute Redner eine fast magische Macht (δύναμις) auf die Hörer aus;[81] er ist furchtbar, gewaltig (δεινός) im Reden.[82] Manchmal bringen ihm die Bewunderer eine gleichsam numinose Scheu entgegen.[83] Plato reduzierte die Rhetorik auf Streitkunst, die nur auf den Beifall der Menge zielt, und hob davon die Philosophie ab, die allein um das Gerechte und Wahre weiß. Dabei betont der Sokrates des Phaidros, dass die Redekunst als Psychagogie die Kenntnis des Wahren und der Natur der Seele voraussetzt.[84] Isokrates dagegen vertrat eine mehr praxisbezogene, traditionelle Form von „Weisheit", die gut denken und gut reden umschloss.[85] Von ihm sind auch Festreden und Enkomien überliefert, so dass neben der forensischen und der deliberativen (beratenden) Rede nun noch das γένος ἐπιδεικτικόν (aufweisende Rede) hervortritt.[86] Aristoteles setzte die Rhetorik in Beziehung zur Philosophie, wenn er sie als Spross der Dialektik und der Wissenschaft vom rechten Verhalten in der Gesellschaft (Politik) bezeichnet.[87] Gleichzeitig trennte er so die Fächer; beide, Rhetorik und Philosophie,

---

[80] Überblicke bei ANDERSEN, ø.: Im Garten der Rhetorik, Darmstadt 2001; ANDERSON, Theory 35–107; KENNEDY, G. A.: A New History of Classical Rhetoric, Princeton (N.J.) 1994; LITFIN, Theology 21–134; WORTHINGTON, I. (Hg.): Persuasion, London/New York 1994; BULLMORE, M.A.: St. Paul's Theology of Rhetorical Style, San Francisco usw. 1995, 23–171. Für das Verhältnis von Sophistik, Rhetorik und Philosophie nach wie vor lesenswert VON ARNIM, H.: Leben und Werke des Dio von Prusa, Berlin 1898, 1. Kp. Dazu jetzt KRENTZ, E.: Logos or Sophia, in: Fitzgerald u. a., Early Christianity 277–290.

[81] Vgl. Plato, Gorg. 455d u. ö.; zu Isokrates LITFIN, Theology 64f; Quintilian, inst. II 15,3 übernimmt den griechischen Begriff; In Tacitus, dial. 8,2 spricht Aper von der göttlichen, himmlischen Macht (numen et caelestis vis) der Rhetorik. Dio Chrys. 33,1: „eine Macht (δύναμις, vgl. auch 33,2fin.) in Worten und Gedanken, (eine Macht) einer durchdringenderen und wahrhaft gewaltigen (δεινός) Überzeugungsgabe (πεῖθος), die ihr Rhetorik nennt". Josephus, Ap. II 223: Plato übertraf durch die Macht der Worte und Überzeugungsgabe alle Philosophen.

[82] Vgl. Plato, Prot. 312d u. ö.

[83] Schon Homer, Od. VIII 170–173; bei Plato, Prot. 315e erhält der „allweise" Sophist Prodikos das Attribut „göttlich" (θεῖος); er ist von „göttlicher Weisheit" erfüllt (341a); nach Phaidr. 258c kann ein Redner bereits zu Lebzeiten für „gottgleich" (ἰσόθεος) gehalten werden. Vgl. ferner Cicero, de orat. 1,106 „ich habe dich im Reden immer für einen Gott gehalten"; 3,53 „ein Gott unter den Menschen"; Dio Chrys. 18,3; 33,4; Plutarch, mor. 45f.543ef: rhetorische Sophisten akzeptieren Zurufe wie „göttlich", „inspiriert", „dämonisch"; Philostrat, soph. 616: Polemo als θεῖος ἀνήρ.

[84] Vgl. Plato, Phaidr. 271de.

[85] Vgl. sein Lob der Athener paneg. 47–50, antid. 293–296. Da es der menschlichen Natur nicht vergönnt ist, eine Wissenschaft von dem, was man tun und sagen soll, zu erwerben, hält Isokrates die für weise, die mit ihren Meinungen meistens das Beste erreichen. Philosophie ist dann die Beschäftigung mit dem Erwerb solcher Verständigkeit (φρόνησις): antid. 271. Vgl. auch 277: Gut reden und gut denken wird sich bei denen einstellen, die sich nach Weisheit und Ehre strebend zur Rhetorik verhalten.

[86] Die systematische Unterteilung begegnet erstmals bei Aristoteles, rhet. I 3,1–6. Danach befasst sich die Gerichtsrede mit dem Gerechten bzw. Ungerechten, die beratende Rede mit Nutzen und Schaden, die aufweisende Rede mit dem Ehrenhaften.

[87] Vgl. rhet. I 2,7 1356a 25–27.

1,10–17: Exposition

gehören seit der hellenistischen Zeit wesentlich zur höheren Bildung der männlichen Jugend. Sie lernt die Anfangsgründe der Beredsamkeit (προγυμνάσματα) schon auf der Sekundarstufe und übt sie in fiktiven Reden. Die meisten Philosophenschulen befassten sich auch theoretisch mit Rhetorik.

Nachdem die Redekunst im Zeitalter des Hellenismus an politischer Bedeutung verlor, lebte sie in der späten römischen Republik in latinisierter Form wieder auf. Das Patronatswesen und die oligarchische Verfassung prägten ihre Eigenart in Rom. Ihr glänzendster Vertreter, Cicero, setzte sie zur Anklage und Verteidigung vor Gericht, aber auch als Entscheidungshilfe für Volk und Senat ein. Er trug ferner in seinen Schriften viel zu ihrer theoretischen Durchdringung bei. In seinem Dialog *de oratore* tritt er dafür ein, dass sie von einem möglichst vielseitigen Wissen getragen sein muss.[88] Während man sie früher im Gefolge von großen Rednern in einer Art Famulussystem erlernte, kamen kurz zu Beginn des 1. Jh. v. Chr. Rhetorenschulen auf, in denen die rhetorische Übung (*declamationes*) ohne direkten Bezug zur forensischen Praxis gepflegt wurde.[89] Später diskutierte man hier Rechtsfälle (*controversiae*). Aus dem griechischen Osten stammende Redner propagierten einen prunkvollen, überladenen Stil (Asianismus). Dagegen hielt man die klassischen attischen Redner als Modell hoch (Attizismus). Unter dem Prinzipat wurde die deliberative Rede weithin funktionslos, die Möglichkeiten des Redners vor dem Tribunal waren eingeschränkt. Dagegen konnte sich die Kunst der Deklamation in der Öffentlichkeit entfalten. Sie geriet oft zum Schaustück; die Redner wollten nicht mehr überzeugen, sondern Bewunderung ernten. Zwar versucht der Rhetoriker Quintilian gegen Ende des 1. Jh. n. Chr. in seiner *institutio oratoria*, Leitlinien für die Ausbildung eines guten, d. h. auch sittlich verantwortlichen Redners niederzulegen und den Sachbezug der Deklamationen zu retten, aber noch im ersten Jahrhundert formte sich vor allem in Griechenland und Kleinasien ein Typ von herumreisenden Rednern, die ihre Umwelt als „Sophisten" charakterisierte.[90] Er nahm unter den Antoninen seinen höchsten Aufschwung. Diese sogenannte „Zweite Sophistik" brachte eine Renaissance der griechischen Kultur. Ihr Biograph, Philostrat, unterscheidet zwei Arten: Philosophen, die sich aber durch besonderen Redefluss auszeichnen,[91] und die „eigentlich" so Genannten im Gefolge der klassischen Sophisten, besonders des Aischines, der seine Improvisationsgabe mit Regeln der Kunst verband.[92] Dio mit dem späteren Beinamen Chrysostomus wird von Philostrat der ersteren Sorte zugeordnet, und in der Tat fühlte der ursprüngliche Rhetor sich nach seiner Verbannung 82 n. Chr. dazu berufen, über Philosophie zu reden. Er steht jedoch in Konkurrenz zu „göttlichen Menschen, die behaupten, alles zu wissen und über alles reden zu können".[93] Diese Redner hatten oft einen Lehrstuhl für

---

[88] Vgl. auch Cicero, part. 79: „Die Beredsamkeit ist nichts anderes als eine reichlich redende Weisheit."

[89] Dagegen das Edikt der Zensoren von 92 v. Chr. bei Sueton, gramm. 25,2. Vgl. Tacitus, dial. 35.

[90] Philo spricht schon in der ersten Jahrhunderthälfte abfällig von den „jetzigen Sophisten" (cont. 31, post. 101) und projiziert so die platonische Kontroverse in seine Gegenwart. ANDERSON, G.: The Second Sophistic, London 1993, 18–20 stellt mögliche Kandidaten aus dem 1. Jh. v. bzw. n. Chr. zusammen. Auf einem Papyrus (P.Oxy. 2190, 1. Jh. n. Chr.) wird der Mangel an Sophisten – ein eingeführter Berufszweig – in Alexandria beklagt. Vgl. WINTER, Philo 19–39. Auf Inschriften und Münzen ist „Sophist" dann ein Ehrentitel für virtuose Redner: vgl. BOWERSOCK, G.W.: Greek Sophists in the Roman Empire, Oxford 1969, 12–15. SCHMITZ, TH.: Bildung und Macht, Zet. 97, München 1997, 12f,15.

[91] ANDERSON, Theory 268–270 weist gegen POGOLOFF, Logos, nach, dass es auch im 1. Jh. n. Chr. schon „rhetorical philosophers" gab.

[92] Vgl. soph. 479.484.

[93] Dio Chrys. 33,4; genannt werden „Menschen, Dämonen und Götter", aber auch naturwissenschaftliche Sujets. Allwissende Sophisten auch 6,21; 12,5 vergleicht er sie mit bunten Pfauen, die sich wegen ihres Ruhms und ihrer Anhängerschaft wie auf Flügeln erheben; in Alexandria setzt er sich von gebildeten epi-

Rhetorik, repräsentierten ihre Stadt oder den Kaiser, traten in Theatern und bei religiösen Festen auf und erzeugten so den Eindruck einer universalen, beredten Weisheit. Gegen eine solche Rhetorik, die zum Selbstzweck geriet, oft verbunden mit einem gekünstelten Stil, erhoben sich schon im 1. Jh. n. Chr. kritische Stimmen. Der gebildete Jude Philo von Alexandrien polemisiert gegen die Perversion der Weisheit in der Sophisterei, die nur auf Wortgeklingel und Wahrscheinlichkeit aus ist.[94] In Petronius, sat. 1,1f wendet sich Enkolpios gegen das falsche Pathos der *declamatores*, gegen eine aufgeblasene (*ventosa*) und unmäßige Geschwätzigkeit, die erst kürzlich von Asien nach Athen eingedrungen sei (2,7). In dieser Polemik ist das Bild vom Aufgeblasenen, Geschwollenen, das auch Paulus 4,6.18 (φυσιόω) gebraucht, beliebt.[95] Solche Kritik betrifft aber immer nur eine bestimmte Art von Rhetorik, einen bestimmten Stil. In der antiken Welt kann man nicht auf sie verzichten, auch ein Philo nicht. Er weist ihr nur ihren dienenden Ort in der Erziehungsstufe an, die vor der Philosophie steht.

In dieser Auseinandersetzung zwischen Philosophie und Rhetorik bzw. Sophistik schlägt sich Paulus nicht einfach auf die Seite der kritischen Philosophie, sondern stellt der diffus wahrgenommenen hellenistischen Bildungswelt die Offenbarung der Weisheit Gottes (2,6–10a) entgegen.[96]

3. Die Korinther und die Rhetorik

Dass Paulus bei seinem Kommen nach Korinth der Rhetorik entsagte und nur den Gekreuzigten verkündete, erscheint 2,1f als sein bewusster Entschluss (ἔκρινα). Man kann ihn psychologisch mit den schlechten Erfahrungen erklären, die er vorher am Hauptort griechischer Weisheit, in Athen, gemacht hatte.[97] Dabei kann man freilich die Apostelgeschichte nur bedingt auswerten. Nach Apg 17,22–33 hätte Paulus auf dem Areopag in einer kunstvoll stilisierten Rede vor einem Gremium von Philosophen eine Anknüpfung an griechische Dichter gesucht. Das ist aus mehreren Gründen unwahrscheinlich. 1Kor 2,1f setzt ja auch nicht einen vorhergehenden Versuch mit rhetorischer Weisheit voraus; sie ist nach 1,17 schon durch die Sendung des Apostels als Medium seiner Verkündigung ausgeschlossen. Dennoch fällt auf, dass die Paulusbriefe nie eine Gemeinde in Athen erwähnen. Die Nachricht von Apg 17,34, Paulus habe dort doch einige z.T. namentlich Bekannte zum Glauben gewonnen, steht in Spannung dazu, dass nach 1Kor 16,15 Stephanas der Erstling von Achaia[98] ist. Durch die weit-

---

deiktischen Rednern ab, die sich als Philosophen ausgeben, denen aber der nötige Freimut abgeht, so dass sie als Schmeichler, Gaukler und Sophisten bezeichnet werden müssen (32,10f).

[94] Vgl. schon MUNCK, Paulus 146f Anm. 56; LITFIN, Theology 231f; WINTER, Philo 60–112.

[95] Vgl. Philo, plant. 157: Worte als Luftblasen, die zerplatzen; im Lat. ist das entsprechende Wortfeld *inflari, tumidus, tumor, turgescere*. Paulus wendet das Bild freilich nicht auf die Rede, sondern auf Menschen an. So auch im Kontext der Rhetorik Pseudo-Plato, Alk. 2, 145e: ἀνδρῶν ῥητορικῶν πολιτικὸν φύσημα φυσώντων; Epiktet, diss. II 16,10: Der Redner, wenn er gelobt wird, bläht sich auf (φυσηθείς); ähnlich Plutarch, Demosth./Cic. comp. 2,3: auf Grund von Redekunst Aufgeblähte; Quintilian, inst. XII 10,17: *Asiana gens tumidior alioqui atque iactantior vaniore etiam dicendi gloria inflata est*; Tacitus, dial. 18,4: Neider betrachten Cicero als *inflatus et tumens*; Musonius, Frgm. 11 (HENSE 61,1): aufgeblasene Sophisten.

[96] Weil sich Offenbarung und menschliche Weisheit konträr verhalten, kann man auch kaum mit KRENTZ (s.o. Anm. 80) 282 sagen: „In short, Paul argues for a wisdom superior to that taught by rhetoric, in a fashion similar to that argued by the proponents of philosophy over against rhetoric".

[97] So etwa WEISS, 1Kor 47; dagegen protestieren u.a. CONZELMANN, 1Kor 75 Anm. 15; KLAUCK, 1/2Kor 30.

[98] Darunter ist nach dem sonstigen Sprachgebrauch die Provinz zu verstehen, zu der damals auch Athen gehörte.

gehende Vergeblichkeit seiner Verkündigung in Athen könnte dem Apostel ihr Gegensatz zur Weisheit der Hellenen erst recht deutlich geworden sein.[99]

Aber weshalb wird dieser Gegensatz nun so ausführlich in einem Brief an die Korinther zum Thema? Ist Korinth selbst ein Mittelpunkt griechischer Rhetorik und Philosophie? Das kann man eigentlich so nicht sagen. Von den alten Philosophen hielt sich nur Diogenes zeitweise in einem Gymnasium der östlichen Vorstadt, dem Kraneion, auf und starb auch dort.[100] Ein Kyniker wie Diogenes hält keine langen Reden, sondern gibt schlagfertige Antworten; dennoch legt ihm Dio Chrys. 6.8-10 philosophische Reden in den Mund. Sie sind teilweise an den Isthmischen Spielen situiert, wo auch Sophisten, Dichter, Advokaten und andere ihre Künste zur Schau stellen.[101] Dies dürfte der Szene in der römischen Zeit Korinths entsprechen,[102] für die wir im Enkomion des Aelius Aristides auf Poseidon[103] einen Beleg haben. Auch der redegewandte (Seneca, benef. VII 8,2f) Kyniker Demetrius und der neupythagoreische Wanderprediger Apollonius von Tyana weilten zeitweise in Korinth, wenn man Philostrat, Ap. IV 24f (vgl. Lukian, adv. indoct. 19) glauben darf. Die Begeisterung der Korinther für kunstvolle Rede – auch außerhalb der Isthmien – geht aus Dio Chrys. 37 hervor, einer Rede, die allgemein seinem Hörer Favorinus gegeben wird. Bei seinem zweiten Kommen nach Korinth beschloss die Stadt, Favorinus eine Ehrenstatue in der Bibliothek aufzustellen.[104] Sein Schüler Herodes Atticus war ein Wohltäter der Stadt; auf einer ehrenden Inschrift für eine Statue seiner Frau wird er „berühmt unter allen Griechen und größer" genannt.[105] Damit sind wir freilich in der Mitte des 2. Jh. n. Chr. Bekannt sind also vor allem zugereiste Gastredner. Von einheimischen Philosophenschulen wissen wir nichts. Außer den von Aelius Aristides erwähnten Gymnasien wird es in Korinth private Rhetorenausbildung gegeben haben wie in anderen größeren Städten auch.

Von diesem Befund her ist es wahrscheinlich, dass es für Paulus noch einen anderen Grund gab, im 1Kor die Auseinandersetzung mit der griechischen Weisheit zu führen. Sie schließt ja an das 1,11f beklagte Parteienunwesen an.[106] Von den menschlichen Lehrern, an die sich die Korinther hängen, kommt nur Apollos als Repräsentant rhetorischer Weisheit in Frage. Er wird in Apg 18,24 als alexandrinischer Jude und „beredsamer[107] Mann" vorgestellt und wäre mit den „zugereisten" Sophisten zu vergleichen. Nach der Schilderung der Apg tritt er in den Synagogen mit Freimut auf (18,26a παρρησιάζεσθαι) – im Unterschied zur paulinischen

---

[99] Vgl. LITFIN, Theology 237f, u.a. mit Hinweis auf BORNKAMM, G.: Paulus, UB 119, Stuttgart 1969, 83-85. Auch beim von Korinth aus geschriebenen 1. Thessalonicherbrief kann man in der Abgrenzung gegen ein Reden, das den Menschen gefallen, und Schmeichelei, die sich nur bereichern will (2,4f), eine Pointe gegen sophistische Redner finden. Vgl. BETZ, H.D.: The Problem of Rhetoric and Theology according to the Apostle Paul, in: Vanhoye, Paul 16-48, 21-23. Seit Sokrates in Plato, Gorg. 463b u. ö. die Redekunst als Teil der κολακεία einordnete, ist das ein Topos antirhetorischer Polemik.

[100] Vgl. Diogenes Laert. VI 77f; nach Dio Chrys. 6,1-6 wechselte er im Sommer von Athen nach Korinth, weil es dort kühler war; dagegen zog er nach 8,4f nach Korinth, weil es „gleichsam am Verkehrsknotenpunkt Griechenlands gelegen war", aber auch weil dort die meisten Toren zu finden waren.

[101] Vgl. Dio Chrys. 8,9.36; 10,32.

[102] Vgl. ähnliche Gruppen in Olympia: Dio Chrys. 12,5.

[103] S. Einleitung 1a. Auch Plutarch, symp. VIII 4,1 (mor. 723b) erzählt von einem jungen Redner, der einen Preis im enkomiastischen Wettbewerb gewonnen hat. Er widmet ihn seinem Lehrer, dem zu einem Bankett anlässlich der Isthmien eingeladenen Redner Herodes aus Athen.

[104] Dio Chrys. 37,8.

[105] Vgl. WINTER, Philo 138f.

[106] LINDEMANN, 1Kor 40 kann dagegen keinen spezifischen Zusammenhang zwischen Weisheit und Streitigkeiten in Korinth erkennen.

[107] Λόγιος kann allerdings auch nur „gebildet", „gelehrt" bedeuten; vgl. BAUER, Wörterbuch 967. Zum Ganzen vgl. KER, Paul, bes. 77f; WITHERINGTON, 1Kor 83-87.103f.

Selbststilisierung 2,3 – und legt eine große Ausstrahlung (χάρις) in seiner überwältigenden (εὐτόνως) Argumentation an den Tag (18,27f). Obwohl sich in dieser Darstellung zunächst das hellenistisch gefärbte lukanische Ideal eines Charismatikers spiegelt, wird man doch annehmen können, dass der Verkündigungsstil des Apollos auch tatsächlich am ehesten dem Weisheitsstreben der Griechen entgegenkam. Er mag eine ähnliche, philosophisch fundierte Theologie wie Philo von Alexandrien vertreten haben; das „mächtig in den Schriften" mag als allegorische Schriftauslegung[108] zu konkretisieren sein. Aber von all dem lässt uns die Argumentation des Paulus in 1,18–2,16 nichts erkennen. Die beredsame Weisheit des Apollos wird unter die menschliche Weisheit der Griechen subsumiert.[109] Ist sie dennoch darin angezielt? Das können wir aus den folgenden Kapiteln entnehmen. Die Christuspartei tritt darin ganz zurück; von Kephas ist nur noch 3,22 vorübergehend die Rede. Dafür exemplifiziert Paulus an sich und an Apollos, dass sich kein Christ in Menschen rühmen kann (3,4–4,5; vgl. die rückblickende Bemerkung 4,6). Die Analyse wird ergeben, dass Paulus bei dem „Daraufbauenden" 3,10–15 an Apollos denkt und dass das vergängliche Baumaterial seine rhetorische Weisheit ist. Apollos ist mehr als ein beliebiges Beispiel, weil er in Korinth Schule macht. Das lässt der 3,18–20 plötzlich wieder einsetzende Angriff auf menschliche Weisheit erahnen. „Wenn einer unter euch weise zu sein glaubt" (3,18b) nimmt einen realen Fall an;[110] danach droht das Weise-sein-Wollen in dieser Welt nun auch in der korinthischen Gemeinde. Paulus verrät mit keinem Wort, dass es sich dabei um ein charismatisches Phänomen, vergleichbar mit der 1,5 gelobten geistlichen Rede und Erkenntnis, handeln könnte.[111] Die σοφία λόγου ist nicht mit dem λόγος σοφίας von 12,8 gleichzusetzen.[112] Das Weisheitsstreben äußert sich in der Berufung auf Menschen (vgl. 3,21a). Darunter ist natürlich nicht nur Apollos gefasst. Aber die Paulus „Richtenden" 4,3 werden die Apollos-Anhänger sein, die den Apostel mit ihrem Meister vergleichen. Die ab 4,6 an die ganze Gemeinde gerichteten Ausführungen verengen sich am Schluss auf einige Aufgeblasene (4,18–20). Das deutet darauf hin, dass es in Korinth eine wortstarke Gruppe gab, die Paulus unterstellte, er traue sich nicht mehr in die Gemeinde, weil er sich nicht mit der rhetorischen Weisheit eines Apollos messen könne. Sie hat wohl auch stattdessen nach der Rückkehr ihres Lehrers Apollos verlangt (vgl. 16,12). Wer solches vermutet, muss allerdings unter der Textoberfläche[113] graben, an der Apollos mit den anderen mensch-

---

[108] Das vermutet Best, Power 14.
[109] Das muss auch Sasse, M.: Weisheit und Torheit im Kontext frühchristlichen Taufverständnisses. Überlegungen zu 1 Kor 1,18, in: von Dobbeler u.a., Religionsgeschichte 255–261, 260 zugeben; er sieht darin einen klugen Schachzug des Apostels: „Paulus reduziert die Weisheitstheologie seiner Gegner auf Spruchweisheit und kluge Worte (2,4f). Er entwindet ihnen damit den argumentativen Rückbezug auf die jüdisch-hellenistische Weisheitstheologie". Dieser Rückbezug lässt sich freilich nur vermuten. Nicht der Inhalt der Predigt, sondern die Weise der Predigt steht zur Debatte. Zu bedenken ist auch, dass Philo gegenüber der Rhetorik eine ähnlich kritische Stellung einnahm wie Paulus (s.o. Anm. 90.95).
[110] Vgl. die gleichlaufende Formulierung 8,2; 11,16; 14,37; Gal 6,3; Phil 3,4; Jak 1,26.
[111] Das ist freilich nicht auszuschließen. Nach Vos, Argumentation 95.98 galt die Weisheit den Korinthern als Gabe des Geistes, die den Apostel legitimierte; Paulus blende diesen Aspekt aber bewusst aus. Dass auch die Rhetorik im Vergleich mit Mantik und Poesie als göttliche Gabe verstanden werden konnte, zeigt Aelius Arist. 2,49 (Behr); Philostrat, soph. 509 stellt die Improvisationskunst des Aischines sogar inspirierten Orakeln gleich; vgl. 533 zu Polemo; Quintilian, inst. XII 10,24. Philo, virt. 217 zählt unter den Veränderungen, die der göttliche Geist bei Abraham bewirkte, auch auf, dass er seinen Reden Überzeugungskraft verlieh.
[112] Richtig Wilckens, Kreuz 62–64 gegen Baumann, Mitte 78.151. Vgl. Voss, Wort 35–40.
[113] Auf dieser Ebene hat Schrage, 1Kor I 144 Recht: Das Streben der Korinther nach Weisheit und die paulinische Polemik dagegen lässt sich nicht auf die Apollos-Leute beschränken. Ähnlich Lampe, Unitatem 132; Wolff, 1Kor 29 Anm. 30.

lichen Vermittlern gleichgestellt wird. Das ist jedoch die Strategie des Paulus; sie spricht nicht dagegen, dass sich der Konflikt hauptsächlich an der Person und Präsentation des Apollos aufrankte und seine Anhänger am ehesten von der Polemik des Paulus betroffen sind.

4. Paulus und die Rhetorik bzw. die Weisheit

Aus der Perspektive dieser Kritiker sieht es so aus, als bemäntelte die Absage des Paulus an die Rhetorik nur die Tatsache, dass er dazu gar nicht fähig ist. In der Tat kritisieren einige Korinther später an ihm, dass seinem Auftreten und seiner Rede die *gravitas* – eine an Rednern oft hervorgehobene Qualität – abgehe, die seine Briefe immerhin bezeugen (2Kor 10,10); und der Apostel selbst scheint 2Kor 11,6 zuzugeben, dass er kein Fachmann im Reden[114] ist. Die Briefe aber wirkten schon damals und wirken noch heute eindrucksvoll. Gerade die Passage gegen die rhetorische Weisheit in unserem Brief ist kunstvoll mit den Mitteln der Antithese, der *correctio* und der Wiederholung stilisiert. Die ältere Forschung[115] hat rhetorische Routine vor allem am Stil (Parallelismen, Diatribe) aufgewiesen, die neuere versucht – oft vergeblich –, die Briefe in rhetorische Schemata[116] zu pressen. Ein antiker Kenner, Augustinus, findet, dass der Apostel zwar nicht den technischen Vorschriften der Beredsamkeit folge, dass seine Briefe jedoch weithin vom Fluss der Eloquenz getragen sind.[117] Eine „natürliche Rhetorik" wird man ihm sicher bescheinigen müssen, während er in seiner Ausbildung höchstens rhetorische Vorübungen getrieben hat. Hier konnte er beispielsweise lernen, eine Thesis wie 1Kor 7 auszuarbeiten[118] oder ein so hinreißendes Enkomion wie 1Kor 13 zu schreiben.

Obwohl er so vielleicht in der Lage gewesen wäre, ein gewisses Maß an Rhetorik auch beim mündlichen Vortrag einzusetzen, behauptet der Apostel eine grundsätzliche Unverträglichkeit zwischen Rhetorik und Evangelium. Er kann zwar nebenbei auch einmal die Verkündigung als „überreden" (2 Kor 5,11; viel öfter die Apg!) fassen, aber es handelt sich dabei für ihn um zwei ganz unterschiedliche „persuasive dynamics":[119] Einmal beruht die Wirkkraft der Rede mehr als auf Sachargumenten auf der Persönlichkeit (dem „Ethos") des Redners und seiner rhetorischen Technik – im Fall des Evangeliums dagegen steht dahinter die Autorität Gottes, der sich in der Entfaltung von Geist und Kraft (vgl. zu 2,5) selbst im Verkünder bezeugt. Ja, Paulus tut die rhetorische Weisheit als rein menschlich ab und sieht die „Dynamik" allein auf der Seite der Kreuzespredigt. Hier entspricht auch der Stil der Verkündigung, die Schwachheit und der Mangel an Selbstbewusstsein, die Paulus 2,3 zugesteht, der Sache: Auch der Gekreuzigte ist in den Augen der Menschen Schwäche und Torheit, für die Berufenen aber Gottes Kraft und Weisheit (vgl. 1,23f). Zum andern ist rhetorische Weisheit nicht auf Glauben (vgl. 2,5) aus, sondern appelliert an das Urteilsvermögen des Hörers, der geradezu in die Rolle des

---

[114] Es könnte sich dabei um einen Bescheidenheitstopos handeln, wie der ausgebildete Redner Dio Chrys. sich als ἰδιώτης bezeichnet (12,15f; 42,2f; vgl. das understatement 35,1). Zu diesem Begriff POGOLOFF, Logos 148–151.

[115] Vor allem WEISS, Beiträge; BULTMANN, Stil. Gute Beobachtungen jetzt auch bei SMIT, J.F.M.: Epideictic Rhetoric in Paul's First Letter to the Corinthians 1–4, Bib. 84, 2003, 184–201.

[116] S. Einleitung unter 5.

[117] Vgl. doctr. christ. IV 7,11; dazu REISER, M.: Paulus als Stilist, SEÅ 66, 2001, 151–165, 152.

[118] So nach der Anregung von BERGER, Gattungen 1298f nun VEGGE, T.: Paulus und das antike Schulwesen, BZNW 134, Berlin/New York 2006, 376–406. Vegge nimmt freilich anders als wir eine rhetorisch-philosophische Ausbildung auf der tertiären Stufe an. Dagegen nur „grammar school" in Tarsus: PORTER, ST.E.: Paul and His Bible: His Education and Access to the Scriptures of Israel, in: Ders./Stanley, Written 97–124, 102–105.

[119] Vgl. LITFIN, Theology 192.201. Vgl. auch schon SCHLIER, H.: Kerygma und Sophia, in: Ders., Zeit 206–232 (mit Unschärfen im Einzelnen) und BETZ (s. Anm. 99) 24–39.

Richters versetzt wird.[120] Nicht zufällig wehrt sich Paulus in unseren Kapiteln gegen das „Beurteilen" (ἀνακρίνειν) und „Richten" der Korinther (indirekt 2,15b; direkt 4,3–5). Die notorische Rivalität der Sophisten führt dazu, dass das Publikum einen gegen den anderen ausspielen kann. In Korinth begeistern sich manche so sehr für den wortgewaltigen Apollos, dass sie auf ihre Mitchristen herabschauen (vgl. 4,6fin.). Paulus verallgemeinert das freilich dahin, dass überhaupt die Beziehung zu Menschen für den Christen keine Rolle spielen darf. Die Weisheit der Griechen bleibt weiterhin ein rotes Tuch für ihn, wie Röm 1,14.22 zeigt. Dort kommt allerdings ihr rhetorischer Aspekt nicht in den Blick, der wohl durch die Situation in der korinthischen Gemeinde bedingt ist.

Diese situative Polemik wird man wohl auch teilweise für den Widerspruch verantwortlich machen können, der sich aus der Ablehnung der Rhetorik in 1Kor 2,1–5 und einer gewissen, von heutigen Autoren manchmal freilich übertriebenen rhetorischen Gewieftheit des Apostels in den Briefen ergibt.[121] Das ist jedenfalls überzeugender als andere Lösungen, etwa, dass Paulus nur eine bestimmte zeitgenössische Form von Rhetorik, nämlich „ornamental or Sophistic rhetoric"[122] bzw. die künstliche Stilistik des Asianismus,[123] verwerfe oder dass er in 2,1–5 ironisch spreche.[124] Auch der Hinweis auf die von Rhetoren geübte *celatio artis*[125] oder darauf, dass die Verächtlichmachung der Rhetorik selbst wieder ein rhetorischer Topos sei,[126] will nicht recht befriedigen. Gewichtiger ist, dass Paulus sich offensichtlich selbst nicht als professionellen Redner betrachtet und sich in seiner mündlichen Verkündigung absichtlich rhetorischer Mittel enthält. Die Briefe stellen dagegen schon eine weitere Reflexionsstufe dar. Hier kann Paulus seine *theologia crucis*, die ja über die einfache Predigt des Gekreuzigten hinausgeht, rhetorisch plausibel machen.

2. *1,18–2,5: Das Kreuzesereignis lässt sich nicht in weiser Rede vermitteln*

a) *1,18–25: Die Torheit des Kreuzes als Gottes Kraft und Weisheit*
(18) **Die Rede vom Kreuz ist nämlich**[127] **für die, die zu Grunde gehen, Torheit, für die aber, die gerettet werden, für uns,**[128] **ist sie Macht Gottes.** (19) **Denn es steht geschrieben:**
    Zu Grunde richten werde ich die Weisheit der Weisen
    und die Klugheit seiner Klugen verwerfen.
(20) **Wo ist (dann noch) ein Weiser, wo ein Gelehrter, wo ein Forscher dieser Weltzeit? Hat nicht Gott die Weisheit der Welt**[129] **zur Torheit gemacht?** (21) **Da**

---

[120] Vgl. LITFIN, Theology 84–86 mit Aristoteles, rhet. II 18,1 1391b 11–13.
[121] So LIM, T.H.: ‚Not in persuasive words of wisdom, but in the demonstration of the spirit and power', NT 29, 1987, 137–149.
[122] So WITHERINGTON, 1Kor 123.
[123] So BULLMORE (s.o. Anm. 80) 13.206.221f. Dagegen spricht sowohl der grundsätzliche Tenor von 2,1–5 wie die diffuse Wahrnehmung griechischer Bildung (s.o. 1).
[124] So ROSAEG, N.A.: Paul's Rhetorical Arsenal and 1 Corinthians 1–4, Jin Dao 3, 1995, 51–75, 56.73; VOS, Argumentation 104 (*dissimulatio*).
[125] CLASSEN, Criticism 44. Vgl. z.B. Quintilian, inst. XII 9,5f.
[126] So COLLINS, 1Kor 75f.
[127] Γάρ fehlt in weniger bedeutenden Kodizes.
[128] Ἡμῖν lassen F G 6 2147 it und einige Väter wohl aus stilistischen Gründen aus. Vgl. MÜLLER 249 Anm. 15.
[129] Zur Lesart τοῦ κόσμου τούτου im Mehrheitstext vgl. MÜLLER 253f.

1,18–2,5: Das Kreuzesereignis

nämlich in der Weisheit Gottes[130] die Welt Gott nicht durch die Weisheit erkannte, schien es Gott gut, durch die Torheit der Verkündigung die Glaubenden zu retten. (22) Die Juden fordern ja Zeichen und die Griechen suchen Weisheit, (23) wir aber verkünden Christus als gekreuzigten, den Juden ein Ärgernis, den Heiden eine Torheit, (24) den Berufenen ihrerseits aber, Juden wie Griechen, (verkünden wir)[131] Christus als Gottes Macht und Gottes Weisheit; (25) denn das Törichte Gottes ist weiser als die Menschen, und das Schwache Gottes ist stärker als die Menschen.

BEST, Power. MERKLEIN, H.: Impliziert das Bekenntnis zum Gekreuzigten ein Nein zum Judentum? Zur Interpretation der oppositionellen Semantik von 1 Kor 1,18–25, in: Wengst, K./ Sass, G. (Hg.): „Ja und nein". Christliche Theologie im Angesicht Israels. FS W. Schrage, Neukirchen-Vluyn 1998, 111–126. MÜLLER, K.: 1 Kor 1,18–25. Die eschatologisch-kritische Funktion der Verkündigung des Kreuzes, BZ 10, 1966, 246–272. PENNA, R.: Il Vangelo come „potenza di Dio" secondo 1Cor 1,18–25 (1967), in: Ders., apostolo 200–212. SCHMITHALS, Theologiegeschichte 149–154.

V. 18 stellt eine *subpropositio* zu V. 17fin. dar,[132] die den Text zunächst bis V. 25 deckt. Das zeigt die Wiederaufnahme des Prädikats „Gottes Macht" in V. 24, dort allerdings von Christus ausgesagt. Der Abschnitt hat die rechte Bewertung des Wortes vom Kreuz zum Ziel, das zunächst gegenüber der „Weisheit der Rede" abzufallen scheint. Diese Bewertung geschieht vom Handeln Gottes her. Der Text ist durch γάρ-Partikel (V. 18.19.21) und Kausalsätze (V. 21a.22[133].25) eng mit der vorhergehenden These[134] und ineinander logisch verkettet. Durch das Fehlen von „Ich"-Aussagen – in V. 23 meint das „Wir" allerdings vornehmlich Paulus – und „Ihr"-Anreden wird der Stil lehrhaft; V. 20 beleben ihn freilich rhetorische Fragen.

V. 18 ist antithetisch gebaut. Wie das Wort vom Kreuz bewertet wird, ist eine Sache der Rezeption, die hier in Dativ-Partizipien angegeben ist. Die Menschen, die es als Torheit beurteilen, sprechen sich damit selber das Urteil: Sie gehen zu Grunde. Für die dagegen, die „gerettet werden"[135], erweist es sich als Gottes Kraft. Damit ist

---

[130] 𝔓46 erspart sich viel Rätselraten, indem er nach V. 20 „Weisheit der Welt" liest. Ähnlich 1319, der das auf κόσμος bezogene Personalpronomen αὐτοῦ hat. 1448 und 1982 lassen den Genitiv ganz weg.

[131] Weil 𝔓46 u. a. das nicht ergänzen, machen sie aus dem Objekt mit Apposition einen Hauptsatz im Nominativ.

[132] Die Bedeutung des γάρ arbeitet subtil heraus LAMBRECHT, J.: The Power of God: A Note on the Connection Between 1 Cor 1,17 and 18, in: Ders.: Collected Studies 35–42. Er sieht u. a. einen Gegensatz zwischen dem κενωθῆναι V. 17 und der δύναμις θεοῦ V. 18.

[133] Hier ist das ἐπειδή nur „locker subordinierend" (B-D-R 456,3); zu δέ im Nachsatz vgl. K-G II 2, 276a.

[134] Das ist aber noch kein Grund, um 1,10–25 zusammenzunehmen, wie LINDEMANN, 1Kor 34–36 das tut. Ganz ähnlich ist die Abfolge von These (1,16b) und Begründungssätzen (V. 17.18–32) im Römerbrief.

[135] In die Präsensform des Partizips sollte man nicht zu viel hineingeheimnisen, als wäre die Rettung noch nicht endgültig. Davor warnt zu Recht CONZELMANN, 1Kor 59 Anm. 12. Auch das Passiv darf man nicht überbetonen, zumal das parallele ἀπολλύμενοι medial gebraucht ist. Nach Ausweis der Imperativform Apg 2,40 kann man auch übersetzen „die sich retten lassen", vgl. dann das Partizip Apg 2,47 und RADL, W.: Art. σῴζω, EWNT 3, 1983, 765–770, 769. BAUER, Wörterbuch s.v. 2b gibt das Präsenspartizip οἱ σῳζόμενοι mit „welche zum Heil bestimmt sind" wieder. Obwohl es nach Apg 2,47 der Herr ist, der

nicht nur seine subjektive Bedeutung, sondern auch seine objektive Wirkung ausgesagt. Die Dative fungieren sowohl als *Dativus iudicantis* wie als *Dativus commodi/incommodi*. Ἀπόλλυσθαι bzw. σῴζεσθαι und die entsprechenden Substantive ἀπώλεια bzw. σωτηρία bezeichnen in der urchristlichen Missionssprache das existentielle Ergehen am Tag des Gerichts (vgl. 3,15; 5,5). Gleichbedeutend sind „Tod" und „(ewiges) Leben".

Eine Parallele – wenn auch ohne diesen eschatologischen Rahmen – bietet die paränetische Schrift „Tafel des Cebes" (wohl 1. Jh. v. Chr.).[136] Hier werden die, welche sich der Erziehung zuwenden, „gerettet" bzw. gehen ins Leben (Βίος) ein. Die Erklärung des allegorischen Bildes wird 3,2–4 mit dem Rätsel der Sphinx verglichen: „Wenn einer es verstand, wurde er gerettet; wenn er es aber nicht verstand, wurde er von der Sphinx vernichtet (ἀπώλετο)." Eine ähnliche Doppelrolle hat hier die Rede vom Kreuz. Analog beschreibt Philo, som. I 86 die zweischneidige Wirkung des Logos Gottes: Den zur Tugend Geneigten verschafft er Rettung (σωτηρία), den Widerstrebenden bringt er Verderben. Vergleichbar ist auch Corpus Hermeticum 1,27–29. Dort verkündet der von Poimandres Ausgesandte den Menschen die Schönheit der Frömmigkeit und Erkenntnis. Die Reaktion ist gespalten: „Die einen gingen laut schwatzend fort und lieferten sich so dem Weg zum Tode aus", die andern lassen sich belehren, wie sie „gerettet werden könnten".

Die Entscheidung darüber wird aber in die Aufnahme des Evangeliums und in das Festhalten daran verlegt (vgl. 15,2; 2Kor 6,2),[137] obgleich man eigentlich nur im Modus der Hoffnung gerettet ist.[138] Paulus provoziert durch seine Verkündigung unter den Menschen eine Scheidung im eschatologischen Geschick (vgl. 2Kor 2,15f). Das kann natürlich auch Rationalisierung von Misserfolg sein (vgl. 2Kor 4,3f mit dämonologischer Erklärung). Wenn in der Insider-Perspektive (vgl. das eingesprengte ἡμῖν) das Evangelium vom schwachen Gekreuzigten als „Kraft Gottes" erscheint und sich auswirkt, dann geht das nicht ohne den Glauben an die Auferweckung Jesu, die ja durch die Macht Gottes erfolgte (2Kor 13,4; vgl. Eph 1,19f; Kol 2,12 mit anderen „Kraft"-Begriffen).[139] Das wird freilich in den ersten Kapiteln unseres Briefes nirgends ausdrücklich. Mit δύναμις θεοῦ wendet Paulus Epiphanieterminologie auf das Wortgeschehen an.

---

solche σῳζόμενοι hinzufügt, sollte man – gegen KREMER, 1Kor 38; KAMMLER, Kreuz 61–66 – prädestinatianische Gedanken aber fernhalten. Gerade unser Text (V. 21) zeigt, wie göttliche Aktivität und menschlicher Glaube zusammengehen. Vgl. MAYER, B.: Unter Gottes Heilsratschluß, fzb 15, Würzburg 1975, 109–124 und zur Sache vgl. BRANDENBURGER, E.: Pistis und Soteria, in: Ders.: Studien 251–288.

[136] Vgl. die Ausgabe von FITZGERALD, J.T./WHITE, L.M.: The Tabula of Cebes, TT 24, GRRS 7, Chico Cal. 1983. Vgl. den Index s.v. σῴζω.

[137] Vgl. Lk 8,12; Apg 2,40f. Man darf „das ewige Heil" und die „Bekehrung zum Christusglauben" nicht auseinanderreißen wie RADL im Anm. 135 gen. Art. 768–770. Selbst wo das „Retten" Menschen zugeschrieben wird (vgl. in unserem Brief 7,16; 9,22), geht es um das ewige Heil. Vgl. σωθῆναι 10,33 mit ἀπόλλυσθαι 8,11.

[138] Vgl. Röm 8,24a; das Perfektpartizip σεσῳσμένος findet sich erst im nachpaulinischen Epheserbrief (2,5.8).

[139] Vgl. Gottes Macht in der Auferweckung der Christen 1Kor 6,14; der allgemeinen Auferstehung Mk 12,24par. Zu δύναμις vgl. den gleichnam. Art. von FRIEDRICH, G., EWNT 1, 1980, 860–867 mit Lit. Dazu GRÄBE, Power.

Im AT verbindet sich der Begriff zunächst mit der Herausführung aus Ägypten, bei der die Macht Gottes auch für die Nicht-Israeliten erfahrbar wurde: vgl. Ex 7,4LXX; 9,16; Dtn 3,24 (gegen eigene Kraft: 8,17f); Neh 1,10; 3Makk 2,6; Bar 2,11; Ps 77,15. Jos 4,24 (LXX δύναμις) aktualisiert das auf den Durchzug durch den Jordan. In den Psalmen fleht man, Gott möge seine Macht von seinem Heiligtum her aufbieten (z.B. 21,14; 63,3; 68,29f). Alle Geschlechter sollen sie besingen und den Menschen verkünden (145,4–7.12). Solch weltweites Bekanntwerden der Macht Gottes erhofft auch Jer 16,19–21. Judith betet darum, dass Gott die Stärke der Assyrer mit seiner Macht brechen möge (Jdt 9,8), damit alles Volk „den Gott aller Macht und Stärke" erkennen möge (Jdt 9,14; vgl. 13,14). In den hellenistisch stilisierten Epiphanieszenen von 2 und 3Makk werden sogar die Feinde Gottes handgreiflich von der Allmacht des Gottes Israel überzeugt (vgl. 2Makk 3, bes. V. 24.28.30.34.38; 9,8; 3Makk 6,5.12f; in V. 13 erstreckt sich die δύναμις auf die Rettung des Geschlechts Jakobs). 1Hen 1,4 schließlich beschreibt Gottes Erscheinen zum Gericht vom Himmel her ἐν τῇ δυνάμει τῆς ἰσχύος αὐτοῦ zum Schrecken aller Menschen und der Wächter.

Auch die heidnische Religiosität der Zeit des Paulus lässt sich so charakterisieren: „People yearned to see divine power. They wanted to be thrilled by it and even terrified by it".[140] Bei Cicero, nat. deor. II 5 wird die Mehrung und Steigerung der Kulte damit erklärt, dass „die Götter oft gegenwärtig werden und ihre Macht offenbaren." P. Oxy. 1381,215–17 preist den Heilgott Imuthes-Asklepios: „an jeden Ort ist die heilsame Macht des Gottes hingelangt". In kleinasiatischen Sühneinschriften wird das strafende Eingreifen der Gottheiten δύναμις genannt.[141]

Wenn der Begriff gewöhnlich solch überwältigende Evidenz mitbesagt, mutet seine Anwendung auf das Wort vom Kreuz noch paradoxer an. Wahrscheinlich wird man auch einen Akzent gegen die den Rednern nachgerühmte δύναμις (s. Exkurs 1 unter 2.) heraushören können.

An sich sollte man ja im Gegensatz zu „Torheit" „Gottes Weisheit" erwarten, wie dann V. 24 auch schreibt. Aber mit der Rettung scheint Paulus eher δύναμις zu verbinden, wie es dann die These des Röm 1,16b ausspricht: Das Evangelium ist Gottes Kraft zur Rettung für jeden, der glaubt.[142] Diese subjektive Aufnahme des Heils wird hier nicht so herausgestellt, ist aber mitgedacht, wie V. 21fin. zeigt. Der Glaube kann sich auf Gottes Kraft gründen (vgl. 2,5). In unserem Stück kommt es freilich auf die Tat Gottes an, der die Rede vom Kreuz zum Kriterium des Heils einsetzt; deshalb wird er im folgenden Schriftwort zum Subjekt von ἀπολλύναι und in V. 21 zum Subjekt von σῴζειν.

V. 19f Zur Begründung nicht nur von V. 18 (vgl. die Aufnahme von ἀπολλύμενοι in ἀπολῶ), sondern auch der Ablehnung der rhetorischen Weisheit in V. 17fin. führt Paulus ein göttliches Ich-Wort nach Jes 29,14cdLXX[143] an, das sich durch seine futurische Verbform als prophetische Ansage der endzeitlichen Ausschaltung der Weis-

---

[140] SAVAGE, Power 29. Ferner FASCHER, E.: Art. „Dynamis", RAC 4, 1959, 415–458; PETERSON, 1Kor 66.
[141] Vgl. FASCHER (s. vorige Anm.) 424–426 und PETZL, G.: Die Beichtinschriften Westkleinasiens, Epigraphica Anatolica 22, Bonn 1994, 154 s.v. δύναμις.
[142] Dazu ZELLER, Röm 42: „In der Fortführung der atl. Konzeption vom wirkenden Wort Gottes erscheint hier das Wort des Apostels gleichsam als der verlängerte Arm Gottes; in ihm vollzieht sich Gottes Rettungshandeln durch Christus am einzelnen (vgl. 1 Thess 2,13)."
[143] Paulus ersetzt κρύψω in V. 14d durch ἀθετήσω, vielleicht angeregt durch das V. 14b vorausgehende μεταθήσω. Andere vermuten Einfluss von Ps 32,10LXX (zweimal ἀθετεῖ).

heit durch die Kreuzesbotschaft eignet.[144] Während die atl. Prophetie auf die Weisen Israels gemünzt ist – so noch Justin, dial. 78,11 – lässt die kurz gefasste Drohung nichts mehr von solcher Beschränkung erkennen. Die Fragen in V. 20 bringen die Applikation; in der Form – drei aufeinanderfolgende ποῦ-Sätze – sind V. a–c wohl Jes 33,18 verpflichtet.[145] Von den Wechselbegriffen für σοφός ist γραμματεύς von dem dortigen סֹפֵר/soper (LXX: ποῦ εἰσιν οἱ γραμματικοί) her bestimmt. Man darf deshalb in dieses paulinische Hapaxlegomenon nicht mit der Mehrheit der Kommentatoren den Sprachgebrauch der Evangelien und der Apg eintragen und den γραμματεύς als jüdischen Schriftgelehrten[146] konkretisieren. Zwar bedeutet das Wort im paganen Bereich durchweg „Schreiber, Sekretär";[147] die Schriftkundigen werden hier aber für die Gebildeten überhaupt stehen. Die Juden kommen erst V. 22 in den Blick.[148] Ebensowenig darf man den nur hier und an der davon abhängigen Stelle IgnEph 18,1 vorkommenden συζητητής durch die innerjüdischen Disputationen (συζητεῖν) in den Evangelien erklären. Verwandte Begriffe wie ζητητής, (συ)ζητεῖν, (συ)ζήτησις sind in der philosophischen Tradition geläufig und lassen ihn als „schulmäßig ausgebildeten hellenistischen Berufsphilosophen" erkennen.[149] Er ist durch die Zugehörigkeit zu „diesem Äon"[150] abqualifiziert. Denn

---

[144] Vgl. zu den Schriftzitaten bei Paulus die bei ZELLER, Schriftverwertung Anm. 1 gen. Lit., aus neuerer Zeit vor allem KOCH, Schrift; STANLEY, Paul; WILK, Bedeutung; PORTER/STANLEY, Written. Zu 1Kor speziell MALAN, F.S.: The Use of the Old Testament in 1 Corinthians, Neotest. 14, 1981, 134–170; BARBAGLIO, G.: L'uso della Scrittura nel proto-Paolo, in: Norelli, E. (Hg.): La Bibbia nell'antichità cristiana I. Da Gesù a Origene, Bologna 1993, 65–85; COLLINS, R.F.: „It was indeed written for our sake" (1 Cor 9,10), SNTU 20, 1995, 151–170; LINDEMANN, A.: Die Schrift als Tradition. Beobachtungen zu den biblischen Zitaten im Ersten Korintherbrief, in: Backhaus/Untergassmair, Schrift 199–225; HAYS, R.B.: The Conversion of the Imagination: Scripture and Eschatology in 1 Corinthians, NTS 45, 1999, 391–412 (als Buch Grand Rapids 2005); SCHRAGE, W.: Die Bedeutung der „Schriften" im 1. Korintherbrief, in: Bultmann, Ch./Dietrich, W./Levin, Ch. (Hg.): Vergegenwärtigung des Alten Testaments. FS R. Smend, Göttingen 2002, 412–432 (= Ders., Studien 1–31); HEIL, J.P.: The Rhetorical Role of Scripture in 1 Corinthians, SBL-Studies in Biblical Literature 15, Atlanta 2005. Zu 1Kor 1–3 DRAKE WILLIAMS, III, H.H.: The Wisdom of the Wise, AGJU 49, Leiden usw. 2001.

[145] Genannt wird auch noch Jes 19,11f, wo der Rat der Weisen am Hof von Tanis zur Torheit wird und die Frage folgt: „Wo sind jetzt deine Weisen?". Paulus kann solche triumphierenden ποῦ-Fragen allerdings auch selber bilden: vgl. Röm 3,27; Gal 4,15 (und das Zitat 15,55).

[146] Oft verweist man für die Trias auf die rabbinischen Titulaturen חָכָם/ḥākām, דֹּרֵשׁ (/doreš, סֹפֵר/soper, die etwa bSukka 28b nebeneinander stehen: MÜLLER 251. 252 bemerkt er allerdings, dass sie durch den Zusatz „dieses Äons" „aus ihrem intern-jüdischen Verständniszwang" „entschränkt" würden.

[147] Eine Ausnahme vielleicht Aeschylus, Frgm. 358 (NAUCK), wo L-S 359 wie BARRETT, 1Kor 52 an unserer Stelle mit „scholar" übersetzen, freilich an der Lesart zweifeln. Doch möchte POGOLOFF, Logos 160 Anm. 102 auch dort verstehen „to be an able writer".

[148] Vgl. THISELTON, 1Kor 164: „person of letters". Zusätzliche Gründe: In Jes 33,18 sind die γραμματικοί des Fremdvolkes gemeint. In der LXX-Version von Jes 29,14 wird gerade nicht deutlich, dass es sich um die Weisen des Volkes Israel handelt.

[149] Vgl. LAUTENSCHLAGER, M.: Abschied vom Disputierer. Zur Bedeutung von συζητητής in 1Kor 1,20, ZNW 83, 1992, 276–285, der allerdings darin „das genaue Gegenstück zum jüdischen γραμματεύς" sehen möchte. Das σύν kann „die dialogische Form und den dialektischen Charakter" betonen (ebd. 283), kann m.E. aber auch intensivierende Bedeutung haben.

[150] Vgl. noch 2,6.8; 3,18; dort synonym mit „diese Welt" (3,19; vgl. noch 5,10; 7,31). Obwohl bei Paulus nie im Gegenüber zum „künftigen Äon", steht diese apokalyptische, aber auch rabbinische Konzeption (vgl.

durch sein in V. 21 noch entfaltetes Handeln hat Gott die Weisheit, deren Horizont durch diese Welt begrenzt ist, „zur Torheit gemacht", wie es jetzt in Steigerung von V. 19b („zu Grunde richten") heißt (vgl. dann 3,19a; das Verbum μωραίνειν[151] im Passiv Röm 1,22). Damit wird das Urteil der Weisen über das Wort vom Kreuz (V. 18a) gegen sie gekehrt.

V. 21 Nun wird eindeutig, dass die Juden nicht mit der „Weltweisheit" gemeint sind. Denn, dass sie Gott nicht erkannt haben, würde Paulus nie von ihnen so pauschal behaupten – mangelnde Erkenntnis wird ihnen nur in Bezug auf die heilsgeschichtliche Situation vorgeworfen (Röm 10,2f).[152] Dagegen ist es ein jüdisches Stereotyp, dass die Heiden Gott die Anerkennung verweigern, mögen sie auch noch so weise sein wollen (vgl. Röm 1,18-23; dort ist auch nur allgemein von „den Menschen" die Rede – wie hier vom Kosmos –, und doch sind die Heiden gemeint). Sie gelten schlicht als solche, „die Gott nicht kennen" (vgl. 1Thess 4,5; Gal 4,8 = Jer 10,25; Ps 79,6). Beweis ist der Götzendienst, den Paulus täglich vor Augen hat.[153] Wenn er ihnen das Versagen der Weisheit als Erkenntnismittel (διὰ τῆς σοφίας) vorhält, so wird er den Intellektuellen nicht gerecht, die nahe an einen philosophischen Monotheismus herankamen, obwohl sie meist weiter am hergebrachten polytheistischen Kult teilnahmen.[154] Er kritisiert das religiöse Bemühen der Gebildeten nicht als solches,[155] er nimmt es nur angesichts des Götzendienstes nicht zur Kenntnis.

Kann man auch die vorangestellte präpositionale Wendung ἐν τῇ σοφίᾳ τοῦ θεοῦ von Röm 1,18-23 her verstehen? Manche Ausleger übersetzen „inmitten der Weisheit Gottes" und interpretieren sie als die Offenbarkeit Gottes in seinen Geschöpfen.[156] In dieselbe Richtung gehen die Kommentatoren, die das ἐν nicht örtlich, sondern vom Erkenntnisgrund nehmen möchten.[157] Doch entspricht das nicht

---

Mk 10,30par.; Mt 12,32; Lk 20,34f; Eph 1,21) doch im Hintergrund. Der „gegenwärtige" Äon ist böse (Gal 1,4); sein Gott ist Satan (2Kor 4,4). Vgl. HOLTZ, T.: Art. αἰών, EWNT 1, 1980, 105-111.

[151] Auch Jes 19,11LXX; 44,25LXX (*varia lectio* μωρεύειν) im Zusammenhang der Vereitelung von Ratschlägen der Weisen durch Gott.

[152] Anders z.B. MÜLLER 255f. Dieser Schwierigkeit entgeht KAMMLER, Kreuz 88-91, indem er im Licht von 2,8 deutet: die Menschenwelt habe Gott in der Begegnung mit dem irdischen Jesus als der Weisheit Gottes nicht erkannt. Aber diese Identifikation der Weisheit Gottes mit dem irdischen Jesus leuchtet weder hier noch dort ein.

[153] Vgl. HECKEL, Bild 283.

[154] Vgl. KENNEY, J.P.: Monotheistic and Polytheistic Elements in Classical Mediterranean Spirituality, in: Armstrong, A.H. (Hg.): Classical Mediterranean Spirituality, New York 1986, 269-292, der von einem „inklusiven Monotheismus" spricht. Ferner ZELLER, D.: Der eine Gott und der eine Herr Jesus Christus, in: Ders., Neues Testament 47-59; FREDE, M.: Monotheism and Pagan Philosophy in Later Antiquity, in: Athanassiadi, P./Ders. (Hg.): Pagan Monotheism in Late Antiquity, Oxford 1999, 41-67.

[155] Schiefe Akzente bei SCHRAGE, 1Kor I 183.185, der immer wieder im Gefolge von E. Käsemann die *homines religiosi* im Visier sieht. Eine aufklärerische Philosophie, die vom Götterglauben abbringt, erscheint Horaz, carm. 1,34 im Rückblick als *insaniens sapientia* (wahnsinnige Weisheit).

[156] Z.B. SCHLIER, Zeit 32.210: Paulus denke hier in den ihm bekannten hellenistischen Vorstellungen von der Rolle der Weisheit bei der Schöpfung; WILCKENS, Weisheit 32-34; MÜLLER 256-259; beide identifizieren damit auch die Weisheit als Weg (διά mit Gen.) – wohl zu Unrecht. Zu den Auslegungsmöglichkeiten vgl. WEDDERBURN, A.J.M.: ἐν τῇ σοφίᾳ τοῦ θεοῦ – 1 Kor 121, ZNW 64, 1973, 132-134, der sich für ἐν als Angabe des begleitenden Umstandes entscheidet. Ebenso LAMP, First 138-140.

[157] Z.B. Johannes Chrys., hom. in 1Cor 4,2 (X 32 MONTFAUCON): Τῇ διὰ τῶν ἔργων φαινομένῃ, δι' ὧν ἠθέλησε γνωρισθῆναι. MERKLEIN, 1Kor 180-182; DERS.: Die Weisheit Gottes und die Weisheit der

der sonstigen Ausdrucksweise des Apostels. Das einzige Mal, wo die „Weisheit Gottes" noch – außerhalb unseres Kontextes – bei ihm vorkommt, nämlich in dem Ausruf Röm 11,33 (parallel mit „Erkenntnis"), bedeutet sie so etwas wie „Vorsehung" (vgl. 2,7; dann Eph 3,10f). Sie schließt auch den Ungehorsam der Menschen in den Heilsplan ein, der in der Rettung durch Christus gipfelt (vgl. Röm 11,32). So wird die „Weisheit Gottes" – wie das γάρ – auch hier nicht nur das Nicht-Erkennen umfassen,[158] sondern sich auf den ganzen Vers beziehen und im „Ratschluss"[159] Gottes münden, die Rettung in der „Torheit" – das ist nach 1,18 relativ! – des Kerygmas[160] als Alternative zur „Weisheit (der Welt)" (wieder διά mit Gen.) ins Werk zu setzen. Dieses aber fordert Glauben, der auf rhetorische Beweise verzichtet.

V. 22–25 In der Glaubensforderung sind Juden und Heiden gleichgestellt (vgl. Röm 1,16fin.), und so weitet sich jetzt der Blick des Paulus auf die heilsgeschichtlich[161] differenzierte Menschheit, wie sie sich in der Gegenwart des rettenden Kerygmas darstellt (vgl. die Präsensformen). Die Juden werden aber nicht wie sonst durch ihr Streben nach Gesetzesgerechtigkeit charakterisiert, sondern durch ihr Verlangen nach „Zeichen".[162] Während die Griechen nach spekulativer Einsicht trachten,[163] erwarten die Juden sichtbare Beweise der Messianität (vgl. Χριστός V. 23.24). Das wird man mit der synoptischen (vgl. Mt 12,38fQ; Mk 8,11par.; Lk 23,8) und johanneischen (vgl. Joh 2,18; 4,48; 6,30 u. ö.) Zeichenforderung und den gerade von den 40er Jahren an auftretenden „Zeichenpropheten"[164] illustrieren

---

Welt (1Kor 1,21), in: Ders., Studien 376–384; VON LIPS, Traditionen 329f. Aber dadurch wird die Weisheit zum Merkmal Gottes, an dem er erkannt werden soll.

[158] Daran nehmen manche Kommentatoren, z.B. HEINRICI 1Kor 72, Anstoß, als würde dadurch das Unentschuldbare (Röm 1,20) entschuldigt.

[159] Εὐδοκεῖν ist wie das Substantiv εὐδοκία (vgl. beim „echten" Paulus wohl Phil 2,13; sonst Eph 1,5.9; Lk 10,21Q; 2,14) ein biblisches Wort (hebr. חפץ/ḥpṣ, vor allem aber רצה/rṣh, רָצוֹן/rāṣôn, letzteres häufig in Qumran) und bezeichnet die souveräne Option Gottes für bestimmte Menschen (vgl. 10,5 „Gefallen finden an") oder Handlungen (vgl. Gal 1,15). Sein Ratschluss steht etwa auch 2Bar 14,9 neben der Weisheit.

[160] Das Wort κήρυγμα ist wie das Verbum κηρύσσειν V. 23 vom Amt des Herolds (κῆρυξ) abgeleitet. Zu dessen oft sakraler Bedeutung in der Antike vgl. FRIEDRICH, G.: Art. κῆρυξ κτλ, ThWNT 3, 1938, 682–717, 683–692.696–698. In der urchristlichen Missionssprache stehen die Begriffe technisch für die öffentliche Proklamation Jesu Christi als Herrn (vgl. 2Kor 4,5) aufgrund der Auferstehung (vgl. 15,11f.14). Sie ist durch Beauftragung autorisiert und auf Glauben aus (vgl. Röm 10,8.14f). Vgl. MERK, O.: Art. κηρύσσω κτλ., EWNT 2, 1981, 711–720.

[161] Für das an sich mehr kulturgeschichtlich bestimmte Ἕλληνες in V. 22 und 24 (vgl. Röm 1,14 im Gegenüber zu „Barbaren") tritt in V. 23 das umfassendere ἔθνη = Nicht-Juden ein.

[162] Vgl. RENGSTORF, K.H.: Art. σημεῖον κτλ, ThWNT 7, 1964, 199–268; BETZ, O.: Art. σημεῖον, EWNT 3, 1983, 569–575.

[163] Auch Röm 1,14 ist die Polarität „Hellenen – Barbaren" durch σοφοί – ἀνόητοι gedoppelt. Die Kommentare zitieren Herodot IV 77,1 Ἕλληνας πάντας ἀσχόλους εἶναι ἐς πᾶσαν σοφίην („die Griechen beschäftigen sich mit jeder Art Weisheit"), wo σοφία im Gegensatz steht zur praktischen Verständigkeit der Lakedämonier. Für die Rabbinen ist „die Weisheit der Griechen" ein fester Begriff, der das gesamte hellenistische Bildungsgut bezeichnet; er kann in Gegensatz zur Tora treten: Bill. IV 1 405–414, bes. k, l, n.

[164] Vgl. KRIEGER, K.-ST.: Die Zeichenpropheten – eine Hilfe zum Verständnis des Wirkens Jesu?, in: Hoppe, R./Busse, U. (Hg.): Von Jesus zum Christus. FS P. Hoffmann, BZNW 93, Berlin/New York 1998, 174–188 mit älterer Lit. Vgl. auch Mk 13,22.

dürfen. Weil aber am Kreuz nichts von messianischer Herrlichkeit sichtbar ist, wird es den Juden zum „Ärgernis". Sie stoßen sich so daran, dass sie dem Verderben anheimfallen.[165] Hier dürfte Paulus seine frühere eigene Aggression gegen die Botschaft vom Gekreuzigten als Messias verallgemeinert haben. Ihm war durch die Vision des Auferstandenen aufgegangen, dass der ohnmächtig am Kreuz Hängende in Macht zum Sohn Gottes bestimmt wurde (vgl. Röm 1,3f; Gal 1,16). Deshalb kann und muss er ihn jetzt verkünden, aber – obwohl κηρύσσειν sonst auch die Osterbotschaft beinhaltet – hier pointiert als den Gekreuzigten (s. Exkurs 2). Dadurch erregt er bei den Juden Anstoß, bei den Griechen Frustration ihrer Weisheitssuche; den „Berufenen"[166] aus beiden Gruppen aber bringt er in diesem Christus Gottes machtvolle Rettungstat und Weisheit nahe. Obwohl Juden und Heiden hier mit τέ ... καί (ebenso Röm 1,16; 2,9f; 3,9; 10,12) eng unter dem Oberbegriff „Berufene" zusammengeschlossen sind, könnten doch die Aussagen von Christus ihnen je spezifisch zugeordnet sein.[167] Θεοῦ δύναμις könnte vor allem auf die Juden zielen, zumal der Begriff sichtbare Evidenz verheißt (s. o.). Und vornehmlich den Griechen, die nach der großen geistigen Synthese hungern, wird das Kreuz als der Weisheit Gottes letzter Schluss verkündet, ohne dass sie es als solchen durchschauen (vgl. dann zu 2,6f).

Dagegen spricht nicht, dass δύναμις und σοφία in der Gottesprädikation Hi 12,13LXX (vgl. Dan 2,20; Apk 7,12) oder als Gabe Gottes für Menschen Dan 2,23Th; 1QS IV 3 (vgl. Apk 5,12 für das Lamm) zusammenstehen können. Im pseudepigraphischen Baruch wird Israel vorgeworfen, es habe „die Quelle der Weisheit verlassen" (3,12); es soll lernen, „wo Einsicht ist, wo Stärke und wo Klugheit" (3,14), nämlich auf dem Weg der Gebote Gottes, der zum Leben führt. In ihnen hat die andern Menschen unzugängliche Weisheit Gestalt angenommen (vgl. 3,37–4,1; vgl. Sir 24). Ein solches Vorrecht der Juden auf die Weisheit kennt Paulus hier gerade nicht. Obwohl dieser Text manchmal geradezu zur Schriftgrundlage von 1Kor 1,18–31 gemacht wird,[168] deutet nichts darauf hin, dass der Apostel hier auf jüdische Weisheitsspekulationen eingeht. Die Weisheit Gottes ist – wie auch seine Macht – keine Hypostase,[169] sondern der weise Ratschluss Gottes, der sich im Kreuz realisiert. Der Begriff ist vor allem durch die Polemik gegen die griechische Weisheit veranlasst.

---

[165] Vgl. σκάνδαλον in Schriftworten Röm 9,33; 11,9f. V. 11 wird aber der Fall zum Straucheln, das einen positiven Sinn bekommt. Zum Ganzen MÜLLER, K.: Anstoß und Gericht, StANT 19, München 1969, bes. 105f.

[166] S. zu 1,2. Die Exklusivität dieses Kreises ist mit dem schwer übersetzbaren Pronomen αὐτοῖς noch betont: K-G II 1, 651.

[167] Vgl. BEST 34f. Die noch undifferenzierte Aussage über die δύναμις θεοῦ in V. 18 zeigt jedoch, dass diese Zuordnung nicht exklusiv vorgenommen werden darf. Ebenso 1,30 bezüglich der σοφία.

[168] Vgl. zuletzt HÜBNER, H.: Der vergessene Baruch, SNTU, Serie A, 9, 1984, 161–173, dessen Hilfskraft den Exkurs I bei CONZELMANN, 1Kor 63 übersehen hat. Mit dem Hinweis darauf und auf die Diskussion bei BAUMANN, Mitte 141–146 und MERKLEIN, 1Kor I 174f ist früherer Hypothesen über Homilien oder midraschartige Vorlagen genügend Erwähnung getan.

[169] Richtig CONZELMANN, 1Kor 68; FEE, 1Kor 65.74.77. Deshalb tragen die Hinweise von VON LIPS, Traditionen 332 auf die Verbindung von δύναμις bzw. ἰσχύς und σοφία in jüdischen Weisheitstexten (Spr 8,14; SapSal 7,25) und bei Philo nicht viel aus. Er kommt 349 selbst zum Schluss, „daß es keine Anhaltspunkte für ein Verständnis im Sinne der hypostasierten Weisheit gibt".

V. 25 gibt in chiastischer Reihenfolge die Begründung für diese paradoxe Aussage. Weil das Törichte und Schwache[170] des Kreuzesgeschehens Gott eignet, ist es weiser und stärker als das, was „die Menschen" – darauf werden hier Griechen und Juden nivelliert – weise und stark nennen.[171]

Die stilistisch ausgefeilten Verse zeigen mustergültig das dialektische Denken des Apostels. Er weiß aus einem Nachteil einen Vorteil zu schlagen. Semantisch werden sie von den Gegensätzen „Weisheit – Torheit", „Kraft – Schwachheit" beherrscht. Zunächst relativiert der Bezug auf die einander entgegengesetzten Gruppen von ἀπολλύμενοι und σῳζόμενοι die negative Sicht des Wortes vom Kreuz (V. 18). Die Gegensätze kommen in Bewegung, sind nur noch konträr, sobald die Eigenschaften bestimmten – sich wieder ausschließenden – Trägern (Gott – Mensch) zugeteilt werden.[172] Schließlich fallen sie ganz in eins: Die Weisheit der Welt wird zur Torheit; die göttliche Torheit stellt sich als Weisheit heraus, die göttliche Schwäche als Stärke. Diesen Umschlag bewirkt das Kreuz. Eine solche Umwertung der Werte (vgl. auch Phil 3,7f in Bezug auf die Gerechtigkeit aus dem Gesetz) ist freilich nur vom Standpunkt des Glaubens her erkennbar. So ergeben sich neue Gegensätze: Den Christen (V. 18 das inklusive „Wir", V. 24 „die Berufenen") steht die „Welt" – eindeutig anthropologisch verstanden – bzw. „dieser Äon" gegenüber, beide Gruppen umfassen wiederum „Juden" und „Griechen". Paulus urteilt vom endzeitlichen Handeln Gottes aus, das der ganzen Menschheit gilt und die heilsgeschichtlichen Polarisierungen aufhebt. Die Menschen spalten sich freilich wieder je nach ihrer Stellung zum Kreuz in solche, die verloren gehen, und solche, die gerettet werden.

Exkurs 2: Das Kreuz und seine Bedeutung in der Theologie des Paulus

BRANDENBURGER, E.: Σταυρός, Kreuzigung Jesu und Kreuzestheologie (1967), in: Ders., Studien 154-184. COUSAR, CH.B.: A Theology of the Cross, Minneapolis 1990. DETTWILER/ZUMSTEIN, Kreuzestheologie. DIETRICH, W.: Kreuzesverkündigung, Kreuzeswort und Kreuzesepigraph: Randbemerkungen zum „Kreuz Christi" bei Paulus, in: Theokratia II. FS K.H. Rengstorf, Leiden 1973, 214-231. FITZMYER, J.A.: Crucifixion in Ancient Palestine, Qumran Literature, and the New Testament, in: Ders., advance 125-146. HENGEL, M.: La crucifixion dans l'antiquité et la folie du message de la croix, LeDiv 105, Paris 1981. KUHN, H.-W.: Jesus als Gekreuzigter in der frühchristlichen Verkündigung bis zur Mitte des 2. Jahrhunderts, ZThK 72, 1975, 1-46; –: Die Kreuzesstrafe während der frühen Kaiserzeit, in: ANRW II 25,1, 1982, 648-793. MERKLEIN, H.: Das paulinische Paradox des Kreuzes, in: Ders., Studien II 285-302. SÄNGER, D.: Der gekreuzigte Christus – Gottes Kraft und Weisheit (1Kor 1,23f), in: Schnelle/Söding, Christologie 159-177. SCHRAGE, W.: „ ... den Juden ein Skandalon"?, in: Brocke, E./Seim, J. (Hg.): Gottes Augapfel, Neukirchen-Vluyn 1986, 59-76.

---

[170] Zu diesen Abstraktbildungen mit substantivierten Adjektiven, die jedoch konkrete Bedeutung haben, vgl. B-D-R 263,2.

[171] Der komparative Genitiv wohl verkürzend für τὸ σοφόν bzw. τὸ ἰσχυρὸν τῶν ἀνθρώπων. Vgl. Mt 5,20; Joh 5,36.

[172] Vgl. die kompliziertere logisch-semantische Analyse bei MERKLEIN, 1Kor I 171-174, noch technischer sein Beitrag zur FS Schrage (s. Lit.angabe zu Beginn des Abschnitts).

SHI, W.: Paul's Message of the Cross as Body Language, WUNT II 254, Tübingen 2008. STRECKER, Theologie 248–299. THEISSEN, G.: Das Kreuz als Sühne und Ärgernis, in: Sänger, D./Mell, U. (Hg.): Paulus und Johannes, WUNT 198, Tübingen 2006, 427–455. WEDER, Kreuz. WELBORN, L.L.: „Extraction from the Mortal Site": Badiou on the Resurrection in Paul, NTS 55, 2009, 295–314. WOLTER, M.: „Dumm und skandalös". Die paulinische Kreuzestheologie und das Wirklichkeitsverständnis des christlichen Glaubens, in: Weth, R. (Hg.): Das Kreuz Jesu, Neukirchen-Vluyn 2001, 44–63 (= Ders., Theologie 197–218).

1. Der paulinische Sprachgebrauch und seine historischen Hintergründe

Die „Rede vom Kreuz" nennt mit dem Hinrichtungsinstrument emblematisch den Tod des konkreten eschatologischen Heilbringers[173] als zentralen Verkündigungsinhalt (vgl. mit 1,23; 2,2 noch Gal 3,1). Die ironische Frage 1,13b „Wurde Paulus für euch gekreuzigt?" ließ erkennen, dass die übernommene Rede vom „Sterben Christi für unsere Sünden" zu Grunde liegt. Aber die Todesart ist eigens hervorgehoben wie in dem präzisierenden Zusatz Phil 2,8, und die Sinnhaftigkeit dieses Sterbens wird ausgeblendet (anders Kol 1,20; 2,14; Eph 2,16). „Als Sühne überwindet das Kreuz ein Defizit der Wertverwirklichung, als Ärgernis enthüllt es ein Defizit der Wertmaßstäbe" (G. Theißen). Erst Paulus dürfte so das Kreuz zum theologischen Schlagwort gemacht haben. Christologisch markiert das Kreuz den Tiefpunkt der Selbsterniedrigung des Gottgleichen (Phil 2,6–8); die Kreuzigung ist möglich auf Grund seiner „Schwäche" (2Kor 13,4a); die andere Seite des Diptychons, seine Erhöhung zum Kyrios (Phil 2,9–11; vgl. Hebr 12,2), sein Leben aus der Macht Gottes (2Kor 13,4b), seine herrliche Leiblichkeit (Phil 3,21), bleibt in 1Kor 1,18–2,5 verhüllt, obwohl sie – wie wir zu 1,18 sahen – sachlich vorausgesetzt ist.[174] Schon gar nicht verklärt Paulus die Kreuzigung selber zur Erhöhung wie das vierte Evangelium. Er möchte eben das Anstößige der Kreuzesbotschaft herausarbeiten.

Seine negativen Erfahrungen mit ihr bei Juden und Heiden sind durchaus glaubhaft. Zwar kannte das Judentum ein Sterben für das Volk und die väterlichen Gesetze (vor allem 1Makk 2,50; 6,44; 2Makk 6,18–7,42; 4Makk 6,27; 13,9; daneben noch „für die Tugend", „wegen Gott" u. ä.), das sich nicht nur im Kampf (vgl. 2Makk 8,21), sondern auch in grausamen Folterqualen vollziehen konnte. So hätte die pharisäische Seite z.B. auch die Kreuzigung von 800 den Pharisäern nahestehenden Juden durch Alexander Jannai als Martyrium verstehen können.[175] Aber die Hinrichtung Jesu stand nun einmal nicht in diesem Kontext; die von den Römern durchgeführte Kreuzigung zusammen mit „Räubern" sowie der Kreuzestitel deuten

---

[173] Bei Paulus ist σταυροῦν bzw. σταυρός vorzugsweise mit Χριστός verbunden (1,17.23; Phil 3,18; Gal 6,12); in 2,2; Gal 3,1 mit Ἰησοῦς Χριστός; Gal 6,14 mit ὁ κύριος ἡμῶν Ἰησοῦς Χριστός; „der Herr der Herrlichkeit" 2,8 dürfte bewusste Kontrastbildung sein wie Hebr 6,6 der „Sohn Gottes". Der Befund bei Paulus spricht für die Herleitung aus der „Sterbensformel". Vgl. KRAMER, Christos 131. Zur möglichen Konnotation des Titels s. o. zu 1,1–3 Ende.

[174] MITCHELL, M.M.: Rhetorical Shorthand in Pauline Argumentation: The Functions of ‚the Gospel' in the Corinthian Correspondence, in: Jervis, L.A./Richardson, P. (Hg.): Gospel in Paul. FS R.N. Longenecker, JSNT.SS 108, Sheffield 1994, 63–88, 70f findet im „Wort vom Kreuz" die rhetorische Figur der Synekdoche. Aber die Auswahl erfolgt bewusst.

[175] Vgl. Josephus, bell. I 97f.113; ant. XIII 380–383. 4QpNah, Frgm. 3 und 4 I 7f spricht – den Pharisäern feindlich gesonnen – von der Rache „an denen, die ‚glatte' Anweisungen geben, da er Menschen lebendig aufhängen lässt". Mit dem „lebendig ans Holz Gehängten" aktualisiert der Kommentar Dtn 21,22f, wo es sich ursprünglich um die Leichname von Kapitalverbrechern handelte, auf die Kreuzesstrafe, ohne den Fluch von Dtn 21,23c auszusprechen. Das tut erst der Gesetzesentwurf 11QT LXIV 6–13, wobei zum Fluch Gottes noch der der Menschen kommt.

darauf hin, dass er für politischen Aufruhr bestraft wurde. Als messianischer „König" war er damit in den Augen der Juden gescheitert. Auch nach unserem Text 1,22–24 erwartet man von einem solchen Χριστός Manifestationen der Macht. Den „ans Holz Gehängten" musste man zwar nicht zwangsläufig mit Dtn 21,23c als von Gott verflucht betrachten,[176] weil das Gesetz wie auch 11QT LXIV 6–13 von einem todeswürdigen Verbrechen ausgeht; aber Paulus setzt sich doch – unter apologetischem Druck?[177] – in Gal 3,13 mit dieser Stelle auseinander und wendet sie positiv: Christus hat den vom Gesetz über die Gesetzesbrecher verhängten Fluch „für uns" getragen. Der Jude Tryphon nimmt dann bei Justin, dial. 32,1 daran Anstoß, dass der angebliche Messias der Christen so ehrlos und ruhmlos wurde, dass er sogar dem äußersten Fluch im Gesetz Gottes verfiel und gekreuzigt wurde (vgl. 89,1); doch ist das kein sicher unabhängiges Zeugnis, zumal Tryphon zugesteht, dass der Messias leiden muss (89,2; 90,1).

In der griechisch-römischen Welt wurde der Kreuzestod als besonders abschreckend und grausam eingestuft, weil er das Sterben lange hinzog.[178] Die Strafe galt als typisch für Sklaven (*servile supplicium*) und eines römischen Bürgers unwürdig.[179] Außer an Sklaven wurde sie regulär höchstens noch an Freigelassenen und Fremden, namentlich an Aufständischen vollstreckt. Auf der für die mediterrane Welt ausschlaggebenden Skala zwischen Ehre und Schande nahm ein Gekreuzigter den untersten Rang ein (vgl. Hebr 12,2 „die Schande verachtend"). Zwar wussten auch die Griechen und Römer einen ehrenvollen, heroischen Tod für das Vaterland oder die Freunde zu schätzen,[180] aber eine solche Zuschreibung lag bei den Umständen des Kreuzes Jesu für Außenstehende fern. Dass darin die Hingabe des Gottessohnes zum Ausdruck kam, war nicht ersichtlich; eine positive Deutung konnte auch erst vom Osterglauben her gewonnen werden. Noch schwerer vereinbar war ein solch schmachvoller, ohnmächtiger Tod mit der angeblichen Göttlichkeit Jesu. Das verdeutlichen die heidnischen Einwände bei Justin, 1.apol. 13,4, Minucius Fel. 9,4; 29,2f und bei Origenes, Cels. II 34–36.68; VI 10; VIII 41. Sie sucht Justin, 1.apol. 21 zu entkräften, indem er auf sterbende Göttersöhne verweist. Ein Gekreuzigter ist allerdings nicht darunter, wie er 55,1 zugeben muss.

2. Die Argumentationszusammenhänge bei Paulus

a) Paulus baut in *1Kor 1f* keine solche Brücken. Obwohl er in der Erstverkündigung die Sinnhaftigkeit des Sterbens des Christus und seine Schriftgemäßheit herausstellte (vgl. zu 1Kor 15,3), spielt er hier in der Reflexion darauf das Handeln Gottes im Gekreuzigten gegen innerweltliche Maßstäbe aus. Der menschliche Anspruch auf anschauliche Evidenz und Einsichtigkeit wird durch das Kreuz durchbrochen. Paulus kämpft gegen die Absolutsetzung dieser Ansprüche. H. Weder hat sie auf die Formel gebracht: „Aufhebung des Kontingenten in einen

---

[176] Dagegen spricht auch die Salbung der Gebeine des bei Gibʿat ha-Mibtar gefundenen, von den Römern gekreuzigten Juden. Vgl. KARRER, Gesalbte 370f.

[177] Das Zitat passt sich zunächst dem Gedankengang ein; dennoch „ist die Annahme durchaus plausibel, die Fluchdeutung des Kreuzes sei als synagogales Argument dem frühchristlichen Messiasbekenntnis entgegengehalten worden", vielleicht sogar vom Pharisäer Paulus selber: So SÄNGER, D.: „Verflucht ist jeder, der am Holze hängt" (Gal 3,13b), ZNW 85, 1994, 279–285, 283 mit Diskussion.

[178] Vgl. Cicero, Verr. II 5,165 *crudelissimum taeterrimumque supplicium*; Seneca, epist. 101,12–14.

[179] Oft zitiert – z.B. NEUER WETTSTEIN II 1 239 – Cicero, Rab. perd. 16: „das bloße Wort ‚Kreuz' sei ferne nicht nur vom Leib römischer Bürger, sondern auch vom Denken, den Augen und Ohren". Vgl. WELBORN 306f.

[180] Neuere Lit. dazu bei WOLTER 49 Anm. 21. Als ein Beispiel für solch einen Nationalhelden führt HENGEL im 9. Kap. M. Atilius Regulus an, der nach einem Teil der Überlieferung von den Karthagern gekreuzigt wurde.

größeren Zusammenhang der Weltordnung".[181] Wenn sich Paulus auch noch nicht auf der Lessingschen Abstraktionsebene „zufällige geschichtliche Wahrheiten" vs. „notwendige Vernunftwahrheiten"[182] bewegt, so ist das Problem, das das Kreuz für die Weisheitssuche darstellt, damit angedeutet. Es liegt allerdings noch tiefer. Während es bei Lessing um Wunder und erfüllte Weissagungen geht, läuft hier das Kreuz der menschlichen Weisheit strikt zuwider. Paulus bemüht sich in unserem Text nicht um Vermittlung der christlichen Botschaft mit der Vernunft.[183] Stattdessen verweist er auf die Weisheit Gottes, die das ganze Geschehen von schuldhaftem Nicht-Erkennen bis zur Erlösung im Kreuz umspannt. Damit befriedigt er aber nicht das griechische Weisheitsstreben, weil sich diese Weisheit definitiv im Gekreuzigten verkörpert. Nach unserem Dafürhalten war der Auslöser für diese schroffe Absage an die weltliche Weisheit das Liebäugeln der Korinther mit ähnlichen Formen christlicher Verkündigung. Paulus wählte das Gegensymbol des Kreuzes nicht, weil sie eine Herrlichkeitschristologie vertraten[184]; solche Rückschlüsse sind uns schon deshalb nicht möglich, weil das Kreuz bei Paulus als theologische Mehrzweckwaffe eingesetzt wird. Es konnte dazu benutzt werden, um die fehlende Resonanz der christlichen Botschaft bei den Intellektuellen zu erklären.

b) Ein zweiter Kontext ist, wie der *Gal* zeigt, der Kampf des Paulus gegen Gesetzesauflagen für die Heidenchristen. Sie, denen Jesus Christus als Gekreuzigter unübersehbar vor Augen gestellt wurde (Gal 3,1), können ihr Heil jetzt nicht mehr in den „Werken des Gesetzes" suchen.[185] Das Kreuz signalisiert also die alleinige Heilsbedeutung des Todes Jesu im Gegensatz zu anderen Wegen. Deshalb kann Paulus auch nicht mehr die Beschneidung als Heilsbedingung verkünden (Gal 5,11); dadurch würde „der Anstoß des Kreuzes beseitigt". Diese Anstößigkeit konkretisiert sich hier im Verfolgtwerden „auf Grund des Kreuzes des Christus" (so dann Gal 6,12). Während seine missionarischen Konkurrenten sich dessen rühmen, dass sie die Heiden mit der Beschneidung sichtbar für das Gottesvolk gewonnen haben, will sich der Apostel „allein im Kreuz unseres Herrn Jesus Christus" rühmen (6,14). Ebenso rühmt sich Paulus in der Auseinandersetzung mit judenchristlichen Missionaren seiner Schwachheit (2Kor 11,16–12,10), durch die er den aus Schwachheit Gekreuzigten repräsentiert (vgl. 2Kor 13,4). Diese Ich-Aussagen sind sicher exemplarisch gemeint.

c) So kann Paulus schließlich mit dem Kreuz überhaupt das *Verhältnis des Christen zur Welt* (Gal 6,14b) *und zu seiner Leiblichkeit,* die diesem vergehenden Äon angehört, kennzeichnen. Nach Gal 6,14f ist für das exemplarische „Ich" die Welt durch das Kreuz gekreuzigt. D.h.: die welthaften Unterschiede wie Beschneidung und Unbeschnittenheit spielen keine Rolle mehr,[186]

---

[181] 130. Vgl. 152 zu V. 22. Fragwürdig ist allerdings, dass er die altorientalisch-alttestamentliche Weisheit dafür zum Ausgangspunkt nimmt. Wie wir sehen werden, steht auch mehr als der „Geschichtsbezug des christlichen Glaubens" (Untertitel) auf dem Spiel.
[182] Vgl. Anonymus (G.E. LESSING): Über den Beweis des Geistes und der Kraft, in: Ders.: Sämtliche Schriften, hg. Lachmann, K., 3. Aufl. Muncker, F., XIII, Leipzig 1897, 1–8.
[183] Vgl. zum Problem BORNKAMM, G.: Glaube und Vernunft bei Paulus, in: Ders., Studien 119–137 und CIPRIANI, S.: „Sapientia Crucis" e sapienza „umana" in Paolo, RivBib 36, 1988, 343–361. Beide möchten zeigen, dass mit der Weisheit der Welt die Vernunft nicht abgetan ist. So auch christliche Apologeten gegen den Vorwurf der Irrationalität des Glaubens, wie ihn etwa Celsus (Origenes, Cels. I 9; VI 12) erhebt. Der Heide hatte mit Bezug auf 1Kor den Christen vorgehalten, sie machten aus der Not eine Tugend, indem sie die Weisheit dieser Welt zum Übel erklärten.
[184] So KUHN 1975, 30f (gnostisierend), 1982, 773f, der sich wie CONZELMANN, 1Kor 87 vor allem auf den „Herrn der Herrlichkeit" in 2,8 stützt. Dagegen s.o. zu 1,11f und unten zu 2,8.
[185] Den Zusammenhang von „Kreuzestheologie und Rechtfertigungslehre" vertieft SÖDING, Wort 153–182.
[186] Die subversive Kraft des Kreuzes für den „social order" wird einseitig herausgestellt bei PICKETT, Cross.

da mit dem Kreuzesereignis die „neue Schöpfung" anbricht. Umgekehrt besagt das: Das „Ich" ist für die Welt gekreuzigt, richtet sich nicht mehr nach ihrem Standard. In der Taufe auf Christi Tod ist „der alte Mensch mitgekreuzigt" (Röm 6,6). Das kann auch als aktives „Kreuzigen des Fleisches mit seinen Leidenschaften und Begierden" (Gal 5,24) beschrieben werden. Entsprechend sind die Gegner in Phil 3,18f durch ihren irdischen Wandel als „Feinde des Kreuzes Christi" abgestempelt. Die Annahme der paradoxen Botschaft vom Gekreuzigten verlangt also existentiell einen scharfen Bruch mit allem, was nur der menschlichen Selbsterhaltung und Selbstbestätigung dient.

Aus kulturanthropologischer Sicht und mit der Symboltheorie von V.W. Turner lässt sich die Bedeutung des Kreuzes zusammenfassend so beschreiben:

> Die sensorischen Aspekte des langsamen und leidvollen Sterbens, aber auch der sichtbaren Vernichtung des Körpers werden von Paulus ideologisch im Sinne einer Separation in kosmisch-weltanschaulicher (Ende des alten Äons), persönlicher (Ende des alten Ego) sowie sozio-kultureller Hinsicht (Bruch mit der sozialen [qua Verfolgung] und kulturellen Welt [qua Inversion der Werte]) ausgewertet.[187]

Wenn das Kreuz bei Paulus nur innerhalb einer apokalyptischen Weltanschauung und im „befristeten Übergang" von der alten zur neuen Welt Sinn hat,[188] muss sich eine vom Kreuz inspirierte Theologie und Askese fragen lassen: Blieb mit der fortlaufenden Geschichte nicht oft nur das Nein zur Welt, ohne dass von der „neuen Schöpfung" etwas sichtbar wurde? Was wurde aus der Kritik an den gesellschaftlichen Werten in einer Kirche, die selbst gesellschaftlich verfasst ist und in der diese Werte fröhliche Urständ feierten? Wurde das Kreuz nicht oft zur Rechtfertigung von Entsagung und Mangel? Muss ihm nicht die Bejahung des Lebens vorangehen? Lässt sich die im Kreuz gewonnene eschatologische Distanz zur Welt auf Dauer durchhalten oder gar institutionalisieren? Ähnliche Fragen werden auch bei 7,29–31 zu stellen sein.

b) 1,26–31: Beweis aus der sozialen Struktur der Gemeinde

(26) Schaut doch auf eure Berufung, Brüder: Denn (da gab es) nicht viele Weise dem Fleische nach, nicht viele Mächtige, nicht viele Hochgeborene; (27) sondern das Törichte (in den Augen) der Welt hat Gott sich auserwählt, damit er die Weisen beschäme, und das Schwache (in den Augen) der Welt hat Gott sich auserwählt, damit er das Starke beschäme, (28) und das Unedle (in den Augen) der Welt und das Verachtete hat Gott sich auserwählt, das was nicht(s) ist,[189] damit er das, was (etwas) ist, zunichte mache, (29) dass sich nicht rühmen kann jegliches Fleisch vor Gott. (30) Aus ihm aber seid ihr in Christus Jesus, der uns Weisheit wurde von Gott, Gerechtigkeit, Heiligung und Erlösung, (31) damit (geschehe), wie geschrieben steht,

der sich Rühmende soll sich im Herrn[190] rühmen.

---

[187] STRECKER 276. Er betont 277–291 besonders die Dynamik der Kreuzespredigt, durch die das antike Wertesystem auf den Kopf gestellt wird.

[188] Darauf hat OSTEN-SACKEN, P. VON DER: Die paulinische theologia crucis als Form apokalyptischer Theologie (1979), in: Ders., Evangelium 56–79, 69 aufmerksam gemacht. Vgl. auch BROWN, A.R.: The Cross and Human Transformation. Paul's apocalyptic word in 1 Corinthians, Minneapolis 1995.

[189] Ein Teil der Handschriften ergänzt καί und macht so aus der Apposition ein drittes Objekt. Die gute Bezeugung ($\mathfrak{P}^{46}$ ℵ A C* D* F G 33 1175 1739) und die Stellung nach dem Verb sprechen aber für einen Nachtrag zu den ersten beiden Objekten.

[190] $\mathfrak{P}^{46}$ liest gegen FASCHER, 1Kor 105 nicht ἐν θεῷ.

In diesen Versen beweist – vgl. das folgernde γάρ[191] – Paulus die Unverträglichkeit von rhetorischer Weisheit und Evangelium, indem er an die Erfahrung[192] der Korinther appelliert. „Berufung" greift dabei auf „Berufene" in V. 24 zurück. Das Hauptaugenmerk gilt immer noch der Weisheit (vgl. das Stichwort in V. 26.27a.30); damit verbinden sich aber die Kategorien der Macht und des gesellschaftlichen Ranges. So ist die negative Feststellung V. 26 dreigliedrig; ihr spricht positiv die Dreier-Periode V. 27f. Die Akkusativobjekte[193] sind hier betont vorangestellt, wobei im dritten Glied der Gegenstand der Erwählung verdreifacht wird. Die drei dazugehörigen Finalsätze überbietet der ὅπως-Satz[194] V. 29. Nach diesen unpersönlichen Ausführungen redet V. 30a wieder (vgl. 26a) die Gemeinde an, fällt aber im Relativsatz V. 30b ins einschließende „Wir". Dabei markiert δέ keinen Gegensatz zu V. 29, sondern führt die positive Aussage V. 27f fort. Nachdem V. 27f mit dem dreimaligen ἐξελέξατο ὁ θεός die Erwählung durch Gott eingehämmert hatte, nimmt der Gedanke nun eine christologische Wendung. V. 31 rundet das Stück mit einem Schriftzitat[195] ab. Er gibt eine erneute Zweckbestimmung (wieder ἵνα); dadurch erhält V. 29 einen positiven Widerpart. Der Abschnitt ist durch synthetische Parallelismen und steigernde Wiederholung rhetorisch eindrucksvoll.

V. 26 Der Apostel liefert zwar keine nüchterne soziologische Analyse, aber sein Erfahrungsbeweis dürfte Anhalt an der tatsächlichen Zusammensetzung der Gemeinde haben (s. Einleitung unter 2b). Neben dem Bildungsgrad bestimmen auf Reichtum beruhende politische Macht[196] und adelige Herkunft, die die *honestiores* für sich beanspruchen konnten, die Verhältnisse in der von den Römern beherrschten griechischen Gesellschaft.[197] Dadurch qualifizierte Leute bilden eine verschwindende, wenn auch vielleicht einflussreiche Minderheit in der christlichen Gemeinde. Wie spätere Zeugnisse[198] bestätigen, kommt die Mehrheit aus der unteren Mittelschicht. Sie werden als ungebildet, arm und verachtet wahrgenommen. Doch sind

---

[191] Dazu BAUER, Wörterbuch 304f unter 3. Es ist mit „doch" zu übersetzen.
[192] Das Verb der Wahrnehmung βλέπετε – auch 10,18 in einem Argument – zieht hier ein ὅτι nach sich: B-D-R 397,1.
[193] Durch den Übergang ins Neutrum wird der Stil verallgemeinernd. Vgl. aber noch V. 27aβ das maskuline σοφοί.
[194] Mit dem Konjunktiv Aorist und im Wechsel mit ἵνα hat er finalen Sinn: B-D-R 369,4.
[195] Der Komparativsatz καθὼς γέγραπται kann parenthetisch verstanden werden: vgl. B-D-R 470,2 mit Anm. 3. Das Umspringen in die direkte Rede lässt sich aber schwer so übersetzen; deshalb erwägt MERKLEIN, 1Kor I 193 den Ausfall eines γένηται. Vgl. B-D-R 480 Anm. 9
[196] SÄNGER, D.: Die δυνατοί in 1 Kor 1 26, ZNW 76, 1985, 285–291 (auf Grund von Josephus-Stellen) und WELBORN, Discord 96f (klassische Belege) möchten die „Mächtigen" mit den Reichen geradezu identifizieren, wie umgekehrt bei Plato, rep. 364a die „Schwachen" neben den „Armen" stehen. Es fällt auf, dass Paulus nicht auf den Status – ob Sklave, Freigelassener oder freier Bürger – eingeht. Vielleicht weil der nicht so eindeutige Grenzen zog: Ein Freigelassener konnte eine bedeutende Stellung einnehmen.
[197] Vgl. Aristoteles, pol. VI 1,9 1317b 38–41: „Da die Oligarchie von Abstammung, Reichtum und Bildung bestimmt wird, scheint die Volksherrschaft das Gegenteil davon zu sein: unedle Geburt (ἀγένεια), Armut und Mangel an Bildung".
[198] In Origenes, Cels. III 55 Polemik gegen „Wollarbeiter, Schuster, Walker, die ungebildetsten und bäuerischsten"; Minucius Fel. 36,3: Die meisten Christen gelten als arm.

diese Wertungen die der „Welt"[199]. Sie gelten im menschlich beschränkten Raum des „Fleisches"[200] (vgl. noch einmal zusammenfassend V. 29 πᾶσα σάρξ). Die so zusammengesetzte Gemeinde ist jedoch keine zufällige Ansammlung, sondern Ergebnis[201] der „Berufung" (s. zu 1,2) durch Gott.

V. 27-29 Ja, mehr noch, es ist die freie Auswahl (ἐκλέγεσθαι[202]) Gottes, die so die menschlichen Wertsetzungen umkehrte.

Ἐκλέγεσθαι übersetzt hebr. בחר/bḥr[203]. Mit Gott als Subjekt verleiht der biblische Terminus einem nicht selbstverständlichen Tatbestand eine sakrale Legitimation. Im AT – hauptsächlich in der deuteronomisch-deuteronomistischen Tradition – ist das Israel als Volk, der Ort für den Tempel, dessen Personal und der König. An einigen Stellen wird die paradoxe Art dieser Selektion herausgestrichen: Gott hat sich das kleinste unter allen Völkern erwählt (Dtn 7,6f); er hat dazu Völker vertrieben, die größer und mächtiger sind (Dtn 4,37f). Gott hat nicht die Riesen, die berühmten Männer der Urzeit, hoch an Wuchs und Meister im Kampf, erwählt, um ihnen den Weg der Weisheit, sprich: das Gesetz, zu zeigen (Bar 3,26f). Weil er nicht auf das Äußere schaut, fiel seine Wahl auf David, und nicht auf dessen ältere und stattlichere Brüder (1Sam 16,1–13). Jdt 9,11 kann bekennen: „Deine Macht stützt sich nicht auf die große Zahl, deine Herrschaft nicht auf starke Männer, sondern du bist der Gott der Niedrigen und der Helfer der Geringen; du bist der Beistand der Schwachen, der Beschützer der Aufgegebenen und der Retter der Hoffnungslosen." Das nimmt sachlich unsere Verse vorweg. Ein ntl. Nachklang in Lk 1,51f und Jak 2,5. Das Dankgebet Jesu für die den Unmündigen zuteil gewordene Offenbarung (Lk 10,21Q) bildet eine Sachparallele; eine traditionsgeschichtliche Linie zu 1Kor ist aber nicht zu ziehen. Während dort die jüdischen Weisen hintangesetzt werden, sind es hier die griechischen Gebildeten.

Indem Paulus in einem Zusatz V. 28 das Nichtswürdige der Auserwählten als τὰ μὴ ὄντα verdeutlicht, stellt er ihre Berufung in Analogie zum Schöpfungsvorgang, der Röm 4,17[204] als „Rufen des Nicht-Seienden als Seiendes" beschrieben wird. In den

---

[199] Der Genitiv τοῦ κόσμου bezeichnet die Zugehörigkeit der substantivierten neutrischen Adjektive zu einem Bereich, der die Wertung vornimmt, ähnlich wie κατά mit Akk. V. 26b. Dagegen nehmen WEISS, 1Kor 36 und andere *Genetivus partitivus* an.

[200] Κατὰ σάρκα V. 26 bezeichnet die Weisen aber nicht „in ihrem widergöttlichen Wesen", „in ihrem sich gegenüber Gott verschließenden Weise-Sein", wie SCHRAGE, 1Kor I 211 mutmaßt. Er beruft sich zu Unrecht auf SCHWEIZER, E.: Art. σάρξ κτλ, ThWNT 7, 1964, 98–151, 127. Der behandelt 125–128 den dem AT verwandten Sprachgebrauch, in dem σάρξ als zwar begrenzte, aber nicht gottfeindliche Sphäre des Menschen im Gegenüber zu Gott erscheint. Ihr gehört auch die „fleischliche Weisheit" von 2Kor 1,12 an, der die „Gnade" gegenübersteht.

[201] Offensichtlich hat κλῆσις hier wie 7,20 die Umstände der Berufung mit im Auge. Das Abstraktum kann auch für die konkrete Versammlung stehen (vgl. z.B. Herm sim VIII 11,1). Für solche Metonymie MONTAGNINI, F.: „Videte vocationem vestram" (1Cor 1,26), RivBib 39, 1991, 217–221; aber dann ist das ὑμῶν schwerer zu erklären.

[202] Vgl. das Substantiv ἐκλογή 1Thess 1,4 in Bezug auf das Christwerden. Ferner SCHRENK, G.: Art. ἐκλέγομαι CDE, ἐκλογή, ἐκλεκτός, ThWNT 4, 1942, 173–197.

[203] Vgl. WILDBERGER, H.: Art. בחר/bḥr, THAT 1, 1971, 275–300; SEEBASS, H.: Art. בחר/bḥr II–III, ThWAT 1, 1973, 593–608.

[204] Vgl. 2Makk 7,28 οὐκ ἐξ ὄντων ἐποίησεν αὐτὰ ὁ θεός; und noch näher an Paulus: Philo, spec. IV 187 „Das Nicht-Seiende rief er nämlich ins Sein" (τὰ γὰρ μὴ ὄντα ἐκάλεσεν εἰς τὸ εἶναι) und 2Bar 21,4 „der du zu Anbeginn der Welt gerufen hast, was noch nicht war, und es gehorchte dir" bzw. 48,8 „Mit dem Wort rufst du ins Leben, was nicht war". Die Analogie ist um so eher beabsichtigt als der Apostel auch ein

1,18–2,5: Das Kreuzesereignis

Finalsätzen strapaziert der Apostel wieder den geltenden Ehrenkodex: Der Zweck dieser überraschenden Auswahl ist die Beschämung der Weisen und Starken, die auch ein „Zuschanden machen" bedeuten kann (vgl. „Verlorengehen" 1,18, dem Röm 10,10f im Gegensatz zu „Gerettetwerden" ein passives καταισχύνεσθαι entspricht). V. 28 steigert das zu einem καταργεῖν. Das bei Paulus beliebte Verb bedeutet wörtlich „wirkungslos machen", hat aber oft im Zusammenhang des Gerichts (vgl. 2,6; 6,13; 13,8.10; 15,24.26) den Sinn von „vernichten".

Auch beim καυχᾶσθαι V. 29 geht es um die Ehre, diesmal jedoch vor Gott. Sie ist durch das allen menschlichen Erwartungen zuwiderlaufende Handeln Gottes jedem Menschen[205] abgeschnitten.

Die antike Weisheit geht gegen ein Sich-Rühmen auf Grund von Reichtum, Macht und Weisheit an.[206] Im AT verfolgen das Gotteswort Jer 9,22f und der es moralisierend abwandelnde Einschub in 1Βασ 2,10 dieses Ziel. Wahrscheinlich schwebt dieser freie Text Paulus schon seit V. 26 vor: In 1Βασ 2,10 erscheint das δυνατός von V. 26. Das σοφός bzw. ἰσχυρός von Jer 9,22LXX mag in V. 27 eingeflossen sein. Was Paulus als Fortsetzung überkommen ist, zitiert er dann V. 31.[207] Gegenüber diesen weisheitlichen Ansätzen scheint mir das Besondere von V. 29 darin zu liegen, dass die ganze Menschheit mit dem Handeln Gottes konfrontiert wird und in ihrem Rühmen[208] verstummen muss.

V. 30 führt mit der Präposition ἐκ (vgl. 8,6; 11,12 mit Bezug auf die Schöpfung und ihre Ordnung; Röm 11,36 mit Bezug auf das Weltgeschehen, 2Kor 5,18 auf die Neuschöpfung in Christus; 7,7 auf die Charismen; negativ Eph 2,8: „nicht aus euch")

---

prädikatives οὐδέν bzw. μηδὲν εἶναι kennt: 13,2; 2Kor 12,11b; Gal 6,3. Das Nicht-Seiende steht aber hier wohl für „das, was nichts ist" – vgl. den „nobody" bei Sophokles, Aias 1094f „nichts seiend von Geburt" (μηδὲν ὢν γοναῖσιν vs. εὐγενεῖς), Euripides, Ion 594 „nichts und von niemand wurde ich genannt" (μηδὲν κοὐδένων κεκλήσομαι), Philo, virt. 174 (τὸ μηδέν) und Lukian, merc. 16 (τὸ μηδὲν ὄν). In Euripides, Tro. 612–615 beklagt Hekabe den Sturz des trojanischen Herrscherhauses: „Ich sehe der Götter Walten; einerseits erheben sie das Nichts (τὰ μηδὲν ὄντα) turmhoch, andererseits vernichteten sie das Geltende". Und Andromache stellt fest: „Das Wohlgeborene wurde zum Sklaven" (τὸ δ᾽ εὐγενὲς εἰς δοῦλον ἥκει). Solche Verkehrung ist nach 2Bar 70,2-4 Symptom der Zeit vor dem Ende: „Die nichts waren, werden herrschen über Starke".

[205] „Jegliches Fleisch" ist biblischer Ausdruck für alle Lebewesen in ihrer kreatürlichen Hinfälligkeit (vgl. Gen 6,12.17.19; 7,15f u. ö. in der Priesterschrift). Paulus liest ihn (gegen MT und LXX) auch in seiner Zitation von Ps 143,2 in Röm 3,20, übrigens auch mit der Fortsetzung ἐνώπιον αὐτοῦ wie Sir 39,19LXX. Um die biblische Reminiszenz zu verdeutlichen, übersetzen wir μή ... πᾶσα nicht nach B-D-R 302,1 glatt mit „kein".

[206] Vgl. ZELLER, Selbstbezogenheit 208 mit Belegen aus aramäischen, ägyptischen und griechischen Spruchsammlungen. Ihren Stil imitiert der jüdische Ps-Phok 53 „Brüste dich nicht (γαυροῦσθαι) mit Weisheit oder mit Stärke oder mit Reichtum", setzt dagegen aber aus biblischer Überzeugung: „Der Eine Gott (allein) ist weise zugleich und mächtig und reich an Segen" (54). Ferner BULTMANN, R.: Art. καυχάομαι κτλ, ThWNT 3, 1938, 646–654; SÁNCHEZ BOSCH, J.: „Gloriarse" según San Pablo, AnBib 40, Rom 1970; HECKEL, Kraft 145–159.

[207] Vgl. SCHREINER, J.: Jeremia 9,22.34 als Hintergrund des paulinischen „Sich-Rühmens", in: Gnilka, Kirche 530–542. O'DAY, G.R.: Jeremiah 9:22-23 und 1 Corinthians 1:26-31, JBL 109, 1990, 259–267 sucht Entsprechungen für die Triaden in V. 26.27f.30b (hier aber vier Glieder!) und für die Struktur des „nicht - sondern" (V. 26f) im Jeremiatext. Weiteren möglichen Anklängen geht TUCKETT, Paul 417–422 nach.

[208] Ein Sich-Rühmen vor Gott ist nur der aus seinem Mund hervorgegangenen Weisheit verstattet: Sir 24,1f.

den Heilsstand der Gemeinde „in Christus Jesus"[209] auf Gott zurück. Dabei bildet das ἐξ αὐτοῦ eher eine Überleitung[210] zur gefüllten Aussage über die Heilsbedeutung Christi. Die Prädikation von 1,24 „Christus ... Gottes Weisheit" wird nun als dynamisches Geschehen zugunsten der Christen (*Dativus commodi* mit inklusivem „Wir") entfaltet; aus „Gottes Weisheit" (*Genetivus possessoris*) wird jetzt die Weisheit, die ihnen „von Gott" (vgl. ἀπό 1,3; 4,5; 6,19; Phil 1,28) als Gabe zukommt. An sich könnte Paulus nun als Gegenstück zu den Machtverhältnissen in V. 26–28 wiederholen, dass Christus ihnen auch zur Macht (vgl. V. 18.24) wurde. Stattdessen[211] folgen drei, mit τέ ... καί ... καί eng zusammengefasste Heilsgüter, die auch sonst benachbart sind: δικαιοσύνη – vielleicht angeregt durch Jer 9,23 (Gott schafft Gerechtigkeit auf der Erde) –, ἁγιασμός[212] und ἀπολύτρωσις, wohl weil sie in der Taufe vermittelt werden.[213] „Gerechtigkeit" ist hier, wo das „von Gott" noch nachwirkt, wie 2 Kor 5,21 (mit dem *Genetivus auctoris* θεοῦ), Phil 3,9 (ἐκ θεοῦ), aber auch im Röm[214] das von ihm geschenkte Rechtsein vor Gott im Gegensatz zur Sünde (vgl. 2Kor 5,21), wie auch das Passiv δικαιωθῆναι in 6,11 bestätigt.[215] Das Wort ἀπολύτρωσις wurzelt in der biblischen Erfahrung der Befreiung durch Gott aus ägyptischer Sklaverei, aus dem Exil oder anderen Notlagen.[216] Im neutestament-

---

[209] Während ἐν in 1,2 (vgl. 6,11) und 1,4f eher instrumentale Bedeutung hatte, ist hier eine lokale nicht zu bestreiten, wie überall wo ἐν Χριστῷ bzw. ἐν κυρίῳ mit εἶναι verbunden ist (Röm 16,11; zu ergänzen in 2Kor 5,17 und in der Wendung „die in Christus Jesus" Röm 8,1; vgl. Gal 1,22; 1Petr 5,14). Diese Zugehörigkeit zum durch Christus geschaffenen Heilsbereich meinen auch die Verbindungen von „Werden" (Röm 16,7), „Erfunden werden" (Phil 3,9) und „Stehen" (1Thess 3,8; Phil 4,1) mit „in Christus" bzw. „im Herrn".

[210] Es ist also nicht mit GRAGG, Analysis 43 betont zu übersetzen: „It is because of him (God) that you are in Christ Jesus". Vgl. HEINRICI, 1Kor 80f: Das ἐξ αὐτοῦ ist nicht nach dem Vorgang patristischer Ausleger so mit ὑμεῖς ἐστε zusammen zu nehmen, dass darin ein Kind-Vater-Verhältnis ausgedrückt wäre – obwohl ἐκ in der Antike durchaus ein solches anzeigen kann.

[211] BOHATEC, J.: Inhalt und Reihenfolge der „Schlagworte der Erlösungsreligion" in 1. Kor. 1,26–31, ThZ 4, 1948, 252–271 möchte alle vier Begriffe antithetisch zu τὰ μωρά, τὰ ἀσθενῆ, τὰ ἀγενῆ, τὰ μὴ ὄντα auffassen und erntete Sympathien bei KÜMMEL, 1Kor 169 und THISELTON, 1Kor 191; dabei muss man aber z.B. δικαιοσύνη eine soziale Note unterlegen, die es hier nicht hat. Unwahrscheinlich auch die Konstruktion von BENDER, W.: Bemerkungen zur Übersetzung von 1 Korinther 1 30, ZNW 71, 1980, 263–268: Er will den vom Kontext her wichtigen Relativsatz bis ἀπὸ θεοῦ parenthetisch nehmen und die restlichen drei Begriffe als Prädikate zu „ihr seid" ziehen. Weil aber die letzten beiden nicht nur den erwirkten Zustand, sondern auch eine Aktivität Gottes besagen, ist das kaum möglich.

[212] Vgl. zu 1,2. Heiligung neben Gerechtigkeit: Röm 6,19.20–22; δικαιωθῆναι nach ἁγιασθῆναι 6,11.

[213] Vgl. 6,11 und HAHN, F.: Taufe und Rechtfertigung, in: Friedrich/Pöhlmann/Stuhlmacher, Rechtfertigung 95–124, 105–108 (= Ders., Studien II 251–254). Auch der Aorist ἐγενήθη könnte auf den Anfang des Christseins verweisen; anders VOSS, Wort 120: auf die Kreuzigung.

[214] Ausgenommen das Echo von Tradition in 3,25, wo ein *Genetivus possessoris* vorliegt. Vgl. ZELLER, Röm 45–50. In den letzten Jahrzehnten hat man zwar immer wieder – mindestens im Röm – die Bedeutung „Bundestreue" bzw. „Heilswirken Gottes" suggeriert – z.B. THEOBALD, M.: Der Römerbrief, EdF 294, Darmstadt 2000, 210–212; vgl. dazu aber meine Rez. ThRv 98, 2002, 113f.

[215] THÜSING, W.: Rechtfertigungsgedanke und Christologie in den Korintherbriefen (1974), in: Ders., Studien 100–123, 105f sieht in 1Kor 1,30 zutreffend Christus als personale Ermöglichung der rechten Relation zu Gott, trägt aber aus anderen Kontexten noch die Verheißungstreue Gottes ein. Δικαιοσύνη meint auch nicht Gottes „uns" rechtfertigendes Handeln – so LINDEMANN, 1Kor 52; das wäre δικαίωσις.

[216] Die entsprechenden hebräischen Verben sind גאל/*g'l* und פדה/*pdh*. Dazu die Art. von RINGGREN, H., ThWAT 1,1973, 884–890 und CAZELLES, H., ThWAT 6, 1989, 514–522 sowie HAUBECK, Loskauf 7–92.

lichen Taufkontext[217] meint es die Befreiung von den Sünden, die durch das Blut Christi gnadenhaft gewirkt wird (vgl. Röm 3,24f; Eph 1,7; Kol 1,14; Hebr 9,15 – vgl. V. 12 λύτρωσις; λύειν Apk 1,5; λυτροῦν Tit 2,14; 1Petr 1,18f). Zur aktuellen Weisheitsthematik kommt also die Erinnerung an Tauftradition hinzu.

V. 31 Die Zielangabe zitiert die Schrift, während dasselbe Wort in 2Kor 10,17 ohne diese Einführung normativ verwendet wird. Gemeint ist wohl die zweite Hälfte von Jer 9,22fLXX; „Darin rühme sich der Sich-Rühmende, zu verstehen und zu erkennen, dass ich der Herr bin, der ..." wäre zu unserer Form komprimiert worden.[218] Diese Weiterbildung lag Paulus wohl schon vor, wie neben 2Kor 10,17 auch die anscheinend von Paulus unbeeinflusste längere Version 1Clem 13,1 bezeugt.[219] Die jüdische Tradition stellt so dem menschlichen Rühmen das Sich-Rühmen in Gott[220] als Korrektiv entgegen. Für Paulus ist der κύριος als Grund des Ruhmes mit ziemlicher Sicherheit Christus.[221]

Zwar hat der vorhergehende Text Gottes Urheberschaft stark akzentuiert, aber in V. 30 war eine Verschiebung zu Christus hin zu beobachten. Als Gegenposition hat man sich ja mit Jer 9,22 Leute vorzustellen, die sich ihrer Weisheit etc. rühmen. Da nun Christus die Weisheit der Seinen geworden ist, können sie sich in ihm rühmen, aber auch nur in ihm. Das zielt darauf, das Renommieren mit menschlichen Lehrern auszuschließen (vgl. dann 3,21). Auch in 2Kor 10,17f dürfte Paulus Konkurrenten, die sich mit fremden Federn schmücken, die Empfehlung durch den Herrn = Christus entgegensetzen. Zwar könnte man von V. 13 her auch an Gott denken, aber in der folgenden Narrenrede 11,1-12,10 rühmt sich der Apostel seiner Schwachheiten, in denen gerade die Macht Christi zur Vollendung kommt. Die Beziehung auf

---

Manchmal wird dazu die Bezahlung eines Lösegeldes assoziiert: vgl. zu 6,20; 7,23. Substantivbildungen dazu sind im AT selten (von LXX mit λύτρωσις wiedergegeben); vgl. dann פְּדוּת/$p^edût$ 1QM 1,12 und öfter in dieser Rolle.

[217] Vgl. KERTELGE, K.: Art. ἀπολύτρωσις, EWNT 1, 1980, 331-336; SPICQ, Lexique 944-950; HAUBECK, Loskauf 167-225. Auch Ps 130,7f und Jes 44,22 verbindet sich mit גְּאַל/$g'l$ die Vergebung der Sünden. Damit ist die Deutung auf den Endzustand (BACHMANN, 1Kor 106 und FASCHER, 1Kor 112 mit Hinweis auf Röm 8,23; Eph 1,14; 4,30) abgelehnt.

[218] Vgl. RAKOTOHARINTSIFA, A.: Jérémie en action à Corinthe, in: Curtis, A.H.W./Römer, Th. (Hg.): The Book of Jeremiah and its Reception, BEThL 128, Leuven 1997, 207-216 mit Berufung auf HECKEL, U.: Jer 9,22f. als Schlüssel für 2 Kor 10-13, in: Hengel/Löhr, Schriftauslegung 206-225. Nach diesem hat Paulus „im Laufe seiner Predigttätigkeit" die Verkürzung selber vorgenommen (214).

[219] Auch die in ihrer Datierung umstrittene Weisheitsschrift aus der Kairoer Geniza empfiehlt 9,14-10,4 ein sich Rühmen in Gott und das Tun von Gerechtigkeit und Güte (letzteres wie die Variante in 1Baσ 2,10 und 1Clem 13,1).

[220] Vgl. in der LXX Ps 5,12; Sach 10,12; Sir 17,9 in einem Teil der Hsn.; 50,20; Aquila bei Ps 43,9; 55,11; 33,3 hat sogar ἐν τῷ κυρίῳ; PsSal 17,1. Gott ist der Ruhm seines Volkes: vgl. LXX-Fassung von Dtn 10,21; Ps 88,18; Jer 17,14. Philo, spec. I 311 exegesiert Dtn 10,21: „So soll denn, heißt es, allein Gott dein Ruhm (αὔχημα) und dein höchster Stolz sein, und tue dich nicht groß (σεμνυνθῆναι) mit Reichtum noch Ehre noch Herrschaft noch körperlicher Schönheit noch Kraft oder ähnlichem, weshalb sich die Hohlköpfe zu erheben pflegen, indem du bedenkst, dass diese Dinge einmal nicht am Wesen des Guten teilhaben, zum andern, dass ihnen der jähe Augenblick des Umschlags droht, so dass sie gewissermaßen verwelken, bevor sie voll erblüht sind."

[221] Vgl. allgemein zur Identifikation des κύριος in Schriftzitaten CAPES, Texts, zu unserer Stelle 130-135. Bis auf 3,20 bezieht er κύριος in unserem Brief immer auf Christus. Dagegen plädieren HEINRICI, 1Kor 84 und FASCHER, 1Kor 113 hier für Gott; leise Zweifel an der überwiegenden christologischen Deutung auch bei WEISS, 1Kor 43f.

Christus wird auch durch Röm 15,16-19 gestützt. Dort haben wir ein praktisches Beispiel apostolischen Sich-Rühmens; aber V. 17 präzisiert Paulus, dass es nur in Christus Jesus vor Gott möglich ist, was V. 18f mit dem Wirken Christi durch ihn begründet. Auch in unserem Brief kann sich Paulus der Gemeinde „in Christus Jesus, unserem Herrn" rühmen (15,31). Schließlich rühmt sich der Apostel in der Auseinandersetzung mit den judaistischen Gegnern Gal 6,13f „im Kreuz unseres Herrn Jesus Christus". In Phil 3,3 steht das „Sich Rühmen in Christus" im Gegensatz zum „Vertrauen auf das Fleisch" bei den beschnittenen Gegenmissionaren.

Damit kommen wir wieder in den Zusammenhang der Rechtfertigungslehre[222], die nicht nur am Ende in V. 30 anklingt, sondern auch eine unübersehbare Strukturparallele zu unserem Abschnitt V. 18-31 bildet. Diese sei, auch um den Gedankengang zu resümieren, hier ausgezogen. Nach 1Kor 1 spielt sich für die Griechen auf intellektueller Ebene ein ähnliches Drama ab, wie für die Juden auf der Ebene der Ethik. Dabei wird jeweils die eigentlich jüdische bzw. griechische Problematik auf die Menschheit ausgeweitet. Dort ist die göttliche Gabe des Gesetzes der Ausgangspunkt, hier die menschliche Weisheit. Das macht einen Unterschied. Aber wie der Jude, und überhaupt kein Mensch, im Gesetz gerechtfertigt wird, weil er es in seiner fleischlichen Verfassung nicht halten kann, so erkennt die Welt durch ihre Weisheit, die 1,26; 2Kor 1,12 der begrenzten Sphäre des Fleisches zugewiesen ist, Gott nicht (1,21). Wie in Röm 2,1-3,20 auch der gesetzesstolze Jude als Sünder überführt wird, so entlarvt Gott durch sein Handeln im Gekreuzigten auch die selbstbewusste Weisheit der Welt als Torheit (1,20d). Rettung gibt es für Juden wie Heiden nur im Glauben an das Kreuz Christi, der ihnen zur Gerechtigkeit bzw. zur Weisheit wird (1,24.30). Dabei entspricht der Rechtfertigung des Gottlosen (vgl. Röm 4,5) in gewisser Weise die Erwählung des Nicht-Seienden (1,28). Denen, die außen vor bleiben, erscheint das Kreuz aber als skandalöser Fluch – so vom jüdischen Gesetz aus – bzw. aus der Sicht der Griechen als Torheit. Die einseitige Rettungstat Gottes macht allem Rühmen ein Ende (1,29), sei es auf jüdischer Seite im besonderen Gottesverhältnis (vgl. Röm 2,17; 3,27) oder in der Beschneidung (vgl. Gal 6,13), sei es bei den Griechen auf Grund von Weisheit oder sonstigen Vorzügen. Es bleibt nur noch ein Ruhm im Herrn (1,31). Vielleicht kann man die Parallele noch weiter treiben: Wie Paulus das Gesetz im Glauben aufrichtet (Röm 3,31) und seine Rechtsforderung im Geist erfüllt werden kann (Röm 8,3), so ist nach der Destruktion der Menschenweisheit eine pneumatische Weisheitsrede möglich (vgl. 2,6-16).

c) 2,1-5: Beweis aus der Erstpredigt des Apostels
(1) Und als ich zu euch kam, Brüder, kam ich, indem ich nicht in Überlegenheit von Rede oder Weisheit euch das Zeugnis/Geheimnis[223] Gottes verkün-

---

[222] Vgl. ZELLER, D.: Zur Pragmatik der paulinischen Rechtfertigungslehre, ThPh 56, 1981, 204-217, namentlich 215f. Neuere Lit. bei SÖDING, TH.: Art. „Rechtfertigung", NBL 3, 2001, 288-298. Dazu FUNG, R. Y.-K.: Justification by Faith in 1 & 2 Corinthians, in: Hagner/Harris, Studies 246-261.

[223] μαρτύριον ℵ*c* B D F G P Ψ 6 *33* 69 *81* 104 181 323 326 330 365 451 614 629 630 *1175* 1241 1243 1319 1505 *1506* 1573 1611 *1735 1739* 1836 1874 1877 *1881* 1962 1984 *2127* 2344 *2400* 2464 *2492* 2495 it[d.dem.e.f.g.x.z] vg syr[h] cop[sa] arm eth. Die hier aufgezählten Minuskeln sind von besonderem Gewicht (kursiv: Kategorie I und II nach ALAND, Text, sonst Kategorie III); dazu kommen die meisten byzantinischen Hsn. Dagegen lesen 𝔓46 (vi-

dete. (2) **Denn ich beschloss, nichts unter euch zu wissen außer Jesus Christus, und den als gekreuzigten.** (3) **Und ich trat in Schwachheit und in Furcht und mit viel Zittern bei euch auf,** (4) **und meine Rede und meine Verkündigung (vollzog sich) nicht in der Überredung/in überredenden Worten**[224] **der Weisheit, sondern im Erweis von Geist und Kraft,** (5) **damit euer Glaube nicht auf der Weisheit von Menschen beruhe, sondern auf der Kraft Gottes.**

BLACK, D.A.: Paul, Apostle of Weakness, AmUSt.TR 3, New York usw. 1984. GLADD, *Mysterion* 120–126. HARTMAN, L.: Some remarks on 1 Cor. 2:1–5, SEÅ 39, 1974, 109–120. JERVELL, J.: Der schwache Charismatiker, in: Friedrich/Pöhlmann/Stuhlmacher, Rechtfertigung 185–198.

Der Abschnitt setzt wie 1,26–31 mit der Anrede „Brüder" ein. Die 2. Pl. erscheint auch in den Pronomina V. 1(2x).2.3.5. Die Verben (in V. 4 zu ergänzen) sind im Präteritum gehalten. Wir haben eine Erzählung in der „Ich"-Form vor uns, die aber deswegen noch keine Fallschilderung in forensischer Funktion (*narratio*) darstellt.[225] Vielmehr ist die Art und Weise, wie die erste Predigt in Korinth erfolgte, wieder[226] ein Argument dafür, dass Paulus die Botschaft vom Gekreuzigten nicht in rhetorischer Weisheit ausrichten kann (1,17fin.). Dieser Gegensatz bestimmt V. 1f. In den *correctiones* V. 4.5 ist der Weisheit dann der Geist und die Kraft Gottes entgegengestellt. Mit dem letzteren Stichwort schlägt Paulus den Bogen zu 1,18 zurück.

---

detur) ℵ* A C 88 131 436 489 927 it^{ar.ri} syr^p cop^{bo} Hippolyt Ambrosiaster Ephraem Ambrosius Pelagius Augustinus Antiochus μυστήριον. Dies ist (gegen LIETZMANN, 1Kor 11) nicht eindeutig „ägyptische" Lesart, da außer B auch die sahidische Übersetzung, Origenes, Cyrill u.a. μαρτύριον haben. Die Übereinstimmung alexandrinischer und westlicher Zeugen spricht für das Alter von μαρτύριον. Dennoch bevorzugen neuere Ausgaben und Kommentare aus inneren Gründen μυστήριον. So auch KOPERSKI, V.: „Mystery of God" or „Testimony of God" in 1 Cor 2,1, in: Denaux, A. (Hg.): New Testament Textual Criticism and Exegesis. FS J. Delobel, BEThL 161, Leuven 2002, 305–315. Aber Einfluss von dem weiter zurückliegenden V. 1,6 (dort *Genetivus obiectivus* τοῦ Χριστοῦ) ist weniger wahrscheinlich als ein Vorgriff auf 2,7. Μαρτύριον verteidigen auch ZUNTZ, Text 101; BARRETT, 1Kor 62f; FEE, 1Kor 88; WOLFF, 1Kor 48 mit Verweis auf Frühere als *lectio difficilior*. Vielleicht ist Polyk 7,1 τὸ μαρτύριον τοῦ σταυροῦ ein frühes Echo darauf.

[224] Die erstere Lesart πειθοῖ σοφίας wird zwar nur von 35* it^{f.g} (von SWANSON, Manuscripts 18 nicht verzeichnet) geboten, könnte aber dennoch am Anfang gestanden haben. Bei 𝔓46 D¹ F G 206 429 630 πειθοῖς σοφίας wäre das durch Doppelschreibung des σ entstellt worden. Spätere Abschreiber erschlossen daraus das – sonst nicht belegte – Adjektiv πειθός und ergänzten aus V. 13 λόγοις. Das ist trotz der guten Bezeugung für πειθοῖς σοφίας λόγοις durch ℵ* (hier verschrieben zu λόγος) B D 33 1175 1506 1739 1881 (alle Kategorie II) nicht wahrscheinlich, da andere Hsn. aus V. 13 auch „menschlich" zu „Weisheit" hinzufügten, was angesichts der „Weisheit der Menschen" in V. 5 unnötig und sicher sekundär ist. Diesen Prozess rekonstruieren WEISS, 1Kor 49; ZUNTZ, Text 24f; FASCHER, 1Kor 114f; FEE, 1Kor 88; SCHRAGE, 1Kor I 232. Doch geben hier keine inhaltlichen Gründe den Ausschlag.

[225] Gegen VON LIPS, Traditionen 326 in teilweisem Anschluss an BÜNKER, Briefformular.

[226] Ob man Κἀγώ mit „auch ich" zu übersetzen hat, weil das „Ich" betont neben das „Ihr" in 1,26–31 tritt – so WILCKENS, Kreuz 46 Anm. 2 –, ist nicht sicher: In V. 3 und 3,1 heißt es „und ich". HOOPERT, D.A.: The Greek conjunction *kai* used with a personal pronoun, Occasional Papers in Translation and Textlinguistics 3,2, 1989, 83–89 nennt noch Eph 2,1; Hebr 12,1 als Beispiele, wo καί die Anwendung des soeben Diskutierten einleitet.

V. 1 Der erfolgreiche Gründungsaufenthalt (in 1Thess 1,9; 2,1 εἴσοδος) weist Paulus nicht nur als Apostel dieser Gemeinde aus, er hat auch typische Bedeutung. So grenzt Paulus seinen Verkündigungsstil[227] vom Imponiergehabe griechischer Rhetoren und Philosophen ab (s. Exkurs 1 unter 1). Inhaltlich passt hier die Lesart μαρτύριον τοῦ θεοῦ besser. Denn der *Genetivus auctoris*[228] – wie bei εὐαγγέλιον (τοῦ) θεοῦ – besagt, dass das paulinische Zeugnis von Christus (vgl. 1,6) in Gott seinen Ursprung hat. Es bezieht seine Autorität also nicht aus der menschlichen Präsentation durch einen Weisheitslehrer. Dagegen käme die Umschreibung der Botschaft als „Geheimnis" (μυστήριον) hier noch zu früh. Das Wort ist erst in der Rede für die Mündigen 2,6–16 angebracht, von wo es vermutlich nach 2,1 eingedrungen ist. Wohl kann sich Paulus im nachhinein 4,1 als „Verwalter der Geheimnisse Gottes" bezeichnen. Aber dass das Evangelium selber als μυστήριον im Singular aufgefasst wird, ist sonst eigentlich nur in nachpaulinischen Texten bezeugt (Röm 16,25f; Eph; Kol).[229]

V. 2 begründet den Verzicht auf Rhetorik mit der entschiedenen[230] Konzentration auf Jesus Christus als Gekreuzigten. Das heißt nicht, dass Paulus den Korinthern die Auferweckung verschwiegen hätte (vgl. 15,3–5). Das beschränkte Wissen des Apostels sticht nur ab von den vielen Dingen, die die Weisheit weiß.[231]

In **V. 3–5** häuft sich das modale ἐν; es geht um das Wie des Auftretens[232] und Redens, das vom Ideal des Rhetors[233] – zuversichtlicher Freimut (παρρησία), Unerschrockenheit (θάρσος[234]), Wortgewalt (δύναμις) und Überzeugungskraft

---

[227] Die Wendung mit κατά ist hier mit HEINRICI, 1Kor 85; KREMER, 1Kor 49f zu καταγγέλλων gezogen. Dadurch ergibt sich allerdings eine ungelenke Verdoppelung des ἐλθεῖν. Deshalb verbinden die Meisten die präpositionale Bestimmung mit ἦλθον und fassen die Partizipialkonstruktion final. Ἔρχεσθαι κατά ist freilich sonst nur lokal belegt, hätte hier aber modale Bedeutung wie mit ἐν 4,21.
[228] Vgl. BACHMANN, 1Kor 108. Dagegen plädieren BARRETT, 1Kor 63 und FEE, 1Kor 91 auch hier wie in 1,6 für einen *Genetivus obiectivus*, ALLO, 1Kor 23 für „génitif de sujet". Letzteres wäre als Objekt von „verkündigen" merkwürdig.
[229] Vgl. BORNKAMM, G.: Art. μυστήριον, μυέω, ThWNT 3, 1942, 809–834, 825–828 zum „Christusmysterium", das Bornkamm allerdings auch in 2,1 annimmt.
[230] Zu ἔκρινα s. Exkurs 1 unter 3. Das Verbum bedeutet überwiegend „richten", aber auch den festen Entschluss: 7,37; 2Kor 2,1; Röm 14,13b; Tit 3,12. S. BAUER, Wörterbuch 916–918 unter 3, wobei 5,3–5 nicht so eindeutig ist. - Zur zum Verb vorgezogenen Negation vgl. K-G II,2 180.
[231] Vgl. WILCKENS, Weisheit 46. Nach POPKES, W.: 1Kor 2,2 und die Anfänge der Christologie, ZNW 95, 2004, 64–83 grenzte sich Paulus mit seiner reduzierten Christologie bewusst gegen das „charismatische Jesusbild" seiner Gegner ab. Das muss aber erst aus 1/2Kor erschlossen werden.
[232] Γίνεσθαι πρός mit Akk. kann nicht nur „Kommen zu" (vgl. V. 1) bedeuten – so BAUER, Wörterbuch 316–321 I 4 c –, sondern auch das darauf folgende längere Sein-bei (vgl. 16,10). So ist der Ausdruck gleichbedeutend mit γίνεσθαι (ἐν) ὑμῖν an den sachlich verwandten Stellen 1Thess 1,5b; 2,10. Eine engere Verbindung mit den ἐν-Wendungen („in einen Zustand geraten"), die vereinzelte Kommentare und auch BAUER ebd. II 4 vorschlagen, empfiehlt sich wegen der Entsprechung zu 2,1 nicht.
[233] S. Exkurs 1 und Quintilian, inst. XII 5,1f: Er fordert vom Redner *animi praestantia, quam nec metus frangat nec adclamatio terreat nec audientium auctoritas ultra debitam reverentiam tardet* („geistige Überlegenheit, die keine Furcht brechen, kein Zuruf schrecken, noch die Autorität der Hörer – von der geschuldeten Ehrfurcht abgesehen – hemmt"). Solche beharrlich starke Zuversicht (*constantia, fiducia, fortitudo*) ist zwischen den Extremen arroganten leichtsinnigen Selbstvertrauens (*confidentia, temeritas, improbitas, arrogantia*) und allzugroßer Scheu (*verecundia*) angesiedelt.
[234] Dazu MUNCK, Paulus 151f.

(πείθω) – abgesetzt wird. Dabei ist es kaum zu entscheiden, aber auch gleichgültig, ob in V. 4 „mit der Überredung der Weisheit" oder „mit überredenden Worten der Weisheit" zu lesen ist. Das erstere entspräche formal besser dem Gegenstück „Erweis von Geist und Kraft". Andererseits werden diese Größen auch 2,13; 4,19f und 1Thess 1,5 (dort nicht exklusiv) dem bloßen Wort gegenübergestellt. Demgegenüber trat Paulus „in Schwachheit" auf.

Zur Klärung der Bedeutung von ἀσθένεια sei ein Überblick über die paulinische Verwendung der Derivate von ἀσθεν- vorausgeschickt.[235] Dabei ist auf Synonyma und die Bewertung des Zustandes durch Paulus zu achten.

1. Der Stamm bezeichnet die natürliche körperliche Gebrechlichkeit des Menschen, die erst durch die Auferweckung überwunden wird (15,43 par. φθορά, ἀτιμία; vgl. 2Kor 13,4), manchmal wie auch sonst im NT konkret die Krankheit (11,30 par. ἄρρωστοι; Gal 4,13 als ἀσθένεια τῆς σαρκός verdeutlicht).

2. Wenn der Apostel sich angesichts seiner Gegner seiner „Schwachheiten" rühmt (2Kor 11f), kommt zu der leiblichen noch eine soziale Komponente. Die ἀσθένειαι meinen nicht nur chronische Leiden (2Kor 12,7–9), sondern auch schändliche Flucht (2Kor 11,30–33), Beleidigungen, Notlagen und Verfolgungen (2Kor 12,10). Paulus wertet das nicht negativ, sondern sieht darin den Ort, wo die Kraft Christi sich vollendet. Ebenso sind in 1Kor die von der Gesellschaft verachteten sozial Schwachen von Gott besonders ausgezeichnet (vgl. 1,27 par. τὰ μωρά, τὰ ἀγενῆ, τὰ ἐξουθενημένα; 4,10 par. μωροί, ἄτιμοι; 12,22 par. ἀτιμότερα, ἀσχήμονα).

3. Die Begrifflichkeit geht primär auf ein geistig-moralisches Defizit, das allerdings durch die „Fleischlichkeit" des Menschen bedingt ist (vgl. Röm 6,19).

a) Es markiert beim Christen die überwundene, sündige Vergangenheit: Röm 5,6 par. ἀσεβής;[236] der Geist hilft solcher Schwachheit auf (Röm 8,26); typisch für sie ist ein Sich-Rühmen, wie es die Gegner üben, Paulus aber eigentlich nicht ansteht (2Kor 11,21 ἀσθενεῖν par. ἀτιμία, ἀφροσύνη).

b) Nicht zu ändern, sondern zu ertragen ist dagegen die Schwachheit des Mitbruders im Gewissen: wohl schon 1Thess 5,14;[237] 1Kor 8f; 2Kor 11,29 (par. σκανδαλίζεσθαι); Röm 14,1–15,1.

An unserer Stelle könnte man ἀσθένεια wie in der 1. Gruppe als physische Schwäche verstehen,[238] die im Kontrast steht zu der manchmal bei Rhetoren hervorgehobenen[239] und nach 2Kor 10,10 an Paulus vermissten eindrucksvollen körperlichen Erscheinung. Noch eher ist an die mangelnde Durchschlagskraft der Argumentation[240] zu denken, die durch den Inhalt der Predigt, die „Schwäche" Gottes im Gekreuzig-

---

[235] Vgl. BLACK.
[236] BLACK 118 möchte auch 9,22 so deuten. Doch spricht der Kontext für eine Zuordnung zu 3 b.
[237] BLACK 45f präzisiert das auf die 1Thess 5,1–11 angesprochene Gruppe.
[238] Krankheit: ALLO, 1Kor 24; MERKLEIN, 1Kor I 210; JERVELL 191–193; vorsichtiger BLACK 101 „unimpressive personal presence".
[239] Z.B. Quintilian, inst. XII 5,5 *corporis sublimitas*.
[240] Vgl. Plutarch, mor. 485a ἀσθενής περὶ λόγον („schwach bezüglich der Rede"); 832d; 204f = Plutarch, Cic. 5,4 ἀσθένεια vom rhetorischen Unvermögen; Sextus Emp., math. II 77: der rhetorische Laie ἀσθενεῖ; Quintilian, inst. IV 1,8 zum Trick der Redner, sich als schwach (*infirmus*), unvorbereitet etc. auszugeben.

ten (vgl. 1,25) bedingt ist. Mit einer im AT geprägten Formel[241] gibt Paulus die bei einem Redner fatale fehlende Selbstsicherheit zu. Der Ton liegt dabei auf „Selbst"; denn anderswo kann er durchaus von seiner großen Gewissheit (πληροφορία 1Thess 1,5[242]) bzw. seinem überzeugten, offenen Auftreten (παρρησιάζεσθαι 1Thess 2,2; παρρησία 2Kor 3,12) bei seinem apostolischen Dienst reden. Dabei beruft er sich aber nicht auf seine rhetorischen Künste, sondern auf seine Befähigung durch Gott bzw. dessen Geist.

Wie 1Thess 1,5 neben dieser Zuversicht „in Macht und in heiligem Geist" (ἐν δυνάμει καὶ ἐν πνεύματι ἁγίῳ) steht, so verweist er auch 2,4 auf die ἀπόδειξις πνεύματος καὶ δυνάμεως. Im Gegenüber zu weiser Überredung (mit Worten) fasst man ἀπόδειξις gern als *terminus technicus* der Rhetorik.[243] Das nur hier im NT begegnende Wort wird in der Logik für den deduktiven Beweis,[244] in der Rhetorik für die *evidens probatio*,[245] vor Gericht auch für den Tatsachenbeweis[246] gebraucht.

Darum geht es auch in der oft herangezogenen Parallele Philo, Mos. I 95. Hier müssen der Pharao und seine Magier durch die „offensichtliche Deutlichkeit" des Schlangenwunders Aarons (Ex 7,8-13) „die göttlichere Macht" (I 94) anerkennen. „Da sie aber das durch Worte Aufgetragene nicht taten, obwohl Gott seinen Willen durch Beweise, deutlicher als Orakel, nämlich durch Zeichen und Wunder (τρανοτέραις χρησμῶν ἀποδείξεσι ταῖς διὰ σημείων καὶ τεράτων), kundgetan hatte", bedurfte es jetzt der Plagen. Während hier die Beweise die Worte bekräftigen,[247] bilden sie in Mos. II 177 die Alternative dazu: Um dem Murren der Israeliten über die Wahl Aarons entgegenzutreten, schien es Mose nicht gut, sie mit Worten zu belehren,

---

[241] „Furcht und Zittern" umschreibt die Reaktion vor allem der Nicht-Israeliten auf das machtvolle Eingreifen Jahwes (z.B. Ex 15,15f = Dtn 2,25; 11,25; Jes 19,16; Dan 4,37aLXX; Jdt 15,2; 4Makk 4,10), aber auch den Schrecken beim Empfang von Offenbarung (Hi 4,12-16; ähnlich in apokalyptischen Visionsberichten, vgl. SELBY, Paul 368f; GLADD 120-123). Diese Zusammenhänge liegen aber hier fern, da die Wendung als Ergänzung zu „Schwachheit" nicht im positiven Sinn (so Phil 2,12 und 2Kor 7,15) gebraucht wird, und nicht das Verhalten gegenüber Gott (so WOLFF, 1Kor 49), sondern gegenüber den Korinthern im Blick hat. Das beachtet nicht BALZ, H.: Art. φοβέω κτλ, ThWNT 9, 1973, 186-216, 210, der auch an unserer Stelle die Furcht als „Korrelat des Glaubens" sieht. Eine Interpretation von der Topik der Epiphanie her übersieht, dass „Furcht und Zittern" hier nicht der Offenbarung voraus-, sondern mit ihrer Mitteilung einhergeht. Zu VON DOBBELER, Glaube 35-37.

[242] DELLING, G.: Art. πλήρης κτλ, ThWNT 6, 1959, 283-309, 309 möchte freilich mit „Fülle göttlichen Wirkens" übersetzen. Doch muss man den Genitiv ergänzen.

[243] Vgl. für Viele HARTMAN 116f; CLASSEN, Criticism 33f; BÜNKER, Briefformular 49, vgl. 38f, der – sicher nicht im Sinn der Rhetorik – den Unterschied zwischen Überreden und Überzeugen durch Beweis aus zugestandenen Prämissen herausarbeitet. Aber nur in der Polemik gegen die sophistische Rhetorik (etwa bei Philo, agr. 13) hat πειθώ einen negativen Klang. WEISS, 1Kor 50 stellt zu Recht heraus, dass ἀπόδειξις und πειθώ bei Plato gleichsinnig verwendet werden. Zur Bedeutung von πειθώ in der Definition von Rhetorik s. Exkurs 1 unter 1 mit Anm. 73, Belege zur positiven Verwendung des Begriffs bei KAMMLER, Kreuz 168f.

[244] Aristoteles, an. pr. 71b 7; 81a 40 dem induktiven Vorgehen (ἐπαγωγή) entgegengesetzt, gleichbedeutend mit Syllogismus und Enthymem (vgl. rhet. I 1,12-13 1355ab). Vgl. Diogenes Laert. VII 45 (Zeno). Dagegen umfasst der Begriff nach Plato auch die Induktion durch Tatsachen oder Dialektik: vgl. Diogenes Laert. III 53.

[245] Vgl. Quintilian, inst. V 10,7.

[246] Vgl. z.B. Philo, plant. 173; decal. 140; Epiktet, diss. I 24,8 im Unterschied zum logischen Gebrauch II 24,13; 25,1f, der auch bei Philo überwiegt.

[247] Vgl. auch VitProph 15,1: Zacharias hat vieles dem Volk prophezeit und Zeichen zum Beweis gegeben (τέρατα ἔδωκεν εἰς ἀπόδειξιν).

„vielmehr fleht er zu Gott, er möge ihnen offensichtliche Beweise (ἐμφανεῖς ἀποδείξεις) gewähren". Wo die augenscheinliche Tatsache die Beweise in sich enthält, bedarf es nicht der Beglaubigung durch Worte (Mos. I 274).

Analog dazu könnte auch hier den Worten der Weisheit ein Tatbeweis, „der im Besitz des Geistes und der Wunderkraft besteht",[248] entgegengesetzt sein. Diese Auffassung ist jedenfalls wahrscheinlicher als ein *Genetivus subiectivus*, wonach der Geist und die Kraft Gottes selber den Beweis für die Wahrheit der Verkündigung führen.[249] Da aber in der überwältigenden Zahl der Fälle, wo in der klassischen Literatur ἀπόδειξις mit einem Gen. verbunden ist, so die Sache angegeben wird, wofür man Beweise liefert, plädieren einige Ausleger für einen *Genetivus obiectivus*.[250] Doch dann müssten bei einer logisch-rhetorischen Auffassung von ἀπόδειξις „Geist und Kraft durch die eigene rhetorische Sprachkompetenz des Paulus erwiesen werden".[251] Vielleicht sollte man deshalb von einer terminologischen Auffassung von ἀπόδειξις abgehen, aber beim *Gen. obiectivus* bleiben. In Verbindung mit einer Tugend oder anderen Abstrakta meint das Wort deren konkrete Manifestation in Taten.[252] Dann könnte Paulus den Beweis für Geist und Kraft kaum anders als in Wundern liefern. Das Substantiv kann aber auch – abgeleitet vom Medium des Verbs – einfach „display" heißen.[253] Dann ist Paulus von einer Beweisführung entlastet, gemeint ist aber immer noch etwas, was er von sich zeigt: seine Geistbegabung – das wird 2,10–14 noch näher erklärt – und die „Macht", die V. 5 als die Macht Gottes erläutert. Während der Apostel in Gal 3,2–5 die Galater an den Geistempfang am Anfang und die dadurch von Gott bewirkten „Machttaten" in ihrer Mitte erinnert, liegen hier pneumatische Phänomene bei den Korinthern[254] ferner. Der Geist ist zu-

---

[248] BAUER, Wörterbuch 179. *Gen. appositivus* oder *epexegeticus*: B-D-R 167,2; H-S 165,2. Tatsächlich kann Philo die Beweise statt durch präpositionale Wendungen mit διά oder ἐκ auch einmal (post. 167) durch einen Genitiv näher bestimmen: Die Evidenz der Schöpfungswerke überbietet den Gottesbeweis mit Worten (λόγων ἀπόδειξις). Auf diese Stelle macht ANDERSON, Theory 266 Anm. 35 aufmerksam. Zu nennen ist vielleicht auch 4Makk 3,19 ἀπόδειξις τῆς ἱστορίας = „Beweis, der in der Erzählung besteht", vgl. 3,6 und das Verbum 1,8. Anders übersetzt H.-J. KLAUCK in JSHRZ: „Darbietung der Erzählung". Reminiszenz an das Proömium Herodots ἱστορίης ἀπόδεξις ἥδε („Das ist die Dokumentation der Nachforschung")?
[249] So WEISS, 1Kor 49f; WILCKENS, Kreuz 48 und viele andere. Diese Subjektrolle wäre vor allem bei δύναμις seltsam. Zum Verhältnis von πνεῦμα und δύναμις vgl. den Exkurs bei HECKEL, Kraft 294f.
[250] BACHMANN, 1Kor 115; ANDERSON, Theory 266.
[251] Dagegen WILCKENS, Kreuz 48.
[252] Z.B. Polybius XII 25,5: Timaios gibt eine Probe seiner eigenen Fähigkeit (ἀπόδειξιν τῆς ἑαυτοῦ δυνάμεως).
[253] So mit ἔργον als Objekt: vgl. L-S s.v. II, z.B. Herodot I 207,7 ἀπόδεξις ἔργων μεγάλων. Ähnliche Wendungen noch öfter bei diesem und späteren Autoren. Dabei kann auch wieder ein Gegensatz zum bloßen Wort aufgebaut werden: Aelius Arist., Panath. 1,107 (BEHR): οὐ λόγων εὐφημίᾳ ... ἀλλ᾿ ἔργων ἀποδείξει. Für das ähnlich gebildete ἔνδειξις in Röm 3,25f hat KÜMMEL, W.G.: Πάρεσις und ἔνδειξις, in: Ders., Heilsgeschehen 260–270 die Bedeutung „Erweis" wahrscheinlich gemacht. Sie hat den Vorteil, dass die ἀπόδειξις und das darin Erwiesene nicht unterschieden sein müssen. Die Vulgata übersetzt mit *in ostensione*. Auch bei dieser Auffassung könnte noch eine Pointe gegen Rhetoren vorliegen, die das Übermaß ihrer Wortgewalt zur Schau stellen (περιουσίαν ἀποδείξασθαι – *varia lectio* ἐπιδείξασθαι – τῆς περὶ λόγους δυνάμεως). Vgl. Dionysius Hal., ant. I 1,3.
[254] So MERKLEIN, 1Kor I 211: vor allem Glossolalie. Aber im Folgenden wird bewusst ein Pneumatikertum der Korinther ausgespart.

nächst das Medium der Verkündigung des Paulus. Da δύναμις hier nicht im Pl. steht, wird man in 2,4 auch nicht direkt an Wunder[255] denken, die Paulus anderswo durchaus als apostolische Legitimation herausstreichen kann. So 2Kor 12,11f, wo er mit den „Superaposteln" gleichzieht „in Zeichen und Wundern und Machttaten" (σημείοις τε καὶ τέρασιν καὶ δυνάμεσιν), und Röm 15,18f beim Rückblick auf das Wirken Christi durch ihn „in der Macht von Zeichen und Wundern, in der Macht des Geistes" (ἐν δυνάμει σημείων καὶ τεράτων, ἐν δυνάμει πνεύματος). In 1Kor dagegen geht es vom Kontext her zunächst darum, dass Gottes rettende δύναμις (1,18.25) sich in der Predigt des Apostels entfaltet. Weil ἀπόδειξις aber doch auch eine gewisse Erfahrbarkeit nahelegt und in Röm 15,19 die „Macht des Geistes" problemlos neben der „Macht von Zeichen und Wundern" steht, sind Wunder nicht ausgeschlossen,[256] ja vielleicht sogar „konnotiert".[257] Machttaten sind ja auch im Gefolge der Proklamation des Gekreuzigten möglich, wie Gal 3,1-4 zeigt. Dass die glaubende Reaktion der Korinther selbst die ἀπόδειξις darstellt,[258] ist ungenügend, weil ihr Glaube doch nach V. 5 erst darauf basieren (ἐν vom Grund[259]) soll. Wie in dem ähnlich den Abschnitt abrundenden V. 1,31 dürfte dieser Finalsatz die objektive Intention Gottes aussprechen.[260]

Das führt uns abschließend auf die Frage, wie sich göttliche Kraft und menschliche Schwachheit in der apostolischen Existenz zueinander verhalten. Hier müssen wir auch die Aussagen des Paulus über sein Leiden hinzunehmen. Eine bislang dominierende Auslegungsrichtung hatte mit Lutherscher Kreuzestheologie das paradoxe Ineinander betont: Die Macht Gottes ist unter ihrem menschlichen Gegenteil verborgen, so daß der Glaube sich an nichts Sichtbares halten kann. So ist der schwache Apostel die adäquate Repräsentanz des Gekreuzigten. Das Leben des Auferstandenen wird jetzt nur in der Gemeinde wirksam, am Apostel selbst erst bei der Auferweckung (vgl. 2Kor 4,10-14).[261] Ein solch einseitiges Bild ergibt sich etwa aus 4,9-13 (s. z.St.). Dagegen machten vor allem skandinavische Exegeten[262] geltend, dass die Kraft Christi in der Schwachheit des Apostels zur Vollendung kommt

---

[255] So LIETZMANN, 1Kor 11. Dagegen lehnen die meisten neueren Arbeiten zu diesem Thema hier und in 1Thess 1,5 diesen Bezug ab: WEISS, W.: „Zeichen und Wunder", WMANT 67, Neukirchen 1995, 62-64; SCHREIBER, ST.: Paulus als Wundertäter, BZNW 79, Berlin/New York 1996, 235-252; KOLLMANN, B.: Paulus als Wundertäter, in: Schnelle/Söding (Hg.), Christologie 76-96, 83.
[256] Gewöhnlich führt man dagegen an, dass Paulus so ja dem Zeichenhunger der Juden 1,22 entgegenkäme. Aber die Erwähnung der Juden war nur ein Zwischenspiel. In 2,1-5 ist nur wieder die rhetorische Weisheit der Griechen im Visier.
[257] So ALKIER, Wunder 167.170 im Unterschied zu „denotiert". Ähnlich GRÄBE, Power 65.
[258] So ROBINSON Jr., W.Ch.: Word and Power, in: Richards, J.McD. (Hg.): Soli Deo Gloria, FS W.Ch. Robinson, Richmond 1968, 68-82, 76f; BAUMANN, Mitte 167 „die Entstehung einer glaubenden Gemeinde in Korinth"; WOLFF, 1Kor 49 „das geistgewirkte Gläubigwerden". So die meisten neueren protestantischen Kommentare; aber auch MURPHY-O'CONNOR, 1Kor 17 und KREMER, 1Kor 52f neigen dieser Alternative zu.
[259] Vgl. BAUER, Wörterbuch 526; ein etwas anderes εἶναι ἐν 4,20.
[260] Anders ALLO, 1Kor 26: die des Paulus. So, wenn das ἔκρινα von V. 2 noch nachwirkt.
[261] GÜTTGEMANNS, Apostel 141 formuliert: „die *Schwachheit* des Apostels ist die paradoxe Epiphanie der *Macht* des Herrn".
[262] Nach JERVELL besonders NIELSEN, H.K.: Paulus' Verwendung des Begriffes Δύναμις, in: Pedersen (Hg.), Literatur 137-158.

(2Kor 12,9f). Die Leidenskataloge des 2Kor sprechen auch von seinem Überleben (vgl. 2Kor 4,7-9; 6,4-10), das sich der Macht Gottes verdankt (vgl. auch Trost und Rettung in dem Bericht 2Kor 1,3-11). Paulus setzt seinen apostolischen Dienst in Herrlichkeit und Freimut vom Dienst des Mose ab (2Kor 3,7-18). Die Wunder, die Christus durch ihn wirkt, sind gerade deshalb spektakulär, weil Heilung von einem Kranken ausgeht. Auch in seinem Auftreten gegenüber der widerspenstigen Gemeinde macht sich wie beim Auferweckten Leben aus der Kraft Gottes bemerkbar (vgl. 2Kor 13,4). In dieser Deutung wird die Schwachheit zur Folie für eine jetzt schon mögliche Erfahrung der δύναμις τοῦ θεοῦ, sie ist nicht mehr als solche ihre Erscheinungsform. Eine mittlere Position scheint U. Heckel[263] einzunehmen: Obwohl Kraft und Schwachheit zeitlich zusammenfallen können (vgl. 2Kor 12,10b), sind sie doch nach göttlichem oder menschlichem Ursprung zu unterscheiden. Die Schwachheit ist auch nicht der einzige Offenbarungsort der Kraft Christi; die Kraft Gottes erweist sich wirksam in der Christuserkenntnis und in der Verkündigung des schwachen Apostels sowie im Glauben und im Aufbau der Gemeinde. Seine Wundertätigkeit werte Paulus allerdings zu einer Begleiterscheinung ab. Während Heckel aber die gegenwärtige Evidenz der Kraft immer wieder durch den Hinweis auf die noch ausstehende Vollendung relativiert, unterstreicht J. Krug ihren präsentischen und empirischen Aspekt. Er kann bei Paulus keine kontradiktorische Identität, sondern nur eine spannungsvolle Koexistenz der Gegensätze erkennen. Der Apostel wolle dadurch die weltliche Fixierung der Gemeinde aufbrechen und sie zur Erkenntnis des göttlichen Ursprungs seiner Autorität führen.[264] Weder in 2,4f noch in 2Kor 12,12 habe die δύναμις jedoch etwas mit Wundern zu tun; sie wird als „glaubensstiftende Kraft" bzw. „Missionserfolg" paraphrasiert.[265] Das schien uns aber für den Begründungszusammenhang 2,4f einen *circulus vitiosus* zu implizieren.

Wir können die situationsgebundenen Aussagen des Paulus wohl kaum auf eine Reihe bringen, dürfen aber auch keine einseitige Auswahl treffen. An unserer Stelle ist jedenfalls denkbar, dass die Heilskraft des Evangeliums auch in Heilungen zum Ausdruck kommt. Der in den Augen weltlicher Weisheit schwache Apostel legt so gegenüber Weisen, die die Welt nur mit Worten verändern möchten, die Effizienz des göttlichen Geistes an den Tag.

3. 2,6-16: Die den Reifen vorbehaltene Weisheit

(6) Von Weisheit reden wir aber unter den Reifen, einer Weisheit allerdings nicht dieser Weltzeit noch der Herrscher dieser Weltzeit, die zunichte werden; (7) vielmehr reden wir von Gottes Weisheit als Geheimnis, der verborgenen, die Gott vor den Zeiten zu unserer Herrlichkeit vorherbestimmt hat; (8) die keiner der Herrscher dieser Weltzeit erkannt hat; wenn sie (sie) nämlich erkannt hätten, hätten sie nicht den Herrn der Herrlichkeit gekreuzigt. (9) Vielmehr, wie geschrieben steht:

---

[263] Kraft 297-300.
[264] Kraft 315.177f.
[265] Vgl. ebd. 151. zu 1,25; 158f zu 2,4f; 166 zu 4,19; 282 zu 2Kor 12,12.

Was das Auge nicht gesehen und das Ohr nicht gehört hat
und in das Herz eines Menschen nicht aufgestiegen ist,
das[266] hat Gott denen bereitet, die ihn lieben.
(10) Uns aber/denn uns[267] hat Gott (es) enthüllt durch den Geist; der Geist nämlich ergründet alles, sogar die Tiefen Gottes. (11) Denn wer von den Menschen kennt die (Pläne) des Menschen, es sei denn der Geist des Menschen in ihm? So hat auch die (Pläne) Gottes niemand erkannt, es sei denn der Geist Gottes. (12) Wir aber haben nicht den Geist der Welt empfangen, sondern den Geist aus Gott, damit wir erkennen, was uns von Gott geschenkt wurde; (13) davon reden wir denn auch nicht in Worten, die menschliche Weisheit lehrt, sondern in vom Geist gelehrten (Worten), indem wir geistlichen (Menschen) Geistliches auslegen. (14) Der (bloß) seelische Mensch aber nimmt die Dinge des Geistes Gottes nicht an, denn Torheit sind sie ihm; und er kann (sie) nicht erkennen, weil sie geistlich beurteilt werden. (15) Der geistliche (Mensch) aber beurteilt alles[268], er selbst jedoch wird von niemand beurteilt.

(16) Denn wer hat das Denken des Herrn erkannt,
so dass er ihn belehren (könnte)?
Wir aber haben das Denken Christi[269].

BAIRD, W.: Among the Mature. The Idea of Wisdom in I Corinthians 2:6, Interp. 13, 1959, 425–432. BOCKMUEHL, Revelation 157–166. BURNETT, Place. DAUTZENBERG, Botschaft. GLADD, *Mysterion* 129–164. GRINDHEIM, Wisdom. HANSON, A.T.: The New Testament Interpretation of Scripture, London 1980, 21–96. HUNT, Body 63–92. KOVACS, J.L.: The Archons, the Spirit, and the Death of Christ: Do we Need the Hypothesis of Gnostic Opponents to Explain 1 Corinthians 2.6–16?, in: Marcus, J./Soards, M.L. (Hg.): Apocalyptic and the New Testament. FS J.L. Martyn, JSNT.SS 24, Sheffield 1989, 217–236. KUHN, H.-W.: The Wisdom Passsage in 1 Corinthians 2:6–16 between Qumran and Proto-Gnosticism, in: Falk, D.K. u.a. (Hg.), Sapiential, Liturgical and Poetical Texts from Qumran, StTDJ 35, Leiden usw. 2000, 240–253. MALY, Gemeinde 33–49. PESCE, M.: Paolo e gli arconti a Corinto, TRSR 13, Brescia 1977. REILING, J.: Wisdom and the Spirit, in: Baarda, T. u.a. (Hg.): Text and Testimony. FS A.F.J. Klijn, Kampen 1988, 200–211. REITZENSTEIN, Mysterienreligionen 333–341. SANDNES, Paul 77–116. SCROGGS, Σοφός. SELBY, Paul. STÄHLIN, W.: Zum Verständnis von 1. Kor. 2, 6–8, in: Foerster, W. (Hg.): Verbum Dei manet in aeternum. FS O. Schmitz, Witten 1953,

---

[266] Statt des hier demonstrativ aufgelösten (vgl. V. 13 und B-D-R § 293, 3c; FEE, 1Kor 108) Relativpronomens ἅ – so 𝔓46 ℵ D F G P Ψ 33 1739 1881 und der Mehrheitstext – haben A B (vgl. auch 1Clem 34,8) ὅσα „wie Großes". Dann fehlt dem Zitat ein Abschluss. Es sei denn, man ergänzt bei der Einführung ein Verbum wie „verkündigen wir" – so SCHRAGE, 1Kor I 239 und viele neuere Ausleger; dann gibt das Zitat das Objekt dazu an.

[267] Während ℵ A C D F G P Ψ 33 1881 und der Mehrheitstext hier ein δέ lesen, bieten 𝔓46 B 1175 1739 und einige andere Minuskeln γάρ. Dafür tritt FEE, 1Kor 97 als *lectio difficilior* ein. Aber nach ZUNTZ, Text 203–205 wird häufiger ein δέ in ein γάρ geändert. Eine Entscheidung ist schwer möglich. Im ersten Fall stünde V. 10a im Gegensatz zu den Verborgenheitsaussagen in V. 7–9, im zweiten Fall brächte V. 9c schon die Wende zum Positiven, die V. 10a begründete. So SCHRAGE, 1Kor I 256.

[268] Besser bezeugt ist πάντα mit dem Artikel. Soll man also „das All" übersetzen (so ZUNTZ, Text 109f)? Wahrscheinlich hat aber der Artikel keine deiktische Funktion; τὰ πάντα ist gleichbedeutend mit „alles". Elegant, deshalb auch verdächtig, ist das von vielen Hsn. eingetragene μέν.

[269] Einige Mss. (B D* F G 81 1573) gleichen den Satz mit κυρίου an das Jesajawort an.

94–102. STUHLMACHER, Bedeutung. THEISSEN, Aspekte 341–389. WINTER, Pneumatiker. WOLTER, M.: Verborgene Weisheit und Heil für die Heiden, ZThK 84, 1987, 297–319.

Von der Vergangenheit wechselt Paulus in die Gegenwart. Das Gerüst des Abschnitts geben seine Aussagen mit λαλεῖν in der 1. Pl. Präsens ab (V. 6.7.13). Während seine Erstpredigt weisheitlicher Überredung entbehrte, hat er nun doch (δέ) Weisheit zu bieten, aber nur für die „Reifen", für die ab V. 13 die Pneumatiker eintreten. Da Anrede und 2. Pl. entschwunden sind, bleibt zunächst offen, ob sich die Korinther in dem inklusiven Wir V. 7fin.10a.12.16b einbegriffen wissen können. 3,1–4 stellt dann klar, dass das nicht geht. Die von Paulus jetzt verkündete Weisheit ist aber nicht nur durch ihre Rezipienten qualifiziert, sie wird auch als die verborgene Weisheit Gottes menschlicher Weisheit entgegengesetzt. Antithesen bestimmen deshalb V. 6f.9.10a.12f.14f. Als Wechselbegriff für κόσμος steht nun der Äon mit seinen Machthabern Gott gegenüber. Auf der rein irdischen Ebene bewegt sich auch der „seelische Mensch" (V. 14). Diese Kluft zwischen Gott und Mensch überbrückt der Geist Gottes. Das Stichwort πνεῦμα war erstmals V. 4 im Zusammenhang der Verkündigung des Apostels gefallen; es dominiert jetzt mit seiner Ableitung πνευματικός V. 10–15. Dazu treten noch in V. 13–15 Komposita von κρίνειν. In die antithetischen Darlegungen eingestreut sind begründende Passagen: die historische Reflexion V. 8b, die allgemeine Feststellung V. 10b, untermauert von dem Analogieschluss V. 11, erläuternde Sätzchen in V. 14bd, die mit γάρ angeschlossene rhetorische Frage 16a, ein implizites Schriftzitat, das 16b ausgewertet wird. Ein ausdrückliches Schriftzitat, das freilich Rätsel aufgibt, enthält V. 9.

V. 6a Mit dem unverfänglichen Verbum λαλεῖν, das sowohl pneumatische Rede (12,3; Kap. 14) wie apostolische Verkündigung des Evangeliums (3,1; 1Thess 2,2.4.16; Röm 15,18) wie auch den Sprechakt im Brief (9,8a; 15,34d u.ö.) bezeichnen kann, kündigt Paulus (1. Pl. wie 1,23) nun doch „Weisheit" an. Der Satz kann performativ verstanden werden, so dass V. 7–9 das Reden von Weisheit darstellt. Das bezieht sich zunächst auf den tiefgründigen Inhalt. Es wird nicht ausdrücklich, dass Paulus einen λόγος σοφίας (12,8) vorbringen möchte, der von charismatischer Weisheit zeugt.[270] Deshalb kann man auch nicht folgern, dass er jetzt korinthische Pneumatiker übertrumpfen möchte. Die Mitteilung ist allerdings auf den Kreis der τέλειοι[271] beschränkt. Dabei steht das ἐν wohl für den Dativ (vgl. 3,1); es impliziert nicht, dass alle Weisheit von sich geben könnten.[272]

Das Adjektiv τέλειος suggeriert hier nicht in erster Linie moralische Vollkommenheit wie Mt 5,48; 19,21 (entsprechend dem hebr. תָּמִים/tāmîm[273]) oder in der Stoa, wo der seine Lei-

---

[270] So aber THEISSEN, Aspekte 343–345, der vermutet, „daß Paulus eine im christlichen Gottesdienst bekannte Redeform benutzt".
[271] Dazu BAUER, W.: Mündige und Unmündige bei dem Apostel Paulus (1903), in: Ders., Aufsätze 122–154; DU PLESSIS, P.J.: ΤΕΛΕΙΟΣ. The Idea of Perfection in the New Testament, Diss. Kampen (1959); DELLING, G.: Art. τέλος κτλ, ThWNT 8, 1969, 50–88, 70–78.
[272] Gegen BARRETT, 1Kor 69; auch gegen WEISS, 1Kor 53, der den Plural auf alle christlichen Gemeinderedner bezieht.
[273] Auch in Qumran ist Vollkommenheit durch den Gehorsam gegenüber dem offenbarten Willen Gottes gekennzeichnet (vgl. z.B. 1QS VIII 1–4). Solch vollkommener Wandel ist aber auch Voraussetzung für

denschaften beherrschende Weise so genannt wird,[274] sondern bedeutet im Gegensatz zum Unmündigsein kleiner Kinder (3,1 νήπιοι) so viel wie „erwachsen sein". In übertragener Bedeutung – unabhängig vom tatsächlichen Alter – wird damit die geistige Reife ausgedrückt (vgl. 14,20; Eph 4,13f; Hebr 5,13f). Wie hier wird sie oft durch Belehrung erreicht, so dass der Zusammenhang von σοφία und τέλειος traditionell plausibel ist (vgl. Philo, sobr. 8f)[275]. Philo unterscheidet einen für Unmündige bezeichnenden Erwerb von Wissen und Tugend durch Lernen und Übung vom Typ des τέλειος, dem die σοφία durch göttliche Erleuchtung zuteil wird (vgl. u. a. migr. 38–40.46).

Bis zu Conzelmann[276] verortet man das Wort in der „Mysteriensprache". Es ist aber im Unterschied zu τελούμενος, τελεσθείς, τετελεσμένος nicht für den Eingeweihten belegt, sondern in sekundärer Metaphorik werden Mysterienbegriffe mit dem in einem philosophischen System beheimateten τέλειος in Zusammenhang gebracht: So in einem von ihm geprägten Wortspiel Plato, Phaidr. 249c: Durch die Erinnerung an das Urschöne wird einer „in die immer vollkommenen Weihen eingeweiht, allein wahrhaft vollkommen" (τελέους ἀεὶ τελετὰς τελούμενος, τέλεος ὄντως μόνος γίγνεται). Im Anschluss an Plato beschreibt Philo, all. III 100 Mose als „vollkommenere und reinere Geistesart", die in die großen Mysterien eingeweiht ist, d. h. Gott nicht durch die Geschöpfe, sondern durch seine Gottheit erkennt (vgl. gig. 54). Manchmal werden bei Philo auch exegetische Einfälle als höhere Weihen ausgegeben, z. B. die mythologisch mißverständliche Erzeugung der vollkommenen Natur durch Gott (all. III 219; Cher. 40–52).[277] Auch die Gnostiker übertragen Termini der Mysterien auf die „vollkommene Erkenntnis" der pneumatischen Menschen, z. B. Ptolemäus (Irenaeus, haer. I 6,1fin.). Die Naassener (Hippolyt, haer. V 7–9) schlachten für ihre Lehre u. a. Mysterieninhalte aus, die nur dem „vollkommenen Gnostiker" zugänglich seien (8,29). In diesem Sinn können z. B. um die Mysterien von Samothrake nur die τέλειοι wissen, nämlich „wir" (8,9). In unserem Text aber ist eine Deutung von den griechischen Mysterienkulten her unwahrscheinlich, weil – wie wir sehen werden – μυστήριον in V. 7 damit nichts zu tun hat.

Dass sich die kritisierten Korinther „im Bewußtsein ihrer pneumatischen Begabung selbst die ‚Vollendeten' (2,6) nennen",[278] ist alles andere als sicher. Wenn man τέλειοι mit „Mündige" übersetzen muss, ist ein Zusammenhang mit ihrem in 4,8 apostrophierten eschatologischen Vollendungsbewusstsein nicht so offensichtlich. Das Adjektiv ist Paulus geläufig, wie außer 14,20 auch 13,10 zeigt. Auch in Phil 3,15 steht nicht fest, ob Paulus ein Schlagwort der judaistischen Gegenmission aufgreift.

---

weitere Unterweisung (vgl. 1QS IV 22; VIII 18 u. ö.). Vgl. RIGAUX, B.: Révélation des mystères et perfection à Qumran et dans le Nouveau Testament, NTS 4, 1958, 237–262.

[274] Für stoischen Sprachgebrauch plädiert WEISS, 1Kor 74f. Ebd. Textbeispiele.

[275] Vgl. SapSal 9,6: „Wäre einer auch vollkommen unter den Menschen, wenn die Weisheit fehlt, wird er für nichts gehalten werden"; 10,21: die Weisheit hat die Zungen der Unmündigen artikuliert gemacht. Sir 31 (34),8LXX: Die Weisheit bedeutet für einen gläubigen Mund Vollendung (τελείωσις; ähnlich SapSal 6,15a τελειότης). Wie das Gesetz die Unmündigen weise macht (Ps 18 [19],8LXX; vgl. Ps 119,130), so ist der gesetzeskundige Jude Lehrer der Unmündigen (Röm 2,20). Durch Unterrichtung in jeglicher Weisheit wird der Mensch zum τέλειος in Christus (Kol 1,28).

[276] 1Kor 79.83f. Meist beruft man sich auf die verschwommenen Ausführungen von REITZENSTEIN 338f. Dagegen schon BAUER 124–126; DELLING 70,1–14. Zu beiden s. o. Anm. 271. PEARSON, Terminology 28 beobachtet, dass der Gegensatz τέλειος – νήπιος bei Philo nie im Mysterienkontext steht.

[277] Vgl. RIEDWEG, Mysterienterminologie 71–92. Die Anm. 39 bei CONZELMANN, 1Kor 84 verkürzt: „Die Vollendung ist Empfang heiliger Weihen, Leg All III 219."

[278] So z. B. SÖDING, Wort 159; PEARSON, Terminology 27–32, der deshalb die Beschränkung der Weisheit auf die τέλειοι für reine Ironie hält.

V. 6b.8 Bei der Abgrenzung der verheißenen Weisheit in V. 6b ist strittig, wer mit den „Archonten dieser Weltzeit" gemeint ist.

- Die LXX übersetzt verschiedene hebräische Ausdrücke mit ἄρχων und umschreibt so politische oder militärische Führung, z.B. stehen in Ps 2,2 die sich gegen den Gesalbten Gottes auflehnenden ἄρχοντες zu den „Königen der Erde" parallel. Staatliche Autoritäten meint der Begriff[279] noch an der einzigen weiteren Paulus-Stelle Röm 13,3 (vgl. V. 1). Bei Mt, Lk, Joh heißen so auch jüdische Beamte; in Lk/Apg auch die neben den Hohen Priestern für die Kreuzigung Jesu Verantwortlichen (vgl. Lk 23,13.35; 24,20; Apg 3,17; 4,8.10). Dass ihnen Apg 3,17; 13,27f Unkenntnis zugebilligt wird, könnte zu V. 8 passen. Wie der dritte Evangelist schreibt auch Paulus 1Thess 2,14f pauschal den Juden die Tötung Jesu zu. Wie aber im Zitat von Ps 2,1f in Apg 4,25f auch Pilatus (vgl. V. 27) unter den ἄρχοντες mitgemeint ist, so könnte Paulus an unserer Stelle die jüdischen und die römischen Behörden unter „Herrscher dieser Weltzeit" zusammenfassen. Der Genitiv bezeichnet dann nicht ihre Domäne, sondern wertet sie als „weltlich" ab (vgl. kurz vorher „Weisheit dieser Weltzeit" und 1,20c). Dass sie den „Herrn der Herrlichkeit" kreuzigten, ist ein Zeichen dafür, dass sie die Weisheit Gottes nicht erkannten (V. 8).[280] Wenn V. 6fin. im Kontrast dazu auf die „Weisheit" der Herrscher abgehoben wird, müsste sie im weiten Sinn von „Staatsraison" oder „Ideologie" genommen werden.[281] Diese „Weisheit" wird durch die Kreuzigung Jesu disqualifiziert. Vielleicht hat Paulus die „Weisheit der Welt" deshalb auf ihre „Herrscher" ausgedehnt, weil er auf die Kreuzigung zu sprechen kommen wollte. Dass diese Mächtigen „zunichte werden", kann man durch die Bevorzugung der Schwachen in der Berufung (1,26-28, V. 28 ebenfalls καταργεῖν) konkretisieren. Das Partizip Präsens könnte auch einfach zum Ausdruck bringen, dass irdische Macht mit dieser Welt vergeht (vgl. 7,31).
- Doch obwohl dieses „historische" Verständnis in den letzten Jahren an Zustimmung gewinnt,[282] erheben sich Bedenken: Sind die Politiker die wirklichen Herrscher dieser Weltzeit?[283] Hat ihre banale Ablösung das Gewicht des καταργεῖσθαι? Stehen sich die Weisheit Gottes und die der Weltenherrscher nicht eher dualistisch gegenüber? Deshalb über-

---

[279] Vgl. MERK, O.: Art. ἄρχων, EWNT 1, 1980, 401-404. Zur Forschungsgeschichte zwischen 1888 und 1975 vgl. PESCE.

[280] Ein ähnliches Verkennen (ἀγνοεῖν) – bezüglich der Gerechtigkeit Gottes – wird den Juden Röm 10,3 vorgeworfen. Vgl. auch 2Kor 3,14f. Diese Parallelen berechtigen aber nicht dazu, die Weisheitsthematik mit der des Gesetzes zu verschmelzen (s. nächste Anm.).

[281] Vgl. aber, was im Exkurs 1 unter 1 zur hohen Stellung der „Weisen" in der griechischen Gesellschaft gesagt wurde. Johannes Chrys., hom. in 1Cor 7,1 (X 55 MONTFAUCON): „Mit den Archonten der Weltzeit meint er hier nicht gewisse Dämonen, wie einige vermuten, vielmehr die in Würde- und Machtstellung [...] die Philosophen, Rhetoren und Redenschreiber; denn auch sie pflegen zu herrschen, und oft wurden sie zu Demagogen". Das gilt auch für die jüdische Führung: Man denke nur an die Schriftgelehrten im Hohen Rat. Unwahrscheinlich ist aber, dass Paulus speziell die sich auf göttliche Offenbarung stützende Gesetzesweisheit der jüdischen Führer anvisiert, wie PESCE und DAVIS, Wisdom 89-92 wollen. Die würde er nicht mit der Weltweisheit auf eine Stufe stellen; außerdem spielt die Gesetzesproblematik in 1Kor kaum eine Rolle.

[282] SCHNIEWIND, J.: Die Archonten dieses Äons (1945), in: Ders., Reden 104-109 erschien noch als Außenseiter. Doch vgl. dann Ende der 70er Jahre CARR, W.: The Rulers of this Age – I Corinthians II.6-8, NTS 23, 1976, 20-35; DAUTZENBERG 147; WILCKENS, Kreuz 50-52; PESCE. Weitere Vertreter führt THISELTON, 1Kor 237 an. Die am Ende des 20. Jh. wachsenden Sympathien für diese Deutung mögen auch mit der zunehmenden Sensibilisierung der Theologie für die Politik einhergehen.

[283] Vorausgesetzt, dass der Genitiv wie in analogen Fällen objektive Bedeutung hat, und nicht – wie bei der ersten Auffassung angenommen – ein *Genetivus qualitatis* vorliegt. Das legt das substantivierte Partizip nahe.

wiegt in den Kommentaren des 20. Jh. unter dem Einfluss der Religionsgeschichtlichen Schule eine „mythologische" Deutung. Die ἄρχοντες werden den ἀρχαί gleichgesetzt, den gottwidrigen Engelmächten, die Christus am Ende überwindet (15,24 καταργεῖν). Zwar ist ἄρχων (auch Pl.) im zeitgenössischen Judentum[284] nur für die Anführer von Abteilungen von Engeln, nicht für dämonische Weltherrscher belegt. Aber die Konzeption scheint verwandt mit dem johanneischen ἄρχων τοῦ κόσμου τούτου (Joh 12,31; 14,30; 16,11; vgl. MartJes 2,4) bzw. mit dem ἄρχων τοῦ αἰῶνος τούτου bei Ignatius von Antiochien (IgnEph 17,1 u. ö.). Paulus bezeichnet den Satan als „Gott dieser Weltzeit" (2Kor 4,4). Eph 6,12 setzt die „Weltherrscher (κοσμοκράτορες) dieser Finsternis" in Parallele zu den „bösen Geistmächten im Himmelsbereich". Von den Archonten im Plural – auch ohne den Genitiv des Bereichs – reden dann spätere Schriften,[285] bei den Gnostikern stehen sie technisch für an der Schöpfung beteiligte, den Menschen niederhaltende Mächte. Schleierhaft bleibt auch bei dieser Auffassung, weshalb ihre „Weisheit" erwähnt wird.[286] Das könnte durch die vorgegebene Thematik bedingt sein. Das Nicht-Erkennen der Dämonen versteht man nur, wenn man einen in späteren Texten ausgebildeten Mythos zu Grunde legt (s. Exkurs 3 unter 3). Nach diesen Texten erscheint es auch weniger problematisch, dass die Kreuzigung direkt von den bösen Geistmächten ausgesagt wird. Denn im gnostischen Mythos sind die Menschen nur Instrumente der eigentlichen Akteure der Geschichte, der Archonten.[287]

– Diese Schau der Geschichte rechtfertigt anscheinend auch die Kompromisslösung, die die politische und die dämonologische Interpretation miteinander verbindet.[288] Man versucht sie manchmal auch durch die atl.-jüdische Vorstellung von den Völkerengeln[289] zu stützen; doch denkt Paulus sonst nicht in solchen kollektiven Kategorien. Eine Dämonisierung der staatlichen Organe wäre von Röm 13,1-7 her eher befremdlich. So wird man sich zwischen menschlichen und dämonischen ἄρχοντες τοῦ αἰῶνος τούτου zu entscheiden haben.

Obwohl mehr dafür spricht, hierin irdische Machthaber zu sehen, bleibt es möglich, dass an unserer Stelle ein Bruchstück eines erst später voll greifbaren Mythos durchschimmert. Der Kontext lebt zwar vom Gegensatz zwischen menschlicher (vgl. auch „Herz eines Menschen" im Zitat V. 9) und göttlicher Weisheit, aber am Ende

---

[284] Vgl. 1Hen 6,3.7; 8,1B. Dan 10,13 spricht zwar absolut von Michael als einem der ersten Archonten, aber er ist wohl auch hier als Anführer von Engelscharen gedacht; in Anlehnung an Dan 10,21Th; 12,1Th könnte man freilich auch „der Völker" ergänzen.

[285] Schon IgnSm 6,1 nennt nach „den Himmlischen und der Herrlichkeit der Engel" „die sichtbaren und unsichtbaren Herrscher". Dabei geht „sichtbar" auf Himmelskörper. Vgl. IgnTrall 5,2.

[286] Vgl. allerdings 1QS IV 22 „Weisheit der Söhne des Himmels". Das ist hier etwas Positives im Unterschied zu den „Geheimnissen", die die gefallenen Engel 1Hen 8; 16,2 die Menschen lehren.

[287] Nach AscJes 11,19 reizt der Widersacher die Kinder Israels gegen den Herrn Christus auf, „indem sie nicht wußten, wer er war", so dass sie ihn dem König überliefern und ihn kreuzigen. 9,14 (äth.) zieht das zusammen: „Und der Gott jener Welt wird die Hand gegen seinen Sohn ausstrecken, und sie werden Hand an ihn legen und ihn kreuzigen am Holze, ohne zu wissen, wer es ist". Ähnlich unscharf bleiben die „sie" beim Anschlag des Kosmokrators auf den Erlöser 2LogSeth (NHC VII 2) 55.58,24-26. Nach Noëma (NHC VI 4) 41,15-30 wollen die Archonten den Erlöser dem Herrscher des Hades übergeben und bedienen sich dazu des Judas. Z. 23-28 wieder das „sie". In ActThom 143 ist der „Gewalthaber" deutlich nach Pilatus bei Joh 18,8-10 gezeichnet. Nach den Ophiten (Irenaeus, haer. I 30,13) „wurden die Mächte und der Vater über Jesus zornig und bewirkten seinen Tod".

[288] Z.B. SCROGGS 43; THEISSEN, Aspekte 370-374; SCHRAGE, 1Kor I 254; MERKLEIN, 1Kor I 226; KREMER, 1Kor 57f mit Verweis auf Lk 22,3; Joh 13,27.

[289] Vgl. Bill. III 48-51.

von V. 6 könnte das οὐδέ steigern: Nicht einmal den dämonischen Beherrschern dieser Welt ist die Weisheit Gottes erschwinglich. Das beweist das Faktum, dass sie „den Herrn der Herrlichkeit" gekreuzigt haben. Der christologische Titel ist auffällig; er kommt im NT höchstens noch Jak 2,1 vor.[290] In 1Hen 22,14; 25,3.7(*varia lectio*); 27,3.5; 36,4; 40,3; 63,2; 75,3; 83,8 und in der koptischen ApkEl 19,11 bezeichnet „Herr der Herrlichkeit" Gott, vor allem im Zusammenhang von Thronvisionen und in doxologischer Absicht.[291] Wegen der apokalyptischen Herkunft des Titels ist es unwahrscheinlich, dass Paulus damit eine Wortprägung der korinthischen „Herrlichkeitschristologie" aufnimmt.[292] Ist hier so proleptisch die δόξα des Auferstandenen (vgl. 2Kor 3,18; 4,4.6) umschrieben, die den Trägern politischer Macht noch nicht sichtbar war? Bei der „mythologischen" Auffassung könnte man besser dem Gottesprädikat Rechnung tragen: Der Menschgewordene war immer schon in göttlicher Herrlichkeit und blieb als solcher den feindlichen Weltherrschern verborgen. Doch ist es zunächst die „Weisheit Gottes", die sie nicht erkennen, und diese Unkenntnis bekundet sich im Widersinn, dass sie den durch die Herrlichkeit Gottes ausgezeichneten (*Genetivus qualitatis*)[293] eigentlichen Herrn der Welt kreuzigten.

V. 7 handelt von dieser verborgenen Weisheit. Der Genitiv „Gottes" ist bewusst vorgezogen. Von 1,21.24 (s. z.St.) her liegt es nahe, σοφία nicht als dauernde Eigenschaft Gottes, sondern als seinen vor Urzeiten gefassten „Ratschluss" zu verstehen. Aber wie in der Apokalyptik[294] ist objektivierend von der Weisheit die Rede; sie wird zu einem verborgenen Gut, das für das endzeitliche Heil bestimmt ist und im Himmel bereit liegt. Dazu stimmt, dass ἐν μυστηρίῳ nicht die esoterische Weise des Redens von ihr angibt,[295] sondern die σοφία in apokalyptischer Manier näher als den gewöhnlichen Menschen, sogar den Engeln (vgl. 2Hen 24,3; Eph 3,10; 1Petr 1,12) entzogenen Tiefensinn der Geschichte charakterisiert. Dass diese Zuordnung der Angabe mit ἐν zum Substantiv grammatikalisch möglich ist, belegen ähn-

---

[290] Dort ist τῆς δόξης von seinem Bezugswort durch das Personalpronomen und die Apposition „Jesus Christus" getrennt. BURCHARD, Ch.: Zu einigen christologischen Stellen des Jakobusbriefes, in: Breytenbach/Paulsen, Anfänge 353-368, 357 möchte den Genitiv deswegen von πίστις abhängig machen. Aber das dazu näherliegende „unseres Herrn Jesus Christus" muss dann als Attribut zu „Glauben an die Herrlichkeit" genommen werden.
[291] Dagegen scheint der vom Seher geschaute „Herr aller Herrlichkeit" AscJes 9,32 Christus zu sein, während er die Herrlichkeit des „Höchsten" nicht sehen kann (10,2).
[292] Gegen PEARSON, Terminology 32f; SÖDING, TH.: Das Geheimnis Gottes im Kreuz Jesu, in: Ders., Wort 71-92, 76; MERKLEIN, 1Kor I 230 „gut denkbar" (s. auch Exkurs 2 unter 2a). Richtig SELLIN, „Geheimnis" 85 Anm. 58: „Der Titel steht ja in Korrespondenz zu εἰς δόξαν ἡμῶν, entstammt also der erst von Paulus eingebrachten apokalyptischen Motivik. Gleiches gilt vom Zitat v. 9."
[293] CONZELMANN, 1Kor 87 Anm. 63. In 1Hen wird Gott auch „Herr der Weisheit" bzw. „der Gerechtigkeit" genannt. 2Thess 3,16 „Der Herr des Friedens gebe euch Frieden" lässt daran denken, dass in V. 8 auch die Verfügung des Herrn über das nach V. 7fin. den Christen bestimmte Heilsgut der δόξα mit ausgesagt werden soll.
[294] 2Bar 54,13 „der Weisheit Schätze hast du unter deinem Thron bereitet"; vgl. 4Esr 8,52.
[295] Gegen WEISS, 1Kor 54f mit Verweis auf λαλεῖν ἐν in 14,6, wo allerdings ein Objekt fehlt; BAUER, Wörterbuch 526 unter III 2; STÄHLIN 100. Dabei orientiert man sich an V. 6a. Aber μυστήριον ist bei Paulus inhaltlich bestimmt. Vgl. WILCKENS, Weisheit 64 Anm. 1; SCHRAGE, 1Kor I 251. Unentschieden LIETZMANN, 1Kor 13; CONZELMANN, 1Kor 77 Anm. 1.

liche, wenn auch bei Paulus seltene Wendungen in Röm 5,15; 14,17; 1Kor 11,25;[296] sie wird durch das nachgestellte partizipiale Attribut τὴν ἀποκεκρυμμένην wahrscheinlich. Wohl seinetwegen setzt Paulus nicht schon den Artikel vor ἐν μυστηρίῳ.

Das ntl. μυστήριον[297] entspricht dem hebr. רָז/rāz bzw. aram. רָזָא/rāzā. Für uns interessant sind Texte, in denen es in theologischem Zusammenhang mit „offenbaren" und „Weisheit" vorkommt. Im AT ist dies praktisch nur in Dan 2; 4,6 der Fall; hier gibt Gott Weisen wie Daniel Weisheit, indem er ihnen die endzeitliche Bedeutung von Träumen enthüllt. Ähnlich umfassen die Geheimnisse in Apokalypsen wie 1Hen, 4Esr und 2Bar die Schau der Endereignisse und ihre Deutung. Sie werden Gestalten wie Henoch, Mose, Esra und Baruch mitgeteilt, die sie an „Weise" weitergeben.[298] Neben den von Gott festgesetzten Zeiten[299] und Lohn bzw. Strafe, die bei ihm aufbewahrt sind (vgl. SapSal 2,22), gibt es aber auch kosmologische Geheimnisse (vgl. SapSal 7,17–21). Sie sind für die Qumrangemeinde von Bedeutung, insofern die richtige Toraauslegung vom korrekten Kalender abhängt. In ihr hat Gott das Ohr der Verständigen für „das Geheimnis des Werdens", d.h. die präexistente Schöpfungsordnung, aufgedeckt (גלה/glh).[300] Es betrifft auch den Lauf der Geschichte: Dem Lehrer der Gerechtigkeit wurden alle Geheimnisse der Worte der Propheten, konkret: ihre zeitliche Terminierung, kundgetan (1QpHab VII). Dass die Geheimnisse in der Weisheit Gottes gründen, wird in der Verbindung „Geheimnis deiner Weisheit" 1QH IX (neue Zählung XVII) 23[301] deutlich. Oft stehen Ausdrücke für den vor der Schöpfung erstellten Plan (עֵצָה/'eṣāh, מַחֲשֶׁבֶת/maḥšæbæt, סוֹד/sôd) parallel zu רָז/rāz, z.B. in dem Bekenntnis 1QS XI 18–20: „Kein anderer ist da außer dir, um auf deinen Ratschluss zu antworten und zu verstehen deinen ganzen heiligen Plan und in die Tiefe deiner Geheimnisse zu blicken und all deine Wunder zu begreifen". Die „wunderbaren Geheimnisse" entsprechen der „Einsicht, die vor den Menschen verborgen ist" (1QS XI 5f). Wie in unserem V. 7 legt Gott das Los des Einzelnen und aller Dinge, bevor sie werden, in seinem Geheimnis fest (vgl. 4Q176, Frgm. 33,2f; 1QH I [neue Zählung IX] 6–21; 1QS III 15–17). Das paulinische προορίζειν[302] hat dort ein Pendant in hebr. הֵכִין/hekîn, z.B. „in der Weisheit deiner Erkenntnis hast du ihre Bestimmung festgesetzt, bevor sie entstanden" (1QH I [neue Zählung IX] 19f).

Die „Weisheit Gottes im Geheimnis" steht unzweifelhaft in apokalyptischer Tradition, eröffnet aber nicht kosmische Gegebenheiten oder Inhalte der Tora, sondern zielt auf sein Handeln in Christus und die dadurch erwirkte „Herrlichkeit"

---

[296] Zum „präpositionalen Attribut" vgl. B-D-R 272. Häufiger ist es in Eph (1,17; 2,11.15).

[297] Vgl. die Lit. bei ZELLER, D.: Art. „Mysterium", NBL 2, 1995, 860–864, besonders aus neuerer Zeit BOCKMUEHL.

[298] Vgl. 1Hen 103,2f; 104,10.12; 106,19; 4Esr 10,38; 12,36.38; 14,5; 2Bar 81.

[299] Auch in Qumrantexten ist die Dauer der Herrschaft des Bösen in den Geheimnissen Gottes festgelegt, z.B. 1QS III 22f; IV 18.

[300] Vgl. 1Q26, Frgm. 1,4; 4Q416, Frgm. 2, III 17f; 4Q418, Frgm. 123, II 4f; Frgm. 184,2. Dazu LANGE, Weisheit, bes. 58.102–106.

[301] Vgl. 1QH XII (neue Zählung XX) 13: רָז שִׂכְלְכָה/rāz śikl⁰kāh („Geheimnis deiner Einsicht"); 1QS IV 18 „in den Geheimnissen seiner Einsicht und in seiner herrlichen Weisheit"; 1QpHab VII 14: „Geheimnisse seiner Klugheit" (עָרְמָה/'ārmāh). Nach 1Hen 51,3 werden alle Geheimnisse der Weisheit aus dem Mund des Erwählten hervorkommen.

[302] Das Verbum gehört zum Vokabular der Prädestination, die nicht nur für Personen (vgl. Röm 8,29f; 9,23; Eph 1,5.11) und Ereignisse (vgl. Apg 4,28), sondern auch für Heilsgüter angenommen wird. Lit. bei ZELLER, D.: Art. „Vorherbestimmung", NBL 3, 2001, 1048f.

der Gläubigen, die bei ihrer Auferweckung zum Vorschein kommt (vgl. 15,43; Röm 8,18.21).[303] Dabei erweist sie sich der Weisheit der Mächte dieser Welt überlegen. Deren mörderischer Anschlag auf Christus erreicht gerade, was Gott immer schon vorhatte.

V. 9 Ein Schriftzitat unterstreicht die in V. 7f ausgesprochene Verborgenheit der göttlichen Weisheit. Selbst wo es mit ἀλλά eingeleitet ist (vgl. Röm 15,3.21), bezieht sich καθὼς γέγραπται auf das Vorige. Das „Vielmehr" reagiert auf die negativen Aussagen in diesen Versen;[304] aber das Zitat selber besteht nicht nur aus drei verneinten Relativsätzen, sondern nimmt in V. 9c auch den positiven Relativsatz V. 7b auf: Die vor den Äonen zu unserer Herrlichkeit bestimmte Weisheit ist gleichbedeutend mit dem, was Gott denen bereitet hat, die ihn lieben.[305] Die Vorbereitung der im Eschaton entscheidenden Dinge[306] und Personen[307] vor aller Zeit soll ihr Eintreffen sicherstellen und gewährleisten, dass sie dann auch „diese Weltzeit" überholen können. Die gut jüdische Wendung „denen, die ihn lieben"[308] setzt kein synergistisches Gegengewicht gegen die Prädestination, sondern zeigt, dass diese immer schon aus der Binnenperspektive des Bundes gesehen ist.

Das Zitat scheint seine Würde als Schriftwort aus Jes 64,3 zu beziehen. Dort heißt es nach dem korrigierten hebräischen Text innerhalb einer Volksklage:

... kein (Ohr) hat gehört, kein Auge gesehen
einen Gott außer dir,
der handelt an (denen, die) auf ihn harr(en).

Im Vergleich dazu ist in 1Kor 2,9 die erste Zeile umgestellt und eine zweite Zeile hinzugefügt worden, die mit einer biblischen Wendung das spontane Aufkommen von Gedanken umschreibt.[309] In der letzten Zeile ist das Handeln Gottes als „Bereiten" konkretisiert – entsprechend einer zuerst in SifBem 27,12 § 135 fassbaren Tradition, die Jes 64,3 auf das bezieht, „was

---

[303] Ein apokalyptisches Konzept: 1Hen 50,1; 62,15f; 108,11f; 4Esr 7,95; 8,51; 2Bar 48,49f (V. 50 entspricht 2Kor 4,17); 51,10.12.

[304] FRID, B.: The Enigmatic ΑΛΛΑ in 1 Corinthians 2.9, NTS 31, 1985, 603–611, möchte es speziell auf V. 8a beziehen, aber am Ende von V. 9 noch „das haben wir erkannt" ergänzen.

[305] Deshalb fühlt sich FEUILLET, A.: L'énigme de 1 Co II,9, in: Ders., Christ 37–57 an Sir 1,10LXX erinnert, wo Gott die Weisheit denen verleiht, die ihn lieben.

[306] S.o. Anm. 294.302. Vgl. 1Hen 25,7; 103,2f; 2Bar 4,3.6; 48,49; 54,4; 4Esr 7,14. Das NT redet vom ἑτοιμάζειν jenseitiger Heils- oder Unheilszustände bzw. -räume: Mk 10,40; Mt 25,34.41; Joh 14,2f; Hebr 11,16. SifDev 356 antwortet Mose auf die Frage der Israeliten, was der Heilige ihnen in der kommenden Welt geben werde: „Glücklich seid ihr wegen dessen, was euch bereitet ist". Vgl. unten zu Jes 64,3 in rabbinischer Wiedergabe.

[307] Vgl. AssMos 1,14: Mose war von Anfang der Welt an dazu vorbereitet, der Mittler des Bundes zu werden.

[308] Damit wird in deuteronomistischer Linie die dem Bund gemäße exklusive Anhänglichkeit bezeichnet, die sich im Halten der Gebote äußert (vgl. Dtn 6,5; 10,12f; 30,15f u. ö.). Die Partizipialform erscheint oft stereotyp, wo diesem Verhalten die gnädige Reaktion Gottes zugesichert wird: Ex 20,6; Dtn 5,10; 7,9; Neh 1,5; Dan 9,4; CD XIX 2; XX 21; vgl. ferner Ri 5,31; Ps 97,10; 145,20; Tob 14,7; Sir 1,10; 2,15f; 34,19=31,16LXX; 47,22 (Sg.); 1Makk 4,33; Bel 38; PsSal 4,25; 6,6; 10,3; 14,1; 1Hen 108,8; TestAbr (A) 3,3; TestBen 4,5; ParJer 6,6; Jak 1,12; 2,5.

[309] Vgl. 2Kön 12,5; Jes 65,16LXX; Jer 3,16; 7,31; 32,35=39,35LXX; 44,21=51,21LXX; 51,50=28,50LXX; Ez 38,10; Lk 24,38b; Apg 7,23.

(Gott) dem bereitet, der seiner harrt".[310] Wohl schon vor Paulus wurde das Harren durch das Lieben ersetzt.[311] 1Clem 34,8 bezeugt dagegen noch eine dem MT nähere Gestalt des Textes, die auf τοῖς ὑπομένουσιν αὐτόν endet.[312]

Der Jesajatext wurde ausgebaut und verselbständigt, um in jüdischer wie christlicher Tradition die unvorstellbaren eschatologischen Wirklichkeiten anzudeuten, mit denen die Gerechten belohnt werden sollen.

Dabei stehen manchmal die ersten beiden Glieder des paulinischen Zitats für sich; oder die letzte Zeile bildet die Einleitung dazu. Frühester jüdischer Beleg ist LibAnt 26,13 (zwischen 73 und 132 n. Chr.). Wenn Gott die Bewohner dieser Welt heimsuchen wird, wird er „von dem, was kein Auge gesehen und kein Ohr gehört hat und in das Herz des Menschen nicht aufgestiegen ist" wertvolle Steine nehmen, die das Licht der Gerechten sein werden. Das in seiner Herkunft umstrittene TestJak 5 illustriert mit allen drei Gliedern den „Aufenthalt der Ruhe und alle für die Gerechten bereiteten Güter".[313] Sie werden dem vor seinem Tod in den Himmel entrückten Patriarchen gezeigt. So vermutet K. Berger die Himmelsreise von Visionären als ursprünglichen Ort für das Zitat. Wohl deshalb findet Origenes es in einem Elia-Apokryphon wieder, das jedoch nicht mit der koptischen ApkEl identisch ist.[314] Es muss nicht, wie Origenes meint, die Quelle für Paulus darstellen. Ebensowenig müssen die Zitationen des Wortes in christlicher Paränese[315] und in apokalyptischen Gerichtsdarstellungen[316], die im Tenor christlich sind, aber jüdische Traditionen enthalten, immer direkt auf Paulus zurückgehen. Sie können auch aus mündlicher Überlieferung schöpfen, wie die Variabilität der Textdetails zeigt. In EvThom 17 wurde das freischwebende Logion mit einer typisch gnostischen Erweiterung („was die Hand nicht berührt hat") Jesus in den Mund gelegt, ähnlich ActPetr 39 und EpTit, Anfang. Hier wird die verborgene Herrlichkeit zur Gabe des Erlösers.[317] Das gnostische PrecPl (NHC I 1) 1,26-29 weist Auge und Ohr den Engeln bzw. Archonten zu. Bei den Baruchgnostikern (Hippolyt, haer. V 24,1; 26,16f; 27,2) umschreiben die ersten beiden Zeilen das Ziel der Erkenntnis.

---

[310] Vgl. Bill. III 328f mit späteren rabbinischen Vertretern.

[311] Auch in Röm 8,28 gehört die Wendung „denen, die Gott lieben" zu einem traditionellen, mit „wir wissen" eingeführten Satz. Vgl. WISCHMEYER, O.: ΘΕΟΝ ΑΓΑΠΑΝ bei Paulus, ZNW 78, 1987, 141-144. Anders steht es m. E. in 8,3 (vgl. z.St.). Zur Einordnung in die paulinische Theologie vgl. SÖDING, TH.: Gottesliebe bei Paulus, in: Ders., Wort 303-326.

[312] Anders als KOCH, Schrift 38 Anm. 20 glaube ich nicht, dass das dortige Schriftzitat ganz von Paulus abhängig ist. Eine Reminiszenz an diese Textform auch in MartPol 2,3: τὰ τηρούμενα τοῖς ὑπομείνασιν ἀγαθά.

[313] Frz. Übers. bei DELCOR, M.: Le Testament d'Abraham grecque, SVTP 2, Leiden 1973, 210 (boh.), 237 (äth.).

[314] Dazu zuletzt VERHEYDEN, J.: Origen on the Origin of 1 Cor 2,9, in: Bieringer, Correspondence 491-511. Lat. Hsn. (L² S) setzen das paulinische Zitat auch bei AscJes 11,34 hinzu.

[315] Zusammengestellt bei PRIGENT, P.: Ce que l'oeil n'a pas vu, I Cor. 2,9, ThZ 14, 1958, 416-429. In 1Clem 34,8 geht das Gotteswort auf „die großen und herrlichen Verheißungen", ebenso wie in der Anspielung 2Clem 11,7. Dort und in MartPol 2,3 ist die ursprüngliche Folge Ohr – Auge erhalten. In Clemens Al., protr. X 94,4 hat es eine Fortsetzung, die sich auch in ConstAp VII 32,5 findet.

[316] Vgl. BERGER, K.: Zur Diskussion über die Herkunft von I Kor. II. 9, NTS 24, 1978, 270-283.

[317] Dazu SEVRIN, J.-M.: „Ce que l'oeil n'a pas vu ...". 1 Co 2,9 comme parole de Jésus, in: Auwers, J.-M./Wénin, A. (Hg.), Lectures et relectures de la Bible. FS P.-M. Bogaert, BEThL 144, Leuven 1999, 307-324; TUCKETT, CH.: Paul and Jesus Tradition, in: Burke/Elliott, Paul 55-73.

V. 10 Die logische Verknüpfung von V. 10a mit dem Vorhergehenden ist nicht ganz klar, zumal man ebenso gut δέ wie γάρ lesen kann.[318] Auf jeden Fall ist das Objekt der Offenbarung aus den Relativsätzen in V. 9 zu ergänzen, ohne dass man V. 9.10a als einen einzigen Satz durchlesen kann; das verhindert die Partikel δέ bzw. γάρ. Es ist identisch mit der geheimnisvollen Weisheit und wird am Ende von V. 12 noch einmal zusammengefasst als das, „was uns von Gott geschenkt wurde". Das betont vorangestellte ἡμῖν ist in seinem Umfang nicht eindeutig. Hat Gott das für die Christen (V. 7fin.) bzw. für die, welche Gott lieben (V. 9c), Bereitete nur den Aposteln[319] geoffenbart? Dann deckte sich das „uns" mit der 1. Pl. in V. 6.7.13. Das würde aber bedeuten, dass nur die Apostel den Geist empfangen haben (V. 12). Dieses exklusive Verständnis ist besonders dann unwahrscheinlich, wenn V. 10a V. 9c begründen soll (Lesart γάρ). Oder sind nur die „Vollkommenen" (V. 6) Empfänger der Offenbarung? Auch wenn wir δέ lesen, so steht die Offenbarung an die „Wir" zunächst im Gegensatz zum Nicht-Erkennen der „Herrscher dieses Äons". Sie ist nicht von vornherein für bestimmte Christen reserviert. Erst in V. 13fin. werden Anforderungen an die Hörer gestellt. M.E. hält Paulus die Extension des „Wir" bewusst in der Schwebe. Um so schmerzlicher ist es dann für die Korinther, in 3,1–4 zu erfahren, dass sie nicht zu den Pneumatikern gehören.

Man hat in 2,7–10a Ansätze zu dem *„Revelationsschema"* gefunden, das besonders in der Paulusschule (vgl. z.B. die sekundäre Doxologie Röm 16,25–27; Kol 1,25–27; Eph 3,3–5.9f) ausgeprägt wurde.[320] Es hebt den Kontrast zwischen der Verborgenheit des vor Urzeiten von Gott Geplanten und seiner jetzigen Offenbarung für einen bestimmten Kreis hervor.[321] Damit möchte es die Frage beantworten, warum die entscheidenden Wahrheiten erst so spät und nur wenigen bekannt wurden. Wo es mit dem Begriff „Geheimnis" verbunden ist wie in den genannten deuteropaulinischen Texten, scheint 1Kor 2,6–10 und 4,1 ausgesponnen zu sein: Paulus wird als Verwalter des Geheimnisses Gottes stilisiert; dessen Adressaten sind letztlich die „Heiligen Gottes" (Kol 1,26; vgl. die Anm. 321 zit. Stelle 1Hen 48,7). Eph 3,5 engt das auf „seine heiligen Apostel und Propheten" ein. Diese Interpretation scheinen auch manche Ausleger von 2,10 im Hinterkopf zu haben.

---

[318] S.o. Anm. 267. Deutlich ist das Schriftzitat mit V. 9 zu Ende.
[319] Eine Auslegung, die im Dienst einer Inspirationstheologie stehen kann, z.B. KAISER, W.C.: A Neglected Text in Bibliology Discussions: 1 Corinthians 2:6–16, WThJ 43, 1981, 301–319, 315. NEWMAN, C.C.: Paul's Glory-Christology, NT.S 69, Leiden usw. 1992, 238 bezieht V. 10a auf die Christophanie bei Damaskus, die ja Gal 1,15f als „Offenbaren des Sohnes Gottes" umschrieben wird. Aber in 2,10 ist der Gehalt des Offenbarens weiter. BURNETT 329 denkt an die 2Kor 12,1–5 erwähnten Offenbarungen für den in den Himmel Entrückten.
[320] Vgl. DAHL, N.A.: Formgeschichtliche Beobachtungen zur Christusverkündigung in der Gemeindepredigt, in: Neutestamentliche Studien für R. Bultmann, BZNW 21, Berlin 1954, 3–9, 4f. WOLTER 298 vermisst in 1Kor 2,6–10 das zeitliche Nacheinander. Es ist aber im προορίζειν πρὸ τῶν αἰώνων angelegt. Man darf auch nicht das Partizip Perfekt ἀποκεκρυμμένην (V. 7) so pressen, dass die Weisheit auch noch für die Gläubigen verborgen bleibt; gegen VOSS, Wort 163.176.197.
[321] Dieser Gegensatz ist für die Apokalyptik bezeichnend. Z.B. sagt 1Hen 48,6f vom „Menschensohn": „Und darum ist er erwählt worden und verborgen vor ihm [Gott], ehe der Äon geschaffen wurde, und bis in Ewigkeit (wird er sein). Und die Weisheit des Herrn der Geister hat ihn offenbart den Heiligen und Gerechten".

1,10–4,21: Gegen Spaltungen auf Grund von weltlicher Weisheit

Da der Inhalt der Offenbarung vom Menschen her unausdenklich ist, muss Gottes Geist als Medium fungieren. Das hat Parallelen in der späten jüdischen Weisheit[322] und in der Apokalyptik, wo auch das Verbum ἀποκαλύπτειν in Verbindung mit göttlichen Geheimnissen zuhause ist.[323]

„Der Geist der heiligen Götter" zeichnet auch Daniel vor den babylonischen Mantikern aus und befähigt ihn zur Deutung des im Traum mitgeteilten Geheimnisses (Dan 4,5f; 5,11f). In SapSal ist die im Menschen einwohnende σοφία nahezu synonym mit dem πνεῦμα. Deshalb kann es 9,17 im Gebet Salomos um die Weisheit von Gott heißen: „Wer hat deinen Ratschluss erkannt, ohne dass du ihm Weisheit gegeben und deinen heiligen Geist aus der Höhe gesandt hast?" Ebenso bekennt der Sänger der Loblieder von Qumran: „und ich als Einsichtiger habe dich erkannt, mein Gott, durch den Geist, den du in mich gegeben hast, und Zuverlässiges habe ich hinsichtlich deines wunderbaren Rates gehört durch deinen heiligen Geist. Du hast in mir Wissen um das Geheimnis deiner Einsicht erschlossen" (1QH XII [neue Zählung XX] 11–13; vgl. XIII [neue Zählung V] 18f). Ähnlich 1QS IV 21f; 4Q504, Frgm. 4,5. Die Ausgießung des Geistes auf apokalyptische Gewährsmänner ermöglicht ihre Geschichtsprophetie (1Hen 91,1; 4Esr 14,22).

Die begründende Feststellung V. 10b macht den Geist gleichsam anthropomorph zum Erkenntnisorgan Gottes, das sogar seine eigenen Tiefen erforscht.[324] Von den nur durch Offenbarung erkennbaren unergründlichen „Tiefen" (griech. τὰ βάθη, hebr. עֲמוּכוֹת/*ᵃmûkôt) ist in weisheitlichen[325] und apokalyptischen[326] Texten die

---

[322] Sie betont immer stärker, dass Weisheit Gabe Gottes ist: Vgl. Hi 32,8 „Es ist der Geist im Menschen, des Allmächtigen Hauch, der ihn verständig macht"; Sir 39,6 „Wenn Gott, der Höchste, es will, wird er mit dem Geist der Einsicht erfüllt".

[323] In den Weisheitsschriften ist nur Sir 3,19 zu nennen. Dort heißt es nach dem hebräischen Text, der durch die Peshitta und den Ergänzer von S (ἀλλὰ πραέσιν ἀποκαλύπτει τὰ μυστήρια αὐτοῦ) gestützt wird: Gott „offenbart den Demütigen seinen Ratschluss". Das Verbum ist dagegen häufig in der Version Theodotions von Dan 2 im Zusammenhang der Traumdeutung; vgl 10,1. Es fehlt in SapSal und bei Philo; sie gebrauchen für die Selbstbekundung Gottes ἐμφανίζειν. Zur antizipierenden Offenbarung in der apokalyptischen Literatur vgl. LÜHRMANN, Offenbarungsverständnis 98–103.

[324] Das Verbum ἐρευνᾶν, hier in seiner hellenistischen Form ἐραυνᾶν (vgl. B-D-R 30,4), kommt in der LXX nur Spr 20,27b mit Gott als Subjekt vor: Der Herr durchsucht alle Kammern des menschlichen Leibes. Ähnlich Röm 8,27 von Gott, der die Herzen erforscht. Vgl. zahlreiche Sachparallelen bei ZELLER, Röm 163. Hier interessiert es die einzige Stelle mit Gott als Objekt: Jdt 8,13f „Und jetzt erforscht (ἐξετάζειν) ihr den Herrn, den Allherrscher, und werdet nichts erkennen bis in Ewigkeit. Denn die Tiefe eines Menschenherzens werdet ihr nicht herausfinden ... wie könnt ihr dann Gott ... ergründen (ἐρευνᾶν) und sein Denken (νοῦς) erkennen und seine Überlegung (λογισμός) verstehen?" Vgl. ἀνεξεραύνητος in Röm 11,33. In Bezug auf Gott reserviert Philo das Verbum für den Zugang des Menschen über die Schöpfung, ein Suchen, das letztlich unbefriedigt bleiben muss (vgl. praem. 46; all. III 84; mut. 7; fug. 164f). Es wird überboten durch die Schau Gottes durch Gott selber (s. u. Anm. 332).

[325] Vgl. das Verbum Ps 92,6; Pred 7,24 (LXX βάθος); Hi 11,7f (חֵקֶר/ḥeqær) von Gott; 12,22 ἀνακαλύπτων βαθέα; TestHiob 37,7 „Wer wird je erfassen die Tiefen des Herrn und seiner Weisheit?" Auch bei Pindar, Frgm. 61 (MÄHLER) wird menschliche Weisheit dadurch relativiert, dass es nicht möglich ist „mit sterblichem Geist die Ratschlüsse (βουλεύματα) der Götter zu erforschen (ἐρευνᾶν)".

[326] Dan 2,20–23 preist Daniel Gott, der den Weisen die Weisheit gibt und tief verborgene Dinge enthüllt (ἀνακαλύπτων τὰ βαθέα); 1QS XI 19: Nur Gott selbst hat Einblick in die Tiefe seiner Geheimnisse; seine Engel vernehmen Unergründliches (1QM X 11); 1Hen 63,3 gestehen die Könige dem „Herrn der Weisheit" zu: „Tief sind deine Geheimnisse". 2Bar 14,8f heißt es: „Aber wer, o Herr mein Gott, versteht

Rede. Paulus selber bricht nach der Mitteilung des eschatologischen Geheimnisses Röm 11,15.26a in den Ausruf aus: „O Tiefe des Reichtums und der Weisheit und der Erkenntnis Gottes; wie unerforschlich sind seine Gerichte und wie unaufspürbar seine Wege" (Röm 11,33). Später scheinen Gnostiker beansprucht zu haben, als einzige die Tiefen zu kennen.[327]

V. 11 Eine suggestive Frage und eine Folgerung erläutern noch einmal, dass diese Vertrautheit mit dem innersten Planen Gottes – es geht nicht um eine Wesensschau – nur durch seinen Geist möglich ist. Die Ausschließlichkeit göttlicher Selbsterkenntnis drückt ähnlich der oben zu V. 7 zitierte Text 1QS XI 18f aus. Nebenbei wird deutlich, dass Paulus zwischen dem πνεῦμα des Menschen und dem Gottes unterscheidet (ebenso Röm 8,16), wenn er hier auch von einer Verhältnisähnlichkeit ausgeht.[328] Das wird bei den noch zu diskutierenden Stellen 5,3–5 und 7,34 wichtig werden.

V. 12 arbeitet den Gegensatz des von Gott stammenden (ἐκ, vgl. 6,19 mit ἀπό) Geistes nicht zu diesem neutralen Geist des Menschen, sondern zum „Geist der Welt" heraus – wohl eine Bildung *ad hoc* (ähnlich Röm 8,15; 2Kor 11,4), mit der Paulus auf die in V. 6f angesprochene Polarität zurückkommt. Man ist freilich versucht, hier das Gegenüber von „Geist des Frevels" zum „Geist der Wahrheit" in dem Lehrstück 1QS III 13 – IV 26 als eine ähnliche dualistische Konzeption anzuführen. Während aber dort die Menschen an diesen beiden von Gott gesetzten Mächten Anteil haben, bis Gott in der Neuen Schöpfung sie durch seinen heiligen Geist reinigt, entsteht die Konfrontation bei Paulus erst durch diese eschatologische Geistgabe. Da die formelhafte Wendung vom „Empfangen des Geistes" sonst ihren Ort beim Christwerden hat (vgl. Röm 8,15; 2Kor 11,4; Gal 3,2.14; Apg 2,38; 8,15.19; 10,47; 19,2), fällt es schwer, die „Wir" auf die Apostel und ihren Geisterweis (V. 4) zu beschränken. Allerdings ist das Ziel des Geistempfangs nicht einfach Heiligung und Rechtfertigung, sondern das Verständnis der Geschenke Gottes. Zumal das Partizip Aorist keine zeitliche Valenz hat, wird man unter τὰ χαρισθέντα nicht nur die Rechtfertigungsgnade (vgl. Röm 5,15 δωρεά), sondern alle Heilsgaben bis zur endlichen Herrlichkeit (vgl. V. 7fin.) fassen. Wenn Paulus z. B. Röm 8,32 sagt, dass Gott „uns das alles schenken (χαρίζεσθαι) wird", blickt er auf die ganze Kette des Handelns Gottes von der Vorherbestimmung bis zur Verherrlichung (Röm 8,29f) zurück. Die persönlichen Charismen stehen dagegen nicht im Blick; sie sind ja auch nicht Gegenstand apostolischer Predigt (V. 13).

---

dein Gericht, oder wer erforscht die Tiefe deines Wegs, … oder wer vermag nachzudenken über deinen unerfassbaren Ratschluss, oder wer hat jemals von den (Staub-)Geborenen Anfang und Ende deiner Weisheit gefunden?", vgl. 54,12.

[327] Hippolyt, haer. V 6,4 über die Naassener. Schon Apk 2,24 „die die Tiefen Satans nicht erkannt haben" dürfte einen solchen Anspruch verkehren. Vgl. gnostische Schriften wie EvVer (NHC I 3) 22,25 u.ö.; TractTrip (NHC I 5) 54,12–23 betont neben anderen Dimensionen die „unbegreifliche Tiefe" des transzendenten Gottes mit Formeln, die an unser Zitat in V. 9 anklingen. Wer sich aber selbst erkannt hat, hat zugleich Erkenntnis über die Tiefe des Alls erlangt: LibThom (NHC II 7) 138,17f.

[328] Zum Problem vgl. VOLLENWEIDER, S.: Der Geist Gottes als Selbst der Glaubenden, in: Ders., Horizonte 163–192 – ein gewagter Titel!

V. 13 Solche Durchdringung der Heilsökonomie Gottes bekundet sich nun im Reden des Apostels.[329] Aus der Weise, wie den Christen Offenbarung zuteil geworden ist, folgt aber, dass sie nur in vom Geist gelehrten[330] Worten weitergegeben werden kann. Neben dieser erneuten Abfuhr gegenüber der menschlichen Weisheit ist es Paulus jedoch auch wie in V. 6 um die Eingrenzung seines Hörerkreises zu tun. Der geistliche Inhalt seiner Rede bedingt, dass er ihn nur geistlichen Menschen darlegen kann. Man wird ergänzen dürfen, dass diese πνευματικοί durch den V. 12 genannten Geistempfang zu solchen geworden sind. Die Korinther können sich ausrechnen, dass sie nicht dazu zählen, solange sie der Weisheit von Menschen huldigen.

Bei dieser Auffassung ist freilich vorausgesetzt, dass sich hinter πνευματικοῖς ein Maskulinum verbirgt, wie das V. 15 offensichtlich wird. Das Verbum συγκρίνειν bedeutete nicht wie 2Kor 10,12 „vergleichen", sondern wäre ein Spezialterminus der Mantik (hebr. Stamm פתר/ ptr), der auf das Deuten von Träumen (vgl. schon Gen 40,8.16.22; 41,12f. 15; Ri 7,15) und Orakeln geht. So wird συγκρίνειν (5,7LXX; 5,12.16Th), σύγκρισις, σύγκριμα bzw. das Simplex[331] in Dan 2; 4f und 7,16 im schon dargestellten Zusammenhang von „Weisheit", „Geheimnis" und „offenbaren" verwendet. Man kann πνευματικοῖς jedoch auch neutrisch verstehen wie wohl 12,1 und sicher 14,1; das käme stärker dem antiken Grundsatz „Gleiches mit Gleichem"[332] entgegen, der V. 11f.14 zu Grunde liegt.[333] Meist unterlegt man dabei dem συγκρίνειν eine Bedeutung, die sich dem ἀνακρίνειν V. 15f nähert. V. 16fin. wäre eine Wiederholung. Dabei wird jedoch verkannt, dass Paulus in Wiederaufnahme von V. 6a nun wieder auf die Rezipienten abhebt. Zur Aktivität des „Redens" passt besser ein „Interpretieren" als ein „Vergleichen, Urteilen", die Sache des Hörenden sind.[334]

---

[329] Das καί verrät die Rückkehr zum Thema V. 6f. V. 13 spricht aus, was sich aus V. 12 (Aorist) für die Art apostolischen Redens in der Gegenwart ergibt.

[330] Zum Verbaladjektiv διδακτός mit Genitiv des Urhebers vgl. BAUER, Wörterbuch 385. Klassisch Sophokles, El. 344; Pindar, O. 9,100f. Man kann auf das Lehren des Geistes Joh 14,26 verweisen. Die von WEISS, 1Kor 65 vorgeschlagene, von MALY, Gemeinde 43f übernommene Konjektur, λόγοις zu streichen und διδακτοῖς maskulinisch zu nehmen, ist unnötig.

[331] Vgl. L-S s.v. κρίνω 5, dazu Plato, Tim. 72a: die „Propheten" als „Richter" über die ekstatischen Äußerungen und Gesichte; VIDMAN, Sylloge, Nr. 5, Z. 16: κρίνοντος τὰ ὁράματα (die Gesichte deutend).

[332] Zu diesem Prinzip bei Philo vgl. gig. 9; migr. 39f; mut. 4–6. Auf der höchsten Stufe der Gotteserkenntnis, die an Israel verdeutlicht wird, schaut man dann das Geistige durch den Geist, das Weise durch die Weisheit. Vgl. GÄRTNER, B.E.: The Pauline and Johannine Idea of ‚to know God' against the Hellenistic Background, NTS 14, 1967, 209–231. Mehr Stellen und Lit. bei CONZELMANN, 1Kor 91.

[333] Dazu neigen REITZENSTEIN 336 „indem wir mit Geistesgaben und Offenbarungen (die wir schon besitzen) Geistesgaben und Offenbarungen (die wir erhalten [...]) vergleichen und sie danach beurteilen"; LIETZMANN, 1Kor 13f; CONZELMANN, 1Kor 92: „Das Kriterium und die Möglichkeit des Urteils werden mitgeteilt"; SCHRAGE, 1Kor I 267. M.E. stehen aber nicht spezielle Geistesgaben wie 12,1; 14,1 zur Debatte, sondern das Verständnis des grundlegenden Heilswerks Gottes. Eine solche weitere Fassung von πνευματικά 9,11 (die Christusbotschaft), auch im Zusammenhang der Kollekte Röm 15,27 (die verheißenen Segensgüter). Dann kann man freilich immer noch bei πνευματικοῖς λόγοις ergänzen und wie BARRETT, 1Kor 76 paraphrasieren: „interpreting spiritual truths by means of spiritual words". Ähnlich FEE, 1Kor 115; FITZMYER, 1Kor 182. Vos, Argumentation 110f schreibt Paulus hier gar eine „pneumatische Rhetorik" zwecks des „Beweises des Geistes" (2,4) zu. Dann würde V. 13fin. nur den Hauptsatz erläutern und nicht auf den Gegensatz V. 14f vorbereiten.

[334] Treffend BAUMANN, Mitte 249; KAMMLER, Kreuz 225f. BACHMANN, 1Kor 135 bestreitet vergeblich, dass V. 14 auf die Hörer abhebt.

Wie elitär sind nun die πνευματικοί? Außer in 2,15 und 3,1 begegnet das Maskulinum noch 14,37 als Wechselbegriff zu „Prophet". Die Formulierung „Wenn einer meint ... zu sein", die ebenso 3,18b mit σοφός erscheint, lässt erkennen, dass „Geistlicher" – ebenso wie „Weiser" – zu sein die Ambition bestimmter Kreise in Korinth war. Das könnte auch aus 7,40b („auch ich meine, den Geist Gottes zu haben") hervorgehen, wenn diese Übersetzung auch nicht zwingend ist. Doch muss Paulus die Vokabel, die er als Adjektiv selbstverständlich gebraucht (10,3f; 15,44.46), deshalb nicht von den Korinthern geborgt haben, wie viele meinen. Zumal an unserer Stelle, wo der fundamentale Geistempfang zu Pneumatikern macht. Eine solch breitere Verwendung liegt auch Gal 6,1 vor, wo Paulus mit „ihr, die Pneumatiker" – sicher nicht ironisch – an die Gemeinde appelliert; sie sind nicht mehr Unmündige, sondern Söhne, in deren Herz Gott den Geist seines Sohnes gesandt hat (Gal 4,1–7), und sollen auch im Geist wandeln (5,16–26).

V. 14–16 Den Gegensatz[335] zum Pneumatiker bildet der „psychische Mensch".[336] Er verhält sich nicht anders als die zu Grunde gehenden, auf Weisheit erpichten Griechen: „Die Dinge des Geistes Gottes", wie jetzt der Inhalt der Offenbarung (vgl. V. 9.12fin.) umschrieben wird, sind für ihn Torheit (vgl. 1,18.21.23.25). Während das „er nimmt nicht an"[337] ein Moment der Entscheidung enthält, stellt der zweite Hauptsatz sein Unvermögen zur Erkenntnis heraus. Ihm fehlen die rechten Maßstäbe, geistliche Dinge zu beurteilen[338]; der Geist ist zugleich das Medium und die Mitteilung, das Kriterium und das zu Beurteilende.

Mit dem Psychiker kontrastiert erneut der Pneumatiker; er kann kraft des Geistes, der ja alles erforscht (V. 10b), alles beurteilen. Das könnte man durch die διακρίσεις πνευμάτων 12,10 bzw. das διακρίνειν 14,29 oder mit 1Thess 5,21 exemplifizieren, aber (τὰ) πάντα ist umfassender. Wenn Paulus hinzusetzt, dass er auch von niemand beurteilt wird, so verteidigt er sich wohl gegen Abwertungen durch die Anhänger der Weisheit und der Rhetorik.[339] Die fehlende Zuständigkeit dieser von

---

[335] Mit δέ markiert, was auch wieder für maskulinische Auffassung von πνευματικοῖς in V. 13fin. spricht.

[336] Das Gegenüber von πνευματικός und ψυχικός ist vor Paulus nicht belegt. Jak 3,15 charakterisiert eine streitbare Weisheit – im Unterschied zu der von oben herabkommenden Weisheit – als „irdisch, seelisch, dämonisch". Und Jud 19 bezeichnet die gegnerischen Spötter als „seelisch, keinen Geist habend". Das zeigt, dass der Begriff ψυχικός – wohl unabhängig von Paulus – an der Wende vom 1./2. Jh. in der christlichen Polemik eingebürgert ist, noch bevor ihn die Gnostiker aufgreifen. Weiteres zur hier zu Grunde liegenden Anthropologie s. Exkurs 3 unter 2.

[337] Vgl. δέχεσθαι von Botschaften Mt 11,14; Mk 10,15par.; 2Kor 11,4. In 1Thess 1,6; 2,13; Lk 8,13; Apg 8,14; 11,1; 17,11; Jak 1,21 ist das „Aufnehmen des Wortes" (Gottes) Missionssprache.

[338] Das Verbum ἀνακρίνειν bedeutet zunächst einmal „untersuchen", z.B. 10,25.27 das skrupulöse Fragen, woher das Fleisch stammt; wie ἐρευνᾶν (s. zu V. 10) kann es die Erforschung der Schrift meinen (vgl. Apg 17,11 mit Joh 5,39; 7,52). Im Zusammenhang eines Prozesses hat es die Bedeutung „verhören" (Lk 23,14; Apg 4,9; 12,19; 24,8; 28,18; vgl. 25,26 das Substantiv). Gegenüber solch richterlicher Suche nach Schuld (vgl. 4,3f) erfolgt die Verteidigung (vgl. 9,3). Manchmal drückt das Verbum aber auch aus, dass die Schuld schon gefunden ist (14,24 ἀνακρίνεσθαι nach ἐλέγχεσθαι).

[339] Vgl. 4,3 und Exkurs 1 unter 4. Vos, Argumentation 112f findet hier „eine Immunitätserklärung des Pneumatikers", in juristischen Kategorien eine *translatio a persona rei*.

außen kommenden Kritiker, noch weiter zurückgreifend das Nicht-Erkennen-Können der nur „Seelischen" V. 14, belegt ein Zitat nach Jes 40,13LXX.

Es ist als solches freilich höchstens am hinzugefügten γάρ erkenntlich, das auch Röm 11,34 beim selben Schriftwort steht. Dort werden die beiden Wer-Fragen V. 13ab angeführt, der Relativsatz fehlt. Hier hängt Paulus den Relativsatz an die erste Wer-Frage V. 13a an. Die Verbform συμβιβάσει begegnet auch in Varianten der LXX. Die Bedeutung „belehren" ist der LXX eigen, aber auch Apg 19,33 bezeugt.

Mit ähnlichen staunenden Wer-Fragen gibt in weisheitlichen und apokalyptischen Texten (vgl. Sir 18,4b.5; SapSal 9,13.17; 1QS XI 18f; TestHiob 37,7; 1Hen 93,11-14; 2Bar 14,8f; 54,12; 75,1-5) der Mensch zu, wie fern ihm die Gedanken[340] Gottes sind. Demgegenüber (vgl. das δέ) stellt Paulus mit dem abschließenden V. 16c seine Kompetenz als Insider heraus, die alle teilen, welche sich als Geistträger wissen dürfen. Anders als Röm 11,34f, wo ganz allgemein die unzugänglichen Ratschlüsse Gottes gepriesen werden, interpretiert er hier den νοῦς κυρίου als das „Denken Christi".[341] Daran kann man Anteil haben. Dem Griechen war die Verbindung νοῦν ἔχειν „Verstand haben" geläufig; das ist hier qualifiziert als ein Denken, das den Heilsplan Gottes im Gekreuzigten begreift. Das kommt zwar in die Nähe zum „den Geist Christi haben" (Röm 8,9b), ist damit aber nicht deckungsgleich.[342]

Den Sinn des ganzen Abschnitts können wir erst nach 3,1-4 erfassen. Doch zuvor soll noch sein religionsgeschichtlicher Hintergrund beleuchtet werden.

Exkurs 3: Zum religionsgeschichtlichen Hintergrund von 2,6-16

Oft hat man in diesem Stück eine Art Travestie der korinthischen Weisheitssuche gesehen. Paulus greife ihre Terminologie auf und setze nur dadurch eigene Akzente, dass er die Weisheit auf die Erkenntnis des Gekreuzigten und des in seinem Tod Geschenkten hin konkretisiere. Deshalb spielt der Text bei der Rekonstruktion der korinthischen Ideologie eine große Rolle. Aber auch wenn nach dem Paulus eigenen religionsgeschichtlichen Reservoir gefragt wird, bieten sich verschiedene Lösungen an:

---

[340] Obwohl dem νοῦς im MT von Jes 40,13 רוּחַ/*rûªḥ* entspricht, ist es hier nicht Äquivalent von πνεῦμα, sondern eher von σοφία: Es geht um das heilsgeschichtliche Sinnen und Trachten Gottes (vgl. o. Anm. 324 Jdt 8,14), das freilich durch den Geist erkannt wird. Richtig REILING 210. Überflüssig ist daher der Nachweis von REITZENSTEIN 338 (= WILCKENS, Weisheit 57f) aus späten hermetischen Schriften, wonach νοῦς jenes göttliche Fluidum ist, das den πνευματικός ausmacht. Auch die Vermutung von STERLING, Wisdom 372, Paulus habe hier Kategorien der Korinther, die νοῦς und πνεῦμα gleichsetzten, kooptiert, erübrigt sich. Die Formulierung von V. 16c ist durch das Schriftzitat bedingt.

[341] Zur Deutung des atl. κύριος auf Christus s. zu 1,31. WEISS, 1Kor 68 (wegen des parallelen V. 11b); HANSON 77 (wegen Röm 11,34) = SCHRAGE, 1Kor I 266 Anm. 269 insistieren darauf, dass im Zitat Gott gemeint sei. Ebenso WILK, Bedeutung 289f, der in V. 16c – im Unterschied zu V. a – *Genetivus obiectivus* annimmt und mit „Verständnis für Christus" übersetzt. Wohl zu scharfsinnig.

[342] Gegen KAMMLER, Kreuz 234 zu Recht STRÜDER, Paulus 241-243, der aber 254f u. ö. zu stark auf die „praktische Relevanz" des νοῦς Χριστοῦ abhebt und mit „Gesinnung" übersetzt.

1. Die alttestamentlich-jüdische Weisheitsspekulation

Besonders katholische Exegeten[343] vermuten hinter der σοφία, die Paulus hier verkündet, die in Spr, Sir, SapSal und Bar 3 personifizierte Weisheit, die Gott teilweise als eine Art Hypostase an die Seite tritt. Paulus habe sie mit Christus identifiziert, wie auch aus anderen Stellen unseres Briefes (8,6; 10,4; s. z.St.) hervorgehe. Die atl.-jüdischen Texte sprechen von ihrer Präexistenz (Spr 8,22–30), ihrer Verborgenheit (Hi 28; Bar 3,15–31), aber auch ihrem Aufenthalt unter den Menschen (Spr 8,31; Bar 3,38), besonders bei Israel, dem sie in Gestalt des mosaischen Gesetzes zuteil wurde (Sir 24; Bar 3,9–14.37; 4,1–4). Bar 3,16–19 („Wo sind die Gebieter der Völker? ... Verschwunden sind sie") liefert eine Parallele zu den Fürsten dieser Welt in V. 6.8, die die Weisheit nicht erkennen und vernichtet werden. In SapSal 1,1–15; 6,1–21 dagegen appelliert der König Salomo an die Herrscher der Erde, doch die Weisheit anzunehmen, die ihm von Gott verliehen wurde. Er verheißt ihnen, keine Geheimnisse zu verbergen (6,22; vgl. 2,22). Hier wechselt σοφία mit πνεῦμα (vgl. 1,4f.6f; 7,7.21f; 9,17). Ohne die Weisheit ist kein Mensch vollkommen (τέλειος 9,6; vgl. 6,15a). Somit finden sich hier wichtige Stichworte unseres Abschnitts.

Inzwischen hat sich der begrenzte Erkenntniswert dieses Modells herausgestellt. Die Aussagen über die Weisheit lassen sich nicht zu einem „zusammenhängenden Mythos"[344] zusammenfügen. Es handelt sich vielmehr um Strategien, den Wert und die kosmische Bedeutung kontingenter Sachverhalte wie der Schulgelehrsamkeit oder der Tora zu veranschaulichen. Bei der Ausbildung der ntl. Christologie gab sicher die Präexistenz der Weisheit eine wichtige Deutehilfe ab, obwohl sich das Judentum nicht allein sie vor der Erschaffung der Welt denkt; noch bedeutsamer war ihre Rolle bei der Schöpfung (s. zu 8,6), die auf Christus übertragen wurde; aber etwa für die Formulierung der Menschwerdung ist das Weisheitsmodell kaum ausreichend.[345] In 1Kor 1f schien uns bisher, dass die Bezeichnung Christi als σοφία nicht seiner Gleichsetzung mit einer vorgegebenen Größe zu verdanken ist (vgl. zu 1,24), sondern Paulus stellt die Weisheit Gottes *ad hoc* der der Griechen gegenüber. Die Formulierung in 1,30 „legt [...] den Ton darauf, was Christus für die Glaubenden *geworden* ist, nicht was er von seinem Wesen her ist".[346] Und in 2,6–8 ist die „Weisheit Gottes" nicht einfach mit dem „Herrn der Herrlichkeit" identisch; „ganz offensichtlich ist hier von Weisheit in einem inhaltlichen und nicht in einem persönlichen Sinne die Rede: Es geht um den Sinn des Kreuzesgeschehens (vgl. 2,8), nicht um die Person Christi. So gibt 1 Kor 1–2 keine Anhaltspunkte für eine von Pau-

---

[343] Vgl. FEUILLET, Christ 25–57. Danach CIPRIANI, S.: Cristo „potenza di Dio e sapienza di Dio" in 1 Cor. 1,24, in: Ders., La Cristologia in San Paolo, ASB 23, Brescia 1976, 341–360. Auch nach THEIS, Paulus 294 entfaltet Paulus sein Evangelium vom Gekreuzigten im Rahmen der Sophiatradition. Protestantische Autoren schreiben die Identifikation Christi mit der präexistenten Weisheit eher den Anhängern des Apollos zu.

[344] So noch WILCKENS, U.: Art. σοφία κτλ, ThWNT 7, 1966, 508–510. Aber der „Mythos" in 1Hen 42 macht drastisch die Verknappung von Weisheit in schlechten Zeiten deutlich, dieses Mittel wendet die Antike ebenso gut bei anderen Abstrakta wie Gerechtigkeit u.a. (Hesiod, erg. 197–200; Theognis 1,1135–1142; Euripides, Med. 439f; Arat 100–135; Vergil, georg. II 474; Ovid, met. I 149f; Iuvenal 6,1–20 u.ö.) an. Vgl. FRENSCHKOWSKI, M.: Offenbarung und Epiphanie I, WUNT II 79, Tübingen 1995, 15–20. 222–234: nicht Überreste eines ehemals autarken Grundmythos, sondern voneinander unabhängige Manifestationen einer mythenschaffenden Imagination, die eine vergleichbare religiöse Problemstellung zu bewältigen hatte (229).

[345] Vgl. ZELLER, D.: Die Menschwerdung des Sohnes Gottes im Neuen Testament und die antike Religionsgeschichte, in: Ders. (Hg.): Menschwerdung Gottes – Vergöttlichung von Menschen, NTOA 7, Fribourg/Göttingen 1988, 141–176, 152–156 (= Ders., Neues Testament 61–81, 67–69).

[346] Von LIPS, H. von: Christus als Sophia?, in: Breytenbach/Paulsen, Anfänge 75–95, 90.

lus vertretene Sophia-Christologie".[347] Vor allem fehlt der atl.-jüdischen Weisheit „der eschatologische Charakter der Offenbarung".[348]

2. Die jüdisch-hellenistische dualistische Weisheit

Eine zweite Erklärungsrichtung[349] möchte vor allem der anthropologischen Begrifflichkeit in V. 13-15 Rechnung tragen. Dass der göttliche Geist der menschlichen Seele entgegengesetzt ist und diese einen negativen Klang hat, schien am ehesten im griechischsprechenden Judentum der Diaspora vorbereitet; als Zeugen werden vor allem SapSal[350] und Philo bemüht. Über deren Heimat Alexandrien ließ sich ein Bogen schlagen zur Apollosgruppe, die im Hintergrund der paulinischen Ausführungen in 1,17b-3,4 stehe und deren Sprache Paulus in 2,6-16 gegen sie selbst kehre. Weil aber 15,44-46 aufschlussreicher für die Herkunft des Gegensatzes πνευματικός - ψυχικός ist, geht man meistens von dieser Stelle (s. dazu) aus.

Eine gewisse Abwertung der Seele ist schon durch das Dreistufenmodell νοῦς - ψυχή - σῶμα gegeben, das Plato, Tim. 30b in Bezug auf den Kosmos entwirft; es wird aber etwa von Philo, quaest. in Gn II 11 anthropologisch angewendet. Auch 1Thess 5,23 bezeugt diese Dreiteilung des Menschen, wobei aber an die Stelle des νοῦς das πνεῦμα getreten ist. Während die technischere Philosophie das Geistige im Menschen als eine Fähigkeit der Seele bestimmt, arbeitet sie aber auch immer stärker den Geist als das spezifisch Menschliche heraus, das uns von anderen Lebewesen unterscheidet und mit dem Göttlichen verbindet. So auch Philo von Alexandrien.[351] Nach ihm haben wir mit den Tieren die Blutseele gemeinsam; Gen 2,7 aber entnimmt er, dass der Mensch erst durch die Einhauchung des göttlichen πνεῦμα zu einer *lebendigen* Seele wurde, d. h. mit der Vernunft begabt, die ein Abbild des göttlichen Logos ist und eine Vorstellung von Gott vermittelt.[352] In 15,45 nimmt Paulus dagegen die „lebendige Seele" restriktiv und setzt sie gegen den lebendigmachenden Geist ab. Es wird z.St. zu fragen sein, ob er sich von einer jüdischen Exegese abhebt, die die Erschaffung des Menschen nach Gen 1,27 und 2,7 trennt, aber auch wieder verquickt. Jedenfalls halten die meisten Forscher es für möglich, dass die Adjektive πνευματικός - ψυχικός in diesem Kontext geprägt wurden, obwohl dieses Begriffspaar bei Philo nicht als solches vorkommt.[353] Dabei geht es aber um die Konstitution des Menschen überhaupt,

---

[347] Ebd. Ablehnend nun auch KONRADT, Weisheit 197f.

[348] SCHRAGE, 1Kor I 243; ebd. zeigt er den apokalyptischen Vorstellungshintergrund der weisheitlichen Topoi auf.

[349] PEARSON, Terminology; DERS.: Hellenistic-Jewish Wisdom Speculation and Paul, in: Wilken, R.L. (Hg.): Aspects of Wisdom in Judaism and Early Christianity, Notre Dame/London 1975, 43-66; HORSLEY, Wisdom; DERS.: Pneumatikos vs. Psychikos: Distinctions of Spiritual Status among the Corinthians, HThR 69, 1976, 269-288; SELLIN, „Geheimnis"; DERS., Streit 92-189; ADAMO, D.: Wisdom and its Importance to Paul's Christology in I Corinthians, DBM 17, 1988, 31-43; HORN, Angeld 188-198; STERLING, Wisdom, 367-376. S. auch Einleitung 2c.

[350] Hier kann ich allerdings nicht mit SELLIN, Streit 83f finden, dass in SapSal 6-10 πνεῦμα und σοφία dualistisch der ψυχή des Menschen gegenüberstehen. Der Geist der Weisheit geht ja in die guten Seelen ein (SapSal 7,27; 10,16; vgl. 1,4). Richtig THEISSEN, Aspekte 353f.

[351] Eine negative Bewertung der Seele wollen SCHWEIZER, E.: Art. ψυχικός, ThWNT 9, 1973, 661-664, 662,22-27 und viele nach ihm aus all. III 247 herauslesen. Vgl. jedoch ZELLER, Front 182 Anm. 29.

[352] Vgl. Philo, op. 134f; all. I 31-42; det. 82-90; plant. 18f.23f.

[353] Vgl. den Widerspruch von HORSLEY, Pneumatikos (s. Anm. 349) gegen Pearson. Bei Philo hat ψυχικός positiven Klang; es steht nicht im Gegensatz zu πνευματικός, das dazu noch meist in einem stoisch-materiellen Sinn verwendet wird.

gezeigt am ersten Menschen. In 2,13–15 jedoch sind Träger des eschatologischen Geistes mit bloß „seelischen" Menschen konfrontiert;[354] die Gruppen ergeben sich also erst in der Endzeit. Ein Zusammenhang ist zunächst nicht erkennbar. Die Korrespondenz zwischen Urmensch und Menschenklassen[355] wird zwar 15,48 angedeutet, aber erst die Gnosis wird diese Linie ausziehen.

Der paulinische Sprachgebrauch in 2,13–15 lässt sich also schwer aus jüdisch-hellenistischer Auslegung der Schöpfungsberichte ableiten. Eher ist die philonische Auffassung von Inspiration[356] von Belang; das Gegenüber des Pneuma zur „Seele" ist aber auch hier nicht vorgebildet. Aus den beiden späteren Belegen für ψυχικός in Jak 3,15 und Jud 19 schlossen wir, dass die Abqualifizierung „seelisch" für geistlose Weisheit schon vor der Gnosis im Gebrauch war. THEISSEN[357] vermutet eine urchristliche Sprachschöpfung, um ekstatische Erfahrungen zu deuten. Jedenfalls muss die Terminologie Paulus nicht speziell durch alexandrinische Gelehrsamkeit oder gar die Apollos-Gruppe zugekommen sein.

3. Die Gnosis

Dagegen ist die Abstufung Pneumatiker – Psychiker in der valentinianischen Gnosis gut bezeugt.[358] Durch den Ursprung sind hier geistige bzw. materielle Substanz der Menschen und ihr Geschick festgelegt. Die Psychiker stehen dazwischen und sind offen für Gut und Böse. Während diese Konzeption auch noch den Mitgliedern der Großkirche eine Chance der Rettung einräumen möchte, stellen andere gnostische Texte schroff das geistige Prinzip dem irdisch-fleischlichen entgegen; für letzteres kann auch „psychisch" eintreten.[359] Da Paulus den Begriff τέλειος (V. 6) durch πνευματικός (V. 13.15) ersetzt, und die ganz negativ gesehenen

---

[354] STERLING, Wisdom 372 nimmt freilich an, für die Korinther sei der Geist bzw. der νοῦς eine naturhafte Komponente des Menschen gewesen. Ein typischer Zirkelschluss.

[355] Dafür nimmt man zu Unrecht Philo, all. I 31 in Anspruch: „Zwei Arten von Menschen gibt es: der eine ist der himmlische, der andere der irdische". Doch der himmlische Mensch ist hier kein konkret existierender, sondern der Logos.

[356] Vgl. schon REITZENSTEIN 321–324; SELLIN, Streit 143–155 und unten zu 14,14f. Während νοῦς und λογισμός ausgeschaltet werden, hält der göttliche Geist Einzug in die Seele (vgl. Philo, virt. 217).

[357] Aspekte 360. Auch KONRADT, Weisheit 206–208 plädiert für frühchristliche Prägung ohne Anbindung an die Exegese von Gen 2,7. Vgl. nun auch BARCLAY, J.M.G.: Πνευματικός in the Social Dialect of Pauline Christianity, in: Stanton u.a., Spirit 157–167.

[358] Vgl. WILCKENS, Weisheit 89–91; hauptsächlich Irenaeus, haer. I 5,1f.5f; 6,1f.4; 7,5; Hippolyt, haer. VI 32,6; VI 34; freilich wird bei den Valentinianern das Psychische als ein Mittleres zwischen dem Materiellen (τὸ ὑλικόν) und dem Pneumatischen gewertet. Vgl. Ptolemaeus nach Clemens Al., exc.Theod. 54–57. UW (NHC II 5) 117,28–118,1 kennt drei Urmenschen, einen pneumatischen, einen psychischen und einen erdhaften, mit entsprechenden Nachkommen (vgl. 122,6–9). Ähnlich gemischt ist der erste Mensch nach TractTrip (NHC I 5) 106,6–18; ihm entsprechen drei Menschenklassen 118,14–119,31. Der Gegensatz fehlt im hermetischen Poimandres, wie PEARSON, Terminology 8 zu Recht gegen Wilckens festhält. Im Corpus Hermeticum herrscht die Rangfolge νοῦς – ψυχή – πνεῦμα – σῶμα vor; vgl. WINTER, Pneumatiker 158–161.

[359] Vgl. WINTER, Pneumatiker 170–202. Vgl. bes. die Baruchgnosis (Hippolyt, haer. V 26,25): „Deshalb ist die Seele gegen den Geist gerichtet und der Geist gegen die Seele". Ebd. 27,3 werden die „stofflichen und psychischen Menschen" der verderbten Schöpfung zugerechnet; nur die pneumatischen lebendigen Menschen werden mit dem lebenden Wasser des Guten gewaschen. HA (NHC II 4) 87,18 „Rein seelische Wesen können geistige Wesen nicht erfassen". Auch nach den Naassenern wird in das „Haus Gottes", d.h. in das Pleroma, „kein Psychischer, kein Fleischlicher" eingehen; es ist allein den Pneumatikern vorbehalten (Hippolyt, haer. V 8,44).

Psychiker offenbar gleichwertig mit den σαρκικοί (3,3) sind, kommt Winter[360] zu dem Ergebnis, „daß die gnostischen Texte den *direkten* Sprach- und Vorstellungshintergrund der paulinischen Antithese πνευματικός – ψυχικός darstellen." Auf die Gnosis könnten an sich auch die Betonung des „Erkennens" (V. 11b γινώσκειν; V. 11a.12b εἰδέναι), das erst zum „Vollkommenen" macht,[361] sowie die Rede von den „Tiefen Gottes" weisen. Doch erschien uns hier der umgekehrte Einfluss – Paulus wird bei den Gnostikern weitergeführt – plausibler.[362] Anders könnte es mit dem in V. 8 anklingenden Motiv stehen, wenn man die „Archonten dieses Äons" dämonisch deutet. Der Vers wirkt dann wie ein Ausschnitt aus einem Mythos, der in christlichen Schriften des 2. Jh. n. Chr. und in gnostischen Texten voll ausgeprägt ist:

IgnEph 19 (drei laut rufende Geheimnisse, die dem Fürsten dieser Welt verborgen blieben) dürfte allerdings auf den ersten Kapiteln von 1Kor fußen, die schon in 17,2 und 18,1 herangezogen werden. Nur schaltet Ignatius vor den Tod des Herrn noch die Jungfrauschaft Marias und ihre Niederkunft.[363] Der im 2. Jh. n. Chr. angesetzte christliche Visionsteil der AscJes erzählt in Kap. 10f zuvor vom Abstieg des Herrn Christus durch alle Himmel, bei dem die Engel dieser Welt ihn nicht erkennen, weil er jeweils ihre Gestalt annimmt. Die Menschwerdung ist sozusagen seine letzte Tarnung, so dass der Fürst dieser Welt und die Kinder Israels auch bei der Kreuzigung nicht wissen, wer er ist. So kann er dem Engel des Todes die Beute entreißen; erst bei seinem Aufstieg in Herrlichkeit wird er von den Fürsten und Mächten dieser Welt angebetet. Was hier (vgl. auch die antignostische EpAp 13 [24] und den gnostisierenden Traktat Noëma [NHC VI 4] 42,1-19) als göttliche List zur Überwindung des Todes und der gottwidrigen Mächte erscheint, aber noch keineswegs gnostisch ist, kann doketistisch ausgewertet werden. So in den gnostischen Schriften PistSoph 7 (12), 2LogSeth (NHC VII 2) 56-58 (vgl. 56,20-33 unsichtbares Herabkommen) und Protennoia (NHC XIII) 49,2-20. Der Befund in Ign und AscJes ließe sich vielleicht noch als Weiterentwicklung aus 1Kor 2,6-8 deuten. Aber das Motiv vom den kosmischen Mächten verhüllten Abstieg einer Erlöserfigur ist auch außerhalb des Christentums überliefert, und zwar von Simon Magus (vgl. das Referat bei Irenaeus, haer. I 23,3 und Hippolyt, haer. VI 19,3; den Selbstbericht bei Epiphanius, haer. XXI 2,4),[364] dem mandäischen Hibil (rechte

---

[360] Pneumatiker 203-206.

[361] Vgl. Irenaeus, haer. I 13,6: Die Schüler des Markos nennen sich „Vollkommene", „da ihrer Meinung nach niemand an die Größe ihrer Erkenntnis herankommt". Vgl. Clemens Al., paed. I 52,2: Einige wagen sich Vollkommene und Gnostiker zu nennen. Vgl. ferner die zu V. 6 zitierten Stellen aus Hippolyt, haer. V 8. Ebd. 26 hatte der Naassener 1Kor 2,13f auf „die unaussprechlichen Geheimnisse des Geistes, die wir allein kennen," bezogen.

[362] Sowohl die Naassener (Hippolyt, haer. V 8,26) wie die Valentinianer (Irenaeus, haer. I 8,3; Hippolyt, haer. VI 34,8) berufen sich ausdrücklich auf 1Kor 2,13-15. Wie Paulus 15,45ab ziehen auch die Valentinianer Gen 2,7 für die Konstituierung des „psychischen Menschen" heran (vgl. Hippolyt, haer. VI 34,5). – Auf die chronologischen Schwierigkeiten, auf die die Annahme gnostischen Einflusses auf Paulus oder seine Gemeinden stößt, macht besonders HENGEL, M.: Paulus und die Frage einer vorchristlichen Gnosis, in: Ders., Paulus 473-510 aufmerksam. Zu unserem Problem 498f: Der Gegensatz von πνευματικός und ψυχικός erwachse aus der griechisch-synagogalen Lehrtradition. Dagegen hält KUHN 244-247 es für unwahrscheinlich, dass die spätere Gnosis ihr Vokabular aus 1Kor entwickelte und rechnet bei Paulus mit Übernahme der Sprache von gnostisierenden Gegnern.

[363] Da Ignatius aber auch andererseits gegenüber den Doketisten auf die Offenbarkeit dieser Ereignisse für die Äonen Wert legt (IgnEph 19,2; IgnTrall 9,1), ist es wohl nur für ihr Heilssinn, der den Dämonen verborgen bleibt. Vgl. SCHOEDEL, W.R.: Die Briefe des Ignatius von Antiochien, München 1990, 160-166.

[364] Nach BEYSCHLAG, K.: Simon Magus und die christliche Gnosis, WUNT 16, Tübingen 1974, 171-178 sind dafür freilich christliche Systeme wie das der Ophiten (Irenaeus, haer. I 30,12) Vorbild gewesen. Daran sind Zweifel erlaubt.

2,6–16: Die den Reifen vorbehaltene Weisheit

Ginza 8) und Zoroaster (Zostr [NHC VIII 1] 130).[365] So kann man wohl nicht von einem bestimmten Mythos, aber von einer festen Motivfolge reden. Sie ergibt sich, wenn das pagane Motiv der geheimen Erscheinung von Göttern auf Erden[366] in ein Bild der Welt eingetragen wird, die von bösen Geistmächten beherrscht ist.

Dass sie auch 1Kor 2,6–8 vorliegt, kann man nur behaupten, indem man zugleich die Unterschiede vermerkt: Vom Abstieg des Erlösers ist nicht die Rede, von der Überlistung der Archonten höchstens indirekt, insofern die Weisheit Gottes gerade in der Kreuzigung zum Zuge kommt; auf sie, nicht auf den „Herrn der Herrlichkeit" bezieht sich ihr Nicht-Erkennen.[367] Die Niederlage der Herrschaften wird nicht ausgemalt wie Kol 2,15. So lässt sich das mythische Fragment schwer mit anderen ntl. Stellen und späteren Texten zu einem Ganzen zusammensetzen.

Geschweige denn, dass Paulus Gedanken gnostisierender Korinther adaptiert, liefert er eher für die künftige Gnosis gefährliche Stichworte.[368] Sie wies die Kreuzesbotschaft den Psychikern zu und sah in unserem Text eine Autorisierung ihrer geheimen Weisheitstradition.[369]

4. Die Apokalyptik

In Reaktion auf Wilckens, Weisheit, wo Weisheits-Mythos und gnostischer Einschlag kombiniert wurden, legte man verschiedentlich den Finger darauf, dass die σοφία in 2,6–8 nicht mit dem „Herrn der Herrlichkeit" zu identifizieren sei, sondern den göttlichen Heilsplan meine, um den apokalyptische Seher, aber auch der מַשְׂכִּיל/maśkîl in Qumran, wissen.[370] Apokalyptisch sind auch seine Verborgenheit als „Geheimnis", die Vorherbestimmung, die Bereitung der eschatologischen Güter, besonders der „Herrlichkeit", alles Gedanken, die auch im Zitat V. 9 zum Ausdruck kommen, das vielleicht selbst im Rahmen einer Apokalypse überliefert wurde. Apokalyptisch kann der Dualismus zwischen der Weisheit Gottes und den Herrschern dieser Welt gedeutet werden, sei es, dass man diese auf politische[371] oder auf Engelmächte[372] hin in-

---

[365] Nach MACRAE, G.W.: Nag Hammadi and the New Testament, in: Aland, B. (Hg.), Gnosis. FS H. Jonas, Göttingen 1978, 144–157, 153–155 ist auch die Schilderung des angelischen Offenbarers Derdekeas in ParSem (NHC VII 1) 36,2–24 und des Erleuchters in ApkAd (NHC V 5) 77,4–20 ohne christlichen Einfluss.

[366] S. dazu meinen o. Anm. 345 zitierten Aufsatz 160–163; FRENSCHKOWSKI (s.o. Anm. 344) II, WUNT II 80, Tübingen 1997.

[367] Vgl. schon WEISS, 1Kor 57; PESCE 369–371 bemerkt gegen DIBELIUS, Geisterwelt 92–99, das Nicht-Erkennen sei nicht durch die Tarnung des Herabsteigenden bedingt, sondern dadurch, dass die Weisheit der Archonten der Gottes nicht gewachsen war. Natürlich hätten sie „den Herrn der Herrlichkeit" nicht gekreuzigt, wenn sie ihn als solchen erkannt hätten. Aber der christologische Titel macht es fraglich, ob man V. 8 so mit der Kenose des Gottgleichen in Phil 2,6–8 zusammennehmen darf, wie DIBELIUS Geisterwelt 104f das tut.

[368] Etwas Ähnliches werden wir 15,50 beobachten. Vgl. Einleitung 7b.

[369] Vgl. PAGELS, Paul 57f für die Exegese der Valentinianer. Sie finden auch schon in der von Paulus verschmähten Weisheit der Hellenen (1,17.22; 2,1) Hinweise auf diese Weisheit für Initiierte, vgl. ebd. 55–57.

[370] Vgl. SCROGGS; ELLIS, E.E.: ‚Wisdom' and ‚Knowledge' in I Corinthians (1974), in: Ders., Prophecy 45–62; BARBOUR, Wisdom.

[371] Vgl. 1Hen 63: Die Mächtigen und die Könige loben im Gericht – wenn auch zu spät – den „Herrn der Herrlichkeit", dessen „Geheimnisse unzählig sind". Trotz Königswürde werden sie mit all ihrer Herrlichkeit und Ehre untergehen (98,1–3).

[372] KOVACS findet in 2,6ff die apokalyptische Sicht des Paulus: „behind the events of human history lies the cosmic struggle of God with the forces of evil" (222). Ähnlich COLLINS, 1Kor 129f, der in 2,6 übermenschliche Kräfte, in V. 8 aber die von ihnen instrumentalisierten politischen Mächte sieht.

terpretiert. Schließlich passt zu diesem Verständnis die Offenbarung durch den Geist für einen kleinen Kreis, ebenso die Rede von den unauslotbaren „Tiefen" Gottes (V. 10) und das „Deuten" (συγκρίνειν V. 13) der mitgeteilten Geheimnisse. Doch kann man sagen, dass auch die scharfe Konfrontation zwischen Psychiker und Pneumatiker durch die apokalyptische Tradition vorgegeben ist?[373] Das trifft mindestens für die verwendete Terminologie nicht zu.

Fazit: Paulus entwirft mit Mitteln der Apokalyptik eine theologische Alternative zur menschlichen Weisheit der Korinther. Dieser Hintergrund ist vor allem in V. 6–10 transparent. In den Reflexionen, die sich auf die Empfänger dieser Weisheit Gottes beziehen, spricht Paulus eher die Sprache des hellenistischen Judentums. Das gilt vor allem für die Gegensätze „Reife – Unmündige" und wohl auch „Pneumatiker – Psychiker", wenn auch bei letzterem eine Erklärungslücke bleibt. Eine Anleihe bei den korinthischen Weisheitsfans drängte sich nicht auf. Beide Traditionsfelder sind in der Idee einer Offenbarung durch den Geist verknüpft, die im apokalyptischen Denken des Apostels ein endzeitliches Ereignis ist.

4. 3,1–4: *Rechtfertigung und Kritik*

(1) **Und ich, Brüder, konnte zu euch nicht wie zu geistlichen (Menschen) reden, sondern wie zu fleischlichen**[374], **wie zu Unmündigen in Christus.** (2) **Ich gab euch Milch zu trinken, nicht feste Speise (zu essen), denn ihr konntet (sie) noch nicht (vertragen). Aber auch jetzt könnt ihr (es) noch**[375] **nicht,** (3) **denn noch seid ihr fleischlich. Denn wo (es) unter euch Eifersucht und Streit**[376] **(gibt), seid ihr da nicht fleischlich und wandelt ihr nicht nach Menschenart?** (4) **Solange nämlich einer sagt: „Ich gehöre zu Paulus", ein anderer aber: „Ich zu Apollos", seid ihr (da) nicht Menschen?**

FRANCIS, J.: „As babes in Christ" – Some proposals regarding 1 Corinthians 3.1–3, JSNT 7, 1980, 41–60. GERBER, Paulus 368–376. HUNT, Body 93–107. MALY, Gemeinde 49–61.

Die Verse dienen als *transitio*, da sie sowohl auf das Vorhergehende wie auf das Folgende Bezug haben. In Tempus (Aorist) und Numerus (1. Sg.) der Verben greift V. 1–2b auf die Beschreibung der Anfangszeit 2,1–5[377] zurück, die ebenso mit κἀγώ und der Anrede „Brüder" anhebt. Wie dort findet sich jetzt auch die in 2,6–16 ver-

---

[373] So DAUTZENBERG 155 mit Verweis auf 4Esr 4,11 („Du aber, ein sterblicher Mensch, der im vergänglichen Äon lebt, wie kannst du das Ewige begreifen?"); 4,21 („Denn wie das Land dem Walde gegeben ist, und das Meer seinen Wogen, ebenso können die Erdenbewohner nur das Irdische erkennen und nur die Himmlischen das, was in Himmelshöhen ist"). Die letztere Stelle ist offensichtlich auch vom Grundsatz „Erkenntnis durch Affinität" (s.o. Anm. 332) geleitet.

[374] Das seltenere σάρκινοι wird hier mit 𝔓46 ℵ A B C* D* 0289 6 33 1175 1739 1836 1874* u.a. gegenüber σαρκικοί (F G P 1506 1881, Mehrheitstext) bevorzugt. In V. 3 dagegen ist gegenüber D* F G σαρκικοί zu lesen. PARSONS, M.C.: ΣΑΡΚΙΝΟΣ, ΣΑΡΚΙΚΟΣ in codices F and G: A Text-Critical Note, NTS 34, 1988, 151–155 versucht zu zeigen, dass das Schwanken von F und G inhaltliche Gründe hat.

[375] 𝔓46 B 0185 lassen ἔτι aus, wohl um eine Wiederholung in V. 3 zu vermeiden.

[376] 𝔓46 D F G 33 und viele andere fügen καὶ διχοστασίαι an, wohl aus dem Lasterkatalog Gal 5,20. Der kürzere Text ist durch ℵ B C Ψ 630 1175 1506 1739 1836 1874 1881 gesichert.

[377] LINDEMANN, 1Kor 77 bestreitet diesen Bezug; aber wann sonst hätte Paulus den Korinthern mit Weisheit aufwarten können?

misste 2. Pl. wieder. Doch das Verbum λαλεῖν und der Adressat πνευματικοί setzen die 2,6–16 erörterte Möglichkeit voraus, wie ja auch das zweifache Nicht-Können der Korinther an das Verhalten des Psychikers 2,14c anklingt. Mit der Behauptung V. 2c wendet sich Paulus jedoch der Gegenwart der Gemeinde zu. Ihre Begründung V. 3a wird durch zwei rhetorische Fragen untermauert, mit denen der Apostel die 1,11f berührten Zwistigkeiten in Erinnerung ruft. Das ist der Ausgangspunkt für die folgenden Klarstellungen.

V. 1.2ab Paulus steht offenbar unter erheblichem Rechtfertigungsdruck. Warum hat er den Korinthern nicht von Anfang an die Weisheit geboten, wie sie ein Apollos vermittelte? Indem er die Weisheit für die Reifen (2,6) bzw. die Geistlichen (2,13–15) reservierte, schuf Paulus sich die Basis für seine Entschuldigung. Die Missionspredigt richtet sich an Menschen, die noch nicht den Geist empfangen haben, die „fleischlich" (σάρκινος) sind, d.h. in den Grenzen menschlichen Denkens befangen (vgl. das parallele „nach Menschenart wandeln", „Menschen sein" V. 3f).[378]

Die Wortbildung auf -ινος suggeriert eine materielle Beschaffenheit (so „Herzen aus Fleisch" im Unterschied zu Stein in 2Kor 3,3 im Anschluss an Ez 11,19; 36,26LXX). Den hier vorliegenden negativen Gebrauch illustriert am besten 2Chr 32,8LXX, wo das Adjektiv ebenfalls den hebr. *Genetivus qualitatis* בָּשָׂר/*bāśār* wiedergibt: Mit dem Assyrerkönig sind „Arme aus Fleisch", bei den Israeliten aber ist der Herr, ihr Gott. Der Gedanke ist ähnlich in Jes 31,3, wo die feindlichen Heerscharen als „Menschen", „Fleisch", „nicht Gott", „nicht Geist" abgetan werden. „Fleischlich" charakterisiert also das bloß Menschliche im Gegenüber zu Gott.[379] Das besagt an sich noch keine Schuld. Doch wo der Geist Gottes fehlt, bleibt dem Menschen nach Paulus (vgl. Röm 7,7–25) nichts anderes übrig, als das Fleisch zum Maßstab seines Handelns zu nehmen (vgl. σάρκινος im Zusammenhang mit Sünde Röm 7,14; κατὰ σάρκα περιπατεῖν Röm 8,4f; 2Kor 10,2f). Diese des Geistes entbehrende existentielle Verfasstheit drückt er V. 3 mit dem in der LXX nicht belegten Adjektiv σαρκικός aus. Das ἔτι in V. 3a warnt aber davor, einen spürbaren Bedeutungsunterschied zu σάρκινος in V. 1 anzunehmen. Als Gegensatz zu πνευματικός löst dieses Attribut ψυχικός ab. Es ist deshalb nicht genuiner paulinisch als ψυχικός, sondern seine Vorgeschichte reicht nur weiter ins AT zurück. Die ungefähre[380] Gleichwertigkeit beider Begriffe zeigt, dass kein dreigeteiltes Menschenbild (Fleisch – Seele – Geist) zu Grunde liegt.

Deshalb konnte Paulus nur die nackte Kreuzesbotschaft ausrichten und musste auf die weisheitlich-apokalyptische Einkleidung verzichten, die er 2,6–9 andeutete. Der

---

[378] Zum ntl. Sprachgebrauch vgl. SCHWEIZER, E.: Art. πνεῦμα κτλ, ThWNT 6, 1959, 330–453, bes. 425-428; DERS.: Art. σάρξ κτλ, ThWNT 7, 1964, 98–151, 124–136; ZELLER, Röm 133–135. Auch IgnEph 5,1 steht „menschlich" gegen „geistlich". Das ὡς schwächt nicht ab; vgl. BAUER, Wörterbuch 1791 III 1 a.

[379] Zur Traditionsgeschichte des Gegensatzes von „Fleisch" und „Geist" vgl. BRANDENBURGER, Fleisch, kritisch dazu FREY, J.: Die paulinische Antithese von „Fleisch" und „Geist" und die palästinisch-jüdische Weisheitstradition, ZNW 90, 1999, 45–77. Während Brandenburger ihn auf die dualistische Weisheit des alexandrinischen Judentums zurückführt, verweist Frey auf nichtessenische Weisheitstexte aus Qumran (4Q416–418). Dort ist der „Geist des Fleisches" eine gottwidrige Größe. Die Antithese zum Geist ist jedoch nicht prägnant, zumal das „Volk des Geistes" (4Q117, Frgm. 2, I 16f) Engel im Himmel bezeichnen dürfte; so LANGE, Weisheit 86–89.

[380] Wenn 2,14a die Ablehnung der Dinge des Geistes durch den Psychischen beinhaltet, ist dieser sogar noch negativer gewertet als der Fleischliche.

fleischliche Zustand der Korinther wird verdeutlicht[381] durch die Etikettierung als „Unmündige" (νήπιοι), der als Gegenbegriff τέλειοι 2,6 zuzuordnen ist.[382] Um sich von der üblichen Verwendung von „Unmündige" abzugrenzen, fügt Paulus gleichsam als Gradmesser „in Christus"[383] hinzu. Die Formulierung lässt denn auch am ehesten an verschiedene Stadien des Christseins denken.[384] Während der Gegensatz „geistig" – „fleischlich" von einer Wesensverschiedenheit ausgeht, ist vom „Unmündigen" zum „Erwachsenen" eine Entwicklung möglich. Obwohl die Korinther so als unselbständige kleine Kinder erscheinen, für die eine naive Art des Redens und Denkens typisch ist (vgl. 13,11; Philo, all. III 210), ist ihre Lage nicht hoffnungslos. Das Stichwort νήπιοι bringt die Assoziation von Säuglingen und ihrer Ernährung mit sich, ein Bildfeld, das in der hellenistischen Pädagogik eingesetzt wird, um den Elementarunterricht von höherer Weisheit abzuheben.[385] Trotz des Einspruches von Lindemann[386] wird man V. 2 mit „Milch" die Kreuzespredigt, mit „fester Speise"[387] ihre theologische Aufbereitung verbinden. Den Grund dafür, dass letztere in Korinth noch nicht angebracht war, gibt V. 2b an. Aus dem Nicht-Können des Apostels (V. 1) ist dabei ein Unvermögen der Korinther geworden.

V. 2c-4 Während dieses aber in den Anfängen entschuldbar ist, geht Paulus nun von der Rechtfertigung seines früheren Auftretens zur Kritik des jetzigen Verhaltens der Korinther über. Auch (steigerndes οὐδέ) jetzt noch sind sie unfähig für die Weis-

---

[381] Deshalb ist es unwahrscheinlich, dass Paulus mit dem Begriffspaar τέλειοι - νήπιοι in Korinth gebräuchliche Klassifizierungen abwandelt, wie etwa PEARSON, Terminology 28f annimmt.

[382] S.o. zu 2,6a mit Anm. 275; BERTRAM, G.: Art. νήπιος, νηπιάζω, ThWNT 4, 1942, 913-925. Von den hier fehlenden Philo-Belegen sei exemplarisch all. I 93f ergänzt: Der Unmündige ist der Mittlere, weder schlecht noch tugendhaft, der im Unterschied zum τέλειος der Ermahnung und Belehrung bedarf. Für Paulus genügt es, auf 13,11 (Gegensatz ἀνήρ), 14,20 (νηπιάζειν parallel zu παιδία vs. τέλειοι γίνεσθαι) zu verweisen. Vgl. auch Eph 4,13f (ἀνήρ τέλειος vs. νήπιοι). V. 2 legt nahe, den νήπιος an unserer Stelle mit dem Säugling (θηλάζων) zu identifizieren (so oft im AT).

[383] WEISS, 1Kor 72 Anm. 1 warnt zu Recht vor einer „mystischen" Überinterpretation des ἐν Χριστῷ (vgl. Anm. 209 zu 1,30) an dieser Stelle. Gemeint sind Anfänger im Christsein. Vgl. FRANCIS 50.

[384] Dagegen bedeutet der Ausdruck nach KAMMLER, Kreuz 240 der Sache nach, dass die Korinther überhaupt keine Christen sind.

[385] Philo unterscheidet so den Typ des Übenden (migr. 46) bzw. des Sophisten (sobr. 8f) von dem des selbstgelehrten τέλειος, verkörpert in dem der Milch entwöhnten Isaak (migr. 29; som. II 10). Manchmal (agr. 9, congr. 19.154, prob. 160) stellt er in diesem Bild auch die Allgemeinbildung dem Erwerb der Tugenden gegenüber. Vgl. ferner Epiktet, diss. II 16,39; Hebr 5,11-14; Eusebius, h.e. IV 23,8. Dazu THÜSING, W.: „Milch" und „feste Speise" (1Kor 3,1f und Hebr 5,11-6,3), in: Ders., Studien 23-56. Zu Recht hebt er hervor, dass in Mysterienkulten Milch die Speise der Eingeweihten ist (eigentlich nur in der Frühlingsfeier für Kybele und Attis: Salustius, de diis 4fin.; vgl. 1Petr 2,2). Sie bekommt innerhalb der Metaphorik der Wiedergeburt ihren positiven Sinn. Dagegen symbolisiert sie in der hellenistischen Popularphilosophie eine Vorstufe.

[386] 1Kor 78. Ablehnend auch KAMMLER, Kreuz 179.239-241. – Ein Beispiel für solche anfängliche Unterweisung ist 15,1-5. Sie ist mit dem Legen eines Fundaments zu vergleichen (vgl. 3,10-12; Hebr 6,1). Aber auch hier wird der Kreuzestod Jesu nicht ohne Deutung („für unsere Sünden", „nach der Schrift") und nicht ohne die Botschaft von der Auferweckung gepredigt. Die reine Kreuzespredigt ist eine polemische Abstraktion. – Andere Kommentatoren denken an den Aufruf zum Glauben an den einen Gott und zur Umkehr angesichts des nahen Gerichts (vgl. 1Thess 1,9f; Hebr 6,1f).

[387] Das an sich unpassende ἐπότισα ist zeugmatisch auch zu βρῶμα zu ziehen. Vgl. B-D-R 479,2. Exegetinnen vermerken mit Genugtuung, dass sich Paulus hier als Amme der Gemeinde (vgl. 1Thess 2,7) darstellt.

heit, nach der sie verlangen. Die Fleischlichkeit[388], die sie daran hindert, ist aber nicht im intellektuellen Bereich zu suchen, sondern in ihrem Wandel, konkret in ihren Streitigkeiten. Das uns von 1,11 her bekannte ἔρις wird – wie oft in Aufzählungen von „Werken des Fleisches" (Gal 5,20; vgl. Röm 13,13; 2Kor 12,20) – verstärkt durch ζῆλος, das in diesem Zusammenhang negativ gefärbt ist.[389] Die fleischliche bzw. „menschliche"[390] Praxis erläutert V. 4 mit der Berufung der Korinther auf menschliche Autoritäten. Dass im Vergleich mit 1,12 nur Paulus und Apollos herausgegriffen werden, hängt wohl damit zusammen, das sie am ehesten als Vertreter „fleischlicher Weisheit" (vgl. 2Kor 1,12) in Frage kommen. Solange die Korinther sich an solche Lehrer klammern, verraten sie eine allzu menschliche Denkweise, wofür nun verkürzend gesagt wird: sie sind „Menschen". Das bedeutet keineswegs im Umkehrschluss, dass die korinthischen Pneumatiker sich nicht mehr als Menschen betrachtet hätten.[391] Das Gegenteil zum Menschsein ist hier nicht die Vergöttlichung, sondern der Wandel nach dem Geist. Der Geist ist allerdings kein fester Besitz, auf den man pochen kann. Nur wer ihn im Verhalten zur Wirkung kommen lässt, kann sich Pneumatiker nennen. Dass schon die Taufe jeden Christen zum Geistträger macht, ist zwar vorausgesetzt, aber nicht relevant, ebenso wenig die in 1,5.7 noch anerkannten Charismen in der Gemeinde.[392]

Zum Schluss einige Überlegungen zur Funktion dieses Stückes und zum Stellenwert der hier angesagten Weisheit. Vielfach wurde der Abschnitt 2,6–3,4 im Verhältnis zur 1,18–2,5 entfalteten Theologie als Fremdkörper empfunden. Ist es auf einmal doch nicht mehr mit der törichten Kreuzesbotschaft getan? Etabliert hier Paulus ein Zwei-Klassen-Christentum? Brüstet er sich nicht in einer geradezu unverschämten Weise als Offenbarungsträger und Pneumatiker? Diese Fremdheit versuchte man einmal traditionsgeschichtlich zu erklären: Paulus habe hier ein spekulatives Erzeugnis seiner ephesinischen Weisheitsschule eingefügt,[393] oder er übernehme weitgehend Sprache und Stil seiner korinthischen Kontrahenten, nur dass er in V. 8b das Kreuz einbringe.[394] Andere können die Aufteilung in Psychiker und Vollkommene

---

[388] Vgl. zu σαρκικός oben bei 3,1; IgnEph 8,2: „Die Fleischlichen können das Geistliche nicht tun, und die Geistlichen nicht das Fleischliche".

[389] Eine erstaunliche Parallele bietet Jak 3,13-18. Auch dort sind ζῆλος und ἐριθεία das Kennzeichen einer irdischen und psychischen Weisheit, zu der die Weisheit von oben kontrastiert. V. 16 wie hier V. 3b das bei Paulus seltene ὅπου.

[390] CONZELMANN, 1Kor 97 Anm. 31 zitiert Sophokles, Aias 761 κατ' ἄνθρωπον φρονεῖν. Aber das ist das griechische Ideal weiser Selbstbeschränkung, das in der Hybris überschritten wird. Der Grieche soll gerade das Maß des Menschlichen wahren. Dagegen ist κατὰ ἄνθρωπον ζῆν bei IgnTrall 2,1; IgnRöm 8,1 negativ.

[391] So REITZENSTEIN, Mysterienreligionen 341, wonach es in der Gemeinde den festen Begriff eines überirdischen und übernatürlichen Wesens gegeben habe. BRANDENBURGER, Fleisch 136 erklärt die Position der Pneumatiker vom philonischen Modell der Ekstase aus. Ebenso SELLIN, „Geheimnis" 82.87; HORN, Angeld 183. Dagegen KÜMMEL, 1Kor 171; CONZELMANN, 1Kor 97 Anm. 33; LINDEMANN, 1Kor 79.

[392] FRANCIS gibt sich viel Mühe, dies mit den einseitigen Aussagen unseres Textes zu vereinbaren. KAMMLER, Kreuz 243f betont die hyperbolische Redeweise.

[393] CONZELMANN, H.: Paulus und die Weisheit, in: Ders., Theologie 177-190, 184-186.

[394] WILCKENS, Weisheit 52-96; danach führt Paulus die doppelte Absicht, zugleich aufzunehmen und abzuweisen, in eine gefährliche Unklarheit der Argumentation; vgl. LÜHRMANN, Offenbarungsverständnis

bzw. Pneumatiker nur als Ironie verstehen[395] oder flüchten sich gar in die unmögliche Annahme einer Interpolation.[396] Dagegen sieht etwa P. Stuhlmacher in 2,6-16 die konsequente Fortsetzung des vorher (vor allem 1,24f) nur thetisch Angedeuteten.[397]

Eines dürfte feststehen: Paulus antwortet auf die Herausforderung, die die korinthische Hochschätzung der Weisheit, verbunden wohl mit einer Aburteilung seiner Fähigkeiten, für ihn darstellt. Deshalb profiliert er sich nun auch als Weisheitslehrer. „Weisheit" ist aber nicht durch Bildung, philosophische Erkenntnis oder gar formalrhetorische Qualitäten gekennzeichnet. Paulus greift vielmehr auf den Sprachgebrauch von 1,21.24 zurück, wo der Begriff so etwas wie Gottes Ratschluss bedeutete. In 2,6-9 baut er dieses Konzept mit apokalyptischen Vorstellungen aus: Weisheit ist der der Welt und ihren Herrschern verborgene Heilsplan, der auf die Herrlichkeit der Christen aus ist und sich in der Kreuzigung des Herrn der Herrlichkeit realisiert. In seinem Mittelpunkt steht also wie beim Kerygma das Kreuz; nur wird dieses anstößige Ereignis jetzt in den Tiefen von Gottes vorzeitlichem weisen Rat verankert, und seine endzeitlichen Folgen werden ausgezogen.[398] Es bewirkt paradoxerweise Herrlichkeit, weil der Gekreuzigte der Herr der Herrlichkeit ist. Insofern kann das Reden in 2,6-16 zwar an Kap. 1 anknüpfen, geht aber über die Erstverkündigung hinaus, besonders wenn in 2,1 noch nicht μυστήριον zu lesen ist. Paulus bietet sozusagen eine „Meta-Theorie" des Wortes vom Kreuz.[399] Der Weisheit Gottes entspricht auf der Seite des Menschen das Erkennen des darin Beschlossenen. Die da-

---

133-140; WEDER, Kreuz 165-173 beobachtet eine „Usurpation" bzw. „Unterwanderung" der „weltlichen Sprache" der Korinther. Dagegen mit sprachlichen Argumenten LAMPE, Unitatem 89-91.

[395] WILLIS, W.: The „Mind of Christ" in 1 Corinthians 2,16, Bib 70, 1989, 110-122. HAYS, 1Kor 39-42 erinnert an Phil 3,2-6; 2Kor 11,1-12,10; HORSLEY, 1Kor 60f sieht in 2,11-15 weithin Zitate und hört einen Sarkasmus heraus, der 3,1-4 offensichtlich werde. Dagegen beabsichtigt Paulus nach GIVEN, M.D.: Paul's True Rhetoric, EmoryStEC 7, Harrisburg 2001, 100f in 2,6-16 nicht Ironie, sondern ambiguity.

[396] WIDMANN, M.: 1 Kor 2,6-16: Ein Einspruch gegen Paulus, ZNW 70, 1979, 44-53; WALKER, W.O.: 1 Corinthians 2.6-16: A Non-Pauline Interpolation?, JSNT 47, 1992, 75-94. Aber die schwer zu tilgenden Verse 3,1f setzen die Unterscheidung voraus. Vgl. im übrigen MURPHY-O'CONNOR, Interpolations 81-84.

[397] Bedeutung 142. Ähnlich KAMMLER, Kreuz 186-192. Vgl. auch schon WILCKENS, Kreuz 56f: „2,6 ff ist also keineswegs ein apologetisches Einschwenken des Apostels auf die Argumentationsebene seiner Gegner, sondern nichts anderes als Interpretation des λόγος τοῦ σταυροῦ in gerader Fortführung des antithetischen Skopos der voranstehenden Argumentation."

[398] Vgl. SCROGGS, Σοφός 46: „Paul's sophia is esoteric teaching not simply about Christ himself, but about the whole eschatological drama of the final time". BOCKMUEHL, Revelation 162: „At issue is, rather, the whole gamut of the believer's eschatological inheritance – i.e. as it were the wider *implications* of the work of God in Christ". BURNETT, Place 331 spricht von einem „cosmic narrative".

[399] SELLIN, „Geheimnis" 76f; 81f; nach SCROGGS, Σοφός 55 ist das Verhältnis von Kerygma und Theologie entsprechend. Doch darf die Weisheit nicht zum Ergebnis menschlichen Denkens werden. DAUTZENBERG, Botschaft, wollte das Stück als Prophetie im Gegenüber zum Kerygma bestimmen, wird aber damit den ab V. 11 stärker werdenden reflexiven Zügen nicht gerecht. Auch für GILLESPIE, Th.W.: Interpreting the Kerygma, in: Goehring u.a., Origins 151-166 ist die vom Geist gelehrte Rede Prophetie, die das Kerygma interpretiert. Aber das Charakteristische prophetischer Rede, die Vermittlung einer konkreten Offenbarung, fehlt hier, wie WOLFF, 1Kor 52 Anm. 156 kritisch anmerkt. Zumindest unterscheidet sich die in 2,6-16 beschriebene „fundamental and basic revelation" von den einzelnen „Geheimnissen" christlicher Propheten in Kap. 12-14. Sie unterliegt auch keiner Prüfung wie diese. Das muss auch SANDNES, Paul 105 zugeben, der ansonsten unser Stück von diesen Kapiteln her zu lesen versucht.

zugehörige Terminologie (ἐρευνᾶν V. 10b, γινώσκειν V. 11b.14, εἰδέναι V. 11a.12) ist mit der Weisheitsthematik gegeben und besagt mehr als die Annahme der Botschaft im Glauben. Paulus hebt aber hervor, dass dieses Erkennen nur durch Offenbarung und den Geist möglich ist. Dies kann schwerlich schon der Tenor der korinthischen Weisheit gewesen sein. Deshalb ist es auch wenig wahrscheinlich, dass sie Paulus die Kategorien „Pneumatiker" (und das Gegenteil „Psychiker") vorgegeben hat, wohl auch nicht die „Mündigen". Paulus selbst setzt den Standard für die Empfänger der Weisheit Gottes. In 3,3f bestimmt er ihn durch das Verhalten in der Gemeinde. Der Weisheitsanspruch der Korinther dagegen, mag er auch charismatisch begründet gewesen sein, wird zur menschlichen Weisheit herabnivelliert, die sich in nichts von dem fruchtlosen Bildungsstreben der Griechen unterscheidet. Dadurch drohen auch die Psychiker auf die Stufe des Vor-Christlichen zurückzufallen. Eine gewisse Spannung zwischen dem prinzipiellen Gegensatz Pneumatiker vs. Psychiker bzw. Sarkiker und der mehr graduellen Entgegensetzung von νήπιοι und τέλειοι mag durch unterschiedliche religionsgeschichtliche Konzeptionen bedingt sein.[400] Paulus hebt aber nicht klar wie Schriften der nächsten Generationen (vgl. Hebr 5,11-6,3; IgnTrall 5,1f) oder dann die Gnostiker und Clemens von Alexandrien zwei Arten von Christen voneinander ab, Unmündige und Vollkommene, die zusätzliche Offenbarungsinhalte (Hohepriesterlehre, „himmlische", d.h. astrologische Dinge usw.) erfahren.[401] Insofern auch die Weisheit für die Reifen wesentlich das Kreuz nahebringen möchte, ist die fundamentale Geistbegabung der Christen (2,12) auch die Voraussetzung für die Aufnahme dieser „Dinge des Geistes". Am schwankenden Umfang des „Wir" beobachteten wir, dass den korinthischen Christen die Identifikation mit den Pneumatikern als attraktive Möglichkeit vorgehalten wird,[402] bis 3,1-4 sie ihnen brutal, aber doch mit paränetischem Hintersinn, abspricht. Paulus kennt also eine Unterteilung der Christen in zwei Klassen, wendet sie aber nicht eindeutig an, sondern spielt mit den Identitäten, um die Leser für seine Sicht der Dinge zu gewinnen.

5. 3,5-4,5: Die Rolle der Verkünder wird geklärt

a) 3,5-17: Pflanzung und Bau als Illustration

(5) Was[403] ist denn eigentlich Apollos? Was ist Paulus? Diener (sind sie), durch die ihr zum Glauben kamt, und zwar ein jeder (von ihnen), wie es (ihm) der Herr gab. (6) Ich pflanzte, Apollos bewässerte, doch Gott ließ wachsen; (7) folglich ist weder der, der pflanzt, noch der, welcher bewässert, etwas, son-

---

[400] So BRANDENBURGER, Fleisch 46f. Es entsteht aber kein Widerspruch, da von beiden Gruppen ein Nicht-Können ausgesagt wird (vgl. 2,14 mit 3,2).
[401] Vgl. die Skizze in der Einleitung unter 7bc.
[402] So auch LINDEMANN, 1Kor 74, der aber das „Wir" in V. 6 zu weit fasst (allgemein: Christen 61). Ähnlich wie Lindemann GRINDHEIM, Wisdom, für eine „intentional ambiguity" (708) annimmt. Die Christen in Korinth werden eben nicht „als Pneumatiker angeredet", wie BLISCHKE, Begründung 107 sagt.
[403] Viele Mss., der westl. Text, auch 𝔓46 lesen hier und V. b τίς statt τί (א* A B 0289 33 81 1175 1506 1739). Solche an sich mögliche (vgl. 9,18a; Röm 3,1) grammatikalische Kongruenz wird seit LIETZMANN, 1Kor 15 als Verbesserung empfunden. Für das Neutrum verweist man auf V. 7, z.B ZUNTZ, Text 132. Aber die Definition folgt schon V. 5c. Mit τίς sympathisieren WEISS, 1Kor 75 Anm. 2; MALY, Gemeinde 62 Anm. 101.

dern der, der wachsen lässt: Gott. (8) Der, der pflanzt, und der, welcher bewässert, sind aber eins, jeder wird freilich den eigenen Lohn empfangen gemäß der eigenen Leistung. (9) Denn Gottes Mitarbeiter sind wir; Gottes Ackerfeld, Gottes Bau seid ihr.

(10) Gemäß der Gnade Gottes[404], die mir gegeben wurde, habe ich wie ein kundiger Baumeister das Fundament gelegt, ein anderer aber baut darauf weiter. Ein jeder sehe aber zu, wie er weiterbaut; (11) denn ein anderes Fundament kann niemand legen als das bereits gelegte, welches Jesus Christus ist. (12) Wenn aber einer auf das Fundament Gold, Silber, Edelsteine, Holz, Heu (oder) Stroh daraufbaut, ... (13) eines jeden Werk wird offenbar werden, der (Gerichts)tag nämlich wird es ans Licht bringen, weil er sich im Feuer enthüllt, und wie eines jeden Werk beschaffen ist, wird das Feuer[405] prüfen. (14) Wenn das Werk, das einer darauf gebaut hat, bestehen bleiben wird, wird er Lohn empfangen; (15) wenn jemandes Werk in Flammen aufgehen wird, wird er Schaden erleiden, er selbst aber wird gerettet werden, so freilich wie durch Feuer hindurch.

(16) Wisst ihr nicht, dass ihr der Tempel Gottes seid und der Geist Gottes in euch wohnt? (17) Wenn einer den Tempel Gottes zu Grunde richtet, den wird[406] Gott zu Grunde richten; denn der Tempel Gottes ist heilig, das seid ihr.

CHEVALLIER, M.-A.: La construction de la communauté sur le fondement du Christ, in: De Lorenzi, Paolo 109-136. –: „Vous êtes la construction de Dieu ... le Temple de Dieu" (1 Co 3,9 et 16-17), in: De Lorenzi, Paul 655-664. HOLLANDER, H.W.: The Testing by Fire of the Builders' Works: 1 Corinthians 3.10-15, NTS 40, 1994, 89-104. HYLDAHL, N.: Paul and Apollos: Exegetical Observations to *1 Cor.* 3,1-23, in: Bilde, P. u.a. (Hg.) Apocryphon Severini, FS S. Giversen, Aarhus 1993, 68-82. KER, Paul. KONRADT, Gericht 222-284. KUCK, Judgement 161-188. LANCI, J.R.: A New Temple for Corinth, Studies in Biblical Literature 1, New York usw. 1997. MÜLLER, CH.G.: Gottes Pflanzung – Gottes Bau – Gottes Tempel, FuSt 5, Frankfurt/M. 1995; OLLROG, Paulus 163-178. PESCH, Sonderlohn. SHANOR, J.: Paul as Master Builder, NTS 34, 1988, 461-471. VIELHAUER, PH.: Oikodome (1939), wiederabgedruckt im gleichnamigen Aufsatzband 1-168.

Die Doppelfrage V. 5 ist nicht mehr – wie V. 3bc.4 – rhetorisch[407], sondern echt. Das οὖν folgert nicht streng aus V. 4, sondern bezieht die im Stil der Diatribe[408] formu-

---

[404] Bei 𝔓46 81 u.a. fehlt τοῦ θεοῦ. Sie hätten vermeiden können, den Genitiv zum vierten Mal zu wiederholen. Dass der Mehrheitstext an den sonstigen Sprachgebrauch – z.B. 1,4; 15,10 (2x) – des Paulus angleicht (ZUNTZ, Text 47), ist nicht zu beweisen, da der Genitiv auch Röm 12,3.6; Gal 2,9 wegfällt; freilich ergänzen ihn L 81 1506 u.a. auch in Röm 12,3. Deshalb zweifelt SCHRAGE, 1Kor I 296 Anm. 109 an τοῦ θεοῦ als Urtext. Ähnlich FEE, 1Kor 135, WOLFF, 1Kor 69. Dagegen LINDEMANN, 1Kor 83.

[405] Das bei der Übersetzung entbehrliche αὐτό ist nicht zu πῦρ zu ziehen, sondern verdeutlicht noch einmal das vorangestellte Objekt τὸ ἔργον. 𝔓46 ℵ D Ψ 0289 33 1881 u.a. lassen es aus.

[406] Vom gut bezeugten Futur abweichende Lesarten lassen sich durch Hörfehler oder Einfluss des vorausgehenden φθείρει erklären. Ähnlich verkennen in V. 14 viele das Futur μενεῖ, weil die älteren Hsn. keine Akzente haben.

[407] Gegen FEE, 1Kor 130; SCHRAGE, 1Kor I 290 mit Anm. 75. Es wird zunächst eine differenzierte Antwort gegeben, obwohl der Gedanke dann V. 7 darauf hinaus läuft, dass die Glaubensboten „nichts" sind.

[408] Vgl. Epiktet, diss. I 18.21 u.ö.; Dio Chrys. 31,55.60; 34,28.

lierte Frage locker auf die darin geschilderte Situation. Τί οὖν mit nachgetragenem Subjekt (vgl. Röm 3,1; Gal 3,19) kann wie das häufigere einfache Τί οὖν; bzw. Τί οὖν ἐροῦμεν; (oft im Röm) einen Absatz markieren.[409] Es sind aber vor allem inhaltliche Gründe, die uns nach V. 4 einen Einschnitt machen lassen.[410] Denn die Frage nach der Bedeutung der Verkünder löst jetzt die nach dem Wie der Verkündigung ab. Die allgemein gehaltene Antwort V. 5c bildet eine Art These für das Folgende. V. 6-9a erläutern sie bildhaft am konkreten Verhältnis Paulus – Apollos – Gott. Wie V. 6 beginnt auch V. 10 asyndetisch mit einem Verbalsatz in der 1. Sg. Aorist. Auch hier wird die Tätigkeit des Paulus durch einen anderen ergänzt, der aber nun anonym bleibt. V. 10-15 ist also ein zu V. 6-9 paralleler Gedankengang, der jedoch mit dem V. 9fin. eingeführten Bild vom Bau arbeitet. In der ersten Argumentation, die das Bildmaterial der Pflanzung einsetzt, schießt V. 8b über das Beweisziel hinaus. Das Motiv des Lohnes für die Verkünder wird im nächsten Abschnitt V. 10-15 breiter ausgeführt (vgl. die wörtliche Entsprechung V. 14). Beide Stücke enden mit der Anwendung des jeweiligen Bildes auf die Gemeinde in Nominalsätzen der 2. Pl. Präsens (V. 9b und V. 16.17fin.).

V. 5 Die Gewährsleute, auf die sich die korinthischen Parteien berufen,[411] werden jetzt auf ihr wahres Maß zurückgestutzt: sie haben nur eine dienende Funktion im Prozess des Zum-Glauben-Kommens[412] der Gemeinde. Wo Paulus sonst mit Wörtern vom Stamm διακον-[413] sein Apostolat umschreibt (2Kor 3-6; Röm 11,13), haben sie zwar keinen abschätzigen Klang, sondern bezeichnen eine Würde. Der Stamm δουλ- drückt besser die Unterordnung aus (vgl. etwa 2Kor 4,5). Aber „Dienen" impliziert, dass man das eigene Tun ganz dem Interesse des andern zur Verfügung stellt. Das ist hier Gott[414] bzw. Christus[415], aber auch die Gemeinde (vgl. die zu 16,15 genannten Stellen und sachlich 2Kor 1,24; 4,5; 11,8). Bei den korinthischen Gruppen dagegen steht die Person des Verkünders im Mittelpunkt. In einem Zusatz betont Paulus, dass diese Aufgabe Gabe des „Herrn" ist, die jedem unterschiedlich zuteil wird. Der Verkündigungsdienst wird so im Rahmen der Charismenlehre (vgl. zu 12,4-11; V. 7f dasselbe Verbum „geben") gesehen. Paulus spricht ja auch von seinem Apostolat als „Gnade" (s. zu V. 10). Wenn hier nicht Gott – er ist V. 7-9 Hauptursache, aber in etwas anderer Hinsicht –, sondern der „Herr", also doch wohl Christus,[416] als Geber erscheint, so ist dieser Wechsel auch sonst in ähnlichem Zu-

---

[409] In 1Kor ist das aber nur 14,26 Τί οὖν ἐστιν, ἀδελφοί; der Fall, nicht 10,19; 14,15.
[410] Dagegen LINDEMANN, 1Kor 76.
[411] Der Tatsache, dass hier Apollos voransteht, wird man nicht viel entnehmen können.
[412] Ingressiver Aorist von πιστεύειν wie 15,2.11; Röm 13,11; Gal 2,16.
[413] Vgl. DE LORENZI, L.: Paul „diákonos" du Christ et des chrétiens, in: Ders., Paul 399-454. Zur neueren Diskussion um das Wort vgl. STRÜDER, Paulus 343-349.
[414] Vgl. „Diener Gottes" 2Kor 6,4; nach einer Lesart zu 1Thess 3,2 nennt Paulus auch Timotheus so. Auch der Kyniker sieht sich als Bote und Aufklärer Gottes ganz in seinem Dienst: Epiktet, diss. III 22,69. Diogenes ist als Diener (διάκονος) des Zeus zugleich in Sorge um die Menschen und Gott untergeordnet.
[415] Nach 2Kor 11,23 scheint „Diener Christi" eine Selbstbezeichnung der missionarischen Konkurrenten gewesen zu sein. Vgl. auch 4,1 das etwa gleichbedeutende ὑπηρέτης Χριστοῦ.
[416] Eine Beziehung auf Gott – so HEINRICI, 1Kor 119; ROBERTSON/PLUMMER, 1Kor 57 – wäre nur dann zu erwägen, wenn das „Geben des Herrn" eine atl. geprägte Wendung wäre. 2Tim 1,18 belegt zwar die Verbindung „Möge der Herr geben"; gerade hier ist aber wahrscheinlich – im Unterschied zu „beim Herrn" –

sammenhang (vgl. 7,17a; 12,5f) zu beobachten. Bei Paulus mag noch die Erinnerung an seine Christusvision, durch die er zu seinem Dienst berufen wurde, mitschwingen.[417]

V. 6f Am Bild der Pflanzung[418] macht Paulus den verschiedenen Beitrag der Glaubensdiener zum Werden der Gemeinde klar; entscheidend ist das Zutun Gottes, dem gegenüber die menschlichen Mitwirkenden zu „nichts" (vgl. sprachlich 7,19; 10,19: 13,2; sachlich 2Kor 12,11fin.) schrumpfen.

Paulus, der sich auch 9,7 u.a. mit dem Pflanzer eines Weinbergs vergleicht, könnte das Bildfeld, das sich bis V. 9 erstreckt, selbst in der Art der Diatribe[419] erfunden haben; wahrscheinlicher schöpft er aber aus atl.-jüdischer Tradition. Hier wird mit der Wurzel נטע/*nṭʻ* (LXX [κατα]φυτ-) vor allem die Ansiedlung Israels im verheißenen Land als Tat Gottes erkenntlich (vgl. Ex 15,17; Num 24,6MT; 2Sam 7,10 = 1Chr 17,9; Ps 44,3; 80,9-12.16). Die Art der Pflanze kann dabei variieren: Eichen (Num 24,6MT; Jes 61,3MT); Rebe (Jer 2,21; Jo 1,7a; Ps 80,9) bzw. Weinberg (Jes 5,1-7; 27,2-6; vgl. LibAnt 12,8; 18,10f; 23,12; 28,4; 30,4; 39,7; 4Esr 5,23f); Ölbaum (Jer 11,16f; vgl. Röm 11,16-24); Feigenbaum (Jo 1,7b). Die Metapher kann in prophetischen Aussagen auf die Wiedereinpflanzung des im Exil entwurzelten Volkes hin aktualisiert werden (mit dem Verbum נטע/*nṭʻ* Jer 24,6; 31,28; 32,41; 42,10; Am 9,15). Ihm wird Gott einen Garten des Heils pflanzen (Ez 34,29; 36,36). Das nur aus Gerechten bestehende Volk wird „Pflanzung Jahwes" (Jes 60,21 nach 4QpJes[a]; 61,3) genannt. Die Erwartung einer solchen von Noah oder Abraham abstammenden „Pflanzung der Gerechtigkeit" zieht sich durch frühjüdische, in Qumran rezipierte Schriften (vgl. 1Hen 10,16;[420] 84,6; 93,2.5.10; Jub 1,16; 16,26; 21,24; 36,6). In Qumran[421] wird sie mit dem Stichwort „ewige Pflanzung" (vgl. schon 1Hen 93,10; PsSal 14,4) aufgenommen: 4Q418, Frgm. 81,13; 1QS VIII 5; XI 8; 1QH VI (neue Zählung XIV) 15; VIII (neue Zählung XVI) 6. Es unterstreicht den unausrottbaren Bestand der eschatologischen Heilsgemeinde. In 1QH VI 15f und VIII 4-26 fließen wie in PsSal 14,3-5 Züge des Paradieses ein.

Bei Paulus spielt der hier oft aufdringliche Gedanke des Landbesitzes (vgl. noch CD I 7f) keine Rolle. Während im AT Gott der Pflanzende (vgl. ἐφύτευσα im Weinberggleichnis Jes 5,2LXX; vgl. auch Mt 15,13) und auch der Bewässernde (ποτιῶ Jes 27,3LXX) ist, schreibt Paulus diese Aufgaben Menschen zu. Vergleichbar wäre höchstens die Vollmacht Jeremia's

---

Christus gemeint. Vgl. OBERLINNER, L.: Kommentar zum zweiten Timotheusbrief, HThK XI 2, Freiburg usw. 1995, 61f. Die neueren Kommentare verstehen unter dem κύριος meist Christus, merken aber an, dass Gott und Christus „soteriologisch [...] eine Einheit" sind (CONZELMANN, 1Kor 99).

[417] Vgl. 7,25, wo sich ein ähnliches Problem stellt. In Apg 20,24 spricht Paulus jedenfalls von dem „Dienst, den er vom Herrn Jesus empfangen" hat.

[418] Vgl. REINDL, J./RINGGREN, H.: Art. נטע/*nṭʻ*, ThWAT 5, 1986, 415-424. FUJITA, S.: The Metaphor of Plant in Jewish Literature of the Intertestamental Period, JSJ 7, 1976, 30-45. VON GEMÜNDEN, P.: Vegetationsmetaphorik im Neuen Testament und seiner Umwelt, NTOA 18, Freiburg/Göttingen 1993, bes. 272-275. KRAUS, Volk 172-175.

[419] Vgl. im allgemeinen BULTMANN, Stil 35-42.88-94. Insbesondere innerhalb der Erziehung scheint der Vergleich der Natur des Schülers mit einem Ackerboden, des Lehrers mit einem Pflanzer traditionell: vgl. Philo, Mos. II 66; Plutarch, mor. 2b. Philo, all. I 43-52; agr. 8-19 u.ö. spricht allegorisch davon, dass Gott die Tugenden in der Seele pflanzt. In mut. 74f vergleicht er die Philosophie mit einem Acker. Die Anwendung des Bildes auf ein Kollektiv ist hier jedoch nicht vorbereitet.

[420] Im aramäischen Text von 4QEn[c] = 4Q204 V 4 „Pflanzung der Wahrheit" wie 93,2?.10 in 4QEn[g] und 1QH VIII (neue Zählung XVI) 10; im griechischen Text τὸ φυτὸν τῆς δικαιοσύνης καὶ τῆς ἀληθείας. Vgl. auch 10,3 in der Wiedergabe des Syncellus.

[421] Vgl. TILLER, P.A.: The „Eternal Planting" in the Dead Sea Scrolls, DSD 4, 1997, 312-335.

„aufzubauen und einzupflanzen" (Jer 1,10)[422] sowie die Zuleitung von Wasser, die dem in 1QH VIII 21-23 sprechenden Lehrer der Gerechtigkeit zukommt (vgl. auch VII [neue Zählung XV] 18f: „aufblühen lassen").

Paulus drückt die Aktivität Gottes mit dem transitiven αὐξάνειν aus, und zwar im Imperfekt;[423] ihm entspricht im AT פרה/*prh* hiph., ein Verbum, das – zusammen mit רבה/*rbh* hiph. („vermehren") – eher im Zusammenhang der Verheißung von Nachkommenschaft (z.B. Gen 17,6.20) oder der Zunahme des Volkes (z.B. Lev 26,9) zuhause ist, im Kontext der Vegetationsmetaphorik aber nicht von Gott ausgesagt wird. Paulus verwendet es freilich im Bezug auf die Kollekte 2Kor 9,10 von Gott („er wird die Erzeugnisse eurer Gerechtigkeit wachsen lassen"). Man kann auch an die Gleichnisse Jesu vom paradoxen Wachstum (vgl. Mk 4,3-8.30-32; Mt 13,31f) denken, das das Werk Gottes ist. So sieht auch Paulus Gott hinter dem Aufblühen gläubiger Gemeinden.

V. 8 Hatte sich Paulus in V. 6f doch auch als Gemeindegründer von dem später hinzugekommenen Apollos abgesetzt, so betont er jetzt ihre Einheit – man kann ergänzen: im Dienst am Wachsen der Gemeinde. Man darf sie also nicht gegeneinander ausspielen. Der zweite Halbvers, wieder mit δέ angefügt, differenziert jedoch wieder: Jeder wird entsprechend seiner individuellen „Mühe"[424] den je eigenen „Lohn" empfangen. Die Ausdrucksweise verbleibt noch im Bereich der Landarbeit (vgl. ein ähnliches Bild für Mission Joh 4,35-39: V. 36 μισθόν λαμβάνειν; V. 38 κοπιᾶν, κόπος). Nicht das Bestehen der Gemeinden allein schon ist dem Missionar Lohn genug, er kann davon auch eine besondere Anerkennung im Gericht erwarten (ebenso V. 14; vgl. 4,5b ἔπαινος). Deshalb nennt Paulus die treue Gemeinde seinen „Kranz" bzw. seinen „Ruhm" am Tag des Herrn (vgl. 2Kor 1,14; Phil 2,16; 4,1; 1Thess 2,19f).[425] Die jüdisch-christliche Vorstellung von der jenseitigen Vergeltung (vgl. mAv 5,23 „Gemäß der Mühe ist der Lohn"; Röm 2,6-10; 2Kor 5,10) ist hier wie in Mt 10,41 („Lohn für einen Propheten"); Apk 11,18 aufgefächert. Dass das Verdienstprinzip bei der Rechtfertigung ausgeschlossen ist (vgl. Röm 4,2-5), hindert Paulus nicht daran, für die Bewährung der Christen und zumal der Arbeiter im Evangelium eine göttliche Wertung vorzusehen, für die er allerdings nur in diesem Kap. den wohl durch die Bildsprache bedingten Ausdruck μισθός („Lohn") verwendet. Das bedeutet keinen Widerspruch, denn „die Mühe ist kein ἔργον νόμου, das beansprucht, den Täter zu rechtfertigen."[426]

---

[422] Ein Echo auf diese Stelle entdecken viele Exegeten – z.B. CHEVALLIER 116 – auch in 2Kor 10,8; 13,10.

[423] Im Unterschied zu dem mehr punktuellen Aorist ἐφύτευσα bzw. ἐπότισεν. Man könnte übersetzen: „Gott gab je und je das Wachstum".

[424] Κόπος bzw. κοπιᾶν ist ein Merkmal christlicher Existenz allgemein (vgl. 15,58; 1Thess 1,3; Apk 2,2; 14,13); Paulus umschreibt so aber auch den Einsatz bestimmter Mitglieder für die Gemeinde (vgl. zu 16,16), besonders aber Missionstätigkeit (15,10; 2Kor 10,15; Gal 4,11; Phil 2,16; 1Thess 3,5), die ja jede institutionelle Sicherung entbehrte (vgl. die Aufzählungen 2Kor 6,4f; 11,23-29), und in seinem Fall mit mühseliger Handarbeit verbunden war (vgl. zu 4,12). Vgl. HARNACK, A. VON: Κόπος (Κοπιᾶν, Οἱ Κοπιῶντες) im frühchristlichen Sprachgebrauch, ZNW 27, 1928, 1-10.

[425] In 9,15-18 ist der Bezug von καύχημα bzw. μισθός auf das Gericht nicht so deutlich. Vgl. z.St.

[426] LINDEMANN, 1Kor 81.

V. 9 schließt mit γάρ nicht direkt an V. 8 an; der dreimalige, betont vorangestellte *Genetivus auctoris* bzw. *possessoris* θεοῦ weist vielmehr auf die Pointe von V. 6f: Sowohl die Glaubensboten wie die Gemeinde sind Gott als dem eigentlichen Faktor zugeordnet.

Damit ist über den Sinn von θεοῦ συνεργοί entschieden. Der Genitiv bezeichnet sonst die (menschliche) Person, mit der einer zusammenarbeitet (Röm 16,3.9.21; Phil 2,25; 4,3; Phlm 1.24); dass dies Paulus ist, ist auch beim absoluten Gebrauch des Substantivs συνεργός (2Kor 8,23; Kol 4,11) klar, weniger beim Verbum συνεργεῖν (16,16, s. z.St.). Hier spricht aber Paulus von sich und andern als „Mitarbeitern", und zwar mit dem Genitiv θεοῦ. Manche Ausleger[427] haben deshalb keine Bedenken, Paulus hier mit Gott zusammenwirken zu lassen. Diese Bedeutung ist in der Tat beim absoluten συνεργοῦντες 2Kor 6,1 wahrscheinlich, weil Paulus nach 2Kor 5,20 das Sprachrohr Gottes ist. So verstanden könnte V. 9a gut als Begründung für V. 8b gelten, würde aber von der Fortsetzung losgerissen. Die Genitive müssen gleichen Sinn haben. Deshalb empfiehlt sich die Paraphrase: „Von Gott beauftragte Arbeiter am gemeinsamen Werk".[428] Ähnlich ist θεοῦ in 1Thess 3,2 (*varia lectio*) als *Genetivus auctoris* zu fassen. Timotheus arbeitet hier zusammen mit Paulus „im Evangelium Christi" (vgl. 16,10).

Die Bestimmung der Gemeinde als „Gottes Ackerfeld" erinnert an die Auflösung des Weinberggleichnisses Jes 5,7, bleibt aber allgemeiner. Auch das neue Bild vom Bau darf nicht sofort von V. 16f her gelesen werden:[429] Es handelt sich um ein neutrales Gebäude, dessen Bauherr aber Gott ist. Weil sich die Gemeinde der Initiative Gottes verdankt, verbietet sich jede Überbewertung der an diesem Unternehmen beteiligten Menschen.

Bei den Griechen ist übertragener Gebrauch von οἰκοδομεῖν selten, und wenn er vorkommt, bezieht er sich auf geistige Gebilde.[430] Wenn wir nach einer Traditionslinie für das Aufbauen einer Gemeinschaft suchen, werden wir wieder ins AT geführt. Dort ist öfter Jahwe Subjekt von בנה/*bnh*. Lassen wir die Schöpfungsaussagen weg, so sind vor allem die Stellen interessant, die von seinem vergangenen (Ps 78,69; 147,2; Jer 45,4) oder künftigen (Ps 69,36; 51,20; 102,17; Jes 44,26; vgl. 54,11f) Erbauen Jerusalems bzw. des Tempels reden. Dabei handelt es sich allerdings, wie besonders Ez 36,36 zeigt, um konkrete Bauten. Nur bei Jer 24,6; 31,4.28; 33,7; 42,10 ist das Volk Objekt des Bauens in der Zukunft, und zwar oft in Parallele zu „Pflanzen" (s.o.).[431] Metaphorisch wird „bauen" auch im Zusammenhang göttlicher Verheißung für Familien und Dynastien („Häuser") gebraucht: 1Sam 2,35; 2Sam 7,11.27=1Chr 17,10c.25; Ps 89,5; 1Kön 11,38; Am 9,11. Ähnlich heißt es CD III 19 in Bezug auf die Mitglieder des Neuen Bundes,

---

[427] Z.B. ROBERTSON/PLUMMER, 1Kor 58f; BACHMANN, 1Kor 157; SCHRAGE, 1Kor I 293f; WOLFF, 1Kor 68; MÜLLER 68 Anm. 12; 77; FITZMYER, 1Kor 195f.

[428] Vgl. BAUER, Wörterbuch 1571: „Arbeitsgenossen im Dienst Gottes". FURNISH, V.P.: „Fellow Workers in God's Service", JBL 80, 1961, 364-370, der dafür besonders V. 8a geltend macht. OLLROG, Paulus 63-72. Er unterstreicht 68f, dass der vorausgehende Kontext ein „synergistisches" Verständnis ausschließt. Aber die Rechtfertigungsproblematik darf hier nicht eingetragen werden.

[429] So aber DE LACEY, D.R.: οἵτινές ἐστε ὑμεῖς: The Function of a Metaphor in St Paul, in: Horbury, W. (Hg.): Templum Amicitiae, JSNT.S 48, Sheffield 1991, 391-409.

[430] Vgl. VIELHAUER 20-28, der auch Philo einbezieht.

[431] Zur Nähe der Bilder vom Pflanzen und vom Bau vgl. REINDL im Anm. 418 gen. Art. 420-422; MÜLLER 78f. Klassische Belege bei FRIDRICHSEN, A.: Ackerbau und Hausbau, ThStKr 94, 1922, 185f. DERS.: Exegetisches zu den Paulusbriefen, ThStKr 102, 1930, 291-301, 298-300. DERS.: Exegetisches zu den Paulusbriefen, in: Holst, H./Mørland, H. (Hg.): Serta Rudbergiana, SO.S IV, Oslo 1931, 24-29, 25f.

dass Gott für sie ein festes Haus in Israel gebaut hat. In Qumran versteht sich der „Rat der Gemeinschaft" als „Fundament des heiligen Gebäudes", in Parallele zu „ewige Pflanzung" (1QS XI 8, vgl. VIII 5). In den Hymnen, die wohl auf den „Lehrer der Gerechtigkeit" zurückgehen, wird deutlich, dass Gott dessen Fundament gelegt hat, um die „bewährten Steine" zu einem festen Bau zusammenzufügen: 1QH VI (neue Zählung XIV; lies לְבִנְיַת עוֹז/l^ebinjat ʿōz) 26f. Ebenso spricht der Sänger von 1QH VII (neue Zählung XV) 8f von „seinem Bau", den Gott auf Felsen gegründet hat. Diesen Priester hat Gott „bestellt, für ihn aufzubauen eine Gemeinde" (4Q171 III 16). Die Baumetaphorik kann in Richtung „uneinnehmbare Festung" (1QH VI 25-31) wie in Richtung „heiliges Haus" (Tempel, s. zu V. 16f) abgewandelt werden.

V. 10f Erneut stellt Paulus wie in V. 5fin.6ab den unterschiedlichen Anteil der Mitarbeiter am Werk Gottes heraus, diesmal im Bild vom Legen eines Fundaments und vom Weiterbauen.

Diese Paarung θεμέλιος - ἐποικοδομεῖν wird auch in der hellenistischen Umwelt metaphorisch eingesetzt:[432] Z.B. bei Epiktet, diss. II 15,8f für die Grundsatzentscheidung, auf der man aufbauen bzw. nicht aufbauen soll; bei Philo für die Naturanlage, auf die die Tugenden bzw. Laster oder Belehrungen aufgebaut werden (vgl. all. III 3; Cher. 101; gig. 30; her. 116; mut. 211), für eine grundlegende Tugend (cont. 34) oder auch für das Nacheinander der Darlegung (som. II 8). Insofern ist es nicht notwendig, hier auf den Sprachgebrauch des AT und die vielfältige Verwendung von סוֹד/sôd bzw. יְסוֹד/j^esôd bzw. אֻשִּׁים/ʾuššîm in Qumran[433] zu rekurrieren. Vor allem weil es dort[434] Gott selbst ist, der das Fundament legt. Paulus aber veranschaulicht damit hier wie Röm 15,20 die grundlegende Christusverkündigung der Erstmissionare. Auch in Hebr 6,1 meint die Metapher in einem ähnlichen Bildkontext wie 1Kor 3,2 die fundamentale Lehre.

Unübersehbar beschreibt V. 10ab ein ähnliches Verhältnis wie V. 6ab. Allerdings ist nun das Subjekt des 2. Satzes unbestimmt („ein anderer"), das Verbum steht im Präsens. Doch muss das nicht heißen, dass der Weiterbauende jetzt in Korinth aktiv ist; man kann das Präsens auch grundsätzlich verstehen: „ein anderer mag darauf weiterbauen". Zumal es immer noch um die mehr oder weniger konstitutive Bedeutung missionarischer Verkündigung zu gehen scheint, verdichtet sich trotz der allgemein gehaltenen Ausdrucksweise in V. 10-15 und der Präsensform ἐποικοδομεῖ in V. 10.12 der Verdacht, dass „ein anderer" vor allem auf Apollos zielt. Einige Kommentatoren[435] weiten die „Daraufbauenden" aus auf „alle, die Einfluß in der Ge-

---

[432] Auf den Staat wendet Plato, leg. 736e-737a das Bild an: Gerechte Verteilung ist die Grundlage (κρηπίς, ἕρμα), auf der er aufgebaut werden kann (ἐποικοδομεῖν). CONZELMANN, 1Kor 100 Anm. 58 nennt noch Plutarch, mor. 320b, wo mit ὑποβολὰς κατατίθεσθαι - ἐξοικοδομεῖν das Zusammenwirken von Glück und Tugend beim Aufwachsen des Romulus verdeutlicht wird. Von Rom ist - gegen Conzelmann - nicht direkt die Rede.

[433] Vgl. MUSZYŃSKI, H.: Fundament, Bild und Metapher in den Handschriften aus Qumran, AnBib 61, Rom 1975. Die bildhaften Ausdrücke können sowohl die normativen Grundlagen der Gemeinschaft wie diese selbst oder eine Auswahl daraus bezeichnen.

[434] Vgl. Jes 28,16, woran sich 1QH VI (neue Zählung XIV) 26 anlehnt; Jes 54,11 vom neuen Jerusalem (in 4Q164, Frgm. 1,1-3 auf den „Rat der Einung" bezogen); 1QSb III 20. In dieser Traditionslinie liegen wohl 4Esr 10,27.53; Eph 2,20-22; Hebr 11,10; Apk 21,14.

[435] Z.B. WOLFF, 1Kor 69f; COLLINS 1Kor 150. Auch SCHRAGE, 1Kor I 299 tendiert in diese Richtung, spricht aber im Folgenden immer von „Lehrern". Ähnlich KONRADT 258-260 („Perspektivenwechsel"). Inkonsequent KITZBERGER, I.: Bau der Gemeinde, FzB 53, Würzburg 1986, 70f: Sie plädiert beim „Ande-

meinde haben", „jeden, der durch sein Charisma zum Aufbau der Gemeinde beiträgt". Damit wird die Thematik von Kap. 14 vorweggenommen und vergessen, dass auch der Abschnitt V. 10-15 unter der Frage V. 5ab steht. Auch die Rückschau von 4,6 bestätigt, dass „es Paulus konkret immer noch um die in VV. 5f vorgestellte Konstellation zwischen ihm und Apollos geht".[436]

Wenn auch der Vergleich mit einem „kundigen Architekten"[437] die einmalige und maßgebende Funktion des Gemeindegründers ins Licht rückt, versäumt es Paulus nicht, sie aus der „Gnade" herzuleiten, die er in der Berufung erfahren hat.[438] Er schließt aber auch V. 10c eine Mahnung (wie 10,12 im Jussiv von βλέπειν formuliert) an die an, die nach ihm in die Gemeinde kamen. Dabei geht es um das „Wie" des Weiterbauens, das V. 12 mit dem Baumaterial veranschaulicht. Nicht unterschiedliche Lehren stehen zur Debatte, sondern Methoden wie etwa die Verpackung der Botschaft in rhetorische Weisheit. Diese Methoden müssen sich – das hält der eingeschobene V. 11 fest – nach dem einmal vorgegebenen Grundriss[439] richten. Obwohl Paulus auch sonst das Basiskerygma mit „Christus verkündigen"[440] zusammenfassen kann, meint er hier sicher nach dem Vorangehenden mit „Jesus Christus" das Wort vom Gekreuzigten, das sich etwa mit menschlicher Weisheit nicht verträgt.

Polemisiert Paulus, indem er V. 10f ein ähnliches Bild wählt wie das Felsenwort Mt 16,18, gegen Petrus; bestreitet er ihm die fundierende Funktion?[441] Aber abgesehen von der Frage, ob die in ihrem Alter und in ihrer Herkunft umstrittene matthäische Sondertradition den Lesern bekannt sein konnte, gebraucht Paulus den signifikanten Beinamen Kephas ebenso bedenkenlos

---

ren" V. 10b wegen der Analogie zu V. 6ab für Apollos als „tiefengrammatisches Subjekt", der ἕκαστος (V. 10c) bzw. τίς (VV. 12.14) sei jedoch jeder aus der Gemeinde. KUCK, Judgement 172-174 argumentiert mit der weiteren Bedeutung von οἰκοδομεῖν und ἔργον. Für die Beschränkung auf die Verkünder s. aber das in Anm. 442 zu ἔργον Gesagte.

[436] MERKLEIN, IKor I 264. Vgl. PÖTTNER, Realität 289: Obwohl mit ἕκαστος „auf Apollos Bezug genommen wird", bleibt die Sprache vage, um nicht die σχίσματα zu reproduzieren. HORSLEY, 1Kor 65: „covert allusion".

[437] Die Wendung begegnet auch Jes 3,3LXX, aber in negativer Wertung (falsche Übersetzung von „weiser Zauberer"); dass es für den Hausbau Weisheit braucht, sagt auch Spr 24,3. Philo, som. II 8, nennt die Allegorese eine „weise Architektin". Homer, der Alexander die Lage Alexandrias suggeriert, gilt diesem als „weisester Architekt" (Plutarch, Alex. 26,4). Wegen der praktischen Färbung von σοφός liegt eine Pointe gegen das Weisheitsstreben in Korinth ferne. Dass der Baumeister den Bau eigentlich bis zur Schlüsselübergabe betreuen muss (vgl. 2Makk 2,29), wird hier um der Anwendung willen verschwiegen. Zum antiken Sprachgebrauch von ἀρχιτέκτων vgl. SPICQ, Lexique 215-217, WINTER, F. in: ARZT-GRABNER u. a., 1Kor 146-148 und LINDEMANN, 1Kor 83. Ferner DERRETT, J.D.M.: Paul as Master-builder, EvQ 69, 1997, 129-137. Vergleich des Staatsmanns mit einem Architekten bei Plutarch, mor. 807c.

[438] Vgl. die wörtlichen Parallelen in Anm. 62 zu 1,4; 15,10; Röm 1,5; Gal 1,15. Obwohl das Apostolat des Paulus nie mit χάρισμα und die Charismen nie mit χάρις bezeichnet werden, sollte man beides nicht künstlich voneinander trennen, wie das SATAKE, A.: Apostolat und Gnade bei Paulus, NTS 15, 1968, 96-107 tut. Vgl. nur die Abfolge in Röm 12,3.6 und die sorgfältige Untersuchung von v. LIPS, H.: Der Apostolat des Paulus – ein Charisma?, Bib. 66, 1985, 305-343.

[439] FRIDRICHSEN, A.: Neutestamentliche Wortforschung, ThZ 2, 1946, 316f machte auf ὁ κείμενος θεμέλιος in einer lesbischen Bauinschrift aufmerksam.

[440] Vgl. zu 9,12 (τὸ εὐαγγέλιον τοῦ Χριστοῦ als *Genetivus obiectivus*).

[441] Vgl. derartige Meinungen in Einleitung 2c Anm. 60. Ferner CHEVALLIER 127f bzw. 299f; PESCH, Simon-Petrus 106f; WALTER, N.: Ekklesiologische Vorstellungen bei Paulus – Mitbringsel aus Antiochia?, in: Mell/Müller, Urchristentum 173-195, 192-195. Dagegen etwa SCHRAGE, 1Kor I 145f.

wie dessen griechische Übersetzung Πέτρος (Gal 2,7f). Bei θεμέλιος handelt es sich nicht um ein gewachsenes Fundament wie bei einem Felsen. Der Hörer hätte 3,11 kaum eine Anspielung auf den Petrusnamen und seine Erklärung in Mt 16,18 entnommen. Als ein Weiterbauender kommt Petrus wahrscheinlich deshalb nicht in Frage, weil er wohl nicht nach Paulus in Korinth tätig war.

V. 12f Die anakoluthische Konstruktion mit εἰ V. 12 ist eher konditional (wie dann V. 14f) aufzufassen; bei einer indirekten Frage würde man ein Tempus der Vergangenheit erwarten. Jedenfalls ist der Gedanke klar: Der Gerichtstag (vgl. 1,8) wird die unterschiedliche Qualität des jeweiligen missionarischen „Werkes"[442] offenbar machen. Sie wird vorher in einer Aufzählung von drei wertvollen[443] und drei minderwertigen, leicht brennbaren Baustoffen illustriert. Mit dem Umschwung ins Futur ab V. 13 hält apokalyptische Sprache Einzug. Der im lebhaft vergegenwärtigenden Präsens[444] gehaltene ὅτι-Satz gehört wohl noch zu V. 13b,[445] und zwar eher als Begründung denn als Objektsatz, abhängig von δηλώσει. Die Verbindung von „Tag Jahwes" und „sich enthüllen" ist zwar im AT und NT nicht belegt,[446] aber traditionell wird das Kommen Jahwes zum Gericht von Feuer begleitet bzw. mit ihm verglichen. Meist ist es die Frevler vernichtendes Feuer (z.B. Jes 33,10-14; 66,15f.24; Zeph 1,14-18; 3,8; Mal 3,19; PsSal 15,4f), aber in Mal 3,2f ist es wie „Feuer im Schmelzofen". Das erklärt, wie der Tag des Herrn die Qualität der missionarischen Arbeit zum Vorschein bringt: durch eine Feuerprobe. So dann noch einmal ausdrücklich V. 13c mit dem Verbum δοκιμάζειν. Es entspricht hebr. בחן/*bḥn* und wird - oft parallel zu צרף/*ṣrp* - häufig für die Läuterung von Edelmetallen verwendet.[447] Das Bild ist aber hier nicht ganz folgerichtig durchgezogen, insofern auch Gold und Silber in diesem Prozess eingeschmolzen würden; V. 14 setzt jedoch

---

[442] Diese Spezialbedeutung von ἔργον (vgl. 9,1; 16,10; Phil 1,22; 2,30 und den Terminus ἐργάται für Missionare 2Kor 11,13; Phil 3,2) ist hier anzunehmen. Vgl. die nachpaulinischen Stellen Apg 13,2; 14,26; 15,38. Das Wort kann leicht als „Bauwerk" verstanden werden (vgl. Röm 14,20, wo „Erbauung" und „zerstören" assoziiert sind). Antike Belege dazu bei BAUER, Wörterbuch s.v. 623-625 unter 3.

[443] Gold, Silber und Edelsteine (zu dieser Bedeutung von λίθος τίμιος vgl. 2Chr 32,27; Dan 11,38Th; Apk 17,4; 18,12.16; 21,11.19) sind wegen ihrer Kostbarkeit (wie beim phantastischen Bau des Neuen Jerusalem: Jes 54,11f; Tob 13,17) und wegen ihrer Beständigkeit (hoher Schmelzpunkt!) ausgewählt.

[444] Vgl. B-D-R 323.

[445] So die meisten Kommentare. Bei der Beziehung auf das Folgende muss man καί mit „auch" übersetzen (so MERKLEIN, 1Kor I 253.255). Man könnte im Kausalsatz noch einmal τὸ ἔργον als Subjekt ergänzen und ἀποκαλύπτεσθαι passiv nehmen (vgl. Sir 11,27), erhält dann aber eine Tautologie zu V. 13a. So aber BACHMANN, 1Kor 164, der auch V. c dem Kausalsatz koordiniert, und neuerdings COLLINS, 1Kor 158f; FITZMYER, 1Kor 199.

[446] Vgl. aber ἀποκαλύπτεσθαι bzw. ἀποκάλυψις mit Gerichtsbegriffen Röm 1,18; 2,5; PsSal 2,17; 1Hen 91,14 und das zu ἀποκάλυψις in 1,7 Ausgeführte.

[447] Vgl. zumeist im übertragenen Sinn: Ps 17,3; 26,2; 66,10; Spr 8,10; 17,3; 27,21; SapSal 3,6; Sir 2,5; 31,26; Jer 6,27; 9,6; Sach 13,9; 1Petr 1,7; Philo, sacr. 80. Zugleich verzehrendes und prüfendes Feuer 2Bar 48,39 und vor allem TestAbr (Rez. A) 12f. Dort prüft (δοκιμάζειν) der Erzengel Pyruel beim Totengericht die Seelen bzw. die Werke der Menschen durch Feuer (12,14; 13,11); das Werk des Sünders wird verbrannt, das des Gerechten jedoch nicht angegriffen. Eine Abhängigkeit des Paulus von dieser wohl erst im 2. Jh. n. Chr. entstandenen Rezension ist - gegen FISHBURNE, C.W.: I Corinthians III. 10-15 and the Testament of Abraham, NTS 17, 1969/70, 109-115 - unwahrscheinlich. Es liegt gemeinsame Tradition zu Grunde, die Paulus doch recht speziell auf das Missionswerk anwendet. Ihre Entwicklung suchen HOLLANDER 98-102 und KONRADT 273-278 nachzuzeichnen.

voraus, dass etwas bestehen bleibt. Es geht also nicht um die Reinigung von Schlacken, sondern um einen Härtetest.

V. 14f fassen mit zwei fast symmetrischen konditionalen Perioden den zweifachen Ausgang dieser Prüfung ins Auge. Schon von V. 8b her versteht sich, dass der bewährte Arbeiter Lohn empfangen wird. Dabei kommt es nicht auf den zahlenmäßigen Erfolg an, sondern auf das sachgemäße, solide Weiterbauen auf dem Christusfundament. Wenn sich das Werk aber als vergänglich erweist, „erleidet" der Missionar „Schaden", wie wir ζημιωθῆναι vorsichtig übersetzt haben. Das Verbum bedeutet 2Kor 7,9; Phil 3,7f; Mk 8,36parr. nicht „bestraft werden", sondern „Verlust erleiden". Die meisten[448] ergänzen gleichsam als inneren Akkusativ, dass er seines Lohnes verlustig geht. Wegen des folgenden „er selbst aber" könnte auch noch der Nachsatz auf das Werk blicken. Der Arbeiter muss im Gericht erfahren, was Paulus befürchtet: nämlich dass er sich vergeblich gemüht hat (vgl. 1Thess 3,5; Gal 2,2; Phil 2,16). Selbst wenn man im Gegenüber zu „Lohn" an unserer Stelle „Strafe" findet,[449] ist zu bedenken: Nicht die moralische Haltung wird beurteilt, sondern die Haltbarkeit der Missionsarbeit. Deshalb kann der Arbeiter, dessen guter Wille hier vorausgesetzt zu sein scheint, doch das ewige Heil erlangen.[450] V. 15fin. präzisiert die Weise dieser Rettung. Seine Deutung variiert:

- Meist denkt man an eine sprichwörtliche Redewendung für „gerade nochmals davonkommen", die im AT im Bild vom aus dem Feuer gerissenen Holzscheit (Am 4,11; Sach 3,2) exemplifiziert sei.[451] Doch wäre dann wie an diesen Stellen und Ez 15,7; Jud 23 ἐκ πυρός deutlicher gewesen. Man könnte höchstens auf Jes 43,2; Ps 66,12 verweisen, wo „durch das Feuer gehen" neben anderen bildhaft ausgedrückten Gefährdungen steht. Auch im Griechischen ist die Redensart geläufig.[452] Wahrscheinlich führt jedoch das ὡς nicht einen Vergleich ein („gleichsam"), sondern präzisiert nach dem οὕτως die reale Art und Weise (vgl. 9,26; 2Kor 9,5; Eph 5,33; Jak 2,12; Herm sim IX 9,7).
- „Durch das Feuer" führt Gott aber auch beim Läuterungsgericht: καὶ διάξω τὸ τρίτον διὰ πυρὸς καὶ πυρώσω αὐτούς (Sach 13,9).[453] Auch Kriegsbeute wird in einem Reinigungsritus durch das Feuer gezogen (Num 31,22f).

---

[448] Z.B. BARRETT, 1Kor 89.

[449] So HOLLANDER 97 mit Anm. 35 im Anschluss an SHANOR 469, der auf Bußgelder beim Tempelbau verweist.

[450] CONZELMANN, 1Kor 103 sieht in dieser Rettung „die Kehrseite davon, daß die Werke das Heil nicht beschaffen". Hier geht es aber nicht um vom Gesetz geforderte „Werke" wie in der Rechtfertigungslehre, sondern um die missionarische Leistung. So sehr auch der Glaube an Christus den Ausschlag für die Rettung geben mag, so wenig kann man aus unserer Stelle schließen, dass der Gerechtfertigte nicht verloren gehen kann oder ethisches Tun im Endgericht irrelevant ist. Vgl. auch die Bemerkungen von MERKLEIN, 1Kor I 269. Dagegen zu weit gehende Folgerungen bei LINDEMANN, 1Kor 88. Auch die Interpretation von MATTERN, Verständnis 109f.168–179 krankt an der zu weiten Fassung von ἔργον als „das mehr oder weniger gute Werk des Christen".

[451] Vgl. LANG, F.: Art. πῦρ κτλ, ThWNT 6, 1959, 927–953, 934.944, der daneben noch drei weitere hier lose verbundene Vorstellungen nennt. Vgl. auch Livius XXII 35,3: *prope ambustus evaserat*. Διά hätte rein lokale Bedeutung. So zuletzt KONRADT 269, nach dem der Zusatz die Drohung verstärkt.

[452] Vgl. L-S 1555 s.v. πῦρ II. Dazu Pseudo-Krates 6. Die Euripides-Stellen, die THISELTON, 1Kor 315 nach WEISS, 1Kor 83 Anm. 1 zitiert, haben jedoch eine andere Bedeutung.

[453] Die Stelle dient den Schammaiten als Begründung dafür, dass die Mittelmäßigen zwar in die Gehinnom hinabfahren, dort aber schreien (מְצַפְצְפִין/*mᵉṣapṣipîn*) und wieder hinaufsteigen dürfen, weil Gott sie

Vielleicht soll „durch Feuer hindurch" doch andeuten, dass der schmerzliche Verlust seines Lebenswerkes für den Verkünder schon Strafe genug ist. Er hätte dann eine ähnliche Funktion wie Krankheit und früher Tod in 5,5; 11,30.32[454], die zwar nicht Mittel, aber doch als vorgezogenes Gericht Vorbedingung der Rettung sind. Deshalb braucht man nicht mit Origenes u.a.[455] dem Feuer einen reinigenden Effekt zuzuschreiben oder die spätere Lehre vom Fegefeuer in den Text hineinzulesen. Denn es geht nicht um ein Strafleiden für persönliche Sünden in einem Zwischenstadium zwischen Tod und Jüngstem Gericht, sondern um einen auf das Missionswerk bezogenen Vorgang bei eben diesem Gericht. Ein zweites Feuer zum Brand des errichteten Hauses hinzu braucht nicht entzündet zu werden.[456] Dieses Feuer kann aber für die Bauleute eine andere Wirkung haben als auf den Bau, ohne dass deshalb das διά instrumentalen Sinn bekommen muss.

V. 16f Mit der stereotypen[457] rhetorischen Frage „Wisst ihr nicht, dass ...?" ruft Paulus der Gemeinde etwas ins Bewusstsein, was ihr aus Schrift (vgl. Röm 11,2; 1Kor 6,16; entfernt auch 9,13), apokalyptischer Tradition (6,2f.9) oder aus der oft in Sprichwörtern formulierten Alltagsweisheit (5,6; 9,24; Röm 6,16) eigentlich bekannt sein sollte. Im Fall unserer Tempelmetapher (vgl. noch einmal 6,19) wie bei dem Bild vom Leib Christi (vgl. 6,15; 12,12) sollte man annehmen, dass Paulus sie den Täuflingen schon in der Katechese vermittelt hat. Doch ist das nicht sicher.[458] Oft sind mindestens die Folgerungen, die der Apostel aus diesem traditionellen Wissen zieht, neuartig. Bei der Bezeichnung der Gemeinde als Tempel kann er allerdings an eine jüdisch-frühchristliche Tradition[459] anknüpfen.

---

erhört hat. Vgl. die Baraita aus RHSh 16b–17a bei Bill. IV 1033f (mit falscher Übersetzung von מְצַפְצְפִין/m^eṣapṣipîn). Dies reicht kaum aus, um einen Kontakt zu Paulus zu postulieren, wie es TOWNSEND, J.T.: I Corinthians 3:15 and the School of Shammai, HThR 61, 1968, 500–505 versucht.

[454] Später verstehen dann die Christen die große, dem Ende vorausgehende Bedrängnis als Prüfung, durch die sie geläutert und vor dem der Welt drohenden Vernichtungsfeuer bewahrt bleiben: Vgl. 1Petr 1,6f; Did 16,5; Herm vis IV 3,3f.

[455] Zur facettenreichen Auslegung des Origenes vgl. CROUZEL, H.: L'exégèse Origénienne de 1 Cor 3,11–15 et la purification eschatologique, in: Fontaine, J./Kannengiesser, Ch. (Hg.): Epektasis, Mél. J. Daniélou, Paris 1972, 273–283. Vgl. die Deutungsgeschichte bei GNILKA, J.: Ist 1 Kor 3,10–15 ein Schriftzeugnis für das Fegfeuer? Düsseldorf 1955. Seine eigene Exegese (S. 129) ist kaum überzeugend: Das Feuer V. 15fin. prüfe den Prediger auf seine persönliche Lebensführung. MICHL, J.: Gerichtsfeuer und Purgatorium, in: Studiorum Paulinorum Congressus I 395–401 redet unsachgemäß von „Werken" und Sündenvergebung und findet so in 1Kor 3,13–15 wenigstens eine Grundlage für die in der Tradition entwickelte Lehre. Letzteres auch bei CIPRIANI, S.: Insegna *1. Cor. 3, 10–15* la dottrina del Purgatorio?, RivBib 7, 1959, 25–43, obwohl er den Bezug auf das Jüngste Gericht erkennt.

[456] Gegen CONZELMANN, 1Kor 103 Anm. 84.

[457] Auch die Diatribe beteiligt mit der Frage οὐκ οἶδας den Leser am Gedankengang. Z.B. Epiktet, diss. I 4,16 u.ö.

[458] Ein ähnliches Problem stellt sich bekanntlich bei der gleichsinnigen Wendung ἢ ἀγνοεῖτε („Wisst ihr etwa nicht?") Röm 6,3, wo man auch eine Erinnerung an Taufkatechese vermutet hat. Doch dürften die Formulierung wie die Anwendungen V. 2.4f innovativ sein.

[459] Vgl. GÄRTNER, B.: The Temple and the Community in Qumran and the New Testament, MSSNTS 1, Cambridge 1965. MCKELVEY, R.J.: The New Temple, OTM 3, Oxford 1969. Zu beiden Büchern NIKIPROWETZKY, V.: Temple et Communauté, REJ 126, 1967, 7–25; DERS.: Le Nouveau Temple, REJ 130, 1971, 5–30. KLINZING, G.: Die Umdeutung des Kultus in der Qumrangemeinde und im Neuen Testament,

Im AT verheißt Gott den Israeliten, er werde seine Wohnstätte bzw. sein Heiligtum in ihrer Mitte (בְּתוֹךְ/*beṯôḵ*) aufschlagen (Lev 26,11a, nur MT; Ez 37,26fin.27a; 43,9). Das kann natürlich vom steinernen Tempel verstanden werden, wie gerade die Aktualisierung in Sach 2,14f; 8,3 zur Zeit des Neubaus zeigt. Paulus bezieht es aber samt der Bundesformel auf die christliche Gemeinde (2Kor 6,16); das ἐν αὐτοῖς (eigentlich „unter ihnen") wird dabei zu „in ihnen" verinnerlicht. Diesen Transfer auf eine Gemeinschaft vollzog schon die dem Jerusalemer Tempel entfremdete Qumrangruppe. In 1QS V 6; VIII 5–9; IX 6; 4Q511, Frgm. 35,3 versteht sie sich selbst als „heiliges Haus", „Allerheiligstes" bzw. „Heiligtum" für die Priesterschaft („Aaron") und für Israel, indem sie ersatzweise als Opfer ihren vollkommenen Wandel und den Lobpreis darbringt.[460] Das hindert sie allerdings nicht daran, noch mit anderen jüdischen Strömungen (Jub 1,17.26–29; 25,21; 1Hen 90,28f; 91,13) einen von Gott geschaffenen Tempel im Neuen Jerusalem zu erwarten (11Q19 XXIX 9).[461]

Die Verlagerung ins Innere, in die Seele, aber ist im hellenistischen Judentum vorbereitet. In den TestXII wird für das Ende der Tage das Wohnen Gottes im ethisch entsprechend disponierten Willenszentrum angesagt (vgl. TestSeb 8,2; TestDan 5,1; TestJos 10,2f; TestBen 6,4), und Philo ruft zur Reinigung der Seele auf, damit Gott bzw. seine Kräfte gemäß Lev 26,12 darin „wandeln" bzw. Aufenthalt nehmen können. So wird sie Gottes Königspalast und Haus (vgl. Cher. 98–106; post. 122; sobr. 62–66; mut. 265f; som. I 148f; II 251; praem. 123; quaest. in Gn IV 8fin.; quaest. in Ex II 51 im Anschluss an das ἁγίασμα von Ex 25,8LXX). Die sich daraus ergebende Heiligkeit der Seele unterstreichen etwa Cher. 106, sobr. 66. Som. I 149 (vgl. 215) nennt sie ein ἱερὸν ἅγιον; freilich heißt die Vernunft nur in virt. 188 νεώς. Damit kommt Philo stoischen Vorstellungen entgegen, wonach die menschliche Vernunft ein Ausfluss des umfassenden göttlichen Geistes bzw. Logos, mithin „Gott in uns" ist (vgl. Seneca, epist. 41,1f; 66,12; Epiktet, diss. II 8,10–14). Diese im Wesen des Menschen liegende Würde wird in der Spätantike zum Gemeinplatz (vgl. Porphyrius, Marc. 11.19: der νοῦς als νεώς, in dem der Weise Gott aufnehmen soll, nicht den bösen Daimon; Sentenzen der Pythagoreer 66.119 bzw. des Sextus 35.46a.61.144). Für Paulus ist das aber keine Naturgegebenheit, auch nicht die Frucht sittlicher Anstrengung wie im hellenistischen Judentum.

Die Gemeinde ist deshalb „Tempel Gottes", weil (epexegetisches καί) sein Geist in den einzelnen Mitgliedern wohnt (vgl. Röm 8,9.11; 2Tim 1,14).[462] Der Sprung vom Kollektiv zum Einzelnen als Tempel (vgl. 6,19) ist daher nicht groß.[463] Paulus denkt weniger an die sich im Kreis der Gemeinde äußernden Geistphänomene, die zu dem

---

StNT 7, Göttingen 1971, 50–93. BÖTTRICH, CH.: „Ihr seid der Tempel Gottes", in: Ego, B. u. a. (Hg.): Gemeinde ohne Tempel, WUNT 118, Tübingen 1999, 411–425 mit weiterer Lit.

[460] Ob man das „Menschenheiligtum" in 4Q174 III 6 auch auf die Gemeinde beziehen darf, ist zweifelhaft.

[461] Vgl. GARCIA MARTINEZ, F.: The „New Jerusalem" and the future temple of the manuscripts from Qumran, in: Ders.: Qumran and Apocalyptic, STDJ 9, Leiden usw. 1992, 180–213; er möchte auch das „Heiligtum" von 4Q174 III 2–5 damit gleichsetzen.

[462] ALLO, 1Kor 63. – Nach atl.-jüdischer Anschauung lässt Gott seinen Namen (Dtn) oder seine כָּבוֹד/*kāḇôḏ* (1Kön 8,11f) bzw. seine שְׁכִינָה/*šeḵînāh* (Targum, Talmud) im Tempel wohnen. Bei Josephus, ant. VIII 114 bittet Salomo aber, Gott möge einen Teil seines Geistes – statt des Namens in 1Kön 8,29 – im Tempel wohnen lassen. Did 10,2 individualisiert dann die Einwohnung des Namens: sie fand „in unseren Herzen" statt.

[463] Deshalb kann IgnEph 15,3 auch im Plural von den Christen als Tempeln Gottes reden (vgl. auch „Tempelträger" 9,2). Nicht beachtet bei FASSBECK, G.: Der Tempel der Christen, TANZ 33, Tübingen 2000, 284f. Vgl. noch IgnPhld 7,2; Barn 6,15; 16,6–10. Silv (NHC VII 4) 109,15–30 baut die Anschauung von Christus, der in den Herzen der Gläubigen wohnt (Eph 3,17), mit Tempelmetaphern aus.

Bekenntnis führen: „Wahrlich, Gott ist unter euch" (14,25 ἐν ὑμῖν), als an den Geist, der auch schon nach Ez 36,36f ins Innere (בְּקֶרֶב/*bᵉqæræb*) gegeben werden soll.[464] Ihn haben nach 2,12 alle Gläubigen empfangen (s. z.St.); er ist in ihre „Herzen" gegeben bzw. gesandt (2Kor 1,22; Gal 4,6). Die Verbindung von Einwohnungs- und Tempelmotiv als gegenwärtigen Wirklichkeiten, die sich gegenseitig interpretieren, hat Paulus wohl im hellenistischen Judenchristentum vorgefunden.[465] Dessen Distanz zum Tempel in Jerusalem braucht aber in V. 16 nicht mehr mitzuschwingen, obwohl es natürlich nur *einen* Tempel des einen, wahren Gottes geben kann.[466] Das wird durch den bestimmten Artikel in V. 17 eindeutig.

Im Stil der ebenfalls asyndetischen Konditionalperioden mit futurischer Apodosis V. 14f wendet V. 17a das in V. 16 Vorausgesetzte auf eine offenbar akut drohende Gefahr an. Bisher war zwar die Möglichkeit erwogen worden, dass das Werk von Missionaren zu Grunde geht; jetzt aber setzt Paulus den Fall, dass einer die Gemeinde mutwillig zerstört. Er reflektiert nun stärker, was aus der Gemeinde wird. So erklärt sich die Verschärfung des Tones. Ein solcher Verderber wird nicht wie in V. 15 gerettet, sondern von Gott zu Grunde gerichtet. Die Verwendung desselben Verbums φθείρειν in Vordersatz[467] und Nachsatz[468] verdeutlicht die Entsprechung zwischen der Tat des Menschen und der göttlichen Sanktion. Paulus hat wohl nicht Verfolger der Gemeinde, sondern Christen[469] im Auge, die die Gemeinde faktisch ruinieren, indem sie sie polarisieren. Die Begründung dieses für einen Christen un-

---

[464] Mutmaßungen über die Herkunft der Vorstellung vom „Einwohnen" des Geistes bei BRANDENBURGER, Fleisch 137f (Inspirationsmantik); HORN, Angeld 68–73; VOLLENWEIDER, Horizonte 169–172. Vgl. SapSal 1,4 κατοικεῖν von der Weisheit; Philo, spec. IV 49 ἐνοικεῖν vom göttlichen Geist beim Propheten. Von der Inspiration der Seher = Dichter handelt auch die in diesem Zusammenhang manchmal zitierte Stelle Ovid, ars III 548–550.

[465] So HORN, Angeld 73; er denkt mit anderen an die antiochenische Gemeinde, in der sich Jerusalemer „Hellenisten" niedergelassen haben. BECKER, J.: Die Gemeinde als Tempel Gottes und die Tora, in: Sänger/Konradt, Gesetz 9–25 plädiert für die Jerusalemer Urgemeinde als Ursprungsort. Der Motivkomplex wird in Eph 2,20–22; 1Petr 2,5; IgnEph 9,1; IgnMagn 7,2 – teilweise wohl unabhängig von Paulus – weiterentwickelt.

[466] Richtig BÖTTRICH (s. Anm. 459) 422; wegen des vorausgesetzten Monotheismus (vgl. den Gegensatz von „Tempel Gottes" und „Götzenbildern" an der Parallelstelle 2Kor 6,16) ist der jüdische Tempel immer schon Bildspender. Die Tempel von Korinth, die LANCI (z.B. 131) noch hereinbringen möchte, sind entbehrlich. Dass der herodianische Tempel für Paulus auch weiterhin Kultzentrum war, ist damit nicht gesagt. Vgl. die weitergehenden Überlegungen von HORN, F.W.: Paulus und der Herodianische Tempel, NTS 53, 2007, 184–203.

[467] Eher als ein Hauswesen – so BAUER, Wörterbuch 1709 unter 1b – schwebt Paulus ein Bauwerk als Objekt vor. In Bauverträgen für Tempel hat denn auch SHANOR 470f φθείρειν nachgewiesen, der es allerdings zu „damage" abschwächen will (ebenso LANCI 67f). Das ist an unserer Stelle wegen des Nachsatzes wenig wahrscheinlich. Dort kann allerdings auch COLLINS, 1Kor 161 nicht „the punishment of eschatological annihilation" erkennen. Doch s. die folgende Anm.

[468] Im Kontext des eschatologischen Gerichts begegnet das Verbum noch im Passiv mit intransitiver Bedeutung 2Petr 2,12; Jud 10. Vgl. das Substantiv φθορά Gal 6,8, gleichbedeutend mit dem ewigen Verderben bzw. ἀπώλεια (s. zu 1,18), und das intensivierende Kompositum διαφθείρειν Apk 11,18, hier als Gottes Handeln an menschlichen διαφθείροντες.

[469] Irrlehrer sind die οἰκοφθόροι dann IgnEph 16,1; wahrscheinlich meint der Ausdruck nicht „Zerstörer des Familienlebens", sondern die Verderber der Gläubigen, die nach 15,3 Tempel Gottes sind. Sie wandern ins unauslöschliche Feuer (16,2).

gewöhnlich harten Urteils liefert V. 17b nach: Der sakrosankte[470] Charakter der Gemeinde als Tempel Gottes macht das Zerstören zum Sakrileg. Es geht nicht mehr nur um profane Bauten wie V. 9–15. Dass sich der göttliche Besitzer für die Schändung seines Tempels grausam rächt, leuchtet jedem Leser, sei er Jude[471] oder Grieche (vgl. Herodot VIII 36–39), sofort ein.

So besehen könnte die Warnung V. 17a an jedem Tempel angebracht sein. Paulus hat sie freilich von vornherein im übertragenen Sinn formuliert. Seit dem anregenden Aufsatz von E. Käsemann[472] gilt sie als Muster für „Sätze heiligen Rechts". Als weitere Beispiele aus unserem Brief nennt er 14,38 (auch hier Talion, d.h. Vergeltung durch das Gleiche) und 16,22a. Die Paronomasie ist allerdings nicht für Rechtssätze spezifisch, da auch Weisheitssprüche mit diesem Mittel Tun und Ergehen einander zuordnen. Rechtsbestimmungen verbinden einen hypothetischen Tatbestand mit seiner Rechtsfolge. Diese steht im Jussiv oder im Futur, das ein „Sollen" ausdrückt. In 3,17a aber verrät das Futur prophetische Gewissheit. Käsemann stellt daher den Vers mit ähnlich gebildeten synoptischen Logien (Mt 5,19; 6,14f; 10,32f) zusammen, in denen urchristliche Propheten eschatologisches Gottesrecht setzen. Demgegenüber sieht Berger in diesem Satztyp eine apokalyptische Weiterentwicklung des weisheitlichen Schemas. So sehr er mit seiner paränetischen Zweckbestimmung die Intention von V. 17a treffen mag, so steht doch sachlich das Tabu des Sakralen im Hintergrund.[473]

Es ist nicht so, „daß Paulus die Reinheit und Heiligkeit der Gemeinde gefährdet glaubte"[474]. So etwas wird erst Kap. 5f spürbar. Vielmehr: Weil die Gemeinde heilig, d.h. Gottes Eigentum ist, darf niemand ihre Existenz bedrohen.

Vollziehen wir noch einmal die Pragmatik unseres Abschnittes nach! Er unterstreicht die dienende Rolle von Paulus und Apollos am Werk Gottes, setzt aber auch den Gemeindegründer und spätere „Bauleute" wie Apollos ins rechte Verhältnis zueinander, relativiert mithin deren Bedeutung. Dabei hebt Paulus die je eigene Verantwortlichkeit der am Bau der Gemeinde Beteiligten hervor; doch ruht der Fokus ab V. 10 auf den Daraufbauenden[475] und dem fraglichen Bestand ihrer Arbeit im Gericht. Wenn als ἐποικοδομῶν in erster Linie Apollos in Frage kommt und die vergänglichen Materialien in V. 12 verdeckt auf die Vergänglichkeit der Weltweisheit hinweisen,[476] dann will Paulus offenkundig andeuten, dass der von einigen hochgejubelte Missionsstil von Leuten wie Apollos noch kritischer Prüfung bedarf, die frei-

---

[470] Zu ἅγιος, das hier ganz deutlich nicht moralischen Sinn hat – anders ActThom 12: Sich Enthaltende werden „heilige Tempel, rein" –, sondern durch die Einwohnung Gottes bestimmt ist, vgl. die Ausführungen zu 1,2.
[471] Vgl. die Bestrafung der Tempelfrevler Heliodor, Antiochus und Nikanor in den Makkabäerbüchern, bes. 2Makk 3,39: Gott richtet die, die in böser Absicht zum Tempel kommen, mit seinem Schlag zu Grunde (τύπτων ἀπολλύει).
[472] Sätze. Kritisch dazu BERGER, K.: Zu den sogenannten Sätzen heiligen Rechts, NTS 17, 1970/71, 10–40; HORN, Angeld 234–237.
[473] So MERKLEIN, 1Kor I 274f.
[474] Diese Akzentuierung bei STRACK, Terminologie 233 ist verfehlt.
[475] BACHMANN, 1Kor 161f – ähnlich HYLDAHL 73f – möchte zwar im τίς von V. 12 auch Paulus inbegriffen wissen. Aber erst 4,4f unterstellt auch der Apostel sich dem Gericht.
[476] Letzteres ausdrücklich bei FEE, 1Kor 136.140: „,Wood, hay or straw' of *sophia*"; „what will perish is *sophia* in all its human forms".

lich nicht Menschen, sondern dem Gericht Gottes zusteht.[477] Das Ergebnis ist zunächst offen. V. 17a rechnet jedoch mit einer vernichtenden Gefährdung der Gemeinde. Der dort anvisierte „Jemand" ist wegen des anderen Geschicks kaum einer der „Weiterbauenden" von V. 10-15, sondern vielleicht wie der Weise V. 18 ein Korinther, der durch seine Berufung auf Menschen (V. 21) die Einheit der Gemeinde kaputt macht.[478] Er ist also schwerlich mit Apollos zu identifizieren, möglicherweise aber in seinem Anhang zu suchen. Diese Vermutung wird durch die Fortsetzung erhärtet.

b) 3,18–23: Gegen weltliche Weisheit und Ruhm auf Grund von Menschen
(18) **Niemand täusche sich (selbst); wenn einer glaubt, ein Weiser zu sein unter euch in dieser Weltzeit, dann werde er ein Tor, damit er ein Weiser werde. (19) Denn die Weisheit dieser Welt ist Torheit bei Gott; es steht nämlich geschrieben:**
   Der die Weisen in ihrer Verschlagenheit packt;
(20) **und wiederum:**
   Der Herr kennt die Überlegungen der Weisen, dass sie nichtig sind.
(21) **Folglich rühme sich niemand auf Grund von Menschen; denn alles gehört euch: (22) Paulus, Apollos, Kephas, die Welt, Leben und Tod, Gegenwart und Zukunft, alles gehört euch, (23) ihr aber gehört Christus, Christus jedoch Gott.**

BETZ, H.D.: Selbsttäuschung und Selbsterkenntnis bei Paulus. Zur Interpretation von 1Kor 3,18-23, ZThK 105, 2008, 15-35. BRAUN, Randglossen 182-186. KUCK, Judgement 188-196. MALY, Gemeinde 72-79. PÖTTNER, Realität 157-166.

War der vorhergehende Abschnitt – bis auf den Jussiv V. 10c – mehr argumentativ ausgerichtet, so bestimmen jetzt die Jussive V. 18.21a die Struktur. Ihnen folgen jeweils mit γάρ eingeleitete Begründungen in Form von Nominalsätzen (V. 19a; 21b-23), wobei die erste durch ein kombiniertes Schriftzitat (V. 19b.20) untermauert wird.

Inhaltlich ist der Abschnitt bedeutungsvoll, weil sich nun abzeichnet, wodurch die Gemeinde zerstört werden könnte (vgl. V. 17a): Indem Einzelne Weisheit nach Art dieser Welt in ihrer Mitte pflegen. Durch die Abfolge V. 18-20.21-23 wird das 1,17-2,16 beherrschende Thema der Weisheit aber nun auch verschränkt mit dem 1,11f angesprochenen Parteienstreit. Das V. 21a einführende ὥστε zieht zunächst einmal die Konsequenzen aus V. 18-20:[479] Weise-Sein-Wollen und Ruhm in Menschen

---
[477] Dass die endgültige Evaluation nicht Sache der Gemeinde ist, sagt dann ausdrücklich erst 4,3-5. Das „Noch nicht" des Gerichts ist hier nicht das Hauptanliegen des Paulus, vielmehr wehrt der gewisse Ausblick auf das Gericht der Verabsolutierung menschlichen Werks.
[478] Vgl. CHEVALLIER 125f; LAMPE, Unitatem 132. Anders VOS, ΜΕΤΑΣΧΗΜΑΤΙΣΜΟΣ (s. zu 4,6) 168f, der erst in V. 18 einen Wechsel der Referenz annimmt.
[479] Richtig WEISS, 1Kor 88 u.a.; andere Autoren lassen Paulus mit der Partikel weiter zurückgreifen. Wie schon 3,7 leitet sie einen Hauptsatz ein, der hier wie 4,5; 10,12; 11,33; 14,39; 15,58 in einem Jussiv bzw. einem Imperativ 2. Pl. besteht. Die Konstruktion ist also typisch für paränetische Folgerungen in 1Kor.

gehen zusammen. Dadurch wird freilich auch die Weisheitsthematik, die nach unserer Vermutung mit Apollos und seinen Fans zusammenhängt, verallgemeinert und die Frage nach der Bedeutung der führenden Missionare, die 3,5ab exemplarisch gestellt hatte, weiter abgeklärt.

V. 18 Die Warnung vor Selbsttäuschung ist auch in der Rhetorik bezeugt;[480] sie verrät, dass die in V. 17a beschworenen Folgen ihres Handelns den Gemeindegliedern nicht bewusst sind. Sie gilt denen, die sich innerhalb der Gemeinde[481] weise dünken. Diese Weisheit wird von Paulus durch den Zusatz „in dieser Weltzeit" sofort abgewertet. Mit der Formel „Wenn einer glaubt" + Infinitiv[482] setzt sich Paulus auch sonst mit tatsächlichen Ansprüchen auseinander; er kann dabei (11,16; Gal 6,3) auch gleich seine negative Sicht einbringen. Deshalb ist wohl ἐν τῷ αἰῶνι τούτῳ noch zum Vordersatz zu nehmen, wie auch sonst die Weisheit durch die Zugehörigkeit zu „dieser Welt" charakterisiert ist (vgl. 1,20; 2,6; 3,19), und nicht zum Nachsatz.[483] Wenn die weltliche Weisheit nun auch in den eigenen Reihen Anklang findet, so vielleicht, weil das Beispiel des Apollos Schule macht. Dann würde diese plötzliche Attacke nicht von ungefähr auf die Ausführungen V. 10-15 folgen, die uns Apollos im Visier zu haben schienen. Paulus gibt dessen Nachahmern den paradoxen Rat, zu Toren zu werden, d.h. die in den Augen der Welt törichte Kreuzesbotschaft zu akzeptieren und sich einzureihen in die von Gott erwählte Schar der nach weltlichem Maßstab geistig Unbedarften (1,26-28). So, aber auch nur so, können sie doch noch zu Weisen werden (vgl. 1,30; 2,6-16); auch 6,5 geht unproblematisch davon aus, dass es in der Gemeinde Weise gibt.

Hier könnte man wieder eine Parallele zur Rechtfertigungslehre (s. die Schlussbemerkungen zu 1,26-31) ziehen: Nur dem, der sich mit der ganzen Welt als schuldig bekennt (vgl. Röm 3,9-19), kann die Gerechtigkeit Gottes geschenkt werden. Einen ähnlich dialektischen Weg zur Weisheit gehen aber auch Sokrates und seine Nachfolger. Der athenische Philosoph wollte nach Plato, apol. 21a-23b das Orakel der Pythia, er sei der weiseste aller Menschen, verifizieren. Es hatte seine Wahrheit darin, dass er als einziger um sein Nicht-wissen wusste. Epiktet, ench. 13 mahnt den Fortschreitenden, er solle es aushalten, dass man ihn wegen äu-

---

[480] Vgl. die Ansprache Epikurs bei Epiktet, diss. II 20,7 und die Interjektion μὴ ἐξαπατᾶσθε bei Epiktet, diss. II 22,15; ähnlich Lysias, Andoc. 6,41; Themistius, or. 2,29; Libanius, or. 31,11, wo man freilich jeweils eher „lasst euch nicht täuschen" übersetzen sollte. Anders die Selbstanrede Chariton VI 1,10; sachlich parallel φρεναπατᾶν ἑαυτόν Gal 6,3. Der NEUE WETTSTEIN II 1, 256 zitiert noch Josephus, ant. XIII 89. Warnung vor Täuschung durch andere dagegen Eph 5,6; IgnEph 8,1.

[481] Ἐν ὑμῖν gehört der Wortstellung wegen eher zu σοφὸς εἶναι als zu τίς; gegen LIETZMANN, 1Kor 16; BARRETT, 1Kor 92f; Einheitsübersetzung. Die störende Doppelung der ἐν-Wendungen wird durch die Übersetzung „Einer unter euch" nur im Deutschen vermieden. Vielleicht ist sie von Paulus beabsichtigt, um den Widerspruch festzuhalten, dass in der Gemeinde weltlicher Stil einreißt. Ein Bezug auf von außen kommende Lehrer (so ROBERTSON/PLUMMER, 1Kor 70; PÖTTNER, Realität 160f: Apollos) ist wegen der 2. Pl. wenig wahrscheinlich.

[482] Belege in Anm. 110 des 1. Exkurses.

[483] So aber HEINRICI, 1Kor 133f: Ἐν ὑμῖν bilde zu ἐν τῷ αἰῶνι τούτῳ den konträren Gegensatz; ähnlich SCHRAGE, 1Kor I 312; WEISS, 1Kor 87 wegen der sonst entstehenden Dublette. Diese Auffassung würde sich empfehlen, wenn der Konditionalsatz lautete: „Wenn einer unter euch weise sein will" - so paraphrasiert denn auch MALY, Gemeinde 73 -, die Weisheit also von vornherein - und nicht erst im Finalsatz V. 18fin. - als legitimes Ziel erschiene. Die Relativierung der Torheit durch „in dieser Weltzeit" ist freilich auch vertretbar. Vgl. 1,27 „das Törichte dieser Welt".

ßerer Dinge für töricht und einfältig hält. „Wolle auch nicht den Anschein erwecken, etwas zu verstehen, und wenn du anderen etwas zu sein scheinst, misstraue dir selbst". Es ist aber unwahrscheinlich, dass Paulus an die Selbstkritik der griechischen Philosophie anknüpft;[484] seiner Ansicht nach wurden die Weisen ja schon wegen ihrer ungenügenden Gotteserkenntnis als Toren erwiesen (vgl. 1,20d; Röm 1,22). Auch ist „to play the fool" hier nicht Taktik wie in der Narrenrede 2Kor 11,1-12,10 oder bei indischen Asketen, die so einen Zugewinn an Prestige abwehren.[485] Gott hat vielmehr immer schon menschliche Wertungen auf den Kopf gestellt.

V. 19f Die begründende These V. 19a ist so nach 1,20 nicht mehr neu. Aus dem dortigen Kontext kann man schließen, dass die Entlarvung der Weltweisheit als Torheit in der Aufrichtung des Kreuzes zum entscheidenden Heilskriterium geschieht. Das „vor Gott" (vgl. Röm 2,11.13; Gal 3,11 u. ö.) und die folgenden Schriftbelege suggerieren, dass Gott dabei als richterliche Instanz aktiv wird. Er behaftet die Weisen bei ihrer Schläue, die sich als bösartige Durchtriebenheit erweist.[486] Auch die kompliziertesten Spekulationen enthüllen sich vor seinem in die Herzen dringenden Blick (vgl. Röm 8,27) als Unsinn, wohl weil sie nicht zur Gotteserkenntnis führen (vgl. 1,21). Diesen Zusammenhang lässt die verbale Parallele in Röm 1,21 (ἐματαιώθησαν ἐν τοῖς διαλογισμοῖς αὐτῶν) erahnen.

V. 19b.20 verknüpft mit πάλιν (auch sonst üblich: vgl. Röm 15,11; Hebr 1,5 u. ö.) zwei Gottesaussagen aus den k^etubîm: Hi 5,13a entstammt einer Rede des Elifas; die Übersetzung weicht von der LXX ab und hält sich – wie auch bei der anderen Hiob-Benutzung in Röm 11,35 – stärker an die hebräische Vorlage.[487] In Ps 94 (93LXX) geht es um die Vergeltung an den Sündern. Beim angeführten V. 11 hat Paulus selbst den Anschluss an das Stichwort σοφοί hergestellt, indem er „Menschen" durch „Weise" ersetzte. Die „Menschen" begegnen aber gleich in V. 21a.

V. 21-23 Wenn Gott aber menschliche Weisheit als hohl überführt, hat niemand mehr einen Grund, sich wegen[488] seiner Beziehung zu menschlichen Lehrern andern gegenüber hervorzutun. „Menschen" – hier in stillschweigendem Gegensatz zu Gott bzw. dem „Herrn" (1,31) – sind nicht nur die Korinther (vgl. 3,4), sondern auch ihre Koryphäen. Das καυχᾶσθαι hat hier deutlich eine sozial isolierende, Grüppchen begünstigende Wirkung. Dadurch reklamieren Einzelne ihre Leitfiguren als Privatbesitz. Demgegenüber behauptet V. 21b vollmundig, dass den Christen alles zu eigen ist. Wenn schon alles, dann doch auch die 1,12 genannten Führer. Dabei

---

[484] Gegen BETZ 25: „Die Maxime von V. 18b könnte aus einem philosophischen Kontext der sokratischen Tradition übernommen sein."
[485] Vgl. FREIBERGER, O.: Prestige als Plage, Zeitschrift für Religionswissenschaft 16, 2008, 83-103, 94 das Zitat aus den Samnyāsa-Upanischaden „Obwohl er Wissen besitzt, soll sich ein Weiser in der Welt verhalten, als ob er verrückt wäre."
[486] Πανουργία und seine Verwandten haben im frühchristlichen Schrifttum – im Unterschied zu Spr, Sir – negativen Klang: Vgl. BAUER, Wörterbuch 1230, vor allem 2Kor 4,2 und 11,3, wo auch ἐξαπατᾶν und φθείρειν assoziiert sind. Nach Plato, Mx. 247a erscheint jedes Wissen, dem Gerechtigkeit fehlt, als πανουργία, nicht als Weisheit. Vgl. ähnlich Sir 19,25.
[487] Eine revidierte Fassung der LXX nehmen an: SCHALLER, B.: Zum Textcharakter der Hiobzitate im paulinischen Schrifttum, in: Ders., Fundamenta 156-161 und KOCH, Schrift 71f; STANLEY, Paul 189-194 dagegen vermutet eine von LXX unabhängige Übersetzung. Zur Einbettung in den Kontext und möglichen weiteren Anspielungen auf Hiob vgl. HAY, D.M.: Job and the Problem of Doubt in Paul, in: Carroll/Cosgrove/Johnson, Faith 208-222, 210-214.
[488] Zu καυχᾶσθαι ἐν vgl. das zu 1,31 Gesagte.

wird das in den Parolen von 1,12 zum Ausdruck kommende Abhängigkeitsverhältnis umgekehrt (vgl. sachlich schon 3,5). Nach diesen Gestalten greift die Aufzählung[489] V. 22 weit aus, um am Ende das πάντα ὑμῶν zu wiederholen: Der „Kosmos" umfasst nach der Parallele Röm 8,38f alle geschaffenen Wesen, auch die Engel (vgl. 6,3). Aber auch alle das Menschsein in Spannung haltenden Gegensätze sind dem Christen anheimgegeben. Selbst die ungewisse Zukunft[490] und der Tod sind keine fremden, den Gläubigen überfallenden Mächte mehr.

In diesen Zusagen kann man einmal die Erfüllung apokalyptischer Hoffnung sehen: Nach 4Esr etwa wurde die Welt um Israels willen geschaffen; es wird dieses Erbe allerdings erst im neuen Äon in Besitz nehmen (vgl. 6,55–59; 7,9–14). Die Landverheißungen an die Patriarchen und für die Gerechten werden auf das Erbe der ganzen Welt bezogen.[491] Paulus würde den Korinthern zumindest das Recht der Verfügung über alle Dinge zusprechen, nicht unbedingt die tatsächliche Inbesitznahme, diese höchstens paradox, wie 2Kor 6,10c von den Aposteln sagt: „nichts habend und alles besitzend". Sonst tut sich ein zu großer Widerspruch zu seiner Kritik an der bei den Korinthern schon „realisierten Eschatologie" (4,8) auf. In Röm 8,38f ist der Gedanke dann dahin gewendet, dass all die irdischen Wirklichkeiten den Christen nicht von der Liebe Gottes zu trennen vermögen. Damit kommt auch in Sicht, was den souveränen Umgang mit ihnen ermöglicht: das Erlösungswerk Gottes in Christus.

In der Formulierung mit dem Genitiv des Besitzers klingt das πάντα ὑμῶν aber viel stärker an kynisch-stoische Slogans an. Nach Diogenes Laert. VI 37.72 hatte Diogenes von Sinope erklärt, alles gehöre den Weisen (πάντα τῶν σοφῶν εἶναι), da sie nämlich als Freunde der Götter auch an deren Besitz teilhätten. Das geht mit der Auflösung aller Konventionen, auch der des Besitzes, einher; dem Kyniker steht das Lebensnotwendige zu. Deshalb konnte Herakles, das Urbild der Kyniker, alles für sich beanspruchen, um es großzügig zu verteilen: Dio Chrys. 1,62 „er glaubte nämlich, alles gehöre ihm (ἐπίστευε γὰρ αὑτοῦ πάντα εἶναι)." Philo, Mos. I 155–157 wendet den Syllogismus des Diogenes auf Mose, den Freund Gottes, an: Gott überließ ihm das ganze Weltall als Erbteil. Die Stoiker beschreiben die geistige Überlegenheit des leidenschaftslosen Weisen damit, dass er über alles verfügen kann: „Den Weisen gehöre alles (καὶ τῶν σοφῶν δὲ πάντα εἶναι); denn das Gesetz habe ihnen unbedingte Vollmacht gegeben" (Diogenes Laert. VII 125).[492] Das ist freilich nur eine ideale Herrschaft, insofern alles an der freien Zustimmung des Weisen hängt. Seine Unabhängigkeit von inneren Regungen und äußeren Einflüssen muss mühsam errungen werden. Das verdeutlicht den Unterschied zu Paulus. Dass er den Korinthern bekannte philosophische Grundsätze aufgreift, um sie mit ihren eigenen Parolen zu schlagen,[493] traut ihm wohl zu viel Finesse zu. Wohl aber

---

[489] Zu ihrer Rhythmisierung vgl. WEISS, 1Kor 89; formale Parallelen in der Diatribe ebd. Anm. 1. Bei Paulus ist vor allem Röm 8,38f zu vergleichen.

[490] Hier ist daran zu erinnern, dass man in der Antike vielfach versuchte, diese Zukunft mit Magie und Astrologie in den Griff zu bekommen. Nach Seneca, brev. vit. 15,5 vereint der Weise die drei Zeitdimensionen: Er erinnert die Vergangenheit, nutzt die Gegenwart und nimmt die Zukunft vorweg.

[491] Vgl. Röm 4,13 und die bei ZELLER, Röm 101 dazu angegebenen Stellen.

[492] Diese und weitere Texte (Seneca, benef. VII 2,5; 3,2f) bietet ausführlicher der NEUE WETTSTEIN II 1, 256–258. Seneca, benef. VII 4,1–8,1 setzt sich mit Missverständnissen auseinander und unterscheidet zwischen *potestas* bzw. *dominium* und dem konkreten Besitz (*proprietas*); Cicero, fin. III 75: „Zu Recht wird man sagen, dass ihm (dem Weisen) alles gehört, der ja als einziger alle Dinge zu gebrauchen versteht". Vgl. IV 74 und ac. 2 (44) 136.

[493] So etwa MURPHY-O'CONNOR, 1Kor 26; KREMER, 1Kor 80. Noch weniger kann man mit COLLINS, 1Kor 164.166 sagen, dass der Apostel eine von einigen Korinthern in Anspruch genommene populäre Maxime durch V. 23 zurückweist. Auch nach HAYS, 1Kor 61 macht er mit V. 21b nur eine taktische und iro-

könnte er eine apokalyptische Erwartung mit philosophischen Formulierungen in die Gegenwart transponiert haben.

V. 23 soll wohl nicht den Grund für diese Bevollmächtigung der Christen angeben, sondern eher (vgl. δέ) ein Korrektiv[494] bilden. Die, die über die ganze Welt verfügen, sind keine absoluten Herrscher, sondern Christi Eigentum.[495] Dessen Herrschaft wird wiederum wie 11,3; 15,24.28 an Gott zurückgebunden. Die Intention dieses steigernden Abschlusses ist nicht, die göttliche Macht Jesu zu schmälern, sondern sie – und damit auch die Verfügungsgewalt der Christen – in dem zu verankern, der allein ihr Garant und ihr Endzweck (vgl. Phil 2,11fin.) sein kann.[496]

c) 4,1–5: Als Verwalter der Geheimnisse Gottes schuldet Paulus nur dem Herrn Rechenschaft

(1) **So halte man uns für Gehilfen Christi und Verwalter der Geheimnisse Gottes. (2) Hierbei nun wird von den Verwaltern verlangt**[497]**, dass einer sich als zuverlässig erweist. (3) Mir aber bedeutet es (nicht) das Geringste, dass ich von euch beurteilt werde oder von einem menschlichen Gerichtstag; aber ich beurteile mich auch nicht selber; (4) Denn ich bin mir (zwar) nichts bewusst, aber deswegen bin ich noch nicht gerechtfertigt, der mich jedoch beurteilt, ist der Herr. (5) Folglich urteilt nicht über etwas vor der Zeit, bevor der Herr kommt, der (dann) auch das im Dunkel Verborgene erhellen und die Entschlüsse der Herzen offenbar machen wird; und dann wird einem jeden das Lob von Gott (zuteil) werden.**

GLADD, *Mysterion* 165–180. ECKSTEIN, Begriff 199–213. KONRADT, Gericht 285–293. KUCK, Judgment 196–210. LÉON-DUFOUR, X.: Jugement de l'homme et jugement de Dieu, in: De Lorenzi, Paolo 137–175. PÖTTNER, Realität 309–317. THEISSEN, Aspekte 67–74.

Die zurück weisende[498] Partikel οὕτως zeigt an, dass sich der erneute (vgl. 3,18.21) Jussiv aus dem Vorhergehenden, entweder aus 3,22 oder aus dem ganzen Stück ab 3,5, ergibt. Es geht immer noch um die rechte Einschätzung der Apostel. Trotz des Plurals „uns" in V. 1, der sich von 3,22 her erklärt, rückt in V. 3f aber Paulus allein ins

---

nische „major concession to the Corinthians' self-identification as *sophoi*." Die Aussage ist aber durchaus ernst gemeint.

[494] Mit WEISS, 1Kor 91 gegen HEINRICI, 1Kor 137 und viele neuere Ausleger.

[495] *Genetivus possessoris* wie 15,23; 2Kor 10,7; Gal 3,29; 5,24; Röm 8,9; 14,8. Das Paulus den exklusiven Anspruch der Christus-Partei hier sanft zurechtrückt (SCHMIEDEL, 1Kor 110; WOLFF, 1Kor 78), ist nicht ausgeschlossen, allerdings auch nicht eben offensichtlich. S. im übrigen zu 1,12.

[496] Philo, plant. 69f dagegen treibt die Lehre, dass der Tüchtige alles besitze, dahin weiter, dass auch Gott sein Erbe wird, freilich in dem dann § 71f erläuterten Sinn.

[497] Die Textvarianten, auch das u. a. von 𝔓46 gebotene ζητεῖτε statt ζητεῖται, gehen wohl auf Hörfehler zurück. Vgl. die Diskussion bei WEISS, 1Kor 94f; BACHMANN, 1Kor 176 Anm. 1.

[498] Gegen HEINRICI, 1Kor 139; WEISS, 1Kor 92f; BACHMANN, 1Kor 176 Anm. 1; FEE, 1Kor 158; WOLFF, 1Kor 79 weist οὕτως nicht wie in 3,15 auf das folgende ὡς voraus, das vielmehr zu λογίζεσθαι gehört (vgl. 2Kor 10,2b). Richtig CONZELMANN, 1Kor 108 Anm. 1; LINDEMANN, 1Kor 95. Ein solches folgerndes οὕτως steht gern am Satzanfang: 8,12; Röm 1,15; 6,11; 11,5.

Scheinwerferlicht; er legt hier eine Art Selbstbekenntnis ab. Die Folgerung für die Korinther zieht ein mit ὥστε[499] eingeleiteter Vetitiv V. 5. Der Passus endet mit einer „eschatologischen Klimax" (s. zu 1,4–9), wobei ein sorgfältig gefeilter Parallelismus das Richten des Herrn umschreibt. Im Schlusssatz tritt aber Gott als letzte Instanz neben den Kyrios (wie neben Christus 3,23; 4,1). V. 3–5 nimmt die 3,12–17 beherrschende Thematik des endzeitlichen Gerichts wieder auf, während im Zwischenspiel, vor allem 3,19f, mehr das gegenwärtige Richten Gottes anklang.

V. 1 Die bildhaften Ausdrücke, mit denen Paulus nun die subalterne Rolle apostolischer Funktionäre verdeutlicht, sind dem alltäglichen Leben in Haus und Stadt entnommen. Statt der διάκονοι von 3,5 haben wir jetzt ὑπηρέται[500]. Sie verrichten Handlangerdienste im Auftrag eines anderen, in mehr oder minder großer Eigenverantwortung. Etwas selbständiger scheint der οἰκονόμος[501] handeln zu können. Aber auch er verwaltet nur fremdes Gut; er kann auch nur ein Sklave sein;[502] er kann sich nicht selbst zu seinem Amt bestellen (Epiktet, diss. III 22,3), sondern ist – wie der οἰκέτης Röm 14,4ab – immer von seinem Herrn abhängig, dem er Rechenschaft ablegen muss, der ihn dann auch wieder entlassen kann. Das Gleichnis Lk 16,1–8 enthält das dazu gehörige Wortfeld. So eignet sich οἰκονόμος wie ὑπηρέτης auch dafür, um im übertragenen Sinn die Stellung von Menschen zu umreißen, die ihre Bedeutung allein vom Auftraggeber haben oder durch das, was sie verwalten.[503] Das sind in unserem Fall die „Geheimnisse Gottes". Die verborgenen Heilsgedanken Gottes[504]

---

[499] Vgl. zu 3,21. HEINRICI, 1Kor 143f will ihn auf den ganzen Abschnitt zurückbeziehen, aber V. 3f ist als Anknüpfungspunkt evident.

[500] Vgl. SPICQ, Lexique 1537–1542; SCHNEIDER, G.: Art. ὑπηρέτης, EWNT 3, 1983, 956–958; WINTER, F./ARZT-GRABNER, P. in: Ders., 1Kor 161f.

[501] Vgl. SPICQ, Lexique 1093–1100; KUHLI, H.: Art. οἰκονόμος, EWNT 2, 1981, 1218–1222. REUMANN, J.: „Stewards of God" – Pre-Christian Religious Application of *Oikonomos* in Greek, JBL 77, 1958, 339–349 wies darauf hin, dass die οἰκονόμοι von Städten und religiösen Vereinen oft auch kultische Aufgaben haben. Das schafft freilich noch keine Affinität des Begriffs zu Mysterienkulten, abgesehen davon, dass die angeführten Kulte des Sarapis und des Hermes-Thoth kaum dazu zählen. In: OIKONOMIA-Terms hat REUMANN dann die semitische Herkunft von μυστήριον an unserer Stelle erkannt und eingesehen, dass die Mysterienkult-Fährte in eine falsche Richtung führte (161).

[502] So im Gleichnis Lk 12,42–46 (anders Lk 16,1–8). Selbst der οἰκονόμος τῆς πόλεως (Röm 16,23) kann noch dem Sklavenstand angehören (s. Einleitung 2b). Auch Paulus hat seine οἰκονομία unfreiwillig übernommen (9,17).

[503] So können sich die Kyniker „Gehilfen des Zeus" nennen: Epiktet, diss. III 22,82.95, vgl. 24,113f. Galen, protr. 5 bezeichnet Sokrates, Homer u.a. als „Gehilfen Gottes", die Sentenzen der Pythagoreer 105 die geistigen Wohltäter, die des Sextus 319 den Philosophen überhaupt. Vgl. die Texte bei BAUER, Wörterbuch 1679. Am Anfang dieser religiösen Metaphorik steht Plato, Euthyphr. 13de, wo Frömmigkeit versuchsweise mit dem Stamm ὑπηρετ- als „Gottesdienst" definiert wird. Neutestamentliche Spätschriften greifen die Metaphern auf: Bei Lukas wird ὑπηρέτης mit der Zeugenfunktion verbunden (Apg 26,16 für Paulus; Lk 1,2 für die apostolischen Gewährsmänner). Nach Kol 1,25 ist Paulus Diener der Kirche entsprechend dem ihm gegebenen Amt eines Verwalters Gottes (vgl. etwas anders Eph 3,2). Tit 1,7 verwendet das Bild für den Bischof; 1Petr 4,10 für alle Charismatiker, IgnPol 6,1 schliesslich für alle Gemeindemitglieder (θεοῦ οἰκονόμοι καὶ πάρεδροι καὶ ὑπηρέται).

[504] Vgl. zu μυστήριον das zu 2,1.7 Ausgeführte. Obwohl abweichend von diesen Stellen hier der Plural steht, sind nicht einzelne prophetische Offenbarungen (so μυστήρια 13,2; vgl. den Sing. 15,51; Röm 11,25), sondern nach dem Sprachgebrauch der Apokalyptik (vgl. noch Mt 13,11 par. Lk 8,10) die für die Endzeit entscheidenden Ratschlüsse Gottes insgesamt gemeint.

werden hier gleichsam zu einem Schatz, aus dem Paulus und seine Mitarbeiter austeilen.

V. 2 Mit weiterführenden Partikeln[505] schließt eine allgemeine Feststellung an, die das zweite Bild ausschlachtet. Treue (πίστις, πιστός-Sein) wird auch sonst in der Bibel an Gestalten gelobt, die in einem Verhältnis der Knechtschaft (vgl. 1Sam 22,14 und in den Gleichnissen Mt 24,45par.; 25,21par.23; Lk 16,10–12), besonders zu Gott (die Erzväter: 2Makk 1,2; Mose: Num 12,7LXX=Hebr 3,5)[506] stehen. Sie erweist sich im Umgang mit dem Anvertrauten (vgl. 9,17; Gal 2,7; 1Thess 2,4 πιστεύεσθαι; Lk 16,11). Da der Herr spätestens bei der Abrechnung seinen Verwalter als getreu „erfindet"[507], gewinnt Paulus einen Übergang zum Gerichtsgedanken V. 3–5.

V. 3f Nun wird der Hintergrund der bisherigen unpersönlichen Ausführungen deutlich: Einzelne Korinther „beurteilen"[508] Paulus, wohl zu seinem Nachteil, wobei sie ihn mit rhetorisch eindrucksvollen Predigern vergleichen. Der bestreitet ihnen ihre Zuständigkeit, indem er sie – wie 3,3f – auf ihr Menschsein reduziert. Mit ἡμέρα knüpft Paulus an den religiösen Sprachgebrauch von 3,13 an, disqualifiziert das Tribunal aber durch den Zusatz ἀνθρώπινος (vgl. 2,13)[509]. Juristisch gesehen liegt der Status der *translatio* vor.[510] Aber auch das eigene Bewusstsein der Unschuld[511] kann nicht den endgültigen Spruch über sein Rechtsein[512] fällen. Obwohl Paulus sich anderswo Verdächtigungen gegenüber auf das Zeugnis seines Gewissens beruft

---

[505] Zu ὧδε vgl. Bauer, Wörterbuch 1785f unter 2b; zu λοιπόν B-D-R 160,2 Anm. 3 und THRALL, Particles 25-30. Beides auch Epiktet, diss. II 12,24.

[506] Vgl. πιστός von Paulus selber: 7,25; 1Tim 1,12; von Mitarbeitern, die z.T. als „Diener" bzw. „Knechte" bezeichnet werden: 4,17 (vgl. Phil 1,1); Kol 1,7; 4,7=Eph 6,21; 1Petr 5,12. Weitere außerbiblische Belege bei BAUER, Wörterbuch 1336f unter 1aα und in der Anm. 61 von LEUTZSCH, SUC 3, 1998, 471 zu Herm sim V 2,2 („Sklavenprädikat"). Rabbinisches bei Bill. I 972. In ParJer 7,2 wird Baruch als treuer Haushalter (οἰκονόμος τῆς πίστεως) begrüßt. WOLFF, CH.: Die *Paralipomena Jeremiae* und das Neue Testament, NTS 51, 2005, 123-136, 131-133 will eher übersetzen: „Verwalter des Glaubens".

[507] Πιστὸς εὑρεθῆναι Neh 9,8; 1Makk 2,52 und Sir 44,20 von Abraham, der die göttliche Prüfung besteht; vgl. 1Petr 1,7 und εὑρίσκειν Mt 24,46par.; Lk 18,8; Apk 3,2 im Zusammenhang der Ankunft des Gerichtsherrn. KUCK 198 Anm. 254 verweist auf Josephus, ant. IV 49, wo Mose Gott als Richter (46) gegen falsche Beschuldigungen anruft und als „guter Gehilfe" (vgl. schon III 16) der göttlichen Aufträge erfunden werden möchte.

[508] Zu ἀνακρίνειν vgl. 2,14 mit Anm. 338 und LÉON-DUFOUR 149f.

[509] Auch die Rabbinen kennen den Gegensatz zwischen menschlichem Gericht und dem „des Himmels": Vgl. Bill. III 336 zu 4,3.

[510] Sie erfolgt nicht *a persona rei* wie 2,15b, wo Paulus seine Immunität als Pneumatiker geltend macht (vgl. Vos, Argumentation 113), sondern *a persona accusatoris*, nach V. 5 auch *a tempore*. Letzteres bei PÖTTNER 309.

[511] Seit dem 5. Jh. v. Chr. wird die verbale Wendung „sich selbst Mitwisser sein" (συνειδέναι ἑαυτῷ) mit Akkusativobjekt oder Partizip auch für „die auf eigene Taten bezogene moralische Selbstreflexion" gebraucht. Sie ist Hi 27,6 auch in die LXX eingedrungen. Vgl. ECKSTEIN 41-50, der 48 Anm. 39 Beispiele für die hier vorliegende negative Formulierung gibt. Ebenso NEUER WETTSTEIN II 1,260-262. Vgl. noch Arist 243.

[512] In diesem formalen Sinn ist δικαιοῦσθαι hier zu nehmen: Sachlich ergeht der Freispruch jedoch im Endgericht: Vgl. Röm 2,13. Die Rechtfertigung im Sinn von 6,11 dagegen liegt schon zurück. Deshalb kann man nicht mit MATTERN, Verständnis 181 Anm. 579 aus V. 4 herauslesen: „Auch der Beste ist vor Gott impius und auf die iustificatio impii angewiesen". ECKSTEIN 205f unterscheidet zwischen einem synthetischen (z.B. 6,11) und einem analytischen Urteil auf Grund einer Prüfung. Ein Echo auf unsere Stelle IgnRöm 5,1.

(2Kor 1,12), lehnt er hier das eigene Ich, das erfahrungsgemäß immer dazu tendiert, sich selbst zu rechtfertigen (vgl. Spr 16,2; 21,2; Sir 7,5; Lk 16,15), als legitimes Forum ab. Der Grund dafür ist jedoch nicht diese Tendenz oder die Unmöglichkeit, sich selbst zu durchschauen. Paulus räumt hier nicht ihm selbst verborgene mögliche Schuld ein.[513] Vielmehr hat über seine Verwaltung allein sein Dienstherr zu befinden. Das Satzgefüge V. 3f läuft auf die Beteuerung V. 4c hinaus. Deshalb ist das begründende γάρ in V. 4a auf den ganzen Vers 4 auszudehnen.

V. 5 Die Warnung vor jeglichem Richten erinnert an einen Mahnspruch Jesu (Mt 7,1par.), sie ist aber hier dadurch motiviert, dass das Gericht dem kommenden[514] κύριος vorbehalten wird, womit anders als im Zitat 3,20 Christus gemeint ist. Er übernimmt damit die sonst Gott zugeschriebene (vgl. nur 2Bar 83,2f) Tätigkeit des Untersuchungsrichters. Diese wird mit traditionellen Wendungen[515] formuliert; deshalb stellt aber der Relativsatz noch kein Zitat[516] dar.

Φωτίζειν kommt zwar sonst beim echten Paulus nicht mehr vor, wohl aber φωτισμός (2Kor 4,4.6). Zu τὰ κρυπτὰ mit Genitiv vgl. 14,25; Röm 2,16; 2Kor 4,2. Wie 14,25 „des Herzens" gibt hier τοῦ σκότους den Ort an, wo etwas verborgen war. Die Finsternis kann Schlechtigkeit decken, ist deshalb Röm 13,12; 2Kor 6,14; 1Thess 5,4f wie in Qumran negativ konnotiert. Ableitungen vom Stamm φανερο- sind bei Paulus häufig, im Gerichtskontext steht das persönliche Passiv φανερωθῆναι 2Kor 5,10 und φανερός γίνεσθαι 3,13; 11,19; 14,25. Die bei Paulus sonst nicht vertretenen βουλαί τῶν καρδιῶν (Sg. bei Sir 37,17) entsprechen den „Begierden des Herzens" Röm 1,24. Die Regungen des Willens entspringen nach semitischem Empfinden dem Herzen (vgl. 7,37).

Wie auch 2Kor 5,10 tritt Christus – traditionsgeschichtlich auf den Spuren des Menschensohnes – als Richter in Erscheinung, eine Anschauung, die sich in nachpaulinischen Schriften verstärkt.[517] Das letzte Wort hat aber Gott: Er spricht das

---

[513] Diese seit Augustinus bezeugte Auslegung wurde besonders im Protestantismus gepflegt, zuletzt bei CHESTER, conversion 195-202. Dazu SCHRAGE, 1Kor I 327f; THEISSEN 69 Anm. 8. Theissen selbst möchte die Stelle mit V. 5 zusammen tiefenpsychologisch für „unbewusste Antriebe und Impulse im Inneren des Menschen" auswerten. In V. 5 geht es aber nicht um ein dem Betreffenden selber, sondern der Öffentlichkeit verborgenes Tun und Trachten (vgl. MERKLEIN, 1Kor I 297). Auch PÖTTNER 311 nimmt „unzugängliche Momente seiner selbst" an und verweist auf das irrende Gewissen von 8,7c. Dazu z. St. Berechtigte Kritik an Theissen, dem THISELTON 1Kor 341.343 folgt, bei KUCK 204.

[514] Paulus und die frühen Gemeinden reden nicht von „Wiederkunft", sondern vom ἔρχεσθαι des Herrn: Vgl. 11,26; 16,22. Der Titel κύριος ist in diesem Zusammenhang traditionell. Zu καιρός für den Zeitpunkt des Gerichts vgl. 1Petr 4,17; Apk 11,18. Natürlich ist den Korinthern auch nicht nach diesem Zeitpunkt das Richten erlaubt (gegen MERKLEIN, 1Kor I 296.298 „Nachvollzug"). Vgl. BEYER, Syntax 132f Anm. 1; dieser exklusive Sinn des ἕως ἄν wird besser mit der Übersetzung „bevor" (= πρὶν ἄν, vgl. B-D-R 383,3) als mit „bis" gewahrt.

[515] Vgl. Pred 12,14MT; Dan 2,22; Sir 1,30; 2Makk 12,41; Josephus, bell. V 413; 4Esr 14,35; Lk 12,2f; Eph 5,11-14; Herm sim IV 2-4. Dass Gott das Herz erforscht, ist ein verbreiteter Topos; vgl. die bei ZELLER, Röm 163 angegebenen Parallelen. Ähnlich wie Paulus beschreiben Dionysius Hal., ant. V 54,1; X 10,2 und Heliodor VIII 13 das das Verborgene aufdeckende Walten der göttlichen Vorsehung bzw. des Auges der Dike.

[516] Dies vermuten nach WEISS, 1Kor 99 viele: MATTERN, Verständnis 183; SYNOFZIK, Vergeltungsaussagen 42f (danach hatte Paulus u.a. vielleicht Jes 29,15 im Ohr); KUCK 205.

[517] Vgl. Apg 10,42; 17,31; 2Tim 4,1; Joh 5,22.27; Polyk 2,1; Barn 4,12; 7,2; 15,5; 2Clem 1,1. Ein ähnlicher Kompromiss wie hier in Röm 2,16: Gott richtet durch Jesus Christus. Vgl. LOHSE, E.: Christus als der

3,5–4,5: Die Rolle der Verkünder wird geklärt

„Lob"[518] aus, das wohl dem „Lohn" von 3,8.14 gleichkommt. Nur steht jetzt nicht mehr nur das in der Gemeinde Aufgebaute, sondern das persönliche Verhalten der Gerichteten auf dem Prüfstand. Unübersehbar weitet sich in V. 5 durch das τί und das ἕκαστος die Perspektive, so dass der Leser dabei kaum nur noch an Paulus und Apollos[519] denkt. Manchmal wollte man durch eine solche Einschränkung erklären, dass am Schluss nur noch die positive Seite des Gerichts zur Sprache kommt.[520] Aber die Korinther müssen den Aposteln zubilligen, was sie an der vertrauten Terminologie in V. 5 als allgemein gültige Wahrheit erkennen.

Dennoch hat das Stück seine pragmatisch begrenzte Tragweite. In den folgenden Kapiteln kennt z. B. Paulus durchaus ein Richten in der Gemeinde (5,3.12; 6,1f.5) und empfiehlt 11,31 (mit διακρίνειν) auch die Selbstprüfung.[521] Es ist ihm also hier vor allem darum zu tun, die apostolischen „Diener Christi" der Kritik und dem Vergleich durch die Gemeindeglieder zu entziehen. Das Lob, das diese etwa Apollos reichlich gezollt haben werden, spendet Gott allein am Ende. Wegen dieser Begrenztheit sollte man die Verse auch nicht mit dogmatischen Erwägungen überfrachten. Weniger die spezifische Rechtfertigungslehre[522] schlägt hier durch als hergebrachte Gerichtsvorstellungen, die freilich deren Rahmen bilden.[523] Das ist auch rückblickend noch einmal bei V. 4 zu beachten. Protestantische Exegese tat sich immer mit der Unschuldsbeteuerung V. 4a schwer, die schlecht zum autobiographisch und präsentisch verstandenen Text Röm 7,14–24 zu passen scheint. Calvin wollte sie deshalb auf die apostolische Wirksamkeit einschränken,[524] andere konnten sie nur als Hypothese akzeptieren.[525] Doch weil beim Apostel Berufung und Christwerden zusammenfallen, lassen sich die Verantwortlichkeiten nicht so säuberlich trennen. Außerdem meint das „Ich" von Röm 7 jeden Menschen, dem die Gabe des Geistes fehlt. Dass diese prinzipiell Freiheit von der Sünde ermöglicht, mag auch unausgesprochen hinter der Versicherung von V. 4a stehen. Mehr aber noch spricht aus dem

---

Weltenrichter, in: Strecker, G. (Hg.): Jesus Christus in Historie und Theologie. FS H. Conzelmann, Tübingen 1975, 475–486.

[518] Vgl. Röm 2,29; 1Clem 30,6. Es ist nah verwandt mit „Ruhm und Ehre" in der göttlichen Vergeltung Röm 2,10, wie die Kombination 1Petr 1,7 zeigt. Verbales ἐπαινεῖν für einen Verwalter Lk 16,8.

[519] So aber WOLFF, 1Kor 83; PÖTTNER 313f, der dann die Rücknahme der in 3,12–15 versteckten Kritik an Apollos rechtfertigen muss. Das andere Extrem vertritt KUCK 202f: Danach ist schon das „Ich" in V. 3f paradigmatisch eingesetzt. Ebenso KONRADT 291. Nach 292f richtet sich „ein jeder" gegen die einseitige Hochschätzung jeweils nur *eines* Missionars. Konradt verkennt aber hier wie bei 3,8b den distributiven Charakter des Pronomens. Es soll nicht gesagt werden, dass jeder ausnahmslos Lob empfängt.

[520] So WEISS, 1Kor 99; dagegen THEISSEN 70 Anm. 10. Paulus gibt kein vollständiges Gerichtsgemälde mit zwei Seiten wie z. B. Röm 2,6–10.

[521] Vgl. 11,28; 2Kor 13,5; Gal 6,4 (mit δοκιμάζειν); ECKSTEIN 204f macht freilich darauf aufmerksam, dass sie auch dem Urteil V. 4a vorausgeht.

[522] So schwankt MATTERN, Verständnis 183f, ob man „Lob" mit „Lohn" und Rettung gleichsetzen dürfe, und möchte auf jeden Fall vermeiden, dass vom Gericht über den Dienst des Apostels die Rechtfertigung abhängt. Das Lob erfolgt aber als Richterspruch und entscheidet doch wohl über das Heil. Die Differenzierung von 3,15 liegt hier ferne. Im übrigen wird uns 9,16.23.27 zeigen, wie sehr Paulus sein Los mit seiner Evangeliumsverkündigung verquickt hat.

[523] Vgl. BRANDENBURGER, E.: Art. „Gericht Gottes III", TRE 12, 1984, 469–483, 477f.

[524] 1Kor 365. So auch der Katholik ALLO, 1Kor 70. Ähnlich FEE, 1Kor 162; WOLFF, 1Kor 81.

[525] Vgl. ROBERTSON/PLUMMER, 1Kor 76; BARRETT, 1Kor 102.

ganzen Stück die Überzeugung, dass Paulus in den Dienst Christi gestellt wurde. Er ist bisher diesem Dienst nach seinem moralischen Empfinden tadellos nachgekommen. Das definitive Urteil darüber – und implizit über sein ewiges Geschick – steht jedoch nur dem kommenden Herrn zu.[526] Darin ist er wie die Korinther auf eine außermenschliche Instanz angewiesen. Das soll nicht „Glaubensgewissheit zerstören", wie Calvin der papistischen Auslegung unterstellt, sondern verhindern, dass Menschen zu schnell mit anderen Menschen „fertig werden".

6. *4,6–21: Schlussteil*

Zur Grobgliederung s. die Einführung zu II A. Die beiden Stücke V. 6–13.14–21 sind durch zurück weisende metatextuelle Bemerkungen eingeleitet und durch das Stichwort „sich aufblasen" (V. 6.18f) gerahmt. Am Anfang stehen jeweils Appelle (in den Finalsätzen V. 6 und in V. 16). Dabei bauen V. 9–13 das apostolische Vorbild auf, das die Korinther nach V. 16 nachahmen sollen, wie sie auch schon nach 4,6 an Paulus und Apollos etwas lernen konnten. Trotz dieser Verklammerung empfehlen stilistische Unterschiede eine getrennte Besprechung.

a) 4,6–13: Die Apostel als Gegenbild zu den Aufgeblasenen
(6) **Das (Voranstehende) aber habe ich, Brüder, auf mich und Apollos abgewandelt um euretwillen, damit ihr an uns lernt das „Nicht über das hinaus, was**[527] **geschrieben ist**[528]**", damit sich keiner zu Gunsten des einen auf Kosten des andern aufbläht. (7) Wer zeichnet dich denn aus? Was hast du, das du nicht empfangen hast? Wenn du es aber doch empfangen hast, was rühmst du dich als hättest du (es) nicht empfangen? (8) Ihr seid schon übersättigt; ihr seid schon reich geworden; ohne uns seid ihr zur Herrschaft gelangt; ja, wenn ihr doch zur Herrschaft gekommen wäret, damit auch wir mit euch herrschten. (9) Denn ich glaube, Gott hat uns, die Apostel, als letzte hingestellt, gleichsam als zum Tod Verurteilte; denn zum Schauspiel sind wir geworden für die Welt, die Engel und Menschen. (10) Wir (sind) töricht um Christi willen, ihr aber (seid) verständig in Christus; wir (sind) schwach, ihr aber (seid) stark; ihr (seid) berühmt, wir aber (sind) ehrlos. (11) Bis zur jetzigen Stunde hungern und dürsten wir, haben nichts anzuziehen, werden misshandelt, sind ohne Bleibe (12) und mühen uns ab, indem wir mit den eigenen Händen arbeiten; geschmäht segnen wir, verfolgt halten wir aus, (13) verleumdet**[529] **reden wir gut zu; gleichsam der Kehricht der Welt sind wir geworden, der Abschaum von allen, bis jetzt.**

---

[526] Um eine Spur zuversichtlicher der pseudepigraphe Paulus am Ende seines Lebens 2Tim 4,6–8.
[527] Durch Änderung des Plurals ἅ in den Singular ὅ machen D F G L u. a. den Bezug auf eine bestimmte Schriftstelle deutlich.
[528] Spätere Korrektoren und ein großer Teil der Mss. ergänzen φρονεῖν.
[529] Statt δυσφημεῖν ($\mathfrak{P}^{46}$ ℵ* A C 33 u.a.) haben $\mathfrak{P}^{68}$ ℵ² B D F G L Ψ 1739 1881 2464 und viele andere das geläufigere βλασφημεῖν.

EBNER, M.: Leidenslisten und Apostelbrief, FzB 66, Würzburg 1991, 20–92. FIORE, B.: „Covert Allusion" in 1 Corinthians 1–4, CBQ 47, 1985, 85–102. FITZGERALD, J.T.: Cracks in an Earthen Vessel, SBL.DS 99, Atlanta 1988, 117–148. HOOKER, M.D.: ‚Beyond the Things which are written': An Examination of I Cor. IV 6, NTS 10 (1963/4) 127–132. HOTZE, G.: Paradoxien bei Paulus, NTA.NS 33, Münster 1997, 139–159. KLEINKNECHT, K.TH.: Der leidende Gerechtfertigte, WUNT II 13, Tübingen 1984, 221–236. LAMBRECHT, J.: Paul as example. A Study of 1 Corinthians 4,6–21, in: Ders., Collected Studies 43–62. MALAN, Analysis. MARSHALL, Enmity 178–218. MCHUGH, J.: Present and Future in the Life of the Community, in: De Lorenzi, Paolo 177–208. PLANK, K.A.: Paul and the Irony of Affliction, SBL.SS, Atlanta 1987. PÖTTNER, Realität 318–351. SCHIEFER FERRARI, M.: Die Sprache des Leids in den paulinischen Peristasenkatalogen, SBB 23, Stuttgart 1991, 178–200.

Mit der Anrede „Brüder" (zuletzt 3,1) neu einsetzend blickt V. 6 auf das seit 3,5 (3,5–9 dieselbe Zweierkonstellation) Entwickelte zurück und erläutert seinen Zweck (διά mit Akkusativ, zwei Finalsätze). Zur Begründung hagelt es drei Fragen an die 2. Sg. (V. 7). Es schließen sich drei ironische Feststellungen oder – weniger wahrscheinlich – Fragen an, die wieder an die 2. Pl. gerichtet sind. Auch der Wunsch V. 8d ist ironisch gemeint; er bildet den Auftakt zu einem Vergleich zwischen den Aposteln (1. Pl.) und der Gemeinde, der V. 11–13 in einen „Peristasenkatalog" mündet. Die kurzen Sätze, die rhetorischen, den Einzelnen anredenden Fragen und die Serien gleicher Wortformen sind typisch für den Stil der Diatribe.

V. 6 Das Verbum μετασχηματίζειν, das gewöhnlich eine Änderung der Gestalt anzeigt, ist hier singulär mit einem neutrischen Objekt, bezogen auf den vorausgehenden Text, und mit εἰς, bezogen auf Personen, konstruiert. Es muss eine seltene Spezialbedeutung haben: Was für alle Verkünder des Glaubens gilt, wurde an zwei herausgehobenen, Paulus und Apollos, veranschaulicht.[530] Das trifft für das Stück 3,5–9, nach unserer Deutung auch für die Fortsetzung 3,10–15 zu. In 3,22 und im Plural 4,1 machte sich ein Zug zur Verallgemeinerung bemerkbar, der nun auch in V. 6 zum Tragen kommt (vgl. auch V. 9). Paulus möchte eine Personalisierung der Debatte vermeiden, gerade weil sie sich nach unserer Auffassung auf eine Konkurrenz zwischen ihm und Apollos hin zugespitzt hatte.

Damit sind andere Deutungen abgewiesen, die mit der rhetorischen Bedeutung von σχῆμα = Redefigur arbeiten: Paulus wollte mit seiner Redeweise nicht verschleiern, dass hauptsächlich andere Lehrer[531] oder die Gemeinde selber[532] gemeint sind. Er bezieht sich auch nicht in erster

---

[530] Vgl. VOS, J.S.: Der ΜΕΤΑΣΧΗΜΑΤΙΣΜΟΣ in 1Kor 4,6, ZNW 86, 1995, 154–171, 163f („Exemplifikation"); ANDERSON, Theory 245–250; CLASSEN, Criticism 34–36. Die Autoren sind sich nicht einig, ob ein rhetorischer Terminus (gewöhnlich σχῆμα, σχηματισμός) vorliegt. Nach ANDERSON, Glossary 114–116 versteht man darunter den unnatürlichen Gebrauch von mehr als einem Wort, um einen gewissen Effekt zu erzielen. In unserem Fall verschiebt sich der Kreis der gemeinten Personen. Das wird selten mit σχῆμα bzw. μετασχηματίζειν bezeichnet. Überzeugende Beispiele sind jedoch: Alexander, περὶ σχημάτων (SPENGEL 24): μετεσχημάτισε τὸν λόγον πρὸς αὐτὸν τὸν Ἀγαμέμνονα; Cyrill Al., exp. in Ps., PG 69, 789,28f: μετασχηματίσας ἐφ' ἑαυτῷ τὸν λόγον. Vos hätte auch Cyrills Johanneskommentar zu 8,54 (PUSEY II 112,5.15) mit εἰς ἑαυτόν nennen können.

[531] So Johannes Chrys., hom. 3,1 in 1Cor (X 23f MONTFAUCON); 12,1 (X 95f MONTFAUCON); ROBERTSON/PLUMMER, 1Kor 80f; COLLINS, 1Kor 176; HALL, D.R.: A Disguise for the Wise: μετασχηματισμός in 1 Corinthians 4.6, NTS 40, 1994, 143–149.

[532] SCHMIEDEL, 1Kor 112; WEISS, 1Kor 101f; BACHMANN, 1Kor 183; SCHRAGE, 1Kor I 334; LAMBRECHT 52.

Linie auf die Metaphern in 3,6–17; 4,1f,[533] geschweige denn auf den figurativen Stil der Kap. 1–4.[534]

Die Ausführungen über die Apostel waren nicht Selbstzweck, sondern sollten den Korinthern die richtige Einstellung zu ihnen ermöglichen. Was sie an Paulus und Apollos „lernen"[535] sollten, wird mit einer substantivierten[536] Wendung ausgedrückt, die freilich vorerst ziemlich rätselhaft anmutet.[537]

Ingeniös, aber wenig wahrscheinlich sind die Vorschläge, sie als in den Text geratene Glosse zu erklären.[538] Dagegen spricht schon, dass die Präposition ὑπέρ mit Relativsatz und attrahiertem Pronomen paulinischer Stil ist (vgl. 10,13; 2Kor 12,6; Phlm 21). Schwerlich kann man auch das „Geschriebene" auf das von Paulus vorher Dargelegte beziehen; dann hätte der Apostel wohl unmissverständlicher formuliert: „was ich vorher geschrieben habe". Neuere Autoren vermuten hinter dem Ausdruck eine sprichwörtliche Redensart, sei es aus der Politik,[539] sei es aus dem Gemeindeleben,[540] oder eine Anspielung auf den Brauch, dass der Lehrer dem Schüler die Buchstaben vorzeichnet.[541] Doch abgesehen davon, dass sich hier nirgends der Wortlaut von 1Kor 4,6 findet, sieht man auch nicht, warum dies den Korinthern gerade an den Aposteln aufgehen sollte.

Mit dem perfektischen γέγραπται – allerdings meist in der Form καθὼς γέγραπται oder γέγραπται γάρ – verweist Paulus sonst auf das, was in der Heiligen Schrift steht. Wenn diese Bedeutung auch hier zu Grunde liegt, will er den Lesern kaum das Schriftprinzip als solches einschärfen; denn dieses war in Korinth nicht strittig.[542] Eher nimmt er auf die in den vorangegangenen Kapiteln zitierten Stellen Bezug.[543]

---

[533] HOOKER 131; FEE, 1Kor 166f.
[534] FIORE 88–95. Er hat mit der Schwierigkeit zu kämpfen, dass Paulus selbst – im Gegensatz zu den Gepflogenheiten der Rhetoren – in 4,6 den Schleier lüftet.
[535] Vgl. Phil 4,9: μανθάνειν neben „übernehmen", „hören", „sehen" in Verbindung mit „an (ἐν) mir".
[536] Der Artikel τό und die Verneinung μή gehen eher auf einen ausgefallenen Infinitiv (vgl. H-S § 132,5), als dass sie ein Zitat (vgl. H-S § 132,8) einleiten. Zu solchen substantivierten Infinitiven als Objekt vgl. H-S § 224b mit weiteren Paulusstellen.
[537] Vgl. die Auslegungsgeschichte bei WELBORN, L.L.: A Conciliatory Principle in 1 Cor. 4:6, NT 39, 1987, 320–346 (bis auf die Einleitung = DERS., Politics 43–75); WOLFF, Ch.: „Nicht über das hinaus, was geschrieben ist!", in: Schultze, H. u.a. (Hg.): „… Das tiefe Wort erneun". FS J. Henkys, Berlin 1989, 187–194.
[538] ARZT-GRABNER, P.: 1Cor. 4:6 – a Scribal Gloss?, BN 130, 2006, 59–78 zeigt nur die technische Möglichkeit. Bei der Annahme einer Glosse fehlt dem „Lernen" das Objekt.
[539] WELBORN (s. Anm. 537) verweist auf Vertragsklauseln, wonach man sich an das Geschriebene (τὰ γεγραμμένα) zu halten hat.
[540] HANGES, 1 Corinthians 4:6. Gerade in 1Kor vermisst man aber solche schriftlichen Statuten, auf die sich Paulus hätte berufen können.
[541] FIORE; FITZGERALD 124–127; TYLER, R.L.: First Corinthians 4:6 and Hellenistic Pedagogy, CBQ 60, 1998, 97–103.
[542] Auch die Abwehr eines geistlichen bzw. allegorischen Schriftverständnisses (so HORSLEY, 1Kor 68f) liegt fern, zumal Paulus es selber im Brief übt.
[543] So HOOKER, die noch zusätzlich die Schriftgemäßheit des Evangeliums ins Spiel bringt; MCHUGH 179f; LANG, 1Kor 63; WOLFF, 1Kor 85; SAVAGE, Power 59–61; für LINDEMANN, 1Kor 102 und LAMBRECHT 51 sind in erster Linie die beiden Zitate in 3,19f Bezugspunkt.

Doch wenn der zweite Finalsatz das gleiche Anliegen verfolgt wie der erste,[544] dann treffen nicht alle Zitate - z.B. 2,9 - die hier verhandelte Sache. Es geht ja um das Überschreiten einer Norm, und da ist der Jussiv 1,31 einschlägig. Die freie Anführung von Jer 9,22f, bei der man wohl auch das „Nicht rühme sich der Weise in seiner Weisheit" mithören muss, bildet auch den Subtext für 3,21a. An der funktionalen Beschreibung des Apostolats sollen die Korinther lernen, sich nicht auf Grund von Menschen, sondern allein im Herrn zu rühmen.[545] Das Stichwort καυχᾶσθαι[546] fällt denn auch gleich V. 7fin. Zuvor geht der zweite Finalsatz in V. 6 gegen ein φυσιοῦσθαι[547] an, das einem „Sich Rühmen" gleichkommen kann.[548] Wir hatten das Verb schon im Zusammenhang der Rhetorik kennengelernt.[549] Ganz allgemein charakterisiert Philo so eine Überheblichkeit, die das eigene Geschöpf-Sein vergisst.[550] In Korinth hat sie ihren Grund in der Überbewertung von Personen, wie die präpositionale Bestimmung „für den einen" (ὑπὲρ τοῦ ἑνός) verrät. Diese hat ein Pendant in κατὰ τοῦ ἑτέρου. Zumal wegen des Bezuges zum Hauptsatz V. 6a meint Paulus wohl, dass die Parteinahme für den einen Missionar mit dem Schlechtmachen des Konkurrenten zusammengeht, nicht dass sich ein Gemeindemitglied gegenüber dem andern[551] aufplustert. Obwohl in 3,4-6 Paulus und Apollos genannt werden, lassen sich - schon wegen des μετασχηματισμός (V. 6) - die Sich-Aufblähenden vom Text her nicht auf die Anhänger des Apollos festlegen.[552] Dennoch werden sie hauptsächlich angezielt sein, wie sich dann aus V. 18f ergibt.

---

[544] Sei es, dass er den ersten expliziert - so HOOKER 128 und viele - oder dass er ebenso wie der erste von μετεσχημάτισα abhängig ist - so FITZGERALD 121 Anm. 16 und andere. Gehäufte finale Perioden, deren Verhältnis nicht immer klar auszumachen ist, sind für Paulus typisch: Vgl. 7,5; 2Kor 9,3f; 11,12; 12,7; Gal 3,14; 4,5; Phil 1,9-11; 1Thess 4,1.
[545] So WAGNER, J.R.: ‚Not beyond the Things which are written': A Call to Boast only in the Lord (1 Cor 4.6), NTS 44, 1998, 279-287. Er nimmt die Fassung 1Βασ 2,10 als Textgrundlage an, wo φρόνιμος (s. hier V. 10b!) statt σοφός steht. Doch ist das vielleicht zu scharfsichtig. Auch WEISS, H.-F.: Das Maß der Schrift (1 Kor 4,6), in: Mehlhausen, J. (Hg.): Pluralismus und Identität, Gütersloh 1995, 305-319 findet in 1,31 den hier angesprochenen „Kanon". Vgl. schon SCHMIEDEL, 1Kor 113. Interessanterweise leitet 1Clem 13,1 das Zitat von 1Βασ 2,10 ein mit „Lasst uns das Geschriebene tun".
[546] S. dazu bei 1,29.
[547] Die reflexive Form von φυσιόω - in der nicht christlichen Literatur meist φυσάω - noch 4,18f; 5,2; 13,4; die aktive 8,1. Der Indikativ an unserer Stelle könnte auch als Konjunktiv gemeint sein: Vgl. B-D-R 91. Doch gibt es auch ἵνα mit Indikativ: Vgl. BAUER, Wörterbuch s.v. I 3; anders B-D-R 369,6: Schreibfehler.
[548] Vgl. 5,2a „aufgeblasen", dem 5,6a „Sich Rühmen" entspricht. Philo, congr. 107: „die durch Ruhm und Wahn Aufgeblasenen" (καυχήσει καὶ οἰήσει φυσώμενοι). Auch bei IgnTrall 4,1 kommt καύχησις mit φυσιοῦν vor.
[549] S. Exkurs 1 unter 2 mit Anm. 95. Auch Epiktet, diss. I 8,10 steht in diesem Kontext: Stärke im Argumentieren bringt für den philosophisch Ungebildeten die Gefahr von Dünkel (6: οἴησις, τῦφος) mit sich, der aufbläht (8: neben φυσᾶν ἐπαίρειν, χαυνοῦν). I 19,1 verallgemeinert das auf jeden erworbenen Vorsprung, z.B. den des Tyrannen. WELBORN, Politics 55f sammelt Stellen, wo politischer Größenwahn mit φυσᾶσθαι ausgedrückt wird.
[550] Aus 34 Belegen von φυσᾶσθαι vgl. post. 115; som. I 211; II 115.290f; Mos. II 96; spec. I 10.293; virt. 163; praem. 47; quaest. in Ex II 14. Zum dazu gehörigen Wortfeld vgl. ZELLER, Charis 115.
[551] Dann stünde das ἕτερος dem ersten εἷς gegenüber; so z.B. SCHMIEDEL, 1Kor 112; ALLO, 1Kor 72; vgl. 3,4.
[552] Gegen MERKLEIN, 1Kor I 136-138.309; FEE, 1Kor 166.169.

V. 7 Weil die Korinther sich auf ihre jeweiligen Missionare etwas einbilden, könnte das τίς V. 7a auf eine solche Bezugsperson gehen, wenn es nicht – wie in rhetorischen Fragen üblich – allgemeiner zu fassen ist. Es ist Subjekt von διακρίνειν, was wörtlich „einen Unterschied machen" bedeutet (vgl. 11,29).[553] Damit wird ein besonderer Vorzug irgendeines Gemeindemitglieds bestritten. Die folgenden Fragen heben darauf ab, dass alles, was ein Christ an solchen Auszeichnungen zu besitzen meint, Gabe Gottes ist. Das gilt natürlich vor allem für die 1,5 berührten charismatischen Fähigkeiten, obwohl die Argumentation im Allgemeinen bleibt. Die Korinther konnten auch die (vermutlich von Apollos populär gemachte) weise Beredsamkeit, die Paulus als ein „weltlich Ding" beschreibt, als Charisma verstanden haben. Aber als ob sie das nicht wüssten, stößt der Apostel sie darauf, dass alle derartigen Errungenschaften „empfangen" sind. Das Gnadengeschenk schließt ein menschliches „Sich-Rühmen" aus; das ist bei der Rechtfertigung (vgl. Röm 3,24.27) genauso. Auch Philo legt mehrfach auf den Gedanken von V. 7 Wert. Er arbeitet an Hand verschiedener Bibeltexte den Unterschied zwischen „haben" und „empfangen" heraus, um den Übermütigen, die u. a. als φυσώμενοι gekennzeichnet sind, zu bedeuten, dass sie in allem – angefangen von der natürlichen Ausstattung des Menschen – vom Schöpfer abhängen.[554]

V. 8 Die Korinther aber wissen die Gnade nicht als solche zu würdigen. Sie haben so viel empfangen – diesen Zwischengedanken wird man einfügen dürfen –, dass sie jetzt „gesättigt", ja überdrüssig sind. Das von Paulus sonst nicht mehr verwendete Wort κορεννύναι könnte an die Seligpreisung der Hungernden Lk 6,21 (dort allerdings χορτάζειν) erinnern. Wahrscheinlich hat es aber hier – wie meist bei Philo[555] – einen negativen Klang. Philo steht dabei in der Tradition der griechischen Elegiker, nach denen zu viel Wohlstand (κόρος) Überheblichkeit (ὕβρις) erzeugt.[556] Auch das zweite Verbum πλουτῆσαι dürfte Paulus ironisch-kritisch meinen. Während er sonst mit dem Stamm πλουτ- die Fülle an geistlichen Gütern ins Bild hebt,[557] bemängelt er hier, dass die Gemeinde daran keinen Bedarf mehr hat (vgl. Apk 3,17). Drittens konstatiert Paulus in Korinth zwar die Erfüllung einer verbreiteten apokalyptischen Verheißung, nämlich dass die Gerechten auf Thronen sitzen und an der

---

[553] Nach BAUER, Wörterbuch s.v. 1 b heißt es hier wie Appian, civ. V 54 § 228 „einen Vorrang einräumen". Dann käme nur ein generelles τίς in Frage.

[554] Vgl. Cher. 57–66 (64.70 φυσᾶσθαι); her. 102f; congr. 127f (hier φυσᾶσθαι).130.135–138. Dazu SELLIN, Streit 149f; ZELLER, Charis 115f.

[555] Ausnahmen: som. II 149; Mos. I 284.

[556] Vgl. Solon, Frgm. 5,9 (DIEHL); Theognis 1,153.751 u. ö. MARSHALL, P.: Hybrists Not Gnostics in Corinth, SBL.SP 1984, 275–287 ordnet deshalb unsere Passage der antiken Warnung vor Hybris zu und vergleicht besonders Philo, virt. 161–174, eine Polemik gegen Hochmut und Dünkel, bei der Philo den Spruch Solons zitiert (162). Dadurch verlagert Marshall freilich die Problematik ins Soziale.

[557] Vgl. 1,5 und die dortige Anm. 64. Sie reichen vom grundlegenden Heil (Röm 10,12; 11,12; 2Kor 8,9), das der Apostel vermittelt (2Kor 6,10), bis zu den Charismen (1,5) unter denen sowohl materiellen wie spirituellen Vermögen zu spenden (2Kor 9,11). Auch für Philo ist der eigentliche Reichtum seelisch; er wird durch Weisheit erworben, ist aber auch von irdischem Wohlergehen begleitet: Vgl. spec. IV 75; virt. 8; praem. 104. TestJud 25,4 sagt im Zusammenhang mit der Auferstehung zu: „Die um des Herrn willen Armen werden reich werden".

Herrschaft Gottes bzw. seines Messias über die Weltreiche teilhaben werden,[558] aber auch dieser Satz enthält den Vorwurf fehlender Solidarität,[559] einer gewissen Voreiligkeit. Der folgende Wunsch lässt durchblicken, dass es mit der Herrschaft der Korinther nicht so weit her sein kann. Denn der Vorteil, den Paulus sich davon erhofft, ist leider eine Chimäre.[560]

Besonders an der dritten Aussage wird sichtbar, dass Paulus die Selbstzufriedenheit der Korinther mit apokalyptischen Bildern deutet, die er – wie aus dem „wisst ihr nicht" 6,2f hervorgeht – in Korinth als bekannt voraussetzt. Das „schon" ist seine Zutat, mit der er ironisch die Realisierung solcher Träume als verfrüht brandmarkt. Deshalb ist es auch schwierig, aus dieser beißenden Sprache das Selbstverständnis der Korinther zu erheben.[561] Dass sie systematisch alle eschatologischen Erwartungen einschließlich der Auferstehung in die Gegenwart umgesetzt hätten, lässt sich nicht erkennen.[562] Auf eine so gewichtige Akzentverschiebung hätte Paulus kaum bloß mit Sarkasmus reagiert.

In neuerer Zeit hat man daher das Vollendungsbewusstsein der Korinther im Sinn der Popularphilosophie rekonstruiert.[563] Danach ist der Weise allein wahrhaft reich und König.[564] Mit dieser paradoxen Behauptung setzt er sich über äußere Widrigkeiten hinweg und zieht sich auf sein Inneres zurück. Paulus hätte das apokalyptisch umgebogen und ironisiert. Aber auch nach seiner Meinung geht es um geistliche Güter und geistliche Macht. Und er kann diese in Peristasenkatalogen (s.u.) genau so dialektisch wider den Anschein für sich beanspruchen wie die Stoiker.

Eine zwischen Apokalyptik und Stoa vermittelnde Lösung schlägt A.J.M. Wedderburn[565] vor. Die Korinther hätten Herrenworte wie die Seligpreisung der Hungernden im Licht hellenistischer Popularphilosophie neu ausgelegt. Eine parallele Erscheinung haben wir ja im Thomasevangelium.[566] Logion 2 und andere apokryphe Jesusworte verheißen dem Suchenden, er werde herrschen über das All. Auch wird Jesus in den Mund gelegt: EvThom 81: „Wer reich geworden ist, soll König werden." Damit ist sicher der Reichtum an Selbsterkenntnis – im Unterschied zu der Logion 3 beklagten Armut – gemeint. Für Korinth bleibt allerdings der pos-

---

[558] Grundstelle ist Dan 7,27 (βασιλεῦσαι), wo V. 22 interpretiert wird. Darauf beruft sich etwa BemR 11 (162a); vgl. Bill. I 979. SapSal 5,16 könnte τὸ βασίλειον aus Dan 7,22 aufnehmen. Vgl. 1Hen 96,1 und das Motiv der Throne 1Hen 108,12f; 4Q521, Frgm. 2, II 7; TestHiob 33; Mt 19,28par.; Apk 20,4, an den letzteren beiden Stellen verbunden mit der Richtervollmacht (s. zu 6,2f); (συμ)βασιλεύειν auch Röm 5,17; 2Tim 2,12; Apk 5,10; 20,6; 22,5; Polyk 5,2. Die Funktion solcher Aussagen ist offenbar, irdische Ohnmacht zu kompensieren.

[559] Zu χωρὶς ἡμῶν vgl. Hebr 11,40; die Auffassung „ohne unser Zutun" – so WEISS, 1Kor 108 – ist weniger einleuchtend.

[560] Zu ὄφελον beim unerfüllbaren Wunsch vgl. B-D-R 359,1.

[561] Das halten BACHMANN, 1Kor 188 und LINDEMANN, 1Kor 104f fest.

[562] Vgl. einerseits THISELTON, Eschatology; KREMER, 1Kor 89f; andererseits ZELLER, Front 185f.

[563] Vgl. HORSLEY, ,How can' 210f; SELLIN, Streit 24f; HAYS, 1Kor 70f; BARBAGLIO, 1Kor 227f.

[564] Vgl. die zu 3,21b zitierten Stellen, ferner Cicero, ac. 2 (44) 136; fin. III 75; IV 3 (von Rhetorikprofessoren gelernt); Diogenes Laert. VII 122 (Chrysipp); Plutarch, mor. 472a (der Stoiker nennt den Weisen u.a. πλούσιος und βασιλεύς); 1058bc; Plutarch, Cic. 25,3. Philo, Abr. 261; virt. 216; mut. 152; sobr. 55–57; som. II 243f schreibt die Eigenschaften des stoischen Weisen, u.a. Reichtum und Königsherrschaft, Abraham zu; Epiktet, diss. III 22,49.63.79.95 dem Kyniker. Vgl. die Texte teilweise im NEUEN WETTSTEIN II 1, 264–266; dazu noch Horaz, sat. I 3,124f.132f; epist. I 1,106f.

[565] Problem 234–236; DERS., Baptism 24–27. Vgl. schon WEISS, 1Kor 106f.

[566] Darauf weist CONZELMANN, 1Kor 114 hin. In Anm. 30 muss es zum Stichwort „sättigen" allerdings EvThom 69 statt 60 heißen. Die Gnostiker konnten V. 8a-c ohne Ironie auf sich anwenden: PAGELS, Paul 63.

tulierte Kontakt mit der Jesustradition problematisch. Und auch Paulus versteht die Metaphern spirituell. Seine Kritik richtet sich darauf, dass die Korinther angeblich ein *Non plus ultra* erreicht haben wollen.

V. 9 Schon in V. 8cd war der Abstand zwischen den Korinthern und den „Wir" ersichtlich. Nun vertieft ihn Paulus erläuternd.[567] Während die Korinther sich als „Spitze" vorkommen, hat Gott die Apostel – Paulus denkt in der 1. Pl. vornehmlich an sich selbst als Muster apostolischer Existenz, obwohl von V. 6 her auch noch Apollos einbegriffen sein könnte – auf den letzten Rang gestellt. Das ist zwar eine Hyperbel, aber – wie die ganze folgende Selbstdarstellung – nicht ironisch gemeint,[568] sondern gibt die tatsächliche Wertung der „Welt" wieder. Die gesellschaftliche Verachtung[569] verdichtet sich zu einem dauernd über dem Apostel schwebenden Todesurteil.[570] Dieses Bewusstsein akuter Todesgefahr spricht er auch 15,30–32; 2Kor 1,9; 4,10–12; Röm 8,36 aus. Das Verbum ἀποδεικνύναι[571] lässt die Öffentlichkeit mitschwingen, die dann im Begründungssatz V. 9fin. in kosmischer Weite entfaltet wird. Paulus fühlt sich vor aller Welt, ja sogar noch vor den Engeln,[572] am Pranger stehen.[573] Das ist etwas anderes als das spektakuläre Gehabe des Kynikers.[574] Der möchte im Ertragen von Leiden den Mitmenschen geradezu ein Schaustück bieten.[575] Dagegen

---

[567] Mit dem unverbunden vorangestellten δοκῶ γάρ (vgl. B-D-R 461 Anm. 4) setzt er ein persönliches Vorzeichen vor den übertreibenden Vers, das die Aussage aber nicht subjektiv relativieren soll. Vgl. 7,40. Ebensowenig sollen das die Vergleiche (vgl. das zweifache ὡς) und Metaphern V. 9b.13b; sie machen das Gesagte nur eindrücklich.

[568] Anders HOTZE 149–153, der hier wie in V. 11–13 das „Paradox der ernstgemeinten Ironie" findet. Das wäre der Fall, wenn Paulus – wie Hotze annimmt – hier einen Vorwurf der Korinther aufgreifen würde und ihnen ihr weltliches Denken vorhielte.

[569] Zu ἔσχατος vgl. die synoptischen Logien Mk 9,35; 10,31parr. sowie das bei BAUER, Wörterbuch s.v. 2 und bei FITZGERALD 136 Anm. 58 zusammengetragene Material.

[570] Das seltene ἐπιθανάτιος ist in BelLXX 31 und Dionysius Hal., ant. VII 35,4 für zum Tod verurteilte Verbrecher belegt.

[571] Vgl. zum Substantiv ἀπόδειξις 2,4. Das Verb bedeutet auch hier nicht „beweisen", sondern „erweisen", „öffentlich hinstellen". Da es sich hier nicht um ein Amt handelt, ist die sonst bei doppeltem Akkusativ mögliche Übersetzung „bestellen zu, machen zu" (BAUER, Wörterbuch s.v. 1) kaum angebracht.

[572] Mit καί werden Engel und Menschen dem Kosmos quasi als seine Teile hinzugefügt: vgl. BAUER, Wörterbuch s.v. καί I 1 c. Die artikellosen Dative können so wie eine Apposition gelesen werden. Welt und Engel sind nach 6,2f auch zusammen Gegenstand des Gerichts. Deshalb fragt sich, ob die Engel hier neutral gewertet sind. FITZGERALD 140f vergleicht sie mit der blutdürstigen Menge im Zirkus. WEISS, 1Kor 110 dagegen zieht 1Hen 9,1 heran, wo das Sehen wohlwollende Anteilnahme am Leid der Menschen bedeutet. Dass nach IgnTrall 9,1 bei der Kreuzigung Jesu die Wesen aller drei Dimensionen zusehen, hat eine andere Funktion: sie sollen antidoketisch die Wirklichkeit seines Todes bezeugen.

[573] Vgl. θεατρίζεσθαι Hebr 10,33. Bei der Assoziation von „todgeweiht" mit θέατρον schwebt Paulus wohl die Szenerie einer öffentlichen Hinrichtung im Rahmen von Spielen vor wie 15,32. Vgl. NGUYEN, V.H.T.: The Identification of Paul's Spectacle of Death Metaphor in 1 Corinthians 4.9, NTS 53, 2007, 489–501. DERS.: God's Execution of His Condemned Apostles, ZNW 99, 2008, 33–48.

[574] Auf ihn richtet sich die Aufmerksamkeit aller, „ ... er ist vor allen wie im Theater": Themistius, virt. 43 (vgl. RMP 27, 1872, 438–462, 459).

[575] Vgl. Epiktet, diss. III 22,59 von Diogenes, parallel mit „sich brüsten". Ähnlich verlangt Epiktet, diss. II 19,25 nach dem wahren Stoiker als einem noch nie dagewesenen θέαμα. So klagt auch der König Antigonos nach dem Tod des Gründers der Stoa, Zenon, darüber, welches Schauspiel (θέατρον) man mit ihm verloren habe (Diogenes Laert. VII 15).

sucht Paulus nicht das Publikum. Seine – für die Gemeinde! – vorbildliche Haltung ist hier noch nicht der Punkt.

Noch einmal anders verwenden Stoiker das Bild: Der leidgeprüfte Tüchtige ist ein Gottes würdiges Schauspiel.[576] Mit den Göttern als Zuschauern werden Wertvorstellungen verobjektiviert. Hier ist auch Synesius, prov. I 10,52f „die Götter schauen von oben diesen schönen Wettkämpfen zu"[577] einzuordnen. Als göttlichen Wettkampf mit der Welt als Zuschauer stellt auch 4Makk 17,11–16 das Martyrium des Eleazar, der Mutter und ihrer Söhne dar. Minucius Fel. 37,1 bezeichnet dann die Auseinandersetzung des Christen mit der Marter als „schönes Schauspiel" des Christen für Gott.

V. 10 fixiert den Gegensatz zwischen den Aposteln und der Gemeinde, der sich aus dem Handeln Gottes in V. 9 ergibt,[578] mit drei Adjektivpaaren. Beim dritten Glied ist das Subjekt vertauscht, wohl um den Übergang zur 1. Pl. in V. 11 zu erleichtern. Semantisch werden die Kategorien von 1,26–28 durchgespielt; doch tritt an Stelle der Herkunft der Ruhm, weil es Paulus nun auf die Reaktion der Menschen ankommt. Wenn von den Korinthern so weltliche Eigenschaften[579] ausgesagt werden, geht das nicht ohne Ironie[580] ab. Dass die Verkünder mit ihrer Kreuzesbotschaft in den Augen der Welt zu Toren werden, ist durch ihren Einsatz für Christus[581] motiviert. Wenn jedoch die Korinther durch denselben Christus[582] als Verständige[583] gelten wollen, dann kann das der Leser wie 2Kor 11,19[584] nicht so ernst nehmen; weiß er doch von 3,1 her, dass sie in Wahrheit noch „Unmündige in Christus" sind. In ihrer angeblichen Stärke und Berühmtheit manifestiert sich ihr in V. 8 als irreal entlarvtes Königtum. Dem steht die Schwachheit des Apostels gegenüber, die man von 2,3 her[585], aber

---

[576] Seneca, prov. 2,8. BRAUN, Randglossen 186–191 vergleicht dies ausführlich mit unserer Stelle.

[577] Zitiert bei BAUER, Wörterbuch s.v. θέατρον 2. Vgl. auch Plutarch, mor. 595d: „Irgendwo schaut einer der Götter zu, wie wir für das Gerechte kämpfen".

[578] Als Verb ist aus V. 9fin. γενηθῆναι oder – im Blick auf die Präsentia in V. 11–13a – eine Präsensform von εἶναι zu ergänzen. Ähnlicher antithetischer Stil bei IgnEph 12,1b–e; IgnRöm 4,3b–e.

[579] Auch der Spruch Ben Zoma's mAv 4,1 geht von „weise, stark, reich, geehrt" als allgemein angestrebten Werten aus, um sie dann allerdings überraschend neu zu definieren.

[580] Vgl. HOLLAND, G.: Paul's Use of Irony as a Rhetorical Technique, in: Porter/Olbricht, Analysis 234–248. So wird auch ein Widerspruch zu 1,26–28 vermieden.

[581] Wie 2Kor 4,5.11 διὰ ' Ἰησοῦν; Phil 3,7f διὰ Χριστόν. Vgl. 2Kor 12,10 ὑπὲρ Χριστοῦ.

[582] Bei Adjektiven kann das ἐν Χριστῷ die Ermöglichung ausdrücken. Vgl. Anm. 209 zu 1,30. Dann gäbe Paulus die Überzeugung der Korinther wieder. Es könnte in Gegensatz stehen zu dem verpönten „in sich" oder „bei sich klug sein" (Röm 11,25; 12,16; vgl. Spr 3,7). Manche Kommentatoren paraphrasieren aber auch einfach: „als Christen". Auf jeden Fall geht dem Leser auf, dass Christus nicht für so gegensätzliche Befindlichkeiten zugleich in Anspruch genommen werden kann. *Ein* Selbstverständnis kann nicht stimmen.

[583] Φρόνιμος kann gleichbedeutend mit σοφός sein, hat aber oft eine mehr praktische Note, zumal in biblischen Texten. Aristoteles definiert die φρόνησις als „ein mit richtiger Vernunft verbundenes handelndes Verhalten im Bezug auf das, was für den Menschen gut oder schlecht ist" (eth. Nic. VI 5 1140b 5f). Als erste Kardinaltugend beansprucht der Stoiker sie zu besitzen. Vgl. Plutarch, mor. 472a und die bei FITZGERALD 137 gesammelten Stellen.

[584] In 10,15 dagegen appelliert Paulus mit φρόνιμος an die Urteilskraft der Korinther.

[585] Vgl. dort zu den Nuancen von ἀσθενής; hier kommt besonders die soziale Bedeutung (Nr. 2) in Frage. Dagegen ist die moralische (Nr. 3) ausgeschlossen. Folglich ist auch das Starksein der Korinther – gegen FITZGERALD 138f – nicht im Sinn der stoischen Philosophie zu nehmen.

auch – wie die Ehrlosigkeit (vgl. 2Kor 6,8; Diog 5,14) – von den in den folgenden Versen geschilderten körperlichen Leiden und gesellschaftlichen Diskriminierungen her verstehen kann.

V. 11–13 bringen eine Aufzählung von Widrigkeiten, die den Aposteldienst kennzeichnen.

Dafür hat sich die Bezeichnung „Peristasenkatalog"[586] eingebürgert. Der Begriff περίστασις stammt aus der hellenistischen Literatur und meint – zumeist widrige – „Umstände" (vgl. Epiktet, diss. II 6,16f). Sie werden in den Paulusbriefen in gleichartigen Gliedern (verbal oder substantivisch) an folgenden Orten zusammengestellt: 1Kor 4,11–13; 2Kor 4,8–10; 6,4b–10; 11,23c–27; kürzer 2Kor 12,10; Röm 8,35b. Bis auf die letzte Stelle, wo sie auf alle Christen ausgeweitet sind, gehen sie speziell den Apostel an. Wie ihre Form variiert, so können derartige Kataloge auch unterschiedlichen Zwecken dienen. In der Umwelt des NT verweist der Kyniker so auf die frei gewählten Entbehrungen, die er exemplarisch aushält (vgl. Epiktet, diss. III 22,45–49). Der Stoiker fasst damit alle möglichen Schicksalsschläge ins Auge, auf die er sich einstellen muss. Damit ist am ehesten Röm 8,35b zu vergleichen. Was die Christen nicht von der Liebe Christi trennen kann, ist freilich vorher 8,17 als „Leiden dieses Äons" apokalyptisch eingeordnet. Im 2Kor aber stehen die Peristasen im Dienst apostolischer Selbstempfehlung, wenn diese auch in Kap. 11 ihren Platz innerhalb der Narrenrede hat.

In 1Kor 4,11–13 entfaltet Paulus mit der Liste sein apostolisches Ethos als Kontrasterfahrung zum Gebaren der Korinther. Sie ist umschlossen von der Zeitbestimmung „bis jetzt". Damit widerspricht Paulus dem von den Korinthern behaupteten „schon" in V. 8a–c. Der Katalog gliedert sich in drei Perioden:

– In V. 11.12a beschreiben sechs durch καί aneinandergereihte Verben – das letzte wird noch durch eine Partizipialkonstruktion ergänzt – die Härten des Missionarslebens. Der Mangel an Nahrung und Kleidung („Nacktheit",[587] so auch Röm 8,35; 2Kor 11,27) steht im Gegensatz zum Satt- und Reichsein der Korinther (V. 8), das so eine materielle Note erhält. Dazu kommen das unsichere Unterwegssein,[588] brachiale Gewalt[589] und die Notwendigkeit, sich selbst den Lebensunterhalt zu verdienen.[590]

---

[586] Außer den Monographien von EBNER, FITZGERALD, SCHIEFER FERRARI vgl. BERGER, Gattungen 1355–1359; er hebt hervor, dass die Leiden im Unterschied etwa zu apokalyptischen Plagen das Individuum betreffen und die Frage ihrer Verarbeitung gestellt wird. Letzteres fehlt etwa in 1Hen 103,9–15, wo die Sünder das Leben der Gerechten als sinnlos beschreiben. Breiteres, nicht immer hilfreiches Material bei HODGSON, R.: Paul the Apostle and First Century Tribulation Lists, ZNW 74, 1983, 59–80. Zur Forschungsgeschichte vgl. WILLERT, N.: The Catalogues of Hardships in the Pauline Correspondence: Background and Function, in: Borgen/Giversen, Testament 217–243, 219–225.

[587] Der Kyniker hält sich auf seine „Nacktheit" etwas zugute: Vgl. Epiktet, diss. I 24,7 und die ausführliche Erörterung bei EBNER 39–55. Paulus will hier aber nicht seine Bedürfnislosigkeit demonstrieren (gegen EBNER 53).

[588] Zu ἀστατεῖν (wörtlich: „ruhelos sein") vgl. ἀκαταστασία 2Kor 6,5.

[589] Κολαφίζειν bedeutet den Schlag mit der Hand oder der Faust. Auf seine entehrende Wirkung weist FITZGERALD 143 Anm. 89 hin; vgl. auch EBNER 79. Das Verbum kommt bei Paulus nur noch 2Kor 12,7 im spezielleren Zusammenhang der vom Satan verursachten Anfälle vor. Hier dagegen dürften die 2Kor 11,23c–25b detaillierter aufgeführten Verfolgungsmaßnahmen gemeint sein. Dazu treten dann die Verbalinjurien V. 12b.13a.

[590] Vgl. zu κοπιᾶν Anm. 424 zu 3,8, in Verbindung mit eigenhändiger Arbeit bes. 1Thess 2,9. Zur grundsätzlichen Einstellung des Paulus in dieser Frage s. Exkurs 7.

Die Arbeit steht hier im Zeichen der Mühsal, nicht im Zeichen der dadurch erworbenen Freiheit wie bei manchen Kynikern.[591]

– In V. 12bc.13a sind die Peristasen im Partizip Passiv angegeben; die drei unverbunden aneinander gehängten Hauptverben zeigen, wie sich der Apostel darin unerwartet verhält. Indem er mit Segnen auf die Schmähungen antwortet, entspricht er der Forderung Jesu, ohne sie unbedingt zu kennen.[592] In Röm 12,14 verlangt er das von den Gläubigen allgemein. Aus der Parallele 1Petr 3,9 geht hervor, dass diese Handlungsanweisung in einer breiteren paränetischen Tradition zu Hause ist.[593] Das gilt auch für das Ausharren (ἀνέχεσθαι,[594] häufiger bei Paulus ὑπομονή[595]) in Verfolgung[596] (vgl. 2Thess 1,4). Üble Nachrede (vgl. das Substantiv δυσφημία 2Kor 6,8) kann von christlichen Brüdern[597] kommen wie von Heiden, die den Christen Verbrechen unterstellen. Paulus reagiert darauf mit „guten Worten".[598]

– V. 13b schließlich fasst mit drastischen Ausdrücken die niedrige Stellung der Apostel zusammen, wobei das Verb ἐγενήθημεν[599] von V. 9fin. wieder verwendet wird. περικάθαρμα meint wie περίψημα den Unrat, der beim Reinigen anfällt. Das wird verächtlich auf Menschen übertragen.[600] Beide Wörter können allerdings auch das Reinigungsmittel bezeichnen und so viel wie „Lösegeld" (Spr 21,18; Tob 5,19), „Sühneopfer"[601] bedeuten. In einem griechischen Sündenbockritus wird

---

[591] Anders EBNER 69–75.
[592] Vgl. bes. Lk 6,28a, wo aber gerade der Redaktor aufgefüllt haben wird. Zum Problem NEIRYNCK, Sayings 156f.
[593] Vorbild ist Christus: 1Petr 2,23. Diog 5,15 dürfte dagegen von Paulus inspiriert sein. Dass diese mit den Jesusworten übereinstimmende Tradition wiederum weisheitliche Wurzeln hat, habe ich in ZELLER, D.: Die weisheitlichen Mahnsprüche bei den Synoptikern, FzB 17, Würzburg ²1983, 57f.105 dargelegt. So heißt es in der 19. Lehre des demotischen Papyrus Insinger: „Besser ist es, einen anderen zu segnen, als dem Leid anzutun, der dich beleidigt hat." Vgl. H. BRUNNER, Ägyptische Weisheit, Darmstadt 1988, Nr. 17, Spruch 509. Vgl. TestBen 5,4: „Der Fromme erbarmt sich über den Schmähenden und schweigt".
[594] Dieses Verbum öfter bei Epiktet, entweder allgemein diss. I 9,16 oder vom Ertragen von Schmähungen (Stamm λοιδορ-): diss. II 12,14; III 4,12; 12,10; 21,5.
[595] Vgl. 2Kor 6,4 im Peristasenkatalog, im übrigen s. zu 13,7.
[596] Sie droht sowohl von jüdischer (vgl. Gal 4,29) wie von heidnischer Seite, wobei der Verzicht auf die Beschneidung eine Rolle spielt (vgl. Gal 5,11; 6,12), und trifft besonders den dafür eintretenden Apostel. Vgl. διώκεσθαι bzw. διωγμός in den Peristasenkatalogen 2Kor 4,9; 12,10; Röm 8,35.
[597] EBNER 88f denkt an Apollosleute.
[598] Zu παρακαλεῖν als „gute Worte geben" s. BAUER, Wörterbuch s.v. 5. Die meisten der dort angeführten Belege (lies 2Makk 13,12) können freilich auch eine leicht differierende Bedeutung haben. Eindeutig ist nur der christliche Apologet Aristides 15,5: Die Christen „reden denen, die ihnen Unrecht tun, gut zu und bewirken, dass sie ihnen geneigt sind".
[599] MERKLEIN, 1Kor I 317 möchte darin wegen V. 9a ein theologisches Passiv sehen. Das drängt sich aber vom Sprachlichen her nicht auf.
[600] Vgl. HAUCK, F.: Art. περικάθαρμα, ThWNT 3, 1938, 434,5-20; STÄHLIN, G.: Art. περίψημα, ThWNT 6, 1959, 83–92; SPICQ, Lexique 1227f. Das letztere Wort kann der höflichen Selbstminderung dienen, z.B. Barn 4,9; 6,5. Zur patristischen Exegese vgl. STAROWIEYSKI, M.: PERIKATHARMA et PERIPSEMA, Eos 78, 1990, 281–294.
[601] Vgl. IgnEph 8,1 (parallel zu „sich heiligen für"); 18,1. Paralleldruck ist ἀντίψυχον (IgnEph 21,1 u.ö.). Die gleiche Doppeldeutigkeit eignet dem einfachen κάθαρμα, das sowohl als Schimpfwort wie im Sinn von καθάρσιον vorkommt.

ein Mensch zum περίψημα.[602] Doch ist unwahrscheinlich, dass Paulus hier seiner Ausstoßung aus der Gesellschaft einen sühnenden Sinn geben möchte.[603] Der Welt kommt hier nicht Reinigung zugute, sondern sie bildet die Gesamtmenge, deren geringster Repräsentant der Apostel ist.[604]

Der Sinn von V. 9-13 lässt sich im religionsgeschichtlichen Vergleich präzisieren: Formal ähnlich ist die Selbstbeschreibung des Kynikers bei Lukian, Cyn. 17. Er stellt seinem Erscheinungsbild die Verweichlichung seiner Zeitgenossen („ihr") gegenüber. Das fällt aber durchaus zu seinem Vorteil aus. Paulus dagegen macht sich zunächst einmal die Perspektive der „Welt" zu eigen. Er erscheint in den Augen der Welt genau so, wie der Rest der Menschheit dem Hochmütigen bei Philo, virt. 174[605] vorkommt. Ein Kyniker wie Diogenes sieht in den Widrigkeiten des Lebens die Gelegenheit, seinen Mut, seine Unerschütterlichkeit und seine Freiheit zu beweisen. Wie nach V. 9 Gott den Aposteln den letzten Platz zugewiesen hat, so hat Gott dem Kyniker die Peristasen als Trainingspartner gegeben. Er soll im Kampf mit ihnen „wahre Kraft gewinnen".[606] Der Stoiker Seneca, epist. 41,4f vertieft das: In der Fähigkeit des menschlichen Geistes, über allen Fährnissen zu stehen, offenbart sich eine göttliche Macht.[607]

In der Rhetorik hat die Aufzählung von Leiden epideiktische Funktion: Tugend wird am Bestehen von Prüfungen aufgezeigt.[608] Das ist aber nicht der Sinn von 1Kor 4,11-13. Paulus will sich auch nicht durch seinen Lebensstil als eigentlichen Weisen präsentieren.[609] Sein Motiv blitzt kurz im διὰ Χριστόν V. 10a auf und wird im Peristasenkatalog 2Kor 4,7-11 deutlicher: Es ist die Konformität seiner Existenz mit dem verkündeten Wort vom Gekreuzigten. Auch in unserem Text konkretisiert

---

[602] Nach McLean, B.H.: Christ as a Pharmakos in Pauline Soteriology, SBL.SP 1991, 187-206 war Paulus dieses Ritual vertraut.

[603] Zumal man dann „Sühne für die Welt" bzw. „für alle" verstehen müsste. Das klänge doch anmaßend im Verhältnis zu dem bescheideneren „für euch" (ὑμῶν) IgnEph 8,1, das Stählin (s. Anm. 600) 92,7-15 als Konkurrenz zu Christi Leiden kritisiert, während er in 1Kor 4,13 das „verachtete Sühnopfer für alle" befürwortet (90f). Spicq (s. ebd.) 1228 möchte diese Bedeutung wenigstens nicht ausschließen. Die meisten neueren Kommentare lehnen sie ab.

[604] Vgl. einen ähnlichen Genitiv bei Josephus, bell. IV 241 τὰ ... καθάρματα τῆς χώρας ὅλης. Vielleicht kann man auch wie bei 1,27f τὰ μωρὰ τοῦ κόσμου, τὰ ἀσθενῆ τοῦ κόσμου, τὰ ἀγενῆ τοῦ κόσμου deuten: „in den Augen der Welt". So Weiss, 1Kor 115; Wolff, 1Kor 91.

[605] Hier begegnen die wesentlichen Gegensätze unseres Textes: „Er dünkt sich von allen der reichste, berühmteste, ... stärkste, verständigste ... Die übrigen betrachtet er als arm, ruhmlos, ehrlos, unverständig, ... Kehricht (καθάρματα)." Vgl. die ähnliche Sicht der vor Glück Aufgeblasenen (φυσᾶν) in Philo, Mos. I 30f. In det. 34 konfrontiert der Selbstsüchtige das Elend der Tugendfreunde mit seinem Wohlergehen.

[606] Vgl. Epiktet, diss. I 24 „Wie man mit den Peristasen kämpfen soll", bes. 24,1.8; ferner Seneca, prov. 2,1-7; Dio Chrys. 8,15f.

[607] „Wenn du einen Menschen siehst, nicht zu schrecken von Gefahren, unberührt von Begierden, im Unglück glücklich, mitten in stürmischen Zeiten gelassen ... Göttliche Kraft ist in ihn hinabgestiegen: Einen Geist, hervorragend, gemäßvoll, der alles als unbedeutend übergeht, was immer wir fürchten und wünschen, verlacht, den bewegt eine himmlische Macht."

[608] Vgl. Andrews, S.B.: Too Weak Not To Lead: The Form and Function of 2 Cor 11.23b-33, NTS 41, 1995, 263-276, 265f.

[609] Gegen Ebner 63.68, der das aus dem Vokabular kurzschließt.

Paulus die Torheit der Kreuzespredigt an seiner Person.[610] Dadurch wird der Wahn der Korinther, die Vollendung schon erreicht zu haben, als Anachronismus abgestempelt, der nur zu leicht mit der Übernahme weltlicher Maßstäbe zu verwechseln ist. Wenn der Apostel in Niedrigkeit und Entbehrungen durchhält, kommt darin zwar auch schon etwas von der Kraft Gottes, der Christus aus dem Tod erweckt hat, zur Anschauung.[611] In unserem Stück wird diese Antithetik aber höchstens in dem paradoxen Verhalten der Apostel V. 12bc.13a spürbar. Sie schlagen bei Beschimpfung und Verfolgung nicht mit gleichen Mitteln zurück; sie verharren aber auch nicht nur in passivem Erdulden, sondern spenden Segen und gute Worte. Das geht noch über die Geduld, Sanftmut und Seelengröße hinaus, die der stoische Weise gegenüber Unrecht und Beleidigung an den Tag legt, weil man ihm im Grunde kein Unrecht tun, schon gar nicht ihn beleidigen kann. Sein Wahlvermögen bleibt von all dem unberührt.[612] Für Paulus liegt jedoch darin nicht das eigentliche Gut des Menschen; deshalb kommt ihm – anders als dem Stoiker – auch der Freitod als letzter Ausweg aus den Bedrängnissen nicht in den Sinn.

Paulus überzeichnet das Hochgefühl der Korinther ironisch und stellt ihm die ins Extrem getriebene Schwäche der Apostel gegenüber, sozusagen um die Luft aus der aufgeblasenen Gemeinde herauszulassen. Angesichts der totalen Asymmetrie zwischen Gemeinde und Apostel muss ihre irreale Selbstwahrnehmung zerplatzen. Die Korinther sind gefragt, ob sie mit der Welt auf die Apostel herabsehen wollen. Ob Paulus damit auch eine apologetische Strategie verfolgt,[613] ist zweifelhaft. Dass man ihm seine gesellschaftliche Ächtung, sein Verfolgtsein und seine Lohnarbeit zum Vorwurf gemacht hätte, lässt sich nicht wahrscheinlich machen. Auch distanziert er sich in diesem Punkt nicht ausdrücklich von Mitmissionaren, die man gegen ihn hätte ausspielen können. So wird auch die Bestimmung des Stückes als *refutatio*[614] fraglich. Es hat, wie der folgende V. 14 klarstellt, primär paränetische Funktion.[615]

---

[610] Vgl. SCHIEFER FERRARI 181.187.195f.

[611] Vgl. die abschließenden Bemerkungen zu 2,1–5. Hier berührt sich Paulus mit Seneca, nur dass die Kraft nicht dem Geist an sich schon eignet, sondern von Gott stammt, der eschatologisches Leben schenkt. Zu den Peristasenkatalogen als „Merkmalen paulinischer theologia crucis und Eschatologie" vgl. SCHRAGE, W., Leid, Kreuz und Eschaton, EvTh 34, 1974, 141–175 (= Ders, Kreuzestheologie 23–57).

[612] Vgl. etwa Seneca, const.; Musonius, Frgm. 10 (HENSE); Epiktet, diss. I 25. EBNER 80f möchte auch hier die Parallele zwischen Paulus und dem kynisch-stoischen Weisen durchziehen, findet aber keine Entsprechung zum Segnen; zum παρακαλεῖν kann er nur Dio Chrys. 77/8, 38 nennen, wo es neben Schimpfen als Alternative steht. Das väterliche νουθετεῖν des verspotteten Philosophen ist gerade in dieser Rede (Vgl. §§ 42–45) energische „Aufklärungsarbeit" (EBNER 84), die kein Blatt vor den Mund nimmt.

[613] So PLANK 12–16: Paulus gesteht seine evidente Schwachheit zu, um die Leser in eine Falle zu locken und die Kriterien in Frage zu stellen, mit denen sie interpretiert wird. Aber eventuelle Vorwürfe müssen z.T. mit Hilfe von 2Kor rekonstruiert werden.

[614] So MALAN u.a.; s. Einleitung unter 5.

[615] Das unterstreicht FITZGERALD 128.147f. LAMBRECHT 59: zunächst polemisch, dann auch exemplarisch.

b) 4,14-21: Schlussappell mit stützenden Ankündigungen

(14) Nicht um euch zu beschämen schreibe ich das, sondern um euch als meine geliebten Kinder zurechtzuweisen[616]; (15) denn wenn ihr auch zehntausend Schulmeister in Christus hättet, so (habt ihr) doch nicht viele Väter, in Christus Jesus habe *ich* euch nämlich durch die Frohe Botschaft gezeugt. (16) Ich rufe euch also auf: Werdet meine Nachahmer! (17) Deswegen[617] habe ich euch Timotheus geschickt, der mein geliebtes und zuverlässiges Kind im Herrn ist, der euch erinnern soll an meine Wege in Christus [Jesus][618], wie ich überall in jeder Gemeinde lehre. (18) Doch als ob ich nicht zu euch käme, haben sich einige aufgebläht; (19) ich werde aber bald zu euch kommen, wenn der Herr (es) will, und werde kennenlernen – nicht die Rede der Aufgeblasenen, sondern die Kraft, (20) denn das Reich Gottes (erweist sich) nicht in Rede, sondern in Kraft. (21) Was wollt ihr? Soll ich mit dem Stock zu euch kommen oder in Liebe und im Geist der Sanftmut?

BIRGE, Language 33-44. BURKE, T.J.: Paul's Role as ‚Father' to his Corinthian ‚Children' in Socio-Historical Context, in: Ders./Elliott, Paul 95-113. COLLINS, R.F.: Reflections on 1 Corinthians as a Hellenistic Letter, in: Bieringer, Correspondence 39-61, 47-53. GERBER, Paulus 398-425. GUTIERREZ, P.: La paternité spirituelle selon saint Paul, EtB, Paris 1968. LAMBRECHT, example. MALAN, Analysis. OLLROG, Paulus 178-182. SCHRAGE, W.: Das Apostolische Amt des Paulus nach 1 Kor 4,14-17, in: Vanhoye, Paul 103-119.

Überwog im vorausgehenden Abschnitt – ausgenommen die 1. Sg. in V. 6a.9a – das „Wir", so tritt nun das persönliche „Ich" dem „Ihr" gegenüber. Die *correctio* V. 14 wird zunächst rückläufig begründet (V. 15). Ihr entscheidendes Verb νουθετεῖν nimmt dann das performative παρακαλῶ V. 16 sinngemäß auf. Der so eingeleitete Imperativ trägt auch das Folgende. Denn die in V. 17 umständlich erwähnte Sendung des Timotheus zeigt, wie die Korinther Nachahmer des Paulus werden können. Die V. 18-21 sind durch das Stichwort ἔρχεσθαι zusammengehalten. Unvermittelt kündigt Paulus gegenüber Zweifeln in Korinth (V. 18) sein eigenes baldiges Kommen an (V. 19; futurische Verben wie schon im zweiten Relativsatz V. 17). Dabei reißt er den Gegensatz von Wort (der Menschen) und Macht (Gottes) wieder auf, der bereits 1,17-2,5 bestimmte. Die begründende Sentenz V. 20 zementiert ihn. Den offenen Schluss bilden zwei Fragen, die die Korinther – nicht mehr nur die τινές von V. 18f – vor eine Alternative stellen. Reisepläne wie hier V. 17-21 haben zwar oft ihren Ort

---

[616] WEISS, 1Kor 115 Anm. 1, MERKLEIN, 1Kor I 319 und WOLFF, 1Kor 93 Anm. 392 wollen statt des Partizips das asymmetrische νουθετῶ (1. Sg.: 𝔓46c B D F G L Ψ 1881 2464 und die Mehrheit) lesen. Aber das könnte auch an γράφω angeglichen sein. Auch wäre ein erneutes Akkusativobjekt zu erwarten (LINDEMANN, 1Kor 113).

[617] Einige Mss. verdeutlichen den Bezug von διὰ τοῦτο zum Vorhergehenden durch αὐτό: „Ebendeswegen". METZGER, Commentary nimmt Dittographie an. Die Doppelung ist zwar sprachlich bei Paulus bezeugt: 2Kor 2,3; meist jedoch in der umgekehrten Reihenfolge: Vgl. BAUER, Wörterbuch s.v. αὐτός 1 h.

[618] Mehrere gute Hsn. (𝔓46 ℵ C 33 81 1175 1739 1881 2464 u.a.) fügen Ἰησοῦ hinzu. Dafür ZUNTZ, Text 181; THISELTON, 1Kor 373. WEISS, 1Kor 118 Anm. 1 plädiert für die Lesart von D F G ἐν κυρίῳ ' Ἰησοῦ. Doch steht diese westliche Variante nach COLLINS, 1Kor 200 unter dem Einfluss des vorausgehenden ἐν κυρίῳ.

am Briefschluss; sie stehen hier aber im Dienst der Mahnung. Deshalb sind Kap. 1–4 noch nicht als selbständiger Brief ausgewiesen.[619]

V. 14f Das Demonstrativpronomen bezieht sich sicher auf den V. 8–13 gezeichneten Kontrast. Wie die Aufzählung von bestandenen Widrigkeiten zum Lob gereichen kann, so könnte die Gegenüberstellung damit die Korinther „beschämen"[620]. Diese Absicht[621] bestreitet Paulus – im Unterschied zu 6,5; 15,34. Er wollte sie nicht herabsetzen, aber doch eine Verhaltenskorrektur[622] erzielen, die ins familiäre Verhältnis des Vaters zu seinen kleinen Kindern – 3,1f klingt nach – eingebettet ist.[623] Natürlich kann auch ein anderer Erzieher zurechtweisen,[624] aber in diesem Rahmen ist die Mahnung Ausdruck väterlicher Liebe. Diesen Unterschied zwischen den als hart verschrienen, weniger engagierten „Pädagogen"[625] und einem Vater hält V. 15a fest. Obwohl der Konditionalsatz irreale Bedeutung hat,[626] denkt der Leser bei diesen Schulmeistern an die andern Lehrer der Gemeinde, die sie aber nicht gegründet haben (vgl. 3,10). Paulus dagegen kann für die Christen in Korinth die geistliche Vaterschaft beanspruchen – und da kann es wie bei der physischen Vaterschaft nur *einen* Vater geben. Sie verdanken ihm ihr Dasein „als Christen".[627] Der lebenspen-

---

[619] Vgl. Einleitung unter 6b.

[620] Das Verbum ἐντρέπειν kommt in der LXX öfter im Passiv in der Bedeutung „gedemütigt werden" vor. Das Substantiv ἐντροπή 6,5; 15,34. Vgl. Hi 20,3 παιδεία ἐντροπῆς „schmähende Rüge". Die Beschämung kann im Rahmen brüderlicher Zurechtweisung heilsame Wirkung haben: 2Thess 3,14f.

[621] Die Präsenspartizipien haben hier finale Bedeutung: B-D-R 339,2c. Das ὡς ist aber deshalb kaum mit νουθετῶν zu verbinden, sondern führt wie 3,1 eine wirkliche Gegebenheit ein.

[622] Zu νουθετεῖν vgl. Spicq, Lexique 1072–1075, Gutierrez 188–197. LXX verwendet das Verb mehrmals in freier Übersetzung von Hiob. Es kann auch einfach „belehren" bedeuten, setzt aber meist – so auch in der gegenseitigen Zurechtweisung 1Thess 5,14; 2Thess 3,15; Röm 15,14 – ein Fehlverhalten voraus. Vgl. Pseudo-Plato, def. 416a; Plutarch, mor. 452c; Clemens Al., paed. I 76,1 definiert die Zurechtweisung als „fürsorglichen Tadel, der Besinnung (νοῦς) bewirkt". Collins 47f verweist auf den τύπος νουθετητικός bei Pseudo-Demetrius (s. Einleitung unter 5). Den Unterschied zwischen νουθετεῖν und schimpflichen Vorwürfen (ὀνειδίζειν, λοιδορεῖν) betonen Gnomologium Byzantinum 59 und Plutarch, mor. 89b (ersteres Sache der Freunde, letzteres der Feinde).

[623] Als Aufgabe und Recht des Vaters erscheint νουθετεῖν bzw. νουθεσία 1Βασ 3,13; Eph 6,4; Philo, spec. II 232 (in einer aufsteigenden Reihe von Erziehungsmaßnahmen); Josephus, ant. IV 260; VIII 217 (durch Worte bzw. Peitschenhiebe); bell. I 481; TestRub 3,8. Quintilian, inst. II 2,5: Als Nachfolger der Eltern mahnt der Lehrer. SapSal 11,10 vergleicht Gott, der die Israeliten prüft, mit einem mahnenden Vater, während ihre Feinde nur den Richter erfahren. Die Prüfungen dienen den sündigen Israeliten zur Warnung (12,2.26; 16,6; vgl. 1Kor 10,11). Ebenso weist Gott nach PsSal 13,9 den Gerechten durch Züchtigung als „Sohn der Liebe" zurecht. Ein ähnlicher Vergleich illustriert bei Josephus, ant. III 311 Strafmilderung.

[624] Zurechtweisung vom philosophischen Prediger: Diogenes Laert. VI 86; Plutarch, mor. 168c; Dio Chrys. 73,10; 77/8,42 (hier auch aus enger Verbundenheit). Vgl. Ebner (s. zu 4,6–13) 86.

[625] Vgl. Spicq, Lexique 1129–1131; Young, N.H.: *Paidagogos*: The Social Setting of a Pauline Metaphor, NT 29, 1987, 150–176. Das Wort meint eigentlich einen Sklaven, der das Kind auf dem Schulweg beaufsichtigt, dann aber auch den bezahlten Lehrer. Wichtig ist hier, dass der Pädagoge erst in einem sekundären Stadium der Erziehung eingespannt wird. Zwar kann er in Einzelfällen liebevoll den Vater ersetzen, wird aber doch in einigen Texten auch ausdrücklich vom Vater unterschieden. Vgl. Young 170, wo auch Beispiele für die hyperbolische Ausdrucksweise (vgl. 14,19) „zehntausend Schulmeister" angeführt werden: Plutarch, mor. 589f; Philo, her. 295; virt. 178; vgl. Gai. 54.

[626] Vgl. B-D-R 373,2.

[627] So ist das ἐν Χριστῷ bei „Lehrer haben" zu deuten: „im Christentum"; das ausladendere ἐν Χριστῷ Ἰησοῦ bei „zeugen" kann man kaum anders verstehen.

dende Akt der Zeugung war die Verkündigung des Evangeliums, nicht die Taufe (vgl. 1,14-17).

Ähnlich bezeichnet Paulus Phlm 10 den von ihm im Gefängnis bekehrten Onesimus als sein Kind, das er in Fesseln erzeugt (geboren?) hat. In Gal 4,19 sieht sich Paulus eher als Mutter, die um ihre Kinder, die Galater, Geburtswehen leidet. Das Vaterbild dagegen auch in 1Thess 2,11f im Kontext von Ermahnung. Aus ihm spricht wohlwollende Autorität, die aus dem Interesse am eigenen Fleisch und Blut herrührt. Indem er zu den Korinthern als zu seinen Kindern redet, wirbt er um die herzliche Zuneigung ihrerseits (2Kor 6,13). Die Metapher mobilisiert in 1Kor 4,15 sicher auch Affekte, noch mehr begründet sie den Anspruch des Gemeindegründers, den er dann V. 16 – mit folgerndem οὖν – erhebt.

Den religionsgeschichtlichen Hintergrund bildet zunächst einmal die weisheitliche Instruktion im Alten Orient und in Ägypten, die nach dem Vater-Sohn-Modell (vgl. die Anrede „mein Sohn") erfolgt. Es wirkt noch nach in CD XIII 7-9 (bezogen auf den „Aufseher") und 1QH VII (neue Zählung XV) 20-22: Gott hat den Lehrer der Gerechtigkeit zum Vater für die Söhne der Gnade und zum Pfleger eingesetzt. Wenn nicht nur die väterliche Funktion des Unterweisens übernommen wird, sondern wenn die Belehrung erst Leben eröffnet, kann das auch mit „zeugen" verbildlicht werden. So sagt Rabbi Jonathan: „Wenn einer den Sohn eines andern Tora lehrt, so rechnet es ihm die Schrift so an, als ob er ihn erzeugt hätte".[628] Aber auch Plato (bes. symp. 209a-c) kennt ein seelisches Erzeugen. Während er auf die Tugend als Erzeugnis abhebt, macht Philo, conf. 149 daraus die Kindschaft tugendhafter Seelen: „Die Entstehung der durch die Tugend zur Unsterblichkeit gelangenden Seelen, nicht die der vergänglichen Körper, wird auf die Führer zur Rechtschaffenheit als die Erzeuger und Väter zurückgeführt".[629] Dagegen ist nicht sicher, ob der hauptsächlich im lateinischen Sprachraum belegte Vatertitel für den Einweihenden in Mysterienkulten[630] mit der teilweise bei den Weihehandlungen erfahrenen „Wiedergeburt" zusammenhängt. In Corpus Hermeticum XIII ist Hermes ohnehin der Vater des Tat; indem er ihm die Lehre von der Wiedergeburt übermittelt, wird er ihm zu deren menschlicher Ursache (§ 4 γενεσιουργός τῆς παλιγγενεσίας). Als ihr eigentlicher Urheber (γενάρχης τῆς γενεσιουργίας) wird aber in § 21 Gott gepriesen. Paulus stellt solche Zusammenhänge zwischen seiner Vaterschaft und der „Neuschöpfung in Christus" (vgl. 2Kor 5,17) bzw. dem übernatürlichen Leben seiner „Kinder" nicht ausdrücklich her.[631]

---

[628] bSan 19b bei Bill. III 339. Die Parallelstellen (Bill. III 340f unter c) haben „machen" statt „zeugen", insinuieren also die Neuschöpfung. mBM 2,11 (ebd.) stellt ausdrücklich fest, dass der Weisheitslehrer seinen Schüler „in das Leben der zukünftigen Welt bringt".

[629] Vgl. noch Sokratiker, epist. 30,2: Plato kümmerte sich um die einen wie ein Erzeuger, um die andern wie ein Wohltäter; Philo, Gai. 58 (Makro als Lebensretter des Gaius); Epiktet, diss. III 22,81f (Der Kyniker hat sich alle Menschen zu Kindern gemacht). Quintilian, inst. II 2,4 verlangt vom Lehrer die Gesinnung eines Vaters.

[630] GUTIERREZ 54-70 siebt die von Dieterich beigebrachten Belege. Er vermutet, dass die orientalische Vaterbezeichnung für den Lehrer mit dem alten römischen Priestertitel *pater* eine Verbindung eingegangen ist, und verweist darauf, dass *pater* auch außerhalb von Initiationen in Kollegien vorkommt. Hier wäre auch der *pater candidatorum* im römischen Kult des Iupiter Dolichenus zu nennen. Er unterrichtet die neu Aufgenommenen. Vgl. HÖRIG, M./SCHWERTHEIM, E.: Corpus Cultus Iovis Dolicheni, EPRO 106, Leiden usw. 1987, Nr. 373.375f.380f. Vgl. auch HARLAND, Familial Dimensions.

[631] Dagegen trägt SAILLARD, M.: C'est moi qui, par l'Évangile, vous ai enfantés dans le Christ, RSR 56, 1968, 5-41, 38-40 an unserer Stelle Gotteskindschaft und Wiedergeburt ein. GUTIERREZ 135-156 arbeitet mit der Vorstellung vom Wort als Leben wirkendem Samen und lässt 156-168 Paulus an der Vaterschaft Gottes teilnehmen.

V. 16 Als ihr Vater kann der Apostel die Gemeinde zu seiner Nachahmung[632] aufrufen. In der Erziehung werden Eltern und Lehrer zu den nächsten Vorbildern.[633] Die Gemeinde ahmt Paulus nach, indem sie seine maßgebende Lehre übernimmt, aber auch indem sie sich existentiell an seinem Verhalten, besonders in der Bedrängnis, orientiert (vgl. 11,1 einmal im Bezug auf 10,33, zum andern auf 11,2; 1Thess 1,6; Gal 4,12; Phil 3,17;[634] 4,9). So steht Paulus hier den Korinthern in seiner V. 9-13 geschilderten Niedrigkeit vor Augen. Insofern darin aber die Botschaft vom Gekreuzigten konkret wird, schwört er sie nun auch noch einmal darauf ein. So sehr er bisher die Ausrichtung auf Personen verurteilt hat, so eindringlich schiebt er nun seine Person in den Vordergrund, allerdings insofern daran eine dem Kreuz gemäße Existenz ablesbar ist. V. 17 bringt wieder eine gewisse Versachlichung: Dort entsprechen dem Nachahmenswerten die „Wege" des Paulus, die Gegenstand seiner Lehre sind.

V. 17 Das setzt freilich voraus, dass „deshalb" nach rückwärts zu beziehen ist.[635] Die schon erfolgte[636] Entsendung[637] des Timotheus soll das Nachahmen ermöglichen, indem er die in Christus geltenden Verhaltensmaßstäbe[638] in Erinnerung

---

[632] Der Ausdruck ist griechischer Herkunft, aber auch im hellenistischen Judentum eingebürgert. Vgl. MICHAELIS, W.: Art. μιμέομαι κτλ, ThWNT 4, 1942, 661-678, der einseitig den Gedanken des Vorbilds hinter dem des Gehorsams zurücktreten lässt. Dagegen DE BOER, W.P., The Imitation of Paul, Kampen 1962, bes. 139-154; SCHULZ, A.: Nachfolgen und Nachahmen, StANT 6, München 1962, 308-331; STANLEY, D.: Imitation in Paul's Letters, in: Richardson/Hurd, Jesus 127-141; FIORE, B.: The Function of Personal Example in the Socratic and Pastoral Epistles, AnBib 105, Rom 1986, bes. 164-184. Ferner SANDERS, B.: Imitating Paul: 1 Cor 4:16, HThR 74, 1981, 353-363.; DODD, ‚I' 15-29. Zur Nachahmung Christi s. bei 11,1. Mit den kritischen Anfragen von CASTELLI, E.A.: Imitating Paul: A Discussion of Power, Louisville 1991 setzt sich THISELTON, 1Kor 371-373 auseinander.

[633] Vgl. Euripides, Hel. 940-944; Xenophon, mem. I 2,3; 6,3; Isokrates, or. 1,11; 13,17f; Philo, sacr. 65.68; Dio Chrys. 55,4f; Krates, epist. 19: Diogenes, dem Vater des Kynismus, nacheifern (ζηλοῦν); vgl. Diogenes, epist. 14 (μιμεῖσθαι); dagegen μιμεῖσθαι des Diogenes negiert bei Epiktet, diss. III 22,80; Krates, epist. 20; Quintilian, inst. II 2,8.

[634] Hier Paulus als τύπος; so auch im pseudepigraphen 2Thess 3,9: hier sollen die Christen nach den von Paulus empfangenen Überlieferungen wandeln (V. 6) und ihm als Arbeitendem nachstreben (V. 7; vgl. Apg 20,33-35). Prägebild sollen auch seine Schüler in Wort und Werk sein (1Tim 4,12; Tit 2,7); 1Petr 5,3 die Presbyter.

[635] Anders SCHULZ (s. Anm. 632) 309: auf den 2. Relativsatz. Der hat zwar finale Bedeutung (vgl. B-D-R 378). Aber ein eng anschließender ἵνα-Satz - wie Röm 4,16; 2Kor 13,10; Phlm 15; 1Tim 1,16 - wäre besser als Fortsetzung des διὰ τοῦτο zu erkennen.

[636] Kein epistolarer Aorist; s. Einleitung unter 3 mit Anm. 99. Nicht ganz klar ist, ob Timotheus schon vor dem Eintreffen der Nachrichten der Chloe-Leute abgeschickt wurde - so etwa WEISS, 1Kor 119 - oder nachher. Das διὰ τοῦτο spricht eher für Letzteres.

[637] Dazu MITCHELL, M.M.: New Testament Envoys in the Context of Greco-Roman Diplomatic and Epistolary Conventions: The Example of Timothy and Titus, JBL 111, 1992, 641-662. Gewöhnlich identifiziert man die Sendung mit der Apg 19,22 erwähnten Abordnung, obwohl dort nur Makedonien als Ziel und noch Erastos als Begleiter genannt werden. Dagegen jedoch GIELEN in MERKLEIN/GIELEN, 1Kor III 426f.

[638] Zu den vielfachen übertragenen Bedeutungen von „Weg" vgl. MICHAELIS, W.: Art. ὁδός κτλ, ThWNT 5, 1954, 42-119. Das Wort enthält, zumal im Plural, eine praktische Note, insofern Wege und Wandel zusammengehören. Die biblisch nicht belegte Verbindung mit dem Personalpronomen des menschlichen Lehrers will nicht auf seine persönliche Lebensführung hinaus, sondern auf das von ihm Gelehrte. Richtig MICHAELIS ebd. 91f. Dagegen DE BOER (s. Anm. 632) 151f: „his ways of humility, self-giving, toiling." SCHRAGE, 1Kor I 359f sieht hier eine verfehlte Alternative.

ruft[639]. Konkret wird Paulus an das denken, was er bisher im Brief ausgeführt hat: die Einheit der Gemeinde, die durch den Umstand geboten ist, dass allein das Wort vom Kreuz Christi heilsentscheidend ist. Mit dem καθώς-Satz setzt Paulus einen für 1Kor typischen „ökumenischen" Akzent (s. zu 1,3). Zuvor hatte er in einem ersten Relativsatz Timotheus den Korinthern warm empfohlen. Sie kennen ihn zwar von der Erstmission her, könnten ihn aber als bloßen Ersatzmann verachten (vgl. 16,10f). Die Auszeichnung des Timotheus mit „geliebtes Kind" liegt wohl nicht ganz auf derselben Ebene wie die Metaphorik in V. 14f. Denn nach Apg 16,1–3[640] war Timotheus schon „Jünger", als ihn Paulus auf seine Missionsreisen mitnahm. Er heißt hier wohl „Kind" als der vertraute Juniorpartner des Paulus in der gemeinsamen Arbeit für den Herrn (ἐν κυρίῳ; vgl. 16,10),[641] also in einem Meister-Schüler-Verhältnis.[642] Πιστός meint hier auch nicht „gläubig"[643], sondern wie 4,2 „zuverlässig". Das passt zu der Phil 2,22 an Timotheus gelobten Bewährung im δουλεύειν.

V. 18f Paulus muss sein Kommen schon im Vorbrief in Aussicht gestellt haben, so selbstverständlich setzt er es hier als bekannt voraus. Er kann sich die Arroganz (zu φυσιοῦσθαι s. bei V. 6) „einiger"[644] nur so erklären, dass sie diese Ankündigung nicht ernst nehmen.[645] Der Gedanke wäre: Wenn die Katze aus dem Haus ist, tanzen die Mäuse. Vielleicht haben manche dieses Kommen auch tatsächlich in Abrede gestellt, wenn λόγος in V. 19b auf eine entsprechende Behauptung geht. In dieser Gruppe, die von der in der 2. Pl. angeredeten Gemeinde abgesetzt ist, haben wir Anhänger des Apollos vermutet.[646] Ihnen gegenüber bekräftigt Paulus sein baldiges Kommen (vgl. Phil 2,24), allerdings unter dem in der Welt der Griechen gebräuch-

---

[639] Mit dem Verbum ἀναμιμνῄσκειν deutet Paulus an, dass sie eigentlich schon kennen (müssten), was Timotheus ihnen zu sagen hat. Vgl. Röm 15,15 (ἐπαναμιμνῄσκειν); 2Tim 2,14; Tit 3,1; 2Petr 1,12; 1Clem 62,2f (ὑπομιμνῄσκειν).

[640] CONZELMANN, 1Kor 119 Anm. 19 und viele folgern freilich aus τέκνον, Timotheus sei von Paulus bekehrt worden, auch wenn Apg 16,1f das „nicht ausdrücklich" sagten. Die Bekehrung müsste beim ersten Besuch in Lystra 14,6–21 erfolgt sein. Aber Timotheus ist offensichtlich Christ, weil seine Mutter gläubig ist (vgl. 2Tim 1,5), und muss Paulus erst noch empfohlen werden.

[641] Das könnte Phil 2,22 bestätigen: Timotheus stellte sich dem Evangelium mit Paulus zusammen als Knecht zur Verfügung – wie ein Kind seinem Vater. Die Pastoralbriefe führen diesen Sprachgebrauch von „Kind" fort: vgl. 1Tim 1,2.18; 2Tim 1,2; 2,1; Tit 1,4. Die Apostelschüler sind „rechtmäßige" Kinder als Traditionsträger. Vielleicht nennt auch „Petrus" den Markus als seinen Schüler und Mitarbeiter „mein Sohn" (1Petr 5,13). Vgl. ParJer 7,23: Jeremia schreibt an Baruch mit „mein geliebter Sohn".

[642] Rabbinische Parallelen bei Bill. III 341.

[643] So wenn Paulus auf die Bekehrung zielte. Dann hätte er auch besser ἐγενήθη (vgl. 1Thess 2,8) statt ἐστίν geschrieben.

[644] Die unbestimmte Angabe τινές bezeichnet eine Teilmenge von Menschen (vgl. 8,7; 15,6); gern werden so – auch mit dem Sg. τίς – anonym bestimmte Gegner umschrieben (15,12.34; 2Kor 3,1; 10,2.12; Gal 1,7; 2,12; Phil 1,15; Röm 3,8; später oft in 1Tim und 2Petr 3,9; Jud 4. Das Indefinitpronomen kann beschönigend für eine große Mehrheit – so für das Volk Israel 10,7–10; Röm 3,3; 11,17 – stehen oder auch untertreiben: so wohl 9,22; Röm 11,14.

[645] Mit ὡς wird hier der subjektive Grund angegeben: B-D-R 425,3. Nicht dass Timotheus statt des Apostels kommt, veranlasste sie dazu (gegen ROBERTSON/PLUMMER 91 u.a.); denn davon wussten sie noch nichts. Auch hätte Paulus dann statt des unbetonten μου besser ἐμοῦ αὐτοῦ geschrieben.

[646] Vgl. Exkurs 1 unter 3fin. Dort auch zu möglichen Motiven. Dazu würde die Gleichung λόγος = Beredsamkeit (s. Anm. 652) passen.

lichen[647] frommen Vorbehalt. Er ist besonders bei Reiseplänen (vgl. 16,7; Röm 1,10; 15,32; Apg 18,21) angebracht und hier – wie 16,7 – verchristlicht, indem κύριος das sonst übliche θεός ersetzt.[648] Die Gründe für ein gewisses Zögern offenbart 16,8f. Der zweite futurische Satz V. 19b bestätigt, dass einige Korinther große Reden geführt haben. Paulus wird sie bei seinem Kommen als haltlos überführen; sie ermangeln – im Unterschied zum Wort des Apostels (2,4f; 1Thess 1,5) – der δύναμις, die nur von Gott kommen kann.

V. 20 Paulus flicht eine grundsätzliche polemische Feststellung[649] ein, wie sie sich formal ähnlich in Röm 14,17 findet. Die Form mit εἶναι ἐν[650] und der Begriff des eschatologischen „Reiches Gottes"[651] (6,9f; 15,50; Gal 5,21 als Erbe, vgl. Eph 5,5; 2Thess 1,5; Ruf in die βασιλεία par. δόξα 1Thess 2,12) sind vorgegeben. Paulus füllt die Formel je nach dem Kontext: in Röm 14,17 mit menschlichen, wenn auch geistgewirkten Verhaltensweisen, hier mit der Kraft als wesensgemäßer Manifestation (modales ἐν) der βασιλεία (vgl. Mk 9,1; Apk 11,17; 12,10). Er liefert also keine erschöpfende Definition des „Reiches Gottes", schon gar nicht eine, die sein Wesen in die Gegenwart verlagerte – das entspräche ja der Tendenz der Korinther (V. 8). Auch macht die Analogie in Röm 14,17 es fraglich, ob er deswegen auf das Reich Gottes zu sprechen kommt, weil sie schon zu herrschen vorgaben. Mit dem λόγος ist auch nicht speziell die Rhetorik[652] getroffen, obwohl so Beredsamkeit ausgedrückt werden kann (s. zu 1,17; 2,1). Doch wird mit der pauschalen Formulierung das unzureichende, nur ankündigende menschliche Wort im Gegensatz zur Verwirklichung (vgl. noch einmal 1Thess 1,5 und das Paar λόγος καὶ ἔργον 2Kor 10,11; Röm 15,18; 1Joh 3,18 u. ö.) gemeint sein.

V. 21 Drohend stellt Paulus den Korinthern zwei Möglichkeiten zur Wahl, die sich beide mit seinem Vatersein vertragen:[653] Der Stock, der in der antiken Erziehung in

---

[647] Belege bei DIBELIUS, M.: Der Brief des Jakobus, KEK 15, Göttingen [8]1956, 215 Anm. 2. Z.B. Plato, Alk. 1 135d ἐὰν θεὸς ἐθέλῃ. Ebd. Belege für Vorkommen in Briefen.

[648] Natürlich könnte κύριος – wie wohl Jak 4,15 – auch für Gott stehen (so z.B. HEINRICI, 1Kor 164). Für die Deutung auf Christus – so z.B. WEISS, 1Kor 121 – spricht aber, dass Paulus Phil 2,24 „im Herrn" von seinem baldigen Kommen überzeugt ist und in 1Thess 3,11 der Kyrios neben Gott, dem Vater, den Weg des Apostels lenkt.

[649] Zur rhetorischen Funktion solcher Sentenzen vgl. RAMSARAN, Words 25.

[650] Ein ἐστίν ist wohl nach Röm 14,17 zu ergänzen. Dort haben wir allerdings „eine glatte Ist-Aussage" (HAUFE). Wie WEISS, 1Kor 122 ausführt, kann die Ausdrucksweise mit ἐν den Grund (so 1Makk 3,19) oder den Wesensgehalt (so bei der Definition Epiktet, diss. II 1,4; antithetisch III 24,55; IV 11,29) anzeigen; vgl. BAUER, Wörterbuch s.v. ἐν IV 3 „bestehend in"). Hier bezeichne das ἐν jedoch den begleitenden Umstand. CONZELMANN, 1Kor 120 Anm. 29 erinnert an 2,4. Auch der folgende V. 21b ist zu nennen.

[651] Im Unterschied zu 15,24 ist βασιλεία – gegen WOLFF, 1Kor 92.96; KREMER, 1Kor 96 – nicht mit „Königsherrschaft" zu übersetzen. Vgl. JOHNSTON, G.: „Kingdom of God" Sayings in Paul's Letters, in: Richardson/Hurd, Jesus 143-156, der die ausschließlich futurische Ausrichtung der Texte bestreitet; HAUFE, G.: Reich Gottes bei Paulus und in der Jesustradition, NTS 31, 1985, 467-472: „eigene, streng situationsbezogene Bildungen des Apostels [...], die sich zudem formal nicht an jüdische, sondern hellenistische Vorbilder anlehnen". DONFRIED, K.P.: in: Willis, W. (Hg.): The Kingdom of God in 20th Century Interpretation, Peabody 1987, 175-190.

[652] LINDEMANN, 1Kor 111.117 übersetzt mit „Redekunst". FITZMYER, 1Kor 225: „or eloquence".

[653] MERKLEIN, 1Kor 334 warnt davor, hier den Gegensatz von V. 15 einzulesen. Dagegen teilt LINDEMANN, 1Kor 112.118 den Stock den Pädagogen von V. 15b zu.

Familie und Schule unentbehrlich war (vgl. nur Spr 13,24; 22,15; Sir 30,1-13; Philo, all. II 89f), steht für scharfe Disziplinarmaßnahmen wie den 5,1-5 verfügten Ausschluss. Das können die Korinther doch eigentlich nicht „wollen" (vgl. 2Kor 12,20). Den „geliebten Kindern" mehr angemessen wäre die „Liebe", deren sie Paulus dann auch am Ende des Briefes (16,24) versichert.[654] Gepaart damit ist die „Milde"[655]. Dass Paulus hier vom „Geist der Sanftmut" spricht, kennzeichnet sie als Haltung,[656] nicht ausdrücklich als Frucht des heiligen Geistes, obwohl sie das nach Gal 5,23[657] auch ist.

Es ist Zeit für einen kurzen Rückblick auf 1,11-4,21. Paulus diagnostiziert hinter den Spaltungen in Korinth ein Verhaftetsein an die Weisheit dieser Welt, die die besondere Domäne der Griechen ist. Der reale Grund dafür schien uns im Auftreten des Apollos und dem dadurch ausgelösten Boom rhetorischer Weisheit in der Gemeinde zu liegen. Das fundamentale Problem ist, dass die christliche Botschaft in der griechischen Kultur als Fremdkörper erscheint. Paulus gibt das nicht nur zu, er interpretiert den „Kulturschock" als notwendige Folge des göttlichen Heilsplans, dem er in seiner absichtlich auf das Kreuz beschränkten Predigt entspricht (1,17-2,5). Dennoch geht er auch auf die Aspirationen der Korinther nach Weisheit ein, indem er ihnen die Erlösung im Kreuz als esoterische Weisheit für die Reifen lockend vor Augen stellt (2,6-16). Zugleich rehabilitiert er seinen angeschlagenen Ruf (3,1-4). Nachdem er in 3,5-4,6 die Bedeutung menschlicher Missionare heruntergespielt hatte, wirft er doch 4,9-13 sein persönliches Ethos in die Waagschale, um die Korinther dann 4,16 mit der väterlichen Autorität des Gemeindegründers zur Nachahmung aufzufordern. Der Hinweis auf Timotheus und die Bekräftigung des eigenen Kommens unterstreichen den Appell. Damit ist auch eine Basis für die folgenden disziplinarischen Maßregeln geschaffen.

B. 5,1-6,20: Gegen sexuelles und soziales Fehlverhalten

Nachdem der Apostel im Vorangehenden, besonders in 4,14-21, seine Autorität gefestigt hat, kann er jetzt auf ein weiteres Gerücht aus Korinth eingehen, einen Fall von „Unzucht" (πορνεία). Die Reaktion der Gemeinde darauf (5,2a „Aufgeblasen-

---

[654] Das Substantiv ἀγάπη vom Apostel noch 2Kor 2,4; 6,6; Röm 15,30; Phlm 9. Das Verbum ἀγαπᾶν vom Apostel der Gemeinde gegenüber noch 2Kor 11,11; 12,15. Zur Anrede ἀγαπητοί vgl. zu 10,14. Zum Thema der Liebe vgl. zu Kap. 13.

[655] Zu πραΰτης vgl. SPICQ, Lexique 1294-1306. Während die LXX mit πραΰς hebr. עָנָו / ʿānāw, עָנִי / ʿānî übersetzt und so die demütige Unterwerfung unter Gott charakterisiert, meint das Adjektiv – meist in der Form πρᾶος – und das davon abgeleitete Substantiv die Mäßigung im Zorn und bei der Rache, die besonders dem Herrscher gut ansteht. Auch im NT ist die Eigenschaft gerade beim Zurechtbringen (vgl. 2Kor 10,1 πραΰτης neben ἐπιείκεια; Gal 6,1; 2Tim 2,25) erfordert.

[656] Vgl. ebenso Gal 6,1; 1Petr 3,4 „das Sanfte und Ruhige des Geistes" Für dieses menschliche πνεῦμα vgl. etwa 2Kor 12,18. Eine wörtliche Parallele bietet nun 1QS III 8; IV 3 רוּחַ עֲנָוָה / rûaḥ ʿănāwāh. Doch hat sie einen dämonologischen Hintergrund wie ähnliche Bildungen in den TestXII.

[657] Hier in einem Tugendkatalog wie Kol 3,12 = Eph 4,2; Tit 3,2. Auch sonst wird ihr übernatürlicher Ursprung angedeutet: 2Kor 10,1 „Sanftmut Christi"; HEINRICI, 1Kor 165f möchte auch an unserer Stelle die spezifische Wirkung des πνεῦμα ausgedrückt sehen wie bei ähnlichen Genitivverbindungen. Ähnlich KREMER, 1Kor 97.

sein"; 5,6a „Ruhm") gleicht ihrem in 3,21a; 4,6.7.18.19 kritisierten Verhalten.[1] Die mit dem Stamm πορν- gebildeten Wörter häufen sich in Kap. 5f: 5,1 (zweimal); 5,9.10.11; 6,9.13.15.16.18 (zweimal). Die Thematik verfehlter Sexualität wird aber in den Sünderkatalogen 5,10.11; 6,9f ausgeweitet auf andere, hauptsächlich soziale Vergehen. Mit einem rechtlichen Problem befasst sich auch – ausgelöst durch das Stichwort „richten" in 5,12-13a – das 6,1-8 eingeschobene Stück. So ergeben sich drei Abschnitte: 5,1-13; 6,1-11; 6,12-20. Sie sind vom Stil der Diatribe (anklagende bzw. rhetorische Fragen, oft mit „Wisst ihr nicht", Kataloge) geprägt.[2] Ihr Abschluss ist entweder durch einen markanten Imperativ (5,13b; 6,20b) oder durch volle, liturgisch klingende präpositionale Angaben (6,11b) angezeigt.[3]

1. 5,1-13: Trennung vom Unzüchtigen

(1) Überhaupt hört man von Unzucht bei euch, ja, von einer solchen Unzucht, wie sie nicht einmal bei den Heiden (vorkommt)[4], dass nämlich einer die Frau seines Vaters hat. (2) Und ihr seid aufgeblasen und es tat euch nicht vielmehr leid, so dass ausgerottet würde aus eurer Mitte der, der diese Tat begangen hat? (3) Ich meinerseits habe nämlich – dem Leib nach abwesend, aber dem Geist nach anwesend – den, der dieses so vollbracht hat, gleichsam anwesend schon verurteilt (4) im Namen [unseres] Herrn Jesus [Christus][5], wenn ihr versammelt seid und mein Geist zusammen mit der Macht unseres Herrn Jesus, (5) den derartigen dem Satan zu übergeben zum Verderben des Fleisches, damit der Geist gerettet werde am Tag des Herrn[6].
(6) Euer Ruhm ist nicht gut. Wisst ihr nicht, dass ein wenig Sauerteig den ganzen Teig durchsäuert[7]? (7) Beseitigt den alten Sauerteig, damit ihr ein neuer Teig seiet, wie ihr ja Ungesäuerte seid. Denn unser Paschalamm wurde ja auch

---

[1] Eine stärkere Verklammerung mit den vorangehenden Kapiteln ist nicht ersichtlich. BACHMANN, 1Kor 195f; FEE, 1Kor 184.192 und DODD, ‚I' 67-72 wollen in 4,14-21 die Einleitung zum Folgenden sehen. Aber während in diesen Versen das Kommen und Durchgreifen des Apostels ebenso zukünftig sind wie die Unterweisung in seinen Wegen, hält er in Kap. 5f jetzt schon im Brief Gericht und gibt konkrete Anordnungen.

[2] Vgl. JACOBS, L.D.: Establishing a New Value System in Corinth, in: Porter/Olbricht, Analysis 374-387, 385f.

[3] Zur inneren Kohärenz der beiden Kap. und zur Frage der Sünde in der Gemeinde vgl. DEMING, Unity; KONRADT, Gericht 296-344; ROBERTSON, Conflict 182-209; SELLIN, G.: 1 Korinther 5-6 und der ‚Vorbrief' nach Korinth, NTS 37, 1991, 535-558; STRACK, Terminologie 177-210; UMBACH, Sünde 106-135; ZAAS, P.S.: Catalogues and Context: 1 Corinthians 5 and 6, NTS 34, 1988, 622-629.

[4] Der Mehrheitstext ergänzt als Verbum ὀνομάζεται („genannt wird"), vgl. Eph 5,3. Kein Verbum bei 𝔓46 ℵ* A B C D F G 33 81 1175 1739.

[5] ℵ A Ψ u.a. wenige lassen das Personalpronomen weg, viele Hsn., darunter auch 𝔓46 ℵ, fügen – gegen B D* 1175 1739 und wenige – Χριστοῦ hinzu. In V. 4fin. haben dann 𝔓46 P Ψ und einige Minuskeln nur του κυ ιηυ, 1739 sogar nur τοῦ κυ. Das Pronomen der 1. Pl. dagegen in ℵ A B D* 1175 u.a. Für die obige vollere Lesart ZUNTZ, Text 235f, der in V. 4a mit Marcion auch Χριστοῦ beibehalten will.

[6] Die Kurzlesung von 𝔓46 B 630 1739 verdient den Vorzug vor den von anderen Textzeugen gebotenen volleren christologischen Formen.

[7] D* hat δολοῖ „verdirbt", vg corrumpit, was durchaus einer bei Plutarch, mor. 289f belegten Anschauung entspricht, gerade deshalb aber – gegen LIETZMANN, 1Kor 24, ZUNTZ, Text 114 – nicht Urtext sein muss.

getötet: Christus; (8) so lasst uns also feiern, nicht mit dem alten Sauerteig noch mit dem Sauerteig der Schlechtigkeit und Verderbtheit, sondern mit dem ungesäuerten Brot der Lauterkeit und Wahrheit.

(9) Ich schrieb euch im Brief, ihr solltet euch nicht unter Unzüchtige mischen, (10) nicht überhaupt unter die Unzüchtigen dieser Welt oder die Habgierigen und Räuber oder die Götzenverehrer, da ihr dann freilich aus der Welt ausziehen müsstet. (11) Nun aber habe ich damit gemeint, ihr solltet euch nicht darunter mischen, wenn ein sogenannter Bruder ein Unzüchtiger, Habgieriger, Götzenverehrer, Lästerer, Trunkenbold oder Räuber ist, mit einem derartigen (solltet ihr) auch nicht einmal zusammen essen. (12) Denn weshalb sollte ich die draußen richten? Richtet nicht ihr die drinnen? (13) Die draußen aber wird[8] Gott richten. Rottet den Bösen aus eurer Mitte aus!

BLISCHKE, Begründung 121-130. CAMBIER, J.: La chair et l'ésprit en I Cor. V. 5, NTS 15, 1968/9, 221-232. COLLINS, A.Y.: The Function of „Excommunication" in Paul, HThR 73, 1980, 251-263. DE VOS, C.ST.: Stepmothers, Concubines and the Case of Πορνεία in 1 Corinthians 5, NTS 44, 1998, 104-114. FENSKE, Argumentation 71-87. FORKMAN, G.: The Limits of the Religious Community CB.NT 5, Lund 1972, bes. 139-151. GOLDHAHN-MÜLLER, I.: Die Grenze der Gemeinde, GTA 39, Göttingen 1989, 115-139. HARRIS, G.: The Beginnings of Church Discipline: 1 Corinthians 5, NTS 37, 1991, 1-21. HARTOG, P.: ‚Not Even Among the Pagans' (1 Cor 5:1): Paul and Seneca on Incest, in: Fotopoulos, J. (Hg.): The New Testament and Early Christian Literature in Greco-Roman Context. FS D.E. Aune, NT.S 122, Leiden/Boston 2006, 51-64. HORRELL, D.G.: Particular Identity and Common Ethics, in: Horn/Zimmermann, Jenseits 197-212. KÄSEMANN, Sätze. LATTKE, M.: Verfluchter Inzest: War der „Pornos" von 1Kor 5 ein persischer „Magos"?, in: Kessler/Ricklin/Wurst, Curiositas 29-55. MacARTHUR, S.D.: ‚Spirit' in Pauline Usage: 1 Corinthians 5.5, JSNT.SS 3, 1980, 249-256. MURPHY-O'CONNOR, J.: I Corinthians, V, 3-5, RB 84, 1977, 239-245. OSTMEYER, K.-H.: Satan und Passa in 1. Korinther 5, ZNT 5, 2002, 38-45. PASCUZZI, M.: Ethics, Ecclesiology and Church Discipline, Tesi Gregoriana, S. Teol. 32, Rom 1997. ROETZEL, Judgement 115-125. SMIT, J.F.M.: „That Someone Has the Wife of His Father", EThL 80, 2004, 131-143. SOUTH, J.T.: A Critique of the ‚Curse/Death' Interpretation of 1 Corinthians 5.1-8, NTS 39, 1993, 539-561. SYNOFZIK, Vergeltungsaussagen 53-56. TREVIJANO ETCHEVERRIA, R.: A proposito del incestuoso (1 Cor 5-6), Salm. 38, 1991, 129-153. WOLTER, M.: Der Brief des so genannten Unzuchtsünders, in: Gielen/Kügler, Liebe 323-337 (= Ders., Theologie 181-195).

Der Textkomplex wird dadurch zusammengehalten, dass der im ἵνα-Satz[9] V. 2 gegebene Rechtsbescheid am Ende (V. 13b) eingefordert wird. Während V. 1f den Fall schildern, spricht Paulus in V. 3-5 das Urteil aus. Dabei fallen die umständlichen Rückverweise auf den Täter, die Wiederholungen und der überladene Stil auf. In V. 6-8 bewertet er das Verhalten der Korinther und drängt sie mit einem Imperativ 2. Pl. (V. 7a) und einem Kohortativ 1. Pl. (V. 8) zum Handeln. In den unvermittelt

---

[8] Da in den älteren Majuskelhandschriften Akzente fehlen, gebührt dem Futur nur aus inhaltlichen Gründen (vgl. 6,2) der Vorzug vor dem ebenso möglichen Präsens (dafür ROBERTSON/PLUMMER, 1Kor 108). Ein ähnliches Problem stellt sich bei Röm 2,16; 3,6.
[9] Er hat hier geradezu konsekutiven Charakter: WEISS, 1Kor 126.

einsetzenden V. 9–11 stellt er ein Missverständnis richtig, zu dem ein früherer Brief Anlass geben konnte, und liefert V. 12.13a dazu eine Begründung.

V. 1 Die Verlegenheitspartikel „überhaupt" kaschiert das Fehlen eines Übergangs, setzt aber voraus, dass im Vorigen von Tadelnswertem die Rede war. Dass Paulus auch den neuerlichen Missstand in Korinth von den Leuten der Chloe (s. 1,11) erfuhr, kann man vermuten.[10] Πορνεία meint im biblisch-jüdischen Gebrauch nicht nur käufliche Liebe, sondern jede Art von „regelwidrigem Sexualverkehr"[11], an unserer Stelle sogar in einer eheähnlichen, dauernden Beziehung. Darauf weist „eine Frau haben" (vgl. 7,2.12.29; Mk 6,18par.; 12,23parr.; Lk 20,28).[12] „Die Frau des Vaters" steht in biblischer Sprache für die Stiefmutter, die griechisch μητρυιά heißen würde.

Das ist in der Abfolge Lev 18,7f eindeutig: Hier wird nach dem Verkehr mit der Mutter der mit der „Frau deines Vaters" verboten. Von da her sind die Gesetzesbestimmungen Lev 20,11 (Todesstrafe); Dtn 23,1 (= 11QT LXVI 12), die Verfluchung Dtn 27,20 und die Anklage Ez 22,10a zu interpretieren. Ähnlich stuft Josephus, ant. III 274 (μητέρες ... πατρὸς γαμετή) ab. In seiner Zusammenfassung der Inzestverbote versteht Philo die Versagung der Stiefmutter als Vorbeugung gegen den Verkehr mit der leiblichen Mutter (spec. III 20f). Aus der zusammenfassenden Überschrift § 12 („alleinstehende Frauen") wird klar, dass der Vater gestorben ist oder sich von seiner Frau getrennt hat. Das geht ebenfalls aus der Paraphrase von Lev 18,8 bei Ps-Phok 179f hervor. Dies ist auch in unserem Fall wahrscheinlich, der ja nicht als Einbruch in die Ehe des Vaters (μοιχεία) geschildert wird.[13] Ebenso sind die leibliche Mutter, deren Heirat als persische Sitte galt,[14] und die Konkubine[15] wohl auszuschließen. Conzelmann[16] folgert aus der Tatsache, dass Paulus über die Frau nicht urteilt, dass sie nicht der Gemeinde angehörte. Nach Bill. III 358 war der älteren, durch R. Eliezer (um 90 n. Chr.) vertretenen Anschauung[17]

---

[10] Anders DE BOER, Composition 233: von der Stephanas-Delegation. Aber die hat nach 16,18a den Geist des Paulus beruhigt. Dass die Geschichte auch in anderen Gemeinden bekannt ist, kann man nur heraushören, wenn man ὅλως einen sonst nicht belegten lokalen Sinn gibt. So WEISS, 1Kor 124.

[11] Vgl. KIRCHHOFF, Sünde 18–37; TIEDEMANN, Erfahrung 193–201. Πορνεία eröffnet – oft zusammen mit ἀκαθαρσία (Unreinheit) – Reihungen von Verhaltensweisen, die mit dem Christentum nicht vereinbar sind (vgl. Mk 7,21f; 2Kor 12,21; Gal 5,19–21; Eph 5,3; Kol 3,5) und ist 1Thess 4,3 erster Punkt der Paränese.

[12] Aus der parallelen Wendung „einen Mann haben" in Joh 4,17f ergibt sich, dass die Beziehung nicht immer legitim ist. Zum Sprachgebrauch der LXX vgl. CARAGOUNIS, C.C.: „Fornication" and „Concession"?, in: Bieringer, Correspondence 543–559, Anm. 17. Zu den Papyri R.E. KRITZER in: ARZT-GRABNER u. a., 1Kor 196f.

[13] So Diodor S. XX 33,5 beim heimlichen Verhältnis des Archagathos mit seiner Stiefmutter.

[14] Philo, spec. III 13 und viele Autoren, die LATTKE 41–49 zusammengestellt hat. Nach Appian, Syr. 59–61; Plutarch, Demetr. 38; Lukian, Syr. dea 17f trat Seleukos seine Frau Stratonike seinem Sohn Antiochos sogar freiwillig ab. Die Polemik in Arist 152 gegen die Befleckung von Müttern und Töchtern könnte auf Blutschande im Haus der Ptolemäer anspielen.

[15] Die würde παλλακή bzw. παλλακίς heißen. Das biblische Paradebeispiel ist der Verkehr Rubens mit Bilha, der Nebenfrau Jakobs (Gen 35,22); es wird in Jub 33 (mit Bezug auf Lev 20,11 und Dtn 23,1) und TestRub paränetisch ausgebreitet. Eine griechische Parallele – ebenfalls zu Lebzeiten des Vaters – Homer, Il. IX 451f. DE VOS 113 nimmt an, Paulus habe den Unterschied zwischen einer Ehefrau und einer Konkubine nicht erkannt. WOLTER lässt in seinem sonst aufschlussreichen Fake den Unzuchtsünder mit der ehemaligen Konkubine seines verstorbenen Vaters zusammenleben. Da das aber in der heidnischen Umwelt möglich war, muss er 332 „wie nicht einmal bei den Heiden" als rhetorische Übertreibung erklären.

[16] 1Kor 123 Anm. 24; anders WEISS, 1Kor 125.

[17] Bezweifelt von TOMSON, Paul 100f.

zufolge dem Heiden die Stiefmutter zur Ehe erlaubt; das wurde auch auf die Ehe eines Proselyten mit seiner Stiefmutter ausgedehnt. Ob aber diese Stellungnahmen der alten Synagoge in Korinth bekannt waren, wie Bill. annimmt, ist fraglich.

Obwohl die Verbindung vielleicht ehrbare Motive (Versorgung der Stiefmutter) hatte und keine Blutsverwandtschaft vorliegt, erscheint sie Paulus als besonders schwerer Fall von Unzucht. Um die Gemeinde zu beschämen, wählt er als Parameter die für ihre sittliche Haltlosigkeit berüchtigten[18] Heiden. Solche Verhältnisse waren tatsächlich bei Griechen[19] und Römern[20] nicht erlaubt. Obwohl häufig Verstöße gegen diese Sitte beklagt werden,[21] ist in dem Relativsatz wohl eher das rhetorisch übertreibende „kommt nicht vor" zu ergänzen als das eigentlich sachgemäße „wird nicht geduldet".[22] Nicht die Gesetzgebung – nach seiner Formulierung (vgl. auch V. 2fin. und V. 13b) orientiert sich der Apostel ohnehin am atl. Gesetz –, sondern die Praxis der Heiden ist der Bezugspunkt.

V. 2 ist wohl nicht als Feststellung, sondern als vorwurfsvolle Frage zu lesen. Zwar kann οὐχί eine einfache Negation sein,[23] aber zusammen mit μᾶλλον steht es auch 6,7b.c; 2Kor 3,8; Justin, dial. 95,1.2 in Fragesätzen.[24] Mit einer so schweren Sünde verträgt sich die – schon vorher gegeißelte – Überheblichkeit[25] der Korinther – zumindest der maßgebenden Leute – nicht. Vielleicht haben sie die Verbindung toleriert, weil das atl. Gesetz für sie keine Bedeutung mehr hatte. Über andere Gründe, z.B. den Reichtum und Einfluss des Unzüchtigen,[26] kann man nur spekulieren. Paulus erwartet von der Gemeinde keine Anzeige bei staatlichen Behörden; sie hätte sich aber über die Sünde betrüben müssen (Aorist von πενθεῖν). Solche Trauer ist – oft verbunden mit Selbstminderungsriten wie Fasten – ein Zeichen der Umkehr beim Sünder (vgl. TestRub 1,9f); sie gehört sich aber auch für die Mitchristen, da sie

---

[18] SapSal 14,12.23-27 und Röm 1,22-31 stellen eine Beziehung zwischen Götzenverehrung und moralischen Exzessen her. Vgl. HECKEL, Bild 285-287. Zur Ausdrucksweise PsSal 1,8a: „Ihre Gesetzlosigkeiten übertrafen die der Heiden vor ihnen"; 8,13 „Sie ließen keine Sünde übrig, die sie nicht verübten mehr als die Heiden". Ähnlich 3Esr 1,47.

[19] Tatian, or. 28,2; für die Pythagoreer vgl. Jamblich, v. P. 210.

[20] Zur Lex Iulia vgl. A. METTE-DITTMANN, Die Ehegesetze des Augustus, Hist.E 67, Stuttgart 1991, 34f.42-49. Zu späteren Texten ausführlich HARTOG 55-57.

[21] Vgl. die Sammlung von Belegen bei HARTOG 57-59. Er nennt noch Seneca, Phaedra 165-173. Hier bezeichnet die Amme die Liebe ihrer Herrin zum Stiefsohn als „Verbrechen, das noch kein Barbarenland je beging".

[22] So aber WINTER, After 46-49, der daraus noch entnimmt, dass der Vater nicht gestorben war, weil nur die Kombination mit Ehebruch rücksichtslos verfolgt wurde. MAY, Body 64 möchte eher ἀκούεται ergänzen.

[23] So BAUER, Wörterbuch 1210 unter 1 zu unserer Stelle. Aber auch in 6,1 begegnet es in einer Frage, wie der mit ἤ anschließende V. 2 verdeutlicht.

[24] Vgl. B-D-R 432,2.

[25] Zu φυσιοῦσθαι s.o. zu 4,6. Wahrscheinlich sollte man das καί adversativ nehmen (WOLFF, 1Kor 98 mit B-D-R 442,1) und das Perfekt übersetzen: „Und (dennoch) seid ihr *immer noch* aufgeblasen". Jedenfalls sagt Paulus nicht ausdrücklich, dass die Korinther *wegen* des Unzüchtigen aufgeblasen sind: Richtig ROBERTSON/PLUMMER, 1Kor 96; TREVIJANO ETCHEVERRIA 131f; KONRADT, Gericht 300-308; MAY, Body 96f.

[26] Vgl. CHOW, Patronage 130-141; CLARKE, Leadership 80-88; WINTER, After 53.

von der Sünde als Verunreinigung (s.u.) mitbetroffen sind.[27] Sie hätten darüber hinaus den, der sie verunreinigt, aus ihrer Mitte ausstoßen müssen. Das Gesetz über die verbotenen sexuellen Beziehungen Lev 18 sieht am Ende vor: „Alle, die irgendeine dieser Greueltaten begehen, werden aus der Mitte ihres Volkes ausgemerzt" (V. 29 hebr. nif. von כרת/krt, LXX ἐξολεθρεύεσθαι). Der Grund ist die Verunreinigung des Landes. Ähnlich begründet Jub 33,10f die Todesstrafe[28] für den Inzestuösen: „Und keine Unreinheit soll sein vor unserem Gott in dem Volk, das er sich zum Eigentum erwählt" (vgl. V. 19f). Paulus verlangt zunächst die Entfernung des Unzüchtigen aus dem Gottesvolk. Das hat aber auch physische Konsequenzen für diesen, wie wir bei V. 5 sehen werden.

V. 3-5 Mit einem selbstbewussten ἐγὼ μέν[29] leitet Paulus seine autoritative Stellungnahme ein, die die V. 2fin. ausgesprochene Sanktion in die Tat umsetzt (deshalb γάρ). Er ist zwar nicht vor Ort, aber mit einem Topos der Freundschaftsbriefe[30] macht er seine geistig-moralische Anwesenheit geltend, die durch den Brief vermittelt ist.[31] Im epistolaren Perfekt teilt er sein Urteil[32] mit. Wenn der Apostel hier etwas tut, was er den gewöhnlichen Gläubigen in 4,5 verwehrt, nämlich „richten", so würde sich gut die Angabe V. 4a anschließen: Er kann das ἐν τῷ ὀνόματι τοῦ κυρίου ᾽Ἰησοῦ, also im Namen des erhöhten Herrn tun.[33] Es ist allerdings nicht sicher, wozu diese Wendung gehört. Conzelmann[34] listet sechs verschiedene Möglichkeiten auf. Dazu kommt noch die neuerdings diskutierte Verbindung mit κατεργασάμενον.[35] Wenn man aber „mit der Macht unseres Herrn Jesus" (V. 4fin.) eher zum *Genetivus absolutus* in V. 4b ziehen muss,[36] passt der vorhergehende paral-

---

[27] Trauer über die Sünden anderer: 1Esr 8,69; 9,2; 2Esr 10,6; 3Esr 8,70f; TestJos 3,9; 1Clem 2,6.
[28] Vgl. V. 13 „ihn sterben zu lassen und ihn zu töten und ihn zu steinigen mit Steinen und ihn zu vernichten mitten aus dem Volk unseres Gottes". Auch die Mischna (mSan 7,4 bei Bill. III 348f) verhängt über den, der seiner Mutter bzw. Stiefmutter beiwohnt, die Steinigung.
[29] Zu diesem anakoluthischen μέν vgl. BAUER, Wörterbuch 1019, der noch 1Thess 2,18 nennt.
[30] Vgl. die in der Einleitung unter 5 Anm. 105 genannte Lit., bes. THRAEDE, Grundzüge 97-102; BÜNKER, Briefformular 28f. Die deutlichsten Parallelen sind Kol 2,5 und P.Lond 1926 (THRAEDE, Grundzüge 80); lateinische bietet Ovid (THRAEDE, Grundzüge 55-61). Πνεῦμα hat hier wie V. 4.5 im Gegenüber zu σῶμα bzw. σάρξ anthropologischen Sinn (vgl. zu 2,11a).
[31] Vgl. Aelius Arist., or. 24,1 (BEHR): Durch eine schriftlich übersandte Rede will er mit den Adressaten „zusammensein".
[32] Κρίνειν heißt hier wohl kaum „beschließen", weil dann das Objekt von παραδοῦναι durch V. 4 getrennt ungeschickt vorausgenommen wäre. Eine vergleichbare Konstruktion (κρίνειν mit personalem Objekt und folgendem Infinitiv) in Mk 14,64.
[33] Ausführliche Begründung bei FEE, 1Kor 206-208; KONRADT, Gericht 310-312. KÄSEMANN 72-75 wertet unsere Perikope als Beispiel für die Setzung von charismatischem Recht aus.
[34] 1Kor 124. Mt 18,20 „versammelt auf meinen Namen" rät an sich dazu, „im Namen" mit συναχθέντων zu verbinden; aber die Wendung steht meistens nach dem Verbum. KRUG, Kraft 172 teilt die präpositionalen Bestimmungen zwischen der Gemeinde und Paulus auf.
[35] Befürwortet von Kommentatoren, die im Unzüchtigen einen bewussten Libertinisten sehen, z.B. MURPHY-O'CONNOR 240f; COLLINS 253; SCHRAGE, 1Kor I 372; HORSLEY, 1Kor 79. Dagegen berechtigte Zweifel bei MERKLEIN, 1Kor II 34. Zu deutlich steht „Im Namen des Herrn Jesus" parallel zu „mit der Kraft unseres Herrn Jesus". MURPHY-O'CONNOR 241 muss daraus einen Kontrast machen.
[36] MURPHY-O'CONNOR 242 u.a. empfinden die Assoziation der συν-Wendung mit dem συν-Kompositum als natürlich (vgl. Mi 2,12LXX). Sachlich kann man an die Mt 18,20 verheißene Gegenwart Christi

lele Ausdruck V. 4a am besten zu dem Hauptverb in V. 3 (κέκρικα; vgl. ähnlich 1,10 und die dazu angegebenen Parallelen). Um aber seinem Spruch das Einseitige zu nehmen, beschwört Paulus in V. 4 die Szenerie einer Gemeindeversammlung, an der er wieder durch seinen Geist teilnimmt. Das heißt doch wohl, dass das Urteil über den Unzüchtigen beim Verlesen des Briefes von allen ratifiziert werden soll. Der gemeinsame κύριος verleiht dann der Entscheidung Durchschlagskraft.[37] Am Übeltäter kann zwar nicht direkt die im Gesetz vorgesehene Todesstrafe (durch Steinigung) vollzogen werden, aber indem man ihn der Verfügung Satans übergibt[38], der offenbar außerhalb des Heilsbereichs der Gemeinde ungehemmt wütet (vgl. 2Kor 4,4; IgnEph 13,1), wird sein leibliches Verderben[39] bewirkt.

Die Rabbinen legen die biblische „Ausrottung", die u.a. dem droht, der mit der Frau seines Vaters schläft (mKer 1,1), auf einen vorzeitigen Tod aus (bMQ 28a).[40] Ruben büßt seine Untat sieben Monate lang an seinem Geschlechtsteil (TestRub 1,7f). Wie Gott Hiob in die Hand Satans gibt (Hi 2,6f; LXX παραδιδόναι; vgl. 16,11 mit סגר/sgr hif. = LXX παραδιδόναι; Test-Hiob 20,3),[41] so praktiziert Paulus Gottesrecht, indem er den Delinquenten aus der Gemeinde ausschließt. Man hat vor allem in den Qumrantexten Analogien für dieses Verfahren gesucht.[42] Der in Dtn 27,11–26 beschriebene Fluchritus (u.a. über Inzest) wird nach 1QS II 4–18 (vgl. 4Q286, Frgm. 7 II) jährlich über die Außenstehenden und den Abtrünnigen (16 er soll ausgetilgt werden aus der Mitte aller Söhne des Lichts) vollzogen. Dabei sprechen Priester und Leviten den Fluch aus, die Übrigen antworten mit „Amen. Amen". Ähnlich kann man sich

---

unter den versammelten Gläubigen denken. DEISSMANN, Licht 257 wollte allerdings συν – bezogen auf eine Gottheit – als technischen Ausdruck im Bindezauber plausibel machen und deshalb „mit der Macht unseres Herrn Jesus" zu „übergeben" nehmen. Aber συν wird bei Paulus nie instrumental gebraucht: FEE, 1Kor 206 Anm. 46.

[37] Δύναμις parallel zu ὄνομα vgl. Apg 4,7. Statt wie sonst von der Macht Gottes ist auch in 2Kor 12,9; Phil 3,10 von der Macht des Auferstandenen die Rede, freilich in anderem Zusammenhang.

[38] Παραδιδόναι hat innerhalb eines Strafprozesses technische Bedeutung und meint die Überstellung an die richterliche oder strafende Instanz. Nach 1Tim 1,20 hat Paulus zwei Ketzer dem Satan ausgeliefert. Die Übereinstimmung mit 1Kor 5,5 ist kaum literarisch bedingt; vielmehr verrät sie eine gebräuchliche Formel, die Analogien in den Fluchtafeln und Zauperpapyri findet. Dort ist sie auch rituell verankert. Vgl. AUDOLLENT, A.: Defixionum Tabellae, Paris 1904; Nr. 156 redet einen Dämon namens Eulamon an: „da ich dir Adeodatus [...] übergebe, bitte ich dich, ihn im Bett der Bestrafung zu strafen." Vgl. Nr. 155 Z. 134 (παρατιθέναι, anderswo ἀνατιθέναι); 248 (trado). DEISSMANN, Licht 257 zitiert aus dem Londoner magischen Papyrus 46 = PGM V 334–336 „Totendämon, [...] ich überantworte dir den N. N., auf dass ..." Im PGM IV 1240–1249 wird der Dämon selbst in das schwarze Chaos im Vernichtungsort übergeben. NDIEC 4, 1983, § 73 Übergabe eines Grabschänders an die unterirdischen Götter. PETERSON, 1Kor 187 hebt den Unterschied zwischen solchem privaten Schadenszauber und der offiziellen Bestrafung durch die Kirche hervor.

[39] Ὄλεθρος erinnert an ἐξολεθρεύεσθαι von Lev 18,29. Die LXX übersetzen hebr. כרת/krt meist mit (ἐξ)ολεθρεύειν (vgl. ROSNER, Paul 64). Ὄλεθρος vom eschatologischen Untergang der Selbstsicheren 1Thess 5,3; vgl. zu 10,10. CAMBIER 228–231; FEE, 1Kor 210–213; SOUTH 545 u.a. wollen das von der Zerstörung fleischlicher Lebensweise verstehen. Aber dass dies besser in der Verfügung Satans möglich ist, ist unwahrscheinlich. Vgl. CD VIII 1f = XIX 13f: Gott wird sie heimsuchen „zur Vernichtung durch Belial".

[40] Vgl. die Texte bei Bill. I 271–273.

[41] Nach einem späten Midrasch (ExR 21 [84a] bei Bill. III 358f) tut er das zugunsten seines Volkes.

[42] Vgl. FORKMAN; die verschiedenen Formen des Synagogenbanns sind weniger radikal und lösen nicht Krankheit oder Tod aus.

das Zusammenwirken des Apostels mit der Gemeinde vorstellen.[43] Während Anordnungen für einzelne Fälle (1QS VI 24 – VII 25; VIII 20 – IX 2) auch eine nur zeitweise Exkommunikation vorsehen, wird der grundsätzliche Fluch aktualisiert, wenn man Apostaten definitiv fortschickt. In CD XX 2-8 ist allerdings Zurechtweisung und eventuelle Wiederaufnahme möglich. Paulus dagegen sagt nichts von einer vorherigen Verwarnung, wie sie die Regel Mt 18,15-17 empfiehlt. Offensichtlich hat der Fall schon eine gefährliche Öffentlichkeit erlangt. Er befristet den Ausschluss – in Qumran bis zu zwei Jahren – auch nicht, wohl weil er angesichts des nahen Tages des Herrn (V. 5) klare Verhältnisse schaffen möchte.

Während jedoch 1QS II 14 dem Abtrünnigen die Vernichtung des Geistes wünscht, stellt der Finalsatz V. 5fin. den heilsamen Ausgang wenigstens für das von der σάρξ unterschiedene πνεῦμα[44] des Verurteilten in Aussicht. 11,30-32 werden uns lehren, dass Krankheit und Tod für die Christen ein Mittel der Züchtigung – dies auch nach 1 Tim 1,20 der Zweck der Übergabe an den Satan – sein können, so dass sie nicht „mit der Welt verurteilt" werden (vgl. auch o. zu 3,14f). Weil nach jüdischer Auffassung[45] die Sünde mit der zeitlichen Strafe abgegolten ist, kann die beim Christwerden gegebene Heilsverheißung zum Tragen kommen. Freilich werden etwa in den PsSal die Übertretungen nur dann getilgt, wenn der Gezüchtigte Gottes gerechtes Gericht anerkennt. Und die Rabbinen sprechen dem Sterben nur dann sühnende Kraft zu, wenn sich auch Umkehr damit verbindet.[46] Entsprechend postulieren manche Ausleger auch für unseren Fall, dass die leibliche Strafe zur Buße führen soll[47] – wie bei Ruben (TestRub 1,9f). Doch ist nichts darüber gesagt, wie der Bestrafte sein Leiden aufnehmen wird (anders 11,31a). Wenn man an ein Strafwunder wie Apg 5,1-11 denkt, hätte er keine Gelegenheit zu einer Stellungnahme mehr.[48] Aus der Rettung des πνεῦμα des Auszustoßenden kann man aber auch nicht umgekehrt auf einen *character indelebilis* des Getauften bzw. Gerechtfertigten schließen, der sich selbst außerhalb der kirchlichen Gemeinschaft noch bis ins Gericht durch-

---

[43] KÄSEMANN 73: Die Stimme des Geistes kommt durch den Apostel zu Gehör und wird von der Gemeinde mit ihrer Akklamation bestätigt. Außerdem obliegt der Gemeinde die Ausführung (vgl. V. 13b). Die Rolle der Gemeinde akzentuiert dagegen BAMMEL, E.: Rechtsfindung in Korinth, EThL 73, 1997, 107-113.

[44] Ein kollektives Verständnis (THRAEDE, Grundzüge 102; COLLINS 259; FITZMYER, 1Kor 240 u.a.), wonach der Gemeinde verliehene Geist gemeint sei, scheitert daran, dass dieser nicht „gerettet" zu werden braucht. Das trifft auch auf den heiligen Geist des Einzelnen zu. Übersetzt man „bewahrt", wäre eher τηρεῖν wie 1Thess 5,23 zu erwarten. Gerettet wird ein menschliches Subjekt (vgl. 1,18.21; 3,15). Zu „Fleisch" und „Geist" als menschlichen Komponenten vgl. 2Kor 7,1; Kol 2,5; Mk 14,38; 1Petr 4,6; an letzterer Stelle bezeichnet „Geist" das den leiblichen Tod überlebende Ich wie in apokalyptischen Texten: vgl. BRANDENBURGER, Fleisch 60-62. So auch hier. Vgl. ebd. 83 und MacARTHUR 253f.

[45] Zur Vorstellung vom Züchtigungsgericht vgl. KLINGHARDT, M.: Sünde und Gericht von Christen bei Paulus, ZNW 88, 1997, 56-80, 65-72.

[46] Vgl. LOHSE, E.: Märtyrer und Gottesknecht, FRLANT 64, Göttingen ²1963, 26-50. In TestAbr (A) 14,14f führt Gott die zunächst hinweggerafften Sünder zum Leben. „Denn für eine bestimmte Zeit habe ich sie zum Gericht dahingegeben. Die ich nämlich beim Leben auf dieser Welt vernichte, denen werde ich im Tode nicht vergelten."

[47] So zuletzt MERKLEIN, 1Kor II 38; KONRADT, Gericht 313-321 mit einer unwahrscheinlichen (s.o. Anm. 39) Deutung von εἰς ὄλεθρον τῆς σαρκός. Ähnlich BLISCHKE 125f.

[48] Anders die ehebrecherische Rufina in ActPetr 2. Paulus sagt ihr die augenblickliche Lähmung durch den Satan an, räumt ihr aber auch noch die Möglichkeit der Reue ein.

hält. Dagegen spricht 10,1–11. Beide Folgerungen gehen über den Text hinaus. So sehr Paulus im Namen des Herrn schon jetzt richterliche Gewalt ausübt, so hat doch dieser Herr das letzte Wort am Tag des Gerichts (zur Ausdrucksweise s. 1,8). Alle Maßnahmen von Kirchenzucht und auch die vorweggenommene Strafe bleiben darauf hingeordnet. Und sie dienen letztlich dem Heil des Betroffenen – im Unterschied zu den verglichenen Riten von Bann und Fluch. Verfahren der Buße und der Wiedereingliederung in die Gemeinde sind allerdings noch nicht ausgebildet.

V. 6 Nach der ironischen Karikatur 4,7f wähnen sich die Korinther im Vollbesitz des Heiles. Sie tun sich damit auch angesichts von schwerer Sünde in ihrer Mitte groß.[49] Wieder heißt das nicht unbedingt, dass sie auf den Sünder auch noch stolz sind.[50] Aber sie werden diesen Fall als unerheblich für die Mehrheit angesehen haben. Deshalb sucht sie Paulus mit einem als bekannt angenommenen (zu „wisst ihr nicht" vgl. 3,16) Sprichwort (vgl. Gal 5,9; Mt 13,33par.) von der verheerenden Wirkung des Vorgangs auf die Gemeinde zu überzeugen. Der Sauerteig[51] illustriert zunächst nur die durchdringende Kraft einer kleinen Menge.

V. 7f assoziiert Paulus aber die Gebräuche des Paschafestes[52], und da hat der Sauerteig verunreinigende Bedeutung. Das Pascha steht hier im Zeichen des Aufbruchs und des Neuanfangs. Dabei deutet Paulus das Hinausschaffen des Sauerteigs (Ex 12,15b)[53] und das siebentägige Fest (ἑορτάζειν V. 8 wie Ex 12,14bc) mit ungesäuertem Brot (vgl. Ex 12,15–20; 13,3–8; Dtn 16,3f) moralisierend aus.

Ähnlich versteht Philo, quaest. in Ex I 15; II 14; congr. 169 den Sauerteig als Symbol der süßen Lust und der Überheblichkeit. Wie er den Teig aufgehen lässt, so ist der durch ihn dargestellte Seelentyp „aufgeblasen" (spec. I 293 φυσᾶσθαι vgl. V. 2). In spec. II 158-161 gibt er allerdings eine andere, rationalistischere Deutung der ἄζυμα; in spec. II 184f wertet er ζύμη positiv. Die Beispiele lassen vermuten, dass Paulus die moralisierende Allegorese des Pascha-Ritus in der hellenistischen Synagoge (in Jerusalem?) gelernt hat.

Meinte der Sauerteig in V. 6b noch den Skandal des Unzüchtigen, so soll die Gemeinde sich nun von jeder Art von Schlechtigkeit reinigen. Im vielfältig anwendba-

---

[49] Καύχημα bezeichnet öfter den Grund des Ruhmes (vgl. BAUER, Wörterbuch 866 unter 1), hier aber wie 2Kor 5,12; 9,3 den Akt des Sich-Rühmens. Zur Verwandtschaft von „Sich Rühmen" und „Aufgeblasensein" vgl. zu 4,6.

[50] Vgl. Philo, spec. III 37 von der Päderastie: „Was früher sogar auszusprechen eine Schande war, das ist nun Gegenstand des Ruhms (αὔχημα) nicht nur für die es tun, sondern auch für die es erleiden". Ähnlich Arist 152: Ganze Länder und Städte rühmen sich (σεμνύεσθαι) des unrechtmäßigen Geschlechtsverkehrs.

[51] Vgl. WINDISCH, H.: Art. ζύμη κτλ, ThWNT 2, 1935, 904–908. Vgl. noch den Ausspruch R. Gamliels d.Ä. in bOrl 2,12 bei Bill. II 630 unter 3.

[52] Vgl. LE DÉAUT, R.: Pâques et vie nouvelle, ASeign 22, 1972, 34–44. Es ist nicht so, dass diese Metaphorik schon die vorhergehenden Ausführungen beeinflusste. Natürlich könnte man von V. 7f her bei dem außerhalb der Gemeinde Vernichtung bringenden Satan an den „Verderber" Ex 12,23 (vgl. V. 13) denken, der in Jub 49,2 mit „Mächte Mastemas" (aber V. 4 „Mächte des Herrn") interpretiert wird. Aber bei diesen Anregungen von HAYS, 1Kor 85 und OSTMEYER ist zu bedenken, dass die Korinther den Brief ja nicht rückwärts gelesen haben. Das gilt auch für SCHLUND, CH.: Deutungen des Todes Jesu im Rahmen der Pesach-Tradition, in: Frey/Schröter, Deutungen 397–411, 404f, die die apotropäische Bedeutung des Pesach auch in 1Kor 5,7 findet.

[53] Kasuistische Bestimmungen der Rabbinen dazu bei Bill. III 359f.

ren Kontrastschema „Alt" vs. „Neu"[54] wird sie selber mit dem ungesäuerten Teig gleichgesetzt, in V. 8fin. jedoch stehen die ἄζυμα für ihre Verhaltensweise. Jedenfalls kommt es auf die Qualität der unvermischten Reinheit an. Der Imperativ V. 7a und der anschließende Finalsatz werden durch καθώς[55] mit dem Indikativ korreliert, d.h. die Forderung ergibt sich aus dem Stand der Getauften (vgl. 6,11). In V. 7fin. deutet Paulus in direkter Metaphorik das Sterben Jesu als „Tötung" (θύειν wie Ex 12,21; Dtn 16,2.5f; 1Esρ 1,1.6; 7,12; EzTrag 157; Mk 14,12par.; Justin, dial. 111,3)[56] des Paschalammes und vereinnahmt mit „unser" (vgl. 10,1 „unsere Väter") die atl.-jüd. Institution typologisch (s. zu 10,6.11) für die Christen.[57] Es ist nicht ganz klar, ob sich der mit καὶ γάρ[58] angehängte V. 7fin. nur auf den καθώς-Satz bezieht oder auf das ganze voranstehende Gefüge. Im ersten Fall ermöglichte die Schlachtung des Pascha das Mahl mit den Mazzen bzw. der Tod Christi[59] am Kreuz die neue Existenz. Das wäre eine kühne Anwendung des Typos, die der Tötung des Paschalamms die Tilgung der Sünden[60] zuschreibt.

Ursprünglich eignete dem Blut des Paschalammes nur abwehrende Wirkung. In nachexilischer Zeit, als das Fest am Tempel zentralisiert war, strichen die Priester das Blut wie bei anderen Opfern an den Fuß des Altars, allerdings nicht wie beim Sündopfer auch auf seine Hörner. Festagenden sehen andere Tiere (Num 28,22 einen Ziegenbock; Ez 45,22 einen Jungstier) als Sündopfer vor. Nach rabbinischen Stimmen bewirkt das Pascha des Auszugs aus Ägypten Sühne.[61]

---

[54] Insofern es die Erneuerung des „Menschen" verdeutlicht, ist es wohl in der Taufparänese zu Hause. Vgl. Röm 6,4.6; Kol 3,9f = Eph 4,22–24. Es kann aber auch der Gegenüberstellung von Altem und Neuem Bund dienen. Vgl. zu 11,25. In solcher Polemik setzt IgnMagn 10,2 dem alten Sauerteig, sprich: den alten Bräuchen des Judentums (vgl. 9,1), den neuen Sauerteig, d.i. Jesus Christus, entgegen. Auch Justin, dial. 14,2f spricht in antijüdischer Frontstellung – über unser Bild hinausgehend – von einem „neuen Sauerteig", allerdings der Werke. TestVer (NHC IX 3) 29,13–15 redet im Anschluss an Mt 16,6parr. vom „alten Sauerteig der Pharisäer und der Schreiber des Gesetzes".

[55] Vgl. zu 1,6; SCHRAGE, 1Kor I 382 stellt mit B-D-R 453,2 seine begründende Funktion heraus. Vor einer gnadentheologischen Überinterpretation – z.B. bei FEE, 1Kor 217 – ist jedoch zu warnen; es geht um die Wahrung der Identität. Vgl. WOLTER, M.: Ethos und Identität in paulinischen Gemeinden, NTS 43, 430–444, 437 (= Ders., Theologie 121–169) und HORRELL 204.207.

[56] Wie 10,20 lehrt, kann das Verbum auch „opfern" bedeuten.

[57] Vgl. auch Pseudo-Esra bei Justin, dial. 72,1. Dass die frühen Christen sich an der Schlachtung der Paschalämmer in Jerusalem beteiligt haben, ist durch diese Stelle freilich nicht zu belegen. Gegen JEREMIAS, J.: Art. πάσχα, ThWNT 5, 1954, 895–903, 901,7f vgl. HUBER, W.: Passa und Ostern, BZNW 35, Berlin 1969, 8.108–111. Wenn man die spärlichen Angaben über die Quartodezimaner nach rückwärts verlängern darf, scheinen die Christen das Fest in veränderter Form begangen zu haben. Zumindest spielt es bei der Datierung weiterhin eine Rolle (Apg 12,3; 20,6). Von daher ist auch möglich, dass die V. 7f gebrauchten Bilder „zeitgemäß" sind. S. Einleitung unter 3.

[58] Zu καὶ γάρ („denn auch") vgl. B-D-R 452,3.

[59] Zur Affinität des Titels zu Sterbe-Aussagen s. bei 1,13.

[60] Ebenso Joh 1,29.36 (vgl. 19,36), wo allerdings die Anknüpfung an das Paschalamm nicht ganz eindeutig ist. Gleiches ist vom ἀμνός („Lamm") 1Petr 1,18–20 und vom geschlachteten ἀρνίον der Apk zu sagen: vgl. FRENSCHKOWSKI, M.: Art. „Lamm Gottes", RAC 22, 2008, 853–882; STUHLMACHER, P.: Das Lamm Gottes – eine Skizze, in Cancik u.a., Geschichte III 592–542. Er denkt eher an das Vorbild des täglichen Tamidopfers. – Spätere Hsn. und Übers. ergänzen in 1Kor 5,7fin. ὑπὲρ ἡμῶν („für uns").

[61] Vgl. JEREMIAS, Abendmahlsworte 217.

Wahrscheinlich begründet V. 7fin. aber den ganzen Vers. Wie man nach Ex 12,8 das Fleisch des geschlachteten Tieres mit ungesäuertem Brot essen soll, so ist jetzt erst recht nach dem Heilstod Christi ein Dasein frei von Sünde angebracht. So setzen die indikativischen Feststellungen in V. 7 wiederum den Aufruf V. 8 aus sich heraus, dies auch im Leben als permanenter Paschafeier zu realisieren. Die die Bilder vom Sauerteig bzw. vom Ungesäuerten erklärenden Genitive[62] sind allgemein gehalten. Κακία („Schlechtigkeit") und πονηρία („Verderbtheit") kennzeichnen die (heidnische) Vergangenheit (vgl. Röm 1,29; Tit 3,3), die man als Christ „ablegen" soll (vgl. Kol 3,8; Jak 1,21; 1Petr 2,1). Ἀλήθεια („Wahrheit") kann ἀδικία („Unrecht") entgegengesetzt sein (vgl. 13,6); in Verbindung mit dem seltenen εἰλικρίνεια („Lauterkeit")[63] hebt es jedoch wohl auf den Widerspruch ab, der sich zwischen dem Selbstverständnis der Korinther und den tatsächlichen Verhältnissen auftut.

V. 9-11 Offensichtlich hatte Paulus in seinem ersten Brief nach Korinth[64] undifferenziert den Verkehr[65] mit Unzüchtigen untersagt. Jetzt muss er klarstellen, dass damit nicht alle Unzüchtigen „dieser Welt" (vgl. zu 1,20) gemeint sind. Den πόρνοι (vgl. die Kataloge 5,11; 6,9; Eph 5,5; 1Tim 1,10; Apk 21,8; 22,15) gibt er in einer stereotypen Aufzählung[66] weitere Vertreter kapitaler Laster zur Seite.

– Πλεονεξία[67] (wörtlich: das Mehr-Haben-Wollen) steht der gleichen Verteilung entgegen (z. B. Plato, Gorg. 483c) und gilt als Ursache der größten Übel (Menander, Frgm. 722 [PCG VI 2]; Thukydides III 82,8; Diodor S. XXI 1,4; Dio Chrys. 17,6f, der in dieser Rede über die Habsucht [or. 17,9] auch ein Euripideszitat entsprechend abwandelt). Nach Arist 277 entstehen aus den Lüsten Unrecht und Habgier. Wie sie das Heidentum charakterisiert (vgl. den Lasterkatalog Röm 1,29; Eph 4,19), so nimmt sie urchristliche Paränese vorzugsweise aufs Korn (vgl. 1Thess 4,6; Lk 12,15; die Sündenkataloge Mk 7,22; Kol 3,5=Eph 5,3). Nach 6,9c.10 und Eph 5,5 schließt sie vom Reich Gottes aus. Sie umfasst nicht nur eine Gesinnung, sondern betrügerisches Übervorteilen (vgl. das Verbum πλεονεκτεῖν in 2Kor 2,11; 7,2; 12,17f). Deshalb sind mit den Habgierigen die Räuber (ἅρπαγες; vgl. V. 11; 6,10; ebenfalls in einem Sünderkatalog Lk 18,11), die sich Eigentum gewaltsam aneignen, durch καί zusammengenommen. Dazu kommen im Katalog 6,10 noch die Diebe, die dies heimlich

---

[62] *Genetivus epexegeticus*, vgl. H-S 165a.
[63] Vgl. SPICQ, Lexique 434-437. Das Substantiv kommt bei Paulus nur noch 2Kor 1,12; 2,17 im Zusammenhang der Amtsführung des Apostels vor. In Phil 1,10 steht das Adjektiv parallel zu „tadellos".
[64] S. Einleitung unter 3.
[65] Συναναμίγνυσθαι in ähnlichem Kontext 2Thess 3,14; vgl. CD XX 7 „[…] so darf niemand mit ihm Umgang pflegen im Besitz und in der Arbeit". Philo, Mos. I 278 beschreibt mit dem Verbum Israel, das sich nicht auf die Lebensweise der andern Völker einlässt. Vgl. GREEVEN, H.: Art. συναναμείγνυμι, ThWNT 7, 1964, 850-853.
[66] Vgl. grundlegend VÖGTLE, A.: Die Tugend- und Lasterkataloge im Neuen Testament, NTA 16,4/5, Münster 1936. Weitere Lit. und die in Frage kommenden Texte bei FITZGERALD, J.T.: Art. „Virtue/Vice Lists", ABD 6, 1992, 857-859. Es handelt sich um eine besonders in der Popularphilosophie beliebte Form, die als hellenistisches Judentum übernommen hat. Vgl. z.B. die umfangreiche Liste negativer Eigenschaften - darunter πλεονέκτης -, die den der Lust Ergebenen kennzeichnen, bei Philo, sacr. 32. Dass nun auch 1QS IV 2-6.9-11 formal ähnlich eine Reihe von Verhaltensweisen dem „Geist der Wahrheit" bzw. dem „Geist des Frevels" zuweist, trägt für 1Kor nichts aus. Vgl. die knappe Diskussion bei CONZELMANN, 1Kor 128-130.
[67] Vgl. SPICQ, Lexique 1250-1252; FRANK, K.S.: Art. „Habsucht (Geiz)", RAC 13, 1986, 226-247 und das Material bei WEISS, 1Kor 141f.

tun (1Petr 4,14 in einer Aufzählung gängiger Verbrecher; Diebstahl in den Lasterkatalogen Mk 7,21par.; Apk 9,21).
- Am Begriff εἰδωλολάτρης (vgl. εἰδωλολατρία unter den „Werken des Fleisches" Gal 5,20, typisch für heidnischen Wandel 1Petr 4,3; Apk 9,20) kann man erkennen, dass die Liste aus jüdischer Perspektive entworfen ist. Aber auch die Christen sind – wie die Israeliten (10,7) – der Gefahr des Götzendienstes ausgesetzt (10,14). Weil der Götzendiener ein Wesensmerkmal des Christseins preisgibt, ist er vom Reich Gottes ausgeschlossen (6,9; vgl. Apk 21,8; 22,15).
- Dass auch die Saufbrüder (μέθυσοι V. 11; 6,10) in dieser Gesellschaft auftauchen, darf nicht verwundern. Denn bei den Trinkgelagen, die sich nach Röm 13,13; Gal 5,21; 1Petr 4,3; Eph 5,18 für den Christen nicht gehören, kam es oft zu sexuellen Ausschweifungen. Auch TestJud 14 weiß, dass der Wein zur Hurerei anregt.
- In V. 11 und dann 6,10 erscheinen noch die Lästerer (λοίδοροι; vgl. zum Verbum λοιδορεῖν 4,12). Vgl. in anderen Katalogen βλασφημία (Kol 3,8=Eph 4,31; 1Tim 6,4; vgl. 2Tim 3,2) bzw. καταλαλιαί (2Kor 12,20; 1Petr 2,1; vgl. Röm 1,30).

Wenn V. 11 das Sünderregister von V. 10 – vermehrt um den λοίδορος bzw. μέθυσος – wiederholt, so ist die Pointe, dass die bei den Heiden üblichen Laster nun auch in der Gemeinde zu beobachten sind bei Leuten, die nur scheinbar[68] Christen geworden sind. Es fällt auf, dass die sonst gern in solchen Katalogen erwähnten Sünden gegen den Frieden der Gemeinde fehlen. Die Thematik der Einheit tritt in Kap. 5–7 zurück.

Solche Übeltäter beherrschen die heidnische Umwelt derart, dass sie zu meiden Auszug aus der Welt bedeutete. Scheidung – dasselbe Verbum „herausgehen" (ἐξελθεῖν) – von den Ungläubigen fordert allerdings 2Kor 6,17ab mit einem Zitat von Jes 52,11. Im atl. Text ist die Auswanderung aus Babylon gemeint (vgl. Jes 48,20). Da „Babylon" in Apk 18 die Reichshauptstadt verkörpert, kann Apk 18,4 den Aufruf auf die Christen in Rom anwenden. Es ist dem Untergang geweiht (vgl. die anklingenden Stellen aus Jer 50,8; 51,6.9.45). „Hinausgehen" meint in 2Kor 6,17 anschaulich die moralische Distanzierung,[69] in 1Kor 5,10fin. jedoch das – faktisch unmögliche – physische[70] Verlassen der Welt. Obwohl das aus dem Kontext leicht herauslösbare Stück 2Kor 6,14–7,1 so manche Berührung mit 1Kor 5,9f aufweist, findet der Vorschlag, hierin einen Teil des Vorbriefs zu sehen,[71] immer weniger Anhänger. Denn von „Unzüchtigen" ist dort nicht die Rede; unmissverständlich wird den Nichtchristen die Gemeinschaft aufgekündigt. Paulus könnte schwerlich im Nachhinein behaupten, er hätte nur auf die Sünder innerhalb der Gemeinde gezielt. Das tut er aber in V. 11, wobei νῦν δέ nicht zeitlich gemeint ist, sondern wie 7,14d; 12,18.20 der Gegenüberstellung dient.[72] Der Aorist ἔγραψα hat dann Vergangen-

---

[68] Zu „sogenannt" in diesem Sinn vgl. Apk 3,1; schärfer ist ψευδάδελφος („falscher Bruder") 2Kor 11,26; Gal 2,4. Zu „Bruder" für Christ vgl. zu 1,10.
[69] So auch 2Clem 5,1: „… lasst uns keine Furcht haben, aus dieser Welt hinauszugehen!" LIETZMANN, 1Kor 25 führt Cicero, fin. III 73 zu Unrecht als Parallele an. Hier geht es nicht um den Auszug aus der Welt, sondern, wer der Natur gemäß leben will, muss – mit Hilfe der Physik – von der Welt als Ganzer und ihrer Verwaltung ausgehen. Zum Weltverhältnis in 1Kor vgl. HOLTZ, Gott 264–275.
[70] Vgl. Philo, all. III 5: „Denn nicht kann einer aus der Welt fliehen".
[71] Z.B. SCHMITHALS, Gnosis 88.
[72] Vgl. BAUER, Wörterbuch 1104 unter 2. Vgl. auch ebd. 1105 unter 2b zu νυνί δέ, das in 5,11 und 12,18 als Variante auftritt.

heitswert,[73] obwohl Paulus tatsächlich nicht so deutlich geschrieben hat, man dürfe mit solchen Sündern aus den eigenen Reihen nicht einmal Tischgemeinschaft halten. Wenn das μηδέ mit „nicht einmal" wiederzugeben ist,[74] dürfte nicht primär an das eucharistische Mahl gedacht sein.[75] Denn das gemeinsame Essen wäre dann die minimale Form der Kommunikation.

V. 12f Die Begründung in zwei suggestiven Fragen und einer zu V. 12a nachgetragenen Aussage hat V. 9-11 als Ganzes im Auge. Obwohl die Gemeinde immer noch in der Welt ist und nicht aus ihr heraus kann, setzt sie sich als Binnenraum von denen „draußen" ab (οἱ ἔξω vgl. Mk 4,11; 1Thess 4,12; Kol 4,5; οἱ ἔξωθεν 1Tim 3,7) - wie andere esoterische Gemeinschaften.[76] „Die draußen" sind von der „Welt" bestimmt und mit ihr dem künftigen Gericht Gottes verfallen (V. 13a, vgl. 6,2; 11,32);[77] deshalb erklärt sich Paulus - stellvertretend für alle Christen - nicht dafür zuständig,[78] sie zu richten. Im Binnenraum aber, der durch die Sammlung der „Heiligen" konstituiert ist, haben die Korinther schon jetzt die Kompetenz des Richtens. Das widerspricht eigentlich der Mahnung 4,5[79] oder dem Gleichnis Mt 13,24-30 und ist dennoch ohne Ironie gesagt. Wo die Andersartigkeit der Gemeinde gegenüber der Welt verdeutlicht werden muss, sind die Korinther zum ausgrenzenden Handeln ermächtigt. Das haben sie bisher im Fall des Unzüchtigen versäumt. Deshalb fordert sie V. 13b auch mit einer biblischen Wendung dazu auf. Eine ähnliche Formel „Du sollst das Böse aus deiner Mitte ausrotten" (בער/b'r pi.) verstärkt die Sanktionen kasuistischer Gesetze in Dtn 13,6; 17,7; 19,19; 21,21; 22,21.24; 24,7 (vgl. „aus Israel" 17,12; 22,22). Die LXX geben das Verbum bis auf 13,6 mit ἐξαρεῖς wieder, was Paulus in die 2. Pl. umsetzt, entsprechend dem schon von LXX gebotenen ἐξ ὑμῶν αὐτῶν. An den meisten Stellen liest die LXX wie Paulus, die Targume und SifDev[80] „den Bösen" statt

---

[73] Nach LIETZMANN, 1Kor 25 dagegen steht hier der Aorist dem Briefstil entsprechend statt des Präsens. Paulus würde sich erst jetzt präzisieren. So auch MERKLEIN, 1Kor II 41 und neuere englische Kommentare. Aber dann hätte ἔγραψα in V. 9 und 11 unterschiedliche zeitliche Valenz.

[74] So BAUER, Wörterbuch 1084 unter 2. Dagegen SCHWIEBERT, J.: Table Fellowship and the Translation of 1 Corinthians 5:11, JBL 127, 2008, 159-164.

[75] KÜMMEL, 1Kor 174f verweist auf die Mahnung des Achiqar: „Mein Sohn, mit einem Menschen, der sich nicht schämt, sollst du nicht einmal Brot essen". In Jub 22,16 schärft Abraham seinem Sohn Jakob ein: „Trenne dich von den Völkern und iss nicht mit ihnen und handle nicht nach ihrem Werk und sei nicht ihr Gefährte! Denn ihr Werk ist Unreinheit". Vgl. auch Gal 2,12, obwohl die dortige Problematik der Speisegesetze hier nicht vorliegt.

[76] Vgl. Epikur nach Philodem, P.Herc. 1232, Frgm. 8 I οἱ ἔξωθεν; Pythagoreer bewahren den Außenstehenden (οἱ ἔξω) unzugängliches Wissen: Porphyrius, vit. Pyth. 57; vgl. Jamblich, v. P. 226 (οἱ ἐξωτερικοί). Rabbinen können so Häretiker bezeichnen: vgl. Bill. III 362.

[77] Dass Gott die Welt richtet, ist ein auch in Röm 3,6 vorausgesetztes Theologumenon. Vgl. Joh 3,17; 12,47 und 4Esr 11,46; Sib 4,40-42.183f; ApkEsr 3,3; TestAbr (A) 13,8. Bei den Rabbinen ist die Formulierung selten: vgl. Bill. III 139. In Frgm. 18,6 von 1QH ist שפט תבל/šfṭ tbl zu finden: DELCOR, Courts 32.

[78] Zu τί μοι mit folgendem Infinitiv vgl. Epiktet, diss. II 17,14; III 22,66; IV 6,33.

[79] KONRADT, Gericht 328f arbeitet freilich - wie MERKLEIN, 1Kor II 41 - die situativen Unterschiede zu 4,5 und Röm 14 heraus und legt Wert darauf, dass die Gemeinde mit ihrer Exkommunikationsgewalt das eschatologische Gericht Gottes nicht antizipiert (vgl. 5,5fin.).

[80] Vgl. Bill. III 362; ROSNER, Paul 82. DERS., The Function of Scripture in 1 Cor 5,13b and 6,16, in: Bieringer, Correspondence 513-518 entdeckt noch mehr Berührungen mit dem Gesetzeskorpus des Dtn. Danach HAYS, 1Kor 87f.

„das Böse". Die nach V. 8 wegzuschaffende Bosheit ist also wieder im Unzüchtigen und in ähnlichen „angeblichen Brüdern" (V. 11) personalisiert. Ob die Korinther den Anklang an Dtn wahrgenommen haben oder nicht[81], Paulus setzt jedenfalls mit dem Schriftwort einen gewichtigen Schlusspunkt.

Der moderne Leser ist einigermaßen verwundert über das rigorose Durchgreifen des Apostels in einer Sache, die relativ harmlos erscheinen mag. Doch helfen sozialpsychologische Gedanken im Anschluss an R. Girard[82] wenigstens zu teilweisem Verständnis. Das AT betrachtet einen derartigen Inzest als „die Scham des Vaters aufdecken", d.h. als Eindringen in die Intimsphäre des Vaters. Diese ist tabuisiert, geschützt gegen den jüngeren Konkurrenten.[83] Sakraler Schrecken liegt auf dem Bereich, wo ursprüngliche Gewalt neu aufleben, die Gesellschaft sich durch Rivalität auflösen könnte. Wird das Tabu durchbrochen, so kann unterdrückte Gewalt sich wie eine ansteckende Krankheit ausbreiten (vgl. V. 6b), eine Gefahr, die als rituelle Unreinheit sakral gefasst wird. Die gegeneinander aufgebrachte Gemeinschaft schließt sich gegen den Übeltäter neu zusammen; er bekommt die Funktion eines Sündenbocks, auf den die aufgewühlten Aggressionen abgeleitet werden. Natürlich liegt es Paulus ferne, den Unzüchtigen von 1Kor 5 so sakral aufzuwerten.[84] Aber es gibt doch zu denken, dass der Apostel die Gemeinde, die nach Kap. 1-4 ein Bild der Zerstrittenheit bietet, nun auf einmal hinter sich bringen möchte, indem sie einmütig den Sünder aus ihren Reihen ausstößt.

2. 6,1-11: Heidnische Gerichte und Unrecht überhaupt meiden

(1) Erdreistet sich einer von euch, der einen Streit mit einem anderen hat, bei den Ungerechten sich richten zu lassen, und nicht vielmehr bei den Heiligen? (2) Oder wisst ihr nicht, dass die Heiligen die Welt richten werden? Und wenn vor eurem Tribunal die Welt gerichtet wird, seid ihr dann unwürdig der geringsten Rechtsfälle? (3) Wisst ihr nicht, dass wir Engel richten werden? Nicht zu reden von alltäglichen Dingen?! (4) Wenn ihr nun alltägliche Rechtsfälle habt, dann setzt ihr ausgerechnet die in der Gemeinde Verachteten (als Richter) ein?! (5) Zur Beschämung sage ich euch (das). Gibt es also unter euch keinen[85] Wei-

---

[81] So TUCKETT, Paul 411-413. Aber auch bei anderen Anspielungen, die nicht ausdrücklich als Schriftzitat markiert sind (2,16ab; 10,26; 15,32), scheint Paulus Vertrautheit mit der Schrift anzunehmen. Der Tora-Bezug wird minimalisiert bei LINDEMANN, 1Kor 132.
[82] Das Heilige und die Gewalt, Zürich 1987. Vgl. DUFF, P.B.: René Girard in Corinth: An Early Christian Social Crisis and a Biblical Text of Persecution, Helios 22, 1995, 79-99.
[83] Vgl. Josephus, ant. III 274 „das größte Übel".
[84] So SHILLINGTON, V.G.: Atonement Texture in 1 Corinthians 5.5, JSNT 71, 1998, 29-50, 38 „The immoral man becomes the sacral victim". Der Autor nimmt eine bewusste Anspielung des Paulus auf Lev 16 an, wo freilich der Sündenbock dem Azazel nicht „übergeben" wird. Wir hingegen unterlegen der Textfolge einen unbewussten „Mechanismus". Bzw. mit DUFF (s. Anm. 82) 79: Auch ntl. Texte „utilize the mystifying effects of the victimage mechanism in the interest of social management."
[85] Da 𝔓[11vid] D 6 1881 u.a. die doppelte Verneinung mit οὐδείς auslassen und andere Hsn. οὐδείς bzw. das daraus entstandene οὐδὲ εἷς umstellen, zweifeln VISCHER 4 und FULLER 97 an seiner Ursprünglichkeit. Den Text bezeugen aber 𝔓[46] ℵ B C Ψ 33 1175 2464 u.a.

sen, der in der Sache seines Bruders entscheiden könnte? (6) Aber nein, ein Bruder prozessiert gegen einen Bruder, und das vor Ungläubigen!

(7) Es ist [nun][86] überhaupt schon ein Mangel für euch, dass ihr Rechtshändel untereinander habt. Warum erleidet ihr nicht vielmehr Unrecht? Warum lasst ihr euch nicht vielmehr berauben? (8) Aber nein, ihr tut Unrecht und beraubt, und das Brüder. (9) Wisst ihr etwa nicht, dass Ungerechte Gottes Reich nicht erben werden? Verfallt keinem Irrtum: Weder Unzüchtige noch Götzenverehrer noch Ehebrecher noch Weichlinge noch die mit Männern schlafen, (10) noch Diebe noch Habgierige, nicht Trunkenbolde, nicht Lästerer, nicht Räuber werden das Reich Gottes erben. (11) Solches (Pack) seid ihr zwar teilweise gewesen; aber ihr habt euch abwaschen lassen, aber ihr seid geheiligt worden, aber ihr seid gerechtfertigt worden im Namen des Herrn Jesus Christus[87] und im Geist unseres Gottes.

BLISCHKE, Begründung 131-142. CHESTER, Conversion 125-148. DERRETT, J.D.M.: Judgement and 1 Corinthians 6, NTS 37, 1991, 22-36. DINKLER, E.: Zum Problem der Ethik bei Paulus – Rechtsnahme und Rechtsverzicht (1Kor 6,1-11), in: Ders.: Signum Crucis, Tübingen 1967, 204-240. EBEL, Attraktivität 192-203. FENSKE, Argumentation 87-98. FULLER, R.H.: First Corinthians 6:1-11, ExAu 2, 1986, 96-104. LEWIS, L.A.: The Law Courts in Corinth: An Experiment in the Power of Baptism, in: Hultgren/Hall, Christ 88-98. MITCHELL, A.C.: Rich and Poor in the Courts of Corinth: Litigiousness and Status in 1 Corinthians 6.1-11, NTS 39, 1993, 562-586. RICHARDSON, P.: Judgment in Sexual Matters in 1 Corinthians 6:1-11, NT 25, 1983, 37-58. ROSEN, K.: Paulus und die Streithähne von Korinth, in: Gielen/Kügler, Liebe 139-142. VISCHER, L.: Die Auslegungsgeschichte von I. Kor. 6,1-11, BGBE 1, Tübingen 1955. WINTER, B.W.: Civil Litigation in Secular Corinth and the Church, NTS 37, 1991, 559-572, aufgenommen in: Ders., After 58-75.

Im ersten Sinnabschnitt V. 1-6 stürmt eine Reihe von anklagenden bzw. rhetorisch-induktiven Fragen auf die lesende Gemeinde (2. Pl.) ein, lediglich unterbrochen von der auktorialen Bemerkung V. 5a. Die vorwurfsvollen Fragen können – wie im Fall von V. 4 – auch mit einem Ausrufezeichen versehen werden. V. 6, den die meisten Übersetzungen als Frage wiedergeben, scheint sogar wie der gleich gebaute V. 8 eher eine Feststellung zu sein.[88] Aber auch im weiterführenden Abschnitt V. 7-9a gehen die Aussagen in Fragen über. Die rhetorische Frage V. 9a wird dann – eingeleitet durch den warnenden Imperativ μὴ πλανᾶσθε[89] – in V. 9c.10 in einen Lehrsatz

---

[86] Da 𝔓46 ℵ* D* 33 1739 1881 u.a. οὖν auslassen, kann es nicht als gesichert gelten. Es ist aber zusammen mit dem anakoluthischen μέν auch in V. 4 als fortführende Partikel bezeugt. Vgl. BAUER, Wörterbuch 1020. LINDEMANN, 1Kor 138 verteidigt es, ZUNTZ, Text 193 verwirft es als Wiederholung aus V. 4.

[87] Den letzten Namen lassen A D² Ψ u.a. weg. Doch 𝔓vid 𝔓46 ℵ D* und wenige stehen für die vollere Titulatur ein, allerdings ohne das von mehreren Hsn. – u.a. B P 33 81 1739 1881 2464 – hinzugesetzte ἡμῶν.

[88] So z.B. SENFT, 1Kor 78; MERKLEIN, 1Kor II 59f; THISELTON, 1Kor 435. Inkonsequent SCHRAGE, 1Kor I 402.406.

[89] In 15,33 führt dieses Signal ein Zitat ein. Vgl. Gal 6,7; Jak 1,16. Bei IgnEph 16,1; IgnPhld 3,3 steht es vor einer 1Kor 6,9c.10 vergleichbaren Formel, Epiktet, diss. IV 6,23 zu Beginn einer Ansprache des Philosophen. Vgl. o. zu dem ähnlichen Aufruf 3,18a.

transformiert. Dessen Futur wird in V. 11 von bestimmten Vergangenheitsaussagen abgelöst.

Semantisch dominieren in V. 1-7 von κριν* abgeleitete Verben und Substantive; in V.7b-9a herrscht der Stamm δικ* (ἀδικεῖν, ἄδικος, vgl. schon V. 1; ein Nachhall im δικαιωθῆναι von V. 11) vor. Die Thematik des Rechtsstreits wird aber dadurch aufgebrochen, dass bei der Wiederholung der Ausschlussformel von V. 9a in V. 9c.10 das Unrechttun in einer Palette von zehn Sünden entfaltet wird. Dadurch erreicht Paulus auch den Anschluss an die πορνεία-Debatte der Textumgebung. Der Zusammenhang von 6,1-9a mit dem Vorhergehenden ist nämlich nur lose. Sicher tauchen die zu diesem Abschnitt passenden „Habgierigen und Räuber" schon 5,9.11 auf. Und 5,12b setzt die gemeindeinterne Gerichtsbarkeit voraus, auf die 6,1-6 dann pocht. Es ist vor allem der Gedanke des Richtens in der Gemeinde und am Ende der Welt, der die Perikopen zusammenhält. Darüber hinaus Fäden zu spinnen, etwa indem man den 6,1 verhandelten Fall mit dem Unzuchtssünder von Kap. 5 zusammenbringt,[90] ist unnötig. Weil nach V. 7f jetzt Eigentumsfragen im Mittelpunkt stehen, sind solche Vermutungen auch unwahrscheinlich.

V. 1 Obwohl wie 5,1 τίς steht, spricht hier Paulus nicht nur einen Einzelfall an, wie die 2. Pl. in V. 4.7f belegt. In der Gemeinde ist die Praxis eingerissen, zivile Rechtsstreitigkeiten[91] vor weltliche Behörden zu bringen, das heißt in Korinth: vor die Duoviri, die Ädile bzw. von ihnen bestimmte Richter. Diese werden hier pauschal als „ungerecht" abqualifiziert. Dadurch springt das Paradox ins Auge, sich von solchen Leuten Recht holen zu wollen.[92] Weil den ἄδικοι in V. 6 die ἄπιστοι entsprechen, wollten vor allem protestantische Kommentatoren die Bezeichnung nicht moralisch, sondern rein formal als „nicht vor Gott gerechtfertigt" verstehen.[93] In der Tat besteht die Ungerechtigkeit der Heiden[94] fundamental darin, dass sie die offenbare Wahrheit nicht anerkennen (vgl. Röm 1,18; 2,8; 2Thess 2,10.12). Das wirkt sich aber in vielerlei Unrecht aus (vgl. Röm 1,29). Insofern verweisen neuere Autoren[95] mit Grund auf die verbreitete Bestechlichkeit der Richter. Schon wegen ihrer vornehmen Herkunft hatten sie oft ein Vorurteil gegen sozial Niedrigergestellte. Die Rei-

---

[90] RICHARDSON, DEMING, Unity. WINTER, After 65f verknüpft ihn gar mit den Streitigkeiten 1,11f. Aber die wurden kaum vor Gericht ausgetragen.

[91] Die Konstruktion πρᾶγμα ἔχειν πρός τινα ist auch mehrfach in Papyri nachgewiesen: vgl. BAUER, Wörterbuch 1397 s.v. πρᾶγμα Nr. 5; R.E. KRITZER/P. ARZT-GRABNER in: Ders.u.a., 1Kor 198f.

[92] Hier entsteht ein Widerspruch zu Röm 13,1-5, wo Paulus idealerweise der von Gott eingesetzten Obrigkeit zutraut, dass sie Lob und Strafe gerecht zuteilt. Diese Spannung lässt sich nur teilweise durch die Annahme ausgleichen, dass es dort um Kriminalprozesse, hier aber um Zivilrecht geht. Paulus verfolgt in Röm 13 ein anderes Anliegen als in 1Kor 6 und argumentiert jeweils pragmatisch.

[93] Vgl. DINKLER 207; VISCHER 9; BARRETT, 1Kor 135; CONZELMANN, 1Kor 133 Anm. 12.

[94] Zwar kann Paulus auch den Juden ἀδικία (Röm 3,5) bzw. ἀπιστία (Röm 3,3; 11,20.23) zuschreiben, aber wie 7,12-15; 10,27; wohl auch 14,22-24; 2Kor 6,14f dürfte ist er bei ἄπιστος an Heiden denken. Schon deshalb hilft der Vorschlag von STEIN, A.: Wo trugen die korinthischen Christen ihre Rechtshändel aus?, ZNW 59, 1968, 86-90, kaum weiter. Er möchte rechtsgeschichtliche Schwierigkeiten vermeiden, indem er die Christen ihre Rechtshändel vor jüdischen Richtern in den Rechtsformen der synagogalen Prozesstradition anbringen lässt. Aber die Voraussetzung, dass sie früher Mitglieder der Synagoge waren, trifft nicht zu.

[95] Z.B. WINTER, After 61-64. Auch in 6,9 reicht das rein formale Verständnis von ἄδικοι nicht aus. Richtig MAY, Body 83f.89f.

chen und Mächtigen hatten größere Chancen, wenn sie einen Prozess anstrengen wollten.[96] Jedenfalls vertieft Paulus nun den schon 5,9-13 aufgerissenen Gegensatz zwischen der sündigen (vgl. Gal 2,15) Welt „draußen" und den „Heiligen" (s. zu 1,2) drinnen moralisch. Diese bilden eigentlich das kompetente Forum des Gerichts für die Christen.

V. 2f Dies legt nicht nur die bei den jüdischen Synagogen[97], aber auch bei manchen heidnischen Kultvereinen[98] geübte interne Gerichtsbarkeit nahe, sondern mehr noch die eschatologische Übertragung des Gerichts über die Völker auf die „Heiligen", wie sie die Grundstelle Dan 7,22 und vereinzelte Belege[99] den jüdischen Frommen zusagen.

Dan 7,22LXX übergibt der Alte der Tage den Heiligen des Höchsten die κρίσις (für aram. דין/dîn). Oft im Rahmen der Verleihung von Herrschaft bzw. Inthronisation (s. zu 4,8) erwähnen folgende Stellen eigens eine richterliche Funktion: Ps 149,5-9 Die Heiligen üben an den Völkern Vergeltung und vollziehen an ihnen das Gericht; SapSal 3,8 Die Gerechten werden die Völker richten (κρινοῦσιν ἔθνη); 1QpHab V 1-6, bes. 4: „in die Hand seiner Auserwählten legt Gott das Gericht über alle Völker"; 4Q542, Frgm. 1 II 5 „und ihr werdet antreten, um ein Gericht von Ewigkeiten zu halten"; 1Hen 95,3 „Fürchtet euch, ihr Gerechten, nicht vor den Sündern, denn der Herr wird sie wieder in eure Hand ausliefern, damit ihr an ihnen Gericht vollzieht, so wie ihr wollt" (S. UHLIG in JSHRZ). Hier wie an Parallelen in 1Hen sowie Jub 24,29; ApkAbr 29,17 steht die Rache an den früheren Feinden im Vordergrund. In TestAbr (A) 13,6 liest nur eine Hs. (A), dass die ganze Schöpfung von den zwölf Stämmen Israels gerichtet werden wird. Christlich aufgenommen wird das Motiv in Mt 19,28par.; Apk 20,4. Polyk 11,2 beruft sich auf Paulus. Die „Heiligen" in 1Hen 1,9 = Jud 14f sind dagegen die Engel.

---

[96] Vgl. GARNSEY, P.: Social Status and Legal Privilege in the Roman Empire, Oxford 1970, 216-218. Deshalb ist anzunehmen, dass die Kläger in Korinth aus der gehobenen Schicht kamen. Vgl. CLARKE, Leadership 62-64. Auch Jak 2,6 zerren die Reichen die Christen vor die Gerichtshöfe. Dass die Beklagten dagegen Arme waren, kann man – gegen MITCHELL 582-584 – nicht erschließen.

[97] Für das 2. Jh. v.Chr. bezeugen Eingaben an die Archonten des jüdischen Politeuma im ägyptischen Herakleopolis deren richterliche Gewalt: Vgl. COWEY, J.M.S./MARESCH, K.: Urkunden des Politeuma der Juden von Herakleopolis (144/3-133/2 v.Chr.) (P. Polit. Iud.), ARWAW, PapyCol 29, Wiesbaden 2001. Josephus, ant. XIV 235.260: Der römische Proprätor bzw. der Stadtrat von Sardes gestehen den dortigen Juden eine eigene Versammlung (σύνοδος) zu, in der sie ihre Angelegenheiten und gegenseitigen Streitigkeiten entscheiden (κρίνειν) können (260 διαδικάζονται πρὸς αὐτούς). Zu den Gerichtsgremien der Qumrangemeinde s. DELCOR, Courts. Vgl. Bill. III 362f tannaitische Stimmen, die die Inanspruchnahme von heidnischen Gerichten verbieten.

[98] Vgl. SAN NICOLÒ, M.: Zur Vereinsgerichtsbarkeit im hellenistischen Ägypten, in: ΕΠΙΤΥΜΒΙΟΝ H. Swoboda, Reichenberg 1927, 255-300. Die hier oft genannten Statuten der Iobakchen in Athen (2. Jh. n.Chr.; SIG³ 1109) kennen nur Strafen für Vergehen gegen die Disziplin. Nach Z. 90-94 wird freilich auch ein Geschlagener bestraft, der seine Klage nicht bei dem Priester oder bei dem Archibakchos, sondern öffentlich vorgebracht hat; ähnliche Bestimmungen in äg. Statuten bei SAN NICOLÒ 264. MORETTI, L.: Il regolamento degli Iobacchi Ateniesi, in: L'association dionysiaque dans les sociétés anciennes, CEFR 89, Rom 1986, 247-259, 248 weist auf Inschriften zweier dionysischer Vereine in Cillae und Apollonia Pontica, die das Amt eines ἔκδικος bezeugen; er hatte wohl die Aufgabe, Streitigkeiten in der Gemeinschaft beizulegen.

[99] HOSKINS, P.M.: The Use of Biblical and Extrabiblical Parallels in the Interpretation of First Corinthians 6:2-3, CBQ 63, 2001, 287-297 legt Wert darauf, dass solches Richten nur in der Teilhabe an der Herrschaft Christi möglich sei. Aber solche christologische Vermittlung ist dem Text nicht zu entnehmen. 5,13a hatte nur Gott als Richter der Außenstehenden genannt.

Paulus greift apokalyptische Träume, wonach sich mit dem Recht Gottes am Ende auch das eigene Recht durchsetzt, auf, um der Gemeinde klarzumachen, dass sie deshalb *a fortiori* befähigt ist, weit geringere Rechtssachen[100] schon in der Gegenwart selbst zu entscheiden. V. 3 steigert diesen Schluss vom Größeren auf das Kleinere, indem er an die Stelle der Welt nun „Engel" als zu Richtende setzt. Obwohl die Formel „Wisst ihr nicht" wie V. 2 wieder abrufbares Wissen suggeriert (s. zu 3,16), ist eine entsprechende jüdische Tradition nicht auszumachen. Dort ist es immer Gott selber, der die gefallenen[101] Engel richtet (vgl. Jes 24,21f; 1Hen 10,12f; 90,20–25; 91,15; Jud 6 = 2Petr 2,4). Ob die Innovation dadurch ermöglicht ist, dass die Christen am Richteramt des über die himmlischen Wesen erhöhten Herrn (vgl. Phil 2,9-11) teilhaben, wird nicht explizit. Auf jeden Fall sollten sie dann schon jetzt βιωτικά, d.h. mit dem Lebensunterhalt zusammenhängende Angelegenheiten,[102] unter sich erledigen können.[103]

V. 4-6 geißeln die beschämende[104] Tatsache, dass die Streitsüchtigen in solchen Fällen gerade heidnische Richter über sich zu Gericht sitzen lassen[105], die als „Ungerechte" in der christlichen Gemeinde nichts gelten.[106] V. 4 läuft demnach parallel zu V. 1 und V. 6, nur dass er mit dem Konditionalsatz (ἐάν mit Konjunktiv) immer wiederkehrende Fälle anpeilt. Eine alternative Auslegung fasst den fraglichen Indikativ als Imperativ; danach würde Paulus entweder höchst ironisch[107] oder in allem Ernst[108] dazu auffordern, aus der Gemeinde die Geringgeschätzten als Richter zu be-

---

[100] Κριτήριον meint an sich das Mittel und den Ort des Richtens, bezeichnet aber etwa in TestAbr (B) 9,23; 10,2; 12,1; ApkEsr 2,30; 5,26 auch den Vorgang selber. Eine abgeflachte Bedeutung „Prozess" ist hier und vor allem in der Verbindung mit ἔχειν V. 4 zu postulieren; BAUER, Wörterbuch 920 gibt dafür zwei inschriftliche Belege; bei den ebd. angeführten Stellen Diodor S. I 72,4; XXXVI 3,3 liegt eher die Bedeutung „Gerichtshof" vor.

[101] Nur sie unterliegen dem Gericht, sind also wohl auch 6,3 im Blick. Die allgemeine Ausdrucksweise (ähnlich 4,9) ist dadurch bedingt, dass Paulus auf den ontologischen Rang der Engel abhebt, denen im Eschaton die Menschen übergeordnet werden (vgl. 2Bar 51,12). Das im Gericht über die Völker spürbare Ressentiment tritt hier zurück.

[102] Das Adjektiv im NT nur noch Lk 21,34. Vgl. BAUER, Wörterbuch 283 und MITCHELL 583 Anm. 93. Er stellt klar, dass Philostrat, soph. 532 den Ausdruck nicht hat, sondern nur finanzielle Händel (δίκαι ... ὑπὲρ χρημάτων) von kriminellen Delikten unterscheidet. Die Stelle bietet aber auch nicht einmal eine Sachparallele, weil der Sophist Polemo hier darauf drängt, diese nicht andernorts, sondern „zuhause", d.h. in Smyrna, auszufechten.

[103] Zur Partikel μήτιγε vgl. BAUER, Wörterbuch 1053 s.v. μήτι. Das damit eingeleitete Satzfragment ist nicht mehr von ὅτι abhängig, sondern stellt eine selbständige Folgerung dar, bei der nur das vorhergehende Verbum κρινοῦμεν – freilich ohne seine futurische Dimension – zu ergänzen ist.

[104] Zu V. 5a, der sich auf V. 4 zurückbezieht, vgl. zu 4,14.

[105] Das καθίζειν kann dabei nicht im strengen Sinn von „einsetzen" genommen werden.

[106] Zu τοὺς ἐξουθενημένους vgl. das Neutrum in 1,28. Der dort zu ergänzende Genitiv „der Welt" entspricht hier dem „in der Gemeinde"; jedes Mal wird so das Forum angegeben, das Geltung beimisst. Es handelt sich also bei den „Verachteten" hier und dort nicht um dieselbe Gruppe.

[107] ALLO, 1Kor 134f: Die Dinge, deretwegen man sich in Korinth so aufregt, sind so nichtig, dass man sie den Nichtswürdigen in der Gemeinde überlassen kann. Ähnlich schon Origenes (VISCHER 27) und Johannes Chrys. (VISCHER 34).

[108] DERRETT 28f, der gerade bei den Armen mit charismatischer Weisheit rechnet. Aber dann ist der folgende V. 5a nicht mehr sinnvoll. Das gilt auch für KINMAN, B.: ‚Appoint the Despised as Judges:', TynB 48, 1997, 345-354; CLARKE, Leadership 69-71.

stellen. Aber nach V. 5b kommt für diese interne Funktion nur ein Weiser in Frage. Schon Mose setzte für jeden der Stämme Israels „weise, gebildete und verständige Männer" als Führer ein, die den Streit eines Mannes mit seinem Bruder entscheiden sollten (Dtn 1,9-18).[109] Auch in der rabbinischen Literatur hat der zu Rechtsentscheidungen ermächtigte Gelehrte eines Ortes u. a. den Titel חָכָם/ḥākām = Weiser.[110] Die meisten Kommentare spüren aus der Frage V. 5b einen bissigen Seitenhieb gegen den in Kap. 1-4 bekämpften Weisheitsdünkel der Korinther heraus. Doch vielleicht erwartet Paulus ernsthaft, dass sich unter den reichen charismatischen Begabungen in Korinth (vgl. 1,5; Kap. 12) auch einer findet, der unter Brüdern Recht sprechen kann. Das muss kein juristisch Gebildeter aus der Minderheit der in den Augen der Welt Weisen (1,26) sein.[111] Es sei denn, er hätte den in 3,18b beschriebenen Läuterungsprozess hinter sich. Aus dem Gebrauch von διακρῖναι statt κρίνειν und der verkürzten Wendung ἀνὰ μέσον τοῦ ἀδελφοῦ αὐτοῦ (wörtlich „inmitten seines Bruders, zwischen seinem Bruder")[112] hat man herauslesen wollen, dass hier kein formaler Rechtsentscheid gefällt werde, sondern eine Schlichtung stattfinde – wie das auch in der profanen Welt vorgesehen war.[113] Nach Derrett 29f wendet sich der Weise gar an die Innerlichkeit der Beteiligten. Aber Paulus gibt keinen Aufschluss darüber, wie sich das Verfahren innerhalb der Gemeinde vom weltlichen unterscheidet. Die Hauptsache ist ihm, dass die Sache unter Brüdern bleibt, wie V. 6 noch einmal verdeutlicht. Hier ist sicher auch der schlechte Eindruck, den dieses Gezänk von Christen vor den Heiden machte, ein Moment. Ihn suchte man zu vermeiden, indem man wohl schon seit dem 2. Jh. n. Chr. kirchliche Gerichte für Streitigkeiten unter Christen vorschrieb.[114] Wichtig ist, dass hier nicht einfach weltliche Einrichtungen kopiert werden, sondern dass christliche Prinzipien Anwendung finden.

V. 7f Auch Paulus ist nicht zufrieden damit, den Streit einfach vor eine innerkirchliche Instanz zu verlagern. Schon in V. 6a hatte er durch die Formulierung „Bruder mit Bruder" – stärker als V. 1 – den Widersinn des Bruderzwists herausgearbeitet. Nun bezeichnet er das Prozessieren unter Christen schon an sich als „Manko" (ἥττημα).[115] Deshalb zeigt er das Ertragen von Unrecht[116] als Alternativlösung auf,

---

[109] Vgl. bes. V. 13.15 σοφούς, V. 16 κρῖναι … ἀνὰ μέσον ἀδελφοῦ. Ex 18,16 umschreibt das Richten des Mose mit διακρίνειν, das gleichbedeutend mit κρίνειν V. 13 ist. ROSNER, Paul 94-106 hat auf diese biblische Analogie wieder aufmerksam gemacht.
[110] Vgl. Bill. III 365.
[111] Gegen WINTER, After 68.
[112] Zu ergänzen ist „und seinem Bruder". Die auch außerbiblisch belegte Präposition ἀνὰ μέσον übersetzt in der LXX hebr. בֵּין/bên; sie regiert gewöhnlich zwei Glieder, z.B. mit κρῖναι Gen 16,5; Dtn 1,16, oder ein Glied im Pl., z.B. mit κρῖναι Gen 31,53. Es kann aber auch nur ein Glied im Sg. stehen, z.B. Sir 25,18 *varia lectio*. KLOHA, J.: 1 Corinthians 6:5: A Proposal, NT 46, 2004, 132-142 hält diese singularische Lesart allerdings für korrupt und schlägt deshalb eine Emendation vor.
[113] FULLER 100f; WINTER, After 67; MITCHELL 567-569 „private arbitration".
[114] Vgl. VISCHER 22f. Auch PsClem H, epist. ad Jac. 10: „Brüder, die Streitsachen haben, sollen sich nicht vor weltlichen Behörden richten lassen, sondern sich unter allen Umständen von den Ältesten der Gemeinde versöhnen lassen, indem sie bereitwillig ihnen gehorchen". Zur weiteren Wirkungsgeschichte SCHRAGE, 1Kor I 419-425.
[115] Das Wort kommt im NT nur noch Röm 11,12 vor und steht dort in Parallele zu παράπτωμα („Verfehlung") und im Gegensatz zu πλήρωμα („Vollzahl"); es ist deshalb kaum von ἡττᾶσθαι („besiegt wer-

die den Vorschlag innergemeindlicher Gerichtsbarkeit als überholt erscheinen lässt. Sie atmet den Geist der Mahnworte Jesu (Lk 6,29par.), ohne von ihrem Wortlaut abhängig zu sein.[117] Es geht um mehr als „Böses nicht mit Bösem zu vergelten" (vgl. Röm 12,17a; 1Thess 5,15a); Paulus mutet den Christen zu, dass sie untereinander auch auf die rechtliche Abwehr des Bösen verzichten.

Das ist auch beim Vergleich mit ähnlichen antiken Stimmen zu beachten. Bereits die volkstümliche griechische Ethik rät, zu erdulden, wenn man vom Nächsten ein wenig beeinträchtigt wird, dagegen Beleidigung zu rächen.[118] Der Grund für diese Zurückhaltung ist, dass man sich durch unmäßige Reaktion selbst wieder ins Unrecht setzen könnte. Deshalb gilt: Lieber Unrecht ertragen als Unrecht tun.[119] Unrecht zu erleiden ist zwar schwer, aber eine Kunst, die gerade hartgesottene Spartaner beherrschen.[120] Es zeugt von Charakterstärke.[121]

Unrecht unter allen Umständen vermeiden – konkret: sich gegen den Willen der Athener vor der Hinrichtung retten – möchte auch Sokrates bei Plato, Kriton 49; deshalb dürfe man auch nicht zur Vergeltung Unrecht tun (ἀνταδικεῖν). Die Möglichkeit, sein Recht auf legalem Weg durchzusetzen, besteht hier nicht. Das Problem der Wehrlosigkeit gegenüber dem Unrecht wird auch in Plato, Gorg. 508c–510a aufgeworfen. Hier ist wieder das Unrechtleiden das geringere Übel gegenüber dem Unrechttun (vgl. schon 469bc; 473a; 474b). Das schließt aber nicht aus, dass sich der Redner vor Gericht dafür einsetzt, dass man möglichst wenig Unrecht leiden muss. Unrecht wird also nur hingenommen, wenn man bei seiner Abwehr ein Unrecht begehen würde.[122] Ähnlich bei den Stoikern: Die philosophisch gebildete Frau hält Unrecht tun für schlimmer als Unrecht erfahren, weil es schimpflicher ist; Beeinträchtigung für besser als Übervorteilen (πλεονεκτεῖν).[123] Außer der kategorischen Vermeidung von Unrecht wer-

---

den") herzuleiten – gegen Weiss, 1Kor 151f, der hier eine moralische Niederlage im stoischen Sinn heraushört –, sondern von ἥττων („geringer, weniger").

[116] Der parallele Ausdruck ἀποστερεῖν begegnet auch in einer Erweiterung des Dekalogs Mk 10,19. Das Verbum steht etwa bei Philo, spec. I 278 neben Diebstahl und Raub; spezieller kann es das unrechtmäßige Zurückbehalten von Geld und Lohn meinen. Vgl. Jak 5,4 *varia lectio* und die bei Bauer, Wörterbuch 199 dazu gegebenen Parallelen.

[117] Ein ähnliches Phänomen 4,12bc.13a. Polyk 2,2f dagegen beruft sich für das Verbot der Vergeltung ausdrücklich auf die „Lehre des Herrn" Lk 6,37f. Die Mahnung Jesu ist insofern schockierender, als sie dazu auffordert, nicht nur erlittenes Unrecht zu dulden, sondern dem Gegner auch Gelegenheit zu neuem Unrecht zu geben.

[118] Pittakos bei Stobaeus III 1,172 ε 7, Chilon, ebd. γ 20. Aristoteles, rhet. I 13 1374b 18 nennt als Beispiel für die Billigkeit (τὸ ἐπιεικές) jenseits des geschriebenen Gesetzes das Ertragen von Unrecht.

[119] So Varianten der Worte der Sieben Weisen (vgl. Althoff/Zeller, Worte 148) in Cod. Paris. 143,4; Par. Lat. 22; comp. Menandri et Philistionis IV 47 (Jaekel); Menander, monost. 675. P.Oxy. 1795, Frgm. 3,2 „Suche nicht Unrecht zu tun, und, wenn du erleidest, fang keinen Streit an". Ferner Philo, Jos. 20.

[120] Vgl. Chilon bei Diogenes Laert. I 68f; der König Teleklos bei Plutarch, mor. 190a = 232b; das Gebet der Spartaner ebd. 239a.

[121] Vgl. Demokrit bei Diels/Kranz, Vorsokratiker Nr. 68 B 46. In diesem Sinn auch die Weisung bei Menander, georg., Frgm. 3 (Koerte): „Der ist der beste Mann, [...] der sehr viel Unrecht mit Selbstbeherrschung zu ertragen weiß".

[122] Vgl. Aelius Arist., or. 2,261–263 (Behr), der den platonischen Gorgias aufnimmt.

[123] Musonius, Frgm. 3 (Hense 11,7–9); vgl. Frgm. 10: Der Philosoph verzichtet mit derselben Begründung (Hense 54,2f) bei Beleidigung auf eine Klage. Frgm. 39 = Epiktet, Frgm. 5 das Beispiel Lykurgs, der sich für Tätlichkeit nicht rächt, sondern den Täter bessert. Seneca, epist. 95,52: Aus der Verfügung der Natur heraus ist es erbärmlicher, zu schaden, als Schaden zu erleiden. Nach Marc Aur. IV 3 gehört auch das Ertragen von Unrecht zur Gerechtigkeit.

den noch andere Gründe angeführt: Äußere Widerfahrnisse betreffen den Weisen nicht; der Beleidiger weiß es nicht besser, ist aber dem Beleidigten auf Grund seiner Geistigkeit verwandtschaftlich verbunden.[124] Demgegenüber bleiben die Motive für die paulinische Lösung V. 7bc im Dunkeln.[125]

Der Unterschied zu Paulus ist vor allem dann augenfällig, wenn der Tadel V. 8 nicht besagen will, dass das Führen eines Prozesses allein schon Unrecht ist.[126] Sicher konnte unter den damaligen Verhältnissen ein wohlhabender Kläger einen Armen auch gerichtlich ausnehmen;[127] aber Paulus kreidet der Gemeinde doch wohl die Ungerechtigkeiten an, die die Prozesse erst auslösten.[128] Sie stehen im krassen Widerspruch zu Lev 19,13LXX „Du sollst dem Nächsten kein Unrecht tun (ἀδικεῖν) und ihn nicht berauben (ἁρπάζειν), und nicht ruhe der Lohn des Lohnarbeiters bei dir bis zum Morgen".[129]

V. 9f Demgegenüber erinnert V. 9a daran, dass ἄδικοι, zu denen – im Unterschied zu V. 1 – nun auch potentiell Christen gehören, keinen Anteil am „Reich Gottes" (s. zu 4,20) haben werden. Der Ausschluss von der βασιλεία, in der Jesustradition sonst mit „nicht hineingehen" ausgedrückt, ist hier mit „nicht erben" formuliert. Es handelt sich beim Reich Gottes um ein verheißenes Gut wie beim „Land" in deuteronomisch-deuteronomistischen Formeln mit „erben",[130] um ein Vermächtnis. Diese Verbindung dürfte schon im vorpaulinischen Judenchristentum geprägt worden sein (vgl. Mt 25,34; Jak 2,5; in unserem Brief außer V. 10 noch 15,50a). Dagegen setzt Paulus nach Bedarf die Subjekte ein. Gal 5,21 „wie ich schon früher gesagt habe" deutet darauf hin, dass Zusammenstellungen von Leuten, die das Reich Gottes nicht erben werden, in der Unterweisung von Bekehrten üblich waren. Dabei werden nicht wie im eigentlichen Lasterkatalog Verhaltensweisen, sondern konkrete Sünder aufgezählt (vgl. noch Eph 5,5[131] mit „hat kein Erbteil im Reich Christi und Gottes"; Apk 21,8 mit „Anteil" nach „wird erben" V. 7; 22,15 mit ἔξω).

---

[124] Vgl. vor allem Epiktet, diss. IV 5 gegen die Streitsüchtigen; Marc Aur. II 1 (= I 18); III 1.

[125] Ist es das Beispiel des Gekreuzigten? Wird das Urteil dem Gericht durch den Herrn (4,5) überlassen? Nach 13,5 ist es eine Eigenart der Liebe, sich nicht erbittern zu lassen und das Böse nicht anzurechnen. Ihre „eschatologische Wirklichkeit" trägt nach SCHRAGE, 1Kor I 415f auch hier das mit μᾶλλον nahegelegte Verhalten.

[126] So aber CONZELMANN, 1Kor 135; SCHRAGE, 1Kor I 417; MITCHELL 567; LINDEMANN 1Kor 138. Dagegen etwa BARRETT, 1Kor 139f; FEE, 1Kor 241. Bei protestantischen Auslegern gerät das „Suchen des eigenen Rechts" von Röm 10,3 her leicht ins Zwielicht hybrider Selbstbehauptung eines Menschen, der nicht aus der Gerechtmachung Gottes existiert. So bei DINKLER 209.213.

[127] Vgl. CHOW, Patronage 126f; COLLINS, 1Kor 235.

[128] Vgl. BACHMANN, 1Kor 232f „Zu Prozessen um Erwerbs- und Eigentumsangelegenheiten käme es ja gar nicht, wenn nicht Übergriffe dieser Art vorausgingen."

[129] Letzteres kann sachlich ἀποστερεῖν entsprechen (s.o. Anm. 116). Zur Bedeutung der Gebotsreihe Lev 19,11-18, die mit „ihr sollt nicht stehlen" anfängt und mit dem Paulus so wichtigen Liebesgebot schließt, für unseren Text vgl. ROBERTSON, Conflict 204-206.

[130] Vgl. ROSNER, B.S.: The Origin and Meaning of 1 Corinthians 6,9-11 in Context, BZ 40, 1996, 250-253, 252. Dass „Land" mit „Reich" austauschbar sein kann, zeigt Mt 5,3.5. In der Apokalyptik – 4Esr 7,17.96; 2Bar 44,13 – wird der kommende Äon zum Erbe.

[131] Diese Ausschlussformel ist nicht so erkennbar ein Echo auf 1Kor 6,9f wie IgnEph 16,1 (dort auch μὴ πλανᾶσθε und Anleihe bei 3,17a), IgnPhld 3,3 (wieder μὴ πλανᾶσθε) oder Polyk 5,3. Deshalb ist es zwar möglich, dass die Verbindung von Lasterkatalogen und frühchristlicher Rede vom „Erben des Reiches"

Von den zehn Sündertypen in V. 9b.10 sind sieben mit οὔτε, drei mit οὐ verknüpft. Sachlich lässt sich vielleicht eine Gruppe von Sexualdelikten (V. 9b) von einer Gruppe sozialer Laster (V. 10) abheben; allerdings sind unter die erste die Götzendiener[132], unter die zweite die Trunkenbolde gestreut. Gegenüber den Listen in 5,10.11 fällt vor allem die größere Ausführlichkeit bei den sexuellen Abweichlern auf, während die Habgierigen nur um die Diebe (dazu schon bei 5,9–11) ergänzt sind. Neben die πόρνοι treten nun die μοιχοί, d. h. Männer, die in fremde Ehen einbrechen,[133] sowie Männer, die passive[134] bzw. aktive[135] Homosexualität praktizieren. Den in V. 9c genannten Verbrechen drohte schon im AT die Todesstrafe. Sie wird hier eschatologisch aktualisiert.

Dabei erregt besonders die pauschale Verurteilung homosexueller Betätigung[136] heute Anstoß. Versuche, die paulinischen Aussagen auf Prostitution oder Päderastie einzuschränken, scheitern an der generellen, bei ἀρσενοκοῖται am AT orientierten Ausdrucksweise, die in der Parallele Röm 1,26f auch auf gleichgeschlechtlichen Verkehr unter Frauen ausgedehnt wird. Paulus hat nicht speziell die klassische griechische Knabenliebe[137], die institutionell zum Erziehungsprozess gehörte, vor Augen, sondern der auch bei den Römern[138] selbstverständliche sexuelle Gebrauch von jüngeren Abhängigen liefert ihm ein willkommenes Beispiel für die allgemeine Verkehrtheit[139] der Heiden, die er als Folge ihrer religiösen Perversion sieht. Wie

---

eine paulinische Schöpfung ist – so KONRADT, Gericht 340 –, aber nicht wahrscheinlich, zumal darin keine spezifisch paulinische Theologie zum Ausdruck kommt.

[132] Götzendienst hat sowohl eine Affinität zu Habgier (vgl. 5,10.11; Identifikation Kol 3,5; Eph 5,5; TestJud 19,1: Liebe zum Geld führt zur Götzenverehrung = Polyk 11,2) wie zu Unzucht (vgl. 10,7f; TestRub 4,6 und o. Anm. 18 zu 5,1).

[133] Vgl. PLÜMACHER, E.: Art. μοιχεύω κτλ., EWNT 2, 1981, 1073–1079; außereheliche Aktivitäten würde man eher als πορνεία bezeichnen.

[134] Das Adjektiv μαλακός meint eigentlich „weich", wird aber außerbiblisch auch im engeren Sinn für Männer verwendet, die sich wie Frauen aufführen und sexuell gebrauchen lassen. Der *mollis, pathicus, catamitus, cinaedus, impudicus, pedico* läuft dem römischen Ideal von Männlichkeit zuwider und ist verachtet (vgl. Plutarch, mor. 768e). Vgl. MEYER-ZWIFFELHOFFER, E.: Im Zeichen des Phallus, Frankfurt/M./New York 1995, 88–95. Karikaturen solcher „weibischer" Lebensart (μαλακία, μαλακότης) bei Philo, spec. III 37–41; Abr. 136. Zur Terminologie vgl. MALICK, D.E.: The Condemnation of Homosexuality in 1 Corinthians 6:9, BS 150, 1993, 479–492; WINTER, After 110–120. Illustrationen im NEUEN WETTSTEIN II 1, 279–281. MARTIN, D.B.: *Arsenokoitês* and *Malakos:* Meanings and Consequences, in: Brawley, R.L. (Hg.): Biblical Ethics & Homosexuality, Louisville 1996, 117–136 besteht auf der breiteren Bedeutung „independent of sexual position or object" des letzteren Begriffs.

[135] Ἀρσενοκοίτης (im NT noch im Katalog 1Tim 1,10) ist vor Paulus nicht belegt. Ein (jüdischer?) Zusatz zu Ps-Phok in Sib 2,73 lässt mit μὴ ἀρσενοκοιτεῖν. Wahrscheinlich wurde das Wort im griechischsprechenden Judentum nach Lev 18,22; 20,13 gebildet; es hält fest, dass man mit Männern wie mit einer Frau (LXX κοίτην γυναικός) schläft. Vgl. WRIGHT, D.F.: Homosexuals or Prostitutes?, VigChr 38, 1984, 125–153. Überskeptisch MARTIN (s. vorige Anm.) 118–123.

[136] Zum Problem vgl. SCROGGS, R.: The New Testament and Homosexuality, Philadelphia 1983; z.T. kritisch dazu OSTEN-SACKEN, P. VON DER: Evangelium und Homosexualität, in: Ders., Evangelium 210–236; Heft 1 von ZEE 31, 1987; STOWASSER, M.: Homosexualität und Bibel, NTS 43, 1997, 503–526; DU TOIT, A.B.: Paul, Homosexuality and Christian Ethics, in: Aune u.a., Neotestamentica 92–107.

[137] Dazu – trotz des allgemeinen Titels – grundlegend DOVER, K.J.: Greek Homosexuality, London 1978.

[138] Gerade ihnen wird neben anderen Völkern (Sib 3,596–599) in Sib 3,185f; 5,166.387 der Umgang mit Knaben vorgeworfen. Dazu VEYNE, P.: Homosexuality in ancient Rome, in: Ariès, Ph./Béjin, A. (Hg.): Western Sexuality, London 1985, 26–35; TIEDEMANN, Erfahrung 252–266.

[139] In Röm 1,26f als Aufgabe des „natürlichen" Umgangs zugunsten eines Verkehrs „wider die Natur (φύσις)" gebrandmarkt. Diese Beurteilung, die den Sinn der Sexualität nur in der Fortpflanzung sieht, teilt Paulus mit Philosophen: vgl. Plato, Phaidr. 250e; leg. 636bc.838e–839a; Musonius, Frgm. 12 (HENSE 64,6f); Plutarch, mor. 751cd; Dio Chrys. 7,149; 33,52; Pseudo-Lukian, am. 19f; konkret bezieht er sie aus dem hel-

gerade die Abfolge 1Kor 6,9–11 zeigt, schaut er auf das Verhalten, nicht auf die etwa zu Grunde liegende Veranlagung.[140] Denn sonst könnte er nicht sagen: „Solches seid ihr gewesen". Er wird so den komplexen biologischen, psychologischen und gesellschaftlichen Bedingungen der Homosexualität nicht gerecht. Wie im Fall des „Inzests" 5,1 gelten ihm *in sexualibus* die Tabuvorschriften des Lev ungebrochen fort. Kann man hermeneutisch dagegen in Anschlag bringen, dass er Röm 13,8–10 die Nächstenliebe zur Zusammenfassung des ganzen Gesetzes erklärt? Könnte „dem Nächsten nichts Böses tun" (Röm 13,10a) auch zum ausreichenden Kriterium gleichgeschlechtlicher Liebe werden? Oder gibt es eine sich durchhaltende „Schöpfungsordnung", die fundamentalere Wertmaßstäbe liefert? Diese Fragen hat nicht die Exegese, sondern eine theologische Ethik zu beantworten.

V. 11 Im Schema „Einst-Jetzt"[141], womit auch sonst an die durch die Taufe bzw. das Heilshandeln Gottes in Christus bewirkte Wende erinnert wird (vgl. Röm 6,17–23; 7,5f; 11,30; Gal 1,23; 4,8f; Kol 1,21f; 3,7f; Eph 2,1–13; 5,8a; Tit 3,3–7; 1Petr 2,10.25), macht Paulus klar, dass ein Verhalten wie er es V. 8 an den Pranger stellte, und erst recht wie es der Sünderkatalog V. 9c.10 expliziert – darauf geht das ταῦτα –, für die Christen definitiv der Vergangenheit angehört. Nebenbei geht aus V. 11a hervor, dass diese Vergangenheit von typisch heidnischen Lastern geprägt war – jedenfalls bei einigen (vgl. das abschwächende τινές). Das Imperfekt ἦτε meint wie in Röm 6,17 diese vorchristliche Existenz.[142] Ihr Ende markieren drei Verben im Aorist. Da sie – typisch paulinisch (vgl. 2Kor 2,17; 7,11) – durch mehrfaches ἀλλά verbunden sind, gibt Paulus keine überlieferte Formel wieder. Wohl aber dürften die Verben traditionell das Taufgeschehen umschreiben.[143] Das erste, ἀπολούσασθαι, der Form nach ein Medium, aber im Sinn von „sich ... lassen",[144] verweist auf den Ritus der Abwaschung und die dadurch symbolisierte Beseitigung der Schuld (vgl. Apg 22,16;

---

lenistischen Judentum: vgl. Philo, Abr. 135; spec. III 39; Josephus, Ap. II 199; Ps-Phok 190f; TestNaph 3,4. Zum Teil – z.B. Philo, spec. II 50; III 38; Seneca, epist. 122,7 – meint „Natur" allerdings nur die traditionelle Geschlechterrolle. So auch 11,14f.

[140] Darüber macht sich die Antike selten Gedanken. In der Philosophie vor allem Aristoteles und Pseudo-Aristoteles, probl. (vgl. HOHEISEL, K.: Art. „Homosexualität", RAC 16, 1994, 289–364, 310f); auch in astrologischen Texten ist manchmal mit dem Charakter die sexuelle Ausrichtung festgelegt. Vgl. die von HOHEISEL ebd. 338 genannten Stellen, dazu Vettius Valens, anth. II 36,54 μαλακός; app. I 173 κίναιδος, μαλακός, πασχητιῶν und den aus dem 6. Jh. stammenden Pariser Codex 82 (Cat. cod. astr. gr. VIII 4) 196: ἀρσενοκοῖται und μαλακοί.

[141] Vgl. TACHAU, P.: ‚Einst' und ‚Jetzt' im Neuen Testament, FRLANT 105, Göttingen 1972, bes. 83f: Gerade an 1Kor 6,9–11 wird deutlich, dass das Schema auch ohne die Adverbien ποτέ und νῦν vorliegen kann.

[142] Anders DINKLER 227f.

[143] Skeptisch gegenüber vorpaulinischer Tradition WOLFF, Ch.: Abwaschung – Heiligung – Rechtfertigung, in: Köckert, M. (Hg.): Der Wahrheit Gottes verpflichtet. FS R. Mau, Berlin 1993, 298–303, 302f; KONRADT, Gericht 343 Anm. 765. Während die ersten beiden Verben immerhin neben und nach Paulus als Taufdeutung belegt sind (zu ἁγιάζειν vgl. noch Eph 5,26), kann man für δικαιοῦσθαι nur geltend machen, dass es hier außerhalb des polemischen Zusammenhangs der Rechtfertigungslehre steht und dass 1,30 ähnlich Gerechtigkeit und Heiligkeit kombiniert.

[144] Vgl. B-D-R 317 und die Parallele mit βαπτίσασθαι Apg 22,16; vgl. die Lesart ἐβαπτίσαντο 1Kor 10,2; βαπτιζόμενοι 15,29. Der Ton liegt nicht auf der Initiative des Menschen. Gegen ROBERTSON/PLUMMER, 1Kor 119 zu Recht FEE, 1Kor 245 Anm. 31, dessen passive Übersetzung mit Gott als impliziertem Subjekt (246) allerdings zu weit geht.

Hebr 10,22; das „Bad" der Taufe Eph 5,26; Tit 3,5).[145] Durch die „Heiligung" (zu ἁγιάζεσθαι s. bei 1,2) wurden die Täuflinge zu den „Heiligen", als die sie 6,1f wieder apostrophiert hatte. Im Gegensinn zur protestantischen Dogmatik, aber auch zur Reihenfolge von ἁγιασμός und δικαιοσύνη in 1,30 (ebenso Röm 6,19), steht hier die Heiligung vor der Rechtfertigung, wohl weil es Paulus auf die ethische Erneuerung ankommt. Beides gehört aber auch eng zusammen, weil δικαιωθῆναι nicht nur ein formales „Für-gerecht-Erklären"[146] bedeutet. Durch die Gehorsamstat Christi wurden die ehemaligen Sünder zu Gerechten gemacht (Röm 5,19) und damit der Masse der „Ungerechten" (V. 1.9a) enthoben. Weil ihnen in der Taufe der Geist verliehen wird (vgl. 12,13), sind sie nun befähigt, dies auch im Leben umzusetzen. Beide Faktoren kommen in den angehängten präpositionalen Bestimmungen[147] zum Ausdruck: der Sühnetod des nun zum „Herrn" erhobenen Jesus Christus, auf dem das Taufgeschehen fußt (vgl. zu ὄνομα bei 1,10.13), und der „Geist unseres Gottes"[148], der von der Gesetzmäßigkeit der Sünde befreit (vgl. Röm 8,2). Mit „Gottes" wird schließlich der Urheber des Wandels, den man auch schon in den „theologischen Passiva" ἡγιάσθητε und ἐδικαιώθητε finden kann, genannt.

Wie schon aus 5,7f und dann 6,19f erhellt auch aus unserer Stelle die Bedeutung des Indikativs für die paulinische Ethik.[149] Während ältere Erklärer unterstrichen, dass die Aoriste ihre Richtigkeit haben, auch wenn das darin ausgesprochene rechte Verhältnis zu Gott noch unvollkommen verwirklicht oder wieder zurückgebildet ist,[150] sieht man heute – dem Kontext gemäß – eher den Verpflichtungscharakter von V. 11b.[151] Paulus ruft damit indirekt die Christen zu einem ihrem Status entsprechenden Handeln auf, deutet aber auch gerade in den präpositionalen Wendungen seine Ermöglichung mit an. Er hat kein Interesse daran, einen Graben zwischen „Ideal und Wirklichkeit"[152] aufzureißen; schon gar nicht will er in der Spannung von Indikativ und Imperativ die Dialektik von „Schon" und „Noch nicht" unterbringen. Für

---

[145] Philo verwendet verschiedentlich ἀπολούεσθαι für die Reinigung der Seele und stößt som. II 25 zu der Einsicht vor, dass dies nicht ohne göttliches Zutun möglich ist.

[146] So etwa HEINRICI, 1Kor 196f vom freisprechenden Urteil Gottes. Dagegen SCHRAGE, 1Kor I 433f: „Wenn Gott den Menschen gerecht erklärt, dann *ist* er gerecht, effektiv und nicht nur imputativ-forensisch".

[147] Sie gehen auf alle drei Verben, obwohl der „Name" sonst (vgl. zu 1,13.15; mit ἐν nur Apg 10,48) gern mit Taufen und der Heilige Geist eher mit der Heiligung (vgl. Röm 15,16; 1Thess 4,7f; 2Thess 2,13; 1Petr 1,2.22) verbunden wird. Das ἐν ist instrumental.

[148] Die Formulierung mit dem Pronomen der 1. Pl. ist ungewöhnlich und evoziert liturgische Gemeinschaft.

[149] Vgl. DINKLER 228–236; ECKERT, J.: Indikativ und Imperativ bei Paulus, in: Kertelge, K. (Hg.): Ethik im Neuen Testament, QD 102, Freiburg usw. 1984, 168–189; ZELLER, D.: Wie imperativ ist der Indikativ? ebd. 190–196. KLOSTERGAARD PETERSEN, A.: Paraenesis in Pauline Scholarship and in Paul – An Intricate Relationship, in: Starr, J./Engberg-Pedersen, T. (Hg.): Early Christian Paraenesis in Context, BZNW 125, Berlin/New York 2004, 267–295.

[150] Vgl. etwa HEINRICI, 1Kor 197.

[151] Richtig WEISS, 1Kor 155: „So enthält auch hier das rein passivische ἡγιάσθητε eine unausgesprochene Mahnung, die Heiligkeit nun auch zu verwirklichen." ZELLER (s. Anm. 149) 192: „Wink mit dem Zaunpfahl des Indikativs". ZIMMERMANN, R.: Jenseits von Indikativ und Imperativ, ThLZ 132, 2007, 259–284, spricht nun lieber von „implizierter Ethik". Vgl. die Diskussion bei HORN/ZIMMERMANN, Jenseits.

[152] Vgl. WEISS, 1Kor 154.

ihn folgt das Sollen aus dem Sein. Dennoch wird – von außen gesehen – gerade in unserem Abschnitt die Diskrepanz zwischen dem hochfliegenden Anspruch, der mit dem Christwerden verknüpft war, und dem Alltag der Christen spürbar. Sie leben weiterhin in einer Welt, in der man sich mit allen Mitteln – auch mit heidnischen Richtern – Recht verschafft. Können sie sich darin als „Gegengesellschaft" etablieren mit eigenen Weisen der Rechtsfindung (V. 5b) oder gar im Verzicht auf die Durchsetzung des eigenen Rechts (V. 8)? Hilft ihnen dabei das Bewusstsein, von Gott schon gerechtgemacht worden zu sein?[153]

3. 6,12–20: *Der Leib ist nicht für die Unzucht, sondern für den Herrn da*

(12) Alles ist mir erlaubt, aber nicht alles nützt. Alles ist mir erlaubt, aber ich werde mich nicht von etwas beherrschen lassen. (13) Die Speisen (sind) für den Bauch (da), und der Bauch für die Speisen; Gott aber wird diesen und jene zunichte machen. Der Leib jedoch (ist) nicht für die Unzucht, sondern für den Herrn (da), und der Herr für den Leib; (14) Gott aber hat sowohl den Herrn auferweckt und wird auch uns auferwecken[154] durch seine Macht. (15) Wisst ihr nicht, dass eure Leiber Glieder Christi sind? Werde ich nun die Glieder Christi nehmen und sie zu Gliedern einer Prostituierten machen? Das sei fern! (16) [Oder][155] wisst ihr nicht, dass, wer der Prostituierten anhängt, ein Leib (mit ihr) ist? „Es werden nämlich", sagt (die Schrift), „die zwei *ein* Fleisch sein". (17) Wer jedoch dem Herrn anhängt, ist *ein* Geist (mit ihm).

(18) Flieht die Unzucht! Jede Sünde, die ein Mensch begeht, ist außerhalb des Leibes, wer aber Unzucht treibt, sündigt gegen den eigenen Leib. (19) Oder wisst ihr nicht, dass euer Leib Tempel des Heiligen Geistes in euch ist, den ihr von Gott habt, und dass ihr euch nicht selbst gehört? (20) Ihr wurdet nämlich gegen Bezahlung erkauft; verherrlicht also Gott mit eurem Leib.[156]

BLISCHKE, Begründung 143–159. BYRNE, B.: Sinning against One's Own Body: Paul's Understanding of the Sexual Relationship in 1 Corinthians 6:18, CBQ 45, 1983, 608–616. D'AGOSTINO, M.: Un Paolo stoico o un Epitteto paolino? RivBib 52, 2004, 41–75. DAUTZENBERG, G.: Φεύγετε τὴν πορνείαν (1 Kor 6,18), in: Merklein, Ethik 271–298. FENSKE, Argumentation 98–115. FISK, B.N.: ΠΟΡΝΕΥΕΙΝ as Body Violation: The Unique Nature of Sexual Sin in 1 Corinthians 6.18, NTS 42, 1996, 540–558. MAURER, Ehe. MOXNES, H.: Ascetism and Chris-

---

[153] DINKLER 235f stellt einen Zusammenhang her zwischen dem Indikativ, der das sittliche Tun der Leistungsperspektive entnimmt, und der geforderten Selbstpreisgabe. Doch akzentuiert m.E. V. 11 nicht die Entlastung von sittlichem Streben, sondern den neuen Ausgangspunkt dafür, der mit der Taufe gegeben ist.

[154] Das Präsens ἐξεγείρει oder ἐξεγίρει ($\mathfrak{P}^{11}$ $\mathfrak{P}^{46*}$ A D* P) statt des von $\mathfrak{P}^{46c1}$ ℵ C D² Ψ 33 u. vielen gebotenen Futur ἐξεγερεῖ kann sich leicht durch Vokalverwechslung einschleichen. Dagegen gleicht ἐξήγειρε(ν) ($\mathfrak{P}^{46c2}$ B 6 1739) an den ersten Aorist an und dürfte wie Kol 3,1 verstanden worden sein. Vgl. ZUNTZ, Text 256f.

[155] Fraglich, weil $\mathfrak{P}^{46}$ D K L Ψ und eine stattliche Reihe von Minuskeln ἤ weglassen. Das tun schwächere Textzeugen auch in 6,2.9.19. F ergänzt es dagegen in V. 15. ZUNTZ, Text 126.195 gegen ursprüngliches ἤ in V. 15.16.

[156] Zu dem von guten Mss. gelesenen Kurztext fügen spätere in der Art von 7,34b noch hinzu „und in eurem Geist (, die Gott gehören)".

tian Identity in Antiquity: A dialogue with Foucault and Paul, JSNT 26, 2003, 3-29. MURPHY-O'CONNOR, J.: Corinthian Slogans in 1 Cor 6:12-20, CBQ 40, 1978, 391-396. SMITH, J.E.: The Roots of a ‚Libertine' Slogan in 1 Corinthians 6:18, JThS 59, 2008, 63-95. STOWERS, ST.K.: A „Debate" over Freedom: 1 Corinthians 6:12-20, in: Ferguson, E. (Hg.): Christian Teaching. FS L.G. Lewis, Abilene 1981, 59-71. WINTER, After 76-96.

Der Abschnitt[157] geht nicht von einem Fall aus wie 5,1 und 6,1, sondern lässt sich grundsätzlicher an. Das ist auch zunächst am unpersönlichen Stil von V. 12-14 zu merken. Die 1. Sg. in V. 12 (wie auch V. 15b) ist wie die 1. Pl. V. 14b „kommunikativ". In V. 12 wird eine Behauptung doppelt korrigiert; V. 13f stellt einer These, die mit δέ im eschatologischen Futur fortgeführt wird, eine genau parallel gestaltete Antithese gegenüber. Mit V. 15.16a setzen rhetorische Fragen an die 2. Pl. ein, wobei V. 15b mit dem für die Diatribe typischen μὴ γένοιτο[158] abgelehnt wird. Sie begründen die Zugehörigkeit des Leibes zum Kyrios und schließen eine Verbindung mit einer Prostituierten aus. Das erläutert ein Schriftverweis (V. 16b). V. 18 leitet mit einem Imperativ 2. Pl.[159] einen neuen Absatz ein, der weitere Argumente für die Unvereinbarkeit der leiblichen Existenz des Christen mit der Unzucht bringt. Nach dem allgemein gehaltenen Satz V. 18b appelliert Paulus wieder V. 19f mit Verben und Pronomina der 2. Pl. an das Glaubenswissen der Gemeinde, um mit einem Imperativ (V. 20b) zu enden, der darin gründet (vgl. δή).

Damit sind schon die wichtigsten thematischen Stichworte gefallen: Im Brennpunkt steht der Leib des Christen, und es fragt sich, zu wem er gehört, der Unzucht bzw. konkret der Prostituierten[160], oder dem Herrn bzw. Christus. Wohl ausgelöst durch V. 17 treten in V. 19f der Geist bzw. Gott an seine Stelle als Besitzer des Leibes.

V. 12 Die zweifache *correctio* zeigt Auseinandersetzung an. Deshalb, und weil V. a – bis auf μοί – 10,23ac in der Debatte um das Essen von Götzenopferfleisch wiederkehrt, sieht man in V. a = c weithin einen Slogan der liberalen Korinther.[161] Da-

---

[157] Vgl. die „Textlinguistische Analyse" bei KIRCHHOFF, Sünde 105-120. Im Unterschied zu ihr würde ich bei V. 15 keinen Einschnitt machen, sondern mit LINDEMANN, 1Kor 143 erst V. 18 einen Unterabschnitt beginnen lassen.

[158] Dazu SCHRAGE, 1Kor II 26 Anm. 319; FISK 552. Es ist sonst in Röm und Gal häufiger.

[159] Stilistisch ganz ähnlich 10,14, weshalb Paulus sich – gegen ROSNER, Paul 138f – nicht bei TestRub 5,5 bedient haben muss. Zu φεύγειν in der Paränese vgl. noch 1Tim 6,11; 2Tim 2,22; TestGad 5,2 *varia lectio*; TestBen 7,1 und weiteres Material bei CONZELMANN, 1Kor 142 Anm. 32.

[160] Im Deutschen wird nicht deutlich, dass πορνεία (V. 13b.18) und πορνεύειν (V. 18c) mit der Prostituierten (πόρνη) den Stamm πορν- gemeinsam haben. Trotz der weiteren Bedeutung von πορνεία, πορνεύειν, πόρνος (5,9-11; 6,9b) – s. zu 5,1 – wird hier πόρνη nicht mit „Unzüchtige" übersetzt, sondern mit dem modernen Wort für eine käufliche Frau, weil man das Wort in der Umwelt der Korinther so verstand. Obwohl KIRCHHOFFS Untersuchung ergibt, dass Paulus mit πόρνη in 6,15f „eine Frau bezeichnet, für die ein Christ nicht der jeweils einzige (lebende) Sexualpartner ist", muss sie zugeben, dass „er in erster Linie den sexuellen Verkehr mit Prostituierten im Blick hat" (Sünde 37). Zu deren sozialem Status vgl. ebd. 54-65. Ferner REINSBERG, C.: Ehe, Hetärentum und Knabenliebe im antiken Griechenland, München 1989. Zu den *mulieres infames* vgl. EDWARDS, C.: Unspeakable Professions: Public Performance and Prostitution in Ancient Rome, in: Hallett, J.P./Skinner, M.B. (Hg.), Roman Sexualities, Princeton 1997, 66-95; MCGINN, Th.A.J.: Prostitution, Sexuality, and the Law in Ancient Rome, New York/Oxford 1998.

[161] Dagegen v.a. KIRCHHOFF, Sünde 73-83. Sie weist darauf hin, dass die Parole in keinem philosophisch-theologischen System belegt ist, sie gebe vielmehr den Handlungsspielraum des gesellschaftlich Gebilligten

gegen spricht an sich nicht die Beobachtung, dass sich im Personalpronomen – wie auch im Verb V. d – das „paradigmatische Ich" meldet.[162] Denn bei ähnlichen Fällen (8,1a.4; 10,23; zu 7,1 s. z.St.) macht sich Paulus ebenfalls die Thesen erst einmal zu eigen, die er dann kritisch differenziert. Dies muss er schon deshalb tun, weil sie wahrscheinlich auf seine eigene Predigt in Korinth zurückgehen. Weil er merkt, dass sein scharfes Vorgehen gegen Unzucht und andere Sünden dadurch unterminiert werden könnte, dass seine Grundsätze pauschal vergröbert und auf fremde Kontexte angewandt werden, nimmt er sie gleichsam als Selbsteinwand auf. Πάντα μοι ἔξεστιν könnte am ehesten ein Herrscher von seiner uneingeschränkten Souveränität sagen.[163] Der Satz konstatiert nicht einfach abstrakte Willensfreiheit[164], sondern feiert die Befreiung von Normen.[165] Vermutlich hielt er ursprünglich fest, dass Heidenchristen nicht an jüdische Speisegesetze gebunden sind (vgl. V. 13ab und den Zusammenhang von 10,23). Paulus greift ihn wohl auf, weil Korinther damit auch sexuelle Freizügigkeit rechtfertigten. Die Parole selber spricht nicht die Sprache einer philosophischen Schule, wie man weithin glaubt.[166]

Der oft zitierte Satz Zenons, dass das Gesetz den Weisen vollkommene Verfügung (ἐξουσία) gegeben habe (Diogenes Laert. VII 125), begründet ihr Eigentum an allem (s. zu 3,21b). Dagegen wird der Freiheitsbegriff der Stoa in Philo, prob., in Dio Chrys., or. 14f (Über Sklaverei und Freiheit) sowie in Epiktets Traktat diss. IV 1 illustriert. Freiheit besteht letztlich darin, sich auf die Dinge zu beschränken, die der ethischen Entscheidung unterliegen. Nur in diesem Rahmen hat der, „der alles recht tut, [...] die Vollmacht (ἐξουσία), alles zu tun und zu leben, wie er will; wem dies möglich ist (ἔξεστιν), der dürfte wohl frei sein" (Philo, prob. 59). Nur den Verständigen steht es frei (ἔξεστιν) zu tun, was sie wollen (Dio Chrys. 14,17). Sie würden

---

an. Diese Interpretation trägt dem „mir" nicht Rechnung. Zurückhaltend gegenüber korinthischen Slogans auch LINDEMANN, 1Kor 145f.

[162] So aber DODD, B.J.: Paul's Paradigmatic ‚I' and 1 Corinthians 6.12, JSNT 59, 1995, 39–58. Paulus stelle sich wie Kap. 9 u. ö. als Beispiel hin. Treffender DEMING, Unity 311: „Paul enlisting a popular tradition to parody the Corinthians, using himself as the example". Ähnlich das Ergebnis der ausführlichen Erörterung bei KONRADT, Gericht 302–307; MAY, Body 98–103.

[163] Vgl. Mt 20,15; Herodot III 80,3 Der Monarchie „ist es erlaubt (ἔξεστι), ohne Verantwortlichkeit zu tun, was sie will." Dio Chrys. 3,10 = 62,3; vgl. 62,2: Der König, der über dem Gesetz ist, dem alles erlaubt ist (πάντα ἔξεστι), bedarf am meisten der Selbstbeherrschung. Musonius, Frgm. 31 (HENSE 122,3f) kritisiert Vorgesetzte, die zu ihren Untergebenen sagen „Es ist mir möglich" (ἔξεστί μοι) statt „Es ist meine Pflicht" (καθήκει μοι). Apollonius mahnt den Kaiser zur Furcht vor der Freiheit, alles tun zu können, was er will (τὸ ἐξεῖναί σοι πᾶν, ὅ τι βούλει): Philostrat, Ap. V 36. Weitere Belege bei DEMING, Unity 300. – Hängt die Behauptung der Korinther mit ihrem Wahn zusammen, sie seien schon an der Herrschaft (4,8)?

[164] Die stoische Philosophie geht von einem populären Freiheitsbegriff aus: Vgl. Epiktet, diss. IV 1 (übereinstimmend mit Cicero, parad. 34): „Frei ist, der lebt, wie er will". Sie legt dar, dass solches „Vermögen, selbst zu handeln" (ἐξουσία αὐτοπραγίας, Diogenes Laert. VII 121) nur unter stoischen Prämissen gegeben ist. WEISS, 1Kor 157f bemerkt den Unterschied zum Sprachgebrauch Epiktets: dort bezeichnet ἔξεστιν und ἐξουσία nicht so sehr „es ist mir erlaubt", als vielmehr: ich habe die (sittliche) Kraft, dies oder das zu ertragen und durchzuführen.

[165] Vgl. ἔξεστιν in Gesetzesdiskussionen wie Mk 2,24.26parr.; 3,4parr.; Mt 12,10; Lk 14,3; Joh 5,10; Mk 6,18par.; 10,2par.; 12,14parr.; Mt 27,6. Das römische Gesetz ist Maßstab in Joh 18,31; Apg 16,21; 22,25. Zu ἐξεῖναι als Gesetzesterminologie vgl. auch den zu 4,6 zitierten Aufsatz von HANGES 293–295.

[166] Sie gilt zusammen mit 3,21b; 4,8abc (s. jeweils z.St.) als Zeugnis für einen in Korinth einflussreichen stoischen Individualismus: So schon WEISS, 1Kor 158 und zuletzt PAIGE, T.: Stoicism, ἐλευθερία and Community at Corinth, in: Wilkins/Ders., Worship 180–193.

daraus aber nie ungehemmte Sexualität folgern; der Stoiker fühlt sich vielmehr dem Weltgesetz der Vernunft verpflichtet.[167] Eher noch ist mit V. a die Freiheit von Konventionen zu vergleichen, die die Kyniker demonstrieren.[168] Freilich wäre für sie die sexuelle Abreaktion bei einer Prostituierten kein Tabubruch; sie wird sogar eher empfohlen als der Verkehr mit verheirateten Frauen oder Hetären (vgl. Diogenes Laert. VI 4.88f).

Wenn schon, entsprechen die paulinischen Korrektive stoischer Tendenz. Was „nützt" (συμφέρει) ist in V. b wohl nicht wie 10,23, wo es in Parallele zu „erbauen" steht, vom Nutzen für die Gemeinschaft her zu bestimmen.[169] Die Stoa bemüht sich, wider den Augenschein darzutun, dass der absolute Wert, das Gute, auch ein Gut im Sinn des für den Einzelnen Zuträglichen ist.[170] So wird auch Paulus hier das für das Ethos und das Heil Förderliche im Auge haben, wie er V. 18bc mit der Bedeutung der Unzucht für den Leib des Einzelnen argumentieren kann. Sein zweiter Vorbehalt V. d arbeitet mit einem Wortspiel: In ἔξεστιν ist ἐξουσία enthalten, die Verfügung. Damit ist nicht vereinbar, unter fremde Gewalt zu geraten (ἐξουσιάζεσθαι), was V. 16a noch personal konkretisieren wird. In V. 12d dagegen ist ὑπό τινος neutrisch-allgemein.[171] Von äußeren Widerfahrnissen, inneren Leidenschaften und anderen Personen unabhängig zu werden, ist auch das Ziel des Stoikers, so dass er triumphierend ausrufen kann: „Wer hat nun noch Verfügung (ἐξουσία) über mich?"[172]

V. 13f Unvermittelt folgen zwei sich ergänzende Nominalsätze, in denen der Dativ eine funktionale Zugehörigkeit ausdrückt. Die Bedeutung von Speisen erschöpft sich in ihrer Funktion als Nahrung; deren Organ ist wie im ähnlichen Argument Mk 7,19 der Bauch. Das heißt: Es ist moralisch irrelevant, was ich esse oder nicht esse (vgl. 8,8a). Essen und Trinken spielen keine Rolle im Reich Gottes (Röm 14,17). Aber auch umgekehrt geht der Bauch[173] in seiner Funktion der Nahrungsaufnahme und Verdauung auf. Die sittliche Bedeutungslosigkeit von Speisen und Bauch erweist sich in ihrem eschatologischen Geschick. Sie sind nicht nur von Natur aus ver-

---

[167] Vgl. VOLLENWEIDER, Freiheit 23–104.
[168] Vgl. JONES, Freiheit 59–61; z. T. korrigierend VOLLENWEIDER, Freiheit 227–229. Dagegen rekurriere Paulus mit der Stoa auf Ordnungsstrukturen: 229f.
[169] Gegen CONZELMANN, 1Kor 139; SCHRAGE, 1Kor II 18f; WOLFF, 1Kor 125. In diesem Sinne noch τὸ σύμφορον ... τὸ τῶν πολλῶν 10,33, τὸ συμφέρον 12,7; vgl. 2Kor 8,10. Das ist aber hier wegen der vom Ich ausgehenden Parallele V. d nicht wahrscheinlich. Vom individuellen Nutzen handelt auch die sekundäre Lesart zu 2Kor 12,1 und Sir 37,28, wovon FITZMYER, 1Kor 263 hier ein Echo zu hören meint. Für Paulus wird das σύμφορον sich bis zum ewigen Heil erstrecken (vgl. 7,35; 10,33).
[170] Πᾶν δ' ἀγαθὸν συμφέρον εἶναι [...] καὶ λυσιτελὲς καὶ χρήσιμον καὶ εὔχρηστον [...] καὶ ὠφέλιμον („Dass alles Gute zuträglich ist [...] und nützlich und vorteilhaft und gut brauchbar [...] und hilfreich": Diogenes Laert. VII 98). § 99 dann die Etymologie des συμφέρον: Es bringt Dinge, bei deren Eintreten wir Nutzen haben. Weitere Stellen bei WEISS, 1Kor 158 Anm. 1. Im Gegensatz zu V. 12ab identifiziert der Stoiker das Nützliche mit dem Erlaubten: Dio Chrys. 14,16.
[171] So WEISS, 1Kor 159, der das „etwas" im „alles" eingeschlossen sieht. Ein solches „etwas" wäre die πορνεία. Anders, wenn man von 7,4 her deutet. Dort wird das ἐξουσιάζειν vom Ehepartner ausgesagt. Würde Paulus schon in V. 12d an einen Sexualpartner denken – so MAURER 168 –, könnte er wegen 7,4 die Aussage nicht in ihrer Absolutheit durchhalten. Das ist auch gegen BYRNE 614 zu bemerken.
[172] Epiktet, diss. III 24,70; vgl. IV 7,16.
[173] Auch Röm 16,18; Phil 3,19 steht κοιλία für das Irdische, das der Mensch eigensüchtig verabsolutiert, indem er sich Fress- und Sexorgien hingibt. In unserem Text geht es freilich nicht um das Wieviel des Essens – Trunksucht (s. 5,11) bleibt ein Laster –, sondern um das Was.

gänglich,[174] sondern Gott wird sie zunichte machen, wenn er seine neue Welt errichtet. Das kann man eigentlich erst von 15,42–57, bes. 15,50–53 her verstehen. Auch nach Stil[175] und Vokabular[176] ist V. 13c paulinisch. Er läßt sich also nicht für eine spiritualisierende Eschatologie der Korinther auswerten.[177] Dagegen könnte V. 13ab in Korinth geläufige Formeln aus der Reinheitsdiskussion wiedergeben. Paulus zitiert sie zustimmend. Aber er kann den Korinthern nicht beipflichten, wenn sie daraus schlussfolgern: Wie die Speisen für den Bauch notwendig sind, so Sex für den Körper; beides ist sittlich indifferent. Mit solchen Gedankengängen rechtfertigten schon die Kyniker ihren „unverschämten" Lebenswandel: Sex ist wie Essen ein natürliches Bedürfnis, das befriedigt werden will – gleich in welcher Form.[178] Die Korinther gebrauchten dabei kaum das abfällige Wort πορνεία,[179] wie es ihnen Paulus in seiner Gegenthese V. 13d unterstellt. Paulus konzediert die moralische und eschatologische Gleichgültigkeit von Speisen und Bauch nur, um ihnen die Andersartigkeit des christlichen Leibes entgegenzusetzen.[180] Der ist jetzt für den Herrn bestimmt, weil Christus sich leiblich für die Seinen dahingegeben hat (vgl. zu 20a). Deshalb kann man auch umgekehrt sagen: Der Herr ist für den Leib da.[181] Dieses Verhältnis des gegenseitigen Füreinander kann 15a in ein organisches Bild fassen und V. 19.20a als einseitiges Verhältnis von Einwohnung und Besitz abwandeln. Auf Grund dieser Verbundenheit gilt der Analogieschluss von der Auferweckung des Kyrios zu der der Gläubigen (V. 14 – hier nur im καί ... καί impliziert; vgl. 15,20–22 und ähnliche Schlüsse 1Thess 4,14; Röm 8,11; 2Kor 4,14, hier in Bezug auf den Apostel). Im Parallelismus zwischen 13a–c und 13de.14 schießt die Macht Gottes[182] als Mittel der Auferweckung über. Der Sinn dieses Parallelismus ist keineswegs, die Unzucht als Verstoß gegen Gottes Plan mit der Schöpfung erscheinen zu lassen;[183] vielmehr steht die

---

[174] So Mk 7,19 (Abort) und Kol 2,16.21f (zur Vergänglichkeit durch Verbrauch bestimmt) von den Speisen.
[175] Ebenso V. 14: Verbalsatz im Futur mit weiterführendem δέ und Gott als Subjekt sowie καί ... καί beim Objekt. Nach FITZMYER, 1Kor 265 freilich hätte Paulus hier den korinthischen Slogan imitiert.
[176] Eschatologisches καταργεῖν auch 1,28; 2,6; 13,8.10; 15,24.26 von Gott (z. T. im theologischen Passiv) oder Christus ausgesagt.
[177] Vgl. ZELLER, Front 186f gegen THISELTON, Eschatology 526f; STOWERS 59f und die neueren englischsprachigen Kommentare sowie BYRNE, B.: Eschatologies of Resurrection and Destruction, DR 104, 1986, 288-298, 290-292, der aber 295 selber erkennt, dass auch die paulinisch-apokalyptische „eschatology of discontinuity" ein „element of ‚destruction'" enthält.
[178] Vgl. Diogenes Laert. VI 69: Als Diogenes öfters in aller Öffentlichkeit masturbierte, soll er gesagt haben: „Könnte man doch auch durch Reiben des Bauches den Hunger vertreiben!" Vgl. Diogenes, epist. 42.
[179] Richtig LINDEMANN, 1Kor 146. Ein neutraler Begriff wie „Sex" wäre τὰ ἀφροδίσια. FEE, 1Kor 255 rekonstruiert die Position der Korinther: „since all bodily appetites are pretty much alike, that means that the body is for sex and sex for the body."
[180] Wie WEISS, 1Kor 160 beobachtet, passt die Antithese insofern nicht, als jetzt – vielleicht durch den Gleichklang begünstigt – σῶμα an der Stelle von βρώματα steht; sachlich entspricht ihm aber κοιλία in der These V. b.
[181] KIRCHHOFF, Sünde 122f wendet mit Recht gegen die übliche Auffassung von τῷ κυρίῳ als *Dativus possessoris* ein, dass sie bei der Umkehrung V. e nicht mehr möglich ist. Sie schlägt stattdessen einen *Dativus commodi* vor.
[182] Vgl. dazu bei 1,18. An der Parallelstelle Röm 8,11 werden die Leiber der Christen durch Gottes ihnen einwohnenden Geist lebendig gemacht.
[183] So KIRCHHOFF, Sünde 127–129.

eschatologisch relativierte Schöpfungsordnung im Kontrast zur Erlösungsordnung, in der der dem Verfall preisgegebene Leib eine neue Orientierung und damit eine neue Zukunft bekommt.

V. 15–17 Die Klärung V. 15 scheint – jedenfalls deutlicher als 1,13a – die Vorstellung von einem Leib Christi vorauszusetzen, dem die Christen durch die Taufe inkorporiert sind (vgl. zu 12,12–30).[184] Doch bleibt dessen kollektiver Charakter unausgesprochen, da Paulus hier nicht auf das Verhältnis der Glieder zueinander reflektiert. Es kommt ihm lediglich auf die organische Einheit an, die gerade die Leiber – diese Engführung fehlt Kap. 12 und an den Parallelstellen – der Getauften mit Christus bilden. Sie würden durch Hurerei gewaltsam in ein artfremdes Wesen verpflanzt. Weil man in der Antike wie heute die „Dienstleistung" einer Prostituierten meist nur als sachliches Geschäft ohne Engagement beider Seiten betrachtet, muss V. 16 diese Konsequenz noch erläutern. Wer eine Beziehung zu einer Dirne aufnimmt – was hier mit dem aus Gen 2,24 geschöpften Verbum κολλᾶσθαι[185] ausgedrückt wird –, verschmilzt mit ihr zu einem Leib, offenbar durch die sexuelle Vereinigung. Das soll der mit φησίν[186] eingeführte Schlusssatz von Gen 2,24LXX belegen. Er wird sonst im Neuen Testament wie auch im Judentum auf die Ehe ausgelegt,[187] hier illustriert er die leibliche Intensität auch einer außerehelichen Verbindung. Die Stelle bietet nur „*ein* Fleisch", was aber hier mit „*ein* Leib" gleichwertig ist.[188] Doch weil „Fleisch" sonst im Gegensatz zu „Geist" steht, umschreibt V. 17 die Art, wie die Anhänger[189] Christi mit ihrem Herrn vereinigt sind, nicht mit „ein Leib". Vielmehr tritt dem menschlich-fleischlichen Verband der Geist Gottes als Bindemittel gegenüber. Er ist ja zugleich der „Geist Christi" und stellt als solcher die Zugehörigkeit zu ihm her (Röm 8,9b; vgl. zu 15,45). Während die Antike den Gang zur Prostituierten weithin als „Ventilsitte" tolerierte und nur vor Vergeudung des väterlichen Vermögens und der Erzeugung illegitimer Kinder warnte, baut Paulus eine exklusive Konkurrenz

---

[184] Anders etwa Kraus, Volk 182 Anm. 184; Senft, 1Kor 84; Wolff, 1Kor 127f, der die „Glieder" als die des Christen versteht; aber der Plural τὰ μέλη ist hier nicht wie sonst Äquivalent von σῶμα, sondern bestimmt den Plural τὰ σώματα ὑμῶν neu. Ein möglicher, wenn auch nicht zwingender Indikator für den Korinthern schon bekannte Tradition ist „Wisst ihr nicht". S. zu 3,16.

[185] Es ist auch Sir 19,2 mit Dirnen gekoppelt und meint nicht direkt den Koitus, sondern dass sich der Freier in ihre Abhängigkeit begibt. Vgl. Derrett, J.D.M.: Right and Wrong Sticking (1 Cor 6,18)?, EstB 55, 1997, 89–106, 95: „‚Sticking' has nothing to do with genital organs, but everything to do with loyalty, identification, even *addiction*." In Gen 2,24LXX steht zwar προσκολλᾶσθαι, die Stelle wird aber Mt 19,5 mit dem Simplex zitiert. Ebenso die Anspielung 1Esr 4,20. Eine Parallele im P.Lond. V 173,16 bei R.E. Kritzer in: Arzt-Grabner u.a., 1Kor 238.

[186] Zu dieser auch bei Philo häufigen eingeschobenen Zitationsformel vgl. etwa Hebr 8,5 und Weiss, 1Kor 164f. Paulus schreibt sonst eher λέγει (vgl. 1Kor 9,10 und 15,27 εἰπεῖν) und zitiert ohne Unterbrechung.

[187] Vgl. Dautzenberg 277–282; Kirchhoff, Sünde 160–165; Zimmermann, R.: „ ... und sie werden ein Fleisch sein", in: von Dobbeler u.a., Religionsgeschichte 553–568.

[188] Auch an anderen Stellen wechselt σάρξ, womit sonst eher das Vorfindliche, Hinfällige, Ausgesetzte menschlicher Existenz markiert wird, mit σῶμα: vgl. 2Kor 4,10f und in ähnlichem Kontext Eph 5,28f.

[189] Die Anwendung des eben noch sexuell konnotierten Verbums κολλᾶσθαι auf die Christusbeziehung ist dadurch erleichtert, dass es etwa Dtn 6,13; 10,20; 11,22; Jos 23,8; 4Bασ 18,6; Ps 62,9LXX; 72,28LXX; Sir 2,3 für die Loyalität Gott gegenüber steht.

zwischen Christusbeziehung und Hurerei auf, weil der Leib nur einem von beiden eingegliedert sein kann, dem Herrn oder der Dirne.[190] Offensichtlich strahlt die Prostituierte – im Unterschied zum normalen und auch zum ungläubigen Ehepartner (7,14ab) – eine verunreinigende Macht aus.[191] Alles ist vom Standpunkt des sich diesem Einfluss ausliefernden Mannes aus gesehen; was mit der sich verkaufenden Frau geschieht, bleibt außer Betracht. Das zeigt auch V. 18.

V. 18 Die Begründung des Imperativs ist zunächst undurchsichtig. Die These, dass jede Sünde „außerhalb des Leibes" bleibt, erstaunt so sehr, dass man V. 18b den korinthischen Freigeistern zugeschrieben hat.[192] Sie passt anscheinend zu Spiritualisten, die den Leib als moralisch irrelevant abtun. Aber wenn man im Umkehrverfahren daraus folgern kann, dass die Sünde die Seele berührt, lässt sich dadurch keine Zuchtlosigkeit legitimieren. In Wahrheit hat der Vordersatz nur als Folie für die Ausnahme, die Paulus für die Unzucht behauptet, Sinn.[193] Aber was soll „gegen den eigenen[194] Leib sündigen" heißen? Die antiken Quellen liefern dazu keine genaue Parallele.

„Ein unzüchtiger Mensch am Körper seines Fleisches" Sir 23,16(LXX 17) gebraucht das Wort „sündigen" nicht. Die Rabbinen können „sündigen" bzw. „sündig mit ihrem Leib" bei den Heidenvölkern oder den Sodomiten auf die Unzuchtssünden auslegen (Bill. III 366f). Das ist aber nicht gleichbedeutend mit „gegen den Leib sündigen". Aischines sagt in seiner Rede 1,39 von Timarchos, er habe sich gegen seinen Leib verfehlt (εἰς τὸ σῶμα τὸ ἑαυτοῦ ἡμάρτηκεν) und nennt sich prostituierende junge Männer § 195 εἰς τὰ σώματα ἡμαρτηκότας (vgl. 159 εἰς ἑαυτοὺς ἐξαμαρτάνοντας).[195] Das ist eher eine moralisierende Umschreibung der Prostitution als eine Feststellung ihrer Eigentümlichkeit. Oft wird Musonius, Frgm. 12 herangezogen. Gegen den Einwand, dass der Verkehr mit einer Dirne oder einer Unverheirateten niemand Unrecht tut, weist er darauf hin, „dass jeder, der sich verfehlt (ἁμαρτάνειν), zugleich Unrecht tut, wenn auch nicht gegen einen seiner Mitmenschen, so doch auf jeden Fall gegen sich selber, indem er sich schlechter und ehrloser macht" (HENSE 65,7–10). Das gilt nicht nur für Unzucht und betrifft nicht besonders den Körper. Um nicht auf äußere Tatfolgen oder gar Strafen an-

---

[190] Zumal Gen 2,24 sonst im Blick auf die Ehe gelesen wird, fragt sich, ob auch die eheliche Vereinigung den Leib dem Herrn entfremdet. Paulus hat jetzt die Problematik von Kap. 7 noch nicht im Kopf, aber bei 7,34 wird sich die Alternative – wenn auch nicht so scharf – wieder auftun. Wenn der Kyrios und die πορνεία sich ausschließende Herrschaftsbereiche bilden, hat man den Eindruck, dass letztere wie in den TestXII und in Qumran dämonisiert wird. So DAUTZENBERG 291f.

[191] Vgl. TIEDEMANN, Erfahrung 213.222.

[192] Vertreter bei DAUTZENBERG 273, dazu STOWERS 61, der dafür das nur noch Röm 3,25 begegnende ἁμάρτημα geltend macht. Auch die neueren englischsprachigen Kommentare entscheiden sich für einen korinthischen Slogan. SMITH 77: Für die Stoiker sind nur Motive und Intentionen bedeutsam, „für den Leib des Menschen ist alles gleichgültig" (Marc Aur. VI 32).

[193] Trotz der pauschalen Formulierung von V. b ist bei „Sünde" „andere" zu ergänzen: FISK 544 mit Berufung auf B-D-R 480,1. CONZELMANN, 1Kor 142: „ad hoc formuliert".

[194] Die Formulierung mit ἴδιος noch 7,4a.b. Dies und das generelle ἄνθρωπος sprechen gegen Lösungen, die hier den speziell christlichen Leib sehen (z.B. KIRCHHOFF, Sünde 185 von V. 19 her: der „arteigene" Leib, den nur die Getauften haben), auch gegen die von MAY, Body 127 „the body as a member of Christ".

[195] Das letzte Beispiel zeigt, dass σῶμα metonymisch für die handelnde Person steht: KIRCHHOFF, Sünde 181.

gewiesen zu sein, betonen die Stoiker, dass der Übeltäter sich selbst schädigt,[196] wobei der Schaden für den Leib als weniger wichtig gelegentlich erwähnt wird.[197]

Paulus sagt aber eigentlich nicht, dass Hurerei den Leib ruiniert. Das malt die Spruchweisheit aus (vgl. Spr 5,11; 6,32; Sir 19,2f; TestRub 4,6f).[198] Aber solche negativen Folgen für den Leib haben noch mehr Trunksucht und Völlerei.[199] Der Satz muss besagen, dass der Leib in der Sünde selbst in besonderem Maß involviert ist. Das kann man m.E. am ehesten von V. 16 her verstehen. Sexuelle Sünder entehren ihre Leiber an sich selber (Röm 1,24).[200] Das ist zunächst eine allgemeine anthropologische Feststellung.

V. 19f Für den Christen aber bedeutet das Entweihung des Tempels des Heiligen Geistes.[201] Gegenüber der zu 3,16 skizzierten antiken Tradition ist neu, dass der Leib des Einzelnen[202], und nicht sein geistiges besseres Ich Wohnsitz des göttlichen Elements ist.[203] Da auch nach biblischen Aussagen Gott den Geist ins „Herz" der Menschen gibt (s. zu 3,16), dürfte die Zuspitzung auf den Leib – trotz des „Wisst ihr nicht" – den Korinthern kaum schon vertraut gewesen sein; sie liegt dann Röm 8,11 zu Grunde. Bei IgnPhld 7,2; 2Clem 9,3 wird sogar das „Fleisch" zum Tempel Gottes. V. 19b.20a variieren das Bild: Statt sakraler Räumlichkeit soll jetzt profanes Besitzrecht die Zugehörigkeit der Christen – hier die 2. Pl. statt „eure Leiber" – zu Gott[204] veranschaulichen. So wird man die negative Aussage V. 19b positiv wenden dürfen. Die Begründung V. 20a setzt die Metaphorik des Kaufens[205] ein. Die Verben ἀγοράζειν bzw. ἐξαγοράζειν bilden zusammen mit Ableitungen vom Stamm

---

[196] Vgl. Plutarch, mor. 1041cd; Marc Aur. IX 4; im Zusammenhang sexueller Vergehen Clemens Al., paed. II 10,90,4; 100,1.

[197] Vgl. Dio Chrys. 14,15: Zügellose Menschen „erleiden Schaden entweder bezüglich des Leibes oder des Vermögens oder – was das Größte ist – in Bezug auf ihre Seele". Vgl. schon Xenophon, oec. 13: Wer sich eine Hetäre kauft, dem geht es schlechter in Bezug auf den Leib, die Seele und das Haus.

[198] FISK 545f hat dieses Vergleichsmaterial wieder in Anschlag gebracht.

[199] Das sieht z.B. LANG, 1Kor 84, der deswegen den Wortlaut nicht pressen möchte.

[200] WOLFF, 1Kor 128.130 Anm. 202 macht auf Josephus, ant. IV 206.245 aufmerksam, wo Prostitution als Übergriff gegenüber dem Körper (ὕβρις τοῦ σώματος) bezeichnet wird, der ihm Schande bringt.

[201] Vgl. ohne eigenen Akzent auf dem Leiblichen Epiktet, diss. II 8,11–13: Man soll sich bei allem Tun, auch beim Geschlechtsverkehr, daran erinnern, dass man einen Teil Gottes (die Vernunft) in sich trägt. „In dir trägst du ihn und merkst nicht, dass du ihn befleckst mit unreinen Gedanken und schmutzigen Handlungen."

[202] Das singularische τὸ σῶμα ὑμῶν ist distributiv zu verstehen: KIRCHHOFF, Sünde 182f.

[203] Philo, op. 137: Der Körper des ersten Menschen wurde aus reinem Urstoff gebildet; „denn als ein Haus oder ein heiliger Tempel der Vernunftseele wurde er gebaut". Die Ausnahme bestätigt die Regel.

[204] Der Geist, den (οὗ ist attractio relativi: H-S 289e) die Gläubigen von Gott haben, nimmt sie für ihn in Beschlag. Gott ist möglicherweise der Handelnde im passiven Verb V. 20a; ihm als dem Inhaber soll man nach V. 20b die Ehre geben. Natürlich werden die Christen auch als Eigentum Christi vorgestellt: Vgl. zu Χριστοῦ εἶναι o.ä. die in der Anm. zu 3,23a genannten Stellen. Aber gerade 3,23 zeigt, dass er nur die vorletzte Adresse ist.

[205] Vgl. zu ἀγοράζειν SPICQ, Lexique 37–40 und die Monographie von HAUBECK, Loskauf 136–166. Der absolute Genitivus pretii τιμῆς ist mit „gegen Bezahlung" zu übersetzen, s. die Belege bei LIETZMANN, 1Kor 28f und BAUER, Wörterbuch 1629 unter 1. Er findet sich sowohl auf profanen Kaufurkunden (z.B. NDIEC 6, 1992, 48) wie auf den Inschriften in Delphi (vgl. DEISSMANN, Licht 274f).

λυ- (bei Paulus nur ἀπολύτρωσις, s. zu 1,30) und ἐλευθερ-²⁰⁶ ein Wortfeld, das quer durch das NT hindurch – es fehlen nur die johanneischen Schriften und Jak – die Erlösung in Christus umschreibt. Subjekt des Loskaufs ist gewöhnlich Christus (Gal 3,13; 4,5; 2Petr 2,1; Apk 5,9, danach wohl auch das Passiv Apk 14,3f). An unserer Stelle scheint wegen des Kontextes eher Gott als Käufer in Frage zu kommen. Hier wie 7,23a wird betont, dass der Kauf seinen Preis hatte; aus urkirchlichen Parallelstellen geht hervor, dass damit das Blut Christi gemeint ist (vgl. Apk 1,5; 5,9; 1Petr 1,18f; Apg 20,28; Eph 1,7). Solche Zahlung in bar – an wen, wird nicht gesagt – sichert das Recht Gottes auf die Erkauften.

Die im 20. Jh. geführte Diskussion um den konkreten Hintergrund der Metapher ist abgeschlossen. 7,23a steht eindeutig im Kontext des Sklavenkaufes. Dieser ist auf dem Markt zu denken; die Institution der Freilassung am Tempel, wo die Gottheit treuhänderisch den vom Sklaven gezahlten Kaufpreis entgegennahm, hat das paulinische Vokabular nicht geprägt. Eher kommt der urchristliche Sprachgebrauch vom AT her, wo die profane Bildwelt des Erwerbens (hebr. קנה/qnh) und des Eigentums (hebr. סְגֻלָּה/sᵉgullā) für das Handeln Gottes an seinem Volk im Exodus verwendet wurde. Zwar erscheint in diesem Zusammenhang nie das Verbum (ἐξ)αγοράζειν, aber verwandte Ausdrücke werden auch im NT auf die Konstitution des neuen Gottesvolkes appliziert (vgl. περιποιεῖσθαι Apg 20,28; περιποίησις Eph 1,14; 1Petr 2,9 und die Anspielung auf Ex 19,6 in Apk 5,9f).²⁰⁷

Wo in den Paulusbriefen vom Herrschaftswechsel die Rede ist, wird als existentielle Folge die Ausrichtung des Lebens auf Gott (Verbum + τῷ θεῷ) gefordert, z.B. 1Thess 1,9; Gal 2,19; Röm 6,11. V. 20b fasst den Dienst für Gott mit einem auch der LXX vertrauten Wort²⁰⁸ liturgisch (vgl. auch 10,31). Überraschend ist, dass die Ehrung Gottes „im Leib"²⁰⁹ stattfinden soll. Die Würde des keuschen Leibes (vgl. τιμή 12,23f; 1Thess 4,4) macht zugleich Gott als dem Eigentümer Ehre, sie wird als „Heiligung" realisiert. Das wird Röm 12,1, wo die Leiber zur lebendigen, heiligen Opfergabe werden, ähnlich kultisch gewendet. Kap. 7 wird zeigen, wie solche Verherrlichung Gottes sowohl in der Ehe wie in der christlichen Jungfräulichkeit möglich ist.

Abschließend ist noch einmal der außerordentliche Stellenwert zu bedenken, der hier dem Leib eingeräumt wird. Dies haben frühere Ausleger manchmal verwischt, indem sie sich auf die Beobachtung stützten, dass hier (vgl. V. 14 mit Röm 8,11; V. 19f) wie anderswo „Leib" mit dem Personalpronomen bzw. mit dem Reflexivpronomen wechselt, und für das paulinische σῶμα die Bedeutung „Persönlichkeit"²¹⁰

---

[206] Erst durch die Präposition ἐκ und die Parallele mit diesen beiden Stämmen wird klar, dass der Kauf auch ein Los-kauf ist. Hier und 7,22b.23 kommt es dagegen nur auf den Besitzerwechsel an.

[207] Vgl. etwa LYONNET, S.: De peccato et redemptione II. De vocabulario redemptionis, SPIB 112, Rom 1960, 49–66.

[208] Zu δοξάζειν vgl. SPICQ, Lexique 387–390.

[209] Das ἐν bezeichnet nicht den Grund (so Gal 1,24), auch nicht bloß die Situation (so 1Petr 4,11) des Verherrlichens; von V. 19a herkommend, könnte man an den Ort denken (so HEINRICI, 1Kor 210; SPICQ, Lexique 389); doch liegt ein instrumentales Verständnis (vgl. Joh 15,8) näher. Durch ihr leibliches Verhalten machen die Christen sichtbar, wem sie gehören. Ein ähnliches ἐν τῷ σώματι Phil 1,20.

[210] Vgl. WEISS, 1Kor 63–65.

bzw. „Person"[211] postulierten oder die Fähigkeit sich zu sich selbst zu verhalten[212] darin benannt fanden. Obwohl er die monistische Anthropologie des Paulus festhielt, machte E.E. Ellis[213] dagegen mit Recht geltend, dass der Geist das Verhältnis des Menschen zu sich selbst leistet. E. Käsemann suchte die Alternative zu vermeiden: „Leiblichkeit sei das Wesen des Menschen in seiner Notwendigkeit, am Kreatürlichen zu partizipieren, und in seiner Fähigkeit zur Kommunikation im weitesten Sinne."[214] Die Diskussion endete aber damit, dass wieder die Konkretion hervorgehoben wurde, die den meisten Leib-Aussagen eignet.[215] Andererseits wird das σῶμα in V. 13f deutlich von der κοιλία unterschieden, die dem endgültigen Untergang geweiht ist,[216] während das σῶμα für die Wiederherstellung der menschlichen Identität in der Auferweckung unabdingbar zu sein scheint (vgl. zu 15,35). Ist der Leib ohne Christus durch Sünde und Tod gekennzeichnet, so bleibt er auch für den Christen der Ort des Leidens, die äußere, verfallende Hülle, wie der Apostel 2Kor 4,10f.16 exemplarisch an sich aufweist. In unserem Passus möchte Paulus aber den Leib den Fängen der Prostitution entwinden. Er stellt deswegen nicht nur die Beteiligung des Leibes in der sexuellen Hingabe heraus, sondern bezieht ihn schon jetzt in die Erlösung durch Christus ein, obwohl die „Erlösung des Leibes" eigentlich noch aussteht (Röm 8,23). Zwar ist auch der Leib des Christen wesentlich durch die zukünftige Auferweckung bestimmt (V. 14), aber dies ist nur denkbar, weil er jetzt schon Christus einverleibt ist und ihm im Geist „anhängt". Den Grund dafür deutet wiederum V. 20a an: Es ist die leibliche Preisgabe Christi am Kreuz, durch die Gott sich den ganzen Menschen erworben hat. Dieser kann und muss deshalb sich leibhaftig von ihm in Besitz nehmen lassen und die „Glieder" in den Dienst der Gerechtigkeit stellen (vgl. Röm 6,13).

Exkurs 4: Mögliche Hintergründe der Warnung vor Unzucht

Die meisten Kommentatoren erkennen in Kap. 5f nicht nur einen bedauerlichen Einzelfall (5,1) und in der πορνεία von 6,18 nicht bloß einen „Rest heidnischer Gewohnheit"[217], sondern sie vermuten dahinter mit W. Lütgert „libertinistische Pneumatiker", die den Freiheitskanon des

---

[211] Z.B. STROBEL, 1Kor 113 und viele andere; das scheitert aber an V. 16, wo Paulus sicher nicht sagen will, dass „an der körperlichen Vereinigung [...] auch der geistige Bereich des Menschen beteiligt" ist (so aber LINDEMANN, 1Kor 129).
[212] Vgl. BULTMANN, Theologie 193–203.
[213] Σῶμα in First Corinthians, in: Ders.: Christ and the Future in New Testament History, NT.S 97, Leiden usw. 2000, 165–178, 166f mit Anm. 6.10.
[214] Zur paulinischen Anthropologie, in: Ders., Perspektiven 9–60, 43. Ähnlich sein Schüler BAUER, Leiblichkeit 80: „σῶμα charakterisiert des Menschen Sein in seinem Außer-sich-Sein, in seiner Ausrichtung".
[215] Vgl. vor allem GUNDRY, Sôma, bes. 51–80: σῶμα meint nicht die ganze Person, sondern den physischen Leib, der allerdings die Person vertreten kann; auch wenn die Seele oder der Geist nicht als Gegenstück genannt sind, sei die dualistische Anthropologie allgegenwärtig. – Künstlich KIRCHHOFF, Sünde 130–145: σῶμα stehe für die Verpflichtung durch die Taufe. Das passt nicht zu V. 16 und 19c.
[216] Wer auch in V. 13c einen korinthischen Slogan annimmt, dem Paulus in V. 14 widerspricht, muss allerdings κοιλία und σῶμα gleichsetzen.
[217] Dagegen etwa CONZELMANN, 1Kor 138; SCHRAGE, 1Kor II 11.

Paulus programmatisch auf das sexuelle Gebiet ausgedehnt haben.[218] Was lässt sich dazu auf Grund der bisherigen Exegese sagen?

1. Die Situation in Korinth

Richtig ist: Die Mehrheit der Gemeinde ließ die atl. und römischen Gesetzen widersprechende Liäson 5,1 durchgehen. Das bedeutete freilich nicht, dass sie sich auf diesen Sünder in ihren Reihen noch etwas einbildete (5,2a), noch weniger, dass er die Tat provokativ „im Namen des Herrn" begangen hat (5,3f). Aus μὴ πλανᾶσθε in 6,9b ist nicht sicher auf laxistische Verführer zu schließen.[219] Dass Paulus das Thema „Unzucht" in 6,9-20 wieder aufnimmt, verrät jedoch Befürchtungen, die wohl durch die Toleranz der Gemeinde gegenüber der „Unzucht" von 5,1 ausgelöst wurden, aber darüber hinausgehen: Die – wohl durch die frühere Predigt des Apostels geförderte – Nicht-Beachtung des jüdischen Gesetzes könnte in einen allgemeinen sexuellen Laxismus ausarten. Dabei braucht 6,12ac nicht einmal ein Paulus völlig fremdes Schlagwort der Korinther zu sein; er muss auch nicht von neuerlichen Besuchen der Christen bei Dirnen gehört haben. Das korinthische Milieu[220] stellt offenbar eine dauernde Gefährdung für die zum Christentum Bekehrten dar, der schon der Vorbrief (5,9) zu wehren suchte. Die Ausführungen des Apostels richten sich nicht speziell an vornehme Kreise, die bei den eigenen Sklavinnen, bei gemieteten Hetären oder bei Konkubinen sexuellen Ausschweifungen nachgingen.[221] In Bordellen, Thermen und Tavernen fand der kleine Mann käufliche Liebe. Aus der Argumentation des Paulus wird nicht deutlich, dass diese Inanspruchnahme von Prostituierten einer generellen Verachtung des Leiblichen entsprang. V. 13ab beugt nur dem Schluss vom Essen auf den Sex vor.[222] V. 13c erwies sich gar als paulinisch. Wenn V. 14 den Wert des Leibes mit der Auferweckung begründet, steht diese offenbar bei den Angesprochenen nicht in Frage. Die Gegner von Kap. 15 sind nicht im Visier. Dass die Korinther die Anwesenheit des Geistes ins Feld führten,[223] ist unwahrscheinlich, weil V. 17.19 sich gerade unpolemisch darauf berufen. Auch V. 18b stammt nicht aus dem Arsenal von Pneumatikern. Korinther gaben sich kaum der Unzucht hin, um

---

[218] Vgl. Einleitung 2c. GOULDER, M.D.: Libertines? (1 Cor. 5-6), NT 41, 1999, 334-348 will *asketische* Pneumatiker als Gegner wahrscheinlich machen; das geht nur, indem er die Unzucht 6,12f auf die Affäre von 5,1 reduziert.

[219] Gegen ALLO, 1Kor 137; KREMER, 1Kor 115. Die Übersetzung „Laßt euch nicht irreführen" drängt sich aber nicht auf.

[220] In der Einleitung (1b) sahen wir freilich, dass man seine Sonderstellung nicht übertreiben darf. Schon gar nicht ist in Kap. 6 von kultischer Prostitution die Rede. Da würde Paulus andere Saiten aufziehen. ROSNER, B.S: Temple Prostitution in I Corinthians 6:12-20, NT 40, 1998, 336-351, 350 will nun wissen: „some Corinthians were attending temple feasts and using the prostitutes who offered their services on such festive occasions." Dagegen FITZMYER, 1Kor 262.

[221] Dagegen nimmt WINTER, After 88 Bankette der Elite als Kontext des sexuellen Treibens an.

[222] SCHRAGE, 1Kor II 20 erkennt das Argument mit der natürlichen Befriedigung, das ist ihm aber 13 für seine Pneumatiker zu wenig. Richtig LINDEMANN, 1Kor 153: „Dabei muß gar nicht angenommen werden, daß in Korinth eine (womöglich ‚gnostisch' motivierte) Geringschätzung des σῶμα vorherrschte; vielmehr genügt die Annahme, daß die korinthischen Christen [...] ihre Christusbeziehung nicht als etwas das σῶμα Betreffendes ansahen."

[223] FEE, 1Kor 264: „They thought the presence of the Spirit meant a negation of the body; Paul argues the exact opposite". Ähnlich SCHRAGE, 1Kor II 29.33. Wir fanden zwar bei V. 19, dass ihnen der Leib als Wohnsitz des Heiligen Geistes – trotz des „Wisst ihr nicht?" – nicht unbedingt geläufig war. Aber schon V. 17 wäre Wasser auf ihre Mühlen, wenn sie die „Teilhabe an der himmlischen Pneumasubstanz" für sich reklamiert hätten (so SCHRAGE, 1Kor II 29).

ihre Freiheit zu beweisen;[224] wie aus 7,2 zu schließen ist, taten sie das eher aus einem sexuellen Notstand heraus. Paulus allerdings hält es anscheinend für möglich, dass sie die ihnen zugesprochene Unabhängigkeit von atl. Geboten verallgemeinern, um nachträglich ihren Hang zu den alten Lastern (vgl. 6,9–11a; 2Kor 12,21) zu bemänteln. Da ähnliche Legitimationen auch Kap. 8–11,1 in der Frage des Götzenopferfleisches bemüht werden, liegen mindestens für Paulus die Probleme nah beieinander. Christliche Freiheit rechtfertigt nicht einen Rückfall ins Heidentum. Deshalb warnt 10,7f zugleich vor Götzendienst und Unzucht. Kap. 5f spricht in der 2. Pl. das Gros der Gemeinde an. Die Art, wie sich der Apostel mit den Parolen 6,12ac.13ab identifiziert, macht es unwahrscheinlich, dass man die „Befürworter des Verkehrs mit Prostituierten" „im Kreis der Apollos-Partei suchen" darf.[225] Eher rechnet Paulus damit, dass seine eigenen Anhänger die von ihm selbst propagierte Freiheit vom Gesetz[226] missbrauchen.

2. Die Analogie gnostischer Gruppen

Als unzureichend erwiesen sich Interpretationen, die die Schlagworte aus dem Geist der Stoa verstehen wollten. Dagegen war eine gewisse Übereinstimmung von 6,12ac.13ab mit kynischen Gedankengängen festzustellen.[227] Doch geht es den Korinthern nicht allgemein um Lösung von menschlichen Satzungen, sondern konkret um Freiheit vom jüdischen Gesetz. Deshalb duldeten sie wohl auch die gesetzeswidrige Verbindung 5,1. Eine neue Dimension gewinnt dieses Freiheitsstreben, wo das atl. Gesetz als Verordnung niederer oder gar feindlicher Mächte erscheint und so Libertinismus – oft in der Kombination mit gleichzeitiger Übertretung von Speise- und Sexualtabus[228] – theoretisch untermauert wird. Dies kennzeichnet die vom Ausgang des 1. Jh. n. Chr. an zu beobachtenden gnostischen Strömungen. Schon in Apk 2,14f.20 hinterlassen die *Nikolaiten* ihre Spur: Sie verführen durch ihre Lehre dazu, unbedenklich Götzenopferfleisch zu essen und „Unzucht" zu treiben – obwohl von Johannes aus gesehen, kaum nur im metaphorischen Sinn des Abfalls vom Glauben.[229] Sie berufen sich dabei auf eine „Erkenntnis" (vgl. Apk 2,24). Womöglich nichtchristlicher Herkunft sind die *Simonianer*, deren Leitfigur Simon seine Begleiterin Helena[230] aus einem Bordell geholt hatte – vermutlich einen Erlösungsmythos zeichenhaft aussagend. Die an Simon und Helena glauben, „können als

---

[224] Vgl. – als Ausnahme unter den Kommentatoren – LINDEMANN, 1Kor 153: „Daß die korinthischen Männer [...] einen weltanschaulich begründeten ‚Libertinismus' praktiziert hätten, läßt die paulinische Argumentation nicht erkennen."
[225] Gegen MERKLEIN, 1Kor II 70.
[226] SCHRAGE, 1Kor II 17f und WOLFF, 1Kor 125 legen den Nachdruck darauf, dass Paulus gegen die Judaisten anders formuliert. Aber eine Stellungnahme zu den jüdischen Speisegesetzen war für werdende Christen aus dem Umkreis der Synagoge allemal nötig.
[227] Vgl. u. a. GRANT, Paul Kap. 8f. Doch darf man die Kyniker nicht zu Hedonisten machen. Askese soll zur Verachtung der Lust führen. Die natürliche Triebabfuhr muss freilich keine Rücksicht auf menschliche Institutionen nehmen.
[228] Vgl. Irenaeus, haer. I 6,3 (Valentinianer); 24,5 von den Gefolgsleuten des Basilides; 26,3 (Nikolaiten); 28,2 u. ö. Vgl. NIEDERWIMMER, Askese 200–207. Er zeigt weitere Spuren des frühgnostischen Sexual-Libertinismus in Jud/2Petr, Herm, 2Clem auf.
[229] So jedenfalls Irenaeus, haer. I 26,3. Später beriefen sich ungebunden Unzucht treibende Gnostiker auf das zweideutige Wort des Nikolaos „Man muss das Fleisch verachten/missbrauchen (παραχρήσασθαι)"; vgl. Clemens Al., strom. III 4,25,7, wo die libertinistische Auslegung allerdings dementiert wird. Epiphanius, haer. XXV 1,5 schreibt ihm das Postulat zu: „Wer nicht täglich Verkehr hat, hat keinen Anteil am ewigen Leben".
[230] Ihre Prostitution wird aber nicht positiv gesehen, sondern ist Tiefpunkt ihrer Erniedrigung durch die Engel.

Freie tun, was sie wollen",[231] weil sie sich nicht nach den Vorschriften der Engel richten müssen, die die Welt erschaffen und die Menschen in Sklaverei geführt haben (Irenaeus, haer. I 23,3). Entsprechend unterstellt Irenaeus, ebd. 4 ihren Priestern auch ein lustbetontes Leben. *Karpokrates* (vgl. Irenaeus, haer. I 25,1-6) verheißt der Seele eine Kraft, die weltschöpferischen Archonten zu verachten, wie Jesu Seele die jüdischen Bräuche verachtete. Seine Anhänger üben magische Künste und behaupten, Gewalt (ἐξουσία) zu haben, um schon über die Archonten Herr zu sein, ja jede Gottlosigkeit und jeden Frevel begehen zu können.[232] Das müssten sie auch, weil die Seele auf ihrer Wanderung durch die Körper alles durchmachen muss, um aus dem Gefängnis des Leibes freizukommen.[233] Karpokrates' Sohn *Epiphanes* (vgl. Clemens Al., strom. III 2,5-10) relativiert die Ehemoral, indem er sie ähnlich wie die Simonianer auf positive Setzung – im Gegensatz zur Natur – zurückführt. Dagegen sei die verbotene Begierde etwas Gottgegebenes. Er vertritt in der Art des Diogenes und des Zenon eine ursprüngliche Weibergemeinschaft, die in den christlichen Liebesmählern wiederhergestellt wird.[234] Ähnlich handeln die *Antitakten* bewusst dem Gebot des Schöpfers des Bösen „Du sollst nicht ehebrechen" zuwider (Clemens Al., strom. III 4,34,3f). Wie die Anhänger des Karpokrates, so machen auch die des *Prodikos* (Clemens Al., strom. III 4,30,1f) von ihrer edlen Abkunft vom ersten Gott „und von ihrer Freiheit vollen Gebrauch und leben wie sie wollen. Sie wollen aber von nichts beherrscht werden (κρατηθῆναι) und meinen, in der Liebe zur Lust, sie seien schon Herren des Sabbats und über alle Geschlechter als Königskinder erhaben". Dennoch begingen sie nur heimlich Ehebruch.

Der letztere Vorwurf ist offenbar nicht so gesichert wie die referierte Ideologie. Der Anspruch der Gnostiker, als „Vollkommene" „alles frei tun zu können" (so Irenaeus, haer. I 13,6 von den Schülern des Marcus), entspricht tatsächlich ihrem Vollendungsbewusstsein. Heisst das auch, dass „sie die Freiheit (ἐξουσία) haben, sogar zu sündigen wegen ihrer Vollkommenheit", wie es Clemens Al., strom. III 1,3,3 den Anhängern des Basilides zuschreibt? Hier rechnet die Forschung, was die unterstellte Promiskuität angeht, mit übertreibender Ketzerpolemik der Kirchenväter, die leider unsere einzige Quelle sind.[235] Doch ist denkbar, dass die Gnostiker bei allem pneumatischen Hochgefühl die weiterbestehenden Triebe wahrnahmen und zugaben, dass man dem Fleischlichen mit Fleischlichem seinen Tribut zahlen müsse (Irenaeus, haer. I 6,3 von den Valentinianern), bzw. gegen die Lust kämpften, indem sie sich kontrolliert der Lust hingaben (Clemens Al., strom. II 20,117,5).[236] Es ist wahr – aber vielleicht

---

[231] Ebenso Hippolyt, haer. VI 19,7; vgl. schon vorher § 5: Die Nachahmer Simons fordern angeblich, man müsse sich ohne Überlegung vermischen; sie würden nicht mehr von einem vermeintlichen Übel beherrscht; denn sie seien erlöst.

[232] Im von M. SMITH veröffentlichten „Klemensbrief" 1,5-7 werden die Karpokratianer mit ntl. Wendungen charakterisiert: „aufgeblasen zur Erkenntnis – wie sie behaupten – der Tiefen Satans [...] und sich ihrer Freiheit rühmend wurden sie Sklaven knechtischer Begierden".

[233] Ähnlich die Kainiten nach Irenaeus, haer. I 31,2.

[234] Ähnlich fordert nach Epiphanius, haer. XXVI 4,4 bei den Borboriten der Ehemann seine Frau auf: „Geh und vollziehe Agape mit dem Bruder".

[235] Berüchtigt ist vor allem der Bericht des Epiphanius, haer. XXVI 4f über die Kultfeiern der Stratiotiker bzw. Phibioniten oder Borboriten. Während RUDOLPH, W.: Die Gnosis, UTB 1577, Göttingen ³1990, 256-259 es für möglich hält, dass „in manchen spätgnostischen Gruppen solche praktisch-kultischen Konsequenzen aus der überlieferten Ideologie gezogen worden sind", sieht MARKSCHIES, CH.: Die Gnosis, München 2001, 111f darin ein Produkt verdrängter Phantasien eines Mönches. Zuversichtlicher BENKO, ST.: The Libertine Gnostic Sect of the Phibionites according to Epiphanius, VigChr 21, 1967, 103-119.

[236] Vgl. GERO, ST.: With Walter Bauer on the Tigris: Encratite Orthodoxy and Libertine Heresy in Syro-Mesopotamian Christianity, in: Hedrick, C.W./Hodgson, R. (Hg.): Nag Hammadi, Gnosticism and Early Christianity, Peabody 1986, 287-307.

6,12-20: Der Leib ist nicht für die Unzucht, sondern für den Herrn da   233

auch nicht anders zu erwarten –, dass die Schriften von Nag Hammadi nirgends Libertinage befürworten, sondern eher eine strenge Askese.[237] Wenn deshalb Irenaeus etwa die Valentinianer moralischer Entgleisungen bezichtigt (Irenaeus, haer. I 6,3), mag das nicht ihrer Programmatik entsprechen, sondern seinen Grund in verunglückten Experimenten[238] oder einem Missverständnis ihres „Mysteriums der Syzygie" (Irenaeus, haer. I 6,4) bzw. des Sakraments des „Brautgemachs" haben.[239] Nach Rudolph[240] war in der Gnosis nicht eine völlig amoralistische Einstellung primär, sondern die Absage an das alttestamentliche Gesetz und die damit verbundene Werkgerechtigkeit.

Im Blick auf Kap. 7 ist das Verhältnis von Askese und Verstößen gegen die Ehemoral interessant. Das gnostische Modell erklärt anscheinend, wie beides auf einem gemeinsamen Boden, nämlich dem negativen Leib-Verständnis, gedeihen kann.[241] Genau besehen üben aber bei den Gnostikern nicht dieselben Gruppen und auch nicht dieselben Leute Enthaltung und Ausschweifung. Irenaeus, haer. I 28 unterscheidet die Enkratiten, die im Gefolge von Saturninus und Markion die Ehelosigkeit propagieren, von den libertinistischen Gnostikern, die sich von Basilides und Karpokrates herleiten.[242] Die valentinianischen Pneumatiker schauen auf die Psychiker der Großkirche herab, für die Enthaltsamkeit und gute Lebensführung zwingende Pflicht ist (Irenaeus, haer. I 6,4). In der einzigen Gruppe, in der beides vorkommt, den sogenannten Archontikern des 4. Jh. n. Chr., sind die, die ihren Leib mit Unzucht beflecken, nicht personalidentisch mit denen, die sich den Anschein asketischer Zucht nach Art der Eremiten geben (vgl. Epiphanius, haer. XL 2,4).

Blicken wir von hier aus auf 6,12-20 zurück, dann ergibt sich, dass das ideologische Fundament für das von Paulus gebremste Handeln der Korinther weniger sichtbar ist als bei den Gnostikern. In 6,12ac spricht sich nicht das gnostische Selbstverständnis aus, „zur vollkommenen Macht zu gehören und teilzuhaben an der unausdenkbaren Gewalt (ἐξουσία)" und so gefahrlos sündigen zu können.[243] Die Sätzchen beziehen sich auf das Erlaubte. Dahinter

---

[237] WISSE, F.: The ‚Opponents' in the New Testament in the Light of the Nag Hammadi Writings, in: Barc, B. (Hg.), Colloque International sur les textes de Nag Hammadi, Quebec/Louvain 1981, 99-120 zweifelt deshalb an den Angaben der Kirchenväter. Doch vgl. jetzt SMITH 79f: Relativierung von Gut und Böse in EvPhil (NHC II 3) 53,14-23; 66,10-13; Brontē (NHC VI 2) 14,15-15,1; 19,25-20.

[238] Z.B. dem Versuch, „in Reinheit wie mit Schwestern zusammenzuleben": Irenaeus, haer. I 6,3. S. dazu zu 7,36-38 und Exkurs 5.

[239] Vgl. WILSON, R.McL.: Ethics and the Gnostics, in: Schrage, Studien 440-449. In der Zeremonie des „Brautgemachs" wurde die endzeitliche Einigung mit dem Pleroma zeichenhaft vorweggenommen, aber nicht durch einen sexuellen Akt: vgl. RUDOLPH (s. Anm. 235) 254f.

[240] S. Anm. 235, 262-264 in Auseinandersetzung mit H. JONAS, der im Libertinismus die dem Pneumatiker von Haus aus eigene Äußerungsform sieht.

[241] Vgl. z.B. SCHRAGE, 1Kor I 54f; II 15.

[242] Vgl. auch die Zweiteilung der Häretiker bei Clemens Al., strom. III 5,40,1f.

[243] So SCHMITHALS, Gnosis 217-219 mit Verweis auf die Ansicht der Markosier Hippolyt, haer. VI 41,1. CONZELMANN, 1Kor 138 hat das nicht genau gelesen, kritisiert aber in Anm. 8, dass SCHMITHALS die ἐξουσία über die Dämonen einträgt. Eine heidnische Quelle – Porphyrius, abst. I 42 – gibt gut das Selbstbewusstsein der Gnostiker wieder: „Uns verunreinigen Speisen so wenig wie schmutzige Zuflüsse das Meer verunreinigen. Denn wie das Meer Herr wird (κυριεύειν) über alles Flüssige, so werden wir Herren über alle Speisen [...] Das Meer nimmt [...] alles auf und stößt nichts von sich, was zu ihm kommt, denn weil es sich seiner Größe bewusst ist (γινώσκουσα). So würden auch wir, wenn wir vor irgend einer Speise uns scheuten, für Sklaven einer Furchtregung (πάθημα) uns erklären, wo doch vielmehr das All (alles) uns untertan sein soll [...] Ein stehendes kleines Wasser wird, wenn es Schmutz aufnimmt, sogleich trübe und unrein; ein Abgrund (βύθος) aber wird nicht befleckt. So gewinnen auch Speisen nur über geringe Menschen die Oberhand; in denen aber der Abgrund der Freiheit (ἐξουσία) ist, die nehmen alles auf und werden durch nichts befleckt." Übers. nach BERNAYS, J.: Theophrastos' Schrift über Frömmigkeit, Berlin

steckt die Aufklärung über die eingeschränkte Tragweite des jüdischen Gesetzes, wie die „Erkenntnis" von 8,1.4 kein spezielles Offenbarungswissen, sondern die Aufklärung über die heidnischen Götter in der Missionspredigt meint. Deshalb kann man in Korinth sicher noch keine Gnosis im Sinn des 2. Jh. n. Chr. konstatieren. Dennoch wird man eine „trajectory" dahin ziehen dürfen: Die Probleme, die die Freisetzung der Christen von den Vorschriften der Tora für ihre Moral aufwirft, finden in diesen späteren Entwürfen eine systematische „Lösung".

C. 7,1-40: Über Ehe und Ehelosigkeit

Literaturauswahl zu 7,1-40 und zu Sexualität und Ehe

BALTENSWEILER, Ehe 150-209. BAUMERT, Ehelosigkeit. BLISCHKE, Begründung 160-174. CAMBIER, Doctrine. CLAUDEL, 1 Kor 6,12-7,40. DELLING, Stellung. DEMING, Paul. FENSKE, Argumentation 115-139. GARLAND, Posture. GORDON, Sister. GUNDRY-VOLF, Controlling. KLEINSCHMIDT, Ehefragen. KÜLLING, Ehe. LUTHER, M.: Das siebente Kapitel S. Pauli zu den Corinthern (1523), WA 12, 88-142. MACDONALD, Women. MAURER, Ehe. MAY, Body 144-259. MOISER, Reassessment. NIEDERWIMMER, Askese. PRETE, Matrimonio. ROSNER, Paul 147-176. SCHRAGE, W.: Zur neueren Interpretation von 1Kor 7, in: Gielen/Kügler, Liebe 279-295 (= Ders., Studien 102-125). TIEDEMANN, Erfahrung. THEISSEN, G.: Eros und Urchristentum, in: Pott, H.-G. (Hg.): Liebe und Gesellschaft, München 1997, 9-30. WOLBERT, Argumentation. YARBROUGH, Not. ZELLER, Vorrang.

Kap. 7 hebt sich deutlich als ein erster Abschnitt heraus, in dem Paulus sich auf schriftliche Anfragen der Korinther einlässt. Sie betreffen die Verheirateten und die Ehelosen. Dementsprechend zerfällt das Kapitel in zwei Teile, die beide mit περί beginnen: V. 1-24 und V. 25-40. Das Thema der Ehelosigkeit wird aber schon in V. 1.7.8f angesprochen. Außerdem greifen die verallgemeinernden Digressionen V. 17-24 und V. 29-31[1] über die Ehethematik hinaus. Nach den Adressaten - sie werden in den Abschnitten 1 b αβγ durch performatives λέγω + Dativ unterschieden - bzw. den behandelten Problemen ergibt sich folgende Untergliederung:

1. V. 1-24: Eheprobleme
   a) V. 1-7: Grundsätzliches zum ehelichen Leben
   b) V. 8-16: Einzelfragen zu Ehelosigkeit und Scheidung
      α) V. 8f: Weisungen für Unverheiratete und Witwen
      β) V. 10f: Keine Scheidung für christliche Eheleute
      γ) V. 12-16: Christen mit heidnischen Partnern
   c) V. 17-24: Verallgemeinerung: In der Berufung bleiben

1866, Nachdruck Hildesheim/New York 1979, 15f. Der Text wird manchmal - auch bei CONZELMANN, 1Kor 139 Anm. 11 - irrtümlich den Kynikern zugewiesen, bei denen aber Verunreinigung durch Speisen kein Thema ist; vgl. VOLLENWEIDER, Freiheit 228f Anm. 155f.

[1] Am Ende der ersten (V. 24) und am Anfang der zweiten (V. 29) steht die Anrede „Brüder".

2. V. 25–40: Ratschläge für „Jungfrauen" und Witwen
   a) V. 25–35: Vorzüge der Jungfräulichkeit (verallgemeinernde Digression V. 29–31)
   b) V. 36–38: Konkretisierung: Umgang mit der anvertrauten Jungfrau
   c) V. 39f: Weisung für Witwen

Neuere Studien haben auf den Stichwortzusammenhang zwischen Kap. 5f, namentlich 6,12–20, und Kap. 7 hingewiesen. Hier wiederholt sich πορνεία (V. 2), τὸ ἴδιον σῶμα (V. 4, vgl. 6,18), ἐξουσιάζειν (V. 4, vgl. das Passiv 6,12d), ἁγιάζεσθαι (V. 14, vgl. 6,11).[2] Auffällig ist vor allem die Wiederkehr von 6,20a in 7,23a. Das spricht gegen eine Zuweisung der Kapitel zu verschiedenen Briefen, macht aber 6,12–20 noch nicht zu einer planmäßig entworfenen Axiomatik für Kap. 7.[3] Die Argumentation mit Gen 2,24 spielt in 7,2–5 keine erkennbare Rolle.[4] 7,4 steht sogar in logischem Widerspruch zu 6,12d. Kap. 5f sind zu stark mit dem negativen Phänomen außerehelicher Sexualität befasst, als dass sie den wesentlichen Verständnishintergrund für die Antworten des Paulus in Kap. 7 abgeben könnten.[5] Es ist also nur der Sachbereich Sexualität, der Kap. 7 mit Kap. 5f verbindet.

Charakteristisch für den Stil des Kap. sind einmal wertende Sätze mit καλόν (V. 1.8b.26 zweimal), κρεῖττον (V. 9b) bzw. mit καλῶς oder κρεῖσσον ποιεῖν (V. 37.38ab);[6] dem „schön" entspricht die Feststellung, dass keine Sünde vorliegt (V. 28ab.36b). Vgl. auch die Seligpreisung V. 40a. Zum andern bilden Jussive (V. 2ab.3.9a.11ab.12b.13.15a.17a.18bd.20.21b.24.36ac) den Kern der Weisungen. Dabei beschreibt ein einleitender Konditionalsatz den Fall (V. 9a.11a.12b.13.15a.36a). Dieser anordnende Stil hat Analogien in hellenistisch-römischen Vereinssatzungen.[7] Wenn der Konditionalsatz aber zu einem selbständigen Satz wird (V. 18ac.21a) und im Nachsatz statt des unpersönlichen Jussiv eine Anrede an die 2. Sg. steht (V. 21bd.27), schlägt eher Diatribestil durch.[8] Auch sonst wechselt Paulus zwischendurch in die 2. Sg. (V. 16.28a) bzw. in die 2. Pl. (V. 5.23.28d.32a.35), so vor allem in weiterführenden Applikationen. Die Sprechhaltung des Anordnens wird manchmal im performativen Verbum explizit: neben dem neutralen λέγω (V. 8.12; vgl. 35) erscheint V. 10 παραγγέλλω, V. 17b διατάσσομαι, wobei Paulus sorgfältig zwischen seinem Wort

---

[2] Dass dagegen 7,5 das Verbum ἀποστερεῖν verwendet, das in den echten Paulinen nur noch 6,7f vorkommt, ist eher Zufall, zumal es in 7,5 untersagt, in 6,7f aber toleriert wird. Ähnlicher Sprachgebrauch in Ex 21,10LXX.

[3] Gegen CLAUDEL, 1 Kor 6,12–7,40 22f.

[4] Gegen MAURER, Ehe 162: 1. Kor 7,2ff sei die positive Auslegung des Zitates, welches 6,16 zur Kennzeichnung des pervertierten Verhältnisses zur Dirne verwendet wurde. Vgl. indes DEMING, Paul 118.

[5] Gegen BYRNE, Sinning 615: „the essential backdrop and foundation for Paul's response". Auch COLLINS, 1Kor 240 möchte in 6,12–20 „a transitional unit that provides an introduction for what follows" sehen. Dagegen etwa BACHMANN, 1Kor 250.

[6] Sie stehen in der Tradition des weisheitlichen טוֹב/tôb-Spruches, wo die LXX in Spr 17,26; 18,5; 20,23; 25,27 mit (οὐ) καλόν, in komparativischer Verwendung mit κρείσσων übersetzt. Die Verbindung mit „für einen Menschen" (V. 1.26b) hat rabbinische Parallelen; vgl. SNYDER, G.F.: The Tobspruch in the New Testament, NTS 23, 1976, 117–120, 118. Vgl. aber auch Musonius, Frgm. 8 (HENSE 32,12): Der König muss als Wohltäter wissen, was gut für den Menschen ist (parallel: nützlich, zuträglich).

[7] Vgl. BERGER, Formgeschichte 124f.

[8] Vgl. B-D-R 494, u.a. mit einer Parallele aus Teles in Anm. 2. Nach diesen Analogien ist der Vordersatz nicht als Frage, sondern als Aussage aufzufassen. WEISS, Beiträge 192f vergleicht Epiktet, diss. I 12,22; DEMING, W. A Diatribe Pattern in 1 Cor. 7:21–22, NT 37, 1995, 130–137 noch ench. 15 und Seneca, dial. IX 4,3f. Die Stilform eignet sich besonders, Anpassung an gegebene Umstände zu lehren.

und dem des Herrn unterscheidet (V. 10.12a; vgl. 25 ἐπιταγή).[9] In metatextuellen Bemerkungen begrenzt er aber die Verbindlichkeit seiner Aussagen (V. 6 συγγνώμη vs. ἐπιταγή) und stimmt den Befehlston auf den Rat herunter (V. 25b.40a γνώμη). Hier leitet er seine Aussagen mit dem vorsichtigen νομίζω (V. 26, vgl. V. 40b δοκῶ), seine Optionen mit θέλω (V. 7.32a) ein. Bei aller autoritativen Bestimmtheit verzichtet er jedoch nicht auf gelegentliche Begründungen (V. 4.9b.14.15c.16.19. 22.32b.33f), die freilich oft nur thesenartig ausfallen.

1. 7,1–24: Eheprobleme

a) 7,1–7: Grundsätzliches zum ehelichen Leben

(1) Was aber das betrifft, was ihr[10] geschrieben habt, ist es gut für den Menschen, eine Frau nicht anzurühren; (2) doch wegen Unzucht aller Art soll jeder seine Frau haben, und jede (Frau) soll den eigenen Mann haben. (3) Der Frau soll der Mann das Geschuldete[11] entrichten, gleichermaßen aber auch die Frau dem Mann. (4) Die Frau verfügt nicht über den eigenen Leib, sondern der Mann; gleichermaßen aber verfügt auch der Mann nicht über den eigenen Leib, sondern die Frau. (5) Entzieht euch nicht einander, es sei denn aus Übereinstimmung auf Zeit, damit ihr frei seid für das Gebet[12] und dann wiederum zusammen seid[13], damit euch nicht der Satan wegen eurer Unbeherrschtheit verführe. (6) Das sage ich aber als Zugeständnis, nicht als Vorschrift. (7) Ich möchte freilich[14], dass alle Menschen so sind wie ich; doch jeder hat eine eigene Gnadengabe von Gott, der eine so, der andere so.

BRUNS, B.: „Die Frau hat über ihren Leib nicht die Verfügungsgewalt, sondern der Mann ... ", MThZ 33, 1892, 177–194. CARAGOUNIS, C.C.: „Fornication" and „Concession"?, in: Bieringer, Correspondence 543–559. Dazu FEE, G.D.: 1 Corinthians 7:1–7 Revisited, in: Burke/Elliott, Paul 197–213. Dagegen wieder CARAGOUNIS, C.C.: What Did Paul Mean? The Debate on 1 Cor 7,1–7, EThL 82, 2006, 373–403. MERKLEIN, H.: „Es ist gut für den Menschen, eine Frau nicht anzufassen", in: Ders., Studien 385–408. POIRIER, J.C./FRANKOVIC, J.: Celibacy and Charism in 1 Cor 7:5–7, HThR 89, 1996, 1–18. SCHRAGE, W.: Zur Frontstellung der paulinischen Ehebewertung in 1 Kor 7 1–7, ZNW 67, 1976, 214–234 (= Ders., Kreuzestheologie 217–234). WARD, R.B.: Musonius and Paul on Marriage, NTS 36, 1990, 281–289.

---

[9] Vgl. RICHARDSON, P.: ‚I say, not the Lord': Personal Opinion, Apostolic Authority and the Development of Early Christian Halakah, TynB 31, 1980, 65–86.

[10] A D F G Ψ und der Mehrheitstext ergänzen μοι; zuverlässige Hsn. wie 𝔓46 ℵ B C 33 81 1739 1881 2464 bezeugen einfaches ἐγράψατε.

[11] Der spätere Mehrheitstext verdeutlicht und entsexualisiert: „das geschuldete Wohlwollen".

[12] Spätere Hsn. ergänzen – wie ähnlich Mk 9,29 – entsprechend urkirchlicher Praxis das Fasten.

[13] Die besten Hsn. – 𝔓11vid ℵ A B C D F G 33 81 1175 1739 1881 – haben ἦτε, 𝔓46 Ψ und die Koinezeugen jedoch συνέρχεσθε bzw. συνέρχησθε. Nach ZUNTZ, Text 50 ist das zumindest eine frühe Variante.

[14] 𝔓46 ℵ* A C D* F G u.a. lesen δέ; dagegen ℵc B D1.2 K P Ψ u.a. γάρ; dann wäre der Bezug von V. 6 auf V. 2–5 noch deutlicher. Aber deswegen ist die Lesart wohl sekundär. So auch ZUNTZ, Text 205 wegen der Parallelen mit θέλω δέ 7,32; 11,3; 14,5; Röm 16,19.

V. 1f Hier ist umstritten, ob Paulus V. 1 einen Grundsatz der Korinther aus deren Brief zitiert[15] oder ob er als Antwort auf ihre schriftliche Anfrage eine eigene These an den Anfang stellt, die er dann V. 7a.8.26.38 variierend wiederholt.[16]

Gegen ein Zitat spricht, dass V. 1 dann ohne Hauptsatz ist. Es fehlt ein ὅτι oder ein Infinitiv (εἶναι oder ὑπάρχειν wie 7,26a); dagegen wird man wie V. 8.26b ein Verbum finitum ergänzen. Zwar enthalten die übrigen περί-Einleitungen (s. Einleitung unter 4) eine Sachangabe; die Anfrage ist aber hier indirekt aus der Antwort des Paulus zu erschließen. „Worüber ich geschrieben habe/du mir geschrieben hast" ist auch in Papyri eine selbständige Formel, deren Inhalt den Briefpartnern bekannt ist.[17] Die Gegenthese V. 2 setzt mit ihrem δέ zwar eine These voraus. Aber die gilt nicht absolut, sondern nur „an sich". So entsteht kein krasser Widerspruch zwischen V. 1 und 2, zumal καλόν komparativen Wert haben kann,[18] und der καλόν-Satz muss nicht den Korinthern zugewiesen werden. Dazu zwingt auch keine sprachliche Besonderheit. Im Gegenteil: Die καλόν-Sätze sind auch sonst bei Paulus anzutreffen (vgl. 5,6; 9,15c; Röm 14,20f; Gal 4,18); V. 26b, wo καλόν wieder mit dem Dativ ἀνθρώπῳ gekoppelt ist, lässt sich schwer als korinthische Parole erklären.[19] Einzig die Wendung „eine Frau berühren", die in griechischem und biblischem Sprachgebrauch geschlechtlichen Umgang umschreibt,[20] ist singulär und könnte der korinthischen Anfrage entstammen.

So sehr der Hauptsatz von V. 1 die Ansicht des Paulus wiedergibt, so geht er damit doch auf eine Unsicherheit bei den Korinthern ein, die fragten, ob man überhaupt noch sexuelle Beziehungen zu einer Frau – darunter fällt auch die Ehefrau – aufnehmen soll.[21] Der Grund dafür könnte einmal im Vorbild der Ehelosigkeit liegen, das der Apostel selber gab (vgl. V. 7a; 9,5); vielleicht hatte auch die harsche Abgrenzung von den Unzüchtigen im Vorbrief (vgl. 5,9) zum Missverständnis geführt, dass Sexualität überhaupt Sünde sei (vgl. dagegen die Beteuerungen V. 28ab.36b).

Wenn es von da her nicht nur Verunsicherung, sondern asketische Tendenzen in der Gemeinde Korinths gegeben hat, so wird man sie als Ausdehnung und Radikalisierung kultischer Reinheit verstehen dürfen, die sowohl im jüdischen wie im griechischen Raum zeitweise oder gar dauerhafte Enthaltung von Geschlechtsverkehr einschließen konnte.[22] Die Forderung „et-

---

[15] So mit Auslegungsgeschichte PHIPPS, W.E.: Is Paul's Attitude towards Sexual Relations Contained in 1 Cor. 7.1? (Nein), NTS 28, 1982, 125-131; FEE, 1Kor 273-276 und die neueren englischsprachigen Kommentare; LANG, 1Kor 89.106; MERKLEIN 390; DERS., 1Kor II 103-105; SCHRAGE, 1Kor II 53f, der übersetzt: „Worüber ihr aber geschrieben habt, daß es für den Menschen gut ist, keine Frau zu berühren"; YARBROUGH, Not 93; KLEINSCHMIDT, Ehefragen 57; LINDEMANN, 1Kor 156f; SCHNABEL, 1Kor 354f.

[16] So entschieden WEISS, 1Kor 170; BALTENSWEILER, Ehe 155f; NIEDERWIMMER, Askese 81; CARAGOUNIS 546.559; KREMER, 1Kor 129; DODD, ‚I' 90-93. CONZELMANN, 1Kor 147 lässt in der 2. Auflage die Antwort offen.

[17] Vgl. P. ARZT-GRABNER in: DERS. u.a., 1Kor 243f.

[18] CARAGOUNIS 546. V. 1 wäre dann schon im Blick auf V. 2 formuliert.

[19] Gegen DEMING, Paul 111f; SCHRAGE, 1Kor II 152 („möglicherweise"). Aber der Satz ist mit οὕτως kontextgebunden. Der substantivierte Infinitiv ist typisch für Paulus: B-D-R 399 mit Anm. 2.

[20] Vgl. FEE, 1Kor 275 mit Anm. 31, DERS. 204f, bes. Plato, leg. 840a.841d.

[21] Daher wohl auch die zunächst einseitig auf den Mann ausgerichtete Formulierung: CONZELMANN, 1Kor 146 Anm. 10. Sie macht es unwahrscheinlich, dass die Problematik von emanzipierten prophetischen Korintherinnen aufgeworfen wurde, wie wir sie 11,2-16 kennenlernen. Vgl. WOLFF, 1Kor 134; ADAMS/HORRELL, Christianity 34f. Anders MCDONALD, Women, die sich 171 an 7,1 stößt.

[22] Vgl. Ex 19,15; Lev 15,16-18; 1Sam 21,5f; Philo, Mos. II 68f; für den paganen Raum vgl. FEHRLE, Keuschheit 26-29.126-162; Lateinische Beispiele beim NEUEN WETTSTEIN II 1, 285-288. NIEDERWIMMER,

was Unreines sollt ihr nicht anrühren" (2Kor 6,17c nach Jes 52,11) konnte prophylaktisch auch auf die Frau bezogen werden. Sexualität und Gott werden in der kultischen Situation als miteinander unverträgliche Mächte empfunden (vgl. auch zu V. 4.34b). Der Gegensatz kann sich in einer Atmosphäre philosophischer Abwertung des Leibes noch weltanschaulich vertiefen. Doch ist kynische Ablehnung der Ehe nicht hinter der Position der Korinther zu vermuten.[23] Es geht ihnen nicht um Institutionen. Denn V. 1 richtet sich gegen Geschlechtsverkehr überhaupt, dem die Kyniker nicht abgeneigt waren, wenn sie auch die „autonome" Masturbation bevorzugten.[24] Man braucht auch für die Korinther keine gnostischen Motive anzunehmen. Manche Gnostiker (s. auch Exkurs 4 unter 2) vermeiden Heirat und Zeugung, weil sie nicht zum Fortbestand der vom Demiurgen geschaffenen bösen Welt beitragen wollen.[25] In der Lust sehen sie die böse Kraft am Werk; die sich ehelich vereinigen, erfüllen das Werk Satans (Severus nach Epiphanius, haer. XLV 2,1-3). Für das TestVer (NHC IX 3) 30,2-12 konkretisiert sich die Freiheit vom Gesetz darin, dass man nicht dem Gebot des Schöpfers Gen 1,28 folgt, sondern in Enthaltsamkeit unbefleckt bleibt. Von solchen Beweggründen der Askese ist in der Auseinandersetzung des Paulus nichts zu merken.

V. 1 klingt zunächst wie eine Bestätigung der vom Apostel selber in Korinth ausgelösten Überzeugungen; er ist nicht einmal an einem μέν als Konzession erkennbar. Erst V. 2 wehrt der Absolutsetzung dieses Prinzips ohne Rücksicht auf die Gefährdung des Menschen durch seine Sinnlichkeit. Anders als vielleicht manche korinthischen Idealisten rechnet Paulus mit der Macht des Geschlechtstriebs, der sich seinen Ausweg verschafft – auf legale oder illegale Weise. Es mag überraschen, dass Paulus die Ehe[26] nicht – wie die gesamte Antike – zur Erzeugung von Kindern empfiehlt, sondern zur Vermeidung aller Arten[27] von Unzucht. Die Einrichtung als solche wird aber gar nicht thematisiert. Auch mag der Fortbestand des Menschengeschlechts wegen der Naherwartung (vgl. V. 29a) nicht interessieren. Kinderzeugung wird erst in den Pastoralbriefen (vgl. 1Tim 2,15; 5,14) angesichts gnostisierender Gegner ein akutes Anliegen.

V. 3-5 beschäftigen sich mit der Enthaltung innerhalb der Ehe, die anscheinend auch von Korinthern praktiziert wurde. Die antike Ökonomik und Philoso-

---

Askese 85 diagnostiziert darüber hinausgehend „Angst vor der dämonischen Infektion durch den Sexualakt" und „eine ängstliche Abneigung gegenüber der Frau *in genere*". Fairerweise muss man aber sagen, dass nach V. 5 der Satan nur hinter der außerehelichen Sexualität steckt.

[23] Gegen DEMING, Paul 112f; im Blick auf σχολάζειν V. 5 weist er darauf hin, dass die Kyniker durch Vermeidung der Ehe Muße (σχόλη) für die Philosophie gewinnen wollten. Doch handelt es sich hier nur um eine Analogie. Zur breiten Bezeugung von σχολάζειν in Papyri vgl. R.E. KRITZER in: ARZT-GRABNER u.a., 1Kor 258f, davon einmal in religiösem Kontext.

[24] Vgl. Pseudo-Diogenes, epist. 44 „Auf den zügellosen Verkehr mit Frauen, der viel Zeit beansprucht, musst du ganz verzichten", man soll sich stattdessen der eigenen Hand bedienen.

[25] Vgl. Satornil nach Irenaeus, haer. I 24,2: Heiraten und Zeugen sei vom Satan. Bei den Enkratiten (Irenaeus, haer. I 28,1; Clemens Al., strom. VII 17,108,1f; Hippolyt, haer. VIII 20) geht die Enthaltung von der Ehe mit der von Fleisch und Wein zusammen. Das ist schon so bei den 1Tim 4,3 angezielten Gegnern. Auch die Verbote Kol 2,21 haben möglicherweise einen geschlechtlichen Bezug. Vgl. NIEDERWIMMER, Askese 208-219.

[26] Zu „seine Frau" bzw. „seinen Mann haben" vgl. bei 5,1. Der Ausdruck ist weder auf den Akt der Heirat noch auf den geschlechtlichen Vollzug innerhalb der Ehe (so WOLFF, 1Kor 135 u.a.) einzuengen.

[27] Das besagt der Plural von πορνεία, vgl. B-D-R 142. Πορνεῖαι auch Mk 7,21par. innerhalb mehrerer pluralischer Glieder eines Katalogs. Vgl. Tob 4,12 Πρόσεχε σεαυτῷ ... ἀπὸ πάσης πορνείας.

phie[28] sieht die Ehe als vielfache Gemeinschaft (κοινωνία) des Leibes, aber auch der Seele, der Freunde, des Besitzes, ja der Götter. Paulus konzentriert sich auf die Pflichten im leiblichen Bereich und unterstreicht durch symmetrische Formulierung ihre Gegenseitigkeit. Er zielt nicht wie 6,16 auf das Verschmelzen zu *einem* Leib, sondern hebt mit rechtlichen Begriffen[29] die Verfügungsgewalt über den Leib des andern hervor. Während in der Antike die Initiative zum ehelichen Verkehr gewöhnlich beim Mann lag,[30] erscheinen hier die Partner als gleichberechtigt. Nicht V. 4a ist erstaunlich,[31] sondern V. 4b. Vergleichbar sind rabbinische Texte, die auch den Mann in die eheliche Pflicht nehmen.[32] Aber auch Solon soll angeordnet haben, man solle sich nicht weniger als dreimal monatlich der Ehefrau nahen (Plutarch, mor. 769a). Ein Verzicht auf eheliches Zusammensein kann einmal nötig sein, damit sich die Eheleute ungestört dem – offenbar nächtlichen und lange anhaltenden – Gebet widmen können.[33] Aber das darf nur in gegenseitiger Abstimmung und auf Zeit geschehen.[34] Der Nachdruck liegt auf dem zweiten Verbum des ersten ἵνα-Satzes: Enthaltung nur, um wieder zusammen zu sein. Εἶναι ἐπὶ τὸ αὐτό ist im Gegensatz zu ἀποστερεῖν wohl Umschreibung des Geschlechtsverkehrs, während es in Apg 1,15; 2,1.44 mehr räumlichen Sinn hat. Es ist also nicht direkt gesagt, dass die Eheleute getrennt voneinander beten.[35] Übertriebene Askese – wohlgemerkt: nicht der Sex! –

---

[28] Vgl. Xenophon, oec. 10,5; die Stoiker Antipater bei Stobaeus IV 22,25 (WACHSMUTH/HENSE IV 508,15-17), Musonius, Frgm. XIIIa „Die Gemeinschaft des Lebens und der Erzeugung von Kindern sei die Hauptsache bei der Ehe. Denn der Heiratende, sagte er, und die Geheiratete müssen zu dem Zweck miteinander zusammenkommen, dass sie miteinander leben und zusammen (Kinder) erzeugen und alles für gemeinsam halten und nichts für privat, nicht einmal den Leib", vgl. auch XIV (HENSE 74,7f), Hierokles bei Stobaeus IV 22,24 (WACHSMUTH/HENSE IV 505,14-16); außerdem Plutarch, mor. 142e-143a und die griechischen Texte bei CONZELMANN, 1Kor 148 Anm. 17. Ägyptische Heiratsverträge bestätigen, dass Mann und Frau zur Gemeinschaft des Lebens (πρὸς βίου κοινωνίαν) zusammengekommen sind: R.E. KRITZER in: ARZT-GRABNER u.a., 1Kor 247f.

[29] Vgl. V. 3 ὀφειλὴν ἀποδιδόναι (vgl. Mt 18,32.34; Röm 13,7; R.E. KRITZER in: ARZT-GRABNER u.a., 1Kor 255f), V. 4 ἐξουσιάζειν (vgl. Sir 47,19). Nach BRUNS 182f ist die Wahl von ἐξουσιάζειν durch eine gnostische These, jeder Mensch könne über seinen Leib verfügen, bedingt. Das ist unwahrscheinlich, weil Paulus das Verbum in seiner Gegenthese 6,12d verwendet.

[30] Das illustriert die Anekdote Plutarch, mor. 140cd im NEUEN WETTSTEIN II 1, 284.

[31] Dagegen vermutet GUNDRY-VOLF, Controlling 523f mit A. WIRE, Prophets 83, Paulus biege hier die Parolen korinthischer Frauen zurecht, die das Recht auf ihren eigenen Körper propagierten.

[32] Vgl. Bill. III 368-371.

[33] Das belegt für das Judentum TestNaph 8,7-10, allerdings nur aus der Perspektive des Mannes: Beides ist Gottes Gebot: „ein Zeitraum für das Zusammensein mit der Frau und ein Zeitraum der Enthaltsamkeit (ἐγκράτεια) für sein Gebet". Vgl. auch die rabbinische Erlaubnis für Torastudierende Bill. III 372: Sie dürfen sich ohne Erlaubnis der Frau 30 Tage, mit ihrer Erlaubnis unbegrenzt von ihr entfernen. Mit KÜMMEL, 1Kor 176 legen moderne Autoren Wert darauf, dass hier der Geschlechtsverkehr nicht kultisch verunreinigt, sondern nur ablenkt. Aber in der Ausschließlichkeit, mit der sich religiöser und sexueller Vollzug gegenüberstehen, kann doch noch eine Spur der alten Tabus liegen. Für „ritual purity context" jetzt POIRIER/ FRANKOVIC 1-9. Er spielt vor allem in der Rezeption von V. 5 und in seiner Anwendung auf den Zölibat eine Rolle; vgl. SCHRAGE, 1Kor II 80.

[34] Papyrusbelege zu ἐκ συμφώνου und πρὸς καιρόν bei R.E. KRITZER in: ARZT-GRABNER u.a., 1Kor 257.

[35] Wie DELLING, Stellung 73 zu wissen glaubt.

ist ein Ansatzpunkt für die Versuchungen des Teufels[36], der sich die mangelnde Beherrschung – ἀκρασία ist gut griechisch das Gegenteil zu ἐγκράτεια[37] – der Frommen zunutze macht. Auch hier zeigt Paulus Realismus. Konkret befürchtet er, dass verweigerter Beischlaf den Gatten zur Dirne treiben könnte.

V. 6f Paulus hat wohl den Eindruck, dass er mit seiner Empfehlung von Ehe und Ehevollzug – darauf bezieht sich das τοῦτο[38] – des Guten schon zu viel getan hat. Auch könnte man ihn fragen, ob V. 2–5 nicht auch für ihn selber gelten. Deshalb flicht er eine pragmatische Verdeutlichung ein: Trotz der Jussive handelt es sich hier um ein Entgegenkommen[39] gegenüber der *conditio humana*,[40] Heirat wird nicht zur Vorschrift[41] gemacht, auch nicht mit einem Wort des atl. Gesetzes wie Gen 1,28, das als erstes biblisches Gebot bei den Rabbinen besondere Hochachtung genoss.[42] Die Schöpfungsordnung ist nicht allein maßgebend. In der Endzeit nehmen von Gott ausgehende[43] Gnadengaben[44] Menschen in Anspruch und tragen ihr Verhalten. So auch die Ehelosigkeit[45] des Paulus, die dieser wohl im Verbund mit seinem ebenfalls als χάρις bezeichneten persönlichen Apostolat sieht (vgl. 9,5).[46] Wenn er wünscht[47], dass „alle Menschen", sprich: Christen, sie mit ihm teilen, so muss er doch einsehen, dass sie nicht das einzige Charisma ist und nicht jedem zukommt. Gottes Gaben zeichnen sich durch ihre individuelle Vielfalt aus, wie 12,4–11 ausdrücklich wird. Nicht so deutlich wie dort ist hier, dass sie auch im Dienst des Gemeindeaufbaus stehen (vgl. auch zu 7,32–34). Andererseits werden mit den anderen Charismen nicht einfach weitere Früchte des Geistes neben der dauerhaften Enthaltung (vgl.

---

[36] Die biblisch-jüdische Vorstellung ist auch Paulus geläufig: vgl. 10,13; Gal 6,1; 1Thess 3,5. Vgl. Seesemann, H.: Art. πεῖρα κτλ, ThWNT 6, 1959, 23–37. Der Urheber der Versuchung wird nicht immer so offen genannt.

[37] Diese allgemein anerkannte Tugend ist Gal 5,23 „Frucht des Geistes", vgl. das Verbum ἐγκρατεύειν V. 9 und 9,25 sowie die Aristotelestexte beim Neuen Wettstein II 1, 288–290.

[38] Auf V. 2–5: Heinrici, 1Kor 216; Conzelmann, 1Kor 149; Niederwimmer, Askese 94. Einschränkend Bachmann, 1Kor 259: nur auf V. 2; Weiss, 1Kor 175 nur auf die Wiederaufnahme des Verkehrs. Dagegen Barrett, 1Kor 157, Fee, 1Kor 283f; Schrage, 1Kor II 71; Wolff, 1Kor 137; Kremer, 1Kor 132; Lindemann, 1Kor 160 und andere neuere Kommentare: auf die in V. 5 erwähnte Enthaltsamkeit. Aber die ist nicht der Tenor von V. 5. Orr/Walther, 1Kor 207 erwägen den Bezug zum Folgenden. Doch dann ist sowohl δέ wie γάρ unmotiviert. Die Fortsetzung in V. 7 zeigt vielmehr, dass V. 6 auf das Zugeständnis der Ehe geht.

[39] Zu συγγνώμη als „Nachsicht, Zugeständnis" vgl. Bauer, Wörterbuch 1542; R.E. Kritzer/P. Arzt-Grabner in: Ders. u.a., 1Kor 261f.

[40] Nicht gegenüber rigorosen asketischen Bestrebungen in Korinth wie bei der Beziehung des „dies" auf die V. 5 eingeräumte Ausnahme.

[41] Οὐ κατ' ἐπιταγήν auch 2Kor 8,8, und zwar im Zusammenhang der Kollekte.

[42] Vgl. Ostmeyer, Sexualethik 173f.

[43] Vgl. zur Präposition ἐκ bei 1,30.

[44] Zum Begriff χάρισμα vgl. zu 1,5.

[45] Ihren Sinn versteht nur, wem es von Gott gegeben ist (Mt 19,11). Auch Arist 237.248; 1Clem 38,2 (vgl. V. 1 χάρισμα) betonen, dass die Mäßigung bzw. die Keuschheit – wie die anderen Tugenden – von Gott ermöglicht ist. In SapSal 8,21 dagegen geht es nicht um Enthaltsamkeit – zu ἐγκρατής ist σοφίας zu ergänzen –, sondern um das Erlangen von Weisheit. Die Angaben bei Weiss, 1Kor 176 Anm. 1 sind entsprechend zu korrigieren.

[46] Poirier/Frankovic 10–18 dagegen möchten sie mit seinem Prophetentum zusammenbringen.

[47] Θέλω mit folgendem *Acc. cum inf.* noch V. 32a; 14,5; Röm 16,19.

Gal 5,22f) gemeint sein. Denn diese wachsen bei jedem Christen ohne Unterschied. So bleibt unscharf, worin die Gnadengabe der andern besteht. Sie geht sicher mit der Ehe zusammen, wie die disjunktive Formulierung „der eine so, der andere so" das suggeriert, ohne dass der Stand der Ehe selbst ausdrücklich χάρισμα genannt würde.[48]

Wesentliche Aspekte der Ehe, zumal der christlichen, bleiben hier ohnehin unterbelichtet bzw. unausgesprochen. Sie erscheint nur als ein partnerschaftlicher Zusammenschluss zur Kanalisierung des sexuellen Verlangens. Aus 1Thess 4,4f kann man nachtragen, dass dabei dennoch die Begierde nicht das Leitmotiv sein soll.[49] Im Zeichen der endzeitlichen Geistgaben steht aber noch eine andere Möglichkeit, mit dem sexuellen Begehren fertig zu werden: die gottgeschenkte Enthaltsamkeit. Sie kann und darf allerdings nicht zur Verpflichtung für alle gemacht werden, geschweige denn zur Heilsbedingung;[50] sie wird fragwürdig, wo sie – wie in der katholischen Kirche – auf Dauer institutionalisiert oder obligatorisch mit bestimmten kirchlichen Funktionen verknüpft wird.[51] In V. 5 deutet Paulus an, dass auch Eheleute zeitweise an dieser Öffnung der Naturgegebenheiten auf das alleinige Dasein für Gott bzw. für den Herrn hin (vgl. V. 32–35) teilhaben können, wenn sie sich im Gebet auf ihn ausrichten und darin eine neue Gemeinsamkeit entdecken.

b) 7,8-16: Einzelfragen zu Ehelosigkeit und Scheidung
(8) Ich sage aber den Unverheirateten und den Witwen: Es ist gut für sie, wenn sie bleiben wie (auch) ich; **(9)** wenn sie sich aber nicht enthalten können, sollen sie heiraten, denn es ist besser zu heiraten als zu brennen.

(10) Den Verheirateten aber gebiete ich – nicht ich, sondern der Herr –, dass die Frau sich vom Mann nicht trennen soll, **(11)** – wenn sie sich aber doch trennt, soll sie unverheiratet bleiben oder sich mit dem Mann wieder versöhnen – und dass der Mann die Frau nicht fortschicken soll.

(12) Den übrigen aber sage ich, nicht der Herr: Wenn ein Bruder eine ungläubige Frau hat und diese damit einverstanden ist, mit ihm zusammen zu leben, soll er sie nicht wegschicken; **(13)** und wenn eine Frau einen ungläubigen Mann hat und dieser damit einverstanden ist, mit ihr zusammen zu leben, soll sie den

---

[48] Dagegen folgert ALLO, 1Kor 160f mit der katholischen Tradition, dass auch die Ehe unter Christen eine Gabe Gottes ist. Χάρισμα bekommt dabei einen allgemeineren Sinn. Die neueren katholischen Kommentare vertreten diese Position kaum noch, höchstens COLLINS, 1Kor 256; FITZMYER, 1Kor 282; BAUMERT, Ehelosigkeit 59–61. Dagegen möchten protestantische Ausleger (FEE, 1Kor 285; SCHRAGE, 1Kor II 73f; THISELTON, 1Kor 513 mit LUTHER, WA 12,104f) den Gedanken nicht ausschließen.

[49] Vgl. dazu KONRADT, M.: Εἰδέναι ἕκαστον ὑμῶν τὸ ἑαυτοῦ σκεῦος κτᾶσθαι ..., ZNW 92, 2001, 128–135. Deshalb ist die Feststellung von WARD 286f mit Vorsicht zu genießen: Paulus habe die Ehe als Kontext für die gegenseitige Befriedigung erotischen Verlangens neu definiert – im Unterschied zu Stoikern wie Musonius.

[50] Diese protestantische Problematik erörtert CONZELMANN, 1Kor 148 bei V. 2.

[51] Dagegen etwa CALVIN, 1Kor zu 7,7: Durch das Eheverbot für die Priester entsteht der Eindruck, als sei die Ehe ihres Amtes und dessen Heiligkeit unwürdig. Die Leidenschaften bleiben und können zu den abschreckendsten Schandtaten führen. Zudem schreckt das Eheverbot viele Fromme davon ab, in den Dienst der Kirche zu treten.

Mann nicht wegschicken. (14) Denn geheiligt ist der ungläubige Mann durch die Frau, und geheiligt ist die ungläubige Frau durch den Bruder[52]. Denn sonst wären eure Kinder unrein, nun aber sind sie heilig.

(15) Wenn jedoch der ungläubige Teil sich trennt, soll er (der gläubige) sich trennen; nicht versklavt ist der Bruder oder die Schwester unter diesen Umständen/durch solche; im Frieden hat euch[53] Gott berufen. (16) Denn was weißt du, Frau, ob du den Mann retten wirst? Oder was weißt du, Mann, ob du die Frau retten wirst?

α) 7,8f: Weisungen für Unverheiratete und Witwen
Seine bisherigen Ausführungen hatte Paulus nicht nur an Verheiratete[54], sondern in V. 1f auch an potentielle Ehekandidaten gerichtet. Jetzt spricht er in V. 8-16 speziellere Gruppen auf Ehefragen hin an. Den Unverheirateten und Witwen von V. 8f stehen dabei die Verheirateten V. 10f gegenüber. Deshalb empfiehlt es sich nicht, V. 8f noch zur vorhergehenden Texteinheit zu ziehen.[55] Das δέ bei λέγω deutet ja auch einen gewissen Neuansatz, wenn nicht sogar einen Gegensatz zum Abschnitt V. 2-4 mit seinem Rat zur Ehe an.

V. 8 Doch stellt sich der aus freiem Entschluss unverheiratete Apostel (vgl. 9,5) wie V. 7a als Vorbild (dazu bei 4,16) hin. Dass er dies auch Witwen[56] gegenüber tut, muss nicht bedeuten, dass er selbst Witwer war. Dies hat man zwar seit M. Luther immer wieder behauptet.[57] Solche schicksalsbedingte Ehelosigkeit hätte aber kaum die Signalwirkung, die Paulus seinem Vorbild hier zuschreibt. Die Witwen werden vielmehr genannt, weil sie wegen ihrer oft schlimmen sozialen Lage am ehesten an Wiederheirat denken mussten.[58]

V. 9 Wie V. 7b schon angedeutet, ist die Gabe der Selbstbeherrschung nicht jedem zu eigen. Deshalb hier die Konzession der Ehe, die dem „Brennen" (πυροῦσθαι im übertragenen Sinn noch 2Kor 11,29) aus sexueller Begierde abhelfen soll. Das Bild des Feuers für die ungestillte erotische Leidenschaft (vgl. ἐκκαίεσθαι Röm 1,27) ist

---

[52] Aus dem gut bezeugten (𝔓46 ℵ* A B C D* F G P Ψ 33 1175 1739 u. a.) ἀδελφῷ machen die Korrektoren von ℵ D und die Mehrheit der Hsn. ἀνδρί, sicher in Parallele zu γυναικί von V. 14a.

[53] Ob mit ℵ* A C K 81 1175 u. a. dem Kontext entsprechend ὑμᾶς oder mit 𝔓46 ℵc B D F G Ψ 33 1739 1881 und den meisten Mss. verallgemeinernd ἡμᾶς zu lesen ist, lässt sich schwer entscheiden.

[54] So aber neuere Ausleger, z. B. MOISER, Reassessment 106.

[55] So jedoch KREMER, 1Kor 127.133; FITZMYER, 1Kor 283.

[56] Man vermisst die Witwer; deswegen darf man jedoch nicht ταῖς χήραις in das biblisch nicht belegte Maskulinum τοῖς χήροις korrigieren (SCHMIEDEL, 1Kor 127) oder die Witwer einfach mit den Unverheirateten gleichsetzen (so jedoch GARLAND, Posture 354; FEE, 1Kor 288; COLLINS, 1Kor 268). Wie V. 11 zeigt, kann auch eine Geschiedene ἄγαμος sein; V. 32 ist das Adjektiv ganz allgemein, und V. 34 scheint es parallel zu παρθένος zu stehen. Die Witwer sind also in dem weiteren Begriff „Unverheiratete" eingeschlossen.

[57] Vgl. JEREMIAS, J.: War Paulus Witwer?, ZNW 25, 1926, 310-312. Aber seine Voraussetzung, Paulus sei ordinierter Rabbi gewesen, wird heute kaum noch akzeptiert. Vgl. OEPKE, A.: Probleme der vorchristlichen Zeit des Paulus, in: Rengstorf, Paulusbild 410-446, bes. 428-432.

[58] Vgl. BACHMANN, 1Kor 261; die augusteische Gesetzgebung setzte jüngere, noch gebärfähige Witwen unter Druck, innerhalb von einem (*lex Iulia*) bzw. von zwei Jahren (*lex Papia Poppaea*) wieder zu heiraten.

weit verbreitet, z.B. in der antiken Liebesdichtung.[59] Es kann ihre Gewalt (vgl. Hhld 8,6f), aber auch ihre verzehrende Wirkung illustrieren. Beachtlich der Tribut, den Paulus hier dem Triebleben zollt, ohne freilich damit eine zureichende Zweckbestimmung der Ehe zu geben.

β) 7,10f: Keine Scheidung für christliche Eheleute

COLLINS, R.F.: Divorce in the New Testament, Good News Studies 38, Collegeville 1992, bes. 9-39. INSTONE BREWER, D.: 1 Corinthians 7 in the Light of the Graeco-Roman Marriage and Divorce Papyri, TynB 52, 2001, 101-116. KLEINSCHMIDT, Ehefragen 175-214. MURPHY-O'CONNOR, J.: The Divorced Woman in 1 Cor 7:10-11, JBL 100, 1981, 601-606. Dagegen NEIRYNCK, Sayings 158-174. PESCH, R.: Paulinische „Kasuistik", in: Verdes, J.A./Hernandez, E.J.A. (Hg.): Homenaje a Juan Prado, Madrid 1975, 433-442. ZIMMERMANN, Zitation.

Aus V. 12 geht hervor, dass Paulus bei den „Verheirateten" V. 10f an christliche Paare denkt. Deshalb ist es unwahrscheinlich, dass die V. 11 ins Auge gefasste Trennung schon vor der Bekehrung stattgefunden hat.[60] Dass die hinter V. 1 in Korinth vermuteten asketischen Tendenzen eine Scheidungswelle ausgelöst haben,[61] lässt sich auch nicht beweisen. Denn sonst müsste Paulus keinen Wert darauf legen, dass die Geschiedene ehelos bleibt. „Sich Versöhnen" (V. 11) verrät vielmehr, dass normale menschliche Konflikte zur Trennung führten. Paulus rechnet damit, dass die in der griechisch-römischen Umwelt übliche Praxis häufiger Scheidungen[62] auch in der Gemeinde einreißt.

V. 10f Dagegen wendet er sich in gebieterischem Ton[63], wobei er sich gleichsam zum Sprachrohr des Kyrios[64] macht. Doch zitiert er nicht ein Wort des Herrn, sondern gibt es nur sinngemäß wieder und erweitert es durch seine Parenthese V. 11ab.

---

[59] Anth. Gr. IX 497; XII 48; Anakreon 11,15; Plutarch, mor. 753a; lateinische Beispiele im NEUEN WETTSTEIN II 1, 291-293; vgl. das deutsche Volkslied „Kein Feuer, keine Kohle, kann brennen so heiß als heimliche Liebe, von der niemand nichts weiß". Von den jüdischen Parallelen, die DEMING, Paul 131 Anm. 89 anführt, ist nur Sir 23,16 überzeugend. Die physiologische Erklärung, die MARTIN, Body 212-214 gibt, hat den Nachteil, dass sie auch für die Ehe gilt.

[60] Gegen NIEDERWIMMER, Askese 99; PESCH und unter seinem Eindruck MERKLEIN, 1Kor II 117. Ἐάν mit Konjunktiv Aorist muss sich nicht auf Vergangenes beziehen, sondern gibt den Aspekt wieder: B-D-R 373, 1a mit Anm. 3; NEIRYNCK 164 mit Verweis auf 7,28: es stellt normalerweise ein Ereignis als künftige Möglichkeit dar. Doch insistiert man auf dem Aorist als Vergangenheitsform, um einen Widerspruch zum Scheidungsverbot zu vermeiden. Ähnliches lässt sich beobachten, wenn es um die Bestimmung des Subjekts von χωριζέσθω in V. 15a geht.

[61] MURPHY-O'CONNOR u.a.; WOLFF, 1Kor 140: Paulus richte sich an Gemeindeglieder, „die ihre Vollkommenheit durch eine grundsätzliche Beendigung der Ehe zum Ausdruck bringen wollen".

[62] Das gilt jedenfalls für die Oberschicht: vgl. TIEDEMANN, Erfahrung 174-177 mit Zitat von Seneca, benef. III 16. Ferner TREGGIARI, S.: Divorce Roman Style: How Easy and how Frequent was it?, in: Rawson, B. (Hg.): Marriage, Divorce, and Children in Ancient Rome, Canberra/Oxford 1991, 31-46.

[63] Παραγγέλλω bzw. παραγγελία von den Anweisungen des Höherstehenden noch 11,17; 1Thess 4,2.11 von den verbindlichen Instruktionen des Apostels. Das Verbum häuft sich in Lk/Apg; 2Thess; 1Tim.

[64] Der Titel muss nicht bedeuten, dass jetzt der Erhöhte spricht, obwohl man sinngemäß als Verbum das Präsens παραγγέλλει ergänzen wird. Vgl. aber zu den vom irdischen Jesus = κύριος übernommenen Traditionen 9,14; 11,23.

M.E. ist die früheste, auf Jesus zurückführbare Form des Logions aus der Redenquelle in Lk 16,18 erhalten. In diesem Gesetzeswort wird die vom Mann ausgehende Scheidung (ἀπολύειν) mit Ehebruch gleichgestellt, wobei seine Wiederheirat selbstverständlich vorausgesetzt ist. Deswegen wird auch die Heirat einer Entlassenen so qualifiziert.[65] Paulus kannte wohl die Weiterentwicklung des Logions, die Mk 10,11 zu Grunde liegt. Denn hier kann die Initiative zur Scheidung gemäß griechisch-römischem Recht auch von der Frau ausgehen.[66] Paulus stellt diese Möglichkeit sogar voran. Das Vokabular weist aber kaum Berührung mit dem synoptischen Wortbestand auf. Die Gleichsetzung mit Ehebruch fehlt. Statt ἀπολύειν steht ἀφιέναι. Die Wahl des reflexiv gebrauchten Passivs χωρίζεσθαι, das in Scheidungsurkunden auf Papyrus belegt ist,[67] hat keinen Anhalt am aktiven χωρίζειν Mk 10,9. Diese pointierte Auslegung einer Verbindung von Schriftworten kann auch nie ein selbständiges Wort Jesu gewesen sein.[68] Die ganze mit LXX-Texten geführte Schriftdebatte Mk 10,2–9 ist erst eine Bildung der jüdisch-hellenistischen Gemeinde. Eine Auseinandersetzung mit Dtn 24,1–4 wie hier bei Mk und in der Antithese Mt 5,31f ist bei Paulus nicht zu bemerken. Gegenüber Paulus stellt die in das Jesuslogion eingesprengte „Unzuchtsklausel" bei Mt 5,32; 19,9 noch eine spätere Stufe der Anpassung an judenchristliche Gemeindeverhältnisse dar.

Paulus hält die Strenge des Herrenwortes aufrecht,[69] indem er auf jeden Fall eine Wiederheirat ausschließt, auch wenn die Frau schon geschieden ist. Trennung und Scheidung sind hier entgegen heutigem Sprachgebrauch dasselbe. Das Unverheiratetbleiben der Geschiedenen liegt auf der Linie von V. 8, eröffnet aber auch die Möglichkeit einer Versöhnung.[70] Weil Paulus nur den Scheidungsinitiativen – sei es der Frau, sei es des Mannes – einen Riegel vorlegen will, geht er nicht auf die Situation des verlassenen Partners ein.[71] Anders dann in V. 15. Im Judentum weisen höchstens Mal 2,14–16 (gegen Verstoßung der „Frau deiner Jugend") und die Qumrantexte

---

[65] Andere Autoren halten wegen Mt 5,32 die Erwähnung der Wiederheirat für einen Zuwachs. Aber dass diese dort ausgelassen wird, hängt mit der matthäischen Umgestaltung der Apodosis zusammen. Mit der Rekonstruktion der Traditionsgeschichte bei WENHAM, D.: Paul's Use of the Jesus Tradition: Three Samples, Gospel Perspectives 5, 1985, 7–37, 7–15 kann ich mich nicht anfreunden.

[66] Die wenigen jüdischen Belege für eine von der Frau initiierte Scheidung können hier unberücksichtigt bleiben. Vgl. dazu KLEINSCHMIDT 175–180; BEYER, Texte II 191f.

[67] Vgl. CONZELMANN, 1Kor 152 Anm. 18; INSTONE-BREWER 105f.

[68] Gegen Vermutungen von KLEINSCHMIDT 182f u.a., wonach ein Logion wie Mk 10,9 am Anfang der Entwicklung gestanden haben könnte.

[69] Gegen WONG, E.K.C.: The Deradicalization of Jesus' Ethical Sayings in 1 Corinthians, NTS 48, 2002, 181–194. Er geht fälschlich davon aus, dass V. 11ab nur für die Frau gilt; aber Analoges ist selbstverständlich auch für den Mann V. 11c zu ergänzen.

[70] Καταλλάσσεσθαι ist auch auf P.Oxy. I 170,27 im Gegensatz zu ἀπαλλάσσεσθαι im Scheidungskontext bezeugt. – In der hier wie V. 15ab zugestandenen Möglichkeit des χωρίζεσθαι mag man einen zumindest impliziten Widerspruch zum Herrenwort konstatieren. Paulus wird ihn aber nicht als solchen empfunden haben. Noch weniger wollte er „auf die Möglichkeit (bzw. Realität) der Nichteinhaltung der auf den κύριος zurückgehenden Norm im konkreten Fall explizit" hinweisen. Gegen LINDEMANN, A.: Die Funktion der Herrenworte in der ethischen Argumentation des Paulus im ersten Korintherbrief, in: Van Segbroeck, F. u.a. (Hg.): The Four Gospels 1992. FS F. Neirynck (BEThL 100), Leuven 1992, I 677–688, 686.

[71] Daraus folgert BAUMERT, Antifeminismus 207–260 „die Freiheit der/des unschuldig Geschiedenen": Er erreicht so zwar eine Übereinstimmung mit seiner Auffassung von V. 15, scheitert aber am Q-Logion Lk 16,18, das auch die Heirat einer Entlassenen untersagt.

analoge Bestrebungen zum strikten Scheidungsverbot Jesu auf,[72] noch mehr musste es in der griechisch-römischen Welt, in der Scheidungen als Mittel der Familienpolitik an der Tagesordnung und ohne Einschaltung der Behörden möglich waren, schwerfallen. Paulus gibt keine schöpfungstheologische Motivation wie Mal 2,15a, CD IV 21 (mit Gen 1,27) oder Mk 10,6-8par. (mit Gen 1,27 und 2,24). Dass die 6,16 für jede sexuelle Beziehung behauptete leibliche Einheit, die an Gen 2,24 abzulesen ist, auch für die Ehe gilt, kann man nur ergänzen. Die von M. Luther und K. Barth geforderte Möglichkeit für Geschiedene, wieder zu heiraten, die von vielen Christen praktiziert wird, ist dem Text nicht zu entnehmen und auch nicht eindeutig aus dem in den folgenden Versen besprochenen Sonderfall zu erschließen.

γ) *7,12–16: Christen mit heidnischen Partnern*

BEST, E.: 1 Corinthians 7:14 and Children in the Church, IrBS 12, 1990, 158-166. BLINZLER, J.: Zur Auslegung von 1 Kor 7,14, in: Ders./Kuss, O./Mussner, F. (Hg.): Neutestamentliche Aufsätze. FS J. Schmid, Regensburg 1963, 23-41. DELLING, G.: Nun aber sind sie heilig, in: Gott und die Götter. FS E. Fascher, Berlin o.J. (1958), 84-93. GILLIHAN, Y.M.: Jewish Laws on Illicit Marriage, the Defilement of Offspring, and the Holiness of the Temple: A New Halakic Interpretation of 1 Corinthians 7:14, JBL 121, 2002, 711-744. HAYES, Ch.E.: Gentile Impurities and Jewish Identities, Oxford 2002. JEREMIAS, J.: Die missionarische Aufgabe in der Mischehe, in: Ders., Abba 292-298. KUBO, S.: I Corinthians VII.16: Optimistic or Pessimistic?, NTS 24, 1978, 539-544. MACDONALD, M.Y.: Early Christian women married to unbelievers, SR 19, 1990, 221-234. MURPHY-O'CONNOR, J.: Works without Faith in I Cor., VII, 14, RB 84, 1977, 349-361. O'NEIL, J.C.: 1 Corinthians 7,14 and Infant Baptism, in: Vanhoye, Paul 357-361.

In fast vollkommen symmetrisch gebauten Sätzen geht Paulus jetzt ein Problem an, das erst in der heidenchristlichen Gemeinde entstehen konnte: das der Mischehen. Offensichtlich handelt es sich um schon länger verheiratete Paare, die bereits Kinder haben; dadurch, dass sich nur ein Partner zum Christentum bekehrt, stellt sich die Frage nach dem weiteren Zusammenleben (οἰκεῖν μετά τινος). Wie soll sich z.B. eine neu für das Christentum gewonnene Frau verhalten, wenn ihr Mann als *paterfamilias* weiter den heidnischen Hauskult betreibt?[73] Ist da eheliches Leben noch möglich? Nach Plutarch, mor. 140d soll ja die Frau mit ihrem Mann die Götter gemeinsam haben und die Haustür schließen für fremdartige Kulte und Aberglaube. Aber auch umgekehrt trieb wohl die christlichen Partner die Furcht vor Verunreinigung um, wie man aus V. 14 schließen kann.[74] Für diesen Fall hat Paulus kein Wort Jesu; er gibt dennoch verbindliche Weisung, freilich versucht er, diese auch argumen-

---

[72] Die Kritik an denen, die „zwei Frauen zu ihren Lebzeiten nahmen" (CD IV 21 – V 2) wird von KLEINSCHMIDT 104-111 u.a. auf die sukzessive Polygamie bezogen. Andere jedoch sehen hier – trotz des maskulinen Suffixes bei „Lebzeiten" – die gleichzeitige Polygamie am Pranger, wie ja auch CD V 1f die Vielweiberei des Fürsten mit Dtn 17,17 ablehnt (verschärft 11QT 57,17-19 bzw. LVII 24-26 nach STEUDEL). Aber unter Umständen kennt CD XIII 17 in der Gemeinde einen, „der verstößt".
[73] Trotz der paritätischen Darstellung bei Paulus meint MACDONALD 222, das Problem habe sich vor allem für die christlichen Frauen heidnischer Männer gestellt.
[74] Diese verbreitete Ansicht lehnt WOLFF, 1Kor 142 ab; er weiß dagegen: „Pneumatiker wollten nicht länger mit Psychikern (vgl. 2,14f.) zusammen leben."

tativ (V. 14.15c.16) einsichtig zu machen. Dabei wendet er sich in der 2. Pl. bzw. Sg. direkt an die Betroffenen. Viele Ausleger meinen, Paulus übertrage hier das Herrenwort gegen die Scheidung, das nur glaubenden Menschen gilt, durch apostolische Interpretation differenziert in die Situation einer Mischehe, wahre aber insofern das Anliegen Jesu, als der Glaubende nicht die Scheidung betreiben darf.[75]

V. 12f Vor dem Hintergrund atl.-jüdischer Praxis ist seine Stellungnahme zunächst erstaunlich tolerant. Denn hauptsächlich deuteronomistische Texte verbieten den einwandernden Israeliten die Verschwägerung mit den in Kanaan ansässigen Völkern, weil sie Verführung zum Götzendienst befürchten (vgl. Dtn 7,1-5; Ex 34,16). Deswegen wurden nach dem Exil fremdstämmige Frauen samt ihren Kindern weggeschickt (Esr 9f; Neh 13,23-27; vgl. ParJer 8). Tob 4,12; Jub 20,4; 22,20; 25,1.3; 30,11-15; TestHiob 45,3 warnen vor einer Heirat mit Nicht-Jüdinnen. Wie JosAs dartut, ist diese nur möglich, wenn der nicht-jüdische Partner zum Judentum konvertiert. Diese rigorose Haltung vertreten auch die Rabbinen und die Ehegesetzgebung des heutigen Israel.[76] Demgegenüber macht Paulus die Entscheidung des Christgewordenen für den Fortbestand der Ehe davon abhängig, ob der ungläubige Teil[77] weiter mit ihm zusammenleben will. Er spricht sich also gerade gegen ein Fortschicken des heidnischen Partners aus.

V. 14 Während Dtn 7,6 die V. 1-5 ausgesprochene Politik der Trennung von den Heidenvölkern damit begründet: „Denn du bist ein Volk, das dem Herrn, deinem Gott, heilig ist", begründet Paulus das Zusammenbleiben mit der Heiligung,[78] die der Nicht-Christ durch den Ehegatten – wohl durch dessen Heiligung in der Taufe (vgl. 6,11) – erfahren hat (Perfekt). Das ist nicht von seiner bewussten Zustimmung zum christlichen Glauben oder von seinem ethischen Verhalten,[79] sondern nur von seinem Zusammensein mit dem gläubigen Teil abhängig. Durch dessen Christwerden hat Gott seine Hand auf die ganze Familie, auch die Kinder, gelegt, so dass sie nicht „unrein" sind, selbst wenn sie vor dieser Wende geboren sind. Das sonst in der ntl. Briefliteratur eher moralisch gebrauchte Vokabular ἀκαθαρσία, ἀκάθαρτος hat hier kultischen Sinn, ebenso „heilig".[80] Von einer Taufe[81] dieser Kinder ist nicht

---

[75] Z.B. WOLFF, 1Kor 143; ähnlich MERKLEIN, 1Kor II 118f; LANG, 1Kor 93; dagegen SCHRAGE, 1Kor II 103 mit Anm. 287: Der Apostel hat als solcher eine eigene Sprachkompetenz. NIEDERWIMMER, Askese 101 gar: Er ist von der Maxime geleitet, in weltlichen Dingen nichts zu ändern, schwerlich vom Scheidungsverbot Jesu.

[76] Vgl. KLEINSCHMIDT, Ehefragen 41-50 und die Anm. von B. SCHALLER in JSHRZ I 8, 743f; III 3, 366.

[77] Zu ἄπιστος vgl. die Anm. 94 zu 6,1. Juden kommen hier nicht in Betracht.

[78] GILLIHAN 716-718 möchte das „geheiligt" von der halakischen Sonderbedeutung קָדֵשׁ / qiddeš = verloben ableiten, stößt aber auf die Schwierigkeit, dass bei Paulus die Partner schon verheiratet sind. Demgegenüber plädiert HAYES 95f für ein „religiomoral understanding".

[79] Gegen MURPHY-O'CONNOR 356f, der das instrumentale ἐν – so BLINZLER 37 mit Anm. 71 – nicht ernst nehmen kann. Spätestens bei den Kindern stellt sich heraus, dass dieses Verständnis von Heiligkeit hier unhaltbar ist. Auch MERKLEIN, 1Kor II 120.122 liest eine Infiltration durch eine auch vom Nicht-Christen mitzutragende Praxisveränderung heraus. Ähnlich THISELTON, 1Kor 530.

[80] Vergleichbar ist die Sprache der Mischna (s. Bill. III 374), wo Kinder von Proselyten dann als „in Heiligkeit" empfangen oder geboren gelten, wenn ihre Mutter zum Judentum übergetreten ist. Paulus sagt aber nichts davon, dass die Kinder in 7,14 erst nach der Konversion eines Elternteils auf die Welt kamen.

[81] Zuletzt O'NEIL, zugleich mit einer wenig plausiblen Deutung des „geheiligt" auf eine mögliche künftige Heiligung. Eine Taufe ist noch weniger bei älteren Kommentaren vorausgesetzt, die die 2. Pl. auf die

die Rede, auch nicht von ihrer Teilnahme am Gemeindeleben der „Heiligen".[82] In einem *argumentum ad hominem* appelliert Paulus an den Elternstolz: „Eure Kinder sind doch keine zu meidenden heidnischen Bastarde!"[83] Gegenüber der abgrenzenden Funktion, die Heiligkeit sonst hat, wird hier das Konzept einer ansteckenden, „offensiven"[84] Heiligkeit sichtbar. Wie V. 16 erkennen lässt, bleibt allerdings auch dabei die Bekehrung des Ungläubigen das Ziel (vgl. auch 1Petr 3,1f). Die „Rettung" ist offenbar mit der „Heiligung" noch nicht erreicht. Und aus V. 39 geht hervor, dass Paulus eine neue Eheschließung mit Nicht-Christen ablehnt.

V. 15 setzt nun den Fall, dass „der Ungläubige" – womit ein Mann wie eine Frau gemeint sein können – wohl wegen der Hinwendung des Partners zum Christentum die Initiative zur Scheidung ergreift.[85] Im Nachsatz kann er Subjekt sein: „so soll er sich eben scheiden".[86] Wahrscheinlicher ist aber wie in der Apodosis von V. 13 der christliche Teil Subjekt. Man muss sich nicht um jeden Preis, auch den der Verleugnung des Glaubens, an den ungläubigen Partner hängen, der das Verhältnis aufkündigt. Dazu konnte eine Christin versucht sein, die durch die Scheidung die Kinder verlor oder in wirtschaftliche Not geriet. Die dem Gläubigen zugesprochene Möglichkeit des χωρίζεσθαι widerspricht dann V. 10f, wenn die Trennung auch die Wiederheirat impliziert.[87] Das hängt an der Interpretation von V. 15b, der V. 15a erläutert. Bedeutet „nicht versklavt durch solche[88]" nur die Verpflichtung gegenüber dem früheren Partner?[89] Oder meint es die

---

ganze Gemeinde beziehen und eine Parallele zwischen dem Status ungetaufter Kinder in christlichen Familien und dem des ungläubigen Ehepartners annehmen. So z.B. MEYER, 1Kor 193f.

[82] Gegen GILLIHAN 715f.

[83] Anders versteht GORDON, Sister 124: Die Kinder würden dadurch, dass sie beim ungläubigen Teil verbleiben, unrein. Aber das setzt – gegen V. 14ab – voraus, dass dieser männlich ist; auch würde man dann eher ein γίνεσθαι erwarten.

[84] So BERGER, Theologiegeschichte 129; 447 dagegen spricht er von magisch vermittelter Heiligkeit. Das ist die Außenperspektive. DEMING, Paul 143f verweist auf Philo, sacr. 128: Die hochheiligen Leviten, die mit den unheiligen (ἀνίεροι) Asylanten zusammenwohnen (συνοικεῖν), stehen für die Tüchtigen, die schlechte Menschen reinigen. WEISS, 1Kor 180f erinnert an das angebliche Schriftwort bei 1Clem 46,2: „Schließt euch den Heiligen an, denn die sich ihnen anschließen, werden geheiligt werden".

[85] Solch ein Vorkommnis hat Tertullian, apol. 3 im Auge: „Der Ehemann, der jetzt nicht mehr eifersüchtig zu sein braucht, verstößt seine nunmehr züchtig gewordene Gattin".

[86] So die meisten Kommentare mit Ausnahme von WEISS, 1Kor 182: Der christliche Gatte soll es geschehen lassen. Dann müsste man den Vordersatz konativ auffassen. Die Scheidung war aber nicht von der Zustimmung des Partners abhängig.

[87] Dass dies nicht so klar ist, betont NEIRYNCK, Sayings 173. FEE, 1Kor 303 meint sogar: „Remarriage is not an issue at all". Dagegen sprechen sich LUTHER (WA 12,119.123) und neuere Kommentatoren wie CONZELMANN, 1Kor 156; LINDEMANN, 1Kor 166 für die Möglichkeit einer neuen Ehe aus.

[88] Ἐν τοῖς τοιούτοις wird meistens neutrisch verstanden: BAUER, Wörterbuch 414 „in solchen Fällen". Das ἐν könnte aber auch wie V. 14ab instrumental sein; „solche" (personales τοιοῦτος rückverweisend wie 5,5.11; 7,28; 16,16.18 u. ö.) wiese auf den generischen „Ungläubigen" von V. 15aα. Die Schwierigkeit ist: In 9,19; Röm 6,18.22 ist das aktive δουλόω bzw. der Aorist Passiv mit Dativ verbunden (vgl. Tit 2,3; 2Petr 2,19; 4Makk 3,2; 13,2), in Gal 4,3 das Perfekt Passiv mit ὑπό (vgl. Plato, rep. 589e). Eine Verbindung mit ἐν ist nicht belegt.

[89] Δουλοῦσθαι steht hier metaphorisch für ein Abhängigkeitsverhältnis. Weil DEMING, Paul darin keine gesetzlichen Konnotationen erkennen kann, bringt er 150–154 philosophische und populäre Texte für die Ehe als Sklaverei. Aber Paulus möchte hier weder die Ehe als Versklavung von Junggesellen schlecht machen, noch denkt er speziell an die Rolle der Frau als „Dienerin" in der Ehe.

Freiheit⁹⁰ für eine neue Ehe? Dann würde Paulus das Eheband unter Christen fester knüpfen als unter Menschen verschiedener Religion. Das ist bekanntlich ein Ansatzpunkt für das *privilegium Paulinum* im katholischen Eherecht. Geht hier Heilsordnung vor Schöpfungsordnung? Oder ist Paulus einfach inkonsequent? Obwohl mit δέ nur lose angeschlossen, gibt V. 15c den Grund für die Freiheit der Gläubigen an:[91] die Berufung (s. zu 1,2.9) „in Frieden". Nun vermischt die Koine ἐν und εἰς, und der Friede könnte das Ziel des göttlichen Rufes sein (so bei καλεῖν εἰς s. 1,9; Kol 3,15; vgl. auch καλεῖν ἐπί + Dat. 1Thess 4,7 im Wechsel mit ἐν; Gal 5,13),[92] doch vielleicht denkt Paulus auch wie beim ἐν V. 18.24 an den Zustand, der bei der Berufung herrscht. Dann besagt „Frieden" auch nicht nur eine zwischenmenschliche Beziehung, sondern hat wie meist bei Paulus (s. zu 1,3) eine theologische Komponente.[93] Weil Gott den Ehegatten bei der Berufung zum Christsein mit sich versöhnt hat, kann und darf dieser Friede nicht dadurch gestört werden, dass dieser sich an einen widerwärtigen heidnischen Partner kettet.

V. 16 Zu solcher Treue könnte ihn die Hoffnung bewegen, diesen doch noch zu bekehren.[94] Vgl. die unten bei Justin, 2.apol. 2 geschilderte Situation. Dann bekämpft die Doppelfrage solche Illusionen und begründet noch einmal V. 15. Manche Autoren setzen sie jedoch zu V. 12-14 in Beziehung, fassen „was weißt du" im Sinn von „Wer weiß, vielleicht"[95] und sehen in V. 16 die Möglichkeit der innerhäuslichen Missionierung angedeutet (s. u. das Beispiel aus Herm). Doch weil das τί οἶδας gegen eine falsche Gewissheit angeht, scheint mir die erste Deutung einleuchtender. Dafür spricht auch die Fortsetzung mit dem zu V. 15f adversativen εἰ μή.[96] Paulus redet also einer Auflösung von Mischehen das Wort, wo das abweisende Verhalten des Heiden eine Existenz im christlichen Frieden unmöglich macht und keine Umkehr zu erwarten ist.[97]

Justin, 2.apol. 2 wirft ein Licht auf die Praxis: Eine bekehrte Ehefrau sucht nun auch ihren Mann zu einem züchtigen Wandel zu bewegen. Obwohl erfolglos, bleibt sie, von den Ihren gedrängt, die auf Besserung hoffen, zunächst in der Ehe. Schließlich gibt sie ihrem lasterhaften Mann aber doch den Scheidebrief, um nicht Anteil an seinen Freveltaten zu haben, und trennt

---

[90] Das Vokabular der Freiheit vs. Bindung gebraucht Paulus für die Frau, deren Gatte gestorben ist: V. 39; Röm 7,1-3. Von solcher Freiheit sprechen auch die Scheidungsformeln der Mischna: vgl. MURPHY O'CONNOR (s. Lit. zu V. 10f) 604 Anm. 15 und Bill. III 377.

[91] Anders SCHRAGE, 1Kor II 111; FEE, 1Kor 303f; COLLINS, 1Kor 272; LINDEMANN, 1Kor 167. Danach wird mit dem δέ entweder ein Gegensatz zur Scheidung oder ein Grund für das Nicht-Scheiden angegeben. Das geht mit einem optimistischen Verständnis von V. 16 zusammen.

[92] Finaler Sinn ist zwar möglich - so ECKERT, J.: Art. καλέω κτλ, EWNT 2, 1981, 592-601, 598 -, aber ebensowenig wie in 1Thess 4,7 (s. zu 1,2) oder Gal 1,6 zwingend.

[93] Richtig GROSHEIDE, 1Kor 166: „This peace is not the same as the absence of domestic quarrels".

[94] Σῴζειν - eigentlich „retten" (s. zu 1,18) - hier mit menschlichem Subjekt wie noch 9,22; Röm 11,14.

[95] JEREMIAS 257 verweist auf Epiktet, diss. II 20,30 πόθεν οὖν οἶδας εἰ (ähnlich II 22,31; 25,2), wo εἰ mit „ob nicht" zu übersetzen ist. BURCHARD, Εἰ 170f zeigt, dass ein positives Verständnis des εἰ-Satzes grammatikalisch möglich ist.

[96] Vgl. auch CONZELMANN, 1Kor 157 und - von Conzelmann Anm. 47 falsch eingeordnet - KUBO. Er gibt Pred 2,19; 3,21 als Beispiele für skeptische Fragen.

[97] CAMBIER, Doctrine 25f aktualisiert das auf „moderne Heiden", die in der Ehe den christlichen Teil daran hindern, den Frieden Christi zu leben.

sich. Daraufhin denunziert ihr Mann sie als Christin, allerdings ohne Erfolg. Ob sie wieder geheiratet hat, wissen wir nicht. Auch apokryphe Apostelakten (ActPetr 33f) berichten von Männern und Frauen, die sich unter dem Einfluss der apostolischen Predigt vom ehelichen Lager verabschieden, um sich der Keuschheit widmen zu können. Hier ist natürlich kein Gedanke an Wiederheirat. Nach Herm mand IV 1 soll sich ein Christ von seiner unzüchtigen oder götzendienerischen Frau trennen und für sich allein bleiben. Eine Wiederheirat ist hier ausdrücklich ausgeschlossen, um der Partnerin – sie ist im Herrn gläubig – Gelegenheit zur Umkehr zu geben. Bei Christen greift das absolute Verbot einer neuen Eheschließung.

c) 7,17–24: Verallgemeinerung: In der Berufung bleiben
(17) **Vielmehr wie es jedem der Herr**[98] **zugeteilt hat, wie jeden Gott berufen hat, so wandle er; und so ordne ich es in allen Gemeinden an.** (18) **Einer wurde als Beschnittener berufen – er soll sich keine Vorhaut überziehen. Einer ist in Unbeschnittenheit berufen worden – er soll sich nicht beschneiden lassen.** (19) **Die Beschneidung ist nichts, und die Unbeschnittenheit ist nichts, vielmehr das Halten der Gebote Gottes.**
(20) **Jeder soll in der Berufung, mit der er berufen wurde, bleiben.** (21) **Als Sklave wurdest du berufen – es soll dich nicht kümmern; vielmehr selbst wenn du frei werden kannst, mache lieber Gebrauch (von der Sklaverei)./ – jedoch: wenn du gar frei werden kannst, mache eher Gebrauch davon.** – (22) **Denn der im Herrn berufene Sklave ist Freigelassener des Herrn; ähnlich ist der berufene Freie Sklave Christi.** (23) **Gegen Bezahlung wurdet ihr erkauft; werdet nicht Sklaven von Menschen.** (24) **Jeder soll in dem (Stand), in dem er berufen wurde, Brüder, vor Gott bleiben.**

BARTCHY, S.S.: ΜΑΛΛΟΝ ΧΡΗΣΑΙ. First-Century Slavery and 1 Corinthians 7:21, SBL.DS 11, Missoula 1973. BAUMERT, Ehelosigkeit 99–160. BELLEN, H.: Μᾶλλον χρῆσαι (1 Cor. 7,21). Verzicht auf Freilassung als asketische Leistung?, JAC 6, 1963, 177–180. BENANTI, O.: „Se anche puoi divenire libero ..." (1 Cor 7,21), RBR 16, 1981, 125–129. BLASCHKE, A.: Beschneidung, TANZ 28, Tübingen/Basel 1998, bes. 397–401. BRAXTON, B.R.: The Tyranny of Resolution. I Corinthians 7:17–24, SBL.DS 181, Atlanta 2000. CHESTER, Conversion 93–106. COMBES, I.A.H.: The Metaphor of Slavery in the Writings of the Early Church, JSNT.SS 156, Sheffield 1998. DAWES, G.W.: „But if you can gain your freedom" (1 Corinthians 7:17–24), CBQ 52, 1990, 681–697. GAYER, Stellung. HARRILL, J.A.: The Manumission of Slaves in Early Christianity, HUTh 32, Tübingen 1995. HORRELL, Ethos 160–167. NEUHÄUSLER, E.: Ruf Gottes und Stand des Christen, BZ 3, 1959, 43–60. TRUMMER, P.: Die Chance der Freiheit, Bib. 56, 1975, 344–368.

V. 17a nimmt zwar das Thema der Berufung durch Gott aus V. 15c auf, verallgemeinert aber die Situation. Der Tenor dieses Verses wird noch einmal in V. 20 und in dem fast gleichlautenden V. 24 skandiert, diesmal mit dem Verbum „bleiben"

---

[98] Die erstaunliche Reihenfolge von ὁ κύριος – ὁ θεός gewährleisten die besten und ältesten Mss. Der Mehrheitstext vertauscht die Subjekte der beiden ὡς-Sätze: Gott kommt vor dem Kyrios. Das mag auch damit zusammenhängen, dass ἐμέρισεν an den Parallelen 2Kor 10,13; Röm 12,3 von θεός ausgesagt wird. Vielleicht ist auch die Aoristform des Verbums unter diesem Einfluss entstanden; 𝔓46c ℵ* B 81 630 1739 und wenige andere haben jedenfalls das zu κέκληκεν passende Perfekt μεμέρικεν.

(μένειν), das schon V. 8.11 angeklungen war. Dazwischen stehen die Konkretionen auf Beschneidung (V. 18f) und Sklaverei (V. 21–23). Der Dekretstil setzt sich fort, changiert aber in die Diatribe. Am Schluss rundet sich der Abschnitt durch die Hinwendung zur 2. Pl. (V. 23) und die Anrede „Brüder" (V. 24).

V. 17.20.24 Der Einsatz mit εἰ μή[99] gibt zu verstehen, dass Paulus jetzt von der V. 15f eingeräumten Abweichung zur grundsätzlichen Regel zurückkehrt.[100] Dass man entsprechend dem Ruf (zu κλητοί bzw. καλεῖν s. zu 1,2.9) ins Christsein „wandeln" soll, scheint zunächst ein Allgemeinplatz der Paränese zu sein (vgl. 1Thess 2,12; Eph 4,1); aber das doppelte vorangestellte „Einjeder" und die zum Ruf Gottes parallele Zuteilung[101] des Herrn lassen erkennen, dass der Ruf individuell ergeht und unterschiedliche „Portionen" beinhaltet. Nachdem Paulus mit einer pragmatischen Zwischenbemerkung[102] V. 17b die allgemeine Verbindlichkeit dieses Grundsatzes hervorgehoben hat, wird V. 18f deutlich, dass die Zumessung mit der Ausgangssituation zusammenhängt, in der der Ruf den Einzelnen trifft. Deshalb hat κλῆσις in V. 20 konkrete Bedeutung wie schon 1,26, obwohl der Relativsatz mit dem Verbum καλεῖν auf den Akt des göttlichen Rufens verweist;[103] in der dritten Abwandlung des Prinzips V. 24 steht statt „in der Berufung" das neutrische ἐν ᾧ. Das heißt nicht, dass der Ruf und der jeweilige Stand so zusammenfallen, dass man κλῆσις mit „Beruf" wiedergeben könnte.[104] Zwar sind die Umstände der Berufung an sich religiös irrelevant (vgl. V. 19.22), aber sie werden durch den Ruf so neu qualifiziert, dass sie die Chance christlicher Bewährung bieten. Vorausgesetzt, dass man dem Ruf in den menschlichen Vorgegebenheiten folgt und sie nicht willkürlich ändert.

Was man als Festschreibung des *status quo* kritisiert hat, hat am ehesten Verwandtschaft zur kynisch-stoischen Diatribe. Auch dort haben ethnische und soziale Differenzierungen an sich keine sittliche Bedeutung. Und doch empfiehlt etwa Bion, die vom Schicksal zugewiesenen Rollen anzunehmen und gut zu spielen.[105] Es reicht, wenn jeder seine eigene Aufgabe erfüllt.[106] Ein anderes Bild ist dem militärischen Bereich entnommen: Der Weise ist von Gott auf

---

[99] BAUER, Wörterbuch s.v. εἰ Nr. 9 „doch"; es ist gleichbedeutend mit ἀλλά oder πλήν: B-D-R 448 Anm. 9; 449 Anm. 4.

[100] Umgekehrt, aber mir nicht nachvollziehbar SCHRAGE, 1Kor II 133: Paulus fasse jetzt die Ausnahmen der verschiedenen Regelungen ins Auge.

[101] Vgl. auch in der Konstruktion ἑκάστῳ ὡς ἐμέρισεν ὁ (κύριος bzw. θεός) ganz ähnlich Röm 12,3; das dort einem jeden von Gott zugeteilte Maß an Glauben stellt sich V. 6 als je verschiedenes Charisma heraus, vgl. ZELLER, Charis 185–189. Spezieller ist der von Gott zugeteilte Maßstab des Missionars 2Kor 10,13. Als Quelle der Charismen handeln Gott und der Kyrios Jesus in Personalunion: vgl. 12,4–6.

[102] Das οὕτως bezieht sich selbstverständlich auf V. 17a - gegen BAUMERT, Ehelosigkeit 105f, der mit „folglich" übersetzen möchte. Zu den „katholisierenden Bemerkungen" vgl. zu 1,2.

[103] Wenn man ᾗ instrumental fasst (s. obige Übertragung), ist eine Gleichsetzung von Stand und Ruf erschwert. WEISS, 1Kor 187 schlägt eine modale Auffassung vor; VOLLENWEIDER, Freiheit 243 Anm. 221 ergänzt wie in V. 24 ἐν.

[104] Vgl. schon den Protest von SCHMIDT, K.W.: Art. καλέω κτλ, ThWNT 3, 1938, 488–539, 492f. Von den von BAUER, Wörterbuch 886 für die Bedeutung „Beruf, Stand" gegebenen Belegen von κλῆσις entfällt Philo, Gai. 163 (dort „Benennung"), es bleiben nur zwei Libanius-Stellen (4. Jh. n. Chr.).

[105] Vgl. Frgm. 16 (KINDSTRAND); das Bild vom Schauspiel, dessen Direktor (Gott) Rollen verteilt, auch bei Epiktet, ench. 17. Ebd. 37 warnt er davor, eine Rolle zu übernehmen, die die eigenen Kräfte übersteigt.

[106] Epiktet, ench. 24 zu einem mit seiner sozialen Stellung Unzufriedenen.

einen Posten (τάξις) gestellt und soll dabei bleiben.[107] Die Stoa lehrt sogar, schwierige Lagen als Ruf des Augenblicks (καιρός) bzw. der Notwendigkeit (ἀνάγκη) zu verstehen.[108] Dahinter verbirgt sich der rufende Gott.[109] Der Unterschied zu Paulus ist: Es geht um die Entfaltung der dem Menschen je eigenen natürlichen, d. h. von Gott gegebenen Fähigkeit (vgl. Epiktet, diss. II 23,34; III 22,7), näherhin um das, was die führende Vernunft wider die unfreiwilligen Mächte vermag (vgl. ebd. II 1,39). Bei Paulus dagegen zeigt schon der Wechsel zwischen κύριος (V. 17aα.22a) bzw. Χριστός (V. 22b) und θεός (V. 17aβ, vgl. 19.24), dass Gott den Menschen – allerdings in seiner konkreten Verfasstheit – in das von Christus erwirkte Heil hinein ruft, das menschliche Kräfte übersteigt.

V. 18f Die christliche Gemeinde – auch in Korinth[110] – besteht aus Juden- und Heidenchristen. An einem drastischen Beispiel verdeutlicht Paulus, dass beide Gruppen das Kennzeichen ihrer ethnisch-religiösen Herkunft nicht abzulegen brauchen. Im 2. Jh. v. Chr. hatten Jerusalemer Juden, um sich im griechischen Gymnasium ohne Blamage nackt zeigen zu können, ihre Beschneidung rückgängig gemacht (1Makk 1,14f; Josephus, ant. XII 241).[111] Obwohl das in Korinth kaum praktiziert wurde, lehnt Paulus eine solche Selbstverleugnung des Judeseins ab. Seit dem „Apostelkonzil" (vgl. Gal 2,1–10, bes. V. 3; Apg 15,1–21, bes. V. 1) stand aber die umgekehrte Forderung strenggläubiger Judenchristen im Raum, dass sich die Heidenchristen um des Heiles willen beschneiden lassen müssten. Aus dem Galaterbrief erfahren wir dann, dass man diese Verpflichtung tatsächlich den – wörtlich – „mit der Vorhaut Berufenen" nachträglich auferlegte. Diese Kontroverse liegt wahrscheinlich erst nach der Abfassung des 1. Korintherbriefs (vgl. zu 16,1). Doch schon jetzt wehrt sich der Apostel gegen solche Zumutungen. Da sie aus einer Überschätzung der Beschneidung als Bundeszeichen kommen, negiert V. 19 ihre Heilsbedeutung – aber auch die der Unbeschnittenheit – mit einem prägnanten Satz, der stilistische und sachliche Parallelen in Gal 5,6; 6,15 hat.

Hier werden die zwei alternativen Größen, „Beschneidung" und „Unbeschnittenheit", durch eine jeweils anders formulierte dritte Größe außer Kraft gesetzt. In Gal 5,6 und 6,15 haben wir das auch 3,7; 1Thess 2,5–7 belegte Schema οὔτε – οὔτε – ἀλλά. Deswegen heißt es statt οὐδέν ἐστιν[112] positiv τί ἰσχύει bzw. τί ἐστιν (vgl. 3,7; 10,19). In Gal 5,6 ist der erwählungsgeschicht-

---

[107] Epiktet, ench. 22. In diss. I 9,22–24 verweist Epiktet dazu auf das Beispiel des Sokrates nach Plato, apol. 28d. Ein Echo auch bei Diog 6,10. Weitere Stellen zum „Bleiben" bei VOLLENWEIDER, Freiheit 241 Anm. 213.

[108] Vgl. Epiktet, diss. I 29,35; II 1,34; 6,16. Freilich muss der Stoiker auf Grund der Lehre von dem jeweils Vorzuziehenden (προηγμένα) auch jede sich darbietende Gelegenheit zu einer Verbesserung der äußeren Lage nutzen: BONHÖFFER, Epiktet 171.

[109] Vgl. Epiktet, diss. I 29,44–49: Als ein von Gott geladener = gerufener Gerichtszeuge darf der Weise auch in Schwierigkeiten nicht dem Ruf Schande machen. Mit dem unbestimmten „Rufenden" II 1,39 ist wie beim Ruf des Steuermanns (ench. 7) Gott gemeint. Vgl. VOLLENWEIDER, Freiheit 242 Anm. 214.

[110] S. Einleitung 2b. Wenn auch die Christen aus den Heiden in der Mehrheit gewesen sein dürften, steht hier wie auch sonst der Jude ehrenhalber voran.

[111] Polemik dagegen Jub 15,34; AssMos 8,3. Der medizinische Eingriff des sog. „Epispasmos" konnte sowohl chirurgisch wie mit anderen Mitteln vollzogen werden. Vgl. BLASCHKE 139–141; medizinische Texte 350–356.

[112] Nach Mt 23,16.18 ein juridischer Terminus; bei Paulus sonst nur noch persönlich: „ich bin nichts" (13,2; 2Kor 12,11); vgl. Gal 6,3.

lichen Aufspaltung der Menschheit „der durch die Liebe wirksame Glaube" entgegengesetzt, sicher eine durch den Kontext bedingte, paulinische Formulierung.[113] In Gal 6,15 ist es die „neue Schöpfung", wohl ein geprägter apokalyptischer Begriff,[114] aber von Paulus durch „in Christus" neu bestimmt. Wenn also einer dieser Sätze Tradition enthält, so 1Kor 7,19.[115] Denn „das Halten der Gebote Gottes" wird sonst nirgends bei Paulus so verlangt, die Wendung ist aber im Judentum (vgl. Sir 32,23) bzw. im Judenchristentum (verbal ausgedrückt Mt 19,17 u.a.) geläufig. Meist tippt man darauf, dass die Formel aus der gemischten Gemeinde von Antiochia stammt, die als erste auf die Beschneidung für Heiden verzichtete.[116] Ältere Forscher[117] hielten sogar jüdischen Ursprung für möglich, da es zumindest in der Diaspora Diskussionen darüber gibt, ob nicht auch ein symbolisches Verständnis der Beschneidung genügt (vgl. Philo, migr. 89–91) bzw. ob nicht der Eifer für die hergebrachten Sitten der Juden wichtiger sei als diese für den Erwachsenen lebensgefährliche Maßnahme (vgl. Josephus, ant. XX 41). Da der Satz eine Einschränkung der Gebote Gottes auf die sittlichen Gebote voraussetzt – an sich ist ja auch die Beschneidung in der Tora (vgl. Gen 17,9–14) geboten[118] – und der Unwert von Unbeschnittenheit einem Juden gegenüber kaum betont werden muss, ist doch wohl eher das hellenistische Christentum als Hintergrund anzunehmen.

Beschneidung und Vorhaut mögen weiter die Christen in ihrem heilsgeschichtlichen Herkommen unterscheiden – es ist nicht so, dass die Beschneidung zur profanen Folklore herabgedrückt würde –, aber im Verhältnis zu Gott kommt es jetzt auf die Befolgung der Gebote an, wobei Paulus an die zweite Hälfte des Dekalogs, besonders aber an das Liebesgebot gedacht haben wird (vgl. Gal 5,14; Röm 13,8–10). Ähnliche Gedanken entwickelt auch Röm 2,25–29, nur dass dort die Beschneidung, atl.-jüdischen Ansätzen entsprechend, auf die Erfüllung des Gesetzes hin verinnerlicht wird.

V. 21 Dass manche Christen in Korinth samt ihren „Häusern" erwähnt werden,[119] macht auch einen Anteil von Sklaven in der Gemeinde wahrscheinlich. Mag sich auch die Lage der städtischen Haussklaven in der Kaiserzeit im Durchschnitt verbessert haben,[120] sie blieben doch gerade nach römischer Auffassung rechtloser Besitz ihres Herrn. Trotz dieser sozialen Diskriminierung – die individuelle Behandlung steht hier nicht zur Debatte – soll sich der zum Christentum berufene Sklave deswegen keinen Kummer machen. Er kann die Freilassung ohnehin nicht erzwingen, höchstens eine ziemlich aussichtslose Flucht ergreifen. Das μή σοι μελέτω meint aber mehr als „die innere Seelenfreiheit, die durch äußere Umstände garnicht

---

[113] Vgl. zum Medium von ἐνεργεῖν 2Kor 1,6; 4,12.
[114] Vgl. MELL, U.: Neue Schöpfung, BZNW 56, Berlin/New York 1989.
[115] Für MERKLEIN, 1Kor II 130 jedoch erklärt sich V. 19 ganz aus dem Anliegen des Paulus.
[116] Vgl. HORN, F.W.: Der Verzicht auf die Beschneidung im frühen Christentum, NTS 42, 1996, 479–505, 484f.
[117] Vgl. WEISS, 1Kor 186; noch GAYER 174f.
[118] Justin, dial. 10,3 zitiert Gen 17,14 als „Gebot Gottes".
[119] S. Einleitung 2b.
[120] BARTCHY 45–87 macht dafür u.a. geltend, dass die meisten Sklaven schon im Haushalt geboren wurden und dass manche hohe Positionen einnahmen. Vgl. jedoch die Kritik von HARRILL 95–99. Ein Überblick bei BRADLEY, K.: Slavery and Society at Rome, Cambridge 1994. SCHUMACHER, L.: Sklaverei in der Antike, München 2001.

berührt wird"[121]. Paulus fordert dazu auf, den Sklavenstand anzunehmen, weil man darin berufen wurde, und ihn zum Ort gelebten Christseins zu machen. Wie verhält sich dazu V. 21c? Von der durch V. 18 vorgezeichneten Symmetrie her sollte man erwarten, dass jetzt der als Freier Berufene angesprochen wird, wie es tatsächlich V. 22b der Fall ist. Aber der ist ja nicht in Versuchung, seine Freiheit aufzugeben; nur Not könnte ihn zur Selbstversklavung zwingen. Deshalb spielt Paulus das Thema Freiheit anhand der Freilassung durch, mit der die Sklaven damals zwar nicht rechnen, auf die sie aber hoffen konnten. Hier scheiden sich nun die Geister der Ausleger,[122] weil der Nachsatz leider verkürzt ist. Ist τῇ δουλείᾳ oder τῇ ἐλευθερίᾳ zu ergänzen?[123] Selbst bei absoluter Verwendung von χρᾶσθαι[124] muss man ein Objekt aus der nächsten Textumgebung hinzudenken. Dass Paulus absichtlich zweideutig formulierte, weil er es mit niemanden verderben wollte,[125] ist auch keine befriedigende Antwort. Während man in der Antike und im Mittelalter Paulus meist den Gebrauch der Sklaverei nahelegen ließ, mehren sich seit M. Luther die Stimmen, wonach er das Ergreifen der Möglichkeit freizukommen befürwortet.[126]

– Die 1. Auffassung nimmt ἀλλά nach vorausgegangener Negation steigernd als „vielmehr"[127] und versteht das εἰ καί konzessiv, wie es ja auch öfter bei Paulus vorkommt.[128] Das μᾶλλον beinhaltet dann einen Gegensatz („lieber", „stattdessen")[129] zum Vordersatz. Bellen 177 setzt es in Beziehung zu den Komparativen in V. 38 und 40 und sieht im Verbleib in der Sklaverei eine der Ehelosigkeit vergleichbare asketische Leistung. Dagegen hat man

---

[121] Weiss, 1Kor 187 Anm. 1 mit μέλει-Stellen aus Epiktet, diss. und Marc Aurel.
[122] Vgl. zur Auslegungsgeschichte Baumert 116-119; Harrill 74-108. Schon Johannes Chrys., hom. in 1Cor 19,4 (X 156 Montfaucon) kennt beide Auslegungen, entscheidet sich aber für die erste (μᾶλλον δούλευε), weil der Vers sonst wenig tröstlich ist für den, der in der Sklaverei bleiben muss.
[123] Als dritte Möglichkeit schlagen Grosheide, 1Kor 170 und Bartchy 155-159 τῇ κλήσει vor. Dagegen Dawes 693f. Mir scheint daran vor allem problematisch, dass Bartchy in Klammern „now as a freedman" zu „live according to God's call" hinzusetzen muss. Die Aufforderung richtet sich aber doch an den als Sklaven Berufenen. – Thiselton, 1Kor 558 ergänzt „the present circumstances". Das ist gut griechisch gedacht, vgl. den Ausspruch des Diogenes Χρῶ τοῖς παροῦσιν bei Philo, prob. 122. – Statt mit Dativobjekt (wie 9,12.15; 2Kor 1,17; 3,12) will Baumert 129 χρᾶσθαι wie 7,31 mit Akkusativ konstruieren – ohne große Sinndifferenz.
[124] Z.B. Epiktet, diss. II 21,20; 23,17; IV 1,110. So auch unter den von Harrill 108-117 beigebrachten Beispielen zu μᾶλλον + χράομαι Nr. 15. Dodd, C.H.: Notes from Papyri, JTS 26, 1924/5, 77f verwies allerdings auf P.Oxy. XVI 54,4ff.12f (6./7. Jh. n. Chr.), wo ἐχρησάμην mit „ich ergriff die Gelegenheit" übersetzt werden kann. Aber auch hier wird das Wozu mit einem Infinitiv bzw. einem *participium coniunctum* ausgedrückt.
[125] So Braxton 227f.
[126] So alle Monographien und Aufsätze zum Thema in der zum Abschnitt genannten Literatur mit Ausnahme von Bellen, Benanti, Gayer 206-209, Combes; alle von mir eingesehenen seit den 80er Jahren neu erschienenen Kommentare zu 1Kor außer Senft, Strobel, Kremer.
[127] Vgl. Bauer, Wörterbuch 73 unter 1 a.
[128] Vgl. Bauer, Wörterbuch 443 unter VI 5: 2Kor 4,16 (mit ἀλλά!); 5,16; 7,8.12; 12,11; Phil 2,17 (mit ἀλλά!). Ein Beispiel aus einem Aristoteleskommentar bei Harrill 114: „wenn wir auch in öffentlichen Vorträgen Enthymeme gebrauchen, so gebrauchen wir doch mehr noch Beispiele".
[129] Adversative Verwendung auch in den meisten der von Harrill 108-117 untersuchten Beispiele; daneben käme noch eine intensivierende Bedeutung („mehr") in Frage. Harrill 118 sieht freilich das Gegenstück in V. 21b, aber das „es soll dich nicht kümmern" ist nicht adäquat.

eingewandt, dass der Sklave die Freilassung gar nicht ablehnen konnte.[130] Doch warum fordert dann Paulus den Sklaven auf, von der Freiheit Gebrauch zu machen? Auch deutet das δύνασαι in V. 21c an, dass die Freilassung nur eine Möglichkeit ist. Sie konnte z. B. durch eine angesparte Geldsumme gegeben sein,[131] die der Sklave nicht unbedingt für seine Freilassung verwenden musste. Und Ex 21,5f; Dtn 15,16f kennt eine freiwillige Verewigung der Sklaverei. Auf jeden Fall konnte der Sklave mit nicht-rechtlichen Mitteln die Freilassung zu verhindern suchen bzw. bei stufenweiser Freilassung (*statuliber*)[132] die entscheidende Bedingung nicht erfüllen.

- Die 2. Auffassung hat den grammatikalischen Vorteil, dass sie den Imperativ aus dem Vordersatz auffüllen kann.[133] Der ganze V. 21c wäre mit ἀλλά = „jedoch" V. 21ab entgegengestellt. Das καί im Konditionalsatz hätte nicht konzessive, sondern emphatische Bedeutung[134] und wäre zu δύνασαι zu ziehen. Der ingressive Aorist χρῆσαι entspräche der Situationsveränderung; doch kann man den Imperativ des Aorist auch komplexiv-effektiv deuten.[135]

Die weiteren ntl. und kirchlichen Äußerungen zur Sklavenfrage liefern keine Handhabe, um den Streit der Interpreten zu entscheiden.[136] Der Trend geht eher dahin, die gläubigen Sklaven zu noch intensiverem Dienst zu ermuntern (vgl. 1Tim 6,2 ἀλλὰ μᾶλλον δουλευέτωσαν; IgnPol 4,3 πλέον δουλευέτωσαν).[137] Eine formelle Freilassung wird nirgends von christlichen Sklavenhaltern verlangt.[138] Die Argumente aus dem Kontext müssen den Ausschlag geben. Nach der 1. Lesart würde die Berufung im Stand des Sklaven diesen so auf seine Zukunft festlegen, dass er diesem Ruf nur als Sklave folgen kann. Die 2. Auffassung postuliert jedoch eine Aus-

---

[130] BARTCHY 98.104 (weil er kein Rechtssubjekt ist).106f (zwar gibt es kein Gesetz, aber der Fall des wider seinen Willen freigelassenen Melissus bei Sueton, gramm. 21 dient als Illustration). Eine historische Widerlegung versucht HARRILL 88–90, aber hier kommt das Angebot nicht von der Seite des Besitzers. So auch bei der Weigerung des Diogenes, sich von Bekannten freikaufen zu lassen (Diogenes Laert. VI 75).

[131] Zum Freikauf *suis nummis* vgl. WEILER, I.: Die Beendigung des Sklavenstatus im Altertum, FASk 36, Stuttgart 2003, 245–248.

[132] Vgl. BRAXTON 213f.

[133] Das ist bei anderen Ellipsen nach Konditionalsätzen im NT die Regel: vgl. LLEWELYN, S.R.: ‚If you can gain your freedom': Manumission and 1Cor.7.21, NDIEC 6, 1992, 63–70. Er möchte das μᾶλλον nicht wie HARRILL mit dem „contrastive ‚rather'", sondern wie in 9,12; Phil 3,4 mit „all the more" wiedergeben.

[134] Vgl. THRALL, Particles 79–81; BAUMERT 123f. Die von den Autoren angeführten paulinischen Belege (4,7c; 7,11.28; 2Kor 4,3) haben aber nicht εἰ καί, sondern ἐάν bzw. εἰ δὲ καί. Belege außerhalb von Paulus bei VOLLENWEIDER, Freiheit 234.

[135] So B-D-R 337,2 mit Anm. 2, wo τῇ δουλείᾳ ergänzt wird. Nach § 335 ist der Unterschied zum Präsens ohnehin „in einer Anzahl von Fällen" aufgegeben.

[136] Gegen das *argumentum e silentio* bei TRUMMER 358–360. Vgl. die ausgewogene Darstellung von LAUB, F.: Die Begegnung des frühen Christentums mit der antiken Sklaverei, SBS 107, Stuttgart 1982. Die ältere Arbeit von GÜLZOW, H.: Christentum und Sklaverei in den ersten drei Jahrhunderten ist mit einem lesenswerten Nachtrag von G. THEISSEN als HbTS 16, Münster/Hamburg/London 1999 nachgedruckt worden.

[137] IgnPol 4,3 „Sie sollen nicht danach streben, auf Gemeindekosten frei zu werden, damit sie nicht als Sklaven der Begierde erfunden werden". Zum Verständnis s. HARRILL 158–167, teilweise zurechtgerückt bei COMBES 59–61.

[138] Auch nicht eindeutig im Philemonbrief, wo Paulus den Herrn des entlaufenen Onesimus bedrängt, diesen ihm als Diener zur Verfügung zu stellen und den Bekehrten „nicht mehr als Sklaven", sondern als Bruder zu betrachten. Vgl. BARCLAY, J.M.G.: Paul, Philemon and the Dilemma of Christian Slave-Ownership, NTS 37, 1991, 161–186. – An unserer Stelle bleibt im Dunkeln, ob der Besitzer überhaupt Christ ist und aus welchen Motiven – Routine, Vorteil, Dankbarkeit – er die Freilassung gewährt.

nahme, wie der Aufruf zum „Bleiben" ja auch V. 9.15.28.36 immer wieder durchbrochen wird. Aber es wäre doch seltsam, wenn Paulus in einen Exkurs, der das Prinzip des Bleibens untermauern soll, auch gleich wieder eine Ausnahme einbauen würde.[139] M.E. hat die Option für die Freiheit in diesem Kontext nur dann Sinn, wenn – gemäß der ursprünglich von Paulus angestrebten Parallelität – in der angebotenen Freilassung auch der Ruf Gottes vernommen wird. Dies ist um so eher möglich, wenn die Initiative nicht vom Sklaven ausgeht.[140] Doch dann hätte der Apostel seinen Ausgangspunkt, den beim Christwerden eingenommenen Stand, verlassen.

V. 22f Die hier folgende Begründung bestätigt eher die traditionelle Auslegung.[141] Denn V. 22a bietet dem im Herrn berufenen Sklaven einen Ausgleich für sein Verbleiben in der Sklaverei, indem er sein Sklavesein von Christus her negiert: Er ist vom Herrn in die Freiheit entlassen worden,[142] meist erläutert man mit dem Römerbrief (vgl. Röm 6,16–23; 8,2.21): in die Freiheit von Sünde und Tod. Das ist die christliche Variante der philosophischen Dialektik, die dem Sklaven die innere Freiheit[143] zuspricht. Bei Epiktet wird diese Freiheit sogar auf Gott zurückgeführt.[144] Eine solche paradoxe Behauptung ist nur sinnvoll, wenn der Sklave in Wirklichkeit kein Freigelassener ist. Als Pendant dient auch nicht, wie nach der 2. Interpretation zu erwarten, der freigelassene Sklave, sondern einer, der schon bei seiner Berufung frei war. Seine Freiheit wird jetzt durch den Bezug zu Christus relativiert. Als „Sklave[145]

---

[139] Ähnlich BACHMANN, 1Kor 278; COMBES 57f.

[140] Zumindest wird nicht ausdrücklich gesagt, dass der Sklave sich selbst mit Erspartem loskauft: Gegen WEISS, 1Kor 188. WOLFF, 1Kor 150: „Wie in V. 15 geht es um den Fall, daß man nicht eigenmächtig und zum Nachteil des anderen seinen Stand verändert, sondern daß derjenige, an den man gebunden ist, die Bindung löst."

[141] Es sei denn, man nimmt V. 21c als Parenthese und lässt V. 22a direkt V. 21ab begründen. So u.a. FITZMYER, 1Kor 309.

[142] Nur hier gebraucht Paulus den Begriff „Freigelassener" (ἀπελεύθερος), wohl um den Akt der Befreiung, nicht die bleibende Verpflichtung nach römischem Recht bzw. die παραμονή nach griechischem zum Ausdruck zu bringen. Der Genitiv bezeichnet den Urheber der Freiheit, während er normalerweise den früheren Herrn angibt. Das schwächt die These von LYALL, F.: Roman Law in the Writings of Paul – The Slave and the Freedman, NTS 17, 1970, 73–79. – Auch Ignatius will ein „Freigelassener Jesu Christi" werden: im Märtyrertod (IgnRöm 4,3).

[143] Schon Tragödiendichter: „wenn auch der Leib versklavt ist, so ist doch der Geist frei": Sophokles, Frgm. 940 (RADT); Bion, Frgm. 11A (KINDSTRAND): „Die guten Sklaven sind frei, die schlechten Freien aber sind die Sklaven vieler Begierden"; Dio Chrys. 14,18 definiert Freiheit als Wissen um das Erlaubte und das Verbotene und folgert, dass ein Sklave freier sein kann als der Großkönig. Ausführlich auch Seneca, benef. III 20. Weiteres bei BARTCHY 65–67; VOLLENWEIDER, Freiheit 85–87.

[144] Vgl. Epiktet, diss. I 19,9: „Mich hat Zeus als Freien entlassen. Oder glaubst du, er könnte seinen eigenen Sohn in die Sklaverei geraten lassen?" IV 7,17 „Ich bin frei gemacht worden von Gott, ich habe seine Gebote erkannt, nicht mehr kann mich einer als Sklaven abführen." Die Befreiung ist hier freilich die natürliche Ausstattung mit Vernunft und Gewissen, durch die der Mensch Gott verwandt ist. Ähnlich Philo, imm. 46–48: Die durch Gott, den Vater, von der Notwendigkeit befreite menschliche Seele verdient die für undankbare Freigelassene bestimmte Strafe, wenn sie ihrem Befreier nicht folgt. Auf diese Stelle macht JONES, „Freiheit" 35f aufmerksam.

[145] Δοῦλος ist hier freilich transparent auf das atl. „Knecht" im Verhältnis zu Gott. Kol 4,12; 2Tim 2,24; Jak 1,1; 2Petr 1,1; Jud 1; Apk 1,1; 10,7; 11,18; 22,6 belegen eine breite urchristliche Verwendung als Ehrentitel

Christi" bezeichnet sich sonst eher der Apostel mit seiner speziellen Berufung (vgl. Röm 1,1; Gal 1,10; vgl. Phil 1,1); nur Röm 12,11; 14,18; 16,18 reden allgemeiner vom δουλεύειν der Gläubigen Christus gegenüber. Paulus stellt allerdings die Befreiung in Christus als Übergang in den Sklavendienst Gott gegenüber dar (vgl. Röm 6,22 δουλωθέντες τῷ θεῷ). Gott wird ja denn auch V. 24 in bewusster Schlussposition als das Forum (zu παρὰ θεῷ vgl. bei 3,19) genannt, vor dem sich das Durchhalten des Rufs vollzieht. Bei allem Freiheitspathos darf das Christsein nicht als herrenloser Zustand missverstanden werden. Wie 6,20a begründet deshalb auch die Erinnerung an den Kauf am Kreuz das Eigentumsverhältnis:[146] Die Freien, die Paulus jetzt in der 2. Pl. anspricht,[147] sollen als Christus Versklavte nicht zu Sklaven von Menschen werden.[148] Die schwierige Überlegung, wie der V. 21 angeredete Sklave nicht Sklave von Menschen sein könnte, erübrigt sich also. Auch warnt Paulus die Freien nicht davor, sich selbst in die Sklaverei zu verkaufen. Im Zusammenhang gelesen kann V. 23b nur bedeuten: sich nicht menschlichen Maßstäben unterstellen, nach denen der religiöse oder soziale Status wichtiger scheint als der Ruf Gottes in Christus.[149]

Der Abschnitt kann auch im Sinn der Rhetorik als Digression bezeichnet werden, die den Hauptgedanken noch einmal mit Beispielen vertieft.[150] Die Wahl dieser Beispiele ist – darin stimmen die neueren Forscher weitgehend überein – nicht durch aktuelle Probleme in Korinth veranlasst.[151] Bartchy[152] meint, Beschneidung und Sklaverei seien durch die ersten beiden Gegensatzpaare der Tauftradition Gal 3,28 (vgl. 1Kor 12,13) nahegelegt, während der Kontext die Bedeutung des „weder männlich noch weiblich in Christus" erkläre. Doch geht es in 1Kor 7 weniger um das Verhältnis der Geschlechter an sich als um Ehe und Zölibat, und die Aufhebung der Unterschiede kommt nur in den Begründungen V. 19 und V. 22 zur Sprache. So zieht also Paulus die in seiner konkreten Umwelt am meisten einschneidenden Statusdifferenzen, die auch 12,13 und Gal 3,28 thematisieren, heran, um Verheirateten wie Ehelosen klarzumachen, dass eine Statusänderung für den Christen nicht vordringlich ist, ge-

---

für herausragende Persönlichkeiten der Kirche, gerade in Briefpräskripten (s. zu 1,1). Die Arbeiten von COMBES und BYRON, J: Slavery Metaphors in Early Judaism and Pauline Christianity, WUNT II 162, Tübingen 2003 sind traditionsgeschichtlich unbefriedigend.

[146] V. 23a geht nicht auf die Weise, wie der Sklave zum Freigelassenen des Herrn wurde (V. 22a). Denn bei der Metaphorik des Kaufs steht die Freilassung nicht im Blick (s. zu 6,20). Anders GAYER 190f, der vom Loskauf aller in die Christusfreiheit spricht.

[147] Diesen Bezug von V. 23 vertreten allerdings nur wenige, neuerdings auch MAY, Body 235f. Er hat seine Entsprechung aber in der Verengung der 2. Pl. in V. 14c.15c.

[148] Vgl. Gal 1,10bc: Als Sklave Christi sucht Paulus nicht mehr Menschen zu gefallen.

[149] Vgl. BARTCHY 181f. Eine Spitze gegen die starke Bindung der Korinther an menschliche Führer ist möglich.

[150] Vgl. DAWES 683f.

[151] Dagegen sieht GAYER 117–134.154–168 Paulus hier wie im ganzen Brief in Auseinandersetzung mit dualistisch motivierten Enthusiasten, die auch Institutionen und durch Sitte tradierte gesellschaftliche Rollen als sarkisch qualifizierten. Einen aktuellen Bezug von V. 18f kann auch er freilich nicht erkennen.

[152] 162–165; ähnlich SCROGGS, Woman 291–293; er vermutet sogar, V. 17–24 seien wie V. 26–31 ursprünglich eine kurze Tauthomilie gewesen. Nach GAYER 160–162 gibt Paulus in 1Kor 7,17–24 und 11,3–16 seinen aktuellen Kommentar zu der in Gal 3,26–28 sich aussprechenden enthusiastischen Anschauung.

rade weil die Unterschiede in Christus keine Rolle mehr spielen.[153] In diesen Gedankengang fügt sich der umstrittene V. 21c am besten ein, wenn er nicht als Ausnahme,[154] sondern als äußerste Zuspitzung gelesen wird. So sehr dadurch die Berufung in Christus an Konkretion gewinnt, wird solches Bleiben in einer Situation der Ungerechtigkeit[155] heute als Zumutung empfunden, die sich nur durch die Naherwartung des Apostels einigermaßen entschuldigen lässt. Diese kommt allerdings erst V. 29-31 ins Spiel. Es ist eher so: Das Ausbleiben der Weltenwende macht uns erst schmerzlich spürbar, dass die grundsätzliche Relativierung menschlicher Verhältnisse in Christus nicht auch zu ihrer Änderung führte.

2. 7,25-40: Ratschläge für „Jungfrauen" und Witwen

a) 7,25-35: Vorzüge der Jungfräulichkeit

(25) **Was aber die „Jungfrauen" betrifft, so habe ich keinen Befehl des Herrn, gebe jedoch (m)eine Meinung als einer, der beim Herrn Erbarmen gefunden hat, (um) zuverlässig zu sein. (26) Ich halte nun dafür, dies sei gut wegen der anstehenden Zwangslage, dass ein solcher Zustand gut für den Menschen ist. (27) Du bist an eine Frau gebunden – suche nicht Lösung; du bist von einer Frau gelöst – suche nicht eine Frau. (28) Wenn du aber doch heiratest, sündigst du nicht; und wenn die Jungfrau heiratet, sündigt sie nicht. Freilich: Bedrängnis für das Fleisch werden solche haben, ich aber schone euch.**

(29) **Das jedoch sage ich, Brüder: Die Zeit ist zusammengedrängt;**
    jetzt aber: dass auch die, welche Frauen haben, wie nicht Habende seien,
(30) **und die Weinenden wie nicht Weinende,**
    und die sich Freuenden wie sich nicht Freuende,
    und die Kaufenden wie nicht Besitzende,
(31) **und die die Welt Gebrauchenden wie nicht Gebrauchende;**
es vergeht nämlich die Gestalt dieser Welt.

(32) **Ich möchte aber, dass ihr ohne Sorge seid. Der Unverheiratete sorgt sich um die Dinge des Herrn, wie er dem Herrn gefalle; (33) doch wer geheiratet hat, sorgt sich um die Dinge der Welt, wie er der Frau gefalle, (34) und ist geteilt. Die unverheiratete Frau wie die Jungfrau**[156] **dagegen sorgt sich um die**

---

[153] TOMSON, P.J.: Paul's Jewish Background in View of His Law Teaching in 1Cor 7, in: Dunn, Paul 251-270, 266 erkennt hier die praktischen Konsequenzen der Rechtfertigungstheologie, stellt aber auch heraus, dass dies mit „the observance of distinct sets of commandments by Jewish and gentile Christians" (vgl. V. 19) zusammengeht (268).

[154] Wie nach DAWES 696 durch den Statuswechsel des Sklaven gerade das Verbleiben in der Ehelosigkeit illustriert werden soll, ist mir schleierhaft geblieben. Da hat eher noch die Interpretation von BELLEN Logik.

[155] Dies ist natürlich ein modernes Urteil. Doch auch in der Antike, wo die Sklaverei selbstverständlich zum System gehörte, galt sie als schwere Beeinträchtigung der Lebensmöglichkeiten des Einzelnen.

[156] Einige Hsn. wie 𝔓46 ℵ A 33 81 1739 1881 setzen auch hier unnötigerweise ἡ ἄγαμος hinzu. Andere Hsn., z.B. D* F G und die Mehrheit, lassen es zugleich bei ἡ γύνη weg. Text bei 𝔓15 B P 1175 u.a. Trotz des Verbs im Singular ist keines der Substantive zu streichen, sie gehören freilich eng zusammen (καί = „wie").

Dinge des Herrn, damit sie heilig sei [sowohl][157] dem Leib wie dem Geist nach; die jedoch geheiratet hat, sorgt sich um die Dinge der Welt, wie sie dem Mann gefalle. (35) Das aber sage ich zu eurem eigenen Nutzen, nicht um euch eine Schlinge überzuwerfen, sondern im Interesse von Anstand und eines beständigen rechten Dienstes für den Herrn ohne Ablenkung.

BALCH, D.L.: 1 Cor 7:32–35 and Stoic Debates about Marriage, Anxiety, and Distraction, JBL 102, 1983, 429–439. ELLIOTT, J.K.: Paul's Teaching on Marriage in I Corinthians: Some Problems Considered, NTS 19, 1973, 219–225. GRAMAGLIA, P.A.: Le fonti del linguaggio paolino in *1 Cor. 7,35* e *7,1*, Aug. 28, 1988, 461–501. HARNISCH, W.: Christusbindung *oder* Weltbezug? Sachkritische Erwägungen zur paulinischen Argumentation in 1Kor 7, in: Kollmann, B./Reinbold, W./Steudel, A. (Hg.): Antikes Judentum und Frühes Christentum. FS H. Stegemann, BZNW 97, Berlin/New York 1999, 457–473. WEBER, R.: Die Distanz im Verhältnis zur Welt bei Epiktet, Jesus und Paulus, ebd. 327–349. WIMBUSH, V.L.: Paul The Worldly Ascetic, Macon (Ga.) 1987.

Die Verse gehören insofern zusammen, als Paulus hier seine These V. 26 entfaltet, aber nicht ohne pragmatische Absicherungen, die den Stellenwert seiner Ausführungen (V. 25) und seine Intention (V. 35) klären. V. 32a schließt sich an V. 28cd an. Die dazwischen stehenden Verse, die mit einer performativen Einleitung und der Bruderanrede eingeführt werden, bilden offenbar eine Einlage.

V. 25f Ob das neue Thema Gegenstand einer schriftlichen Anfrage war, ist zunächst nicht ersichtlich. Doch die selbstverständliche Art, wie Paulus von „den Jungfrauen" spricht, lässt erkennen, dass ihm und seinen Lesern eine bestimmte Gruppe vor Augen steht. In V. 28b.34b.36–38 ist ἡ παρθένος nicht nur dem grammatikalischen Geschlecht, sondern auch der Sache nach weiblich. Offenbar ging es in Korinth um die Frage, ob die als „Jungfrauen" bekannten Frauen sündigen, wenn sie heiraten. Das können wir aus der Bestreitung V. 28b (vgl. V. 36b) entnehmen.[158] Paulus behandelt die Frage aber für beide Geschlechter, ja zunächst vom Mann (= ἄνθρωπος wie V. 1) aus (V. 26–28a), bzw. bevorzugt das geschlechtsneutrale, uns von V. 8 her vertraute „unverheiratet" (ἄγαμος, V. 32b vom Mann, V. 34b von der Frau). Er weitet also die Problematik auf die freiwillige Ehelosigkeit hin aus, ohne dass deshalb der Begriff αἱ παρθένοι von vornherein auch Männer umfassen müsste.[159]

Auch die Abteilung von V. 34 in Sätze macht Schwierigkeiten; doch ist die oben gegebene die einzig vertretbare.

[157] Das καί fehlt zwar in 𝔓46 A 33 1175 u.a., wird aber von 𝔓15 ℵ B F G 1739 2464 usw. geboten. WEISS, 1Kor 203f meint, die Lesart sei entstanden, um die Ehelosen von den Verheirateten abzuheben. Auch ZUNTZ, Text 199f hält sie aus stilistischen Gründen für sekundär.

[158] WEISS, 1Kor 194 schließt daraus, dass die παρθένοι ein Gelübde dauernder Jungfräulichkeit abgelegt haben. Ein öffentlich gemachter Vorsatz tut es aber auch. Vgl. Cyprian, epist. 4,1 (ad Pomponium): *(virgines) [...] cum semel statum suum continenter et firmiter tenere decreverint* („wenn sie einmal beschlossen haben, ihren Status fortwährend und fest beizubehalten").

[159] Das kommt wenige Male vor: Apk 14,4 (nur Männer) ist παρθένοι wohl Adjektiv. In JosAs 4,7; 8,1 wird ausdrücklich auf die in Kap. 1f als Jungfrau vorgestellte Aseneth zurückverwiesen; Joseph ist Jungfrau wie sie. Ähnlich spricht Kleitippos bei Achilles Tat. V 20,5 von seiner Jungfräulichkeit (παρθενία), die die

Die heute verbreitete[160] Deutung der „Jungfrauen" auf Verlobte leuchtet dagegen nicht ein.
1. hat der Begriff παρθένος kaum irgendwo diese Spezialbedeutung.[161] Warum verwendet Paulus nicht einen technischen Ausdruck? Er kennt 2Kor 11,2 ἁρμόζεσθαι; andere Verben wie ἐγγυᾶσθαι, μνηστεύεσθαι, ὁμολογεῖσθαι wären ihm wohl auch zur Verfügung gestanden. Die in seiner Zeit mehr und mehr in παρθένος – ursprünglich die unverheiratete junge Frau – implizierte Nuance sexueller Unberührtheit[162] bliebe unbeachtet. Eine Wiedergabe von ἡ παρθένος in V. 34b mit „die Verlobte" ist sinnlos.
2. wird erst 7,36-38 erkennbar, dass die Jungfrauen ein Verhältnis zu einem Mann haben, welches bleibt noch zu präzisieren.
3. ist es nicht weiter aufregend, wenn Verlobte heiraten. Man muss annehmen, dass die Verlobung schon vor der Bekehrung stattfand, beide Partner dann Christ wurden und sich eines anderen besannen. Doch wohl ein seltener Fall.
4. Niemand dürfte eine Weisung des Herrn für Verlöbnisse erwartet haben, dagegen wohl für asketische Ehelosigkeit.

Bezüglich der bewussten sexuellen Enthaltsamkeit nun kann Paulus nicht auf ein verpflichtendes Wort[163] des Herrn verweisen wie bei der Ehescheidung V. 10f. Er gibt stattdessen seine persönliche Ansicht.[164] Dies ist allerdings nicht die Meinung von jemand x-Beliebigem, sondern amtliche Stellungnahme eines Berufenen (vgl. auch V. 40b). Die Berufung zum Apostel war für den Verfolger der Kirche freilich ein Erbarmenfinden.[165] Doch bezieht Paulus von daher seine Glaubwürdigkeit (zu πιστός vgl. bei 4,2) und kann so V. 26 sein Gutachten abgeben, wobei er die mit νομίζω eingeleitete Aussage stilistisch ungeschickt verdoppelt.[166] Das deutet jedoch

---

Leukippes nachahmt, „wenn es überhaupt bei Männern Jungfräulichkeit gibt" (vgl. VIII 5,7). Die weiteren Belege bei BAUER, Wörterbuch 1267 unter 2 sind spät und z. T. christlich, wozu jetzt ἀρσενικὴ παρθένος EvAeg (NHC III 2) 44,13 kommt.

[160] Vgl. SCHRAGE, 1Kor II 152.156 mit weiteren Autoren. Sie gehen von der Kümmel'schen Auslegung von V. 36-38 aus. Jetzt auch WOLFF, 1Kor 155; LINDEMANN, 1Kor 176f; HORSLEY, 1Kor 104; HAYS, 1Kor 126. Kritik bei TIEDEMANN, Erfahrung 129f.

[161] Bei Dtn 22,23; Lk 1,27; Philo, virt. 29; agr. 152 und Josephus, ant. IV 246 muss eigens hinzugesagt werden, dass eine Jungfrau auch verlobt ist bzw. dass eine Verlobte noch Jungfrau ist (2Kor 11,2). Für Philo, spec. I 107 schließt ein strenger Gebrauch von „Jungfrau" sogar eine Verlobung aus, selbst wenn sie ihren Leib keusch bewahrt.

[162] Vgl. DELLING, G.: Art. παρθένος, ThWNT 5, 1954, 824-835, 825f; 831f; SPICQ, Lexique 1175-1184.

[163] Zu ἐπιταγή vgl. zu V. 6. Bei der dort angegebenen Parallele 2Kor 8,8 steht dem Befehl V. 10a auch γνώμη gegenüber. Paulus kannte offensichtlich Mt 19,12 nicht. Sein Eingeständnis wäre auch kaum denkbar, wenn in Korinth Nachfolgeworte Jesu eine Rolle spielten, wie manche Autoren – z.B. PRETE, matrimonio 85 – meinen.

[164] Zu γνώμη im Sinn von „Meinung, Urteil" vgl. V. 40 und BAUER, Wörterbuch 325f unter 2. Insofern Paulus sein Urteil zum Besten (vgl. V. 35a τὸ σύμφορον, συμφέρει 2Kor 8,10b) seiner Leser abgibt, nimmt das Wort die Bedeutung „Ratschlag" an, wofür Bauer unter 5 allerdings nur Belege aus den Apostolischen Vätern bringt. Aber vgl. BULTMANN, R., Art. γνώμη, ThWNT 1, 1933, 717f, bes. Sir 6,23 (par. συμβουλία); auch die „Gnomen" der Sieben Weisen werden als ὑποθῆκαι (Ratschläge) bezeichnet. DOLFE, G.E.: 1Cor 7,25 Reconsidered (Paul a Supposed Adviser), ZNW 83, 1992, 115-118 möchte plausibel machen, dass zum „proposal" auch ein „commitment" kommt.

[165] Vgl. ἐλεηθῆναι bei der Übertragung des apostolischen „Dienstes" 2Kor 4,1. Im Sinn des begnadigten Sünders ausgebaut 1Tim 1,13.16, vgl. V. 12 πιστός. Inhaltlich vgl. 15,9f, wo χάρις steht. IgnRöm 9,2 schreibt dafür wieder ἠλέημαι.

[166] Eine Wiederholung ist auch dann nicht zu vermeiden, wenn man das ὅτι kausal – und nicht rezitativ – nimmt.

nicht darauf hin, dass das zweite Sätzchen übernommen ist. Es ist zwar wie 7,1 (s. z.St.) formuliert, nimmt aber wie das τοῦτο in der Infinitivkonstruktion von V. 26a mit οὕτως (ähnlich V. 40) Bezug auf den V. 25 apostrophierten Stand freiwilliger Ehelosigkeit.[167] Unter der Hand hat Paulus nun die „Jungfräulichkeit" auch auf den Mann ausgedehnt, an den primär bei ἄνθρωπος zu denken ist (vgl. 7,1 und die Fortsetzung V. 27). Sie ist „gut", weil eine „Notlage" ansteht.[168] Parallel zu „Bedrängnis" (θλῖψις V. 28c)[169] meint ἀνάγκη wohl noch nie dagewesene Katastrophen, die nach Dan 12,1 = Mk 13,19par[170] der Heilszeit vorangehen.[171] Eine solche apokalyptische Konzeption[172] passt zu den eschatologischen Zeitbestimmungen, die die Einlage V. 29–31 umrahmen. In der zu Ende gehenden Welt steigert sich die Bosheit, damit wird aber auch das Leben im Alltag – das meint das „Fleisch" V. 28c – schwieriger, besonders für die Familien.[173] Können die „Jungfrauen" dem entgehen? Der ehelose Apostel ist eher noch mehr davon betroffen.[174] Aber den „Jungfrauen" ist eine andere Einstellung dazu möglich. Das wird erst V. 32–34 deutlicher.

V. 27f Die „Bindung" bzw. „Lösung", von der die diatribeartigen Fragen im Perfekt reden, wird man nicht auf Verlöbnisse spezifizieren dürfen.[175] Die Alternativen

---

[167] Damit ist sowohl ein Bezug des τοῦτο auf den folgenden ὅτι-Satz (CONZELMANN, 1Kor 164) wie eine Ausdeutung des substantivierten Infinitivs durch V. 17.20.24 (SCHRAGE, 1Kor II 157) oder durch V. 8 (MERKLEIN, 1Kor II 138) abgelehnt.

[168] Zu ἐνιστάναι für die Gegenwart vgl. 3,22; Röm 8,38; Gal 1,4; Hebr 9,9; dagegen 2Thess 2,2 eher: „steht unmittelbar bevor". Eine Zukunftsbedeutung lässt sich nicht durch das Futur V. 28c sichern, da dies logisch sein kann: so LINDEMANN, 1Kor 178. Zum Sprachlichen vgl. CONZELMANN, 1Kor 165 Anm. 14, der wie wir das zweideutige „anstehen" wählt. Eine genaue Parallele 3Makk 1,16, Rez. q und PGM IV 526f „nach der jetzigen und mich bedrängenden bitteren Not" (μετὰ τὴν ἐνεστῶσαν καὶ κατεπείγουσάν με πικρὰν ἀνάγκην).

[169] So auch in Peristasenkatalogen (s. zu 4,11–13) 2Kor 6,4; 1Thess 3,7; vgl. 2Kor 12,10.

[170] Lk 21,23 schreibt statt θλῖψις von der großen ἀνάγκη, die über die Erde kommen soll.

[171] Vgl. apokalyptische und rabbinische Quellen bei Bill. IV 977–982, bes. 2Bar 25,3f; 26; 48,30. Hinter dem syrischen Wort in Kap. 26 ist noch das griechische ἀνάγκη zu erkennen. – Gegen apokalyptischen Terminus: BAASLAND, ἀνάγκη 365–371.

[172] Sie wird von ALLO, 1Kor 178f; LINDEMANN, 1Kor 177f mit dem Hinweis auf die Gegenwart von ἀνάγκη bzw. θλῖψις bestritten. Aber Paulus sieht diese vor apokalyptischem Hintergrund. Weil er weiß, dass die Christen notwendig Drangsalen ausgesetzt sind, kann er diese voraussagen. Sie treffen dann auch tatsächlich ein (vgl. 1Thess 3,3f).

[173] Vgl. noch einmal Lk 21,23 das Wehe über die Schwangeren und die Mütter mit kleinen Kindern, wozu SCHRAGE, 1Kor II 159 Anm. 621 apokalyptisches Vergleichsmaterial bietet. WINTER, After 215–225 möchte die „present crisis" auf in dieser Zeit nachweisbare Hungersnöte hin konkretisieren. Man darf aber die empfohlene Ehelosigkeit nicht zum Mittel der Empfängnisverhütung rationalisieren. Noch problematischer ist die Deutung von ἀνάγκη durch V. 37 auf die „bestehende sexuelle Zwangslage" (HARNISCH 467 Anm. 33). Denn diese würde doch eher die Heirat nahelegen. HAYS, 1Kor 129 möchte die „present necessity" von 9,16 her als „the urgent imperative of proclaiming the gospel" interpretieren. Aber sind alle „Jungfrauen" missionarisch tätig? S. u. zu V. 32.

[174] S.o. Anm. 169.

[175] Gegen SCHRAGE, 1Kor II 158; WEISS, 1Kor 194f, der an geistliche Verlöbnisse denkt. Γυνή meint in unserem Kap. (ausgenommen V. 1 und bei der „unverheirateten Frau" V. 34) die Ehefrau. Zu „binden" im Zusammenhang der Ehe vgl. Anm. 90 zu V. 15. Von den Belegen für Verlobte bei BAUMERT, Ehelosigkeit 420 kommt höchstens Jamblich, v. P. 11,56 in Betracht: die an einen Mann Gebundene wird „Braut" genannt. Aber die steht hier im Gegensatz zur unverheirateten Frau. „Braut" ist statt „Ehefrau" gewählt, weil

7,25–40: Ratschläge für „Jungfrauen" und Witwen

sind vielmehr Nicht-Heirat – Heirat. D. h.: Paulus greift auf schon Dargelegtes zurück, um es dann auf „die"[176] Jungfrau anzuwenden. Wie sich nach V. 10 der Verheiratete nicht scheiden lassen soll, wie aber auch der nicht an eine Frau Gebundene[177] nach V. 8 in seinem Stand bleiben soll – so auch die „Jungfrauen". Paulus spricht das freilich nicht aus, sondern springt gleich zur Verehelichung des Ehelosen, die auch V. 9 schon zugestanden hatte (V. 28a). Offenbar war das bei den „Jungfrauen" strittig, und deshalb muss V. 28b die Legitimität ihrer Heirat ausdrücklich festhalten. Doch legt Paulus – getreu der These V. 26 – gleich ein Gegengewicht auf: Die Verheirateten leiden in der konkreten Existenzverwirklichung „Bedrängnis" (s. o.). Der mit δέ abgesetzte V. 28d besagt entweder – entsprechend V. 32a –: Das will ich euch ersparen. Das Präsens ist dann konativ aufzufassen. Oder das Schonen (φείδεσθαι noch 2Kor 1,23; 12,6; 13,2 vom Verhalten des Apostels gegenüber den Korinthern) vollzieht sich in der Konzession der Heirat,[178] wie Paulus ja auch nach V. 35 den Korinthern keine Schlinge überwerfen will.

V. 29–31 Mit besonderem Nachdruck[179] richtet Paulus nun an alle Brüder eine „Zeitansage", die sich wie in anderen prophetisch-apokalyptischen Texten mit Mahnung verbindet,[180] hier in der Form eines selbständigen Finalsatzes.[181] Wenn καιρός im Unterschied zu χρόνος die mit einem „Wozu" gefüllte Zeit ist, so kündigt Paulus an, dass die jetzt noch zur Verfügung stehende Zeit knapp ist. Er proklamiert hier also keine „besondere Verfügung Gottes", dass die letzten Tage verkürzt werden,[182] sondern appelliert an das urchristliche Zeitgefühl, das durch die Naherwartung bestimmt ist.[183] Das Wissen darum, was die Stunde geschlagen hat, traut Paulus nach Röm 13,11 allen Gläubigen zu. Es kommt jedoch darauf an, die Folgerungen daraus zu ziehen, und zwar gerade für die Durchschnittschristen, die nicht wie die „Jungfrauen" auf weltliches Engagement verzichten wollen. Deswegen leitet wohl das adverbial gebrauchte τὸ λοιπόν (vgl. λοιπόν 1,16) zu dieser weiteren Perspektive über; es steht in dieser Bedeutung auch sonst vor Mahnungen (vgl. 2Kor 13,11; Gal 6,17;

Νύμφη auch ein Göttername ist. Das Wortfeld λύω wird für die Auflösung von Eheverträgen verwendet: P. ARZT-GRABNER/R.E. KRITZER in: ARZT-GRABNER u. a., 1Kor 292f.

[176] Der bestimmte Artikel weist auf den bekannten Typ.

[177] Das Perfekt λέλυσαι kann bedeuten, dass eine solche Bindung nie bestand (vgl. Xenophon, Cyr. I 1,4; IgnMagn 12,1). Sonst dürfte Paulus wie V. 39 an eine Lösung durch den Tod der Partnerin denken, dagegen nicht an eine Scheidung, weil V. 28a im Gegensatz zu V. 11 eine Wiederheirat erlaubt.

[178] Das wäre bei einem μέν in V. 28c eindeutig. Diese Minderheitsmeinung wird selten erwogen. Vgl. ROBERTSON/PLUMMER, 1Kor 154.

[179] Τοῦτο δέ φημι, ἀδελφοί als Einleitung eines eschatologischen Lehrsatzes auch 15,50. Vgl. ähnliche Formeln mit λέγειν vor Belehrung oder Ermahnung Röm 12,3; 15,8; 1Kor 7,8.12; 15,51; 2Kor 11,16; Gal 1,9; 3,17; 4,1; 5,2.16; 1Thess 4,15. Bei aller funktionalen Parallelität zur prophetischen Botenformel wird das Folgende dadurch doch nicht zur „Proklamation einer göttlichen Entscheidung" bzw. „Forderung". Dies kritisch zu MÜLLER, Prophetie 132–134.158–160.

[180] Vgl. 2Bar 85,9f; Mk 1,15; Röm 13,11–14; Phil 4,4–6; 1Petr 4,7–11; IgnEph 11,1 und MÜLLER, Prophetie 167–169.

[181] Vgl. B-D-R 387,3.

[182] So Mk 13,20 und die entsprechende Interpretation von WEISS, 1Kor 197. Ein „theologisches Passiv" ist nicht sicher.

[183] Vgl. Gal 6,10; Kol 4,5 = Eph 5,16; IgnSm 9,1. Hier hat selbst der Teufel nur noch kurze Zeit: Apk 12,12.

Eph 6,10; Phil 3,1; 4,8; 1Thess 4,1; 2Thess 3,1; IgnEph 11,1). Sein ursprünglicher zeitlicher Sinn[184] scheint in der Sprache des Paulus sonst nirgendwo durch.

Fünf Möglichkeiten von Bindung an die Welt werden exemplarisch in einer Partizipialkonstruktion genannt: das erste Glied knüpft an die Heiratenden in V. 28 an, das letzte verallgemeinert. Paulus fordert nun Distanz bei diesen Verhaltensweisen, indem er die Verben oder ihre Varianten negiert und beides durch „als ob" (ὡς) paradox zusammenbringt. Dass es sich um eine innere Lösung handelt, wird gleich beim ersten Beispiel offenkundig. Denn der Apostel verlangt nicht die Enthaltung innerhalb der Ehe,[185] was V. 2–5 zuwiderliefe. Gleiches gilt für die extremen Gefühle Trauer und Freude. Paulus äußert diese Regungen offen in seinen Briefen und ruft zur Freude auf. Er will auch nicht auf ein apokalyptisches Nacheinander hinaus, wonach die, die jetzt weinen, lachen werden und umgekehrt (vgl. Lk 6,21b; Jak 4,9). Nein, beides wird durch das ὡς μή schon jetzt in der Schwebe gehalten. Bei den letzten beiden Beispielen scheint auf den ersten Blick das Paradox durch eine Differenz der verwendeten Verben gemildert zu sein. „Kaufen" ist noch nicht „besitzen"; aber normalerweise zielt der Kauf auf den Besitz.[186] Und ob bei dem zweiten κατά-Kompositum καταχρᾶσθαι ein Unterschied zum Simplex zu machen ist,[187] bleibt fraglich.[188] Auf jeden Fall wiederholt Paulus nicht die triviale Weisheit, dass man die Welt zwar gebrauchen, aber nicht missbrauchen darf,[189] obwohl καταχρᾶσθαι auch das heißen kann. V. 31b begründet die Zurückhaltung gegenüber der Welt mit ihrer Vergänglichkeit.[190] Dabei präzisiert τὸ σχῆμα: es ist das „Gehabe" der Welt, ihre Gesetzmäßigkeit, die vergeht; eine neue Welt, die „diese" (vgl. schon 3,19; 5,10) bestehende Welt ablöst, scheint nicht ausgeschlossen, ist aber mit keinem Wort angedeutet.[191]

Zunächst ist die hier geforderte Haltung von der Dialektik zu unterscheiden, die der Apostel in den „Peristasenkatalogen" (s. zu 4,11–13), z. T. auch mit der Partikel ὡς und mit ähnlichen Motiven, an den Tag legt. Wenn es etwa 2Kor 6,10 heißt „als Betrübte, aber immer in Freude, … als solche, die nichts haben und alles besitzen", so kennzeichnet das ὡς in 6,8c.9f

---

[184] „Hinfort"; dafür BAUER, Wörterbuch 974 unter 3a; THRALL, Particles 25–30, 26; SCHRAGE, 1Kor II 171 Anm. 679. Für die Voranstellung vor die Konjunktion vgl. 6,4; Gal 2,10 u.a. CAVALLIN, A.: (τὸ) λοιπόν, Er. 39, 1941, 121–144 arbeitet neben der temporalen die logische (134–136: „deshalb", so BAUMERT, Ehelosigkeit 212f) und die interjektionelle (136–143: „nun aber", oft vor Imperativen) Verwendung heraus. Für letztere entscheiden wir uns hier.

[185] So wohl ActPaul 5: „Selig sind, die Frauen haben als hätten sie nicht, denn sie werden Gott beerben".

[186] WEISS, 1Kor 199 liest in κατέχειν zähes Festhalten hinein. Aber das Verbum erscheint neben ἔχειν auf Besitzurkunden: R.E. KRITZER/P. ARZT-GRABNER in: DERS. u.a., 1Kor 297.

[187] Z.B. WEISS, 1Kor 200 „sich hingeben", SAND, A.: Art. χράομαι, EWNT 3, 1983, 1130–1133, 1131.

[188] Dagegen SCHRAGE, 1Kor II 175 Anm. 699 nach BAUER, Wörterbuch 856. Eine intensivierende oder gar negative Bedeutung ist auch 9,18 nicht zu erkennen.

[189] So Philo, Jos. 144 vom Umgang mit dem Eigenen: dort παραχρᾶσθαι, das auch wenige Hsn. in 1Kor 7,31a haben.

[190] Παράγειν auch 1Joh 2,17 vom Kosmos. Sonst im NT παρέρχεσθαι. Vgl. 4Esr 4,26 „Denn der Äon eilt mit Macht zu Ende" (pertransire); TestHiob 33,4 ὁ κόσμος ὅλος παρελεύσεται. Als Gebetswunsch Did 10,6.

[191] Vgl. Anm. 150 zu 1,20. Nach MERKLEIN, 1Kor II 143 dagegen wird hier „indirekt die verborgene semantische Opposition ‚jener Welt'" aufgerufen. Zu σχῆμα κόσμου im kosmischen Sinn vgl. PGM IV 1139.

die irdische Realität als nur halbe Wahrheit, die durch die eschatologische Wirklichkeit überboten wird. Von letzterer ist in unseren Versen nicht direkt die Rede. Deshalb hat man hier immer wieder eine Nähe zu kynisch-stoischen Philosophen festgestellt.[192] Sie versuchen sich aus Dingen, die nicht der Wahlfreiheit unterstehen, herauszuhalten. Dazu gehören auch Ehe, Emotionen, Hab und Gut etc. Ein Weg zur Autarkie ist, dass man sich gegenüber Handlungsalternativen neutral verhält.[193] Diogenes etwa „lobte die, welche im Begriff standen zu heiraten und nicht zu heiraten, und die im Begriff standen zurückzusegeln und nicht zurückzusegeln, und die im Begriff standen, Politik zu machen und nicht zu machen, Kinder aufzuziehen und nicht aufzuziehen, und die sich bereit machten, mit den Mächtigen zusammen zu leben und nicht zu ihnen zu gehen."[194] Epiktet, diss. IV 1,159–169 führt Sokrates als Beispiel eines Mannes an, der seine Ehrbarkeit (τὸ εὔσχημον s. zu V. 35) durch äußere Widrigkeiten hindurch rettet: „Sieh einen, der Frau und Kinder hat, aber als (ὡς) fremde." (159). „Dann, als er sich für sein Leben verteidigen musste, verhält er sich wie einer, der Kinder hat, wie einer, der eine Frau hat? Nein, wie (ὡς) ein Alleinstehender" (162). In diss. III 24,58–63 geht es um die Frage, wie man lieben kann, ohne sich von jemand abhängig zu machen. Wieder dient Sokrates als Vorbild: „Liebte etwa Sokrates seine Kinder nicht; doch, aber als freier, als einer der eingedenk ist, dass man zuerst Freund der Götter sein muss" (60). Der Stoiker liebt Menschen „als sterbliche, als solche, die weggehen" (60, vgl. 4f). Wegen der Wechselhaftigkeit des Schicksals möchte er sich nicht an Dinge verlieren, die nicht in seiner Macht stehen. „Solange freilich es ihm möglich ist, nach eigenem Ermessen seine Angelegenheiten zu ordnen, ist er sich selbst genug und führt eine Gemahlin heim, ist sich selbst genug und zieht Kinder auf, ist sich selbst genug und würde dennoch nicht leben, wenn er ohne einen Menschen leben sollte."[195]

Auch bei Paulus ist die Vergänglichkeit der Grund für die Zurückhaltung gegenüber der Welt. Allerdings ist der Welt das Ende (vgl. 10,11) von Gott in naher Zukunft gesetzt. Deshalb hat man nach ähnlichen Aussagen in den vom nahen Eschaton durchstimmten Texten der Apokalyptik Ausschau gehalten. W. Schrage[196] hat auf das 6. Esra-Buch hingewiesen, jetzt ein Anhang zu 4Esr, in dem es 16,42–45 heißt:

Wer verkauft – wie einer, der fliehen wird,
und wer kauft – wie einer, der verlieren wird.
Wer handelt – wie einer, der keinen Gewinn machen wird,
und wer baut – wie einer, der nicht wohnen wird.
Wer sät – wie einer, der nicht ernten wird,
und wer Weinstöcke beschneidet – wie einer, der den Wein nicht lesen wird.
Die heiraten – wie solche, die keine Söhne zeugen werden,
und die nicht heiraten – wie Verwitwete.

---

[192] Vgl. BRAUN, H.: Die Indifferenz gegenüber der Welt bei Paulus und bei Epiktet, in: Ders., Studien 159–167.
[193] Vgl. Epiktet, diss. IV 7,5: Einem, der furchtlos vor einem Tyrannen bestehen will, muss es unwichtig sein, ob er Leib, Besitz, Kinder und Frau hat oder nicht hat.
[194] Diogenes Laert. VI 29. Auf diesen Text hat PENNA, R.: San Paolo (1 Cor 7,29b–31a) e Diogene il Cinico, Bib. 58, 1977, 237–245 wieder aufmerksam gemacht. Die Christen heben sich vor allem dadurch ab, dass sie schon eine Wahl getroffen haben und sich doch darin den Abstand des „als ob nicht" bewahren.
[195] Seneca, epist. 9,17. Man beachte eine ähnliche paradoxe Paarung wie V. 29b–31a.
[196] Die Stellung zur Welt bei Paulus, Epiktet und in der Apokalyptik, ZThK 61, 1964, 125–154 (= Ders. Kreuzestheologie 59–86); vgl. auch SCHRAGE, 1Kor II 166–177. Kritik bei MÜLLER, Prophetie 160–162. Zu 6Esr vgl. M. WOLTER, JSHRZ III 860–862. Er datiert die Schrift ins 3. Jh. n. Chr. und hält christlichen Ursprung für wahrscheinlicher.

Hier ist freilich die Negation nicht so scharf wie bei Paulus, weil in den beiden Gliedern ein verschiedenes Verb und eine andere Zeitform (Futur im zweiten Glied) gebraucht werden. Die Fortsetzung V. 46-51 macht zudem eindeutig, dass die Sätze nicht die Fremdheit des Volkes Gottes auf Erden (V. 41) beschreiben, sondern den Sündern das Gericht und die Vergeblichkeit ihres Tuns androhen. Da liegen denn doch die stoischen Aussagen sachlich näher (s. auch bei V. 35 zu ἀπερισπάστως),[197] weil allein sie auf ein Verhalten in der Gegenwart gehen.

V. 32-34 Paulus fährt mit seinem Plädoyer für die Jungfräulichkeit fort. Vielleicht ist ihm bei „die Welt gebrauchen" der Gedanke gekommen, dass dies nicht ohne „Sorge" möglich ist.[198] Deshalb nun das neue Stichwort μεριμν-.[199] Dieses existentielle Besetztsein von den Ängsten um den Lebensunterhalt und die Angehörigen kennzeichnet aber nach volkstümlicher Anschauung gerade Ehe und Familie.[200] Der Wunsch des Paulus, die Korinther möchten ohne Sorge leben (V. 32a; vgl. allgemein Phil 4,11), deckt sich also nicht mit der Forderung des auch dem Verheirateten möglichen ὡς μή,[201] sondern zielt darüber hinaus auf die Ehelosigkeit. Dazu stellt Paulus recht schematisch eine Charakteristik der bewusst Ehelosen – des Mannes wie der Frau – und der Verheirateten – wieder nach Geschlechtern differenziert – einander gegenüber. Die traditionelle „Sorge" der Eheleute wird dabei in Weiterführung der Thematik von V. 31 als μεριμνᾶν τὰ τοῦ κόσμου allgemein umschrieben und mit einem indirekten Fragesatz[202] erklärt: Es bedeutet konkret: dem Partner gefallen wollen.[203] Dieser Ausrichtung auf einen Menschen tritt nun beim Ehelosen die – wie 12,25; 2Kor 11,28; Phil 2,20 – jetzt positiv gefasste Sorge um die Dinge des Herrn gegenüber; das möchte man – das Beispiel des Paulus vor Augen – gern als Dienst für das Evangelium oder als Einsatz für die Gemeinde konkretisieren.[204] Wie sonst

---

[197] Auch WEBER 346 möchte das ὡς μή „als eine eschatologische Form der stoischen Ataraxie ansprechen". CONZELMANN, IKor 166 dagegen: „Paulus rät nicht, sich in das sichere und freie Innere zurückzuziehen, sondern im Betroffensein die Freiheit durchzuhalten". Beim Beispiel des Sokrates kann allerdings nicht von einem Rückzug in die Innerlichkeit gesprochen werden.

[198] Vgl. BARRETT, IKor 178. Dafür spricht, dass das Objekt der Sorge weiterhin „die Dinge der Welt" sind.

[199] Vgl. ZELLER, D.: Art. μέριμνα, μεριμνάω, EWNT 2, 1981, 1005f.

[200] Vgl. Sophokles, Trach. 144-150; Antiphon B Frgm. 49 bei DIELS/KRANZ II, bes. 360,1f: „voller Sorgen (φροντίδες) ist nun alles"; Menander, Frgm. 798 (KASSEL/AUSTIN): „Eine Frau haben und Vater von Kindern sein bringt dem Leben viele Sorgen (μερίμνας)"; monost. 72.591; ebd. Pap. XIV 17: „Ein sorgenfreies Leben (βίος ἀμέριμνος), wenn du nicht mit einer Frau sprichst". Weitere Texte beim NEUEN WETTSTEIN II 1, 301-303.

[201] Deshalb ist auch V. 32a nicht Abschluss des vorausgehenden Abschnitts, wie WEISS, IKor 201, BAUMERT, Ehelosigkeit 240 und HARNISCH 462 wollen.

[202] Dieselbe Konstruktion mit πῶς und Konjunktiv Aorist nach μεριμνᾶν auch Lk 12,11par. Vgl. H-S 258c 3.

[203] Dass die Frau ihrem Mann zu gefallen suchen muss, sagt auch der Stoiker Antipater von Tarsus bei Stobaeus IV 509,2 (WACHSMUTH/HENSE) und die Pythagoreerin Theano ebd. 587,9f. Das Umgekehrte nur bei Paulus!

[204] Vgl. SCROGGS, Woman 297. Vielleicht waren die Frauen, die sich nach Röm 16,6.12 um die Gemeinde „mühen", oder Euodia und Syntyche, die nach Phil 4,2f mit dem Apostel für das Evangelium gekämpft haben, unverheiratet. Priska und Aquila (Röm 16,3) sind aber ein Beispiel dafür, dass auch ein Ehepaar Mitarbeiter des Paulus in Christus Jesus sein kann. Auch in Andronikos und Junia (Röm 16,7) sieht man heute ein missionierendes Paar.

"Gott gefallen" (vgl. Röm 8,8; 1Thess 2,15; 4,1) den Gegenpart bildet zu "den Menschen gefallen" (vgl. Gal 1,10; 1Thess 2,4; IgnRöm 2,1), so ist hier "dem Herrn gefallen" (vgl. noch 2Kor 5,9) der Bemühung um den Partner entgegengesetzt.[205] Man möchte fragen: Schließt sich das wirklich gegenseitig aus? Der Zusatz V. 34a klärt: Dem Verheirateten ist nur nicht ein ungeteiltes Dasein für den Herrn möglich. Ähnlich einseitig ist der Finalsatz, der V. 34b den πῶς-Satz ersetzt. Wenn die Jungfrau nicht nur dem Geist[206] nach – wie wohl die übrigen Gläubigen – sondern auch dem Leib nach "heilig" und Gott geweiht sein soll, scheint 6,19 vergessen, wonach gerade der Leib der Christen Tempel des Heiligen Geistes ist. Jetzt aber scheint Sexualität geradezu Gott zu entfremden. Solche Inkonsistenz lässt sich nicht beseitigen, indem man V. 34bβ den korinthischen Asketen zuschreibt.[207] Paulus zeichnet ein idealisierendes Kontrastbild, bei dem in der Antike gängige Vorstellungen vom sakralen Wert jungfräulicher Unversehrtheit durchschlagen (s. Exkurs 5).[208] War die Ehelosigkeit bisher durch die eschatologische Notzeit motiviert, so erhält sie jetzt ein christologisches, positives Ziel.[209]

Das geht auch noch einmal aus **V. 35** hervor. Wenn Paulus so zugespitzt die Vorzüge der Jungfräulichkeit herausstellt, so ist das nicht die persönliche Marotte eines Junggesellen, sondern im Interesse (zu τὸ σύμφορον vgl. bei 6,12) der Gemeinde selber (durch αὐτός betontes Personalpronomen), die als ganze gar nicht so sehr von der Idee begeistert zu sein scheint. Wie in V. 6f ist jedoch Paulus die Gefahr der asketischen Überforderung präsent, die die Korinther gefangennehmen oder in eine tödliche Falle verstricken könnte.[210] Deshalb der erste apologetische Finalsatz. Der Zweck der Belehrung wird dann positiv angegeben, zunächst mit einem Begriff "bürgerlicher Moral" (εὐσχήμων), der besonders dann leicht zur Hand ist, wenn Sexualität in geordnete gesellschaftliche Bahnen gelenkt werden soll.[211] Das erstmals bei Paulus begegnende εὐπάρεδρος dagegen beschwört die Vorstellung eines ständigen dienenden Zugetanseins zum Herrn.[212] Das ist "ohne Störung" (ἀπερισπάστως eigentlich: "nicht umhergezogen") nur dem Ehelosen vergönnt.

---

[205] Das καί in V. 34b ist wohl adversativ.
[206] Gemeint ist der menschliche Geist. S. zu 5,3–5.
[207] Gegen BARRETT, 1Kor 181, gefolgt von MACDONALD, Body 174; GORDON, Sister 128f und GUNDRY-VOLF, Controlling 534f.
[208] Vgl. Dionysius Hal., ant. II 68,4: eine Vestalin schwört, sie habe ihr Gelübde gehalten und habe sowohl eine reine Seele wie einen keuschen (ἁγνός) Körper.
[209] Einseitig gewichtet von HARNISCH, dessen Fazit 470 man allerdings zustimmen kann: "Eschatologische Existenz vollzieht sich als ein Dasein, das vom Kyrios beschlagnahmt ist."
[210] Zum Bild von der Schlinge vgl. GRAMAGLIA 481f.
[211] Vgl. 12,23f "unanständige" (ἀσχήμων, vgl. 7,36 ἀσχημονεῖν; Röm 1,27 ἀσχημοσύνη) vs. "anständige" Körperteile. In weiterem, nicht sexuell getöntem Kontext wird mit dem Adverb εὐσχημόνως gesittetes Verhalten angemahnt: 14,40 (par. κατὰ τάξιν); 1Thess 4,12; Röm 13,13. Vgl. auch 13,5 von der Liebe: οὐκ ἀσχημονεῖ. Zur kynisch-stoischen Verwendung der Begriffe s. DEMING, Paul 206f, zu ἀσχημονεῖν im sexuellen Sinn vgl. auch die beim NEUEN WETTSTEIN II 1, 304f angegebenen Stellen, das reiche Material bei GRAMAGLIA 463–465 und WINTER, After 243f; Ehreninschriften mit εὐσχημο- bei SPICQ, Lexique 650–653.
[212] Πάρεδρος ist eigentlich der "Beisitzer", etwa bei Gericht. Die implizierte Unterordnung kommt besonders bei IgnPol 6,1 (die Christen als Gottes Verwalter, Beisitzer und Diener) zum Ausdruck. Das Ver-

Der Wortstamm περισπα- ist in biblischen Texten im Bereich der Weisheit belegt, der es ja auch um Minimierung der Sorge geht (vgl. SapSal 6,15; 7,23). Das Verbum περισπᾶσθαι (auch Sir 41,2) übersetzt bei PredLXX oft hebräisches ענה/ʿnh („sich abmühen"), περισπασμός das entsprechende Substantiv (עִנְיָן/ʿinjān). Das Adjektiv ἀπερίσπαστος ist Sir 41,1 anzutreffen. In der ntl. Perikope von Maria und Marta (Lk 10,38–42) steht περισπᾶσθαι wie an unserer Stelle synonym mit μεριμνᾶν. In der Figur der Maria, die – im Unterschied zur umtriebigen Marta – zu den Füßen des Herrn sitzt, sehen die Kommentare mit Recht die Haltung des εὐπάρεδρος (V. 35) verkörpert. Das Adjektiv ἀπερίσπαστος ist auch mehrfach in den Papyri belegt.[213]

Obwohl sich so der Sprachgebrauch des Paulus zur Genüge erklärt, hat man auf die Debatte zwischen Kynikern und Stoikern um die Frage verwiesen, ob der Philosoph sich ehelich binden soll.[214] Hier ist das Ziel ebenfalls, dass er nicht von seinem Auftrag abgelenkt wird. Die Kyniker lehnen die Ehe für den Weisen auch deswegen ab, weil sie ihm die Muße für die Philosophie nimmt und Frau und Kind eine Last bedeuten (vgl. Pseudo-Diogenes, epist. 44.47). Eine differenzierte Position nimmt Epiktet, diss. III 22,67–76 ein: In einem Staat der Weisen würde nichts den Kyniker hindern, zu heiraten und Kinder zu haben. „Aber im gegenwärtigen Zustand, gleichsam in der Feldschlacht, muss der Kyniker da nicht ohne Ablenkung (ἀπερίσπαστος)[215] sein, ganz dem Dienst Gottes geweiht, in der Lage, den Menschen zu begegnen, nicht gebunden an die Pflichten eines Privatmannes, nicht verflochten mit Verhältnissen, denen er sich nicht entziehen kann, ohne sein Gesicht eines Biedermannes zu verlieren; wenn er sie aber aufrecht erhält, wird er sein Amt als Bote, Späher und Herold der Götter aufgeben" (69). Nach Epikur (vgl. Diogenes Laert. X 118f) wird der Weise nur unter gewissen Umständen heiraten. Solch ein Umstand liegt vor, wenn „die Bewegung des Fleisches nach dem Genuss der Liebe besonders heftig drängt". Hier rät Epikur dazu, dem Liebesdrang nachzugeben; Schwierigkeiten sind aber unvermeidlich (Gnomol. Vatic. 51).

Gegenüber diesen ehefeindlichen Tendenzen stellen spätere Stoiker (Antipater von Tarsos, 2. Jh. v.Chr.; Musonius Rufus, bes. Frgm. 14 [Hense], und Hierokles in der Kaiserzeit) heraus, dass die Ehe der natürlichen Bestimmung des Menschen zur Gemeinschaft entspricht und die Ehefrau den Philosophen eher von den alltäglichen Pflichten entlastet.[216] Dabei erinnert man an das Beispiel eines Sokrates und eines Krates.[217]

---

bum παρεδρεύειν kann, wie 9,13 lehrt, auch in kultischem Zusammenhang verwendet werden. Vgl. auch die bei Bauer, Wörterbuch 1260f angegebenen antiken Parallelen. Gramaglia 470–473: In der Mischna werden Kultdiener, die sich – auch von geschlechtlicher Betätigung – rein halten müssen, mit einem Lehnwort aus dem Griechischen פַּלְהֶדְרִין/palʰædrîn genannt. Sentenzen des Sextus 230a („Heirat abzulehnen ist dir erlaubt, damit du wie ein πάρεδρος für Gott lebst") ist wahrscheinlich christlich.

[213] Vgl. R.E. Kritzer in: Arzt-Grabner u.a., 1Kor 306f. Im Kultkontext (s. vorige Anm.) steht es Diodor S. XL 3,7 (nach Hekataios): Mose gewährte den Priestern größere Einkünfte, „damit sie ungestört (ἀπερίσπαστος) ohne Unterbrechung der Ehrung Gottes oblägen (προσεδρεύειν)."

[214] Vgl. Balch; Deming, Paul, der eine analoge Diskussion in der korinthischen Gemeinde vermutet, was schwerlich zu sichern ist. Die Texte sind deutsch zugänglich bei Gaiser, K: Für und wider die Ehe, München 1974.

[215] Das Adjektiv auch diss. II 21,22: man soll den Geist ohne Zerstreuung in die Schule mitbringen. Vom konzentrierten Zuhören ebd. I 29,59. Nach Plutarch, mor. 281c sollen die römischen Orakelpriester ohne Leid, unverdorben und ohne Ablenkung sein. Das Wort ist in der hellenistischen Alltagssprache geläufig: Spicq, Lexique 164f.

[216] Vgl. ἀπερίσπαστος bei Stobaeus IV 511,20 (Wachsmuth/Hense), περισπασμοί ebd. 504,9.

[217] Vgl. Yarbrough, Not 36–40.

Die Problematik stellt sich für den Weisen, besonders wenn er sich im Dienst Gottes weiß, ähnlich dar wie für die Christen. Volle Verfügbarkeit gibt es nur außerhalb der Ehe. Hier teilt Paulus die Radikalität der Kyniker,[218] er macht aber deshalb – wie gleich V. 36–38 zeigen – die Ehelosigkeit nicht zur Pflicht, sondern achtet – wie Epikur – auf die Umstände.

Exkurs 5: Jungfräulichkeit in der frühen Kirche und ihrer Umwelt

FEHRLE, Keuschheit. KOCH, H.: Quellen zur Geschichte der Askese und des Mönchtums in der Alten Kirche, SQS IX 6, Tübingen 1933. KRUSE; H.: Eheverzicht im Neuen Testament und in der Frühkirche, FKTh 1, 1985, 94–116. LOHSE, B.: Askese und Mönchtum in der Antike und in der alten Kirche, München/Wien 1969. MCARTHUR, H.: Celibacy in Judaism at the Time of Christian Beginnings, AUSS 25, 1987, 163–181. NIEDERWIMMER, Askese 169–198. VAN DER HORST, P.W.: Der Zölibat im Frühjudentum, in: Kraus, W./Niebuhr, K.-W. (Hg.): Frühjudentum und Neues Testament im Horizont Biblischer Theologie, WUNT 162, Tübingen 2003, 3–14.

Oft bezeichnet man die von Paulus geförderte jungfräuliche Lebensweise als unjüdisch, sie sei nur unter hellenistischem Einfluss (Stoa, Neupythagoreer) erklärbar.[219] Demgegenüber sollen hier ihre allgemein-religiösen Grundlagen skizziert werden. In der einseitigen Moral der mediterranen Welt erwartet man vom Mädchen, dass es sich unberührt für ihren Bräutigam aufbewahrt (vgl. in der Anwendung auf die Gemeinde 2Kor 11,2). Diese Hochschätzung der Jungfräulichkeit, die in den Romanen der Kaiserzeit noch einmal gesteigert wird,[220] kann ins Gottesverhältnis projiziert werden. Von Priesterinnen wird zeitweise oder lebenslange Keuschheit verlangt, vor allem wenn sie im Dienst von Fruchtbarkeitsgottheiten stehen oder von Göttinnen, die selber Jungfrauen sind. Das garantiert nicht nur ihre kultische Reinheit, sondern macht sie zu effizienten Vermittlern zwischen Gottheit und Mensch.[221] Bekannt sind etwa die römischen Vestalinnen, die 30 Jahre unverheiratet bleiben mussten, oder die Priesterinnen des pythischen Apollon, die ursprünglich Jungfrauen waren und später durch ehelose ältere Frauen ersetzt wurden. Gerade bei mit Orakeln verbundenen Kulten ist Jungfräulichkeit offenbar eine Voraussetzung für die Kommunikation mit der Gottheit.[222] Von hier lässt sich

---

[218] Das darf man nicht gleich wieder durch V. 29–31 entschärfen, wozu WIMBUSH neigt. Richtig dagegen MERKLEIN, 1Kor II 150: Die Unverheirateten stehen nicht in einer Bindung, die durch das „als (ob) nicht" zu relativieren ist.

[219] Vgl. zur Forschungsgeschichte TIEDEMANN, Erfahrung 62f.67.

[220] Z.B. hebt im Roman des Heliodor, Aeth. II 33,5 eine delphische Artemispriesterin die Jungfräulichkeit in den Himmel (ἐκθειάζειν), weist ihre Nähe zu den Unsterblichen auf und nennt sie unbefleckt, makellos und unverdorben. Vgl. FOUCAULT, M.: Sexualität und Wahrheit, Bd. 3 Die Sorge um sich, Frankfurt 1986, 292–297. Diesem Trend entspricht auch die Herausstellung der Jungfräulichkeit Josephs und Aseneths (s. Anm. 159 zu 7,25).

[221] Vgl. im Einzelnen FEHRLE. Seine Darstellung leidet darunter, dass er von vornherein die Liebesvereinigung mit dem Gott als Sinn der Jungfräulichkeit annimmt. Für die klassische Zeit vgl. PARKER, R.: Miasma, Oxford 1983, 86–94. Im Kult orientalischer Muttergottheiten bildet das Eunuchentum ein Pendant zur jungfräulichen weiblichen Priesterschaft der Griechen.

[222] Vgl. Plutarch, mor. 438c: „Deswegen bewahren sie den Leib der Pythia rein (ἁγνόν) von ehelichem Zusammensein und ihr ganzes Leben unvermischt und unberührt von anderweitigem Verkehr". 405d ist παρθένος auf die Seele bezogen.

eine Brücke zum hellenistischen Judentum schlagen. Ab Mos. II 66 zeichnet Philo Mose als Priester:

> Er musste zuvor wie seine Seele auch den Leib reinigen, indem er an keine Leidenschaft rührte, vielmehr sich frei hielt von allem, was zur sterblichen Natur gehört, von Speisen, Getränken und vom Verkehr mit Frauen. Diesen hatte er schon seit langem verachtet, fast seitdem er begann zu prophezeien und von Gott begeistert zu werden, da er es als angemessen ansah, sich immer für die Offenbarungen bereitzuhalten (68f).

Die Tradition von der Enthaltung des Mose lässt sich aber auch im Targum und in rabbinischen Zeugnissen verfolgen.[223] Eine weitere Gestalt, der außergewöhnliche Keuschheit nachgesagt wird, ist der Prophet Daniel. Nach VitProph 4,2 hielten ihn die Juden deswegen für einen Eunuchen.[224] Dieser literarischen Hochschätzung der sexuellen Askese entsprechen im 1. Jh. n. Chr. prophetische Erscheinungen wie Bannus, der Lehrer des Josephus, und Johannes der Täufer, deren Ehelosigkeit mit dem Rückzug aus der Zivilisation zusammenhängt. Dagegen bleibt Jesus von Nazareth trotz seines unsteten Wanderlebens in die Gesellschaft integriert. Um so auffälliger ist es, dass auch er nicht heiratet. Er scheint von seinen Nachfolgern die Lösung von der Familie verlangt zu haben (vgl. Mk 10,29fparr., wobei Lk 18,29 wie 14,26 „die Frau" hinzusetzt), wenn diese – nach 1Kor 9,5 zu schließen – auch nicht endgültig war. Doch ist der Verzicht auf eheliche Beziehungen bei diesen Einzelpersönlichkeiten mit den konkreten Umständen ihres Auftretens verbunden, sie wird nicht zum Programm erhoben.

Das wäre nach der Darstellung bei Philo (hyp. 11,14f; prob. 84 „das ganze Leben dauernde gegenseitige Reinheit" als Beweis ihrer Gottesliebe) und Josephus (ant. XVIII 21; bell. II 120f, nach 160f verachtet allerdings ein anderer Verband die Ehe nicht) bei den Essenern der Fall gewesen.[225] Ihre Ablehnung der Ehe wird mit dem schlechten Charakter der Frauen begründet, die nur Uneinigkeit säen, zeigt aber auch ihre Beherrschung der Leidenschaften, die sie als philosophische Sekte den Pythagoreern gleichstellt. Die Qumrangemeinschaft allerdings hatte, wie der Fund kleiner Friedhöfe bestätigt, wenigstens teilweise Frauen und Kinder. Enthaltung von sexueller Betätigung wird bei ihr durch priesterliche Reinheit motiviert gewesen sein. Philo, cont. beschreibt als eine weitere Gruppe idealer Gottesverehrer die Therapeuten, die angeblich in der Gegend um Alexandria, aber auch in anderen Ländern wohnen. Sie verlassen Kinder, Frauen und die übrige Verwandtschaft, um in die Einsamkeit zu ziehen. Nur am Sabbat kommen sie zum Gottesdienst im gemeinsamen Heiligtum zusammen, in dem auch Frauen ihren abgesonderten Platz haben. Diese Frauen nehmen auch an ihren Gastmählern teil:

> in der Mehrzahl alte Jungfrauen, die ihre Reinheit (ἁγνεία) nicht unter Zwang bewahrten, wie einige von den Priesterinnen bei den Griechen, vielmehr aus freiem Entschluss, aus Eifer und Sehnsucht nach Weisheit. Da sie danach strebten, mit ihr zusammenzuleben, kümmerten sie sich nicht um die Freuden des Körpers, weil sie nicht nach sterblicher, sondern nach unsterblicher Nachkommenschaft verlangten, welche allein die gottgeliebte Seele aus sich selbst hervorbringen kann, da der Vater geistige Strahlen in sie hineinsät, durch die sie die Lehrsätze der Weisheit betrachten kann (68).

---

[223] Vgl. ROSNER, Paul 156.
[224] Was er nach Josephus, ant. X 186f auch war. Vgl. SCHWEMER, A.M.: Studien zu den frühjüdischen Prophetenlegenden *Vitae Prophetarum* I, TSAJ 49, Tübingen 1995, 306–312.
[225] Vgl. auch Plinius, nat. V 15 (73): *gens sola et in toto orbe praeter ceteras mira, sine ulla femina, omni venere abdicata* („eine einzigartige, auf dem ganzen Erdkreis sich von den übrigen abhebende Gemeinschaft, ohne jegliche Frau, jeder Liebeslust entsagend").

7,25–40: Ratschläge für „Jungfrauen" und Witwen

Wie diese Jungfrauen sich auf die Weisheit konzentrieren, so kann auch einmal ein Rabbi, Ben Azzai (um 110 n. Chr.), unverheiratet bleiben, um sich ganz der Tora zu widmen.[226] Das ist allerdings die Ausnahme. Aber auch im heidnischen Raum ist vorsätzliche Ehelosigkeit außerhalb des kultischen Kontextes selten bezeugt. Die offizielle Gesetzgebung seit Augustus drängte auf Heirat und Kinderzeugung, wenigstens in den oberen Rängen. Einzig der wandernde Philosoph und Kultreformator Apollonius von Tyana, ein Nachahmer des Pythagoras, nahm sich als etwa Zwanzigjähriger vor, weder zu heiraten noch jemals den Genuss der Liebe zu suchen.[227] Seine Sonderstellung wird auch Philostrat, Ap. VI 42 deutlich: „Unter allen Menschen bedarf ich wohl allein weder der Geschlechtsteile noch des Weines". Es bildet sich ein vergeistigter Typ religiösen Virtuosentums heraus, der vor allem bei Neuplatonikern des 3.–5. Jh. verwirklicht wurde.[228] Der in Korinth sich institutionell verfestigende Stand der „Jungfrauen" hat zwar insofern Analogien in der Umwelt, als auch dort jungfräuliche Reinheit als Ausdruck der Liebe zu Gott und eines steten Bereitseins für seinen Dienst gilt, er bedurfte jedoch neuer Impulse, die aus dem frühen Christentum und seiner speziellen Botschaft vom nahen Reich Gottes kamen.

Mit einem angeblichen Jesuswort möchte Mt 19,12 die Existenz von „Eunuchen, die sich selbst verschnitten haben wegen des Reiches der Himmel" verständlich machen. Dieses Wort musste im syrischen Raum, wo es freiwillige Kastration im Kult der Syrischen Göttin gab,[229] besondere Resonanz finden. In der syrischen Gemeinde von Antiochien wirkte auch der absichtlich ehelos bleibende[230] Apostel Paulus. Bei ihm kam sicher der Einsatz für das Evangelium Christi zum jenseitigen Lohn des Reiches Gottes als Motiv hinzu. Andere Missionare konnten sich durch die Nachfolgeworte Jesu, besonders in der lukanischen Fassung, zur Aufgabe der Familienbande bewegen lassen. Im Gefolge des „Lammes", d.h. Christi, schildert auch Apk 14,1–5 die 144 000, „die sich mit Frauen nicht befleckt haben, sie sind nämlich Jungfrauen". Die Auslegung schwankt zwischen einem wörtlichen Verständnis – dann wäre ἀπαρχή die repräsentative „Erstlingsgabe" einer asketischen Elite[231] – und einer übertragenen Verwendung von παρθένοι. Dann stünden sie für das Ganze der Erlösten, die der Versuchung zum Abfall nicht nachgegeben haben.[232] Als „jungfräulich" werden noch die vier prophetisch aktiven Töchter des Philippus bezeichnet (Apg 21,9). Das passt zum oben erwähnten Zusammenhang zwischen Jungfräulichkeit und Inspiration.[233] Sonst fehlen im NT Spuren für die eigens kultivierte sexuelle Enthaltung. Doch wird man die gnostischen Eheverbote (s. bei 7,1f) am besten als Radikalisierung von Tendenzen verstehen, die in den Gemeinden schon angelegt waren.

---

[226] Vgl. tJev 8,4 (250) bei Bill. I 807. OSTMEYER, Sexualethik 170 Anm. 20 weist jedoch darauf hin, dass andere Quellen um seine Frau bzw. seine Scheidung wissen. VAN DER HORST 4 Anm. 6 hält sie freilich für tendenziös.

[227] Philostrat, Ap. I 13; er überbietet damit das pythagoreische Gebot der ehelichen Treue. Dennoch hängen ihm Verleumdungen wegen Liebesaffären an.

[228] Vgl. Porphyrius, abst. II 45,3.13 zur Keuschheit (ἁγνεία) bzw. inneren und äußeren Reinheit „göttlicher Männer".

[229] Vgl. zu den „Gallen" Lukian, Syr. dea 27.51.

[230] Ob dieser Entschluss schon vor seiner Bekehrung feststand – so KRUSE 97f –, lässt sich nicht beweisen. Nach 7,7 versteht Paulus die Befähigung dazu doch wohl als Gottes Gnadengabe (in Christus). Vielleicht war auch Barnabas, dessen apostolischen Stil Paulus nach 9,6 nachahmt, ehelos. Wir wissen es aber nicht.

[231] Z.B. SPICQ, Lexique 1183.

[232] Vgl. u.a. DELLING, G.: Art. παρθένος, in: ThWNT 5, 1954, 835.

[233] Vgl. auch GUNDRY-VOLF, Controlling 532f, deren Belege allerdings der Sichtung bedürfen.

Im 2. Jh. ist zwar der Zug zur Enthaltsamkeit stark ausgeprägt, spärlicher sind jedoch die Hinweise auf die „Jungfrauen" als eigene Gruppe. Die παρθένοι, die Polyk 5,3 neben den jungen Männern stehen und zu einem Wandel in untadeligem und keuschem Gewissen aufgerufen werden, können einfach unverheiratete Frauen sein. Doch IgnPol 5,2 nennt nach den Eheleuten solche, die „zur Ehre des Fleisches des Herrn[234] in der Keuschheit zu bleiben vermögen". Da sie in der Gefahr des Selbstruhms[235] stehen, wird ihre Lebensentscheidung öffentlich bekannt sein; mindestens wurde sie dem Bischof angezeigt. IgnSm 13,1 grüßt neben den „Häusern" der Brüder mit Frauen und Kindern „die Jungfrauen, die Witwen genannt werden", d.h. wohl Jungfrauen, die dem Stand der offiziell anerkannten Witwen zugeordnet worden waren.[236] Das deutet auf ein Versorgungsproblem hin, das in Korinth möglicherweise durch einen männlichen Beschützer gelöst wurde. Vielleicht hat sich eine Spur davon in den Legenden um den jungen Korinther Leonidas erhalten, der 240 n. Chr. zusammen mit sieben jungfräulichen Gefährtinnen das Martyrium erlitt.[237] Apologeten bestätigen, dass sich viele Christen des 2. Jh. bis ins hohe Alter hinein der Ehe enthielten,[238] und der heidnische Arzt Galen bewundert solche Enthaltsamkeit.[239] Die apokryphen Apostelakten machen sie gar zur Vorbedingung der Auferstehung (ActPaul 5-12) und perhorreszieren Ehe und Kinderhaben (ActThom 12). Die Predigt des Petrus bringt Frauen dazu, sich ihren Männern zu verweigern, weil sie so ehrbar und keusch Gott verehren wollen (ActPetr 34). Solche Verabsolutierung der Jungfräulichkeit zur Heilsbedingung greift am Ende des 2. Jh. vor allem in der syrischen Kirche um sich (Tatian, Enkratiten, „Söhne" bzw. „Töchter des Bundes"). Auch der pseudepigraphe Titusbrief (Spanien, 5. Jh.) engt die ntl. Verheißungen auf die Enthaltsamen ein.

Dass asketische Männer und Frauen sich zusammentaten, wird wohl gelegentlich bezeugt.[240] Unter den Regeln, die Did 11-13 für die Beurteilung von durchreisenden Propheten an die Hand gibt, steht der rätselhafte Satz:

> Jeder bewährte, echte Prophet, der auf das weltliche Geheimnis der Kirche hin handelt, aber nicht lehrt, das zu tun, was er selber tut, soll von euch nicht gerichtet werden; denn er hat sein Gericht bei Gott. Ebenso haben nämlich auch die alten Propheten gehandelt. (11,11)

---

[234] Wohl in Nachahmung der Ehelosigkeit des irdischen Jesus.

[235] Dagegen auch 1Clem 38,2 „wer keusch im Fleisch ist, soll damit nicht prahlen, in der Erkenntnis, dass es ein anderer ist, der ihm die Enthaltsamkeit verleiht". Vgl. auch Epiktet, ench. 33,8 und Minucius Fel. 31,5 unten Anm. 238.

[236] Vgl. SCHOEDEL, W.R.: Die Briefe des Ignatius von Antiochien, München 1990, 393 mit Hinweis auf einen ähnlichen Fall bei Tertullian.

[237] Vgl. LIMBERIS, V.: Ecclesiastical Ambiguities: Corinth in the Fourth and Fifth Centuries, in: Schowalter/Friesen, Religion 443-457, 450-452. Ihnen war die monumentale Basilika in Lechaion gewidmet. Beim Verhör fragt der Konsul hämisch die Jungfrauen, welche Art von Beziehung (κοινωνία) sie zu Leonidas haben.

[238] Justin, 1.apol. 15,6 (vgl. 29,1); Athenagoras, suppl. 33 „in der Hoffnung, eher mit Gott zusammen zu sein"; Minucius Fel. 31,5 *plerique inviolati corporis virginitate perpetua fruuntur potius quam gloriantur* („sehr viele erfreuen sich der immerwährenden Jungfräulichkeit eines unversehrten Körpers, ohne sich dessen zu rühmen"); Tertullian, apol. 9,19.

[239] Text bei KOCH Nr. 55.

[240] Vgl. NIEDERWIMMER, Askese 182 zur Umwandlung von natürlichen Ehen in geistliche bei den ostsyrischen „Söhnen des Bundes"; als Versuch ActThom 51. Eine Analogie bietet u.U. die ungeschlechtliche „heilige" Liebesbeziehung zwischen Gallen und Frauen von Hierapolis: vgl. Lukian, Syr. dea 22 und LOHSE 35.

Wahrscheinlich stellt der Prophet in einer Zeichenhandlung die Verbindung Christi mit seiner jungfräulichen Braut, der Kirche, dar, indem er eine Jungfrau mit sich herumführt, ohne geschlechtliche Beziehungen zu ihr aufzunehmen. Das ist solange nicht zu verurteilen, als es nicht zum allgemeinen Rezept gemacht wird. Wir hätten hier also eine Art Syneisaktentum, dessen Alter noch mehr gesichert wäre, wenn mit den „alten Propheten" die der frühen urchristlichen Zeit gemeint sind.[241] Aus der Allegorie Herm sim IX 10,6–11,8 dagegen lässt sich dafür nichts gewinnen. Denn die Jungfrauen, die hier mit Hermas „wie mit einem Bruder" die Nacht verbringen, sind geistige Kräfte des Sohnes Gottes (IX 13,2 gg. „Frauen" 13,8f), die IX 15,1f aufgezählten Tugenden (vgl. noch X 3). Hermas berichtet nur von sich selber, wie sein Liebesverhältnis zu Rhode „wie zu einer Schwester" durch in ihm aufsteigendes Begehren getrübt wurde (vis I 1), und dass seine Frau ihm künftig „Schwester" sein soll (vis II 2,3). Das erinnert uns an die Problematik von 7,36 bzw. 7,5. Sonst hören wir von der Sitte asexuellen Zusammenlebens erst wieder bei den Valentinianern der 2. Hälfte des 2. Jh. (Irenaeus, haer. I 6,3).

b) 7,36–38: Konkretisierung: Umgang mit der anvertrauten Jungfrau
(36) Wenn aber einer glaubt, unziemlich zu handeln gegenüber seiner Jungfrau, falls er in übergroßer Jugendkraft ist/sie über die Jugendblüte hinaus ist, und es muss so geschehen, so soll er, was er will, tun; er sündigt nicht; sie[242] sollen heiraten. (37) Wer jedoch in seinem Herzen fest steht, keine Notwendigkeit hat, vielmehr Gewalt hat über das eigene Wollen und dieses beschlossen hat in seinem eigenen Herzen, seine Jungfrau zu bewahren, der wird gut daran tun. (38) Folglich handelt sowohl der, welcher seine Jungfrau ehelicht, gut wie der, der sie nicht ehelicht, besser.

ACHELIS, H.: Virgines subintroductae, Leipzig 1902. ARZT-GRABNER, P./KRITZER, R.E.: Bräutigam und Braut oder Vater und Tochter?, BN 129, 2006, 89–102. CHA, JUNG-SIK: The Ascetic Virgins in I Corinthians 7:25–38, AJTh 12, 1998, 89–117. DERRETT, J.D.M.: The Disposal of Virgins, in: Ders.: Studies in the New Testament I, Leiden 1977, 184–192. KLEINSCHMIDT, Ehefragen 116–132. KÜMMEL, W.G.: Verlobung und Heirat bei Paulus (1 Kor 7, 36–38), in: Ders., Heilsgeschehen 310–327. KUGELMAN, R.: 1 Cor 7:36–38, CBQ 10, 1948, 63–71. LEAL, J.: Super virgine sua (1 Cor 7,37), VD 35, 1957, 97–102. PETERS, G.: Spiritual Marriage in Early Christianity: 1 Cor 7:25–38 in Modern Exegesis and the Earliest Church, TrinJ 23, 2002, 211–224. PÖTSCHER, W.: Die Wortbedeutung von γαμίζειν (1 Kor. 7,38), WJb 5, 1979, 99–103. RICHARD, L.-A.: Sur I Corinthiens (VII, 36–38). Cas de conscience d'un père chrétien ou „mariage ascétique"?, in: Memorial J. Chaine, Lyon 1950, 309–320. SEBOLDT, H.A.: Spiritual Marriage in the Early Church, CTM 30, 1959, 103–119.176–189.

Nach der längeren Argumentation zu V. 26 fällt Paulus wieder in seinen kasuistischen (V. 36) und wertenden (V. 37f) Stil. V. 36f sind antithetisch, so dass sich parallele Wendungen gegenseitig erhellen: Das ὀφείλει γίνεσθαι entspricht dem ἔχων ἀνάγκην; das θέλει kehrt in θέλημα wieder. V. 38 fasst beide Verse zusammen,

---
[241] Vgl. WENGST, SUC 2, 1984, 85.
[242] Wohl um den schwierigen Plural zu vermeiden, hat der westliche Text (D* F G, danach die Vulgata) γαμείτω.

aber so, dass das „schön" von V. 37 jetzt zu „besser" gesteigert wird. Paulus handelt nicht mehr direkt von den Jungfrauen, sondern von Männern, die zu ihnen in einer engeren Beziehung stehen. Diese wird durch das Possessivpronomen αὐτοῦ bzw. ἑαυτοῦ ausgedrückt. Welcher Art die Beziehung ist, wird freilich im 20. Jh. kontrovers diskutiert. Je nach Position variiert auch die Übersetzung.

1. Die seit den Vätern übliche ältere Auslegung[243] versteht den „jemand" als Vater – manchmal auch nur als Vormund –, der glaubt, in Schande zu geraten[244] wegen seiner Tochter;[245] sie hat schon das heiratsfähige Alter überschritten[246] und ist immer noch Jungfrau – ein in der Mittelmeerwelt durchaus glaubwürdiges Szenario.[247] Unter diesem gesellschaftlichen Druck (ὀφείλει[248], ἀνάγκη) gibt er sie zur Heirat frei. Diese Auffassung wird der kausativen Bedeutung, die γαμίζειν (V. 37) von der Wortbildung her hat,[249] gerecht. Schwerer ist der Plural γαμείτωσαν in V. 36c zu erklären. Und vor allem: Warum sollte solche väterliche Fürsorge Sünde sein?[250] Ferner verwundert der umständliche Relativsatz V. 37, der die Voraussetzungen beschreibt, unter denen der Vater sich entschließt, seine Tochter unverheiratet zu lassen. Ist die „Verfügung" über den eigenen Willen die von Konventionen freie oder vom Einspruch der Tochter unabhängige *patria potestas*? Deren unumschränkte Reichweite steht ohnehin für das Griechenland des 1. Jh. n. Chr. in Frage, zumal wenn die Tochter herangewachsen ist. Es verwundert noch mehr die große Rücksicht auf bürgerliche Sitten in V. 36, die sich in V. 37 gar zur „Notwendigkeit" verdichten. Arzt-Grabner/Kritzer 97f nehmen an, der Elternteil habe sich gegenüber dem Bräutigam bereits durch eine mündliche Abmachung verpflichtet. Aber worauf bezieht sich dann das οὕτως?

---

[243] Vgl. unter den Kommentaren GODET, SCHMIEDEL, HEINRICI, BACHMANN, ROBERTSON/PLUMMER, ALLO, GROSHEIDE, ORR/WALTHER; unter den Aufsätzen KUGELMAN, DERRRETT, ARZT-GRABNER/KRITZER.
[244] Ἀσχημονεῖν in diesem passiven Sinn Dtn 25,3; Ez 16,7. Nach ARZT-GRABNER/KRITZER 99 befürchtet der Elternteil, sich gegenüber der Tochter vom paulinischen Ideal der Ehelosigkeit her nicht angemessen zu verhalten.
[245] Da würde man allerdings ἐπί mit Dativ erwarten. Der Akkusativ jedoch besagt, dass sich das ἀσχημονεῖν gegen die Jungfrau richtet. So HEINRICI, 1Kor 245: „wenn er Schande über sie zu bringen glaubt". Zusätzlich erwägt er mit anderen Kommentatoren noch eine moralische Gefährdung der Jungfrau.
[246] Ὑπέρακμος in dieser Bedeutung beim Mediziner Soranus I 22,3 und in Praecepta Salubria Z. 11.18 (gg. ἀκμή Z. 10.17); Epiphanius, haer. LXI 5 (Jungfrauen, die von ihrem Vater aus Mangel an christlichen Partnern für lange Zeit aufbewahrt wurden, aber nicht freiwillig sich in der ἀκμή für die Jungfräulichkeit entschieden); Eustathius, Comm. in Od. I 15 (gg. νεωτέρα); gebräuchlicher ist παρακμάζειν (Sir 42,9; Xenophon, mem. IV 4,23). Die Jugendblüte (ἀκμή) eines Mädchens liegt nach Plato, rep. 460e bei zwanzig, nach jüdischem Empfinden bei dreizehn Jahren. In Rom war die Heiratsfähigkeit mit der Geschlechtsreife (zwölf Jahre) gegeben. Vgl. auch die Texte im NEUEN WETTSTEIN II 1, 305f.
[247] Vgl. den Kummer des Vaters um seine Tochter Sir 42,9-14 und den Brief des Phalaris 143,1 im NEUEN WETTSTEIN II 1, 305.
[248] Das Verbum drückt eine geschuldete Pflicht aus, nicht einen inneren Zwang.
[249] Ausdrücklich unterscheidet so der Grammatiker Apollonios Dyskolos, synt. III § 153 γαμίζειν von γαμεῖν.
[250] Das würde höchstens verständlich, wenn der Vater seine Tochter als Jungfrau geweiht hätte (deshalb auch „Jungfrau" statt „Tochter"): vgl. die Überlegung von FEE, 1Kor 351 Anm. 14. ROBERTSON/PLUMMER, 1Kor 160 entnimmt wenigstens V. 37, dass der Vater ursprünglich die Präferenz des Apostels für die Jungfräulichkeit teilte. Ähnlich KÜLLING, Ehe 168f: Der Vater befürchtet, gegen die Regel zu verstoßen, wonach für eine Überreife das Unverheiratetsein die einzige passende Existenzweise ist.

2. Heute sieht man weithin[251] in dem „Jemand" und „seiner Jungfrau" Verlobte. Eigentlich könnte man auch in dieser Variante die Deutung des ἐάν-Satzes auf das Mädchen (s. 1) und den zeitlichen Sinn von ὑπέρακμος beibehalten. Es wäre in jungen Jahren verlobt worden, der Drang des Verlobten meldet sich aber erst, wenn es über die Geschlechtsreife hinaus ist.[252] Oder glaubt er deswegen sich ihr gegenüber unziemlich zu verhalten, weil er sie nicht heimgeführt hat, bis die Jungfrau „gealtert und welk" war?[253] Meist aber wird der Konditionalsatz ἐὰν ᾖ ὑπέρακμος nicht auf diese, sondern auf den jungen Mann bezogen, dessen Geschlechtstrieb „übermäßig stark" ist.[254] Wenn er glaubt, auf die Dauer gegenüber seiner Verlobten unsittlich handeln[255] zu müssen, wird ihm die Heirat erlaubt. Das Verbum γαμίζειν in V. 38 wäre dann wie γαμεῖν gebraucht, wofür es viele Analogien in der Koine, aber kaum Belege gibt.[256] Θέλημα V. 37 wird auf das sexuelle Verlangen gedeutet.[257] Die Schwierigkeit liegt, wie schon angedeutet, im Begriff παρθένος. Kommt man in V. 36 mit der Bedeutung „sein Mädchen" = Geliebte[258] aus, so muss man in V. 37 bei τηρεῖν τὴν ἑαυτοῦ παρθένον einen asketischen Spezialsinn annehmen, indem man ergänzt „sein Mädchen als Jungfrau zu bewahren".[259] Das Mädchen war eben schon vorher betont eine Jungfrau. Sonst wäre es auch kein Skandal in Korinth, dass ein Verlobter mit ihr die Ehe eingeht. Dazu suggeriert das τηρεῖν ein fortdauerndes Verhältnis. Das Verlöbnis würde also

---

[251] S. zu V. 25, bes. Anm. 160. Bahnbrechend war der Aufsatz von KÜMMEL, der 1954 erschien. Wie er nehmen für V. 36–38 einen Spezialfall von παρθένοι an: BARRETT, 1Kor 184f; CONZELMANN, 1Kor 168f; STROBEL, 1Kor 130f; LANG, 1Kor 102f.

[252] So KLEINSCHMIDT, Ehefragen 130.

[253] So etwas beschreibt Philo, agr. 152f. Eine entsprechende Deutung bei MERKLEIN, 1Kor II 154.

[254] BAUER, Wörterbuch 1674 gibt dazu allerdings nur Belege, in denen die Liebe oder die Leidenschaft Subjekt von ἀκμάζειν bzw. ἀκμαῖος ist. Zu nennen wäre 4Makk 2,3: „Obwohl Joseph jung und reif zum Geschlechtsverkehr war (ἀκμάζων πρὸς συνουσιασμόν)." Der Lexikograph Hesych (5. Jh. n. Chr.) setzt κατοργᾶν gleich mit ὑπερακμάζειν (WINTER, After 248f). Ersteres kann zwar sexuelles Begehren meinen, da aber in der nächsten Zeile κατοργῶν mit „veraltet" erklärt wird, hat es die bei L-S 1246 s.v. ὀργάω zuerst vermerkte Bedeutung „überreif sein". An Ort und Stelle gibt Hesych ὑπέρακμος mit „groß" wieder. An der von KÜMMEL 315 Anm. 18.20 angeführten Stelle (Eustathius, Comm. in Od. XXI 407) qualifiziert ὑπέρακμα adverbiell sexuelle Zügellosigkeit, es geht um passive Homosexuelle, die das Jugendalter überschritten haben (vgl. ebd. ὁ ὑπὲρ τὴν ἀκμὴν πάσχων, ἐκδρομάδες = „Auslaufmodelle"). Wenn es bei Athenaeus XIII 569d heißt, Solon habe wegen der ἀκμή der jungen Leute ein Bordell aufgemacht, so ist ἀνάγκη (vgl. ebd. e ἀναγκαία φύσις) zu lesen. In ConstAp III 3,2 allerdings erscheint ἀκμή als stürmische Phase, die man „beherrschen" (κρατεῖν) muss.

[255] Im sexuellen Sinn: s.o. Anm. 211 zu 7,35.

[256] In Mk 12,25parr. kann γαμίζονται heißen „sie werden geheiratet", ähnlich ἐγαμίζοντο Lk 17,27. Wahrscheinlicher aber ist wie beim aktiven γαμίζοντες an der Mt-Parallele zu Lk 17,27 zu übersetzen: „sie werden verheiratet bzw. zur Frau gegeben". Nur Methodius, symp. 3,14 belegt die Bedeutung „heiraten", verwendet aber vorher 3,13 das Wort kausativ. Unsere in Anlehnung an DELLING, Stellung 88 gewählte Übersetzung „ehelichen" behält das kausative Moment bei. Hat Paulus, der γαμεῖν im Unterschied zu den Synoptikern objektlos gebraucht, hier wegen des Objekts „seine Jungfrau" γαμίζειν gewählt?

[257] Meist mit Hinweis auf Joh 1,13 und SCHRENK, G.: Art. θέλημα, ThWNT 3, 1938, 52–62, 53.54.60. Dass „Wünsche" im Liebeszauber sexuelle Ziele haben, ist selbstverständlich. Die Belege sind nicht so zahlreich.

[258] Parallelen aus Liebesromanen bei KÜMMEL 323 Anm. 60. In Eheverträgen charakterisiert aber παρθένος immer die zu Verheiratende als noch ledig. Vgl. ARZT-GRABNER/KRITZER 91f.

[259] Eine solche Objektsergänzung bei Achilles Tat. VIII 18,2 (vgl. schon VIII 17,3): παρθένον γὰρ τὴν κόρην μέχρι τούτου ἐτήρηκα („bis hierher habe ich das Mädchen als Jungfrau bewahrt") Vgl. auch Pseudo-Heraklit, quaest. hom. 19 von Athene: διὸ δὴ καὶ παρθένον αὐτὴν ἐτήρησαν („Deshalb ließen sie sie ja auch eine Jungfrau bleiben").

nicht gelöst. Welchen Sinn könnte es haben, die Verlobung aufrecht zu erhalten, ohne sie in eine Ehe zu überführen?

3. Wenn es sich um Verlobte handelt, die beide vom Ideal der Ehelosigkeit beseelt waren,[260] nähern wir uns aber schon dem Modell, das Ende des 19. Jh. v. a. durch Achelis aufkam und von J. Weiß in seinem Kommentar[261] populär gemacht wurde: den „geistlichen Verlöbnissen". In Korinth wäre die Einrichtung der „Jungfrauen" so abgesichert worden, dass unverheiratete Männer ein Schutzverhältnis für sie übernahmen, wobei jedem „seine Jungfrau"[262] zugeordnet wurde. In V. 36–38 nur mit Männern zu rechnen, die sich spontan in „Jungfrauen" verliebt haben,[263] genügt wegen des Possessivpronomens nicht. Zumal diese Männer „ihre Jungfrau" nicht in ihr Haus nehmen mussten, konnte das Verhältnis als Verlobung getarnt werden; ob man darüberhinaus wie bei den späteren *virgines subintroductae* miteinander wohnte oder gar – ohne sexuellen Vollzug – miteinander schlief, entzieht sich unserer Kenntnis. Obwohl diese Institution erst im 3. Jh. breiter belegt ist, könnten wir in 7,36–38 doch eine lokale Vorform vor uns haben (s. Exkurs 5). Die übrigen „sachlichen Einwendungen" Kümmels gehen von einer – protestantisch interpretierten[264] – Theologie des Paulus aus und verweisen auf 7,2.5b.9: Paulus rechne doch sonst mit der mangelnden Selbstbeherrschung der Enthaltsamen. Aber einmal kommt es auf die Situation in Korinth an, und zum andern geht Paulus gerade in V. 36 auf einen solchen Fall ein.

V. 36 Der Apostel umschreibt die sexuellen Spannungen, die in einem solchen Verhältnis auftreten können, nur sehr diskret. Sie werden besonders dann zum Problem, wenn der männliche Beschützer der Jungfrau noch jünger ist. Ein Übermaß an jugendlicher Vitalität[265] führt dann zu einem Wollen, das ihm als unziemlich erscheint, also dem gerade in V. 35 geforderten εὔσχημον entgegengesetzt. Es versetzt ihn in eine Zwangslage, in der die Heirat als einziger Ausweg von der Sitte geboten ist.[266] Aber die ist bei einer „Jungfrau" ein Tabu. Paulus beruhigt jedoch die Skrupel

---

[260] So BARBAGLIO, IKor 352.363. MURPHY-O'CONNOR, IKor 72: Sie gingen ein „spiritual marriage" ein.

[261] IKor 206. Dann von LIETZMANN, IKor 36f; DELLING, Stellung 86–91; HÉRING, IKor 61; SENFT, IKor 102; NIEDERWIMMER, Askese 118f: „nicht auszuschließen"; SEBOLDT 185–189; PETERS, der 224 darauf hinweist, dass auch Ephraem der Syrer den Text so verstand. Im katholischen Raum RICHARD (der Ausdruck „Ehe" geht allerdings zu weit, weil er eine Heimführung voraussetzt und „sie sollen heiraten" vorwegnimmt).

[262] Bis auf die prägnante Deutung dieser Wendung ist die philologische Grundlage dieselbe wie in Modell 2. D.h. aber: es bleiben erhebliche sprachliche Unsicherheiten. Deshalb ist die Übersetzung nach Modell 1 als Alternative geboten. Es ist zwar philologisch besser begründet, krankt aber an unausgesprochenen Annahmen.

[263] Vgl. SCHRENK (s. Anm. 257) 61; PÖTSCHER 102; CHA 99.

[264] Hier ist etwa eine „asketische Leistung" in V. 37 undenkbar (KÜMMEL 322). Auch in BELLENS Aufsatz zu 7,21c hat dieses Reizwort protestantische Gegner auf den Plan gerufen, z.B. GAYER, Stellung 208 Anm. 382.

[265] Wohl auf Seiten des Mannes; anders DELLING, Stellung 88; MARTIN, Body 219–228: bei der Jungfrau. Das ist zwar nicht auszuschließen (s.o. Anm. 254), aber unwahrscheinlich, weil sich auch V. 37 ganz auf die Kondition des männlichen Teils konzentriert. In unsere Übersetzung von ὑπέρακμος brachten wir die Alterskomponente hinein, weil uns die Bedeutung „over-sexed" (BARRETT, IKor 182) zu wenig verbürgt erschien. Das ὑπέρ stellt das Exzessive heraus.

[266] Das οὕτως verweist nach vorn auf γαμείτωσαν (anders WINTER, After 250: „because of passion deriving from unseemly conduct."). Ὀφείλει γίνεσθαι kann moralische Erwartungen andeuten. Dagegen wäre ἀνάγκη eher die innere Nötigung. Dass sie auch einmal sexuelle Konnotationen haben kann, belegen

des Mannes und der Gemeindemitglieder: Diesem Wollen nachzugeben ist keine Sünde. Es darf und soll in die Ehe münden, wobei der Plural „sie sollen heiraten" die Zustimmung der Jungfrau impliziert.

V. 37 Es gibt aber auch Menschen, die ihr geschlechtliches Wollen im Griff haben – dass solche ἐγκράτεια Frucht des Heiligen Geistes ist (Gal 5,23; vgl. zu 7,7b), bleibt hier unbeleuchtet. Das „Feststehen" (vgl. 15,58 und zu 10,12) in der einmal eingenommenen Haltung lässt daran denken, dass eine entsprechende Bindung vorausgeht. Jedenfalls bedarf es jetzt noch einmal eines entschiedenen Entschlusses[267] im Innern des Mannes (zweimal „in seinem Herzen"), „seine Jungfrau zu bewahren". Hier braucht man nicht einmal „als solche" zu ergänzen, wenn das ursprüngliche Schutzverhältnis[268] weiterläuft.

V. 38 schließlich zieht das Fazit in einer vergleichenden Bewertung der Verhaltensweisen von V. 36.37. Der Komparativ κρείσσων hat seine Entsprechung in μακαριοτέρα V. 40.

b) 7,39f: Weisung für Witwen
(39) Eine Frau ist gebunden[269] solange ihr Mann lebt; wenn aber der Mann entschlafen ist, ist sie frei, sich zu verheiraten mit wem sie will, nur (geschehe es) im Herrn. (40) Seliger jedoch ist sie, wenn sie so bleibt, nach meiner Meinung, ich glaube aber[270], auch den Geist Gottes zu haben.

Die Frage, ob Witwen wieder heiraten sollen, war schon V. 8f berührt worden: Vielleicht hat Paulus auch bei der „unverheirateten Frau" V. 34 vornehmlich an Witwen gedacht. Nun kommt er unvermittelt wieder auf sie zu sprechen. Zuerst stellt er mit einem Rechtssatz Bindung und Freiheit fest. Dann empfiehlt er in der Form einer Seligpreisung[271] ihr „Bleiben" (vgl. V. 9). Ein mit δέ angehängtes persönliches Sätzchen dient der Autorisierung. Es entspricht V. 25b und rundet so den Abschnitt V. 25-40 ab. Um den teilweisen Wiederholungen zu entgehen und eine stärkere Systematik zu erreichen, wollte man V. 39f als Gegenstück zu V. 36-38 auffassen: Die Situation der Verlobten werde jetzt von seiten der Frau gesehen.[272] Dabei würde aber „Frau" statt „Jungfrau" befremden; ein echtes Gegenstück zu

---

Plato, rep. 458d; Aristophanes, nub. 1075f; Artemidor I 45 (NEUER WETTSTEIN II 1, 360); Epiphanius, haer. LXI 5 (διὰ τὴν κατὰ φύσιν ἀνάγκην) und die Anm. 254 erwähnte Konjektur. Vgl. auch Plutarch, mor. 404a: Das Delphische Orakel antwortet einem Priester, der seine Verpflichtung zur Enthaltsamkeit gebrochen und um Vergebung für diese „Sünde" nachgesucht hat: „Alles Notwendige gesteht der Gott zu" (ἅπαντα τἀναγκαῖα συγχωρεῖ θεός).

[267] Dasselbe Perfekt von κρίνειν auch 5,3. Vgl. den Aorist in 2,2 und z.St.
[268] Vgl. Sir 42,11 φυλακή vom väterlichen Behüten der Jungfrau; Xenophon, mem. I 5,2 διαφυλάξαι. Ferner die von BERGER/COLPE, Textbuch 241 angegebenen Stellen Ps-Phok 215-217; Josephus, ant. III 277.
[269] Das von späteren Hsn. ergänzte νόμῳ ist Eintrag nach Röm 7,2.
[270] Wie bei 2,10; 7,7 zeigen B und andere Hsn. die Tendenz, δέ durch γάρ zu ersetzen. Vgl. ZUNTZ, Text 204.
[271] Vgl. ZELLER, D.: Art. „Seligpreisung", NBL 3, 2001, 564f. Im Dienst der Paränese findet sich bei Paulus nur noch Röm 14,22b eine Seligpreisung.
[272] BAUMERT, Ehelosigkeit 310-318; SCHRAGE, 1Kor II 204f. Dagegen MERKLEIN, 1Kor II 156f; LINDEMANN, 1Kor 183. WOLFF, 1Kor 163 will die Verlobte mit einbeziehen.

V. 36–38 läge nicht vor, weil es einmal um Heirat innerhalb eines Verlöbnisses, ein andermal um Heirat nach dem Tod des Verlobten ginge. So wird man eher einen Nachtrag annehmen, der am Beispiel der Witwen noch einmal den Vorteil freiwilliger Ehelosigkeit herausarbeitet.

V. 39 Nicht nur nach dem Herrenwort V. 10f, sondern auch nach „dem Gesetz"[273] – vgl. das Beispiel Röm 7,2f – steht fest, dass erst der Tod (hier mit dem Euphemismus „Sich zur Ruhe legen" ausgedrückt)[274] des Gatten das eheliche Band löst. Die Freiheit der Frau wird ähnlich wie in Scheidungsurkunden umschrieben (s. zu V. 15), aber „sich verheiraten,[275] mit wem sie will" wird durch den Zusatz „allein[276] im Herrn" eingeschränkt. Deshalb ist es unwahrscheinlich, dass Paulus nur abstrakt ein dem Herrn gemäßes Verhalten fordert;[277] er wird es auf einen christlichen Partner abgesehen haben.

V. 40 Die Möglichkeit der Wiederheirat wird aber gleich wieder dadurch überboten, dass Paulus das „Bleiben" im Witwenstand anpreist. Das betont vorangestellte Prädikat „Glücklicher" steht in krassem Widerspruch zur meist ärmlichen sozialen Lage der alleinstehenden Frau.[278] Es trifft sich allerdings mit der Hochschätzung der Witwe, die ihrem ersten Mann über den Tod hinaus die Treue hielt. Diese *univira* galt der Antike, besonders den römischen Adelsfamilien, – natürlich wieder aus männlicher Perspektive – als lobenswert, eine Wertung, die im frühen Christentum verstärkt und auch auf Männer in höheren Gemeindefunktionen (vgl. 1Tim 3,2.12; Tit 1,6) übertragen wird.[279] Für Paulus hat die höhere „Seligkeit"[280] nach dem Bisherigen ihren Grund im ungeteilten Dasein für den Herrn. Sie ist nicht ausdrücklich durch die kirchliche Versorgung abgesichert, wie sie später den „registrierten" älteren Witwen zukommt (vgl. 1Tim 5,3–16, aber auch schon Apg 6,1).

---

[273] Wohl das atl.-jüdische; vgl. mQid 1,1 bei Bill. III 377. Vgl. aber auch die Gerichtsrede bei Achilles Tat. VIII 10,12 (Ehebruch nur, wenn der Mann noch lebt) und das Versprechen lebenslänglicher Treue in Eheverträgen: R.E. KRITZER in: ARZT-GRABNER u.a., 1Kor 314f.

[274] Κοιμᾶσθαι wird zwar im NT nur auf den Tod von atl. „Heiligen" und Christen bezogen (vgl. in unserem Brief 11,30; 15,6.18.20.51; 1Thess 4,13–15); diese Auffassung ist aber religionsgeschichtlich nicht allein dem Christentum zu eigen. Eindeutig ist 15,18 „die in Christus Entschlafenen".

[275] Die Passivform von γαμεῖν wird für die Frau gebraucht, aber im Sinn eines Deponens. V. 28b.34c stand auch das Aktiv bei weiblichem Subjekt. Vgl. B-D-R 78, 1a; 101,16.

[276] Μόνον ähnlich Gal 2,10; 5,13; Phil 1,27 vor volitiven Verben.

[277] Viele moderne Kommentare betonen die Offenheit der Formel ἐν κυρίῳ. Vgl. in unserem Brief 4,17; 7,22; 9,1f; 11,11; 15,58; 16,19. Sie qualifiziert oft Menschen und Sachverhalte als der christlichen Gemeinde und ihrem Missionswerk zugehörig.

[278] Vgl. LANG, B., Art. „Witwe", NBL 3, 2001, 1118–1120 (Lit.). Es ist nicht zu vergleichen mit der frauenfeindlichen Seligpreisung des *Mannes*, der nicht heiratet: Euripides, Frgm. bei Stobaeus IV 525f (WACHSMUTH/HENSE); Menander, Frgm. 3 (KASSEL/AUSTIN).

[279] Vgl. KÖTTING, B.: Die Bewertung der Wiederverheiratung (der zweiten Ehe) in der Antike und in der Frühen Kirche, RhWAW.G 292, Opladen 1988; KLEINSCHMIDT, Ehefragen 95–115; Anm. 88 zu Hermand IV 4 von M. LEUTZSCH in: SUC 3, 1998, 449.

[280] Sie ist – gegen SCHRAGE, 1Kor II 206 – weder auf die Freiheit von „Unannehmlichkeiten" einzuschränken noch einfach mit dem ewigen Heil gleichzusetzen, das keinen Komparativ kennt.

Die subjektive Note dieses Ratschlags (vgl. zu γνώμῃ 25b) erhält ein Gegengewicht im Verweis auf den Geistbesitz des Apostels. Er erfüllt die gleiche Funktion wie V. 25b: Trotz des bescheidenen δοκῶ (vgl. zu 4,9) wird hier ein Anspruch laut, der über die Geistbegabung der gewöhnlichen Gläubigen hinausgeht. Was soll aber dann das „auch" in dem akzentuierten Subjekt κἀγώ?[281] Wenn es vergleichend gebraucht ist und kein ironisches *understatement* vorliegt, setzt sich Paulus ins Verhältnis zu Christen, die in besonderer Weise den Geist Gottes für sich reklamierten. Bei 2,13 sahen wir, dass korinthische „Pneumatiker" wohl diesen Anspruch erhoben. So wird man mit den meisten Autoren[282] hier eine Spitze gegen sie herauslesen dürfen. Die Tatsache jedoch, dass Paulus das Pneuma ausgerechnet für seine Bevorzugung der Ehelosigkeit geltend macht,[283] stimmt skeptisch gegenüber der pauschalen Vermutung, die Pneumatiker seien die treibenden Kräfte des korinthischen Asketentums.[284]

In einem Rückblick soll deshalb zunächst einmal auf die durchscheinenden Gemeindeverhältnisse eingegangen werden. Heutige Exegese versucht ja meistens, das ganze Kap. als Reaktion des Paulus auf ein überzogenes Asketentum einiger Korinther zu verstehen. Eine Verabsolutierung der Ehelosigkeit unterstellt man heute gern den „Enthusiasten". Sie hätten sich auf die Tauftradition Gal 3,28 (s. zu 12,13) gestützt, wo freilich nicht die Sexualität als solche, sondern die Geschlechterdifferenz religiös vergleichgültigt wird,[285] und wie Mk 12,25parr. sich schon im Zustand der Engel im Himmel gewähnt, die weder heiraten noch zur Frau genommen werden. Doch wäre es dann höchst gefährlich, dass Paulus V. 29–31 gegenüber solchen Leuten mit dem nahen Ende argumentiert.[286] Eher könnte man übertriebenen Eifer in den Reihen der Paulusanhänger annehmen.[287] Aber nicht alle im thematischen Zusammenhang behandelten Probleme dürften von ihnen verursacht sein: Beim Verbot der Scheidung stellten wir das Gewicht der heidnischen Umwelt in Rech-

---

[281] Wo es am Satzanfang steht (2,3; 3,1; 2Kor 6,17; 12,20; Gal 6,14), genügt die Übersetzung mit „und ich". Im Vergleich (7,8; 10,33; 11,1; 16,10) wirkt das „auch" z. T. überflüssig (BAUER, Wörterbuch 783 unter 3c; dagegen ist es angebracht, wo Paulus ausdrücklich auf andere Personen Bezug nimmt (15,8; 16,4; 2Kor 2,10; 11,16.18.21f). Dies ist 1Thess 3,5 (vgl. Eph 1,15) nach „deshalb" nicht der Fall. Wie dort könnte κἀγώ auch 7,40b einfach erklärende Bedeutung („ja auch") haben.

[282] Ablehnend jedoch HEINRICI, iKor 249; zurückhaltend CONZELMANN, iKor 169; FEE, iKor 356f. SENFT, iKor 106: Man hat ihm in Korinth den Geist nicht abgesprochen.

[283] Das und V. 35 führt WOLBERT, Argumentation 129f; 133 zur Hypothese, Paulus könnte ab V. 25 (jüngere) Christen ansprechen, die eher zur Ehe entschlossen sind.

[284] Gegen GUNDRY-VOLF, Controlling auch LINDEMANN, iKor 184f. Er neigt eher mit DEMING, Paul dazu, ein philosophisch reflektiertes, kynisch-stoisch beeinflusstes Denken in der korinthischen Gemeinde anzunehmen.

[285] Nur auf Umwegen kann GUNDRY-VOLF, J.M.: Male and Female in Creation and New Creation: Interpretations of Galatians 3.28c in 1 Corinthians 7, in: Schmidt, Th.E./Silva, M. (Hg.): To Tell the Mystery. FS R.H. Gundry, JSNT.SS 100, Sheffield 1994, 95–121 behaupten: „In the hands of sexual ascetics such as those in Corinth, the eschatological formula could be taken to justify sexual ascetism." Gal 3,28c ist eher relevant für das Verständnis von 11,2–16.

[286] Weitere Argumente gegen solche Motivationen der postulierten Asketen bei MAY, Body 168–179.

[287] So schon MEYER, iKor 181 „am denkbarsten"; neuerdings STROBEL, iKor 116 „Pauliner".

nung, bei der Mischehe Reinheitsbedenken, die man eher den „Schwachen" (vgl. 8,7–13) zutrauen würde. Für 7,17–24 rechneten wir nicht mit einem unmittelbaren Bezug auf die korinthische Situation, zumal Paulus nach V. 17b so „in allen Gemeinden" lehrt.

Auf der anderen Seite geht May, Body wohl zu weit, wenn sie asketische Bestrebungen in der korinthischen Gemeinde überhaupt in Abrede stellt. Sie betont aber zu Recht, dass der Vorrang der Ehelosigkeit den paulinischen Tenor des Kap. ausmacht. Zweifellos stellt Paulus durchweg die Enthaltung über die Ehe und bestätigt so eine wohl von ihm selbst in Korinth ausgelöste asketische Bewegung. Der Ausweg, entsprechende Spitzensätze (V. 1β.26β.34bβ) auf das Konto radikaler Korinther zu schreiben, schien uns nicht gangbar. Im Gegenteil, die καλόν-Sätze V. 1β.26 haben die rhetorische Funktion einer das Folgende beherrschenden *propositio*. Andererseits bremst der Apostel asketischen Überschwang: zu lange Enthaltung innerhalb der Ehe, Eheverzicht, der sich nicht gegen das natürliche Verlangen durchhalten lässt. Obwohl es in Korinth – sicher nicht ohne seine Billigung – Formen frei gewählter, vorsätzlicher Jungfräulichkeit gab, wehrt er sich dagegen, mangelnde Prinzipientreue gleich als Sünde einzustufen.

Doch kann unter diesen Umständen die Ehe nur als Entgegenkommen gegenüber dem Sexualtrieb gewürdigt werden. Sie erscheint zwar nicht gerade als „ein durch die Schwachheit des Fleisches vielfach notwendig werdendes Übel"[288], aber doch eindeutig als das geringere Gut (V. 38).[289] Die Gründe, die der Apostel für den Vorzug der Ehelosigkeit ins Feld führt, mag man heute theologisch relativieren. Das sollte man aber nicht nur gegenüber der eschatologischen Zeitbestimmung V. 26.29a tun, sondern auch in Bezug auf das V. 32–35 behauptete exklusive Christusverhältnis der Jungfräulichen. Wie wir gerade bei V. 34 gesehen haben, spielt dabei eine – kulturgeschichtlich verstärkte – Ambivalenz von Sexualität mit. Vielleicht lässt sich das „Besser" gar nicht *a priori* begründen, sondern erst vom Zeugnis gelebten Christseins her glaubhaft machen. Neben seinen grundsätzlichen Optionen beweist Paulus jedenfalls auch immer wieder (V. 7b.9.15.36, möglicherweise auch V. 21c) erstaunliche Flexibilität angesichts individueller Situationen und versteht es V. 29–31, die gewünschte Grundhaltung auch unter äußerlich widersprechenden Bedingungen nahezubringen.

---

[288] So LIETZMANN, 1Kor 29; vgl. dazu den Nachtrag von KÜMMEL 176. Auch Väter wie Tertullian und Hieronymus bestritten auf Grund von 7,1, dass die Ehe ein Gut ist. Ausgewogener Augustinus. Vgl. KOVACS, 1Kor 110f; FURNISH, The Theology 137f.

[289] Wer – wie KÜLLING, Ehe – aus dem Text eine Gleichstellung von Verheirateten und Unverheirateten herausliest, muss ihn gegen den Strich bürsten.

D. 8,1–11,1: Über das Essen von Götzenopferfleisch

Literaturauswahl zu 8,1–11,1

BARRETT, C.K.: Things Sacrificed to Idols, NTS 11, 1964/5, 138–153 (= Ders., Essays 40–59). BLISCHKE, Begründung 175–212. BRUNT, J.C.: Love, Freedom, and Moral Responsability: The Contribution of I Cor. 8–10 to an Understanding of Paul's Ethical Thinking, SBL.SP 117, 1981, 19–33. CHEUNG, Food. COPE, First Corinthians 8–10. COUNE, problème. DAWES, G.W.: The Danger of Idolatry: First Corinthians 8:7–13, CBQ 58, 1996, 82–98. DELOBEL, Coherence. DE LORENZI, Freedom. ERIKSSON, Topics. FARLA, Composition. FEE, Εἰδωλόθυτα. FISK, Eating. FOTOPOULOS, Food. GÄCKLE, Starken. GARDNER, Gifts. GOOCH, Food. HEIL, CH.: Die Ablehnung der Speisegebote durch Paulus, BBB 96, Weinheim 1994. HORRELL, Principle. HORSLEY, Consciousness. KLAUCK, Herrenmahl 241–285. KOCH, unanstößig. KONRADT, Gericht 345–402. MALY, Gemeinde 93–177. MURPHY-O'CONNOR, Freedom. NEWTON, Deity. SANDELIN, Drawing. SMIT, Offerings. SODEN, VON, Sakrament. SÖDING, Starke. STILL, Aims. THEISSEN, Starken. TOMSON, Paul 187–213. WILLIS, Meat. WINTER, B.W.: Theological and Ethical Responses to Religious Pluralism – 1 Corinthians 8–10, TynB 41, 1990, 209–226. WITHERINGTON, Not. WOLTER, Kompromiss. YEO, Interaction. YOU-MARTIN, Starken.

Die Themenangabe in 8,1, die 8,4 wieder aufgenommen wird, deckt den Text bis 11,1 ab. Semantisch dreht sich hier alles um Ableitungen von εἰδωλο- („Götzen-") und um Essen und Trinken. Nur Kap. 9 macht davon eine Ausnahme; „essen und trinken" steht dort V. 4 in einem anderen Zusammenhang. Schon daran ist das Kap. als Exkurs erkennbar. Von den sich ergebenden drei Stücken (Kap. 8.9.10) unterteilt man gewöhnlich das letztere noch einmal, weil die prinzipiellen V. 23f abrupt einsetzen und die Situation des Essens von Götzenopferfleisch eine andere ist als zuvor (s.u.). Hier kommt der Apostel deutlich auf schon 8,7–13 Gesagtes zurück (Stichwort „Freiheit", „Gewissen", „Anstoß"); aber auch 9,19–23 wird in 10,33 zusammengefasst. So bilden die verallgemeinernden Imperative 10,31–11,1 eine Art *peroratio* zum Ganzen. Folgende grobe Gliederung findet weithin Zustimmung:

1. 8,1–13: Bei aller Erkenntnis Rücksicht auf das schwache Gewissen nehmen
2. 9,1–27: Freiheit im Verzicht auf Rechte – das Beispiel des Apostels
3. 10,1–22: Den Götzendienst meiden
   a) 10,1–13: Das negative Beispiel der Väter
   b) 10,14–22: Unvereinbarkeit von Herrenmahl und Teilnahme an Götzenopfern
4. 10,23–11,1: Freiheit praktizieren, ohne Anstoß zu geben

Wie schon in der Einleitung erwähnt, geben die Kapitel Anlass zu literarkritischen Operationen. Das weitgehende Zugeständnis der Freiheit zum Essen von Götzenopferfleisch, die nur durch die Rücksicht auf andere eingeschränkt ist, in Kap. 8 und 10,23–11,1 passt anscheinend nicht zu der scharfen Ablehnung in 10,1–22, wo das Essen von den Götzen geopfertem Fleisch unter Götzendienst subsumiert wird. Wenn man die Spannung nicht durch Verteilung auf verschiedene Briefe oder gar durch Annahme einer späteren Interpolation[1] beseitigen kann, bietet sich eine andere Lösung[2] an: Von Götzenopferfleisch ist in verschiedenen Kontexten die Rede. In Kap. 8 weist die einzige Konkretisierung (V. 10) auf Genuss im Götzentempel, wie auch 10,14-22 den Fleischverzehr in engen Zusammenhang mit dem Opfer bringt. In 10,23-11,1 dagegen geht es um Fleisch, das auf dem Fleischmarkt verkauft und in privatem Rahmen gegessen wird. Die Herkunft aus dem Götzenopfer kommt erst nachträglich an den Tag. Das ist richtig; doch bleibt festzuhalten, dass dem Begriff εἰδωλόθυτα in 8,1.4 solche Spezifikation noch nicht anzusehen ist.[3] Die eigentliche Pointe von Kap. 8 geht verloren, wenn man das ganze Kapitel unter das Thema „Götzendienst" von Kap. 10 bringen will.[4] Und es bleibt verwunderlich, dass 8,10 den Aufenthalt im Götzenhaus nicht als solchen verurteilt. Dass V. 10 nur hypothetischen Charakter hat[5], ändert ja nichts daran, dass das Liegen im Tempel die ἐξουσία von V. 9 illustriert, die Paulus zuzugestehen scheint.[6] Das hängt wohl mit der rhetorischen Strategie[7] des Apostels zusammen. Er möchte zunächst einmal ein Einverständnis herstellen mit denen, die „Erkenntnis" beanspruchen, und erkennt ihre Freiheit grundsätzlich an. So kann er sie – auch mit dem Einsatz seines persönlichen Beispiels – dazu bewegen, von ihrem Recht nicht zum Schaden des Bruders Gebrauch zu machen. Erst dann fährt er das schwerere Geschütz auf, die alttestamentlich fundierte Warnung vor dem Götzendienst. Der Ausklang kann dann wieder konzilianter gestaltet werden. Auf jeden Fall müssen wir auch in einem durchlaufenden Text mit Inkonsistenzen in der Argumentation des Paulus rechnen. 11,2-16 ist dafür ein schlagender Beleg.

Exkurs 6: Die Problematik des Götzenopferfleisches

Schon das Bundesbuch verhängt die Todesstrafe über den, der einer Gottheit außer Jahwe Schlachtopfer darbringt (Ex 22,19). Bei der Erneuerung des Bundes wird davor gewarnt, mit den heidnischen Bewohnern Kanaans Verträge abzuschließen; der Israelit könnte zu den dazugehörigen Schlachtopfern eingeladen werden und davon essen (Ex 34,15). Wie bei Paulus (vgl. 10,18-22) beteiligt das Essen am Opfer und stellt eine Beziehung zu den Adressaten des Opfers her, die zur Jahwe-Verehrung in unerträglicher Konkurrenz steht. Das abschreckende

---

[1] So Cope, First Corinthians 8-10 zu 10,1-22; das Stück weise nicht-paulinische Terminologie auf bzw. gebrauche paulinische Begriffe in für Paulus nicht charakteristischer Weise.

[2] Vgl. Fee, Εἰδωλόθυτα, ders., 1Kor 357-363; Smit, Offerings 47f; 55-58.

[3] Das vermerkt Fisk, Eating 55.-59 mit Recht gegenüber Fee. Seine Kritik gilt auch für den späteren Aufsatz von Witherington, Not, nach dem εἰδωλόθυτον „meant meat sacrificed to and eaten in the presence of an idol, or in the temple precincts". Cheung, Food 105 sieht besser, dass V. 10 innerhalb von Kap. 8 als Argument *a maiori ad minus* fungiert.

[4] So Delobel, Coherence 181 gegen Fee.

[5] Wie neuerdings Sandelin, Drawing 117f im Gefolge von Hurd, Origin 125 herausstreicht. Dabei ist m. E. wahrscheinlich, dass das Hypothetische nur in dem Gesehenwerden vom schwachen Bruder liegt; so Fisk, Eating 61 Anm. 45.

[6] Es geht nicht an, „diese eure Freiheit" wegen des Demonstrativpronomens als paulinischen Sarkasmus abzutun, wie Cheung, Food 129f es im Gefolge von Smit, Offerings unternimmt.

[7] Vgl. Gooch, Food 83f; Smit, Offerings 64f; Eriksson, Traditions 148-150 spricht von *insinuatio*.

8,1–11,1: Über das Essen von Götzenopferfleisch

geschichtliche Beispiel dafür gaben die Israeliten in Schittim, als sie sich von den Moabiterinnen zu den Opferfesten ihrer Götter einladen ließen; indem sie mit ihnen aßen, erwiesen sie auch den fremden Göttern Reverenz (vgl. Num 25,1–5). Der von Paulus gebrauchte polemische *terminus technicus* εἰδωλόθυτον bezeichnet aus jüdischer Perspektive das den Götzen Geopferte. Das könnte z.B. auch Libationswein umfassen (vgl. 10,21a); wie jedoch 8,13 „Fleisch" zeigt, hat Paulus vor allem Tiere im Auge. Die Griechen sprechen respektvoll von θεόθυτον bzw. ἱερόθυτον (s. 10,28). Der Begriff εἰδωλόθυτον findet sich in jüdischen Schriften aber erst spät: 4Makk 5,2 (1. Jh. n. Chr.). Hier zwingt der König Antiochus Israeliten, Schweinefleisch und Götzenopferfleisch zu essen, um sie auf ihre Treue zum jüdischen Gesetz zu testen. An dem zusammenfassenden Verbum μιαροφαγεῖν (4Makk 5,3 u. ö.) wird deutlich, dass solches Essen verunreinigt,[8] d.h. in die Sphäre einer gottwidrigen Macht bringt. Die Mischna erklärt das vom Götzenkult herausgebrachte Fleisch für tabu, „weil es wie Opfer für Tote ist".[9] Ein (christlicher?) Zusatz zu Ps-Phok (V. 31 = Sib 2,96) verbietet gleichermaßen Blutgenuss wie Götzenopferfleisch. Dieselbe Verbindung – daneben noch Ersticktes – markiert im sogenannten „Aposteldekret" (Apg 15,29; vgl. 21,25) die den Heidenchristen verbotenen Speisen. Dieser urchristliche Kompromiss war aber offensichtlich Paulus und den Korinthern nicht bekannt. Did 6,3 erlaubt zwar eine weniger strenge Einhaltung der jüdischen Speisegesetze, besteht aber auf der Meidung von Götzenopferfleisch; „denn es ist Dienst für tote Götter". Justin, dial. 34,8 bescheinigt den Christen, dass sie alle Unbill bis zum Tod erdulden, um nicht den Götzen zu dienen und Götzenopferfleisch zu essen.[10] Wie 10,1–22 rückt also das Essen in gefährliche Nähe zur Verehrung der heidnischen Götter.

Aber konnte man im Alltag überhaupt Fleisch von Tieren essen, die nicht im Tempel anlässlich eines Opfers geschlachtet worden waren? Die gewöhnlichen Leute konnten sich unterwegs in Küchen (*popinae* bzw. *ganeae*)[11] verpflegen, wo man sich kaum um die Herkunft des zumeist minderwertigen Fleisches scherte. Auch musste Schlachtung – z.B. von kranken Tieren – nicht unbedingt zu Opferzwecken geschehen, und so gab es sicher unbedenkliches Fleisch zu kaufen, zumal bei einem jüdischen Metzger. Im Korinth der Pauluszeit befand sich der Fleischmarkt jedoch – wie in vielen andern Städten – in der Nähe des Forums, wo sich die Tempel häuften, nämlich am Beginn der vom Forum abgehenden Lechaionstraße;[12] so konnte man nicht ausschließen, dass ein Teil des hier angebotenen Fleisches aus dem Opferanteil der Priester stammte und weiterverkauft wurde. Dass sakrale Schlachtung im *macellum* selbst stattfand, war allerdings die Ausnahme (Pompeji).[13] Wer jedoch auf Nummer Sicher gehen

---

[8] Vgl. 1Kor 8,7c μολύνεσθαι; das Bekenntnis der Aseneth „Befleckt ist mein Mund von den Opfern der Götzenbilder und von dem Tisch der Götter der Ägypter" (JosAs 12,5); Apg 15,20 ἀλισγήματα τῶν εἰδώλων (Verunreinigungen durch Götzen).

[9] So m'AZ 2,3 mit Berufung auf R. 'Aqiba (vgl. Bill. III 377) und tChul 2,18 (ebd.). Zu unterschiedlichen Grenzziehungen im Diasporajudentum s. BORGEN, P.: ,Yes,' ,No,' ,How Far?': The Participation of Jews and Christians in Pagan Cults, in: Engberg-Pedersen, Paul 30–59.

[10] Das wird für Bithynien durch Plinius d.J., epist. X 96,10 bestätigt: Dort fand sich wegen der christlichen Enthaltung fast kaum noch ein Käufer für Opferfleisch. Für die strikte Meidung von Götzenopferfleisch im frühen Christentum vgl. BRUNT, J.C.: Rejected, Ignored, or Misunderstood? The Fate of Paul's Approach to the Problem of Food Offered to Idols in Early Christianity, NTS 31, 1985, 113–124 und CHEUNG, Food Kap. 4.

[11] Darauf macht MEGGITT, J.J.: Meat Consumption and Social Conflict in Corinth, JThS 45, 1994, 137–141 aufmerksam. Solches Essen ist jedoch offensichtlich für Paulus nicht relevant.

[12] Neuerdings wird er unter dem Peribolos des Apollon lokalisiert.

[13] Das stellt KOCH, D.-A.: „Alles, was ἐν μακέλλῳ verkauft wird, eßt ...", ZNW 90, 1999, 194–219 (= Ders., Christentum 165–196) klar, rechnet aber m.E. zu wenig damit, dass das Fleisch im *macellum* von Tempeln kam. Richtig FOTOPOULOS, Food 156.

und sowohl den Götzen geopfertes wie nicht ordnungsgemäß geschächtetes Fleisch meiden wollte, wurde notgedrungen zum Vegetarier, wie wir es an den „Schwachen" in der römischen Gemeinde (vgl. Röm 14,2b) sehen.

Weiter ist zu bedenken, dass hochwertiges Fleisch in der Antike für die Durchschnittsbevölkerung Festtagsnahrung war. An großen Festen wurde Opferfleisch gratis öffentlich verteilt. Nun waren aber nicht nur die offiziellen Feste der Stadt, die Feiern der Kultvereine, sondern auch viele private Anlässe wie Hochzeit, Geburtstag, Todesfälle, Bekundungen von Dankbarkeit mit Opfern verbunden. Kleinere Opfertiere konnten zuhause vor dem Mahl geschlachtet werden. Größere wurden oft zweckmäßigerweise am Tempel dargebracht; meistens konnte man das Opferfleisch zum Verzehr mit nach Hause nehmen; bei manchen Tempeln boten sich aber auch Räume für das anschließende Opfermahl einer größeren Gesellschaft an. In Korinth sind solche Speiseräume beim Heiligtum der Demeter und Kore[14] und im Asklepieion von Lerna[15] ausgegraben worden. Obwohl die Bankettsäle der griechischen Asklepieia vom Tempel räumlich getrennt sind, gehören sie doch zum heiligen Bezirk, so dass die sakralen Vorzeichen der hier stattfindenden Mähler nicht zweifelhaft sind.[16] Das hier verzehrte Fleisch stammte sicher von Opfern. Unter den ägyptischen Papyri haben sich etwa 20 Einladungen zu derartigen Kultmählern in Tempeln – ortsbedingt vor allem im Heiligtum des Sarapis –, zu einem kleineren Teil aber auch in Privathäusern erhalten.[17] Wenn diese „Tempelrestaurants" der gegebene Ort für gesellige Feiern mit Fleischkonsum waren, darf man sich nicht wundern, dass auch Christen sich dort blicken ließen (8,10), die weiter am öffentlichen Leben mit seinen Festlichkeiten und an den Feiern ihrer heidnischen Freunde und Verwandten[18] teilnehmen wollten. Sie wollten ja nicht wie die Juden, die Tischgemeinschaft mit Heiden generell mieden, in den Ruf der Menschenfeindlichkeit geraten.[19] Doch stellte sich auch unausweichlich die Frage, ob man das dabei aufgetischte Fleisch aus Opfern essen durfte. Da die Mähler nicht nur soziale, sondern auch religiöse Bedeutung hatten,[20] konnte der Eindruck entstehen, dass ein teilnehmender Christ weiterhin die Verehrung der heidnischen Götter mitvollzieht. Dennoch glaubten offenbar korinthische Christen, sich das auf Grund ihrer Erkenntnis leisten zu können, und das, obwohl Paulus im Vorbrief die Gemeinde strikt von den Götzendienern abgegrenzt hatte (vgl. 5,9-11).

---

[14] Sie waren allerdings in der Kaiserzeit aufgefüllt und nicht mehr in Betrieb: FOTOPOULOS, Food 90f.

[15] Es ist freilich nicht sicher, ob in der 1. Hälfte des 1. Jh. n. Chr. die Speiseräume des wiederhergestellten Tempels genutzt wurden: NEWTON, Deity 98f.

[16] Anders lautende Vermutungen von GOOCH, Food 16-20.25 stellt FOTOPOULOS, Food 62.65-69 richtig. Als eine neutralere Lokalität nennt KOCH, unanstößig 39 Anm. 15 die Banketträume des Pompeion in Athen.

[17] Vgl. G.H.R. HORSLEY in NDIEC 1, 1981, 5-9; FOTOPOULOS, Food 102-114; R.E. KRITZER/P. ARZT-GRABNER in: Ders. u. a., 1Kor 321-324.

[18] Vor deren Aufforderungen, sich „an den Freuden der Menge zu beteiligen und sich zu den gleichen Heiligtümern, Trank- und Brandopfern zu begeben wie sie," warnt Philo, spec. I 316 die gläubigen Juden.

[19] Vgl. KOCH, unanstößig 50f.

[20] Das betonen neuere Autoren gegen WILLIS, Meat 44. Im P.Köln 57 und P.Oxy. 3694 etwa ist der Gott selber der Einladende. Zur gerade im Kult des Sarapis sehr intensiven Mahlgemeinschaft mit dem Gott vgl. zu 10,18. Aber auch zwei am korinthischen Asklepieion gefundene Reliefs zeigen Asklepios beim Mahl; vgl. FOTOPOULOS, Food 64. Vgl. allgemein Plutarch, mor. 1102a: „Nicht die Menge des Weines noch das Braten von Fleisch macht die Festesfreude aus, sondern gute Hoffnung und der Glaube, dass der Gott wohlwollend anwesend ist und das Dargebrachte gnädig annimmt".

1. 8,1–13: Trotz Erkenntnis – Rücksicht auf das schwache Gewissen

(1) Was aber „das den Götzen Geopferte" betrifft, so wissen wir, dass wir alle Erkenntnis haben. Die Erkenntnis bläht auf, die Liebe aber baut auf. (2) Wenn einer meint, etwas[21] erkannt zu haben, hat er noch nicht erkannt, wie man erkennen muss; (3) Wenn aber einer Gott[22] liebt, der ist von ihm[23] erkannt. (4) Was nun das Essen von den Götzen Geopfertem angeht, so wissen wir, dass kein Götze in der Welt (wirklich) ist, und dass es keinen Gott gibt, außer dem einen. (5) Denn wenn es auch sogenannte Götter gibt, sei es im Himmel, sei es auf Erden – wie es (tatsächlich) viele Götter und viele Herren gibt –, (6) so (gibt es) doch[24] für uns

> (nur) einen Gott, den Vater,
> von dem alles (ausgeht) und auf den hin wir (sind),
> und (nur) einen Herrn, Jesus Christus,
> durch den[25] alles (ist) und durch den wir (sind).

(7) Aber nicht bei allen gibt es die(se) Erkenntnis; vielmehr essen einige aus der bis jetzt anhaltenden Gewöhnung[26] an den Götzen (das den Götzen Geopferte) als Götzenopferfleisch, und ihr Gewissen wird, da es schwach ist, befleckt. (8) Speise wird uns freilich Gott nicht näherbringen; weder kommen wir zu kurz, wenn wir nicht essen, noch haben wir etwas davon, wenn wir essen.[27]

---

[21] Ausgelassen von $\mathfrak{P}^{46}$ und einigen Vätern. Der Mehrheitstext ist jedoch von $\mathfrak{P}^{15}$ (3. Jh.) an überwältigend gut bezeugt.

[22] Das Objekt lassen $\mathfrak{P}^{46}$ und Clemens Al. (Ephraem) weg; das ist wohl nicht nur Angleichung an die Auslassung des Objekts im Konditionalsatz V. 2, sondern erleichternde Lesart (s. die Auslegung).

[23] ῾Υπ᾽ αὐτοῦ fehlt bei $\mathfrak{P}^{46}$ ℵ* 33 und Clemens Al. (Ephraem). Bei $\mathfrak{P}^{46}$ und Clemens Al. (Ephraem) erklärt sich das durch die Auslassung des Bezugsworts „Gott" (s. vorige Anm.). Doch ist das betonte οὗτος wohl auch schon zur Unterscheidung von dem Pronomen αὐτός gewählt. Nach CONZELMANN, 1Kor 172 Anm. 3 setzt der Kurztext die (alexandrinische) Entwicklung des Begriffs γνῶσις (und ἀγάπη) voraus. Dagegen treten ZUNTZ, Text 31f und FEE, 1Kor 367f für den Kurztext ein. Fee erwägt für ἔγνωσται – gegen die paulinischen Parallelen – mediale Bedeutung. Neuere Sympathisanten des Kurztextes sind MALY, Gemeinde 102f; HORSLEY, 1Kor 117f; THISELTON, 1Kor 625f. Dagegen führt ROYSE, Habits 292–298 die Tendenz von $\mathfrak{P}^{46}$ zur Kürzung ins Feld. Zustimmung bei WAALER 304–307.

[24] $\mathfrak{P}^{46}$ 33 lassen ἀλλά weg; die Apodosis nach dem Konzessivsatz V. 5 schließt sich so glatter an.

[25] B hat statt δι᾽ οὗ das für Gott gebräuchlichere δι᾽ ὅν, vielleicht eine bewusste theologische „Verbesserung". Es ergibt sich so ein Wechsel von διά mit Akkusativ zu διά mit Genitiv wie Hebr 2,10.

[26] Das von ℵ* A B P Ψ 33 81 1739 1881 u.a. bezeugte συνηθείᾳ wird von den neueren Kommentatoren seit WEISS, 1Kor 227f, LIETZMANN, 1Kor 38 bevorzugt. Dagegen hielten noch SCHMIEDEL, 1Kor 138, HEINRICI, 1Kor 260f; COUNE, problème 515f; MALY, Gemeinde 111 συνειδήσει (ℵc D F G usw., westliche und antiochenische Väter) für die lectio difficilior. Sie hat zwar in 1Petr 2,19 eine Parallele, dürfte aber durch Eintragung der συνείδησις von V. 7c entstanden sein.

[27] So die ältesten Zeugen $\mathfrak{P}^{46}$ B 81, in etwa 1739; bei A sind nur die ersten vier Worte lesbar. Sachlich gleichbedeutend, aber in der Reihenfolge cb die Hsn. ℵ D F G 33c und viele, denen ZUNTZ, Text 161f folgt. Eine dritte Variante bieten Ac 33: οὔτε ἐὰν μὴ φάγωμεν περισσεύομεν, οὔτε ἐὰν φάγωμεν ὑστερούμεθα (vgl. SWANSON, Manuscripts 117; NESTLE-ALAND27 sind hier nur zu korrigieren). MURPHY-O'CONNOR, J.: Food and Spiritual Gifts in 1 Cor 8:8, CBQ 41, 1979, 292–298 hält den Tausch der Negation vor φάγωμεν für ursprünglich, weil das eher zum korinthischen Slogan passe. Eine petitio principii, vgl. DELOBEL, J.: Textual Criticism and Exegesis: Siamese Twins?, in: B. Aland/Ders. (Hg.): New Testament Textual Criticism, Exegesis and Church History, CBET 7, 1994, 98–117, 104–107.

(9) **Sehet jedoch zu, dass diese eure Freiheit nicht irgendwie zum Anstoß werde für die Schwachen. (10) Denn wenn einer dich, der Erkenntnis hat, im Götzentempel (zu Tisch) liegen sieht, wird da nicht sein Gewissen, wo er doch schwach ist, ermuntert, das den Götzen Geopferte zu essen? (11) Der Schwache geht nämlich an deiner Erkenntnis zu Grunde, der Bruder, wegen dessen Christus gestorben ist. (12) Indem ihr euch aber so gegen die Brüder vergeht und ihr schwaches**[28] **Gewissen verletzt, vergeht ihr euch gegen Christus. (13) Deshalb: Wenn Speise meinen Bruder zu Fall bringt, will ich in Ewigkeit nicht Fleisch essen, damit ich meinem Bruder nicht zum Fallstrick werde.**

BECKER, E.-M.: ΕΙΣ ΘΕΟΣ und 1Kor 8, in: Popkes, W./Brucker, R. (Hg.), Ein Gott und ein Herr, BThSt 68, Neukirchen-Vluyn 2004, 65–99. DENAUX, A.: Theology and Christology in 1 Cor 8,4–6, in: Bieringer, Correspondence 593–606. DUPONT, Gnosis 51–88.265–377. FEUILLET, Christ 59–85. GIBLIN, CH.H.: Three Monotheistic Texts in Paul, CBQ 37, 1975, 527–547, 529–537. FOTOPOULOS, J.: Arguments Concerning Food Offered to Idols: Corinthian Quotations and Pauline Refutations in a Rhetorical *Partitio* (1 Corinthians 8:1–9), CBQ 67, 2005, 611–631. HOFIUS, O.: „Einer ist Gott – Einer ist Herr", in: Evang/Merklein/Wolter, Eschatologie 95–108 (= Ders., Paulusstudien II 167–180). –: Christus als Schöpfungsmittler und Erlösungsmittler, in: Schnelle/Söding, Christologie 47–58 (= Ders., Paulusstudien II 181–192). HOPPE, R.: 1 Cor. 8.1–6 as Part of the Controversy between Paul and the Parish in Corinth, in: Mrázek, J./Roskovec, J. (Hg.): Testimony and Interpretation. FS P. Pokorný, JSNT.SS 272, London/New York 2004, 28–39. HORSLEY, R.A.: The Background of the Confessional Formula in 1Kor 8,6, ZNW 69, 1978, 130–135. DERS.: Gnosis in Corinth: I Corinthians 8,1–6, NTS 27, 1981, 32–51. KERST, R.: 1Kor 8,6 – ein vorpaulinisches Taufbekenntnis?, ZNW 66, 1975, 130–139. LANGKAMMER, H.: Literarische und theologische Einzelstücke in 1 Kor. VIII.6, NTS 17, 1970/71, 193–197. MURPHY-O'CONNOR, J.: I Cor., VIII, 6: Cosmology or Soteriology?, RB 85, 1978, 253–267. NIEDERWIMMER, Erkennen 89–98. NORDEN, E.: Agnostos Theos, Stuttgart 1956, 240–250. SMIT, J.F.M.: 1 Cor 8,1–6: A Rhetorical *Partitio*, in: Bieringer, Correspondence 577–591. STERLING, Wisdom. THÜSING, Gott 225–232. VOSS, Wort 212–239. WAALER, E.: The *Shema* and The First Commandment in First Corinthians, WUNT II 253, Tübingen 2008. WOYKE, Götter 179–214. ZELLER, D.: Der eine Gott und der eine Herr Jesus Christus, in: Ders., Neues Testament 47–59.

Schon stilistisch lässt sich ein erster grundsätzlicher Teil mit unpersönlichen Feststellungen abgrenzen (V. 1–6). Sie werden eingeleitet durch ein zweimal ansetzendes „Wir wissen" (V. 1a.4). Die 1. Pl., in der sich Paulus mit den Adressaten zusammenschließt, findet sich noch in den Personalpronomen V. 6 und in dem ebenfalls lehrhaften V. 8. Dieser ist eingebettet in eine lebhafte Argumentation V. 7–13, die von einem konkreten Fall (V. 7, wenn man will: eine Mini-*narratio*) ausgeht. Sie wendet sich mit dem Imperativ V. 9 an die 2. Pl., die in den davon abhängigen Begründungssätzen vorübergehend in die 2. Sg. des Diatribestils (typisch dafür auch die rhetorische Frage V. 10) umschlägt; V. 12 steht aber wieder im Pl. Die abschließende praktische Folgerung (V. 13) zieht Paulus in der 1. Sg., die aber exemplarische Bedeutung hat, wie das folgende Kap. lehrt. Inhaltlich hängen beide Stücke (V. 1–6.7–13) aber zusammen, weil gleich V. 1c die Liebe als Korrektiv zur Erkenntnis einführt; sie

---

[28] Das Adjektiv fehlt in 𝔓⁴⁶ und bei Clemens Al.

konkretisiert sich im zweiten Teil als Rücksicht auf das schwache Gewissen des Bruders.[29]

V. 1 Wie in 7,25 weist die Selbstverständlichkeit, mit der das neue Stichwort eingeführt wird, auf eine Vorgabe im Brief der Korinther. Weniger sicher ist, ob der mit οἴδαμεν eingeleitete ὅτι-Satz ein Zitat darstellt, wie meist behauptet wird.[30] Mit „Wir wissen" artikuliert Paulus – nicht viel anders als mit der Frage „Wisst ihr nicht" (s. zu 3,16) – sonst eine gemeinsame Überzeugung (vgl. Röm 2,2; 3,19; 7,14; 8,22.28; 2Kor 5,1). Wohl haben die von Paulus ab V. 9 Kritisierten den Besitz von „Erkenntnis" für ihr anstößiges Verhalten ins Feld geführt (vgl. V. 10f), aber schon das „alle" geht eher auf das Konto des Apostels, der eine Gesprächsbasis zwischen sich und diesen Leuten zu legen sucht. Zu ihrem elitären Denken scheint es ja schlecht zu passen.[31] Den Widerspruch zu V. 7a nimmt Paulus vorerst in Kauf. Trotz des absoluten Sprachgebrauchs und des unbestimmten „etwas" V. 2 spricht dann V. 4 den Inhalt dieser γνῶσις aus. Es geht um die für das Christwerden grundlegende Erkenntnis, dass es nur einen Gott gibt und die Götzen nichts sind. Das meint Paulus zunächst für alle beanspruchen zu können. Davon zu unterscheiden sind wohl die verschiedenen Arten (vgl. πᾶσα γνῶσις 1,5; 13,2; Röm 15,14) von Erkenntnis, die den einzelnen als Gnadengabe zukommen (vgl. Kap. 12–14),[32] also nicht jedem eignen wie der fundamentale Ein-Gott-Glaube. Von diesem spricht Paulus sonst substantivisch als γνῶσις τοῦ θεοῦ (2Kor 10,5), verbal als γιγνώσκειν (1,21; Gal 4,9; Röm 1,21) bzw. εἰδέναι τὸν θεόν (1Thess 4,5; Gal 4,8 den Heiden aberkannt). Der Ausdruck ist wohl traditionell,[33] während für Paulus selber die Erkenntnis Christi charakteristisch ist (vgl. Phil 3,8; wohl auch 2Kor 2,14; vgl. 4,6; 5,16; 8,9). Auch der Jude hat nach Röm 2,20 im Gesetz die Gestalt gewordene Erkenntnis und Wahrheit. Hier kommt zur Erkenntnis Gottes (so SapSal 2,13a; 14,22) noch die seines Willens hinzu.[34] Auch bei den Korinthern hat die γνῶσις eine praktische Komponente. Sie orientiert sich aber nicht am Gesetz, sondern setzt gerade das Bewusstsein der „Freiheit" (vgl. 9,1.19; 10,29), der ἐξουσία (vgl. 8,9) aus sich heraus, der „alles erlaubt ist"

---

[29] SMIT und FOTOPOULOS wollen 8,1–6 bzw. 8,1–9 als *partitio* verstehen, in der Thesen des Gegners zitiert werden. Aber die gliedernde Funktion der paulinischen Thesen für die folgenden Kap. ist nicht offensichtlich. Treffende Kritik an Smit jetzt bei FARLA, Composition.

[30] Vgl. nur WEISS, 1Kor 214; JEREMIAS, J.: Zur Gedankenführung in den paulinischen Briefen, in: Ders., Abba 269–276, 273f (Zitate sind V. 1.4.8). Dagegen PROBST, Paulus 111–126; BECKER 72.76.

[31] Das sieht auch SCHRAGE, 1Kor II 229, obwohl er das πάντες dann doch den Korinthern zuspricht. COLLINS, 1Kor 309f betrachtet es als paulinische Korrektur eines exklusiven Anspruchs; es ist aber eher diplomatisch.

[32] Möglicherweise betrachteten die Korinther ihre Erkenntnis als charismatisches Privileg – so DUPONT 372.375; GARDNER, Gifts 23.25f –, aber Paulus lässt das hier außer Acht – ebenso wie den charismatischen Charakter der von den Korinthern angestrebten Weisheit Kap. 1–4.

[33] BULTMANN, R.: Art. γινώσκω κτλ., ThWNT I, 1933, 688–719 nennt für den jüdischen Sprachgebrauch, bei dem in Auseinandersetzung mit dem Heidentum die monotheistische Erkenntnis betont wird: Jdt 8,20; EpJer 22.28.50.64.71; SapSal 12,27; Sib Frgm. 1,31f. Vgl. noch TestHiob 2,4. Das philonische Stufenmodell der Gotteserkenntnis liegt hier – gegen HORSLEY, Gnosis – ferner.

[34] Vgl. Röm 2,18 und die bei SCHRAGE, 1Kor II 229 gegebenen Belege SapSal 5,7; 9,10; Bar 3,23; 4,13. In diesem religiös-sittlichen Sinn fordern oder verheißen auch Propheten „Erkenntnis" (vgl. Hos 2,22; 4,1.6; 6,6; Jes 11,9). In der Weisheitsliteratur geht das „Wissen" mit Gottesfurcht und Zucht einher. Vgl. BOTTERWECK, G.J.: Art. יָדַע/*jd'*, ThWAT 3, 1982, 486–512, 497.507f.

(vgl. 10,23 und zu 6,12). In dieser Hinsicht stehen die Gnosis-Leute den späteren Gnostikern[35] näher als dem Alten Testament.

Nach Irenaeus, haer. I 6,3 essen z. B. die Anhänger Valentins „Götzenopferfleisch ohne Bedenken und vermeinen, sich dadurch nicht zu beflecken. Zu jeder Festveranstaltung der Heiden, die zur Ehre der Götzen abgehalten wird, begeben sie sich als erste." Vgl. auch den am Ende von Exkurs 4 zitierten gnostischen Text aus Porphyrius, abst. I 42: Unreine Speisen beflecken nur die Geringen, „wo aber der Abgrund der Freiheit (ἐξουσία) ist, die nehmen alles in sich auf und werden durch nichts befleckt". EvPhil 110a (NHC II 3, 77,15-31) spinnt die Gedanken von Joh 8,34 und 1Kor 8,1 im 3. Jh. weiter: „Wer die Erkenntnis der Wahrheit besitzt, ist frei. Der Freie aber sündigt nicht [...] Die Erkenntnis der Wahrheit erhebt[36], d. h. sie macht sie frei und bewirkt, dass sie sich über alles hinwegsetzen. Die Liebe aber erbaut."

Vielleicht haben auch manche Korinther ihre durch „Erkenntnis" gewonnene Freiheit so demonstrativ vor sich her getragen. Jedenfalls sieht Paulus die Gefahr, dass sie ihre Überlegenheit herausstellen.[37] Dagegen bläht sich die Liebe gerade nicht auf (vgl. 13,4). Ihre positive Leistung für die Gemeinschaft wird mit οἰκοδομεῖν („aufbauen") angegeben, dessen bildhafte Verwendung uns seit 3,10 geläufig ist. Das Verbum wird schon 1Thess 5,11 in der Paränese parallel zu „aufmuntern" gebraucht; so ist es wenig wahrscheinlich, dass Paulus es – wegen V. 10 (s. z.St.) – von den korinthischen Gnosis-Leuten aufgeschnappt hat.[38] Es wird uns 10,23; 14,4.17 neben dem Substantiv οἰκοδομή (14,3.5.12.26; vgl. in einem ähnlichen Konflikt wie 1Kor 8-10 Röm 14,19; 15,2) wieder begegnen, und zwar sowohl im Bezug auf den einzelnen Mitbruder wie auf die Gemeinde.

V. 2f Hier setzt sich die Gegenüberstellung „Erkenntnis – Liebe" fort. Die bloße Erkenntnis – und sei ihr Inhalt auch noch so bedeutend[39] – genügt nicht; sie kann Selbsttäuschung sein.[40] Nicht weil irdische Erkenntnis ohnehin Stückwerk ist, wie 13,12c deutlich wird, sondern weil sie in einem normativen Rahmen steht,[41] konkret: in einem Beziehungsgefüge.[42] An sich sollte man nun erwarten, dass dieses durch die

---

[35] Vgl. die in Exkurs 4, 2. Teil, bes. Anm. 228, zitierten Stellen. Ferner Justin, dial. 35,1.6; THEISSEN, Starken 282f.
[36] Nach CONZELMANN, 1Kor 174 Anm. 11 wird hier φυσιοῦν – wie in der gnosisfreundlichen Auslegung von Clemens Al., strom. VII 16,104f – positiv interpretiert. Die obige Übersetzung nach Nag Hammadi Deutsch, GCS.NF 8, Berlin/New York 2001, 208.
[37] Zu φυσιοῦσθαι vgl. bei 4,6.
[38] Anders WEISS, 1Kor 214f; FEE, 1Kor 362.366 und viele andere. VIELHAUER, Oikodome 85-96, bes. 92f kompliziert: Die Korinther haben den Begriff zwar von Paulus, aber im Schlagwort „Die Erkenntnis baut auf" falsch verstanden.
[39] WOLFF, 1Kor 170 verweist auf das ähnliche εἶναί τι (z.B. 3,7), um plausibel zu machen, dass τί hier nicht „irgend etwas", sondern „etwas Bedeutendes, Besonderes" meint.
[40] Zum Konditionalsatz εἴ τις δοκεῖ + Infinitiv vgl. zu 3,18.
[41] Zu καθὼς δεῖ vgl. Röm 8,26; 12,3; 1Thess 4,1. Nach WAALER 352-354 bilden die göttlichen Gebote diesen Rahmen. Das sagt Paulus ebensowenig wie dass die korinthische γνῶσις sich ihres Gegenstands bemächtigt – so CONZELMANN, 1Kor 174, als Frage auch LINDEMANN, 1Kor 190.
[42] Ähnlich bindet auch 1Joh die Gotteserkenntnis an Bedingungen, die Beobachtung der Gebote (vgl. 2,4), besonders das der Bruderliebe (vgl. 4,7). Das hat seinen Grund darin, dass die in der Sendung Christi erwiesene Liebe Gottes Gegenstand des Erkennens ist (vgl. 4,16). Diese Liebe Gottes (Genitiv des Subjekts) kommt im Liebenden zur Vollendung (vgl. 2,5; 4,12). Die darauf reagierende Liebe zu Gott und die Liebe zum Bruder sind so nicht voneinander zu trennen (4,19-21; 5,2f).

Gemeinde konstitutiert wird. Paulus müsste schreiben: Wenn einer aber seinen Bruder liebt, der hat erkannt, wie es sein muss. Aber weil die Erkenntnis auf Gott geht, kommt Paulus nun überraschend auf die Gottesliebe (s. zu 2,9) zu sprechen. Sie erst stellt eine Beziehung zu dem Erkannten her.[43] Diese Beziehung entspricht aber einem umgekehrten Erkenntnisvorgang von Gott her. Solche Gedankensprünge wird man nicht textkritisch zurücknehmen dürfen. Der Wechsel vom „Erkennen" zum „Erkanntwerden" verdankt sich aber auch nicht nur dem rhetorischen Spieltrieb des Apostels, der auch sonst Aktiv- und Passivformen desselben Verbstammes aufeinander folgen lässt (vgl. 11,29.31f; 2Kor 12,15; Phil 3,12), sondern bringt seine typische Theologie zum Ausdruck. Das wird aus den Parallelen ersichtlich: 13,12d; Gal 4,9, wo das aktive Erkennen durch das passive Erkanntsein korrigiert wird. Mit einem gewissen Recht hat man in ἔγνωσται eine atl. Nuance von „erkennen" (hebr. ידע/jdʿ) gefunden, das Am 3,2; Jer 1,5 so viel wie „ausersehen, erwählen" heißt.[44] Aber die Reziprozität von menschlichem und göttlichem Erkennen, ja, die Überbietung des menschlichen durch das transzendente Erkennen wird in hellenistischen Quellen thematisiert:

Eine mehr formale Parallele ist Philo, Cher. In 107–123 legt er die Abhängigkeit des Menschen vom Schöpfer dar; sie wird u. a. exemplifiziert an der Unverfügbarkeit der *Seele*, von der wir mehr beherrscht werden, als dass wir herrschen „und wir werden mehr von ihr erkannt, als dass wir sie erkennen, denn sie kennt uns, ohne von uns erkannt zu werden" (115). Sachlich ist bei Philo eher zu vergleichen som. II 226f: Das Denkvermögen kommt zum Stehen im Gegenüber zu Gott, „sehend und gesehen werdend". Dieses an Mose veranschaulichte Gesehenwerden wird biblisch als Zu-Erlosen (προσκληρῶσαι) interpretiert. Von den Göttern handelt dann Porphyrius, Marc. 21: Die Weisen „lernen die Götter kennen und werden erkannt von den erkannten Göttern" (γινώσκονταί τε γινωσκομένοις θεοῖς; vgl. § 13 ebd.). Das ist freilich kein Privileg, denn auch die die Götter nicht kennen, werden von ihnen erkannt (ebd. § 22). Das Erkennen der Götter ist hier ihre Aufsicht; es kann aber auch als vorgängige Offenbarung gedacht werden, die den Aufstieg des Menschen in der heilsamen Gotteserkenntnis erst auslöst (so im Corpus Hermeticum X 15). Auch in der Gnosis sind die Geschöpfe zunächst einmal „in dem Gedanken des Vaters" bzw. „in der verborgenen Tiefe". Da kannte die Tiefe zwar sie, aber sie vermochten weder die Tiefe zu erkennen noch sich selbst (TractTrip NHC I 5, 60,16–25). Doch sobald die Menschen sich selbst erkennen, werden sie auch erkannt werden: EvThom 3 (NHC II 2, 32,26f). Da die Selbsterkenntnis der Gotteserkenntnis parallel läuft, kann EvVer (NHC I 3, XII 2) 19,28–33 von den „kleinen Kindern, denen die Erkenntnis des Vaters vorbehalten ist", sagen: „Sie erkannten und wurden erkannt". Paulus stimmt mit der Gnosis darin überein, dass die vollkommene Erkenntnis Gottes mit einem umfassenden Erkanntwerden durch Gott zusammenfällt (vgl. 13,12b). Er unterscheidet sich dadurch, dass dieser In-eins-Fall nicht in der Wesensidentität von Gott und Erkennendem gründet, sondern in einer personalen Zuwendung Gottes. Er kann dabei – ähnlich wie Philo – einen hellenistischen Topos biblisch abwandeln.[45]

---

[43] Sonst bleibt die Erkenntnis Gottes so beziehungslos wie der Glaube der Dämonen, die nur vor Gott erschaudern (vgl. Jak 2,19).
[44] Vgl. Bultmann (s. Anm. 33) 705,33–36; von seinen 699,27–30 gegebenen atl. Belegen sind zu gebrauchen: Gen 18,19MT; Num 16,5LXX, zitiert 2Tim 2,19; Hos 12,1LXX. Paulus verwendet dafür προγιγνώσκειν: Röm 8,29 (auch dort nach „Gott lieben" V. 28); 11,2.
[45] Vgl. noch die christlichen Oden Salomos 8,8–15: Auf Aufrufe zur Erkenntnis des Höchsten folgt die Versicherung Gottes, dass er die Seinen erkennt, ja, sie schon vor ihrer Entstehung erdacht hat.

Nur wer sich liebend auf Gott einlässt, hat erkannt, „wie es sein muß", gelangt in die intime Vertrautheit mit Gott, die auf seiner Heilsinitiative beruht.[46]

V. 4 Nach dieser Korrektur am korinthischen Erkenntnisideal führt Paulus zwei Grundsätze an, die er in der umstrittenen Frage des Genusses von Götzenopferfleisch voraussetzen kann. Auch hierin sieht die Mehrheit der Ausleger Thesen der Gnosis-Leute.[47] Doch ruft der Apostel eher Formeln der missionarischen Verkündigung, die ihrerseits auf atl.-jüdischen Traditionen[48] aufbaut, in Erinnerung. Hier finden wir die Polemik gegen die Götzen (vgl. 1Thess 1,9); sie werden mit dem Material ihrer Bilder identifiziert; deswegen wird ihnen Gottheit, Leben und Realität abgesprochen (vgl. „stumm" 12,2; Gal 4,8; Apg 19,26).[49] So meint der Begriff εἴδωλον auch hier wie V. 7 und 10,19c die im leblosen Bild verkörperte Gottheit.[50] Wenn als ihr möglicher Daseinsraum die „Welt" genannt wird, so sollen diese Götzen nicht als „innerweltliche" Größen abgetan werden.[51] Der Kosmos wird ihnen vielmehr als Herrschaftsbereich aberkannt. Er ist so umfassend wie „Himmel und Erde" V. 5a. Wie schon Dtn 4,39 (vgl. V. 35) einschärfte: „Heute sollst du erkennen und dir zu Herzen nehmen: Jahwe ist der Gott im Himmel droben und auf der Erde unten, keiner sonst", so hält in V. 4 ein zweiter Satz die Ausschließlichkeit des einen Gottes als Gegenstand des Wissens fest. Sie wird mit εἰ μή[52] nach negativer Aussage formuliert. Diese Überzeugungen teilt Paulus mit den Korinthern.

V. 5f ist mit καὶ γάρ (vgl. 5,7b) angeschlossen. Die Periode aus konzessivem[53] Konditionalsatz und adversativem Hauptsatz, bei dem die Verben zu ergänzen sind, schreibt also begründend das Bekenntnis zum einen Gott fort. Dabei kommt, vorbereitet durch den eigentlich sonst unnötigen Vergleichssatz V. 5β, das Bekenntnis

---

[46] Das Perfekt ἔγνωσται könnte man lesen: „der ist *je schon* von Gott erkannt". Stärker theologische Überlegungen zum Verhältnis von Vorder- und Nachsatz bei SCHRAGE, 1Kor II 235; VOSS, Wort 223f. Aus dem analogen ἐφ' ᾧ in Phil 3,12 könnte man auf ein kausales Moment des göttlichen Erkennens schließen. Doch geht das schon über den Text hinaus.

[47] Z.B. BARRETT, 1Kor 191 „quotation from the Corinthian letter"; FEE, 1Kor 365.370 führt dafür das wiederholte ὅτι an. Aber das bezeugt nur Tradition (vgl. 15,3-5). Für SCHRAGE, 1Kor II 237f ist der Widerspruch zu V. 5 entscheidend. Doch s. dazu.

[48] Vgl. z.B. Jes 41,23f; 44,9-20; 46,5-7; Jer 10,3-5; Hab 2,18f; Ps 115,4-8 = 135,15-18; SapSal 13,10-16; 15,7-13; EpJer; Bill. III 53-56. Vgl. PREUSS, H.D.: Verspottung fremder Religionen im Alten Testament, BWANT 92, Stuttgart 1971.

[49] Der Gedanke wäre in V. 4 noch ausgeprägter, wenn οὐδέν prädikativ zu verstehen wäre (so z.B. die Übersetzung Luthers „das ein Götz nichts in der welt sey"; MURPHY-O'CONNOR, Freedom 546) – als Antithese zum „Etwas-Sein" von 10,19c. Vgl. Jes 41,24.29MT. Doch steht dem die parallele Wendung οὐδεὶς θεός entgegen. WOYKE 160-162 will auch den 2. ὅτι-Satz prädikativ verstehen; οὐδείς wäre aber dann Subjekt, während οὐδέν Prädikat ist.

[50] Dass es keine Götterbilder in dieser Welt gibt, kann Paulus ja nicht behaupten. Die Interpretation von WAALER 362-371 ist zu sehr auf das Bilderverbot Dtn 5,8 als Subtext von V. 4a fixiert.

[51] Gegen KÜMMEL, 1Kor 179: „der Gott der Christen existiert gar nicht ἐν κόσμῳ".

[52] In der LXX von Ex 8,6; Dtn 4,35.39 mit πλήν; ebenso in der Selbstaussage Dtn 32,39; Jes 44,6.8; 45,5f.21f; 46,9 wie in der Akklamation 2Βασ 7,22; Jes 45,14; vgl. Mk 12,32; stattdessen kann auch nach einer μόνος-Aussage die Existenz von anderen Göttern bestritten werden: Sib 3,629.760; als Selbstaussage Gottes: Laktanz, inst. I 6,16. Zur atl. Grundlage vgl. ROSE, M.: Der Ausschließlichkeitsanspruch Jahwes, BWANT 106, Stuttgart 1975. Zusammenstellung bei WAALER 89.450f. Das εἷς findet hier allerdings keine Vorlage.

[53] Vgl. B-D-R 454 Anm. 2. Zur Konstruktion richtig WAALER 371-374.

8,1–13: Trotz Erkenntnis – Rücksicht auf das schwache Gewissen

zum einen Herrn (vgl. zu 12,3) dazu. Weil das vom Kontext nicht erfordert ist, und wegen des vollkommenen Parallelismus in V. 6 nehmen die meisten neueren Autoren an, dass Paulus hier ein schon vorgeprägtes Doppelbekenntnis verarbeitet.[54] Jedenfalls gibt Paulus immer noch den Inhalt der gemeinsamen Erkenntnis an, die an sich freizügige Praxis rechtfertigt. Dass er auch hier Äußerungen der Korinther referiert,[55] ist unwahrscheinlich, weil die kaum die Konzession in V. 5 gemacht hätten. V. 5 leitet aber auch nicht „die Kritik des Paulus" an der V. 4 vertretenen korinthischen Position ein.[56] Er macht kein Zugeständnis an die „Schwachen", sondern erzeugt einen Kontrast zwischen dem tatsächlichen religiösen Betrieb und dem Glauben der Christen. Dabei sieht der Apostel die Götterwelt für einen Augenblick vom heidnischen Standpunkt aus, fügt aber gleich sein distanziertes „sogenannte"[57] bei „Götter" hinzu. Für ihre Verehrer mögen die Götter, die trotz der näheren Bestimmung „sei es im Himmel, sei es auf der Erde"[58] nicht weiter zu differenzieren sind, eine gewisse Realität haben. An einen dämonischen Hintergrund (vgl. 10,20f) denkt Paulus hier wohl noch nicht.[59]

An den Sprachgebrauch von Dtn 10,17; Ps 135,2fLXX anknüpfend nennt er in Parallele zu „viele Götter" „viele Herren". Κύριος bzw. κυρία war ein Titel, der in hellenistischer und römischer Zeit besonders gern aus Ägypten, Syrien oder Thrakien stammenden Gottheiten von soteriologischer Bedeutung beigelegt wurde.[60] Der Text lässt zwar zunächst keinen Unterschied zwischen θεοί und κύριοι erkennen,[61] doch waren die letzteren die eigentlichen Konkurrenten des christlichen Kyrios, wo es um Macht über das Schicksal, persönliches Heil und intensivere Gemein-

---

[54] Z.B. CONZELMANN, 1Kor 178. Dafür spricht auch, dass sonst beim echten Paulus nicht begegnende Inhalte wie die Schöpfungsmittlerschaft Christi hier ohne weiteres vorausgesetzt werden. Andere Erklärer, z.B. LANGKAMMER, meinen, Paulus habe den Vers aus älteren Einzelstücken *ad hoc* verfasst. In letzter Zeit ist die Skepsis gegenüber der Möglichkeit, feste Traditionsstücke aus dem Text des Paulus herauslösen zu können, gewachsen.

[55] So HEINRICI, 1Kor 213; HOFIUS, Einer 99; MERKLEIN, 1Kor II 187.191; WILLIS, Meat 83–87; WOYKE 186.204, der allerdings hinzufügt, dass die Korinther auf des Paulus usuelle Konvertitenbelehrung zurückgreifen. Kritisch mit Recht FEE, 1Kor 371 Anm. 10; CHEUNG, Food 123f.

[56] Gegen CONZELMANN, 1Kor 177. Ähnlich WEISS, 1Kor 221: Paulus habe „hier die Absicht, gegenüber der flachen Aufklärung seiner Gegner die Realität der religiösen Beziehungen der Heiden zu ihren Göttern stark hervortreten zu lassen." HORSLEY, 1Kor 119 beschränkt die Korrektur des Paulus auf die Parenthese V. 5b. Richtig SENFT, 1Kor 110f. Unwahrscheinlich HOPPE 32.34: V. 5f sei paulinische Antithese zu V. 4; der Glaube an den Schöpfer sei der eigentliche Differenzpunkt. Aber der ist auch in V. 4 impliziert.

[57] Vgl. Corpus Hermeticum II 14. Entsprechend Gal 4,8: die Götter sind von sich aus keine. Nach WOYKE 183–185 bezeichnet λεγόμενος lediglich eine Konvention.

[58] KLAUCK, 1Kor 63 will das in Anlehnung an Gen 1,1; Ps 135,6 etc. „als Zusammenfassung des ganzen Kosmos" verstehen. Vgl. die bei V. 4 zitierte Stelle Dtn 4,39 und Kol 1,20fin. Es liegt also bei „Göttern auf Erden" keine Spitze gegen den Herrscherkult vor. Anders ALLO, 1Kor 200, der – wie Johannes Chrys., hom. 20,2 in 1Cor (X 163 MONTFAUCON), CALVIN, 1Kor zu 8,5 – an die Phalanx vergöttlichter Menschen – als Pendant zu den Himmelskörpern – denkt; ähnlich COLLINS, 1Kor 314.

[59] Gegen HEINRICI, 1Kor 158; MALY, Gemeinde 107. 10,20f gibt die gläubige Sicht wieder.

[60] Vgl. FOERSTER, W.: Art. κύριος κτλ, ThWNT 3, 1938, 1038–1098, 1047–1052; ZELLER, D.: Art. „Kyrios", Dictionary of Deities and Demons in the Bible, Leiden usw. ²1999, 492–497; FRENSCHKOWSKI, M.: Art. „Kyrios", RAC 22, 2008, 754–794. Auch hier spielt κύριος als Herrschertitel kaum eine Rolle.

[61] Dagegen möchte WEISS, 1Kor 221f in den κύριοι die „zahllosen neuen Götter" erblicken; ähnlich KREMER, 1Kor 174; HAYS, 1Kor 139; FITZMYER 341 „apotheosized humans".

schaftserlebnisse, z.B. beim Opfermahl, ging. V. 6, der das glaubende Wissen der „Wir"[62] formuliert, stellt deshalb der Vielheit von Göttern und Herren nicht nur den „einen Gott" gegenüber, sondern hebt die Heilsfunktion des einen Herrn Jesus Christus hervor. Die Wiederholung der εἷς-Aussage ist so nicht als Aufspaltung von Dtn 6,4LXX κύριος ὁ θεὸς ἡμῶν κύριος εἷς ἐστιν zu erklären,[63] sondern durch den Gegensatz zu V. 5fin. bedingt. Daher ist das εἷς auch nicht als Subjekt,[64] sondern im Gegenüber zu „viele Götter bzw. Herren" attributiv aufzufassen. Das nachgetragene „der Vater" bzw. „Jesus Christus" bildet dann eine appositionelle Ergänzung.

Natürlich ist das εἷς θεός der Sache nach vom Šᵉmaʿ Dtn 6,4f inspiriert. Das εἷς haftet aber nicht an κύριος, sondern an θεός. Die Formulierung folgt jüdisch-hellenistischen Mustern: Hier wird entweder attributiv behauptet, dass nur ein Gott existiert (Sib Frgm. 1,7.32; 3,11) oder das Prädikat εἷς Gott emphatisch zugesprochen (Philo, op. 171; plant. 137; som. I 229; spec. I 30.67; Josephus, ant. III 91; IV 201; V 97; Sib Frgm. 3,3; Ps-Sophokles 1; Ps-Orpheus 8 bzw. 10).[65] Das klingt philosophisch geläuterter als die Absolutsetzung des Nationalgotts („unser Gott") Dtn 6,4. Das betonte εἷς θεός am Anfang einer Hexameterzeile (Sib Frgm. 1,7.32; 3,11; Ps-Phok 54) hat sein Vorbild bei Xenophanes (DIELS/KRANZ 21 B 23): „Ein Gott (ist) unter den Göttern und Menschen der größte"; ebenso die Nennung weiterer transzendenter Eigenschaften Gottes. Paulus ignoriert aber den durch die griechische Philosophie von den Vorsokratikern bis zu den Stoikern durchgehenden Zug, die Welt durch *ein* Prinzip zu erklären. Wie bei Sib Frgm. 3,3; 3,11.20; Ps-Sophokles und Ps-Orpheus auf die εἷς-Prädikation eine Aussage über die Schöpfung folgt, so auch 1Kor 8,6. Den Prädikationen formal ähnlich, aber dem Sinn nach verschieden sind die für hellenistische Gottheiten mehrfach bezeugten εἷς-Akklamationen. Hier wird – meist in Reaktion auf eine Machtoffenbarung – eine bestimmte Gottheit als einzigartig, groß gepriesen, ohne dass man die Existenz anderer Götter ausschließt.[66] Zumal diese Götter oft κύριος genannt werden und das κύριος-Bekenntnis in 12,3 akklamatorischen Charakter hat, könnte man eher einen Einfluss dieser Akklamationen auf das εἷς κύριος vermuten. Aber diese Wendung ist im heidnischen Raum nicht belegt. Sie kommt hier von vornherein in einem mehr lehrhaft-dogmatischen Kontext zu stehen.

Der eine Gott, den auch die Juden kennen, wird genauer als „der Vater" bestimmt. Trotz der anschließenden kosmologischen Aussagen dürfte damit nicht im platonisch-philonischen Sinn der Weltschöpfer bezeichnet werden,[67] sondern in erster

---

[62] Das ἡμῖν ist *Dativus iudicantis* wie der Dativ in 2,14; vgl. auch 1,18.23f und HOFIUS, Einer 102f. Dagegen bevorzugt LINDEMANN, 1Kor 192 den existentialtheologisch ergiebigeren *Dativus commodi*.

[63] Anders HAYS, 1Kor 140; HOFIUS, Einer 107; DERS., Christus 52: Der eine Gott werde in den einen Vater und den einen Sohn differenziert; WAALER 432–434; schon DELACEY, D.R.: ‚One Lord' in Pauline Christology, in: Rowdon, H.H. (Hg.): Christ the Lord. FS D. Guthrie, Leicester 1982, 191–203, 200; vgl. dagegen ZELLER, D.: New Testament Christology in its Hellenistic Reception, NTS 47, 2001, 312–333, 320f (= Ders., Neues Testament 148).

[64] So HOFIUS, Einer 103–105: „Einer nur ist Gott: der Vater". Dagegen auch WAALER 399f.

[65] So auch in anderem argumentativen Zusammenhang Röm 3,30; Gal 3,20b. Weitere Beispiele bei HOFIUS, Einer 96f; WAALER 448f. Analoges gilt für μόνος, vgl. Liste bei WAALER 447.

[66] Vgl. PETERSON, E.: ΕΙΣ ΘΕΟΣ, FRLANT 41, Göttingen 1926 und ZELLER 44–49, wo für 1Kor 8,6 eine Kombination dieses henotheistischen Modells mit dem jüdischen Monotheismus vorgeschlagen wird.

[67] So mit vielen Kommentatoren z.B. DUPONT, Gnosis 340–345, der u.a. auf Plato, Tim. 28c; Philo, conf. 170 u.a. verweist. Diese hellenistische Vorstellung findet sich eher Eph 4,6, wo der eine Gott wie bei Philo, her. 62 ausdrücklich als „der Vater von allem" erscheint und wo auch „durch alles hindurch und in allen Dingen" stoisch klingt. Richtig dagegen HOFIUS, Einer 105f mit Verweis auf absolutes πατήρ in christolo-

Linie der Vater Jesu Christi, der freilich auch der Vater der Christen (s. zu 1,3) ist. Weil er durch die Sohnes-Relation mit Gott verbunden ist, tut der „eine Herr" dem alleinigen Gottsein des Vaters keinen Abbruch, sondern partizipiert an seiner Einzigkeit. Beide εἷς-Sätze werden durch Relativsätze fortgeführt, deren Subjekt einmal „alles"[68], zum andern „wir"[69] bilden. Unterschiedliche Präpositionen verdeutlichen die Funktionen Gottes bzw. des Kyrios für Welt und Gemeinde.

Der seit der Kaiserzeit sich entwickelnde Mittelplatonismus, dem auch Philo verpflichtet ist, hatte die Lehre des Aristoteles von den vier Ursachen (Materie, Werkmeister, Gestalt, Zweck; vgl. Seneca, epist. 65,4–6) vervollständigt: Es kamen noch das Urbild (vgl. ebd. 65,7f) und die Instrumentalursache (das δι' οὗ) hinzu. Diese Ursachen suchte man nun in der Entstehung der Welt.[70] Philo, Cher. 125–127 zählt nur vier auf, wobei er die Formalursache weglässt. Sie ist sachlich aber im Logos enthalten, dem Wodurch der Schöpfung; denn er fasst die Ideen in sich zusammen.

Während die Philosophen Gott als Autor des Schöpfungswerkes mit ὑφ' οὗ angeben, ist er hier mit ἐξ οὗ, womit sonst die Materie bezeichnet wird, als Ursprung aller Dinge angedeutet. Aber auch diese Präposition ist in Bezug auf Gott üblich: Schon Homer, Il. XIII 632 sagt von Zeus: „Von dir kommt das alles" (σέο δ' ἐκ τάδε πάντα πέλονται); bezieht sich das noch auf Ereignisse, so meint der Nachklang bei Plutarch, mor. 436d die Welt.[71] Auch Paulus liebt es, mit ἐκ alles zwischen Schöpfung und Erlösung in Gott zu verankern (vgl. zu 1,30). Der Verfasser des Aristoteles zugeschriebenen Traktats „Über die Welt" hält es für eine Menschheitsüberzeugung, „dass alles aus Gott und durch Gott für uns Bestand hat" (Kap. 6, 397b). Das „aus" hat dabei nicht den Sinn des Ausflusses wie vielleicht in dem berühmten Ausruf Marc Aurels über die Natur (IV 23):

Aus dir ist alles, in dir ist alles, auf dich hin ist alles
(ἐκ σοῦ πάντα, ἐν σοὶ πάντα, εἰς σὲ πάντα).[72]

---

gischen Zusammenhängen (15,24; Röm 6,4; Gal 1,1; Phil 2,11; 1Thess 1,1). Das erste Glied ist so von vornherein auf das zweite bezogen.

[68] Τὰ πάντα meint nicht nur das physische Universum, sondern „alle Dinge". Ein hebräisches Äquivalent wäre הַכֹּל/ha kol: Sir 42,18–24; 11Q5 XXVIII 7; 4Q403, Frgm. 1 I 28. Vgl. auch 1QS III 15: „Vom Gott der Erkenntnis kommt alles, was ist und wird". THÜSING 225f möchte wegen τὰ πάντα in 2Kor 5,18 und Röm 11,36 auch noch das Heilsgeschehen einbezogen wissen. Aber an diesen Stellen wird die Bedeutung nur durch den vorhergehenden Text klar. Exklusiv soteriologisch versteht MURPHY-O'CONNOR V. 6.

[69] Hier wird ein selbständiger Satz mit καί angehängt, wobei das Personalpronomen statt des Relativpronomens steht: B-D-R 297,3; H-S 289h.

[70] Vgl. DÖRRIE, H.: Präpositionen und Metaphysik, in: Ders.: Platonica Minora, Studia et Testimonia antiqua 8, München 1976, 124–136. STERLING, G.E.: Prepositional Metaphysics in Jewish Wisdom Speculation and Early Christian Liturgical Texts, StPhA 9, 1997, 219–238. Vgl. die Texte in DÖRRIE, H./BALTES, M.: Der Platonismus der Antike 4, Stuttgart-Bad Cannstatt 1996, 110–146. Bisher hatte die Forschung, verleitet durch die pantheistisch anmutende All-Formel, in 1Kor 8,6 eher stoischen Hintergrund angenommen.

[71] Διός ἐκ πάντα πελόνται. Das hier zitierte orphische Fragment (BERNABÉ 14F.31F) hat bei Plutarch, mor. 1074e und bei Pseudo-Aristoteles, mund. 401a 25 das Verb τέτυκται (bewirkt). Auch Aelius Arist., or. 43,9 (BEHR) sagt, dass Zeus der Anfang von allem ist und dass alles aus Zeus ist.

[72] Emanation (der Seele von Gott) signalisiert das ἐξ αὐτοῦ auch Plutarch, mor. 1001c, wo es von ὑπ' αὐτοῦ abgesetzt wird.

Wie hier steht das ἐκ oft mit einem εἰς zusammen, um auszudrücken, dass etwas auch wieder zu dem wird, aus dem es entstanden ist.[73] In Zaubertexten wird die Allmacht der angerufenen Gottheit damit umschrieben, dass alles aus ihr entspringt und in ihr sein Ende findet.[74] Wenn allerdings in unserem Fall die Christen mit εἰς auf Gott hingeordnet werden, so steht nicht ihr Ende im Blick, sondern eine Erfüllung, wie sie 15,28 mit einer All-Wendung anreißt.[75] In den genannten Zaubersprüchen kommt die Allwirksamkeit des Gottes auch mit δι' αὐτοῦ zum Ausdruck. Während διά mit Akk.[76] das Weshalb angibt, bezeichnet διά mit Gen. mehr das Wodurch. Als solche Ursache der Schöpfung (Hebr 2,10) oder des Welt- und Heilsgeschehens (Röm 11,36) kann durchaus Gott gelten.[77] In 8,6 wird aber wie bei Philo differenziert. Wie dort Gott durch seinen Logos bzw. die Weisheit schafft,[78] so wird hier der Kyrios mit δι' οὗ als Mittel-Ursache dem Ursprung von allem zugesellt. Mit διά vor Genitiv und ἐν formulierte, mit τὰ πάντα verbundene Aussagen über die Rolle Christi bei der Schöpfung begegnen auch sonst in hymnischen Texten des Neuen Testaments (vgl. Joh 1,3f.10; Kol 1,16f; Hebr 1,2). Sie sind wohl im hellenistischen Judenchristentum entstanden, das Aussagen über die Weisheit (vgl. Spr 3,19; 8,22–31; Sir 24,3–6; SapSal 9,2.9) bzw. den Logos Gottes (vgl. Ps 32,6LXX; Sir 43,26LXX; SapSal 9,1; Sib 3,20) auf Jesus übertrug, um die Bedeutsamkeit seines endzeitlichen Wirkens in seiner grundlegenden Funktion für die Welt abzusichern.[79] Dass aber die in der Gegenwart erfahrene Heilseffizienz des zum „Herrn" Erhöhten (vgl. Phil 2,11) den Ausgangspunkt für solche Spekulationen bildet, zeigt die Fortsetzung „wir durch ihn". Die Christen verdanken ihre Existenz als „neue Schöpfung"

---

[73] Vgl. Aristoteles, met. 983b 6 zu den ionischen Naturphilosophen: sie suchten nach dem Prinzip, aus dem alles ist und in das hinein es wieder vergeht. Ähnlich Philo, spec. I 208.

[74] Vgl. NORDEN, E.: Agnostos Theos, Darmstadt ⁴1956, 249f. Sachlich gleichbedeutend ist die Rede von Gott als „Anfang und Ende" (vgl. Apk 21,6). Nach einem orphischen „alten Spruch" hält der Gott Anfang, Mitte und Ende in seiner Hand (vgl. Plato, leg. 715e). Das sagt Aelius Arist., or. 45,22 (BEHR) von Sarapis als „Chorführer des Alls". In dieser philosophischen Sprache nennt Josephus, Ap. II 190 den Gott der Juden „Anfang und Mitte und Ende von allem".

[75] In Röm 11,36 bedeutet die εἰς αὐτόν τὰ πάντα, dass die wirren Wege der Heilsgeschichte auf Gott hinauslaufen. In Kol 1,16b ist dann Christus das Ziel der Schöpfung (τὰ πάντα ... εἰς αὐτόν ἔκτισται).

[76] In Bezug auf Gott Chrysipp (SVF II 1062f): Zeus wird im Akk. Δία genannt, weil durch ihn das All wurde (ὅτι δι' αὐτὸν τὰ πάντα). Ebenso andere Stoiker; vgl. Hebr 2,10. Die Platoniker betrachten die Güte Gottes als δι' ὅ der Schöpfung (Seneca, epist. 65,10; Philo, Cher. 127).

[77] Vgl. den oben zitierten Pseudo-Aristoteles, mund. 397b. Nach Philo, all. I 41 ist nur die geistige Welt δι' αὐτοῦ.

[78] Vgl. Philo, Cher. 127: „das Werkzeug aber die Vernunft Gottes, durch die sie (die Welt) eingerichtet wurde", sacr. 8; spec. I 81; prov. I 23; an anderen Stellen gibt Philo Gott, dem Vater des Alls, die Weisheit als Mutter, „durch die das All vollendet wurde" bzw. „durch das Ganze ins Werden kam", zur Seite (det. 54; fug. 109; vgl. all. I 49; ebr. 30f). Im palästinischen Judentum werden die Aussagen über die Weisheit am Anfang der Welt auf die Tora bezogen: vgl. Bill. II 356f.

[79] Dazu gehört auch die Anwendung von „Bild Gottes" bzw. „Abglanz Gottes" auf Christus (vgl. 2Kor 4,4; Kol 1,15; Hebr 1,3). Vgl. LIPS, Traditionen 290–308. Die Weisheit wird Spr 8,15f; SapSal 8,10.13 mit διά vor Gen. bzw. Akk. als Vermittlerin von Herrschaft, Ehre und Unsterblichkeit gerühmt. Dass erst Paulus hier die Weisheit, die Quelle der korinthischen Erkenntnis, durch Christus ersetzt hat – so HORSLEY, 1Kor 120 –, ist höchst unwahrscheinlich, da sich dieser Prozess erst dem traditionsgeschichtlichen Röntgenblick erschließt.

(vgl. 2Kor 5,17) Christus, genauer: seinem Tod und seiner Auferstehung.[80] Auch sonst schreibt Paulus mit der Präposition διά vor Genitiv Versöhnung (2Kor 5,18; Röm 5,1f.10f), Rechtfertigung (Röm 5,18f.21; Phil 1,11), Rettung (1Thess 5,9; Röm 5,9) und endzeitlichen Triumph in der Auferstehung (15,21.57; 1Thess 4,14; Röm 5,17.21; 8,37) der Vermittlung des (Herrn) Jesus Christus zu. Mit W. Thüsing kann man die relativen Wir-Sätzchen in V. 6 verbinden: *Per Christum in Deum.*

V. 7 Die in V. 4–6 umschriebene Erkenntnis[81] ist aber doch nicht bei allen vorhanden, wie Paulus in unbestreitbarem Widerspruch zu dem mehr taktischen V. 1a einräumen muss. Es gibt unter den Christen ehemalige Heiden, deren Bekehrung zu dem einen Gott offenbar mehr henotheistischen als monotheistischen Charakter hatte. Für sie war der christliche Gott zwar den Göttern unendlich überlegen, aber schloss deren Existenz nicht aus. Diese Auffassung war ja die Regel, wo Griechen oder Römer einen orientalischen Kult als neuen Schwerpunkt ihrer Religiosität adoptierten. Das anschaulichste Beispiel ist der Lucius des 11. Buches von Apuleius, met., für den Isis nun die höchste und der Inbegriff aller Gottheiten wird (vgl. XI 5). Im Unterschied zu solchem heidnischen Synkretismus ist es jedoch einem christlichen Konvertiten verboten, den anderen Gottheiten zu dienen. Wenn diese für ihn doch noch existieren und das ihnen Geopferte seine sakrale Qualität nicht verliert, bedeutet für ihn das Essen von Götzenopferfleisch Rückfall in den Götzendienst. Das Gewissen, das Götzendienst untersagt, wird befleckt,[82] d.h. es registriert die Sünde als solche. Das für andere harmlose Essen von Götzenopferfleisch ist für es Sünde, weil es „schwach" ist, d.h. hier: weil ihm die Erkenntnis von der Nichtigkeit der Götzen abgeht.

Während hier und in V. 12 das Gewissen als „schwach"[83] bezeichnet wird, heißt in V. 9–11 das menschliche Subjekt so. Da das Adjektiv wohl schon 1Thess 5,14 für die geistig-moralisch, aber nicht schuldhaft Defizienten gebraucht wird, stammt es nicht sicher aus dem verächtlichen Wortschatz der Korinther.[84] In dieser speziellen Anwendung kommt es auch nicht aus dem Alten Testament,[85] sondern vielleicht aus dem „philosophisch-therapeutischen Sprachge-

---

[80] Mit ähnlichen Worten bricht sich die henotheistische Verehrung des Sarapis bei Aelius Arist., or. 45,14 (BEHR) Bahn: „Alles wird uns überall durch dich (διὰ σοῦ) und um deinetwillen (διὰ σέ) zuteil, was wir uns am meisten wünschen". Auch hier gründet die Heilsbedeutung des Gottes in seiner kosmologischen Funktion: er wird mit der Sonne gleichgesetzt.
[81] Der Artikel vor γνῶσις ist anaphorisch; er unterscheidet keine spezifischere Erkenntnis von der allgemeinen in V. 1: gegen GARLAND, 1Kor 367. Es gibt durchaus auch ein noetisches Defizit bei den Schwachen. Dagegen suchen die meisten Kommentare V. 7 mit V. 1 zu vereinbaren: Manche Christen hätten nur nicht dieselben praktischen Konsequenzen aus dem gemeinsamen Ein-Gott-Glauben gezogen.
[82] Dem μολύνειν entspricht anderswo μιαίνειν. Befleckt wird die eigene Seele (Sir 21,28LXX; TestAss 4,4), Fleisch und Geist (2Kor 7,1), das Denken und das Gewissen (Tit 1,15; Dionysius Hal., Thuc. 8,3; Hippolyt, haer. IX 23,4; Ammianus Marc. XV 2,4; vgl. Apuleius, met. IX 26,2 „schmutziges Gewissen"); der Gegensatz ist das „reine" bzw. „gute" Gewissen (vgl. Apg 23,1; Hebr 9,14; 13,18; 1Petr 3,16.21; P.Oslo II 17,10), das in den Pastoralbriefen dem „reinen Herzen" gleichkommt (vgl. 1Tim 1,5.19; 3,9; 2Tim 1,3; 2,22).
[83] Vgl. zum Wortstamm ἀσθεν- die bei 2,3–5 gegebene Übersicht; jetzt ausführlich GÄCKLE, Starken 36–109.
[84] Anders z.B. WEISS, 1Kor 228; WILLIS, Meat 94.
[85] Von den wenigen Beispielen bei COUNE, problème 519f ist höchstens Mal 2,8LXX relevant. GÄCKLE, Starken 66 sieht den Schutz des Schwachen in der Hirtenrede Ez 34 vorgebildet.

brauch der Griechen". Dort versteht man jedenfalls den Aberglauben wie alles irrationale, von Leidenschaften gesteuerte Verhalten als eine Krankheit der Seele.[86] Diese Spur aufnehmend meint jetzt Gäckle, Starken, unter dem Einfluss der stoischen bzw. populärphilosophischen Lehre von den Seelenkräften hätte man den Schwachen vorgeworfen, sie seien auf Grund mangelnder Bildung („Erkenntnis") und von Aberglauben oder Gewohnheit verleitet nicht zu einem rechten Urteil über das Götzenopferfleisch fähig. Die Tatsache jedoch, dass die Verbindung „schwaches Gewissen" sonst nirgends belegt ist, warnt vor der Annahme einer technischen Diktion.

Anders als in Röm 14,1f steht hier den „Schwachen" keine ausdrücklich so genannte Gruppe von „Starken" (vgl. Röm 15,1 ἡμεῖς οἱ δυνατοί) gegenüber. Sie bilden vielmehr eine schutzbedürftige Minderheit gegenüber der von „Erkenntnis" geleiteten Mehrheit, die Paulus hier anspricht. Schon aus diesen quantitativen Gründen kann man die letztere nicht mit den verschwindend wenigen δυνατοί (1,26) gleichsetzen. Es spricht zwar viel für die Vermutung von G. Theissen, Starken[87], die Einladungen in Tempelrestaurants und zu Ungläubigen hätten eher den reichen Gemeindemitgliedern gegolten, während die Armen mehr versucht waren, das bei Festen verteilte Opferfleisch zu essen, weil sie sonst kaum Gelegenheit dazu hatten. Aber auch der Schwache treibt sich 8,10 am Tempel herum, vielleicht sogar 10,28f beim Gastmahl. So wird man vorsichtig sein mit sozialgeschichtlichen Konkretisierungen. Eines aber dürfte feststehen: Während die Praktiken der Schwachen in Röm 14 stark jüdisch geprägt sind, sind die τινές in V. 7 eindeutig Heidenchristen, die die jüdisch-christliche Absage an die Götzen übernommen haben, ohne ihren neuen Glauben erkenntnismäßig genügend zu vertiefen. Sie vertreten keine rigoristische Ideologie, sondern sind eher verunsichert. Die Versuche, hier Judenchristen[88] oder gar Einflüsse der Petruspartei zu sehen, arbeiten mit der schwächeren Lesart συνειδήσει, und dann auch noch auf höchst künstliche Weise.[89]

V. 8 stellt, mit adversativem δέ[90] abgesetzt, zunächst fest, dass Essen die Stellung vor Gott nicht betrifft (vgl. eine ähnliche Sentenz im Zusammenhang jüdischer Speisegesetze Röm 14,17). Das Futur des Verbums παριστάνειν ist dabei nur logisch, wie die Erläuterung V. bc im Präsens steht. Das Bild ist wohl vom Hofstaat genommen, wo der „Zugang" (vgl. Röm 5,2), ein Mehr oder Weniger[91] an Nähe zum Herrscher,

---

[86] Vgl. You-Martin, Starken Kap. III, bes. 82f. Vgl. Plutarchs Traktat über den Aberglauben, bes. mor. 165b-d; 170f; auch nach 379e; 555a; 579f sind Schwache für Aberglauben anfällig. Berger/Colpe, Textbuch 242f nennen u.a. Horaz, sat. I 9,71, wo sich der Anhänger jüdischer Observanzen gegenüber dem religionslosen Dichter als „ein wenig schwächer" bekennt, und führen Stellen an, wo „schwach" neben „ungebildet" steht. Ferner Stowers, St.K.: Paul on the Use and Abuse of Reason, in: Balch u.a., Greeks 253-286, 276-282. Zu „schwach" beim Moralphilosophen Philodem vgl. auch Glad, Paul 148-150.

[87] Sein 1975 veröffentlichter Aufsatz hat im englischen Sprachraum einigen Widerspruch erfahren: vgl. Newton, Deity 242; Meggitt, J.J.: Paul 107-118; aber auch Barbaglio, 1Kor 387.

[88] Vgl. Dupont 284f, Coune, problème 503-505, Maly, Gemeinde 97f; Strobel, 1Kor 133.137; Kremer, 1Kor 169: „besonders Judenchristen".

[89] So paraphrasiert Coune, problème 505 die συνείδησις τοῦ εἰδώλου: Die Judenchristen seien gewohnt (!) gewesen, den Götzendienst mit demselben Abscheu zu betrachten wie das orthodoxe Judentum. Das ist aber für einen Christen normal.

[90] Das δέ ist hier deshalb nicht nur „Übergangspartikel" - so Bachmann, 1Kor 304 -, weil Paulus den durch V. 7bc ausgelösten Gedanken abwehren muss, dass Essen an sich für das Heil bedeutsam ist.

[91] Diese Relativität kommt in den Verben ὑστερεῖσθαι - περισσεύειν zum Ausdruck; παριστάνειν muss desswegen nicht „neutral" sein. Gegen Weiss, 1Kor 229 Anm. 1.

eine Auszeichnung bedeutet.[92] Weil παριστάνειν auch die Überstellung an eine Gerichtsbehörde besagen kann (vgl. Apg 23,33) und das intransitive παραστῆναι Röm 14,10 (im ähnlichen Kontext); Apg 27,24; Polyk 6,2 „vor den Richter treten" heißt, plädieren neuere Autoren[93] für eine forensische Auffassung des Verbs und ein echtes Futur. Doch steht diese Bedeutung ähnlich wie in 2Kor 4,14 nicht fest.[94]

Noch weniger wahrscheinlich ist, dass Paulus eine mit 6,13ab sachverwandte korinthische Parole wiedergibt[95]. Zwar weist V. 9 mit „diese eure Freiheit" auf V. 8 zurück; aber im Sinn der dort Angesprochenen hätte Paulus V. bc so formulieren müssen wie spätere Verbesserer, die den Heilsverlust der Fleischesser bestreiten.[96] Durch die jetzige Formulierung – mit οὔτε – οὔτε (vgl. 3,7; 11,11) und dem Gegensatzpaar ὑστερεῖσθαι – περισσεύειν (vgl. Phil 4,12) gut paulinisch – setzt Paulus dem korinthischen Drang, diese Freiheit auch nach außen zu demonstrieren, einen ersten Dämpfer auf.[97] Religiöse Irrelevanz des Essens heißt eben auch, dass auch das demonstrative Essen nichts bringt. Beim Nicht-Essen kann man gleichermaßen an die Enthaltung der Schwachen wie an einen Verzicht der Erkenntnis Beanspruchenden denken. Letzteres nimmt Smit an; er erblickt in V. 8 die *propositio* des Paulus, die in den weiteren Versen begründet werde.[98] Aber warum ist dann die folgende Warnung wieder mit adversativem δέ angefügt? V. bc lässt sich wohl nicht auf die Schwachen bzw. Starken aufteilen.[99] Beide Gruppen sind angesprochen; denn auch die Schwachen sind versucht, durch Nachahmung der Starken vor Gott besser dazustehen.

V. 9f Eine thematisch übergreifende Funktion erfüllt eher der Imperativ[100] V. 9, an den sowohl V. 10 wie V. 11 mit γάρ anschließen. Er ist an die „Starken" adressiert, was wohl auch im δέ zum Ausdruck kommt. Die prinzipielle Möglichkeit – so könnte man ἐξουσία genauer übersetzen –, Opferfleisch zu essen, wird eingeschränkt durch das Zusammenleben mit den Schwachen. Wie in Röm 14,13.20f soll ihnen kein „Anstoß" (πρόσκομμα) gegeben werden. Wie in dem verwandten Bild von der „Falle" (σκάνδαλον, s. zu 1,23; vgl. σκανδαλίζειν V. 13) ist damit ein Ver-

---

[92] Vgl. BERTRAM, G./REICKE, B.: Art. παρίστημι, παριστάνω, ThWNT 5, 1954, 835–840, 839. WOLFF, 1Kor 179 Anm. 90 verweist auf Danklieder in Qumran, wo solches „Nahekommen-Lassen" (נגשׁ/ ngš hif.) von Gott ausgesagt wird.
[93] Z.B. SÖDING, Starke 82f, der aber festhält, dass das Urteil Gottes offen ist.
[94] Vgl. BAUER, Wörterbuch 1268. Auch in 2Kor 4,14 ist das eschatologische παριστάνειν Gottes nach der Auferweckung etwas Positiveres als bloßes „vor Gericht bringen".
[95] So etwa HEINRICI, 1Kor 262; BARRETT, 1Kor 195 für V. a; GOOCH, Food 63; KLAUCK, Herrenmahl 247 und viele. Dagegen CONZELMANN, 1Kor 183, der hier eine paulinische Pointe gegen Werkgerechtigkeit entdeckt. Aber haben die Korinther ihr Essen als religiöse Leistung verstanden?
[96] S.o. zur Lesart von A^c und 33*. Das bemerkt schon LIETZMANN, 1Kor 38. Vgl. STILL, Aims 337.
[97] Die Position der „Starken" kann man hier nur finden, wenn man die Verneinung „weder ... noch" abzieht. So ERIKSSON, Topics 289.
[98] Vgl. SMIT, Offerings Kap. V = DERS.: The Rhetorical Disposition of First Corinthians 8:7–9:27, CBQ 59, 1997, 476–491, 481. Er gibt die These V. 8 so wieder: „The believers may renounce food without being damaged in either a religious or a physical respect".
[99] Das versucht KONRADT, Gericht 358: Zum einen werden die „Schwachen" mit V. 8b vergewissert, dass sie nicht die „Starken" spielen müssen. V. 8c aber macht umkehrt den „Starken" deutlich, dass ihr Speiseverhalten ihnen keinerlei Bonus bei Gott einbringt.
[100] Βλέπετε mit folgendem Finalsatz auch 16,10; Gal 5,15; vgl. den Jussiv 10,12.

halten gemeint, das den andern zur Sünde verführt[101] und ihn dadurch zu Grunde richtet (ἀπόλλυσθαι V. 11 vom Verlust des Heiles, s. zu 1,18). Eine solche verfängliche Situation skizziert V. 10. Ein Schwacher könnte einen, der sich mit Erkenntnis brüstet, am heidnischen Heiligtum[102] schmausen sehen. Der Anlass mag nur gesellschaftlicher Natur sein, aber dort kommt eindeutig den Götzen geopfertes Fleisch auf den Tisch. Dadurch wird das Gewissen des „schwachen" Beobachters neu programmiert:[103] Er hält das Essen von Götzenopferfleisch für erlaubt, obwohl es für ihn nach V. 7 Teil des heidnischen Kultvollzugs ist.

V. 11f Nach vielen Auslegern begründet Paulus jetzt die Ironie in der Verwendung von οἰκοδομεῖν: Das „Erbauen" ist in Wirklichkeit eine *ruinosa aedificatio* (Calvin).[104] Einfacher ist es aber, hier den Grund zu finden, weshalb der Anstoß für den Schwachen vermieden werden soll (V. 9): Es ist die unheilvolle Folge beim schwachen „Bruder"[105]. Durch das Beispiel der Erkenntnisleute angespornt praktiziert er, was in seinen Augen Götzendienst ist. So wird sein Gewissen „geschlagen".[106] Die Tragweite dieser Verfehlung gegen den Bruder macht V. 12 noch einmal klar, indem er den Relativsatz von V. 11 entfaltet. Wenn die Korinther durch ihre Provokation den Schwachen dazu bringen, gegen sein Gewissen zu handeln, machen sie das Heilswerk Christi[107] zunichte; denn dieser starb für die Rettung des Bruders, der jetzt dem Verderben anheimfällt. Das gleiche Argument findet sich dann Röm 14,15b.

---

[101] Es ist konkret die Sünde des Götzendienstes wie bei den beiden Stellen mit πρόσκομμα Ex 23,33; 34,12; vgl. GARDNER, Gifts 60. Auch σκάνδαλον erscheint in diesem Zusammenhang: Jos 23,13; Ri 2,3; 8,27; Ps 105,36LXX; Hos 4,17; SapSal 14,11; dagegen spricht der von Paulus Röm 11,9 zitierte Ps 68,23LXX nicht von heidnischen Opfermählern.

[102] Der abschätzige Gebrauch von εἰδωλεῖον = Haus eines Götzenbildes folgt der LXX. NEWTON, Deity 85f verzeichnet aber auch zwei heidnische Belege des Wortes.

[103] Paulus kann das Verbum οἰκοδομεῖν gleichbedeutend wie παρακαλεῖν gebrauchen (1Thess 5,11; vgl. das Substantiv οἰκοδομή neben παράκλησις 14,3). Wenn hier ein ironischer Ton mitschwingt, dann in Bezug auf die positive Verwendung V. 1, nicht in Anspielung auf eine angebliche Usurpation des Wortes durch die Korinther. Verfehlt der Vorschlag von THRALL, M.E.: The Meaning of οἰκοδομέω in Relation to the Concept of συνείδησις (I Cor. 8,10), StEv 4, 1968, 468–472. Danach besagt das Verbum die Verstärkung legalistischer Skrupel. Das Gegenteil ist zunächst der Fall.

[104] Vgl. etwa SCHMIEDEL, 1Kor 139. Andere, z.T. in den Text eingreifende Erklärungen des problematischen γάρ bei WEISS, 1Kor 250; LIETZMANN, 1Kor 41; CONZELMANN, 1Kor 185. Obige Lösung auch bei LINDEMANN, 1Kor 197.

[105] Zu dieser sicher hier absichtlich gewählten Benennung des Mitchristen vgl. zu 1,10. HEINRICI, 1Kor 264 verweist auf die sprachlichen Parallelen bei Epiktet, diss. II 9,3-12; 10,14-20. Dort kann einer das, was ihn als Menschen ausmacht, die Vernunft, zu Grunde richten (ἀπολλύναι). Durch diese Menschennatur ist er auch „Bruder" des Mitmenschen (II 10,8.12f).

[106] Τύπτειν kann auch seelische Verletzungen bezeichnen, z.B. Homer, Il. XIX 125; 1Bασ 1,8; Spr 26,22. Es meint hier wohl mehr als prägenden Einfluss. Vgl. Röm 14,15a: Der Bruder wird betrübt. Philo, quaest. in Gn Frgm. 32 vergleicht die einschüchternde Wirkung der συνείδησις mit einem Schlag (ὡς ἐκ πληγῆς). Anderswo (decal. 87; imm. 100; conf. 121) spricht er von den Stichen und Verwundungen durch das Gewissen. Allerdings „schlagen" V. 12 Menschen das Gewissen anderer. ECKSTEIN, Begriff 251f will das Verbum von den Stellen her deuten, wo es das „Strafen" Gottes umschreibt, verkennt aber so, wer hier Subjekt ist.

[107] Der Titel ist in „Sterbens-Formeln" üblich, s. zu 1,13. Statt der bei Personen gebräuchlichen Präposition ὑπέρ (auch an der Parallele Röm 14,15) steht hier διά mit Akk., womit sonst das sachliche „Um-Willen" des Todes Christi angeführt wird (vgl. Röm 3,25; 4,25).

V. 13 Was für das Verhalten der Korinther daraus folgt, verdeutlicht Paulus an seiner eigenen Person in Form eines feierlichen Entschlusses.[108] Er hat seine Entsprechung im καλόν-Satz Röm 14,21. Die pauschale Formulierung scheint Paulus zum Vegetarier zu machen; aber es geht nur um Fleisch, das Anstoß erregt. Mt 18,6f bedroht ähnlich hyperbolisch den, der den Glaubenden Ärgernis gibt. Auch in 2Kor 11,29 bekennt sich Paulus zu seiner Solidarität mit den Schwachen, die Anstoß nehmen.[109]

Der Abschnitt ist bemerkenswert, weil Paulus hier ziemlich unvorbereitet den Begriff des *Gewissens* (συνείδησις)[110] einführt.

Das Substantiv ist von der verbalen Bildung „Sich etwas (Böses) bewusst sein" (s. zu 4,3f) herzuleiten. Die Belege für συνείδησις (so im NT) bzw. τὸ συνειδός (so vorzugsweise bei Philo) für ein Wissen um den moralischen Wert der eigenen Taten mehren sich vom 1. Jh. v. Chr. an. Das Wort findet sich sowohl bei philosophisch Gebildeten (bei Cicero und Seneca das lat. Äquivalent *conscientia*) wie in der Umgangssprache[111]. Das Vorkommen in der hellenistisch-jüdischen Literatur (SapSal 17,10; TestRub 4,3; Philo, Josephus) macht es wahrscheinlich, dass Paulus den Begriff schon in der Synagoge kennenlernte,[112] nicht erst aus der korinthischen Debatte.[113] Auch in späteren Briefen (2Kor; Röm) verwendet er ihn selbstverständlich, und zwar in anderen Kontexten als 1Kor 8.10. Der Ausdruck „schwaches Gewissen" verrät, wie wichtig die Erkenntnis von Normen für die Gewissensbildung ist. Den engen Zusammenhang mit dem Normenbewusstsein zeigt auch der viel diskutierte Vers Röm 2,15. Hier bezeugt wohl die συνείδησις das in die Herzen geschriebene Gesetz; dieses meldet sich aber auch in den anklagenden und verteidigenden Überlegungen nach der Tat. Dass das Gewissen Abweichung von oder Übereinstimmung mit der Norm festhält, sagte auch V. 7 mit dem Bild von der Verunreinigung. V. 10 ist vielleicht eine Spur der in der Antike seltenen *conscientia antecedens*; denn hier wird das Gewissen ja erst zu einem Handeln ermutigt. Weil dies aber wider seine eigenen Prinzipien (Götzendienst kommt nicht in Frage!) geht, wird das Gewissen „verletzt" (V. 12).

---

[108] Zu οὐ μή mit Konjunktiv Aorist (wie hier) oder Indikativ Futur als „die bestimmteste Form der verneinenden Aussage über Zukünftiges" vgl. B-D-R 365. Das übertreibende εἰς τὸν αἰῶνα bei Paulus sonst nur noch im Zitat 2Kor 9,9; vgl. in Beteuerungen Mk 3,29; 11,14.

[109] WILLIS, Meat 95 bringt das zusammen mit der Kreuzesstruktur seiner Botschaft.

[110] Ältere Lit. s. bei WOLTER, M.: Art. „Gewissen II. Neues Testament", TRE 13, 1984, 213-218. Die Forschungsgeschichte fasst THISELTON, 1Kor 640-644 zusammen. Außer ECKSTEIN, Begriff vgl. noch GOOCH, P.W.: ‚Conscience' in 1 Corinthians 8 and 10, NTS 33, 1987, 244-254; LOHSE, E.: Die Berufung auf das Gewissen in der paulinischen Ethik, in: Merklein, Ethik 207-219; DAUTZENBERG, G.: Das Gewissen im Rahmen einer neutestamentlichen Ethik, in: Gründel, J. (Hg.): Das Gewissen, SKAB 135, Düsseldorf 1990, 10-33; KLAUCK, H.-J.: Ein Richter im eigenen Innern: das Gewissen bei Philo von Alexandrien, in: Ders.: Alte Welt und neuer Glaube, NTOA 29, Freiburg (Schweiz)/Göttingen 1994, 33-58; BOSMAN, Conscience.

[111] Vgl. die Belege aus den Papyri bei SPICQ, Lexique 1469-1473 und P. ARZT-GRABNER in: Ders. u. a., 1Kor 334f. Συνείδησις in der Bedeutung von „Schuldbewusstsein" auf kleinasiatischen Beichtinschriften bei KLAUCK, H.-J.: Die kleinasiatischen Beichtinschriften und das Neue Testament, in: Cancik u. a., Geschichte III, 63-87, 74.

[112] So auch LOHSE (s. Anm. 110) 211.

[113] Zwei konträre Meinungen: nach HORSLEY, Consciousness 586 knüpft Paulus an den Sprachgebrauch der aufgeklärten Korinther an, für die συνείδησις ein auf Offenbarung gestütztes autonomes Selbstbewusstsein bedeutete. Nach WOLTER, Kompromiß 214 dagegen spricht sehr viel dafür, dass die „Schwachen" ihre Ablehnung des Götzenopferfleisches mit der Berufung auf ihre συνείδησις begründeten.

Erstaunlich ist vor allem, dass Paulus hier auch dem unerleuchteten Gewissen seine entscheidende Bedeutung lässt. Er ist zwar mit den Korinthern von der „Erkenntnis" angetan, die anscheinend objektiv ist. Doch ist ihr Stellenwert durch das menschliche Miteinander begrenzt; und die persönliche Überzeugung - statt von „Gewissen" spricht Röm 14,1f.22f in diesem Sinn von πίστις, πιστεύειν - gibt den Ausschlag für das Heil des Einzelnen. Das heben vom Jargon des Existentialismus angehauchte Kommentare als „Geschichtlichkeit" und „Jemeinigkeit" des Christseins heraus.[114] Sie wird noch dadurch unterstrichen, dass hier die Erlösungstat Christi auf den Einzelnen bezogen wird. Paulus redet damit jedoch keinem schrankenlosen Individualismus das Wort, schon weil es ihm hier um die Schonung des Gewissens des Bruders zu tun ist. An anderer Stelle kann er durchaus gegen wohlmeinende, von sich überzeugte Anschauungen auftreten, wo für ihn die „Wahrheit des Evangeliums" auf dem Spiel steht (vgl. Gal 2,5.14).

2. 9,1–27: Freiheit im Verzicht auf Rechte – das Beispiel des Apostels

Literaturauswahl zu 9,1–27 und zum Unterhalt der Apostel

AGRELL, Work 106–113. DAUTZENBERG, G.: Der Verzicht auf das apostolische Unterhaltsrecht, Bib. 50, 1969, 212–232. GALITIS, G.: Das Wesen der Freiheit, in: De Lorenzi, Freedom 127–147. GALLOWAY, Freedom. HARAGUCHI, T.: Das Unterhaltsrecht des frühchristlichen Verkündigers, ZNW 84, 1993, 178–195. HOCK, Context. MARSHALL, Enmity 287–317. MAURER, Freiheit. NASUTI, Woes. PICAZIO, Freiheit. POPOVIĆ, Freedom. PRATSCHER, Verzicht. RICHARDSON, Temples. SCHNABEL, Mission 1385–1390. SMIT SIBINGA, Composition. THEISSEN, Legitimation. VOLLENWEIDER, Freiheit 199–220. WILLIS, Apologia? ZELLER, D.: Wogegen verteidigt sich Paulus in 1Kor 9, in: Karakolis u.a., Corinth 891–902.

Anknüpfend an 8,13 bringt Paulus nun seine Person als Apostel und Missionar ins Spiel. Das zeigt sich schon äußerlich daran, dass jetzt das Ich (V. 1–3.15–23.26f) bzw. das Wir, das Apostel vom Schlag des Paulus umfasst (V. 4–6.10–12[115]), die Sätze bestimmt. Ihm tritt in der 2. Pl. die Gemeinde gegenüber. Mit seinen Serien von rhetorischen Fragen (V. 1.4–8.9b.10a.11.12a.13.18a.24a), seinen Parallelismen und eindrucksvollen Konstruktionen im rhetorischen Gleichklang (vor allem V. 19–23), mit seinen anschaulichen Beispielen (V. 7.11.13.24–27[116]) und der Berufung auf das Gesetz des Mose (V. 8–10) wie auf eine Anordnung des Herrn (V. 14) verfolgt das Kap. offenbar einen suggestiven Zweck. Aber was will es genau suggerieren? Dazu müssen wir eine erste inhaltliche Analyse vornehmen, die auch eine pragmatische Einordnung des Abschnitts ermöglichen soll.

---

[114] Z.B. CONZELMANN, 1Kor 181f, bes. Anm. 16f, ein Echo auf BULTMANN, Theologie 219. Durch den Zusatz „ohne die Norm zu relativieren" kommt Conzelmann aber der Kritik von BOSMAN, Conscience 272f zuvor. Vgl. auch CONZELMANN, 1Kor 218 mit Anm. 25: „Der Gewissensbegriff des Paulus muß vom modern-subjektivistischen unterschieden werden."

[115] In V. 6 tritt Barnabas neben Paulus. V. 11 scheint er allerdings schon wieder vergessen zu sein.

[116] Die letzteren beiden werden mit „Wisst ihr nicht" (s. zu 3,16) abgerufen.

Dass Paulus in V. 1f sein Apostelsein für die korinthische Gemeinde festklopft, ist klar. Aber gibt er damit eine Apologie seines Apostolats gegenüber Leuten, die das bestreiten? So für Autoren, die V. 3 auf das Voranstehende beziehen.[117] Doch Paulus beruft sich V. 1f auf in Korinth anerkannte Tatsachen, um so den Grundstock zu legen für seine V. 4 beginnende Argumentation. Die wird in V. 3 als Verteidigungsrede charakterisiert. Wofür könnte man ihn zur Rede stellen? Das muss aus dem Kontext erschlossen werden. M.E. für sein 8,13 propagiertes Verhalten. Er rechnet wohl damit, dass man ihm vorwirft, dies entspreche nicht der von ihm selbst hochgehaltenen Freiheit (vgl. V. 1a). Deshalb versucht er es nun plausibel zu machen, indem er einen analogen Verzicht auf ἐξουσία[118] anführt: den auf sein Unterhaltsrecht als Apostel. Das Beispiel ist um so einleuchtender, als es auch hier um ein Recht auf Essen und Trinken (V. 4) und um das Vermeiden von Anstoß (V. 12c) geht.[119] Doch ist es nur ein Beispiel. Man darf daraus nicht folgern, dass Paulus schon hier wie in 2Kor in der Unterhaltsfrage angegriffen worden sei.[120] Die Kritik geht nicht auf den Verzicht auf das Unterhaltsrecht, sondern auf des Paulus Anpassung an die „Schwachen", bei der er seine „Erkenntnis" nicht ausspielt. Schon gar nicht steht sein Recht auf Verpflegung in Frage[121], obwohl es V. 4-12a breit ausgewalzt wird. Paulus tut dies, um umso eindrücklicher zu machen, dass er es nicht in Anspruch genommen hat: V. 12bc, wo das für das Folgende wichtige Stichwort „Evangelium" (vgl. V. 14.16.18.23) hereinkommt. Ein paralleler Gedankengang, diesmal in der 1. Sg., folgt dann V. 13-15a. Die textübergreifende Bemerkung V. 15b sichert noch einmal den pragmatischen Sinn der bisherigen Ausführungen ab. Die mit γάρ logisch eng vernetzten anschließenden Verse 15c-18 bringen mit „Ruhm" und „Lohn" neue Gesichtspunkte. Zum dritten Mal hebt Paulus V. 18fin. hervor, dass er von seinem Recht keinen Gebrauch machte.[122] V. 19-23 fahren zwar auch mit γάρ fort, für „Vollmacht" steht aber jetzt wie V. 1a „Freisein". Es geht dabei nicht mehr um das Recht auf finanzielle Unterstützung und den Verzicht darauf, sondern um den missionarischen Lebensstil allgemein, der durch Angleichung an entgegengesetzte Gruppen gekennzeichnet ist. Die Verallgemeinerung ist auch an der Häufung von πάντες, πάντα, πάντως V. 19.22b.23 abzulesen. Gleichwohl wird die Nähe zur anstehenden Problematik dadurch deutlich, dass Paulus V. 22a zusätzlich die sachlich nicht erforderte Gruppe

---

[117] So NICKEL, K.: A Parenthetical Apologia: 1 Corinthians 9: 1-3, CThMi 1, 1974, 68-70; HEINRICI, 1Kor 269; ROBERTSON/PLUMMER, 1Kor 179; LINDEMANN, 1Kor 200; FITZMYER, 1Kor 357; SCHRAGE, 1Kor II 281. Seine Einwände gegen eine Beziehung auf V. 4ff fallen dahin: Das Folgende ist nicht nur „Aufweis der ἐξουσία", sondern stellt dadurch gerade den Verzicht heraus; insofern eignet es sich als Verteidigung, was eine exemplarische Funktion nicht ausschließt.
[118] Das Stichwort von 8,9 wieder in 9,4.12b; dagegen hat es in V. 12a wohl einen anderen Sinn.
[119] Auch in V. 13 erinnert das Bildmaterial an das Problem von Kap. 8.
[120] So aber z.B. THEISSEN 206f; FEE, 1Kor 393.399; SENFT, 1Kor 116f. WOLFF, 1Kor 185: Paulus vereinige zwei Anliegen: seinen Verzicht als Beispiel für die Verwirklichung wahrer christlicher Freiheit und die Verteidigung dieses Verzichts. Aber wie kann er mit etwas argumentieren, das umstritten ist? Berechtigte Fragen bei SCHRAGE, 1Kor II 282. Auf der richtigen Spur POPOVIĆ 425.
[121] So aber FEE, 1Kor 400: Aus seiner Hände Arbeit habe man gefolgert, dass Paulus kein Recht auf Unterhalt habe. FEE bezieht deshalb 392 die Verteidigung auf letzteres. Ähnlich HALL, Unity 181.
[122] Mit SMIT SIBINGA 147f und älteren Nestle-Ausgaben ein Indiz dafür, dass hier wie V. 12 und 15a ein Abschnitt endet.

der „Schwachen" nennt. Die imperative Anrede der Korinther in V. 24 macht endlich bewusst, dass die ganze Selbstbeschreibung des Paulus auf eine Verhaltenskorrektur der Korinther zielt, auch wenn diese nur bildhaft angedeutet wird. Wenn der Apostel in V. 26f dann doch noch auf sich selbst zu sprechen kommt, so weil er als Vorbild dient. Übergangsweise steht in V. 25fin. die 1. Pl. Obwohl die Nachahmung seines Beispiels erst 11,1 ausdrücklich gefordert wird, präsentiert sich Paulus also in Kap. 9 als praktisches *exemplum*. Die Analyse ergab auch Kriterien, um das zusammenhängende Kap. in handliche, wenn auch recht ungleiche Stücke zu unterteilen. Im Mittelpunkt der ersten Hälfte (V. 1-18) steht der Verzicht auf das apostolische Unterhaltsrecht, ein analoger Fall, mit dem Paulus seine umstrittene Freiheit (V. 1a) verteidigt. Nachdem die Freiheit des Apostels erwiesen ist (V. 19a), kann er in einem zweiten Teil (V. 19-27) sein exemplarisches Verhalten ausweitend entfalten und die Korinther zum Nacheifern aufrufen.

a) V. 1-18: Paulus verteidigt seine Freiheit durch die Analogie des Verzichts auf Unterhalt
   α) 9,1f: Der Vorwurf, Grundlagen für die Gegenargumentation
   β) 9,3-18: Verteidigungsrede in drei Gängen (V. 3-12.13-15a.15b-18)
b) V. 19-27: Ausweitung und Applikation des Beispiels
   α) 9,19-23: Missionarische Anpassung
   β) 9,24-27: Aufruf zu äußerster Anstrengung

a) 9,1-18: Paulus verteidigt seine Freiheit durch die Analogie des Verzichts auf Unterhalt

α) 9,1f: Die Voraussetzung: Das Apostelamt des Paulus
(1) **Bin ich nicht frei? Bin ich nicht Apostel?**[123] **Habe ich nicht Jesus, unsern Herrn, gesehen? Seid ihr nicht mein Werk im Herrn?** (2) **Wenn ich für andere nicht Apostel bin, so bin ich es doch wenigstens für euch; denn ihr seid das Siegel auf mein Apostelamt im Herrn.**

V. 1a Die erste der vier rhetorischen Fragen,[124] die logisch zurückschreiten, verrät, dass im Folgenden nicht eigentlich der Apostolat in Frage steht, sondern dass Paulus an seinem Verhalten als Apostel den rechten Gebrauch der Freiheit exemplifiziert. „Freiheit" ist ein mit ἐξουσία eng verwandtes Schlagwort, das wohl die Korinther im Munde führten (vgl. zu 8,1). Insofern es die Ablösung von Normen besagt (s. zu 6,12), wird es Paulus selbst durch seine Relativierung des Ritualgesetzes veranlasst haben. Es könnte aber auch die Unabhängigkeit von Menschen einschließen, wenn

---

[123] D F G Ψ und der Mehrheitstext stellen „frei" und „Apostel" um. Die älteren Zeugen ($\mathfrak{P}^{46}$ ℵ A B P 33 1175 1739 1881 u.a.) wahren aber den Übergang von 8,13 her besser.
[124] Stilistische Parallele bei Epiktet, diss. III 22,48. Deshalb darf man die Freiheit aber nicht im kynischen Sinn interpretieren wie THEISSEN, Legitimation 204.208.210: Paulus denke in 9,3 an den Vorwurf, er sei kein richtiger Apostel, weil er sich von der Sorge um seinen Lebensunterhalt bestimmen ließe.

wir das ἐκ πάντων in V. 19a maskulinisch übersetzen müssen.[125] Dann könnte man in Korinth Paulus vorhalten, dass er sich durch seine Haltung 8,13 den Schwachen unterwirft und seine hehren Prinzipien verleugnet (vgl. auch 10,29b). Solche potentielle oder reale Kritik wird hinter dem ἀνακρίνειν V. 3 stecken.

V. 1b-2 bereiten nun die Gegenwehr des Paulus vor. Die Voraussetzung für die V. 4f genannte ἐξουσία ist das Apostelsein; das kann Paulus für sich behaupten. Einmal wegen der Christusvision, die mit seiner Berufung und Sendung zusammenfällt (s. 1,1); dadurch kann er sich nachträglich der 15,7b erwähnten Gruppe von Aposteln gleichstellen (vgl. 15,8).[126] Genauer hat er Jesus in seiner Hoheit gesehen, als „Herrn" der Gemeinde (vgl. zu 8,6; 12,3; 16,22).[127] Zum andern liefert die von ihm gegründete Gemeinde die lebendige Bestätigung. Sie ist sein „Werk"[128], Brief und „Siegel"[129] auf seine apostolische Wirksamkeit.[130] Beides versteht sich aber „im Herrn", der eigentlich im missionarischen Erfolg am Werk ist (vgl. nur Röm 15,18; 2Kor 2,12). In dem Konditionalsatz V. 2a scheint eine Konzeption der Missionsarbeit durch, wie sie 2Kor 10,12-16 gegen Eindringlinge entwickelt wird: Es gibt einen von Gott zugeteilten Maßstab, der den Apostel zu einer bestimmten Gemeinde gelangen lässt. Die „anderen" sind also andere Städte, nicht Bestreiter des paulinischen Apostolats innerhalb[131] oder außerhalb von Korinth.[132] Der Dativ ist kein *dativus iudicantis* – das würde bei ὑμῖν nicht passen –, sondern *dativus commodi*.

β) *9,3-18: Verteidigungsrede in drei Gängen*

(3) **Meine Verteidigung gegenüber denen, die mich zur Rede stellen, ist folgende. (4) Haben wir etwa nicht das Recht zu essen und zu trinken? (5) Haben wir etwa nicht das Recht, eine Schwester als Frau[133] herumzuführen, wie auch die übrigen Apostel und die Brüder des Herrn und Kephas? (6) Oder haben allein ich und Barnabas nicht das Recht, nicht zu arbeiten? (7) Wer leistet je Kriegsdienst für eigenen Sold? Wer pflanzt einen Weinberg und isst nicht seine Früchte? Oder wer weidet eine Herde und nährt sich nicht von der Milch**

---

[125] So mit der Mehrheit der Erklärer SCHRAGE, 1Kor II 337.
[126] Durch den Zusatz „allen Aposteln" wird 15,7 die Erscheinung des Auferstandenen zum Standard des Apostelseins, wie das auch 9,1 voraussetzt. Ob das tatsächlich so war, ist schon bei Barnabas nicht sicher, der doch wohl nach V. 5f wie Apg 14,4.14 zu den Aposteln zählt. Auch von dem Paar Röm 16,7 ist eine Christuserscheinung nicht bekannt. Umgekehrt sind nicht alle, die eine solche hatten, auch Apostel (vgl. 15,6). Zum schillernden Apostelbegriff s. zu 12,28.
[127] Auch Röm 4,24 steht „Jesus, unser Herr" im Zusammenhang der Auferweckung. BLANK, Jesus 203-206 sieht hier das Selbstverständnis des Apostels als „Knecht Jesu Christi" (vgl. Röm 1,1 u. ö.) grundgelegt.
[128] Zum missionstechnischen Gebrauch von ἔργον s. zu 3,13.
[129] Zu σφραγίς im Sinn einer Garantie für Authentizität vgl. Röm 4,11; 4Makk 7,15. Dasselbe sagt mit einem anderen Bild, dem vom Empfehlungsbrief, 2Kor 3,1-3.
[130] Ἀποστολή kann sowohl die Aktivität (Gal 2,8) wie das Amt (Röm 1,5; Apg 1,25) bezeichnen.
[131] Das ist wegen des exklusiven Gegensatzes zwischen ἄλλοις und ὑμῖν ohnehin unwahrscheinlich.
[132] WOLFF, 1Kor 187 nimmt zwar Bestreitung der Apostelwürde in Korinth selbst an, lokalisiert die „anderen" aber 189 außerhalb wie WEISS, 1Kor 233; MERKLEIN, 1Kor II 215. Das Richtige bei SCHRAGE, 1Kor II 289f; BARBAGLIO, 1Kor 425; LINDEMANN, 1Kor 201; SCHNABEL, 1Kor 478.
[133] Statt ἀδελφὴν γυναῖκα haben F G Tertullian Clemens Al. Aphraates nur den Pl. γυναῖκας, wohl an das „Wir" angepasst. Die Auslassung von „Schwester" ist jedoch nach ZUNTZ, Text 138 ursprünglich.

der Herde? (8) Sage ich das etwa (allein) menschlicher Logik folgend? Oder sagt nicht auch das Gesetz dieses? (9) Im Gesetz des Mose steht nämlich geschrieben:

Du sollst dem dreschenden Ochsen das Maul nicht verbinden[134].

Kümmert sich Gott etwa um die Ochsen? (10) Oder redet er (nicht vielmehr) überhaupt um unseretwillen? Um unseretwillen wurde (es) nämlich geschrieben, dass/weil es sich gehört, dass der Pflügende in Hoffnung pflügt, und der Dreschende in der Hoffnung, (daran) teilzuhaben. (11) Wenn wir euch das Geistige gesät haben, ist es dann etwas Großes, wenn wir von euch das Fleischliche ernten werden? (12) Wenn andere an eurem Vermögen teilhaben, dann etwa nicht viel mehr wir? Aber wir haben von diesem Recht keinen Gebrauch gemacht, sondern wir ertragen alles, damit wir der Frohen Botschaft von Christus nicht irgendein Hindernis in den Weg legen.

(13) Wisst ihr nicht, dass die, welche die heiligen Dinge verrichten, vom Heiligtum[135] essen, (dass) die, welche dem Altar dienen, am Altar Anteil haben? (14) So hat auch der Herr für die Verkünder der Frohen Botschaft angeordnet, dass sie von der Frohen Botschaft leben (dürften). (15a) Ich aber habe nichts davon in Anspruch genommen.

(15b-d) Ich habe das aber nicht geschrieben, damit es so bei mir geschehe, denn lieber möchte ich sterben als – meinen Ruhmestitel wird niemand zunichte machen.[136] (16) Wenn ich nämlich das Evangelium verkünde, habe ich keinen Grund zum Ruhm; denn Nötigung liegt auf mir; wehe mir nämlich, wenn ich nicht die Frohe Botschaft verkünde. (17) Denn wenn ich dies freiwillig tue, habe ich Lohn; wenn aber unfreiwillig, bin ich mit einer Verwaltung betraut. (18) Was nun ist mein Lohn? Dass ich bei der Verkündigung der Frohen Botschaft die Frohe Botschaft kostenfrei halte, so dass ich keinen Gebrauch mache von meinem Recht an der Frohen Botschaft.

BREWER, D.I.: 1 Corinthians 9.9-11: A Literal Interpretation of ‚Do Not Muzzle the Ox‘, NTS 38, 1992, 554-565. BYRON, J.: Slave of Christ or Willing Servant? Paul's Selfdescription in 1 Corinthians 4:1-2 and 9:16-18, Neotestamentica 37, 2003, 179-198. GRÄSSER, E.: Noch einmal: „Kümmert sich Gott etwa um die Ochsen?", ZNW 97, 2006, 275-279. KÄSEMANN, E.: Eine paulinische Variation des „amor fati", in: Ders., Versuche II 223-239. LOHSE, E.: „Kümmert sich Gott etwa um die Ochsen? Zu 1 Kor 9,9, ZNW 88, 1997, 314-315. MALHERBE, A.J.: Determinism and Free Will in Paul: The Argument of 1 Corinthians 8 and 9, in: Engberg-Pedersen, Paul 231-255.

---

[134] Obwohl von 𝔓46 ℵ A C Ψ 33 1175 1881 Origenes und vielen Hsn. bezeugt, gilt das Verbum φιμοῦν gegenüber dem von κημός „Maulkorb" abzuleitenden κημοῦν (B* D* F G 1739) als frühe Angleichung an Dtn 25,4LXX.

[135] Die von 𝔓46 A C Ψ 33 1881 und den meisten Hsn. bezeugte Wendung ἐκ τοῦ ἱεροῦ ἐσθίειν entspricht der von V. 14 ἐκ τοῦ εὐαγγελίου ζῆν. Sie wurde schon früh (ℵ B D* F G 6 81 1739 u.a.) durch die Voranstellung des Artikels „verbessert": „die Dinge aus dem Heiligtum essen". So ZUNTZ, Text 51; FEE, 1Kor 398 Anm. 8. Umgekehrt urteilen CONZELMANN, 1Kor 192 Anm. 2 und offenbar NESTLE-ALAND²⁷.

[136] Lies mit 𝔓46 ℵ* B D* 33 1739 1881 u.a. οὐδεὶς κενώσει. Die inhaltlich bedeutungslosen Varianten mildern die Härte des Anakoluths nur, wenn sie daraus einen Finalsatz machen.

1. V. 3-12 Die mit V. 3 überschriebene Verteidigungsrede weist zwar nicht die für diese Art typischen Topoi[137] auf; Paulus verteidigt sich aber, indem er mit seinem Verzicht auf ein zugestandenes Recht bei den Hörern gleichsam einen Schluss vom Größeren auf das Kleinere in Gang setzt: Wenn ich als Apostel auf ein zugestandenes Privileg verzichte, dann könnt ihr als gewöhnliche Gläubige erst recht eure „Freiheit" hinter die Rücksicht auf den schwachen Bruder stellen. An diesem Ziel darf nicht irre machen, dass Paulus zunächst bis V. 12a das apostolische Unterhaltsrecht auch für sich (und Barnabas) beansprucht, V. 4-6 mit drei gleichsinnigen rhetorischen Fragen, V. 7 mit drei Fragen aus anderen Berufsbereichen, V. 8-10 mit einem Wort aus dem Gesetz, V. 11.12a wieder mit zwei Fragen, von denen die erste das agrarische Bild von V. 10b weiterspinnt, die zweite *ad hominem* argumentiert. Erst V. 12bc stellt dann im Gegensatz dazu den Verzicht auf „diese" im Vorigen beschriebene ἐξουσία heraus und gibt eine erste Motivation dafür an.

In **V. 3** fällt schon die Schlussstellung des Demonstrativpronomens (vgl. Mt 10,2; Apg 8,32) αὕτη auf. Anders als in der überwiegenden Mehrheit der Fälle ist es hier wie in ähnlichen Redeeinleitungen[138] oder Definitionssätzen[139] auf das Folgende zu beziehen.[140] Paulus hält also jetzt eine „Verteidigungsrede"[141] für mögliche oder wirkliche Leute, die in Korinth über ihn zu Gericht sitzen.[142] Sie sind wohl im Kreis der „Erkenntnis" Beanspruchenden zu suchen, nicht bei den Petrusleuten oder Judaisten, wie ältere Kommentatoren[143] meinten. Verhandlungsgegenstand ist seine schmähliche Aufgabe von „Freiheit" und „Vollmacht" in der Frage des Essens von Götzenopferfleisch (s. zu V.1a).

V. 4 Das heißt aber nicht, dass „das Recht, zu essen und zu trinken" direkt darauf ginge. Dazu ist vielmehr wie auch V. 5 „auf Kosten der Gemeinde" zu ergänzen (vgl. Lk 10,7a).[144] Paulus argumentiert mit dem Recht auf Unterhalt als Apostel; dessen

---

[137] Vor allem werden Anklagepunkte nicht direkt widerlegt. Die Verteidigungssituation ist aber nicht bloß fingiert, wie DODD, ,I' 102 mit Hinweis auf die Diatribe-Elemente meint. Ähnlich GALLOWAY, Freedom 152: Diatribe ohne „real opponents". MITCHELL, Paul 243-250 spricht von „mock defense speech" und verweist auf Isokrates, antid. 8; hier gießt der Redner die Darstellung seines Lebensstils in die Form einer Verteidigung vor Gericht. Den fingierten Anklagen liegen aber tatsächliche Verleumdungen zu Grunde. Lukian, apol. ist ein Beispiel für eine Verteidigung gegen vorhergesehene Anwürfe.

[138] Vgl. 1,12 und die zu dem „dies aber sage ich" 7,29 gegebenen Parallelen; ferner Röm 9,9; 11,25; Apg 15,28; 16,36 *varia lectio*. Meist folgt hier allerdings ein ὅτι-Satz.

[139] Sie sagen, worin etwas besteht. Hier wird das Demonstrativpronomen prädikativ verwendet. Am nächsten kommt bei Paulus 2Kor 1,12 „Denn unser Ruhm ist dieser, ... dass ...". Vgl. Jak 1,27; 1Joh 1,5 und oft in 1 bzw. 2Joh. Ferner Did 1,2.3; 5,1.

[140] Richtig WEISS, 1Kor 233; BACHMANN, 1Kor 309f.

[141] Zu ἀπολογία im juristischen Sinn vgl. Apg 22,1; 25,16; öfter das Verbum ἀπολογεῖσθαι: Apg 19,33 (wie hier mit Dativ); 24,10; 25,8; 26,1.2.24; Röm 2,15; 2Kor 12,19 (wieder mit Dativ). In mehreren Versionen bekannt war die Apologie des Sokrates.

[142] Zu ἀνακρίνειν vgl. zu 2,14f; 4,3f. Die, die Paulus hier zur Rechenschaft fordern, sind aber deswegen nicht unbedingt mit den ἀνακρίνοντες von 4,3 zu identifizieren: gegen SCHRAGE, 1Kor II 281. Im Unterschied zu 4,3 geht Paulus hier auf die über ihn Richtenden ein: KREMER, 1Kor 185.

[143] Auch noch LÜDEMANN, Paulus II 105-115; PICAZIO, Freiheit 108. Nach ihm sind die judenchristlichen antipaulinischen Missionare wegen V. 12 (s. dazu) schon in Korinth eingedrungen (194-200).

[144] Vgl. LIETZMANN, 1Kor 40 gegenüber der 1. Auflage, FEE, 1Kor 401f. Anders BARRETT, 1Kor 202; STROBEL, 1Kor 143; LINDEMANN, 1Kor 202; CONZELMANN, 1Kor 188 sieht sogar ein ähnliches Problem

Preisgabe haben die Korinther offenbar gerne hingenommen. Von Patronen, die wegen der Ablehnung ihrer Unterstützung beleidigt waren,[145] ist hier noch nichts zu spüren. Auch nicht davon, dass der Verzicht als Eingeständnis seiner Minderwertigkeit als Apostel angesehen worden wäre.[146]

V. 5 Auch die folgende rhetorische Frage fordert nicht – etwa gegen asketische Tendenzen – ein Recht auf Ehe ein;[147] es geht darum, dass die „übrigen Apostel" auf ihren Missionsreisen selbstverständlich ihre christliche Frau mitführen[148] und auch für sie Beköstigung durch die Gemeinde erwarten. Unter ihnen werden eigens genannt die offenbar Hochachtung genießenden „Brüder des Herrn"[149] und mit seinem aramäischen Beinamen der (Juden)apostel par excellence (vgl. Gal 2,8) Petrus, der zumindest für einige Korinther eine besondere Autorität darstellt (s. zu 1,12). Auch Mk 1,30 lässt darauf schließen, dass er verheiratet war. Dagegen sind in Apg 1,14 nicht die Ehefrauen der vorher genannten Jünger gemeint, sondern von Galiläa mit nach Jerusalem gezogene Anhängerinnen Jesu.

V. 6 Auf einer Ebene mit den aufgezählten Größen stehen auch Paulus und Barnabas[150]; auch sie könnten – offenbar als Apostel – eine Versorgung durch die missionierten Gemeinden beanspruchen. Aber die von Antiochien ausgehende Mission scheint einen auffällig anderen Brauch eingeführt zu haben; diese Apostel ernährten sich von ihrer Hände Arbeit (s. Exkurs 7).

V. 7 Vergleiche aus dem täglichen Leben, hier mit dem Heerwesen, der Landwirtschaft und der Viehzucht, sind der Diatribe geläufig.[151] Ein Beispiel ist 2Tim 2,3–6,

---

wie Röm 14f. WOLFF, 1Kor 190 Anm. 157 weist aber darauf hin, dass das Trinken bisher keine Rolle spielte. Es geht um spezifisch apostolische Privilegien, nicht um das Recht des Apostels wie des Christen, zu essen, zu trinken und zu freien. Gegen BAUER, J.B.: Uxores circumducere (1 Kor 9,5), BZ 3, 1959, 94–102.

[145] Diese Problematik, die in 2Kor eine Rolle spielen mag (vgl. 2Kor 11,7–11; 12,13), wird von der englischsprachigen Forschung, z.B. CHOW, Patronage 107–110, HORRELL, Ethos 204–216, oft schon hier eingetragen. Sie ist hier aber noch nicht zu erkennen. Richtig LINDEMANN, 1Kor 203.

[146] Gegen LIETZMANN, 1Kor 40; HÉRING, 1Kor 71; MURPHY-O'CONNOR, 1Kor 85.

[147] Sie eignet sich deshalb leider auch nicht als kirchenrechtliches Argument gegen den Zölibat. Ein Menschenrecht auf Heirat ist ohnehin außer Sichtweite.

[148] Eine Parallele – allerdings auch eine Ausnahme –: Hipparchia, die Frau des Kynikers Krates, „zog mit ihrem Mann herum" (Diogenes Laert. VI 97). Sie war wie die genannten „Schwestern" auch Gesinnungsgenossin. Ob diese Ehefrauen freilich auch Mitarbeiterinnen in der Mission waren – das vermutet SCHRAGE, 1Kor II 293 –, entzieht sich unserer Kenntnis. PICAZIO, Freiheit 204.206 vertritt wie RONGY, H.: Le rôle de la femme qui accompagnait un apôtre, RecL 30, 1938/9, 175–179 die alte katholische Auslegung; danach handelt es sich um Frauen, die den Aposteln mit ihrem Vermögen dienten – wie die Frauen in Lk 8,3 und Mt 27,55 Jesus dienen. Dann wäre γυναῖκα nicht mehr Objekterweiterung, sondern Objekt; ἀδελφή wäre adjektivisch gebraucht wie bei ἄνδρες ἀδελφοί Apg 2,29 u.ö. Aber von einer derart verbreiteten Einrichtung ist uns nichts bekannt; außerdem nahm Paulus nach Röm 16,2 selbst solche Unterstützung in Anspruch.

[149] Sie stießen nach Ostern zu den Jesusanhängern (vgl. Apg 1,14). Von ihnen erwähnt Paulus sonst nur Jakobus mit Namen (Gal 1,19) und bezeichnet ihn implizit als Apostel (vgl. auch 15,7); freilich scheint dieser sich hauptsächlich in Jerusalem aufgehalten zu haben.

[150] Vgl. KOLLMANN, B.: Joseph Barnabas, SBS 175, Stuttgart 1998; ÖHLER, M.: Barnabas, WUNT 156, Tübingen 2003, zu unserer Stelle 4–24.

[151] Vgl. BULTMANN, Stil 35–39. Zum Diatribenstil von 9,1–18 vgl. SCHMELLER, Paulus 400f.

wo neben dem Soldat u. a. auch der Bauer erscheint.[152] Auf die drei Fragen erwartet man die Antwort „niemand". Bei weltlichen Arbeiten ist eine Teilhabe am Ertrag selbstverständlich, sei es in Gestalt von Löhnung (V. a)[153] oder von erwirtschafteten Naturalien (V. bc). Das zweifache „essen" (ἐσθίειν), das allerdings in der Verbindung mit „Milch" nicht wörtlich wiedergegeben werden kann, verklammert die Bilder mit der Ausgangsfrage V. 4.

V. 8-10 Der Analogieschluss aus menschlichen Verhältnissen (V. 7)[154] wird offenbar als unzureichend[155] empfunden. Er wird deshalb übertrumpft durch ein Wort des Gesetzes, das - obwohl in V. 9a als das „Gesetz des Mose"[156] eingeführt - zugleich Wort Gottes ist (vgl. V. 9b). Deshalb kann man bei dem unbestimmten λέγει V. 10a ebensogut „Gott" (vgl. V. 9b) wie das „Gesetz" (vgl. V. 8b) bzw. „Mose" (vgl. Röm 10,19b) als Subjekt ergänzen. Die vereinzelte Bestimmung Dtn 25,4 wird auch 1Tim 5,18a auf die (auch finanzielle) Anerkennung der Verkünder ausgelegt. Diese dem ursprünglichen Sinn zuwiderlaufende Anwendung rechtfertigen hermeneutische Überlegungen V. 9b.10. Jüdisch-hellenistische Interpreten[157] heben an der Vorschrift, dass der die Ähren zertrampelnde oder den Dreschschlitten ziehende Ochse vom Getreide fressen darf, hervor, dass der Gesetzgeber die Milde auch auf die unvernünftigen Tiere ausdehnt. Paulus dagegen bestreitet - von der rabbinischen Auslegung abweichend[158] und zum Entsetzen heutiger Tierfreunde - diesen Bezug entschieden. Nach V. 9b ist er dabei von dem Prinzip geleitet, dass die Schrift sich nur

---

[152] Gegen CONZELMANN, 1Kor 190 braucht in 2Tim also nicht eine Nachbildung der hiesigen Stelle vorzuliegen, zumal V. 7b doch nicht ganz denselben Gedanken enthält wie 2Tim 2,6 (gegen CONZELMANN, 1Kor 190 Anm. 32): dort kommt es auf das Sich-Abmühen an.
[153] Im militärischen Kontext legt sich die Wiedergabe von ὀψώνιον mit „Sold" nahe: vgl. 1Esr 4,56; 1Makk 3,28; 14,32; Arist 20.22; Lk 3,14; IgnPol 6,2 und R.E. KRITZER in ARZT-GRABNER u.a., 1Kor 341f. Der „eigene Sold" wäre ein bewusstes Unding. Dagegen plädiert CARAGOUNIS, C.C.: Ὀψώνιον: A Reconsideration of Its Meaning, NT 16, 1974, 35-57 bei den ntl. Stellen, aber auch bei 1Makk 14,32, für „provisions". Das mag 2Kor 11,8 besser passen, wo es um die Ausstattung zum Dienst für die Korinther geht. Hier spricht auch SPICQ, Lexique 1125-1128 von „subsides", eine Bedeutung, die er ebenfalls für 1Kor 9,7 vorschlägt. In Röm 6,23 ist hingegen eher „Entgelt" angebracht.
[154] Gal 3,15 leitet die Formel κατὰ ἄνθρωπον λέγω einen solchen ein; Röm 3,5 lehnt Paulus damit eine menschlichen Maßstäben verpflichtete Folgerung ab; Röm 6,19a entschuldigt er mit einer ähnlichen Formulierung eine unangemessene Metaphorik; vgl. BJERKELUND, C.J.: „Nach menschlicher Weise rede ich", StTh 26, 1972, 63-100: Weltliche Beispiele bei den Rabbinen können eine ähnliche Funktion erfüllen, sind aber anders eingeleitet.
[155] Wegen des „auch" in V. 8b ist in V. 8a ein „nur" zu ergänzen. Während der erste Halbvers ein „nein" suggeriert, läuft der zweite auf ein „tatsächlich" hinaus: B-D-R 427,2. Gegen WEISS, 1Kor 235 und LIETZMANN, 1Kor 41, die das οὐ V. 8b als Negation, nicht als Fragepartikel, nehmen. Dann wird das V. 9a folgende γάρ unverständlich.
[156] Eine im frühen Christentum gebräuchliche Bezeichnung: vgl. Lk 2,22; 24,44; Joh 7,23; Apg 13,38; 15,5; 28,23; Hebr 10,28. Am nächsten kommt der Einleitung V. 9a in unserem Brief 14,21. Der dort fehlende Zusatz „des Mose" ist besonders bei Zitaten aus Dtn verständlich (vgl. Röm 10,5.19). Aber die ganze Schrift gilt als sein Werk (vgl. 2Kor 3,15). Zur paulinischen Schriftverwertung s. die bei 1,19 angegebene Literatur.
[157] Vgl. Philo, virt. 125-147, bes. 145; Josephus, ant. IV 233.
[158] Vgl. dazu LISOWSKY, G.: Dtn 25,4 לֹא־תַחְסֹם שׁוֹר בְּדִישׁוֹ - Du sollst dem Rinde bei seinem Dreschen nicht das Maul verbinden, in: Maass, F. (Hg.): Das ferne und nahe Wort. FS L. Rost, BZAW 105, Berlin 1967, 144-152. BREWER versucht vergeblich, den Unterschied zur allegorischen Auslegung des Paulus zu verwischen. Bei den Rabbinen (bBM 88b) findet sich nur einmal ein Schlussfolgerung vom Ochsen auf den Menschen. Vgl. Bill. III 385.

mit Wichtigem beschäftigt.[159] Das „Um-Willen", der eigentliche Nutznießer[160] des Gesetzes sind die Apostel, nicht nur weil sie als vernünftige Wesen den Tieren überlegen sind, sondern weil sie eine höchst wichtige Aufgabe in der Endzeit[161] haben (vgl. Röm 10,13-15). Der stoische Hilfsgedanke, dass die Tiere um des vernunftbegabten Menschen willen geschaffen wurden,[162] ist hier unnötig. Die Beziehung auf die Apostel ist exklusiv (zu πάντως „überhaupt" vgl. 5,10).[163] Weil der mit ἤ eingeleitete Fragesatz V. 10a die Alternative zu V. 9b bildet, kann das eigentlich hier zu erwartende οὐκ wegfallen.[164] Schwierigkeiten bereitet der begründende V. 10b. Zunächst ist wahrscheinlich, dass das ἐγράφη die Dtn-Stelle meint,[165] und nicht ein apokryphes Bibelzitat einführt.[166] Nicht nur findet sich das doppelte Bildwort nirgends in kanonischen oder pseudepigraphen Texten,[167] die entscheidenden syntaktischen Gelenke (eine mit ὀφείλειν gebildete Sentenz auch 2 Kor 12,14; die freilich auch in LXX und in einem Papyrus gebräuchliche Wendung ἐπ' ἐλπίδι vgl. Röm 4,18; 5,2; 8,20) weisen auf die Hand des Paulus. Er würde den Bezug von Dtn 25,4 auf den Menschen bestätigen, entweder – falls das ὅτι rezitierend ist – indem er noch einmal eine freie Paraphrase der Schriftstelle gibt, dabei aber menschliche Subjekte einsetzt,[168] oder indem er mit kausalem ὅτι an vergleichbare Sachverhalte, ähnlich wie in V. 7, erinnert.[169]

V. 11.12a Indem Paulus zum Dreschen noch das Bild vom Pflügen hinzufügt, gewinnt er einen Übergang zur Metaphorik von Saat und Ernte, die die erste Schluss-

---

[159] Auch die alexandrinische Allegorese lehnt manchmal den wörtlichen Sinn mit der Begründung ab, dass er nicht „gottgemäß" (θεοπρεπής) sei. Z.B. deutet nach Philo, spec. I 260 die Sorgfalt, die die Schrift auf die Makellosigkeit der Opfertiere verwendet, symbolisch die sittliche Besserung an. „Denn nicht für (ὑπέρ) unvernünftige Wesen (ist) das Gesetz, sondern für die, welche Geist und Verstand haben". Vgl. som. I 93-102; Arist 144.

[160] Das vermischt BREWER 557 mit dem Adressaten: „the law was not written for the ox to obey, but for man". Der ist natürlich von vornherein der Mensch.

[161] Insofern lässt sich hier eine Brücke zu dem hermeneutischen Grundsatz von 10,11 schlagen. Richtig WOLFF, 1Kor 193f. HOLLANDER, Meaning 121 Anm. 13 will ἡμεῖς auf die Menschen allgemein beziehen; das ist wegen V. 11 schwierig.

[162] Darauf weist LOHSE hin. Aber Paulus sagt auch nicht, dass Gott sich um der Menschen willen um die Ochsen kümmert, wie GRÄSSER nüchtern feststellt.

[163] Anders Röm 4,23: „nicht nur ..., sondern auch". Das tragen Ausleger wie COLLINS, 1Kor 340 an unserer Stelle ein, wenn sie πάντως mit „certainly" übersetzen und abmildernd paraphrasieren: „it is not so much animals who benefit from Deut 25:4 as it is humans".

[164] Vgl. eine ähnliche Abfolge von Fragen Joh 18,34.

[165] Dafür macht WOLFF, 1Kor 194 geltend, dass auch sonst (10,11; Röm 4,23; 15,4) ἐγράφη bei Paulus auf ein vorangegangenes Zitat geht. In Röm 4,23 wird dieses aber mit ὅτι wiederholt. SCHMIEDEL, 1Kor 142 weist darauf hin, „dass ἐγράφη laut γάρ Auslegung von λέγει sein will."

[166] So aber viele Kommentare und die neueren Spezialuntersuchungen von KOCH, Schrift 41f, STANLEY, Paul 196f. BREWER 558 vermutet eine bekannte mündliche Regel wie mBM 7,2; aber da geht es spezieller um Freiheit von Abgaben.

[167] Das banale Bildmaterial taucht natürlich verstreut auf: Sir 6,19; Jes 28,24-28; 45,9bLXX.

[168] So Bill. III 386 („zugrunde liegende Idee"), LIETZMANN, 1Kor 41; BACHMANN, 1Kor 315 und als Vermutung ZELLER, Schriftverwertung 513; ausführlich jetzt SMIT, Offerings 104-107; er erklärt die Einführung des Pflügenden damit, dass so auf die Gemeindegründer hingelenkt wird.

[169] Die kausale Auffassung etwa bei HEINRICI, 1Kor 274f, für den freilich der Dreschende und der Pflügende der Stier bleibt. Wie soll da das δι' ἡμᾶς begründet werden?

folgerung V. 11 prägt. Die Verkündigung wird hier als Aussaat geistlicher Gaben verstanden (vgl. Mk 4,14; Joh 4,36–38); so erwirbt sich der Missionar das Recht auf die Ernte geistlicher Güter, die in der Gemeinde herangewachsen sind, z.B. den Glauben, die Charismen. Im Vergleich dazu sind die materiellen Leistungen, die er von ihr erhoffen darf, etwas Kleineres.[170] Den Gedanken des Austauschs von πνευματικά gegen σαρκικά wandelt dann Röm 15,27 in Bezug auf die Kollekte ab. Anders als V. 11 schließt V. 12a vom Kleineren auf das Größere. Er enthält einen Seitenhieb gegen die „anderen" (nicht gleichzusetzen mit den „andern" von V. 2a), die ohne die Gemeinde gegründet zu haben (vgl. 3,6.10), doch an ihrem „Vermögen"[171] teilhaben. Trotz des Präsens hat man hier wahrscheinlich an Apollos zu denken.[172] Dass dagegen Kephas sich mit seiner Frau hat von den Korinthern bewirten lassen, ist nicht sicher. 2Kor 11,20 beschreibt dann sarkastisch das ausbeuterische Gehabe der judenchristlichen Konkurrenzmissionare, die aber hier wohl noch nicht in die Gemeinde eingedrungen sind.

V. 12bc Die Pointe der langen Ausführungen ab V. 4 ist freilich, dass Paulus von der hier entwickelten ἐξουσία[173] keinen Gebrauch gemacht hat. Er nimmt vielmehr die mit manueller Arbeit verbundenen Mühen auf sich,[174] um finanzielle Interessen bei der Verkündigung des „Evangeliums von Christus"[175] auszuschließen (vgl. Exkurs 7). Sie könnten den Lauf des Evangeliums „hemmen" (vgl. auch 2Kor 6,3). Das hier eingesetzte Wort ἐγκοπή ist von der Wurzel her mit πρόσκομμα (vgl. ἀπρόσκοποι 10,32) verwandt; so wird das Verhalten des Paulus auf die Vermeidung eines Anstoßes hin transparent, die er sich von den Gnosis-Leuten wünscht.

2. V. 13–15a Der zweite Durchlauf ist zwar kürzer, aber um so gewichtiger, als er eine Anordnung des Herrn anführt.

---

[170] Zum Ausdruck (οὐ) μέγα εἰ vgl. 2Kor 11,15; Gen 45,28. Gegenüber 3,1.3 (s. dort Lit.) hat „fleischlich" hier eine eher harmlose Bedeutung. Ein ähnlicher Schluss Did 4,8c „Wenn ihr nämlich Genossen im Unsterblichen seid, um wieviel mehr im Sterblichen?".

[171] Für die hier wohl leicht ironische Bedeutung von ἐξουσία als „abundance of means" vgl. L-S 599 s.v. III; dazu Philo, Flacc. 57; TestAbr (A) 2,11; HÉRING, 1Kor 73. Weil sie im Neuen Testament nicht belegt ist, verstehen die meisten – z.B. BAUER, Wörterbuch 562.1040 – den Genitiv in τῆς ὑμῶν ἐξουσίας – wie Mk 6,7par.; Joh 17,2; Epiktet, diss. III 24,70; IV 12,8 – objektiv: die Vollmacht euch gegenüber. Aber dann würde man als Verbum „ausüben" oder etwas ähnliches erwarten. Das μετέχειν passt wie V. 10 zu materiellen Gütern: WEISS, 1Kor 237 Anm. 5. Wollte Paulus zum Ausdruck bringen, dass die „andern" an *seinem* „Verfügungsrecht über die Gemeinde" – welch ein Anspruch! – teilhaben, dann würde der Nachsatz unsinnig. Sprachlich schwieriger ist der *Genetivus subiectivus* im Sinn von „das von euch gewährte Recht" (ROBERTSON/PLUMMER, 1Kor 185f; THISELTON, 1Kor 690).

[172] Dass er sich im Gegensatz zu Paulus von der Gemeinde aushalten ließ, könnte auch aus der – allerdings fiktiven – Weisung Tit 3,13, ihm Ausrüstung zu gewähren, hervorgehen. Vgl. CHOW, Patronage 106f. WOLFF, 1Kor 194 versucht das Präsens, das ja auch in 3,10b die Beziehung auf Apollos erschwerte, zu erklären: Paulus rechnet mit weiteren Besuchen des Apollos und ähnlichen Missionare.

[173] Das Demonstrativpronomen bezieht sich nach unserer Auffassung nicht auf die ἐξουσία in V. 12a.

[174] „Alles ertragen" auch von der Liebe 13,7. Vgl. die Handarbeit im Peristasenkatalog 4,12.

[175] Vgl. τὸ εὐαγγέλιον τοῦ Χριστοῦ auch Röm 15,19; 2Kor 2,12; 9,13; 10,14; Gal 1,7; Phil 1,27; 1Thess 3,2. Äquivalente wie „Evangelium von der Herrlichkeit Christi" (2Kor 4,4; vgl. V. 5 „Jesus Christus als Herrn verkündigen"), „Christus verkündigen" (1,23; Phil 1,15.17f) und „Christus nennen" (Röm 15,20) sichern den Genitiv des Objekts. Vgl. noch 1,6 „das Zeugnis von Christus" und KRAMER, Christos 46–51.

V. 13 erinnert zunächst an die am Heiligtum Israels[176] geltenden Gebräuche, mit denen die Korinther vertraut sein sollten. Dort haben die Priester[177] an allen Opfern – das Sündopfer ausgenommen – und Abgaben teil, die Leviten am Zehnten (vgl. u. a. Num 18,8–32, V. 11 „essen"; Dtn 14,22–29, V. 29 „essen"; 18,1–8, V. 1 „essen").[178] Natürlich genießt heidnisches Kultpersonal ähnliche Vorteile. Wie in V. 9f wählt Paulus aber eine alttestamentliche Illustration, um sie mit der Vergleichspartikel „so auch" (vgl. 2,11 und oft) auf die christlichen Missionare zu beziehen.

V. 14.15a Diese Anwendung ist vielleicht dadurch erleichtert, dass Paulus die Gemeinde metaphorisch als Tempel Gottes (3,16) bezeichnen und seinen apostolischen Dienst mit kultischen Metaphern beschreiben kann (vor allem Röm 15,16).[179] Sie wird dadurch besonders plausibel, dass wie schon V. 13 (zweimal ἱερο- bzw. „Opferaltar") Paronomasie (zweimal „Evangelium") zum Einsatz kommt. Hinter der Anordnung[180] des „Herrn" (vgl. zu 7,10) vermutet man die Anweisung Lk 10,7Q, von der vielleicht schon in V. 4 ein Echo zu vernehmen war. Das dort V. 7b angeführte Sprichwort „Der Arbeiter ist seines Lohnes wert" wird 1Tim 5,18b – hier gar als Schriftbeleg – für die Honorierung der Ältesten zitiert, war also weiter bekannt.[181] Wie in 7,10 gibt aber Paulus nicht den Wortlaut des Herrenwortes, sondern aktualisiert es auf die Verkündigung des „Evangeliums"[182] hin. Weil der Kyrios aber nur ein Recht auf Lebensunterhalt durch diese Tätigkeit[183], keine Pflicht etabliert hat, kann Paulus keinen Gebrauch davon machen, ohne ihm ungehorsam zu werden.[184] Es wäre ja auch höchst ungeschickt, würde er sich offen dem Vorwurf aussetzen, er habe ein Gebot des Herrn missachtet.

---

[176] Das meint wohl das absolute ἱερόν mit dem bestimmten Artikel. LXX und jüdische Schriftsteller können so zwar auch heidnische Heiligtümer benennen. Aber sie sind durch Zusätze oder den Kontext als solche erkennbar. BAUER, Wörterbuch 756f unter 3 meint jedoch, der allgemeine Ausdruck umfasse hier auch heidnische Tempel. So auch HEINRICI, 1Kor 277; SCHMIEDEL, 1Kor 142 u. a. Doch vgl. die Diskussion bei SCHRAGE, 1Kor II 307f. Sein Hinweis auf den Gebrauch von θυσιαστήριον ist dann noch überzeugender, wenn auch 10,18 der Altar in Jerusalem gemeint ist (s. z.St.).

[177] Sie verbergen sich hinter denen, die „ständig mit dem Altardienst befasst sind". Zu παρεδρεύοντες vgl. 7,35 und Josephus, Ap. I 30, wo die Priester als „die, welche ständig mit dem Dienst Gottes befasst sind" (τῇ θεραπείᾳ τοῦ θεοῦ προσεδρεύοντες), umschrieben werden.

[178] Vgl. auch NuR 18 (183d) bei Bill. III 400f: „Nach dem Brauch der Welt erhält ein Mensch, der mit Geheiligtem zu tun hat, seinen Lohn vom Geheiligten". Mose und Samuel aber nehmen nicht einmal einen Esel vom Volk.

[179] Vgl. RICHARDSON 103f.

[180] Das aktive Verbum διατάσσειν scheint nicht vom Medium 7,17b; 11,34 (hier vom Apostel) unterschieden zu werden; vgl. 16,1.

[181] Did 13,1f ist von der Mt-Version (Mt 10,10b) abhängig, die τροφή statt μισθός hat. Dass V. 17a.18a das Wort μισθός – in etwas anderem Zusammenhang – bringen, garantiert allerdings noch nicht, dass Paulus sich in V. 14 auf Lk 10,7b beruft. Vgl. weiter HARVEY, E.E.: „The Workman is Worthy of His Hire". Fortunes of a Proverb in the Early Church, NT 24, 1982, 209–221.

[182] Zu εὐαγγέλιον vgl. bei 1,17. An unserer Stelle – wie auch 15,1–11 – wird deutlich, dass das „Evangelium" nichts speziell Paulinisches ist, sondern die gemeinsame Sache aller urchristlichen Missionare.

[183] In V. 18 heißt das „mein Recht am Evangelium". Eine spirituelle Nuance „aus dem Evangelium leben" – so NASUTI, Woes 252f – kommt hier nicht in Frage; denn darauf könnte Paulus nicht verzichten.

[184] Vgl. NEIRYNCK, Sayings 175 gegen Lindemann; komplexere Lösungen bei ZIMMERMANN, Zitation 99f und HORRELL, D.G.: „The Lord Commanded ... But I have not Used ...", NTS 43, 1997, 587–603.

3. **V. 15b–18** Der dritte Gang lässt sich überschreiben: *Die kostenlose Verkündigung – der einzige Ruhm und Lohn des Apostels.*

V. 15b–d wehrt zunächst ein mögliches Missverständnis ab: Paulus hat nicht auf sein Recht gepocht, um es bei den Korinthern einzulösen. Die emphatische Begründung V. c[185] zeigt, wie sehr ihm seine Praxis ein existentielles Anliegen ist. Vielleicht weil ihm der Ausdruck zu stark ist, bricht er ab.[186] Zu ergänzen wäre wohl: „als dass ich diese Praxis aufgebe". Stattdessen enthüllt er mit der zuversichtlichen Behauptung[187] V. d ein neues persönliches Motiv seines Verzichts: Er stellt ein unauslöschliches Ruhmesblatt[188] dar. Es bleibt unscharf, vor wem das bisher so disqualifizierte Sich-Rühmen gedacht ist (vor Gott? vor sich selbst? gegenüber andern Missionaren?). Vielleicht argumentiert Paulus auch nur *ad hominem* mit der allgemein menschlichen Hoffnung auf Ruhm und Lohn, die man auch ihm zubilligen muss. Man darf das nicht auf die theologische Goldwaage legen und fragen, ob der Ruhm auch „im Herrn" erfolgt. Ähnlich bezeichnet er es in 2Kor 11,9f als seine καύχησις[189], dass er den Korinthern nicht zur Last fiel. Dort parodiert er allerdings den Stil seiner Gegner (vgl. 2Kor 11,12.16–18). Auch Philosophen können sich paradox gerade ihrer Armut rühmen.[190] Ein Selbstlob ist erlaubt, wo man sich verteidigen muss oder wo man ein erbauliches Beispiel abgibt (vgl. Plutarch, mor. 540c.544de). Beides ist ja hier der Fall.

V. 16 Der Verzicht ist ein Extra, während der Verkündigungsdienst als solcher wenigstens für Paulus noch keinen Grund zum Rühmen darstellt. Seine Berufung erscheint hier als ein von Gott auferlegter „Zwang". Das Wort ἀνάγκη[191] meint hier weder ein allgemeines Schicksal wie in 7,26 noch einen im Einzelnen herrschenden inneren Drang wie 7,37, sondern den hier anonymisierten Zugriff (vgl. Phil 3,12) des Kyrios. Vergleichbares erfuhr ein atl. Prophet wie Amos, den Jahwe von der Herde weggeholt hat (Am 7,14f). Auch über die Propheten kommt das Wort Gottes mit unwiderstehlicher Gewalt (vgl. Jer 20,7–9; Am 3,8) und sie fühlen die „Hand Jahwes" schwer auf sich lasten (Ez 3,14; vgl. 33,22; 37,1; Jes 8,11; Jer 15,17). Noch die Sibylle

---

[185] Zu den καλόν-Sätzen s. bei 7,1. Zu καλόν ... ἤ vgl. Mk 9,43.45.47.

[186] Zur Aposiopese vgl. B-D-R 482.

[187] Mit dem οὐδείς sind kaum mögliche Gegner angesprochen. Zu κενοῦν s. zu 1,17. Mit καύχημα steht es auch 2Kor 9,3. In 2Kor 11,10 versichert Paulus, dass sein Rühmen nicht zum Schweigen gebracht werden wird bzw. sich nicht verhindern lässt (φράσσεσθαι). Wegen dieser Parallele zögere ich auch, das Futur mit Jussiv wiederzugeben wie z.B. SCHRAGE, 1Kor II 321 (mit Berufung auf B-D-R 362, wo unsere Stelle freilich nicht genannt ist).

[188] Zu καυχᾶσθαι und seiner theologischen Problematik vgl. bei 1,29.31. Zu καύχημα, das hier wohl „Grund zum Ruhm" bedeutet, vgl. bei 5,6. AGRELL, Work 112f folgert aus anderen καύχημα-Stellen: „The apostle's καύχημα is thus that results of his work now appear, which will bring him an eschatological reward at the parousia of the Lord." VOLLENWEIDER, Freiheit 206 mit Anm. 37 denkt sogar an die am Tag der Parusie empfangene Auszeichnung des erfolgreichen Missionars durch den Kyrios. Aber die Missionstätigkeit als solche wird hier nicht belohnt.

[189] Die Bestimmung „in der Gegend der Provinz Achaia" lässt an Ruhm vor Menschen denken. So auch für unsere Verse 9,15f BLISCHKE, Begründung 194.

[190] Vgl. Apuleius, apol. 17,7: Philosophen, aber auch römische Herrscher, rühmen sich der geringen Zahl der Dienerschaft; 22,9: Diogenes rühmt sich gegenüber Alexander des Stabes anstatt des Szepters.

[191] In Verbindung mit ἐπικεῖσθαι auch Homer, Il. VI 458 vom harten Sklavenlos der Andromache, nachgeahmt Sib 3,572 (vom göttlichen Ratschluss, der sich erfüllen muss).

empfindet die prophetische Inspiration als ἀνάγκη (Sib 3,296).[192] Dass Paulus um seiner eigenen Rettung willen (vgl. auch V. 23.27) verkündigen muss,[193] verdeutlicht er in V. 16c mit einem Weheruf, einer sonst nicht von ihm gebrauchten prophetischen Redeform,[194] die er bedingt auf sich selbst anwendet. Daraus erhellt indirekt, dass der Zwang nicht physischer Art ist – Paulus könnte sich dem Auftrag auch verweigern –, sondern in dem unausweichlichen Anspruch des Berufenden liegt, der über Heil oder Unheil entscheidet.

In V. 17f tritt nun „Lohn" an die Stelle von „Ruhm", um den erstrebten Ertrag zu bezeichnen (vgl. den Wechsel von καύχημα und μισθός in Röm 4,2.4). Nur wenn Paulus sich freiwillig verdingt, hat er Lohn.[195] Er ist aber nicht „freier Mitarbeiter", sondern Sklave Jesu Christi (vgl. zu 7,22). Die schon 4,1 beschriebene Verwalterrolle stellt sich als die eines Unfreien heraus.[196] Das spricht der stoischen Anschauung, wonach nur ein freier Akt auch sittlich wertvoll ist (vgl. Dio Chrys. 3,123; Philo, prob. 61), Hohn. Manche Exegeten[197] pressen aber den Realis in V. 17a dahin aus, dass Paulus sich – wie der stoische Weise – freiwillig dem Schicksal beuge. Aber sie müssen dann V. 17b als Irrealis nehmen. Der entspricht jedoch der Selbstcharakterisierung des Apostels in 4,1. Der Sinn würde auch nicht geändert, wenn man[198] V. 17b als Protasis zur Frage V. 18a zieht. Dagegen spricht, dass οὖν in den Paulusbriefen sonst immer am Satzanfang – u. U. im Konditionalsatz – steht. Es bleibt dabei: Weil der Apostel als unfreiwillig in Dienst genommener keinen Lohn erwarten kann – hier entsteht sogar ein gewisser Widerspruch zu 3,8.14, wenn man an einen Lohn von Gott her denkt –, bleibt sein einziger „Lohn" die kostenfreie Ausrichtung des Evangeliums. Da man „Lohn" hier in Anführungszeichen setzen muss – μισθός bedeutet hier so etwas wie „Auszeichnung" (vgl. Mt 5,46 mit V. 47) – und weil er in der

---

[192] Vgl. SANDNES, Paul 125–129. Vgl. Sib 3,4–7 (βιάζεται).

[193] Nur entfernt heranzuziehen ist Ez 3,16–21 (vgl. 33,7–9): Der Prophet muss mit seinem Leben dafür einstehen, dass er die Schuldigen verwarnt. Bei Paulus geht es weniger um die Verantwortung für andere als um den unbedingten Gehorsam gegenüber dem Kyrios.

[194] Vgl. ZOBEL, H.-J.: Art. הוֹי/*hôj*, ThWAT 2, 1977, 382–388; für das NT vgl. TRUMMER, P.: Art. „Weheruf, Wehe", NBL 3, 2001, 1069 f. Auch Rabbinen können sich diese Form aneignen: vgl. R. Abbahu in bNed 62a: „Wehe mir, daß ich mich der Krone der Tora zu meinem eignen Vorteil bedient habe!" (Bill. I 562).

[195] Der Konditionalsatz ist zwar der Form nach ein Realis, B-D-R 371 Anm. 1 merken aber an, dass damit keine persönliche Ansicht über Wirklichkeit oder Verwirklichung angedeutet wird. Richtig CONZELMANN, 1Kor 194f: „Wenn freiwillig' ist einfach die Folie für den wirklichen Fall des Paulus, daß er ‚unfreiwillig' mit einer Verwaltung beauftragt ist." Vgl. auch Röm 4,2a.14; Gal 2,18.21; 3,18a als Beispiele für eine reale Hypothese mit irrealem Sinn.

[196] Dazu passt ἀνάγκη im Sinn von „Sklavenlos" an der o. Anm. 191 angeführten Ilias-Stelle. Das Wort assoziiert häufig Sklaverei: vgl. SANDNES, Paul 123. R.E. KRITZER in ARZT-GRABNER u.a., 1Kor 353–357 vergleicht die Zwangsliturgie in Ägypten. Zu πεπίστευμαι vgl. bei 4,2. Oft wird hier auf das sachlich entsprechende Jesusgleichnis Lk 17,7–10 verwiesen. BYRON kann die Sklavenassoziation nur bestreiten, indem er V. 17a als Realis nimmt (s. nächste Anm.). GALLOWAY, Freedom 184–186 ist hier nicht konsequent.

[197] MALHERBE 250; HOCK, Context 100 Anm. 113. BAASLAND, ἀνάγκη 378–380 möchte sowohl V. 17a wie V. 17b real auffassen. Das geht aber wegen des δέ nicht.

[198] Nach dem Vorschlag von BACHMANN, 1Kor 320f; BARRETT, 1Kor 209f; SCHRAGE, 1Kor II 319.326; REUMANN, OIKONOMIA-Terms 158.

Tat selber besteht,[199] braucht man ihn nicht in der Richtung von 3,8.14 zu konkretisieren. Die Kennzeichnung dieses Lohns als „eschatologisch"[200] oder gar die Erwägung, er werde auch hier von Gott zugeteilt,[201] überfrachtet den Gedanken. E. Käsemann[202] hat zu Recht Interpretationen im Sinne eines *opus supererogatorium* oder einer idealistischen Uneigennützigkeit abgewiesen, deutet aber selbst auch eine Spur zu tiefsinnig, indem er das Stichwort „Liebe" einführt.[203] Die Inhaltlichkeit des Evangeliums spielt hier aber noch keine Rolle;[204] es geht um die missionarische Aktivität im Auftrag Christi. Die Korinther müssen einsehen, dass für Paulus dabei auch etwas herausspringen muss. Der Verzicht[205] auf ein ihm zukommendes Recht, den eine εἰς τό + Infinitiv-Konstruktion[206] noch einmal betont, ist der einzige Spielraum der Freiheit, den er hat. Darin lohnt sich auch der Sklavendienst des Missionars; er kann damit der Gemeinde ein auffälliges Signal geben. So läuft auch dieser gewundene Gedankengang auf das pragmatische Ziel des Kapitels hinaus.

Exkurs 7: Der Unterhalt der Missionare

Wo sich das Christentum nicht von selbst verbreitete, sondern durch reisende Glaubensboten, stellte sich die Frage, wie diese ihr Auskommen finden könnten, zumal sie meist ihre bisherigen Lebensverhältnisse aufgegeben hatten. In 9,14 verweist Paulus hierzu auf eine Regel, die angeblich auf den Herrn Jesus selber zurückgeht. Sie steht in der Logienquelle und in den synoptischen Evangelien im Kontext umfangreicherer Instruktionen für diese Sendlinge (Lk 10,1–12.16Q; Mk 6,7–11parr.).[207] Danach werden sie zwar völlig wehr- und mittellos aus-

---

[199] Grammatikalisch kommt das darin zum Ausdruck, dass der Finalsatz mit ἵνα für einen epexegetischen Infinitiv steht: B-D-R 394,3. Auch nach der Stoa (vgl. Cicero, fin. II 72; Seneca, benef. IV 1,3; epist. 81,19; Epiktet, diss. III 24,51f; SVF III 45) und der hochfliegenden Ethik eines Philo (vgl. plant. 136; som. II 34 „vielleicht aber sind die Werke selbst der vollkommene Lohn"; spec. II 259) ist die Tugend sich selber Lohn genug. Doch ähneln sich die Aussagen nur formal. Was in der Philosophie allgemeines Prinzip ist, ist bei Paulus letzter Ausweg.
[200] Vgl. SCHRAGE, 1Kor II 327f, obwohl er mit Recht eine zukünftige, himmlische Belohnung ablehnt.
[201] So SENFT, 1Kor 122; ähnlich SCHRAGE, 1Kor II 322 zum Ruhm V. 15b; LANG, 1Kor 118 „Gnadenlohn".
[202] Versuche II 227–230. Zur Auseinandersetzung mit Käsemanns Lösung s. PESCH, Sonderlohn 202f. Dessen Versuch, das Lohnmotiv hier auf das Verhältnis des Apostels zur Gemeinde einzuschränken, ist aber auch nicht ganz überzeugend. Denn wenn der Lohn einfach mit Unterhalt gleichzusetzen wäre, so stünde er Paulus wie jedem anderen Apostel doch wohl zu.
[203] Des Apostels „Schicksal ist zugleich Gegenstand seiner Liebe. Was ist das Merkmal dieser Liebe? Eben dies, daß sie liebt, also ihr eigenes Recht preisgibt – nicht desinteressiert, sondern engagiert". Ähnlich SCHRAGE, 1Kor II 327f: „Entscheidend ist aber die dem Christus entsprechende Liebe"; LANG, 1Kor 118f.
[204] Gegen die zu tief schürfenden Überlegungen bei MAURER, Freiheit 635–637. WOLFF, 1Kor 198 sollte sich für seine an sich richtige Aussage „Als einer, der zugunsten anderer verzichtet […], ist er ein existentieller Zeuge für den Inhalt seiner Botschaft, für Christus, der durch Selbsterniedrigung das Heil gewirkt hat" nicht auf V. 15–18 berufen.
[205] Zu dem hier statt des Simplex V. 12b.15a gebrauchten καταχρήσασθαι vgl. bei 7,31. FEE, 1Kor 421 will hier wieder eine unterschiedliche Bedeutung („misuse") erkennen. Aber der Verzicht des Paulus ist größer, wenn er nicht nur keinen exzessiven, sondern überhaupt keinen Gebrauch von seinem Recht macht.
[206] Zu ihrem Wechsel mit ἵνα-Sätzen vgl. B-D-R 402,2. Sie hat hier wohl erläuternde, konsekutive Funktion.
[207] Sie sind – wohl in der matthäischen Version – auch in syrischen Gemeinden als das „Gebot des Evangeliums" bekannt (vgl. Did 11,3).

geschickt, dürfen sich aber in den Häusern, die sich ihrer Botschaft öffnen, gastlich aufnehmen lassen. Mt 10,8ef fügt noch hinzu, dass sie für ihre charismatischen Aktivitäten kein Geld nehmen sollen: „Gratis habt ihr empfangen, gratis gebt". Diese Methode war in den kleinen Orten Palästinas praktikabel, wo man, wenn man keinen Erfolg hatte, zur nächsten Ortschaft weiterzog. Wie sollte man aber in den großen Städten des Mittelmeerraums verfahren, zu denen weite Reisen erforderlich waren und wo man erst in längerem Bemühen einen missionarischen Stützpunkt aufbauen musste?[208] Hier mussten aus den Naturalien Geldspenden werden. Nach dem Zeugnis von 9,4-6 behalten jedoch die älteren, von Palästina ausschwärmenden Apostel ihre Praxis bei und lassen sich von den Gemeinden verpflegen. Wenn sie früher ländliche Berufe (Landarbeiter, Fischer) hatten, konnten sie diese ja auch schwer in den Städten ausüben. Deshalb tauchen sie auch – wie die „Superapostel" von 2 Kor – in schon bestehenden Gemeinden auf.[209] Wie aber konnten sich die Pioniere des Glaubens über Wasser halten? Apg 13f schildert eine solche Missionsreise des Barnabas und des Paulus auf Zypern und im südlichen Kleinasien; sie geht vom syrischen Antiochia aus und stößt in missionarisches Neuland vor. Es ist anzunehmen, dass die aussendende Gemeinde auch die Ausrüstung stellte.[210] Darüber, wie sich die Apostel auf der Reise verpflegten, schweigt die Apostelgeschichte. Nach 9,6 ernährten sich Paulus und Barnabas von ihrer Hände Arbeit. Das war leicht möglich, wenn sie ein Handwerk gelernt hatten.[211] Von Paulus erfahren wir Apg 18,3, dass er Zeltmacher – wohl ein spezieller Ausdruck für Lederarbeiter – war und in Korinth bei Glaubensgenossen desselben Gewerbes Anstellung und Unterkunft fand. Quartier gewährten Sympathisanten auch in Philippi und Thessalonich (vgl. Apg 16,15; 17,5-7; vgl. die Vorbereitung des Quartiers in Kolossae Phlm 22); doch hören wir 1Thess 2,9, dass der Apostel auch in Thessalonich schon Tag und Nacht gearbeitet hatte. Das war umso notwendiger, je weiter er sich von seiner Muttergemeinde Antiochien entfernt hatte. Macht er von seinem Recht auf Versorgung nur in Neugründungen keinen Gebrauch? Dafür könnte sprechen, dass er eine ähnliche finanzielle Last, die Kollekte (vgl. zu 16,1), den Gemeinden erst auferlegt, wenn sie bereits etabliert sind. Dagegen spricht, dass er von den Korinthern auch in Zukunft keine Unterstützung wünscht (vgl. 9,15b; 2Kor 11,9c; 12,14b). Die gerade erst aufblühende Gemeinde in Philippi hat sich dagegen „vom ersten Tag an" tatkräftig an der Missionsarbeit des Paulus beteiligt (vgl. Phil 1,5) und ihm gleich in seiner nächsten Station, Thessalonich, in seiner Not ausgeholfen (vgl. Phil 4,15f). Von ihr nimmt er in Korinth und später im Gefängnis gerne „Dienstleistungen" an (vgl. 2Kor 11,8f; Phil 2,25.30; 4,10.18), obwohl er Phil 4,11-13.17f betont, dass er auch gut ohne sie auskommen könnte. Jedenfalls macht er auch den Philippern gegenüber nicht ein Recht geltend, sondern würdigt ihre Gabe als Zeichen ihrer Fürsorge, ihres Engagements für das Evangelium und ihrer Anteilnahme an seiner Bedrängnis. In Phil 4,15 klingt der Gedanke des Austauschs[212] von

---

[208] Zu den veränderten soziologischen Bedingungen nach wie vor gültig THEISSEN, Legitimation 200-203. Vgl. aber die Modifikationen bei SCHMELLER, Th.: Brechungen, SBS 136, Stuttgart 1989, 76-98.

[209] Noch Did 11,3-6 kennt solche durchreisenden Apostel, verweigert ihnen aber eine Aufnahme, die über zwei Nächte hinausgeht, und finanzielle Unterstützung.

[210] Das können wir nur aus den wiederholten Aufenthalten des Paulus in Antiochien (vgl. Apg 15,40; 18,22f) erschließen; durch seinen Römerbrief möchte er die römische Gemeinde als Basis für das Missionsprojekt in Spanien gewinnen (vgl. Röm 15,24). Vermutlich hatte Ephesus eine ähnliche Funktion für die paulinische Mission im dortigen Umland (s. Einleitung unter 3). Andererseits bezeugen 1Kor 4,12; Apg 20,34 auch in Ephesus handwerkliche Tätigkeit.

[211] Vgl. wieder Did 12,3: Wandercharismatiker wollen sich in einer Gemeinde als Handwerker niederlassen.

[212] So auch der Sophist Prodikos nach Pseudo-Plato, Ax. 366c: „eine Hand wäscht die andere; gib etwas und nimm etwas (dafür)". Nach dem Brief an die Philipper vollzieht sich das Geben und Nehmen im Rahmen der Freundschaft bzw. der κοινωνία εἰς τὸ εὐαγγέλιον (1,5); vgl. SCHNABEL, Mission 1386f.

9,1–27: Freiheit im Verzicht auf Rechte – das Beispiel des Apostels

geistigen und materiellen Gütern an, den Paulus auch in einer Regelung für den Unterhalt der Katecheten Gal 6,6 aufgreift, den er aber nach 1Kor 9,11 nicht gegenüber den Korinthern geltend machte. Das Beispiel der Philipper zeigt also, dass er den Unterhalt durch eigener Hände Arbeit nicht zu einem exklusiven Prinzip erhebt. Er hätte für seine missionarischen Bedürfnisse auch nicht ausgereicht. Andererseits praktiziert er diesen Stil in Thessalonich und Korinth von Anfang an, also nicht erst aus Rücksicht auf etwaige Konkurrenzapostel.[213]

Wenn uns die kirchenpolitischen Gründe auch nicht recht durchsichtig sind, können wir doch die Motive zusammenstellen, die Paulus selber für sein Verhalten andeutet. Was bewegt ihn dazu, diese „Mühe und Anstrengung" von früh bis spät (vgl. 1Thess 2,9 und zu 3,8; 4,12) auf sich zu nehmen (vgl. πάντα στέγομεν in 9,12c) zu dem „täglichen Ansturm, der Sorge für alle Gemeinden" (vgl. 2Kor 11,28) hinzu, obwohl er um die Möglichkeit, sich von den Gläubigen versorgen zu lassen, weiß?

1. Paulus möchte es vermeiden, die unteren Schichten, bei denen die christliche Botschaft am meisten Anklang fand (vgl. 1,26–28), zu belasten (vgl. ἐπιβαρῆσαι 1Thess 2,9; vgl. V. 7 „wir konnten zur Last fallen als Christi Apostel"; 2Kor 11,9c; 12,16a; καταναρκᾶν 2Kor 11,9a; 12,13f).

2. Er will angesichts geschäftstüchtiger Sophisten und bettelnder kynischer Lehrer in der Umwelt (s.u.) zeigen, dass ihm nicht am Geld, sondern am Heil der Hörer gelegen ist (vgl. 2Kor 12,14c; 1Thess 2,5 „nicht unter dem Vorwand der Habsucht"; 2Kor 2,17 „das Wort Gottes nicht verhökern"[214]). Beide Punkte fasst wohl 9,12c zusammen mit „dem Evangelium Christi kein Hindernis in den Weg legen".[215]

3. Er gibt den neu gewonnen Christen so einen Erweis selbstloser Liebe (vgl. 1Thess 2,7f; 2Kor 11,11; 12,15).[216] In unserem Kapitel kann er das exemplarisch verwerten.

Das kann er aber unserer Ansicht nach nur tun, wenn der Verzicht auf den Unterhalt bei den Korinthern noch nicht fragwürdig geworden war. Nach 2Kor 10–13 scheinen aber die inzwischen aufgetauchten „Überapostel" Paulus diesen Ruhm streitig gemacht zu haben (vgl. 2Kor 11,10.12). Wie, können wir nur indirekt den polemischen Ausführungen entnehmen. Kaum indem sie ihm vorwarfen, er habe gegen die Verpflichtung zu charismatischer Armut verstoßen und denke zu viel an seine materielle Existenz, anstatt sie ausschließlich von seiner Zugehörigkeit zu Christus abhängig zu machen.[217] Der „Wandel nach dem Fleisch", den gewisse Leute Paulus vorwarfen (2Kor 10,2), zielt wohl nicht auf den Broterwerb durch manuelle Arbeit, sondern wird durch 2Kor 12,16–18 erklärt: Dass der Apostel seinen Anspruch

---

[213] Dieses Motiv gewichtet PRATSCHER, Verzicht 294–297 sehr stark. Er sieht die „gegnerische Agitation" schon implizit in 1Kor gegeben.

[214] Griechisch καπηλεύειν; schon bei Plato, Prot. 313c, soph. 231d wird der Sophist als κάπηλος geistiger Waren gekennzeichnet; weitere Parallelen beim NEUEN WETTSTEIN II 1, 420.423f.

[215] Weniger evident ist das in der neueren Forschung hervorgehobene Motiv, Paulus wolle sich gerade in Korinth nicht von reichen Patronen abhängig machen. Denn einerseits verschmäht er den Beistand einer Phoibe (Röm 16,2) nicht; andererseits wissen wir nicht, wie die Unterstützung organisiert worden wäre. Vielleicht wie die Kollekte 16,2 in Form einer allgemeinen Umlage. Paulus spricht jedenfalls von einer alle Korinther betreffenden Pflicht.

[216] Manche Autoren merken an, dass er dies wieder nach dem Vorbild Christi tut: Wie dieser sich erniedrigte (vgl. Phil 2,8), so erniedrigt sich Paulus, indem er das Evangelium Gottes umsonst verkündet (2Kor 11,7). Doch ist dieser Zusammenhang in den Texten nicht so offensichtlich.

[217] So THEISSEN, Legitimation 208–210. Aber ἁμαρτία 2Kor 11,7 meint wie ἀδικία 2Kor 12,13 nicht einen Verstoß gegen die apostolische Norm, sondern ein Unrecht gegenüber der Gemeinde. Paulus gebraucht diese Begriffe höchst ironisch, indem er damit etwas benennt, was der Gemeinde zum Vorteil gereichte. Vgl. BETZ, H.D.: Der Apostel Paulus und die sokratische Tradition, BHTh 45, Tübingen 1972, 100–117, 101.117.

nicht geltend machte, hielt man für einen faulen Trick, damit er die Korinther um so besser durch die Kollekte ausbeuten könne (vgl. 2Kor 7,2; 9,5). Da aber Paulus 2Kor 11,7 seine Arbeit als Selbsterniedrigung beschreibt, könnte auch die Verachtung Intellektueller für diese sklavische, für den Geist tödliche Beschäftigung[218] in die Bewertung der Korinther eingeflossen sein.

Können Analogien aus dem Judentum oder der griechisch-römischen Welt die Praxis des Apostels beleuchten? Solange man noch von der heute nicht mehr zweifelsfreien Annahme ausging, dass Paulus zum Rabbi ausgebildet wurde, konnte man darauf verweisen, dass auch die Rabbinenschüler einen Brotberuf erlernten,[219] um dann später beim Lehren der Tora nicht auf Bezahlung angewiesen zu sein.[220] Abgesehen von der Frage, ob dieses Ideal schon im 1. Jh. n. Chr. eingeführt war, erklärt es aber höchstens, warum Paulus ein Handwerk erlernt hatte, nicht aber, warum er es als reisender Apostel, der doch ein Recht auf Versorgung hatte und schwer mit einem sesshaften Gesetzeslehrer zu vergleichen ist, auch ausübte. In neuerer Zeit hat man stärker die Lebensformen antiker Philosophen zum Vergleich herangezogen. Wenn wir kommunitäre Weisen der Versorgung (die Gütergemeinschaft der Pythagoreer, die Wohngemeinschaft des epikureischen „Gartens") außer Acht lassen, wurden vor allem vier Modelle[221] praktiziert:

1. Man konnte – wie die Sophisten, aber auch die Vertreter anderer philosophischer Schulen außer den Kynikern – von den Hörern Geld verlangen.

2. Davon distanziert sich der Philosoph in der Art des Sokrates,[222] der seinen ursprünglichen Beruf (bei Sokrates: die Bildhauerei) beibehält, selbstgenügsam lebt, um frei von Rücksichten auf Menschen seiner philosophischen Berufung nachgehen zu können.[223]

3. Noch radikaler leben allerdings die Kyniker die Selbstgenügsamkeit vor, die ihren Beruf an den Nagel hängen und sich von dem ernähren, was die Natur oder mitleidige Menschen gewähren; typisch ist dafür das unstete Herumziehen und die Bettelei.[224]

---

[218] Vgl. HOCK, Context 35 f.
[219] Vgl. Bill. II 745f eine Liste von Rabbinen, die sich durch den Betrieb eines Gewerbes den Lebensunterhalt verschafften. HOCK, Context 23f meint, die Notwendigkeit der eigenen Berufstätigkeit habe sich hauptsächlich in wirtschaftlich härteren Zeiten ergeben; er siedelt die Lehrzeit des Paulus eher im familiären Rahmen von Tarsus an.
[220] Vgl. recht frühe Stimmen bei Bill. I 562f: Sowohl Hillel wie R. Sadoq warnen davor, aus der Gelehrsamkeit persönlichen Nutzen zu ziehen (mAv 1,13; 4,5).
[221] Vgl. HOCK, Context 52-59.
[222] Vgl. Plato, apol. 19d-20c.31c.33ab; Xenophon, mem. I 2,5-7 „[...] von denen, die den Umgang mit ihm wünschten, nahm er kein Geld. Sich davon enthaltend glaubte er, seine Freiheit sichern zu können"; vgl. apol. 16 „Wen kennt ihr freier unter den Menschen, der ich von niemand Geschenke oder Lohn annehme?".26; Pseudo-Sokrates, epist. 1,2f; 6,10. Simon der Schuhmacher lehnte ein Unterhaltsangebot des Perikles ab, weil er sich seine Redefreiheit (παρρησία) nicht abkaufen lassen wollte (Diogenes Laert. II 123). Dem Sokrates konnte der Sophist Antiphon entgegenhalten: Was nichts kostet, ist auch nichts wert (Xenophon, mem. I 6,11f; vgl. Philostrat, soph. 494). Der Platoniker Nigrinus dagegen folgt Sokrates (vgl. Lukian, Nigr. 25f).
[223] Die Beispiele dafür sind allerdings ziemlich rar. Außer Simon dem Schuhmacher (Diogenes Laert. II 122f) werden noch Menedemos und Asklepiades (ebd. 125.131) genannt. Kleanthes verdiente sich nur sein Studium mit Wasserschöpfen und Teigkneten (ebd. VII 168-170). Dio Chrysostomus (Philostrat, soph. 488) wurde erst durch die Verbannung zu körperlicher Arbeit gezwungen, möglicherweise auch der Ritter Musonius Rufus (vgl. Philostrat, Ap. V 19; VII 16). Dessen Abhandlung über die Vereinbarkeit von Landarbeit und Philosophie (Frgm. 11) weist allerdings kaum autobiographische Züge auf.
[224] Auch der Neupythagoreer Apollonius von Tyana nimmt kein Geld (Philostrat, Ap. VIII 7,3), sondern führt ein Wanderleben in freiwilliger Armut.

4. Dagegen lassen sich andere als eine Art Hauslehrer von reichen Patronen aushalten. Die dabei erforderlichen Verkrümmungen schildert Lukian, *de mercede conductis*: Solche Freundschaft ist in Wahrheit Sklaverei.[225]

Es ist klar, dass die palästinischen Wandermissionare leicht in die dritte Kategorie eingeordnet werden konnten, während der Lebensstil des Paulus eher dem der zweiten Gruppe entspricht. Wie Sokrates weiß er mit wenig auszukommen (vgl. Phil 4,11f) und wahrt durch seine Erwerbstätigkeit seine Unabhängigkeit (vgl. zu V. 19). Nutzte er vielleicht auch seine Werkstätte als Ort der Evangeliumsverkündigung, wie man aus dem Beispiel des Sokrates[226] und Simons des Schuhmachers[227] schließen möchte? Der ideale Platz war das sicher nicht für einen abhängigen Lohnarbeiter.[228] Zwar können Studenten nach Musonius, Frgm. 11 (HENSE 60,12–18) etwas von dem hart auf dem Land arbeitenden Meister lernen; aber die Botschaft des Paulus ist nicht in erster Linie das Ertragen von Mühen, sondern das Evangelium von Christus. Und das konnte er besser in den Synagogen, privaten Lehrhäusern und nach Apg 17,17 auch auf dem Marktplatz[229] verkünden. „Man kann nirgends erkennen, dass seine handwerkliche Arbeit eine bewusst eingesetzte missionarische Taktik war."[230]

b) 9,19–27: Ausweitung und Applikation des Beispiels

α) *9,19–23: Missionarische Anpassung*
(19) **Denn obwohl ich von allen unabhängig bin, habe ich mich allen zum Sklaven gemacht, damit ich möglichst viele gewinne;** (20) und zwar
 wurde ich den Juden wie ein Jude, damit ich die Juden gewinne;
 denen unter dem Gesetz (wurde ich) wie (einer) unter dem Gesetz,
 obwohl ich selbst nicht unter dem Gesetz bin,
 damit ich die unter dem Gesetz gewinne;
(21) den Gesetzlosen (wurde ich) wie ein Gesetzloser,
 obwohl ich Gott gegenüber kein Gesetzloser bin,
 sondern ein Gesetzestreuer Christi,
 damit ich die Gesetzlosen gewinne;
(22) ich wurde den Schwachen ein[231] Schwacher,
 damit ich die Schwachen gewinne;
allen bin ich alles geworden, damit ich auf jede Weise einige rette.
(23) **Alles aber tue ich um der Frohen Botschaft willen, damit ich ihrer teilhaftig werde.**

---

[225] Auch in Lukians späterer Apologie nimmt der Ankläger mehrfach (1.3f.6.11f) auf diesen Gegensatz ἐλευθερία – δουλεία Bezug.

[226] Vgl. Plato, apol. 33a: Die Leute hören Sokrates zu, während er seiner Arbeit nachgeht.

[227] Er zeichnete die Gespräche auf, die Sokrates mit ihm in seiner Werkstatt führte (vgl. Diogenes Laert. II 122); auch Antisthenes soll sich dort mit ihm unterhalten haben (vgl. die pseudosokratischen Briefe 11.13). Vgl. HOCK, Context 41f; 56f.

[228] Das können wir daraus entnehmen, dass Pauli Verkündigung in Korinth dann Aufwind bekam, als er von Makedonien Unterstützung empfing (vgl. Einleitung unter 2a). Er wird allerdings seine Tätigkeit bei Aquila nicht gänzlich aufgegeben haben.

[229] Womit kaum die dort befindlichen Läden gemeint sind.

[230] SCHNABEL, 1Kor 492.

[231] Viele Hsn. lesen auch hier – wie in V. 20ab.21a – ein ὡς; es fehlt aber in 𝔓46 ℵ* A B 1739 und wenigen anderen alten Zeugen.

BARTON, St.C.: ‚All Things to All People', in: Dunn, Paul 271-285. BORNKAMM, G.: Das missionarische Verhalten des Paulus nach 1 Kor 9, 19-23 und in der Apostelgeschichte, in: Ders.: Geschichte und Glaube II, BEvTh 53, München 1971, 149-161. DODD, CH.H.: Ἔννομος Χριστοῦ (1953), in: Ders.: More New Testament Studies, Manchester 1968, 134-148. EICHHOLZ, G.: Der missionarische Kanon des Paulus, in: Ders.: Tradition und Interpretation, TB 29, München 1965, 114-120. HALL, B.: All Things to All People: A Study of 1 Corinthians 9:19-23, in: Fortna/Gaventa, Conversation 137-157. MITCHELL, M.M.: Pauline Accomodation and „Condescension" (συγκατάβασις): 1 Cor 9:19-23 and the History of Influence, in: Engberg-Pedersen, Beyond 197-214. RICHARDSON, P./GOOCH, P.W.: Accomodation Ethics, TynB 29, 1978, 89-142.

Das rhetorisch eindrucksvolle Stück wandelt V. 19-22 dieselbe Satzkonstruktion – ein in V. 19.20b.21a durch eine konzessive partizipiale Wendung ergänzter Hauptsatz, gefolgt von einem Finalsatz – sechsmal ab, wobei teilweise dieselben Verben – im Hauptsatz Formen von γίγνεσθαι, im Finalsatz von κερδαίνειν – verwendet werden. Diese sind bis einschließlich V. 23 in der 1. Sg. gehalten. Die generellen Aussagen V. 19.22b bilden einen Rahmen, die mit δέ nachgetragene Motivation V. 23 den Abschluss. Weil sie in V. 26f eine Entsprechung hat, kann der Vers auch als Überleitung[232] zum Folgenden dienen.

V. 19 ist mit „denn" angeschlossen, weil er dieselbe logische Struktur hat wie die V. 12b.15a.18fin. herausgestellte Nicht-Beanspruchung des Rechts auf Unterhalt. Schon deshalb und wegen der parallelen Konstruktionen V. 20b.21 hat das Partizip „frei von allen" konzessiven Sinn. Viele Ausleger verstehen es aber modal oder gar kausal und arbeiten daran heraus, dass Paulus sich gerade als der von Christus Befreite zum Sklaven gemacht habe.[233] Man sollte allerdings nicht die ganze Dialektik der „Freiheit eines Christenmenschen" (vgl. Gal 5,1.13) in unsere Stelle hineinpacken. Denn die umfasst die Freiheit von Sünde, Gesetz und Tod. Dann müsste das ἐκ πάντων neutrisch gemeint sein. Doch negiert es hier nur die Verpflichtung gegenüber Menschen.[234] Die darf man wohl auch nicht vom Vorhergehenden her auf die Verpflichtung von Klienten gegenüber ihren Patronen einengen, obwohl uns das Stichwort „Freiheit" in der Unterhaltsfrage begegnete.[235] Das ἐλεύθερος hat nicht nur ökonomischen Sinn,[236] sondern ist ganz weit als Gegensatz zu allen möglichen versklavenden menschlichen Verhältnissen entworfen. Das können, wie V. 20 zeigt, die mit der jüdischen Herkunft gegebenen Traditionen sein. Um so überraschender

---

[232] Z.B. PICAZIO, Freiheit 262; doch würde ich den Vers nicht zu V. 24-27 ziehen wie BACHMANN, 1Kor 324; ALLO, 1Kor 227. Denn πάντα geht auf das Vorangehende, und die Wendung an die 2. Pl. in V. 24 bringt einen Neuansatz mit sich.

[233] Z.B. MAURER, Freiheit 640; SCHRAGE, 1Kor II 338; MERKLEIN, 1Kor II 228: „Paulus legt also seinen Rechtsverzicht nicht als Verzicht auf Freiheit, sondern als Möglichkeit und Konkretion seiner Freiheit aus"; LINDEMANN, 1Kor 211.

[234] Vgl. mit ἀπό Plato, leg. 832d; Xenophon, Cyr. III 2,23. Auch Paulus gebraucht sonst diese Präposition – nicht ἐκ – mit ἐλεύθερος bzw. ἐλευθεροῦν.

[235] S. Exkurs 7 Anm. 222; vgl. Musonius, Frgm. 11 (HENSE 59,9-11): „Freier ist, wer sich selbst das Notwendige erarbeiten kann als wer es von anderen empfängt"; vgl. auch oben Anm. 124 zu V. 1a.

[236] So FEE, 1Kor 426; JONES, „Freiheit" 46f; VOLLENWEIDER, Freiheit 204, der aber 209 gegenüber Jones festhält, dass die Eleutheria von V. 19a „in umfassende Dimensionen" einweist bzw. in V. 20 als „Nicht-unter-dem-Gesetz-Sein" wiederkehrt (213).

9,1-27: Freiheit im Verzicht auf Rechte – das Beispiel des Apostels

wirkt es, dass Paulus sich von sich aus in solche Abhängigkeit begibt.[237] Das ἑαυτὸν δουλοῦν (vgl. 2Kor 4,5 „eure Sklaven um Jesu willen") kann nicht auf die erniedrigende Form des Handwerks[238] fixiert werden, denn dann würde πᾶσιν nicht passen; letzteres wird durch die folgenden Beispiele ausgelegt. Der Zweck der Selbstversklavung ist, „möglichst viele"[239] – hier scheut Paulus vor dem „alle" zurück (vgl. „einige" V. 22b; ähnlich Röm 11,14) – für das Christentum zu „gewinnen". Das in der Missionssprache offenbar schon technische Verbum κερδαίνειν (vgl. Mt 18,15; 1Petr 3,1) wird V. 22b durch das ebenso abgeschliffene σῴζειν abgelöst.

V. 20f zerlegt nun – mit explizierendem καί weiterfahrend – das „alle" in zwei Menschheitsgruppen, die Paulus auch sonst unterscheidet (vgl. 1,22-24; 10,32; 12,13): Juden und Heiden. Die Juden sind dadurch ausgezeichnet, dass sie unter[240] dem Gesetz stehen (vgl. Röm 2,17-20; 9,4 „Gesetzgebung"), während die Heiden das Gesetz, zumindest das geschriebene, nicht haben (vgl. Röm 2,14). Sie können deshalb in V. 21 als „gesetzlos"[241] charakterisiert werden. Ein Jude, der Christ wurde – wie Paulus –, lässt sich nicht so leicht in dieses Schema einordnen. Einerseits bleibt er Jude, weshalb sich Paulus auch den Konzessivsatz „obwohl kein Jude" in V. 20a verkneift. Andererseits steht er nicht mehr unter dem Gesetz im Sinn einer den Menschen überfordernden Vorschrift, die in Sünde und Tod stürzt, sondern „unter der Gnade" Gottes (vgl. Röm 6,14) bzw. unter dem Antrieb des Geistes (vgl. Röm 8,2; Gal 5,18). Dennoch gibt sich Paulus im Umgang mit Juden[242] als gesetzestreuer Jude. Es muss sich dabei um tora-konforme Praktiken – z.B. die Einhaltung von Speisegesetzen – handeln; schon seit den Vätern illustriert man sie mit Angaben der Apostelgeschichte.[243] Paulus widerspricht damit nicht seinem sonstigen Kampf für die Freiheit von Gesetzesauflagen bei Heiden, sofern seine Befolgung des Gesetzes nicht

---

[237] Sachlich parallel ist, wenn der christlichen Freiheit das Sich-gegenseitig-Dienen (δουλεύειν) in Liebe als Korrektiv an die Seite gegeben wird (Gal 5,13). Wenn sich die Freiheit so betätigt, klingt das paradox. Paulus liebt aber dieses Wortspiel mit „Freiheit" und „Knechtschaft", wie auch Röm 6,15-23 zeigt. Dort sind jedoch die Herren – Sünde und Gerechtigkeit bzw. Gott – verschiedene; hier sind sie in den πάντες identisch. Wieder anders 7,22 (s. z.St.).
[238] HOCK 61: „slavish trade". Er setzt das mit dem ἑαυτὸν ταπεινοῦν von 2Kor 11,7 gleich (vgl. 36); zu eng auch MERKLEIN, 1Kor II 228: „zunächst der unentgeltliche Dienst des Paulus".
[239] Zum superlativischen Gebrauch von οἱ πλείονες vgl. 10,5; 15,6; hier dagegen ist der Komparativ intensivierend wie 2Kor 4,15: trotz des Artikels keine bestimmte Zahl, sondern „immer mehr".
[240] Die Präposition ὑπό kann Unfreiheit konnotieren: vgl. Röm 6,14f; Gal 3,23; 4,4f.21; 5,18 im Kontext; neutraler ist οἱ ἐν τῷ νόμῳ Röm 3,19; mit οἱ ἐκ νόμου (Röm 4,14.16; Gal 3,10 noch deutlicher „aus Werken des Gesetzes") wird das Existenzprinzip angedeutet. Die Problematik des Gesetzes bei Paulus kann hier nicht breit diskutiert werden. Vgl. zu 15,56.
[241] Ἄνομος bezeichnet auch Röm 2,12 (Adverb) noch nicht das sündhafte Verhalten wie sonst außerhalb der echten Paulinen, sondern nur die Unkenntnis des mosaischen Gesetzes. Falsch GLAD, Paul 257: „immoral people". Richtig FEE, 1Kor 429 Anm. 42: „he is not reflecting on their behavior but on their status."
[242] Obwohl Paulus sich als Heidenapostel versteht (vgl. Röm 1,5; 11,13; 15,16; Gal 1,16; 2,8), bezeugt doch die fünfmalige Synagogenstrafe 2 Kor 11,24 seine missionarischen Bemühungen bei Juden.
[243] Vgl. Apg 16,3 die Beschneidung des Timotheus „wegen der dortigen Juden"; die Auslösung der Nasiräer in Jerusalem Apg 21,23-26. Zusätzlich wird noch das merkwürdige Nasiräatsgelübde des Paulus Apg 18,18 genannt. Zur Exegese bei Tertullian, Clemens Alex. und Origenes vgl. MITCHELL 202-204.208. Die Historizität der einzelnen Ereignisse wird immer wieder in Zweifel gezogen – BORNKAMM 159-162 hält nur Apg 21,20-26 für glaubwürdig –, gewinnt aber durch 1Kor 9,20 an Wahrscheinlichkeit.

als heilsnotwendig erscheint. Um dies klarzustellen, hält er sich gerade bei den Heiden nicht an das Ritualgesetz (V. 21a); Zugeständnisse an den heidnischen Götzendienst kommen dagegen nicht in Frage. Da aber „gesetzlos" leicht den Beigeschmack von Gottlosigkeit und Gesetzesbruch hat, betont er im Konzessivsatz mit zwei kühnen Neubildungen[244], dass er dabei an normative Vorgaben im Gottesbzw. im Christusverhältnis gebunden bleibt. Wahrscheinlich hat er dabei das Gesetz, das Röm 7,22; 8,7 mit *Genetivus auctoris* durchaus als das „Gesetz Gottes" qualifiziert ist, wie bei den „Geboten Gottes" 7,19 auf seinen sittlichen Gehalt hin verdichtet. Deshalb kann auch das μὴ ὢν ἄνομος θεοῦ positiv durch das ἔννομος Χριστοῦ erläutert werden. Diese Verpflichtung Christus gegenüber erklärt sich wieder durch Gal 6,2: Das „Gesetz Christi" erfüllt man, indem man die Lasten der anderen trägt. Wenn die Christen die Schwachheiten der Schwachen tragen, ahmen sie das verbindliche und prägende Vorbild dessen nach, der sich selbst erniedrigt hat (vgl. Röm 15,1-3.7; Phil 2,1-8). Wie der Menschwerdende die Gestalt eines Knechtes annahm, so macht sich auch Paulus zum Sklaven aller.[245] Das „Gesetz" Christi ist also nicht ein Wort des historischen Jesus,[246] auch nicht seine Einforderung des doppelten Liebesgebotes,[247] obwohl nach Paulus der, welcher dem lebendigen Beispiel Jesu folgt, auch das Gottesgebot der Nächstenliebe und damit das ganze Gesetz erfüllt (vgl. Gal 5,14). Dieser sachliche Zusammenhang lässt sich gerade an unserer Stelle erahnen. Man sollte aber nicht aus Angst vor einer „neuen Gesetzlichkeit" das ἔννομος Χριστοῦ seines praktischen Inhalts entleeren und auf das „régime de la grâce" hin deuten.[248]

In **V. 22** formuliert Paulus sein Verhalten nun deutlich im Blick auf die aktuelle Fragestellung als Solidarität mit den Schwachen, wobei das abmildernde ὡς (so V. 20ab.21) wegfällt. Sie kommt mit anderen Worten auch 2Kor 11,29 zum Ausdruck. Weil auch die „Schwachen" erst „gewonnen" werden sollen, könnte man denken, dass damit ein Zustand vor der Begegnung mit dem Evangelium (so Röm 5,6) angedeutet wird,[249] nicht eine Verfassung schon Gläubiger wie 8,9.11. Aber weil nach 8,11

---

[244] Vgl. zum Adjektiv mit Genitiv B-D-R 182 mit Anm. 4. Er nennt als einzige Analogien Sophokles, Ant. 369 θεῶν τ' ἔνορκον δίκαν sowie Euripides, Med. 737 θεῶν ἐνώμοτος. Jedesmal geht es um einen Schwur den Göttern gegenüber. Entsprechend nehme ich auch in 9,21 bei θεοῦ bzw. Χριστοῦ einen *Genetivus respectus* an.

[245] Diese Parallele zwischen dem Sich-Herablassen des Logos und der Anpassung des Paulus streichen die alexandrinischen Väter Clemens und Origenes, aber auch Chrysostomus heraus: vgl. MITCHELL 208-212.

[246] Mk 10,43fparr. zielt zwar auch auf das „Sklave-aller-Sein", es geht dabei aber um die Stellung von Amtsträgern in der Gemeinde, nicht um missionarische Akkomodation.

[247] Wie DODD 139 gemeint hat. SCHÜRMANN, H.: „Das Gesetz des Christus" (Gal 6,2), in: Gnilka, J. (Hg.): Neues Testament und Kirche. FS R. Schnackenburg, Freiburg/Basel/Wien 1974, 282-300 stellt neben die tradierten Worte Jesu als sittliche Norm das „Verhalten des Sohnes", durch das sie erst ihre inhaltliche Deutung bekämen. Aber die überlieferungsgeschichtlichen Annahmen beider Exegeten sind fragwürdig.

[248] So SENFT, 1Kor 124. HALL 152 setzt es mit dem „in Christus" gleich.

[249] So WEISS, 1Kor 245; SCHRAGE, 1Kor II 346; BLACK, D.A.: A Note on „the Weak" in 1 Corinthians 9,22, Bib. 64, 1983, 240-242. Aber Paulus kann sich nicht auf die Ebene des Sünders (das bedeutet ἀσθενής in Röm 5,6) begeben. WOLFF, 1Kor 204f deutet von 1,26-28 her soziologisch (ähnlich FEE, 1Kor 431; THISELTON, 1Kor 705f): „sozial geringe und daher verachtete Nichtchristen", auf die Paulus

das Heil dieser Christen gefährdet ist, müssen sie erst endgültig dafür „gewonnen" werden.[250] Seine Identifikation mit den „Starken"[251] (vgl. Röm 15,1 „wir, die Starken") erwähnt der Apostel wohl deshalb nicht, um ihnen nicht Auftrieb zu geben. Deshalb fehlt vielleicht auch der Konzessivsatz „obwohl ich nicht schwach bin". V. 22b fasst dann die V. 20-22a geschilderte Missionsmethode des Apostels noch einmal verallgemeinernd zusammen – deshalb auch jetzt das Perfekt γέγονα anstelle der Aoriste – und unterstellt sie dem Ziel der Rettung „unter allen Umständen".[252]

Sprachlich erinnert πάντα γίνεσθαι an die Wandlungsfähigkeit des Proteus (Homer, Od. IV 417). Apollonius von Tyana, epist. 58 (PENELLA 68,1f) sagt von der „ersten Wesenheit": „sie wird allen alles durch alles hindurch" (πᾶσι γινομένη πάντα διὰ πάντων). Weiteres zu πάντα γίνεσθαι bzw. εἶναι mit Dativ der Person bei 15,28. Als sachliche Parallelen[253] für die von Paulus geübte Anpassung kann man höchstens Empfehlungen anführen, die das Judentum wie die heidnische Antike für Reisende ausspricht.[254] Nach Arist 257 findet der König Anerkennung in der Fremde, wenn er allen gleich wird (πᾶσιν ἴσος γινόμενος) und sich eher geringer als seine Gastgeber zeigt denn ihnen überlegen. R. Meïr (Mitte 2. Jh. n. Chr.) zitiert das Sprichwort „Wenn du in eine Stadt kommst, richte dich nach ihren Sitten" (BerR 48 zu 18,8). Theognis' 1,213-218 Rat, im Verkehr mit Freunden wie ein Polyp die Farbe der Umgebung anzunehmen, wird von anderen Autoren auf das Verhalten in fremden Städten abgewandelt (vgl. Athenaeus VII 317a; XII 513b-d). Vorbild ist Odysseus, der die Lebensart der Phäaken übernahm. Nach TestVer (NHC IX 3) 44,13-15 ist der Gnostiker „langmütig gegen jeden und macht sich jedem gleich. Und doch trennt er sich von ihnen." – Einen neuen Hintergrund will Glad[255] erschließen: die „adaptability" in der Psychagogik besonders der epikureischen Schule. Der Lehrer muss sich nach der Fassungskraft und Charakterstärke seiner Hörer richten. Von kulturell-religiösen Voraussetzungen wie in unserem Text ist allerdings nicht die Rede.

V. 23 Aber vielleicht weil man Paulus charakterlosen Opportunismus nachsagen könnte,[256] versichert er zum Schluss, dass er dies alles „um des Evangeliums wil-

---

durch seine körperliche Arbeit eingehe. Aber die parallele Gesetzesproblematik weist eher auf eine Befindlichkeit des Gewissens.

[250] Auch Mt 18,15 ist es der Bruder, der „gewonnen" wird. BARTON 279 weist auf die gleiche Abfolge von „outsiders" und „insiders" in 10,32.

[251] Dass die Leser „die Gesetzlosen" mit ihnen assoziierten – so HALL 146.151 –, ist unwahrscheinlich.

[252] Diese Bedeutung von πάντως – s. BAUER, Wörterbuch 1232 unter 1 – ist hier besser als das ebd. unter 4 vorgeschlagene „überhaupt, wenigstens", wodurch der Erfolg der paulinischen Mission noch mehr heruntergespielt würde. Zu σῴζειν von Menschen ausgesagt vgl. bei 7,16. Dass dies ein „common term among moralists" ist, schließt eine eschatologische Dimension nicht aus: gegen GLAD, Paul 251 f.

[253] Vgl. auch Epiphanius, haer. LV 4,7: Christus, das Lamm, das für uns alles in allem (s. zu 15,28) wurde, damit uns das Leben in jeder Weise zuteil würde. Silv (NHC VII 4) 117,11 f: Der Logos ist jedem alles geworden, weil er sich eines jeden erbarmen will.

[254] Die Beispiele aus DAUBE, D.: Missionary Maxims in Paul, in: Ders.: The New Testament and Rabbinic Judaism, London 1956, 336-351, 339.341. Er kann einen missionarischen „Sitz im Leben" nur postulieren. Vgl. die Kritik von VOLLENWEIDER, Freiheit 218 f.

[255] Paul 43-45.249-277; vgl. dazu meine Rezension ThLZ 122, 1997, 142-144.

[256] Ein solcher Vorwurf wird auch Gal 1,10 abgewehrt. Nach CHADWICK, H.: „All Things to All Men" (1 Cor. IX. 22), NTS 1, 1954/55, 261-275, 263 stand er schon in Korinth im Raum. Berechtigte Zweifel am defensiven Charakter der ganzen Passage jedoch bei SCHRAGE, 1Kor II 334. Das Paradigma rein taktischer Verwandlung („alles werden") ist Proteus, vgl. Lukian, Peregr. 1. Auch die Anpassung des Philosophen Aristipp an den jeweiligen Ort, die Zeit und die Person (vgl. Diogenes Laert. II 66) ist nur ein geschicktes Rollenspiel, um jeder Lage das Beste abzugewinnen.

len" tut,[257] d. h. um die seiner Christusbotschaft eigene Heilseffizienz (vgl. nur Röm 1,16b) bei möglichst vielen zum Tragen zu bringen. Wohlgemerkt: Nicht das Evangelium wird angepasst,[258] sondern sein Verkünder richtet sich in seiner Lebensweise nach seinen Adressaten, um die Sache des Evangeliums ohne Anstoß zu befördern (vgl. V. 12c).[259] Das ist zugleich der einzige Weg, wie er selber die Verheißungen der „Frohen Botschaft" - zusammen mit seinen Hörern[260] - erlangen kann. Denn Unheil droht ihm, wenn er nicht verkündet (vgl. V. 16c). Die Vorstellung einer Zusammenarbeit mit der Heilsmacht des Evangeliums wird man dagegen nicht aus dem Ausdruck συγκοινωνὸς αὐτοῦ herauslesen können.[261]

β) 9,24-27: Äußerste Anstrengung erfordert - wie im Sport
(24) **Wisst ihr nicht, dass die, welche im Stadion laufen, zwar alle laufen, aber dass (nur) einer den Kampfpreis erlangt? So lauft, dass ihr (ihn) erlangt. (25) Jeder Wettkämpfer enthält sich in jeder Hinsicht; jene nun, damit sie einen vergänglichen Kranz erlangen, wir aber einen unvergänglichen. (26) Ich also laufe so wie einer, der nicht ins Ungefähre hinein (läuft), boxe so wie einer, der nicht in die Luft haut; (27) vielmehr schlage[262] ich meinen Körper und knechte ihn, damit ich nicht etwa, nachdem ich anderen verkündet habe, selbst unbewährt (erfunden) werde.**

GARRISON, R.: Paul's use of the athlete metaphor in 1 Corinthians 9, SR 22, 1993, 209-217. BRÄNDL, M.: Der Agon bei Paulus, WUNT II 222, Tübingen 2006. JOUBERT, S.: 1 Corinthians 9:24-27. An agonistic competition?, Neotestamentica 35, 2001, 57-68. KOCH, A.: Paulus und die Wettkampfmetaphorik, TThZ 117, 2008, 39-55. METZNER, R.: Paulus und der Wettkampf, NTS 46, 2000, 565-583. PAPATHOMAS, A.: Das agonistische Motiv 1 Kor 9.24ff. im Spiegel zeitgenössischer dokumentarischer Quellen, NTS 43, 1997, 223-241. PFITZNER, V.C.: Paul and the Agon Motif, NT.S 16, Leiden 1967. POPLUTZ, U.: Athlet des Evangeliums, HBbSt 43, Freiburg usw. 2004. SCHWANKL, O.: „Lauft so, daß ihr gewinnt", BZ 41, 1997, 174-191.

Autoren, die auch Kap. 9 nach den klassischen Redeelementen unterteilen (z. B. Picazio, Freiheit), sprechen diese Verse als *peroratio* an. Aber die dafür typische kurze Zusammenfassung sowie die Erregung von Gefühlen fehlen. So wird man sich wie

---

[257] Vgl. Kleanthes bei Diogenes Laert. VII 169 zu seiner Arbeit als „Werkstudent": „tue ich denn nicht alles der Philosophie wegen?" (πάντα ποιῶ φιλοσοφίας ἕνεκα).

[258] Unser Text lässt sich also nicht so leicht für das aktuelle Problem der „Inkulturation" des christlichen Glaubens auswerten. Dessen eigene sozio-kulturelle Bedingtheit wird erst heute reflektiert.

[259] Andere Ausleger - z.B. ROBERTSON/PLUMMER, 1Kor 193 - deuten die Wendung ganz vom folgenden Finalsatz her: „Not, ‚for the Gospel's sake,' in order to help its progress, but because the Gospel is so precious to himself." Dagegen SENFT, 1Kor 125: Man darf V. 23a und b nicht so eng zusammennehmen.

[260] Dies drückt wohl das συγκοινωνός über das einfache κοινωνός hinaus aus. Vgl. Röm 11,17; Phil 1,7; Apk 1,9.

[261] WOLFF, 1Kor 205 Anm. 256 gegen moderne Autoren. Die Parallele zu den vorhergehenden Finalsätzen und zu V. 27fin. macht auch die Wiedergabe von THISELTON, 1Kor 707 „to have a share in the nature of the gospel" obsolet.

[262] 𝔓46 F G K L P Ψ 33 1739 1881 und viele andere Hsn. lesen ὑποπιάζω statt ὑπωπιάζω, leiten das Verb also von πιέζειν „niederdrücken" her.

bei 4,16 mit der weniger technischen Bezeichnung „Schlussappell" begnügen müssen. Mit dem Vorhergehenden ist das Stück durch den exemplarischen Einsatz des apostolischen „Ich" (V. 26f) verbunden; wie in V. 16c.23 meldet sich dabei die Besorgnis des Paulus um sein eigenes Heil. Weil davon in 10,1–22 keine Rede ist, kann man die Verse kaum mit dem folgenden Kap. zusammenschließen,[263] so sehr auch dadurch ein sachlicher Übergang zur Warnung an die Korinther, ihr Heil nicht zu verfehlen (10,1–13), gegeben ist.

Die Eigenheit unseres Abschnittes macht die fast (bis V. 27a) durchgängige Bezugnahme auf die Welt des Sports aus. Genauer verweisen V. 24a.25 auf die Erfahrungswelt des Wettkampfes; die Anwendungen V. 24b.25fin.26.27a schlachten dieses Bildmaterial metaphorisch aus.

Zu den hier angezogenen Realien und zur agonistischen Metaphorik gibt es eine Fülle von Untersuchungen.
– Neuerdings stellt R. Metzner wieder heraus, dass Paulus durch seinen Lebensweg von Tarsus an mit der Wirklichkeit der Kampfspiele in Berührung kam. Dass Diasporajuden an ihnen als Zuschauer teilnahmen und auch ihre Kinder in Gymnasien schickten, ist belegt, damit allerdings noch nicht für einen frommen Pharisäer, wie Paulus einer war, erwiesen.
– Andere Autoren wollen den Appell an das Wissen der Korinther (V. 24, vgl. zu 3,16) nicht rein rhetorisch verstehen; im Hintergrund stünden speziell die Isthmischen Spiele.[264] Nach unserer Chronologie ist zwar wahrscheinlich, dass Paulus die Großen Isthmien des Jahres 51 selbst erlebt hat. Aber wieder steht dahin, wie weit Paulus oder die Christen dazu an den Isthmos hinausgingen. Spekulationen, der Apostel habe als Zeltverkäufer von den Spielen profitiert oder sie gar zur Verkündigung des Evangeliums genutzt, gehen zu weit. Auch ist zu bedenken, dass Paulus die Agon-Metaphorik auch in anderen Briefen einsetzt, z. B. im Brief nach Philippi (vor allem Phil 3,12–14), das nicht gerade für seine Sportveranstaltungen berühmt war. A. Papathomas hält am Ende seiner Auswertung der Papyri fest, dass die von Paulus verwendeten Bilder und die Phraseologie nicht nur seinen Adressaten, „sondern auch der gesamten griechischen oder hellenisierten Welt vertraut waren".[265]
– Dass diese im übertragenen Sinn gebraucht werden, ist seit Plato, Gorg. 526e in der antiken Literatur, besonders in der kynisch-stoischen Diatribe[266], gang und gäbe. Die hellenistisch-römische Popularphilosophie verdeutlicht mit Bildern aus dem Sport das Streben nach Tugend, den Kampf gegen die Leidenschaften und Begierden sowie die Mühen, die man dafür auf sich nehmen muss. Das griechisch-sprechende Judentum[267] greift diese Metaphorik auf, setzt aber eigene Akzente, indem es sie auf das Martyrium anwendet und die Frömmigkeit als Ziel des Wettstreits angibt. Diese durch die Diasporasynagoge vermittelte Tradition lieferte Paulus auch am ehesten die sprachlichen Möglichkeiten,[268] so sehr die Einzelheiten seiner Lebenswelt entsprechen mögen.

---

[263] So BACHMANN, 1Kor 324; SENFT, 1Kor 125f; MERKLEIN, 1Kor II 172.233f; PÖTTNER, Realität 69; modifiziert SUMNEY, J.L.: The Place of 1 Corinthians 9:24–27 in Paul's Argument, JBL 119, 2000, 329–333.
[264] S. Einleitung 1a und den Exkurs bei STROBEL, 1Kor 151f.
[265] PAPATHOMAS 241.
[266] Auf sie weist neuerdings besonders KOCH. An Diatribe-Stil gemahnt auch die Einbeziehung der Hörer und das paradigmatische Ich.
[267] Vor allem SapSal 4,2; 4Makk; TestHiob 4,10; 27,3–5; Philo.
[268] So auch PFITZNER 188f, der aber auch gleich – vielleicht überscharf – die Unterschiede zur individualistischen Ethik der stoischen Philosophie heraushebt.

V. 24 ruft der Gemeinde einen Grundsatz beim Wettlauf ins Gedächtnis, der darauf zugeschnitten ist, die Kräfte des einzelnen zu mobilisieren.[269] Deshalb kann auch bei der als Imperativ[270] 2. Pl. gezogenen Folgerung nicht berücksichtigt werden, dass eigentlich die ganze Gemeinde den Preis erhalten sollte.[271] Sowohl die Metapher vom Lauf (vgl. Gal 5,7 von den Galatern, Gal 2,2; Phil 2,16 von der Mission des Paulus) wie die vom Kampfpreis (βραβεῖον; vgl. Phil 3,14 „der Berufung nach oben") begegnen noch öfter in den Paulinen wie in der urchristlichen Literatur.[272] Dass Paulus gegen den Wahn der Korinther anschreibt, den eschatologischen Preis schon erreicht zu haben,[273] ist nicht zu merken.

V. 25 nennt eine Voraussetzung jeden Wettkampfs[274], nicht nur des Laufs: die ἐγκράτεια (vgl. zu 7,5). Enthaltung ist nicht nur in sexueller Hinsicht (vgl. 7,9), sondern auch bezüglich der Nahrung und der gesamten Lebensweise gefordert.[275] Deshalb könnte man hier eine Anspielung auf die von den Leuten der „Erkenntnis" verlangte Meidung sakraler Mähler heraushören; sie ist aber zu vage, um in V. 25a die Pointe des ganzen Absatzes hineinzulegen.[276] In unmerklicher Umsetzung des Bildes stellt Paulus den realen Sportlern die „Wir" entgegen. Dabei greift er auf einen Topos der Moralphilosophen zurück, die die bei den griechischen Wettspielen üblichen pflanzlichen Siegerkränze[277] gegenüber Idealen wie Tugend und Glückseligkeit

---

[269] Auf die Frage des Anacharsis, ob alle Bewerber Preise bekommen, antwortet auch Solon: „Keineswegs, sondern (nur) einer von allen, der stärker als sie war" (Lukian, Anach. 13). Vgl. auch 2Clem 7,1. Der von EHRHARD, A.: An unknown Orphic writing in the Demosthenes scholia and St. Paul, ZNW 48, 1957, 101–110 aufgespürte pluralisch formulierte Satz κατὰ γὰρ τῶν ἀγωνιζομένων οἱ στέφανοι („für die Wettkämpfer sind die Kränze") ändert daran nichts. Man kann ergänzen: „[...] und nicht für die Zuschauer". Andere Texte (Philo, agr. 121; ebr. 35; Josephus, bell. I 415) wissen aber auch von zweiten und dritten Preisen. Doch wäre das hier kontraproduktiv. Bei den vier panhellenischen Spielen wurde nur der Sieger bekränzt: BRÄNDL 226.

[270] Die unwahrscheinliche indikativische Auffassung bei PFITZNER 88f ist von dem Interesse geleitet, das Gewicht des Verses gegenüber V. 25 abzuschwächen.

[271] 2Clem 7,2f versucht einen Kompromiss: „Wir wollen also kämpfen, damit wir alle bekränzt werden! [...] Und wenn wir nicht alle bekränzt werden können, wollen wir dem Kranz doch wenigstens nahekommen."

[272] Vgl. 2Tim 4,7; Hebr 12,1; 1Clem 5,5; 6,2; 2Clem 7,3; MartPol 17,1.

[273] So z.B. SCHWANKL 188f: Die Sache ist „noch nicht gelaufen". Anders mag es bei den „Vollkommenen" in Phil 3,12–16 stehen, wo wir in V. 12f denselben Wechsel von λαμβάνειν zu καταλαμβάνειν haben wie hier.

[274] Im übertragenen Sinn steht ἀγωνίζεσθαι bzw. ἀγών noch 1Tim 4,10 (vgl. V. 7f); 6,12; 2Tim 4,7; Hebr 12,1; 1Clem 7,1; 2Clem 7,1-5; manchmal bezeichnen die Begriffe aber auch nur Mühsal.

[275] Vgl. Plato, leg. 840a-c: der „Athener" führt als Vorbilder für den Sieg über die Lüste Sportler an, die während ihres ganzen Trainings weder eine Frau noch einen Knaben berührt haben. Epiktet, diss. III 15,3 = ench. 29 sagt dem, der in Olympia siegen will: „Du musst dich einer strengen Disziplin unterwerfen, eine Diät einhalten, darfst keinen Kuchen mehr essen, musst nach einem genauen Plan trainieren – zu festgesetzter Zeit, bei Hitze und Kälte. Du darfst kein kaltes Wasser trinken, keinen Wein, wenn du Lust hast". Vgl. auch Horaz, ars 412-414 im NEUEN WETTSTEIN II 1, 326. Nach Pausanias V 24,9 dauerte die „sorgfältige Übung" zehn Monate.

[276] Gegen PFITZNER 87.92; ähnlich FEE, 1Kor 435f. Dagegen spricht auch die unten bei V. 26f registrierte Verschiebung des Bildes.

[277] Bei den Olympischen Spielen aus Ölbaumzweigen, bei den Delphischen aus Lorbeer, bei den Isthmien aus Fichte und/oder Sellerie, der nach Scholien zu Pindar, O. 3,27; I. 2,19d im Unterschied zum frischen Selleriekranz der Nemeen schon vertrocknet war. Deshalb könnte Paulus bei „vergänglich" speziell

abwerteten.[278] Nur dass er den vergänglichen irdischen Kranz durch den unvergänglichen des Auferstehungslebens übertrumpfen kann.[279] Im hellenistischen Judentum[280] wie im Christentum[281] ist das Bild der Bekränzung für die eschatologische Würdigung besonders von Märtyrern verbreitet.

V. 26f In seiner Ich-Aussage spricht Paulus zunächst weiterhin die Sprache der Athletik, kehrt aber von der Vorbereitung zum eigentlichen Wettkampf zurück. Zwei Disziplinen stehen dabei im Blick: das Laufen, das zielgerichtet sein muss,[282] und der Faustkampf, bei dem man den Gegner treffen muss.[283] Der Gegner, der bei Paulus wörtlich „einen Schlag unters Auge kriegt" (ὑπωπιάζειν, im NT nur noch Lk 18,5), ist der eigene Leib. Das ist hier nicht einfach mit „mein Selbst" wiederzugeben (vgl. auch zu 6,19f). Denn nach paulinischer Anthropologie ist der sterbliche Leib der Sünde verfallen (vgl. Röm 6,6; 6,12); ihr Gesetz herrscht in den „Gliedern" (Röm 7,23). Deshalb soll der in Christus erneuerte Mensch „durch den Geist die Handlungen des Leibes töten" (Röm 8,13b). Dieselbe aggressive Ausdrucksweise auch hier.[284] Das verdeutlichende zweite Verbum δουλαγωγεῖν[285], das wohl keinen Anhalt im Bereich des Sports mehr hat, ist also trotz des Anklangs nicht von ἐμαυτὸν ἐδούλωσα V. 19 her zu deuten,[286] sondern im Rahmen dieses in der damaligen Zeit geläufigen Dualismus. Der Leib, der sich mit seinen Begierden zu verselbständigen droht, muss unterworfen werden. Nach antiker Anschauung, die auch hier durchschlägt, unter die Herrschaft des geistigen Ich; nach anderen Stellen bei Paulus (vgl. nur Röm 6,19: die Glieder als Sklaven der Gerechtigkeit unterstellen) unter die Herrschaft Gottes und seines Geistes. Paulus formuliert hier bildhaft, um viele Anwendungen seines Beispiels bei den Lesern zu ermöglichen; denen wird aber sein

---

der isthmische Selleriekranz im Sinn liegen; doch sind alle gängigen Kränze gemessen an der Auferstehungsherrlichkeit vergänglich.

[278] Z.B. Dio Chrys. 8,15; Seneca, epist. 78,16: „Auch wir wollen alles überwinden; dafür ist der Siegespreis nicht ein Kranz noch ein Palmzweig, [...] sondern die Tugend, die Festigkeit des Geistes und der Friede für den Rest der Zeit". Philo, prob. 113 hebt auf diese Weise den Wert der Freiheit heraus.

[279] Vgl. Josephus, Ap. II 217f. Der Tannait Nechonja ben Ha-qana vergleicht sich mit „Eckensitzern": „Ich laufe und sie laufen, aber ich laufe zum Leben der künftigen Welt, sie aber in den Abgrund des Verderbens" (bBer 28b); es geht nicht um Wettläufer; in jBer 4,7d bezieht sich das „sie" auf die in den Theatersälen und Zirkussen; hier fehlt aber unser Satz. Zum Gegensatz φθορά, φθαρτός vs. ἀφθαρσία, ἄφθαρτος vgl. 15,42.50-54.

[280] Vgl. SapSal 4,2; 4Makk 17,15; TestHiob 4,10; Philo, all. II 108; III 74; migr. 27.133f.

[281] Vgl. 2Tim 2,5; 4,8; Jak 1,12; 1Petr 5,4 („ihr werdet den unverwelklichen Kranz der Herrlichkeit erlangen"); Apk 2,10; 3,11; 2Clem 7,1-3; 20,2; MartPol 17,1; 19,2 („Kranz der Unvergänglichkeit"); Sib 2,37f.46f.153. Paulus selber spricht sonst von der Gemeinde als seinem „Kranz" am Tag des Gerichts (Phil 4,1; 1Thess 2,19).

[282] Dem negierten Adverb ἀδήλως (Litotes!) entspricht positiv Phil 3,14 κατὰ σκόπον διώκω. Vgl. Epiktet, diss. IV 12,15; Marc Aur. IV 18.

[283] „In die Luft schlagen" meint hier nicht das Schattenboxen, das ähnlich beschrieben werden kann, sondern verfehlte Schläge wie im Scholion zu Lukian, Gall. 22 (RABE 93): μὴ μάτην μηδὲ πρὸς ἀέρα δέρειν. Weitere Parallelen bei NEUEN WETTSTEIN II 1, 327f.

[284] Richtig SCHMIEDEL, 1Kor 145; HEINRICI, 1Kor 290; WEISS, 1Kor 248. Anders BACHMANN, 1Kor 328; FEE, 1Kor 439 erklärt den Gebrauch von σῶμα auf der Metaphernebene. KOCH 52f will ein „dualistisches" Verständnis vermeiden.

[285] Vgl. Diodor S. XII 24,3; Epiktet, diss. III 24,76.

[286] Gegen PFITZNER 91-93; aber hier fehlt der Gedanke, dass sich Paulus *anderen* versklavt.

entbehrungsreiches Leben, wie er es im Peristasenkatalog 4,11–13 beschrieben hatte, vor Augen gestanden haben. Nur dass es hier nicht als Ergebnis von äußeren Schlägen, sondern bewusster Zucht erscheint.[287] Die Motivation im Finalsatz von V. 27 setzt voraus, dass das Heil des Paulus wie das der Christen überhaupt im Gericht noch einmal auf dem Spiel steht; da hängt es von ihrer „Bewährung"[288] in Taten ab (vgl. 2Kor 5,10). Deshalb kann man unserem Aufruf zum energischen, zielbewussten Lauf auch nicht Röm 9,16 als Korrektiv entgegensetzen;[289] denn dort kommt es auf das Erbarmen Gottes bei der Berufung (vgl. V. 12.24–26) an, hier aber auf das gelebte Christsein. Da eignet sich eher Phil 2,12f, weil in paränetischem Zusammenhang, als notwendige Ergänzung. Appelle wie 9,24–27 können an sich vielen Ideologien dienstbar gemacht werden; in unserem Zusammenhang führen sie den sich in „Erkenntnis" wiegenden Korinthern vor Augen, dass die gespannte Situation in der Gemeinde die Aufbietung aller Kräfte und harten Verzicht erfordert. Manche Ausleger fügen sicherheitshalber hinzu: nicht „im Sinn der verdienstlichen Askese", nicht „um einer Heilsnotwendigkeit willen, sondern um der Brüder willen".[290] Doch wenn schon der Apostel um sein Heil kämpft, dann müssen das die Korinther noch viel mehr. Nicht nur die Rettung des schwachen Bruders ist gefährdet (vgl. 8,11), sondern auch ihre eigene, wie das folgende Stück ausdrücklich macht.

3. *10,1–22: Den Götzendienst meiden*

a) 10,1–13: Das abschreckende Beispiel der Väter
(1) **Ich will euch nämlich nicht in Unkenntnis darüber lassen, Brüder, dass unsere Väter alle unter der Wolke waren und alle durch das Meer hindurchgingen** (2) **und alle auf Mose getauft wurden**[291] **in der Wolke und im Meer** (3) **und alle dieselbe geistlichen Speise aßen** (4) **und alle denselben geistlichen Trank tranken; sie tranken nämlich aus dem geistlichen Felsen, der (ihnen) folgte; der**

---

[287] Das passive κολαφιζόμεθα von 4,11 ist deshalb nicht mit dem ὑπωπιάζω μου τὸ σῶμα zu vergleichen: gegen Pfitzner 93. Richtig Conzelmann, 1Kor 200 Anm. 41: „Paulus betont hier gerade die eigene Aktion, nicht das, was auf ihn zukommt." Vgl., wenn auch schwächer, den Kyniker Demonax: „er übte seinen Körper und unterzog ihn zur Abhärtung Mühen" (Lukian, Dem. 4).
[288] Zu dem ἀδόκιμος (positiv 11,19 οἱ δόκιμοι) zu Grunde liegenden Verbum δοκιμάζειν und seinem Gerichtskontext vgl. 3,13. Dass dem Bewährtsein Prüfung vorausgehen muss, zeigt etwa 2Kor 13,5–7. Dort ist es allerdings eine Selbstprüfung (wie 11,28), während nach Jak 1,12 äußere Prüfung den Bewährten macht, dem dann wieder der „Kranz des Lebens" verliehen wird. Wegen der exemplarischen Bedeutung von V. 26f kann man die Bewährung des Apostels nicht auf den Bestand seines missionarischen Werkes, der das eigene Heil nicht berührt (so 3,13–15), einschränken. In 9,27 könnte er ja, obwohl er seinen Auftrag erledigt hat, verworfen werden. Von diesem Vers vielleicht inspiriert IgnTrall 12,3.
[289] Wie Poplutz 291. Paulus spricht hier aber nicht nur eine „Einschränkung", auch nicht einen „letzten Vorbehalt Gottes" (377), sondern ein theologisches Prinzip aus.
[290] So Grundmann, W.: Art. ἐγκράτεια κτλ., ThWNT 2, 1935, 338–340, 340; danach Pfitzner 93f.
[291] Mit ℵ A C D F G Ψ 33 81 2464 u.a. liest Koch, Schrift 212 Anm. 53 ἐβαπτίσθησαν. Die in 𝔓46c B K L P 1739 1881 und den meisten gebotene, im NT ungewöhnliche Aoristform ἐβαπτίσαντο (𝔓45 verbessert ähnlich Lk 11,38) hieße „ließen sich taufen". Vgl. B-D-R 317. Dafür Zuntz, Text 234. Luz, Geschichtsverständnis 118 verweist auf ἀπελούσασθε 6,11. Das Imperfekt ἐβαπτίζοντο von 𝔓46* befremdet wegen der Aktionsart, die jedoch beim ἔπινον V. 4b angebracht ist.

Fels aber war Christus. (5) Und doch hatte Gott an der Mehrheit von ihnen keinen Gefallen; sie wurden nämlich in der Wüste niedergestreckt. (6) Das geschah als (abschreckendes) Beispiel für uns / In dieser Beziehung sind sie (abschreckende) Beispiele für uns geworden, damit wir nicht nach bösen Dingen begehrlich seien, wie jene begehrten. (7) Noch werdet Götzenverehrer, wie einige von ihnen; wie geschrieben steht:

>Es setzte sich das Volk zu essen und zu trinken, und sie standen auf, um zu spielen.

(8) Noch lasst uns Unzucht treiben, wie einige von ihnen Unzucht trieben, und es fielen an einem Tag dreiundzwanzigtausend. (9) Noch lasst uns Christus[292] auf die Probe stellen, wie einige von ihnen (ihn) auf die Probe stellten, und sie gingen durch die Schlangen zu Grunde. (10) Murret[293] auch nicht, wie einige von ihnen murrten, und sie gingen zu Grunde durch den Verderber. (11) Das[294] aber ist jenen exemplarisch geschehen, es wurde jedoch aufgeschrieben zur Warnung für uns, denen das Ende der Weltzeit begegnet ist. (12) Folglich sehe der, der zu stehen meint, zu, dass er nicht falle. (13) Die Prüfung, die euch erfasst hat, ist nur menschlich; getreu aber ist Gott, der es nicht zulassen wird, dass ihr über eure Kräfte geprüft werdet, vielmehr mit der Prüfung auch den (guten) Ausgang bewirken wird, so dass ihr (sie) ertragen könnt.

BANDSTRA, A.J.: Interpretation in 1 Corinthians 10:1-11, CTJ 6, 1971, 5-21. BROER, I.: „Darum: Wer da meint zu stehen, der sehe zu, daß er nicht falle.", in: Merklein, Ethik 299-325. COLLIER, G.D.: ‚That we Might not Crave Evil'. The Structure and Argument of 1 Corinthians 10.1-13, JSNT 55, 1994, 55-75. FEUILLET, Christ 87-111. HAHN, F.: Teilhabe am Heil und Gefahr des Abfalls, in: De Lorenzi, Freedom 149-204 (= Ders., Studien II 335-357). JULIUS, CH.-B.: Die ausgeführten Schrifttypologien bei Paulus, EHS XXIII 668, Frankfurt/M. usw. 1999, 191-232. MARTELET, G.: Sacrements, Figures et Exhortation en *I Cor.* X, 1-11, RSR 44, 1956, 323-359.515-559. MEEKS, W.A.: „And Rose Up to Play": Midrash and Paraenesis in 1 Corinthians 10:1-22, JSNT 16, 1982, 64-78. OROPEZA, B.J.: Paul and Apostasy, WUNT II 115, Tübingen 2000. OSTEN-SACKEN, P. VON DER: „Geschrieben zu unsrer Ermahnung…" Die Tora in 1Korinther 10,1-13, in: Ders.: Die Heiligkeit der Tora, München 1989, 60-86. OSTMEYER, K.-H.: Taufe und Typos, WUNT II 118, Tübingen 2000. PERROT, CH.: Les exemples du désert (1 Co. 10.6-11), NTS 29, 1983, 437-452. RONGY, H.: Le sens typique dans I Cor. X, 1-11, REcL 30, 1938/39, 30-34. SANDELIN, K.-G.: Does Paul Argue Against Sacramentalism and Over-Confidence in 1 Cor 10.1-14?, in: Borgen/Giversen, Testament 165-182. -: ‚Do Not Be Idolaters!' (1 Cor 10:7), in: Fornberg/Hellholm, Texts 257-273. SCHALLER, B.: 1 Kor 10,1-10(13) und die jüdischen Voraussetzungen der Schriftauslegung des Paulus, in: Ders.: Fundamenta Judaica, StUNT 25, Göttingen 2001, 167-190. SMIT, J.: ‚Do not be Idolaters'. Paul's Rhetoric in First Corinthians 10:1-22, NT 39, 1997, 40-53 (= DERS., Offerings, Kap. VII).

---

[292] Wer mit 𝔓46 D G K Ψ 1739 1881 und der Mehrheit Χριστόν liest, erklärt sich die Präsenz Christi in der atl. Geschichte ähnlich wie V. 4. Dafür ZUNTZ, Text 126f; METZGER, Commentary; OSBURN, C.D.: The Text of 1 Corinthians 10: 9, in: Epp/Fee, Criticism 201-212. Unter dem Einfluss antiochenischer Christologie hätten ℵ B C P 33 2464 u.a. dafür das zweideutige κύριον gesetzt (vgl. Dtn 6,16), wenige andere (A 81 u.a.) θεόν (vgl. Ps 77,18LXX). Anders WOLFF, 1Kor 211 Anm. 283.

[293] Eine Minderheit der Mss. (ℵ D F G 33 usw.) hat auch hier den Hortativ γογγύζωμεν.

[294] Die vollere Formulierung „dies alles" bei vielen Mss. ist verdächtig, zumal sie in der Wortstellung variiert.

Das γάρ in V. 1 zeigt an, dass das Folgende den Imperativ 9,24 untermauern will.[295] Dennoch weisen die „disclosure"-Formel[296] οὐ θέλω ὑμᾶς ἀγνοεῖν und die Anrede „Brüder" auf einen Neuansatz. Paulus leitet so eine Geschichtsdarstellung ein, die auf dem Kontrast zwischen den Heilserfahrungen „aller" (5 mal πάντες in V. 1–4a) Väter beim Zug aus Ägypten bzw. durch die Wüste und dem schlimmen Schicksal der großen Mehrheit (V. 5) aufgebaut ist. Ein ähnlicher Gegensatz zwischen „alle" und „einer" begegnete 9,24a. V. 6 gibt – ebenso wie V. 11 – mit rückbezüglichem ταῦτα eine aktualisierende Deutung. Die moralische Anwendung steckt in dem Finalsatz von V. 6. Ihm entsprechen andere volitive Modi in den Hauptsätzen von V. 7 (Imperativ), 8.9 (Hortativ) und 10 (Imperativ), jedesmal mit μηδέ eingeleitet. Dabei schlagen Vergleichssätze jeweils den Bogen zurück zum Verhalten der Väter („einige von ihnen"). Ab V. 8 wird im Vergleich auch noch deren Ergehen erwähnt. V. 12 zieht mit ὥστε (s. Einleitung zu 3,18–23) die praktische Folgerung in unpersönlicher Form. V. 13 dagegen, der mehr ermutigende Funktion hat, redet wieder die 2. Pl. an; wie 1,9 (s. z.St.) steht V. 13b ein zuversichtlicher Ausblick mit πιστός ὁ θεός am Schluss.

Die Funktion des Rückgriffs auf die Vätergeschichte ist mit dem Substantiv τύποι (V. 6) bzw. dem Adverb τυπικῶς (V. 11) angedeutet; rhetorisch lässt sie sich als negatives *exemplum* bestimmen. Traditionsgeschichtlich kann Paulus an Geschichtsrückblicke im Alten Testament anschließen, die die Wohltaten Gottes für sein Volk beim Auszug und Israels Versagen in der Wüste ähnlich einander gegenüberstellen, v.a. Ps 78; 81; 95,8–11; 106 sowie im Bußgebet des Nehemia Neh 9,6–31. Auch sie wollen künftige Generationen mahnen, die Taten Gottes nicht zu vergessen bzw. auf seine Stimme zu hören und seine Gebote zu bewahren. Ob man diese Inanspruchnahme der Vergangenheit für die Gegenwart „Typologie" nennen kann, soll bei V. 11 erwogen werden. Wegen der überlegten Art der Schriftverwertung und weil der Bezug zur korinthischen Situation nicht immer offensichtlich ist, hat man „ein schon vor der Abfassung des Briefes einigermaßen geprägtes Lehrstück" angenommen.[297] Fee[298] fragt aber mit Recht, ob Paulus mit seinem rabbinischen Hintergrund einen solchen christlichen Midrasch nicht *ad hoc* komponieren konnte.

V. 1f Wie etwa spätere jüdische Referate (z.B. Ps 106,6f; Neh 9,9.16; SapSal 18,6; 4Esr 9,29) oder die Juden in Joh 6,31 vom Israel des Wüstenzuges selbstverständlich als von „unseren Vätern" sprechen, so auch der Jude Paulus. Das Aufregende dabei ist aber, dass er dies einer vorwiegend heidenchristlichen Gemeinde gegenüber tut. Das hat nicht den polemischen Sinn von Röm 4, wo Paulus Abraham, der doch

---

[295] Dagegen will nach LINDEMANN, 1Kor 218 „Paulus das Folgende von 9,27 her verstanden wissen". Das greift zu kurz. Die Bewährung des Apostels hängt nicht von der folgenden Mitteilung ab.

[296] Vgl. MULLINS, T.Y.: Disclosure, A literary Form in the New Testament, NT 7, 1964/65, 44–50. In ähnlicher Formulierung mit doppelter Verneinung 12,1; 2Kor 1,8; 1Thess 4,13; Röm 1,13; 11,25; dagegen positiv θέλω δὲ ὑμᾶς εἰδέναι 11,3; vgl. Kol 2,1; γινώσκειν δὲ ὑμᾶς βούλομαι Phil 1,12. Ähnlich γνωρίζω 12,3; 15,1; 2Kor 8,1 (1. Pl.); Gal 1,11.

[297] CONZELMANN, 1Kor 202 nach Luz, Geschichtsverständnis 117–119: ein christlicher Midrasch, dessen Sprache aber paulinisch ist. JULIUS weiß, dass er in der paulinischen Weisheitsschule in Ephesus entstanden ist. SANDELIN, Do 262–264 rekonstruiert gar eine Vorlage.

[298] 1Kor 442 Anm. 5.

eigentlich nur für die Juden „Vorfahr dem Fleische nach" (4,1) sein kann, auch für die unbeschnittenen Glaubenden als Vater reklamiert (4,11.16). Nein, indem Paulus eine Kontinuität zwischen dem Gottesvolk von damals und der ἐκκλησία τοῦ θεοῦ (s. zu 1,2) heute herstellt,[299] kann er anhand einer Strukturähnlichkeit eine Warnung für die Christen veranschaulichen. Dabei wird das atl. Geschehen den gegenwärtigen Verhältnissen angeglichen und so von vornherein daraufhin durchsichtig. Die Wolke, das Zeichen der Gegenwart Gottes, der sein Volk führt (vgl. Ex 13,21f u. ö. im weiteren Pentateuch; Ps 78,14; Neh 9,12.19) wird hier nach Ansätzen in der jüdischen Tradition[300] zu etwas, was die Israeliten bedeckt. Damit – und vielleicht, weil eine Wolke Feuchtigkeit aus sich entlässt,[301] – eignet sie sich als Mittel der Taufe (V. 2) und entspricht etwa dem Heiligen Geist, der auf die Täuflinge herabkommt (vgl. 12,13b, auch hier als feuchtes Etwas vorgestellt).[302] Auch dass die Väter „durch das Meer" hindurchzogen, obwohl sie doch genauer „durch das Trockene inmitten des Meeres" gingen (Ex 14,22.29; 15,19; Neh 9,11; LibAnt 10,6), ist so formuliert, um den Durchzug in V. 2 als Taufgeschehen zu deuten.[303] Dazu braucht Paulus das Wasser als Medium.[304] Beim Meerwunder spielt die Person des Mose eine große Rolle, so dass das Volk nach der Rettung an Jahwe und an Mose, seinen Knecht, glaubt (Ex 14,31). Doch erst der Gedanke an die „Taufe auf Christus" (s. zu 1,13c) bringt Paulus dazu, die durch die Exodusereignisse gefestigte Gefolgschaft Mose gegenüber als „Taufe auf Mose" zu interpretieren. Diese bleibt bei aller Analogie von der Taufe auf Christus unterschieden. Erst in den nächsten Versen geht Paulus einen Schritt weiter.

V. 3f Weiter dem biblischen Text folgend erinnert Paulus an die Speisung durch Manna Ex 16. An sich könnte βρῶμα (vgl. den Pl. Ps 77,18LXX) auch das Fleisch der Wachteln enthalten, aber in Analogie zum eucharistischen Brot ist wohl nur an das „Brot vom Himmel" (Ex 16,4) gedacht. Dessen himmlische Eigenart wird in der atl.-jüdischen Tradition (Ps 78,24f, wo LXX „Brot der Gewaltigen" mit „Brot der Engel" wiedergibt; 105,40; Neh 9,15; SapSal 16,20) hervorgehoben. Hier ist es – wie dann auch der Trank V. 4a – mit „geistlich" (πνευματικός, s. 2,13) qualifiziert, ein Attribut, womit in einem judenchristlich-hellenistischem Gebet (Did 10,3) die eucharistische

---

[299] Ob ihm dabei eine Unterscheidung zwischen dem eschatologischen „Israel Gottes" (vgl. Gal 6,16) und dem „Israel dem Fleische nach" vorschwebt, wird bei V. 18 zu klären sein.

[300] Vgl. Num 14,14 „Deine Wolke stand über ihnen" (ἐφέστηκεν ἐπ' αὐτῶν); Ps 104,39aLXX „er breitete die Wolke zu ihrem Schutz (εἰς σκέπην auch SapSal 10,17) aus"; SapSal 19,7a „die das Lager beschattende Wolke". Der Midrasch (vgl. MekhJ Ex 13,21 [30a] bei Bill. III 405) kennt mehrere Wolken, darunter auch eine oberhalb Israels. TJI Ex 13,20f spricht von dem „Ort, da sie mit den Wolken der Herrlichkeit bedeckt wurden".

[301] Deswegen kann Paulus auch die Feuersäule nicht gebrauchen: ROBERTSON/PLUMMER, 1Kor 200. SANDELIN 168f verweist auf Philo, her. 203f, wo die Wolke von Ex 14,20 zugleich Weisheit auf die Israeliten herabträufelt und vernichtende Fluten auf die Ägypter ergießt. Hier handelt es sich aber kaum um Tradition.

[302] Vgl. MARTELET 337 u. a. Letztere Ausdeutung lehnen allerdings HEINRICI, 1Kor 294 und ROBERTSON/PLUMMER 200 als gezwungen und unlogisch (Reihenfolge!) ab.

[303] Eine analoge Weiterentwicklung in MekhJ Ex 14,16 (36a): das Meer wurde wie eine Wölbung (Tunnel) (vgl. Bill. III 405f). Allerdings kann SapSal 10,18 sagen, dass Gott die Israeliten „durch viel Wasser hindurchführte" – doch wohl ohne dass sie in Kontakt damit kamen. Ähnlich Ps 77,13LXX., wo das Wasser einen Schlauch bildet.

[304] Es ist kaum als „Todeswasser" gedacht, wie OSTMEYER 140–145 meint. Die Tötung der alten Existenz steht hier nicht im Blick.

Nahrung und Tränkung gegenüber der vom Schöpfer allen gewährten Speise ausgezeichnet wird. Ähnlich wird die mannagleiche Honigwabe charakterisiert, die der Engelfürst Aseneth finden lässt.[305] Dass auch das Brot, das die Väter in der Wüste aßen, vom Himmel kam sowie Geist und Leben vermittelte, bestreitet dann Joh 6 (vgl. V. 32.49.58.63) zugunsten der Christusoffenbarung. Nicht so Paulus.

Mit der festen Speise ist in der atl.-jüdischen Überlieferung die Gabe des Wassers Ex 17,1-7 (vgl. Ps 105,41; Neh 9,15; umgekehrte Abfolge in Dtn 8,15f; Ps 78,15-29) verbunden. Die Assoziation des Paulus ist freilich auch von den Elementen des Herrenmahls geleitet. Da die Bibel (anders SapSal 11,4.7) noch von einer späteren Wasserspende aus dem Felsen (Num 20,1-13) weiß, dürfte man auf den Gedanken gekommen sein, der Fels habe das Volk auf dem Zug durch die Wüste begleitet, wie die Wolken- bzw. Feuersäule es führte. LibAnt 10,7; 11,15 *Txt.em.* nimmt das von dem Brunnen Num 21,17f bzw. dem Wasser von Mara Ex 15,23-25 an; im Targum und in der rabbinischen Auslegung[306] verschmilzt der Fels von Num 20 mit diesem Brunnen. In den erläuternden Sätzchen V. 4bc wird der geistliche Charakter des Tranks durch die pneumatische Qualität des Felsens garantiert, die wiederum in seiner Gleichsetzung mit Christus gründet. Diese überraschende Wendung wurde wohl dadurch erleichtert, dass das hellenistische Judentum nach Philo, all. II 86; det. 115-118 den Felsen auf die Weisheit Gottes deutete.[307] Paulus mag diese Interpretation in der Jerusalemer hellenistischen Synagoge kennengelernt haben.[308] Wie bei 8,6fin. ermöglicht die Weisheitsspekulation, die Präexistenz Christi, die hier im „war" zum Ausdruck kommt, zu denken. Die Rückprojektion Christi in die Zeit des Wüstenzuges dient aber nicht – wie bei späteren Apologeten – dazu, die Existenz des Logos schon im Alten Testament aufzuweisen. Vielmehr soll so deutlich werden, dass die Israeliten ebenso gute Heilsbedingungen hatten wie die Christen, weil die geistlichen Gaben denselben Ursprung hatten. Dies wird allerdings nicht durch das Adjektiv τὸ αὐτό bei Speise und Trank ausgedrückt, so dass zu ergänzen wäre: „wie wir".[309] Sondern dieselben Gunsterweise für alle stehen im Gegensatz zur Verwerfung der überwältigenden Mehrheit.

---

[305] Vgl. JosAs 16,14 „diese Wabe ist Geist (des) Lebens, und diese haben gemacht die Bienen des Paradieses der Wonne aus dem Tau der Rosen des Lebens, die (da) sind im Paradiese Gottes."

[306] Vgl. tSuk 3,11ff. (196) und Par. bei Bill. III 406f; ELLIS, E.E.: A Note on First Corinthians 10 4, JBL 76, 1957, 53-56; BIENAIMÉ, G.: Moïse et le don de l'eau dans la tradition juive ancienne: targum et midrasch, AnBib 98, Rom 1984, 179, 276f zu unserer Stelle; ENNS, P.E.: The „Moveable Well" in 1Corinthians 10:4: An Extrabiblical Tradition in an Apostolic Text, BBR 6, 1996, 23-38.

[307] Während aber Philo in der Folge noch im Manna den Logos sieht, enthält sich Paulus bei der Speise einer christologischen Ausdeutung. Leider ist der traditionelle Charakter der philonischen Auslegung nicht sicher erwiesen. Obwohl nach SapSal 10,15-11,2 die Weisheit hinter den Wundern des Exodus steht und die Israeliten auf ihrem Weg geleitet, wird sie doch nicht mit dem Felsen 11,4 identifiziert. Dass Paulus zur Gleichsetzung durch die im AT (z.B. Dtn 32) häufige Metapher „Fels" für Gott veranlasst wurde – so wieder GARDNER, Gifts 147f –, ist wenig wahrscheinlich, weil die LXX diese Bezeichnung durchweg vermeidet bzw. ersetzt. Justin, dial. 131,6 erwähnt zwar das Wasserwunder für die Israeliten, behält aber 114,4 das „lebendige Wasser", das aus dem „schönen Felsen" Christus sprudelt, den Christen vor.

[308] Vgl. die Vermutungen von SCHALLER 185-190, der die lukanische Nachricht von einer schriftgelehrten Ausbildung des Paulus in Jerusalem bestätigt findet.

[309] Gegen SENFT, 1Kor 129. HEINRICI, 1Kor 294 korrigiert sich gegenüber der 7. Aufl.

V. 5 Nach der Aufzählung der Heilserfahrungen Israels ist die Feststellung um so schockierender, dass die meisten[310] im wertenden Urteil Gottes nicht bestehen konnten.[311] Das wird aus ihrer Bestrafung in der Wüste erschlossen. Dabei gibt V. 5b im theologischen Passiv wieder, was Num 14,16 aktiv von Gott aussagt. Wenn Gott alles für sein Volk getan hat, muss dieser katastrophale Ausgang wohl am Verhalten der Israeliten liegen.

Man hat sich gefragt, weshalb Paulus das atl. Referat so aufdringlich auf die in der damaligen Christenheit anerkannten Heilszeichen, Taufe und Eucharistie, hin zuspitzt, um letztlich ihr Ungenügen für die Erlangung des Heils zu konstatieren. Viele haben vermutet, dass sich die korinthischen Pneumatiker durch die Sakramente gegen alle Mächte gefeit glaubten und deshalb eine schrankenlose ἐξουσία beanspruchten,[312] z.B. zur Dirne oder zu heidnischen Kultmählern zu gehen. Gegen ein falsches Sicherheitsbewusstsein kämpft ja V. 12. Es ist jedoch nicht ausgemacht, dass dieses auf dem Empfang der Sakramente beruht; die „Starken" können auch glauben, auf Grund ihrer „Erkenntnis" zu „stehen".[313] Sie bedurften eigentlich keiner Feiung durch die Sakramente, da sie sich von Götzen und Dämonen gar nicht bedroht glaubten. Die Taufe für die Toten (15,29), die oft den Sakramentalismus der Korinther belegen soll, dürfte kaum von „starken" Pneumatikern betrieben worden sein (s. z.St.). Als man diesen noch einen gnostisierenden Hintergrund unterlegte, verwies man auf gnostische Texte, wonach die Taufe einen *character indelebilis* verleiht.[314] Heute schreibt man den „starken" Korinthern eher ein magisches oder „mysterienhaftes"[315] Verständnis von Taufe und Eucharistie zu, das sich noch in V. 3f reflektiere: diese Sakramente enthielten die Substanz des Geistes. Doch die Bewertung der Präfigurationen als „geistlich" ist keineswegs kritisch gemeint; sie zeugt eher von der paulinischen Hochschätzung der darin abgebildeten Heilszeichen: Obwohl die Gottesgaben den Geist mitteilen, kamen die Väter in der Wüste um. Nicht weil sie sich zu sehr auf die rettende Kraft der sakramentalen Mittel verlassen hätten, sondern weil sie sie im Abfall vergaßen, wie V. 6-10 noch klarer wird. Wie 12,13 schließlich zeigt, ist die pneumatische Sakramentsauffassung gut paulinisch.[316]

---

[310] Da faktisch die ganze Generation des Auszugs – ausgenommen Josua und Kaleb – starb, nehmen wir hier superlativischen Gebrauch des Komparativs an (vgl. zu 9,19).

[311] Zu εὐδοκεῖν s. bei 1,21; ähnliche Ausdrucksweise bei Jer 14,10; Ps 151,5LXX; Sir 45,19. Weiteres bei LIETZMANN, 1Kor 45.

[312] Vgl. z.B. VON SODEN, Sakrament 361; BARRETT, 1Kor 224.228; CONZELMANN, 1Kor 205; FEE, 1Kor 362f.443; SCHRAGE, 1Kor II 385f; KLAUCK, Herrenmahl 257; HORN, Angeld 230f; die Gegenstimmen mehren sich in jüngster Zeit: PERROT 445; WILLIS, Meat 139-141.154.156.160; MITCHELL, Paul 241-258; SANDELIN; SMIT 48; GÄCKLE, Starken 194-197; BARBAGLIO, 1Kor 40.466; SCHNABEL, 1Kor 531f.

[313] So z.B. GARDNER, Gifts 111, nach dem allerdings auch Paulus und die Korinther bei der geistlichen Speise bzw. dem Trank in V. 3f nicht Sakramente, sondern Erkenntnis und andere geistliche Begabungen assoziierten (142f). Das ist wegen der Parallele zur Taufe unwahrscheinlich.

[314] Vgl. EvPhil (NHC II 3) 61,12-20 das Bildwort von Gott als Färber; aber das Bildwort von der Perle kurz darauf 62,17-26 zeigt, dass der Wert der Seele inhärent ist und nicht durch äußerliche Salbung bewirkt wird. Die ExcTheod 76-78 stellen zwar heraus, dass die Taufe Macht gegenüber den bösen Mächten schenkt, „aber nicht das Bad allein befreit, sondern die Erkenntnis, wer wir waren" (78,2).

[315] Philosophen kritisieren, dass die Mysterienriten ohne Rücksicht auf moralische Bewährung ein besseres Los im Jenseits versprechen (Diogenes Laert. VI 39; Plutarch, mor. 21f). Doch nach ihrem Selbstverständnis fühlten sich die Initiierten zu frommer Lebensführung verpflichtet: vgl. Aristophanes, ran. 456-459 und ZELLER, D.: Art. „Mysterien/Mysterienreligionen", TRE 23, 1994, 504-526, 519.

[316] Nach LINDEMANN, 1Kor 223 macht es auch 10,16 fraglich, dass in Korinth ein massiver Sakramentalismus herrschte.

V. 6–10 Zwei grammatikalische Auffassungen des Hauptsatzes in V. 6 sind möglich (s. Übers.):

1. Man bezieht ταῦτα auf alle vorher geschilderten Ereignisse, nimmt es als Subjekt und kann dann τύποι als Artergänzung dazu auffassen. Die Konstruktion wäre ähnlich wie V. 11a. Die Schwierigkeit, dass das Verb im Plural steht, lässt sich wegerklären.[317]
2. Man behält als Subjekt „unsere Väter" bei und versteht ταῦτα als Akkusativ der Beziehung (hauptsächlich auf V. 5); τύποι wäre dann Identifikationsergänzung.[318] Diese Auffassung vertritt zwar nur eine Minderheit,[319] ist aber einwandfrei.

Wie auch immer, die Väter bzw. ihr Geschick dienen als warnendes Beispiel für die Christen. Τύπος hat die im NT (vgl. Phil 3,17; 1Thess 1,7; 2Thess 3,9; 1Tim 4,12; Tit 2,7; 1Petr 5,3) bei personaler Anwendung übliche Bedeutung „Vorbild", wenn dieses auch nur hier negativ besetzt ist.[320] Der vielleicht für Röm 5,14 zutreffende Sinn „Vorausabbildung" kommt, auch wenn das ταῦτα die Vorausdarstellung der Sakramente mit umfasst, wegen des personalen Attributs ἡμῶν (*Genetivus obiectivus*) und der Fortsetzung im Finalsatz nicht in Frage.[321] Nicht ein Sein, sondern ein Sein-Sollen, in diesem Fall ein Nicht-Sein-Sollen, wird zu „uns" in Bezug gesetzt. Würde man die Väter als „Typen" der Christen (*Genetivus subiectivus*) verstehen, wären dagegen streng genommen auch diese dem Untergang geweiht.[322]

In der paränetischen Auswertung verweist Paulus auf ein fünffaches Fehlverhalten der Wüstengeneration zurück, wie es in Ex und Num beschrieben wird.

(1) auf ihr Num 11,4–34[323] geschildertes ἐπιθυμεῖν (Finalsatz V. 6). Hier verlangen sie – des Mannas überdrüssig – nach Fleisch. Ihr Begehren wird zwar mit Wachteln gestillt, aber eine Plage schlägt das Volk, an dessen Gier die danach benannten Gräber erinnern (vgl. Dtn 9,22; Ps 78,26–31; in Ps 106,14 wird das Begehren mit dem Gott-Versuchen parallelisiert). Paulus verallgemeinert das in seiner Folgerung zu einem Verlangen nach bösen Dingen, wie für ihn Röm 7,7f das gerade durch das Verbot entfachte Begehren jeder Art zum Paradigma der Sünde wird.[324] Dass er auf die nach Fleischmahlzeiten in Tempeln süchtigen Korinther abzielt, ist also weniger evident.

---

[317] CONZELMANN, 1Kor 201 Anm. 6: „Numerus nach dem Prädikatsnomen: auch klassisch".
[318] Diese Unterscheidung beim herkömmlich „Prädikatsnomen" genannten Satzteil machen H-S 258.
[319] Vgl. OSTMEYER 137–139 mit Vorgängern in Anm. 4. Von den Kommentaren nur WOLFF, 1Kor 211; LINDEMANN, 1Kor 220; SCHNABEL, 1Kor 533; FITZMYER, 1Kor 384.
[320] Hebr 4,11 spricht vom „gleichen Beispiel (ὑπόδειγμα) des Ungehorsams".
[321] Mit RONGY, CONZELMANN, 1Kor 205, OSTMEYER 137–140 gegen GOPPELT, L.: Art. τύπος κτλ, ThWNT 8, 1969, 246–260, 251f, der hier erstmals einen hermeneutischen Terminus findet.
[322] So ROBERTSON/PLUMMER, 1Kor 203. Sonst muss man mit BANDSTRA 16 „hypothetische" Typen kreieren.
[323] V. 34 auch das in LXX seltene Adjektiv ἐπιθυμητής. Die Konstruktion mit γίνεσθαι und Gen. auch Josephus, Ap. II 45.
[324] Vgl. ἐπιθυμίαι bzw. ἐπιθυμεῖν in diesem weiteren Sinn noch Röm 6,12; 13,14; Gal 5,17; dagegen eine sexuelle Färbung in Röm 1,24; 1Thess 4,5. COLLIER weist auf Philo, spec. IV 84, wonach die ἐπιθυμία Quelle aller bösen Dinge (κακά) ist (vgl. auch Philo, decal. 173; ApkMos 19,3), und behauptet eine übergreifende Funktion von V. 6 (ebenso KONRADT, Gericht 374f). Num 11 sei Basistext für das Folgende. Letzteres ist überzogen.

10,1-22: Den Götzendienst meiden

(2) Die nächste Warnung V. 7 hat dagegen direkt mit der Thematik von Kap. 8-10 zu tun (vgl. V. 14).[325] Sie geht auf den Götzendienst, der durch die Episode vom Goldenen Kalb Ex 32,1-6, genauer mit einem wörtlichen Zitat von Ex 32,6b (MT = LXX), ausgemalt wird. Hier tritt das Bild des Kalbes an die Stelle Gottes, der Israel aus Ägypten geführt hat und ihm vorauszieht. Im Anschluss an die Darbringung der Opfer lässt sich das Volk zum Mahl mit Götzenopferfleisch nieder – genau die 8,10 beschworene Situation. Verwerflich ist also nicht erst das folgende παίζειν, womit der auch Ex 32,19 erwähnte Tanz vor dem Tierbild gemeint ist. Einige Rabbinen verstehen zwar das zu Grunde liegende שׂחק/ṣḥq nach dem Kontext als Götzendienst und tragen von hier aus diese Bedeutung auch ins Spiel Ismaels Gen 21,9 ein.[326] Aber aus Ex 32,6 leiten sie auch her, dass „sitzen" oder „sich setzen" in der Schrift Unheil bedeutet.[327] Das „Essen und Trinken" kann deshalb kaum auf die Mannaspeisung und den Trank aus dem Felsen gedeutet werden.[328]

(3) Das παίζειν konnte auch die Konnotation sexueller Ausgelassenheit haben,[329] und so ist es nicht verwunderlich, dass das Thema „Götzendienst" die Assoziation „Unzucht" auslöst (vgl. 6,9). Deshalb braucht man πορνεύειν (V. 8) nicht gleich metaphorisch für Untreue Gott gegenüber aufzufassen.[330] Konkret steht Paulus allerdings in V. 8 die Verbindung von Israeliten mit den Moabiterinnen in Schittim (Num 25,1-9) vor Augen, die zum Verzehr von Götzenopfern führte (s. Exkurs 6). Sie wird in der Tradition als Abfall zum Baal-Pegor gegeißelt (vgl. Ps 106,28-31). Die Zahl der dabei von der Plage Getöteten gibt Paulus jedoch gegenüber Num 25,9 um 1000 zu niedrig an. Tröstlich ist, dass Josephus, ant. IV 155 sich gleich um 10000 vertut. Möglicherweise ist Paulus in seiner Formulierung auch von Ex 32,28 beeinflusst, wo die Zahl der an einem Tag Gefallenen (ἔπεσαν ... ἐν ἐκείνῃ τῇ ἡμέρᾳ) 3000 Mann beträgt.[331]

(4) Klingt mit der Warnung vor Unzucht noch ein Anliegen von Kap. 5-7 nach, so schlagen die V. 9f neue Themen an, die wiederum die Wüstentradition vorgibt. Wenn in V. 9 Χριστόν zu lesen ist, so wandelt er das Motiv von der sträflichen Herausforderung Gottes (in der LXX das auch christologisch verstehbare

---

[325] SCHALLER 178-183 möchte im Gefolge von PERROT 439-440 erweisen, dass auch die übrigen Motive einen Bezug zum Essen und Trinken oder zum Götzendienst implizieren. Das geht nur mit einiger Schrifttüftelei.

[326] Vgl. R. 'Aqiba und spätere Stimmen bei Bill. III 410. Vgl. auch TJI und II sowie ShemR 41,10 bei SCHALLER 179.

[327] Vgl. Bill. III 409f.

[328] Anders MEEKS 69; COLLINS, 1Kor 371. Dagegen abwägend HAYS, 1Kor 163f. Dadurch wird die anti-sakramentalistische Interpretation weiter geschwächt.

[329] Nach R. Eliezer ben Jose in tSota 6,6 bedeutet שׂחק/ṣḥq pi. in Gen 21,9 nichts anderes als Unzucht, was Gen 39,17 bestätigen soll. Vgl. Tertullian, jej. 6 bei BERTRAM, G.: Art. παίζω κτλ, ThWNT 5, 1954, 625-635, 629.

[330] Gegen MERKLEIN, 1Kor II 249 „in erster Linie"; SMIT 44 u.a.

[331] Vgl. KOET, B.J.: The Old Testament Background to 1 Cor 10,7-8, in: Bieringer, Correspondence 607-615, der aber einen absichtlichen Bezug annimmt. Eine (Kon-)Fusion von Ex 32,28 und Num 25,9 auch bei Philo, spec. III 126. CONZELMANN, 1Kor 206 vermutet noch eine Erinnerung an Num 26,62 (Musterung von 23000 Leviten).

κύριος) christlich ab, das ursprünglich mit dem Ortsnamen Massa (griech. πειρασμός) verknüpft ist (Ex 17,2–7; Rückverweise in Dtn 6,16; 9,22; Ps 95,8f); das (ἐκ)πειράζειν ist hier durch den Wassermangel veranlasst und besteht im fehlenden Glauben an Gottes Fürsorge (vgl. Num 14,11; Ps 78,18–20 in Bezug auf das Brot). Es wird zu einer Dauerhaltung (vgl. Ps 78,40f.56), so dass Gott Num 14,22 feststellen kann, dass die Israeliten ihn nun schon zum zehnten Mal auf die Probe gestellt haben.[332] Paulus meint wohl, dass diese wiederholte Revolte gegen Gott in der Begebenheit Num 21,4f, wo allerdings nicht πειράζειν steht, gipfelte, wenn er als ihre Folge den Tod durch die Schlangen (Num 21,6) nennt.

(5) Eng verwandt mit dem Gott-auf-die-Probe-Stellen ist die Unzufriedenheit, die sich im Murren (V. 10) gegen Gott und die von ihm bestimmten Führer[333], Mose und Aaron, äußert. Dieses (δια)γογγύζειν bzw. dieser γογγυσμός begleiten die ganze Wüstenwanderung (Ex 15,24; 16,2.7–9.12; 17,3; Num 11,1; 14,2.27.29.36; 16,11; 17,6.20.25; Dtn 1,27; Ps 106,25). Die Anspielung des Paulus ist deshalb schwer zu lokalisieren. Wenn man die Stellen nimmt, an denen plötzliches Verderben dem Murren folgt, kommen Num 11,1; 14 (vgl. V. 12 ἀπολῶ αὐτούς. 37), 16 (vgl. V. 25–35), vor allem aber 17 (vgl. V. 11–14) in Betracht. Den ὀλοθρευτής, einen Strafengel, hätte Paulus aus Ex 12,23 (ὁ ὀλεθρεύων) eingetragen.[334] Dabei konnte er sich an jüdische Tradition anlehnen, denn auch SapSal 18,25 und der Targum (TJI und Codex Neofiti 1 zu Num 17,11f) sehen in der Plage Num 17 den schon Ex 12,23 erwähnten Vernichtungsengel (aram. מְחַבְּלָא/*mᵉḥabbᵉlā'*) am Werk.

V. 11 Jetzt ist das zurückweisende ταῦτα eindeutig nur auf das Gerichtsgeschehen bezogen. Darin hat Gott ein warnendes Exempel statuiert. Ἐκείνοις ist nicht zu τυπικῶς zu ziehen,[335] sondern zum Verb. Das δέ nach ἐγράφη insinuiert keinen Gegensatz zwischen „jenen" und „uns", sondern ist wie das δέ am Versanfang weiterführend. Damit die Unheilsereignisse der Wüstenzeit ihre abschreckende Wirkung für das spätere Geschlecht der Christen entfalten können, wurden sie in der Tora[336] aufgezeichnet. Das Substantiv νουθεσία heißt deshalb wohl nicht nur wie das Verbum 4,14 „Mahnung, Zurechtweisung", sondern „Warnung". Ein Relativsatz bestimmt die Situation der Gemeinde dadurch, dass „das Ende der Weltzeit"[337] zu ihr

---

[332] Zu der späteren Konkretisierung dieser Versuchungen Gottes im jüdischen Midrasch vgl. Bill. III 411 und MEEKS 67f. Auch sonst wenden sich jüdische und christliche Schriften dagegen, Gott einem Test zu unterwerfen: vgl. Jdt 8,12f; ApkSedr 8,5; Lk 4,12Q; Apg 5,9; 15,10.

[333] Aus dieser zweifachen Ausrichtung zu schließen, dass Paulus mit dem Vetitiv Bestreiter seiner Autorität anvisiert – z.B. SCHMIEDEL, 1Kor 148; FEE, 1Kor 457f –, scheint mir etwas kühn.

[334] Zum vom Satan herbeigeführten ὄλεθρος vgl. 5,5. Vgl. den Engel des Zornes in der Kundschaftergeschichte LibAnt 15,5. Zum „Engel des Verderbens" in der Bibel (vgl. noch 2Sam 24,16 und 1Chr 21,15) und bei den Rabbinen vgl. Bill. III 412–416; In Qumran kennt man „Engel des Verderbens (חֶבֶל/*ḥæbæl*)": 1QS IV 12; 1QM XIII 12; CD II 6.

[335] Gegen THISELTON, 1Kor 746, der hier auch „formative models for them (Israel)" erkennt.

[336] VON DER OSTEN-SACKEN arbeitet an unserem Stück die bleibende Bedeutung der Tora für die Christen heraus.

[337] Zum Recht, beide Plurale τὰ τέλη und οἱ αἰῶνες singularisch zu übersetzen vgl. BAUER, Wörterbuch 53. Natürlich kann τέλος auch „Ziel" bedeuten – dafür HAHN 160 –, aber in Verbindung mit Zeitbegriffen liegt „Ende" näher. Vgl. 1Petr 4,7 und zu 1,8 und 15,24. Sprachliche Parallelen: TestLev 14,1 (Ms. α, Aα) ἐπὶ τὰ τέλη τῶν αἰώνων; Sib 8,311 τέλος αἰώνων. Vgl. 4Esr 3,14; 2Bar 21,8; 30,3; 59,4. Eine teleologische Ge-

gelangt ist. Die Formulierung rückt das Ende noch näher an die Gegenwart heran als 7,29a. Gewöhnlich sieht man den Sinn dieser Zeitangabe darin, dass das endzeitliche Gottesvolk die in der Schrift festgehaltenen Geschehnisse der Anfänge auf sich beziehen kann und soll (vgl. 9,10; Röm 4,23f; 15,4). Da aber im Kontext der Gerichtsgedanke im Vordergrund steht, könnte Paulus auch unterstreichen, dass die Warnung angesichts des bevorstehenden Gerichts besonders akut ist. Das Sätzchen markiert also nicht nur den eschatologischen Fluchtpunkt der Schrift, sondern auch den Ernst der Lage, in der es – wie bei den Israeliten damals – um Heil oder „Untergang" geht.

Obwohl wir das Adverb τυπικῶς mit „exemplarisch" wiedergegeben haben, sei hier doch erörtert, ob in unserem Passus nicht auch von „Typologie" geredet werden kann. Sie ist[338] zu beschränken „auf die ausdrückliche Gegenüberstellung zeitlich früherer und späterer Personen, Ereignisse oder Sachverhalte", „wobei dem früheren Ereignis eine auf das spätere Ereignis vorausweisende Funktion zukommt und das spätere Ereignis in Entgegensetzung zu dem früheren oder als dessen Überhöhung dargestellt wird". OSTMEYER[339] bestreitet nun, dass der Wortgebrauch ein zeitliches Früher bzw. Später oder gar eine Überhöhung indiziert. Das Wort τύπος werde wertfrei und zeitneutral verwendet. Das mag stimmen, kann aber nicht davon abhalten, bestimmte Textzusammenhänge, ob sie das Wort enthalten oder nicht, als typologische Auslegung des Alten Testamentes zu charakterisieren. Ein deutliches Beispiel ist Hebr 3,7-4,11, eine aktualisierende Homilie über Ps 95,7-11LXX. Auch hier dürfen sich die Angeredeten als Volk Gottes verstehen, das wie die aus Ägypten Herausgeführten eine Frohbotschaft erhalten hat (vgl. 4,2.6), nun aber vor gleichem Ungehorsam (vgl. 4,11) gewarnt wird. Anders als den Israeliten der Wüstenzeit ist ihnen noch eine „Ruhe" aufbehalten. Der Heilige Geist (3,7a) zielt in David (4,7) auf das Heute der Christen. Wie dieser Text stellt auch unser Abschnitt Ähnlichkeiten zwischen dem Damals und dem Jetzt heraus. Die schriftliche Fixierung der Wüstenereignisse aber hat besondere Aktualität für die Nachfahren, für die die letzte Stunde der Weltuhr geschlagen hat. Ob man das als „Überhöhung" bezeichnen kann, ist zu bezweifeln. Im Unterschied zu Hebr 3f[340] besteht die „Überhöhung" jedenfalls nicht darin, dass die Angesprochenen „Teilhaber Christi" geworden sind (so Hebr 3,14). Denn V. 3f bemüht sich auf recht künstliche Weise darzutun, dass man das eigentlich auch schon von den Vätern des Exodus sagen kann. Dem wieder liegt eine apokalyptische Geschichtskonzeption zu Grunde, wonach die Endzeit der Urzeit entspricht.[341] Eine Antithese wird schon gar nicht aufgestellt. Wenn man also bei der eingangs gegebenen Definition bleibt, rechtfertigt nur das Moment des Vorausweisens, die Hermeneutik unseres Textes als „typologisch" zu bezeichnen.

---

schichtsbetrachtung – so HEINRICI, 1Kor 296.301; WEISS, 1Kor 252.254 – kann hier also nicht angestellt werden.

[338] Nach KOCH, Schrift 217f, der sich auf LUZ, Geschichtsverständnis 52f beruft. Dieser geht wiederum von der Definition GOPPELTS aus.

[339] Vgl. auch seinen Aufsatz: Typologie und Typos: Analyse eines schwierigen Verhältnisses, NTS 46, 2000, 112-131. Auch DIMATTEI, ST.: Biblical Narratives, in: Porter/Stanley, Written 59-93 findet bei Paulus keine hermeneutische Verwendung des Begriffs (64f), charakterisiert aber schön die biblische Hermeneutik des Apostels im Rahmen zeitgenössischer jüdischer Zugänge, besonders in Qumran (80-82).

[340] Vgl. LÖHR, H.: „Heute, wenn ihr seine Stimme hört ...", in: Hengel/Ders., Schriftauslegung 226-248, 245-247.

[341] Erhellend immer noch BULTMANN, R.: Ursprung und Sinn der Typologie als Hermeneutischer Methode (1950), in: Ders., Exegetica, Tübingen 1967, 369-380. Er wehrt einer Inflation des Begriffes und hält 373 Anm. 21 gegen GOPPELT fest, dass die „heilsgeschichtliche Steigerung" für die Typologie nicht konstitutiv ist.

V. 12 macht von der im frühen Christentum eingebürgerten übertragenen Redeweise von „stehen"[342] (vgl. 7,37; 15,1 im Evangelium; 16,13 im Glauben; Röm 11,20 = 2Kor 1,24 durch den Glauben; Röm 5,2 = 1Petr 5,12 in der Gnade; Phil 4,1 =1Thess 3,8 im Herrn; Röm 14,4 dem Herrn; Phil 1,27 in einem Geist; absolut Gal 5,1; 2Thess 2,15) und „fallen" (vgl. Röm 11,11.22; 14,4; Gal 5,4; Hebr 4,11; 2Petr 3,17; Apk 2,5) Gebrauch. Nicht die subjektive[343] Heilszuversicht ist an sich schon fahrlässig; aber da dieser Stand kein fester Zustand ist, ist die Mahnung zur Vorsicht (zu βλεπέτω s. 3,10; 8,9) angebracht. Die Kommentatoren sind sich weitgehend einig, dass sie vor allem den „Starken" gilt, „die sich in ihrer γνῶσις ‚aufblähen' (8,1b), aber dabei gar nicht merken, wie gefährdet sie sind."[344]

V. 13 Es sind eben noch Prüfungen zu „bestehen" (vgl. das „Stehen" im Kampf mit dem Teufel Eph 6,11.13f). Das Wort πειρασμός (s. zu 7,5) wird gewöhnlich mit „Versuchung" wiedergegeben, weil sie nach V. 12 auf den „Fall" des Menschen zielt. Man denkt an die teuflische Verführung zum Bösen. Die verwendeten Verben („ergreifen", „ertragen"), aber auch das ἐκπειράζειν V. 9 im Sinn von „auf die Probe stellen, prüfen" raten eher zur neutraleren Vokabel „Prüfung"[345], zumal die Rolle des Teufels an unserer Stelle nicht ausgeprägt ist. Auch bei dieser Prüfung kann man „durchfallen", seinen Heilsstand verlieren. Sie war allerdings bisher, so versichert V. 13a, nicht „übermenschlich", sondern auf den menschlichen Kandidaten und seine Kräfte zugeschnitten.[346] Ἀνθρώπινος geht also nicht auf die Herkunft, so dass eine von Menschen gemachte Versuchung einer dämonischen oder göttlichen gegenüberstünde.[347] Die Erprobung steht – wie die ἀνάγκη 7,26 – wohl unter eschatologischen Vorzeichen (vgl. V. 11; Dan 12,10), kann aber schwerlich näher bestimmt werden als Verfolgung, die zum Abfall vom Glauben verleitet, wie sie etwa Apk 2,10 (vgl. auch Lk 8,13) voraussagt. In Korinth könnte es eher darum gehen, Belastungen auf sich zu nehmen, um die Zwänge zur Konformität mit der heidnischen Gesellschaft zu durchbrechen.[348] Das war nach V. a zumutbar. Es ist jedoch nicht so, dass auf die bisher noch erträgliche Prüfung die große endzeitliche Versuchung (vgl. Mk 13,19f; Apk 3,10) folgen würde, die den Menschen total überfordert.[349] V. 13b sagt

---

[342] Vgl. WOLTER, M. Art. ἵστημι, ἱστάνω, EWNT 2, 1981, 504–509.

[343] Zu δοκεῖν vgl. bei 3,18b.

[344] HAHN 163. Dagegen CONZELMANN, 1Kor 207 Anm. 43: an die ganze Gemeinde gerichtet. Ja, rhetorisch!

[345] So eine Minderheit: HÉRING, 1Kor 83; BARRETT, 1Kor 228f.

[346] Zu dieser Bedeutung von ἀνθρώπινος vgl. Num 5,6LXX „Sünden, wie sie bei Menschen vorkommen"; Pollux III 131 gibt als Gegenteil des Unerträglichen (ὁ οὐκ ... τις δ' ἂν ὑπενεγκεῖν δυνηθείη) u.a. ἀνθρώπινον an. Die vom Kaiser zu gewärtigenden einschüchternden Maßnahmen tut Epiktet, diss. I 9,30 als ἀνθρώπινα ab, ebenso Schicksalsschläge (ench. 26). Denn dem Stoiker kann nichts geschehen, „was zu ertragen ihm nicht natürlich wäre" (Marc Aur. V 18).

[347] Gegen SCHLATTER, Paulus 292f; LINDEMANN, 1Kor 222; SCHNABEL, 1Kor 543. BLISCHKE, Begründung 202. Das δέ in V. 13b führt auch hier nur weiter.

[348] Vgl. BACHMANN, 1Kor 334: „nicht von Gefahren des Wegbleibens, sondern des Mitmachens war früher und ist nachher die Rede."

[349] Dagegen steht nach HAHN 163 „die Vorstellung von einer in der eschatologischen Drangsal noch derart sich steigernden ‚Versuchung', dass ihr nicht einmal die ‚Erwählten' ohne Gottes Eingreifen standhalten können," im Hintergrund. Demgemäß beginnt das Trostwort erst V. 13bc. Ähnlich KONRADT, Gericht

vielmehr auch für die Zukunft zu, dass die Prüfungen menschliches Vermögen nicht übersteigen werden, und beruft sich dabei auf die Treue Gottes (s. 1,9), der nicht nur den πειρασμός bewirkt[350], sondern auch das Ertragen[351] der Prüfung. Das menschliche δύνασθαι ist so immer schon von Gott ermöglicht. Wo gottwidrige Mächte den πειρασμός durchführen, spricht man kaum von „ertragen", sondern dramatischer davon, dass Gott daraus „erretten" wird (vgl. Mt 6,13; 2Petr 2,9). Das ἐάν könnte zwar andeuten, dass sich Gott bei der Prüfung des Satans bedient, der sich hinter dem πειρασθῆναι verbergen würde – wie im klassischen Fall des Hiob; aber der Text macht sich darüber keine großen Gedanken, sondern sieht Gott als ebenso souveränen wie zuverlässigen Akteur hinter dem ganzen Geschehen des πειρασμός von seinem Anfang bis zu seinem Ausgang.[352] Das alte Modell der Prüfung durch Gott[353] ist hier noch nicht durch Theodizee-Erwägungen wie Jak 1,13f in Frage gestellt. Dass es auch hier durchschimmert, ist um so wahrscheinlicher als Gottes den Gehorsam Israels prüfendes Handeln auch zum Exoduskomplex gehört.[354] Dass sich der getreue Gott auch für ein gutes Ende der Prüfung verbürgt, wirkt wie ein theologisches Gegengewicht gegen die seit 9,27 gehäuften Aufrufe zu menschlichem Bemühen. Eine ähnliche Gewissheit haben die Qumran-Leute.[355] Dabei tut es der Strenge der Mahnung keinen Abbruch, wenn die Korinther ihre Lage als nicht hoffnungslose Bewährungsprobe verstehen lernen.[356]

383-385. Doch KUHN, K.G. Πειρασμός – ἁμαρτία – σάρξ im Neuen Testament und die damit zusammenhängenden Vorstellungen, ZThK 49, 1952, 200-222 rechnet den ganzen V. 13 zu den Stellen, an denen die eschatologische Versuchung nicht von der ständigen zu trennen ist.

[350] Das σύν legt an sich nahe, das Verbum ποιεῖν auch auf den πειρασμός zu beziehen. Vgl. BAUER, Wörterbuch 1560 unter 4a. HAHN 164 dagegen möchte σὺν τῷ πειρασμῷ mit KUHN (s. Anm. 349) 217f temporal verstehen.

[351] Das Verbum ὑποφέρειν (vgl. o. Anm. 346 bei Pollux) hat Hi 2,10 die von Gott verhängten Übel; Ps 54,13LXX; 68,8LXX Schmähungen; Mi 7,9 den Zorn Gottes; 2Makk 2,27; 6,30; 7,36; 4Makk 14,12; 17,3 Märtyrerqualen; 2Tim 3,11; 1 Petr 2,19 Verfolgung und unverdientes Leid zum Objekt; in Bezug auf Versuchungen gebrauchen Jak 1,12 ὑπομένειν; TestHiob 7,13 ὑποστῆναι.

[352] Vgl. 4Esr 13,23 „Derselbe, der in jener Zeit die Drangsal bringt, der wird auch die in Drangsal Gefallenen bewahren, wenn sie Werke haben und Glauben an den Allerhöchsten und Allmächtigen". – Das Wort ἔκβασις kann „Ausweg, Entkommen" bedeuten (klassisch vom Hafen Homer, Od. V 410; metaphorisch Euripides, Med. 279; Plutarch, mor. 594a.1103e), aber auch „Ende" (SapSal 2,17; 8,8; 11,14). Im letzteren Fall ist der mit τοῦ angehängte konsekutive (H-S 225c) Infinitiv nicht überflüssig, sondern stellt klar, dass es sich um ein gutes Ende handelt. In Hebr 13,7 bezeichnet ἔκβασις wohl das, was herauskommt, den Ertrag.

[353] Vgl. vor allem Abraham Gen 22,1 und spätere jüdische Bezugnahmen darauf; in der Weisheitslit. SapSal 3,5; Sir 2,1-6; ähnlich optimistisch wie unser V. klingt Sir 33,1: Der Gottesfürchtige wird in Versuchung wieder befreit. 4Q504, Frgm. 2, VI 6: „Deine Versuchungen und deine Plagen hat unsere Seele nicht verabscheut […], denn du hast unser Herz gestärkt."

[354] Vgl. Ex 15,25; 16,4; 20,20; Dtn 8,2.16; SapSal 11,9; bezüglich Levi Dtn 33,8 (anders LXX).

[355] Vgl. 1QS III 20-25: Zwar kommt durch den Engel der Finsternis Verirrung über alle Söhne der Gerechtigkeit, „und alle Geister seines Loses suchen die Söhne des Lichtes zu Fall zu bringen. Aber der Gott Israels und der Engel seiner Wahrheit hilft allen Söhnen des Lichtes."

[356] Vgl. OROPEZA 222: „Paul encourages the congregation at the end of 10:1-13 by affirming a perseverance that does not diminish the dangers of apostasy or personal responsability. For Paul, perseverance here implies divine assistance plus human endurance. He is conveying to the Corinthians that apostasy is a real danger, while perseverance is a real hope."

b) 10,14–22: Eucharistische Teilhabe an Christus schließt Teilnahme an Opfermählern aus

(14) Deshalb, meine Geliebten, flieht vor dem Götzendienst. (15) Wie zu Verständigen rede ich; beurteilt selbst, was ich sage. (16) Der Becher des Segens, den wir segnen, ist er nicht Teilhabe am Blut Christi? Das Brot, das wir brechen, ist es nicht Teilhabe am Leib Christi? (17) Weil (es) *ein* Brot (ist), sind wir vielen *ein* Leib, denn alle haben wir an diesem einen Brot teil.

(18) Schaut auf das Israel dem Fleisch nach: Sind da nicht die, die Opfer essen, Teilhaber des Opferaltars? (19) Was sage ich also? Dass den Götzen Geopfertes etwas ist? Oder dass ein Götze etwas ist?[357] (20) Nein, (ich behaupte,) dass was sie[358] opfern, sie den Dämonen und nicht Gott opfern; ich will aber nicht, dass ihr Genossen der Dämonen werdet. (21) Ihr könnt nicht den Becher des Herrn trinken und den Becher der Dämonen; ihr könnt nicht am Tisch des Herrn teilhaben und am Tisch der Dämonen. (22) Oder wollen wir den Herrn eifersüchtig machen? Sind wir etwa stärker als er?

AALEN, S.: Das Abendmahl als Opfermahl im Neuen Testament, NT 6, 1963, 128–152. BURCHARD, Importance. GRESSMANN, H.: Ἡ κοινωνία τῶν δαιμονίων, ZNW 20, 1921, 224–230. HAINZ, J.: Koinonia, BU 16, Regensburg 1982, 17–46. HOLLANDER, H.W.: The Idea of Fellowship in 1 Corinthiaus 10.14–22, NTS 55, 2009, 456–470, KLAUCK, H.-J.: Eucharistie und Kirchengemeinschaft bei Paulus, in: Ders., Gemeinde 331–347. LAMPE, P.: Die dämonologischen Implikationen von I Korinther 8 und 10 vor dem Hintergrund paganer Zeugnisse, in: Lange, A. u.a. (Hg.), Die Dämonen, Tübingen 2003, 582–599. NEUENZEIT, Herrenmahl 54–66.201–206. SCHRAGE, W.: „Israel nach dem Fleisch" (1 Kor 10,18), in: Geyer, H.-G. u.a. (Hg.), „Wenn nicht jetzt, wann dann?" FS H.-J. Kraus, Neukirchen-Vluyn 1983, 143–151. SEESEMANN, H.: Der Begriff ΚΟΙΝΩΝΙΑ im Neuen Testament, BZNW 14, Gießen 1933, 34–47. WALTER, N.: Christusglaube und Heidnische Religiosität in Paulinischen Gemeinden, NTS 25, 1979, 422–443, 425–436. WOYKE, Götter 215–257.

Mit διόπερ (auch 8,13) greift Paulus logisch auf den vorhergehenden Abschnitt, besonders aber auf V. 7, zurück und holt daraus die praktische Quintessenz. Die Mahnung schließt aber nicht unmittelbar an V. 13 an, sondern ist mit einer erneuten Anrede[359]

---

[357] Viele Mss., darunter K L, drehen die beiden ὅτι-Sätze um. Das zweite Sätzchen wird von 𝔓46 ℵ* A C* 1881 und einigen anderen Minuskeln ausgelassen. Während KÜMMEL, 1Kor 182 das für ursprünglicher hält, neigt CONZELMANN, 1Kor 212 Anm. 34 zur Annahme einer Haplographie auf Grund ähnlichen Wortlauts.

[358] Viele Hsn. (𝔓46 ℵ A C P Ψ 33 1175 1739 1881 2464 usw.) haben τὰ ἔθνη, B und Zeugen des westlichen Textes dagegen nicht. Letztere könnten – wie VON SODEN, Sakrament 347 Anm. 12 – den Vers auf Israel bezogen haben, wären dann m.E. sekundär. Vielleicht ist die Ergänzung des Subjekts aber auch eine – sinngemäß richtige – Erleichterung.

[359] Das bisherige „Brüder" wird hier durch ἀγαπητοί μου abgelöst, das 4,14.17 mit „Kind" verbunden war. Eine Kombination mit „Brüder" 15,58. Die intime Anrede gehört zum Umgangston von Kirchenführern mit ihren Gemeinden, wie die Vorkommen bei Paulus (vgl. noch 2Kor 7,1; 12,19; Phil 2,12; 4,1; Röm 12,19), aber auch in Apg 15,25; Hebr 6,9 und den katholischen Briefen (21 mal!) belegen. Sehr oft steht das Adjektiv bei Eigennamen von Christen. Dass das Verhältnis (noch) nicht Routine ist, könnte man 1Thess 2,8 entnehmen. Die Stelle zeigt aber auch, dass man das Adjektiv nicht von der Liebe Gottes ableiten kann. Anders WISCHMEYER, O.: Das Adjektiv ΑΓΑΠΗΤΟΣ in den paulinischen Briefen, NTS 32, 1986, 476–480

10,1–22: Den Götzendienst meiden

davon abgerückt; sie bildet eine thematische Überschrift über das Folgende, das argumentativen Charakter hat. Der Gedankengang ist mit einer metatextuellen Einleitung (V. 15) versehen und von einem Imperativ (V. 18a) und einer auktoriellen Bemerkung V. 19a unterbrochen. Er hat die Gestalt oft verdoppelter rhetorischer Fragen (V. 16.18b.19bc.22). Das Argument verläuft nicht geradlinig, weil V. 17 mit der Betonung der Einheit untereinander auf ein Nebengeleis führt. Deshalb muss V. 18 asyndetisch neu ansetzen. Dann unterbricht sich Paulus wieder in V. 19, und bei V. 20a bleibt unklar, ob er sich auf die Opferpraxis der Juden oder der Heiden bezieht. Doch dann nennt Paulus das Fazit mit dem Ausdruck seines Willens[360] in der 1. Sg. (V. 20b) und zwei negierten Aussagen (V. 21). In V. 22 schließt er sich aber wieder mit der Gemeinde in der 1. Pl. zusammen.

V. 14 Aus der breiter gefächerten Serie von Warnungen V. 6–10 bleibt jetzt nur noch die ähnlich wie 6,18a formulierte Warnung vor dem Götzendienst stehen. Die Korinther werden sich schon gefragt haben, ob sie von den massiven Gefährdungen überhaupt betroffen sind. Jetzt muss Paulus ihnen plausibel machen, dass das anscheinend so harmlose Schmausen im Tempel an Götzendienst grenzt.

V. 15 Obwohl so faktisch die skrupellosen „Erkenntnis"-Leute angesprochen sind, ist das einleitende Kompliment nicht wie 4,10ab ironisch gemeint. Wie 3,1 führt ὡς nicht eine eingebildete, sondern eine tatsächliche Eigenschaft der Adressaten ein.[361] Paulus appelliert also an ihr eigenes Urteilsvermögen als φρόνιμοι. Das ist freilich auch, wie die Wiederholung 11,13a und die ähnliche *captatio benevolentiae* Röm 15,14 mit zahlreichen epistolaren Parallelen[362] zeigen, ein rhetorischer Trick.

V. 16f Gleichsam als christliches Pendant zu den geistlichen Gaben für die Väter V. 3f nennt Paulus Kelch und Brot aus dem von der Gemeinde in Nachahmung ihres Herrn begangenen Mahl. Da wir es hier mit Argumentation und nicht mit der Beschreibung eines Rituals zu tun haben, wird man aus der von der Kultätiologie 11,23–25 abweichenden Reihenfolge (auch V. 21) nichts für den Ablauf des Mahls in der korinthischen Gemeinde folgern können.[363] Sie bzw. der Mahlvorsitzende spricht den Segen (vgl. 14,16) über den das Mahl beschließenden Becher wie Jesus beim letzten Mahl[364]; sie bricht wie er (vgl. 11,24) das

---

[360] Zu θέλω mit folgendem Infinitiv vgl. 7,7a.32a.
[361] Vgl. BAUER, Wörterbuch 1791 unter III 1 a.
[362] Dazu ZELLER, Röm 237; STOWERS, Letter Writing 103.123.
[363] So aber SCHRÖTER, Abendmahl 29f. Er verweist dazu auf Did 9,1–4, wo „zuerst betreffs des Bechers" Dank gesagt wird. Das hängt wohl damit zusammen, dass hier wie beim jüdischen Gastmahl – vgl. Bill. IV 620–623, woraus aber nichts über die Reihenfolge der Lobsprüche über Brot und Wein hervorgeht, – für den während des Mahls genossenen Wein gedankt wird. Dass die heidenchristliche Gemeinde sich dem heidnischen Brauch, Kultmahlzeiten mit einem Trankopfer zu beginnen, angeglichen hat, ist eher unwahrscheinlich. Gegen Schröter und andere Autoren halte ich auch die Indizien in der Formulierung für eine in 10,16f vorliegende eigene Mk/Mt nahestehende Tradition für schwach. Vgl. Anm. 364 zu εὐλογεῖν, bei 10,33 zu πολλοί sowie bei 11,27 zur direkten Identifikation von Becher und Blut. Skeptisch jetzt auch SCHNABEL, 1Kor 549.
[364] Bei Mk 14,22f heißt es allerdings beim Becher εὐχαριστεῖν statt εὐλογεῖν, das beim Brot steht. Umgekehrt hat Paulus 11,24 εὐχαριστεῖν beim Brechen des Brotes. Die Verben sind austauschbar. Die Wendung τὸ ποτήριον τῆς εὐλογίας ist jüdisch geprägt: Bill. IV 628.630f. Der Streit darüber, ob der 2., 3. oder

Brot.³⁶⁵ Durch diesen Nachvollzug der Gesten Jesu empfängt sie Anteil am von Christus am Kreuz vergossenen Blut und an dem für sie hingegebenen Leib Christi (s. zu 11,24f). Wegen der Parallele zu „Blut" kann man τὸ σῶμα τοῦ Χριστοῦ hier nicht ekklesiologisch verstehen.³⁶⁶ Das vieldeutige Wort κοινωνία geben wir, wenn der *Genetivus partitivus* eine sachliche Größe (z. B. V. 18b „Altar") enthält, mit „Teilhabe", bei personalen Größen (z. B. 1,9 „Jesus Christus") mit „Gemeinschaft" wieder. Hier legt sich ein Kompromiss nahe: Der Vers hebt auf die Gemeinschaft mit Christus ab, die durch die Teilhabe an den eucharistischen Mahlelementen zustande kommt. Sie sollte vermutlich der damit nicht vereinbaren Gemeinschaft mit den Götzen gegenübergestellt werden, wie das dann V. 21 mit anderen Ausdrücken tut. In V. 16 ist also noch nicht die durch die Teilhabe am Leib des erhöhten Christus bewirkte Gemeinschaft mit den anderen Mahlteilnehmern im Blick. Sie kommt erst V. 17 im Bild vom „einen Leib" zur Sprache, das aus der Einheit des Brotes gefolgert wird.³⁶⁷ Das Prädikat *„ein* Leib" hat hier metaphorischen Sinn (s. zu 12,12), auch wenn diese „Körperschaft" durch den Genuss des Leibes Christi konstituiert wird.³⁶⁸ „Das Brot kann nur dann das eine σῶμα schaffen, wenn ihm eine besondere Qualität eignet."³⁶⁹ Die Gläubigen werden in gewissem Sinn zu dem, was sie essen. Der begründende Nachsatz entfaltet ein Moment der κοινωνία³⁷⁰, dass sie nämlich gemeinsame Teilhabe ist, mit dem oft synonymen Verb μετέχειν.³⁷¹ Warum schlachtet Paulus hier – vom Zug der Gedanken abweichend – die Symbolik des anscheinend auch numerisch einen Brotes so aus? Wahrscheinlich soll mit der Einheit des Leibes – im Vorgriff auf Kap. 12,12–26 – die Solidarität mit allen (vgl. die πολλοί wieder in V. 33), also auch den schwachen Brüdern, eingeschärft werden. Doch eigentlich wollte Paulus mit V. 16 auf etwas anderes hinaus.

---

4. Becher der Paschaliturgie gemeint ist, braucht uns hier nicht zu beschäftigen, da bei Paulus nichts auf diesen Rahmen deutet. Wegen des anschließenden Relativsatzes bezieht sich „Segen" nicht auf Inhalt und Wirkung. Das könnte bei ποτήριον εὐλογίας JosAs 8,9; 19,5 so scheinen, aber wahrscheinlich ist das gleichbedeutend mit „gesegnetem Kelch" 8,5.

³⁶⁵ Der Akkusativ τὸν ἄρτον V. 16b ist *attractio inversa*: H-S 289f.

³⁶⁶ Gegen KÜMMEL, 1Kor 181f; CONZELMANN, 1Kor 211 richtig KLAUCK, Herrenmahl 261f. Der anschließende V. 17 zeigt aber, wie leicht Paulus der Übergang vom Todesleib Christi (auch Röm 7,4) zum Christusleib der Kirche fällt.

³⁶⁷ Mit BACHMANN, 1Kor 337; ALLO, 1Kor 240f: ὅτι leitet einen elliptischen kausalen Vordersatz ein (vgl. die allerdings nicht elliptischen Fälle 12,15f; Gal 4,6; Röm 9,7). Anders CONZELMANN, 1Kor 208.211: einen Hauptsatz, bei dem „wir sind" ein zweifaches Prädikat hat (in der Übersetzung von Conzelmann auch noch vertauscht). Dagegen FITZMYER, 1Kor 391.

³⁶⁸ Man könnte vor „ein Leib" ein „gleichsam" ergänzen. Anders CONZELMANN, 1Kor 211: „Leib" als Bezeichnung der Kirche sei nicht bildlich, sondern eigentlich gemeint.

³⁶⁹ NEUENZEIT 202.

³⁷⁰ Es ist freilich nicht notwendig enthalten und kommt manchmal in συν-Komposita (vgl. zu συγκοινωνός 9,23) besser zum Ausdruck. Dies sei kritisch zu HAINZ gesagt, bei dem κοινωνία zu einem V. 16 und 17 verbindenden Oberbegriff wird. Noch stärker betont HOLLANDER die „fellowship" auf Kosten der Teilhabe an den Mahlelementen.

³⁷¹ Dabei ersetzt ἐκ bei μετέχειν den üblichen *Genetivus partitivus*: B-D-R 169,1 und 11,28. Zur Synonymität von κοινων- mit μετέχειν bzw. μετοχή vgl. V. 20b mit 21b; 2Kor 6,14; Hebr 2,14; Hebr 3,14 mit 1Kor 1,9.

10,1–22: Den Götzendienst meiden

V. 18 Mit βλέπετε verweist Paulus wie 1,26 auf die Anschauung. Diesmal liefert sie das konkrete, vorfindliche Israel. Der Zusatz „dem Fleische nach" ist hier ebensowenig abwertend[372] wie Röm 9,3, bei Abraham, unserem Vorvater, Röm 4,1 oder Christus Röm 1,3; 9,5. Paulus bildet auch weder hier noch sonstwo dazu das Gegenstück „Israel dem Geist nach". Wohl unterscheidet er in der normalen Generationenfolge gezeugte Nachkommen („dem Fleisch nach" Gal 4,23.29; Röm 9,8) von solchen, die der Verheißung (dafür Gal 4,29 „dem Geist nach") ihr Dasein verdanken. Wohl kann er in apologetischem Zusammenhang differenzieren zwischen dem empirischen Israel und „Israel" (Röm 9,6b). Letzteres umfasst aber nicht einfach die Christenheit. Ob diese bei der auffälligen Formulierung „Israel *Gottes*" Gal 6,16 gemeint ist, wird nach wie vor heiß umkämpft. In polemischem Kontext mag er dem alten Gottesvolk seine Privilegien entreißen (vgl. Phil 3,3); an unserer Stelle liegt aber keine Polemik vor. Vielmehr verdeutlicht die immer noch geübte Opferpraxis Israels eine Gesetzmäßigkeit, die Paulus auf den heidnischen Kult übertragen wollte. Gerade weil die Eucharistie nicht offenkundig ein Opfermahl ist, muss er zuerst auf die jüdische Analogie zurückgreifen. Hier treten die Teilnehmer am Opfer beim Mahl in Beziehung zum „Altar"[373], d.h. letztlich zu Gott selber, der ihnen die ihm dort dargebrachten Gaben zum Verzehr schenkt. Gott als Gastgeber macht sie zu „Genossen des Altars". Paulus denkt dabei nicht wie 9,13 speziell an die Priester, wie die Randangaben bei Nestle-Aland suggerieren. Er verweist nicht auf die Bibel, sondern umschreibt die religiöse Praxis Israels mit dem griechischen Begriff κοινωνός.

Nach W. Robertson Smith[374] ist der Sinn der semitischen Schlachtopfer, Gemeinschaft zwischen Göttern und Menschen und unter den Menschen herzustellen und zu bekräftigen. Während bei den Brand- und Sühneopfern das Opfertier ganz in Rauch aufgeht, wird beim זֶבַח שְׁלָמִים/*zæbaḥ šelāmîm* nur das Blut an den Altar gesprengt und das Fett verbrannt. Damit wird das Opfer symbolisch Gott übereignet. Nach Abzug des Priesteranteils wird das übrige Fleisch von den Opfernden am Tempel in einem fröhlichen Mahl verzehrt. Der Ausdruck „vor Jahwe essen" (z.B. Dtn 12,7.18 par. zu „fröhlich sein vor Gott") verrät noch etwas davon, dass man sich als Gäste Gottes fühlt, dem das Dargebrachte eigentlich gehört. Dieser Sachverhalt wird bei Philo, spec. I 221 explizit: Die Opfer sind nicht mehr Eigentum des Opfernden, sondern dessen, dem geopfert wurde; er ist der Gastgeber (ἑστιάτωρ), der die Reste allen Bedürftigen zur Verfügung stellt. Er hat das Mahl derer, die das Opfer vollziehen, als gemeinsame Teilhabe am Altar und als Tischgemeinschaft (κοινωνόν par. ὁμοτράπεζον) erklärt. Der Stamm κοινων- wird hier zwischenmenschlich eingesetzt, nicht für die „Genossenschaft, die zwischen dem Frommen und Gott" im Opfermahl entsteht.[375] Nur von den Priestern sagt

---
[372] SCHRAGES Bestimmung „‚Israel nach dem Fleisch' ist [...] dasjenige Israel, das sich trotz des *pneuma* an der *sarx* orientiert" (150, vgl. DERS., 1Kor II 443), hängt mit seiner Deutung von V. 18 zusammen. Auch BACHMANN, M.: *Verus Israel*: Ein Vorschlag zu einer ‚mengentheoretischen' Neubeschreibung der betreffenden paulinischen Terminologie, NTS 48, 2002, 500–512 warnt angesichts des paulinischen Sprachgebrauchs vor einer unbedachten Übertragung von „Israel" auf die Christen.
[373] Er muss deshalb nicht zu einem göttlichen Numen verselbständigt werden, obwohl es dafür religionsgeschichtliche Beispiele gibt; vgl. GRESSMANN.
[374] Die Religion der Semiten, Freiburg usw. 1899.
[375] Gegen HAUCK, F.: Art. κοινός κτλ, ThWNT 3, 1938, 789–810, 803. Ebenfalls im zwischenmenschlichen Bereich spielt die wenig beachtete Stelle quaest. in Ex II 69 „the table indicates a kind of communion

Philo, spec. I 131, dass sie bei Dankopfern mit Gott gemeinsam an den Abgaben teilhaben (κοινωνοὶ τῶν κατ᾽ εὐχαριστίαν ἀπονεμομένων γίνονται θεῷ[376]). Ganz ähnlich wie beim atl. Heilsopfer verhält es sich mit den den olympischen Göttern geweihten Schlachtopfern bei den Griechen. Dio Chrys. 3,97 verallgemeinert: „Welches Opfer ist den Göttern genehm, ohne dass Leute mitspeisen?" Die hier waltende Gemeinschaft zwischen Göttern und Menschen wird selten[377] mit dem Stamm κοινων- artikuliert, am deutlichsten in der Preisrede des Aelius Arist. auf Sarapis (or. 45,27 BEHR):

> „Allein mit diesem Gott haben die Menschen auf ausgezeichnete Weise vollkommene Gemeinschaft (durch) Anteil an den Opfern (καὶ τοίνυν καὶ θυσιῶν μόνῳ τούτῳ θεῷ διαφερόντως κοινωνοῦσιν ἄνθρωποι τὴν ἀκριβῆ κοινωνίαν), indem sie ihn zum Herd einladen und zugleich als Gast und Gastgeber voranstellen." Er bringt alle Mähler gleichsam auf ihren Inbegriff, „indem er die Stellung des Mahlherrn für die einnimmt, die sich je ihm gemäß versammeln".

Wegen des Präsens und des Plurals „die Opfer" ist es unwahrscheinlich, dass Paulus in V. 18b das Opfer vor dem Goldenen Kalb im Sinn hat.[378]

V. 19.20a Eigentlich müsste Paulus nun das Prinzip V. 18b auf die Teilnahme an heidnischen Opfermählern anwenden, aber weil er dadurch dem Opferfleisch eine sakrale Qualität bzw. den Götzen eine gewisse Bedeutung[379] einräumen würde, fällt er sich mit der Diatribe-Frage[380] V. 19a selbst ins Wort. 8,4.8 bleiben in Geltung, aber V. 20a[381] präzisiert, dass die heidnischen Opfer sich nicht an Gott[382] – wie im Fall Israels V. 18b –, sondern an die Dämonen richten. Und das offenbar unabhängig von der Intention der Opfernden. Sie sind also nicht religiös irrelevant, wie die „Erkenntnis"-Gruppe meint, sondern gefährden das Heil nicht nur der Opfernden,

---

(κοινωνίαν τινά) among those who receive a common share (wieder κοινωνία) of salt and sacrifices" (MARCUS). In den Tischgesprächen des Plutarch (mor. 643–644) diskutiert man, ob wegen der κοινωνία (vgl. 643e κοινωνεῖν ἁπάντων ἀλλήλοις) das Essen von einem gemeinsamen Büffet den Einzelportionen (die nach 642 f. 644b beim Opfer zugeteilt wurden) vorzuziehen ist. Mor. 726e wird das lateinische *cena* von κοινωνία abgeleitet.

[376] Vorausgesetzt, dass der Dativ zu κοινωνοί und nicht zu ἀπονεμομένων zu ziehen ist. Das Adjektiv kann gleichzeitig einen Genitiv der Sache und einen Dativ der Person regieren. Anders übersetzt WOYKE 245.

[377] Von den bei HAUCK (s. Anm. 375) 800 Anm. 17 genannten Belegen bleibt nur Plato, symp. 188b. Dagegen ist oft in sakralem Kontext von einer (gemeinsamen) Teilhabe an „heiligen Dingen" die Rede; speziell bezeichnet κοινωνία θυσιῶν die Teilhabe am Opferfleisch (als Vorrecht: SEG XXX 82,14, vgl. 36; Inschr. v. Magn. 33,23f; 44,19 τοὺς κοινωνήσαντες τᾶς θυσίας; SIG³ 647,50ff. κοινωνεόντω ... τᾶν θυσιᾶν ... πασᾶν), vgl. die bei WILLIS, Meat 171–174 gegebenen Beispiele.

[378] So VON SODEN, Sakrament 346; SCHRAGE 147f; MERKLEIN, IKor II 264 und andere Autoren, die Paulus den Gedankensprung zu V. 19 nicht zutrauen. Entsprechend wird auch V. 20a auf Israel gedeutet. Dagegen etwa SCHNABEL, IKor 554.

[379] „Etwas sein" im Sinn von „Bedeutung haben" vgl. Gal 2,6; 6,3. Vgl. zu 3,7; 7,19.

[380] Τί οὖν φημι; nur hier, weil es um etwas geht, was Paulus zu sagen im Begriff steht. Sonst Zukunftsformen von „sagen" oder einfaches „Was nun" (s. Einleitung zu 3,5–17).

[381] Mit HEINRICI, IKor 311 ergänze ich noch einmal φημι. Vor dem nächsten Hauptsatz mit θέλω ist also mindestens ein Semikolon zu setzen. Man könnte zwar den ὅτι-Satz V. 20 – im Unterschied zu V. 19bc – auch kausal fassen. Dagegen spricht aber das δέ im Hauptsatz V. 20b.

[382] WEISS, IKor 261 will trotz des Anklangs an Dtn 32,17 „nicht einem Gott" übersetzen, mutet damit Paulus aber zu viel religionsgeschichtliche Objektivität zu. Für ihn gibt es nur den einen Gott oder die Götzen bzw. Dämonen.

sondern auch – wegen des κοινωνία-Prinzips – das aller Teilnehmer am Opfermahl. Vor allem aber bilden sie eine unheilige Allianz mit den antigöttlichen Mächten und stehen so diametral gegen den Anspruch des alleinigen Gottes (V. 20a) bzw. des Herrn Jesus Christus (V. 21).[383]

Diese Sicht des heidnischen Gottesdienstes, die m. E. in 8,5 noch nicht herrscht,[384] ist im AT und im Judentum verankert. In V. 20a verwendet[385] Paulus Dtn 32,17LXX ἔθυσαν δαιμονίοις καὶ οὐ θεῷ. In Dtn 32 beklagt Mose den Götzendienst Israels im verheißenen Land. Mit δαιμόνια übersetzt LXX hebr. שֵׁדִים/šedîm „Geister", die hier parallel zu „neuen Göttern" stehen. Ähnlich gilt das Kinderopfer (eigentlich an Moloch, im MT aber wieder שֵׁדִים/ šedîm) nach Ps 105,37LXX den Dämonen (ebenso Jub 1,11); bei Jes 65,3 trägt LXX die Dämonen erst ein. Jes 65,11LXX wirft den Abtrünnigen vor, dass sie „dem Dämon" (hebr. „Glücksgott = ἀγαθός δαίμων?) einen Tisch bereitet haben. Generell behauptet Ps 95,5LXX „Alle Götter der Heiden sind Dämonen" (hebr. „Nichtse"); vgl. Jub 22,17 von den Fremdvölkern: „ihre Opfer pflegen sie den Toten zu schlachten und die Dämonen beten sie an". Deshalb sind sie als verunreinigend zu meiden. Die Anbetung unreiner Geister, Dämonen und aller Götzengreuel sagt 1Hen 99,7 auch den Sündern in Israel voraus. Die Unsitte, den Dämonen wie Göttern zu opfern, geht nach 1Hen 19,1 auf die Verführung der gefallenen Engel zurück. Die Entlarvung der heidnischen Götter als ungöttlicher, ja widergöttlicher Wesen ist dem palästinensischen und dem hellenistischen Judentum gemeinsam, wie schon die griechische Übersetzung bezeugt.[386] Sie hat den gleichen Zweck wie die ontologische Depotenzierung der Götzen (s. zu 8,4), obwohl sie dazu in logischer Spannung steht.

Auch platonische Philosophen des Hellenismus und der Kaiserzeit sahen im Zug einer Opferkritik die Dämonen[387], nicht die Götter, als Adressaten schauerlicher Riten und Übel abwehrender Opfer (vgl. Plutarch, mor. 417bc), nach Porphyrius, abst. II 40–43 haben böse Dämonen gar den Götterglauben durch die Einführung der blutigen Tieropfer verfälscht; nur sie freuen sich an Trankopfer und Fettduft, wodurch ihr Geistiges und Leibliches fett wird. Der verständige und weise Mann wird sich hüten, solche Opfer zu gebrauchen, durch die er sie anzieht. In einem bei Eusebius, pr.ev. IV 23,3 erhaltenen Fragment befürchtet Porphyrius sogar, die Dämonen könnten so in die Leiber der Essenden eindringen.[388] Paulus dagegen nimmt keinen Anstoß an den bei Israel V. 18 selbstverständlichen Tieropfern, sondern an den Empfängern dieser Opfer im heidnischen Kult.

---

[383] Vgl. WOYKE 248f.
[384] Gegen CONZELMANN, 1Kor 213 und viele andere.
[385] Er zitiert nicht; Bar 4,7 formuliert ganz ähnlich; deswegen müssen die Opfernden auch nicht wie in Dtn 32 oder Bar Israeliten sein. Anders GARDNER, Gifts 166f, für den sich hier V. 18 fortsetzt.
[386] Vgl. Sib Frgm. 1,22 „Den Dämonen im Hades habt ihr Opfer dargebracht". 8,386 entspricht griechischer Anschauung: „den Dämonen vergießen sie Blut". Hiob wird geoffenbart: „Dieser (Götze), dem sie Trank- und Brandopfer darbringen, ist nicht Gott, sondern es ist die Kraft des Teufels, durch den die menschliche Natur verführt wird" (TestHiob 3,3). Apk 9,20 verbindet die Anbetung der Dämonen mit der der Götzenbilder.
[387] Das Wort δαίμων, das so viel wie „Gottheit" bedeuten kann, ist dabei nicht nur zum Mittelwesen zwischen Gott und Mensch (so bei Plato, symp. 202e) herabgesunken, sondern kann seit Platos Schüler Xenokrates auch finstere Mächte bezeichnen (vgl. Plutarch, mor. 361b). In Plutarch, mor. 419a wird diese Anschauung auch Empedokles, Demokrit, Plato und Chrysipp zugeschrieben, bei Plato offensichtlich zu Unrecht.
[388] Vgl. KLAUCK, Herrenmahl 51. Ebenso die Pseudoklementinen ebd. 230. Vgl. auch Origenes, Cels. VIII 60: „Die Weisen sagen: der größte Teil der irdischen Dämonen ist verschmolzen und genagelt an Blut und Opferduft und Melodien".

V. 20b.21 N. Walter[389] hat anhand unseres Kap. dargetan, dass die Christen sich schwer den synkretistischen Tendenzen der heidnischen Umwelt entziehen konnten. Doch Paulus stellt sie mit jüdischem Gedankengut vor ein Entweder-Oder. Wenn sie durch das Opfermahl Anteil erhalten an dem, was eigentlich den Dämonen aufgetischt worden war und so zu „Genossen der Dämonen" werden, so verträgt sich das nicht mit der Teilnahme an der Eucharistie. Wie V. 18 liegt der Nachdruck auf dem Essen, so dass man nicht sagen kann, Paulus stelle sich Teilhaberschaft mit den Dämonen nur während des Schlachtopferaktes am Altar vor, nicht aber während des Verzehrs von Opferfleisch.[390] „Becher" für die Libationen[391] und „Tisch" für Altar sind hier gewählt, um die Gemeinsamkeit in der Alternative zu verdeutlichen.[392] Dadurch wird das Herrenmahl noch nicht als Opfer deklariert. Der Ausdruck „Tisch des Herrn" ist sogar im AT vorgebildet (Mal 1,7.12LXX)[393], nur dass jetzt Christus an die Stelle Jahwes tritt. Vom „Becher des Herrn" redet auch 11,27.

Auch in **V. 22** meint κύριος wohl Jesus Christus als Herrn der Gemeinde.[394] Das atl. Motiv vom „eifersüchtigen Gott" (vgl. Ex 20,5 = Dtn 5,9 u. ö.) wird hier auf ihn übertragen. Wie der Dienst für fremde Götter Jahwe eifersüchtig machte (παραζηλοῦν vgl. Dtn 32,21[395]; 3Baσ 14,22f; Ps 77,58LXX; häufiger steht παροργίζειν „erzürnen" oder παροξύνειν „ärgern"), so jedwede Beteiligung an heidnischem Kult den Kyrios. Die erste Frage ist wohl als Deliberativ zu verstehen.[396] Die zweite, wieder zu verneinende Frage droht indirekt das Gericht dieses Herrn (vgl. 11,32) an:

---

[389] 429f.
[390] So aber LAMPE 595 mit der Begründung, dass Dämonen sich am Ort des Schlachtopferns herumtreiben, um sich am frischen Blut und den Dämpfen zu ergötzen, aber am Fleisch, das den Altar verlassen hat, nicht mehr interessiert sind. Für Paulus ist jedoch der Kontext entscheidend. Am Tempel Genossenes ist den Dämonen geopfert. Dadurch erscheint 8,10 in neuem Licht. Richtig KONRADT, Gericht 390–392.
[391] Sie wurden offensichtlich nicht ganz den Gottheiten ausgegossen. Protest gegen das Trinken bei Philostrat, Ap. 4,20. LAMPE 589f schließt dagegen aus 10,27, dass Paulus kein Problem hatte mit der Anwesenheit von Christen bei Trankopfern, die zum Standard privater Mähler gehörten. Aber der „Kelch der Dämonen" erklärt sich nicht nur aus der Parallelität zum Abendmahl. Zumindest das Trinken aus einem Libationskelch war für Christen undenkbar. Bei Juden galt es als Zeichen von Abfall: Bill. III 419.
[392] Ganz ähnlich verweigert Joseph der Heidin Aseneth den Kuss: „Nicht ist es geziemend einem gottverehrenden Manne, der segnet mit seinem Munde Gott den lebenden und isst gesegnetes Brot des Lebens und trinkt gesegneten Kelch der Unsterblichkeit […] zu küssen eine fremde Frau, welche segnet mit ihrem Munde Götzenbilder tot und stumm und isst von ihrem *Tische* Brot der Erwürgung und trinkt aus ihrem Trankopfer *Kelch* des Hinterhalts" (JosAs 8,5; Übers. CH. BURCHARD).
[393] Hier par. zu θυσιαστήριον. Vgl. auch TestLev 8,16; TestJud 21,5. Zunächst gab es im israelitischen Kult den Tisch für die Schaubrote, der Ez 41,21f als Altar beschrieben wird. Nach Ez 40,42f sind wie im griechischen Kult auch Tische für die Fleischstücke des Opfers (griech. τραπεζώματα) vorgesehen. Daneben kann man vom Altar metaphorisch als dem Tisch Gottes reden (vgl. Ez 39,19f; 44,16; Jes 65,11 für den Dämon). Zu dem von Zeus Panamaros den Pilgern bereiteten „Tisch" vgl. KLAUCK, Herrenmahl 156.
[394] Anders offenbar CONZELMANN, 1Kor 214.
[395] Wie das Zitat der 2. Hälfte in Röm 10,19 zeigt, kannte Paulus diesen Vers. Ich würde aber dennoch weder in V. 20a noch in V. 22a von einem „Zitat" aus Dtn 32 reden.
[396] Die Form παραζηλοῦμεν kann in der Koine als Konjunktiv durchgehen; vgl. Gal 4,17 und B-D-R 91. Anders SCHMIEDEL, 1Kor 150.

er wird sich darin als der „Stärkere" erweisen.[397] Dass Paulus mit ἰσχυρότεροι trotz der Formulierung in der 1. Pl. auf eine Selbstbezeichnung der „Starken" – vgl. die ironische Apostrophe der Korinther 4,10 – anspielt, ist mehr als unsicher. Denn in Röm 15,1 hat Paulus eine andere Vokabel (δυνατοί) für die Gegengruppe zu den „Schwachen".

4. 10,23–11,1: *Freiheit praktizieren, ohne Anstoß zu geben*

(23) Alles ist[398] erlaubt, aber nicht alles nützt. Alles ist erlaubt, aber nicht alles baut auf. (24) Niemand suche das Seine, sondern (jeder[399] suche) das des andern. (25) Alles, was auf dem Fleischmarkt verkauft wird, esst, ohne etwas wegen des Gewissens zu untersuchen, (26) des Herrn nämlich ist die Erde und ihre Fülle.
(27) Wenn einer der Ungläubigen euch einlädt und ihr hingehen wollt, so esst alles, was euch vorgesetzt wird, ohne etwas wegen des Gewissens zu untersuchen. (28) Wenn aber einer euch sagen sollte: „Das ist sakral Geschlachtetes[400]", so esst nicht wegen jenem, der es aufgedeckt hat, und dem Gewissen – (29) mit Gewissen meine ich aber nicht das eigene, sondern das des andern. Denn weshalb wird meine Freiheit von einem anderen Gewissen beurteilt? (30) Wenn ich mit Dank teilhabe, was werde ich verlästert wegen etwas, wofür ich Dank sage?
(31) Ob ihr nun esst oder trinkt oder (sonst) etwas tut, tut alles zur Ehre Gottes. (32) Werdet ohne Anstoß sowohl für Juden wie für Griechen wie für die Gemeinde Gottes, (33) wie auch ich in allen Dingen allen gefalle, indem ich nicht meinen Nutzen suche, sondern den der Vielen, damit sie gerettet werden. (1) Werdet meine Nachahmer, wie auch ich Christi (Nachahmer bin).

ECKSTEIN, Begriff 256–276. SMIT, J.F.M.: The Function of First Corinthians 10,23–30: A Rhetorical Anticipation, Bib. 78, 1997, 377–388. WATSON, D.F.: 1 Corinthians 10:23–11:1 in the Light of Greco-Roman Rhetoric, JBL 108, 1989, 301–318.

Das scharfe Nein zum Verzehr von Götzenopferfleisch in Kap. 10 bezog sich auf die schon 8,10 ins Auge gefasste kultische Situation. Wie aber steht es mit dem Fleisch, das in profanem oder privatem Rahmen gekauft bzw. genossen wird, dessen Herkunft aus einem Götzenopfer aber nicht ausgeschlossen werden kann? Hierauf gibt

---

[397] Nach 1,25 hat Gott das schon im Heilsereignis am Kreuz getan. ROBERTSON/PLUMMER, 1Kor 218 zählen eine Reihe atl. Stellen auf, die Paulus zu V. 22b inspiriert haben könnten, darunter Pred 6,10 „(der Mensch) kann nicht mit dem streiten, der mächtiger ist als er". ROSNER, Paul 195–203 zieht dazu Texte heran, wo im Verbund mit Eifersucht von Gottes bzw. Israels Stärke die Rede ist. Dtn 32 ist aber kein ausdrückliches Beispiel.
[398] Viele spätere Hsn. fügen hier und V. c in Angleichung an 6,12 „mir" ein.
[399] Dieses hier nur sinngemäß ergänzte ἕκαστος setzen weniger maßgebende Hsn. tatsächlich hinzu. Sicherer ist ἕκαστοι an der Parallele Phil 2,4.
[400] Das nur hier im NT begegnende ἱερόθυτον ist durch 𝔓⁴⁶ ℵ A B 1175* 1735 gegenüber dem von der großen Mehrzahl gebotenen εἰδωλόθυτον verbürgt.

Paulus nun der in der 2. Pl. angeredeten Gemeinde Antwort; er schaltet den beiden in V. 25-30 abgehandelten Fällen jedoch einen Grundsatz (V. 23) und eine generelle Weisung (V. 24) in unpersönlichem Stil vor. Der zweite Fall wird durch einen ἐάν-Satz um eine hypothetische Möglichkeit erweitert (V. 28). Der Anklang des διὰ ... τὴν συνείδησιν an den Schluss von V. 25.27 erfordert eine Präzisierung in Gestalt einer auktoriellen Bemerkung (V. 29a), die wiederum durch zwei rhetorische Fragen mit paradigmatischem Ich begründet wird (V. 29b.30). Den Abschluss bilden – mit folgerndem οὖν angeschlossen – eine Reihe von Imperativen in der 2. Pl. (10,31-11,1); sie runden nicht nur den Abschnitt ab, indem die Partizipialkonstruktion in V. 33 das Stichwort συμφέρει aus V. 23b und das Anliegen von V. 24 wieder anklingen lässt; sie fassen die ganze Thematik seit 8,1 zusammen (vgl. vor allem πρόσκομμα 8,9 mit ἀπρόσκοποι V. 32). Der Verweis auf das Vorbild des Apostels (V. 33; 11,1) erinnert an Kap. 9, in der Formulierung von V. 33 in Sonderheit an 9,22b.

V. 23f Die ἐξουσία, die Paulus 8,9 den Leuten der „Erkenntnis" unterstellte, spricht sich in einem verallgemeinernden Schlagwort (V. a) aus, dessen Sinn und Ursprung wir schon bei 6,12 zu klären versuchten. Wie dort fügt der Apostel der Parole eine Einschränkung hinzu. Hatte das συμφέρει in 6,12b einen individuellen Bezug, so bildet diesmal der Nutzen für die Gemeinde das Kriterium dafür, was am Erlaubten auch praktikabel ist. Auch philosophisches Nachdenken über die menschlichen Gemeinschaften (z. B. Aristoteles, eth. Nic. VIII 9 1160a; pol. III 6 1279a) erhob das für die Allgemeinheit Förderliche (τὸ κοινῇ συμφέρον) zum Maßstab für das Gerechte. Bei der Wiederholung V. 23cd entspricht dem das, was „erbaut" (vgl. 8,1c). Wie dort die Liebe erbaut, so stellt Paulus hier einen Grundzug der Liebe, dass sie nämlich nicht auf den eigenen Vorteil aus ist (vgl. 13,5b),[401] als Leitsatz heraus.

V. 25f Das Bisherige mussten sich vor allem die „Starken" gesagt sein lassen. Im Folgenden redet Paulus die ganze Gemeinde an. Wenn er das im *macellum* angebotene Fleisch (zur Situation vgl. Exkurs 6) zum Essen freigibt, so könnte man darin vor allem ein Zugeständnis an die Starken sehen, das nach der ernsten Warnung vor dem Götzendienst 10,1-22 nicht überflüssig erscheint.[402] Anderseits sind doch besonders die Schwachen zur ängstlichen Rückfrage (zu ἀνακρίνειν s. bei 2,14) aus Gewissensbedenken heraus[403] versucht.[404] Sie erübrigt sich hier, nicht weil man

---

[401] Οὐ τὸ ἑαυτοῦ ζητεῖν vgl. noch Phil 2,21; 1Clem 48,6; mit τὸ ἐμαυτοῦ σύμφορον V. 33. Mit σκοπεῖν sagt dasselbe Phil 2,4. Vgl. dazu die im NEUEN WETTSTEIN II 1, 669-672 gegebenen antiken Parallelen. Ferner: Musonius kritisiert in der Ehe, dass „jeder nur das Seine im Auge hat (σκοπεῖ) und das des andern vernachlässigt" (Frgm. 13A, HENSE 68,13f).

[402] So ECKSTEIN 261.

[403] Διὰ τὴν συνείδησιν gehört wie in V. 27 zu ἀνακρίνοντες. Im Unterschied zu V. 28 geht es hier um das eigene Gewissen, nicht um das anderer, wie WOLTER, M.: Art. „Gewissen II", TRE 13, 1984, 213-218, 215; SCHRAGE, 1Kor II 466 u.a. meinen. Das ermöglicht zwar die durchgehende Adressierung die „Starken"; aber dass die Richtigstellung V. 29 schon hier vorauswirkt, ist unwahrscheinlich. Zum Handeln „um des Gewissens willen" – natürlich des eigenen – vgl. Röm 13,5; die bei CONZELMANN, 1Kor 216 Anm. 15 beigebrachten „Parallelen" sprechen von der Reaktion auf ein gutes bzw. schlechtes Gewissen.

[404] WEISS, 1Kor 264; MALY, Gemeinde 148f; KREMER, 1Kor 218. Der Einwand von FEE, 1Kor 477, Paulus könne doch die Schwachen nicht zu etwas anhalten, was sie nach 8,7-13 zerstört, setzt voraus, dass die sakrale Herkunft des Fleisches feststeht. Das ist jedoch nicht der Fall.

technisch die Herkunft des Fleisches nicht mehr hätte feststellen können,[405] sondern weil die Erde Besitz des Schöpfers ist, der ihre Fülle dem Menschen zur Verfügung stellt. Der κύριος in dem impliziten, nur am wie 2,16; 6,16; 15,27 hinzugesetzten γάρ erkennbaren Zitat aus Ps 23,1LXX[406] dürfte Gott sein, an den sich auch wohl das Dankgebet bei Tisch V. 30 richtet.[407] Ihm soll man ja auch beim Essen und Trinken die Ehre geben (V. 31). Mit der anderen Referenz von „Herr" in V. 21f zu operieren,[408] empfiehlt sich nicht, da der Kontext dort das Herrenmahl ist, hier aber sind es die Schöpfungsgaben. Dass die heidnischen Opfer nicht Gott, sondern den Dämonen gehören (V. 20a), ist vergessen.

V. 27-29a Muss der spezielle Adressat von V. 25f offen bleiben, so gilt das auch für V. 27. Hier empfiehlt Paulus dieselbe Bedenkenlosigkeit auch bei Einladungen durch Heiden, die man ja nach der Klärung 5,10 durchaus annehmen kann. Für einen Juden war so etwas weit schwieriger.[409] Wie die in Exkurs 6 erwähnten Billets zeigen, erfolgt das καλεῖν häufig in den Tempel. Doch weil diese Möglichkeit nach 10,20f erledigt ist, wird man hier an das Privathaus denken müssen.[410] Obwohl auch das private Mahl von religiösen Riten wie ἀπαρχαί und Trankspenden eingeleitet wird und das dort angebotene Fleisch aus sakraler Schlachtung stammen kann, dürfen die eingeladenen Christen davon essen, ohne sich durch Nachfragen um des Gewissens willen zu beunruhigen. Anders liegt der Fall, wenn ein anderer Teilnehmer ausdrücklich auf die sakrale Herkunft des Fleisches aufmerksam macht. Dann wird das Mahl in die Verlängerung des Opfers gerückt. Obwohl der Gastgeber brüskiert werden kann, ist Enthaltung angesagt. Aber nicht Gründe wie 10,20f verbieten das Essen, sondern nur die Rücksicht auf diesen Anzeigenden und das Gewissen – nicht das eigene, sondern das des anderen, wie V. 29a klarstellt. Hier sind nun mehrere Auffassungen möglich:

1. Der „Anzeigende" und der „andere" sind zwei verschiedene Personen, deren Identität wiederum unterschiedlich bestimmt wird.[411] Das ist wegen der gemeinsamen Präposition und wegen des καί in V. 28 wenig wahrscheinlich.
2. Wegen des in heidnischem Mund eher denkbaren ἱερόθυτον (s. Exkurs 6) wäre der „Anzeigende" ein Heide[412] – wohl nicht der V. 27 schon mit τίς bezeichnete Gastgeber, sondern

---

[405] ISENBERG, M.: The Sale of Sacrificial Meat, CP 70, 1975, 271-273 verweist auf Vita Aesopi 51.54 nach dem W-Text. Vgl. auch Plutarch, mor. 729c: Die Pythagoreer genossen – wenn überhaupt – meistens Opferfleisch.
[406] Vgl. ähnliche hymnische Prädikationen, aber ohne τοῦ κυρίου, Ps 50,12; 89,12.
[407] Mit Ps 24,1 begründet denn auch tBer 4,1 die Notwendigkeit eines Segensspruchs vor dem Essen; vgl. den Text bei BERGER/COLPE, Textbuch Nr. 419. In bShab 119a (vgl. Bill. I 825) wird der Psalmvers beim Tischdecken eines Reichen zitiert. Vgl. LOHSE, E: Zu 1 Cor 10 26,31, ZNW 47, 1956, 277-280.
[408] Für den Bezug auf Christus etwa WOLFF, 1Kor 238; KREMER, 1Kor 219; KOCH, Schrift 287 Anm. 11; CAPES, Texts 140-145.
[409] Vgl. Bill. III 421f, IV 1, 376-378; mAZ 4,8-5,11 ist es um die Vermeidung von Libationswein zu tun.
[410] Für SENFT, 1Kor 137; SCHRAGE, 1Kor II 468f; HORRELL, Principle 103 ist V. 27 auch das Tempelrestaurant eingeschlossen. Doch hier konnte man ohnehin sicher sein, sakral Geschlachtetes zu verzehren.
[411] Meist: Ein Heide – ein schwacher Christ (z.B. VON SODEN, Sakrament 352; KLAUCK, Herrenmahl 276f), was noch weniger einleuchten, wenn letzterer gar nicht beim Mahl anwesend sein soll (LIETZMANN, 1Kor 51).
[412] So BACHMANN, 1Kor 342f; FEE, 1Kor 484f; SENFT, 1Kor 138; LANG, 1Kor 131; HORSLEY, 1Kor 143; MERKLEIN, 1Kor II 277f; BLISCHKE, Begründung 190; unsicher CONZELMANN, 1Kor 218.

ein Gast. Wenn die Christen ausdrücklich als solches deklariertes Opferfleisch essen, erhält er den Eindruck, dass für sie eine kultische Verbindung mit den Göttern weiter möglich ist. Dadurch wird sein Gewissen falsch informiert. Der status confessionis vor den Heiden ist gegeben. Eine Stütze für diese Auffassung böte V. 32, der auch die Griechen als Forum nennt.

3. Die Mehrheit der Forscher[413] hält es jedoch für möglich, dass der μηνύσας ein schwacher Bruder ist, der eben wegen seiner Gewöhnung an den heidnischen Kult (vgl. 8,7b) die positive Terminologie beibehalten hat. Es wären mehrere Christen eingeladen worden, was durch die Formulierung von V. 27f nicht ausgeschlossen ist. Der Schwache käme zu dem Gastmahl, obwohl man damit rechnen muss, dass dort Opferfleisch auf den Tisch kommt. Er hat aber die Erlaubnis von V. 27 nicht verinnerlicht und denunziert nun, wo ihm der Opferzusammenhang aufgeht, seinen Glaubensgenossen. Dass es sich hier nicht um einen neutralen Hinweis handelt, könnten die V. 29b.30 verwendeten Verben κρίνεσθαι, βλασφημεῖσθαι anzeigen.

Der Trend geht heute wieder dahin, hier die schon 8,7–13 erörterte Gewissensproblematik wiederzufinden. Wie in 8,10 würde mit τίς der schwache Bruder als Beobachter eingeführt. Wie er dort unmotiviert am Tempel auftaucht, so hier beim Gastmahl von Heiden. Doch lässt sich die Identität des „anderen" – ebensowenig wie in V. 24 – nicht so einschränken.[414] Er meint jeden Menschen, für den Opferfleisch religiöse Bedeutung hat. Auch wo an sich ein Zusammenhang mit dem Götzendienst nicht evident ist, gibt sein Gewissen den Ausschlag, das einen solchen Zusammenhang herstellt. Der Eindruck, der christliche Gast beteilige sich am Götzendienst, muss wegen seiner Wirkung auf andere vermieden werden.

V. 29b.30 sind logisch nicht einsichtig, wenn sie das Verbot des Essens um des Gewissens des andern willen begründen sollen. Es sei denn, man versteht den Indikativ Präsens von „gerichtet" bzw. „verlästert werden" als Deliberativ.[415] Deshalb hat man darin den Aufschrei des „Starken" gesehen,[416] der aber ohne rechte Antwort bliebe. Doch bilden die Verse nur die Begründung zur *correctio* V. 29a. Die Rücksicht auf andere stellt die eigene Überzeugung nicht in Frage. Wie Paulus in Kap. 9 (vgl. 9,1a.19) den Kritikern klarmachte, dass er trotz seines am schwachen Bruder ausgerichteten Verhaltens „frei" ist, so wird auch hier die Freiheit, Götzenopferfleisch zu essen, nicht durch das entgegenstehende Urteil des fremden Gewissens aufgehoben. Dieses hat keine normierende oder gar aburteilende (κρίνειν)[417] Kraft. Das religiös

---

[413] Bereits MEYER, 1Kor 289f; SCHMIEDEL, 1Kor 153; WEISS, 1Kor 265; ROBERTSON/PLUMMER, 1Kor 221; HÉRING, 1Kor 88, BARRETT, 1Kor 242; neuerdings MALY, Gemeinde 152; MURPHY-O'CONNOR, Freedom 570; ECKSTEIN 265; HAYS, 1Kor 177; THISELTON, 1Kor 786f; wahrscheinlicher WILLIS, Meat 261; SCHRAGE, 1Kor II 469f.

[414] Wie GOOCH, Food 104 meint auch LINDEMANN, 1Kor 232f, Paulus formuliere bewusst ungenau.

[415] ROBERTSON/PLUMMER, 1Kor 222f – ähnlich WILLIS, Meat 249; WOLFF, 1Kor 239f – paraphrasieren: „What good shall I gain by (eating, *i.e.*) by suffering my liberty to incur judgement [...] at the hands of another's conscience? Why incure blame for food for which I give thanks, if I ‚say grace' for it?" Das Letztere passt nicht, wenn der Betreffende gar nicht isst. Außerdem ist bei deliberativen Fragen eher ein Konjunktiv oder der Indikativ des Futur zu erwarten: vgl. H-S 210d; 269f.

[416] Vgl. LIETZMANN, 1Kor 52; BARBAGLIO, 1Kor 387f.

[417] Es könnte hier durchaus herauskommen, dass auch die „Schwachen" in Korinth wie ihre römischen Gesinnungsgenossen (vgl. Röm 14,4a.10a) den freiheitlichen Überzeugungstätern kritisch gegenüberstan-

Herabsetzende eines solchen Urteils bringt das Verbum βλασφημεῖσθαι (vgl. Röm 3,8) zum Ausdruck. Aber wer Götzenopferfleisch isst, wird dadurch noch lange nicht als Götzendiener abgestempelt. Das Gegenargument ist die religiöse Einbettung dieses Essens in der Danksagung (vgl. Röm 14,6b; 1Tim 4,4),[418] die anscheinend ungeachtet heidnischer Tischrituale auch bei einem solchen Mahl vollzogen werden kann. Dadurch wird das Fleisch nicht als von den Götzen gewährter Anteil, sondern als Gabe des Schöpfers entgegengenommen. Solches „Teilhaben" ist aber nur an sich möglich, nicht unter den angedeuteten Umständen. In V. 29f gibt Paulus – wie 8,8 – den liberalen Vertretern grundsätzlich recht; aber nur, um ihnen die praktische Konzession V. 28 abringen zu können. Diese Tendenz seiner Ausführungen wird im Abschluss V. 32f noch deutlicher.

V. 31 bildet dazu den Übergang. Mit dem Motiv der Ehre Gottes knüpft er an die Sitte des Tischgebets V. 30 an. Andererseits weitet er das Feld über das Mahl hinaus auf jegliches Tun aus; das Handeln zur Ehre Gottes[419] erschöpft sich sicher auch nicht im begleitenden Gebet. Es geht vielmehr um die Intention, vielleicht auch um die Werbewirksamkeit (V. 32). Schon 6,20 lasen wir von der Verherrlichung Gottes im Leib. Kol 3,17 wird verdeutlichen, dass solche dankbare Anerkennung Gottes im Alltag durch den Herrn Jesus vermittelt ist. Sie ist nicht ohne ein bestimmtes Verhältnis zum Nächsten zu haben.

Das zeigt der ohne Bindeglied angefügte **V. 32.** Die Forderung, Anstoß[420] zu vermeiden, wird hier auf alle Menschen ausgedehnt, mit denen die Korinther in Berührung kommen. Nach der Paulus geläufigen „Menschheitsformel" (vgl. 1,22.23; 12,13) sind das zunächst einmal Juden, wie es sie ja auch in Korinth gab; sie mussten sich besonders darüber erregen, wenn Christen dem Anschein nach Götzenkult übten. Dann die „Griechen", die hier für die Nicht-Juden überhaupt stehen dürften; bei ihnen waren ja nach V. 27 Christen zu Gast. Auch Röm 12,17b; 1Thess 4,12; Kol 4,5 geht es um den guten Eindruck nach außen hin. Betont am Schluss wird die Gemeinde am Ort genannt, die als „Versammlung Gottes" (s. zu 1,2) qualifiziert ist. Hier sind eben die „Brüder" zuhause, die durch götzendienstähnliche Praktiken vor allem Schaden nehmen (vgl. 8,11-13).

In **V. 33** umschreibt Paulus sein für V. 32 vorbildliches Verhalten positiv als „allen gefallen". In ähnlichem Zusammenhang ruft er Röm 15,2 dazu auf, „dem Nächsten zu gefallen zum Guten bzw. zur Erbauung". Das steht im Gegensatz zum „Sich

---

den. FEE, 1Kor 476.486, der den exemplarischen Charakter des „Ich" verkennt, zieht gar eine Linie zu dem ἀνακρίνειν von 9,3.

[418] Sie gilt den Juden als Unterscheidungsmerkmal gegenüber der Heidenwelt: vgl. JosAs 8,5; Pseudo-Philo, de Iona 32 und BURCHARD, Importance 112.

[419] Vgl. mAv 2,12c „Alle deine Handlungen sollen im Namen des Himmels geschehen" (R. Jose; PesR 23 [115b] Hillel zugeschrieben); tBer IV 1 (im Zusammenhang von Gebet) „Man darf sich seines Gesichts, seiner Hände und Füße nur zur Ehre des Schöpfers bedienen". Qumrantexte mit „zur Ehre Gottes" bei FITZMYER, 1Kor 402.

[420] Zur Sache 8,9; das Adjektiv ἀπρόσκοπος im aktiven Sinn auch Sir 32,21; dagegen im Sinn von „untadelig" Phil 1,10; Apg 24,16; Arist 210. Ähnliche Mahnung IgnTrall 8,2: „Gebt nicht Anstoß (ἀφορμάς) den Heiden".

selbst gefallen" (vgl. Röm 15,1.3).[421] Dass man „allen" bzw. „der Menge gefallen" soll, ist ein alter Grundsatz der „delphischen", mit den Sieben Weisen verbundenen Ethik.[422] In dem stärker politischen Gedicht des Bias bei Diogenes Laert. I 85 steht „allen Bürgern gefalle" im Kontrast zu einer selbstgefälligen Lebensweise (αὐθάδης τρόπος). Wie schon die Textüberlieferung verrät, weiß jedoch die griechische Weisheit auch um die Schwierigkeiten und Gefahren, wenn man allen zu Gefallen sein will.[423] Wohl weil er leicht mit einem Schmeichler verwechselt werden könnte,[424] setzt Paulus deshalb hinzu, dass er dabei nicht auf seinen Vorteil bedacht ist. Die Gegenüberstellung von Eigeninteresse und Einsatz für das Allgemeinwohl kehrt in der idealen Charakterisierung von Politikern wieder.[425] Das Wohl der „Vielen"[426], auf das der Missionar Paulus aus ist, wird freilich gemäß 9,22 als Rettung bestimmt.

11,1 Zur Nachahmung des Apostels s. 4,16. Hier nimmt er an Christus Maß. Das ist die Chiffre für den Einsatz des Präexistenten für die Menschen, der im Zeichen von Selbsterniedrigung, Gehorsam und Dienstbereitschaft steht.[427] Er wird nicht nur anderswo zum Verhaltensmuster für die Christen (vgl. Röm 15,1-3.7; Phil 2,1-8), sondern 9,21 auch zum Gesetz des paulinischen Apostolats. Die „Karriere" Christi ist so spezifisch, dass die Hinweise auf den in der Antike verbreiteten Gedanken der Nachahmung Gottes nichts austragen. Verweist man auf die ähnliche Laufbahn eines Herakles, der auch als Beispiel etwa für das Ertragen von Mühen zitiert wird,[428] so fehlt das verpflichtende Verhältnis, das den Apostel mit seinem Herrn verbindet.

Der in Kap. 8-10 verhandelte Konflikt scheint uns Heutige nicht mehr sonderlich zu berühren. Versuche, ihn für den heidnischen Rest bzw. das Problem des Synkretismus bei Christen in Missionsländern zu aktualisieren, waren exegetisch kaum geglückt.[429] Eher mag interessieren, wie Paulus das Aufeinandertreffen unterschiedlicher Normvorstellungen in seiner Gemeinde bewältigt.[430] Offensichtlich teilt Paulus die theologisch begründeten Überzeugungen der „Erkenntnis" Beanspruchenden.

---

[421] Dazu ZELLER, Selbstbezogenheit 203-205. Ein Echo IgnTrall 2,3 κατὰ πάντα τρόπον πᾶσιν ἀρέσκειν.
[422] Vgl. ALTHOFF/ZELLER, Worte 141.
[423] Vgl. Solon, Frgm. 5,11 (DIEHL); Theognis 1,799-804; Demokrit (DIELS/KRANZ II 68 B 153); Epikur, Frgm. 187 (USENER); Bion bei Dio Chrys. 66,26.
[424] Vgl. CONZELMANN, 1Kor 220: „der Partizipialsatz stellt sicher, daß es sich nicht um Opportunismus handelt, sondern um Hingabe und Dienst im Sinn seines Apostolats". Sonst grenzt sich Paulus ja auch gegen ein Den-Menschen-Gefallen-Wollen ab (s. zu 7,32-34).
[425] Vgl. die im NEUEN WETTSTEIN II 1, 337-339 zitierten Texte, bes. Aristoteles, eth. Nic. VIII 12 1160b 2: „Der Tyrann schaut nur auf seinen Vorteil (τὸ αὐτῷ σύμφερον), der König aber auf den der Untertanen". Vgl. noch Plutarch, Galba 21,1.
[426] Πολλοί umfasst hier nicht nur die Gemeinde wie 10,17, sondern wie 9,19 alle Menschen.
[427] Vgl. die Forschungsübersicht bei MERK, O.: Nachahmung Christi, in: Merklein, Ethik 172-206. Er insistiert paradoxerweise zugleich auf der Unnachahmlichkeit des Kreuzesgeschehens (201f, 206), eine Kautele, zu der Paulus keinen Anlass sieht.
[428] Bei Plutarch, mor. 332a sagt Alexander der Große von sich: „Ich ahme Herakles nach". Zu Herakles als Vorbild der Herrscher, aber auch der Kyniker und Stoiker vgl. AUNE, D.E.: Heracles and Christ, in: Balch, Greeks 3-19, 9f.
[429] Vgl. die kritische Besprechung der Arbeiten von YEO und NEWTON bei SMIT, Offerings 20-23.
[430] Vgl. für das Folgende HORRELL, Principle und WOLTER, Kompromiß.

10,23–11,1: Freiheit praktizieren, ohne Anstoß zu geben

Mit 8,5f legt er noch kein Gegengewicht auf. 8,8 geht er mit ihnen von der religiösen Irrelevanz des Essens aus, um sie allerdings gegen sie auszuspielen. Nach 10,19 haben weder Götzenbilder noch das ihnen dargebrachte Fleisch irgendeine Bedeutung. 10,25–27 ermuntern zum Kauf und zum Essen von Fleisch, ob es Opferfleisch ist oder nicht. Es gilt als Gottes Eigentum, das man mit Dank (vgl. V. 30) empfängt. Zum andern ist Paulus wie das Judentum von einer tiefen Abscheu gegenüber dem Götzendienst erfüllt. Wer heidnische Kultvollzüge ernst nimmt und Götzenopferfleisch als solches isst, sündigt gegen sein Gewissen (vgl. 8,7). Da Paulus den Götzen keine Realität zubilligen möchte, greift er zum Notnagel des Dämonenglaubens, um nicht nur das Götzenopfer, sondern auch das Opfermahl zu perhorreszieren.[431] Die im Herrenmahl realisierte enge Zugehörigkeit der Gläubigen zu Christus wird aufgeboten, um den Genuss von Opferfleisch und Libationswein am Tempel als damit unvereinbar auszuschließen (10,14–22). Diese strikte Argumentation orientiert sich am religiösen Kontext des Essens am Tempel, der offenbar beim häuslichen Mahl vernachlässigt wird. Sie geht aber einher mit einer mehr praktischen Gedankenkette 8,1–3.7–13; 10,23–11,1. Hier wird grundsätzlich die Freiheit zum Essen von Götzenopferfleisch – nach 8,9f anscheinend sogar am Heiligtum – zugestanden, aber zugleich die Achtung des schwachen Gewissens anderer angemahnt, die das Ausleben der Freiheit denn doch verbietet. Dabei steht die soziale Zeichenfunktion des Essens im Zentrum. Für diesen Gebrauch der Freiheit führt der Apostel Kap. 9 sein eigenes Beispiel vor, das letzlich wieder dem Vorbild Christi entspricht (vgl. 10,33; 11,1).[432] Auf dieser Argumentationsebene dominiert die Gemeinsamkeit der christlichen Identität der Gemeinde über die unterschiedlichen ethischen Orientierungen ihrer Angehörigen.[433] Obwohl die Gedankenreihen des Paulus auf dasselbe pragmatische Ziel hinauslaufen, nämlich den Erkenntnis-Leuten Enthaltung von als solches identifiziertem Opferfleisch nahezulegen, sind logische Spannungen in der Begründung nicht zu leugnen. Das hängt sicher auch mit der Komplexität des Problems zusammen. Koch, unanstößig 44f meint zwar, ein einheitliches Sachkriterium gefunden zu haben: die Unterscheidung zwischen der nunmehr irrelevanten Substanz des Götzenopferfleisches und der Situation, in der es verwendet wird. Aber während in 10,20f die Situation objektiv bestimmt ist, entscheidet in 8,7; 10,28 die Wahrnehmung des schwachen Gewissens. Im Unterschied zur jüdischen Halakah verbietet die Herkunft aus dem Götzenkult den Genuss des Fleisches nicht von vornherein. Doch wie dort in Zweifelsfällen die religiöse Absicht in Rechnung gestellt wird, so hier das subjektive Gewissen.[434] Freilich kommt es bei Paulus nicht darauf an, wie der Akt des Essens gemeint ist, sondern wie er von anderen verstanden oder missverstanden wird.[435] Dieses Achten auf die Empfindlichkeit des anderen scheint doch das eigentlich

---

[431] Das hängt im Unterschied zu 8,7 nicht nur von der „Zuschreibung" der Mahlteilnehmer ab.

[432] Zu HORRELL ist allerdings zu sagen, dass auch beim prinzipiellen Gedankengang christologische Begründungen nicht fehlen (8,6b; 10,14–22).

[433] So WOLTER, Kompromiß 77, der dies – wie Röm 14f – als Weg zur Kompromissfindung beschreibt.

[434] Die von TOMSON, Paul 209.213f angeführten rabbinischen Entscheidungen aus mAZ 4,1f; 3,4 würde ich als Analogien gelten lassen; sie waren aber nicht für Paulus maßgebend; συνείδησις kann auch kaum mit „intention" wiedergegeben werden. Schärfer ablehnend KOCH, unanstößig 44f Anm. 27f.

[435] Vgl. VON SODEN, Sakrament 352.

Christliche zu sein. Die differenzierte, aber auch komplizierte Position des Apostels hat sich im frühen Christentum nicht durchgesetzt.[436]

E. 11,2–34: Regelungen für den Gottesdienst

Dieser Abschnitt wird ausnahmsweise nicht mit einer περὶ δέ-Angabe eingeleitet; er hebt sich aber inhaltlich von dem vorhergehenden und dem nachfolgenden περὶ δέ-Stück ab. Zwar kam Paulus schon 10,16 f.21 auf das Herrenmahl zu sprechen; es diente aber nur als Parameter für das Götzenopfermahl; nun geht der Apostel 11,17–34a ausdrücklich auf das Herrenmahl als solches ein. Zwar verbinden die situativen Stichworte „beten" und „prophetisch reden" (11,4 f.13) V. 3–16 mit der Abhandlung über die geistlichen Gaben (Kap. 12–14), aber während dort ihr Verhältnis untereinander geklärt wird, steht hier zunächst ein äußerliches Detail beim Beten und Prophezeien im Brennpunkt. V. 3–16.17–34a sind so chiastisch ihrem Kontext zugeordnet.

Der Neuansatz ist durch ein schlichtes δέ beim einleitenden performativen Verb ἐπαινῶ (V. 2) angezeigt.[1] Die verneinte Wiederaufnahme dieses Verbs in V. 17 führt den zweiten Unterabschnitt ein. Gleichzeitig weist dort das τοῦτο δὲ παραγγέλλων auf den ersten Unterabschnitt zurück und kennzeichnet ihn als Anordnung.[2] Auch das Verb διατάσσεσθαι (vgl. zu 7,17; 9,14) im abschließenden V. 34b stuft das Ganze in diese Textsorte ein. Das wird die stilistische Analyse noch bestätigen.

1. 11,2–16: Die Verhüllung der Frau

(2) Ich lobe euch aber,[3] weil ihr in allem meiner eingedenk seid und die Überlieferungen, wie ich sie euch übergeben habe, festhaltet. (3) Ich möchte jedoch, dass ihr wisst: Jedes Mannes Haupt ist Christus, das Haupt der Frau indes der Mann, das Haupt Christi aber Gott. (4) Jeder Mann, der betet oder prophetisch redet und dabei den Kopf bedeckt hat, macht seinem Haupt Schande; (5) jede Frau aber, die mit unverhülltem Kopf betet oder prophetisch redet, macht ihrem Haupt Schande; denn sie ist ein und dasselbe wie die Rasierte. (6) Denn wenn sich eine Frau nicht verhüllt, soll sie sich gleich scheren lassen; wenn es aber für eine Frau schimpflich ist, geschoren oder rasiert zu werden, soll sie sich verhüllen. (7) Ein Mann nämlich muss sich den Kopf nicht verhüllen, da er Bild und Glanz Gottes ist; die Frau aber ist (nur) der Glanz des Mannes. (8) Denn nicht ist der Mann aus der Frau, sondern die Frau aus dem Mann (ge-

---

[436] Vgl. BRUNT, J.C.: Rejected, Ignored, or Misunderstood? The Fate of Paul's Approach to the Problem of Food Offered to Idols in Early Christianity, NTS 31, 1985, 113–124.

[1] Es beinhaltet wohl keinen Gegensatz zu den vorauf gehenden Imperativen (gegen HEINRICI, 1Kor 323); vgl. richtig MEYER, 1Kor 235 und Anm. 90 am Ende von I 2.

[2] Zu παραγγελ- vgl. bei 7,10; zur Verwendung des Stammes bei schriftlichen Satzungen vgl. HANGES, 1 Corinthians 4:6 286. Z.B. heißen die Anordnungen des Kultvereins in Philadelphia (Lydien) παραγγέλματα (Z. 34.42.50 f.57 f.59).

[3] Die vom westlichen und vom Mehrheits-Text gebotene Anrede „Brüder" fehlt in den besten Hsn.

schaffen); (9) und der Mann wurde ja auch nicht um der Frau willen geschaffen, sondern die Frau um des Mannes willen. (10) Deshalb muss die Frau ein Machtmittel[4] auf dem Kopf haben wegen der Engel.

(11) Allerdings (ist) weder die Frau ohne den Mann noch der Mann ohne die Frau – im Herrn; (12) denn wie die Frau aus dem Mann (ist), so auch der Mann durch die Frau; alles aber (ist) aus Gott.

(13) Urteilt bei euch selbst: Geziemt es sich, dass eine Frau unverhüllt zu Gott betet? (14) Belehrt euch nicht auch die Natur selbst, dass es für den Mann eine Schande ist, lange Haare zu tragen, (15) dass es aber für die Frau eine Ehre ist, langes Haar zu tragen? Denn das Haar ist [ihr][5] als Überwurf gegeben. (16) Wenn aber einer meint, unbedingt Recht behalten (zu müssen) – wir haben eine solche Sitte nicht noch die Gemeinden Gottes.

ADINOLFI, M.: Il velo della donna e la rilettura paolina di 1Cor. 11,2-16, RivBib 23, 1975, 147-173. BEDUHN, J.B.: „Because of the Angels". Unveiling Paul's Anthropology in 1 Corinthians 11, JBL 118, 1999, 295-320. BELLEVILLE, L.L.: Κεφαλή and the Thorny Issue of Headcovering in 1 Corinthians 11:2-16, in: Burke/Elliot, Paul 215-231. BLATTENBERGER, D.E.: Rethinking 1 Corinthians 11:2-16 through Archaeological and Moral-Rhetorical Analysis, SBEC 36, Lewiston usw. 1997. BÖHM, M.: 1 Kor 11,2-16. Beobachtungen zur paulinischen Schriftrezeption und Schriftargumentation im 1. Korintherbrief, ZNW 97, 2006, 207-234. DELOBEL, 1 Cor 11,2-16. EBNER, M.: Wenn alle „ein einziger" sein sollen ..., in: Klinger, E. u.a. (Hg.): Der Körper und die Religion, Würzburg 2000, 159-183. ENGBERG-PEDERSEN, T.: 1Cor 11:16 and the Character of Pauline Exhortation, JBL 110, 1991, 679-689. FENSKE, Argumentation 152-169. FITZMYER, J.A.: A Feature of Qumran Angelology and the Angels of I Cor 11:10, in: Ders., Essays on the Semitic Background of the New Testament, London 1971, 187-204. –: Another Look at ΚΕΦΑΛΗ in 1 Corinthians 11.3, NTS 35, 1989, 503-511. –: *Kephalē* in I Corinthians 11:3, Interp. 47, 1993, 52-59. GIELEN, M.: Beten und Prophezeien mit unverhülltem Kopf?, ZNW 90, 1999, 220-249. –: „Gehört es sich, dass eine Frau unverhüllt zu Gott betet?", BiKi 57, 2002, 134-138. GUNDRY-VOLF, J.: Gender and Creation in 1Corinthians 11:2-16, in: Ådna, J. u.a. (Hg.): Evangelium – Schriftauslegung – Kirche, FS P. Stuhlmacher, Göttingen 1997, 151-171. HOOKER, M.D.: Authority on her Head: An Examination of I Cor. XI.10, NTS 10, 1964, 410-416. JAUBERT, A.: Le Voile des Femmes (I Cor. XI 2-16), NTS 18, 1971/72, 419-430. JERVELL, J. Imago Dei. Gen 1,26f. im Spätjudentum, in der Gnosis und in den paulinischen Briefen, FRLANT 58, Göttingen 1960, bes. 292-312. JERVIS, L.A.: „But I Want You to know ...": Paul's Midrashic Intertextual Response to the Corinthian Worshipers (1Cor 11:2-16), JBL 112, 1993, 231-246. KÜCHLER, M.: Schweigen, Schmuck und Schleier, NTOA 1, Fribourg/Göttingen 1986. KÜRZINGER, J.: Frau und Mann nach 1 Kor 11,11f, BZ 22, 1978, 270-275. MEIER, J.P.: On the Veiling of Hermeneutics (1Cor 11:2-16), CBQ 40, 1978, 212-226. MURPHY-O'CONNOR, J.: Sex and Logic in 1Corinthians 11:2-16, CBQ 42, 1980, 482-500. –: 1Corinthians 11:2-16 Once Again, CBQ 50, 1988, 265-274. OSTER, R.: When Men wore Veils to Worship: the Historical Context of 1 Corinthians 11.4, NTS 34, 1988, 481-505. PERROT, CH.: Une étrange lecture de l'écriture: 1 Co 11,7-9, in: Cazelles, H. (Hg.): La vie de la Parole. FS P. Grelot, Paris 1987, 259-267. RÖHSER, G.: Mann und Frau in Christus, SNTU 22, 1997, 57-78. THOMPSON, J.W.: Creation, Shame and Nature in 1Cor 11:2-16, in:

---

[4] Die Ersetzung von ἐξουσία durch κάλυμμα bei frühen Vätern und in einigen Übersetzungen will offenbar verdeutlichen.
[5] Die Auslassung von αὐτῇ in 𝔓46 D G Ψ Koine ist sachlich irrelevant.

Fitzgerald, J.T. u.a., Early Christianity 237-257. WATSON, F.: The Authority of the Voice: A Theological Reading of 1 Cor 11.2-16, NTS 46, 2000, 520-536.

Weil hier die Stellung der Frau thematisiert wird, hat das Stück in neuerer Zeit eine Fülle von exegetischen Versuchen herausgefordert; wie die gebotene Literaturliste, so muss deshalb auch die Besprechung in der Wiedergabe der Meinungen noch selektiver sein als sonst. Auf Vorschläge, die unbequeme Passage – vielleicht bis auf V. 2 – als Interpolation zu erklären oder Teile als Zitat der Korinther zu verstehen, gehe ich gar nicht ein.

Das anfängliche generelle Lob V. 2 will Aufnahmebereitschaft für die folgende Verhaltenskorrektur schaffen. Mit V. 3 schickt Paulus eine Belehrung[6] in Nominalsätzen voraus. Das dreifache Stichwort „Haupt" wird in den konträren wertenden Feststellungen V. 4f aufgegriffen.[7] Sie bilden offenbar das Hauptanliegen des Abschnitts; denn V. 5b-9 sind auf verschiedenen Textebenen der Begründung gewidmet. Dabei wechseln volitive bzw. normative Äußerungen (mit Jussiven bzw. ὀφείλει) mit Aussagen über Sachverhalte (V. 5b.7bc.8.9). Die mit „deshalb" gezogene praktische Folgerung (wieder mit ὀφείλει) V. 10 betrifft – wie auch V. 13b – nur die Frau, ein Zeichen dafür, dass es Paulus auf ihre Kopfbedeckung ankommt. V. 11f wirkt wie ein nachgetragener Ausgleich zu den für die Frau nachteiligen Behauptungen V. 8f. Dies um so mehr, als die Konjunktion πλήν hier adversativen Sinn hat.[8] Auch die inhaltliche Analyse wird ergeben, dass hier die bisherige Argumentation keineswegs zum Höhepunkt kommt.[9] Indem er V. 13a ihre Urteilskraft mobilisiert (vgl. 10,15), wendet sich Paulus wieder an seine Leser, nachdem die 2. Pl. seit V. 3 in unpersönlichen Ausführungen verschwunden war. V. 13b kehrt Paulus zu seiner Hauptsache, der Verhüllung der Frau beim Gebet, zurück. Nur dass er jetzt in den suggestiven Ton der rhetorischen Frage (V. 13b.14-15a) verfällt und das Angemessene dieses Brauchs mit einer Analogie aus der Natur erläutert. Mit einem Hinweis auf die allgemeine kirchliche Praxis schneidet er schließlich die Diskussion[10] ab (V. 16). Die 1. Sg. vom Anfang des Abschnittes (V. 2f) wird jetzt in die 1. Pl. verwandelt: Paulus hat keine Privatmeinung vorgetragen.

V. 2 Das überschwängliche Lob[11] hat, wie gesagt, taktische Funktion. Es braucht nicht durch eine entsprechende Versicherung der Korinther veranlasst zu sein, wie manche vermuten. Als Grund dafür gibt Paulus zunächst unscharf ein „Gedenken"

---

[6] Zu θέλω δὲ ὑμᾶς εἰδέναι als Abwandlung der „disclosure formula" vgl. zu 10,1.

[7] Generalisierende Sätze mit πᾶς bzw. *quisquis* oder μηδείς sind typisch für Vereinsstatute, ebenso die folgenden Jussive.

[8] So z.B. CONZELMANN, 1Kor 232: „Schon die Überleitung mit πλήν bedeutet einen gewissen Rückzug". Dagegen meinen B-D-R 449,2, πλήν habe bei Paulus – im Unterschied zu Mt und Lk – die Bedeutung „nur", „jedenfalls"; es schließe die Erörterung ab und hebe das Wesentliche hervor. Ebenso BAUER, Wörterbuch 1346; MERKLEIN/GIELEN, 1Kor 162f. Das mag für Phil 3,16 zutreffen. Phil 4,14 dagegen lobt Paulus die Philipper für ihre Unterstützung, *obwohl* er auch für sich zurecht kommt. Hier passt „jedoch". In Apk 2,25 steht der πλήν-Satz nach einer negativen Aussage. Die Übersetzung „vielmehr" bietet sich an.

[9] So aber MERKLEIN/GIELEN, 1Kor III 62.

[10] Zum realen Konditionalsatz mit εἰ δέ τις δοκεῖ + Inf. s. 3,18b.

[11] Das Verbum ἐπαινεῖν bei Paulus nur in diesem Kapitel (V. 2.17.22ef); es ist häufig in Ehrendekreten.

im Perfekt[12] an, das dann durch das Festhalten von Traditionen präzisiert wird. Hiermit sind nicht wie 11,23-25; 15,1-5 Gründungsmythen, sondern praktische Anweisungen wie bei den παραγγελίαι 1Thess 4,1f (dafür παράδοσις 2Thess 2,15; 3,6) gemeint. Die Terminologie – das Substantiv παράδοσις, das Verbum παραδιδόναι, dem ein παραλαμβάνειν bzw. auf Dauer gesehen κατέχειν (vgl. 15,2; 1Thess 5,21; Hebr 3,6; 10,23; Lk 8,15)[13] entspricht – ist aber dieselbe; sie stammt wahrscheinlich aus dem jüdischen Bereich, in dem verbindliche Gesetzesauslegung weitergegeben wird (vgl. Gal 1,14; Mk 7,3-5.8f.13; Apg 6,14). Dass zu den treu bewahrten Überlieferungen gerade die V. 4f kritisierte Sitte gehörte,[14] ist unwahrscheinlich.

V. 3 Die These wandelt die Hierarchie von 3,23 ab, nur dass jetzt die unterste, menschliche Ebene noch einmal nach Geschlechtern abgestuft wird. Dabei überschneiden sich schöpfungstheologische Gesichtspunkte mit der Erlösungswirklichkeit. Κεφαλή hat hier die übertragene Bedeutung „Oberhaupt".

Im profanen Sprachgebrauch[15] kann κεφαλή über den physiologischen Sinn hinaus den obersten oder äußersten Teil bzw. den Ausgangspunkt von Sachgrößen bezeichnen; mit Personen bzw. Gruppen bedeutet es in der LXX „Haupt und Herrscher einer Gemeinschaft" (vgl. Ri 11,11; 2Baσ 22,44; Ps 17,44LXX; Jes 7,8f; Jer 38,7LXX),[16] obwohl hebr. ראש/rôš in dieser Bedeutung häufiger mit ἄρχων, ἀρχηγός bzw. ἡγούμενος übersetzt wird; ähnlich steht es in der jüdischen Literatur. Diese Bedeutung ist in letzter Zeit auch in paganen Schriften nachgewiesen worden.[17] Sie wird für Philosophen,[18] die im Kopf ohnehin das führende geistige Prinzip ansiedeln, leicht nachvollziehbar. In Eph 5,22-24 verlangt die Stellung des Mannes als Haupt der Frau Unterordnung, sie wird parallelisiert mit der Christi gegenüber seinem Leib, der Kirche. Hier hat das Haupt Christus allerdings nicht nur herrscherliche Funktion, sondern Rettung und Wachstum kommen von ihm (vgl. Eph 4,15f; Kol 2,19).[19] Gegenüber dem All und den Mächten wird mit κεφαλή jedoch die führende Position Christi herausgestrichen (Kol 2,10; Eph 1,22f).

Gegen ein hierarchisches Verständnis von V. 3 hat man in der neueren Exegese gern die mögliche Nuance „source" in Anschlag gebracht.[20] Dann müsste man von V. 8 her verstehen, dass der Mann die Lebensquelle der Frau ist. Der Vorschlag verkennt aber, dass V. 3 keine Genese schildert, sondern statisch eine Verhältnisfolge festlegt.

---

[12] Μιμνῄσκεσθαι nur hier beim echten Paulus.
[13] In 2Thess 2,15; Hebr 4,14; Apk 2,13-15.25; 3,11 steht dafür κρατεῖν. Vgl. Mk 7,3f in Bezug auf die Überlieferung der Älteren.
[14] So verschiedene neue Exegeten, nach denen die Emanzipation in Korinth von Pneumatikern paulinischer Prägung betrieben wurde.
[15] Vgl. SCHLIER, H.: Art. κεφαλή, ἀνακεφαλαιόομαι, ThWNT 3, 1938, 672-682; GRUDEM, W.: Does Κεφαλή („Head") Mean „Source" or „Authority over" in Greek Literature? A Survey of 2,336 Examples, TrinJ 6, 1985, 38-59; DERS.: The Meaning of Κεφαλή („Head"): A Response to Recent Studies, TrinJ 11, 1990, 3-72.
[16] Vgl. auch die bildhafte Rede von „Kopf" oder „Schwanz" Dtn 28,13.43f; Jes 9,13f; 19,1; Klgl 1,5.
[17] Vgl. FITZMYER, Kephalē 55 mit Belegen aus Plutarch und Libanius.
[18] Vgl. THOMPSON 248f zu Philo.
[19] Zum Kopf als Lebensprinzip vgl. Philo, praem. 125; quaest. in Ex II 117; Artemidor I 2 (7,22f PACK); I 35 (43,15f PACK).
[20] Z.B. BARRETT, 1Kor 248f; zuletzt BELLEVILLE 227f. Vgl. Philo, congr. 61 zu Esau als Stammvater von Lastern. Dagegen FITZMYER, 1Kor 411: In welchem Sinn sollte Christus die Quelle des Mannes sein?

Im Zentrum der dreigliedrigen Aussage steht die Überordnung des Mannes über die Frau als Geschlechtswesen, nicht unbedingt in der Ehe; dagegen verstoßen offenbar die Praktiken von V. 4f. Diese Überordnung veranschaulicht auch Eph 5,23 mit dem Bild vom Haupt, so dass der Gedanke traditionell sein könnte.[21] Den Vorrang des Mannes gegenüber der Frau, der in der Schöpfung grundgelegt ist, relativiert jedoch vorweg eine Feststellung, die aus der Erlösungsordnung genommen ist – vgl. 7,22b die Relativierung des Freiseins der Herren. Christus ist hier nicht der ewige Logos, der nach Philo, quaest. in Ex II 117 als Haupt den Kosmos unter sich hat. Er ist nicht als Schöpfungsmittler (vgl. 8,6) Haupt des Mannes, wie man meist auslegt.[22] Die anscheinend universale Ausdrucksweise steht – wie auch in V. 11 – einem christlichen Horizont der Aussage nicht entgegen. Der deuteropaulinische Gedanke von Christus als Haupt seines Leibes, der Kirche, ist freilich noch nicht ausgesprochen.[23] Von vornherein stellt Paulus klar: Auch der Mann ist nicht die oberste Instanz. Wenn so der erhöhte Christus Oberhaupt des Mannes ist, muss das nicht heißen: nur des Mannes,[24] ebenso wenig wie Gott nur über Christus steht. Diese theologische Überhöhung im dritten Glied ist für Paulus bezeichnend (vgl. auch V. 12b). Dadurch wird die Herrschaft Christi wie 3,23b; 15,24.28 Gott unterstellt. Der Sohn entspricht dem Haupt-Sein des Vaters durch Gehorsam (Phil 2,8; Röm 5,19) und Unterwerfung (15,28).

V. 4.5a Die Situation ist deutlich: Sowohl Männer wie Frauen beten und reden prophetisch – doch wohl im öffentlichen Gottesdienst,[25] wo ihr Verhalten Schande bereiten kann. Dies hängt nun davon ab, was sie mit ihrem Kopf tun. Nach neueren Kommentatoren geht es um die Haartracht: Entweder: Frauen lassen ihr Haar lose hängen anstatt es aufzustecken.[26] Oder: Männer lassen sich das Haar nach Frauensitte lang wachsen; Frauen schneiden es sich – nach männlicher Art – kurz.[27] Diese

---

[21] Eph 5,22–24 ist auf die Ehe bezogen und auch sonst von 1Kor 11,3 verschieden, so dass es davon nicht abhängig sein muss. Die Herrschaft des Mannes über die Frau ist dem Judentum nach Gen 3,16fin. selbstverständlich. Vgl. jetzt die weisheitlichen Mahnungen 4Q416, Frgm. 2, IV 1f = 418, Frgm. 10,5; u.U. auch 415, Frgm. 9,7f. Zum Ehemann als Haupt des Hauses bzw. von Frau und Kindern vgl. Herm sim 7,3; Anth.Gr. VIII 19 (4. Jh. n. Chr.).

[22] So aber, wenn man mit WEISS, 1Kor 270 das πᾶς presst: *„jedes* Mannes", nicht nur des christlichen. Dagegen BACHMANN, 1Kor 348f mit Verweis auf V. 4f. Wie WEISS denkt auch CONZELMANN, 1Kor 222f an „spekulative Schultradition auf hellenistisch-jüdischer Grundlage". Aber die philonische Spekulation über den Logos als „Bild Gottes" spielt hier keine Rolle. „Bild Gottes" ist nach V. 7 nur der Mann. Im Unterschied zu dem deuteropaulinischen Kol 1,15 steht die paulinische Rede von Christus als „Bild Gottes" (2Kor 4,4) im Kontext der Auferstehungsherrlichkeit.

[23] Gegen ALLO, 1Kor 256, mit dem ich aber sonst übereinstimme.

[24] Auch wer Christus hier als Schöpfungsmittler fasst, kann keine ausschließliche Beziehung zum Mann behaupten, wenn denn durch Jesus Christus alles geschaffen ist (8,6b).

[25] Das bestreitet BACHMANN, 1Kor 346f, wohl in dem Bestreben, eine Kollision mit 14,33b–35 zu vermeiden. Aber ist in der „Haus- und Familiengemeinde" fehlende Kopfbedeckung anstößig?

[26] So u.a. MURPHY-O'CONNOR, Sex 488 und weitere bei GIELEN, Beten 222 Anm. 10 genannte Autoren sowie die Kommentare von KLAUCK 80f; SCHRAGE II 491-494; HORSLEY 153f; HAYS 185f. Diese Variante kann nach der Kritik von DELOBEL 374-376 als erledigt betrachtet werden. Wie hätte Paulus da V. 15a schreiben können? Wie kann das Herunterlassen des Haars als „Enthüllen" umschrieben werden? Der angebliche Beleg Lev 13,45LXX missversteht MT und ist von MURPHY-O'CONNOR, 1 Corinthians 269 Anm. 12 aufgegeben worden.

[27] Vgl. z.B. GIELEN, Beten 231-237; LINDEMANN, 1Kor 240f. Diese Autoren lassen sich durch V. 14f verführen. Zur Funktion dieser Verse s.u. Richtig BARBAGLIO, 1Kor 529f.

11,2–16: Die Verhüllung der Frau

Deutung ist schon für κατὰ κεφαλῆς ἔχων (wörtlich: „das Haupt hinab habend") wenig überzeugend, da zeitgenössische Quellen mit diesen Worten Römer beschreiben, die ihren Mantel über den Kopf gezogen haben.[28] So wird die Wendung gleichbedeutend sein mit „auf dem Kopf haben" (V. 10, vgl. Plutarch, mor. 266c). Und „mit unverhülltem Haupt" lässt sich kaum anders als auf die fehlende Bedeckung mit einem Schleier oder Kleidungsstück deuten.[29] Betende Männer, die sich verhüllen (V. 4), könnten an sich einer römischen Sitte folgen;[30] doch kämen dafür nur noch vom Heidentum geprägte Vertreter der Oberschicht in Frage, die in der Gemeinde rar waren. Es wäre auch merkwürdig, wenn Paulus bei den Männern die römische Gepflogenheit ablehnte, bei den Frauen aber (s.u.) darauf bestünde. So erwähnt er den Fall der Männer wohl nur des Kontrastes wegen; man braucht ihn nicht zu konkretisieren. Dagegen rechnet er – wie das Folgende erweist – in Korinth offenbar mit Frauen, die bei gottesdienstlichen Äußerungen ihre Verhüllung abstreifen. Über ihre Motive kann man nur Vermutungen anstellen. Vielfach glaubt man, sie hätten es den Männern gleichtun wollen und sich dabei auf die Gal 3,28 proklamierte Aufhebung des Geschlechtsunterschieds in Christus (vgl. zu 12,13) berufen. Das ist noch eher anzunehmen als der Einfluss ekstatischer heidnischer Kulte (vgl. auch zu 12,2).[31] Aber: „Es ging den Frauen primär wohl einfach um die Dokumentation ihrer Unabhängigkeit, wie sie im geistgewirkten Beten und Prophezeien ohnehin zum Ausdruck kam."[32] Der Verzicht auf den Schleier wäre dann in erster Li-

---

[28] Vgl. Dionysius Hal., ant. III 71,5 (mit τὴν περιβολήν); Plutarch, Pomp. 40,4; mor. 200f (mit τὸ ἱμάτιον).

[29] Vgl. Plutarch, mor. 266f: Römer opfern ausnahmsweise ἀπαρακαλύπτῳ τῇ κεφαλῇ. Vgl. Lev 13,45LXX; Tob 2,9; EpJer 30, wo die Unverhülltheit der Häupter noch zum Scheren der Haare und des Bartes hinzukommt. Vgl. auch die in den Targumen öfter vorkommende Wendung בְּרֵישׁ גְּלֵי/bᵉrêš gᵉlê (vgl. Bill. III 424 unter d) und Philo, spec. III 60, wo „mit unverhülltem Kopf" das „mit entblößtem Kopf" von § 56 (s.u. Anm. 39) aufnimmt. Die einzige Stelle, an der καλύπτειν die Frisur meinen könnte, ist nach GIELEN 229f Ez 44,20cLXX. Wenn hier MT wörtlich übersetzt wäre – was m.E. nicht der Fall ist –, müsste das Verb aber ausgerechnet eine kurze Frisur bezeichnen. Vgl. noch die ausführliche Dokumentation bei MASSEY, P.T.: The Meaning of κατακαλύπτω and κατὰ κεφαλῆς ἔχων in 1 Corinthians 11.2–16, NTS 53, 2007, 502–523.

[30] In priesterlicher Funktion bedeckten die Römer sich mit der Toga: Vgl. Plutarch, mor. 266c–e und andere Texte im NEUEN WETTSTEIN II 1, 340–34; dazu OSTER. Eine Schwierigkeit für seine Deutung ist, dass das auch für Frauen galt. Nach Est 6,12 und Plutarch, mor. 267a bezeugt Verhüllung des Kopfes bei Männern Trauer. Das steht hier noch weniger im Hintergrund. Paulus bekämpft auch kaum die erst im 4. Jh. n.Chr. breiter bezeugte jüdische Sitte, beim Gebet den Gebetsmantel über den Kopf zu ziehen. Dazu Bill. III 425f. Auch dass der Priester in Israel einen Turban trug (Ex 28,40; Lev 8,13; 16,4; Ez 44,18), ignoriert Paulus hier.

[31] Z.B. des Dionysos. Seine Anhängerinnen, die Mänaden, schwärmten mit lose hängendem Haar aus, das nur von einem Stirnband zusammengehalten wurde. Sie bekränzten sich aber auch mit Efeu oder Stechwinde. Das Material über loses Haar in verschiedenen Kulten bei SCHRAGE, 1Kor II 493 wäre nur von Belang, wenn Paulus auf geordnete Haartracht abzielte. Das tut er aber nicht (s.o. Anm. 29).

[32] So MERKLEIN/GIELEN, 1Kor III 54. Hier ist interessant, dass „unverhüllten Hauptes" in den Targumim so viel wie „als freie Männer" bedeuten kann (vgl. Bill. III 424 unter d, dazu allerdings JAUBERT 421: eher „ohne sich zu verbergen"). So preist nach dem Targum zu Ri 5,9 Debora prophetisch die Schriftgelehrten Israels, dass sie nach überstandener Not „in den Versammlungshäusern unverhüllten Hauptes dasitzen und das Volk die Worte der Tora lehren und vor Jahve loben und preisen". Weil es aber hier um Männer geht, ist das Beispiel der Aseneth (JosAs 15,1) einschlägiger; nach ihrer Bekehrung fordert sie der Engel auf, den Schleier, mit dem sie ihr Haupt verhüllt hatte, zu entfernen. Sinn: „dein Haupt ist wie eines Jünglings-Mannes".

nie Ausdruck eines neuen Gottesverhältnisses, das man mit „Freimut" (παρρησία) umschreiben könnte,[33] erst in zweiter Linie auch Ablegen des Geschlechtskennzeichens. Dass die Frauen sich dabei – wie die Männer – im Bild und in der Herrlichkeit Gottes neu geschaffen wussten[34] bzw. sich am geschlechtslosen Urbild des menschlichen Geistes, dem Logos, wie Philo ihn beschreibt, orientierten,[35] ist reine Spekulation.

Woher die von Paulus vorausgesetzte Sitte der Verschleierung[36] der Frau rührt, ist umstritten. Auf römischen Statuen ist die über den Kopf gezogene *stola* oder die *palla* ein Symbol für die Sittsamkeit der verheirateten Frau.[37] Nach Plutarch, mor. 267ab ist es – im Unterschied zum umgekehrten Verhalten bei der Trauer – „für Frauen üblicher, mit verhülltem Haupt, für Männer hingegen barhäuptig an die Öffentlichkeit zu gehen". Der Komparativ verrät aber, dass das nicht allgemein bindend ist. Wie die Fortsetzung zeigt, weitet sich hier der Blick des Autors von den Römern zu den Griechen. Für die Spartaner bezeugt er mor. 232c, dass sie die Mädchen unverhüllt, die Frauen aber verhüllt in Erscheinung treten lassen. Hier soll die Verhüllung erotische Reize verbergen. Andererseits finden wir auf griechischen Opferdarstellungen sowohl verhüllte als unverhüllte Frauen.[38] Dio Chrys., or. 33,48f beklagt den Sittenverfall in Tarsus. Danach sind die Frauen zwar traditionell so stark verschleiert, dass man nicht einmal das Gesicht sehen kann. Aber durch die enthüllte Seele dringt Zuchtlosigkeit ein. Der Schleier hat hier im Orient keine religiöse, sondern sexuelle Bedeutung. In diesem Sinn bedecken auch jüdische Frauen ihren Kopf, während es für Männer keine feste Sitte gibt.[39] Zumal die Kopfverhüllung nach V. 16 allgemeiner Brauch in den Gemeinden Gottes ist, liegt die Annahme nahe, dass sie von den östlichen, stärker jüdisch geprägten Christen übernommen wurde.

Mit ihrem nicht rollengemäßen Verhalten bringen die Frauen Schande über ihr Haupt, was so viel bedeuten kann wie „über sich selbst".[40] Manche Exegeten[41] beziehen „sein" bzw. „ihr Haupt" aber auf die V. 3 genannten jeweiligen Häupter. Doch dass der Mann durch die Verhüllung, die etwa von Plutarch als Zeichen der Ehrfurcht gegenüber den Göttern interpretiert wird, seine Unterordnung unter

---

[33] Vgl. 2Kor 3,12-18, wo der Freimut des Apostels im Gegensatz steht zum verhüllten Angesicht des Mose. Der Schleier ist allerdings dort kein Geschlechtssymbol, sondern behindert den Ausblick auf die Herrlichkeit des Herrn. Aber im Gespräch eines Montanisten mit einem Orthodoxen (KOVACS, 1Kor 181) wird „unverhüllt" mit „speaking freely" gleichgesetzt.

[34] So WIRE, Prophets 116-134, 125.

[35] So JERVIS 236. Vgl. Philo, op. 134.

[36] Wahrscheinlich durch Hochziehen des ἱμάτιον. Vgl. THEISSEN, Aspekte 162-167, der für diesen Brauch ein Ost-West-Gefälle nachweist. So schon OEPKE, A., Art. καλύπτω κτλ., ThWNT 3, 1938, 558-597, 564.

[37] Vgl. SCHNABEL, 1Kor 591f. Nach Valerius Max. VI 3,10 zeugt es von besonderer Strenge, wenn ein Römer seine Frau entlässt, weil er sie unbedeckten Hauptes draußen gesehen hatte.

[38] Vgl. VAN STRATEN, F.T.: Kala Hiera, RGRW 127, Leiden usw. 1995, 63.

[39] Vgl. bNed 30b bei Bill. III 423f. Die Pflicht wird Num 5,18 entnommen (vgl. ebd. 429). Dort löst der Priester beim Ordal der möglichen Ehebrecherin das Haar, wohl damit sich darin nicht dämonischer Widerstand festsetzen kann. Schon Philo, spec. III 56 deutet das auf die Wegnahme der Kopfbedeckung, „des Symbols der Scham, das die gänzlich Unschuldigen zu tragen pflegen".

[40] Vgl. L-S 945 s.v. κεφαλή 2.: Demosthenes 21,117; 18,153 „dieses befleckte Haupt". So WEISS, 1Kor 271; MURPHY-O'CONNOR, Sex 485 mit Verweis auf V. 14f.

[41] Z.B. HEINRICI, 1Kor 326; BARBAGLIO 1Kor 535f. – MERKLEIN/GIELEN, 1Kor III 54f und viele andere denken sowohl an das physische Haupt wie an das schöpfungsmäßig zugeordnete Haupt. Das überfrachtet den Ausdruck. Richtig z.B. SENFT, 1Kor 141f. Inkonsequent dagegen FITZMYER, 1Kor 412f.

Christus aufgibt, leuchtet nicht ein. Unmännliches Gebaren schändet ihn selbst. Die Beziehung von V. 4f zu V. 3 ist nicht so eng. Eine metaphorische Deutung der κεφαλή am Ende von V. 5a hätte nur dann Sinn, wenn der Ehemann gemeint wäre;[42] aber ἀνήρ V. 3 ist weiter gefasst. Zudem passt der Nachsatz V. 5b nur bei wörtlichem Verständnis von κεφαλή.

V. 5b.6 In diesem begründenden V. 5b stellt Paulus die unverhüllte Frau der Rasierten gleich; in V. 6a empfiehlt er ihr – beißend ironisch wie Gal 5,12 – als Konsequenz, sich doch gleich zu scheren. Obwohl an sich die Rasur (mit dem Messer) vom Scheren (mit der Schere) leicht differiert, hat diese radikale Entfernung des Haupthaares besonders für die Frau eine entwürdigende Wirkung.[43] Vorausgesetzt ist, was dann V. 15 ausführt: Langes Haar macht die Ehre der Frau aus. Daraus folgt aber nicht, dass sie es zur Schau stellen kann. Vielmehr ordnet V. 6b umgekehrt vom Größeren auf das Kleinere schließend ihre Verhüllung an. Die Logik ist nur einigermaßen verständlich, wenn der männliche Blick mitbestimmt, was für die Frau Ehre bzw. Schande ist.

V. 7–9 arbeiten heraus, warum der Mann – im Gegensatz zur Frau – das Haupt nicht verhüllen muss.[44] Der partizipiale Begründungssatz in V. 7a beruft sich für diesen Unterschied auf eine in der Schöpfung grundgelegte Auszeichnung des Mannes. Dieser ist allein[45] „Bild" und – wie über den Bibeltext hinaus hinzugefügt wird – δόξα Gottes, was man in der Parallele zu „Bild" wohl mit „Abglanz" (so vielleicht auch 2Kor 8,23) übersetzen muss.[46] Der angezogene Bibeltext Gen 1,26f schreibt jedoch die Gottebenbildlichkeit dem „Menschen", der dann in V. 27c in Mann und Frau auseinandergelegt wird, zu. Ihre Beschränkung auf den Mann hat schon Anhalt an Gen 5,1, wo nur von der Erschaffung Adams nach dem Bild Gottes die Rede ist; wahrscheinlich folgt Paulus in seiner Lektüre von Gen 1,26f einer rabbinischen Tradition.[47]

Diese setzte wohl bei den unterschiedlichen Objekten des Schaffens in Gen 1,27 an: V. ab der Singular „Adam", der nach Gen 2 konkret verstanden wurde – V. c der Plural „sie" (vgl. bErub 18a und bKet 8a). Besonders der Segen über den Bräutigam in bKet 8a kommt nahe an 1Kor 11,7f heran: Da wird Gott gepriesen, „der den Menschen (oder: Adam) in seinem Ebenbild, im Ebenbild seiner Gestalt, gebildet und ihm aus ihm selbst einen Bau für die Ewigkeit (die Frau) errichtet hat." Ähnlich spricht TanB Tazriʻa 10 von der Erschaffung des ersten Menschen. In VitAd 13–15 soll der Teufel Adam als Ebenbild Gottes anbeten. Eva ist aber noch

---

[42] In diesem Sinn verpflichtet sich die Frau in vielen Eheverträgen, ihrem Mann keine Schande zu bereiten (αἰσχύνειν o. ä.). Vgl. YIFTACH-FIRANKO, U.: Marriage and Marital Arrangements, MBPF 93, München 2003, 186.

[43] Das gilt allgemein in der Antike; Belege bringen KÜCHLER 79–82 und B. SCHALLER in JSHRZ III 343 zu TestHiob 23,7 zuhauf; nur in der Moderne empfinden manche Leute Kahlköpfe als attraktiv.

[44] Würde der Apostel feminine Haartracht bekämpfen, müsste man οὐκ ὀφείλει mit „darf nicht" übersetzen. So auch BAUER, Wörterbuch 1211. V. 7 folgt aber nicht auf V. 4, sondern auf V. 6b.

[45] Weil es hier auf den Unterschied zwischen Mann und Frau ankommt, muss diese Aussage – anders als V. 3 – leider exklusiv genommen werden.

[46] Diese Bedeutung ist sonst nicht belegt, aber aus dem Kontext erschlossen. Rabbinische Stellen, wo „Herrlichkeit" austauschbar ist mit „Bild" bzw. „Gleichnis", bei JERVELL 100f. Vgl. auch 2Kor 4,4 mit V. 6: Weil die Herrlichkeit Gottes auf dem Angesicht Christi liegt, ist er Bild Gottes.

[47] Vgl. MICHEL, O.: Paulus und seine Bibel, BFChTh.M 18, Gütersloh 1929, 19–21; JERVELL 107–112.

nicht geschaffen. Später (§ 37.39) wird noch Seth Gottes Ebenbild genannt (als Mensch oder als Mann?). Die Bindung an den Erzählablauf erlaubt hier keine eindeutige systematische Aussage. Frühe Bibelübersetzungen, die schon Gen 1,27a den Plural lesen, und andere rabbinische Stimmen schreiben allerdings die Gottebenbildlichkeit auch der Frau zu.[48]

Während nach Ps 8,6 Gott den Menschen allgemein mit Herrlichkeit und Ehre krönt, reflektiert hier nur der Mann die כָּבוֹד/kābôd Jahwes.[49] Wenn dieser Glanz dem Mann unabhängig von seinem Verhalten zukommt, wird das auch von der δόξα gelten, die der Frau vom Mann her eignet. Es wird also nicht nur mit der jüdischen Tradition gesagt, dass die Frau ihrem Ehemann Ehre machen soll und dann eine Zier ihres Mannes darstellt;[50] sondern ihre Würde leitet sich von der des Mannes ab.[51] Die beiden nachgeschobenen Begründungen in Form einer Richtigstellung (V. 8f) zeigen, dass Paulus offenbar den ersten Schöpfungsbericht aus der Priesterschrift mit dem zweiten des Jahwisten verschmilzt; danach hat Gott zuerst den Mann erschaffen, die Frau jedoch mittelbar aus diesem. V. 8 hat Anhalt an Gen 2,23LXX (ἐκ τοῦ ἀνδρὸς αὐτῆς);[52] V. 9 dürfte auf Gen 2,18 Bezug nehmen: Als „Hilfe" des Mannes ist die Frau um seinetwillen geschaffen. Dass Paulus aus diesen Versen eine Inferiorität der Frau herausliest, ist kaum zu leugnen.[53] Nur so kann er die unterschiedliche Praxis bei Mann und Frau plausibel machen, während das Tragen einer Kopfbedeckung allein sachlich noch keine Abhängigkeit bedeuten muss.

V. 10 gibt sich mit διὰ τοῦτο als Folgerung aus dem Voranstehenden.[54] An sich wäre zu erwarten, dass Paulus jetzt den Schleier für die Frau anordnet. Doch leider äußert er sich nicht so direkt, und der Vers ist bis heute rätselhaft geblieben. Zunächst muss man sich entscheiden, womit ἐπὶ τῆς κεφαλῆς zu verbinden ist. Da ἐξουσία im NT nicht nur mit ἐπί + Akk., sondern auch mit ἐπί + Gen.[55] konstru-

---

[48] Vgl. JERVELL 111f.
[49] Bei Bill. III 435 wird nur NumR (=BemR) zu 3,15 als Parallele genannt. Wenn es dort allerdings heißt, dass die Ehre Gottes allein von den Männern aufsteigt, so meint das wohl die Männer als Kultsubjekte. Nach ApkMos 20f werden sowohl Adam wie Eva durch den Sündenfall der Herrlichkeit Gottes entfremdet (vgl. ApkSedr 6,7; Röm 3,23); vgl. auch die bei JERVELL 112 mitgeteilten Midraschim. Paulus dagegen reserviert sie dem Mann und scheint vom Sündenfall abzusehen.
[50] Vgl. Spr 11,16aLXX: γυνὴ εὐχάριστος ἐγείρει ἀνδρὶ δόξαν („Eine dankbare Frau bereitet ihrem Mann Ehre"); 3Esr 4,17b; jKet 11,3 (bei Bill. I 316); Raschi zu Jes 44,13 (bei Bill. III 435); auch in der bei LIETZMANN, 1Kor 53 mitgeteilten jüdischen Inschrift ἡ δόξα Σωφρονίου Λουκίλλα εὐλογημένη hat sich die Ehefrau existentiell als „Ruhm" ihres Mannes erwiesen. Paulus jedoch denkt ontologisch. WATSON 531 will dem zweiten δόξα diesen durchaus möglichen Sinn „object of a person's joy" unterlegen, muss dann aber eine semantische Verschiebung gegenüber dem ersten δόξα in Kauf nehmen. Richtig dagegen SCHRAGE, 1Kor II 511.
[51] Über eine abgeschwächte Teilnahme an der Ebenbildlichkeit Gottes sagt der Text nichts. Dagegen finden MERKLEIN/GIELEN, 1Kor III 57f hier eine „abgestufte Ebenbildlichkeit". Weil nach Gen 5,3 der Sohn das Abbild Adams ist, kann Paulus schlecht von der Frau als Abbild des Mannes reden.
[52] Paulus lässt das Personalpronomen mit MT weg.
[53] MERKLEIN/GIELEN, 1Kor III 58f führen dagegen die Gen 2,23 von Adam anerkannte Konsubstantialität an.
[54] Die präpositionale Wendung διὰ τοῦτο bezieht sich meistens auf das Vorhergehende; sie kann zwar gelegentlich auf einen Finalsatz vorausweisen (s. zu 4,17), aber kaum auf eine διὰ-Wendung im selben Satz (so auch nicht 2Tim 2,10).
[55] Vgl. Apk 2,26; 11,6; 14,18; 20,6.

iert werden kann, schlagen neuere Erklärer vor, hier der Frau eine „Verfügungsgewalt über das Haupt"[56] zuzusprechen bzw. eine „control over the head"[57] aufzuerlegen. Erstere würde aber implizieren, dass die Frau die Verschleierung auch ablehnen kann. Eine solche ἐξουσία lässt sich eben schwer mit einer Verpflichtung (ὀφείλει) vereinbaren. Und zur zweiten Wiedergabe ist zu sagen: ἐξουσίαν ἔχειν ἐπὶ τῆς κεφαλῆς wäre schon eine merkwürdige Ausdrucksweise für Selbstbeherrschung. 7,37, worauf man sich beruft, steht etwas anderes: ἐξουσίαν ἔχειν περὶ τοῦ ἰδίου θελήματος. Es ist doch nicht so, dass sich der Kopf wie bei Shakers verselbständigt.[58] So zieht man die Wendung doch lieber mit der Tradition zum Verb. Wie nach Plutarch, mor. 266c Römer den Mantel „auf dem Kopf haben", heißt es dann, dass die Frau eine ἐξουσία auf dem Kopf haben soll.

1. Das könnte positiv bedeuten: Sie soll den Schleier als Zeichen ihrer prophetischen Gewalt tragen.[59] Ein solcher Akzent wäre allerdings erstaunlich nach der bisherigen Hintanstellung der Frau hinter den Mann. Sowohl das διὰ τοῦτο wie das „wegen der Engel" blieben unmotiviert. Besonders wenn man in den Engeln eine Art unsichtbare Sittenpolizei in der Gemeindeversammlung sieht (s. u.), erhält der Schleier einen ambivalenten Wert: Er soll Zeichen sein für die Fähigkeit der Frau, voll am Gottesdienst teilzunehmen; zugleich ist er aber auch die notwendige Bedingung für eine dezente Teilnahme.
2. Deshalb ist eher der passive Sinn zu erwägen: als Zeichen der männlichen Gewalt über sie.[60] Eine solche Funktion hat die Verschleierung doch wohl in der damaligen Gesellschaft wie in der heutigen muslimischen Welt: Das Kopftuch wahrt den Anspruch des potentiellen Bräutigams bzw. des Ehemanns auf den alleinigen Anblick der Frau.[61] Die Engel würden dann als Hüter der Schöpfungsordnung[62] eingeführt, wobei man zusätzlich darauf hinweist, dass sie wie in Israel (vgl. Ps 137,1LXX), nun auch in Qumran, als beim Gottesdienst anwesend vorgestellt wären.[63]

---

[56] So FEE, 1Kor 520f; „but what that means in this context remains a mystery". SCHRAGE, 1Kor II 514 ergänzt: „Die ἐξουσία der korinthischen Frauen über den Kopf soll sich darin erweisen, daß sie die Haare in anständiger [...] Weise tragen." Er gibt damit dem Satz doch wieder einen restriktiven Sinn.

[57] ROBERTSON/PLUMMER, 1Kor 232; DELOBEL 381; HAYS, 1Kor 187f; BARBAGLIO, 1Kor 544f; THISELTON, 1Kor 839; BEDUHN 302f.

[58] Diesen Eindruck hat man bei WOLFF, 1Kor 252, der paraphrasiert: „Die Frau soll beim ekstatischen Beten und Prophezeien ‚Gewalt über ihren Kopf haben, d. h. die Kopfbedeckung nicht herabfallen lassen.' Der ekstatische Charakter des Gebets steht aber – gegen ebd. 245.249 – gar nicht fest. S. zu 14,14-19.

[59] So mehrere neuzeitliche Autoren, z. B. GROSHEIDE, 1Kor 257; JAUBERT 430; HOOKER, danach BARRETT, 1Kor 253-255. Nach HOOKER symbolisiert die Kopfbedeckung „the effacement of man's glory in the presence of God". Nein, sie ist notwendig, weil die Frau nur der Glanz ihres Mannes ist.

[60] So die traditionelle Auslegung, z. B. HEINRICI, 1Kor 329 nach Johannes Chrys. u. a. Vätern, neuerdings etwa WINTER, After 131. Als Analogie nennt Heinrici u. a. Diodor S. I 47,5: Eine ägyptische Statue hat drei βασιλεῖαι auf dem Kopf. Das sind jedoch Zeichen eigener, nicht fremder Herrschaft. Bill. III 435-437 nimmt an, dass der rabbinische Ausdruck רְשׁוּת/rᵉšût = Gewalt zu Grunde liegt: Durch die Heirat liegt die Gewalt des Mannes auf der Frau. Der Schleier sei bei Paulus metonymisch als „Macht" bezeichnet. Danach votiert nun auch KÜCHLER 95-97 für die passive Bedeutung. Doch vgl. die Gegenargumente bei WOLFF, 1Kor 252.

[61] Vgl. die Begründung, die C. Sulpicius Galus bei Valerius Max. VI 3,10 (s. o. Anm. 37) für die Scheidung gibt. Jedoch ist zu beachten, dass in 1Kor nirgends eine Verschleierung des Gesichtes zur Debatte steht.

[62] Nach BEDUHN: der vorübergehenden Ordnung, weil die Engel an der Schöpfung beteiligt waren und u. a. für die Geschlechterdifferenzierung verantwortlich sind. Reichlich kompliziert!

[63] Vgl. MEYER, 1Kor 305; Qumrantexte (1QSa II 3-9; 1QM VII 4-6; 4Q174 1,1-6a = III 3f) bei KÜCHLER 102-107. In den ersten beiden schließt die Anwesenheit der heiligen Engel unreine oder entblößte Kult- bzw.

3. Es lässt sich jedoch ein direkterer Zusammenhang zwischen der ἐξουσία und den Engeln herstellen, wenn man ἐξουσία als *abstractum pro concreto* fasst. Eine Analogie liefert δύναμις in Zaubertexten.[64] Die Kopfbedeckung wäre dann ein „Machtmittel", ein „Schutz" gegen die lüsternen Engel, die nach Gen 6,2 und nach jüdischer Überlieferung[65] schon einmal nach der Schönheit der Menschentöchter begehrten.[66] Gewiss, sie liegen jetzt in der Unterwelt gefangen; aber die von ihnen erzeugten bösen Geister durchschweifen verführerisch die Erde.[67] Paulus würde allerdings mit dieser Anspielung viel Kenntnis der jüdischen Dämonologie voraussetzen. Doch tut er das auch 6,3, wo ἄγγελοι ebenfalls die gefallenen Engel meint. Immerhin passt diese Deutung nicht nur auf verheiratete Frauen wie die vorher genannte, sondern auch auf Jungfrauen, die sich wohl auch im Gottesdienst äußerten (vgl. Apg 21,9). Die mit „deshalb" angedeutete Beziehung zum vorhergehenden Text könnte darin liegen, dass die ἐξουσία „ein Ersatz der fehlenden Gottebenbildlichkeit der Frau" ist.[68] Diese ist deshalb den Annäherungsversuchen der bösen Engel besonders preisgegeben.

Man wird sich zwischen der zweiten und der dritten Lösung zu entscheiden haben.[69] Die dritte Lesart weitet jedenfalls das Ordnungsdenken ins Erotische hinein aus: Die Frau, die ihr langes Haar unverhüllt in der Gemeinde zeigt, setzt sich der männlichen Begehrlichkeit aus, die in die Engel projiziert wird.

V. 11f Kommen Paulus nun Bedenken wegen seiner einseitigen Aussagen V. 7-9? Mit πλήν (s. o.) hält er jedenfalls fest, dass Mann und Frau aufeinander angewiesen sind. Die dafür verwendete Präposition χωρίς besagt etwas Negatives („außerhalb von", „unter Ausschluss von"), so dass eine Litotes vorliegt. Das eigentliche Novum bei der anscheinend ausgewogenen Aussage ist in der zweiten Hälfte enthalten: Auch der Mann ist nicht ohne die Frau.[70] Die lose angehängte präpositionale Bestimmung „im Herrn"[71] präzisiert, dass die Maxime wenigstens unter Christen gilt.[72]

Kriegsteilnehmer aus. S. jetzt auch die um Frgm. aus 4Q266 ergänzte col. XV der Damaskusschrift (CD XV 17).

[64] Vgl. BAUER, Wörterbuch 564,5 und s.v. δύναμις 417 unter 1δ. Da ἐξουσία weder im passiven noch in diesem konkreten Sinn direkt belegt ist, werden verschiedene aramäische Äquivalente angeboten, die zugleich „Kopfschmuck" bzw. „Schleier" wie „Gewalt" bedeuten können. Doch weil diese Vieldeutigkeit sich griechischen Lesern nicht erschließt, können solche Hypothesen hier außer Betracht bleiben. Zu machtgeladenen Schleiern vgl. DIBELIUS, Geisterwelt 13-23.

[65] Gen 6,2 hat der Codex Alexandrinus für die „Söhne Gottes" die Bezeichnung ἄγγελοι; ebenso 1Hen 6,2; 19,1 nach Codex Panopolitanus und Josephus, ant. I 73. Vgl. auch Jub 5,1; 2Bar 56,10-14; Jud 6; 2Petr 2,4. TestRub 5 unterstellt den Frauen Verführungskünste, vor allem durch den Schmuck des Kopfes, und zieht eine Parallele zur Bezauberung der Wächter.

[66] So schon Tertullian, virg. 7,2 und dann die von der „Religionsgeschichtlichen Schule" beeinflusste Exegese, z. B. WEISS, 1Kor 274f („in Hoffnung auf weiteres Licht"); LIETZMANN, 1Kor 54f („Freilich ist bisher die Vorstellung von einer apotropäischen Wirkung des Schleiers nicht nachgewiesen").

[67] WETTSTEIN, Testamentum II 146 zitiert aus obskurer Quelle Aboth R. Eliezer: „malus est angelus, qui vocatur Usiel, si videat, mulierem nudato capite" und R. Simeon ben Jochai: „Si mulieris capillus nudus est, veniunt mali spiritus, eique insident, et omnia, quae in domo sunt, perdunt."

[68] So JERVELL 307.

[69] KÜCHLER kombiniert beide: danach bedeutet der Schleier sowohl Unterordnung wie Abwehr (97), die Engel sind sowohl die Kultengel wie die henochschen Wächter/Engel (488f).

[70] Dagegen sieht SCHRAGE, 1Kor II 518 in V. 11a zunächst eine Einschränkung der ἐξουσία der Frau.

[71] Sie ist – gegen BACHMANN, 1Kor 359 – kaum als Prädikat zu nehmen.

[72] Zu ἐν κυρίῳ in 1Kor vgl. bei 7,39. Obwohl V. 12 Tatbestände der Schöpfungsordnung nennt, ist eine Beziehung auf den Schöpfergott unwahrscheinlich, da die Wendung höchstens im Sonderfall 1,31 so gebraucht wird.

11,2-16: Die Verhüllung der Frau

Vielfach hört man hier ein Echo der in Christus erwirkten Einheit der Geschlechter (Gal 3,28).[73] Um so mehr erstaunt, dass die Veranschaulichung dieses Sachverhalts in V. 12 im Rahmen des Natürlichen verbleibt. Die zuerst genannte Abhängigkeit der Frau vom Mann war schon V. 8 anhand der Schöpfungsgeschichte aufgezeigt worden. Der erläuternde V. 12 kann deshalb in einem „Wie"-Satz darauf zurückgreifen. Wegen der gleichen Formulierung (εἶναι ἐκ) ist es wenig wahrscheinlich, dass nun in V. 12a die Zeugung durch den Mann gemeint ist,[74] obwohl diese so ausgedrückt werden kann.[75] Der Akzent ruht auf V. 12b: Der Mann verdankt sein Dasein der Frau als Mutter. Eva heißt so als die „Mutter aller Lebendigen" (Gen 3,20); in 4Q418, Frgm. 126, I 9 werden die Menschen „Söhne Evas" genannt. Dem διά mit Akk. in V. 9 tritt hier ein διά mit Gen.[76] entgegen. Dieses Spiel gegenseitiger Abhängigkeit ist aber in Gott als dem Ursprung aufgehoben (V. 12c),[77] so dass kein Geschlecht eine größere Ursprünglichkeit für sich beanspruchen kann.[78] Obwohl V. 12 im Bereich der Schöpfung bleibt, bietet er nicht nur eine nachträgliche Analogie für die neue Beziehung von Mann und Frau „im Herrn", wie V. 11 sie beschreibt.[79] Im Herrn wird vielmehr die in der Schöpfung angelegte Angewiesenheit der Geschlechter aufeinander neu entdeckt. Von Gleichheit ist jedoch keine Rede. V. 12 mag Selbstverständlichkeiten beinhalten;[80] sie begründen aber jetzt V. 11, in dem das ἐν κυρίῳ den Entdeckungszusammenhang und den Geltungsbereich angibt.[81]

V. 13 Die Frage nach dem „Geziemenden" (τὸ πρεπόν) scheint zunächst hinter die bisherige schöpfungstheologische Argumentation zurückzufallen. Es kann eine relative, mehr ästhetische Kategorie darstellen (vgl. Plato, Hipp. mai. 294: was etwas schön erscheinen lässt); aber in der mittleren Stoa (Panaitios) bezeichnet es alles, was der menschlichen Vernunftnatur angemessen ist.[82] Ähnlich bemisst sich das πρέπει Eph 5,3; 1Tim 2,10; Tit 2,1 am Indikativ des Christseins.

---

[73] KÜRZINGER wollte auch hier den Gedanken der Gleichheit finden, indem er für χωρίς die nur außerhalb des NT belegte seltene Bedeutung „anders als" annahm. Von den Kommentaren folgt Kürzinger nur COLLINS, 1Kor 412.

[74] So DELOBEL 382.

[75] Vgl. Mt 1,20 und BAUER, Wörterbuch 473 unter 3 a: sowohl der männliche wie der weibliche Elternteil kann mit ἐκ eingeführt werden.

[76] Paulus denkt an die Geburt. Zwar wird γεννηθῆναι gewöhnlich mit ἐκ konstruiert, διά mit Gen. steht jedoch 4,15; Justin, dial. 75,4.

[77] Vgl. zu ἐκ τοῦ θεοῦ das bei 1,30 Bemerkte.

[78] Die bei Bill. III 440 zitierte Tradition – in BerR 22 (14d) R. ʿAqiba zugeschrieben, jBer 9,12d, 49.52 bzw. BerR 8 (6c) R. Simlai –, wonach nach der Erschaffung Adams und Evas durch Gott allein „der Mann nicht ohne das Weib, das Weib nicht ohne den Mann, und keiner von beiden ohne die Schekina" gebildet wird, hat eine etwas andere Pointe: Sie soll die Pluralformen in Gen 1,26 erklären und stellt die Beteiligung beider Elternteile heraus.

[79] So GUNDRY-VOLF 164; WATSON 523: „parabel".

[80] So preist 3Esr 4,13-17 die Macht der Frauen; sie haben den König und das ganze Volk geboren; „die Menschen können nicht ohne die Frauen sein" (οὐ δύνανται οἱ ἄνθρωποι εἶναι χωρὶς τῶν γυναικῶν).

[81] Es sei daran erinnert, dass die Paränese der Haustafeln eingefahrene Verhaltensmuster wie die Unterordnung der Ehefrau und den Gehorsam der Kinder unter das Vorzeichen des ἐν κυρίῳ stellt (vgl. Kol 3,18.20).

[82] Vgl. POHLENZ, M.: Τὸ πρέπον, NGWG.PH 1933, 53-92, 72-74; Cicero, off. I 93-99.

V. 14f dagegen sucht für die Sitte eine Stütze in der Natur. Damit rückt τὸ πρεπόν in die Nähe des Naturgemäßen.[83] Auch Stoiker können sich für die Differenzierung der Geschlechter auf Merkmale berufen, die die Natur gegeben hat.[84] Das mag für den Haarwuchs ja noch einigermaßen angehen, ist aber bezüglich der Haarlänge eindeutig verfehlt. In archaischer Zeit trugen die freien Männer in Griechenland ihr Haar lang; erst im 5. Jh. v. Chr. kam im Zuge eines Jugendlichkeitswahns die kurze Haartracht auf, die auch besser für die Palästra geeignet war. Dennoch behauptet Paulus, dass langes Haar den Mann ehrlos macht. Das entspricht dem modischen Standard seiner Zeit, die lange Haare als Zeichen der Verweichlichung und homosexueller Neigung nahm.[85] Der Ton liegt aber auch hier auf der zweiten Hälfte des Arguments (V. 15), besonders auf dem begründenden Nachsatz. Langes Haar gereicht nicht nur der Frau zur Ehre, es erfüllt für ihren Kopf auch die Funktion[86] eines Überwurfes.[87] Das soll die Notwendigkeit einer Kopfbedeckung für die Frau einsichtig machen. Man beachte aber: Nicht die Haarlänge ist das Beweisziel, sondern die angeblich naturgemäße Verhüllung des Kopfes. Wenn die Frau diese schon normalerweise durch ihr langes Haar erreicht, so soll im Gottesdienst der Schleier oder der hochgezogene Umwurf dafür sorgen.

V. 16 Vielleicht in dem Gefühl, dass seine ganze bisherige Argumentation doch nicht durchschlagend ist, tut Paulus etwaigen Widerspruch als Rechthaberei[88] ab und stellt ihm die Gepflogenheit der von ihm gegründeten Gemeinden („Wir") und der übrigen Christenheit[89], die immer noch ihr Schwergewicht im Osten hat, entgegen. „Eine solche Sitte" bezieht sich zurück auf V. 13b, nämlich darauf, dass eine Frau unverhüllt zu Gott betet. Einige Wenige konkretisieren sie vom Vordersatz her als Streitsucht,[90] manche meinen sogar, Paulus nehme sich hier zurück.[91] Das Ge-

---

[83] So geißelt Dio Chrys. 33,60–64 die naturwidrige Verweiblichung tarsischer Männer als ἀπρέπεια. Zu Philo vgl. THOMPSON 255f. Vgl. auch KÖSTER, H.: Art. φύσις κτλ, ThWNT 9, 1973, 246–271, 266.

[84] Vgl. Epiktet, diss. I 16,9–14 Bart und Stimme; III 1,27–31 Körperbehaarung. Der Traktat über die Haarschur des Musonius (21 HENSE) betont am Anfang, der Bart sei von der Natur zum Schutz verliehen und Kennzeichen des Mannes; entsprechend polemisiert er am Ende gegen Männer, die sich glatt rasieren. Dazwischen wird Zeno zitiert, wonach man der Natur gemäß von der Haarpracht nur das wegnehmen darf, was lästig ist.

[85] Vgl. HERTER, H.: Art. Effeminatus, RAC 4, 1959, 620–650, 632. Dio Chrys. dagegen billigt gewissen Gruppen langes Haar zu: vgl. or. 35,10. Laut seinem Enkomion über das Haar (LCL V 340f) scheint der Schmuck des Haares nach Homer sogar den Männern eher zu stehen (πρέπειν) als den Frauen.

[86] Ἀντί ist hier mit „als", nicht mit „anstatt" zu übersetzen. Wenn man aus V. 15b schließen würde, dass das lange Haar einen Überwurf ersetzt, wäre die Argumentation des Paulus kontraproduktiv.

[87] Dass περιβόλαιον ein Kleidungsstück meint, ist durch die LXX, zeitgenössische Autoren und Papyri genügend gesichert. Abwegig deshalb MARTIN, T.W.: Paul's Argument from Nature for the Veil in 1 Corinthians 11:13-15: A Testicle Instead of a Head Covering, JBL 123, 2004, 75–84, der aus Euripides, Herc. 1269 die Bedeutung „Hoden" erschließt. Aber hier wird mit σαρκὸς περιβόλαια poetisch jugendliche Leiblichkeit als Hülle bezeichnet. Vgl. Bacch. 746 σαρκὸς ἔνδυτα.

[88] Eigentlich: ehrgeiziges Verlangen nach Sieg. Das Adjektiv φιλόνεικος nur hier im NT, das Substantiv φιλονεικία noch Lk 22,24. Ähnlich wie V. 16 Josephus, Ap. I 160: „Denen, die nicht allzu rechthaberisch sind, wird, nehme ich an, das vorher Gesagte genügen."

[89] Dafür gibt es nur den Pluralausdruck „Gemeinden Gottes", vgl. zu 1,2.

[90] So MEYER, 1Kor 309; BACHMANN, 1Kor 362; HÉRING, 1Kor 96; GROSHEIDE, 1Kor 261; COLLINS, 1Kor 414 im Gefolge alter Ausleger.

[91] ENGBERG-PEDERSEN 684–686, zu dem LINDEMANN, 1Kor 246f neigt.

11,2–16: Die Verhüllung der Frau

genteil ist der Fall. Paulus fordert jetzt das V. 2 gelobte Festhalten an den von ihm übermittelten Traditionen ein.

In dieser Perikope will der Apostel mit allen Mitteln eine Sitte durchdrücken, die eigentlich nur eine „Gewohnheit" in gewissen Breiten ist. Er bemüht dafür die im Mittelmeerraum besonders wirksamen Motive von Ehre und Scham (V. 4f καταισχύνειν, V. 6b αἰσχρόν, V. 14.15a ἀτιμία, δόξα) und eine zweifelhafte hierarchische Abfolge (V. 3), die ab V. 7 durch eine androzentrische Interpretation der Schöpfungsgeschichte untermauert wird. In V. 10 wird vielleicht noch eine mythische Vorstellung, die Bedrohung der Frauen durch Engel, aktiviert. In V. 13-15 soll ein aus heutiger Sicht abwegiges Beispiel aus der Natur die Forderung erhärten.[92] V. 16 wirft schließlich die eigene apostolische Autorität und den Brauch aller Gemeinden in die Waagschale. In der neueren Zeit hat man versucht, durch Umdeutung von Begriffen wie κεφαλή (V. 3) oder durch eine entsprechende Bestimmung der ἐξουσία (V. 10) hier etwas Positives für die Frau herauszuholen. Oder man verlagerte die Problematik auf die Frisur und machte die tiefsitzende Furcht des Apostels vor der Homosexualität für die Einseitigkeiten verantwortlich.[93] Das ändert nichts daran, dass das praktische Anliegen Paulus hier zu abenteuerlichen Konstruktionen treibt. Bemerkenswert für die Frauen ist nur, dass ihre Fähigkeit, durch Gebet und Prophetie am öffentlichen Gottesdienst mitzuwirken, hier anscheinend vorausgesetzt ist. In den jüdischen Synagogen kennen wir so etwas nicht. Aber die Geschichte Israels weist eine Reihe von Prophetinnen auf,[94] und Jo 3,1f verheißt, dass auch die Töchter unter dem Impuls des Geistes prophetisch reden werden. Wie sich das zu dem Abschnitt 14,33b-36 verhält, wird an Ort und Stelle zu überlegen sein. Ein Lichtblick sind auch V. 11f, die leider ein Zwischenspiel bleiben: „Im Herrn" kann ein Aufeinander-Angewiesensein der Geschlechter aus den Gegebenheiten der Schöpfung (V. 12) herausgelesen und praktiziert werden.[95] Das reicht noch nicht ganz an die grundsätzliche Feststellung von Gal 3,28 heran. Das Ganze zeigt jedoch: Mag das Geschlecht „in Christus Jesus" vor Gott auch keinen Unterschied mehr machen, so hält Paulus doch im kirchlichen Alltag an der geschlechtstypischen Differenzierung fest.[96] Verheerend ist nur, dass er das noch in einer von der Schöpfung angezeigten Zweitrangigkeit der Frau meint verankern zu müssen.

---

[92] Die Mischung aus Appell an die Schrift, das Ehrgefühl und die Natur ist für das hellenistische Judentum, namentlich Philo, typisch, wie THOMPSON darlegt.

[93] So müssen wir etwa nach EBNER 173f „als eigentlichen Impetus seiner Ausführungen seine Angst vor den Schwellenmenschen im Blick haben".

[94] Mirjam (Ex 15,20; vgl. Num 12,2), Debora (Ri 4,4), Hulda (2Kön 22,14), dazu einige negativ beurteilte Frauen: vgl. HÄUSL, M.: Art. „Prophetin", NBL 2, 2001, 200f.

[95] WATSON erhebt dieses „principle of interdependence" zum Schlüssel für die ganze Perikope. Man darf auch nicht im Sinne des Paulus den Gedankengang V. 3-10 dem „vergehenden Äon" (KÜMMEL, 1Kor 184) oder dem nur das Scheitern zeigenden Gesetz des Mose (PERROT 263) zuordnen und dem die Christuserfahrung (V. 11f) gegenüberstellen. Die Gegebenheiten der Schöpfung behalten ihre Gültigkeit, und Paulus abstrahiert vom Sündenfall.

[96] Eine „Verhältnisbestimmung von Gal 3,28 und 1 Kor 11,2-16" versucht RÖHSER. Da erstere Stelle für ihn nicht nur soteriologische, sondern auch soziale Gleichstellung besagt, muss er in 1Kor 11,2-16 eine Ausnahme zugestehen, die freilich theologisch heute nicht mehr zu rechtfertigen sei.

2. 11,17-34: Missstände beim Herrenmahl

(17) Bei diesen Anordnungen aber kann ich nicht loben,[97] dass ihr nicht zum Besseren, sondern zum Schlechteren zusammenkommt. (18) Vor allem höre ich nämlich, dass es, wenn ihr in der Gemeinde zusammenkommt, Spaltungen unter euch gibt, und ich glaube es zu einem gewissen Teil. (19) Es muss ja auch Parteiungen unter euch geben, damit [denn auch][98] die Bewährten unter euch offenbar werden. (20) Wenn ihr nun am selben Ort zusammenkommt. so ist es nicht mehr möglich, ein Herrenmahl zu essen, (21) denn jeder nimmt beim Essen seine eigene Mahlzeit ein, und der eine hungert, der andere aber ist betrunken. (22) Habt ihr denn nicht Häuser zum Essen und Trinken? Oder verachtetet ihr die Gemeinde Gottes und beschämt die, die (so etwas) nicht haben? Was soll ich euch sagen? Soll ich euch loben? Darin lobe ich (euch) nicht.

(23) Ich habe nämlich vom Herrn empfangen, was ich auch euch überliefert habe, dass der Herr Jesus in der Nacht, da er übergeben werden sollte, Brot nahm (24) und nach Danksagung brach und sprach: „Dies ist mein Leib, der für euch[99]; dies tut zum Gedächtnis an mich." (25) Ebenso auch den Becher nach dem Mahl sagend: „Dieser Becher ist der Neue Bund durch mein Blut; dies tut, sooft ihr trinkt, zum Gedächtnis an mich." (26) Denn sooft ihr dieses Brot esst und den Becher trinkt, verkündet ihr den Tod des Herrn, bis er kommt.

(27) Folglich: Wer auf unwürdige Weise das Brot isst oder den Becher des Herrn trinkt, ist schuldig am Leib und am Blut des Herrn. (28) Es prüfe aber jedermann sich selbst und so esse er von dem Brot und trinke aus dem Becher; (29) denn wer isst und trinkt[100], isst und trinkt sich das Gericht, wenn er den Leib[101] nicht unterscheidet. (30) Deshalb (gibt es) unter euch viele Schwache und Kranke, und etliche sind entschlafen. (31) Wenn wir aber uns beurteilten, würden wir nicht gerichtet; (32) wenn wir freilich gerichtet werden, werden wir vom Herrn gezüchtigt, damit wir nicht mit der Welt verurteilt werden. (33) Folglich, meine Brüder, wenn ihr zum Essen zusammenkommt, wartet aufeinander/nehmt euch gastlich auf. (34) Wenn einer hungert, soll er zuhause

---

[97] Τοῦτο δὲ παραγγέλλων οὐκ ἐπαινῶ ℵ F G Ψ 1881 2464 Koine; A und C* 33 1175 1739 u.a. vertauschen Partizipform und Verbum finitum; B und wenige Minuskeln haben nur Partizipien, D* nur 1. Sg. Diese Mischformen sind sinnlos.

[98] Ein zweites καί („auch") nach dem ἵνα ist textkritisch umstritten. Es kann stehen bleiben, wenn es als „logisches" καί auf den ganzen Finalsatz bezogen wird. Vgl. zu 16,16.

[99] Spätere Handschriften vervollständigen den von den wichtigen Textzeugen gebotenen Ausdruck durch κλώμενον („gebrochen": ℵc und viele andere), θρυπτόμενον („aufgerieben": D*). Koptische und lateinische Übertragungen setzen – wohl unter dem Einfluss von Lk 22,19 – διδόμενον („gegeben") voraus. Vgl. DUPLACY, J.: À propos d'un lieu variant de 1Co 11,24, in: Ders.: Études de critique textuelle du Nouveau Testament, BEThL 78, Leuven 1987, 329-348. Er zeigt Sympathien für das angeblich anstößige „gebrochen".

[100] Dieser von den ältesten Zeugen 𝔓46 ℵ* A B C* 33 1739 gebotene Text wird von ℵc C3 D F G K P Ψ und vielen Minuskeln, Übersetzungen und Vätern durch ἀναξίως ergänzt.

[101] Das von den wichtigsten Handschriften 𝔓46 ℵ* A B C* 33 1739 1881 u.a. gelesene σῶμα verdeutlichen ℵc C3 D F G K P Ψ und viele Minuskeln, Übersetzungen und Väter durch σῶμα τοῦ κυρίου.

essen, damit ihr nicht zum Gericht zusammenkommt. Das Übrige aber werde ich, sobald ich komme, anordnen.

BECKER, J.: Das Herrenmahl im Urchristentum, MdKI 53, 2002, 3-11. BETZ, H.D.: Gemeinschaft des Glaubens und Herrenmahl, ZThK 98, 2001, 401-421. BORNKAMM, G.: Herrenmahl und Kirche bei Paulus, in: Ders., Studien 138-176. DAS, A.A.: 1 Corinthians 11:17-34 Revisited, CTQ 62, 1998, 187-208. ENGBERG-PEDERSEN, T.: Proclaiming the Lord's Death: 1 Corinthians 11:17-34 and the Forms of Paul's Theological Argument, SBL.SP 127, 1991, 592-618. FELD, H.: Das Verständnis des Abendmahls, EdF 50, Darmstadt 1976. HAHN, F.: Das Herrenmahl bei Paulus, in: Ders., Studien II 323-333. HENGEL, M.: Das Mahl in der Nacht, „in der Jesus ausgeliefert wurde", in: Grappe, Ch. (Hg.): Le Repas de Dieu. Das Mahl Gottes, WUNT 169, 2004, 115-160 (= Ders., Studien 451-495). HOFIUS, O.: Herrenmahl und Herrenmahlsparadosis, in: Ders.: Paulusstudien, WUNT 51, Tübingen 1989, 203-240. -: „Bis daß er kommt" 1 Kor 11,26, ebd. 241-243. JEREMIAS, Abendmahlsworte. KÄSEMANN, E.: Anliegen und Eigenart der paulinischen Abendmahlslehre (1947), in: Ders., Versuche I 11-34. KARRER, M.: Der Kelch des neuen Bundes, BZ 34, 1990, 198-221. KLAUCK, Herrenmahl 285-332. -: Präsenz im Herrenmahl, in: Ders., Gemeinde 313-330. KLINGHARDT, Gemeinschaftsmahl. KOLLMANN, B.: Ursprung und Gestalten der frühchristlichen Mahlfeier, GTA 43, Göttingen 1990. KONRADT, Gericht 402-451. KREMER, J.: „Herrenspeise" - nicht „Herrenmahl", in: Backhaus/Untergassmair, Schrift 227-242. KUTSCH, E.: Neues Testament - Neuer Bund? Neukirchen-Vluyn 1978. LAMPE, Herrenmahl. MAYER, B.: „Tut dies zu meinem Gedächtnis!" - Das Herrenmahl unter dem Anspruch des Abendmahls (1 Kor 11,17-34), in: Schreiner, Freude 189-199. MERKLEIN, H.: Erwägungen zur Überlieferungsgeschichte der neutestamentlichen Abendmahlstraditionen, in: Ders., Studien 157-180. NEUENZEIT, Herrenmahl. PESCH, R.: Das Abendmahl und Jesu Todesverständnis, QD 80, Freiburg usw. 1978. SCHRAGE, W.: Einige Hauptprobleme der Diskussion des Herrenmahls im 1. Korintherbrief, in: Bieringer, Correspondence 191-198. SCHRÖTER, Abendmahl. SÖDING, TH.: Das Mahl des Herrn, in: Hilberath, B.J./Sattler, D. (Hg.): Vorgeschmack. FS Th. Schneider, Mainz 1995, 134-163. STEIN, H.J.: Frühchristliche Mahlfeiern, WUNT II 255, Tübingen 2008, 96-162. STRECKER, Theologie 320-335. THEISSEN, G.: Soziale Integration und sakramentales Handeln, in: Ders., Studien 290-317. THEOBALD, M.: Das Herrenmahl im Neuen Testament, ThQ 183, 2003, 257-280. VAN CANGH, J.-M.: Peut-on reconstituer le texte primitif de la Cène? (1 Co 11,23-26 par. Mc 14,22-26), in: Bieringer, Correspondence 623-637. ZELLER, D.: Gedächtnis des Leidens, in: Ders., Neues Testament 189-197.

Die Einschränkung des 11,2 pauschal ausgesprochenen Lobes V. 17 eröffnet den neuen Abschnitt und rahmt gleichzeitig die Darstellung des Falls (Wiederaufnahme des Lob-Themas in V. 22ef). Diese *narratio* ist zugleich wertend und endet mit vorwurfsvollen Fragen. Die Kernbehauptung des Paulus lautet, dass die Zusammenkünfte der Korinther ein richtiges Herrenmahl unmöglich machen (V. 20). Zur Begründung (γάρ) muss er erst einmal mit Hilfe fester Überlieferung die Eigenart dieses Mahles beschreiben (V. 23-26). Offensichtlich haben die Korinther - entgegen dem Kompliment von 11,2 - diese Tradition doch nicht recht beachtet. V. 27-34 zieht mit ὥστε (V. 27.33, hier noch mit der Anrede „meine Brüder" verstärkt) für sie die Konsequenz daraus. Jussive (V. 28.34a) und der Imperativ (V. 33) bestimmen das Bild dieses Teils, der aber auch argumentative Überlegungen enthält. Dabei gehen V. 33.34a, wie das Vokabular zeigt, stärker auf die in V. 17-22 gezeichnete Situation ein, sind aber durch das Stichwort „Gericht" mit V. 27-32 verbunden. Die Ankündigung V. 34c beschließt die Ausführungen zum Gottesdienst, wobei „das Übrige" vielleicht die Fortsetzung bildet zu dem in V. 18 mit „erstens" eingeleiteten hauptsächlichen Problem.[102]

V. 17 Man könnte das τοῦτο – anders als in der obigen Übersetzung – nicht auf παραγγέλλων, sondern auf ἐπαινῶ und den ὅτι-Satz beziehen;[103] doch dann hängt das παραγγέλλων in der Luft. Fest steht, dass der Apostel dabei ist, Anordnungen zu geben, und dass er nun einen expliziten Tadel aussprechen muss. Die gottesdienstlichen Zusammenkünfte[104] entwickeln sich zum Nachteil, V. 34c wird theologisch deutlicher sagen: ihr kommt zum Gericht zusammen.

V. 18 erläutert das: Paulus hat gehört – von wem, bleibt unbestimmt –, dass es bei diesem Zusammenkommen als Gemeinde[105] „Spaltungen" gibt. Das Wort σχίσματα kennen wir von der Ermahnung 1,10; doch es wird sich zeigen, dass hier nicht wie dort Gruppenbildung unter geistlichen Führern, sondern „Absonderungen" (αἱρέσεις V. 19, vgl. noch im Lasterkatalog Gal 5,20) beklagt werden, die dadurch entstehen, dass die Reichen ihr Mahl für sich einnehmen.

V. 19 Paulus ist geneigt, diesem Gerücht wenigstens teilweise[106] Glauben zu schenken, weil dieses Phänomen einer apokalyptischen Gesetzmäßigkeit (zu δεῖ vgl. 15,25.53; 2Kor 5,10) folgt: Die christliche Gemeinde besteht nicht einfach aus „Geretteten" (vgl. 1,18), sondern bedarf bis zum Gericht der kritischen Scheidung. Der Satz klingt nach Tradition, die sich aber nicht im Wortlaut aufweisen lässt.[107] Das zweifache „unter euch" appliziert sie auf die Gemeinde. Das Vokabular des Finalsatzes ist ähnlich wie im eschatologischen Zusammenhang 3,13: Dem dortigen „prüfen" (δοκιμάζειν) entspricht hier „bewährt" (δόκιμος, vgl. 2Kor 10,18; Röm 16,10; das Gegenteil ἀδόκιμος 9,27), das „Offenbarwerden" findet spätestens

---

[102] Vorausgesetzt, das πρῶτον μέν V. 18 ist überhaupt auf Fortsetzung angelegt, was wegen Röm 1,8; 3,2 fraglich ist. Vgl. B-D-R 447,2c. Dass erst Kap. 12-14 die Fortsetzung bilden, ist schon deshalb unwahrscheinlich, weil dort der Tadel erst gegen Schluss laut vernehmlich wird.

[103] Vgl. vorausweisendes τοῦτο mit λέγω 1,12 bzw. mit φημί 7,29; 15,50.

[104] Dafür steht das Verbum συνέρχεσθαι in diesem Kap. und 14,23 (hier noch das pleonastische ἐπὶ τὸ αὐτό wie 11,20).26 technisch; IgnEph 13,1 „zum Dank an Gott und zur Verherrlichung"; 20,2 „in einem Glauben"; für die Versammlung der Juden in Synagoge und Tempel vgl. Joh 18,20. Von den Therapeuten gebraucht es Philo, cont. 30.66; von den Essenern Philo, hyp. 7,13. Weil συνέρχεσθαι εἰς ἐκκλησίαν fester Terminus für den offiziellen Zusammentritt des antiken Demos ist (z.B. Diodor S. XIII 87,4; 101,6; Plutarch, Sol. 30,2; Josephus, ant. IV 35), meint KÄSEMANN, Anliegen 21 es sei „von da aus offensichtlich auf das Zusammenkommen der Christengemeinde im Abendmahlsgottesdienst übertragen." Eine Parallele zum „Zusammenkommen zum Essen" (11,33) in den Statuten eines stadtrömischen Vereins des Äskulap und der Hygia 153 n.Chr.: *ad epulandum convenire* (ILS II/2 7213, 16).

[105] Zu der hier vorliegenden konkreten Bedeutung von ἐκκλησία vgl. zu 1,2.

[106] Μέρος τι ist vorsichtig-schonungsvoll, es drückt nicht den Schock über das Gehörte („kaum zu glauben") aus (gegen HAYS, 1Kor 195); sonst schließt sich der „Denn"-Satz V. 19 nicht an.

[107] Justin, dial. 35,3 überliefert als Voraussage Christi „Es wird Spaltungen und Parteiungen geben" (ἔσονται σχίσματα καὶ αἱρέσεις). Das hat Parallelen in syr. Didask. 23 (lat. Übers. 6,5); Didymos, trin. 3,22; PsClem H 2,17; 16,21, dürfte also kaum aus 1Kor 11,18f herausgesponnen sein. Vgl. LE BOULLUEC, A.: Remarques à propos du problème de I Cor. 11,19 et du „logion" de Justin, *Dialogue* 35, StPatr 12, 1975, 328–333; PAULSEN, H.: Schisma und Häresie, in: Ders.: Zur Literatur und Geschichte des frühen Christentums, WUNT 99, Tübingen 1997, 43–74, 48–53. Auch in anderen urchristlichen Schriften dienen Ankündigungen von Irrlehrern der nachträglichen Bewältigung des faktischen Zwistes, indem sie ihn als ein Phänomen der „letzten Tage" verstehen lehren (vgl. 2Tim 3,1–9; Jud 18 = 2Petr 3,3; 1Joh 2,18; Did 16,3).

am Gerichtstag statt, wenn auch nicht unbedingt erst dann.[108] Wenn demnach die Spaltungen zu erwarten waren, bleiben sie nichts desto weniger tadelnswert.[109]

V. 20-22 Nach der kurzen Abschweifung V. 19 nimmt denn auch V. 20 mit οὖν den Faden wieder auf. Paulus stellt die These auf, dass es bei den derzeitigen Versammlungen in Korinth praktisch unmöglich ist,[110] das vom „Herrn" (vgl. V. 23) eingesetzte Mahl, das deshalb κυριακὸν[111] δεῖπνον heißt, zu feiern. Schon 10,21 hatte den Kelch und den Tisch mit dem Kyrios-Titel verbunden. Den Gegensatz zum „Herrenmahl"[112] bildet in dem begründenden V. 21 das „eigene Mahl". Nach einiger Diskussion[113] ist heute ziemlich geklärt, was Paulus den Korinthern vorhält. Bei einem von einem Gastgeber bestrittenen Mahl wären die beschriebenen Zustände schwer denkbar. Doch es war in der Antike üblich, zum Freundschaftsmahl (ἔρανος) eigene Speisen mitzubringen.[114] Obwohl Paulus von „jedem"[115] redet, haben offenbar die Reichen beim Herrenmahl (dafür verkürzt: ἐν τῷ φαγεῖν) ihre üppigen Mitbringsel[116] selbst verzehrt, anstatt sie mit den andern weniger Begüterten zu teilen. Dabei kam es zur Bildung von Klüngeln (s. o. V. 18f). Vielleicht tafelte der vermögende Hausherr mit Seinesgleichen im Triclinium, während die Übrigen mit dem Atrium vorlieb nehmen mussten.[117] Ausgehend von ἐκδέχεσθαι V. 33 liest man oft auch eine zeitliche Komponente in προλαμβάνειν hinein, die das Wort aber nicht haben muss.[118] Die ärmeren Gemeindemitglieder wären wegen ihrer Berufstätigkeit, z.B. als Sklaven, später zum Essen gekommen, während die reicheren ihr Essen schon vorwegnahmen. Dem widerspricht nicht V. 21bc, wo die Folgen beschrieben werden und eine Gleichzeitigkeit herrscht: Die Armen = Nicht Habenden (V. 22c)[119]

---

[108] Vgl. DUPONT, J.: L'Église à l'épreuve de ses divisions (*1 Co* 11,18-19), in: De Lorenzi, Paul 589-696.

[109] Es ist also nicht so, dass Paulus sie anders bewertet als in 1,10f. Dennoch verlangt das beziehungslose Nebeneinander der beiden Äußerungen nach einer literarkritischen Lösung (vgl. Einleitung unter 6).

[110] Zu οὐκ ἔστιν mit Inf. = „es ist unmöglich" vgl. BAUER, Wörterbuch 451 unter 7. Der *Genetivus absolutus* und das Verbum „essen" erschweren die definitorische Auffassung, das korinthische Zusammenkommen sei kein Herrenmahl mehr (so etwa NEUENZEIT 29). Um eine formale Gültigkeit geht es schon gar nicht.

[111] Das Adjektiv im NT nur noch Apk 1,10 mit „Tag". Zu weiteren Vorkommen im Urchristentum s. BAUER, Wörterbuch s.v. Zu paganen Belegen SCHNABEL, 1Kor 636; die literarischen Belege in Anm. 47 gehen allerdings auf christliche Schreiber zurück.

[112] KREMER möchte ohne Not „Herrenspeise" übersetzen, obwohl er 233 sieht, dass das φαγεῖν auch das Trinken umfasst.

[113] Über die MERKLEIN/GIELEN, 1Kor III 79-83 informieren.

[114] Vgl. LAMPE 194-197; KLINGHARDT 31f, die Texte aus Xenophon, mem. III 14,1, Johannes Malalas VII 180b und Scholion zu Aristophanes, vesp. 1005 im NEUEN WETTSTEIN II 1, 351f.

[115] Dass ἕκαστος nicht immer buchstäblich zu nehmen ist, sahen wir schon bei 1,12. Die rhetorische Situation entspricht nicht immer der historischen! Vgl. THEISSEN 294. Dagegen besteht KLINGHARDT 291 darauf, dass auch die sozial Schwächeren ihr eigenes - wenn auch kümmerliches - Mahl zu sich nahmen.

[116] THEISSEN 302-304 vermutet, dass sie außer Brot und Wein auch noch „Zukost", z.B. Fleisch, mitbrachten.

[117] Vgl. FEE, 1Kor 533f.

[118] Vgl. BAUER, Wörterbuch 1414 mit Hinweis auf eine Inschrift am Asklepiostempel von Epidauros (SIG 1170,7.9.15) und das Passiv προλημφθῆναι Gal 6,1 im Sinn des Simplex. Ferner HOFIUS 218. Nach WINTER, After 144-148 betont Paulus mit dem προ- den eigensüchtigen Charakter der Handlung.

[119] Bei μὴ ἔχοντες ist das Mangelnde aus dem Kontext zu ergänzen: Häuser zum Essen und Trinken. Radikaler ist μηδὲν ἔχοντες - 2Kor 6,10 parallel zu πτωχοί -, zu denen sich Paulus selbst rechnet.

kriegen nichts mehr und müssen hungern, die Reichen sind schon betrunken,[120] d.h. sie sind schon zu dem dem Essen folgenden Symposion übergegangen. Jedenfalls verschärft auch bei der Annahme, dass die Gemeindeversammlung keinen festen gemeinsamen Beginn hat, der soziale Gegensatz die Problematik.[121] Paulus spricht in V. 22 gerade die Besitzenden in der 2. Pl. an. Obwohl οἰκίας ἔχειν nicht bedeuten muss, dass ihnen die Häuser gehören, wäre V. 22a ein Zynismus, wenn er den Armen gesagt wäre. Die Wohlhabenden aber verachten insofern die „Versammlung Gottes" (s. 1,2), als sie sie zum Ort profaner Sättigung machen, wozu die eigenen Häuser da sind (vgl. V. 34a).[122] Es geht also in erster Linie darum, den Symbolcharakter der eucharistischen Gaben zu wahren, wie er in den Einsetzungsworten zum Ausdruck kommt (vgl. V. 24-26). „Wer nichts Eiligeres zu tun hat, als sich einen Anteil am Essen zu sichern, der scheint auch keine Empfindung dafür zu haben, daß [...] das Brot, das man hier ißt, kein gewöhnliches Brot ist, er ‚unterscheidet nicht' dies Brot als ‚den Leib' des Herrn von gewöhnlichem Brote".[123] Damit ist allerdings konkret auch ein bestimmtes Sozialverhalten gefordert. Wenn das auch nicht ausdrücklich gesagt wird, sollen die mitgebrachten Speisen verteilt werden.[124] Die weniger Begüterten in der Gemeinde dürfen nicht als solche bloßgestellt werden.[125] Die Eucharistie ist zugleich ein Mahl, von dem jeder etwas haben soll. Obwohl die Stillung des Hungers nicht den Hauptzweck darstellt, ist von einer Trennung in symbolische Handlung und Sättigungsmahl noch nichts zu merken. Dass man in Korinth die rituellen Elemente bis zum Schluss aufgeschoben hätte,[126] ist wenig wahrscheinlich, wenn in V. 21 zu „beim Essen" als Objekt aus V. 20 das „Herrenmahl" zu ergänzen ist. Gerade beim Herrenmahl ist die rücksichtslose Selbstbedienung ein unhaltbarer Zustand. Wenn die eucharistischen Worte am Ende gestanden hätten, hätten die Korinther doch sehr wohl zwischen gewöhnlichen Speisen und „dem Leib" (V. 29) unterschieden. Bei manchen aber war das das Mahl eröffnende Wort über das Brot offenbar der Startschuss für eine ostentative Prasserei im Angesicht der Armen;[127] der Segen über den Kelch löste ein Trinkgelage der inzwischen Sattgewordenen aus. Wer sich das nicht

---

[120] Es ist also nicht notwendig, μεθύειν mit HOFIUS 219 Anm. 95 metonymisch für „Schlemmen" zu verstehen. Vgl. 1Thess 5,7 und μέθυσος im Lasterkatalog 5,11; 6,10.

[121] Zu LINDEMANN, 1Kor 252f, der die „Hungernden" und „nichts Habenden" verharmlost. Auch die später Kommenden hätten doch ihr Essen mitbringen können.

[122] CONZELMANN, 1Kor 236 unterstellt ihnen noch geistliche Motive. Aber zum angeblichen Sakramentalismus der Korinther vgl. das zu 10,5 Bemerkte.

[123] Richtig WEISS, 1Kor 282f. Vgl. auch BACHMANN, 1Kor 365f.371f.

[124] Vgl. ENGBERG-PEDERSEN 598. „Das Herrenmahl muss ein gemeinsames sein": Johannes Chrys., hom. 27,3 in 1Cor (227 MONTFAUCON).

[125] Zu καταισχύνειν vgl. Ruth 2,15LXX; auch verschiedene rabbinische Bestimmungen zielen darauf, dass die Armen nicht beschämt werden: Bill. III 444. Demütigende Behandlung der Armen bei Einladungen rügt dagegen Lukian, Sat. 32 (vgl. NEUER WETTSTEIN II 1, 349f).

[126] So z.B. BORNKAMM 144-146, mit der merkwürdigen Begründung, dass die Korinther das sakrale Mahl so hochgeschätzt hätten; HAHN 326. Die Reihenfolge „Sättigungsmahl - Eucharistie" ist auch Did 9f nicht belegt, wenn es sich bei Did 10,1-6 um ein Nachtischgebet handelt. So überzeugend K. WENGST, SUC 2, 1984, 44-47. KLINGHARDT 478 modifiziert: 10,1-5.

[127] KLAUCK, Herrenmahl 292 und SCHRAGE, 1Kor III 24 möchten das den Korinthern nicht zutrauen, aber vielleicht bestand das Skandalöse darin, dass das Brotbrechen für alle diese damit unvereinbare Fortsetzung hatte. Deshalb dann auch die harsche Gerichtsdrohung.

vorstellen kann und das „vorwegnehmen" wörtlich nimmt, postuliert eine Abfolge „vorweggenommenes Privatmahl – Brotkommunion – Agape – Weinkommunion",[128] kann dann aber weder dem Brotritus noch dem „Trunkensein" ihren ursprünglichen Sinn lassen.

V. 23a führt mit der uns von 11,2 her vertrauten Begrifflichkeit (παραλαμβάνειν, παραδιδόναι) Tradition ein, die nach dem Relativsatz zur Erstverkündigung gehörte. Nicht nur weisen einige bei Paulus sonst nicht gebrauchte Vokabeln – vor allem das zweimalige ἀνάμνησις V. 24c.25c – und der Verben mit καί aneinanderreihende Stil in V. 23b.24ab auf vorgegebene Formulierung, die Übereinstimmung mit der von der Markusvorlage abweichenden Version Lk 22,19f belegt auch eine eigene Form der Abendmahlsüberlieferung, deren Bildung man meist in der griechischsprechenden Gemeinde Antiochiens ansetzt. Die in den markinischen Passionsbericht eingebaute Fassung Mk 14,22-24, die im Folgenden zum Vergleich herangezogen wird, lokalisiert man weithin in der Jerusalemer Urgemeinde. Paulus freilich behauptet, er habe die Einsetzungstradition „vom Herrn" empfangen. Mit ἀπό wird nicht der menschliche Übermittler (dafür παρά: Gal 1,12; 1Thess 2,13; 4,1; 2Thess 3,6) angegeben, sondern der letzte autoritative Ursprung von Handlung und Worten.[129] Damit ist jedoch nicht auf die Offenbarung bei Damaskus, den Ursprungsort des paulinischen Evangeliums, angespielt.[130] Vielmehr wird die κύριος-Würde, die eigentlich in der österlichen Erhöhung durch Gott begründet ist (vgl. Phil 2,9-11 und zu 12,3), zurückverlagert in das Wirken des irdischen Jesus. So kann Paulus V. 26 unkonventionell vom „Tod des Kyrios", aber auch traditionell von seinem Kommen sprechen. Die Überlieferung vom letzten Mahl Jesu ist, wie wir schon beim „Herrenmahl" V. 20 sahen, in der urkirchlichen Sprache mit dem Kyrios-Titel verknüpft, der in unserer Perikope denn auch gehäuft vorkommt (vgl. V. 23b ὁ κύριος ᾽ Ἰησοῦς; V. 26.27 zweimal, V. 32).[131] Sowohl das Vermächtnis seines Leibes und Blutes wie die Aufforderung zur andenkenden Feier gehen nach Paulus auf den „Herrn" zurück. Diese „Kultätiologie"[132] endet mit dem Kommentar („denn") des Apostels in V. 26. Hier redet nicht mehr der Kyrios, sondern Paulus redet über ihn. Er spricht die Korinther direkt an, die sich aber auch in der 2. Pl. der Jesusworte von V. 24f mit angeredet fühlen dürfen.

V. 23b.24ab Die Zeitangabe beschwört kurz aus einem Erzählzusammenhang die Nacht, in der der Herr Jesus den Gerichtsinstanzen übergeben wurde. Das Verbum παραδίδοσθαι hat hier denselben Sinn wie 5,5; 2 Kor 4,11 und bei Mk 9,31; 10,33 sowie in Kap. 14 des Markusevangeliums, ohne dass die verräterische Tat des Judas

---

[128] SCHRAGE, 1Kor III 14; KOLLMANN 42; SCHMELLER, Hierarchie 71; KONRADT 411-414.
[129] BRÖSE, E.: Die Präposition ἀπό 1 Kor. 11, 23, ThStKr 71, 1898, 351-360 und EVENSON, G.O.: The Force of *apo* in I Corinthians 11:23, LuthQ 11, 1959, 244-246 zeigen zwar, dass ἀπό auch die unmittelbare Herkunft besagen kann; doch über die menschlichen Kommunikationswege – z.B. die Gemeinde, in der Paulus seine Katechese erhielt – wird hier nicht reflektiert. Sie sind deshalb – gegen Evenson – nicht ausgeschlossen.
[130] Anders LIETZMANN, 1Kor 57.
[131] Vgl. noch KRAMER, Christos 159-162.
[132] PESCH 35-38 arbeitet den Unterschied zwischen dem markinischen „Bericht" und der bei Paulus zu Grunde liegenden „Kultätiologie" (dazu KLAUCK, Gemeinde 319f) – fast überscharf – heraus.

ausdrücklich konnotiert wäre. Manche wollen hier ein theologisches Passiv erblicken wie es vielleicht in παρεδόθη Röm 4,25 vorliegt (vgl. das Aktiv Röm 8,32).[133] Doch beinhaltet dieses Überliefern Gottes die ganze Passion bis zum Tod und könnte deshalb nicht auf die Nacht datiert werden. Während nun bei Markus Jesus das Brot während des schon im Gang befindlichen Passamahls zu Beginn des Hauptgangs bricht, ist bei der paulinischen Tradition nichts von einem solchen Rahmen zu spüren. Die Deutung des Todes Jesu als Tötung des Passalammes (5,7b) spricht eher dagegen, dass Paulus einen solchen Zusammenhang kannte. Sie entspricht ja eher der johanneischen Darstellung, wonach Jesus zur Zeit der Schlachtung der Passalämmer hingerichtet wurde (vgl. Joh 18,28; 19,14.36). Das nun geschilderte Brechen des Brotes nach einem Gebet folgt der jüdischen Sitte,[134] wie sie Jesus auch sonst praktiziert (vgl. Mk 6,41 εὐλόγησεν; 8,6 εὐχαριστήσας; Lk 24,30 εὐλόγησεν; aber auch Paulus Apg 27,35 εὐχαρίστησεν τῷ θεῷ; vgl. zu 10,30). Die Verwendung von εὐχαριστεῖν („danken", auch Lk 22,19 gegen Mk 14,22) statt des in seinem objektlosen Gebrauch für Tischgebet (= hebr. ברך/brk) semitisch klingenden εὐλογεῖν („segnen") gilt gewöhnlich als Indiz für Gräzisierung,[135] doch kennt Paulus auch εὐλογεῖν, allerdings beim Becher (vgl. 10,16a). Im Vergleich mit dem Bericht Mk 14,22 sind die Geste des Gebens und die Aufforderung zum Nehmen (letzteres auch bei Lk 22,19) ausgelassen. Ebenso im Vergleich mit Mk 14,23 das Reichen des Bechers und die Notiz, dass alle daraus tranken. Dies fiel aus dem Rahmen des gewöhnlichen Mahls, wo jeder seinen eigenen Becher hatte. Die paulinisch/lukanische Fassung konzentriert sich ganz auf die begleitenden Worte.

Mit einem Identifikationssatz bezeichnet der Herr Jesus nun das ausgeteilte Brot als seinen[136] Leib. Beim historischen Jesus ist das wohl als prophetische Zeichenhandlung zu verstehen, bei der das Zerreißen des Brotfladens auf den bevorstehenden Tod vorausweist (vgl. eine ähnliche Deuteformel bei Ez 5,5; zur Symbolik des Brechens vgl. Jer 19,10f). Σῶμα ist demnach der dem Tod geweihte Leib, konkret: der Gekreuzigte selbst (vgl. 10,16b; Röm 7,4). Der Ausdruck bedarf keiner anthropologischen Ergänzung wie „Blut". Weil Jesus aber das so gedeutete Brot seinen Jüngern reicht, könnte er darüber hinaus andeuten, dass er ihnen diesen Todesleib zueignet. Im Lauf der Tradition rückte der Akzent von der Vorausdarstellung des Schicksals auf die Gabe.[137] Die Zeichenfunktion des Zerbrechens trat in den Hintergrund. Die Intention wird in einem – an Mk 14,22 gemessen – Zusatz expliziert. In τὸ ὑπὲρ ὑμῶν ist eine präpositionale Bestimmung mit dem wiederholten Artikel dem Bezugswort „mein Leib" nachgestellt. Das ist eine gut griechische, bei Paulus

---

[133] Z.B. JEREMIAS 106; HOFIUS 204 mit Anm. 4 unter Hinweis auf Jes 53,12; FITZMYER, 1Kor 436.

[134] Vgl. Bill. IV.2 621. Nach mBer 6,1 lautet der Lobspruch: „Gepriesen sei Jahve, unser Gott, der König der Welt, der Brot aus der Erde hervorgehen lässt". Die Gäste antworteten mit „Amen".

[135] Vgl. PESCH 40f. Aber auch Mk 14,22f wechselt von εὐλογήσας beim Brot zu εὐχαριστήσας beim Becher.

[136] Die unsemitische Voranstellung des Personalpronomens μου – noch nicht bei Mk 14,22, aber auch nicht bei Lk 22,19 – ist stilistische Verbesserung. Ihr entspricht beim Blut das vorangestellte ἐμῷ (V. 25b im Unterschied zum angehängten μου Lk 22,20).

[137] Nur dann wird es problematisch, dass Jesus auch von dem Brot isst, was sich eigentlich von selbst versteht, von PESCH 42 aber bestritten wird.

öfter vorkommende (mit ὑπὲρ z. B. 2Kor 7,12; 9,3) Form. Im Hebräischen und anderen semitischen Sprachen kann man mit einem elliptischen Relativsatz ähnlich schreiben; die LXX kann das wiederum mit nachgeholtem Artikel übersetzen.[138] Es ist also nicht ausgeschlossen, aber doch ziemlich unwahrscheinlich, dass die Wendung ein semitisches Substrat hat. Die Präposition ὑπέρ[139] bringt zum Ausdruck, dass der Leib Jesu zugunsten der Angeredeten dem Tod anheimgegeben wird, was auch die „Sterbens-Formel" (s. zu 1,13) besagt. Lk 22,19 ergänzt denn auch „gegeben". Von einem „Sühnetod" sollte man erst reden, wenn das Sterben zur Tilgung der Sünden geschieht (vgl. 15,3; Röm 4,25).[140] Sind hier die Formeln noch traditionell, so wird in einigen Spitzenaussagen des Paulus mit ὑπέρ deutlich, dass der Tod Christi für uns stellvertretende Übernahme von Sünde und Fluch einschließt (vgl. Gal 3,13; 2Kor 5,21). Die bei Mk bezeugte Tradition hat den Gedanken des Sterbens-für mit einer ähnlichen Konstruktion ans Kelchwort angehängt: „mein Blut ... das für die Vielen ausgegossene". Der Streit darüber, wo sein besserer Ort ist und ob die Formulierung mit „Viele"[141] (Mk/Mt) oder die direkte Anrede „für euch" (Paulus/Lk) ursprünglicher ist, geht hin und her. Vielleicht ist er aber auch müßig. Denn der wechselnde Ort, die künstliche Anbindung und die unterschiedliche Formulierung könnten darauf hindeuten, dass der Zweck des Einsatzes-für in verschiedenen Gruppierungen des Urchristentums unabhängig und sekundär zu den Spendeworten hinzugewachsen ist.

Die menschliche Situation, in der Jesus sein bevorstehendes Sterben den Jüngern zuwendet, unterscheidet das eucharistische Mahl zutiefst von Formen der „Theophagie", die manchmal von Religionsgeschichtlern als Analogie bemüht werden. Aus dem griechischen Raum führt man das Rohfleischessen im Kult des Dionysos an, durch das die schwärmerischen Anhänger(innen) in frühere Kulturstufen zurückfallen. Sie werden dadurch der wilden Kräfte des Gottes inne, der selber der „Rohfleischesser" heißt.[142] Obwohl er auch in Tiergestalten erscheint, wird dadurch kaum sein Tod evoziert. So nur ein byzantinisches Scholion zu Clemens Al., protr. 119,1: „Rohes Fleisch aßen nämlich, die sich Dionysos weihten, und vollzogen das als Darstellung (δεῖγμα) des Zerreißens, das Dionysos von den Mänaden erlitt."[143] Hier mag Dionysos verwechselt sein mit seiner orphischen Gestalt Zagreus, der als Kind von den Tita-

---

[138] Vgl. die bei HOFIUS, O.: Τὸ σῶμα τὸ ὑπὲρ ὑμῶν 1Kor 11,24, ZNW 80, 1989, 80–88 u. a. angeführten Belege Lev 5,8; Dtn 28,23.

[139] Vgl. BIERINGER, R.: Traditionsgeschichtlicher Ursprung und theologische Bedeutung der ὑπέρ-Aussagen im Neuen Testament, in: Van Segbroeck, F. u. a. (Hg.): The Four Gospels 1992. FS F. Neirynck, BEThL 100, Leuven 1992, 219–248.

[140] Andere Autoren wollen den Begriff „Sühne" auf die wenigen Ableitungen von ἱλάσκεσθαι einengen. Er gehört aber der theologischen Beschreibungssprache an und hat mehrere quellensprachliche Ausdrucksmöglichkeiten. Vgl. die Abklärung bei Frey/Schröter, Deutungen.

[141] Manche hören eine Reminiszenz daran aus dem οἱ πολλοί in 10,17a heraus. Ein alle umfassendes „viele" im Gegensatz zu einem Singular ist Paulus aber auch sonst (vgl. zu 10,33 und Röm 5,15.19; 12,5) geläufig. Im Kontext der Lebenshingabe (vgl. noch Mk 10,45) ist eine Anspielung auf Jes 53,11f möglich.

[142] Vgl. KLAUCK, Herrenmahl 109–112 und das im NEUEN WETTSTEIN II 1, 352 zitierte Euripidesfragment 472 (NAUCK). Es vermengt verschiedene ekstatische Kulte; u. a. darf sich der Myste durch Teilnahme an einem Mahl mit rohem Fleisch geheiligt wissen und ein Bakche nennen. Kritisch WEDDERBURN, Baptism 320–326.

[143] Ähnlich Photius s.v. νεβρίζειν.

nen zerstückelt wurde. Erst eine späte, christliche Quelle[144] stellt eine Verbindung her zwischen diesem Tod und dem Ritus des Essens von rohem Fleisch. Das könnte eine polemische Fehldeutung sein: Noch in ihren rituellen Bräuchen verraten die Heiden das schmähliche Ende ihrer Gottheit.

V. 25ab Zunächst verkürzt „Ebenso" die Handlung: Das Nehmen des Bechers, die Danksagung darüber, wird nicht wie beim Brot und bei Markus erzählt. Es fand aber nach der Hauptmahlzeit statt,[145] wie über Markus hinaus vermerkt ist. Während die markinische Überlieferung analog wie beim Wort zum Brot formuliert („Das ist mein Blut"), um dann in deutlicher Anlehnung an Ex 24,8 „des Bundes" anzuhängen, wird nach der paulinischen Fassung im Kelch der „Neue Bund" (vgl. Jer 31,31) angeboten. „Blut" steht für den gewaltsamen Tod (vgl. Röm 3,25; 5,9). Vielleicht hat Jesus beim letzten Mahl mit der roten Farbe des Weines[146] sein nahes Ende symbolisiert. Dann ist trotz des Zuges zur Parallelisierung (so dann Justin, 1.apol. 66,3 in einem Verschnitt der Evangelien) „Das ist mein Blut" anzunehmen. Weil das keine massive Identifikation mit einem menschlichen Bestandteil, sondern Hinweis auf ein Ereignis ist, wird dem Juden damit nicht ein zu verabscheuendes Trinken von Blut zugemutet. Doch je mehr das Blut als geschenkter Trank verstanden wird, legt sich eine Umgestaltung des Gabewortes wie bei Paulus nahe. Zunächst aber war – wohl erst nach Ostern – das Blut mit dem Bundesgedanken verknüpft worden. Dass dies kaum ursprünglich ist, verrät noch die Aneinanderreihung zweier Genitive bei Mk 14,24.[147] Religionsgeschichtlich fungiert Blut, das eigene oder das von Tieren, manchmal ersetzt durch Wein oder vermischt mit Wein, als Unterpfand des Selbstengagements.[148]

Beim Bundesschluss nach der Gesetzgebung am Sinai Ex 24 wird das Volk in Pflicht genommen, indem Mose die Hälfte des Stierbluts auf es sprengt. Das bedeutet eine bedingte Selbstverfluchung: Wie den geopferten Tieren soll es den Israeliten gehen, wenn sie den Bund nicht halten.[149] Für unsere Belange interessant ist, dass beim Schwören auch Wein die Funktion des Blutes übernehmen kann. Die Molosser schlachten beim Eid einen Stier in Stücke und bitten,

---

[144] Firmicus Mat., err. 6,5: Die Kreter vergegenwärtigen alle zwei Jahre, „was das Kind tat oder erlitt. Sie zerfleischen mit den Zähnen einen lebendigen Stier, indem sie in jährlichen Erinnerungsfeiern die grausamen Mähler wach rufen (*annuis commemorationibus excitantes*)". Die ganze Darstellung ist euhemeristisch.

[145] Die präpositionale Wendung ist auf die zu ergänzenden Verben, nicht auf den Becher zu beziehen; der Becher ist damit nicht als der dritte von vier Bechern des Passamahls charakterisiert, sondern es handelt sich um den Becher, den der Hausherr zum abschließenden Lobspruch etwas über den Tisch hebt: HOFIUS 208–214.

[146] Die ist freilich nur beim Passamahl wahrscheinlich zu machen: vgl. JEREMIAS 47.

[147] So dass man bei gut griechischer Lektüre das Possessivpronomen μου zu τῆς διαθήκης ziehen könnte. Das verbietet sich aber aus theologischen Gründen.

[148] Vgl. STRACK, H.L.: Das Blut im Glauben und Aberglauben der Menschheit, München 5-71900, 21–23. Vgl. SPEYER, W.: Das letzte Mahl Jesu im Lichte des sogenannten Eidopfers, in: Ders.: Frühes Christentum im antiken Strahlungsfeld, WUNT 50, Tübingen 1989, 477–492. Er zeigt, wie das zur Bekräftigung des Schwurs ursprünglich vernichtete Lebewesen in einer Weiterentwicklung beim anschließenden gemeinsamen Mahl genossen wird.

[149] Vgl. KUTSCH 27–37. Er nennt als Parallele Aeschylus, Sept. 42–48. Hier tauchen die Führer des argivischen Heeres ihre Hände in das Blut des geschlachteten Stieres und verpflichten sich so, Theben zu zerstören oder das Land mit dem eigenen Blut zu benetzen. Vgl. ebd. 31 einen altarabischen Text.

dass die Übertreter auf diese Weise geschlachtet werden; sie gießen Wein vom Trinkgefäß aus und bitten, dass das Blut des Übertreters auf diese Weise ausgegossen (ἐκχέειν) werde.[150] Beim Soldateneid der Hethiter wird – neben anderen Symbolhandlungen – Wein vergossen und den Rekruten gesagt: „Das ist nicht Wein, es ist euer Blut; und wie dies die Erde verschluckt hat, ebenso soll auch euer Blut [...] die Erde verschlucken".[151] Obwohl der Wein beim Abendmahl nicht ausgegossen, sondern getrunken wird, repräsentiert er doch nach Mk 14,24 das für Viele vergossene Blut. Der Bund kommt im Vergießen des Blutes Jesu – vgl. das instrumentale ἐν bei Paulus und Lukas – zustande. Es wird nicht als Strafe für den Bundesbruch, sondern stellvertretend für die Sünder vergossen. Ein ähnliches Verständnis des Ritus am Sinai zeigen die Targume TO und TJI; sie erwähnen nicht die Besprengung des Volkes, sondern nur das Blut, das Mose an den Altar sprengte, „um für das Volk Sühnung zu schaffen". Dies interpretiert er dann als das „Blut der Setzung".[152] Die zunächst befremdlich wirkende Aufforderung Jesu, sein Blut zu trinken, erinnert daran, dass bei anderen Bundesschlüssen das eigene Blut dem Partner zu lecken gegeben wird, um so das gegenseitige Engagement zu bekräftigen. Die Skythen z. B. mischen beim Treuebund Wein mit ihrem eigenen Blut, sprechen schwere Flüche über das Gemisch und trinken danach aus dem Becher (Herodot IV 70). Im Vergleich damit ist bei Jesus die Einseitigkeit des Aktes bemerkenswert.

Die Paulus vorgegebene Fassung assoziiert mit dem Blut nicht den Bundesschluss am Sinai, sondern die von Jeremia verheißene διαθήκη καινή[153] (Jer 38,31LXX, dort für das Haus Israel und das Haus Juda), was man im Sinn der LXX[154] wohl mit „neue Verfügung" übersetzen muss. Nicht die Verpflichtung des Volkes, sondern die einseitige Heilssetzung Gottes steht im Blick. Auch Paulus selber (2Kor 3,6–18; Gal 4,24–27) stellt die neue Anordnung Gottes dem Bund am Sinai, der am Tun des Gesetzes hängt, entgegen. Da bei Jer 31 zur Gewährung der διαθήκη kein Blutvergießen gehört, macht die Formulierung den Eindruck einer Weiterentwicklung gegenüber Mk 14,24.[155] Sie hebt das eschatologische Moment hervor. Auch die Qumranschriften reden vom erneuerten Bundesverhältnis zu Gott, in das eine Vorgängergruppe im Land Damaskus eingetreten ist.[156] Es scheint weitgehend in einer

---

[150] LEUTSCH, E.L./SCHNEIDEWIN, F.G.: Corpus Paroemiographorum Graecorum, Nachdruck Hildesheim 1958, I 225f.

[151] ÖTTINGER, N.: Die militärischen Eide der Hethiter, StBT 22, Wiesbaden 1976, 21. S. 74f zieht er eine Parallele zu den Abendmahlsworten.

[152] Vgl. Bill. I 991.

[153] Die paulinisch-lukanische Tradition stellt das Adjektiv gut griechisch voran, vgl. 2Kor 3,6. Das ist noch kein Grund, um einen Bezug zu Jer 38LXX zu bestreiten; denn nur diese Stelle spricht im AT von einem „Neuen Bund". Überblick bei GRÄBE, P.J.: Καινὴ διαθήκη in der paulinischen Literatur, in: Kampling/Söding, Ekklesiologie 267–287.

[154] Vgl. BEHM, J.: Art. διατίθημι, διαθήκη, ThWNT 2, 1935, 105–137, 129f.136; KUTSCH 58–71.

[155] Manche Exegeten, z.B. WOLFF, 1Kor 226f, finden in 10,16 eine Erinnerung an die Herrenmahlsworte Mk 14,22–24, die Becher und Blut Christi in Beziehung setzen. Aber das tut Paulus auch 11,27, wo er das Fazit aus unserer Abendmahltradition zieht. Für die Priorität des Kelchwortes in der markinischen Fassung spricht sich eine wachsende Anzahl von Forschern aus: JEREMIAS 162f, FELD 37f, KUTSCH 120–135, PESCH 48f, SÖDING 141–145, VAN CANGH 631f, BECKER 6f.

[156] Vgl. CD VI 19; VIII 21; XX 11f spricht davon, dass sie die בְּרִית/bᵉrît im Land Damaskus aufgerichtet, aber dann verworfen haben; Abgefallenem vom neuen Bund auch XIX 33f; pHab II 3f. Qumran kennt keine Antithetik zwischen altem und neuem Bund wie Paulus. Vielmehr erneuert Gott seinen Bund für die Umkehrwilligen (vgl. 1Q34, Frgm. 3, II 6).

Selbstverpflichtung auf die „Satzungen der Gerechtigkeit" zu bestehen (vgl. 1QS V 8-10), beruht aber auf vorausgehender Erwählung und Sündentilgung. Paulus bzw. seiner Tradition wie später dem Hebräerbrief (Hebr 10,11-18) ist an der Verheißung Jer 31,31-34 wohl zunächst der Gedanke der Sündenvergebung (vgl. auch Röm 11,27) und der mit ihr gewährten vollendeten Gottesgemeinschaft wichtig.[157] Es ist denkbar, wenn auch nicht zwingend, dass durch die Umformulierung des Bundesgedankens beim Kelchwort das Sühnemotiv, das bei Mk 14,24 noch damit verbunden ist, zum Brotwort wanderte. Lukas, der es 22,20 mit dem Neuen Bund in Jesu Blut vereinbaren möchte, kann dies jedenfalls nur um den Preis inkonzinner Grammatik tun, indem er ein Partizip im Nominativ nachträgt.

V. 24c.25c Das imperativische Sätzchen fehlt bei Markus und steht bei Lukas (davon abhängig Justin, 1.apol. 66,3) nur nach dem Brotwort. Es wird unzureichend als „Wiederholungsbefehl" gekennzeichnet; eigentlich geht es aber um die Sinngebung des selbstverständlich angenommenen kultischen „Tuns". Dieses umfasst mindestens das Brechen und Essen des Brotes unter Danksagung sowie das Trinken des (gesegneten) Bechers.[158] Ob auch die deutenden Worte wiederholt wurden, ist nicht sicher, weil Paulus V. 26f erst an ihre Tragweite erinnern muss. Er hätte sonst auch einfach an den Text appellieren können, den die Korinther beim Herrenmahl sprechen. Das rituelle Handeln der Gemeinde soll jedenfalls Jesus ins „Gedächtnis" rufen. Trotz der Unbestimmtheit des Personalpronomens „mein" bezieht V. 26 und die spätere Tradition[159] das Gedächtnis vor allem auf die Passion.

1. Meist versucht man heute den Auftrag zur Anamnese vor atl.-jüdischem Hintergrund, besonders vor dem der *Passafeier*, zu verstehen.[160] Doch ist, wie wir sahen, in der Vorlage des Paulus Jesu letztes Mahl nicht als Passamahl erkenntlich. Die LXX liefert auch keine exakten sprachlichen Parallelen. Das viermal belegte εἰς ἀνάμνησιν steht nicht im Passakontext; לְזִכָּרוֹן/*lezikkārôn* Ex 12,14 ist mit μνημόσυνον wiedergegeben (auch Ex 13,9); Ex 13,3 und Dtn 16,3 gebrauchen das Verbum μνημονεύειν bzw. μνησθῆναι. Vor allem fehlt im atl. Gedächtnisgottesdienst ein personales Objekt; Gegenstand der Erinnerung sind überwiegend Ereignisse.

2. Deshalb findet neuerdings die von H. Lietzmann favorisierte Analogie der hellenistisch-römischen *Totengedenkstiftung* wieder Beachtung.[161] Hier folgt das Gedächtnis, oft im Rah-

---

[157] HOFIUS 226 Anm. 133, der aber fortfährt: „*nicht* dagegen der Gedanke des ins Herz geschriebenen Gesetzes (V. 33)." Das würde ich wegen 2Kor 3,3.6; Röm 2,15; 8,4 sachlich nicht ausschließen. Zum Bund im Neuen Testament vgl. GRÄSSER, E.: Der Alte Bund im Neuen, WUNT 35, Tübingen 1985, 1-134.

[158] Aus V. 25c und 26 geht hervor, dass der Verzehr zu dem mit „dies" anvisierten „Tun" gehört. Gegen HOFIUS 228. Weniger festgelegt sind die äußeren Umstände, die Nachtzeit, die Einschaltung eines Mahles, obwohl auch diese in Korinth beobachtet werden konnten. Der Zusatz „sooft ihr trinkt" V. 25c bedeutet keine Einschränkung – so als habe man die Eucharistie öfter nur mit Brot (*sub una specie*) gefeiert –; denn ὁσάκις („jedesmal wenn") ist auch V. 26 nicht einschränkend.

[159] Vgl. Justin, dial. 41,1; 70,4; 117,3; EpAp 15 (26).

[160] Vgl. KOSMALA, H.: „Das tut zu meinem Gedächtnis", NT 4, 1960, 81-94; JEREMIAS 229-245; seine Paraphrase „damit Gott meiner gedenke" wird aber meist abgelehnt.

[161] Vgl. LIETZMANN, 1Kor 58.91-94 mit Beilagen 2-8; REICKE, BO: Diakonie, Festfreude und Zelos in Verbindung mit der altchristlichen Agapenfeier, UUÅ 1951.5, 257-260; KLAUCK, Herrenmahl 83-86; KOLLMANN 185-187. Z.B. ordnet Epikur eine jährliche und eine monatliche Zusammenkunft „zu unserem und des Metrodor Gedächtnis" (εἰς τὴν ἡμῶν καὶ Μητροδώρου μνήμην) an. Vgl. Diogenes Laert. X 18

men eines Mahles, einer ausdrücklichen Setzung des vor noch nicht allzu langer Zeit Dahingegangenen und gilt seiner Person. Allerdings soll man vor allem seiner Wohltaten gedenken, die seinen Tod vergessen machen. Deshalb wird das Gedächtnis auch meist am Geburtstag begangen.

3. Die Christen dagegen feiern am Tag der Auferstehung (s. zu 16,2) und rücken den Tod des Herrn in den Mittelpunkt. Für diese Zuspitzung hat man wieder Formeln aus hellenistisch-römischen Referaten über Kulte, in denen die Leiden der Gottheit vergegenwärtigt werden, in Anschlag gebracht. Sie verwenden neben der Kategorie der Nachahmung auch mehrmals die des Gedenkens.[162] In dem oben Anm. 144 herangezogenen Text des Firmicus Mat. vollzieht sich die *commemoratio* sogar als Mahl.

Die Paulus wie Lukas vorliegende Abendmahlsüberlieferung war also wohl erst in einer hellenistischen Gemeinde – man tippt auf das syrische Antiochien – ausdrücklich auf ein personales Gedächtnis hin ausgerichtet worden. In der Konzentration auf den Tod tendiert die Formulierung jedoch in die Richtung antiker Theorien über die Kulte leidender und sterbender Gottheiten. „Die Eucharistie, betrachtet als Aktualisierung eines Heilsdramas, liegt auf der Linie der Mysterien ihrer Zeit, die die Leiden und den Triumph eines Gottes zeigen wollten, an welchen seine Verehrer mitfühlend Anteil nahmen".[163] Es kommt allerdings hier nicht auf ein emotionales Mit-Erleben, sondern auf ein Anteil-Erhalten am Sühnetod an (vgl. 10,16), der von keiner der Mysteriengottheiten behauptet wird.

V. 26 Brot- und Becherhandlung zusammenfassend erklärt Paulus der Gemeinde, in welchem Sinn sich darin das Gedächtnis des Herrn realisiert: als Verkündigung seines Todes. Mit καταγγέλλειν wendet er einen missionarischen Terminus (vgl. in unserem Brief 2,1; 9,14) auf ein Geschehen in der Abgeschlossenheit der Gemeindeversammlung an. Hofius[164] weist darauf hin, dass in der Sprache der Psalmen oft dem Gedenken ein Verkündigen an die Seite tritt. Der Tod des Kyrios (zu dieser Kombination s. bei V. 23a)[165] käme natürlich am deutlichsten zur Sprache, wenn die Einsetzungsworte jedesmal rezitiert würden. Doch ist das, wie gesagt, nicht sicher, und so geschieht wohl die Verkündigung durch das liturgische Tun als solches.[166] Es war allerdings nicht stumm, sondern begleitet von Gebeten, einer εὐχαριστία (s. zu 14,16f), die vermutlich von einem Propheten (vgl. Did 10,7) oder dem Hausvater ge-

---

ergänzt durch Cicero, fin. II 101. Eine Stiftung aus Nikomedia zielt darauf, „dass sie mein Gedächtnis begehen" (ἐπὶ τὸ ποιεῖν αὐτοὺς ἀνάμνησίν μου).

[162] Z.B.: Die orgiastischen Trauerriten um Adonis begehen die Leute in Byblos „zur Erinnerung an das Leiden" (Lukian, Syr. dea 6); Plutarch, Is. 17 (mor. 357f): Erinnerung an das Leiden des Osiris; Servius, ad. Aen. IX 115: Damit das Gedächtnis des verstorbenen Attis ewig bleibe, setzte die Große Mutter Trauerbräuche ein. Vgl. auch das oben Anm. 144 zitierte Beispiel aus Firmicus Mat., err. 6,5. Weiteres bei ZELLER 191-193.

[163] So der sonst konservative A.D. NOCK, Christianisme et hellénisme, LeDiv 77, 101f.

[164] 232f, allerdings finden wir nirgends direkt καταγγέλλειν, sondern das in der LXX weitaus häufigere ἀπαγγέλλειν.

[165] CONZELMANN, 1Kor 240 Anm. 47; 241 Anm. 52 nimmt an, den Korinthern sei nur noch der Erhöhte „präsent" gewesen, die Orientierung an ihm sei nicht auf den Tod zurückbezogen. Dann läge hier eine Spitze vor. Sie ist aber kaum fühlbar.

[166] Dafür tritt etwa FELD 62f ein, auch wenn er die von J. WEISS, 1Kor 288f gezogene Parallele zu den δρώμενα (signifikativen Handlungen) der Mysterien als zu weitgehend ansieht.

sprochen wurde.[167] Die Proklamation des Todes des Herrn wird aber nun durch sein Kommen befristet. Statt vom „Kommen des Herrn" (s. 4,5) kann Paulus auch von seiner „Ankunft" (παρουσία) reden.[168] Das Verbum „kommen" ist schon in dem aramäischen Gebetsruf מָרָן אֲתָא/māran ᵉta (vgl. 16,22b) mit dem Titel verbunden. Das liturgische Ausrufen des Todes des Herrn steht in Spannung zum „Tag des Herrn", an dem er sich als der Kyrios erweisen wird. Das paradoxe Bekenntnis zum Kyrios in seiner Todesgestalt des dahingegebenen Leibes und des vergossenen Blutes erhält so etwas Vorläufiges. Diese Begrenzung ist nicht polemisch gegen eine schwärmerische „Antizipation der Herrlichkeit des neuen Äon" bei der Feier gerichtet.[169] Sie ist vielmehr getragen von der Gewissheit, dass das Paradox bald aufgelöst werden wird. Manche Autoren[170] hören aus dem ἄχρι οὗ noch eine finale Nuance heraus. Doch ist das sprachlich nicht zwingend[171] und theologisch eher abwegig.[172] Die Feier der Eucharistie kann das Kommen des Herrn nicht beschleunigen, mag bei ihr auch der sehnsuchtsvolle Ruf nach seinem Kommen erklungen sein. Aus diesem Brauch wird der Temporalsatz traditionsgeschichtlich herzuleiten sein, nicht aber aus dem ganz anders ausgedrückten „eschatologischen Ausblick" Mk 14,25.

V. 27 Die Folgerung für das Verhalten der Korinther spricht Paulus in einem allgemein gehaltenen sakralen Rechtssatz aus. Die Diskussion zu dieser Form haben wir bei 3,17 referiert. Der dort genannte ansonsten skeptische K. Berger hat für die ἔνοχος-Wendungen die Bestimmung als Sätze heiligen Rechts erhärtet, allerdings wegen der Parallelen in griechischen Inschriften eine Entstehung auf griechischem Boden befürwortet.[173] Die Erkenntnis ist wichtig für die Beurteilung des Futur ἔσται; es handelt sich nicht um ein – gar von Propheten angesagtes – eschatologisches Futur,[174] sondern um die logische Rechtsfolge wie in anderen Fällen.[175] Die Formulierung des vorausgehenden Tatbestandes, das „unwürdige"[176] Essen und Trinken, hat bei späteren Lesern unnötige Gewissensskrupel bei der V. 28 verlangten Selbstprüfung hervorgerufen. Die Würdigkeit bemisst sich aber nicht am „Stand der Gnade", sondern am Verhalten beim Mahl. Wer unter den eucharistischen Vorzeichen nur sein „eigenes Essen" genießt, der macht sich schuldig am Leib und am Blut

---

[167] Auf spezifisch christliche Dankgebete legt HOFIUS 228f.234f. den Akzent. Die Schwierigkeit ist, dass die ersten erhaltenen Mahlgebete (Did 9f) den Tod Jesu nicht erwähnen.

[168] Vgl. KRAMER, Christos 172-174.

[169] Gegen BORNKAMM 172f, KOLLMANN 47. Auch CONZELMANN, 1Kor 245 mit Anm. 102 vermutet, das Abendmahl sei für die Korinther „Vorwegnahme des Mahles der Seligen" gewesen. Er deutet den Temporalsatz als „eschatologischen Vorbehalt".

[170] Vgl. JEREMIAS 244; HOFIUS 237.241-243.

[171] Die finale Deutung ist bei 15,25; Röm 11,25 möglich, wenn auch an letzterer Stelle eher unwahrscheinlich; unmöglich ist sie dagegen Gal 3,19, wo der Zweck „um der Übertretungen willen" vorher eigens angegeben wird.

[172] Vgl. THISELTON, 1Kor 887.

[173] NTS 17, 1970/71, 35-38. Doch dürften die ntl. Belege – v.a. Mt 5,21f; Mk 3,29 – judenchristlicher Herkunft sein.

[174] Gegen KÄSEMANN 24.

[175] Vgl. die atl. Beispiele Gen 26,11; Lev 20,9; Jos 2,19; 1Makk 14,45 und Mt 5,21f jeweils mit ἔνοχος ἔσται. Dazu kommt, dass das Gericht V. 29f schon in der Gegenwart stattfindet.

[176] Das Adjektiv ἀνάξιος nur noch 6,2b.

des Herrn, die mit Brot und Wein empfangen werden. Man hat daraus ein „substantielles" Verständnis der eucharistischen Gaben herausgelesen. Doch sind sie nach dem Kommentar des Paulus in V. 26 nicht von Jesu Tod abzulösen. Sie sind freilich so weit verselbständigt, dass der sie unwürdig Genießende nicht am Tod Jesu schuldig wird,[177] sondern an den den Tod übereignenden Gaben, eben dadurch, dass er den Leib und das Blut des Herrn nicht als solche würdigt (vgl. V. 29). Dass er „die Heilsbedeutung des Todes Jesu zunichte macht",[178] ist auch nicht gesagt. Kümmel, 1Kor 186 protestiert vergeblich gegen die Folgerung Lietzmanns, „daß in der heiligen Handlung Leib und Blut des Herrn genossen werden".[179]

V. 28f Die hier empfohlene Selbstprüfung[180] ist demnach auch nicht die Suche nach der im Inneren verborgenen Sünde (vgl. den Aufruf Did 10,6), sondern die Kontrolle des eigenen Verhaltens. Nur wer sich bewusst ist, dass er mit den Brüdern und Schwestern im Herrenmahl an Leib und Blut Christi Anteil bekommt, darf von dem Brot essen und aus dem Becher trinken. Bei dem begründenden V. 29 sind zwei Auffassungen möglich. Entweder ergänzt man bei „Wer isst und trinkt" ein „einfach" und denkt an ein profanes Mahl wie V. 22a; dann hätte die angehängte Partizipialkonstruktion μὴ διακρίνων τὸ σῶμα kausale Bedeutung. Oder der Vers unterstreicht – was wahrscheinlicher ist – die Tragweite des zuvor genannten Essens und Trinkens; die Partizipialkonstruktion ist dann konditional zu verstehen. In beiden Fällen ist es nicht nötig, „unwürdig" zu ergänzen.[181] Die V. 28 geforderte Selbstkritik läuft auf ein richtiges Beurteilen der Gaben hinaus. Das bedeutet der verkürzende Ausdruck μὴ διακρίνων τὸ σῶμα, obwohl das Blut Christi nicht auch noch erwähnt wird.[182] Wer die sakramental qualifizierten Gaben nicht als solche würdigt, der isst und trinkt sich das Gericht. Dass Essen und Trinken solche unmittelbare Wirkung hat, liegt an der Qualität der Speisen.[183] Trotz der Parallele mit ἑαυτοὺς διακρίνειν V. 31 wird σῶμα nicht einfach für das „Selbst" stehen; auch eine ekkle-

---

[177] Gegen KÄSEMANN 24; CONZELMANN, 1Kor 246: „sofern der unangemessen Feiernde auf die Seite derer tritt, die den Herrn töten, anstatt seinen Tod zu verkündigen". Hebr 6,6 wird hier zu Unrecht angeführt, z.B. bei HAYS, 1Kor 201.

[178] LINDEMANN, 1Kor 259 mit Berufung auf 8,11f. Der Bezug auf den Tod Jesu wird von den Korinthern eher ignoriert. KONRADT 436 deutet kommunitär: Ein Schuldigwerden „gegenüber der in Jesu Lebenshingabe begründeten neuen Heilsordnung".

[179] 1Kor 58. Auch BARRETT, 1Kor 273 windet sich: Paulus betrachte des Herrn Leib und Blut nicht physisch oder substantiell anwesend, denn er identifiziere den Wein nicht mit dem Blut des Herrn, und die Identifikation des Brots mit dem Leib bedeute, dass das Brot ein Mittel ist, um an den Heilswirkungen des Werks Christi teilzuhaben.

[180] Zu δοκιμάζειν ἑαυτόν vgl. 2Kor 13,5; Gal 6,4 „sein Werk". Vgl. auch das zu δόκιμος 11,19 bzw. ἀδόκιμος 9,27 Gesagte.

[181] Die kausale Auffassung des nachklappenden Satzes ließe sich nur beibehalten, wenn man sich „im Relativsatz „ohne Selbstprüfung" hinzudenkt. Vgl. die Alternativen bei ROBERTSON/PLUMMER, 1Kor 252.

[182] Διακρίνειν heißt hier wie V. 31 „unterscheiden, (richtig) beurteilen". Vgl. BAUER, Wörterbuch 370f. Beide Bedeutungen hängen eng zusammen. Ob sie auch 12,10 (διάκρισις) und 14,29 vorliegen, wird z.St. erwogen.

[183] Die Kommentare versuchen hier, eine magische Auffassung der Speisen abzuwehren. Immerhin erinnert COLLINS, 1Kor 439 an das Fluchwasser Num 5,11-31, das bei Untreue der Empfängerin Schmerzen bereitet. Richtig ist, dass die Eucharistie noch nicht als „Arznei der Unsterblichkeit, Gegengift, dass man nicht stirbt, sondern lebt in Jesus Christus immerdar" (IgnEph 20,2) gilt.

siologische Bedeutung von σῶμα wie in 10,17; 12,12–27, die von vielen vorgeschlagen wird,[184] käme zu unvermittelt, das Verbum wäre unpassend. Die sozialen Folgen ergeben sich für Paulus daraus, dass das Herrenmahl als solches gefeiert wird (vgl. V. 33).

V. 30–32 führen das Thema „Gericht" mit nicht immer im Deutschen wiederzugebenden Wortspielen über den Verbalstamm κρίνειν weiter aus. Dabei wird der zunächst noch offene Begriff κρίμα aus V. 29 näher bestimmt. Nach den unpersönlichen Feststellungen und Forderungen V. 27–29 kommt Paulus jetzt auf die Situation in Korinth zu sprechen. In der Gemeinde gibt es relativ viele Krankheits- und Todesfälle. Dabei wird „entschlafen" (κοιμᾶσθαι) euphemistisch für „sterben" gebraucht, ohne schon die Aussicht auf Erweckung mit zu besagen.[185] Dieses Unheil gilt nun aber als Strafe für die Missstände beim Herrenmahl. Schon 5,5 hatte einen kausalen Zusammenhang zwischen Sünde und leiblichem Verderben über den Gerichtsspruch der Gemeinde hergestellt. Hier ist Krankheit und Tod von Gott über die Schuldigen[186] verhängt. Diese massive Ausprägung des Tun-Ergehen-Konnexes wird auch an einigen anderen ntl. Stellen als Ätiologie von Krankheit und Tod vorausgesetzt (vgl. Mk 2,5parr.; Lk 13,1–5; Joh 9,2). Paulus selber hat eine andere Auffassung von seinem – allerdings auch übernatürlich verursachten – chronischen Leiden (vgl. 2Kor 12,7-10). V. 31a hält zunächst fest, dass den Korinthern solches Gericht (κρίνεσθαι) erspart bleiben könnte, wenn sie sich selbst richtig beurteilen (διακρίνειν) würden. Leider ist das in der gegenwärtigen Lage ein Irrealis.[187] Tatsächlich haben sie das Gericht erfahren (κρινόμενοι), aber – nun schließt sich Paulus in der 1. Pl. seelsorgerlich mit ihnen zusammen – das muss noch nicht Verdammung (κατακρίνεσθαι) bedeuten. Es kann als „Züchtigung" (παιδεύεσθαι; vgl. auch 2Kor 6,9) verstanden werden, die zur Besserung dient.[188] So bleiben die Christen der endgültigen Verurteilung der ganzen Welt (vgl. zu 5,13a; 6,2) entnommen (vgl. 1Thess 1,10fin.). Sie teilen damit das Privileg des Volkes Israel, das zwar gezüchtigt, aber nicht wie die übrigen Völker dem Zorn Gottes preisgegeben wird.

Die Deutung des Leidens als „Züchtigung" durch Gott ist atl.-jüdisch und besonders in der Weisheitslit. (vgl. Spr 3,11f; Sir 18,13f) geläufig. Als Erklärung des Leids Hiobs begegnet diese Lösung zwar nur in der Elihu-Rede (Hi 36,9f; 37,13), doch SapSal sieht sowohl im Tod des Ge-

---

[184] Z.B. KÜMMEL, 1Kor 186, nach dem διακρίνειν hier „auszeichnen" heißt. BORNKAMM 169: „das heißt verstehen, daß der für uns hingegebene und im Sakrament empfangene Leib Christi die Empfangenden zum ‚Leib' der Gemeinde zusammenschließt und sie in der Liebe füreinander verantwortlich macht." KLINGHARDT 306-315: die Korinther sind aufgefordert, das kommunitäre σῶμα „von anderen, nichtorganischen, zusammengesetzten Gebilden zu unterscheiden" (!). Beliebt ist auch das Sowohl (sakramentaler) – Als auch (kirchlicher Leib), etwa KLAUCK, Gemeinde 338 mit Rückblick auf V. 22b; SCHNABEL, 1Kor 663f.
[185] Freilich ist das Wort für eine solche Sinnerweiterung offen. Vgl. nur Dan 12,2 und im übrigen das zu 7,39 Angemerkte.
[186] Es bleibt allerdings undeutlich, ob die Strafe eher kollektiv – so KONRADT 442 – oder individuell ergeht.
[187] Vgl. H-S 284b.
[188] Dass die Gläubigen nur bei einer Korrektur ihres Verhaltens vor der Verdammnis bewahrt werden, muss KONRADT gegen eine Dogmatik von der unfehlbaren Rettung betonen. Vgl. dazu seine Motivgeschichte der „Züchtigung" 443–447.

11,17-34: Missstände beim Herrenmahl

rechten (3,5) wie im Geschick Israels (11,9f; 12,21f; vgl. 2Makk 6,12.16; 2Bar 13,9f) Gottes heilsame Zucht, während die Heiden abgestraft werden. In Jer 10,24f bittet der Prophet Gott, ihn zu züchtigen, seinen Zorn dagegen auf die Völker auszugießen (vgl. Jer 46,28). Die PsSal, entstanden im 1. Jh. v. Chr., trösten sich mit dem Gedanken an die strafende und erziehende Züchtigung Gottes, wo das Dogma der Vergeltungslehre nicht mit der Wirklichkeit übereinzustimmen scheint. Im NT lehrt besonders Hebr 12,4-11 mit Spr 3,11f die Christen, ihre Mühen im Kampf gegen die Sünde als Erziehungsmaßnahme des liebenden Vaters anzunehmen. Verwandt ist die Auffassung der Leiden als Prüfung (vgl. zu 10,13). An unserer Stelle kann „vom Herrn" sowohl zu „gerichtet"[189] wie zu „wir werden gezüchtigt" gehören. Die Tradition (bes. Spr 3,11fLXX; PsSal 3,4 δίκαιος παιδευόμενος ὑπὸ κυρίου) rät zu Letzterem, wobei der Kyrios durchaus Christus sein kann wie in Eph 6,4; Apk 3,19a.

V. 33f folgt die Nutzanwendung. Umstritten ist das Verbum ἐκδέχεσθαι. Nahe liegt, dass es wie 16,11 und sonst im NT die Bedeutung „erwarten, warten" hat,[190] also die bei V. 20-22 angerissene zeitliche Problematik angesprochen ist. Die Kritisierten sollen auf das „eigene Mahl" verzichten, auf die andern warten und so ein gemeinsames Herrenmahl ermöglichen. Doch gibt es eine Alternative: Das Verbum ist in der LXX und bei Josephus öfter mit personalem Objekt im Sinn des Simplex als „aufnehmen, empfangen" belegt.[191] So könnte man V. 33 als Appell verstehen, sich gegenseitig Tischgemeinschaft zu gewähren. Dabei hindert das „einander" nicht an der Annahme, dass vor allem die Bessergestellten angezielt sind. Wenn einer von ihnen besonders hungrig ist (und deshalb nicht auf die Späterkommenden warten kann), soll er vorher zuhause essen (V. 34a). Das heißt nicht, dass Paulus das Sakrament von der Sättigung lösen will.[192] Paulus wehrt nur dem Egoismus der Reichen; wenn sie schon ihr Essen mitbringen, sollen sie es allen zur Verfügung stellen. Der anschließende Finalsatz mit seiner Warnung vor dem endgültigen[193] Gericht wechselt wieder in die 2. Pl., so dass der Jussiv V. 34 a wie eine Interjektion wirkt. Wer die Züchtigung missachtet, dem droht die Verwerfung. Die übrigen strittigen Punkte will Paulus bei seinem Kommen (vgl. 4,19; 16,2-9; 2Kor 1,15) regeln. Diese Mitteilung macht Schwierigkeiten, weil doch auch die im Folgenden ausführlich behandelte Frage der geistlichen Gaben mit dem Gottesdienst zu tun hat (vgl. Einleitung unter 6).

Die Exegese dieses Abschnittes ist von späteren konfessionellen Kontroversen und dogmatischen Festlegungen überschattet. Die eine Seite arbeitet mit den Text überfordernden Begriffen wie „Realpräsenz" oder gar „Wandel der Substanzen", die andere reduziert die sakramentale Wirklichkeit auf den Akt der Selbsthingabe Jesu bzw. auf die dadurch konstituierte Gemeinschaft. Z. B. sei das „Dies" V. 24b auf das Brotbrechen, nicht auf das Brot, zu beziehen, „dieser Kelch" in V. 25b stehe weniger für das Element des Weines als vielmehr für den *Akt* des segnenden Danksagens

---

[189] So die meisten neueren Kommentare und KONRADT 440. Zu Christus als Herrn und Richter vgl. 4,4f; 2Kor 5,10 (anders Röm 14,10).
[190] Vgl. BAUER, Wörterbuch 479.
[191] Vgl. HOFIUS 220f.
[192] Gegen CONZELMANN, 1Kor 238.
[193] Nach der Differenzierung des V. 29 pauschal genannten Gerichts in V. 30-32 kann nur dieses gemeint sein. Der Finalsatz läuft also mit dem in V. 32b parallel.

über dem Kelch und des gemeinsamen Trinkens aus ein und demselben Kelch.[194] Doch dass mit dem Kelch der Inhalt gemeint ist, belegt schlagend die Rede vom „Trinken des Kelches" 10,21a; 11,26f (Mk 10,38fpar.; Joh 18,11). Wenn nicht Brot und Wein, sondern die Handlung des Verteilens und Herumreichens gedeutet würden,[195] wäre es schon misslich, dass Paulus diese Gesten nicht erwähnt. Manche Meinungsdifferenz lässt sich vielleicht überlieferungsgeschichtlich einebnen. Beim historischen Jesus des letzten Mahles kann man wohl von prophetischen Zeichenhandlungen ausgehen. Für die nachösterliche Gemeinde dagegen steht im Vordergrund, was sie mit Brot und Wein empfängt. Der Leib und das Blut des Kyrios verweisen allerdings immer noch auf seinen Tod (V. 26). Sie sind nicht nur geistliche Speise und geistlicher Trank – das auch (vgl. 10,3f; Did 10,3) –, sondern stehen im Kontext eines Zeichen- und Wortgeschehens, das ein Gedächtnis an Jesus vermitteln soll. Der Kyrios ist zugleich als Gastgeber präsent, deshalb kann vom „Mahl des Herrn" (vgl. 11,20), vom „Kelch des Herrn" und vom „Tisch des Herrn" (vgl. 10,21) die Rede sein. Das Brot wird mit dem für die Jünger hingegebenen Leib identifiziert, der Kelch mit dem Neuen Gottesverhältnis, das durch Jesu Sterben eröffnet wurde. Essen und Trinken gewähren κοινωνία daran (vgl. 10,16). Die Glaubenden erhalten die Wirkung des Sühnetodes Christi, den sie schon in der Taufe für sich angenommen haben (vgl. zu 1,13). Das alles in dem Bewusstsein, dass der Tod Christi nicht abgetane Vergangenheit ist, weil der Kyrios erhöht wurde und wiederkommen wird. Der Unterschied zur Taufe ist, dass die Selbstentäußerung Jesu in den eucharistischen Gaben gleichsam verobjektiviert ist.[196] Außerdem wird das Gründungsereignis beim Mahl einer Gemeinschaft begangen. Dieser Gemeinschaftsaspekt, den manche Korinther durch eigensüchtiges Verhalten gefährden, ist dem „Herrenmahl" wesentlich, wie 10,17 lehrte. Er ist den Feiernden durch die Intentionalität, die sich mit den als Leib und Blut bezeichneten Mahlelementen verbindet, vor-gegeben. Deshalb kann die Paradosis V. 23b–25 die V. 17–22 ausgesprochene Kritik begründen. Deshalb ist Paulus daran gelegen, dem Zeichencharakter von Brot und Wein Geltung zu verschaffen, der im individuellen Essen und Trinken unterzugehen droht.[197] „Durch den Hinweis auf den im Mahl vergegenwärtigten Tod Christi versucht Paulus den rituellen Charakter des Herrenmahls als eines heiligen, liminalen Bereichs wieder präsent werden zu lassen und damit zugleich ein Miteinander im Sinne ritueller Communitas zu reaktivieren."[198]

---

[194] LAMPE 206f. Dagegen mit Recht KONRADT 418. Das Pronomen τοῦτο ist an das Neutrum σῶμα attrahiert. Vgl. auch den Eiertanz, den ORR/WALTHER, 1Kor 271f um das τοῦτο in 11,24b vollführen.
[195] So des Rätsels Lösung jetzt bei SCHRÖTER 128-131. Selbstverständlich sind die Gaben nicht von den Gesten zu isolieren.
[196] Darüber, was die Gaben außerhalb dieses Zusammenhangs sind, wird freilich nicht nachgedacht.
[197] Hier haben WEISS und LIETZMANN in ihren Kommentaren klarer gesehen als der heute vorherrschende Aktualismus, der die Sinn vermittelnden Gaben vernachlässigt. Vgl. auch PETERSON, 1Kor 258f.273f.
[198] STRECKER 331. Das kann man unterschreiben, auch wenn man seine soziale Deutung des σῶμα V. 29 (331f) nicht mitvollzieht.

F. 12,1–14,40: Über die geistlichen Gaben

Literaturauswahl zu 12,1–14,40 und den Charismen

AGUILAR CHIU, 1 Cor 12–14. BROCKHAUS, Charisma. CARSON, Showing. DAUTZENBERG, Prophetie. DE LORENZI, Charisma. DUNN, Jesus 199–300. ELLIS, E.E.: Spiritual Gifts in the Pauline Community, in: Ders., Prophecy 23–44. FORBES, Prophecy. FRID, Structure. GIESRIEGL, Sprengkraft. GILLESPIE, Theologians. GREEVEN, Propheten. GRUDEM, Gift. HECKEL, U.: Paulus und die Charismatiker, ThBeitr 23, 1992, 117–138. KREMER, J.: „Eifert aber um die größeren Charismen!" (1 Kor 12,31a), ThPQ 128, 1980, 321–335. MARTIN, Spirit. SALZMANN, Lehren 50–77. SCHATZMANN, S.: A Pauline Theology of Charismata, Peabody (Mass.) 1987 = 1989. SCHÜRMANN, Gnadengaben. SMIT, Argument. –: De rangorde in de kerk: Retorische analyse van 1 Kor. 12, TTh 29, 1989, 325–343. THOMAS, Understanding. TIBBS, Experience. VOLLENWEIDER, S.: Viele Welten und *ein* Geist, in: Ders., Horizonte 193–213.

Die Themenangabe 12,1 erstreckt sich über Kap. 12–14 (vgl. die Wiederaufnahme des Stichworts πνευματικά in 14,1b). Neuere Kommentare[1] fassen 11,2–14,40 unter „Gottesdienstfragen" o.ä. zusammen. Dabei geht unter, dass Kap. 12f zunächst ganz allgemein von den Geistgaben reden. Davon können etwa „Heilungen" oder „Hilfeleistungen" ihren Ort auch außerhalb des Gottesdienstes haben. Der Bezug zur Gemeindeversammlung wird erst in Kap. 14 (vgl. V. 19.23.26) ausdrücklich. Das δέ weist nicht auf πρῶτον μέν in 11,18 zurück[2], sondern ist symptomatisch für die περί-Einsätze. Auch spiegelt der Anschluss von Kap. 12–14 an die Mahlperikope 11,17–34 nicht den Verlauf der korinthischen Feier wider, wie Autoren suggerieren, die die charismatischen Äußerungen im Rahmen des auf das antike Mahl folgenden Symposions ansiedeln.[3] Dort fand das Trinken unter Gesang, Musik und geistreichen Gesprächen statt. Doch man zögert schon, den charismatischen Wortgottesdienst als christliche Umsetzung feucht-fröhlicher Unterhaltung zu verstehen. Daneben behalten die älteren Modelle ihre Wahrscheinlichkeit, die ihn entweder vor dem Mahl anberaumen oder eine selbständige Wortfeier am Sonntagmorgen postulieren.

Die erste Form hat Anhalt an dem nächtlichen Gottesdienst in Troas Apg 20,7–11. Dass Paulus hier auch noch nach dem Brotbrechen und Essen geraume Zeit weiterpredigt, wird durch die Abschiedssituation bedingt sein.[4] Justin, 1.apol. 67 beschreibt dann eine sonntägliche Zusammenkunft mit Lesung, Predigt, Gebet und Eucharistiefeier. Für diese Abfolge hat man bisher auch die Schlusselemente unseres Briefes (vgl. zu 16,20b.22–24) ausgewertet. Sie bezeugten den Übergang von der Verlesung des Briefes zur der Gemeinde vorbehaltenen Mahlfeier. Hier ist der Exegese heute Vorsicht geboten.

---

[1] Z.B. SCHRAGE, 1Kor II 487; WOLFF, 1Kor 243 „Probleme bei der Feier des Gottesdienstes in der korinthischen Gemeinde"; MERKLEIN/GIELEN, 1Kor III 21.106.
[2] So HEINRICI, 1Kor 359; BACHMANN, 1Kor 373.
[3] KLAUCK, Herrenmahl 348f; LAMPE, Herrenmahl 188–200; KLINGHARDT, Gemeinschaftsmahl 111–129 (Schilderung antiker Symposien).344–371 (Anwendung auf Kap. 12–14); POGOLOFF, Logos 238–270; COLLINS, 1Kor 430f; WICK, P.: Die urchristlichen Gottesdienste, BWANT 150, Stuttgart usw. 2002, 212–215.
[4] Vgl. SALZMANN, Lehren 41: „untypisch".

Eine selbständige Feier am Morgen mit Christushymnus und eidlicher moralischer Verpflichtung bezeugt Plinius d. J., epist. X 96,7. Hier kommen die Christen erst später wieder zum Verzehr von Speise zusammen. Eine Trennung von Mahl und Wortgottesdienst hielt man auch bei Paulus für angezeigt, weil bei der Versammlung zu Gebet und Verkündigung auch ein Unbeteiligter (ἰδιώτης 14,16.23f) oder gar ein Ungläubiger (14,23f) anwesend sein kann. Zur Feier der Eucharistie sind jedoch – mindestens nach späteren Kirchenordnungen (vgl. Did 9,5; Justin, 1.apol. 66,1) – nur Getaufte zugelassen.

Ob die Gaben des Geistes Gegenstand schriftlicher Anfrage waren, ist nicht ganz sicher. Vielleicht steckt in dem schwer erklärlichen V. 12,3a der Anlass zur Frage. Paulus wird sich jedoch bei den Überbringern des Gemeindebriefes nach der Praxis der Charismen erkundigt haben. In der Reaktion darauf ist er im Proömium 1,4–7 zunächst voll des Lobes über den Reichtum ihrer Begabung in jeder Art von Rede und jeglicher Erkenntnis. Die Abhandlung Kap. 12–14 setzt auch voraus, dass die Korinther Geistäußerungen eifrig anstreben (vgl. 14,12). Es gibt Leute, die sich als Propheten oder Pneumatiker[5] verstehen (vgl. 14,37). Doch die Ausführungen lassen erkennen, dass manche dieser „Geistlichen" ihre Charismen absolut setzen und den Heiligen Geist alleine für sich reklamieren (vgl. Kap. 12). Wie im Fall der aufgeblasenen Gnosis-Besitzer 8,1–3 gebricht es an der Liebe (vgl. Kap. 13). In Sonderheit geht aus Kap. 14 hervor, dass die Korinther die unverständliche ekstatische Rede gegenüber der Prophetie bevorzugen. Das führt zu einem fruchtlosen Durcheinander im Gottesdienst. Aber auch die Spontaneität der prophetischen Aussprüche gefährdet die Ordnung. Wie die abschließenden Verse 14,39f zeigen, ist es Paulus darum zu tun, die Prophetie zu fördern und die Glossolalie nicht zu verhindern, für beide Phänomene aber Rahmenbedingungen zu setzen.

Es ist verlockend, die in ihrem Wert strittigen Charismen mit den verschiedenen in 1,12 genannten Gruppen zusammenzubringen. So schreibt etwa Merklein[6] die Überschätzung der Glossolalie der Paulusgruppe zu, die hauptsächlich aus einfachen Leuten bestanden habe. Sie befinde sich im Streit mit der sozial höher gestellten Apollosgruppe, die die Priorität der Weisheitsrede propagierte. Letzteres ist fraglich, wenn die „Weisheit des Wortes" (vgl. 1,17), deren Vertreter wohl Apollos ist, nichts mit dem charismatischen „Wort der Weisheit" 12,8 zu tun hat.[7] Die Weisheitsrede erscheint in unseren Kapiteln nicht in polemischem Zusammenhang, auch nicht als Antipode der Glossolalie; sie fehlt gar in den Zusammenstellungen 12,28–20; 13,1–3.8f. Somit gibt es kaum eine Spur der Apollospartei in 12–14. Richtig dürfte dagegen sein, dass Paulus bei seinem Aufenthalt in Korinth den „Pneumatismus" erst entfacht hat.[8] Ähnlich ermahnt er ja die noch junge Gemeinde in Thessalonich, den Geist nicht auszulöschen, die Prophezeiungen nicht zu verachten (vgl. 1Thess 5,19f). Nach einigen Jahren droht ihm jedoch die Entwicklung in Korinth, die möglicher-

---

[5] Zu diesem Anspruch s. bei 2,13.
[6] MERKLEIN/GIELEN, 1Kor III 109f.118.123f.
[7] S.o. Exkurs 1 unter 3.
[8] Das vermutet etwa CONZELMANN, 1Kor 249 Anm. 7; er verweist noch auf 14,18. PESCE, M.: L'apostolo di fronte alla crescita pneumatica dei Corinti (1 Co 12–14), in: De Lorenzi, Charisma 51–125, bes. 53–69, rekonstruiert – manchmal etwas zu zuversichtlich –, was in Kap. 12–14 aus der Anfangszeit der Gemeinde vorgegeben ist.

weise von seinen Gefolgsleuten vorangetrieben wurde, über den Kopf zu wachsen. Es ist also wahrscheinlich, dass Paulus die Problematik wie in den analogen Fällen 6,12f und Kap. 7.8 selbst ausgelöst hat.

Da die Gaben des Geistes „in den letzten Tagen" ausgegossen werden (vgl. Apg 2,17f) und die in Korinth so hoch im Kurs stehende Glossolalie „in den Sprachen der Engel zu reden" beansprucht (vgl. 13,1), hat man das eschatologische Hochgefühl, wie es auch aus 4,8 erschlossen wird, für den Missbrauch der Charismen verantwortlich gemacht. Das geht oft mit der These zusammen, dass die Auferstehungsleugner von 15,12 in Wahrheit eine „realized eschatology" vertreten hätten. R. P. Martin etwa folgert aus der Abfolge der Kap. 12–15, der grundlegende theologische Irrtum einer einflussreichen Gruppe habe darin bestanden, dass die Taufe für sie die Auferstehung zu neuem Leben gewesen sei. Dessen Eigentümlichkeit habe die sinnenhafte Erfahrung des Geistes ausgemacht. Die Hoffnung auf künftige leibliche Auferweckung sei bei ihnen kollabiert zu einer spirituellen Ekstase, die man in der Gegenwart genießen könne.[9] Richtig ist sicher daran, dass die außergewöhnlichen Geisterweise in einer Atmosphäre intensiver Enderwartung gedeihen, wie sie der Apostel etwa 1,7f; 7,29a selber anheizt. Er kritisiert nicht die Sehnsucht nach eschatologischer Vollendung, sondern nur die spannungslose Übersättigung, und zwar bei der ganzen Gemeinde (s. 4,8). Davon zu unterscheiden ist die kleine Gruppe 15,12, die die Auferstehung überhaupt bestreitet (s. Einleitung zu Kap. 15). Es wäre ja auch merkwürdig, wenn Paulus deren fundamentalen theologischen Irrtum erst nach den Symptomen (Kap. 12–14) bekämpfen würde. Tatsächlich ist der Anlass von Kap. 12–14 ein anderer als der von Kap. 15.

Der an sich klare Aufbau der Kapitel wird durch den Exkurs 12,31b–13,13 gestört. 12,31a bildet eigentlich eine Einleitung zu Kap. 14. Da aber 14,1b den Imperativ wieder aufnimmt, kann man den Einschub nicht literarkritisch ausscheiden. Er lässt sich vielmehr rhetorisch als *digressio* bestimmen.[10] Eine weitere Benennung der Redeteile im Sinn der antiken Rhetorik ist kaum durchführbar. Die vorliegenden Vorschläge widersprechen sich denn auch ähnlich wie bei 1,10–4,21.[11] Höchstens lassen sich eine gewisse Strecke dominierende Thesen herausheben, wie in den textlinguistischen Bemerkungen vor den einzelnen Abschnitten näher ausgeführt wird. Dort ist auch die folgende Gliederung genauer zu begründen.

---

[9] Diese These im Vorwort Vf. Vgl. S. 43. Ähnlich hängt etwa für WOLFF, 1Kor 351 das korinthische Unverständnis gegenüber der Auferstehung mit der Überbewertung des Pneumatischen (vgl. 15,46) zusammen. Deshalb lasse der Apostel seine Ausführungen über die Auferstehung auf den Abschnitt über die Charismen folgen. Vgl. auch FEE, 1Kor 573; CARSON, Showing 16f; GIESRIEGL, Sprengkraft 262–265 und viele andere.

[10] Vgl. STANDAERT, B.: Analyse rhétorique des chapitres 12 à 14 de 1 Co, in: De Lorenzi, Charisma 23–50 (mit Diskussion).

[11] Vgl. Einleitung unter 5. Die Analyse von STANDAERT (s. Anm. 10) wird – teilweise modifiziert – von ERIKSSON, Traditions 211–214, KREMER, 1Kor 257 und MERKLEIN/GIELEN, 1Kor III 111.115f übernommen. Danach ist 12,1–3 *propositio*, 12,4–11 *exordium*, 12,12–31a *narratio*, 12,31b–13,13 *digressio*, 14,1–25 *argumentatio*, 14,37–40 *peroratio*. Mit den praktischen Anweisungen 14,26–36 kann die Rhetorik ohnehin nichts anfangen; sie werden teils zur *argumentatio* (STANDAERT), teils zur *peroratio* (MERKLEIN/GIELEN) geschlagen. Die davon abweichenden Entwürfe von SMIT, Argument und FRID, Structure dürften darin im Recht sein, dass 12,4–11 wenig von einem *exordium* an sich hat und 12,12–30 zur Argumentation zu rechnen ist. Vgl. auch AGUILAR CHIU, 1 Cor 12–14 85–156.

1. 12,1–30: Vielfalt und Zusammenwirken der Gnadengaben (allgemeiner)
    a) 12,1–3: Themenangabe und Präambel
    b) 12,4–11: *Eine* Wirkursache hinter den verschiedenen Gnadengaben
    c) 12,12–30: Der Bezug der verschiedenen Gaben auf das Ganze, erläutert am Bild des Leibes
    12,31a Einleitung zu 14
2. 12,31b–13,13: Einschub: Die Liebe als alle Charismen übertreffender Weg
    a) 13,1–3: Ohne Liebe sind die Charismen wertlos
    b) 13,4–7: Die charakteristischen Verhaltensweisen der Liebe
    c) 13,8–13: Die Unvergänglichkeit der Liebe
3. 14,1–40: Prophetie und Glossolalie im Dienst der Erbauung der Gemeinde (spezieller)
    a) 14,1–25: Der Vorrang der Prophetie
        – 14,1–5: für die Erbauung der Gemeinde
        – 14,6–19: Notwendigkeit der Übersetzung der Glossolalie
        – 14,20–25: unterschiedliche Ausrichtung und überführende Wirkung der Prophetie
    b) 14,26–40: Anweisungen für den geordneten Vollzug in der Gemeindeversammlung
        – 14,27f: für Glossolalen
        – 14,29–33a: für Propheten
        – 14,33b–36: Anhang: für Frauen
        – 14,37–40: Schlussappell

1. 12,1-30: Vielfalt und Zusammenwirken der Gnadengaben

V. 1 nennt in der Form der „disclosure formula" (vgl. vor 10,1) den Gegenstand von Kap. 12–14. Die Verse 2f sind schwer zuzuordnen. Deutlich ist, dass V. 3 eine grundsätzliche Feststellung trifft, er stellt aber keine These auf, die im Folgenden entfaltet würde. Es geht noch nicht um Gnadengaben, sondern um das Bekenntnis. Die Überschrift „Das Kriterium"[12] deckt höchstens den ersten Objektsatz in V. 3 ab; das Gewicht liegt aber auf dem zweiten Objektsatz, der die Bedeutung des Heiligen Geistes für die grundlegende Artikulation des Glaubens unterstreicht. Er leitet auch über zum nächsten Abschnitt V. 4–11, in dem sich das Stichwort „Geist" häuft (V. 4b.7.8ab.9ab[10c].11). Der Ton liegt allerdings nun darauf, dass ein und derselbe Geist die verschiedenen charismatischen Phänomene bewirkt. Bei dem thesenartigen V. 7 wird die Bestimmung „zum Zuträglichen" in den folgenden Versen noch nicht abgegolten. Erst im Vergleich mit dem Leib V. 12–30 arbeitet Paulus die Funktion der einzelnen Charismen für das Ganze der Gemeinde heraus.

---

[12] So z.B. CONZELMANN, 1Kor 248, WOLFF, 1Kor 282 und weitere bei VOS 253 Anm. 8 Genannte. VOS 255 wendet dagegen ein, dass Paulus in V. 3b *e causa ad effectum* argumentiert.

a) 12,1–3: Themenangabe und Präambel
(1) Was aber „die Geistgaben", Brüder, betrifft, so will ich euch darüber nicht in Unkenntnis lassen. (2) Ihr wisst, dass[13] ihr, als[14] ihr (noch) Heiden wart, zu den stimmlosen Götzen gleichsam hingezogen, (ja) weggeführt wurdet. (3) Deshalb tue ich euch kund, dass keiner, der im Geist Gottes redet, sagt „Verflucht ist Jesus", und dass keiner sagen kann „Herr ist Jesus", es sei denn im Heiligen Geist.

BASSLER, J.M.: 1 Cor 12:3 – Curse and Confession in Context, JBL 101, 1982, 415–421. BROX, N.: ΑΝΑΘΕΜΑ ΙΗΣΟΥΣ (1 Kor 12,3), BZ 12, 1968, 103–111. EKEM, J.D.K.: „Spiritual Gifts" or „Spiritual Persons"? 1 Corinthians 12:1a Revisited, Neotest. 38, 2004, 54–74. HOLTZ, Kennzeichen. MALY, K.: 1 Kor 12,1–3, eine Regel zur Unterscheidung der Geister?, BZ 10, 1966, 82–95. MEHAT, A.: L'enseignement sur „les choses de l'esprit" (1 Corinthiens 12, 1–3), RHPR 63, 1983, 395–415. PAIGE, T.: 1 Corinthians 12.2: A Pagan *pompe*?, JSNT 44, 1991, 57–65. UNNIK, W.C. van: Jesus: Anathema or Kyrios (1. Cor 12:3), in: Lindars/Smalley, Christ 113–126. VOS, J.S.: Das Rätsel von I Kor 12:1–3, NT 35, 1993, 251–269. WOYKE, Götter 258–287.

V. 1 Περὶ δὲ τῶν πνευματικῶν ist vom Geschlecht her nicht eindeutig. Der Exeget muss sich aber entscheiden.[15] Während die Befürworter einer Hauptfront von „Pneumatikern" für die maskulinische Fassung eintreten,[16] legt der Kontext das Neutrum nahe: Πνευματικός taucht erst 14,37 spät auf; dagegen steht τὰ πνευματικά in der Einleitung zu Kap. 14 (V. 1b) für τὰ χαρίσματα in 12,31a. Das ist offensichtlich der Wechselbegriff für πνευματικά seit 12,4.[17] Stattdessen kann auch der Plural von πνεῦμα gebraucht werden (14,12.32; vgl. 12,10c). Den muss man nicht mit „Geister" wiedergeben, weil etwa die Verbindung mit „eifern um" die Verwandtschaft von πνεύματα (14,12), χαρίσματα (12,31) und πνευματικά (14,1) anzeigt. Es geht also in diesen Kapiteln nicht um „Verkehr mit der Geisterwelt"[18], sondern um die Manifestationen des einen Geistes Gottes. Und Paulus verhandelt vordergründig ein Sachproblem, mag er dabei auch auf bestimmte Personen („Pneumatiker") zielen.

V. 2f Die Charakterisierung dieser Verse als „Präambel" soll verdeutlichen, dass sie einerseits keine beiläufige Vorbemerkung, andererseits aber auch keine tragende These darstellen (s. o.).[19] Paulus holt vielmehr die Korinther bei ihrer Erfahrung des

---

[13] K 2464 und wenige andere Zeugen lassen ὅτι weg. Das würde die Syntax vereinfachen, ist aber wohl Haplographie.
[14] F G und andere Zeugen lassen ὅτε weg. Auch das würde die Syntax vereinfachen, ist aber ebenso Haplographie.
[15] Paulus kann nicht sowohl das Neutrum wie eine Personengruppe gemeint haben – gegen WOYKE 258 –, zumal wenn ihm das Stichwort in einem Brief vorgegeben war.
[16] Z.B. SCHMITHALS, Gnosis 161f; WOLFF, 1Kor 282; HORN, Angeld 183–185; EKEM. Dagegen GRUDEM, Gift 158–160.
[17] Richtig etwa CONZELMANN, 1Kor 249. Zu πνευματικά als „geistliche Gaben" vgl. bei 9,11. Vgl. auch das „geistliche Gnadengeschenk" (χάρισμα πνευματικόν) Röm 1,11.
[18] Gegen TIBBS, Experience 154, der 12,1 mit „concerning spiritism" übersetzt. Dass πνεῦμα auch „Geisteswirkung" bedeuten kann, bezeugt Johannes Chrys., hom. 36,4 (X 312 MONTFAUCON) zu 14,32: πνεῦμα γὰρ ἐνταῦθα τὴν ἐνέργειαν λέγει.
[19] Zwar macht das zweifache „niemand" den grundsätzlichen Charakter von V. 3 deutlich, Vos kann aber den Vers nur als *propositio* betrachten, weil er recht künstlich daraus den Aspekt der Einheit herausliest.

Christwerdens ab. Dabei verbindet er Bekanntes[20] (V. 2) mit einer feierlichen Mitteilung (V. 3)[21] durch die kausale Partikel διό. Die heidnische Vergangenheit ist durch den unfreiwilligen Zug zu den stummen[22] Göttern gekennzeichnet.

Die Syntax von V. 2 ist nicht ganz klar. Wenn man ὅτε weglassen könnte, wäre ὡς ἂν ἤγεσθε ein das *Participium coniunctum* ἀπαγόμενοι erläuternder Nebensatz mit iterativer Bedeutung[23]: „Ihr wisst, dass ihr Heiden wart, zu den stimmlosen Götzen weggeführt, sooft ihr geführt wurdet." Aber wahrscheinlich ist die schwierige Doppelung ὅτι ὅτε beizubehalten. Dann könnte ὡς als Konjunktion das ὅτι weiterführen: „Ihr wisst, dass ihr, als ihr noch Heiden wart, wie ihr da immer wieder zu den stimmlosen Götzen gezogen, ja weggeführt, wurdet." Eine solche Konstruktion begegnet aber sonst bei Paulus nicht. Deshalb ist ὡς ἂν eher zur etwas abschwächenden Partikel ὡσάν zusammenzuziehen, die noch 2Kor 10,9 vor einem Verbum belegt ist.[24] Dann ist ἤγεσθε das Prädikat des ὅτι-Satzes, das nach gutem Griechisch[25] durch ein vom gleichen Verbstamm abgeleitetes Partizip ergänzt wird. Andernfalls müsste man das Verbum des Temporalsatzes ἦτε noch einmal vor dem ἀπαγόμενοι wiederholen.[26]

Während das abmildernde „gleichsam" vor „ihr wurdet geführt" die Schuldhaftigkeit des Götzendienstes festhalten könnte, verstärkt das hinzugesetzte Partizip des Kompositums ἀπάγεσθαι die Zwanghaftigkeit des Geschehens. Wie Gal 4,3.8f wird der Dienst für nichtige Götter als Sklaverei[27] empfunden. Das ist etwas anderes als die – immer noch aus der Binnenperspektive des heidnischen Gläubigen gesehene – Führung durch die Götter, selbst wenn sie ins Unglück stürzt.[28] Es ist auch nicht so harmlos, wie wenn ein Kultfunktionär eine Prozession anführt.[29] Die Götzenverehrung wird aber auch nicht direkt als Verführung durch die Dämonen beschrieben.[30]

---

[20] Zu „Ihr wisst" vgl. 16,15; Gal 4,13; Phil 4,15; 1Thess 1,5; 2,1f.5.11; 3,3f; 5,2; 2Thess 2,6; 3,7. Zur negativen Formulierung s. bei 3,16; zu „wir wissen" s. bei 8,1.

[21] Zu γνωρίζω ὑμῖν vgl. vor 10,1. Die damit verbundenen Inhalte geben dem Verbum etwas Bedeutungsschweres.

[22] Statt ἄφωνος findet sich sonst in Götzenpolemik verbales οὐ φωνήσουσιν (Ps 113,15LXX; vgl. Philo, decal. 74), κωφός (Hab 2,18; 3Makk 4,16, oft JosAs; Sib 5,84; vgl. Jub 12,3; 2Hen 66,2), ἄλαλος (Sib 3,31; 4,7), „sie können nicht zu ihnen reden und helfen" (3Makk 4,16; vgl. Ps 113,13LXX; 134,16LXX; EpJer 7).

[23] Vgl. B-D-R 367,3. Ähnlich, wenn man zum Partizip noch einmal ἦτε ergänzt. So SCHRAGE, 1Kor III 117.120.

[24] Vgl. obige Übersetzung und B-D-R 453,6; BACHMANN, 1Kor 376; WOYKE, Götter 259–262.

[25] Vgl. K-G II 99f u.a. mit einem Beispiel aus Herodot VI 30,1: „Wenn er nun, wie er gefangen genommen worden war, zum König Darius fortgeführt worden wäre" (Εἰ μέν νυν, ὡς ἐξωγρήθη, ἄχθη ἀγόμενος παρὰ βασιλέα Δαρεῖον). Ein Septuagintismus (Übersetzung des hebr. *Infinitivus absolutus*, B-D-R 422) liegt nicht vor.

[26] FITZMYER, 1Kor 457.

[27] Vgl. das parallel zu ἀπάγεσθαι stehende ἀπανδραποδίζεσθαι („versklavt werden") in ActPaul 1,10. Die mediale Übersetzung „ihr habt euch hinreißen lassen", die WOYKE, Götter 260 vorschlägt, ist nach dem Passiv ἤγεσθε unwahrscheinlich. Möglicherweise schwingt sowohl bei ἄγεσθαι wie ἀπάγεσθαι die gerichtliche Spezialbedeutung mit, die beide Verben haben können – s. BAUER, Wörterbuch 25 und 158, s.v. 2, P. ARZT-GRABNER/R.E. KRITZER in: Dies., 1Kor 410f sowie das obige Beispiel aus Herodot.

[28] Vgl. die von WOYKE, Götter 269f beigebrachten Parallelen.

[29] PAIGE, für den das Bild jedoch „the ignorance and slavery of their pre-conversion life" evoziert (63).

[30] So jedoch Athenagoras, suppl. 26,1: „Die sie zu den Götzenbilder ziehen (ἕλκειν), sind die Dämonen, die sich an das Blut der Opfertiere herandrängen und von ihnen naschen". S.o. zu 10,19.20a.

12,1–30: Vielfalt und Zusammenwirken der Gnadengaben

Wie verhält sich nun dieses Verhaftetsein an die Götzen zu dem in V. 3 geschilderten Sprechen im Geist? Eine große Zahl von Exegeten[31] sieht hier eine Analogie: Gebraucht doch Paulus das Verb ἄγεσθαι auch für das Angetriebensein durch den Heiligen Geist (Gal 5,18; Röm 8,14). Jedesmal handle es sich um Ekstatiker, in der Gewalt eines πνεῦμα. Diese Sicht stützt sich gern auf die Lesart ὡς ἀνήγεσθε, die eine Entrückung suggeriert, sich aber schlecht mit dem folgenden „weggeführt" verträgt. Entrückung war aber kaum die allgemeine Erfahrung der ehemaligen Heiden. Ekstatische Zustände sind in der damaligen Zeit eher die Ausnahme, etwa bei gewissen mantischen Medien.[32] Wäre an Besessenheit durch einen Gott z.B. im Orakelwesen gedacht, wäre das Attribut „stimmlos" in der Tat unpassend. Eher wäre wie beim Schema „Einst-Jetzt" (s. zu 6,11) ein Kontrast intendiert zu dem aus den Gläubigen redenden Heiligen Geist.[33] Die Partikel διό indiziert aber ein Begründungsverhältnis.[34] Es lässt sich so wiedergeben: Weil die Verehrung der heidnischen Götter eine ohnmächtige Knechtschaft ist, kann niemand den ersten Schritt zum Christusglauben, der sich im Kyrios-Bekenntnis äußert, tun ohne die befreiende Wirkung des göttlichen Geistes.

Κύριος Ἰησοῦς ist hier weder ein spontaner Ausruf von Glossolalen oder Propheten noch die Antwort auf eine Kontrollfrage,[35] sondern wie im Kontext Röm 10,10f das heilsentscheidende Bekenntnis (vgl. ὁμολογεῖν, Phil 2,11 ἐξομολογεῖν)[36], das den Glauben an die Auferweckung Jesu von den Toten ausspricht. Die Auferweckung ist dabei als Erhöhung vorgestellt, wie sich aus dem hymnischen Stück Phil 2,5–11 ergibt (vgl. auch Apg 2,36 im Zusammenhang). Das Herr-Sein Jesu erstreckt sich hier über alle Wesen der Welt. Deshalb ist das betont vorangestellte κύριος – ebenso wie ἀνάθεμα – auch Prädikat,[37] es gewinnt seine Bedeutung nicht erst aus der Konfrontation mit anderen „Herren" wie in 8,5f. Erst später wird das Bekenntnis zum Kaiser als Herrn diesem christlichen Bekenntnis als Alternative gegenübergestellt (MartPol 8,2). Dass diesem Bekenntnis, das sicher in der judenchristlich-hellenistischen Gemeinde (z.B. Antiochien) zuhause ist, eine ältere Akklamation zu Grunde liegt, zeigt das aramäische *Maranatha* (s. zu 16,22). Sie bezieht sich freilich auf das endgültige Kommen und setzt die Einsetzung Jesu zum Herrn der Gemeinde nur voraus.

---

[31] Z.B. WEISS, IKor 294–296; CONZELMANN, IKor 250f; SCHRAGE, IKor III 114.119.
[32] Vgl. das Buch von FORBES. Der oft bemühte Orgiasmus der Dionysosverehrer wurde nur noch auf der Bühne oder in liturgischer Nachahmung ausagiert. Echte Raserei war selten, dafür häufig Trunkenheit in geselligem Rahmen. Das fanatische Gebaren im Kult der Kybele war auf die einheimischen Priester beschränkt. Ernüchternd auch MEHAT 402.
[33] So BACHMANN, IKor 378f; SCHLATTER, Paulus 332; BROCKHAUS, Charisma 157f.
[34] MEYER, IKor 333 beschränkt das „deshalb" auf „teile ich mit": Die Leser benötigten dieses γνωρίζειν als ehemalige Diener stummer Götzen um so mehr. Ebenso ROBERTSON/PLUMMER, IKor 260; CARSON, Showing 26; BARBAGLIO, IKor 636–638.
[35] Vgl. die Erwägungen von WEISS, IKor 296.
[36] PETERSON, IKor 282–284 vermisst hier die „begriffliche Aussage" und möchte nur von „Akklamation" reden. Gewiss gibt die Voranstellung des Prädikats, das sich zudem erst aus dem Kontext genauer bestimmt, der Formel akklamatorischen Charakter. Sie anerkennt aber implizit ein Handeln Gottes an Jesus und ist insofern Bekenntnis. Richtig: κύριος fungiert hier nicht als Äquivalent des atl. Gottesnamens.
[37] Dagegen fasst VIELHAUER, Geschichte 23f κύριος als Subjekt, den Namen als Prädikat. Die Gemeinde grenze sich damit gegen die Ansprüche jedes anderen ab. Ebenso jetzt WOYKE, Götter 276f. Ein schlagendes Beispiel für prädikative Verwendung von κύριος ist 2Kor 4,5.

Bevor er auf die einzelnen Geistgaben eingeht, stellt Paulus also heraus, dass schon das fundamentale Bekenntnis zu Jesus als Herrn nur im Geist Gottes[38] möglich ist. Das ἐν hat hier modalen bis kausalen Sinn (vgl. Röm 8,15). Möglicherweise will Paulus dadurch dem elitärem Denken mancher Pneumatiker den Boden entziehen.[39] Er nennt aber zuerst, was in diesem Geist unmöglich behauptet werden kann: dass eben dieser Jesus ein von Gott Verfluchter[40] sei[41] oder sein soll[42]. Das wäre so ziemlich das Gegenteil von „Herr ist Jesus". Ist das ἀνάθεμα ' Ἰησοῦς nur eine Gegensatzbildung des Paulus *ad hoc*[43] oder gibt es dafür einen bestimmten Anlass? Da das Reden im Geist wohl – wie auch das Bekenntnis „Herr ist Jesus" – im Gottesdienst zu situieren ist, scheidet eine in der Synagoge[44] geübte oder vom heidnischen Gericht[45] erzwungene Verfluchung aus. Weil Besessenheit ein zweideutiges Phänomen ist,[46] könnte es sein, dass ein Pneumatiker – nicht erkennbar ein Glossolale[47] – unwillkürlich diesen Ruf ausgestoßen hat und dass die Korinther wegen dieses befremdlichen Vorfalls nachgefragt haben.[48] Paulus bezieht nur kurz Stellung, um dann zu den positiven Wirkungen des Geistes weiterzugehen. Manche Ausle-

---

[38] Das Fehlen des Artikels berechtigt – gegen Tibbs, Experience 49 f.170–174 – noch nicht zur Übersetzung „in einem Geist Gottes", vgl. V. 4. Determinierte und undeterminierte Formen von πνεῦμα wechseln oft im selben Kontext. Dass die Präposition (hier ἐν) Artikellosigkeit bedingt – vgl. B-D-R 257,2 mit Anm. 4 –, kann man wegen der Ausnahmen (nach ἐν Mk 12,36; Lk 2,27; 4,1; 10,21 *varia lectio*; 1Kor 6,11; 12,9 *bis*) allerdings kaum behaupten.

[39] Vgl. Bassler 416 mit früheren Autoren.

[40] Ἀνάθημα ist klassisch das Weihegeschenk; die LXX übersetzt aber mit ἀνάθεμα bzw. der verkürzten Form ἀνάθεμα hebr. חֵרֶם/*ḥæræm*. Das der Gottheit Geweihte ist zugleich menschlichem Zugriff entzogen und bekommt dabei eine negative Bedeutung („dem Untergang geweiht"), die jedoch wahrscheinlich auch Anhalt am unliterarischen griechischen Sprachgebrauch hat. Das belegt wenigstens eine Fluchtafel aus Megara (1./2. Jh. n. Chr.): Deissmann, Licht 74.

[41] Darauf insistiert van Unnik wegen des Gegenübers „Herr ist Jesus".

[42] Vgl. die jussivische Ergänzung 16,22; Gal 1,8 f.

[43] So z. B. Conzelmann, 1Kor 249. Wire, Prophets 136 paraphrasiert: „as sure as God's spirit cannot curse Jesus, no one can acclaim Jesus as Lord except in the spirit." Aber Barrett, 1Kor 280: Es ist zu bezweifeln, dass Paulus den Korinthern eine rein hypothetische und künstliche Möglichkeit vorlegt.

[44] So Schlatter, Paulus 333: „Jenes Urteil ist nach seiner Form und nach seiner Absicht ausschließlich jüdisch"; in der Tat konnte ein Gekreuzigter den Juden als von Gott verflucht gelten (vgl. Exkurs 2). Derrett, J.M.: Cursing Jesus (I Cor. XII. 3): The Jews as Religious ‚Persecutors', NTS 21, 1975, 544–554 sucht plausibel zu machen, dass ein Judenchrist nur durch den Fluch einen Ausschluss aus der Synagoge vermeiden konnte. Vgl. auch Apg 26,11.

[45] Vgl. Plinius d. J., epist. X 96,5 f *maledicerent Christo [...] Christo maledixerunt*; MartPol 9,3 λοιδόρησον τὸν Χριστόν ... βλασφημῆσαι τὸν βασιλέα μου.

[46] Vgl. 1Joh 4,1 „Glaubt nicht jedem Geist, vielmehr prüft die Geister, ob sie aus Gott sind"; Did 11,8 „Nicht jeder, der im Geist redet, ist ein Prophet."

[47] Das Verbum λαλεῖν meint einfach den Redeakt (s. bei 2,6). Es steht deshalb passend beim „Reden in Sprachen" (12,30; 13,1 und oft Kap. 14), das ja eines Inhalts entbehrt, ohne jedoch dieses selbst zu bezeichnen. Vgl. nur die in 14,6 aufgezählten anderen Arten des Redens (λαλεῖν). Nach Did 11,7 f kann auch ein Prophet „im Geist reden" (λαλεῖν). Man darf sich nicht vom deutschen „lallen" irritieren lassen. Das Verbum ahmt zwar ursprünglich Kindersprache nach; das ist aber für die Bedeutung oft unerheblich: vgl. Debrunner, A. in: Kittel, G.: Art. λέγω κτλ, ThWNT 4, 1942, 69–147, 75 f.

[48] So Weiss, 1Kor 295; Theissen, Aspekte 308 f nimmt eine sprachliche Fehlhandlung an, in der sich Verdrängtes äußert. Auch möglich: Die Korinther äußerten nur die Befürchtung, dass einer in der (unverständlichen) Glossolalie den Herrn lästert. So Brockhaus, Charisma 160 f.

ger⁴⁹ machen den Ausruf zu einem christologischen Programm: Die Gnosis-Leute hätten den irdischen Jesus verflucht, weil ihnen nur am himmlischen Erlöser gelegen war. Solche Tendenzen gibt es zwar in der späteren Gnosis, die Praktik der Verfluchung ist aber nur einmal bezeugt.⁵⁰ An unserer Stelle ist jedenfalls nicht der „Herr" „Jesus" entgegengesetzt, sondern man muss sich entscheiden, ob man ein und denselben Jesus als Herrn⁵¹ bekennt oder verflucht. Für die wirklich im Geist Gottes Redenden gibt es dabei nur eine Wahl. Hätte man in Korinth schon jetzt – und nicht erst 2Kor 11,4 – „einen anderen Jesus" verkündigt, hätte Paulus die Sache kaum so knapp abtun können.

b) 12,4–11: Eine *Wirkursache hinter den verschiedenen Gnadengaben*
(4) Es gibt aber Zuteilungen von Gnadengaben, jedoch (es ist) derselbe Geist; (5) und es gibt Zuteilungen von Diensten, und doch (ist es) derselbe Herr; (6) und es gibt Zuteilungen von Betätigungen, jedoch (ist es) derselbe Gott, der alles in allen bewirkt. (7) Einem jeden aber wird die Manifestation des Geistes zum (der Gemeinde) Zuträglichen gegeben. (8) Denn dem einen wird durch den Geist Weisheitsrede gegeben, dem andern von Erkenntnis (zeugende) Rede gemäß demselben Geist, (9) wieder einem anderen Glaube in demselben Geist, einem anderen aber Gaben der Heilungen in dem einen⁵² Geist, (10) einem anderen aber Betätigungen von Machterweisen⁵³, einem anderen Prophetie, einem anderen Beurteilungen⁵⁴ der Geistesäußerungen, wieder einem anderen Arten von Sprachen, einem anderen aber Übersetzung der Sprachen; (11) all das aber bewirkt der eine und derselbe Geist, der jedem einzeln⁵⁵ zuteilt, wie er will.

---

⁴⁹ Vgl. SCHMITHALS, Gnosis 117–122; BROX, der 108 zu Recht festhält, dass „eine gnostische Christologie grundsätzlich nicht anders als unter gleichzeitiger Degradierung des sarkischen Jesus konzipiert werden kann." SCHRAGE, 1Kor III 115 verweist auf die EpJac (NHC I 2) 3, 12–25: „Wehe denen, die den Menschensohn gesehen haben; gesegnet die, die den Menschen nicht gesehen haben".

⁵⁰ Origenes (Cels. VI 28 und in einem von CONZELMANN, 1Kor 250 zitierten Kommentarfragment) weiß von den Ophianern, dass sie niemand zugelassen haben, der nicht Jesus verfluchte. Das ist – gegen PEARSON, B.A.: Did the Gnostics Curse Jesus?, JBL 86, 1967, 301–305 – nicht nur eine verzerrte Darstellung des Kirchenvaters auf Grund der ophianischen Gleichsetzung Jesu mit der von Gott verfluchten, aber positiv bewerteten Schlange. Denn 1. hätten die Sektierer kaum den Fluch des Demiurgen nachvollzogen. 2. belegen die von Pearson zitierten Texte nur, dass die Schlange mit dem „Sohn" bzw. „Christus" identisch ist. Die Ophiten spalten aber Jesus von Christus ab, der bei der Taufe auf ihn herabgestiegen sei und sich vor der Kreuzigung wieder von ihm entfernt habe: Irenaeus, haer. I 30,13f.

⁵¹ Vgl. auch 16,22: Paulus distanziert sich nicht von denen, die „Jesus" nicht lieben, sondern von denen, die den „Herrn" nicht lieben.

⁵² So A B 33 1175 1739 1881 2464 und andere Minuskeln, dagegen wiederholen ℵ D F G u.a. ἐν τῷ αὐτῷ πνεύματι; 𝔓⁴⁶ hat nur ἐν τῷ πνεύματι.

⁵³ Statt ἐνεργήματα δυνάμεως hat der westliche Text (D F G) den zweifachen Singular ἐνεργ(ε)ία δυνάμεως, 𝔓⁴⁶ ἐνεργήματα δυνάμεως. Letzteres hält ZUNTZ, Text 100 für ursprünglich. Doch bietet auch V. 28f den Plural.

⁵⁴ Der schwierigere Plural bei 𝔓⁴⁶ A B Ψ 1739 1881 u.a., dagegen der zu ἑρμενεία passende Singular bei ℵ C D* F G P 0201 33 1175 und wenigen. Dafür BACHMANN, 1Kor 381 Anm. 1.SWANSON, Manuscripts 188 liest mit dem Akzent der Pluralform διακρίσις.

⁵⁵ Das ἰδίᾳ fehlt 𝔓⁴⁶ und im westlichen Text (D* F G).

NJIRU, P.K.: Charisms and the Holy Spirit's Activity in the Body of Christ, Tesi Gregoriana, S. Teol. 86, Rom 2002. REILING, J.: The Magna Charta of Spiritual Gifts, in: Faculty of Baptist Theological Seminary (Hg.): FS Günter Wagner, Bern usw. 1994, 143-155. SANCHEZ BOSCH, J.: La primera lista de carismas (1 Cor 12,8-10), in: Collado, V./Zurro, E. (Hg.): El misterio de la palabra. FS L. Alonso Schökel, Madrid 1983, 327-350.

Unpersönliche präsentische Aussagen ergeben einen lehrhaften Stil. V. 4-6 lassen sich als dreifach abgewandelte These verstehen, die in V. 7 eine Präzisierung erfährt. Das „einem jeden" von V. 7 wird in V. 8-10 in andere Pronomina auseinandergelegt.[56] Auf die hier aufgezählten Charismen greift die Zusammenfassung V. 11 mit „das alles" zurück. Sie bezieht sich aber nicht nur auf V. 8-10, sondern betont mit V. 4.9 die Selbigkeit des Geistes, verwendet dasselbe Verb ἐνεργεῖν wie V. 6 und nimmt das Stichwort διαιρέσεις von V. 6-8 verbal in der hinzugesetzten Partizipialkonstruktion wieder auf. Damit rundet sich der Abschnitt. Zugleich wird der inhaltliche Akzent deutlich: Paulus hält nicht nur gegen die ein Monopol beanspruchenden Glossolalen fest, dass es eine Vielzahl von unterschiedlichen Charismen gibt,[57] er hebt auch in einem korrigierenden[58] Nachsatz hervor, dass die verschiedenen Gaben von dem einen Geist gewirkt sind. Dieser eine Ursprung garantiert ihre Verträglichkeit und die Ausrichtung auf das Wohl der Gemeinde (vgl. V. 7).

V. 4-6 Διαιρέσεις kann sowohl „Zuteilungen" wie „Unterschiede" bedeuten; das Verbum διαιρεῖν in V. 11 legt die erstere Bedeutung nahe, wobei die Unterschiedlichkeit (vgl. Röm 12,6 χαρίσματα ... διάφορα) impliziert ist. Das vorgegebene Wort πνευματικά, das man leicht auf die Arten des Redens im Geist (vgl. V. 3) eingrenzen konnte, wird jetzt zunächst durch das der Gemeinde wohl schon vertraute (vgl. zu 1,7) χαρίσματα ersetzt, wohl weil Paulus ein weites Feld an Geistgaben eröffnen möchte. Χάρισμα meint an sich soviel wie „Gabe, Geschenk" (vgl. V. 7f „wird gegeben"); im Plural kann es den spezifizierten Sinn von „Begabungen" annehmen. Sicher versteht Paulus die verschiedenen Gaben als Entfaltung der einen, in Christus gegebenen Gnade Gottes (vgl. zu 1,4-7), aber dass er mit seiner Wortwahl gegen Pneumatiker angeht, die ihre Begabung als „eigenmächtigen Besitz" ansehen könnten,[59] muss man von 4,7 her eintragen. Die weiteren Begriffe, die Paulus V. 5f dafür einsetzt, machen einmal deutlich, dass die Geistgaben im Dienst der Gemeinde stehen, διακονίαι[60] sind. Hatte 3,5 sein und des Apollos Wirken als vom

---

[56] Vgl. eine formal ähnliche Aufzählung natürlicher Begabungen mit ἄλλῳ μέν, ἄλλῳ δέ, ἑτέρῳ, ἄλλῳ δέ bei Homer, Il. XIII 730-733.

[57] So FEE, 1Kor 572, der dafür geltend macht, dass die Glossolalie in der Liste V. 8-10 - wie dann auch V. 28 - am Schluss genannt wird. Gegen seine einseitige Überschrift „The Need for Diversity" THISELTON, 1Kor 928f.

[58] Vgl. das δέ in V. 4b.6b.11. Das καί in 5b (bei 𝔓46 auch in 6b) ist mit „und doch, und trotzdem" zu übersetzen; vgl. BAUER, Wörterbuch s.v. 2 g.

[59] Vgl. CONZELMANN, 1Kor 253; SCHRAGE, 1Kor III 119.137; HAYS, 1Kor 208; HOLTZ, Kennzeichen 365.369; M. CARREZ in: De Lorenzi, Charisma 121.

[60] COLLINS, J.N.: Ministry as a distinct Category among Charismata (1 Corinthians 12:4-7), Neotest. 27, 1993, 79-91 möchte sie auf die „apostolic preachers" einengen, wird dabei aber weder den „Zuteilungen" noch den Parallelbegriffen χαρίσματα, ἐνεργήματα gerecht. Röm 12,7 erscheint der Singular διακονία im spezielleren Sinn, der sich aber schwer festlegen lässt. Auch 1Petr 4,10f wechselt διακονεῖν im weiteren Sinn (so auch διακονία Eph 4,12) mit einem Dienst der Tat, der der Wortverkündigung entgegengestellt ist.

Herrn verliehenen Dienst eingeordnet, so erhalten hier auch die anderen Geistphänomene diese Bestimmung. Gleichzeitig werden so alltägliche Hilfeleistungen für die Gemeinde – etwa die 12,28 genannten ἀντιλήμψεις – auf den Herrn zurückgeführt und damit aufgewertet. Der dritte für πνευματικά stehende Begriff ἐνεργήματα bezeichnet das Resultat des göttlichen ἐνεργεῖν, also „Wirkungen" oder – weil damit in V. 10a „Machterweise" im Genitiv damit verbunden werden – „Betätigungen".[61] Paulus variiert die Ausdrücke, weil er neben dem vom Kontext erforderten Geist auch noch den erhöhten „Herrn" und Gott selber als Urheber[62] des charismatischen Lebens ins Spiel bringen möchte. Dieses Nebeneinander bietet wie 2Kor 13,13 Ansätze für die spätere Trinitätstheologie.[63] Dabei ist das theologische Schlussglied durch eine formelhaft klingende[64] verallgemeinernde partizipiale Wendung ausgebaut. Wie bei 15,28 kann man zunächst schwanken, ob man bei τὰ πάντα ἐν πᾶσιν das zweite All-Element neutrisch oder maskulinisch nehmen soll. Doch an anderen Stellen[65] konstruiert Paulus ἐνεργεῖν ἐν mit Personen, so dass hier deutlich vom Wirken Gottes in den Gläubigen die Rede ist.

V. 7 stellt mit weiterführendem δέ klar, dass die Selbstbekundung des Geistes[66] in jedem Einzelnen auf das συμφέρον zielt. Im Unterschied zu 6,12 ist hiermit nicht das individuell Zuträgliche gemeint, sondern – wie 10,23 –, was zur Erbauung der Gemeinde dient. 1Clem 48,6 sagt dafür τὸ κοινωφελὲς πᾶσιν („was allen von gemeinsamem Nutzen ist"). Dieser Gesichtspunkt wird aber erst V. 12-26 und in Kap. 14 mit dem ausdrücklichen Stichwort οἰκοδομ- ausgeführt. Vgl. dann Eph 4,12 „zur Auferbauung des Leibes Christi".

V. 8-10 Die folgende Aufzählung konkretisiert (vgl. „denn") erst einmal die verschiedenen Manifestationen des Geistes, der in V. 8f mit wechselnden Präpositionen (διά mit Gen., κατά mit Akk.,[67] ἐν) als einigender Grund genannt ist. Dabei lassen sich sachlich drei Gruppen zusammenfassen. So erhält man eine steigende Anzahl (2+3+4) von Gliedern.

---

[61] In magischen Texten sind ἐνεργήματα Zauberkunststücke: Vgl. Diodor S. IV 51,6; PGM I 194; XII 317; dafür IV 160 ἐνέργεια.

[62] Auch der Kyrios wird als solcher genannt und nicht weil die διακονίαι im Dienste des „Herrn" stehen. Gegen WEISS, 1Kor 297 u.a. braucht man also in V. 5 keine Sinnverschiebung anzunehmen.

[63] Vgl. SCHRAGE, 1Kor III 201-203; THISELTON, A.C.: The Holy Spirit in 1 Corinthians: Exegesis and Reception History in the Patristic Era, in: Stanton u.a., Spirit 207-228. Vorausgesetzt wird, dass „ein und derselbe Geist" (V. 4.9.11) eine personale Identität – wie die des Kyrios und Gottes – zum Ausdruck bringt, und nicht nur eine „unified oneness" – so TIBBS, C.: The Spirit (World) and the (Holy) Spirits among the Earliest Christians: 1 Corinthians 12 and 14 as a Test Case, CBQ 70, 2008, 313-330. Er findet eine Mehrzahl von Heiligen Geistern.

[64] CONZELMANN, 1Kor 253 spricht mit Blick auf Eph 1,11 von einer „Allmachtsformel". Vgl. Arist 210: „alles durch alles bewirkt und erkennt Gott" (πάντα διὰ παντὸς ὁ θεὸς ἐνεργεῖ καὶ γινώσκει).

[65] Vgl. mit Gott als Subjekt Phil 2,13; Gal 3,5; Eph 1,20; vgl. 2,2; die mediale Form 1Thess 2,13; 2Kor 4,12; Kol 1,29; Eph 3,20.

[66] Der Zusammenhang spricht für einen *Genetivus subiectivus* bei φανέρωσις τοῦ πνεύματος, obwohl 2 Kor 4,2 φανέρωσις τῆς ἀληθείας einen *Genetivus obiectivus* hat. Das Nomen wäre vom Medium des Verbs abgeleitet. Anders BACHMANN, 1Kor 380: Die Charismen heißen so, „weil in ihnen die Eigenart und die Fülle des Geistes und seiner Kraftwirkung ans Licht gestellt wird."

[67] Stellen, an denen κατά mit Akk. von der Bedeutung „nach Maßgabe von" in die Bedeutung „auf Grund von" übergeht, nennt BAUER, Wörterbuch s.v. 5 a δ.

1. Am Anfang stehen intellektuelle Fähigkeiten (σοφία, γνῶσις);[68] sie bezeugen sich im Reden (λόγος). Dabei fassen wir die von λόγος abhängigen Genitive nicht als Angabe des Inhalts (so 1,18 „Das Wort vom Kreuz"), sondern als eine Art Qualitätsbezeichnung. Die „Weisheit" könnte sich entsprechend dem positiven Gebrauch von σοφία in Kap. 1f als Einsicht in heilsgeschichtliche Zusammenhänge äußern; verwandt wäre das „Wissen um Geheimnisse" (vgl. 13,2), das allerdings wegen der Syntax eher der Prophetie zukommt.[69] Aber auch eine praktische Weisheit, wie sie von den Richtern in der Gemeinde (6,5b) erwartet wird, kommt in Frage. Vgl. Röm 16,19 „weise in Bezug auf das Gute". Die Weisheit könnte besonders den „Lehrern" (12,28) eignen und die Form der „Lehre" (14,6.26) annehmen.[70] Die eng benachbarte „Erkenntnis" umfasst sicher mehr als die Überzeugung von der Nichtigkeit der Götzen und den Glauben an den einen Gott (vgl. 8,1-6), sie ist ja nach 1,5 mannigfaltig. Vielleicht geht ihr eine „Offenbarung" (14,26) voraus wie 2,10f; Lk 10,22Q. Vgl. auch die Abfolge von ἀποκάλυψις und γνῶσις in 14,6.[71] Doch rät 14,30, „offenbaren" mit der Prophetie zu verbinden. Dass auch Erkenntnis nicht rein theoretisch ist, geht aus Röm 15,14 hervor.

2. Den V. 9a genannten „Glauben" möchte man an sich noch solcher Erweiterung des Intellekts zurechnen.[72] Doch ein Vorblick auf 13,2 lehrt, dass es sich nicht um den gewöhnlichen Christusglauben[73] handelt, sondern um ein Vertrauen zu Gott, das „Berge versetzen kann". Insofern gehört der Glaube zu den V. 9b.10a aufgezählten Befähigungen, Wunder zu tun, seien es „Heilungen" (ἰάματα, auch V. 28.30), seien es allgemein „Machttaten" (δυνάμεις, auch V. 28f).[74] Solche „Machterweise" hat Gott z.B. bei der Bekehrung der Galater gewirkt (ἐνεργεῖν Gal 3,5; vgl. Hebr 2,4), auch Paulus hat sie als „Zeichen des Apostels" bei den Korinthern vollbracht, wie er sich 2Kor 12,12 anheischig macht (vgl. auch zu 2,4f). An einem Ort, der ein blühendes Wallfahrtsheiligtum des Asklepios beherbergte, konnten

---

[68] SCHÜRMANN, Gnadengaben 255 und REILING 151f vermuten mit Grund, dass Paulus zu Beginn von den Korinthern favorisierte Begriffe anspricht.
[69] Wir zögerten jedoch, 2,6-16 als ein Beispiel solcher Weisheitsrede einzustufen. Dort bildet die „Weisheit Gottes" den Inhalt der Rede, hier ist die Weisheit eine gottgeschenkte Eigenschaft des Menschen, vergleichbar mit den „vom Geist gelehrten Worten" 2,13. Vgl. Aesopica 213,1 (PERRY): „Das Schicksal schenkte ihm (Äsop) weise Rede (λόγον σοφίας)."
[70] ELLIS, E.E.: ‚Wisdom' and ‚Knowledge' in I Corinthians, in: Ders., Prophecy 45-62 dagegen rückt beide Größen eher in die Nähe der Prophetie.
[71] Im 2. Jh. schreibt sich IgnTrall 5,2 die Fähigkeit zu, „das Himmlische, die Rangordnungen der Engel und die Systeme der Herrschaften, Sichtbares und Unsichtbares" zu erkennen (νοεῖν). Unter den Charismen Polykarps erwähnt er die Offenbarung (φανεροῦσθαι) des Unsichtbaren (IgnPol 2,2).
[72] Vgl. 2Kor 8,7 „Wie ihr in allem überströmt, in Glaube, der Rede, der Erkenntnis"; 1Clem 48,5 „Mag einer gläubig sein, mag er fähig sein, Erkenntnis auszusprechen, mag er weise sein in der Beurteilung von Worten".
[73] So ziemlich allein auf weiter Flur SCHMITHALS, Gnosis 163; LINDEMANN, 1Kor 266f. Dies wäre wie V. 3b gegen die Fixierung auf das Außergewöhnliche gerichtet.
[74] Im Sinn von „Wundern, die vor allem Exorzismen einschließen" Lk 10,13Q; Mk 6,2.5par.; 9,39; Mt 7,22; 11,20.23; Lk 19,37; Apg 2,22; 8,13; 19,11; Hebr 2,4. Vgl. „gemäß der Energie Satans, in jeglicher Machttat" 2Thess 2,9. Für die Wendung ἐνεργήματα δυνάμεων ist auch Mk 6,14par. interessant: Wunderkräfte (δυνάμεις), die in Jesus wirken (ἐνεργοῦσι).

Heilungswunder besonderen Anklang finden. Wie wir 11,30 sahen, bewahren sie aber nicht alle korinthischen Christen vor Krankheit und Tod.

3. Eine dritte Gruppe nennt ab V. 10b wieder geistgewirkte Formen des Redens: die Prophetie, der die „Beurteilungen der Geister" zugeordnet sind (vgl. 14,29), und die Glossolalie, die nur durch „Übersetzung" für die Gemeinde fruchtbar gemacht werden kann (vgl. 14,1–25). Zu beiden urchristlichen Erscheinungen vgl. Exkurs 8. Umstritten ist an unserer Stelle das Nomen διακρίσεις, dem 14,29 das Verbum διακρίνειν entspricht. Meistens nimmt man hier die auch 11,29.31 vorliegende Bedeutung von „beurteilen" an; es geht aber nicht um Einsicht in das Innere von Menschen.[75] Paulus traut der Gemeinde (14,29; vgl. den freilich allgemein gehaltenen V. 1Thess 5,21 mit δοκιμάζειν; ebenso 1Joh 4,1) bzw. hier einzelnen so Begabten vielmehr die Unterscheidung zwischen wahrer und falscher Prophetie zu.[76] Eine Dämonenlehre wie wohl in 1Joh 4,1–3 ist dabei nicht vorausgesetzt, da πνεύματα nicht „Geister", sondern so viel wie „Geistesäußerungen" heißt (s.o. zu V. 1).[77] Demgegenüber tritt G. Dautzenberg[78] für „*Auslegungen* von Geistesoffenbarungen" ein. Wie die atl. Prophetenschriften im damaligen Judentum und die Visionen der Apokalyptiker hätte auch die urchristliche Prophetie der Deutung[79] bedurft. Διάκρισις bzw. διακρίνειν ist in der Tat für die Interpretation von „Zeichen" und Träumen sowie die Lösung von Rätseln belegt.[80] Für die Deutung von Orakeln findet es sich nur einmal.[81] Da aber der Bedeutungsabstand zu „richtig beurteilen"[82] nicht sehr groß ist, müsste man wahrscheinlich machen, dass christliche Propheten sich tatsächlich in verschlüsselter Weise äußerten – die Beispiele der Apg sprechen nicht dafür – und dass Gemeindemitglieder die Rolle des *angelus interpres* übernahmen. Die Bezeichnung „Geheimnis" (s. zu 2,7) betrifft aber nicht die Form der Offenbarung, sondern ihre grundsätzliche Unzugänglichkeit für den Menschen.

Meistens vermutet man, dass das Reden in „Sprachen" am Schluss aufgeführt wird, weil Paulus der Überbewertung der Glossolalie in Korinth entgegensteuern möchte. Das mag in der Liste V. 28 so sein, die am Anfang ausdrücklich eine Rangfolge markiert (doch s. z.St.). Hier aber ist diese Absicht zweifelhaft, weil die für Paulus vorrangige Prophetie auch erst gegen Ende steht. Überhaupt beansprucht die

---

[75] In die Irre führt CONZELMANN, 1Kor 255: „διάκρισις πνευμάτων wird durch 1424f. erklärt".

[76] In diesem Sinn MARTUCCI, J.: Diakriseis pneumatōn (1 Co 12, 10), EeT (O) 9, 1978, 465-471. Dagegen verbietet Did 11,7 der Gemeinde ein inhaltliches διακρίνειν der Propheten. Das Unterscheidungsmerkmal für die Falschpropheten ist rein praktisch.

[77] Anders TIBBS, Experience 208–213, der noch Eusebius, h.e. V 16,17 anführt.

[78] Prophetie 123–137. Vgl. auch seinen Aufsatz: Zum religionsgeschichtlichen Hintergrund der διάκρισις πνευμάτων (1 Kor 12, 10): BZ 15, 1971, 93-104 und seinen Art. διακρίνω, EWNT I, 1980, 732-738. Dagegen GRUDEM, W.: A Response to Gerhard Dautzenberg on 1 Cor. 12. 10, BZ 22, 1978, 253-270.

[79] Für das hebr.-aram. פתר/*ptr* bzw. פשר/*pšr* steht manchmal κρίνειν oder συγκρίνειν: vgl. zu 2,13.

[80] Zeichen: Diodor S. XVII 10,5; Mt 16,3; Frgm. Jub 11,8; Traumdeutung: Artemidor IV 72 (293,20f PACK) par. ἑρμηνεύειν; Pausanias I 34,5; Gen 40,8Σ; Philo, Jos. 90.93.98.104.110.116.125.143.248.269; som. II 4.7.110; TestAbr (A) 4,2.11; Rätsel: Josephus, ant. VIII 148f = Ap. I 114f.

[81] Stobaeus IV 50,95 (Iuncus Philos.).

[82] Für diese Nuance SENFT, 1Kor 159; WOLFF, 1Kor 293; MERKLEIN/GIELEN, 1Kor III 128f. Vgl. 2,15a ἀνακρίνειν.

Aufzählung keine Vollständigkeit, wie ein Vergleich mit den Listen V. 28, Röm 12,6–8 zeigt. Es fehlen etwa die Führungsfunktionen.

V. 11 Weil Paulus ab V. 10 den einen Geist als Ursache der Charismen nicht mehr erwähnt, gewichtet er seine Rolle in einem resümierenden Vers und besteht damit auf Einheit und Differenzierung der Geistgaben zugleich. Für die Dogmatiker interessant ist, dass er vom Geist ein personales, souveränes Wollen – wie sonst von Gott (vgl. zu 1,1; 12,18 und Röm 9,19b; Hebr 2,4) – aussagt. Das ist die paulinische Version von Joh 3,8a.[83] Die Zuteilung erfolgt aber nicht ausdrücklich nach der Fassungskraft der Empfänger wie bei Philo[84] oder nach rabbinischer Exegese bei den Gottesstimmen am Sinai,[85] schon gar nicht nach deren Würdigkeit.[86] Über das Verhältnis der Charismen zu den natürlichen Anlagen wird nun einmal nichts gesagt.

c) 12,12–31a: Bezug der Vielheit auf das Ganze, erläutert am Bild des Leibes
(12) **Wie nämlich der Leib *einer* ist und (doch) viele Glieder hat, alle Glieder des Leibes aber, obwohl sie viele sind, *einen* Leib bilden, so auch Christus; (13) in *einem* Geist wurden wir alle ja auch auf *einen* Leib hin getauft, ob Juden oder Griechen, ob Sklaven oder Freie, und alle wurden wir mit *einem* Geist getränkt. (14) Denn der Leib besteht ja nicht aus *einem* Glied, sondern aus vielen. (15) Wenn der Fuß sagt: „Weil ich nicht Hand bin, gehöre ich nicht zum Leib", so gehört er deswegen doch zum Leib./gehört er deswegen etwa nicht zum Leib? (16) Und wenn das Ohr sagt: „Weil ich nicht Auge bin, gehöre ich nicht zum Leib", so gehört es deswegen doch zum Leib./gehört es deswegen etwa nicht zum Leib? (17) Wenn der ganze Leib Auge wäre, wo (bliebe dann) das Gehör? Wenn der ganze (Leib) Gehör wäre, wo (bliebe dann) das Riechen? (18) Nun aber hat Gott den Gliedern, einem jeden von ihnen, in dem Leib eine Stelle angewiesen, wie er wollte. (19) Wenn das Ganze *ein* Glied wäre, wo (bliebe dann) der Leib? (20) Nun sind es aber viele Glieder, doch nur *ein* Leib. (21) Es kann nicht das Auge zur Hand sagen: „Ich brauche dich nicht", oder wiederum der Kopf zu den Füßen: „Ich brauche euch nicht"; (22) sondern viel eher sind die Glieder des Leibes, die als die schwächeren gelten, notwendig, (23) und was wir am Leib für ehrloser halten, das umgeben wir mit um so größerer Ehre, und unsere unanständigen Teile genießen um so größere Würde, (24) unsere anständigen Teile aber brauchen (das) nicht. Vielmehr hat Gott den Leib zusammengemischt, indem er dem (daran) Mangel Leidenden[87] um so**

---

[83] So FEE, 1Kor 599.
[84] Vgl. ZELLER, Charis 186f.
[85] Vgl. ShemR 5 zu 4,27: „Komm und sieh, wie die Stimme jedem Israeliten nach seinem Vermögen sich zugeteilt hat".
[86] So Justin, dial. 39,2: Die Jünger Christi „empfangen Geschenke, ein jeder wie sie würdig sind, erleuchtet durch den Namen dieses Christus; denn der eine empfängt den Geist des Verständnisses, der andere des Rates, der andere der Stärke, der andere der Heilung, der andere der Vorauserkenntnis, der andere der Lehre, der andere der Gottesfurcht." Hier stand – wie bei Pseudo-Philo, De Sampsone 24f – Jes 11,2 Pate. Vgl. Justin, dial. 89; 88,1.
[87] 𝔓[46] ℵ[2] D F G Ψ 1739* u.a. haben nicht das uns von 1,7; 8,8 her bekannte Passiv ὑστερουμένῳ, sondern – ohne Sinnverschiebung – das Aktiv ὑστεροῦντι.

12,1-30: Vielfalt und Zusammenwirken der Gnadengaben

größere Ehre gab, (25) damit es keine Spaltung[88] in dem Leib gebe, sondern die Glieder für einander um dasselbe besorgt seien. (26) Und wenn *ein* Glied leidet, leiden alle Glieder mit; wenn *ein* Glied geehrt wird, freuen sich alle Glieder mit.

(27) Ihr aber seid (der) Leib Christi und Glieder als Teil betrachtet. (28) Und die einen setzte Gott in der Gemeinde ein erstens als Apostel, zweitens als Propheten, drittens als Lehrer, dann zu Machterweisen, dann[89] zu Gaben der Heilungen, zu Hilfeleistungen, Leitungsfunktionen, Arten von Sprachen. (29) Sind etwa alle Apostel? Sind alle Propheten? Sind alle Lehrer? (Wirken) alle Machterweise? (30) Haben alle Gaben der Heilungen? Reden alle in Sprachen? Übersetzen alle? (31a) Eifert jedoch um die größeren[90] Gnadengaben.

BOREK, W.: Unità e Reciprocità delle membra della Chiesa, Tesi Gregoriana, S. Teol. 115, Rom 2004. BRANDENBURGER, E.: Der Leib-Christi-Gedanke nach Paulus, in: Ders., Studien 360-368. DUNN, J.D.G.: ‚The Body of Christ' in Paul, in: Wilkins/Paige, Worship 146-162. HAINZ, J.: Vom „Volk Gottes" zum „Leib Christi", JBTh 7, 1992, 145-164. IBER, G.: Zum Verständnis von I Cor 12 31, ZNW 54, 1963, 43-52. JUDGE, E.A.: Demythologising the Church: What is the Meaning of „the Body of Christ"?, in: Ders., Christians 568-585. KÄSEMANN, E.: Das theologische Problem des Motivs vom Leibe Christi, in: Ders., Perspektiven 178-210. KLAUCK, Herrenmahl 333-346. KLINGHARDT, M.: *Unum Corpus*. Die *genera corporum* in der stoischen Physik und ihre Rezeption bis zum Neuplatonismus, in: von Dobbeler u. a., Religionsgeschichte 191-216. LEE, M.V.: Paul, the Stoics, and the Body of Christ, MSSNTS 137, Cambridge 2006. LINDEMANN, A.: Die Kirche als Leib, in: Ders., Paulus 132-157. MERKLEIN, H: Entstehung und Gehalt des paulinischen Leib-Christi-Gedankens, in: Ders., Studien 319-344 (Anm. 1 ältere Lit.). MITCHELL, Paul 157-164. SCHLOSSER, J.: Le corps en 1 Co 12,12-31, in: Guénel, corps 97-110. SÖDING, Th.: „Ihr aber seid der Leib Christi" (1 Kor 12,27), in: Ders., Wort 272-299. STRECKER, Theologie 335-349. WALTER, M.: Gemeinde als Leib Christi, NTOA 49, Fribourg/Göttingen 2001. WEDDERBURN, body. YORKE, G.L.O.R.: The Church as the Body of Christ in the Pauline Corpus, Lanham usw. 1991.

Der die Thesen V. 7 und 11 weiter untermauernde (γάρ) Abschnitt beginnt mit einem bildhaften Vergleich (V. 12), dessen Berechtigung der in der 1. Pl. formulierte V. 13 erweist. Dieser ruft Tauftraditionen ab. V. 14-26 führen die Bildhälfte genauer aus, wobei V. 14 – wieder erreicht in V. 20 – die These des Vergleichssatzes V. 12ab aufnimmt. Obwohl jede persönliche Anrede fehlt, ist diese Passage doch lebhaft gestaltet. Verdoppelungen (V. 15f.17.21.22-24a.[91]26) machen die Beispiele eindrücklich. Paulus lässt die Körperteile mit dem in Fabel und Diatribe üblichen Stilmittel der Personifikation selbst sprechen und bedient sich rhetorischer Fragen, sicher in V. 17, vielleicht aber auch schon vorher V. 15f, wo die meisten Übersetzungen allerdings

---

[88] D* 2464 und gegen SWANSON, Manuscripts 196 auch ℵ F G L 323 haben den Plural σχίσματα.
[89] Das zweite ἔπειτα fehlt in D F G.
[90] Lies mit 𝔓46 ℵ A B 33 81 1175 1739 1881 u.a. μείζονα; das von D F G L Ψ und vielen gebotene κρείττονα bedeutet keinen semantischen Unterschied.
[91] Hier sind zwei parallele Aussagen mit einer Antithese verbunden.

Aussagen haben.[92] V. 27f bringt in der 2. Pl. die Anwendung auf die Gemeinde, wobei aus dem Vergleich eine Metapher wird. Die in der Aufzählung V. 28 betonte geordnete Vielfalt der Gaben wird abschließend noch einmal durch die sieben rhetorischen Fragen V. 29f herausgestellt. V. 31a hatten wir als Überleitung zu Kap. 14 bestimmt.

V. 12 Bisher hatte Paulus das Problem der Vielfalt in den Begabungen dadurch gelöst, dass er diese auf *einen* Ursprung zurückführte. Jetzt bezieht er sie durch den Vergleich mit dem Leib und seinen vielen Gliedern auf eine Ganzheit, emphatisch ausgedrückt mit „*ein* Leib". Er geht das Problem nicht mehr nur kausal (das auch: V. 18.24b.28), sondern primär systemorientiert an.

Das Bild vom Leib ist in der hellenistisch-römischen Literatur zur Hand, wo es partikuläre Sachverhalte in einen größeren Zusammenhang einzuordnen gilt. So wird einmal das Zusammenleben verschiedener Klassen in einem Staat erörtert. Berühmt ist die Fabel, mit der der Konsul Menenius Agrippa die aus Rom ausgezogene Plebs zur Rückkehr bewog.[93] Er erzählte, wie die übrigen Glieder auf den anscheinend müßigen Magen zornig werden und ihn boykottieren, bis sie merken, dass auch er einen lebensnotwendigen Dienst tut. Der Stoiker, für den der Mensch von Natur aus ein soziales Wesen ist, kann am Leib veranschaulichen, dass die Bewahrung des Einzelnen im Interesse des Ganzen ist,[94] aber auch, dass der Einzelne zum Wohl des Ganzen beitragen muss.[95] Dieses Ganze ist aber letztlich der Kosmos, der als großer Körper verstanden werden kann.[96] Diese Stellen mögen für Kol/Eph relevant sein, wo Christus als Haupt über alle Weltmächte zugleich das weltweite Wachstum seines Leibes, der Kirche, fördert.[97] Beim echten Paulus hat der Leib Christi jedoch keine kosmische Dimension. Das Bild wird nur in der innerkirchlichen Paränese verwendet.[98] Alle Herleitungen vom Makro-Anthropos sind daher abwegig. Brandenburger 364 erkennt als fundamentale Vorgabe „das christologisch-soteriologische Konzept vom Sein aller Glaubenden in Christus als (potentiell) universalem Heils- und Existenzraum." Doch Röm 12,5 hat das „in Christus" keine räumliche Bedeutung, weil der Leib ja dann von einem noch größeren Raum umgeben wäre. Oft wird auch noch die semitisch-atl. Vorstellung von der „corporate personality" (s. zu 15,21f) herangezogen, um das Enthaltensein der Vielen in einer Person verständlich zu machen.[99] Aber hier geht es nicht um einen Vorfahren oder eine personale Repräsentanz der Gemeinde; auch wird die repräsentative Rolle der Stammväter nicht mit dem Bild des Leibes beschrieben.

---

[92] Ohne Begründung übersetzen mit Fragen KREMER, 1Kor 269.271 und COLLINS, 1Kor 457. Grammatikalische Bedenken dagegen z.B. bei SCHRAGE, 1Kor III 222. JUNG, C.-W.: Translation of Double Negatives in 1 Corinthians 12.15–16, BiTr 58, 2007, 147–152 sucht sie zu zerstreuen.

[93] Vgl. Livius II 32,7–33,1 und kürzere Versionen im NEUEN WETTSTEIN II 1, 363–365. Ferner Dionysius Hal., ant. VI 86; Plutarch, Cor. 6. Unabhängig davon Maximus Tyr. XV 4,7–5,2

[94] Seneca, ira II 31,7f (NEUER WETTSTEIN II 1, 366).

[95] Vgl. Marc Aur. II 1, VII 13: Die vernünftigen Lebewesen sind als Glieder eines Organismus zum Zusammenwirken geschaffen.

[96] Vgl. Seneca, epist. 92,30; 95,52; Epiktet, diss. II 5,24–26; 10,3–5. Weitere – nicht stoische – Texte, in denen nicht nur die Menschen, sondern alle Teile der Welt als Glieder des Allgottes erscheinen, bei MERKLEIN 329f.

[97] Vgl. zu 11,3. Mit WALTER 175f ist freilich festzuhalten, dass auch hier das All nicht Leib Christi genannt wird. Das wird nur für ein hypothetisches Vorstadium des Hymnus Kol 1,15–20 in 1,18a vermutet.

[98] KÄSEMANN 183–189 bringt es dagegen zusammen mit der Weltmission und der Welt als von Christus beanspruchtem Herrschaftsraum. Das dürfte erst für Kol/Eph zutreffen.

[99] Vgl. z.B. WEDDERBURN 83f.

12,1–30: Vielfalt und Zusammenwirken der Gnadengaben

Der Gebrauch des Bildes in antiker Sozialethik genügt, um es Paulus für die Gemeindeparänese nahezulegen. Das eigentlich Innovative ist die Bestimmung des Leibes als Leib Christi – bei Paulus oder (vgl. zu 6,15) in der ihm vorausgehenden Tradition.

Es überrascht, dass in der Sachhälfte nun nicht die Gemeinschaft, sondern einfach „der Christus" genannt wird. Das wird durch V. 27 entschlüsselt. Gemeint ist nicht Christus an sich wie wohl noch 1,13a, sondern Christus, der einen ekklesialen Leib hat. Schon 6,15 waren die Leiber der einzelnen Christen als Glieder Christi bezeichnet worden. Wie in 10,17 wird jetzt in V. 27 die Bildwirklichkeit „Leib" direkt auf das Kollektiv übertragen. Anders als in den genannten Beispielen der klassischen Literatur ist es aber nicht einfach „Leib", sondern Leib einer bestimmten Person, nämlich Christi. Der Genitiv ist am ehesten als Angabe des Besitzers zu erklären.[100] Dadurch wird V. 27 aber nicht zur „eigentlichen Rede".[101] Dass immer noch Metaphorik vorliegt,[102] zeigt die Abwandlung der Formulierung in Röm 12,5 „Wir, die Vielen, sind *ein* Leib in Christus". Die Kirche ist nicht einfach der physische Leib Christi, aber die Leibmetapher gilt in einem vertieften Sinn für sie auf Grund des mit „Christus" signalisierten Heilsgeschehens. Darin spielt der in den Tod gegebene physische Leib Christi eine wesentliche Rolle. Dieser Zusammenhang war uns 10,16f aufgegangen, wo Paulus von der eucharistischen Anteilhabe an diesem Leib zur metaphorischen Bedeutung übergeht. Gegen ältere Kommentare darf man in 1Kor noch nicht die Zweiheit von Haupt und Leib (so Kol 1,18; 2,19; Eph 1,22f; 4,15f; 5,23) einlesen. Die Deuteropaulinen unterscheiden so deutlicher den Erhöhten von der irdischen Kirche und machen zugleich seinen belebenden Einfluss auf sie deutlich (s. zu 11,3). Paulus aber spricht V. 21 ohne christologische Hintergedanken vom Haupt als einem Glied unter anderen. Die Verbindung zum erhöhten Christus leistet bei ihm der Geist (s. zu 6,15–17), wie gleich im nächsten Vers noch deutlicher wird.

V. 13 In der Begründung kann Paulus wieder wie V. 4.8f.11 den Geist als Prinzip der Einheit zur Geltung bringen.[103] Die Zugehörigkeit zu dem einen Leib ist durch die Taufe gewährleistet, in der das Urchristentum auch sonst (vgl. Joh 3,5; Apg 2,38; Tit 3,5) den Heiligen Geist am Werk sieht. Die Versuchung ist groß, εἰς hier lokal zu übersetzen;[104] doch kommt man mit der 1,13c; 10,2 bewährten Bedeutung „Herstellung einer Beziehung" aus. Die gemeinsame Beziehung auf Christus und sein Heilswerk macht die Einheit des Leibes aus. Dabei wurden alle ohne Rücksicht auf ihre

---

[100] So u.a. YORKE 9f.47f, WALTER 140. Freilich ist auf der Seite des Bildspenders zu bedenken, dass der Mensch nicht nur einen Leib hat, sondern Leib ist.

[101] Gegen CONZELMANN, 1Kor 257f; MERKLEIN/GIELEN, 1Kor III 134.141.

[102] Immer wieder wird versichert, „Leib Christi" sei keine bloße Metapher, sondern eine „mystische Realität", z.B. LIETZMANN, 1Kor 62; THEISSEN, Aspekte 328. Das gilt für das Bezeichnete, z.B. für das im Bild nicht enthaltene Wirken des Geistes, aber nicht für das Bezeichnende. Der Ausdruck fungiert als Metapher. Richtig HAYS, 1Kor 213f: „Metapher oder Realität" stellt vor eine falsche Dichotomie.

[103] Dass Paulus zum einen Leib den einen Geist assoziiert (auch Eph 4,4), weil dieser gleichsam die Seele des Leibes darstellt, ist eine über den Text hinausgehende Spekulation. Noch weiter entfernt ist die Analogie zum stoischen πνεῦμα, das den Kosmos zusammenhält.

[104] Z.B. CONZELMANN, 1Kor 258; SCHRAGE, 1Kor III 216; HORN, Angeld 173. Damit soll der „Leib" als vorgegebene Wirklichkeit erscheinen. Eine Alternative ist die finale Auffassung, z.B. bei WOLFF, 1Kor 298.

nationale bzw. heilsgeschichtliche Herkunft und ihren sozialen Stand in diesen Leib eingegliedert.[105] Die Parallele Gal 3,27f arbeitet nicht mit der Leibmetapher, sondern mit dem Bild vom Gewand: Wo alle Christus angezogen haben, gibt es diese Differenzierungen nicht mehr. Zu den auch 1Kor 12,13a – dort im Plural – genannten Kontrastpaaren tritt noch der Geschlechterunterschied. Die nachpaulinische Stelle Kol 3,10f setzt zwar auch mit der Metapher des Anziehens ein, hat aber statt „männlich und weiblich" wieder andere herkunftsmäßig bedingte Unterschiede, die z.T. die Bildung betreffen. Wegen dieser Übereinstimmung ist man sich weithin einig, dass hier eine mit der Taufe verbundene, schon in der antiochenischen Muttergemeinde des Paulus aufgekommene Tradition vorliegt.[106] Dort hat man Heiden ohne Beschneidung, allein auf Grund ihres Glaubens an Christus, aufgenommen. Deshalb dürfte mindestens der Gegensatz „Jude – Grieche" bzw. „Beschnittensein – Unbeschnittsein" in der Parole vorgekommen sein. Auch der Kontrast zwischen Sklave und Freiem begegnet in allen drei Varianten. Da zudem die Paare „Sklave – Freier", „männlich – weiblich" in Gal 3,28 nicht vom Kontext erfordert sind, nimmt man meistens auch für sie an, dass sie vorgegeben waren. Aber Kol 3,11 zeigt die Variabilität der Tradition. Deshalb wird man auch nicht sicher behaupten können, dass Paulus in 1Kor 12,13 die Vergleichgültigung der Geschlechter bewusst unterschlägt, etwa weil sich möglicherweise die 11,5 erwähnten Frauen darauf beriefen. Ausgeschlossen ist das freilich nicht.[107] Die mit Geburt und Herkunft gegebenen, die Menschen damals in Gruppen trennenden Unterschiede haben jedenfalls für die neue Gemeinschaft des Leibes Christi keine Bedeutung mehr,[108] sie charakterisieren nur die Glieder in ihrer Verschiedenheit. Dass sie deswegen nicht rückgängig gemacht werden, sahen wir bei 7,17–24 und, was die Identität der Geschlechter angeht, bei 11,2–16.

Paulus hängt in V. 13b noch ein paralleles Sätzchen an; deshalb ist „wir wurden getränkt" wahrscheinlich eine Umschreibung für die Geistspende bei der Taufe. Prominente Ausleger wollen den bildhaften Ausdruck zwar auf die Eucharistie beziehen, wobei allerdings nur der „geistliche Trank", nicht die „geistliche Speise" (vgl. 10,3f) genannt wäre. Doch wahrscheinlich verweist der Aorist wie bei ἐβαπτίσθημεν auf ein einmaliges Geschehen.[109] Auch steht nicht fest, ob das ποτίζειν eine Nahrung evoziert – wie 3,2 und bei der Weisheit Sir 15,3, die den Gottesfürchtigen

---

[105] Vgl. Apollonius v. Tyana, epist. 67: Der Tempel in Ephesus ist offen „für Griechen, Barbaren, Freie, Sklaven."

[106] Vgl. BOUTTIER, M.: *Complexio Oppositorum*, NTS 23, 1976, 1–19; BETZ, H.D.: Galatians, Hermeneia, Philadelphia 1979, 181–185. Skepsis gegenüber einem formelhaften „Taufruf" bei DAUTZENBERG, G.: „Da ist nicht männlich und weiblich", Kairos 24, 1983, 181–206, 201; KRAUS, Volk 183f.219–221; HENGEL, M./SCHWEMER, A. M.: Paulus zwischen Damaskus und Antiochien, WUNT 108, Tübingen 1998, 440f; STRECKER 352f.

[107] Es ist jedoch zu bedenken, dass Gal nach der im deutschen Sprachraum überwiegenden Ansicht erst nach 1Kor geschrieben wurde. Zur möglichen Einwirkung der Parole Gal 3,28 auf Text und Kontext von 7,17–24 siehe unsere zurückhaltenden Bemerkungen am Ende dieses Abschnitts.

[108] Das ist deutlicher in Gal 3,28 und Kol 3,11 mit ihrem „es gibt nicht mehr".

[109] Es müsste sich sonst – anders als in V. a – um einen „komplexiven Aorist" handeln (H-S 194f), der auch Andauerndes zu einem Punkt zusammenfasst.

mit dem Wasser der Einsicht tränkt[110] – oder ein Bewässern wie 3,7f.[111] Dann ließe der bei der Taufe mitgeteilte Geist eine Fülle von Charismen sprießen. Redeweisen wie die vom „Ausgießen" des Geistes (Jo 3,1; Ez 39,29MT; 1QH VII [neue Zählung XV] 6f; XVII [neue Zählung IV] 26;[112] 4Q504, Frgm. 2, V 15; Apg 2,17f.33; 10,45; Tit 3,6) konnten die Vorstellung vom Geist als einer Leben und Wachstum fördernden Flüssigkeit suggerieren (vgl. Jes 32,15; 44,3f; auch Joh 7,38f). Pointiert ist wieder, dass „alle" den Geist empfingen, nicht nur Christen mit auffälligen Geistphänomenen.

V. 14-20 wehrt sich gegen die Anmaßung eines Gliedes, den ganzen Leib zu repräsentieren (vgl. die Bestreitung V. 14, die konditionalen Annahmen V. 17.19 und die abschließende Feststellung V. 20). Dahinter könnte stecken, dass manche Korinther ihr eigenes Charisma zum Kriterium des wahren Christseins erhoben. Die Beispiele V. 15f[113] scheinen sich nicht so recht in diese Logik zu fügen. Meistens hört man daraus den Minderwertigkeitskomplex einzelner Glieder, die sich wegen des Mangels einer Gabe zurückgesetzt glauben.[114] Es ist aber dem Text nicht eindeutig zu entnehmen, dass der Fuss gegenüber der Hand, das Ohr gegenüber dem Auge als weniger wertvoll gilt. Geht dann V. 15f gegen eine Verselbständigung spezieller Begabungen an?[115] Doch noch weniger ist eine Überlegenheit von Fuss oder Ohr anzunehmen. Paulus hat absichtlich gleichgestaltete (die Extremitäten) bzw. funktionsverwandte (zwei Sinnesorgane) Glieder gewählt, um zu zeigen, dass dennoch keines von ihnen überflüssig ist, sondern jedes seine eigene Aufgabe im Leib hat. Das zeigt V. 17 an drei Organen der Wahrnehmung. Und V. 18 unterstreicht – mit νυνί δε hervorgehoben – die freie Verfügung des Schöpfers[116], der einem jeden Glied im Leib seine

---

[110] Zum Motiv der die Israeliten auf dem Wüstenzug tränkenden Weisheit bei Philo s. bei 10,3f. Ferner post. 136.138f.147.151; fug. 195: Rebekka gibt aus dem Quell der göttlichen Weisheit zu trinken. Bildhaft beschreibt 4Esr 14,38-41 (vgl. 22) Inspiration als Gabe eines Kelches, den Esra trinkt.

[111] Dort meint es allerdings eine sekundäre Aktion. – Philo veranschaulicht an Gen 2,6.10 (jeweils ποτίζειν), wie der menschliche Geist die Sinne tränkt bzw. der göttliche Logos die Tugenden bewässert. Vgl. all. I 28-30; 63-73; post. 126-128; fug. 178-182; som. II 241f. Auch Johannes Chrys., hom. in 1Cor 30,2 (X 251 MONTFAUCON) assoziiert zu V. 13b die Benetzung durch die Paradiesesquelle und deutet persönlich auf eine postbaptismale Begnadung, obwohl er auch die eucharistische Interpretation kennt. Vgl. CUMING, G.J.: ΕΠΟΤΙΣΘΗΜΕΝ (1 Corinthians 12.13), NTS 27, 1981, 283-285; dagegen ROGERS, E.R.: ΕΠΟΤΙΣΘΗΜΕΝ again, NTS 29, 1983, 139-142.

[112] Wenn man an diesen Stellen נזף/nûf hif. mit „besprengen" übersetzen darf.

[113] Zum Sprachlichen (doppelte Verneinung, παρὰ τοῦτο = deswegen) vgl. H-S 248a; CONZELMANN, 1Kor 259.

[114] So SCHMIEDEL, 1Kor 168f; HEINRICI, 1Kor 386, der den Versen eine Trostfunktion zuschreibt; WEISS, 1Kor 304; SÖDING 280; WALTER 127. Dagegen LINDEMANN 141. LINDEMANN, 1Kor 273f warnt mit Recht davor, das Gleichnis als Allegorie zu lesen, d.h. hinter jedem bildhaften Zug Bestrebungen in der Gemeinde zu wittern.

[115] So CONZELMANN, 1Kor 259 „gegen enthusiastischen Individualismus". Dagegen SCHRAGE, 1Kor III 223 Anm. 650: Fuß und Ohr fassen keinen Vorsatz gegenüber andern, sondern treffen für sich eine Feststellung.

[116] Vgl. 15,38 und TestNaph 2,8. Die Aussage ist aber nicht speziell jüdisch; vgl. Xenophon, mem. II 2,18f: Gott hat Hände und Füße paarweise zur Zusammenarbeit geschaffen; Epiktet, diss. II 23,3 „Hat dir Gott umsonst Augen gegeben, umsonst einen so starken und kunstfertigen Geist beigemischt" (ἐνεκέρασεν, vgl. V. 24b συνεκέρασεν); Maximus Tyr. XVI 4,4: Gott hat der Seele drei Kräfte zugeteilt und dabei dem beratenden Vermögen das ausführende beigemischt. An die stoische Definition der „Mischung" (κρᾶσις)

Funktion zuwies. Die tragende Bedeutung dieses Verses erhellt daraus, dass die Anwendung V. 28 Subjekt (ὁ θεός) und Verbum (ἔθετο) wiederholt. Aber Paulus hat die Ebene des Vergleichs hier noch nicht verlassen.[117] Zur Definition des Leibes gehört die Vielfalt (V. 19). V. 20 zieht dieses Fazit und hält die Einheit dabei fest.

V. 21-26 Nachdem so die Pluralität verschiedener Glieder in dem einen Leib etabliert ist, widmet sich Paulus dem Verhältnis der Glieder zueinander. Der Abschnitt setzt mit der auch in synoptischen Bildworten beliebten Form des *impossibile*[118] ein. Hier blicken oben angeordnete Glieder[119] auf andere herab und meinen auf sie verzichten zu können. Die Antwort ist selbstverständlich: Das Auge braucht die Hand, um das Erschaute zu erlangen; der Kopf benötigt die Füße, um zu dem erdachten Ziel zu kommen. V. 22-24 bringen noch eine Steigerung (ἀλλὰ πολλῷ μᾶλλον). Wir erfahren jetzt, dass es - wenigstens nach menschlichem Dafürhalten (τὰ δοκοῦντα, ἃ δοκοῦμεν) - „schwächere" Glieder gibt. Gerade sie erweisen sich vom Ganzen her gesehen als unentbehrlich. Meist denkt man dabei nicht an die vorher angeredete Hand oder den Fuß, sondern an innere Organe wie die der Verdauung. Die Wahl der Bezeichnung[120] könnte mit der Gruppe der „Schwachen" 8,7.9-12 zusammenhängen. Aber die Schwächeren sind hier nicht weniger - z.B. mit „Erkenntnis" - Begabte,[121] sondern anders Begabte. Vielleicht sind mit den „schwächeren" Gliedern auch die mit Sexualität und Ausscheidung befassten gemeint, die nach Cicero „zur Notwendigkeit der Natur gegeben sind" und von der Natur selber bedeckt und versteckt werden.[122] Sie wären dann identisch mit den V. 23f eingeführten „weniger ehrenhaften" bzw. „unanständigen" Körperteilen. Hier schafft schon das menschliche Verhalten einen Ausgleich, indem es sie in Form von Bekleidung mit Ehre umgibt.[123] Es entspricht aber nur dem schöpferischen Handeln Gottes, das V. 24b als das ausschlaggebende Argument einsetzt. Wenn alle Glieder aufeinander angewiesen sind, folgt daraus ein bestimmtes Verhalten, das V. 25f anthropomorph beschreiben: ein Denken vom Ganzen her, eine gegenseitige Anteilnahme. Weil sich Körperteile kaum so benehmen, wird hier Gemeindeparänese durchschlagen. „Spaltung" droht eben nicht nur in dem zum Vergleich herangezogenen Leib,[124] sondern

---

reicht der Ausdruck des Paulus aber nicht heran, da sich dort zwei Körper ganz durchdringen, ohne ihre Eigenschaften zu verlieren (vgl. KLINGHARDT 196f)

[117] Gegen WALTER 135, auch 137 zu V. 24b.

[118] Vgl. auch TestNaph 2,10 „Denn wenn du zum Auge sprichst: Höre! wird es das nicht können."

[119] BOREK 106-115 allegorisiert: Auge = Propheten, Hände = Praktiker, Kopf = Führer, Füße = gewöhnliche Christen ohne besonderes Charisma. Aber auch die Füße stehen für eine Begabung.

[120] Seneca, clem. I 5,1 *membra languentia* ist dafür kein Beleg, da dort kranke Glieder am Staatskörper, sprich: tadelnswerte Bürger, gemeint sind (vgl. II 2,1 *languore demissa*).

[121] Gegen BOREK 119. Vom Bild her schief, sachlich vielleicht richtig auch 141: Die Schwachen bieten mit ihrem Bedürfnis andern die Gelegenheit zur Entfaltung ihrer Charismen.

[122] Vgl. Cicero, off. I 126f. Diesen Kniff der Natur ahmt der Anstand der Menschen nach. Vgl. das analoge Verhältnis von V. 23 zu V. 24b. Zu ἀναγκαῖος = natürliche Bedürfnisse erfüllend vgl. Anm. 266 zu 7,36f.

[123] An sich kann περιτιθέναι schon vom Anlegen von Kleidungsstücken gebraucht werden, aber τιμὴν περιτιθέναι τινί ist eine stehende Wendung: Est 1,20; Spr 12,9 und BAUER, Wörterbuch 1315. Auf jeden Fall ist der nackte griechische Sportler in der Antike die Ausnahme. Nur Götter werden nackt dargestellt.

[124] Aelius Arist., or. 24,39 (BEHR) spricht vom „Zerreißen (διασπᾶσθαι) des gemeinsamen Leibes der Stadt" und zieht eine Parallele zum Schicksal des Pentheus. Vgl. auch Plutarch, Arat 24,5.

auch in der Gemeinde von Korinth (1,10; 11,18 im Plural), und statt „dasselbe füreinander besorgen" (μεριμνᾶν, vgl. zum Verbum 7,32–34; Phil 2,20)[125] heißt es in der sonstigen Mahnung „dasselbe" bzw. „das eine denken" (φρονεῖν 2Kor 13,11; Phil 2,2; 4,2; Röm 12,16; 15,5).[126] Die V. 26 geschilderte Sympathie der Organe untereinander[127] wird Röm 12,15 den Christen empfohlen (vgl. auch das Sich-Mitfreuen 13,6; Phil 2,17f). Paulus stellt sich 2Kor 11,28f als das Beispiel eines Mannes hin, der von den Sorgen um die Gemeinden umgetrieben ist und mit den Schwachheiten und Ärgernissen der Gläubigen solidarisch wird. Es ist unklar, wie man das „Verherrlichtwerden" V. 26b ausdeuten soll. Spielt Paulus auf die Verleihung besonderer Charismen an[128] oder denkt er eher an die kompensatorische „Ehre" von V. 23f?[129] Vielleicht wollte er auch einfach den Anthropomorphismus vermeiden, dass ein Glied „sich freut".

V. 27 sagt nun der Gemeinde auf den Kopf zu, dass sie „der Leib Christi" (s. zu V. 12) ist. Zwar könnte man aus dem Fehlen des Artikels schließen, dass die Gemeinde nicht mit dem Leib Christi als ganzem identifiziert wird, sondern in Christus die Verfasstheit eines Leibes aufweist.[130] Aber wie 3,16 zeigt, kann das Prädikatsnomen auch ohne Artikel determiniert sein, und hier lässt zudem der Genitiv „Christi" an einen bestimmten Leib denken. Während V. a die Christen in Korinth als Gesamtheit ins Auge fasst, betrachtet sie V. b als Einzelne. Ἐκ μέρους bedeutet hier nicht „teilweise" (so 13,9f.12), sondern „einzeln genommen" (vgl. Röm 12,5b τὸ δὲ καθ' εἷς). Auf diesem zweiten Halbvers ruht der Akzent, wie die Fortsetzung zeigt.

V. 28 Die „Setzung"[131] Gottes geht nämlich auf eine Mannigfaltigkeit von Ämtern und Aufgaben „in der Gemeinde". Dass man ἐν τῇ ἐκκλησίᾳ so übersetzen sollte, legt die Parallele zu „ihr" nahe.[132] Wer sich für die Auffassung „Gesamtkirche" stark macht, verweist auf den Plural „Apostel". Aber der Plural bezeichnet nicht die faktische Vielzahl von Aposteln im damaligen Urchristentum (so 9,5; 15,7b), sondern generalisierend den Gründer der Gemeinde, wie wir gleich sehen werden. Paulus fängt mit „die einen" an, lässt aber dann kein „die andern" folgen, weil die ersten

---

[125] Vgl. Cicero, off. I 85 *totum corpus rei publicae curent* (Die Staatslenker sollen sich um den ganzen Leib des Staates, nicht nur um einen Teil kümmern).
[126] Vgl. auch das zu τὸ αὐτὸ λέγειν bei 1,10 Gesagte.
[127] Plato, rep. 462b stellt fest, dass geteilte Freude und Trauer zusammenbindet und exemplifiziert das 462cd am Leib: Hier empfindet der ganze Organismus mit, wenn ein Teil Schmerz leidet. Nach Plutarch, Solon 18,5 wollte der Gesetzgeber die Bürger daran gewöhnen, „gleichsam als Glieder eines Körpers mitzufühlen und miteinander zu empfinden". Vgl. noch Philo, virt. 103 und Themistius, or. 8,117bc im NEUEN WETTSTEIN II 1, 363.
[128] So WEISS, 1Kor 307; BARRETT, 1Kor 292.
[129] So WALTER 139.
[130] Vgl. HEINRICI, 1Kor 390: σῶμα Χριστοῦ soll als Qualitätsbegriff gelten; ebenso ROBERTSON/PLUMMER, 1Kor 277f. Die Übersetzung „ein Leib Christi" wird aber nirgends erwogen.
[131] Τιθέναι wie V. 18, aber hier mit doppeltem Akk.: „bestimmen, einsetzen zu" (vgl. Apg 20,28; Röm 4,17; Hebr 1,2). Das Passiv dazu ist im Aorist τεθῆναι (vgl. 1Tim 2,7; 2Tim 1,11), im Perfekt κεῖσθαι (vgl. Phil 1,16). Vgl. auch zu 1,1 „Apostel ... nach dem Willen Gottes". Auch heidnische Kultämter erlangt man durch Bestimmung der Gottheit, s. ebd. Anm. 10 und VIDMAN, Sylloge Nr. 42,6f παντοκράτωρ λάτριν ἐὴν ἔθετο Εἶσις (Die allmächtige Isis hat NN. zu ihrer Dienerin eingesetzt).
[132] Vgl. HAINZ, Ekklesia 78–88, 84, wo aber zugestanden wird, dass Paulus „prinzipiell" redet, bzw. dass der Singular generisch ist (vgl. HAINZ 185).

drei Glieder mit Ordnungsmerkmalen aufgezählt sind. Da hier bestimmte Funktionen einer bestimmten Gruppe von Personen zugeteilt sind, kann man von „Ämtern" sprechen. Daraufhin reiht er mit „dann" (wie 15,6f) bzw. unverbunden weitere Funktionen aneinander, ohne ihren Rang ausdrücklich zu machen. Sie sind offensichtlich noch nicht so institutionalisiert wie die ersten drei. Dass diese schon in früheren Gemeinden, speziell in der von Antiochien am Orontes, eingeführt waren, entnimmt man gewöhnlich Apg 13f. Dort entsenden Propheten und Lehrer (13,1) Barnabas und Saulus, die 14,4.14 „*Apostel*" genannt werden. Sie sind aber nicht einfach Legaten der Gemeinde (so Phil 2,25, vielleicht 2Kor 8,23), sondern vom heiligen Geist zum Werk der Mission berufen (vgl. Apg 13,2). Apostel wären demnach Missionare; die Berufung durch den Auferstandenen, die wohl bei den Jerusalemern und für den sich ihnen angleichenden Paulus wichtig war (vgl. zu 9,1-5; 15,7-9), tritt hier zurück. Im Blick auf die korinthische Gemeinde meint Paulus mit „Apostel" nicht von der Gemeinde ausgesandte Verkünder des Evangeliums, sondern die, welche in ihr das Christusfundament gelegt haben (vgl. 3,10f), konkret sich selbst.[133] So wird auch der behauptete Vorrang verständlich. Der Plural ist also auch ein Plural der Bescheidenheit wie wohl auch 4,9. Erst bei der nachpaulinischen Aufzählung der Gaben des Erhöhten Eph 4,11 kann man von solcher Konkretion absehen. Dort folgen auf die Apostel ebenfalls die *Propheten* (ebenso Eph 2,20; 3,5; Apk 18,20; Did 11,3). Dass sie in unserem Text als eine fest umrissene Gruppe erscheinen, steht in Spannung zu dem Wunsch des Apostels, dass möglichst alle prophetisch aktiv werden sollen (14,1.31.39). Es deutet aber vielleicht daraufhin, dass die ersten drei Ämter Paulus vorgegeben sind. Dafür spricht auch die Liste Eph 4,11, wo allerdings zwischen Propheten und Lehrer noch zwei andere Dienste eingeschaltet sind. Von einem eigenen Stand von „*Lehrern*"[134] in der christlichen Gemeinde hören wir außer Apg 13,1; 1Kor 12,28f (vgl. noch 14,6.26 διδαχή) noch Röm 12,7; Jak 3,1. Es ist nicht leicht, ihren Kompetenzbereich gegenüber der Verkündigung des Apostels abzugrenzen, zumal auch Paulus das Kerygma vertiefend und praktisch umsetzend „lehrt" (4,17; vgl. Kol 1,28). Vielfach teilt man ihnen die katechetische Unterweisung zu, durch die sie auch ihren Lebensunterhalt bestritten (vgl. Gal 6,6; Hebr 5,12; Did 4,1; 13,2; Barn 19,9). Der Unterschied zur unmittelbar vom Geist eingegebenen Prophetie wird darin gesehen, dass sie geformte Überlieferung (vgl. Röm 6,17 τύπος διδαχῆς) vermittelten. In Analogie zum jüdischen Schriftgelehrtentum[135] oder besser noch zum מַשְׂכִּיל/*maskîl* in Qumran[136] nimmt man an, dass die pneumatisch ak-

---

[133] Nicht von ungefähr erwähnt die Parallele Röm 12,4-8 die Apostel nicht; denn in Rom kommt weder Paulus selber noch sonst ein Apostel als Gemeindegründer in Frage. Zum Apostolat als Charisma vgl. zu 3,5.10.

[134] Vgl. GREEVEN, Propheten 16-27; SCHÜRMANN, H.: „ ... und Lehrer", in: Ders.: Orientierungen am Neuen Testament, Düsseldorf 1978, 116-156; ZIMMERMANN, A.F.: Die urchristlichen Lehrer, WUNT II 12, Tübingen 1984.

[135] Es ist aber fraglich, ob man diese für die paulinischen Gemeinden in Anschlag bringen kann. In der judenchristlich-hellenistischen Gemeinde des Matthäus mag es Gesetzeslehrer gegeben haben (vgl. Mt 5,19f; 13,52; 23,34), vgl. aber die Reserve gegen den Rabbi-Titel Mt 23,8.

[136] Vgl. ELLIS, Prophecy 34f. Ihnen hat Gott durch seinen Geist Erkenntnis eröffnet, z. B. 1QH XII 11–13 (neue Zählung XX). S. zu 2,7.

12,1–30: Vielfalt und Zusammenwirken der Gnadengaben

tualisierende Schriftauslegung, die etwa Paulus selbst betreibt, später von den Lehrern geübt wurde. Der Hebräer- und der Barnabasbrief wären typische Erzeugnisse von solchen Lehrern. Wir vermuteten oben zu V. 8a, dass die Lehre etwas mit „Weisheit" zu tun hat (vgl. noch Kol 1,28; 3,16). Deshalb kann dieses Charisma in unserer Liste auch fehlen. In den Pastoralbriefen übernehmen dann der Apostel (1Tim 2,7; 2Tim 1,11) bzw. seine Schüler und die von ihnen eingesetzten Bischöfe und Presbyter diese Aufgabe. Angesichts von Irrlehrern muss die „gesunde Lehre" durch Amtsträger gesichert werden. Die Didache kennt noch selbständige Gruppen von „Propheten" und „Lehrern", aber auch hier können Bischöfe und Diakone deren Dienst leisten (vgl. Did 15,1f). Herm vis III 5,1 nennt Lehrer zwischen den Bischöfen und Diakonen als besondere Steine im Bau der Kirche. In Herm sim IX 15,4; 16,5; 25,2 dagegen scheinen die Lehrer mit den Aposteln zu verschmelzen.

Die anfangs mit „sodann" exemplarisch angestückten[137] Charismen sind uns z.T. aus V. 9f schon bekannt. Neu sind die *„Hilfeleistungen"* (ἀντιλήμψεις, ein auch in der LXX bezeugtes Abstraktum; vgl. das Verbum Apg 20,35) und die *„Steuermannsfunktionen"* (κυβερνήσεις).[138] Erstere betreffen sicher die Sorge für Arme und Kranke, Witwen und Waisen (vgl. Röm 12,8 den „Austeilenden" und den „Barmherzigkeit Übenden"), letztere entsprechen dem Vorsteher[139] Röm 12,8 (Plural 1Thess 5,12) oder den „Führenden" Lk 22,26; Hebr 13,7.17.24a. Beide Aufgabenbereiche werden wohl von den Phil 1,1 genannten „Aufsehern" und „Dienern" wahrgenommen. Zwar hält der Apostel noch die Zügel in der Hand, aber in seiner Abwesenheit haben sich Persönlichkeiten wie Stephanas und seine Familie (s. zu 16,15f) um die Gemeinde bemüht und sollen nach dem Willen des Paulus respektiert werden. Wie sie konkret legitimiert sind, bleibt im Dunkeln, jedenfalls ist auch ihre führende Rolle hier Setzung Gottes.

V. 29f Die folgenden Fragen greifen die genannten Begriffe auf; es fehlen nur die Hilfeleistungen und Leitungsaufgaben, nicht weil diese Tätigkeiten von allen Gemeindegliedern ausgeübt würden;[140] sondern vielleicht weil sich niemand um diese nüchternen Dienste reißt. Zur Rede in Sprachen kommt wie V. 10 noch das Übersetzen hinzu. V. 29f wenden im Grunde die V. 14–20 am Bild des Leibes gewonnene Erkenntnis auf die Gemeinde an. Es geht nicht darum, dass man in Korinth glaubte, wer den Gottesgeist habe, müsse auch alle Charismata besitzen.[141] Vielmehr: Kein Charisma ist allen gegeben; nur mit ihren je verschiedenen Begabungen haben die einzelnen ihren Ort in der Gemeinde. Die Nahtstelle zwischen personal umgrenzten Ämtern und mehr fluktuierenden Funktionen ist hier in V. 29d auch grammatikalisch sichtbar. Δυνάμεις ist zwar nach dem Vorausgehenden ein Nominativ, aber

---

[137] Auch FEE, 1Kor 619 bemerkt, dass hier der Ordnungswille erlahmt. Die Gabe der Sprachen z.B. wird nicht als letzte aufgelistet, weil sie die geringste ist, sondern weil sie das Problem darstellt.

[138] Spr 1,5; 11,14; 24,6LXX übersetzt mit κυβέρνησις hebr. תַּחְבּוּלוֹת/*taḥbûlôt*. Der Wortstamm ist seit Pindar, P. 10,72; Plato, Euthyd. 291cd (Aeschyluszitat) im übertragenen Sinn für Regierungsgeschäfte geläufig. Vgl. das ausführliche Gleichnis Plato, rep. 488 und MITCHELL, Paul 163f.

[139] Ὁ προϊστάμενος kann freilich auch einer sein, der sich für andere einsetzt. Vgl. DUNN, Jesus 251.

[140] Gegen LINDEMANN, 1Kor 278; WOLFF, 1Kor 307 nach BEYER, H.W.: Art. κυβέρνησις, ThWNT 3, 1938, 1034–1036. Doch auch schon V. 28 ist distributiv.

[141] So LIETZMANN, 1Kor 61; BARRETT, 1Kor 296.

da man nicht übersetzen kann „sind alle Machterweise?", muss man bei der Übersetzung ein Verb ergänzen, das den Akkusativ regiert.[142]

V. 31a Das δέ zeigt einen Schub des Gedankens an. Bisher gab es zwar auch „schwächere" und weniger „ehrenhafte" Glieder, doch sie waren für das Ganze des Leibes gleich wichtig. Jetzt sollen die Korinther wörtlich „größere", d. h. aber qualitativ wertvollere Charismen anstreben. Das kann man vom „ranking" V. 28 her zu erklären versuchen.[143] Doch erst in Kap. 14 wird sich herausstellen, dass sie durch ihre Bedeutung für die Gemeinde hervorragen (vgl. 14,5b „größer"). Waren die Gnadengaben bisher nach dem Wollen des Geistes bzw. nach der Verfügung Gottes verteilt, so werden sie jetzt zum Ziel bewussten „Eiferns" (ζηλοῦν, vgl. 14,1.39, das Substantiv ζηλωτής 14,12)[144] seitens der Christen. Das schließt sich offensichtlich nicht aus. Denn sie werden im Gebet (vgl. 14,13) erstrebt. Die Spannung zwingt also nicht dazu, V. 31a indikativisch zu übersetzen und als ironisch-kritische Feststellung des Paulus zu verstehen.[145] Zu deutlich ist die Parallele zu 14,1b.

Paulus rekurriert mit der Leib-Metapher auf ein in der Antike gängiges Bild, ohne einem bestimmten Text verpflichtet zu sein. „Nicht anders als die Traditionen politischer Rhetorik und Philosophie orientiert sich Paulus durchwegs an holistischen Modellen, in denen das Ganze dem Einzelnen vorgeordnet wird."[146] Er tut das aber nicht, wie Menenius Agrippa letztlich die Notwendigkeit des Senats plausibel machen wollte, um Herrschaftsverhältnisse zu begründen.[147] Eine hierarchische Abstufung[148] ist nur am Beginn von V. 28 spürbar. Doch ist Paulus hier nicht so sehr an den Personen wie an den Funktionen interessiert.[149] Indem er den Leib Christus zu eigen gibt, wird anschaulich, dass die in der Taufe aufgenommene Beziehung zu Christus in eine Gemeinschaft hineinstellt. Darin gelten nicht nur die Gesetze des Organismus, dass sie nämlich aus einer sich ergänzenden Vielfalt besteht; Paulus gelingt es auch, am Leib-Modell etwas spezifisch Christliches aufzuweisen: die paradoxe Aufwertung des nach menschlicher Konvention Wertlosen. Das wird seinen theologischen Grund darin haben, dass der „Leib" Christi aus der leibhaftigen Selbsthingabe Christi am Kreuz hervorgeht.

---

[142] MEYER, 1Kor 359 und ROBERTSON/PLUMMER, 1Kor 282 ziehen das ἔχουσιν aus V. 30a nach vorne; es passt aber nicht gut zu „Machterweise". In Anlehnung an V. 10a ist eher ein ἐνεργεῖν angebracht.

[143] So THOMAS, Understanding 58.66. Aber kann man das Apostolat anstreben?

[144] Das Wort ist hier – im Unterschied zu ζῆλος 3,3; ζηλοῦν 13,4 – positiv besetzt wie 2Kor 11,2. Zur Ambivalenz des Eiferns vgl. die antiken Texte beim NEUEN WETTSTEIN II 1, 366f.

[145] So IBER, WOLFF, 1Kor 308; LINDEMANN, 1Kor 269 (271 nur als Alternative).278. MARTIN, Spirit 18.35; FITZMYER, 1Kor 484 und HUNT, Body 118f möchten V. 31a als Frage auffassen. Dagegen für imperativisches Verständnis CARSON, Showing 53–58.

[146] VOLLENWEIDER, Horizonte 202.

[147] Dagegen hebt die sowohl von Paulus wie der Stoa inspirierte Abwandlung unseres Bildes bei 1Clem 37,5–38,1 auf die Unterordnung ab. Vgl. auch 46,7.

[148] SCHRAGE, 1Kor III 231 möchte dieses Wort vermeiden; die Wertordnung erkläre sich primär vom Nutzen für die Gemeinde her. Doch zeigt 14,37, dass damit auch ein Autoritätsgefälle gegeben ist. Man kann in V. 12–26 kaum das Modell für eine „demokratische Ekklesiologie" finden, wie das LINDEMANN 156 will. Die Autorisierung kommt von Gott, nicht von unten.

[149] Herausgestellt z. B. von FEE, 1Kor 619.621. Ein wenig zeichnet sich allerdings auch schon die Selbstbehauptung des Apostels gegenüber den Pneumatikern und Propheten (vgl. 14,37) ab. So FEE, 1Kor 620.

2. 12,31b–13,13: *Die Liebe als alle Charismen übertreffender Weg*

(31b) **Und einen noch**[150] **vortrefflicheren Weg zeige ich euch.**

Literaturauswahl zu Kap. 13 und zu ἀγάπη

BORNKAMM, Weg. CIPRIANI, Rapporto. CORLEY, J.: The Pauline Authorship of 1 Corinthians 13, CBQ 66, 2004, 256–274. FOCANT, C.: 1 Corinthiens 13. Analyse rhétorique et analyse de structures, in: Bieringer, Correspondence 199–245 (Lit.!). HARNACK, Lied. HOLLADAY, C.R.: 1 Corinthians 13: Paul as Apostolic Paradigm, in: Balch u.a., Greeks 80–98. KIEFFER, primat. LAMBRECHT, Way. LEHMANN, E./FRIDRICHSEN, A.: 1Kor. 13. Eine christlich-stoische Diatribe, Ntl. Forschungen (Sonderheft von ThStKr) 1922, 55–94. PENNA, R.: Solo l'amore non avra mai fine, in: Ders., apostolo 223–239. SABBE, weg. SANDERS, First Corinthians 13. SCHLIER, Liebe. SIGOUNTOS, J.G.: The Genre of 1 Corinthians 13, NTS 40, 1994, 246–260. SMIT, J.F.M.: The Genre of 1 Corinthians 13 in the Light of Classical Rhetoric, NT 33, 1991, 193–216. –: Two Puzzles: 1 Corinthians 12.31 and 13.3. A Rhetorical Solution, NTS 39, 1993, 246–264. SÖDING, Trias, bes. 104–144. SPICQ, Agapè, bes. 53–120. STANDAERT, 1 Corinthiens 13. WISCHMEYER, Weg.

Dass 12,31b den neuen Abschnitt mit dem Themawort ἀγάπη einführt, ist nahezu unumstritten.[151] Ebenso evident ist die oben (s. Einleitung zu Kap. 12–14) gegebene Dreiteilung des Kapitels 13. Stilistisch behält Paulus darin die 1. Sg. von 12,31b bei, weitet sie aber V. 1–3.11.12cd ins Typische aus. Das zeigt sich daran, dass sie in den Begründungssätzen V. 9.12ab mit der 1. Pl. wechseln kann.[152] Dazwischen stehen unpersönliche, lehrhafte Passagen, in denen die Liebe Subjekt von präsentischen Aussagen ist. Das weist auf den epideiktischen Charakter des Ganzen. Man hat darin mit Recht Züge eines Enkomion entdeckt.[153] Diese Form ist nicht nur auf Personen, sondern auch auf abstrakte Größen wie Tugenden anwendbar. Schon in Platos Symposion soll jeder der Mahlteilnehmer reihum eine Lobrede auf den Eros halten (177d). Ein gutes Beispiel für die jüdische Adaptation der Form liefert der Redewettstreit der Pagen in 3Esr 3f; hier werden drei verschiedene Antworten auf die Frage nach dem Mächtigsten am Schluss 4,34–40 durch den Preis der Wahrheit überboten. Typische Mittel des Enkomions sind der Vergleich des Helden mit anderen (σύγκρισις V. 1–3.15[4]8–13)[155] und die Aufzählung seiner Taten (πράξεις

---

[150] Bei der Lesart von 𝔓46 D* εἴ τι muss man das Verbum ζηλοῦτε aus V. a ergänzen.

[151] Ein Satzanfang mit καὶ ... ἔτι auch Hebr 7,15. Das ἔτι gehört hier zum Komparativ περισσότερον, wie m.E. in unserem Halbvers zu καθ' ὑπερβολήν. Zu den grammatikalischen Alternativen vgl. SMIT, Puzzles 247f. Er schlägt als Übersetzung vor: „Yes, an even still more excellent way".

[152] Nach HOLLADAY – ihm schließen sich LAMBRECHT 87f und COLLINS, 1Kor 472.474 an – bietet sich der Apostel in der 1. Sg. – ähnlich wie Kap. 9 – als Beispiel dar. Das lässt sich spätestens V. 11 nicht mehr halten. Gegen autobiographisches „Ich" FITZMYER, 1Kor 492.

[153] Vgl. SMIT, Genre, der freilich zu verkrampft alle Topoi des *genus demonstrativum* hier aufspüren will. Treffender SIGOUNTOS, dem COLLINS, 1Kor 443 in der Gliederung folgt: 12,31–13,3 Prolog; 13,4–7 *acta*; 8–12 Synkrisis; 13,13–14,1a Epilog.

[154] Wie wir sehen werden, handelt es sich hier eher um einen indirekten Vergleich. Genauer liegt hier die Form der Wertepriamel vor wie auch V. 13. Vgl. SCHMID, U.: Die Priamel der Werte im Griechischen, Wiesbaden 1964, bes. 118–138.

[155] Vgl. in dem eben genannten Stück 3Esr 4,34–40 V. 37: Der Wein, der König, die Frauen sind ungerecht.

V. 4-7).[156] In unserem Stück[157] wird die Liebe nicht nur mit den in Korinth hochgeschätzten Gnadengaben verglichen, sondern in V. 13 auch mit anderen Grundhaltungen der Christen. Auch im einzelnen häufen sich in diesem Kapitel rhetorische Kunstfiguren.[158] Die Ausführungen sind aber nicht Zweck an sich, sondern dienen der Paränese, wie am zusammenfassenden Imperativ 14,1a zu bemerken ist.

V. 31b Van Unnik[159] hat gemeint, den Beginn des Halbverses noch zum vorhergehenden Verbum schlagen zu müssen („strebt ..., und sogar im höchsten Grad"), weil die Wendung καθ' ὑπερβολήν nur adverbial oder vor Adjektiven gebraucht werde. Aber auch 2Kor 4,17 kann sie adjektivisch verstanden werden.[160] Zumal ein Artikel in unserem Fall nicht stehen kann, ziehen sie die meisten Autoren mit Recht zu ὁδόν. Paulus möchte eine „Lebensweise"[161] zeigen, die alles andere – die Charismen der Korinther, selbst die eben angetippten „größeren Charismen", aber auch Glaube und Hoffnung – übertrifft. Damit wird schon deutlich, dass die Liebe selbst, so sehr sie nach Gal 5,22 die erste Frucht des Geistes darstellt,[162] kein Charisma unter anderen, auch nicht eines der „größeren" ist.[163] Sie wird ja auch von jedem Gläubigen gefordert. Die folgenden Verse erweisen sie als notwendige Zu-Tat zu allen Charismen.

Sprachliche Vorbemerkung:[164] Von dem im Griechischen für „Liebe" zur Verfügung stehenden Wortstämmen gebraucht das Neue Testament στέργ- fast nicht, ἐρᾶν, ἔρως überhaupt nicht. Die Erklärung wird sein: Der erste spielt oft im Kreis der Familie und Freunde;[165] der zweite konnotiert häufig sinnliches Begehren. Dass aber die Ableitungen von ἀγαπα- gegen-

---

[156] Vgl. in der Rede des Agathon das Stück über die Tüchtigkeit (ἀρετή) des Eros Plato, symp. 197de, vgl. 196b. Von daher kann man V. 4-7 auch als Aretalogie bezeichnen. Ähnlich beschreibt Maximus Tyr. XX 2,1-4 die Furchtlosigkeit des Eros; am Schluss stehen wie in V. 7 lauter πάντα- Wendungen: πανταχοῦ θαρσεῖ, πάντων ὑπερορᾷ, πάντων κρατεῖ (überall ist er mutig, auf alles blickt er herab, alles beherrscht er).

[157] Eine Nachahmung hat es in den hymnischen Ausführungen über die Liebe 1Clem 49,2-6 gefunden. Sie sind stärker auf das Anliegen des Briefes, die Eintracht, hin zugespitzt. Vgl. Bowe, B.E.: The Rhetoric of Love in Corinth, in: Hills, J.V. (Hg.): Common Life in the Early Church. FS G.F. Snyder, Harrisburg (Penns.) 1998, 244-257.

[158] Vgl. Weiss, Beiträge 197-199; Smit, Genre 199-205.

[159] Van Unnik, W.C.: The Meaning of 1 Corinthians 12:31, NT 35, 1993, 142-159.

[160] So wenigstens die Übersetzung von Furnish, V.P.: II Corinthians, AncB 32A, Garden City 1984, 252. Eine adjektivische Verwendung belegt neben Aristoteles, eth. Nic. VII 8 1151a 12 τὰς καθ' ὑπερβολὴν [...] ἡδονάς (die übermäßigen [...] Lüste) auch ein Papyrus (s. R.E. Kritzer in: Arzt-Grabner u.a., 1Kor 433): τὴν αὐτοῦ εἰς ὑπερβολὴν καταφρόνησιν (seine unmäßige Nichtbeachtung).

[161] Zu ὁδός in dieser übertragenen Bedeutung vgl. zu 4,17 und Lyonnet, S.: Agapè et charismes selon 1 Co 12,31, in: De Lorenzi, Paul 509-527. IgnEph 9,1 benennt die Liebe als „Weg, der zu Gott hinaufführt." Lietzmann, 1Kor 64f sieht als Ziel die τελειότης des Pneumatikers.

[162] Vgl. auch Röm 15,30 ἡ ἀγάπη τοῦ πνεύματος Genitiv des Ursprungs: „die Liebe, die der Geist einflößt".

[163] Gegen Allo, 1Kor 334; Schürmann, Gnadengaben 261f. Richtig Weiss, 1Kor 310.

[164] Vgl. Spicq, Léxique 18-33 und Söding, Th.: Das Wortfeld der Liebe im paganen und biblischen Griechisch, EThL 48, 1992, 284-330, beide mit ausführlichen Lit.angaben.

[165] Bezeichnend ist, dass in Röm 12,10a φιλόστοργοι im Zusammenhang mit der Bruderliebe steht.

über dem stark auf Joh konzentrierten Stamm φιλ-[166] bevorzugt werden, hängt einmal mit der Sprachentwicklung seit der klassischen Zeit zusammen; es ist aber auch durch das Vorbild der LXX bedingt. Dort wird das hebr. אָהַב /ʾāhab, אַהֲבָה /ʾah⁴bā nur zu einem kleinen Teil mit φιλεῖν, φιλία wiedergegeben (hauptsächlich in Weisheitsschriften und Makk), meistens jedoch mit dem klangverwandten ἀγαπᾶν, ἀγάπη, ἀγάπησις. Die semantische Spannweite reicht von einem sachlichen Wertschätzen (Objekt sind z.B. in Ps 118LXX die Gebote) bis zur affektiven Zuneigung zu Personen, z.B. in Hhld. Der Wortstamm ist geeignet, eine über den Verwandten- und Freundeskreis hinausgehende intensive, tatkräftige Beziehung zum Ausdruck zu bringen. Alle für das frühe Christentum wichtigen Wortverwendungen, das Gebot der Nächstenliebe (Lev 19,18), der Gottesliebe (Dtn 6,5, vgl. auch die partizipiale Wendung „die, die Gott lieben"), aber auch die Rede von der Liebe Gottes zu seinem Volk bzw. zum einzelnen Frommen sind in der griech. Bibel vorgegeben. Das Wort ἀγάπη steht darin zwar nur selten (SapSal 3,9) in theologischem Zusammenhang, ist aber bis zum 1. Jh. n. Chr. in der nicht-jüdischen Gräzität nur als Frauenname belegt. So dürfte es auch im Neuen Testament Substantivierung des biblischen ἀγαπᾶν sein (vgl. z.B. Röm 13,8–10).

a) 13,1–3: Ohne Liebe sind die Charismen wertlos
(1) Wenn ich in den Sprachen der Menschen redete und (sogar) der Engel, hätte aber die Liebe nicht, wäre ich ein tönendes Erz(becken) oder eine gellende Zimbel. (2) Und wenn ich die (Gabe der) Prophetie besäße und alle Geheimnisse kennte und alle Erkenntnis (hätte) und wenn ich allen Glauben hätte, so dass ich Berge versetzen (könnte), aber die Liebe nicht hätte, wäre ich nichts. (3) Und wenn ich all meine Habe in Brocken verteilte und wenn ich meinen Leib hingäbe, so dass ich mich rühmen könnte/verbrannt würde,[167] die Liebe aber nicht hätte, hätte ich keinen Nutzen davon.

BAUER, J.B., Corpus suum tradere (Dan 3,28 [95]; 2Makk 7,37; 1Kor 13,3), NT 49, 2007, 149–151. CARAGOUNIS, C.C.: „To Boast" or „To be Burned"? The Crux of 1 Cor 13:3, SEÅ 60, 1995, 115–127. DÖLGER, F.J.: Der Feuertod ohne die Liebe. Antike Selbstverbrennung und christlicher Martyrium-Enthusiasmus, in: Ders.: Antike und Christentum I, Münster 1929, 254–270. PETZER, J.H.: Contextual Evidence in Favour of ΚΑΥΧΗΣΩΜΑΙ in 1 Corinthians 13.3, NTS 35, 1989, 229–253. VERHEYDEN, J.: Talkative Christians and Noisy Pagans in Corinth: „Gongs and Cymbals" in 1Cor 13:1, in: Karakolis u.a., Corinth (im Druck).

V. 1 Eine dreifache Periode von Konditionalsätzen[168] macht mit plastischen Ausdrücken die Liebe als Grundbedingung aller charismatischen Aktivität einsichtig. Paulus

---

[166] Vgl. aber in unserem Brief 16,22. Dazu kommen bei Paulus (und in andern Schriften, bes. den Past) noch die Zusammensetzungen mit φιλ- wie φιλαδελφία (vgl. 1Thess 4,9; Röm 12,10a) und die Spezialbedeutung „Kuss" (φίλημα, z.B. 16,20).

[167] Wahrscheinlich ist mit den alten Zeugen 𝔓46 ℵ A B 048 33 1739* usw. und kopt. Übersetzungen καυχήσωμαι zu lesen statt mit Ψ C? 181 und dem Mehrheitstext καυθήσωμαι bzw. mit D F G L 81 1175 1881* und vielen andern Minuskeln und Vätern καυθήσομαι. Die erste Lesart müsste durch einen Hörfehler entstanden sein, was aber bei so vielen Ms. unwahrscheinlich ist. BAUER 150 gibt allerdings Beispiele für Änderung von καυθ- zu καυχ-. Die zweite Lesart sieht nach Verbesserung aus. Vgl. METZGER, commentary z.St.; FITZMYER, 1Kor 494; anders ZUNTZ, Text 35–37, CARAGOUNIS; neuere Diskussion bei THISELTON, 1Kor 1042–1044.

[168] Trotz der Konstruktion mit ἐάν + Konjunktiv in irrealem Sinn: B-D-R 373,2. STANDAERT, 1 Corinthiens 13, 128 erinnert an die syntaktisch und sachlich ähnliche Aussage über die Weisheit SapSal 9,6.

beginnt mit der in Korinth hochgejubelten Glossolalie. Wahrscheinlich ist sie aber mit „Sprachen der Menschen" noch nicht umschrieben, wie die Ausleger meinen, die sie als Reden in Fremdsprachen (vgl. Apg 2,4.11) fassen.[169] Der Ausdruck bildet nur das Sprungbrett für die Andeutung ihres eigentlichen Wesens. Von den Sprachen menschlicher Herkunft werden mit steigerndem καί[170] die Sprachen der Engel abgehoben. Wer sie spricht, kann am himmlischen Gottesdienst teilnehmen (s. Exkurs 8,1). Aber ohne die Liebe ist das nicht personaler Vollzug, sondern gleicht dem mechanischen Scheppern von metallenen Instrumenten.[171] Der Punkt ist wohl nicht die Unverständlichkeit wie dann Kap. 14, sondern die Leblosigkeit (vgl. 14,7 τὰ ἄψυχα): Es kommt kein Gebet heraus. Das Bild vom lang nachklingenden Metall wird auch bei Plato, Prot. 329a negativ für den Volksredner eingesetzt,[172] dagegen ist für Philo (z.B. her. 259f) der Prophet das Instrument, das Gott schlägt und durch das er „tönt" (ἠχεῖν). Weil es darauf ankommt, dass der Sprechende zum bloßen Instrument „wird", ist es für den Vergleich unerheblich, ob dieses – wie die Zimbel – im Gottesdienst Israels oder in dem orientalischer Gottheiten verwendet wird. Eine besondere Pointe gegen den Kult der Kybele oder der Isis ist hier also unwahrscheinlich.[173]

V. 2 Hier scheint im Vordersatz das καί vor dem Verbum drei Begabungen aufzureihen: die Prophetie, ein Wissen um alle Geheimnisse und jegliche Erkenntnis und schließlich den Glauben. Doch das Wissen um Erkenntnis ist – trotz des Hebraismus Spr 30,3b γνῶσιν ἁγίων ἔγνωκα – ein Unding, und so wird vor „und alle Erkenntnis" – wie in 8,1a.10 – wieder das Verbum ἔχω zu ergänzen sein. Die Erkenntnis ist dann eine selbständige Gabe wie 12,8b; 13,8d. Dagegen könnte der Prophetie auch das Wissen um Geheimnisse zuzuteilen sein.[174] Bei den Geheimnissen handelt es sich nicht nur um den verborgenen Heilsratschluss Gottes wie 2,7 (eventuell auch 2,1; vgl. zum Pl. bei 4,1), sondern um Einzelzüge des göttlichen Planes, wie sie der Apostel in 15,51f; Röm 11,25–26a enthüllt.[175] Vom „Glauben" war schon

---

[169] Dann hätte man „in den Sprachen *aller* Menschen" erwartet. WISCHMEYER, Weg 40 jedoch konkreter: „Pseudosprachen mit z.B. semitisierendem oder archaisierendem Gehabe".

[170] Vgl. B-D-R 442, 8 mit Anm. 23.

[171] In χαλκός braucht keine Anspielung auf das *aes Corinthium* vorzuliegen, eine Legierung, für die Korinth bekannt war. Vgl. MURPHY-O'CONNOR, J.: Corinthian Bronze, RB 90, 1983, 80–93. Es ist eher eine Art Gong wie das χαλκίον in Dodona (vgl. NEUER WETTSTEIN II 1, 369) als ein Schallverstärker (ἠχεῖον; so KLEIN, W.W.: Noisy Gong or Acoustic Vase? NTS 32, 1986, 286–289). Zum gellenden Klang – hier ἀλαλάζειν – der Zimbeln vgl. Ps 150,5 ἐν κυμβάλοις ἀλαλαγμοῦ. Da dieser meist nicht unangenehm empfunden wird – vgl. auch PORTIER-YOUNG, A.: Tongues and Cymbals: Contextualizing I Corinthians 13:1, BTB 35, 2005, 99–105 –, schlägt SANDERS, T.K: A New Approach to 1 Corinthians 13.1, NTS 36, 1990, 614–628 vor, das ἤ komparativ zu verstehen. Aber hier sind beide Musikinstrumente gegenüber der menschlichen Stimme abgewertet.

[172] Weitere Belege für abwertende Vergleiche mit Musikinstrumenten bei WISCHMEYER, Weg 45f; NEUER WETTSTEIN II 1, 369–371.

[173] Gegen VERHEYDEN.

[174] So z.B. Ambrosiaster *et si habeam omnem scientiam*; HEINRICI, 1Kor 389f. Anders BACHMANN, 1Kor 391 und die meisten.

[175] Zum apokalyptischen Hintergrund der Rede von „allen Geheimnissen" vgl. 1Hen 46,2; 51,3; 59,3; 68,1; 71,3f. Hier haben sie freilich oft kosmologischen Inhalt. Dagegen sind „alle Geheimnisse der Worte seiner

12,9a die Rede. Seine wundertätige Kraft wird hier mit der Fähigkeit, Berge zu versetzen, illustriert. Das erinnert an das Jesuswort Mk 11,22fpar.; Mt 17,20(Q?).[176] Wieder ist die Ausdrucksweise hyperbolisch. Obwohl solche Taten Aufsehen erregen würden, wären sie religiös bedeutungslos. „Nichts sein" (2Kor 12,11; auch Gal 6,3) ist das Gegenteil von „etwas sein" (Gal 2,6; 6,3).[177]

V. 3 geht auf das von den Korinthern wahrscheinlich nicht als solches gewertete Charisma der „Hilfeleistungen" (vgl. 12,28) ein, dem ja Röm 12,8b ὁ μεταδιδούς (der Austeilende) entspricht. Im weiteren Zusammenhang von Röm 12 begegnet auch das hier verwendete Verbum ψωμίζειν (V. 20).[178] Wie schon die bisherigen Konditionalsätze im Fortgang eine Steigerung brachten, setzt nun Paulus den extremen Fall, dass einer nicht nur seinen Besitz, sondern sogar seinen Leib dahingibt. Die Formulierung lässt wie das gleichsinnige διδόναι τὰ σώματα bzw. ἑαυτόν im Griechischen[179] an den freiwilligen Tod zum Wohl des Vaterlandes denken. Paulus hätte das auf seine dem Tod geweihte apostolische Existenz übertragen.[180] Leider ist der anschließende Finalsatz textkritisch und in seiner Bedeutung umstritten. Weil der Opfertod oft mit unsterblichem Ruhm belohnt wird, könnte die Fortsetzung lauten: „um Ruhm zu erlangen". Aber diese Wiedergabe von καυχᾶσθαι (s. zu 1,29) wäre für Paulus unüblich. „Damit ich mich rühme" klingt von vornherein subjektiver und scheint – anders als die erstgenannte Motivation – mit der Liebe etwa zum eigenen Volk schwer vereinbar. Das folgende „ ... hätte aber die Liebe nicht" wäre halb vorweggenommen. Deshalb votieren die meisten Kommentare für die jüngere Lesart „um mich verbrennen zu lassen". Hier ist aber der Bezug zur Wohltätigkeit verloren gegangen; man assoziiert eher ein Martyrium, was wohl auch der Grund für den späteren Erfolg dieser Variante ist. Einem Juden etwa kämen Abraham in den Sinn, der in den Feuerofen Nimrods geworfen wurde, oder die drei Jünglinge von Dan 3, von denen es sogar heißt, dass sie „sich selbst für die Heiligung des göttlichen Namens in den Feuerofen hingegeben haben".[181] Auch das Heiden-

---

Knechte, der Propheten", die Gott dem Lehrer der Gerechtigkeit kundgemacht hat (1QpHab VII 4f), geschichtsbezogen. Vgl. DAUTZENBERG, Prophetie 153-156 und oben zu 2,7.

[176] Eine traditionsgeschichtliche Abhängigkeit wird meist angenommen, ist aber nicht ganz sicher, weil „Berge entwurzeln" im Judentum wie im heidnischen Raum eine sprichwörtliche Wendung für „unmöglich Scheinendes möglich machen" war, vgl. Bill. I 759; Lukian, nav. 45. Bemerkenswert ist immerhin die Verbindung mit dem Glauben in der synoptischen Tradition und bei Paulus. Cf. NEIRYNCK, Sayings 150-153.

[177] Vgl. auch Anm. 204 zu 1,28, Epiktet, diss. IV 8,25.

[178] Allerdings in einem Zitat aus Spr 25,21; nur der Codex Vaticanus hat dort ψωμίζειν, der Rest τρέφειν.

[179] Von gefallenen Athenern sagt Perikles bei Thukydides II 43,2: „Weil sie der Allgemeinheit ihre Leiber gaben, empfingen sie für sich nie alterndes Lob"; 1Makk 6,44 von Eleasar: „Und er gab sich selbst, um sein Volk zu retten und sich einen ewigen Namen zu erwerben"; 2Makk 7,37 „Leib und Seele gebe ich dahin (προδίδωμι)".

[180] So WISCHMEYER 84-88, die 2Kor 4,11 anführt. Dort steht allerdings das Passiv παραδιδόμεθα. M.E. darf man das „Ich" nicht zu sehr von der Person des Apostels her deuten.

[181] Vgl. bPes 53b bei Bill. I 416 unter o; vgl. Dan 3,95 παρέδωκαν τὰ σώματα αὐτῶν εἰς ἐμπυρισμόν. Weitere Beispiele: 2Makk 7,5; 4Makk 6,24-26 = 7,12 (Eleazar); Josephus, ant. XVII 167 = bell. I 655 (Matthias und Gefolgsleute); Philo, Flacc. 67-69 (Judenverfolgung in Alexandria).

tum kennt Beispiele für freiwillig übernommenen Feuertod.[182] Hier geht es freilich meist darum, ein nicht mehr lebenswertes Leben souverän zu beenden. Doch gebietet Alter und autoritative Bezeugung von „um mich zu rühmen" unbedingt Beachtung. So muss man annehmen, dass Paulus hier den Widerspruch zwischen Sich-Rühmen und liebendem Engagement nicht so krass gesehen hat.[183] Der ἵνα-Satz drückte weniger die Absicht als das Ergebnis aus und wäre wiederzugeben: „so dass ich mich rühmen könnte"[184]; das impliziert eine äußerste, positive Leistung. Aber auch hier gilt: Selbst wenn sich einer in Stücke reißen lässt, macht doch die fehlende Liebe dieses Opfer für ihn nutzlos. Die Kategorie des Nutzens scheint – nach dem Tod – zunächst wenig angebracht. Sie ist einmal für die Weisheit[185] wie die Diatribe bezeichnend,[186] könnte aber hier auch die soteriologische Bedeutung der Liebe profilieren. Die Frage nach dem Nutzen setzt in 15,32 ja eine jenseitige Dimension des Ergehens voraus.[187]

Wohlgemerkt: Paulus sagt in diesem Abschnitt nicht, dass die genannten Charismen nichts im Vergleich mit der Liebe sind,[188] sondern dass sie ohne die Liebe für den geistbegabten Menschen wertlos sind. Der Aspekt des Nutzens für die Gemeinde wird erst später entfaltet.[189] Die Liebe ist der Heilsfaktor bei den Charismen. Es entsteht kein Widerspruch zur Rechtfertigungslehre, insofern die Hoffnung auf endgültige Gerechtigkeit auf dem Glauben gründet, der sich durch die Liebe als wirksam erweist (vgl. Gal 5,5f).

---

[182] Vorbild ist Herakles. Ihn ahmt etwa Peregrinus Proteus nach. Maximus Tyr. I 9,9: Wer die zerstörerische Kraft des Feuers nicht fürchtet, übergibt seinen Leib dem Ätna (Anspielung auf Empedokles). Frauen stürzen sich in den Scheiterhaufen ihres Mannes (vgl. SPICQ 73f Anm. 4). Selbstverbrennung indischer Gymnosophisten: Cicero, Tusc. II 52; Diodor S. XVII 107; Strabo XV 1,68; Philo, prob. 96, Abr. 182; Josephus, bell. VII 355 = Porphyrius, abst. IV 18 πυρὶ τὸ σῶμα παραδόντες. Von einem Nachahmungstäter in Athen berichtet Nikolaus von Damaskus bei Strabo XV 1,73, vgl. Cassius Dio LIV 9,10. Salaithos, ein Gesetzgeber aus Kroton, soll freiwillig ins Feuer gesprungen sein und so die von ihm festgelegte Strafe für Ehebruch auf sich genommen haben (Lukian, apol. 4). Zum Ganzen vgl. DÖLGER.
[183] Vgl. FEE, 1Kor 634f, der freilich zu stark auf Paulus Aposteldienst hin personalisiert. Ebenso GIESEN, H.: Apostolische Aktivität ohne Liebe? Zum Verständnis von 1 Kor 13,3b, ThG(B) 27, 1984, 104–111.
[184] PETZER 242 verweist auf die Parallele zum Konsekutivsatz mit ὥστε in V. 2. Das ἵνα wäre zur Abwechslung gewählt. Zu seinem konsekutiven Gebrauch vgl. BAUER, Wörterbuch 766 unter II 2.
[185] Vgl. Spr 10,2; 11,4 (beachte den Parallelismus mit „retten"); Pred 1,3 u. ö.; SapSal 5,8; 6,25; Sir 5,8; 20,30 = 41,14; 34,28.30f.
[186] Vgl. die Frage τί μοι τὸ ὄφελος; (Was ist für mich der Nutzen?) in 15,32; Jak 2,14.16 (parallel mit σῶσαι) mit Epiktet, diss. I 4,16; 6,3.5.33 u. ö.; II 19,10 (Verbum im Passiv wie hier).
[187] Vgl. auch ὠφελεῖν Mk 8,36 (in den Parallelen wie hier Passiv); Joh 6,63; Röm 2,25; Gal 5,2; Hebr 4,2; 13,9 (Passiv); EvPhil 45 (NHC II 3, 62,4f): „Denn wenn einer nicht in Liebe gibt, hat er keinen Nutzen (ὠφέλεια), von dem, was er gegeben hat."
[188] So PETZER 238.
[189] Gegen SCHRAGE, 1Kor III 292, der das Gewicht auf den Nutzen für die anderen legt und dazu u. a. auf 14,6 verweist. Dort steht aber das Aktiv τί ὑμᾶς ὠφελήσω, und nicht das Passiv ὠφελοῦμαι wie hier.

b) 13,4–7: Die charakteristischen Verhaltensweisen der Liebe

(4) **Die Liebe ist langmütig, erweist sich gütig; die Liebe ist nicht eifersüchtig, spielt sich nicht auf,[190] bläht sich nicht auf, (5) verhält sich nicht unschicklich,[191] sucht nicht das Ihre,[192] lässt sich nicht reizen, rechnet das Böse nicht an, (6) freut sich nicht über das Unrecht, sondern freut sich mit über die Wahrheit; (7) alles erträgt sie, alles glaubt sie, alles erhofft sie, alles erduldet sie.**

Das Stück steht zwar an der Stelle, wo das Enkomion die Taten des Helden rühmt, daraus sind aber dauernde Verhaltensweisen – vgl. das Präsens der Verben – geworden. Insofern hat es eine engere formale Parallele in der katalogartigen Beschreibung von Tugenden.[193] In den jüdischen Testamenten der zwölf Patriarchen[194] etwa verkörpert jeder Patriarch eine Tugend bzw. ein Laster. Hier kommt es zu ähnlichen verbalen Reihungen, wobei das Subjekt ein personifiziertes Abstraktum (z.B. der Neid TestSim 3,2f; 4,8; die Geldgier TestJud 18,3–5; der Hass TestGad 4,1–7; 5,1) oder eine Idealperson (z.B. der Lautere TestIss 4,2–6, der Gerechte und Demütige Test-Gad 5,3–5; der Gute TestBen 4,2–5 bzw. seine Gesinnung 6,1–7; 8,2f) ist. In unserem Fall werden zwei positive Aussagen über die Liebe durch acht negative Verbalsätze abgelöst,[195] wovon der letzte (V. 6a) antithetisch ergänzt ist. Den Schluss bilden vier Verbalsätze mit dem jeweils vorangestellten Objekt πάντα. Vom vierten Glied an klingen die Flexionsformen der Verben aneinander an (Homoioteleuton).

V. 4 Die ersten beiden Verben betreffen das Verhalten gegenüber fremdem Versagen. Die entsprechenden Substantive (μακροθυμία, χρηστότης) sind auch im Peristasenkatalog 2Kor 6,6 und in der Aufzählung der Früchte des Geistes Gal 5,22 benachbart.[196] 1Thess 5,14 stellt sicher, dass es sich beim μακροθυμεῖν um ein Vermeiden vorschneller Reaktionen gegenüber anderen, und nicht einfach um geduldiges Ausharren, z.B. in Prüfungen (Sir 2,4; TestJos 2,7; Kol 1,11 parallel zu ὑπομονή) oder gegenüber Gottes Verheißung (Hebr 6,12.15; Jak 5,7f), handelt. Der längere Atem der Liebe zeigt sich im gütigen Umgang mit dem fehlbaren Mitmenschen.[197]

---

[190] 𝔓46 hat zwischen περπερεύεται und οὐ φυσιοῦται noch ein drittes ἀγάπη. Die meisten Hsn., darunter ℵ A C D F G Ψ 048 1739 1881, tragen dies schon vorher nach οὐ ζηλοῖ ein. B 33 1175 2464 und weitere Minuskeln lassen es aus. Strittig ist auch, ob das zweite ἡ ἀγάπη zum vorausgehenden oder zum folgenden (so unsere Übersetzung) gehört.

[191] Statt οὐκ ἀσχημονεῖ liest 𝔓46 das Gegenteil οὐκ εὐσχημονεῖ, wohl eine Gedankenlosigkeit.

[192] Ein Korrektor von 𝔓46 fügte über den Zeilen ein μή ein: „sie sucht nicht, was nicht das Ihre ist". Dieselbe „Verbesserung" im Sinn von „Sich nicht in Fremdes Einmischen" in B und z.T. bei Clemens Al.

[193] S.o. zu 5,9–11 Anm. 66. BERGER, Gattungen 1202 spricht von „Ekphrasis".

[194] Genauere traditionsgeschichtliche Analyse bei KÜCHLER, M.: Frühjüdische Weisheitstraditionen, OBO 26, Fribourg/Göttingen 1979, 442–491.

[195] Die beiden Reihen wären noch schärfer gegeneinander abgegrenzt, wenn auch am Anfang der zweiten das Subjekt ἡ ἀγάπη stünde (so obige Übersetzung, LIETZMANN, 1Kor 65; ROBERTSON/PLUMMER, 1Kor 292f); viele ziehen es aber zum voranstehenden χρηστεύεται und nehmen eine chiastische Stellung des Subjekts in den ersten beiden Sätzchen an.

[196] Vgl. auch Kol 3,12; Röm 2,4 die Güte Gottes neben seiner Geduld und Langmut. Vgl. hierzu und zu den folgenden Begriffen die Einträge in BAUER, Wörterbuch.

[197] Vgl. 1Clem 49,5 ἀγάπη πάντα ἀνέχεται, πάντα μακροθυμεῖ.

Das neutestamentliche Hapaxlegomenon χρηστεύεσθαι ist wie das eben genannte Substantiv χρηστότης von dem Adjektiv χρηστός – eigentlich „brauchbar, gut" (vgl. 15,33) – abgeleitet. Dessen Gebrauch illustriert etwa die Mahnung Eph 4,32 (= Kol 3,12f). Beim ζηλοῦν geht es nicht um löblichen Eifer (s. zu 12,31a), sondern um missgünstiges Konkurrenzdenken angesichts des Glücks oder Erfolgs anderer.[198] Hier mag man konkret an den Neid auf anders und anscheinend reicher charismatisch Begabte denken. Die beiden folgenden Verben, das nur hier im NT vorkommende περπερεύεσθαι – von πέρπερος „Prahlhans, Windbeutel"[199] – und das uns seit 4,6 (vgl. 4,18.19; 5,2; 8,1) als Markenzeichen der Korinther bekannte φυσιοῦσθαι, haben umgekehrt mit der übertriebenen Zur-Schau-Stellung der eigenen Fähigkeiten zu tun.

V. 5 Die Liebe wahrt die Grenzen der Schicklichkeit. Mit οὐκ ἀσχημονεῖ[200] ist negativ ausgedrückt, was 14,40 mit εὐσχημόνως positiv für die Praxis der Charismen anordnet. Mehr eigentümlich ist der Liebe, dass sie nicht ihren eigenen Vorteil sucht.[201] Die nächsten beiden Teilverse setzen Ärger oder gar eine Beleidigung von anderer Seite voraus. Da lässt sich die Liebe nicht zum Zorn reizen.[202] Während das οὐ παροξύνεται auf das μακροθυμεῖ von V. 4a hinauskommt, besagt das Nicht-Anrechnen des Bösen[203] darüber hinaus Vergebung. Das entspricht der Kennzeichnung des „guten Mannes" TestBen 4,2, von dem es auch heißt, dass er sich aller erbarmt, auch wenn sie Sünder sind, und dass er die ihm Unrecht Tuenden wie sein eigenes Leben liebt.

V. 6 handelt dagegen, was oft verkannt wird, von dem Unrecht des Nächsten, entweder von dem Unrecht, das einer erleidet; dann würde Paulus der Schadenfreude wehren. Während der Christ nach 6,8 ihm selbst zugefügtes Unrecht eher hinnehmen soll, darf der Liebende nicht gleichgültig bleiben, wo das Recht des Nächsten auf dem Spiel steht. Oder Paulus warnt vor der Kumpanei mit dem Unrecht, wie sie Spr 2,14 und Röm 1,32 beschreiben.[204] Um das positiv zu wenden, redet er nicht von

---

[198] Vgl. Jak 4,2 und zu ζῆλος 3,3. Vgl. auch die Charakteristik des „guten Mannes" TestBen 4,4: „Wenn einer zu Ehren gelangt, beneidet er ihn nicht; wenn einer reich ist, wird er nicht eifersüchtig (οὐ ζηλοῖ)."
[199] Vgl. die Texte in NEUER WETTSTEIN II 1,373.
[200] Vgl. zum Wort bei 7,35f. LIETZMANN, 1Kor 65 erwägt als Hintergrund auch 11,2–16.
[201] Zur Ausdrucksweise s. bei 10,24.
[202] Zu παροξύνεσθαι vgl. παροξυσμός „heftige Auseinandersetzung" Apg 15,39. Auch Sokrates lässt sich bei der Diskussion nicht provozieren (παροξυνθῆναι), sondern erträgt die Schmähungen: Epiktet, diss. II 12,14. WISCHMEYER, Weg 98f übersieht das Passiv und deutet vom aktiven παροξύνειν Gott gegenüber (Num, Dtn, PsSal 4,21) her.
[203] Im NT sonst von Gott ausgesagt: Vgl. Röm 4,8 mit Sünde, 2Kor 5,19 mit Verfehlungen. Vgl. 2Tim 4,16. An sich kann λογίζεσθαι auch „im Sinne haben" bedeuten, doch wegen des bestimmten Artikels ist τὸ κακόν wohl das erlittene Böse. Bei Sach 8,17 τὴν κακίαν τοῦ πλησίον αὐτοῦ μὴ λογίζεσθε ἐν ταῖς καρδίαις ὑμῶν ist nicht eindeutig, ob Gott – wie im MT – fordert, nichts Böses gegen den Nächsten zu planen oder ihm die Übeltat nicht nachzutragen. TestSeb 8,5 μὴ λογίζεσθε ἕκαστος κακίαν πρὸς τὸν ἀδελφὸν αὐτοῦ ist wohl eher im ersteren Sinn zu verstehen, sonst müsste τῷ ἀδελφῷ stehen. Vgl. die Wendung mit Dativ 9,7 von Gott. Die Versionen bg verstanden allerdings im zweiten Sinn, denn sie haben 8,6 μνησίκακος.
[204] Spr 24,19 LXX übersetzt „Erhitze dich nicht wegen der Übeltäter" mit: „Freue dich nicht über die Übeltäter." Vgl. Plato, symp. 196b vom Eros: οὔτ' ἀδικεῖ οὔτ' ἀδικεῖται (er tut kein Unrecht, erleidet es aber auch nicht).

13,4–7: Die charakteristischen Verhaltensweisen der Liebe

der Freude über das „Recht", sondern über die „Wahrheit", die auch in Röm 1,18; 2,8; 2Thess 2,12 den Gegensatz zum Unrecht bildet.[205] Genauer: von der Mitfreude. Συγχαίρειν kann zwar an sich auch statt des Simplex stehen[206] oder eine intensive Freude meinen,[207] aber weil die Wahrheit entweder im Rechtbekommen oder in der rechten Tat des Nächsten aufleuchtet, wird hier das Mitempfinden[208] angezielt sein, das 12,26 schon von den Gliedern des Leibes Christi verlangt wurde.

V. 7 War an den letzten Gliedern immer weniger ein Bezug zur korinthischen Situation festzumachen, so wird im abschließenden Vers gar der bisher erkennbare Bezug auf den Mitmenschen undeutlich. Es ist unwahrscheinlich, dass πάντα στέγει in der Tradition von Spr 10,12 die Liebe meint, die die Fehler der anderen zudeckt.[209] Στέγειν wird wie 9,12 (auch hier mit πάντα); 1Thess 3,1.5 „aushalten, ertragen" bedeuten.[210] Das könnte man noch im Sinn von 6,8 bzw. des μακροθυμεῖν V. 4a fassen, doch das sinnverwandte ὑπομένειν am Ende steht sonst im Kontext der Bedrängnisse aller Art (vgl. Röm 12,12; 2Tim 2,10.12; vgl. das Nomen ὑπομονή Röm 5,3; 8,25; 2Kor 1,6; 6,4 vom apostolischen Leiden). Das Glauben und Hoffen wird von den meisten Kommentaren auf die Gutgläubigkeit gegenüber anderen[211] gedeutet; allerdings macht das umfassende Objekt πάντα stutzig. Es verhindert, das πιστεύειν einfach mit der intransitiven πίστις = hebr. אֱמֶת/ ᵓæmæt (Zuverlässigkeit, Treue, wohl Gal 5,22 im Zusammenhang mitmenschlicher Tugenden; Mt 23,23) gleichzusetzen. Es hat aber auch wenig mit dem V. 2 genannten Wundervertrauen zu tun; denn zu diesem muss die Liebe hinzukommen, während das Glauben hier aus der Liebe fließt. Deshalb ist aber auch kaum vom rechtfertigenden Glauben an Gottes Wort und Verheißung die Rede. Zwar geht die spezifisch christliche Hoffnung sonst in den Paulusbriefen auf „unseren Herrn Jesus Christus" (1Thess 1,3), die endliche Rechtfertigung (Gal 5,5), die künftige Rettung (1Thess 5,8), die Herrlichkeit (Röm 5,2), die Annahme als Söhne, die Erlösung des Leibes (Röm 8,18–25). Und in der Nähe dieser eschatologisch begründeten Hoffnung findet sich auch oft die Geduld (Röm 5,4; 8,25; 12,12; 15,4; 2Kor 1,6f; 1Thess 1,3).[212] Auch die jüdische Vorprägung der Begriffe πίστις und ἐλπίς[213] könnte so zunächst eine theologischere Fül-

---

[205] Vgl. in der Preisrede auf die Wahrheit 3Esr 4,34–40 V. 36f.39: An der Wahrheit ist nichts Ungerechtes, und sie ist nicht in den Ungerechten. Sie tut das Rechte im Unterschied zu allen Ungerechten und Bösen.
[206] So CONZELMANN, 1Kor 265 Anm. 5 mit BAUER, Wörterbuch 1546 s.v.
[207] THISELTON, 1Kor 1055 übersetzt: „joyfully celebrates truth".
[208] Vgl. das Mitleiden (συμπάσχειν) mit dem Schwachen beim guten Mann TestBen 4,4.
[209] So z.B. SPICQ, Lexique 1426f; FITZMYER, 1Kor 496. Sie verwendet καλύπτειν, in TestJos 17,2 συγκρύπτειν, und ist in 1Petr 4,8; Jak 5,20; 1Clem 49,5; 2Clem 16,4 auf die eigenen Sünden bezogen.
[210] Die von CONZELMANN, 1Kor 256 zunächst bevorzugte Übersetzung „alles deckt sie" wird von ihm dann 274 wegen des nahen ὑπομένειν verworfen.
[211] So Plutarch, Phoc. 21,4 πάντα πιστεύων („in jeder Hinsicht vertrauend"). Das πάντα ist hier adverbial, nicht Objekt. Das nahm WEISS, 1Kor 317 Anm. 2 auch für die beiden Mittelglieder von V. 7 an. Dagegen WISCHMEYER, Weg 108. WEISS deutet denn auch auf das grenzenlose „Vertrauen auf das Gute im Widersacher"; Johannes Chrys., hom. 33,4 in 1Cor (X 281 MONTFAUCON) konkreter auf die von ihm erwartete Freundlichkeit (τὰ χρηστά).
[212] In den Tugendkatalogen der Pastoralbriefe scheint die Geduld – an der Seite von Glaube und Liebe – geradezu die Hoffnung zu ersetzen: Vgl. 1Tim 6,11; 2Tim 3,10; Tit 2,2. Ähnlich 2Thess 1,3f.
[213] Vgl. 2Bar 57,2 (eschatologischer Gehalt); 59,10; 4Makk 17,2.4 (hier ἐλπὶς τῆς ὑπομονῆς).

lung nahelegen, vor allem, wenn man auf V. 13 vorblickt.[214] Doch können wir uns solchen Tiefsinn sparen, wenn Paulus im Schlussglied stilgemäß schlicht übertreibt. M. Luther[215] wird Recht haben: „Er redet hier nicht vom Glauben an Gott, sondern vom Glauben unter den Leuten". Die Liebe „verzweifelt an keinem Menschen, wie böse er auch ist". Luther muss eine gewisse Naivität dieses Glaubens zugeben: „Die Liebe ist ein gar einfältig Ding". Und dass sie dabei oft enttäuscht wird.

c) 13,8–13: Die Unvergänglichkeit der Liebe
(8) **Die Liebe fällt niemals dahin. Dagegen: Ob prophetische Begabungen, sie werden zunichte werden, oder Sprachen, sie werden ein Ende haben, oder Erkenntnis, sie wird zunichte werden. (9) Denn stückweise erkennen wir und stückweise prophezeien wir; (10) wenn aber das Vollkommene kommt, wird das Stückwerk zunichte werden. (11) Als ich ein unmündiges Kind war, redete ich wie ein Kind, dachte ich wie ein Kind, urteilte ich wie ein Kind; als ich ein Mann wurde, habe ich die Dinge des Kindes zunichte gemacht. (12) Jetzt nämlich sehen wir mit Hilfe eines Spiegels im Rätsel, dann aber von Angesicht zu Angesicht; jetzt erkenne ich stückweise, dann aber werde ich (vollständig) erkennen, wie ich ja auch (vollständig) erkannt wurde. (13) Nun also bleiben Glaube, Hoffnung, Liebe, diese drei; das Größte davon aber ist die Liebe.**

HEINE, R.E.: The Structure and Meaning of 1 Corinthians 13:8-13, in: Increase in Learning. FS J.G. van Buren, Manhattan (Kansas) 1979, 63–72. MELL, U.: Die Entstehungsgeschichte der Trias „Glaube Hoffnung Liebe" (1.Kor 13,13), in: Ders./Müller, Urchristentum 197–226. MIGUENS, E.: 1 Cor 13,8–13 Reconsidered, CBQ 37, 1975, 76–97. NEYRINCK, F.: De grote drie, EThL 39, 1963, 595–615. SCHRAGE, W.: Was bleibt und was fällt, in: Trowitzsch, Paulus 97–107. WEISS, W.: Glaube – Liebe – Hoffnung. Zu der Trias bei Paulus, ZNW 84, 1993, 196–217.

V. 8 Noch im Stil der vorhergehenden Verse gehalten bildet V. 8a doch eine neue These. Er behauptet die Beständigkeit der Liebe, wobei das verneinte „Fallen" – bei Paulus sonst von Personen, hier von einem Abstraktum wie Lk 16,17 – dem „Bleiben" (μένειν V. 13a)[216] gleichkommt. Die These wird gleich in V. 8b am Beispiel der drei beliebtesten Charismen negativ unterfüttert: Sie werden im Eschaton ein Ende haben.[217] Nach weithin akzeptierter Anschauung[218] „zielt die Polemik des Apostels

---

[214] So gegen eine Mehrheit von Auslegern HÉRING, 1Kor 119; WOLFF, 1Kor 321; COLLINS, 1Kor 482; LINDEMANN, 1Kor 288; CIPRIANI, Rapporto 304; WONG, E.: 1 Corinthians 13:7 and Christian Hope, LouvSt 17, 1992, 232–242; SCHNABEL, 1Kor 722f. SCHLIER, Liebe 191 sieht beides ineinander: (die Liebe) „hat die Kindlichkeit eines immer neuen Zutrauens, weil ihr Vertrauen auf Gott und Christus gründet", sie erhofft das Unsichtbare von Gott. „Aber sie erhofft etwa auch vom Menschen, daß er bereut". Ähnlich KREMER, 1Kor 287f.
[215] Fastenpostille 1525 in: ELLWEIN, Epistel-Auslegung 179f.
[216] Vgl. 3Esr 4,38 „Aber die Wahrheit bleibt und ist stark in Ewigkeit und lebt und herrscht bis in die Ewigkeit der Ewigkeit." Vgl. BAUER, Wörterbuch 1021f s.v. μένω 1 c β, bes. 3,14 und das Psalmzitat 2Kor 9,9.
[217] Zu καταργεῖν vgl. bei 1,28. Auch 2Kor 3,11 steht τὸ καταργούμενον einem τὸ μένον gegenüber. Von den Konkurrenten der Wahrheit heißt es 3Esr 4,37 „sie werden zu Grunde gehen" (ἀπολοῦνται), und zwar weil sie mit Ungerechtigkeit behaftet sind.
[218] Vgl. z.B. SCHRAGE, 1Kor III 305; HEINE 71f.

13,4–7: Die charakteristischen Verhaltensweisen der Liebe

auf das Vollendungsbewusstsein einer realized eschatology". Doch besagt die logische Gegenposition nicht, dass in diesen Gaben das Eschaton schon da ist, sondern dass sie auch dann fortbestehen. Paulus möchte ihre vorläufige Rolle aufzeigen. Das ist im Fall der Prophetie ohne weiteres einleuchtend, insofern sie Vorausschau des Künftigen und Weisung auf dem Weg dorthin ist. Wenn es eingetroffen ist, erübrigt sich die Prophetie. Bei der Glossolalie fällt der Beweis schon wesentlich schwerer. Wenn der Glossolale – wenigstens nach dem aus 13,1 zu erschließenden Selbstverständnis der Korinther – in die Chöre der Engel einstimmt, ist das doch eine Art Vorwegnahme des Himmels. Doch soll auch dieses abgehobene Reden in der Vollendung aufhören. Warum? Das lässt sich nur aus dem Folgenden erahnen: Es wird ersetzt durch etwas Vollkommeneres, bei dem die Kommunikation der Sprache nicht mehr bedarf. Bei der Erkenntnis wird das Aufhören in V. 12 modifiziert.

V. 9f gibt den Grund für die Vergänglichkeit wenigstens für Gnosis und Prophetie:[219] Sie haben nur fragmentarischen Charakter, sie bieten nur Teilausschnitte. Gewöhnlich unterstellt man den Korinthern die gegenteilige Behauptung, sie hätten in den Geistbegabungen schon die Vollendung erreicht (vgl. zu 4,8). Der Apostel freilich versucht sie davon zu überzeugen, dass diese als Stückwerk abgelöst werden vom Ganzen, das Paulus hier mit der Substantivierung τὸ τέλειον[220] benennt. Es „kommt", wie der Herr (vgl. zu 4,5) oder der Tag des Herrn (1Thess 5,2) kommt. Dann wird das Bruchstückhafte nicht harmonisch ergänzt, sondern abgeschafft werden. Paulus wiederholt V. 10 das harte Wort καταργεῖν. Dieser radikale Neubeginn ist typisch für die Apokalyptik, die nicht nur eine erneuerte Welt, sondern eine neue Welt erhofft.[221] Die Versuche, das „Vollkommene" mit einer innerweltlichen Entwicklungsphase der Christen[222] oder der Kirche[223] gleichzusetzen, scheitern an der apokalyptischen Prägung der Schau von Angesicht zu Angesicht in V. 12b.

V. 11 Wie wir bei 2,6a und 3,1 sahen, verbindet sich mit τέλειος auch die Bedeutung „erwachsen", die im Gegensatz zu νήπιος „unmündig" steht.[224] Das liefert Paulus das Bildmaterial, mit dem er den Zustand der Vollkommenheit in einem anscheinend autobiographischen, in Wirklichkeit generischen Satz vom Unvollkommenen abgrenzt. Man sollte daraus nicht zu viele Anspielungen auf die Sachhälfte herauspressen, z. B. aus dem „Reden wie ein Kind" auf das unartikulierte Lallen der Zungenredner schließen. Auch V. 11b entspricht nicht ganz dem Gemeinten, inso-

---

[219] Wäre das Vollendungsbewusstsein der Glossolalen für Paulus das Hauptproblem gewesen, hätte er hier unbedingt argumentativ darauf eingehen müssen.

[220] Vgl. noch Röm 12,2; hier nicht im Gegensatz zum Stückwerk, sondern in moralischem Sinn. Zum Adjektiv vgl. zu 2,6a.

[221] Vgl. bei SCHRAGE, 1Kor III 305 Anm. 157 die Belege für Vernichtung des Unrechts o. ä., ja der Vergänglichkeit selbst (4Esr 7,31; syrBar 44,9).

[222] Z.B. MIGUENS. Dagegen LAMBRECHT, Way 96–98.

[223] Vgl. in USA die Debatte zwischen Nicht-Cessationisten und Cessationisten. Letztere rechtfertigen das faktische Verschwinden auffallender Charismen in der Geschichte der Kirche mit unserem Text. Vgl. THISELTON, 1Kor 1062f.

[224] Weitere antike Belege bei CONZELMANN, 1Kor 276f Anm. 84; NEUER WETTSTEIN II 1 375–377. Auch Eph 4,13f steht der Gegensatz „unmündig" – „vollkommener Mann" im Kontext der Charismen.

fern hier der Erwachsene selbst aktiv Schluss macht (wieder καταργεῖν) mit den Kindereien, während das Eschaton von sich aus über diese Welt hereinbricht. Der Vers ist nur Illustration, besagt also nicht, dass „die von den gleichsam Unmündigen hochgeschätzten Geistesgaben für die Mündiggewordenen [...] ihre Bedeutung verloren" haben.[225] Auch soll die Liebe durch V. 11 nicht als Ergebnis eines langen Reifeprozesses erscheinen.[226] Sie ist nicht das τέλειον, sondern hat darin Bestand.

V. 12 bringt – mit γάρ angeschlossen – die Erläuterung der bildhaften Aussage von V. 11; allerdings in V. 12ab noch in bildlicher Form. Weil V. cd anscheinend auf die Gabe der Erkenntnis gehen, könnte man erwägen, V. ab auf die V. 9 damit gepaarte Prophetie zu beziehen. Sie wird ja weithin im Alten Testament als Sehertum[227] verstanden, und die Schau von „Gesichten"[228] kommt in der apokalyptischen Prophetie wieder zu Ehren. Soll noch einmal auf die Beschränktheit prophetischen Sehens hingewiesen werden?[229] Dagegen sprechen an sich weder die Verwendung des banaleren βλέπειν[230] noch die auch V. 9b für die Prophetie gebrauchte 1. Pl. Bedenklicher ist schon, dass die Prophetie in Kap. 12–14 sonst nicht als Vision, sondern als inspirierte Rede erscheint.[231] So nehmen etliche Kommentare an, dass es hier allgemeiner um die dem Menschen verstattete Wahrnehmung des Göttlichen geht. Die ist nur indirekt möglich, was hier gleich zweifach ausgedrückt wird: durch das Bild vom Spiegel[232] und durch die Angabe „im Rätsel".[233] Die Auflösung steht dann Röm 1,20: Die unsichtbare Gottheit wird jetzt nur in den Geschöpfen ansichtig. Oder ist auf die unvollkommene Art des „Sehens", die dem Glauben eignet, abgehoben?[234] In jedem Fall wäre damit die spezielle Problematik, die Bewertung der Charismen, verlassen. Der Einschub von V. 11 könnte freilich eine solche Ausweitung erleichtern.

---

[225] Gegen KREMER, 1Kor 289.
[226] So in der psychologisch ansprechenden Auslegung von KIEFFER, primat 102; besser 93: sie ist das Prinzip des realen Wachstums im Menschen.
[227] Vgl. FUHS, H.-F.: Art. ראה/ר׳ h, ThWAT 7, 1993, 225–266, 260–263.
[228] Vgl. nur das Joel-Zitat Apg 2,17 ὁράσεις ὄψονται; zu den Visionen des Paulus s. bei 9,1; 2Kor 12,1.
[229] So v.a. DAUTZENBERG, Prophetie 159–225, der hier seine schon bei 12,10 besprochene Konzeption von Prophetie als der Interpretation bedürftige rätselhafte Visionen bestätigt sieht. Ihm folgen SCHRAGE, 1Kor III 309–314; WOLFF, 1Kor 324. HEINE 67–69 macht auf die chiastische Struktur der V. 9.12 aufmerksam.
[230] Vgl. die freilich von Ausnahmen durchlöcherten Beobachtungen von MICHAELIS, W.: Art. ὁράω κτλ, ThWNT 5, 1954, 315–381, 343f. Aber im Präsensstamm tritt βλέπειν häufig für ὁρᾶν ein. Vgl. DAUTZENBERG, Prophetie 198–202.
[231] DUPONT, Gnosis 112. Allerdings ist sein Argument für die charismatische Gnosis auch nicht besser; denn dass sie sich in Träumen und Gesichten vollzieht, wird sonst bei Paulus auch nicht behauptet. Man darf den bildhaften Charakter von V. 12a nicht vergessen. Das „Sehen" ist vielleicht im Hinblick auf V. 12b gewählt und könnte für „Erkennen" überhaupt stehen.
[232] Dass von seinen vielfachen Verwendungen in der Antike nur die Indirektheit des Sehens in Frage kommt, zeigt CONZELMANN, 1Kor 277f. Vgl. noch Philostrat, Ap. VIII 26: Aus dem Spiegel kann man nur ein Abbild (εἴδωλον) der Wahrheit gewinnen, im Gegensatz zum unmittelbaren Sehen.
[233] Auch Num 12,8LXX bildet δι' αἰνιγμάτων den Gegensatz zu ἐν εἴδει („im Schauen"). Spielt Paulus mit ἐν αἰνίγματι auf die prophetische Audition an? So SCHRAGE, 1Kor III 313f.
[234] So CIPRIANI, Rapporto 308. SCHNABEL, 1Kor 779: „ein von den Boten Gottes und den Verkündigern seines Wortes vermitteltes Sehen."

13,4–7: Die charakteristischen Verhaltensweisen der Liebe

Interessant sind antike Texte, die auch im Zusammenhang von vermittelter Gotteserkenntnis den Vergleich mit einem Spiegel gebrauchen. Bei Philo, fug. 213 schaut der mit Allgemeinbildung Beschäftigte den Urheber der Wisssenschaft durch die Bildung gleich wie durch einen Spiegel. Darüber hinaus führt die wahre Weisheit der Philosophie. – Plutarch, mor. 382a bemerkt zum ägyptischen Tierkult, dass die berühmtesten Philosophen, nämlich die Pythagoreer, schon in unbelebten und unkörperlichen Dingen, nämlich in Zahlen[235] und geometrischen Figuren, das Rätsel der Gottheit erblicken (αἴνιγμα τοῦ θείου κατιδόντες). Um so mehr muss man nach Meinung Plutarchs die Eigenschaften der belebten Wesen schätzen, da sie sogar durch ihre Natur die klareren Spiegel (des Göttlichen) sind (ὡς ἐναργεστέρων ἐσόπτρων καὶ φύσει γεγονότων). Freilich darf man nicht sie verehren, sondern durch sie das Göttliche. – In mor. 765b legt Plutarch die platonische Lehre vom Eros dar, der für uns „schöne Spiegel schöner Dinge" ersinnt, nämlich in den Gestalten von sterblichen Jünglingen den Reflex des Göttlichen. – Nach 781f offenbart die Sonne am Himmel das Spiegelbild (δι' ἐσόπτρου εἴδωλον) Gottes für die, die ihn durch sie zu sehen vermögen.

Diese Texte sprechen für das Verständnis der Spiegelschau als Gotteserkenntnis durch seine Werke. Dagegen unterscheidet man im rabbinischen Schrifttum mit diesem Bild die Offenbarung Gottes an Mose von der für die Propheten.[236] Alle erblickten Gott im Spiegel, die Propheten aber durch eine große Zahl von Spiegeln oder durch irgendwie getrübte Spiegel, Mose jedoch durch einen klaren Spiegel.

Beide Interpretationen von V. 12ab, eine auf die Prophetie beschränkte und eine mehr generalisierende, scheinen möglich. Die Parallele V. cd deutet aber doch darauf hin, dass sich Paulus an der „Erkenntnis" festbeißt, gegen die er schon 8,1–3 die Liebe ausgespielt hatte. Dabei pocht er nicht auf die Diskontinuität wie in V. 8b–11, sondern nur auf den qualitativen Unterschied: Die Gottesschau im „Dann" des Eschaton vollzieht sich „von Angesicht zu Angesicht", wie es kurzfristig nur wenigen Auserwählten Israels vergönnt war.

Z.B. Jakob in Penuel (Gen 32,31 wie an unserer Stelle πρόσωπον πρὸς πρόσωπον); Mose, Aaron, Nadab, Abihu und den Siebzig von den Ältesten auf dem Sinai (Ex 24,9–11). Die LXX vermeidet hier ein Schauen Gottes. Auch Ex 33,18–23 schränkt ein: Mose kann das Angesicht Gottes nicht sehen und am Leben bleiben, nur von hinten darf er ihn schauen. Wenn es im Rückblick Dtn 34,10 vom Propheten Mose heißt, dass Gott ihn „von Angesicht zu Angesicht kannte" (ἔγνω κύριος αὐτὸν πρόσωπον κατὰ πρόσωπον), dann ist die Unmittelbarkeit der Kommunikation von Gott her gemeint, nicht eigentlich ein Schauen Gottes. Das wird durch Ex 33,11 („und Jahwe redete zu Mose von Angesicht zu Angesicht, wie ein Mensch zu seinem Nächsten redet") und die Erklärung Jahwes Num 12,8 bestätigt: „von Mund zu Mund rede ich mit ihm"; dort wird allerdings noch hinzugefügt „Er darf die Gestalt Jahwes erblicken" (LXX καὶ τὴν δόξαν κυρίου εἶδεν „und er hat die Herrlichkeit des Herrn geschaut"). Auch Propheten können die Herrlichkeit des Herrn schauen: vgl. die Thronvision des Jesaja Jes 6,1–5 und Ez 1. Das Angesicht Gottes schauen wollte der Wallfahrer auch am Tempel zu Jerusalem (z.B. Ps 17,15; 42,3; anders jeweils LXX). Dort hält er Ausschau nach Jahwes machtvoller Epiphanie (vgl. Ps 63,3; anders LXX). Im Neuen Testament ist die Gottesschau für das Ende ver-

---

[235] Z.B. in der Zahl Sieben, in der auch nach Philo, decal. 105 der Geist wie durch einen Spiegel sich Gott als Tätigen, Weltschöpfer und Erhalter des Ganzen vorstellt (ὡς γὰρ διὰ κατόπτρου φαντασιοῦται ὁ νοῦς θεὸν δρῶντα ...).

[236] Vgl. Bill. III 453f; KITTEL, G.: Art. αἴνιγμα (ἔσοπτρον), ThWNT 1, 1933, 177–179; DAUTZENBERG, Prophetie 176–180.

heißen (vgl. Mt 5,8; Hebr 12,14; Apk 22,4; vgl. 4Esr 7,98). Am deutlichsten formuliert 1Joh 3,2 dieses Ziel: „Wir werden ihn sehen, wie er ist"; das setzt ein Gott-Ähnlichwerden voraus.

Bei Philo von Alexandrien steht die schattenhafte Erkenntnis Gottes aus seinen Schöpfungswerken[237] einer Schau gegenüber, die Gott in seinem eigenen Lichte sieht. Dadurch gewinnen wenige Würdige in Israel die feste Gewissheit seiner Existenz. Prototyp ist Jakob, der als Vollkommener „Israel", d. h. Gott Schauender, heißt (vgl. zusammenfassend praem. 43-46). Diese Vollendung ist – im Gegensatz zu Paulus und dem übrigen Neuen Testament – schon hier auf Erden möglich. Sie beruht aber – wie bei Paulus – auf der Erwählung durch Gott. Vgl. post. 92: „Wer Gott sieht [...] ist dem Gesehenen zuerlost und zugeteilt."

Im Nachsatz meint das „Wir" sicher alle Christen. Das „Erkennen" in V. 12c ist dann wohl auch nicht auf die charismatische Erkenntnis einzuengen.[238] Das fragmentarische Erkennen hat im „Dann" (vgl. 4,5; 15,28.54) zwar ein Ende, aber das γινώσκειν intensiviert sich zu einem ἐπιγινώσκειν.[239] Dieses „vollständige Erkennen" hat sein Maß, aber auch seinen Grund[240] in dem vorgängigen Erkennen Gottes, das sich, wie wir bei 8,3 sahen, als Auserwählung konkretisiert. Der καθώς-Satz bringt – wie das „Von Angesicht zu Angesicht" – die Intimität der gegenseitigen Erkenntnis zum Ausdruck. Da ἐπεγνώσθην ein theologisches Passiv ist, wird man schließen dürfen, dass auch vorher Gott das ungenannte Objekt des Sehens und Erkennens war.

V. 13 zieht mit einem logischen νυνὶ δέ (vgl. 12,18; 15,20)[241] Bilanz. Der Leser war darauf gefasst, dass Paulus noch einmal die Liebe als das, was sich unverändert durchhält, nennt. Unvermittelt wird sie aber von zwei anderen, allen Christen eigentümlichen Grundhaltungen begleitet. Dieses Dreigestirn beginnt sich schon zu formieren, wo Paulus den Stand der Gemeinde im Briefeingang lobt (1Thess 1,3; vgl. Kol 1,4f; Barn 1,4) oder wo er die essentials des Christentums (Gal 5,5f) bzw. seine Grundausrüstung (1Thess 5,8) zusammenfasst. Doch stehen oft auch nur Glaube und Liebe nebeneinander, während weitere Eigenschaften variieren (vgl. 1Thess 3,6; Phlm 5; Past). Man ist sich heute weithin einig, dass die Trias von Paulus eingeführt wurde und in den Gemeinden von seiner Erstverkündigung her bekannt war.[242] Spekuliert werden kann, dass er sie aus der antiochenischen Muttergemeinde übernahm.[243] Bei der Liebe ist einsichtig, dass sie bleibt; ist sie doch die Beziehung nicht

---

[237] Vgl. all. III 101-103; in all. III 101 gebraucht er dafür das Verbum κατοπτρίζεσθαι „im Spiegel schauen".

[238] Das bemerkt auch LAMBRECHT, Way 95 als einer der wenigen. Anders etwa SABBE, weg 464.

[239] Das Verbum bedeutet Röm 1,32 „sehr wohl kennen", 14,37; 16,18 „anerkennen" (vgl. ἐπίγνωσις Röm 1,28), ist aber manchmal auch mit dem Simplex identisch, vgl. 2Kor 1,13f, wo erst der Zusatz „bis zum Ende" eine Steigerung bringt. KRITZER, R.E.: Zum Wechsel von Simplex und Kompositum in 1Kor 13,12, BN 124, 1905, 103-104 führt an einem Arrian-Fragment (FGrH 156 F 175b) den Bedeutungsunterschied vor.

[240] Beides kann καθώς besagen: Vgl. zu 5,7.

[241] Richtig HEINRICI, 1Kor 406: νυνί δε konklusiv. So etwa die Hälfte der Ausleger. Zwar könnte „Jetzt aber" auch im Gegensatz zu „dann" dem ἄρτι entsprechen. Aber wenn Glaube, Hoffnung und Liebe in der Jetztzeit blieben, würden sie auch wieder relativiert. In der Zeit bis zur Parusie bleiben ja auch die Charismen. Vgl. NEIRYNCK, SCHRAGE 99f.

[242] Vgl. SÖDING, Trias 40f; WEISS 211f. Die Wortstellung scheint jedoch vom aktuellen Anliegen des Briefes abhängig zu sein.

[243] So MELL. Das überzeugte, wenn es mehr von Paulus unabhängige Belege gäbe. In Frage kommt aber höchstens Barn 1,4. Hier ist die Trias konventionell, dagegen formuliert bei den „drei Grundsätzen" 1,6 der Verfasser. IgnEph 14,1f fehlt die Hoffnung; in 1Petr 1,21f hinkt die Liebe verbal hinterher.

nur zum Nächsten, sondern auch zu Gott (vgl. 8,3). Als solche kann sie im Eschaton nur fortdauern. Glaube und Hoffnung dagegen sind stark durch das Noch-Nicht gekennzeichnet. Eigentlich wird der Glaube von der Schau abgelöst (vgl. 2Kor 5,7), und was man sieht, ist nicht mehr Gegenstand des Hoffens (vgl. Röm 8,24bc). Paulus jedoch hat Glaube und Hoffnung wohl neben der Liebe unter das Bleibende gezählt, weil er das für den Christen Wesentliche[244] der fakultativen charismatischen Sonderausstattung kontrastieren wollte. Die Spannung zu seinen späteren Aussagen entsteht hauptsächlich in unserer Systematik.[245] Die drei genannten Größen „bleiben" mindestens insofern, als sie heilsentscheidend sind. Dass es Paulus aber auf die Liebe ankam, verrät wohl noch nicht die singularische Verbform,[246] auf jeden Fall aber dann der Schlusssatz, der die Liebe noch einmal über die andern beiden fundamentalen Kennzeichen des Christen hinaushebt. Der Komparativ μείζων steht hier für den Superlativ.[247] Die überragende Stellung der Liebe wird hier nicht mit Bezug auf das Gesetz begründet, etwa dass sie die Erfüllung aller Gebote ist (vgl. Gal 5,14; Röm 13,8-10; auch Kol 3,14 „Band der Vollkommenheit"; Polyk 3,3). Sie muss aus dem vorher Gesagten einleuchten. Im Vergleich mit heidnischen Versuchen, die elementaren Vollzüge im Gottesverhältnis zusammenzufassen,[248] fällt auf, dass nicht der Eros, das Verlangen nach Gott, sondern eine primär zwischenmenschliche Verhaltensweise den höchsten Rang einnimmt. Das erinnert eher an die Umschreibung, die die Logienquelle für das Gravierendste im Gesetz gibt (Mt 23,23): „Recht, Erbarmen und Treue". Der Primat der Liebe zum Nächsten ist sozusagen das jüdische, praktisch-kritische Moment in der Formulierung der Gottesbeziehung, die so auch hellenistisch möglich wäre.

Die Bedeutung dieses Kapitels ist von Auslegern, die das Wesentliche der christlichen Religion im Ethischen sehen, maßlos übersteigert worden. Der im allgemeinen so nüchterne H. Lietzmann etwa wird an dieser Stelle wortreich. Paulus habe hier – obwohl sonst durch jüdische und griechische Einflüsse bestimmt – die sittlich-reli-

---

[244] Um den Widerspruch zu 2Kor 5,7 und Röm 8,24f zu mildern, schwächen CONZELMANN, 1Kor 282 und SENFT, 1Kor 172 den Sinn von μένειν zu „gültig bleiben" ab. Aber die Beispiele – vgl. auch HAUCK, F.: Art. μένω κτλ., ThWNT 4, 1942, 579,7-12 – handeln von vorher gemachten Aussagen oder Abmachungen. Die zu V. 8 registrierten Oppositionen sprechen doch eher für eschatologische Bedeutung.

[245] SCHLIER, Liebe 193 versucht einen Ausgleich: „der Glaube wird eben das schauen, was er glaubt [...] Und die Hoffnung wird sehen, was sie erhofft und hoffend schon jetzt sieht. Beide werden zu ihrem Ziel kommen. Aber die Gnosis wird nicht zu ihrem Ziel gelangen." Weshalb nicht? Wir haben es in V. 13 mit zwei Enthymemen mit unausgesprochenen, logisch unausgeglichenen Prämissen zu tun.

[246] Wie bei den Beispielen K-G II 1, 79; meistens erklärt man sie damit, dass Paulus die drei Tugenden als Einheit aufgefasst habe. Vgl. K-G II 1, 81. Sie ist jedoch durch den Bezug auf den Pl. des Neutrum „diese drei" verständlich.

[247] Vgl. B-D-R 244. Sonst müsste τούτων nur auf die ersten zwei Größen gehen. COLLINS, 1Kor 488 bezieht es fälschlich auf die Gaben des Geistes und zieht eine Linie zu 12,31a.

[248] Porphyrius, Marc. 24 nennt vier solche στοιχεῖα: πίστις, ἀλήθεια, ἔρως, ἐλπίς. Dass Paulus dieser Reihe verpflichtet ist, wird heute allgemein abgelehnt. Vgl. die Auseinandersetzung mit R. Reitzenstein bei SPICQ, Agapè 370-377. Dennoch sind die Versuche, die Frömmigkeit auf einen Nenner zu bringen, interessant. In den Porphyrius vorausliegenden Oracula Chaldaica (2. Jh. n. Chr.), deren theologisches System aus Dreiergruppen aufgebaut ist, wird der Mensch durch die Dreiheit von πίστις, ἀλήθεια, ἔρως zu Gott zurückgeführt. Vgl. Frgm. 46.48 (DES PLACES).

giösen Werte der Religion Jesu ergriffen.[249] Trotz seiner losen Einbindung in den Kontext ist aber zunächst die Funktion des Kapitels für die Problematik der Charismen zu beachten. Bevor Paulus konkret entfaltet, was die „größeren Gnadengaben" sind, kommt er exkursartig auf die Grundlage zu sprechen, von der alles charismatische Treiben getragen sein muss. Auch in anderen Briefen ist die Praxis der Charismen eng mit der Liebe verknüpft.[250] Die Einlage ist besonders im ersten und dritten Teil auf die Lage in Korinth bezogen, so dass wir es im ganzen nicht mit einem vorgefertigten Stück zu tun haben. Auch im Mittelteil, der noch am ehesten wie eine traditionelle Zusammenstellung aussieht, waren besonders zu Beginn Bezugnahmen auf korinthische Untugenden hörbar. Andererseits taucht das Stichwort ἀγάπη – abgesehen vom Übergangsvers 14,1a – in Kap. 14 nicht mehr auf. Erst in der Schlussmahnung 16,13f können wir einen Nachklang unseres Kapitels wahrnehmen.

Der Kontext und V. 4–6 verorten das absolute ἡ ἀγάπη im zwischenmenschlichen Bereich. Sie lässt sich aber nicht darauf beschränken. Wenn z.B. nach V. 1 auch das glossolalische Reden zu Gott aus der Liebe entspringen soll, so gebietet das wohl nicht nur Rücksicht auf die nichts verstehende Gemeinde; sondern die Liebe verleiht ihm erst die Qualität als Gebet. Wenn schließlich die Liebe das einzige ist, das im Eschaton Bestand hat, so doch wohl nicht, weil sie im Gericht nach dem Muster von Mt 25,31–46 abgerechnet wird[251] oder weil die Erwählten im Himmel einander weiterhin in Liebe zugetan sind,[252] sondern weil sie in der Unmittelbarkeit zu Gott zum Tragen kommt (V. 12). Darin geht die Nächstenliebe auf. Auch in 8,1–3 war zunächst allgemein von der Liebe im Zusammenhang der Erbauung der Gemeinde die Rede; 8,3 kam jedoch unversehens die Liebe zu Gott ins Spiel. Den engen Konnex zwischen Gottes- und Bruderliebe zeigt dann 1Joh auf. Auch in der Wirkungsgeschichte unseres Textes wird die Mehrdimensionalität der Liebe explizert: 1Clem ist in seinem Preis der Liebe Kap. 49 im Mittelstück von Paulus angeregt, macht jedoch in der Rahmung deutlich, dass er mit der Liebe das Band im Auge hat, das uns mit Gott verbindet; in ihr hat uns Gott aber auch angenommen, sie war das Motiv für die Selbsthingabe Christi. Polyk 3,3, ein Nachhall von 1Kor 13,13, interpretiert die Liebe im Verbund mit Glaube und Hoffnung als „Liebe zu Gott, zu Christus und zum Nächsten".[253]

Während Paulus aber oft von der Nächstenliebe spricht, erwähnt er die Liebe zu Gott ausdrücklich nur sehr selten (s. 2,9). Um so wichtiger ist ihm etwa im Römerbrief (5,5–8; 8,35–39; vgl. 2Kor 5,14; 13,13; Gal 2,20) die Liebe Gottes bzw. Christi. Auch einige der Prädikationen von V. 4–7 – die μακροθυμία, die χρηστότης, das Nicht-Anrechnen – werden sonst bei Paulus von Gott gemacht. Ausgehend von solchen Beobachtungen hat z.B. O. Wischmeyer diese Verse auf eine implizite Chris-

---

[249] 1Kor 64f. Vgl. HARNACK, Lied 162 „Die schlichte, ungefärbte Moral ist damit als das Wesen der Religion selbst enthüllt".
[250] Vgl. Röm 12,9a.10 nach V. 6–8, Eph 4,15 nach 4,7–12; 1Petr 4,8–11 und CIPRIANI, Rapporto 297f.
[251] Zu sehr am „Gericht nach den Werken" orientiert ist MELL 202f. Aber nicht der Christ „bleibt" (ebd. 203), sondern die Liebe.
[252] Aber die mitmenschlichen Beziehungen treten im Eschaton hinter der Gottesbeziehung zurück.
[253] Zur Geschichte der Diskussion über das Objekt der Liebe vgl. BRENNAN, J.: The Exegesis of I Cor. 13, IThQ 161, 154, 270–278.

tologie hin transparent machen wollen.[254] Doch das geht nur mit textfremden Kombinationen. Wer[255] die Liebe „als Heilsraum des Beziehungsverhältnisses mit Christus", als „eine bereits in der Gemeinde real existierende Wirklichkeit" beschreibt, tut sich mit dem Imperativ 14,1 schwer. Es bleibt lediglich das Fazit: Paulus singt das Hohelied der zwischenmenschlichen Liebe in so hohen Tönen, dass man sich fragt, wie sie anders als im Glauben an Christus und getragen von der göttlichen Liebe realisiert werden kann. Aber die Frage der Ermöglichung wird hier nicht berührt,[256] wie überhaupt in unserem Brief die vorausgesetzten soteriologischen Grundlagen nur stellenweise zu Tage treten. Das göttliche Zuvor war nur in V. 12 im „Erkanntwerden" angedeutet. Deutlicher dagegen ist im dritten Abschnitt ein apokalyptisches Weltbild: Der Abbruch des irdischen Stückwerks und die unmittelbare Schau Gottes für seine Erwählten beim Eintreffen des Vollkommenen. Die Aussagen über die Liebe sind also nicht so „zeitlos", wie sie manchmal aufgefasst werden.

3. 14,1–40: Prophetie und Glossolalie im Dienst der Erbauung der Gemeinde

Nach dem Exkurs Kap. 13 kommt Paulus wieder direkt auf die Geistesgaben zu sprechen. Ihre Vielzahl deutet sich zwar 14,6.26 noch an, aber hauptsächlich geht es um Prophetie und Glossolalie. Dabei kann man zwei Teile unterscheiden, einen mit mehr aufweisendem und einen mit überwiegend anweisendem Duktus. V. 1–25 klären das Verhältnis zwischen den beiden Begabungen; Kriterium ist dabei die Erbauung der Gemeinde. Das Stichwort οἰκοδομή (14,3.5fin.12) bzw. οἰκοδομεῖν (14,4ab.17) verklammert die Ausführungen sachlich mit dem Exkurs über die Liebe; denn ihr war 8,1c die Eigenschaft zugeschrieben worden zu erbauen. Die Zielangabe „zur Erbauung" (14,26) leitet aber auch den zweiten, mehr praktischen Teil V. 26–40 ein, der durch Jussive gekennzeichnet ist. Die durch die Anrede „Brüder" verstärkten Imperative V. 39 ziehen die Folgerung aus dem Ganzen und runden das Kapitel durch den deutlichen Bezug auf V. 1b.5a ab.

a) 14,1–25: Der Vorrang der Prophetie

(1) **Strebt nach der Liebe, eifert indes um die Geistgaben, besonders dass ihr prophetisch redet. (2) Denn wer in einer Sprache redet, redet nicht zu Menschen, sondern zu Gott; denn niemand versteht (ihn), vielmehr redet er im**

---

[254] Weg 115. Auch BORNKAMM, Weg 110f wehrt sich gegen eine Beschreibung der Liebe als Tugend; sie sei vielmehr die in Jesus Christus beschlossene und angebrochene Wirklichkeit einer neuen Welt. Ähnlich wie Wischmeyer argumentiert SÖDING, Trias 123f. Aber die in V. 4f der Liebe zugesprochenen „Qualitäten" mögen „in der Tradition biblischer Sprache zuerst Gott eignen", hier ist die Referenz eine andere. Das ist auch zur christologischen Lektüre von STANDAERT, 1 Corinthiens 13, 132f und anderer Exegeten zu sagen.

[255] Wie BLISCHKE, Begründung 230–232.

[256] Der Satz von SÖDING, TH.: Das Liebesgebot bei Paulus, NTA 26, Münster 1995, 142 „Die Liebe der Christen wird nach 1 Kor 13,4–7 von der Liebe hervorgerufen, die Gott in Jesu Kreuz und Auferweckung allen Menschen erweist [...] ist eine spezifische, von Gott selbst geschaffene Form der Annahme dieser Liebe Gottes" ist zwar schön, aber ohne Anhalt am Text. Hat eine „theologische Exegese", wie sie SANDERS, First Corinthians 13, einer „positivistischen" gegenüberstellt, größere Freiheiten?

Geist Geheimnisvolles; (3) aber wer prophezeit, redet zu Menschen Erbauung und Ermunterung und Trost. (4) Wer in einer Sprache redet, erbaut sich selbst; wer jedoch prophezeit, erbaut die Gemeinde. (5) Ich möchte aber, dass ihr alle in Sprachen redet, doch mehr noch, dass ihr prophezeit; größer (ist) freilich der, der prophezeit, als der, welcher in Sprachen redet, es sei denn er übersetzt, damit die Gemeinde Erbauung erhalte.

(6) Nun aber, Brüder, wenn ich zu euch komme in Sprachen redend, was werde ich euch nützen, es sei denn ich rede entweder in Offenbarung oder in Erkenntnis oder in Prophetie oder in Lehre? (7) Doch[257] auch die leblosen (Instrumente), die einen Ton von sich geben, z.B. eine Flöte oder Kithara, wenn sie keinen deutlichen Unterschied zwischen den Klängen machen, wie soll dann die Flötenmelodie bzw. die Kitharamelodie erkannt werden? (8) Ja auch wenn die Trompete einen undeutlichen Ton von sich gibt, wer rüstet sich dann zur Schlacht? (9) So auch ihr: Wenn ihr durch die Zunge keine sinnvolle Rede von euch gebt, wie soll dann das Geredete erkannt werden? Ihr werdet ja (gleichsam) in die Luft reden. (10) Wer weiß wie viele Arten von Sprachen gibt es in der Welt, und kein Wesen ist sprachlos; (11) wenn ich mithin die Bedeutung der Sprache nicht kenne, werde ich dem Redenden ein Fremder sein und der Redende für mich ein Fremder. (12) So auch ihr: Da ihr ja Eiferer für die Geisterweise seid, sucht zur Erbauung der Gemeinde (daran) überzufließen. (13) Deshalb bete der, welcher in einer Sprache redet, darum, dass er auch übersetzen (kann). (14) Wenn ich [nämlich][258] in einer Sprache bete, dann betet mein Geist, aber meine Vernunft ist ohne Frucht. (15) Was also? Ich werde mit dem Geist beten, ich werde aber auch mit der Vernunft beten; ich werde mit dem Geist lobsingen, ich werde aber auch mit der Vernunft lobsingen. (16) Wie soll denn auch, wenn du im[259] Geist lobpreisest, der, welcher den Platz des Unkundigen einnimmt, das Amen auf deine Danksagung hin sagen, da er nicht weiß, was du sagst? (17) Denn du sagst zwar schön Dank, der andere jedoch wird nicht erbaut. (18) Gott sei Dank, ich rede mehr als alle von euch in Sprachen; (19) aber in der Gemeinde will ich lieber fünf Worte mit meiner Vernunft reden, damit ich auch andere unterrichte, als zehntausend Worte in einer Sprache.

(20) Brüder, seid nicht (weiter) kleine Kinder in eurem Denken, sondern seid unmündig in Bezug auf die Schlechtigkeit, werdet aber erwachsen im Denken. (21) **Im Gesetz steht geschrieben:**

---

[257] Statt des schwer einzupassenden adversativen ὅμως kann man auch ὁμῶς = „gleichermaßen" lesen. So HÉRING, 1Kor 125; BARRETT, 1Kor 317f; CONZELMANN, 1Kor 283; BAUER, Wörterbuch 1154f u.a. Das archaische Wort ist allerdings in der Koine kaum belegt. Vgl. JEREMIAS, J.: ΟΜΩΣ (1Cor 14,7; Gal 3,15), ZNW 52, 1961, 127f; KEYDELL, R.: ΟΜΩΣ, ZNW 54, 1963, 145f mit wenigen Beispielen aus dem 4.-6. Jh. n. Chr.

[258] Das γάρ fehlt in 𝔓46 B F G 0243 1739 1881 und in frühen Übersetzungen.

[259] 𝔓46 ℵ* A F G 0243 33 1881* lassen das für die theologische Bestimmung des πνεῦμα wichtige (s. u. Anm. 263), von B ℵc P 365 1175 und wenigen anderen Minuskeln bezeugte ἐν aus, wohl weil sie an V. 15 angleichen. Aus dem selben Grund setzen viele Hsn. den Artikel.

Ja, durch Leute anderer Zunge und mit den Lippen der anderen
werde ich zu diesem Volk reden, aber auch so werden sie nicht auf mich
  hören,
spricht der Herr.
(22) So sind die Sprachen zum Zeichen nicht für die Glaubenden, sondern für die Ungläubigen, die Prophetie aber nicht für die Ungläubigen, sondern für die Glaubenden. (23) Wenn nun die ganze Gemeinde am selben Ort zusammenkommt und alle in Sprachen reden, jedoch Unkundige oder Ungläubige hereinkommen, werden sie da nicht sagen, dass ihr verrückt seid? (24) Wenn aber alle prophezeien und es kommt ein Ungläubiger oder Unkundiger herein, wird er von allen überführt, wird er von allen zur Rechenschaft gezogen, (25) das Verborgene seines Herzens wird offenbar, und so wird er auf sein Angesicht fallen und Gott anbeten, indem er bekennt: „Wahrlich, Gott ist in eurer Mitte."

CHESTER, ST.J.: Divine Madness? Speaking in Tongues in 1 Corinthians 14.23, JSNT 27, 2005, 417-446. –: Conversion 114-125. CHOI, Geist. DAUTZENBERG, Prophetie 226-253. GRUDEM, W.: 1 Corinthians 14.20-25: Prophecy and Tongues as Signs of God's Attitude, WThJ 41, 1978, 381-396. HARTMAN, L.: 1 Co 14,1-25: Argument and Some Problems, in: De Lorenzi, Charisma 149-199. JOHANSON; B.C.: Tongues, a Sign for Unbelievers? A Structural and Exegetical Study of I Corinthians XIV. 20-25, NTS 25, 1978, 180-203. KLAUCK, H.-J.: Mit Engelszungen? in: Ders., Religion 145-167. MASALLES, V.: La Profecia en la Asamblea Cristiana, Tesi Gregoriana, S. Teol. 74, Rom 2001. SANDNES, K.O.: Prophecy – A Sign for Believers (1 Cor 14,20-25), Bib. 77, 1996, 1-15. SMIT, J.F.M.: Tongues and Prophecy: Deciphering 1Cor 14,22, Bib. 75, 1994, 175-190. SWEET, J.P.M.: A Sign for Unbelievers: Paul's Attitude to Glossolalia, NTS 13, 1966/7, 240-257.

Schon im Druck wurde die dreifache Unterteilung dieses Textstückes sichtbar gemacht.[260] In einem ersten Abschnitt (V. 1-5) wird die in den Rahmenversen V. 1.5a ausgesprochene Empfehlung der Prophetie vor der Glossolalie durch eine zweifache Gegenüberstellung begründet. Die Wertung V. 5b hält den Vorzug der Prophetie fest, leitet aber auch zum folgenden Abschnitt über, insofern sie der Glossolalie eine erbauende Funktion einräumt, wenn sie übersetzt wird. Um die Notwendigkeit verständlicher Rede, d.h. für die Glossolalie: der Übersetzung, drehen sich denn auch V. 6-19, die mit „nun aber" (vgl. zu 5,11) und der Bruderanrede einsetzen. Der Stil belebt sich durch rhetorische Fragen (V. 6-9a, auch 15a.16), das exemplarische Ich (V. 6.11.14f), das V. 16f durch das exemplarische Du abgelöst wird, und anschauliche Beispiele (V. 7-9.10f); der Imperativ V. 12 wendet sie auf die Korinther an. Nach einem ersten Fazit V. 13 (Jussiv) folgt eine weitere Argumentation; sie arbeitet mit dem Gegensatz zwischen πνεῦμα und νοῦς. Am Schluss dieses zweiten Abschnitts V. 18f kommt das persönliche „Ich" des Paulus durch, V. 19 zugleich in paradigmatischer Absicht (ähnlich 8,13). Anrede und wiederholte Imperative 2. Pl. zeigen V. 20 eine erneute Hinwendung zu den Adressaten. Mit einem Bibelzitat und seiner Auswertung (V. 21f) sowie zwei angenommenen Fällen (V. 23-25) wird wieder die Über-

---

[260] AGUILAR CHIU, 1 Cor 12-14 205-213 begründet sie mit seiner Methode.

legenheit der Prophetie über die Glossolalie dargetan, diesmal hauptsächlich wegen des Eindrucks auf Außenstehende.

V. 1 V. 1a legt mit dem Verbum διώκειν, das auch sonst im Zusammenhang mit Tugenden gebräuchlich ist (vgl. 1Thess 5,15; Röm 9,30; 12,13; 14,19; 1Tim 6,11; 2Tim 2,22; Hebr 12,14; 1Petr 3,11), den Korinthern die Liebe als erstrebenswertes Ziel ans Herz. Das schließt nicht aus, dass sie – wie die Gerechtigkeit (vgl. Röm 9,30 und die Fortsetzung) – ein Geschenk ist. V. 1b kommt mit weiterführendem δέ auf die 12,31a empfohlenen Charismen zurück, wobei sich in einem angehängten Wunsch[261] die Prophetie als die „größere" Geistgabe entpuppt. Sie ist jedenfalls größer als die Rede in Sprachen, wie dann V. 5b bilanziert.

V. 2-4 Zur Begründung werden die beiden Gnadengaben durch ihre Kommunikationsrichtung charakterisiert. Die Glossolalen reden zu Gott; sie nehmen ja nach 13,1 an den Lobgesängen der Engel teil; ihr Sprechen ist nach V. 14f ein Beten, Lobsingen, Preisen, Danken im Geist. Aber es ist wegen seiner transzendenten Eigenart den Menschen unverständlich.[262] Das liegt auch an dem Organ des Sprechens, dem dem Einzelnen zugeeigneten (vgl. V. 14 mit Personalpronomen „mein Geist"),[263] aber ihm doch auch als Gabe unverfügbaren „Geist". Wie im Plural „Geister" (s. zu 12,1) ist hier nicht der „Geist des Menschen" (2,11, wohl auch 5,3–5; 7,34), sondern der individuelle Anteil am Geist Gottes gemeint. Von diesem πνεῦμα bewegt redet der Mensch anderen Rätselhaftes (μυστήρια). Der Ausdruck steht hier im formalen Sinn von den Menschen in seiner Bedeutung Unbekanntem (vgl. Apk 1,20; 17,7) und bezeichnet nicht die apokalyptischen „Geheimnisse" (vgl. 13,2),[264] die zwar auch den Menschen verborgen sind, aber nach den erhaltenen Beispielen doch in verständlicher Sprache mitgeteilt werden. Diese Kommunikationsrichtung zeichnet die prophetische Rede aus, die Gottes Wort den Menschen übermittelt. Als ihr Inhalt, mehr noch: als ihre Funktion werden neben der Erbauung (s. zu 8,1) παράκλησις und παραμυθία genannt. Die Nachbarschaft zu Trost[265] (auch 1Thess 2,12 παρακαλεῖν neben παραμυθεῖσθαι, Phil 2,1 παράκλησις neben παραμύθιον ἀγάπης) rät dazu, ersteren Ausdruck[266] nicht mit „Ermahnung", sondern mit „Ermunterung" wiederzugeben. Die sittliche Weisung dürfte jedenfalls von Ausblicken in die Zukunft Gottes begleitet worden sein. Ein Beispiel für diese prophetischen Aufgaben an der Gemeinde gibt Paulus selber 1Thess 4,13–5,11, wo er zuerst mit einem „Wort

---

[261] Bei μᾶλλον δέ ist θέλω mitzudenken, vgl. V. 5 und B-D-R 387 Anm. 5.

[262] Zu ἀκούειν im Sinn von „verstehen" s. BAUER, Wörterbuch s.v. unter 7.

[263] Vgl. zu 2,10–12. Da 14,15f vom Dativ zu ἐν πνεύματι übergeht, ist mit πνεῦμα nicht nur das irrationale Element im Menschen – so FITZMYER, 1Kor 511.516f –, sondern wie 12,3 das übernatürliche Medium gemeint.

[264] Anders DAUTZENBERG, Prophetie 234–238; WOLFF, 1Kor 328f; SCHRAGE, 1Kor III 385, obwohl er erkennt, dass es hier nicht auf den Inhalt ankommt; MERKLEIN/GIELEN, 1Kor III 173. Richtig LINDEMANN, 1Kor 297.

[265] Vgl. zu παραμυθέομαι, παραμυθία, παραμύθιον SPICQ, Lexique 1160–1165. Bei Paulus vgl. noch 1Thess 5,14: Die Tröstung der Verzagten ist allgemeine Aufgabe der Christen.

[266] Zum vieldeutigen Stamm παρακαλε- s. zu 1,10. Während nach V. 31 das παρακαλεῖσθαι Wirkung der Prophetie ist, hat nach Röm 12,8a der παρακαλῶν ein eigenes Charisma. Apg 15,32: Zwei Propheten aus Jerusalem ermuntern und stärken die Brüder in Antiochien. Bei Johannes dem Täufer Lk 3,18 ist das παρακαλεῖν dagegen eindeutig Mahnung.

des Herrn" wegen der Verstorbenen Trost spendet und die Thessalonicher auffordert, einander mit diesen Worten zu ermuntern (παρακαλεῖν). Dieselbe Aufforderung zu gegenseitigem παρακαλεῖν und οἰκοδομεῖν steht aber auch nach der Belehrung über die Zeiten 1Thess 5,1-10, die sowohl Mahnung wie Zuspruch aus dem Indikativ des Heils enthält. Eben diese Gemeinde aufbauende Tätigkeit ist nach V. 4 der Prophetie eigen, während das Reden in Sprachen nur den Sprecher selbst aufbaut. Das dürfte empirisch mit dem Gefühl der Freude zusammenfallen, das moderne Glossolalen nach ihrem Selbstzeugnis verspüren. Choi fasst das Sich-selbst-Erbauen zu negativ als „eigene religiöse Selbstzufriedenheit" und als Gegenteil zur Erbauung der Gemeinde – das ist aber die Zerstörung der Gemeinde; deshalb kann er den folgenden Wunsch – wie dann auch den Imperativ V. 39b – nur ironisch verstehen.[267]

V. 5 Tatsächlich ist aber Glossolalie für alle (!) wünschenswert;[268] dennoch zieht Paulus die prophetische Begabung vor, eben wegen ihrer erbaulichen Eigenschaft. Die Glossolalie kann diesen Wert für die Gemeinde nur erhalten, wenn sie „übersetzt" (vgl. 12,10.30c) wird, und zwar wie V. 13 durch den Glossolalen selber. Dadurch wird sie nicht in Prophetie verwandelt;[269] sondern der Außenstehende kann sich mit dem Gebet identifizieren. Durch seine Akzentsetzungen sucht der Apostel das spontane Geschehen der Charismen zum Wohl der Gemeinde zu steuern.

V. 6 tritt die Begrifflichkeit des Nutzens[270] an die Stelle der Erbauung. Der Apostel stellt am Beispiel seines hypothetischen Auftretens[271] in der Gemeinde dem Reden in Sprachen vier fruchtbare Weisen, verständlich zur Gemeinde zu reden, gegenüber. Neben der uns als Charisma schon bekannten „Erkenntnis" und „Prophetie" sind das die „Offenbarung" (ἀποκάλυψις) und die „Lehre", die sicher den 12,28 genannten Lehrern zuzutrauen ist (s. z.St.). Bei 12,8-10 erkannten wir schon, dass „Offenbarung" im Kontext der Prophetie erfolgt (vgl. das Verbum[272] ἀποκαλύπτεσθαι 14,30). Paulus selber kann seine grundlegende Christusbegegnung als „Offenbarung Jesu Christi" (Gal 1,12, vgl. 1,16) fassen; er erwähnt aber auch 2Kor 12,1-6 seine späteren außergewöhnlichen Visionen und Auditionen als „Offenbarungen des Herrn" (vgl. V. 7). Diese haben allerdings keinen mitteilbaren Inhalt und können daher die „Offenbarung" in 14,6, die ja eine verständliche Botschaft enthält, kaum beleuchten. Eine ἀποκάλυψις kann jedoch auch eine praktische Wei-

---

[267] CHOI 56f.62.69-71. Er stellt sich damit in die Linie seines Lehrers Lindemann und lutherischer Polemik gegen die Schwärmer. Ironie und Abwertung der Glossolalie hört aber auch der Katholik FITZMYER, 1Kor 509.511f. 518.520 (Ironie sogar im Schriftzitat!) heraus.
[268] Zur abgeschwächten Bedeutung von θέλειν vgl. 7,7.32; 16,7 und die „disclosure formula" 10,1; 11,3; 12,1. Stärker ist das verneinte θέλω 10,20.
[269] Gegen BARRETT, 1Kor 316.319. Das belegt auch nicht V. 6, der Alternativen zum Sprachenreden nennt. Man kann auch nicht mit MERKLEIN/GIELEN, 1Kor III 176 sagen, dass Prophetie übersetzte Glossolalie ist. Richtig CHOI 150f.
[270] Zu ihrer individuellen Anwendung s. bei 13,3.
[271] FEE, 1Kor 661f vermutet darüber hinaus, man habe von Paulus erwartet, er werde bei seinem anstehenden Besuch sein spirituelles Format durch Glossolalie unter Beweis stellen. Das νῦν δέ ist aber wohl nur logisch.
[272] Zu seiner traditionsgeschichtlichen Herkunft s. bei 2,10.

sung vermitteln (vgl. Gal 2,2a). Das würde gut in den hiesigen Zusammenhang der Erbauung der Gemeinde passen.[273] Apk 1,1 ist der später literarisch einflussreich werdende Begriff aber wieder christologisch geprägt; die Offenbarung resultiert in „Worte der Prophetie" (V. 3).

V. 7f Die Beispiele von den undeutlichen Musikinstrumenten und dem verblasenen Signal zum Kampf (vgl. Num 10,9) sind ohne weiteres in sich einsichtig.

V. 9 wird mit dem sonst bei Anwendung von Vergleichen üblichen „So auch" (vgl. 2,11; 9,14; 12,12; 14,12; 15,42) eingeleitet. Werden also V. 7f auf die Glossolalie angewendet? Dann könnte man auch γλῶσσα wie bisher auf das Reden in Sprachen deuten.[274] Es würde schon als fester Begriff mit dem Artikel angeführt. Man muss freilich ergänzen, dass es bei dieser „Sprache" nur dann zu einem „bedeutungsvollen Wort" kommt, wenn sie übersetzt wird. Διὰ τῆς γλώσσης hätte einen zeitlichen Aspekt.[275] Aber wahrscheinlich ist es instrumental gemeint, und der Vers bringt – in derselben Konstruktion wie V. 7f – eine weitere Analogie.[276] Nach den „leblosen" Instrumenten kommt jetzt das lebendige Instrument der menschlichen „Zunge";[277] auch dieses Beispiel soll die Notwendigkeit artikulierter Rede als Vorbedingung für Verständlichkeit dartun. Durch die Verwendung des zweideutigen Lexems γλῶσσα ist es durchsichtig auf das Problem der Glossolalie. Allerdings träfe die Folgerung für die Glossolalie nur zu, wenn sie einen menschlichen Adressaten hätte, der das Gesprochene „erkennen" müsste. Das ist nach dem Selbstverständnis der Sprachenredner wohl nicht der Fall; was so aussieht wie „in die Luft reden",[278] ist in Wirklichkeit an Gott gerichtet.

V. 10-13 Ein weiterer Beweisgang operiert mit den vielen[279] Sprachen in der Welt. Φωνή ist eigentlich jede artikulierte Äußerung und könnte auch die Stimmen der Tiere umfassen, aber nach der Fortsetzung V. 11 ist die „Welt" hier anthropologisch

---

[273] So LÜHRMANN, Offenbarungsverständnis 39-44. Er harmonisiert allerdings Gal 2,2 mit Apg 11,30; 15,2 und vermutet, dass das Charisma 1Kor 14,6.26 „eine in der Gemeinde durch Charismatiker vermittelte konkrete Anweisung meint" (42). Doch könnte Gal 2,2 auch eine persönliche Eingebung des Paulus vorliegen. Vgl. auch Eusebius, h.e. III 5,2f: Auf Grund einer Weissagung (χρησμός), die ihren Führern durch eine „Offenbarung" zuteil geworden war, verlässt die Gemeinde in Jerusalem die Stadt noch vor dem jüdisch-römischen Krieg. Bei IgnEph 20,2 soll der Herr Ignatius den guten Zustand der Gemeinde offenbaren (ἀποκαλύψαι).
[274] So LIETZMANN, 1Kor 70f; SCHRAGE, 1Kor III 394.
[275] Obwohl es kein Zeitbegriff ist. Vgl. die Übersetzung von SCHRAGE, 1Kor III 375 „bei der Zungenrede". Die Einheitsübersetzung hat gar „wenn ihr in Zungen redet, aber kein verständliches Wort hervorbringt", als stünde der Konditionalsatz im Realis.
[276] So HEINRICI, 1Kor 416; BACHMANN, 1Kor 413f; ROBERTSON/PLUMMER, 1Kor 309f u.a. Doch beachte die parallele Konstruktion in V. 12.
[277] SCHMIEDEL, 1Kor 175; WEISS, 1Kor 336; ALLO, 1Kor 359 u.a. beziehen διὰ τῆς γλώσσης zu Recht auf das menschliche Organ, das menschliche Prophetie hervorbringen kann. Zur Rolle der Zunge bei der Artikulation vgl. etwa Philo, som. I 29.
[278] Vgl. 9,26 „in die Luft" = ziellos. Vgl. Lukrez IV 931 „mach, dass ich die Worte nicht in die Winde verstreue". Philo, migr. 138 gebraucht dagegen das ähnlich anschauliche ἀερομυθεῖν für inhaltlich leeres Gerede.
[279] Die formelhafte Wendung εἰ τύχοι (15,37 im Sinn von „etwa") schränkt das τοσαῦτα ein. Vgl. BAUER, Wörterbuch 1653. THISELTON, 1Kor 1106 gibt ihr eine konzessive Färbung: „it may be" und versteht sie als Vorzeichen für den ganzen Vers.

14,1–40: Prophetie und Glossolalie im Dienst der Erbauung der Gemeinde

zentriert, φωνή hat die seltenere Bedeutung „Sprache".[280] Bei dem angehängten Nominalsätzchen οὐδὲν ἄφωνον geht das οὐδὲν nicht auf γένος,[281] sondern vielleicht auf die Lebewesen (vgl. eine ähnliche Bildung bei der Aufhebung der Speisegesetze Röm 14,14; 1Tim 4,4) oder es ist ἔθνος einzusetzen. Die Vielzahl der Sprachen wird nicht als problematisch empfunden; sie illustriert nur die Notwendigkeit der Verständigung. Dazu muss man aber die Bedeutung[282] der sprachlichen Äußerung kennen. So hofft etwa Klytaimestra sich mit der Trojanerin Kassandra zu verständigen, „wenn sie nicht – nach Art einer Schwalbe – nur unbekannten Barbarenlaut sich angeeignet hat" (Aeschylus, Ag. 1050f). Die Folgerung für die Korinther ist klar; sie wird ihnen V. 12 mit einem Kompliment schmackhaft gemacht. Wenn sie schon Eiferer um die Geistgaben sind, so sollen sie danach trachten, zur Erbauung der Gemeinde daran reich zu sein (περισσεύειν, auch 2Kor 8,7 in diesem Zusammenhang, vgl. zu 1,5 mit πλουτισθῆναι). Für die Glossolalen heißt das – wie V. 13 verdeutlicht – um die Gabe der Übersetzung zu beten. Das Gebet ist die einzige Möglichkeit des ζητεῖν, wenn es sich bei dem Erstrebten um ein Charisma handelt (vgl. zu 12,31a). Wieder geht das Argument am Selbstverständnis der in Sprachen Redenden vorbei, insofern es diesen ja nicht in erster Linie um zwischenmenschliche Kommunikation zu tun ist. Aber Paulus will auch das, was zwischen dem einzelnen und Gott vorgeht, sobald es in der Gemeinde geschieht, für sie erschließen.

V. 14–17 sind zwar wegen des unsicheren γάρ nicht eindeutig als Begründung zu V. 13 ausgewiesen. Sie machen aber noch einmal die Aporie unübersetzter Glossolalie deutlich und ziehen daraus mit dem Vorsatz V. 15 eine eigene pragmatische Folgerung. Das anscheinend aus V. 13 aufgenommene Verbum προσεύχεσθαι bekommt dabei eine andere Nuance: als Gebet in einer „Sprache" hat es den charismatischen Geistanteil des einzelnen (s.o. zu V. 2) zum Subjekt; der Geist des Menschen, sein rationales Vermögen, ist dabei unbeteiligt. Dieser Gegensatz zwischen gottgegebenem Geisthauch und menschlichem Geist – zur besseren Unterscheidung übersetze ich mit „Vernunft" – stammt wie so manche anthropologische Terminologie[283] aus der griechischen Philosophie, die damit ekstatische Zustände beschreibt, und ist Paulus wohl durch das hellenistische Judentum vermittelt worden.

Der platonische Sokrates erklärt in seinem frühen Dialog Ion 533d–534d, dass bei den gottbesessenen Dichtern der Verstand (νοῦς) nicht mehr in ihnen ist; vielmehr nimmt ihnen der Gott den Verstand und gebraucht sie als seine Diener ebenso wie die Orakelsänger und Seher (χρησμῳδοί, μάντεις), so dass er selbst als der erscheint, der durch sie zu uns spricht.[284] Vom πνεῦμα ist hier nicht die Rede, dafür aber von der „göttlichen Kraft" bzw. vom „göttlichen Anteil". Der spätere Dialog Phaidros möchte das Wesen der Liebe ergründen, die eine Art

---

[280] Vgl. BAUER, Wörterbuch 1737f. So auch in der Erzählung von der Sprachverwirrung Gen 11,1–9LXX, wo χεῖλος, γλῶσσα und φωνή wechseln.

[281] So SCHMIEDEL, 1Kor 176; HEINRICI, 1Kor 417; BACHMANN, 1Kor 415; aber dann ist ἄφωνον sinnlos. Was soll „keine Sprache ist ohne das Wesen einer Sprache"? Richtig ALLO, 1Kor 359f, der aber noch die unbelebten Dinge einbezieht.

[282] Zu dieser Spezialbedeutung von δύναμις vgl. BAUER, Wörterbuch s.v. 3.

[283] Z.B. der „innere Mensch", der Röm 7,22f.25b dem νοῦς entspricht.

[284] Vgl. ebenso apol. 22bc. Das Modell wird im Dialog Menon 99cd auf die inspirierten (ἐπίπνους) Staatsführer übertragen. Ein Überblick zum Folgenden bei WEDDERBURN, Baptism 254–263.

„Verrücktheit" (μανία) ist. Als erste von vier Arten der „Manie" wird 244ab die Seherkunst vorgestellt, die z. B. in Gestalt des Orakels oder der Sibyllen in Raserei (μανεῖσαι, Gegensatz σωφρονοῦσαι) viel Gutes bewirkte. Philo kritisiert spec. IV 48–52 diese heidnische Mantik, die die göttliche Einwohnung verfälsche.

Denn ein Prophet verkündet überhaupt nichts Eigenes, er ist vielmehr der Sprecher (ἑρμηνεύς) eines anderen, der ihm alles eingibt, was er vorbringt; solange er des Gottes voll ist (ἐνθουσιᾶν), nachdem er in Nicht-Wissen (ἄγνοια) gefallen ist, wobei der Verstand (λογισμός) ausgewandert ist und die Burg der Seele geräumt hat, der göttliche Geist (πνεῦμα) aber eingezogen ist und darin Wohnung genommen hat; dieser schlägt den ganzen Stimmapparat an und bringt ihn zum Tönen, so dass deutlich zum Ausdruck kommt, was er ihm verkündigt.[285]

Es ist fraglich, ob mit diesem Einzug des Geistes „Bewusstlosigkeit" – so wird ἄγνοια in der deutschen Ausgabe übersetzt – verbunden ist. Der Prophet weiß jedenfalls nicht, was er sagt. Das garantiert die Authentizität der göttlichen Rede durch den Propheten. Die Auffassung wirkt weiter beim Neuplatoniker Jamblich.[286] Das Verzücktsein (ἐνθουσιᾶν) hat seine Ursache im Licht, das von den Göttern herabkommt, und im Pneuma. Sie beherrschen den Menschen vollständig, so dass sein Eigenbewusstsein und seine Eigentätigkeit ausgeschaltet ist. Er stößt Worte ohne Verstand hervor.

Aber während in dieser Tradition die seherische Begabung bzw. die Prophetie die Ausschaltung der Vernunft zur Folge hat, ist diese in unserem Text auf die Glossolalie bezogen. Von der Prophetie ist zwar erst wieder in V. 22 die Rede, doch kann man annehmen, dass ihr Reden „in Vernunft" geschieht. Im Text unterscheidet Paulus nur Formen des Gebetes (προσεύχεσθαι)[287], und zwar Lobpreis und Dank (ψάλλειν – vgl. ψαλμός 14,26 –, εὐλογεῖν – vgl. 10,16 –, εὐχαριστεῖν – vgl. 1,4). Es vollzieht sich entweder „im Geist", d. h. in der unverständlichen Sprache des Verzückten, oder „in der Vernunft", d. h. verständlich. Paulus votiert V. 15 auf die Frage „Was ist also (die Konsequenz)?"[288] hin für ein Sowohl – Als auch, das in der Praxis wohl als Nacheinander von Glossolalie und Übersetzung zu denken ist. Psychologisch ist das äußerst schwierig, zumal wenn der Sprachenredner aus seinem Begeisterungstaumel gerissen wird und nun selbst übersetzen soll. Mindestens nach der platonisch-philonischen Auffassung hat er ja nichts von dem verstanden, was er im Geist redete. Und auch nach V. 14 bleibt seine Vernunft ohne Frucht.[289] Es bedarf also noch einmal eines eigenen Charismas zur Übersetzung. Paulus begründet denn auch V. 16f deren Notwendigkeit mit den Erfordernissen des Gemeindegottesdiens-

---

[285] 49; vgl. ähnliche Darstellungen der Prophetie spec. I 65; her. 265: „Es siedelt nämlich der Geist (νοῦς) in uns aus, wenn der göttliche Geist (πνεῦμα) ankommt"; Mos. I 283.

[286] Myst. III 8, vgl. NEUER WETTSTEIN II 1 382f.

[287] Das ist wohl der Oberbegriff. Das Verbum ist nicht auf das Bittgebet eingeschränkt wie V. 13 und sonst bei Paulus, meist bei den Synoptikern und in Apg, vgl. auch Jak 5,13–18. Ein Beispiel für die generische Verwendung ist Apg 16,25 προσευχόμενοι ὕμνουν τὸν θεόν (im Gebet priesen sie Gott). Auch in 7,5; 11,4f.13 musste die Art des Gebets unbestimmt bleiben.

[288] Vgl. 14,26; Apg 21,22 und die Einleitung zu 3,5–17. ARZT-GRABNER in: Ders. u. a., 1Kor 454 registriert zwei Belege aus Privatbriefen.

[289] SCHMIEDEL, 1Kor 177; SCHRAGE, 1Kor III 399 mit Anm. 143 u. a. insistieren hier zu Unrecht darauf, dass die Frucht für die Hörer, nicht für den Redner zur Debatte stehe. Aber dessen Vernunft hat nichts von der Glossolalie: richtig WEISS, 1Kor 329; MERKLEIN/GIELEN, 1Kor III 181.

14,1–40: Prophetie und Glossolalie im Dienst der Erbauung der Gemeinde

tes. Dort ist auf das freie Lob- bzw. Dankgebet hin – εὐλογεῖν und εὐχαριστεῖν gehen hier auf dasselbe hinaus – wie im jüdischen Gottesdienst[290] ein bestätigendes „Amen" üblich. Durch dieses hebräische Survival macht sich die Gemeinde das inspirierte Gebet des einzelnen zu eigen. Ob die Danksagung in einer Mahlfeier stattfindet, muss offen bleiben (vgl. die Einleitung zu 12,1–14,40). Die Wendung ὁ ἀναπληρῶν τὸν τόπον τοῦ ἰδιώτου könnte vermuten lassen, dass der ἰδιώτης eine bestimmte Stellung in der Gemeinde einnimmt.[291] Aber wahrscheinlich steht sie verkürzend für „Wenn nun einer in die Lage gerät, als Unkundiger antworten zu müssen". Dass Amen-Sagen ist gewöhnlich Sache der ganzen Gemeinde. Ἰδιώτης ist der Laie im Gegensatz zum Fachmann jeder Art, z.B. 2Kor 11,6 Paulus gegenüber dem professionellen Rhetor. Es kann auch ein Außenstehender sein, der in die Gemeinde kommt. V. 23 ist der Begriff wohl mit „Ungläubiger" austauschbar. Hier jedoch ist der ἰδιώτης unkundig gegenüber dem Sprechen des Glossolalen – wie alle anderen Gemeindemitglieder. Die Vermutung, dass er zu einer Gruppe gehörte, die als eine Art Proselyten zwischen den „Ungläubigen" und den vollwertigen Christen stand,[292] erübrigt sich dann. Der Gebrauch des Singulars entspricht stilistisch der Anrede der 2. Sg.; damit drängt Paulus die Liebhaber der Glossolalie, sich in die Verlegenheit der Ahnungslosen zu versetzen, die geistlich nichts von dem Gebet in Sprachen haben. Dass in V. 17 „der andere", der nicht erbaut wird, für ἰδιώτης eintritt, bestätigt die Interpretation dieses Begriffes als „unkundig (der Glossolalie)".

V. 18f setzt Paulus mit seinem persönlichen Beispiel die Maßstäbe. Zuerst betont er seine alle überragende Fähigkeit, in Sprachen zu reden. Die Einführung mit dem Stoßgebet des Dankes (vgl. 1,14) nimmt der Behauptung das Auftrumpfende (vgl. ähnlich 15,10c). Paulus baut ja nur einen Kontrast auf zwischen seiner Sprachbegabung, die er privat üben mag, und seiner Zurückhaltung in der Gemeindeversammlung. Dort zieht er wenige[293] vernünftige Worte einem enthusiastischen Schwall (zu 10000 vgl. 4,15) unverständlicher Worte vor. Der Zweck, die „Unterrichtung", kommt nahe an „Erbauung" heran; das Verbum κατηχεῖν hat in Gal 6,6 technischeren Sinn. Vgl. das zu den „Lehrern" 12,28 Gesagte. Der Nachdruck liegt auf rationaler Information gegenüber der mitreißenden Stimmungsmache, in die die Rede in himmlischen Sprachen ausarten kann.

V. 20 könnte zwar mit dem zweimaligen ταῖς φρεσίν an das Stichwort νοῦς anschließen; aber das „Denken", wie man die im NT einmalige altertümliche anthropologische Wendung[294] – eigentlich „Zwerchfell", aber an φρονεῖν (vgl. 13,11b) an-

---

[290] Vgl. SCHLIER, H.: Art. ἀμήν, I, 1933, 339–342. Im AT vor allem Ps 106,48; 1Chr 16,36; Neh 5,13; 8,6; für Qumran vgl. 1QS I 18–20; II 10.18; für die Synagoge vgl. Bill. III 456–458. Vgl. im himmlischen Gottesdienst Apk 5,14; im christlich-römischen Justin, 1.apol. 65,3.
[291] Vgl. Apg 1,25 λαβεῖν τον τόπον τῆς διακονίας ταύτης καὶ ἀποστολῆς. Aber Unkundig-Sein konstituiert kein Amt. Epiktet, diss. II 4,3–5 z.B. belegt übertragenen Gebrauch von χώρα = τόπος im Sinn von „Funktion".
[292] So WEISS, 1Kor 329f; BAUER, Wörterbuch 118.753. Wie oben dagegen die meisten modernen Kommentare nach dem noch unschlüssigen CONZELMANN, z.B. LINDEMANN, 1Kor 305.
[293] Der Stellenwert der Zahl fünf ist natürlich relativ zum Bemessenen. Vgl. Beispiele bei Bill. III 461f.
[294] Im AT steht sie hauptsächlich Spr in der Wendung ἐνδεὴς φρενῶν = vernünftige Überlegung (hebr. לֵב/lēb) entbehrend.

klingend – umschreiben könnte, ist hier nur das Feld für die sittliche Reifung, die mit der uns von 2,6a; 13,11 her bekannten Begrifflichkeit angemahnt wird.[295] Dabei gewinnt Paulus dem Unmündigsein etwas Positives ab, indem er es mit der „Schlechtigkeit" (s. zu 5,8) verbindet (vgl. ähnlich Röm 6,11 „tot gegenüber der Sünde").[296] Gleichbedeutend ist Röm 16,19c ἀκεραίους ... εἰς τὸ κακόν „unverdorben gegenüber dem Bösen". Mit der Bruderanrede und ihrem allgemeinen Tenor bilden die Imperative eher die Einleitung für das Folgende. Die Korinther sind naiv in der Überbewertung der Glossolalie. Solch kindisches Verhalten kann leicht den Eindruck des Verrücktseins (V. 23) erwecken.

V. 21f Unvermittelt[297] wird ein Zitat aus Jes 28,11f[298] eingeführt. Die Herkunftsbezeichnung „im Gesetz" meint hier nicht nur die fünf Bücher Mose, sondern die „Schrift" einschließlich Propheten und k*e*tûbîm (vgl. Röm 3,19 mit 3,10–18; Joh 10,34; 15,25) als maßgebende Größe.[299] In Jes 28,7–13 ergeht ein Gerichtswort an trunkene Priester und Propheten.[300] Ihr stammelndes Gerede wird von Gott mit ebenso unverständlichen Worten – wohl der über ihre Stadt kommenden Fremdvölker – beantwortet werden. Paulus zieht aus diesem Orakel das Drohwort V. 11 heran, setzt aber die 3. Sg. in die 1. Person der Gottesrede um, die durch das wie Röm 12,19 angehängte „spricht der Herr" noch verdeutlicht wird. Wahrscheinlich stellt er auch „Lippe" und „Zunge" um, um den Anschluss an das „Zungenreden" zu gewinnen, das auch in Apg 2,4 als „Reden in anderen Zungen" beschrieben wird. Wichtig ist ihm ferner das letzte Sätzchen in V. 12, das im hebräischen wie im griechischen Text im Präteritum den Ungehorsam „dieses Volkes" festhält; Paulus macht daraus ein Futur, um die Wirkung der Glossolalie auf Außenstehende im Jesajatext zu verankern. Auch οὕτως und μου dürfte er hinzugefügt haben.[301] Er entnimmt dem so manipulierten Schriftwort mit ὥστε[302], dass das Reden in anderen Sprachen für die

---

[295] Γίνεσθαι kann dabei wie in anderen Mahnworten (7,23b; 10,7a; 2Kor 6,14a; Röm 12,16d; vgl. Lk 6,36) seine ingressive Bedeutung behalten, die im Reifwerden V. c (vgl. das Mann-Werden 13,11) evident ist. In anderen Beispielen kann γίνεσθε für den Imperativ von εἶναι eintreten (z. B. Mt 10,16b); vgl. BAUER, Wörterbuch 320 unter II 1. Das kann man bei 10,32 erwägen.

[296] Vgl. Philo, all. II 53: „wie die Seele des unmündigen Kindes an beidem keinen Anteil hat, am Guten wie am Bösen".

[297] Zu V. 20 besteht höchstens insofern eine Beziehung, als sich auch die Gegner des Jesaja von ihm wie kleine Kinder behandelt fühlen (Jes 28,9b). Aber die Sprache der LXX ist eine andere als in V. 20.

[298] Nach dem MT gehört das ὅτι zum Schriftwort, ist also nicht rezitativ. Der schwierige Text wurde auch in Qumran aktualisiert: in 1QH II (neue Zählung: X) 18f auf Abtrünnige, in 1QH IV (neue Zählung: XII) 16f auf pharisäische Verführer des Volkes.

[299] Ähnlich gebrauchen die Rabbinen תּוֹרָה/*tôrāh*. Vgl. Bill. II 542f; III 159.462f.

[300] Liest man den Text als Fortsetzung von 28,1–4, so sind sie in Samaria zu denken; nach dem Nachtrag V. 14 und neuerer Literarkritik jedoch in Jerusalem.

[301] Umstritten ist die Textgrundlage. Nach KOCH, Schrift 63–66 knüpft Paulus hier nicht an LXX an, in der die Propheten Subjekt des Redens sind, sondern an eine dem MT näherstehende griechische Übersetzung. Origenes, Philocalia 9,2 unterstützt das: Er hat einen ähnlichen Text bei Aquila und den übrigen (griechischen) Ausgaben, nur nicht in LXX gefunden. STANLEY, Paul 197–205 hält auch eine andere Erklärung für möglich. Während KOCH 122f.151f die Änderungen an Jes 28,12 auf das Konto des Paulus setzt, rechnet WILK, Bedeutung 30 hier mit einem fehlerhaften hebräischen Text.

[302] Damit werden auch 3,21; Gal 3,9; Mk 10,8b Folgerungen aus einem Zitat gezogen.

Bedeutung[303] hat, die nicht glauben = die nicht auf Gott hören. Und zwar Unheilsbedeutung, insofern sich ihr Unglaube dadurch verfestigt (vgl. V. 23). Das liegt nicht an ihrem mangelnden guten Willen, sondern an der Unverständlichkeit der „Zungenrede". Der Umkehrschluss, dass die Prophetie den Gläubigen gilt, ist nicht mehr im Zitat enthalten, sondern paulinische Konsequenzenmacherei. Paulus redet verkürzend. In V. 22b ist εἰς σημεῖόν ἐστιν zu ergänzen.[304] Dabei braucht σημεῖον im Nachsatz nicht die Bedeutung „Unheilszeichen" zu haben.[305] Paulus möchte mit allen Mitteln und hier auch auf Kosten der Logik die Bedeutung der Prophetie für die Gemeinde und ihr Wachstum herausstreichen. Dass sie auch für Ungläubige signifikativ ist (vgl. V. 24f) und dass auch die Glossolalie in erster Linie ein innergemeindliches, esoterisches Phänomen ist, fällt dabei unter den Tisch. Es muss für die Korinther schockierend zu hören gewesen sein, dass sie für die Ungläubigen bestimmt ist. Galt sie ihnen doch als Anzeichen fortgeschrittenen Glaubens.[306] Nach Paulus hingegen gibt sie nicht nur schon vorhandenen Unglauben zu erkennen,[307] sondern ist dem Zitat zufolge Gottesrede, die sich – nach dem vergeblichen Wort der Propheten – erneut an das Volk wendet. Aber sie hat wegen ihrer Unverständlichkeit bei denen, die sich dem Wort Gottes schon verschlossen haben, nur den Unglauben verstärkende Wirkung. Die Prophetie dagegen hat den Glaubenden etwas zu sagen.

V. 23 ist durch das οὖν als Illustration der These V. 22a ausgewiesen. Paulus setzt dabei den extremen Fall, dass bei der Zusammenkunft[308] der Gemeinde alle in Sprachen reden (vgl. V. 5a: nicht unbedingt gleichzeitig). Offensichtlich nicht beim eucharistischen Mahl, sondern bei einem Wortgottesdienst, der vorher oder nachher oder getrennt davon stattfinden konnte (s. Einleitung zu Kap. 12). Denn es kommen

---

[303] Zu σημεῖον vgl. Lit. bei 1,22. Das Wort ist hier formal gebraucht, nicht im speziellen Sinn von „Erkenntniszeichen" (so 2Kor 12,12; 2Thess 2,17). Die LXX-Belege für εἶναι εἰς σημεῖον (z.B. Gen 9,13; Ex 13,16) sprechen dafür, das εἰς bei der Übersetzung einfach wegzulassen, B-D-R 145 Anm. 2 aber bestehen auf seinem finalen Sinn und übersetzen mit „dienen zu".

[304] Anders WEISS, 1Kor 332; SMIT 185–189, der einen Gegensatz zwischen dem missverständlichen Zeichen (V. 23) der Glossolalie und dem unwiderleglichen ἔλεγχος (V. 24f) der Prophetie aufstellt. Dass das rhetorische Termini sind, bezweifelt SANDNES 9 zu Recht.

[305] Für „zum Zeichen sein" mit teilweiser Unheilswirkung vgl. Lk 2,34. In Jes 7,10–17 wandelt sich die Funktion des von Gott bereiteten Zeichens, weil es verschmäht wird, zum Unheil. Die LXX bietet noch mehr Beispiele für ambivalente Zeichen, vgl. GRUDEM 390. Beachte aber, dass in unserem Text zwei verschiedene Phänomene Zeichen sind. Für einen Bedeutungswandel von „Zeichen" in V. 22ab z.B. SCHMIEDEL, 1Kor 178; LIETZMANN, 1Kor 73. BARRETT, 1Kor 324 sieht auch in V. 22b ein „sign of judgement", muss aber die korinthische Missachtung der Prophetie eintragen.

[306] Da das Zeichen des Glaubens (objektiver Genitiv) aber nicht dasselbe wie das Zeichen für die Glaubenden (*Dativus commodi*) ist, bestreitet Paulus nicht eine entsprechende These der Korinther. Gegen die Vermutungen von SWEET, nach dem die Petriner betroffen sind.

[307] Anders etwa RENGSTORF, K.H.: Art. σημεῖον κτλ., ThWNT 7, 1964, 199–268, 258: „Insofern dient es den ἄπιστοι zum σημεῖον, als es sie als Ungläubige und damit von Gott getrennt *erweist*". Demgegenüber hat SCHRAGE, 1Kor III 407 mit Recht die Frage gestellt „ob dieses Zeichen tatsächlich die Ungläubigen als Ungläubige bzw. die Glaubenden als Glaubende zu erkennen gibt oder nicht eher die Ab- oder Anwesenheit Gottes und seines Geistes in der Gemeinde." MERKLEIN/GIELEN, 1Kor III 189f drehen das Verhältnis geradezu um: Ungläubige sind signifikant für die Glossolalie, für die Prophetie dagegen Glaubende.

[308] Zu συνέρχεσθαι vgl. bei 11,17. Dass die „ganze Gemeinde" in einem Haus zusammenkommen konnte, ist auch Röm 16,23 vorausgesetzt. Vgl. Einleitung 2a.

Leute herein, die nichts davon verstehen. Im Unterschied zu 14,16 ist hier unwahrscheinlich, dass es sich bei den ἰδιῶται um Christen handelt; denn sie werden mit ἤ den Ungläubigen zur Seite gestellt, und V. 23 soll ja V. 22a erläutern. Ihre Reaktion ist ganz negativ: μαίνεσθε beinhaltet hier nicht die religiöse Raserei,[309] sondern besagt schlicht „Verrücktsein" vom Standpunkt normaler Vernünftigkeit aus (vgl. Joh 10,20; Apg 12,15; 26,24f).

V. 24f Der entgegengesetzte Fall ist genauso extrem: alle reden prophetisch (vgl. wieder V. 5a). Das hat jedoch für den hereinkommenden Fremden eine heilsame Wirkung. Er wird durch das gemeinsame Zeugnis der Teilnehmer seines heidnischen Vorlebens überführt.[310] Das ist ein wunderbarer Vorgang, denn er setzt Kenntnis des Verborgenen im menschlichen Herzen (vgl. 4,5) voraus.[311] So spricht Petrus in Apg 5,1-11 Ananias und Saphira auf ihre Unterschlagung hin an. Ältere und heutige Ausleger[312] dämpfen oft das Konkrete solcher „Überführung" und heben auf die „innere Erleuchtung und Erschütterung" beim Nichtchristen ab. Doch werden die Propheten die Sünden beim Namen genannt haben, wie es auch beim prophetischen Gerichtswort üblich ist. Hier ist sogar ein Ort für das 4,3f vom Apostel zurückgewiesene, 2,15 nur dem geistlichen Menschen zugestandene ἀνακρίνειν. Weil hier Gott durch die Menschen spricht und wirkt, erwartet Paulus auch eine Reaktion, wie sie sonst nach einer Selbstoffenbarung eines „göttlichen Menschen"[313] bzw. gar einer Theophanie berichtet wird.[314] Da wirft sich der Orientale wie bei der Huldigung gegenüber dem Herrscher (z.B. 2Sam 9,6) auf sein Angesicht und betet an. Dazu gehört die manchmal mit „wirklich" (ὄντως) oder „wahrhaftig" (ἀληθῶς) eingeleitete Akklamation.[315] In der Formulierung klingt V. 25b die Verheißung vom

---

[309] Gegen CHESTER u.a. Dann würde der christliche Gottesdienst anerkennend den ekstatischen heidnischen Kulten gleichgesetzt. Solche positive Reaktion wäre allerdings für Paulus noch nicht genügend. Mehr noch: Das δέ V. 24 suggeriert eher einen Gegensatz. Richtig etwa BARBAGLIO, 1Kor 755; LINDEMANN, 1Kor 309; SCHNABEL, 1Kor 822; CHOI 98.

[310] Zwar kann ἐλέγχειν auch nur „zurechtweisen", „ins Gewissen reden" (so die Einheitsübersetzung), bedeuten, z.B. Mt 18,15; hier jedoch steht der Schuldaufweis im Vordergrund wie z.B. Joh 3,20; 16,8; Eph 5,11.13; Jak 2,9; Jud 15. IgnPhld 7,1 vom Heiligen Geist: „Er bringt das Verborgene an den Tag" (ἐλέγχει). Vgl. Eusebius, h.e. V 16,9: Der Geist des Montanus verurteilt manche, um den Schein eines Überführers (ἐλεγκτικόν) zu erwecken. Zum ἐλέγχειν als traditioneller Aufgabe der Propheten vgl. MÜLLER, Prophetie 40.

[311] Diese erscheint bei Jesus teilweise als prophetische Gabe, vgl. Joh 4,16-19; Lk 7,39. Auch dem Propheten Elischa wird solche Herzenskenntnis zugeschrieben: 2Kön 5,26f. CHESTER, Conversion 118f legt mit THEISSEN, Aspekte 86f Wert darauf, dass der Heide erst jetzt seine Vergangenheit als Sünde erkennt. Vgl. aber die Kritik bei 4,3-5. Theißen selbst ist hier zurückhaltend bezüglich unbewusster Inhalte.

[312] Z.B. FEE, 1Kor 686; SCHRAGE, 1Kor III 412f; MERKLEIN/GIELEN, 1Kor III 193; HAYS, 1Kor 239: eher ein Diskurs wie Röm 1-3. Richtig dagegen DAUTZENBERG, Prophetie 247.251; SANDNES, Paul 95; WOLFF, 1Kor 337; KREMER, 1Kor 306f.

[313] Vgl. z.B. Philostrat, Ap. I 19: Apollonius teilt dem nachfolgewilligen Damis mit, dass er nicht nur alle Sprachen der Menschen verstehe, sondern auch alles weiß, was die Menschen verschweigen. Daraufhin betete Damis ihn an (προσηύξατο αὐτόν) und blickte zu ihm wie zu einem Gott (δαίμονα) auf.

[314] Z.B. Gen 17,3; Lev 9,24; Ri 13,20; 1Kön 18,39; Ez 1,28; vgl. nach der Gottesstimme Mt 17,6; in der Thronszene Apk 4,10. Plutarch, mor. 434e: Proskynese bei Verifizierung eines Orakels.

[315] Z.B. Gen 28,16; 1Kön 18,39; Sach 8,23; Dan 2,46f. Ἀπαγγέλλειν heißt hier nicht „berichten", sondern steht im Sinn von „offen aussprechen", z.T. vor großem Publikum. Vgl. BAUER, Wörterbuch 157f. Spezifisch für die Akklamation gegenüber dem Bekenntnis ist eigentlich die Anrede (vgl. hier die 2. Pl. wie

Dienst der Völker für Israel Jes 45,14 an, nur dass dort die Anbetung Israel gilt, hier aber Gott. Das Bekenntnis „in deiner Mitte ist Gott" wäre dann vom auserwählten Volk auf die Gemeinde übertragen worden. Doch ist fraglich, ob der Leser die Anspielung wahrnehmen konnte. Die Anwesenheit Gottes in der Versammlung ist hier dynamischer gedacht als bei der Vorstellung von der Gemeinde als Tempel Gottes (vgl. zu 3,16). Gott wohnt nicht nur – durch seinen Geist – in den Gläubigen, sondern er wird in ihrem prophetischen Zusammenwirken – vgl. das zweifache „von allen" – erfahrbar. V. 24f scheint sich nicht recht als Illustration für die These V. 22 zu eignen. Die Prophetie hat hier offensichtlich auch für die Ungläubigen Bedeutung. Das ist ein Widerspruch zu V. 22b, wo das ausdrücklich ausgeschlossen wird. Gewöhnlich wird er so aufgelöst: „prophecy is a sign for believers in the effect it has on unbelievers".[316] Aber ausdrücklich ist nicht mehr von den Glaubenden die Rede. Das kommt daher, dass Paulus für sein Gegenbeispiel dieselbe Situation wählte wie in V. 23: in die Versammlung komme Ungläubige. An ihrer gegensätzlichen Reaktion wird die verschiedene Wirkung von Sprachenrede und Prophetie evident.

Exkurs 8.1: Glossolalie im frühen Christentum

DAUTZENBERG, G.: Art. Glossolalie, RAC 11, 1979, 225–246. ESLER, PH.F.: Glossolalia and Admission of Gentiles into the Early Christian Community, BTB 22, 1992, 136–142. GOODMAN, F.D.: Speaking in Tongues. A Cross-Cultural Study of Glossolalia, Chicago/London 1972. HOVENDEN, G.: Speaking in Tongues, Journal of Pentecostal Theology SS 22, Sheffield 2002. KLAUCK, H.-J.: Von Kassandra bis zur Gnosis, in: Ders., Religion 119–144. MILLS, W.E.: Glossolalia: A Bibliography, SBEC 6, New York/Toronto 1985. MOSIMAN, E.: Das Zungenreden geschichtlich und psychologisch untersucht, Tübingen 1911. POYTHRESS, V.S.: The Nature of Corinthian Glossolalia: Possible Options, WThJ 40, 1977, 130–135. PRATSCHER, W.: Zum Phänomen der Glossolalie, in: Heine, S./Heintel, E. (Hg.): Gott ohne Eigenschaften? FS G. Fitzer, Wien 1983, 119–132. TAILLÉ, M.: Le „Parler-en-langue" de la Pentecôte aux Charismatiques, Angers 1991. THEISSEN, G.: Erleben und Verhalten der ersten Christen, Gütersloh 2007, 195–201. THISELTON, 1Kor 970–988 (Forschungsüberblick). WOLFF, CH.: Art. „Zungenrede I Neues Testament", TRE 36, 2004, 754–763. ZELLER, D.: Offene Fragen zum urchristlichen „Reden im Geist", in: Kraus, W. (Hg.): Beiträge zur urchristlichen Theologiegeschichte. FS U.B. Müller, BZNW 163, Berlin/New York 2009, 231–246. ZERHUSEN, B.: The Problem Tongues in 1 Cor 14: An Reexamination, BTB 27, 1997, 139–152.

Jes 45,15; Sach 8,23). Bei SCHRAGE, 1Kor III 414 Anm. 240 haben sich zwei Fehler eingeschlichen: Plutarch (nicht Plato), mor. 762e hat nicht unseren Ausruf, sondern ἦ μάλα τις θεὸς ἔνδον („Gewiss, ein Gott ist drinnen"), ein Zitat aus Homer, Od. XIX 40.

[316] Vgl. SWEET 242. Ähnlich FEE, 1Kor 683. LINDEMANN, 1Kor 311 dagegen deutet vom Endeffekt her: „Durch das προφητεύειν der Gemeindeglieder wird der ἄπιστος bzw. der ἰδιώτης zum πιστεύων." THEISSEN, Aspekte 85f: Die Enthüllung des Verborgenen durch die urchristlichen Propheten gilt als Erkennungszeichen (der Zugehörigkeit) für die Gemeinde, und zwar anstelle der von einigen als Erkennungszeichen propagierten Glossolalie (vgl. 294–296). Doch s.o. Anm. 306f zu V. 22 und CARSON, Showing 113: „the text focuses attention not on confirmation of the *church's* assessment of the individual, but on the *individual's* reaction before the two phenomena, tongues and prophecy."

Mit einer offensichtlich schon feststehenden (vgl. Apg 2,4.11; 10,46; 19,6; Mk 16,17) Wendung bezeichnet Paulus ein in Korinth anscheinend hochgeschätztes Phänomen als „Reden in einer γλῶσσα" (Sing. 14,2.4.13 f.27) bzw. „in γλῶσσαι" (Pl.: übrige Fälle, auch wo der Sprecher ein einzelner ist). Wie γλῶσσα zu übersetzen ist – ob als „Zunge" oder als „Sprache" –, ergibt sich jeweils aus dem Zusammenhang. In 14,9 war das Organ gemeint; hier handelte es sich aber um eine Illustration. An den übrigen Stellen legten der Ausdruck „Arten von γλῶσσαι" (12,10.28) und die anschließende „Übersetzung" die Wiedergabe mit „Sprache(n)" nahe. Dann fragt sich, ob wie in Apg 2 auf dieser Erde gesprochene Fremdsprachen (ἕτεραι γλῶσσαι) gemeint sind oder eine neue Art (vgl. Mk 16,17 γλώσσαις λαλήσουσιν καιναῖς)[317] transzendenter Kommunikation mit Gott. Ersteres wäre in der Hafenstadt Korinth mit ihren vielen Nationalitäten praktisch[318] und läge auf der Linie der 13,1 genannten „Sprachen der Menschen" sowie der „fremden Sprachen" im Zitat 14,21 nach seinem ursprünglichen Verständnis. Diese Lösung steht unter dem Druck, Apg 2 mit 1Kor 12–14 in Einklang zu bringen. Doch genau besehen bezweckt die Begabung mit fremden Sprachen in Apg 2 etwas anderes: Die Apostel sollen fremdsprachige Adressaten erreichen. Nach 1Kor dagegen versteht auch nicht einmal eine kleine Gruppe den Sprachenredner. Er bedarf der Übersetzung,[319] wovon in Apg 2 nichts verlautet. Und die Übersetzung kommt nicht aus der habituellen Kenntnis der Sprache, sondern ist – wie diese – aktuelles Geschenk Gottes. Die Problematik der Fremdsprachen begegnet zwar 14,10f, aber nur als Beispiel, um die Notwendigkeit zu illustrieren, dass die Sprachenrede verständlich gemacht werden muss. Sie bewirkt nicht an sich schon Verständigung.

Nach 14,2-4.14-17 dient sie vielmehr dem Gebet zu Gott.[320] Das könnte Apg 10,46 noch durchschimmern, wo die in Sprachen Redenden Gott preisen (μεγαλύνειν).[321] So hat sich allmählich die Auffassung durchgesetzt, dass Glossolalie zwar eine Sprache ist, aber weil sie zu dem spricht, der sich nicht in herkömmliche menschliche Worte fassen lässt, eine Sprache, die nicht unter Menschen üblicher, erlernbarer Semantik und Syntax folgt. Sie besteht wohl nicht aus unartikulierten Lauten, sondern aus Silben oder gar Worten bzw. Sinneinheiten (vgl. 14,19), die den Eindruck einer unbekannten Sprache machen. Deren Verständnis ist jedoch nicht einmal dem Sprecher zu eigen, sondern muss ihm zusätzlich verliehen werden. Insofern ist Glossolalie verschieden von einem „Reden im Geist", wie es Röm 8,15 bezeugt, dem allen Christen gemeinsamen aramäischen Ruf „Abba", dessen Bedeutung die mitgelieferte Übersetzung erschließt. Aber auch die „unaussprechlichen Seufzer" des Heiligen Geistes in den Gläubigen Röm 8,26f wären erst Glossolalie, wenn sie sich in Worten äußerten. Dieses Paradox löst sich vielleicht dadurch, dass die Unaussprechlichkeit des Seufzens sich in der Unverständlichkeit der Worte Ausdruck verschafft.[322] Nach Röm 8,26f stünde die Glossolalie im Zeichen des Noch-Nicht, und es würde einsichtig, weshalb sie nach 13,8c im Eschaton ein Ende nimmt.

---

[317] Wenn in Mk 16,17 καινός im Sinn eschatologischer Neuheit zu fassen ist. Es könnte freilich auch nur bedeuten: „ihnen bisher unbekannt".

[318] So ZERHUSEN. Er tilgt alles Übernatürliche aus der Sprachbegabung, insofern der Sprecher die Sprache ohnehin beherrschte und verstand (145f).

[319] THISELTON, 1Kor 1098f weist zwar auf Stellen bei Philo und Josephus, wo ἑρμηνεύειν „in Worte fassen" bedeutet; aber wenn Glossolalie Sprache ist, ist die Nuance „übersetzen" eher angebracht.

[320] Aus dem Zitat 14,21 darf man – gegen PRATSCHER 129 – nicht entnehmen, dass sie auch Rede Gottes an den Menschen ist.

[321] Aus Apg 2,11 – „wir hören sie ... von den Großtaten Gottes reden" – könnte man allerdings schließen, dass sie dies in verständlicher Sprache tun.

[322] Ἀλάλητος heißt jedoch – gegen DAUTZENBERG 239 – nicht „unverständlich". Deshalb bleibt es unsicher, ob Röm 8,26f auf die Glossolalie anspielt. Weitere Gründe dagegen bei WOLFF 756. Unbestimmt ist auch das „Beten im Geist" Eph 6,18; Jud 20.

14,1–40: Prophetie und Glossolalie im Dienst der Erbauung der Gemeinde

Dagegen könnten die Korinther sie als Sprache der Vollendung aufgefasst haben. Wenn der Konditionalsatz 13,1 mit den „Sprachen der Engel" nicht nur hyperbolisch einen irrealen Fall angibt,[323] sondern das Wesen der Glossolalie – wenigstens in korinthischer Sicht – umschreibt, so beteiligt sich der Sprachenredner am himmlischen Gotteslob der Engel. So fühlt man sich im Gottesdienst – ähnlich wie in Qumran[324] – in die himmlische Welt versetzt.[325] Diese Deutung hat den Vorteil, dass sie als einzige überzeugende religionsgeschichtliche Parallelen, und zwar im Judentum, aufweisen kann. In der Apokalyptik können zwar der Visionär (vgl. 1Hen 40; ApkZeph 8[326]) bzw. die Erwählten (Apk 14,2f) die Stimme der Engel verstehen, die vor dem Thron Gottes singen. Aber niemand anderes kann den Gesang vernehmen, und wenn der Seher davon berichtet, wird betont, dass er dies „mit Fleischeszunge" und mit dem Odem seines Mundes tut (1Hen 14,2; ApkZeph ach 11,3; 12,6: von Engeln übergebene Schriftrollen in der Sprache des Visionärs beschrieben und vorgelesen). Auch sein Lobpreis Gottes erfolgt nur mit diesen menschlichen Mitteln (1Hen 84,1–3). Die Sprache der Engel ist also von der der Menschen unterschieden.[327] Um so erstaunlicher ist es, dass das um das 1. Jh. n. Chr. im hellenistischen Judentum entstandene TestHiob 48–51 als Wirkung wunderbarer Bänder, die ihnen der Vater übergeben hatte, bei den Töchtern Hiobs eine Verwandlung des Herzens beschreibt, die auch ein Gotteslob „in engelhafter Sprache" zur Folge hat. Dabei wird deutlich, dass die einzelnen Engelklassen ihre je eigene Sprache (διάλεκτος) sprechen. Das würde die paulinische Rede von einer Vielfalt („Arten" 12,10) von Sprachen verständlich machen. Trotz ihrer himmlischen Herkunft sind die Lieder der drei Schwestern angeblich nachzulesen. Das setzt voraus, dass sie in einer den Menschen zugänglichen Sprache niedergeschrieben wurden. Dazwischen liegt der Vorgang des ὑποσημειοῦσθαι durch die Schwestern untereinander, dem der angebliche Verfasser zuhört (vgl. 51,3f); viele Autoren parallelisieren ihn mit der „Übersetzung" der Glossolalie.[328] Dieses Zeugnis für mit Engelssprache begabte Menschen ist weniger isoliert, wenn man noch das – freilich noch spätere – Fragment einer Mose-Adam-Apokalypse[329] hinzunimmt. Danach „lobpries der Geist der Jungfrauen Eva in der Sprache der Himmlischen".[330]

Dagegen haben sich die bisher beigebrachten griechisch-paganen Analogien als wenig hilfreich erwiesen. Eine Spezialbedeutung von γλῶσσα im Sinn eines veralteten oder fremdarti-

---

[323] So z.B. FORBES, Prophecy 61f; POYTHRESS 134; FITZMYER, 1Kor 492.

[324] Vgl. zu 11,10 und 1QH III (neue Zählung XI) 22f; XI (neue Zählung XIX) 13f. Dazu GLADD, Mysterion 217–220.

[325] Dies die weit verbreitete Ansicht etwa von DAUTZENBERG; FEE, 1Kor 573, 598, 630f; SCHRAGE, 1Kor III 159, 284 mit Anm. 39; MERKLEIN/GIELEN, 1Kor III 129.

[326] Vgl. in der Übersetzung von B.J. DIEBNER in JSHRZ V die achmimische Fassung 13,3: Nachdem der Seher ein Engelsgewand angelegt hat, beginnt er mit ihnen zu beten. „Ich verstand ihre Sprache, welche sie mit mir redeten". Ähnlich AscJes 8,17: Jesaja ist es gegeben, mit den Engeln zu lobsingen.

[327] Daneben behauptet eine nationalistische Tradition, die Engel verstünden nur Hebräisch: Bill. III 449f.

[328] Dagegen FORBES, Prophecy 185. Das Simplex σημειοῦσθαι bedeutet zwar nach L-S manchmal auch „etwas als ein Zeichen interpretieren", das Kompositum ist jedoch hauptsächlich im Sinn von „aufzeichnen", „unterzeichnen" belegt. Das Buch des Hiobbruders enthielt wohl nicht „sehr viele Deutungen der Lieder" (B. SCHALLER in JSHRZ III 371), sondern ihre Aufzeichnungen (σημειώσεις). Das vorhergehende ὑποσημειοῦσθαι wäre wie bei Origenes, Cels. VII 32 mit „darlegen" wiederzugeben. Es impliziert eine Übersetzung aus der Engelsprache in die gemeinverständliche.

[329] Mitgeteilt von PETERSON, 1Kor 313 nach HARNACK, A./ SCHMIDT, C.: Ein koptisches Fragment einer Mose-Adam-Apokalypse, SPAW 51, 1891, 1045–1049.

[330] Die Fortsetzung „indem man ihren Namen ‚Leben', das heißt die Mutter aller Lebendigen nannte" spielt auf die Etymologie von Eva in Gen 3,20 an. Steht also die Sprache der Himmlischen dem Hebräischen nahe?

gen Idioms (z. B. Plutarch, mor. 406f)[331] kann nur die Notwendigkeit von Interpretation, nicht aber von Übersetzung erklären. Dasselbe gilt für die Orakel, die oft als Parallele herangezogen werden.[332] Die delphische Pythia z. B. spricht zwar oft zweideutig und rätselhaft, aber Griechisch. Eine Ausnahme bildet das Ptoion (vgl. Herodot VIII 135; Plutarch, mor. 412a); es gibt dem Karier Mys in barbarischer Zunge Auskunft, die die begleitenden Griechen nicht verstehen, weil der Inhalt ein Rat für die Perser ist. Eine Deutung der Glossolalie auf Fremdsprachen hatten wir aber abgelehnt. Eine Gemeinsamkeit zwischen Orakelmedien und Glossolalen könnte darin bestehen, dass beide als „rasend" (14,23 μαίνεσθαι) bezeichnet werden. Doch hat nach unserem Urteil das Verbum bei Paulus keinen religiösen Sinn. Es bleibt der ekstatische Charakter von Sprachenrede und Mantik. Beide machen keinen Gebrauch von der Vernunft, sondern gehorchen dem Impuls des göttlichen Geistes.[333] Bei 14,14–17 sahen wir, dass Paulus platonische Antinomien, die auf die Seherkunst gemünzt waren, auf die Glossolalie (und nicht auf die Prophetie) anwendet. Das sagt jedoch nichts über den religionsgeschichtlichen Ursprung der Glossolalie. Sie ist auch insofern der platonischen Auffassung von der Mantik vergleichbar, als es „dem Verständigen (ἔμφρων) zukommt, das im Traum oder im Wachen von der Seherkunst und der gottbegeisterten Anlage Gesagte zu erinnern und zu verstehen (συννοῆσαι), und was an Erscheinungen gesehen wurde, alles mit dem Verstand (λογισμός) auseinanderzunehmen, was es bedeutet".[334] „Darum ist es auch Brauch, die Zunft der Verkünder (προφῆται) zu Richtern über die gottbegeisterten Weissagungen zu bestellen." Sie sind aber selbst keine Seher, sondern „Interpreten (ὑποκριταί) der rätselhaften Stimme und Erscheinung".[335] Das erinnert an die Instanz der Übersetzung, die Paulus den Korinthern ans Herz legt. Nur dass die platonischen Interpreten nicht inspiriert und die Seher selbst nicht zur Auslegung fähig sind.

Wenn hier von „Ekstase" die Rede ist, so meint das, dass das logische Denken, vielleicht auch ein Stück weit die Wahrnehmung, lahmgelegt sind. Das kommt auf den „altered state of consciousness" hinaus, den Goodman als grundlegend für Glossolalie bei modernen Bewegungen des amerikanischen Kontinents konstatierte. Wenn der Sprachenredner selbst nicht weiß, was er sagt, wird man das für die paulinische Gemeinde nicht bestreiten können. Demgegenüber heben neuere Autoren mit 14,27f hervor, dass der vom Geist Ergriffene alles unter Kontrolle hat.[336] Den spontanen Ausbruch der Glossolalen zum Schweigen zu bringen, dürfte aber in Wirklichkeit nicht so leicht gewesen sein.

Das Gebet der Sprachenredner richtet sich an Gott. Insofern stehen ihm auch die Anrufungen der Zaubertexte nahe. Mit einer Aneinanderreihung von fremdartigen Götternamen wollen sie die Gottheit beschwören, vokalreiche Lautketten dürften eine den Göttern gemäße

---

[331] Diese Herleitung wurde von F. BLEEK 1829 ausgeführt, von HEINRICI, 1Kor 377–381 und ALLO, 1Kor 380f übernommen und neuerdings wieder von HORN, Angeld 209 vertreten. Seine Erklärung krankt daran, dass γλῶσσα in den von ihm angeführten Texten Plutarch, mor. 432c–e und Plato, Tim. 71e gar nicht vorkommt. Die Unverständlichkeit der Glossolalie ist nicht nur eine Frage des Stils.

[332] FORBES, Prophecy 107–117.136–138 entkräftet die Texte, die man für unverständliches Lallen der Pythia angeführt hat.

[333] Vgl. Plato, Tim. 71e: „Dass nämlich ein Gott dem menschlichen Unverstand die Seherkraft (μαντική) verlieh, dafür gibt es ein ausreichendes Zeichen: Denn kein Vernünftiger (ἔννους) erlangt gottbegeisterte und wahre Sehergabe, vielmehr entweder im Traum, wenn er in der Kraft seines Verstandes behindert ist, oder (sie) auf Grund einer Krankheit bzw. einer göttlichen Besessenheit verfehlt."

[334] Vgl. Plato, Tim. 71e; die Stelle wurde auch kurz zum διακρίνειν bei 2,13 gestreift.

[335] Ebd. 72ab. Die Wiedergabe bei Schleiermacher „Dolmetscher" führt in die Irre. Es geht bei Plato nicht um Übersetzung. Lukian, Iup. trag. 30f gebraucht ἑρμηνεύς, ἑρμηνεύειν für die Erklärung der dunklen Worte Apollons.

[336] Vgl. FEE, 1Kor 598.

Sprache suggerieren. Der Magier liegt sozusagen auf der gleichen Welle wie sie.[337] Eine andere Funktion scheint der Gebrauch von barbarischer Rede im Zauberwesen zu haben. Er unterstreicht die anderen nicht erschwingliche Kompetenz des Zauberers.[338]

Obwohl Paulus die Glossolalie 14,2–4 durch ihre Wendung an Gott scharf von der Prophetie unterscheidet, stellt der Verfasser der Apg einen Zusammenhang her: Das Reden in fremden Sprachen Apg 2 ist das Werk des Geistes, der alle Israeliten und Israelitinnen zu Propheten macht (vgl. das Joel-Zitat V. 17f). Auch Apg 19,6 steht „in Sprachen reden" und „prophezeien" eng beieinander. Dennoch sollte man mit Paulus die beiden Erscheinungen auseinanderhalten. Der primäre Adressat der Glossolalie ist Gott. Dass der Glossolale „im Geist Geheimnisvolles redet" (14,2fin.), bedeutet nicht, dass er den Glaubenden eschatologische Geheimnisse mitteilt. Wenn man heute manchmal in der Glossolalie Botschaften an die Kirche heraushört, liegt eine Vermischung der beiden Phänomene vor. Das mag auch bei den von Kelsos geschilderten Propheten in Phönikien und Palästina der Fall gewesen sein, deren Verkündigung in unverständliche Worte übergeht.[339]

Wie wir sahen, hat die Glossolalie jüdische Wurzeln. Wenn wir auch nur das Zeugnis der Apg haben, kann kein Zweifel sein, dass sie in der Urgemeinde geübt wurde. Eine neue Bedeutung bekam sie in der Heidenmission. Sie galt als Zeichen, dass auch die Heiden den Heiligen Geist empfangen hatten (vgl. Apg 10,44–46).[340] So ist sie auch in den überwiegend heidenchristlichen Gemeinden von Thessaloniki (vgl. 1Thess 5,19?) und Korinth im Schwange gewesen. Dagegen hören wir im Charismenkapitel 12 des Röm nichts mehr von ihr. Ebensowenig ist in den den Charismen gewidmeten Passagen Eph 4,7–11; 1Petr 4,10f; 1Clem 48,5; Justin, dial. 39,2; Barn 1,2f ausdrücklich von ihr die Rede. Es scheint, dass der Verfasser der Apg keine unmittelbare Anschauung von der Glossolalie mehr gehabt hat, so dass er die Traditionen unsachgemäß akzentuiert. Glossolalie in der Gemeindeversammlung kommt in der Apg nicht mehr vor. Der unechte lange Markusschluss zählt das „Reden in neuen Sprachen" unter den Wunderzeichen auf, die dem Gläubigwerden folgen (Mk 16,17); das dürfte von der Apg beeinflusst sein. Die Zeugnisse für Glossolalie in der Form, wie Paulus sie beschreibt, sind für die ersten Jahrhunderte spärlich gesät;[341] im Montanismus scheint sie kurzfristig wieder aufgelebt zu sein (vgl. Eusebius, h.e. V 16,7–9). Die nachmittelalterliche Kirchengeschichte kennt immer wieder Fälle von wunderbarer Xenoglossie, vor allem in der Pfingstbewegung seit dem 19. Jh. aber auch das ekstatische, unverständliche Gebet, das wir schon bei Paulus fanden. Wenn dies zum Anzeichen der „Geisttaufe", d.h. des wahren Christseins, wird, müssen sich solche Strömungen ebenso von Paulus korrigieren lassen wie die Korinther.

---

[337] Apuleius, apol. 26,6 nennt als Weg zur Erfüllung aller Wünsche die *communio loquendi cum deis immortalibus* (die Gemeinschaft des Gespräches mit den unsterblichen Göttern), vgl. KLAUCK, Kassandra 136.

[338] Vgl. Lukian, Alex. 13: Bei der Gründung seines Heiligtums gibt Alexander von Abonuteiches gewisse bedeutungslose Äußerungen von sich, wie von Hebräern oder Phönikern, und macht Eindruck auf die Menschen, die nicht verstanden, was er sagte, nur dass er allem den (Namen des) Apoll und (des) Asklepios beimischte.

[339] Vgl. Origenes, Cels. VII 8f „Dann lassen sie Unverständliches, Wahnsinniges und in jeder Weise Unklares folgen, dessen Bedeutung kein mit Verstand Begabter finden kann, denn es ist dunkel und nichts wert." Das erinnert weniger an Glossolalie als an die von Verständigen auszulegenden Orakel bei Plato.

[340] Vielleicht zählt sie auch zu den Machttaten, die Gott im Zusammenhang mit der Verleihung des Geistes bei den Galatern wirkte. Vgl. Gal 3,5; Hebr 2,4 und ESLER.

[341] Zu Erwähnungen bei Irenaeus, Tertullian u.a. vgl. DAUTZENBERG 242f. Tertullian, an. 9 bestätigt die Deutung als Himmelssprache. Eine Frau redet bei den sonntäglichen Versammlungen „mit den Engeln, manchmal auch mit dem Herrn."

b) 14,26–40: Anweisungen für den geordneten Vollzug in der Gemeindeversammlung
(26) Was also, Brüder? Wenn ihr zusammenkommt, hat jeder einen Lobgesang, hat eine Lehre, hat eine Offenbarung, hat eine Sprache, hat eine Übersetzung; alles soll zur Erbauung geschehen. (27) Sei es, dass einer in einer Sprache spricht, (dann) je zwei oder höchstens drei, und der Reihe nach, und einer soll übersetzen; (28) wenn es jedoch keinen Übersetzer gibt/wenn er jedoch kein Übersetzer ist,[342] so schweige er in der Gemeinde, er rede vielmehr zu sich und zu Gott. (29) Propheten aber sollen zwei oder drei reden, und die andern sollen (das) beurteilen; (30) wenn jedoch einem andern, der da sitzt, (etwas) geoffenbart wird, soll der erste schweigen. (31) Ihr könnt nämlich alle je einzeln prophetisch reden, damit alle (etwas) lernen und alle ermuntert werden. (32) Auch die Geister der Propheten sind den Propheten unterworfen; (33) denn Gott ist nicht ein Gott des Aufruhrs, sondern des Friedens.

Wie in allen Gemeinden der Heiligen (34) sollen die Frauen in den Versammlungen schweigen, denn es ist ihnen nicht erlaubt zu reden; vielmehr sollen sie sich unterordnen, wie auch das Gesetz sagt. (35) Wenn sie aber etwas lernen wollen, sollen sie zuhause die eigenen Männer fragen; schimpflich ist es nämlich für die Frau, in der Gemeindeversammlung zu reden.[343] (36) Oder ist von euch das Wort Gottes ausgegangen, oder ist es zu euch allein gelangt?

(37) Wenn einer glaubt, ein Prophet zu sein oder ein Geistbegabter, soll er anerkennen, was ich euch schreibe, dass es [Gebot][344] des Herrn ist; (38) wenn (es) aber einer nicht zur Kenntnis nimmt, wird er nicht zur Kenntnis genommen.[345] (39) Folglich, [meine] Brüder, eifert darum, prophetisch zu reden und hindert nicht das Reden in Sprachen. (40) Alles geschehe aber in Anstand und nach der Ordnung.

---

[342] Letztere Möglichkeit, διερμηνευτής prädikativ zu verstehen, wäre ausgeschlossen, wenn mit D* F G vor ἑρμηνευτής (sic! ebenso B und einige Minuskeln) der Artikel zu lesen wäre.

[343] D F G 88* (nach NICCUM 251 auch 915) it^ar.d.e.f.g Ambrosiaster Sedulius-Scotus bringen V. 34f erst nach V. 40, ziehen also den Vergleichssatz V. 33b zum vorhergehenden Vers. Ebenso der Vulgata-Codex Reginensis. Der Vulgata-Codex Fuldensis (datiert 547) hat zwar den Mehrheitstext, notiert aber in einer Fußnote V. 36–40 nach V. 33. Alle übrigen, auch die alten Mss. wie 𝔓46 ℵ A B, haben unseren Text. Der Codex Vaticanus weist allerdings bei V. 33 ein textkritisches Zeichen (2 Pünktchen) auf, dessen genaue Bedeutung diskutiert wird. Vgl. die Kontroverse zwischen J.E. MILLER und PH.B. PAYNE in JSNT 26, 2003, 217–236 bzw. 27, 2004, 105–112. Nach BRYCE, D.W.: ‚As in All the Churches of the Saints', LTJ 31, 1997, 31–39 hat zuerst Markion oder ein Markionit V. 34f ausgelassen; er wurde dann in einem Teil der westlichen Tradition nach V. 40 wieder nachgetragen.

[344] D* F G b Origenes (teilweise) und lateinische Väter haben nur ὅτι κυρίου ἐστίν. Nach LIETZMANN, 1Kor 75 ist diese *lectio brevior* vorzuziehen. Auch die Ersetzung des κυρίου durch θεοῦ bei Origenes setzt diesen Kurztext voraus. Die Umstellung von ἐντολή vor das Verb bei ℵ* und die Pluralform ἐντολαί in anderen Hsn. tun allerdings nichts zur Sache.

[345] Diesen plausiblen Text ἀγνοεῖται haben ℵ* A*vid (F G ἠγνοεῖται) 048 0243, wichtige Minuskeln (33 1739) und Väter. Die meisten, darunter auch 𝔓46 B, lesen aktives ἀγνοείτω in Angleichung an den Jussiv V. 37: „dann soll er es eben nicht zur Kenntnis nehmen". Doch solche Wurstigkeit ist Paulus kaum zuzutrauen. Möglich wäre allerdings, ὁ κύριος als Subjekt zu ergänzen. Dann erhielte man eine Art Fluch. So FITZMYER, 1Kor 537.

AALEN, S.: A Rabbinic Formula in I Cor. 14,34, StEv 2, 1963, 513-525. CAPPER, B.J.: To Keep Silent, Ask Husbands at Home, and not to Have Authority over Men, ThZ 61, 2005, 113-131.301-319. CRÜSEMANN, M.: Unrettbar frauenfeindlich, in: Schottroff, L./Wacker, M.-Th. (Hg.): Von der Wurzel getragen, Leiden/New York/Köln 1996, 199-223. DAUTZENBERG, Prophetie 253-300. -: Zur Stellung der Frauen in den paulinischen Gemeinden, in: Ders./Merklein, H./ Müller, K. (Hg.), Die Frau im Urchristentum, QD 95, Freiburg/Basel/Wien 1983, 182-224. DUNN, J.D.G.: The Responsible Congregation (1 Co 14,26-40), in: De Lorenzi, Charisma 201-269. DU TOIT, A.: Die swyggebod van 1 Korintiërs 14: 34-35 weer eens onder die loep, HTS 57, 2001, 172-186. ELLIS, E.E.: The Silenced Wives of Corinth (1 Cor. 14: 34-5), in: Epp, E.J./Fee, G.D. (Hg.): New Testament Textual Criticism. FS B.M. Metzger, Oxford 1981, 213-220. FITZER, G.: „Das Weib schweige in der Gemeinde", TEH 110, München 1963. HASITSCHKA, M.: „Die Frauen in den Gemeinden sollen schweigen". 1 Kor 14,33b-36 – Anweisung des Paulus zur rechten Ordnung im Gottesdienst, SNTU 22, 1997, 47-56. JERVIS, L.A.: 1 Corinthians 14.34-35: A Reconsideration of Paul's Limitation of the Free Speech of Some Corinthian Women, JSNT 58, 1995, 51-74. NICCUM, C.: The Voice of the Manuscripts on the Silence of Women: The External Evidence for 1 Cor 14.34-5, NTS 43, 1997, 242-255. PAYNE, PH.B.: Fuldensis, Sigla for Variants in Vaticanus, and 1 Cor 14.34-5, NTS 41, 1995, 240-262. ROWE, A.: Silence and the Christian Women of Corinth, CV 33, 1990, 41-84. WIRE, A.C.: Prophecy and Women Prophets in Corinth, in: Goehring u.a. (Hg.), Origins 134-150.

Eine Verlegenheitsfrage (vgl. V. 15a) führt den Teil mit den praktischen Konsequenzen ein. Zum dritten Mal (vgl. V. 6.20) erscheint die Adresse „Brüder". Nach einer kurzen Bestandsaufnahme des reichen charismatischen Lebens in Korinth und einer grundsätzlichen Mahnung folgen die meist mit Konditionalsätzen[346] eingeleiteten Jussive. Zunächst zeichnen sich – wie nach der ersten Hälfte des Kap. zu erwarten – nur die Fälle Glossolalie (V. 27f) und Prophetie (V. 29-33a) ab. Beim letzteren Abschnitt machen Begründungssätze – vgl. γάρ in V. 31.33 – das Geforderte einleuchtend.

Dieser Stil hält sich auch in V. 33b-36 durch: Wir haben Jussive (V. 34a.c, 35a), wovon der dritte mit einem Konditionalsatz eingeführt wird; es gibt – wenn auch ziemlich lapidare – Begründungen mit γάρ (V. 34b.35b); neu ist der Verweis auf das Gesetz V. 34c. Die abschließenden[347] rhetorischen Fragen V. 36 reden wie V. 31 die 2. Pl. an; wie V. 33a bringen sie ein theologisches Argument.

Und doch macht das Stück den Eindruck eines Einschubs. In V. 37 werden nur wieder die Gruppen „Prophet" und πνευματικός, womit in erster Linie der Glossolale gemeint sein dürfte, genannt. Auch die zusammenfassende Mahnung V. 39[348] hat nur die Problematik Prophetie und Sprachenrede im Auge. Ob aus dieser literarischen Beobachtung folgt, dass es sich um eine Interpolation handelt, wird bei der Besprechung zu klären sein.

---

[346] Die Partikel εἴτε V. 27 lässt beim 2. Fall der Prophetie ein εἴτε τις προφητεύει erwarten. Aber V. 29 bringt eine andere Konstruktion.
[347] Sie passen jedenfalls sehr gut zu der „ökumenischen" Einleitung V. 33b.
[348] Zur Einleitung mit ὥστε s. Analyse 3,18-23 zu 3,21.

V. 37–40 werden oft als *peroratio* zu den Kap. 12–14 bezeichnet.[349] Aber „was ich euch schreibe" bezieht sich zunächst auf die Anordnungen V. 27ff. Die Art, wie Paulus am Ende mit dem Verweis auf den Herrn die Autorität des Gesagten unterstreicht, hat wenig mit um Zustimmung werbender Rhetorik zu tun. Einzig V. 39f können als *recapitulatio* bezeichnet werden, wie sie für die *peroratio* typisch ist. Nach V. 40 ist der leitende Gesichtspunkt nun aber nicht mehr die Erbauung wie in der ersten Hälfte des Kapitels und noch V. 26, sondern die Ordnung (vgl. den Gegenbegriff ἀκαταστασία V. 33). Der Jussiv πάντα ... γινέσθω (V. 26fin. 40) umschließt diesen zweiten Teil des Kap. 14.

V. 26 Zunächst ruft Paulus noch einmal die Vielfalt der Gnadengaben, die sich im Gottesdienst äußern,[350] in Erinnerung. Das „ein jeder" ist in diesem Zusammenhang bezeichnend (vgl. 7,7b; 12,7.11), darf aber nicht so gepresst werden, dass alle aufgezählten Begabungen jedem einzelnen zukämen. Eigentlich müsste Paulus sie wie 12,8–10 aneinanderreihen. Wie wenig umfassend die Liste ist, sieht man daran, dass die Prophetie fehlt; vielleicht ist sie in „Offenbarung" (s. zu 14,6) enthalten. Als erstes Beispiel inspirierter Rede wird der „Lobgesang" (ψαλμός, daneben in Kol 3,16=Eph 5,19 „Hymnen", „geistliche Lieder"; vgl. schon V. 14de die Verbform ψάλλειν, auch Jak 5,13cd als Äußerung eines Frohgemuten) erwähnt, der wegen der Parallele zu εὐλογεῖν V. 16 wohl auf den Ton von Lob und Dank (vgl. die Fortsetzung von Eph 5,19) gestimmt war. Es handelt sich gegenüber den alttestamentlichen Psalmen um „neue" Dichtungen unter dem Antrieb des Geistes (vgl. Eph 5,18);[351] sie sind wohl weniger vom individuellen Standpunkt aus formuliert als die Hodajot von Qumran; im Unterschied zu diesen wurden sie wohl gesungen;[352] die Gemeinde sagt das Amen dazu. Auch in Kol 3,16 steht neben dem Lobgesang die Lehre „in jeglicher Weisheit". Zu dieser διδαχή vgl. bei 12,28. Wie diese mannigfachen Wortbegabungen (zur ἀποκάλυψις vgl. 14,6; zu den übrigen 12,10) zur Erbauung der Gemeinde realisiert werden können, zeigen dann V. 27–33 am Beispiel der „Problemkinder" Glossolalie und Prophetie.

V. 27f Das Reden in Sprachen wird zunächst nach der Zahl der Sprecher beschnitten; gleichzeitig dürfen sie schon gar nicht reden.[353] Vor allem urgiert Paulus die Notwendigkeit der Übersetzung. Der eine, der übersetzt, kann wie V. 5fin.13 einer der Glossolalen selber sein, es könnte aber auch nach 12,10fin. ein Spezialist für Übersetzung (vgl. V. 28 διερμηνευτής) verschiedener geistgewirkter Sprachen sein.

---

[349] S. Einleitung zu F. 12,1–14,40 Anm. 11. Vgl. auch LIETZMANN, 1Kor 75: „Abschluß des ganzen Abschnittes c. 12–14."

[350] Andere mehr alltägliche wie „Heilungen", „Hilfeleistungen", „Leitungsaufgaben" werden bezeichnenderweise nicht genannt.

[351] Auch bei den Therapeuten singt der Vorsteher entweder einen neuen, selbstverfassten Hymnus auf Gott oder einen alten der Dichter von einst: Philo, cont. 80.

[352] Vgl. HENGEL, M.: Das Christuslied im frühesten Gottesdienst (1987), in: Ders., Studien 205–258, speziell 139–242. Er vermutet einen Sprechgesang und unterscheidet die psalmenartigen Dichtungen von den metrisch gebundenen griechischen Götterhymnen.

[353] Vgl. Josephus, bell. II 132 von den Essenern: „Weder Geschrei noch Lärm entweiht jemals das Haus, sie gewähren einander, der Ordnung nach zu sprechen (τὰς δὲ λαλιὰς ἐν τάξει παραχωροῦσιν ἀλλήλοις)." Das entspricht den Vorschriften 1QS VI 10–13: „Niemand soll mitten in die Worte seines Nächsten hineinreden, bevor sein Bruder aufgehört hat zu sprechen."

Die zweite Auffassung ist wahrscheinlich, wenn im Konditionalsatz von V. 28 διερμηνευτής als Subjekt, und nicht als Prädikat[354] zu nehmen ist. Auf jeden Fall wird die Zahl der Übersetzer noch mehr reduziert als die der Glossolalen, wahrscheinlich, damit keine Unstimmigkeiten aufkommen.[355] Wenn kein Übersetzer da ist, verbietet Paulus strikt das Auftreten von Sprachenrednern in der Gemeinde; er verbannt sie ins Private, wo die V. 2 beschriebene Kommunikation mit Gott stattfinden kann. „Zu sich selbst reden" ist das Gegenteil des Zu-andern-Redens.[356] Conzelmann[357] u. a. konkretisieren das ἑαυτῷ als „zu Hause". Das müsste aber καθ'ἑαυτόν oder παρ'ἑαυτῷ (vgl. 16,2) heißen. Was der Glossolale „für sich" redet, dient der Selbsterbauung (V. 4). Angesichts des Automatismus der Sprachenrede bedeuten diese Vorschriften eine erhebliche Einschränkung. Dass Paulus aber die Glossolalie „faktisch unmöglich machen will",[358] ist wegen V. 5a.39b nicht anzunehmen. Gewöhnlich sollten Übersetzer zur Verfügung stehen.

V. 29-31 Die Zahl der zu Wort kommenden Propheten hält Paulus genauso knapp wie die der in Sprachen Redenden. Dass bei „drei" „höchstens" fehlt, wiegt nicht schwer. Der Überschwang der prophetischen Geistrede wird weiter dadurch gehemmt, dass sie beurteilt werden muss (vgl. zu den διακρίσεις πνευμάτων 12,10). Von wem, ist nicht ganz klar, da die „übrigen" sowohl die anderen Propheten[359] als auch die restliche Gemeinde[360] sein können. Letzteres ist anzunehmen, wenn die Beurteilung eine prüfende Gegeninstanz gegenüber den Propheten darstellen soll. Im Unterschied zu 12,10, wo dies als individuelle Geistgabe erscheint, wären wie 1Thess 5,21 und 1Joh 4,1 grundsätzlich alle Gläubigen zu solcher Prüfung befähigt und aufgefordert. Wie das technisch gehen soll, ist eine andere Frage. Gewöhnlich nimmt man das Kyriosbekenntnis (vgl. 12,3) und den „Maßstab des Glaubens" (Röm 12,6) als inhaltliches Kriterium an.[361] V. 30 schärft, um wie bei der Glossolalie ein Durcheinanderreden zu verhindern, das Nacheinander ein. Dass einer der da Sitzenden[362] eine Offenbarung (s. zu V. 6) erhält, ist für den gerade Redenden ein

---

[354] So Weiss, 1Kor 340, der so auch einen Subjektwechsel vermeidet. Anders die meisten.

[355] Lietzmann, 1Kor 74 und Conzelmann, 1Kor 297 Anm. 43 möchten das εἷς allerdings im Sinn von τις fassen, als Gegensatz zu οὐδείς in V. 28.

[356] Johannes Chrys. erklärt in Cramer, Catenae 276,3f: τοῦτ' ἔστιν ἀψοφητὶ καὶ ἠρέμα (lautlos und einsam). Ähnlich Theophylakt bei Robertson/Plummer, 1Kor 321. Sie lehnen diese Deutung, die auch Strobel, 1Kor 222 vertritt („still für sich während des Gottesdienstes"), freilich ab.

[357] 1Kor 297. In Epiktet, diss. IV 8,17 ist πάντα ἐμαυτῷ καὶ θεῷ (alles für mich und für Gott) *Dativus commodi*.

[358] So die Vermutung von Lindemann, 1Kor 313. Ihm folgt Choi, Geist 108.

[359] Z.B. Weiss, 1Kor 340; Senft, 1Kor 182; Dunn 226f, der aber vermerkt, dass nach 2,12-16 alle zu einem geistlichen Urteil über geistliche Dinge ermächtigt sind. Vgl. aber unsere abweichende Auslegung z.St.

[360] Z.B. Lietzmann, 1Kor 74; Barrett, 1Kor 328; Grudem, Gift 60-62; Lindemann, 1Kor 314.

[361] Z.B. Schrage, 1Kor III 157.452. Doch ist bei der zweiten Stelle umstritten, ob mit πίστις die *fides quae* oder nicht vielmehr die Zuteilung individueller Glaubenskraft gemeint ist. So z.B. Zeller, Röm 208f.

[362] Zum Liegen wie beim antiken Mahl war offensichtlich kein Platz. Außerdem handelt es sich nicht um die Mahlfeier. Umgekehrt können wir erschließen, dass Propheten - z.B. Agabos Apg 11,28 - beim Reden stehen (wie der heidnische Redner, aber auch wie der Synagogenprediger: Paulus Apg 13,16; Philo, spec. II 62). Das unterscheidet sie auch vom Lehrer, der gewöhnlich sitzt. In Herm mand 11,1f sitzt der Lügen-

Stoppsignal des Heiligen Geistes. So soll nach der Erläuterung V. 31 prinzipiell allen die Möglichkeit prophetischer Rede gegeben werden.[363] Das entspricht der V. 1.5 erkennbaren Tendenz. Es heißt allerdings nicht im Widerspruch zu V. 29, dass in einer Versammlung alle als Propheten auftreten sollen. Nur sollen monomanische Dauerredner[364] unterbrochen und ein Stimmengewirr verhindert werden. Der Finalsatz V. 31 verrät etwas über den Zweck der Prophetie: Man kann etwas daraus lernen (μανθάνειν vgl. V. 35), ohne dass sie deshalb in Belehrung ausarten müsste. Z. B. über den Willen Gottes in den letzten Tagen. Das Zweite ist ein παρακαλεῖσθαι (s. zum Substantiv παράκλησις V. 3). Obwohl es prophetische Mahnung zur Umkehr und zum Tun des Guten gibt, übersetzen wir wie V. 3 mit „ermuntern". Dies kann der ganzen Gemeinde zugute kommen, wenn denn der Ablauf geregelt ist.

V. 32-33a Das verbindende καί kann „auch, sogar" bedeuten und lässt dann den Einwand erahnen: Ist nicht das Wirken des Geistes unwiderstehlich? Paulus behauptet demgegenüber, dass die Propheten Verfügungsgewalt über den jeweiligen Impuls des Geistes – zu πνεύματα vgl. V. 12 und bei 12,10[365] – haben. Das steht in Spannung zu den Beschreibungen prophetischer Inspiration in der Apg, bei der der Geist über Menschen kommt (ἐπέρχεσθαι), ja sie überfällt (ἐπιπίπτειν). Auch Herm mand 11,5.8 unterstreicht, dass der von Gott gegebene Geist alles von sich aus redet, nicht wenn ein Mensch es will, sondern wenn Gott es will.[366] Dagegen wird im 2. Jh. n. Chr. der kirchliche Schriftsteller Miltiades gegenüber der „unfreiwilligen Raserei" montanistischer Propheten festhalten, dass man „weder aus dem Alten noch aus dem Neuen Bund einen Propheten nennen könne, der auf solche Weise vom Geist ergriffen worden wäre."[367] Severian von Gabala (4. Jh. n. Chr.): Einer, der im Heiligen Geist redet, kann reden, wenn er will, und schweigen wie auch die Propheten. Anders die von einem unreinen Geist Besessenen; sie reden, auch wenn sie nicht wollen und was sie nicht verstehen.[368] Möglicherweise beginnt die Domestizierung pneumatischer Urgewalten schon bei Paulus. Die theologische Begründung V. 33 greift auf die jüdische Gebetssprache zurück, die Gaben Gottes oder ihm ge-

---

prophet auf einer Kathedra und wird wie ein Seher befragt. Das ist für christliche Prophetie untypisch: s. Exkurs 8.2.

[363] Der Vers ist – gegen CONZELMANN, 1Kor 298 – kein Argument dafür, dass „die andern" V. 29 die übrigen Propheten sind. Denn es geht seit V. 30 nicht mehr um das Beurteilen, sondern um das prophetische Reden. – Eine andere Beziehung des πάντες bei WOLFF, 1Kor 340: „dass jeder Prophezeiende einzeln zu Wort kommt".

[364] Ein Beispiel für ununterbrochenen Gebetsfluss bietet Polykarp, der, erfüllt von der Gnade Gottes, „zwei Stunden lang nicht schweigen kann": MartPol 7,3.

[365] GRUDEM, Gift 123: „the many different manifestations of the Holy Spirit present in different individuals." Der Plural begegnet auch Apk 22,6 ὁ θεὸς τῶν πνευμάτων τῶν προφητῶν und ist dort durch die Mehrzahl der Geistträger bedingt. ELLIS, Gifts 31-35 denkt wohl unnötigerweise an „angelic spirits". Ebenso TIBBS, Experience 264f. In Herm mand 11,4 sind πνεύματα die Geister der Lügenpropheten.

[366] Die Alternative ist allerdings die Befragung durch andere. Vgl. auch Irenaeus, haer. I 13,4: Die von Gott die Gabe der Prophetie haben, „reden wo und wann Gott es will" (und nicht, wenn der Gnostiker Markus es befiehlt).

[367] Vgl. Eusebius, h.e. V 17,1-3. Eusebius fasst die These des Miltiades zusammen: „dass ein Prophet nicht in Ekstase reden dürfe."

[368] Vgl. STAAB, Pauluskommentare 270.

mäße Verhaltensweisen im Genitiv an ὁ θεός anhängt.[369] Besonders häufig beginnen Segenswünsche und Beistandsverheißungen der Paulusbriefe mit „Der Gott des Friedens" (vgl. 1Thess 5,23; 2Kor 13,11; Phil 4,9; Röm 15,33; 16,20; Hebr 13,20; 2Thess 3,16 „Der Herr des Friedens"). An diese feste Wendung erinnert Paulus, indem er gleichzeitig Gott vom Gegenteil, der ἀκαταστασία, scheidet. Dieses Wort kann passiv ertragene Unruhe (so im Peristasenkatalog 2Kor 6,5), aber auch aktiven Aufruhr (so neben Streit und Krieg in Aufzählungen wie 2Kor 12,20; Lk 21,9; Jak 3,16; 1Clem 3,2) bedeuten. Letzteres liegt hier als Gegensatz zu „Frieden" nahe. Man sollte deshalb εἰρήνη, das etwa Röm 5,1 die Versöhnung mit Gott meint (vgl. zu 1,3; 7,15c), an unserer Stelle nicht theologisch überfrachten.[370] Gott ist hier als Garant zwischenmenschlicher Harmonie im Blick.

V. 33b–36 Die vergleichende Wendung in V. 33b ist – entgegen den meisten Handschriften – mit dem Folgenden zu verbinden, da die vergleichende Partikel „wie" keinen Anknüpfungspunkt im Vorhergehenden hat. Denn dass der Charakter Gottes in allen Gemeinden derselbe ist, braucht nicht betont zu werden.[371] Man kann die Wortgruppe aber auch kaum nach dem Vorbild von 4,17fin.; 7,17b durch ein Verbum wie „ich lehre"[372] vervollständigen. Wenn sie also mit V. 34 zusammenzunehmen ist, changiert der Sinn von ἐκκλησίαι von „Gemeinden" (V. 33b) zu „Versammlungen" (V. 34a). Dadurch stört aber auch die Wiederholung von ἐν ταῖς ἐκκλησίαις weniger. Wie in 4,17fin.; 7,17b; 11,16; 16,1 – dort ein mit der ὡς-Wendung vergleichbarer vorausgehender ὥσπερ-Satz – wird V. 33b der gesamtkirchliche Horizont für die Weisungen an die Korinther abgesteckt. Dieser „katholisierende Akzent" in unserem Brief (aber auch Röm 16,4.16b) verdankt sich, wie wir schon bei 1,2 sahen, keiner Redaktion, sondern der Intention des Paulus. Ungewöhnlich ist höchstens der Genitiv „der Heiligen" (s. zu 1,2; in der Bedeutung „Christen" noch 16,15; Phlm 7) bei „Gemeinden". Er charakterisiert sie als christlich. Eine Sonderpraxis der Korinther soll auf den gemeinchristlichen Standard zurückgestutzt werden. Dieselbe Absicht verfolgt die rhetorische Doppelfrage[373] V. 36: Korinth ist weder Ausgangspunkt der christlichen Botschaft – das ist eher Jerusalem (vgl. Röm 15,19 und die Prophetie Mi 4,2/Jes 2,3) – noch deren einziges Ziel. Auch das Vokabular dieses Verses stünde

---

[369] Vgl. WINDISCH, H.: Der zweite Korintherbrief, KEK 6, Nachdruck der 9. Auflage 1924, Göttingen 1970, 38 zu 2Kor 1,3. Er vergleicht damit 1Esρ 4,40 und SapSal 9,1. Vgl. Röm 15,5.13. Für den „Gott des Friedens" vgl. TestDan 5,2. DELLING, G.: Die Bezeichnung „Gott des Friedens" und ähnliche Wendungen, in: Ellis/Grässser, Jesus 76–84,77 bringt formale Analogien aus Qumran.

[370] Etwa KÜMMEL, 1Kor 190, der den Genitiv als Wesensbezeichnung Gottes fasst und εἰρήνη als dessen Heilswillen.

[371] Deshalb liest FEE, 1Kor 697f V. 33b als „appeal" und paraphrasiert „All the churches of the saints are intended to be orderly as we have just described". V. 33a ist aber als Begründung des Vorhergehenden Indikativ.

[372] So schon F G, eine Reihe von weniger bedeutenden Minuskeln, Chrysostomus, Ambrosiaster und Vulgata. Dazu neigt SCHRAGE, 1Kor III 443. 457. Das wäre nur dann sinnvoll, wenn V. 33b sich auf den ganzen bisherigen Gedankengang bezöge (LINDEMANN, 1Kor 315). Dazu ist der Halbvers aber wieder zu kurz.

[373] Eine Reihung von rhetorischen Fragen, die mit ἤ eingeführt werden können, ist für den Diatribestil des Paulus typisch: vgl. 1,13; 9,6.10a; 10,19bc.22a; 11,22ab; 2Kor 1,17; 3,1; 6,14–16a; Gal 1,10ab; Röm 2,3f; 3,29; 9,20b.21; 11,34f (Zitat); 14,10ab. Dass in der 2. Pl. masc. wieder die Korinther angeredet sind, ist verständlich.

Paulus gut an: Vgl. zu ὁ λόγος τοῦ θεοῦ als Missionspredigt 2Kor 2,17; 4,2; Phil 1,14 nach dem Mehrheitstext; 1Thess 2,13; dafür steht auch absolutes ὁ λόγος (Gal 6,6; Phil 1,14Mss.; 1Thess 1,6). Zu der Vorstellung von seinem „Ausgehen" vgl. Röm 10,18 (Zitat); 1Thess 1,8.[374] Zu καταντᾶν εἰς („gelangen") vgl. 10,11; Phil 3,11. Da λόγος τοῦ θεοῦ (bzw. τοῦ κυρίου) und καταντᾶν εἰς aber auch häufig in der Apg begegnen, könnte in V. 36 auch einfach urchristliche Missionssprache vorliegen.

In diesen Rahmen nun sind die Jussive eingebettet, wovon der erste (σιγάτωσαν V. 34a) sichtlich an die Schweigegebote V. 28a.30 anknüpft. Von daher sollte man denken, dass den Frauen in den Versammlungen vor allem Glossolalie und prophetische Rede untersagt sind; aber das λαλεῖν in V. 34b ist allgemeiner, es umfasst wohl auch Lehre und öffentliches Gebet. So steht das Verbot in deutlichem Widerspruch zu 11,5, wo das Beten und Prophezeien der Frau im Gottesdienst der Gemeinde nicht das Problem ist. Die Begründung ist zunächst tautologisch. Das Verbum ἐπιτρέπειν kommt zwar 1Tim 2,12 im gleichen Zusammenhang vor, ist aber auch Paulus nicht fremd (vgl. die Formel 16,7). Während in 1Tim Paulus der Erlaubende ist, dürfte hier auf den allgemein gültigen Brauch verwiesen werden.[375] Die Forderung V. 34c lässt im Unklaren, wem die Frauen sich unterordnen[376] sollen. Wenn das V. 34fin. herangezogene „Gesetz" konkret Gen 3,16fin. (LXX καὶ αὐτός σου κυριεύσει) meint, dann unter die Herrschaft des Mannes. Der Vers dient auch im Judentum dazu, die Stellung der Frau unter dem Mann zu erhärten,[377] die Paulus in 11,3 mit dem Bild vom Haupt ebenfalls vertritt. Der ursprüngliche Fluch wird dabei als normative Aussage genommen. Wenn, wie die Väter seit Origenes erklären, an diese Stelle gedacht ist, wäre der Hinweis auf den νόμος nicht so pauschal und für Paulus ungewöhnlich.[378] Im übrigen zeigt gerade 11,2-16, dass er aus der Geschichte von Schöpfung und Fall eine auch für die Christen verbindliche Ordnung herausliest, welche die Tora bezeugt. Die Mahnung zur Unterordnung soll nicht nur verhindern, dass Ehekonflikte vor der Gemeinde ausgetragen werden; vielmehr soll die Frau auch in der Gemeinde ihre inferiore Position annehmen. Zwar werden in der Regelung V. 35 die Frauen im nachhinein als verheiratet erkennbar; wegen des generischen Artikels V. 34a und des unbestimmten „eine Frau" in V. 35b kann man das

---

[374] Hier wird vom „Wort des Herrn" zwar gesagt, dass es von den Thessalonichern aus „ertönte", von ihrem Glauben aber ein ἐξέρχεσθαι. Vgl. Barn 19,4: „Das Wort Gottes gehe ja nicht von dir aus in Gegenwart Unreiner".

[375] Anders AALEN: auf das schriftliche Gesetz. Doch ROWE 65 macht darauf aufmerksam, dass sich darin nirgends ein Schweigegebot findet; V. 34fin. ist das Gesetz nur ein zusätzliches Argument (καί), vgl. ROWE 68.

[376] Wie V. 32; 16,16; Röm 13,1 mit ὑποτάσσεσθαι formuliert. Das Verbum ist allerdings auch häufig in deutero- und nachpaulinischen Haustafeln für die Rolle von Ehefrauen (Kol 3,18; Eph 5,21f; Tit 2,5; 1Petr 3,1.5; vgl. auch das Substantiv an der Parallelstelle 1Tim 2,11 und in 1Clem 1,3), Kindern (vgl. Lk 2,51 und das Substantiv 1Tim 3,4) und Sklaven (Tit 2,9; 1Petr 2,18) sowie die Pflicht der Bürger gegenüber staatlichen Autoritäten (vgl. Tit 3,1; 1Petr 2,13f). Speziell ist die christologische Verwendung 15,27f (s. z.St.).

[377] Vgl. Philo, op. 167; hyp. 7,3; Josephus, Ap. II 201. Bei den beiden letzten Texten wird allerdings hinzugesetzt, dass die Herrschaft des Mannes nicht mutwillig ausgeübt werden soll. Vgl. DAUTZENBERG, Stellung 199f.

[378] So das Argument von LINDEMANN, 1Kor 320 gegen paulinische Herkunft. Zur Formulierung ὁ νόμος λέγει vgl. 9,8; Röm 3,19; 7,7.

14,1–40: Prophetie und Glossolalie im Dienst der Erbauung der Gemeinde 445

Schweigegebot aber kaum auf sie beschränken.[379] Auch die Jungfrauen und Witwen von Kap. 7 wären davon betroffen, wenn das auch nicht ausdrücklich gesagt ist. V. 35 geht wenigstens auf das Informationsbedürfnis (μανθάνειν wie V. 31, aber auch 2Tim 2,11) der Frauen ein. Wie der jüdische Hausvater Frau und Kind über das Gesetz belehren kann,[380] so sollen die „eigenen Männer"[381] den Frauen auf ihre Fragen (ἐπερωτᾶν nur noch im Zitat Röm 10,20) Auskunft geben. Ähnlich wie 11,22a.34 und in V. 28 ist, was in der Gemeinschaft verboten ist, zuhause teilweise erlaubt. Die Bestimmung soll aber nicht nur ungeordnetes Dazwischenfragen in der Gemeinde verhindern.[382] Das geht noch einmal aus der angehängten Begründung mit dem generalisierenden λαλεῖν hervor. Sie arbeitet mit dem Motiv des Schimpflichen wie Paulus in 11,6b.

In der Tat verstieß ein Reden von Frauen in der griechisch-römischen Volksversammlung, aber auch in der jüdischen Synagoge,[383] gegen Anstand und Sitte. Demokrit sagt in seinen Sprüchen (DIELS/KRANZ 68 B 110) „Die Frau übe nicht die Rede" und Menander, monostichoi 363 (JAEKEL) stellt fest: „Webstühle sind das Werk der Frauen, nicht Volksversammlungen". Aristoteles, pol. I 5 1254b leitet die Unterordnung der Frau aus ihrer Natur ab und schließt I 11 1260a daraus, dass die Frau auch ihre eigene Tugend habe. Das belegt er mit einem Zitat aus Sophokles, Aias 293: „Schweigen bringt der Frau Zier".[384] Auch bei Plutarch finden sich nebeneinander die Empfehlungen, die Frau möge sich des öffentlichen Wortes enthalten, sich dem Haushalt und dem Schweigen widmen und dem Mann unterordnen: praec. conj. 31–33 (mor. 142de, vgl. 381e). Demgegenüber kennt nicht nur das AT, sondern auch die christliche Gemeinde prophetisch redende Frauen. Neben 11,5 bieten Apg 21,9 (die vier als Prophetinnen auftretenden Töchter des Philippus) und Apk 2,20 („Isebel", die sich eine Prophetin nennt) Beispiele. Nach dem Zitat aus Jo 3,1f in Apg 2,17f ist die prophetische Tätigkeit auch der Frauen die Folge der Geistausgießung in den letzten Tagen. Während die Rolle der Frau in der Verkündigung weithin unbeleuchtet bleibt, werfen diese Texte doch ein Licht darauf, dass gerade inspiriertes Reden keine Grenzen der Geschlechter, aber auch keine Beschränkung auf das Haus duldet.[385]

---

[379] Gegen ROWE 59. Seine Lösung 70 „Paul is prohibiting any speaking on the part of Christian wives which might be seen as insubordination to their husbands present in the Christian gathering" möchte den Widerspruch zu 11,5 vermeiden. Ähnlich ORR/WALTHER, 1Kor 312f.

[380] Vgl. Philo, hyp. 7,14. Nach Bill. III 468 besteht dazu freilich keine Verpflichtung.

[381] Zur Formulierung vgl. Apg 7,2, aber auch oft in den Haustafeln.

[382] Gegen WOLFF, 1Kor 344; ähnlich ELLIS 218 und DELOBEL, 1 Cor 11,2–16, 110f, nach denen Paulus die Frauen nur von öffentlicher Kritik an den prophetischen Äußerungen ihrer Männer zurückhalten möchte. Auch GRUDEM, Gift 239–255, CARSON, Showing 129–131, THISELTON, 1Kor 1156.1158 und SCHNABEL, 1Kor 845 beziehen V. 34 auf die „Evaluation of Prophecies".

[383] Vgl. Bill. III 467: Zum Vorlesen sind sie grundsätzlich zugelassen, de facto aber werden sie dazu nicht aufgerufen. BROOTEN, B.J.: Women Leaders in the Ancient Synagogue, BJSt 36, Chico 1982 hat zwar weibliche Trägerinnen von Titeln wie ἀρχισυνάγωγος („Synagogenvorsteher") u.ä., πρεσβυτέρα („Älteste") u.ä., „Mutter der Synagoge" u.ä. für die nachchristlichen Jahrhunderte nachgewiesen; es ist jedoch unklar, ob sich damit liturgische Funktionen verbinden: s. TOMSON, Paul 134.

[384] Vgl. DAUTZENBERG 196–198 mit weiteren Texten zum ὑποτάσσεσθαι, zur Arbeitsteilung zwischen Mann und Frau zwischen Draußen und Drinnen. Ferner NEUER WETTSTEIN II 1, 385–388. Dazu Heliodor, Aeth. I 21,3 „Es ziemt der Frau Schweigen, dem Mann aber Antwort unter Männern".

[385] Weibliche Prophetie lebt dann in der frühen Kirchengeschichte immer wieder auf (z.B. die bei Eusebius, h.e. V 17,2f erwähnte Ammia in Philadelphia), vor allem aber in häretischen Bewegungen wie dem Montanismus. Justin, dial. 88,1: „Bei uns kann man Frauen wie Männer sehen, die Gnadengaben vom Geist Gottes haben".

In unserem Text und im verwandten Lehrverbot 1Tim 2,11f bricht jedoch offensichtlich wieder der antike Standard durch. Die Regeln für die weltliche Ekklesia werden auf die christliche angewendet.[386]

Das konventionelle Ordnungsdenken, die Sperrigkeit im Kontext sowie die Diskrepanz zu 11,5 lassen an der Authentizität unserer Passage zweifeln. Harmonisierungen, die das „Reden" von V. 35 her einengen,[387] schienen uns nicht möglich. Umgekehrt bauschen neuere Autoren das Reden der Frauen zur gefährlichen Häresie auf, um die Reaktion des Apostels verständlich zu machen.[388] Davon steht nichts im Text. Das Reden der Frau wird nicht wegen seines Inhalts verboten, sondern weil es der Rolle der Frau nicht entspricht. Auch der in letzter Zeit häufiger vorgeschlagene Ausweg, V. 33b-35 als Zitat einer korinthischen Meinung zu verstehen, der sich Paulus in V. 36 mit ἤ widersetzt,[389] ist nicht gangbar. Einmal zielt schon V. 33b auf V. 36. Zum andern begründen die rhetorischen Fragen die Weisung. Sie kritisieren ja eine Haltung, die sich nicht an das Schweigegebot hält. Deshalb ziehen es die meisten Autoren heute vor, die „frauenfeindlichen" Verse als spätere Interpolation auszuscheiden. Schwierigkeiten macht dabei die Abgrenzung.

- Ein großer Teil rechnet nur V. 34f zum Einschub und lässt V. 36, den etwa Allison als typisch paulinisch erkennt, stehen.[390] Er reproduziert ja keine allgemeine Kirchenordnung, sondern übt Kritik an einer konkreten Gemeinde (2. Pl.!). Das würde den westlichen Hss. D E F G und den wenigen byzantinischen Minuskelkodizes 88* 915 entsprechen, die nur V. 34f hinter V. 40 stellen. Das tun sie oder ihre Vorlage allerdings nicht, weil die Verse überhaupt einmal fehlten,[391] sondern vermutlich weil sie ihnen nach dem Aufruf zur Ordnung besser angebracht scheinen als im Kontext von Glossolalie und Prophetie. Auch anderswo - z.B. 15,2; Röm 16,5a.16b.20b - neigen D F G dazu, den Text durch Zusätze oder Umstellungen zu „verbessern". Außerdem hinterlassen sie mit V. 33b einen Rest des fraglichen Stückes im Text. Der Halbvers schließt aber nicht an V. 33a an, sondern bildet die Einleitung zu V. 34f; sachlich steht er in Zusammenhang mit V. 36. Eine ursprüngliche Abfolge V. 33.36 ist also wenig wahrscheinlich.
- Konsequenter ist ein Ausschnitt von V. 33b-36.[392] Der hat aber keinen Anhalt am bezeugten Text mehr. Die Einfügung müsste bei der ersten Ausgabe der Paulusbriefe noch vor der Sammlung des Neuen Testaments erfolgt sein. Zur selben Zeit berufen sich die Deutero- und Tritopaulinen auf den Apostel, etwa als Garanten der Haustafeln. Man verweist auf den

---

[386] Das hängt wohl nicht damit zusammen, dass - nach CAPPER in der zweiten Generation des Christentums - das „gathering in private to meeting in public space" übergangen ist. Vielmehr war die Versammlung der Gemeinde auch schon früher für Außenstehende zugänglich (vgl. V. 23f). Vgl. auch, was wir zu 11,5a zur Lösung von BACHMANN gesagt haben.

[387] Z.B. JERVIS, HASITSCHKA: Fragen stellen bez. prophetischer Rede der Ehemänner.

[388] So stellen nach MARTIN, Spirit 87f weibliche Glossolalen als häretische Lehrer und Führer die apostolische Autorität in Frage.

[389] U.a. FLANAGAN, N.M./SNYDER, E.H.: Did Paul Put Down Women in 1 Cor 14:34-36?, BTB 11, 1981, 10-12; ODELL-SCOTT, D.W. in verschiedenen Veröffentlichungen; ALLISON, R.W.: Let Women be Silent in the Churches (1 Cor 14.33b-36): What did Paul Really Say, and What did it Mean?, JSNT 32, 1988, 27-60; COLLINS, 1Kor 516f; FITZMYER, 1Kor 530f.

[390] So etwa FITZER; BARRETT, 1Kor 332f; FEE, 1Kor 699-701; SCHRAGE, 1Kor III 481-485; HORSLEY, 1Kor 188f; HAYS, 1Kor 244-247; MURPHY-O'CONNOR, Interpolations 90-92, der - wie PAYNE - die Interpolation erst mit V. 34 beginnen lässt.

[391] Dieser Schluss von PAYNE erklärt nicht, weshalb sie in einem Strang der Überlieferung an gleicher Stelle eingeordnet wurden.

[392] Z.B. CONZELMANN, 1Kor 299; SENFT, 1Kor 182f; LANG, 1Kor 200; BARBAGLIO, 1Kor 768; DU TOIT 182f.

ähnlichen Text 1Tim 2,11f. Der Einschub 14,33b-36 ist allerdings literarisch davon nicht abhängig und hat mit V. 36 eine originelle Pointe, die die Hand des Paulus verrät.
- Diese Aporien vermeidet Lindemann, 1Kor 319: Nach ihm umfasst die Interpolation nur V. 33b-35. Doch dann kommt die Tirade V. 36 wie aus heiterem Himmel. Der von Lindemann beobachtete ungewöhnliche Umschlag von unpersönlichen Jussiven zur Anrede der 2. Pl. findet sich auch V. 27-31.
- G. Dautzenberg, Prophetie 291-298f hat „Gebot des Herrn" in V. 37 auf die Anordnung des Schweigens für Frauen bezogen und deshalb noch V. 37f zur Interpolation gerechnet.[393] Aber dann ist die Anrede von Prophet und Pneumatiker unmotiviert, es sei denn, gerade sie hätten gegen das Schweigegebot besonderen Widerstand geleistet. Damit sind wir aber wieder in einer konkreten Gemeinde wie Korinth. Die Wendung Εἴ τις δοκεῖ προφήτης εἶναι ἢ πνευματικός verweist ohnehin auf den Stil unseres Briefes (s. bei 3,18b).

Vor allem der schwer herauslösbare V. 36 spricht dafür, das Ganze doch Paulus zuzuschreiben. Die Argumentation mit der vom Gesetz geforderten Unterordnung der Frau und der Hinweis auf das „Schimpfliche" ist ihm nach Kap. 11,2-16 durchaus zuzutrauen.[394] Die Spannung zu 11,5 würde vermindert, wenn 11,2-34 aus dem Vorbrief stammte (s. Einleitung 6c). Die schon 11,5 beobachteten emanzipatorischen Bestrebungen der Frauen im Gottesdienst mögen sich verstärkt haben. Paulus vertritt, vielleicht vom Missbrauch unterrichtet, später eine radikalere Position.[395] Wie schon V. 27-33 kann die neue Anordnung von der bisherigen Praxis abweichen. Die literarische Unebenheit, die wir an V. 33b-36 beobachteten, ließe sich vielleicht dadurch erklären, dass Paulus die Passage nachträglich in den bereits diktierten Text einbrachte.[396] Zwar kann keine der erwähnten Hypothesen für sich beanspruchen, die voll überzeugende Lösung zu bieten. Die Annahme eines paulinischen Nachtrags scheint uns jedoch mit den wenigsten Schwierigkeiten belastet. Sie wirft allerdings sachliche Probleme auf, etwa was das heutige Rederecht der Frau in der Gemeinde angeht. Wenn freilich die besonders V. 34fin. spürbaren jüdischen bzw. gemeinantiken weltanschaulichen Voraussetzungen nicht bindend sind, dann steht auch die autoritäre Versicherung V. 37f nicht dagegen, die Beteiligung der Frau am charismatischen und amtlichen Reden in der Kirche heute neu zu durchdenken und zu handhaben. Schon Calvin, 1Kor unterscheidet zu 11,3 bzw. 14,40 zwischen Anordnungen des Apostels, die den äußeren Anstand und die Sitte betreffen, und solchen, die das Gewissen angehen.

V. 37f Paulus rechnet offenbar damit, dass Propheten und Pneumatiker (s. zu 2,13) - wozu hier hauptsächlich die Sprachenredner zählen dürften - sich nicht so leicht den Anordnungen V. 27-33a beugen werden. Deshalb fordert er die Anerken-

---

[393] Auch CONZELMANN, 1Kor 299f meint, der Gedanke, dass alles, was in der Kirche allgemein gilt, Gebot des Herrn sei, passe eher zur Interpolation als zu Paulus und werde durch sie suggeriert, zieht daraus aber keine literarkritische Folgerung.
[394] So auch FENSKE, Argumentation 198, der freilich 197 in 11,2ff „kleine Versammlungen" annimmt.
[395] Vgl. SCHMITHALS, Gnosis 231. WIRE 137 stellt aber zu Recht fest: Die Instruktionen des Paulus bezüglich der Kopfbedeckung der Frauen und ihr Schweigen zeigen in dieselbe Richtung: die Rolle der Frauen im Gottesdienst zu begrenzen; beide setzen dieselbe Situation voraus: Frauen, die in Korinth prophezeien und beten.
[396] So auch ELLIS 219. Der Codex Fuldensis, den Ellis als Beleg anführt, ist freilich nicht richtig gelesen: vgl. PAYNE 241f. Vergleichbar ist die die Grüße unterbrechende Einfügung Röm 16,17-20.

nung (zu ἐπιγινώσκειν s. bei 13,12) des Geschriebenen – dazu gehört nachträglich auch V. 33b–36 – als „Gebot des Herrn". Obwohl ἐντολὴ κυρίου an ἐπιταγή κυρίου 7,25a erinnert, kann es sich hier nicht um eine Weisung des geschichtlichen Jesus wie 7,10.12 handeln. Das Liebesgebot[397] ist zu allgemein und erscheint erst bei Johannes als Gebot Jesu. Aber auch eine Offenbarung des Erhöhten ist für diese detaillierten Vorschriften unwahrscheinlich. Vielmehr beansprucht der Apostel pauschal, auch in seiner konkreten Regelung des Gemeindealltags den Herrn, der ihn gesandt hat, zu repräsentieren (שָׁלִיחַ/šālîªḥ-Prinzip: „Der Gesandte eines Menschen ist wie dieser selbst").[398] Sein Ermahnen geschieht „im Herrn Jesus" (vgl. 1Thess 4,1) bzw. „im Namen unseres Herrn Jesus Christus" (vgl. zu 1,10). Er hat den Gläubigen „Befehle" (παραγγελίαι, vgl. das Verbum 11,17) im Auftrag des Herrn Jesus (wörtlich „durch den Herrn Jesus") gegeben (1Thess 4,2) und ist „in Christus" zuversichtlich, Philemon Auflagen machen zu können (Phlm 8). Diese Autorität der Apostel rangiert vor der der Propheten und Pneumatiker (vgl. 12,28). Der Appell V. 37 wird durch eine Drohung V. 38 untermauert. Sie hat die Form der Talion. Manche haben das ἀγνοεῖται futurisch verstanden (so schon die Itala und die Vulgata: *ignorabitur*) und an das Gericht gedacht, wo der Herr den Ungetreuen sagt: „Ich kenne euch nicht" (vgl. Mt 25,12; 7,23a).[399] In der Anwendung des שָׁלִיחַ/šālîªḥ-Prinzips würde, wer den Gesandten abweist, vom sendenden Herrn abgewiesen. Doch ist auch ein weniger theologisches Verständnis möglich: Wer die Weisung des Paulus ignoriert, wird von ihm nicht als Prophet bzw. Pneumatiker anerkannt.[400] Das Passiv ἀγνοεῖται ist jedenfalls nicht eindeutig als *passivum divinum* zu erkennen.

V. 39f Der abschließende Aufruf ist insofern ausgewogen, als er zwar wie V. 1.5 deutlich die Prophetie als Objekt des aktiven „Eiferns" (s. 12,31a) angibt, aber auch etwaigen Versuchen (der Intellektuellen?), die Glossolalen zum Schweigen zu bringen, vorbaut (vgl. 1Thess 5,19). Den Finger legt Paulus jedoch gemäß den Ausführungen im 2. Teil auf den gesitteten (zu εὐσχήμων vgl. bei 7,35) und ordentlichen Ablauf. Das Wort τάξις kommt nur hier beim echten Paulus vor. Was uns als Äußerlichkeit erscheint, ist für Gemeinschaften wesentlich. Bei den Mysterienfeiern von Andania sorgen Rutenträger dafür, „dass alles von seiten der Anwesenden anständig und wohlgeordnet geschieht" (ὅπως εὐσχημόνως καὶ εὐτάκτως ὑπὸ τῶν παραγεγενημένων πάντα γίνηται);[401] in den Vereinssatzungen der Iobakchen in Athen Z. 14f (vgl. 65.73) entspricht dem εὐστάθεια καὶ εὐκοσμία.[402] Der für Ruhe

---

[397] So STETTLER, C.: The „Command of the Lord" in 1 Cor 14,37 – a Saying of Jesus? Bib 87, 2006, 42–51.
[398] Vgl. RENGSTORF, K.H.: Art. ἀποστέλλω κτλ, ThWNT I, 1933, 397–448, 414f.
[399] So KÄSEMANN, Sätze 71f, der hier ein Beispiel für „Sätze heiligen Rechtes" sieht. Das ἀγνοεῖται umschreibe drohend und proklamierend die Realität des Fluches und nehme im Präsens das Gericht vorweg. Ähnlich CONZELMANN, 1Kor 300; SCHRAGE, 1Kor III 461 und viele andere. Zum futurischen Gebrauch des Präsens vgl. B-D-R 323.
[400] DAUTZENBERG, Prophetie 255f. So schon BACHMANN, 1Kor 426; BARRETT, 1Kor 334. Zustimmung bei DUNN 231f, der aber den Akzent auf die Anerkennung durch die Gemeinde setzt.
[401] Syll.² 736, 42–45; weitere Belege aus Kultinschriften zu εὐσχήμων bei DAUTZENBERG, Prophetie 279. Vgl. o. Anm. 353 von den Essenern: ἐν τάξει.
[402] Zum Begriff des κόσμος in der Darstellung des Synagogengottesdienstes bei Philo vgl. DAUTZENBERG, Prophetie 280f, vor allem bei den Therapeuten cont. 80: Nach dem Vorsteher „singen auch die andern der Reihe nach in der gebührenden Ordnung (κατὰ τάξεις ἐν κόσμῳ προσήκοντι)".

und Ordnung zuständige Amtsträger heißt εὔκοσμος (Z. 94 f.136), Zuwiderhandelnde sind ἀκοσμοῦντες (Z. 73.137f; Andania Z. 39). Entsprechende Funktionäre fehlen offenbar in den paulinischen Gemeinden. Aber die in der 2. Pl. angesprochene, nach Ausweis des μόνους V. 36 männlich bestimmte Gemeinde muss die Vorschriften des Apostels durchsetzen.

So sehr Paulus also die geistlichen Begabungen begrüßt und fördert – die Glossolalie etwas weniger als die Prophetie –, so sehr dämmt er sie auch im Interesse der Erbauung der Gemeinde ein. Voraussetzung dafür ist, dass eine vom Apostel bestimmte Ordnung eingehalten wird. An einigen Stellen fragten wir uns, ob er damit nicht der eigenen Dynamik der Charismen Abbruch tut. Wenn er z. B. die spontanen gleichzeitigen Äußerungen in ein Nacheinander zwingt, geht der Effekt des Sich-gegenseitig-Anfeuerns verloren.[403] Sicher, es war auch eine Aufwertung der weniger spektakulären, mehr im Alltag hilfreichen Gaben und Dienste zu beobachten; vor allem wurde das ganze pneumatische Leben der Liebe als *conditio sine qua non* unterstellt. Aber aus der Kirchengeschichte haben wir auch die Erfahrung gemacht, dass die Wahrung von Ordnung zum Vorwand genommen werden kann, um Aufbrüche der Erneuerung zu ersticken. Trotz dieser Bedenken hat Horsley[404] schön das Positive an der paulinischen Korrektur des Pneumatikerwesens in Korinth herausgearbeitet. Während die gemeinsame ekstatische Erfahrung der Transzendenz im Geist für einen Augenblick die trennenden leiblichen Grenzen und sozialen Schranken auflöst, konzentriert sich Paulus auf die Gemeinschaft, die in dieser Welt Bestand haben soll und in der das Prinzip des solidarischen Füreinander gilt. Dazu müssen rationale „bürgerliche" Werte wie „Disziplin" adoptiert werden. Der Apostel setzt in bemerkenswerter Weise V. 14-19 auf den Verstand[405] als Mittel kommunitärer Verständigung, während die Befähigung zur Glossolalie für sich genommen eher in die Isolation führt.

Exkurs 8.2: Prophetie im frühen Christentum

AUNE, D.E.: Prophecy in Early Christianity and the Ancient Mediterranean World, Grand Rapids 1983. CALLAN, T.: Prophecy and Ecstasy in Greco-Roman Religion and in 1 Corinthians, NT 27, 1985, 125-140. COTHENET, E.: Prophétisme dans le Nouveau Testament, DBS 8, 1972, 1222-1337. CRONE, TH.M.: Early Christian Prophecy, Baltimore 1973. DAUTZENBERG, Prophetie. Ders.: Prophetie bei Paulus, JBTh 14, 1999, 55-70. FASCHER, E.: ΠΡΟΦΗΤΗΣ, Gießen 1927. FRIEDRICH, G.: Art. προφήτης κτλ DE, ThWNT 6, 1959, 829-863, bes. 849-858. GILLESPIE, Theologians. GRUDEM, Gift. KRÄMER, H.: Art. προφήτης κτλ A, ThWNT 6, 1959, 783-795. LUZ, U.: The Corinthian community's Prophecy in the context of Early Christian Prophecy, in: Karakolis u. a., Corinth (im Druck). PANAGOPULOS, J.: Prophetic Vocation in the New Testament and Today, NT.S 14, Leiden 1977.

---

[403] Vgl. HORSLEY, 1Kor 192 „The ecstatic experiences provide a powerful cohesive force for the group. To drive another supplicant into trance is a constantly reenacted communal effort."
[404] 1Kor 192-195. Dass Paulus allerdings bewusst eine „alternative society over against the imperial order" aufbauen wollte, kann ich nicht sehen.
[405] Das hebt KLAUCK 164-166 eigens hervor.

Wenn wir die Schriften des frühen Christentums, neben den Paulusbriefen besonders die Apostelgeschichte, die Offenbarung des Johannes, die Didache und den Hirten des Hermas, nach den Stichworten προφητεία, προφητεύειν, προφήτης, προφῆτις durchgehen, so finden wir darin nicht nur die atl. Propheten, sondern auch eingeführtes Prophetentum in christlicher Zeit. Dabei können wir zwei Typen unterscheiden: 1. Einer Gemeinde zugeordnete Propheten wie in unseren Kap. 12–14; Apg 13,1 und 2. Wanderpropheten, die zwar eine Ausgangsgemeinde haben, aber mobil nach den Weisungen des Geistes sind (vgl. Apg 11,27f; 21,10 Agabos; auch die Gesandten Jerusalems Judas und Silas betätigen sich in der fremden Gemeinde als Propheten: Apg 15,32); sie sind auf gastliche Aufnahme angewiesen (vgl. Mt 10,41); nach Did 12,3; 13,1 kann sich ein Prophet auch in einer neuen Gemeinde niederlassen. Der Verfasser der Johannesapokalypse zirkuliert in sieben kleinasiatischen Gemeinden. Bei der ersten Gruppe, den Gemeindepropheten, heben sich die als solche anerkannten Propheten (vgl. 12,28f) von den Mitgliedern ab, die ab und zu einmal prophetisch reden. Paulus wünscht 14,1c.5a und hält 14,24.31 für möglich, dass das alle tun.[406] Der Leser fühlt sich an den Wunsch des Mose Num 11,29 erinnert. Auch in der Apg eröffnet nach dem Zitat aus Jo 2,28-32 die Ausgießung des Geistes grundsätzlich allen „Knechten" und „Mägden"[407] Gottes die Möglichkeit prophetischer Aktivität. Dies bleibt die Zielvorstellung, auch wenn nur bestimmte Einzelpersonen den Titel „Prophet" oder „Prophetin" tragen. Institutionalisieren lässt sich Prophetie nicht. Nach atl. Beispielen geht sie auf göttliche Berufung und Sendung zurück. Der Ort, wo Propheten auftreten, ist die bestehende Gemeinde. Das unterscheidet sie von den Ungläubige missionierenden Aposteln. Die Gemeinde prüft aber auch die prophetischen Geister (vgl. 12,10c; 14,29b). Sie lässt ihr Wirken zu (vgl. ἀφιέναι Apk 2,20). Die Didache, die solche Prüfung ablehnt (11,7), erhebt immerhin die Lebensweise (11,8–10; ebenso Herm mand 11,7f; vgl. Mt 7,15–23) und das finanzielle Desinteresse (11,12; ebenso Herm mand 11,12) zum unterscheidenden Merkmal zwischen wahrem und falschem Prophet. Herm mand 11,9.13 legt Wert darauf, dass der Geistträger sich nicht „im Winkel" befragen lässt, sondern in die „Versammlung gerechter Männer" kommt, die dann um die Herabkunft des Geistes für ihn beten.

14,30 lehrte uns, dass prophetischem Reden im Geist eine „Offenbarung" vorausgeht (vgl. auch zu 14,6.26). Es lässt sich also definieren als „public proclamation of a revelatory experience".[408] Diese Erfahrung ist aktuell, während sich Verkündigung und Lehre auf eine schon weiter zurückliegende Offenbarung stützen.[409] Prophetie ist auch nicht einfach der „Predigt" gleichzusetzen,[410] weil sie sich auf die Autorität des jetzt ergehenden Gotteswortes berufen kann. Im AT bringt das die Botenformel zum Ausdruck. Im NT tritt Gott als Sprecher nicht direkt in Erscheinung,[411] vielmehr gilt das Prophetenwort als „Wort des Herrn" (1Thess 4,15) bzw. wird mit „Das spricht" + Umschreibung für Christus eingeleitet (vgl. Apk 2,1.8.12.18; 3,1.7.14; vgl. die Christusworte 22,7.12f.20a)[412] oder es ist vermittels (διά mit Genitiv) des Geis-

---

[406] AUNE 199 sieht dagegen nur die Christen betroffen, die sich als mit geistgewirkter Rede begabt wissen. Er hat 200f recht, dass die Vorstellung, alle Christen seien potentielle Propheten, ein theologisches Desiderat ist.

[407] Zu Prophetinnen vgl. 11,5; Anm. 94 nach 11,16 und Kommentar zu 14,34.

[408] FORBES, Prophecy 220.

[409] Ebd. 228.

[410] Gegen ROBERTSON/PLUMMER, 1Kor 301; FITZMYER, 1Kor 467: „dynamic, effective, and hortatory preaching of the gospel".

[411] Vgl. aber 1Petr 4,11: „Wenn einer spricht, dann Orakel (λόγια) Gottes"; IgnPhld 7,1 „ich sprach mit lauter Stimme, mit Gottes Stimme". Die „Worte der Prophetie" des Johannes sind zugleich „Wort Gottes" und „Zeugnis Jesu Christi" (Apk 1,2.9; vgl. 19,10; dabei kann sich die Interpretation mit *Genetivus subiectivus* auf 22,18–20 berufen).

[412] Vgl. auch „in deinem (des erhöhten Herrn) Namen prophezeien" Mt 7,22.

tes gesprochen (Apg 11,28; 21,4; Herm mand 11,5 „in der Kraft des göttlichen Geistes"). Das wird manchmal mit der abgewandelten Botenformel „Das spricht der heilige Geist" (Apg 21,11; vgl. 13,2; 23,9; Apk 14,13; IgnPhld 7,2) expliziert. Dass die als Christuswort stilisierten Briefe der Apokalypse in den Aufrufen zum Hören 2,7.11.17.29; 3,6.13.22 sich als Geistrede ausgeben, zeigt die sachliche Identität beider Konzeptionen. Selten wird noch ein Engel als Vermittler zwischen Gott und Mensch eingeschaltet (Apk 1,1; 22,6; vgl. 1Kön 13,18; Sach 1–6; Apg 23,9; der „Engel des prophetischen Geistes" Herm mand 11,9). Die Modalitäten der Offenbarung, die den Propheten zum Reden bringt, sind unterschiedlich: Vision (vor allem Apk), Audition (z.B. Apk 14,13 „Stimme vom Himmel"), aber auch einfach innere Eingebung. Dass die Offenbarung wie manchmal in den Apokalypsen in verrätselter Form ergeht und deshalb der Interpretation bedarf, schien uns – gegen G. Dautzenberg – nicht recht belegbar (s. zu 12,8-10). Es ist auch nicht notwendig, dass der Prophet in Trance versetzt wird wie wohl der Seher Johannes, der nach Apk 1,10; 4,2 „unter den Einfluss des Geistes geriet" und von Engeln „im Geist" zum Schauplatz von Offenbarungen gebracht wird (Apk 17,3; 21,10). Solche Zustände (hebr. hitpael von נבא/nbʾ) sind im AT für das Frühstadium der Prophetie bezeugt (Num 11,25-27; 1Sam 10,5.9-12; 19,20-25). In Ekstase haben zwar Männer wie Paulus und Petrus Visionen (vgl. 2Kor 12,1-4; vgl. 5,13; Apg 10,10; 11,5; 22,17); die sind aber nicht unbedingt zur Mitteilung bestimmt. Paulus setzt 14,14-19 das platonische Modell der die Vernunft verdrängenden Inspiration ja auch ein, um die Glossolalie zu charakterisieren. Die Prophetie hingegen wird ihm als „Reden mit Vernunft" gegolten haben. Jedenfalls behauptet er 14,32, dass die Geister der Propheten den Propheten zu Willen seien. Dass dies mehr ein Postulat ist, haben wir z.St. bemerkt. Für die der Prophetie voraufgehende Offenbarung freilich braucht man „einen außergewöhnlichen seelischen Zustand" nicht auszuschließen.[413] Die Antike kennt ausnahmsweise ein „vernünftiges" Sehertum.[414] Plutarch, de Pyth. or., betont, dass die Eingebung des Geistes die Eigentätigkeit des Intellekts nicht außer Kraft setzen muss. Der Philosoph erklärt freilich so die Unvollkommenheit der göttlichen Äußerungen. Philo zeigt an der Gestalt des Mose verschiedene Arten des göttlichen Redens durch Menschen auf. Dabei legt er nur bei der Ankündigung des Kommenden Wert auf die Verzückung.[415] Diese sehr persönlichen Ansichten Philos und Plutarchs haben jedoch für Paulus keine Bedeutung.[416]

Schon weil die urchristlichen Propheten zuerst im Raum Palästina-Syrien auftauchen, stehen sie zunächst in atl.-jüdischer Tradition,[417] und nicht in der Linie griechisch-römischer Seher/innen und Orakeldeuter. Hier begegnet zwar auch die Bezeichnung προφήτης, προφῆτις[418], und die Pythia antwortete – wie die atl. Propheten – im Ich der Gottheit. Aber

---

[413] DAUTZENBERG 59.

[414] Dio Chrys. 1,53-56 berichtet von einer Seherin in pastoralem Ambiente, die ihm über sein Schicksal Auskunft gab. Das tat sie „nicht wie die meisten der sogenannten gottbesessenen (ἔνθεοι) Männer und Frauen nach Atem ringend, den Kopf umherschleudernd oder mit dem Versuch fürchterlich dreinzuschauen, sondern in vollkommener Selbstbeherrschung und vernünftig (σωφρόνως)." Nach Plutarch, def. orac. 40 (mor. 432c) ist – wider die Tradition – der vernünftige Mann der beste Seher.

[415] Vgl. Mos. II 187-191. WINSTON, D.: Judaism and Hellenism: Hidden Tensions in Philo's Thought, StPhiloA 2, 1990, 1-19 schließt 12-17 daraus, dass es neben der enthusiastischen Prophetie für Philo auch eine „noetische" gebe.

[416] Gegen CALLAN, der noch Demokrit (DIELS/KRANZ 68 B 18) zitiert, eine Stelle, die die Rolle des Enthusiasmos beim Dichter hervorhebt.

[417] Das lehrt schon ihre Bezeichnung als „Knechte Gottes" Apk 1,1; 10,7; 11,18; 22,6.9.

[418] Z.T. – wie in Delphi – für Funktionäre, die selber nicht inspiriert waren, aber der priesterlichen Seherin als Sprecher dienten. Vgl. die im Exkurs 8.1 zitierte Stelle aus Plato, Tim. 72ab. Ähnlich wie Delphi ist das thrakische Heiligtum des Dionysos organisiert. Herodot VII 111,2: Die Besser stehen als προφητεύοντες im Dienst einer πρόμαντις. Näheres bei FASCHER 32-36 und KRÄMER 784-789. Neuere Be-

diese Prophetinnen und Propheten waren meist an eine Kultstätte gebunden; ihre Gottheit gab vorwiegend[419] Antworten auf Fragen hin. Herm mand 11,1-6 weist dagegen die Praxis der Befragung „nach Art der Heiden" ausdrücklich den Lügenpropheten zu. Für sie verwendet der Verfasser das für das griechische Sehertum wichtigere Wortfeld μάντις, μαντεύειν usw., das im NT fehlt. Während Sibyllen und Orakelpriesterinnen in Raserei des Gottes voll wurden, hat μαίνεσθαι für Paulus nur negativen Klang (vgl. 14,23). Während Philo[420] die Prophetie ungehemmt mit der griechischen Begrifflichkeit der Gottbesessenheit beschreibt, kommt der Wortstamm ἐνθουσιαζ- im NT nicht vor, dafür befähigt bei Lk/Apg die Erfüllung mit dem Heiligen Geist zum prophetischen Reden (z.B. Zacharias Lk 1,67; vgl. Apg 2,4.17f).

Damals[421] wie heute[422] ist die Ansicht verbreitet, die Spezialität der Prophetie sei die Voraussage von Künftigem. Das trifft sicher für den Propheten Agabos Apg 11,28 und seine Zeichenhandlung 21,10f zu. Auch dem Seher der Apokalypse wird gezeigt, „was in Bälde geschehen muss" (Apk 1,1; 22,6). Noch die Christen des 2. Jh. gehen zum – von Hermas allerdings abgelehnten – Propheten und fragen ihn, „was ihnen widerfahren wird" (Herm mand 11,2). Doch hat man diese Funktion unter dem Eindruck von 14,3.24 für das paulinische Verständnis der Prophetie in Abrede gestellt.[423] Nun lässt sich beides, Ansage des Bevorstehenden und Enthüllung begangener Sünde (14,24), unter einen Hut bringen, wenn man der Prophetie die Aufgabe zuweist, Verborgenes aufzudecken, ob es in der Vergangenheit, Gegenwart[424] oder Zukunft liegt. Dass man letztere Dimension auch in den Gemeinden des Paulus nicht außer Acht lassen darf, zeigt die enge Verknüpfung von prophetischer Rede und „Wissen um Geheimnisse", die sich uns in 13,2 ergab. Zwar hat die grundlegende Verkündigung den Gläubigen die Eschata schon vor Augen gestellt, aber ihr Ablauf (vgl. das „Geheimnis" in 15,51f; Röm 11,25.26a; das „Herrenwort" 1Thess 4,15-17) und ihre Terminierung (vgl. die Falschmeldung eines prophetischen „Geistes" 2Thess 2,2) sind nur den Propheten bekannt (vgl. Apk 10,7). Bei 14,3 ist zu beachten, dass der von der Prophetie erhoffte Nutzen („Erbauung, Ermunterung und Trost") nicht schon futurische Redeformen ausschließt. Wir sahen im Gegenteil, dass prophetischer Trost innig mit der Ansage des nahen Heils verschränkt ist. Ein Vorbild dafür könnte Deuterojesaja sein (vgl. Jes 40,1f), ein Beispiel außerhalb der Paulusbriefe liefert die mit „Fürchte dich nicht" eingeleitete Ermutigung Apk 2,10.[425] Aber auch der Ruf zur Umkehr oder die Mahnung können mit Drohungen und Verheißungen unterfüttert wer-

---

standsaufnahme bei FORBES, Prophecy 112f.192-214. Hier sind an manchen Orten μάντις und προφήτης personalidentisch.

[419] AUNE 4.66-68 macht gegen KRÄMER 791 darauf aufmerksam, dass es in Delphi, bei Alexander von Abonuteichos und anderswo auch unverlangte Orakel gibt.

[420] In weit geringerem Maß Josephus: bell. II 259; III 353.

[421] Nach Plato, Charm. 173c ist die Mantik das Wissen um das Künftige. Die Definition in Pseudo-Plato, def. 414b fügt noch das Gegenwärtige hinzu. Vgl. auch Philo, her. 260f; Josephus, ant. XIII 299f.

[422] Dabei spielt eine an sich unbegründete Etymologie mit, die das προ- temporal erklärt. Ursprünglich bedeutet es aber „offen heraus". Es erlangte jedoch wie in parallelen Wortbildungen auch zeitliche Bedeutung. Vgl. KRÄMER 783f.

[423] Z.B. CALVIN, 1Kor zu 12,28; CONZELMANN, 1Kor 285f.295: „Sie ist nicht Vorhersage von Künftigem, sondern Enthüllung des Menschen"; SENFT, 1Kor 175.179; HAYS, 1Kor 235; kritisch dagegen SCHRAGE, 1Kor III 386; MERKLEIN/GIELEN, 1Kor III 174.

[424] Vgl. z.B. die mit „ich kenne" eingeleitete Diagnostik der Gemeinden in den Sendschreiben der Apokalypse (z.B. 2,2-4).

[425] Zum Heilswort im AT und im NT vgl. AUNE 94f.321. Eine sicher nachösterliche Bildung – wohl aus dem Mund eines Propheten – ist Lk 12,32. Paulus selbst hat angeblich solche Zusicherungen des Kyrios empfangen: 2Kor 12,9; Apg 18,9; 23,11. Vgl. 27,23 (eines Engels Gottes).

14,1–40: Prophetie und Glossolalie im Dienst der Erbauung der Gemeinde

den, wie wieder die Sendschreiben der Apokalypse belegen.[426] Genauer geht es um künftige Konsequenzen von Handlungsalternativen. Anhand von 7,29-31[427] wurde deutlich, wie prophetische Zeitbestimmung mit Ermahnung Hand in Hand geht. Freilich können die „Offenbarungen" der Propheten auch einfach konkrete Weisungen (vgl. zu 14,6) beinhalten. So wirken sie auch bei der Designation zu Ämtern (vgl. 1Tim 1,18; 4,14) und bei der Entsendung von Missionaren (vgl. Apg 13,1-3; den „göttlichen Impuls" bei der Entsendung des Thaddäus: Eusebius, h.e. II 1,6) mit. Dagegen wird das lehrhafte Moment, das manche Exegeten aus dem μανθάνειν 14,31 erschließen, wenig ausgeprägt gewesen sein.[428] Das Verbum kann auch nur „etwas vom Mitgeteilten erfahren" bedeuten. Vielleicht haben wir in dem Finalsatz V. 31 das rekonstruierte Nacheinander von apokalyptischer Zeitdeutung und Mahnung bzw. Trost. Das „Lehren" der Propheten Did 11,10f (vgl. Apk 2,20) ist mehr praktischer Art. Propheten und Lehrer sind jedenfalls 12,28; Röm 12,6f; Eph 4,11; Apg 13,1;[429] Did 13,1f; 15,1f zwei getrennte Gruppen. Ihnen entsprechen wohl bei Mt 23,34 (Q?) „Propheten und Weise". In der Person des Paulus können freilich Prophetie und Lehre zusammenfallen. Im Rückblick auf die Entstehung der Kirche bekommen die Propheten – neben den Aposteln – eine fundamentale Funktion (vgl. Eph 2,20); ihnen wurde das „Geheimnis Christi", dass auch die Heiden an der Verheißung des Evangeliums teilhaben, geoffenbart (vgl. Eph 2,4-6; ob „prophetische Schriften" in Röm 16,25f Erzeugnisse wie den Römerbrief meint, ist unsicher).

Während das Matthäusevangelium kritisch gegenüber den im syrischen Raum zahlreichen wundertätigen Propheten eingestellt ist (vgl. 7,22f), verrät die Didache in derselben Gegend einen Rückgang der Prophetie. Es kommt nach 13,4 vor, dass eine Gemeinde gar keinen Propheten hat. Dann müssen die eucharistische Danksagung, die nach 10,7 den Propheten ohne zeitliche Grenzen gestattet ist, und andere Dienste von den gewählten Bischöfen und Diakonen übernommen werden (Did 15,1f). Vielleicht ist das Prophetentum durch das Auftreten der im NT sowie in Didache und bei Hermas erwähnten Lügenpropheten in Verruf gekommen.[430] Dautzenberg[431] vermutet, es sei so sehr mit frühjüdischen apokalyptischen Überlieferungen und Fragestellungen verbunden gewesen, dass es im hellenistischen Urchristentum keine Entwicklungsmöglichkeiten hatte. Freilich stellt Justin, dial. 82,1 gegenüber den Juden stolz fest, dass es bei den Christen „bis jetzt prophetische Charismen gibt". Doch verlieren sich die Spuren urchristlichen Prophetentums in der Großkirche,[432] bis es im Montanismus wieder Urständ feiert. Institutionalisierte Gemeindeleiter können seine Funktionen nur zum Teil erfüllen.

---

[426] Vgl. Apk 2,5.10.16.24-28 – hier nimmt der ausführliche Siegerspruch die Stelle der Verheißung ein; 3,2f.11.19f. Die Hinwendung zur Zukunft ist meist mit ἰδού gekennzeichnet. Genauere formgeschichtliche Analyse bei Hahn, F.: Die Sendschreiben der Johannesapokalypse, in: Jeremias, G./Kuhn, H.-W./Stegemann, H. (Hg.): Tradition und Glaube. FS K.G. Kuhn, Göttingen 1971, 357-394 und Müller, Prophetie 57-107.

[427] Vgl. die z.St. angegebenen, von U.B. Müller, Prophetie herausgearbeiteten Parallelen, z.T. aus den Paulusbriefen. Es dürfte allerdings schwerfallen, aus der Paränese des Paulus einzelne prophetische Stücke herauszuschälen. Vgl. die Skepsis von Aune 261f gegenüber den Versuchen von U.B. Müller.

[428] Anders die Tendenz von D. Hill, besonders in seinem Beitrag „Christian Prophets as Teachers or Instructors in the Church" zu Panagopulos 108-130.

[429] Hier ist allerdings kaum vom Gebrauch der Partikel her zu entscheiden, wer zu welcher Gruppe gehört. Vgl. Crone 346 Anm. 35 etwa gegen Friedrich 850 Anm. 426.

[430] Vgl. Schöllgen, G.: Der Niedergang des Prophetentums in der Alten Kirche, JBTh 14, 1999, 97-116.

[431] JBTh 14, 1999, 68.

[432] Nach den neutestamentlichen Namen nennt Miltiades in Eusebius, h.e. V 17,2f nur die sonst unbekannte Ammia in Philadelphia und Quadratus, der mit dem gleichnamigen Apologeten identisch sein könnte.

G. 15,1–58: Gegen die Leugner der Auferstehung

Literaturauswahl zu Kap. 15 und zur Auferstehung

ACKERMAN, Mystery 76–107. ALETTI, Argumentation. ALKIER, Realität. ASHER, Polarity. BARTH, Frage. BECKER, Auferstehung der Toten, bes. 66–105. BIERINGER u.a., Resurrection. BOERS, H.W.: Apocalyptic Eschatology in I Corinthians 15, Interpretation 21, 1967, 50–65. DE BOER, Defeat. DELOBEL, (Un-)belief. DE LORENZI, Résurrection. GOULDER, Resurrection. HEMPELMANN, Bemerkungen. HOFIUS, Auferstehung. HOLLEMAN, Resurrection. HORSLEY, How. LAMBRECHT, Notes. SANDELIN, Auseinandersetzung. SAW, Rhetoric. SCHNIEWIND, Leugner. SELLIN, Streit. –, Auferstehung. SPÖRLEIN, Leugnung. SCHÜTZ, Authority. STENGER, Beobachtungen. TEANI, Corporeità. TUCKETT, Corinthians. ULRICHSEN, Auferstehungsleugner. VERBURG, Endzeit. VOS, 1Kor. 15. WATSON, Strategy. WEDDERBURN, Problem. –, Baptism. WILSON, Corinthians. WISCHMEYER, 1. Korinther 15. ZELLER, Front.

Ein Schlusskapitel über die Auferstehung ist vom Inhalt her nicht systematisch vorbereitet.[1] Das Eschaton trat bisher vornehmlich als Gerichtstag des Herrn in den Blick, an dem die Welt, aber auch die jetzigen geistlichen Begabungen ein Ende nehmen (vgl. 1,7f; 3,13–15; 4,5; 5,5; 6,2f; 7,29–31; 10,11; 11,26; 13,8–10.12). Nur 6,14 redete unproblematisch von der aus der Auferweckung des Herrn folgenden künftigen Auferweckung. 15,1 schließt ohne erkennbaren Bezug zum Vorhergehenden mit weiterführendem δέ an. Das Kap. ist durch die Behauptung einiger, es gebe keine Auferstehung der Toten (V. 12), ausgelöst. Als Basis für die Argumentation dagegen schickt der Apostel – mit der „disclosure"-Formel (s. zu 10,1) und der Bruderanrede eingeleitet – eine Erinnerung an die Tradition von der Auferweckung Christi voraus (V. 1–11).[2] Die Argumentation selber zerfällt deutlich in zwei Teile, die jeweils durch Ermahnungen (V. 33f.58) abgeschlossen werden. Der erste Teil geht von der Behauptung der Auferstehungsleugner aus und zeigt V. 12–19.29–32 deren negative Konsequenzen auf. Dazwischen geschoben ist eine positive Beweisführung (V. 20–28), die auf dem Faktum der Auferweckung Christi aufbaut. Der zweite Teil nimmt einen Einwand der Gegner V. 35 auf und sucht, eine leibliche Auferstehung plausibel zu machen, bei der allerdings die Art der Leiblichkeit sich grundlegend von den jetzigen Bedingungen körperlicher Existenz unterscheidet. V. 36–49 arbeiten mit Vergleichen und einer These V. 44c, die aus der Schrift begründet wird. In V. 51–57 belehrt Paulus anhand eines „Geheimnisses" über die Notwendigkeit der Verwandlung sowohl für die Toten als auch für die bei der Parusie Lebenden. Diese Notwendigkeit folgt aus dem V. 50 aufgestellten negativen Grundsatz. Die Redeeinleitung mit der Anrede „Brüder" – letztere auch V. 1.58 ein Gliederungssignal, nicht aber V. 31 – empfiehlt, V. 50, obwohl sachlich mit dem Vorangehenden zusammenhängend, zum Folgenden zu ziehen. Der χάρις-Spruch V. 57 – 2Kor 2,14; 8,16; Röm 6,17; 7,25a eher am

---

[1] Anders die von K. Barth inspirierten einleitenden Bemerkungen von SCHRAGE, 1Kor IV 7–9 und ACKERMAN, Mystery 77, der in diesem Kap. die Klimax des Briefes und die Vollendung des Christusgeheimnisses von Kap. 1–4 sieht.

[2] Ein ähnliches Verfahren, die „Prämissen" voranzustellen, beobachteten wir bei 9,1f gegenüber 9,4–18. Im Verweis auf Tradition ist natürlich vor allem 11,23–26 vergleichbar.

Anfang bzw. an einer Wende – markiert wie 2Kor 9,15 das Ende des Gedankengangs. Die meisten Ausleger dürften folgender Gliederung zustimmen:

1. Erinnerung an die Tradition von der Auferweckung Christi als Basis 15,1–11
2. Die These V. 12b wird *ad absurdum* geführt, aber auch positiv überwunden 15,12–34
    a) Negative Folgen der Bestreitung einer Auferstehung 15,12–19
    b) Die Auferstehung aller als Folge der Auferweckung Christi 15,20–28
    c) Weitere Gegenargumente aus der Erfahrung, Warnungen 15,29–34
3. Das Wie der Auferweckung der Toten 15,35–58
    a) Leiblichkeit – jedoch pneumatischer Art 15,35–49
    b) Notwendigkeit der Verwandlung, paränetische Folgerung 15,50–58

Weniger erhellend sind wieder die rhetorischen Etikettierungen.[3] V. 1f bzw. 1–3a wird gemeinhin als *exordium* bezeichnet; die Tragweite der Verse erstreckt sich aber, wenn es hoch kommt, nur auf V. 3b–7. Mit den Verben im Erzähltempus verführt V. 3–11 natürlich wieder zur Charakteristik als *narratio*. Die Verse bilden aber – wie gesehen – die allgemein akzeptierte Grundlage der Beweisführung. Wenn die *narratio* dagegen den strittigen Fall darlegt, so ist sie eher in V. 12b enthalten.[4] Die These der Auferstehungsleugner gibt auch die *stasis* vor; sie geht auf die *quaestio facti* „Gibt es Auferstehung oder nicht?".[5] Eine Definition der Auferstehung wird nicht geliefert. Sie ist beiderseits vorausgesetzt. In der *argumentatio* kann man, wie gesagt, negative (*refutatio* V. 12–19.29–32) und positive (*confirmatio* V. 20–28.44c–49.51–57) Strategien unterscheiden. V. 36–44b widerlegt einmal die Meinung, der Tod als Zerfall des Leibes mache eine Auferstehung unmöglich,[6] zugleich führt der Abschnitt auf den Begriff des σῶμα πνευματικόν, der die Auferstehung erst denkbar macht. Insofern fungiert er als *probatio*.[7] Klar heben sich auch die Thesen (*propositiones*) der Gegner (V. 12b.35) wie des Paulus (V. 20.44c.50) heraus. Die paränetischen Schlüsse V. 33f.58 stürzen wieder in Verlegenheit: Soll man sie zu den *perorationes* rechnen? Wie in 3,1–4,21 hätten wir nach BÜNKER zwei davon. Wir begnügen uns wieder mit der formalen Kennzeichnung „Schlussappell" wie bei 14,37–40.[8] Abgesehen davon hat nur der triumphale Abschluss V. 53–57 Züge einer *peroratio*.

Nicht zuletzt wegen der Mahnungen und weil Paulus immer wieder auf die verheerenden Folgen des korinthischen Irrglaubens hinweist, erwägen manche Analytiker, das Ganze dem *genus deliberativum* zuzuweisen. Es ist richtig, dass die direkte Auseinandersetzung mit den Auferstehungsleugnern in V. 36f (2. Sg.) nur fiktiv ist (Diatribe-Stil) und die durchweg in der 2. Pl. angesprochenen implizierten Leser nicht

---

[3] Außer SAW, Rhetoric, WATSON, Strategy vgl. noch BÜNKER, Briefformular 59–80; VERBURG, Endzeit 257–272; ERIKSSON, Traditions 248–251. Diskussion bei MERKLEIN/GIELEN, 1Kor III 244–248.
[4] So der ziemlich einsame Vorschlag von VERBURG, Endzeit 260f.
[5] ERIKSSON, Traditions 243f behauptet die „stasis of definition". Das trifft nicht für die Ausgangsfrage zu, sondern für das Vorgehen des Paulus, der etwa zeigt, was die Auferweckung Christi für die der Christen bedeutet, und die Art des Auferstehungsleibes erläutert.
[6] Deshalb werden die Verse von WATSON, Strategy 244–246 als *refutatio* eingestuft. Insofern V. 36–49 gegen die Annahme gerichtet sind, der Auferstehungsleib sei derselbe wie der natürliche Leib, gelten sie für ERIKSSON, Traditions 268–272 als *refutatio*.
[7] So etwa VERBURG, Endzeit 266f.
[8] Zur Einleitung mit ὥστε in V. 58 vgl. wieder das vor 3,18–23 zu 3,21 Gesagte. Imperative oder Jussive am Schluss von Perikopen noch 5,13b; 6,20b (δή); 10,31–11,1 (οὖν); 12,31a (δέ).

mit den τινές V. 12.34b identisch sind.[9] Paulus versucht vielmehr mit seinen Argumenten gegen die These V. 12 und den Einspruch V. 35 zu verhindern, dass sich die „Brüder" vom Gerede der Bestreiter irreführen lassen (vgl. V. 33). Es geht aber in erster Linie um die Wahrheit, die rechte Gotteserkenntnis (vgl. V. 34, „Tor" V. 36), nicht um das Zuträgliche. Deshalb sind längere Passagen von Leserbezügen in der 2. Pl. frei (3b–11.20–28.35–49) und haben eine lehrhafte Art.[10] O. Wischmeyer spricht gar von unserem Kap. als Traktat über die Auferstehung.[11] Das schließt gelegentliche polemische Schärfe nicht aus.

Kontrovers sind nach wie vor der genaue Sinn und der religionsgeschichtliche Hintergrund der Parole V. 12. Die Nachfrage wird dadurch erschwert, dass Paulus nur die These der Auferstehungsleugner referiert, nicht aber ihre Motive. Inzwischen kaum noch vertreten wird

- die Ansicht, *die Korinther* seien wie die Thessalonicher (vgl. 1Thess 4,13–18) sich nicht über das Schicksal der Verstorbenen im Klaren gewesen, weil sie *nur das Kommen des Herrn zu Lebzeiten erwarteten*.[12] Aber die Negation zeigt, dass die Korinther – anders als die Thessalonicher, bei denen Paulus nur kurz weilte – die Alternative „Auferstehung" kannten. Es ist sehr unwahrscheinlich, dass Paulus bei seinem relativ langen Wirken in Korinth, wo er auch den 1. Thessalonicherbrief mit seiner nachträglichen Aufklärung schrieb, diese Problematik nicht zur Sprache gebracht haben sollte. Gegenstand der Verkündigung bei Christen mit jüdischem Hintergrund war zwar nur die Auferweckung Jesu. In heidenchristlichen Gemeinden, bei denen der Zusammenhang der Auferstehung Jesu mit der endzeitlichen Totenerweckung nicht so selbstverständlich war, gehört nach Hebr 6,2 die Auferstehung der Toten und das ewige Gericht zu den Grundelementen des Glaubens – wie bei uns heute noch im Credo. In der Erstverkündigung 1Kor 15,3b–5 fehlt sie zwar noch, aber 6,14 setzt sie als selbstverständlich voraus. Nicht erst die 11,30 erwähnten Todesfälle haben die Frage aufs Tapet gebracht.
- In der 2. Hälfte des 20. Jh. dominierte die *enthusiastische* Interpretation der Parole, die man durch die Kritik des Paulus an den Korinthern 4,8 bestätigt sah.[13] Im Zuge eines Taufverständnisses, wie es uns in Kol 2,12; 3,1; Eph 2,6 begegnet, hätten sie sich schon mit Christus auferweckt geglaubt. Diese „realisierte Eschatolo-

---

[9] Vgl. VORSTER, J.N.: Resurrection faith in 1 Corinthians 15, Neotest. 23, 1989, 287–307, 289–291. WOLFF, 1Kor 377f schließt dagegen aus der Anrede der ganzen Gemeinde, dass es sich bei der Auferstehungsleugnung um eine für die Korinther „typische Grundhaltung" handelte. Ihm neigt SCHRAGE, 1Kor IV 16 zu.

[10] Auf „Paul's Didactic Style" macht auch ASHER, Polarity 48–57 aufmerksam, verharmlost aber die Bestreiter der Auferstehung, wenn er sie in das Projekt des ganzen Briefes einbezieht, die Korinther untereinander zu versöhnen (47).

[11] WISCHMEYER, 1. Korinther 15, 258. Sie vergleicht den in der *subscriptio* ausdrücklich als „Abhandlung über die Auferstehung" gekennzeichneten Brief an Rheginus (NHC I 4), der auch mit gelegentlichen Appellen an den Adressaten durchsetzt ist.

[12] A. SCHWEITZER, Die Mystik des Apostels Paulus, Tübingen ²1954, 94; SPÖRLEIN, Leugnung 190–198; CONZELMANN, 1Kor 321 (Missverständnis des Paulus); VERBURG, Endzeit 285f, allerdings mit Unterschieden zur Situation in Thessaloniki; WISCHMEYER, 1. Korinther 15, 260–262.

[13] Vgl. SCHNIEWIND, Leugner; WILSON, Corinthians; THISELTON, Eschatology; SCHÜTZ, Authority; BARTH, Frage; TUCKETT, Corinthians: und von den neueren Kommentaren BARRETT, 1Kor 347f; FEE, 1Kor 715f; KREMER, 1Kor 318; LINDEMANN, 1Kor 338f; vgl. die Einleitung unter 2c.

gie", die nach 2Tim 2,17f auch von Hymenaios und Philetos propagiert wird, kann auch einen gnostischen Hintergrund bekommen. Dann ist die Auferstehung in der Taufe[14] bzw. in der Erkenntnis[15] schon geschehen. Weil einige Korinther nach V. 12 die Auferstehung aber schlichtweg (vgl. ὅλως V. 29b) in Abrede stellen, muss man ein Missverständnis des Paulus annehmen. Auch seine Argumentation verrät nichts von dieser Stoßrichtung: Weder betont er die Zukünftigkeit der Auferstehung[16] – die ist bei Auferweckungsaussagen selbstverständlich – noch stellt er deswegen die Notwendigkeit vorherigen Sterbens heraus, weil die Abweichler meinten, schon vor dem Tod zum Leben gelangt zu sein.[17] Auch hat der enthusiastische Schub nach 4,8 die ganze Gemeinde erfasst, die Leugner von V. 12 sind dagegen nur „einige".

– Während die Gnostiker den von der Kirche übernommenen Begriff der Auferstehung teilweise auf eine Auferstehung der Seele in der Gegenwart umdeuten,[18] lehnen andere Christen ihn für das endgültige Geschick der Glaubenden ganz ab. Justin, dial. 80,4 weiß um Häretiker, „die sagen, es gebe keine Auferstehung der Toten, vielmehr würden zugleich mit dem Sterben ihre Seelen in den Himmel aufgenommen." Auf dieser Linie nahmen mehrere Forscher an, die Korinther hätten eine Auferstehung zurückgewiesen, weil sie leiblich konzipiert ist. Auf die unbedingte Gabe des Geistes mit seinen ekstatischen Erfahrungen vertrauend hätten sie im Tod eher die Befreiung vom Leib erhofft.[19] Im Gefolge der jüdisch-alexandrinischen Weisheit, die Apollos in Korinth bekannt machte, hätten sie einem prinzipiell uneschatologischen *Spiritualismus* gehuldigt.[20] Er ist insofern christlich, als sie nicht nur eine quasi-natürliche Unsterblichkeit der Seele annahmen,[21] sondern ihre „Pneumaexistenz" im Jenseits voll ausleben wollten. Dabei hätten sie sich auf eine Interpretation der Schöpfungsgeschichte berufen, in der das Pneumatische am Anfang stand. Das korrigiere Paulus in V. 46 (s. z.St.).

---

[14] Vgl. Irenaeus, haer. I 23,5: Die Auferstehung – im wörtlichen Sinn des Nicht-Mehr-Sterbens – hätten sie in der Taufe auf Menander (s. zu 1,13c) schon empfangen; EvPhil (NHC II 3) 69,25f.

[15] Vgl. TOWNER, P.H.: Gnosis and Realized Eschatology in Ephesus (of the Pastoral Epistles) and the Corinthian Enthusiasm, JSNT 31, 1987, 95–124 und die späteren Zeugnisse Irenaeus, haer. II 31,2 von Anhängern des Simon und Karpokrates: Auferstehung von den Toten ist für sie nichts anderes als die Erkenntnis ihrer sogenannten Wahrheit; EvPhil (NHC II 3) 52,17f; 73,1–5; ActPaul 14. Der Brief an Rheginus (NHC I 4) 49,10–25 macht den Besitz der Auferstehung eher davon abhängig, ob einer nicht mehr nach diesem Fleisch wandelt.

[16] Dagegen auch DOUGHTY, D.J.: The Presence and Future of Salvation in Corinth, ZNW 66, 1975, 61–90; BARBAGLIO, 1Kor 39f.794.

[17] Vgl. ZELLER, Front 178f.181 und die Exegese zu V. 6.12.20.22.23.36.

[18] Vgl. ExAn (NHC II 6) 134,9–15; die Archontiker bei Epiphanius, haer. XL 2,5.

[19] Dies in etwa die Position von WEDDERBURN. Vgl. auch HAYS, 1Kor 253.259f, der die Pneumatiker unter den Gebildeten sucht.

[20] Vgl. PEARSON, Terminology; HORSLEY, How; DERS., 1Kor 200–202; SANDELIN, Auseinandersetzung und SELLIN, dem sich HOLLEMAN, Resurrection 37–40 anschließt. Von den Kommentaren steht am stärksten MERKLEIN/GIELEN, 1Kor I 121–131; III 305 unter dem Eindruck dieser Forschungsrichtung. Vgl. auch SCHNELLE, Paulus 239f. GOULDER, Resurrection, vertritt eine stärker judenchristliche Variante (auch von Petrus Getaufte).

[21] Ein Teil der Forscher vermutet allerdings auch Einfluss der platonischen Seelenlehre: LIETZMANN, 1Kor 79; ULRICHSEN, Auferstehungsleugner 793f.

- Andere Autoren, die den Einfluss des Apollos nicht so hoch einschätzen, versuchen, die letzten beiden Deutungen zu vereinigen. Danach verbinden sich in Korinth die Leugnung einer futurischen und einer somatischen Dimension der Auferstehung. Die Rede von schon geschehener Auferstehung sei nur möglich bei gleichzeitiger Spiritualisierung.[22] Das ist richtig; aber hier muss man wieder mit einem Missverständnis rechnen, was die Lösung von Sellin u.a. vermeiden wollte. Das Problem bei der Spiritualistenthese ist aber, dass Paulus in seiner Argumentation nicht auf sie eingeht, vielmehr karikiert er in V. 32 die Leugner der Auferstehung als Materialisten, die keinerlei Jenseitshoffnungen haben (vgl. V. 19). Und V. 35 ist der Einwand gegen die Auferstehung nicht, dass sie leiblich erfolgt, sondern dass überhaupt kein Leib für sie da ist, weil er verwest.
- Dies führt uns darauf, dass die Widersacher des Paulus sich Auferstehung wie die Griechen und Römer vorstellen, nicht als eschatologische Neuschöpfung, sondern als leibhaftige Rückkehr der Verstorbenen in dieses irdische Dasein.[23] Und da kann es – von ein paar mythischen Ausnahmen und Spukgeschichten abgesehen – eigentlich nur die Erkenntnis geben, die Apollon in Aeschylus, Eum. 647f ausspricht: „Wenn der Staub einmal das Blut eines Mannes aufgesogen hat, der starb, gibt es kein Aufstehen." Da ist selbst der allwaltende Zeus machtlos.[24] Die korinthischen Zweifler wären also nicht von hochphilosophischen Vorurteilen motiviert gewesen,[25] sondern von der *heidnischen Durchschnittsmentalität*. Nach 1Thess 4,13 hegen ja die Nicht-Christen der griechischen Welt keinerlei Hoffnung für die Toten, und Apg 17,18.32 führt die Skepsis der Gebildeten, namentlich der Epikureer, gegenüber der Botschaft von der Auferstehung anschaulich vor. Die korinthischen Bestreiter werden jedoch kaum Skeptiker im akademischen Sinn

---

[22] SCHRAGE, 1Kor I 57–62; IV 113–119 mit der Selbstkorrektur, dass die Korinther nicht die Auferstehungshoffnung in eine schon realisierte Gegenwartserfüllung umdeuten, sondern in der Folge ihres enthusiastischen Vollendungspathos solcher Auferstehung der Toten nicht mehr bedürfen. Deshalb verwerfen sie die Vorstellung überhaupt. Ähnlich WOLFF, 1Kor 422–425 und DELOBEL, (Un-)belief, der eine dualistische Anthropologie dafür verantwortlich macht. Ebenso LAMPE, Concept 103f.

[23] So auch ENDSJØ, D.Ø.: Immortal Bodies, before Christ: Bodily Continuity in Ancient Greece and 1Corinthians, JSNT 30, 2008, 417–436: „Resuscitation to a Normal Life". Wenn er daneben auf die Versetzung einzelner in ein unsterbliches göttliches Dasein verweist (425 „resurrected"), so beachtet er nicht, dass erst christliche Apologeten darauf in größerem Umfang Auferstehungsterminologie anwenden.

[24] Vgl. ZELLER, D.: Hellenistische Vorgaben für den Glauben an die Auferstehung Jesu?, in: Ders., Neues Testament 11–27. Vgl. in einer römischen Grabinschrift ἐντεῦθεν οὐθὶς ἀποθανὼν ἐγίρε[ται] („von hier steht keiner, der gestorben ist, wieder auf", KAIBEL Nr. 646a, Z. 5) und PERES, Grabinschriften, bes. 162–180. Bei den von ihm 172f genannten zwei Ausnahmen entfällt die Inschrift aus Kyzikos (PEEK, W.: Griechische Grabgedichte, SQAW VII, Berlin 1960, Nr. 354), da σώματος nicht zu ἀμβροσίην (Unsterblichkeit des Leibes), sondern zu ὑβριστής (die Zeit als Frevler gegen den Leib) gezogen werden muss. Bei der aus Nea Klaudiupolis (MERKELBACH, R./STAUBER, J.: Steinepigramme aus dem Griechischen Osten, Bd. 2, München 2001, Nr. 08/01/50) ist eher die Reinigung vom Körper gemeint. Vgl. ZELLER, D.: Unsterblichkeit des Leibes bei den Griechen?, ZNW 99, 2008, 290–293.

[25] So die neuere These von ASHER, Polarity. Er entnimmt der paulinischen Argumentation V. 35–57, ein kosmologischer Dualismus habe die Gebildeten daran zweifeln lassen, dass ein irdischer Körper ins himmlische Reich aufgenommen werden könne. „The Corinthians objected to the resurrection on cosmological and metaphysical grounds." (128) Doch die wenig technische Begrifflichkeit dieser Verse ist die des Paulus und der Apokalyptik.

gewesen sein, noch weniger überzeugte Epikureer; denn die hätten sich kaum zum Christentum mit seiner Gerichtsdrohung bekehrt. Ohnehin gibt es nach 1,26 nur wenig weltlich Weise in der Gemeinde.

Zu dieser schon alten Auffassung neigen in letzter Zeit wieder mehr Exegeten: Die τινές lehnten eine Auferstehung überhaupt ab.[26] Man macht dagegen geltend, als Christen hätten die Leugner doch wenigstens den Glauben an die Auferweckung Jesu geteilt. Aber offensichtlich haben sie diese nicht als grundlegendes Ereignis der Endzeit verstanden; vielleicht sahen sie darin eine nur die Person Jesu betreffende Erhöhung (vgl. Phil 2,9), eine Art Apotheose, wie sie die heidnische Umwelt von verdienten Menschen annahm, deren Leichnam verbrannt werden konnte. Was diese Korinther über ihre eigene Zukunft und das Schicksal ihrer Verstorbenen dachten, entzieht sich unserer Kenntnis. Die Taufe für die Toten V. 29 kann dafür nicht ausgewertet werden, da diejenigen, welche diese Praktik übten, nicht mit den Bestreitern der Auferstehung identisch sein müssen (s. z.St.). Letztere verstanden sich als Christen, sie hatten aber offensichtlich den jüdisch-pharisäischen Horizont des Christusglaubens nicht übernommen. Gegenüber dem Tod wahrten sie ihren angeborenen Realismus. Dass sie diesen zum Programm erhoben und aus der Vergänglichkeit des Leibes seine religiös-moralische Bedeutungslosigkeit folgerten, kann man m.E. aus 6,13abc nicht entnehmen (s. z.St.). 15,32bc ist polemisch überspitzt und bezeugt noch keinen Libertinismus der Auferstehungsleugner.[27] Paulus will den Korinthern hier nur die Konsequenzen dieser Leugnung vor Augen stellen.

1. 15,1–11: Erinnerung an die Tradition von der Auferweckung Christi als Basis

(1) Ich tue euch aber, Brüder, die Frohe Botschaft kund, die ich euch verkündet habe, die ihr ja auch aufgenommen habt, in der ihr auch (fest)steht, (2) durch die ihr (schließlich) auch gerettet werdet, wenn ihr denn (an ihr) festhaltet, wie ich (sie) euch verkündet habe; es sei denn, dass ihr vergeblich zum Glauben gekommen seid. (3) Ich habe euch nämlich zuvörderst überliefert, was auch ich empfangen habe, dass
    Christus starb für unsere Sünden   nach den Schriften,
  (4) und dass er begraben wurde,
    und dass er auferweckt wurde am dritten Tage   nach den Schriften,
  (5) und dass er dem Kephas erschien, darauf den Zwölfen;
(6) daraufhin erschien er mehr als fünfhundert Brüdern auf einmal, von ihnen sind die meisten bis jetzt (noch) am Leben, einige aber sind entschlafen;
(7) daraufhin erschien er dem Jakobus, darauf allen Aposteln (zusammen);
(8) zuletzt aber von allen – gleichsam der Fehlgeburt – erschien er auch mir.

---

[26] Vgl. BERGER, Gattungen 1052f; MARTIN, Body 104–136; SCHMELLER, Paulus 382f; VOS, 1Kor. 15; STROBEL, 1Kor 241–243; LAMBRECHT, Notes 75–78.
[27] Gegen SCHNABEL, 1Kor 863f, der ihnen im Anschluss an B. Winter zugleich den Glauben an die Unsterblichkeit der Seele und Hedonismus zuschreibt, eine philosophiegeschichtlich recht unwahrscheinliche Kombination. Sie wird auch durch Philo, det. 33f nicht gedeckt; denn die dort gezeichneten Anhänger der Selbstliebe gebrauchen die Rede vom Körper als Haus der Seele nur als Vorwand.

(9) **Denn ich bin der Geringste unter den Aposteln, der ich nicht geeignet bin, Apostel genannt zu werden, weil ich die Gemeinde Gottes verfolgte;** (10) **durch die Gnade Gottes aber bin ich, was ich bin, und seine Gnade mir gegenüber erwies sich als nicht wirkungslos, vielmehr habe ich mehr als sie alle (zusammen) mich gemüht, nicht ich freilich, sondern die Gnade Gottes mit mir.**[28] (11) **Ob nun ich oder jene, so verkünden wir und so seid ihr zum Glauben gekommen.**

BECKER, Auferstehung Jesu Christi. CONZELMANN, H.: Zur Analyse der Bekenntnisformel 1. Kor. 15,3–5, in: Ders., Theologie 131–141. DE JONGE, H.J.: Visionary Experience and the Historical Origins of Christianity, in: Bieringer u. a., Resurrection 35–53. DU TOIT, A.B.: Primitive Christian belief in the resurrection of Jesus in the light of Pauline resurrection and appearance terminology, Neotest. 23, 1989, 309–330. GERHARDSSON, B.: Evidence for Christ's Resurrection According to Paul, in: Aune u. a., Neotestamentica 73–91. HENGEL, M.: Das Begräbnis Jesu bei Paulus und die leibliche Auferstehung aus dem Grabe, in: Ders., Studien 386–450. HOFFMANN, P.: Art. „Auferstehung II 1", TRE 4, 1979, 478–513 (Lit.). - (Hg.): Zur neutestamentlichen Überlieferung von der Auferstehung Jesu, WdF 522, Darmstadt 1988. HOLL, K.: Der Kirchenbegriff des Paulus in seinem Verhältnis zu dem der Urgemeinde (1921), in: Rengstorf, Paulusbild 144–178, 146–159. JEREMIAS, Abendmahlsworte 95–98; –: Artikelloses Χριστός, ZNW 57, 1966, 211–215; –: Nochmals: Artikelloses Χριστός in I Cor 15 3, ZNW 60, 1969, 214–219. KLAPPERT, B.: Zur Frage des semitischen oder griechischen Urtextes von I. Kor. XV. 3–5, NTS 13, 1967, 168–173. KLOPPENBORG, J.: An Analysis of the Pre-Pauline Formula 1 Cor 15:3b–5 in Light of Some Recent Literature, CBQ 40, 1978, 351–367. KREMER, J.: Das älteste Zeugnis von der Auferstehung Christi, SBS 17, Stuttgart 1966. LAMBRECHT, J.: Line of Thought in 1 Cor 15,1–11, Gr. 72, 1991, 655–670. LEHMANN, K.: Auferweckt am dritten Tag nach der Schrift, QD 38, Freiburg 1968. LÜDEMANN, G.: Die Auferstehung Jesu, Stuttgart 1994. MOFFITT, D.M.: Affirming the „Creed": The Extent of Paul's Citation of an Early Christian Formula in 1 Cor 15:3b–7, ZNW 99, 2008, 49–73. MURPHY O'CONNOR, J.: Tradition and Redaction in 1 Cor 15:3–7, CBQ 43, 1981, 582–589. MUSSNER, F.: Zur stilistischen und semantischen Struktur der Formel 1 Kor 15,3–5, in: Schnackenburg, R./Ernst, J./Wanke, J. (Hg.): Die Kirche des Anfangs. FS H. Schürmann, Freiburg usw. 1978, 405–415. OSTEN-SACKEN, P. VON DER: Die Apologie des paulinischen Apostolats in 1. Kor. 15,1–11, in: Ders., Evangelium 131–149. PESCH, R.: Zur Entstehung des Glaubens an die Auferstehung Jesu, ThQ 153, 1973, 201–228. SIDER, R.J.: St. Paul's Understanding of the Nature and Significance of the Resurrection in I Corinthians XV 1–9, NT 19, 1977, 124–141. STUHLMACHER, P.: Das paulinische Evangelium I, FRLANT 95, Göttingen 1968, 266–282. VERWEYEN, H. (Hg.): Osterglaube ohne Auferstehung?, QD 155, Freiburg 1995. WILCKENS, U.: Der Ursprung der Überlieferung der Erscheinungen des Auferstandenen (1963), in: Hoffmann, Überlieferung 139–193.

V. 1f Die Einleitung zur Tradition fällt umständlich aus, da Paulus vier Relativsätze zur Bestimmung des mitgeteilten[29] „Evangeliums"[30] anhängt. Zwei davon beziehen

---

[28] Möglicherweise adverbial gemeintes σὺν ἐμοί haben ℵ* B D* F G 0243 0270* 1739 und lat. Übers.; es ist aber nach CONZELMANN, 1Kor 301 nicht mit ἐκοπίασα zu verbinden, sondern mit ἡ χάρις τοῦ θεοῦ. Das verdeutlichen ℵc A Db K P Ψ 33 81 1881 und viele andere Minuskeln, Übersetzungen und Väter mit attributivem ἡ σὺν ἐμοί; ἡ εἰς ἐμὲ bei 𝔓46 dürfte dagegen Eintrag von 10b sein.
[29] Γνωρίζειν für den Hinweis auf eigentlich Bekanntes ist ungewöhnlich (vgl. höchstens Gal 1,11). Man sollte daraus aber nicht ein Glaubensdefizit der Korinther folgern. Das Verbum heischt Aufmerksamkeit.
[30] Zum Terminus vgl. bei 1,17, zu seiner christologischen Füllung, die sich auch hier V. 3bff bestätigt, vgl. zu 9,12.

sich auf die Vergangenheit, einer auf die Gegenwart, und ein letzter auf die Zukunft. Durch dreifaches καί („ja auch") wird ausgedrückt, dass die Verben dieser Relativsätze zueinander in logischer Folge stehen (vgl. Röm 8,30). Paulus weist darin daraufhin, dass die Korinther die folgende Botschaft selbst zur Grundlage ihres Glaubens und Lebens gemacht haben (zu παραλαμβάνειν im Sinn von δέχεσθαι vgl. 1Thess 1,6; 2,13; Gal 1,9 – vgl. 2Kor 11,4; Phil 4,9; zum „Stehen" vgl. zu 10,12). Die Zusage der „Rettung" (s. 1,18) kann er nicht ohne eine Bedingung geben. Diese umfasst aber nicht mehr und nicht weniger als das Festhalten an der überlieferten Botschaft.[31] Man muss dann „Evangelium" als Objekt im Konditionalsatz und im indirekten Fragesatz ergänzen. Λόγος meint die verbale Gestalt der Verkündigung, den „Wortlaut", wenn das nicht zu pedantisch genommen wird.[32] Wenn sich die Korinther nicht daran halten, sind sie „vergeblich"[33] zum Glauben gekommen (ingressiver Aorist s. zu 3,5), weil sie das Heil verfehlen. Die Sinn- und Zwecklosigkeit eines Glaubens ohne Ostern wird 15,14 mit anderen Vokabeln (κενός, μάταιος) noch dargelegt werden.

V. 3a Nach diesen vielen Zusätzen muss die Tradition noch einmal eingeführt werden, und zwar als vordringliches Hauptstück[34] der Verkündigung des Apostels. Jetzt kann er auch wie 11,23 anmerken, dass er diese selbst übernommen hat, diesmal nicht „vom Herrn", sondern vermutlich von der Gemeinde, in der er nach seiner Bekehrung Taufunterricht erhielt (wohl Damaskus).[35] Weniger wahrscheinlich ist, dass ihm eine so grundlegende Tradition erst drei Jahre nach seiner Bekehrung beim Besuch in Jerusalem Gal 1,18–20 übermittelt wurde. Noch weniger kommt das später aufgesuchte Antiochien als Herkunftsort in Frage. Dass der Überlieferungscharakter des Textes herausgestellt wird, soll seine Zuverlässigkeit erhöhen. Paulus hat das Evangelium nicht selbst erfunden. Dennoch kann er in polemischem Kontext versichern, er habe das von ihm zu verkündende Evangelium nicht von einem Menschen empfangen (Gal 1,11f). Göttliche Berufung zu einer Heilsbotschaft ohne Gesetz und menschliche Unterweisung können offenbar zusammengehen.

---

[31] Zu der der Übersetzung zu Grunde gelegten Konstruktion vgl. WEISS, 1Kor 346; andere, weniger wahrscheinliche Möglichkeiten bei CONZELMANN, 1Kor 301. Zur Terminologie παραδιδόναι – κατέχειν vgl. 11,2. Vgl. auch Phil 2,16 λόγον ζωῆς ἐπέχοντες „am Wort des Lebens festhaltend".

[32] FITZMYER, 1Kor 545 gegen Umschreibungen mit „Substanz" o.ä. An sich könnte λόγος auch einfach mit „Evangelium" identisch sein (vgl. 1,18; 2,4 u. ö.). So KREMER 19f. Aber mit εὐαγγελίζεσθαι ist in der christlichen Missionssprache (vgl. Apg 8,4; 15,35) der Akkusativ, und nicht der Dativ von λόγος verbunden. In seinem Kommentar gibt KREMER τίνι λόγῳ mit „weshalb" wieder (1Kor 319–321). Das ist sprachlich in Ordnung (vgl. Apg 10,29). Aber warum sollte Paulus hier auf seine Motivation kommen? Wenn der Grund die Rettung der Korinther ist – so VERBURG, Endzeit 107 –, würde man ein „auch" erwarten.

[33] Zu dieser Bedeutung von εἰκῇ vgl. Gal 3,4; 4,11; Röm 13,4. WEISS, 1Kor 346; ROBERTSON/PLUMMER, 1Kor 332; THISELTON, 1Kor 1186; MERKLEIN/GIELEN, 1Kor III 260 bevorzugen die Übersetzung „ins Blaue hinein (ohne Überlegung)." Aber es kommt wohl auf das σῴζεσθαι an.

[34] Zu ἐν πρώτοις vgl. Plato, rep. 522c: Zahl und Rechenkunst müssen alle Fertigkeiten und Wissenschaften als erstes lernen. Der Ausdruck besagt zeitlichen wie sachlichen Vorrang. So auch ARZT-GRABNER in: Ders.u.a., 1Kor 475.

[35] Das καί, das sich auf den 2. Relativsatz in V. 1 bezieht, lässt an eine menschliche Instanz denken, von der Paulus – wie die Korinther – das Evangelium übernommen hat.

Die Abgrenzung des Traditionsstückes, das wohl auch schon eine gewisse Entwicklung durchgemacht hat, ist nicht ganz eindeutig. Klar ist nur, dass die V. 8-10, in denen Paulus auf seine eigene Christusvision und sein Apostolat eingeht, nicht mehr dazugehören. Es liegt zunächst' nahe, die Überlieferung auf die mit vierfachem ὅτι angeführten Teile zu beschränken. Sie weisen zudem bis V. 5a einen perfekten Parallelismus auf, der sich folgendermaßen darstellen lässt:

Sterbensaussage + präpositionale Bestimmung + „nach den Schriften"
verbale Aussage, die die Sterbensaussage vervollständigt,
Auferweckungsaussage + präpositionale Bestimmung + „nach den Schriften"
verbale Aussage, die die Auferweckungsaussage vervollständigt und beglaubigt.

Strittig ist die Zugehörigkeit von V. 5b. Sie wird unten verteidigt. Da Aufzählungen mit εἶτα - ἔπειτα dem Stil des Paulus entsprechen (vgl. 12,28 als Rangfolge; 15,23f.46; Gal 1,18.21; 1Thess 4,17 als Zeitfolge, eine Bedeutung, die sich auch im narrativen Zusammenhang V. 3b-7 aufdrängt), ist seine redigierende Hand sicher in den selbständigen Verbalsätzen mit ὤφθη anzunehmen, unverkennbar in dem differenzierenden Relativsatz V. 6. Dabei kann er Fakten aus verschiedenen Quellen verarbeiten. Die wichtigsten Informanten dürften Petrus und Jakobus (vgl. Gal 1,18f) gewesen sein. Mit dem Schlussglied „dann allen Aposteln" leitet er über zur Thematisierung seines eigenen Apostel-Seins.[36]

Die formgeschichtliche Untersuchung sieht in V. 3b-5a zwei geprägte Wendungen verbunden und erweitert: die Sterbens-Formel mit der Präposition ὑπέρ und die Auferweckungsaussage mit der traditionellen Angabe „am dritten Tag". Die Frage, ob die Kombination, die wir in verschiedener Weise auch in 1Thess 4,14a; 2Kor 5,15fin., Röm 4,25; 8,34; 14,9 vorfinden, ein späteres Stadium anzeigt, muss offen bleiben. Nach 1Thess 4,14a (vgl. Röm 10,9) gibt sie den Inhalt des Glaubens wieder; deshalb hat sich die Forschung auf die Bezeichnung „Glaubensformel" geeinigt.[37] Weil sie schon eine ziemliche Reflexion voraussetzt, sucht man ihren „Sitz im Leben" nicht nur in der Predigt – so sicher bei der Verkündigung des Paulus in Korinth V. 1-3a –, sondern auch in der Unterweisung der Taufbewerber und im bei der Taufe abgelegten Glaubensbekenntnis.

Die sprachlichen Besonderheiten (s. Einzelerklärung), die teilweise als Semitismen gedeutet werden können, sprechen dafür, dass die vorliegende Formel in der judenchristlich-hellenistischen Gemeinde formuliert wurde.[38] Das dürften die „Hellenisten" der Urgemeinde sein, die nach Apg 8,4; 11,19 in nördlichere Gebiete, z.B. Damaskus, vertrieben wurden. Einzelelemente können auf die Aramäisch sprechenden Jerusalemer Christen zurückgehen.

V. 3b.4a Das Evangelium handelt von „Christus", dem von Gott gesalbten definitiven Heilbringer. Der ursprüngliche Titel Χριστός, der nur von der messianischen Erwartung Israels her verständlich wird, ist in der Sprache des Paulus und seiner Gemeinden mit der Konkretion in der Person Jesu eins geworden.[39] Mag der ntl. Mes-

---

[36] HAHN, Hoheitstitel 197-199 hält V. 6a.7 für eine jüngere, aber noch vorpaulinische Fortsetzung. Ebenso STUHLMACHER 267-269. Aber hat Paulus so in Korinth gepredigt? MOFFITT zählt V. 6a.7 zum „Credo", bestimmt sie aber als Legitimationsformeln, was für V. 6a nicht zutrifft.

[37] Vgl. z.B. KRAMER, Christus 62f, der diese auf das Heilswerk ausgerichtete Pistis-Formel vom „Bekenntnis" bzw. der Homologie (s. zu 12,3) unterscheidet; dazu LEHMANN 47-55, der moniert, man dürfe den bekenntnishaften Charakter der Pistis-Formel nicht abschwächen.

[38] Vgl. das Ergebnis der Kontroverse zwischen J. Jeremias und H. Conzelmann bei CONZELMANN, 1Kor 307-309; LEHMANN 87-115; STUHLMACHER 269-272; KLOPPENBORG.

[39] Vgl. zu 1,3; ferner: DAHL, N.A.: The Messiahship of Jesus in Paul, in: Ders.: The Crucified Messiah and Other Essays, Minneapolis 1974, 37-47; HENGEL, M.: Erwägungen zum Sprachgebrauch von

siasbegriff auch von der davidisch-königlichen Tradition geprägt sein, so werden hier von Christus an sich nicht dazu passende Aussagen gemacht, die doch nach dem zweifachen Zusatz der Schrift entsprechen sollen. Einmal: daß er „für unsere Sünden starb". In der sogenannten „Sterbens-Formel" (eine Form von ἀποθνῄσκειν + ὑπέρ, s. 1,13) gibt Paulus gewöhnlich das Wofür des Sterbens personal an (vgl. schon die Abendmahlstradition 11,24). Solches Sterben für andere (Nahestehende, dann aber auch für das Vaterland, eine Idee) war in der griechisch-römischen Antike gefeiert worden,[40] in der jüdischen Märtyrerliteratur wurden die Gesetze, der Bund der Väter, die Tugend etc. zum Motiv des Todes.[41] Die Präposition ὑπέρ ist hier austauschbar mit περί + Gen. oder mit διά + Akk. und heißt soviel wie „zugunsten, im Einsatz für". Eine Stellvertretung ist nicht immer gegeben. Paulus kennt offenbar den Fall, dass jemand für einen Guten stirbt, unterstreicht aber, dass Christus für uns starb, als wir noch Sünder waren (Röm 5,7f). Ein Sterben, das die Stellung des Menschen vor Gott tiefgehend ändert, ist in der jüdischen Märtyrertradition vorgedacht (vgl. 2Makk 7,37f; 4Makk 6,27–29; 17,21f). An unserer Stelle wird es mit „für unsere Sünden" verbunden, d.h. wohl: zur Sühne unserer Sünden.[42] Die Wendung „für unsere Sünden"[43] erscheint noch einmal Gal 1,4 als Ziel der Selbsthingabe Jesu Christi. Gleichbedeutend ist „wegen (διά mit Akk.) unserer Verfehlungen" bei der Dahingabe-Wendung Röm 4,25a. Διά ist hier final, nicht kausal zu nehmen. Dagegen scheint das διὰ τὰς ἀνομίας ἡμῶν bzw. διὰ τὰς ἁμαρτίας ἡμῶν im Lied vom leidenden Gottesknecht Jes 52,13–53,12LXX (V. 5.12) kausalen Sinn zu haben: wegen unserer Schuld lag die Strafe auf ihm.[44] Doch obwohl ὑπέρ-Wendungen dort fehlen, steht das Lied wohl im Hintergrund von 1Kor 15,3b (noch deutlicher hinter Röm 4,25).[45]

Χριστός bei Paulus und in der ‚vorpaulinischen' Überlieferung, in: Hooker/Wilson, Paul 135–158. Der in den ntl. Briefen häufig fehlende Artikel besagt nichts über eine titulare Verwendung des Namens. Vgl. B-D-R 260,1. Er spricht aber auch nicht zwingend gegen eine palästinische Herkunft der Formel, obwohl GÜTTGEMANNS, E.: Χριστός in 1. Kor. 15,3b – Titel oder Eigenname?, EvTh 28, 1968, 533–554 nachgewiesen hat, dass artikelloses מָשִׁיחַ/māšîᵃḥ in hebr. und aram. Quellen nur in gewissen Zusammenhängen vorkommt.

[40] Vgl. die neuere Zusammenstellung bei ESCHNER, CH.: Gestorben und hingegeben ‚für' die Sünder, WMANT 122, Neukirchen-Vluyn 2010. Ferner BREYTENBACH, C.: The „For Us" Phrases in Pauline Soteriology: Considering their Background and Use, in: Van der Watt, J.G. (Hg.): Salvation in the New Testament, NT.S 121, Leiden/Boston 2005, 163–185.

[41] Belege bei WENGST, Formeln 68.

[42] Vgl. SCHMIEDEL, 1Kor 187; HEINRICI, 1Kor 448 u.a.; anders ROBERTSON/PLUMMER, 1Kor 333 „on account of our sins". Brachylogische Redeweise nimmt auch an DE SAEGER, L.: „Für unsere Sünden." 1 Kor 15,3b und Gal 1,4a im exegetischen Vergleich, EThL 77, 2001, 167–191. Die Sühne wird noch nicht unbedingt kultisch gedacht. Weiter geht CONZELMANN, 1Kor 309: „Durch ὑπέρ κτλ. wird Jesu Tod als Sühnopfer oder als stellvertretendes Opfer gedeutet." Zum Thema vgl. ZELLER, D.: Der Sühnetod Jesu in religionsgeschichtlicher Sicht, in: Schmeller, Th. (Hg.): Neutestamentliche Exegese im 21. Jahrhundert. Grenzüberschreitungen. FS J. Gnilka, Freiburg 2008, 66–81 (dort weitere Lit.).

[43] Der Text schwankt hier zwischen ὑπέρ und περί. Der Plural von ἁμαρτία begegnet bei Paulus, von Röm 7,5 abgesehen, nur in traditionellen Wendungen und in Zitaten. Charakteristisch ist für ihn der Singular zur Bezeichnung des allgemeinen Phänomens „Sünde" (vgl. V. 56).

[44] Vgl. HOFIUS, O.: Das vierte Gottesknechtslied in den Briefen des Neuen Testamentes, NTS 39, 1993, 414–437, 428f.

[45] KLAPPERT wollte eine Abhängigkeit vom Targum Jes 53,5b, der die Präposition בְּ/bᵉ hat, wahrscheinlich machen. Dagegen VAN CANGH, J.-M.: „Mort pour nos péchés selon les Écritures" (1 Co 15,3b) Une

Denn einmal ist ὑπέρ mit περί (περὶ ἡμῶν Jes 53,4) und διά synonym, zum andern ist der Jesaja-Text der einzige im AT, der explizit von stellvertretender Schuldableistung spricht und so den pauschalen Anspruch „nach den Schriften"[46] einigermaßen einlösen kann. Er wird allerdings im Neuen Testament erst relativ spät ausdrücklich für das Leiden des Messias herangezogen (vgl. Apg 8,32-35; 1Petr 2,21-25, hier auch für das Auf-sich-Nehmen der Sünde). Während das Judentum die Leidensaussagen dieses Textes übergeht,[47] wird für die Christen das anstößige (s. 1,23) Faktum der Kreuzigung Jesu im Licht der Schrift als Heilsereignis erkennbar. Das angefügte „und wurde begraben" gibt dagegen eine „nackte" Tatsache wieder, die die Faktizität des Todes Jesu verstärkt. An sich hätte auch das Begräbnis mit Jes 53,9 als schriftgemäß erwiesen werden können, aber das dortige „Grab unter Verbrechern" widerspricht der Darstellung der Evangelien. Jesus wurde eben nicht in die *fossa communis* geworfen, sondern in einem ordentlichen Grab, das sogar vornehmen und angesehenen Leuten gehörte, beigesetzt. Die Zweitbestattung eines Gekreuzigten in Gibʿat ha-Mibtar lässt das als nicht unmöglich erscheinen.

V. 4b Theologisch umstritten ist nun, in welchem Sinn dieses Begräbnis auch die Voraussetzung für die im Folgenden behauptete Auferweckung[48] Christi bildet.[49] Er ist vielleicht salomonisch so zu entscheiden: Die überlieferte Formel stellt sich die Auferweckung nach dem Begräbnis wohl wie die Evangelien vor, dass nämlich das Grab leer war. Was Paulus angeht, so wird gewöhnlich V. 35-57 dafür angeführt, dass der verwesende Leichnam nicht für den Auferstehungsleib verwertet werden muss und kann. Hier geht es zwar um die Auferstehung der Christen, die z.T. schon länger im Grab liegen, aber wahrscheinlich hätte Paulus diese Einsicht auch auf die Christustradition angewandt. Der Befund ist aber nicht eindeutig, da der Begriff „Verwandlung" (s. V. 51f) auch etwas vorauszusetzen scheint, das verwandelt wird.

---

référence à Isaïe 53?, RTL 1, 1970, 191-199: Anspielung auf Jes 53LXX als Ganzes, ohne explizite Zitation eines bestimmten Verses.

[46] Die Formulierung mit κατά findet sich sonst so nicht bei Paulus, der sowohl singularisches γραφή wie pluralisches γραφαί kennt; sie entspricht dem „er muss" der synoptischen Leidensweissagungen, das Lk 18,31 in den „Propheten", 24,27; 24,44 in den drei Hauptkomponenten der Schrift entfaltet wird. Diese bezeugt in den Evangelien jedoch nur das Dass, nicht aber den Sinn des Leidens. Ebenso Apg 17,2f; 26,22f.

[47] Vgl. JANOWSKI, B./STUHLMACHER, P. (Hg.): Der leidende Gottesknecht: Jesaja 53 und seine Wirkungsgeschichte, FAT 14, Tübingen 1996; darin besonders HENGEL, M.: Zur Wirkungsgeschichte von Jes 53 in vorchristlicher Zeit, 49-91.

[48] Nur in der traditionellen Formel und in deren Nachklang 15,12-14.16f.20 (vgl. auch das traditionelle Evangelium 2Tim 2,8) verwendet das NT das Perfekt ἐγήγερται, das resultative Bedeutung haben kann (SCHMIEDEL, 1Kor 187 „dass er erweckt ist und bleibt"). Doch die „Auferweckungsformel" (WENGST, Formeln 27-33) steht im Aorist. Weil er 15,15 und Mk 6,14.16 mit dem Perfekt wechselt, ist Vorsicht vor Überinterpretation geboten. SENFT, 1Kor 188 tritt wegen der Datumsangabe für aoristische Bedeutung des Perfekt ein. – Die Passivform ist von der Auferweckungsformel (vgl. V. 15) her und angesichts der διά-Verbindungen 6,14; Röm 6,4 wohl als theologisches Passiv zu verstehen, obwohl sich darin auch nur mediales „aufwachen, auferstehen" ausdrücken könnte. Argumente dafür bei HOFIUS, O.: „Am dritten Tage auferstanden von den Toten". Erwägungen zum Passiv ἐγείρεσθαι in christologischen Aussagen des Neuen Testaments, in: Bieringer u.a., Resurrection 93-106. Aber auch eine intransitive Verwendung bedeutet noch keine Aktivität Jesu bei der Auferweckung (missverständlich HOFIUS 105), weil das Verbum ja auch von normalen Menschen ausgesagt werden kann.

[49] Dafür setzt sich vehement HENGEL ein.

Auf jeden Fall ist bemerkenswert, dass als Bestätigung für die Auferweckung nicht das leere Grab fungiert,[50] sondern die Erscheinungen des Auferstandenen. Es stellt sich heraus, dass das sich anscheinend in eine historische Ereignisfolge einreihende „und wurde auferweckt" selbst ein „Interpretament" von Visionen ist.[51] Aber wird die Auferweckung nicht durch die Angabe „am dritten Tag" (so auch oft Mt/Lk; Apg 10,40) zu einem datierbaren Geschehen? Diese entspricht in den markinischen Leidensweissagungen einem „nach drei Tagen" (Mk 8,31; 9,31; 10,34).[52] Mehrere Erklärungen sind möglich:

- Chronologisch fällt die Zeitbestimmung mit der Entdeckung des leeren Grabes (Mk 16,1-8 parr.) zusammen. Aber das Alter dieser Tradition ist umstritten. Vor allem: Ist dies auch der Zeitpunkt der Auferstehung? Genau hätte man formulieren müssen: „spätestens am dritten Tage".
- Noch schwieriger ist die Gleichsetzung mit der ersten Ostererscheinung. Da diese Mk 16,7 in Galiläa anberaumt wird, hätten die Jünger[53] in drei Tagen, wovon einer noch Sabbat ist, ca. 175 km zurücklegen müssen. Die Erscheinungen in Jerusalem aber sind überlieferungsgeschichtlich sekundär.
- Die Anschauung, dass der Mensch erst nach drei Tagen richtig tot ist, lässt sich vereinzelt belegen.[54] Sie spielt auch in der altorientalischen Mythologie eine Rolle.[55] Doch dass Jesu Geschick nach dem Vorbild der in Mysterienkulten verehrten „leidenden und auferstehenden Götter" gestaltet worden wäre, behauptet heute kaum einer noch.
- Näher liegt das jüdische Axiom, dass Gott dem Frommen spätestens am 3. Tag zu Hilfe kommt.[56]

---

[50] Die Geschichte von seiner Entdeckung Mk 16,1-8 hat in V. 6 eine kerygmatische Spitze (ἠγέρθη), geht also schon von einer Verkündigung wie V. 4b aus. Das leere Grab ist nur Zeichen, nicht Beweis dafür.

[51] Der Ausdruck „Interpretament" geht auf MARXSEN, W.: Die Auferstehung Jesu von Nazareth, Gütersloh 1968, 141-143 zurück. Er bezieht ihn allerdings auf das eigene Zum-Glauben-Gekommen-Sein.

[52] Ein angefangener Tag gilt hier als ganzer Tag. Die Seitenreferenten Mt und Lk korrigieren wieder zu „am dritten Tag". Wenn Joh 2,22 auf das Jesuswort V. 19 geht, bezeugt auch hier die „Schrift" eine Auferweckung (vgl. Joh 20,9) „innerhalb von drei Tagen".

[53] Nimmt man ihre Flucht (vgl. Mk 14,50) nach Galiläa an. Mk 16,7 macht daraus ohnehin einen geordneten Zug erst nach dem Ostermorgen. Dem Evangelisten ist aber Galiläa als Ort der Erscheinungen vorgegeben.

[54] Nach BerR zu 50,10 (vgl. Bill. II 544f mit Parallelen) schwebt die Seele drei Tage lang über dem Grab und denkt, wieder zum Leben zurückzukehren; erst dann entfernt sie sich definitiv; es setzt die Verwesung ein (vgl. Joh 11,6.17.39). Im jüngeren Avesta verweilt die Seele bis zum Morgengrauen nach der dritten Nacht zu Häupten des Leichnams, dann macht sie sich auf zur Cinvat-Brücke. Wenn in 1Kor 15,3f mit dem Begräbnis die Todesaussage komplettiert wird, dann wäre der dritte Tag für die Auferstehung aus den Toten etwas zu knapp gewählt, weil nach den meisten jüdischen Quellen die Seele den Leib erst am vierten Tag verlässt.

[55] Drei Tage und drei Nächte wartet die Botin Inannas auf deren Rückkehr aus der Totenwelt (sumer. Fassung 173). Osiris verschwindet am 17. Athyr, am 19. wird er wiedergefunden (vgl. Plutarch, mor. 366ef.367e). Ein spätrömischer Kalender verzeichnet am 22. März Trauerriten um Attis, am 25. das fröhliche Fest Hilaria. Ähnlich steht es bei Adonis: Nachdem die Klage um ihn mit einem Totenopfer abgeschlossen ist, behaupten die Leute von Byblos anderntags, er lebe (Lukian, Syr. dea 6). BONNET, C.: Melqart, Studia Phoenicia 8, Leuven/Namur 1988 liest aus einem sidonischen Tongefäß die Auferstehung des Stadtgottes von Tyrus, Melqart, am dritten Tag.

[56] Es liegt wohl auch Hos 6,2 zu Grunde. Vgl. BerR 91 (57d): „Niemals lässt Gott die Gerechten (länger als) drei Tage in Not; so lernen wir es von Joseph (Gen 42,17f - eigentlich von seinen Brüdern), von Jona (vgl. Jon 2,1), von Mordechai (Esth 5,1?) und von David. Ferner s. Hos 6,2" (vgl. Bill. I 647.747). Weitere Stellen zum dritten Tag als Wende zum Heil sammelt BerR 56 Anfang (vgl. Bill. I 760). Ein ntl. Beleg wäre

– Wie die Angabe beim Sterben sich einem Schriftbezug verdankt, so könnte auch die bei der Auferweckung durch eine Anspielung auf Hos 6,2 veranlasst sein. Die Jahweanhänger äußern dort die eitle Hoffnung: „Nach zwei Tagen wird er uns wieder beleben, am dritten Tag wird er uns wieder aufrichten (LXX ἀναστησόμεθα), und wir leben vor seinem Angesicht". Hier ist allerdings bildhaft von der Heilung des Volkes, nicht von Auferstehung des Individuums im eigentlichen Sinn die Rede. Der Text wird aber in rabbinischen Spekulationen über Weltende und allgemeine Auferstehung herangezogen;[57] das Targum ersetzt den dritten Tag durch den Tag der Auferstehung der Toten; im NT wird die Stelle sonst nicht bemüht. Mt 12,40 parallelisiert den dreitägigen Aufenthalt des Jonas im Bauch des Fisches mit dem des Menschensohnes im „Herzen der Erde", ein Indiz dafür, dass Hos 6,2 nicht *der* Schlüsseltext zum Verständnis der Zeitbestimmung war.

Die Zeitangabe belegt auf jeden Fall, dass man sich die Auferweckung Jesu nicht als Aufnahme der Seele unmittelbar im Tode oder als Himmelfahrt vom Kreuz aus vorgestellt hat. Sie erfolgt erst, nachdem der Leichnam eine kurze Zeit im Grab gelegen hat. Zugleich aber ist der „dritte Tag" kein rein empirisches, sondern auch ein „dogmatisches", besser gesagt: „heilsgeschichtliches" Datum. Wie das heilvolle Sterben, so sollte auch die Auferweckung des Christus der Schrift entsprechen. Da sich aber kein treffender Text fand – der leidende Gottesknecht wird „erhöht" (Jes 52,13) –, hat man wohl auf die Formulierung in Hos 6,2 zurückgegriffen, wo die LXX ἐν τῇ ἡμέρᾳ τῇ τρίτῃ – bis auf das ἐν mit V. 4b identisch – bietet. Das entsprach auch der in den Midraschim ausgesprochenen Überzeugung, dass Gott nach drei Tagen rettend eingreift. Sie ist zwar aus der Schrift gewonnen, kann aber hier kaum direkt mit „nach der Schrift" gemeint sein.[58] Die Wendung bezieht sich jetzt wie in V. 3b sowohl auf das Verbum wie auf die präpositionale Bestimmung.

V. 5 Die Auferweckung Christi wird bekräftigt durch sein Erscheinen, wörtlich „Sich sehen lassen". Der Aorist Passiv von ὁρᾶν (vgl. das aktive Pendant 9,1c) ist hier intransitiv gebraucht.[59]

Ὀφθῆναι wird im NT bevorzugt für das Sichtbarwerden von Unsichtbarem, Himmlischem verwendet, nicht nur für den Auferstandenen, sondern auch für Engel, Mose und Elias, Zeichen am Himmel usw. Das NT folgt hier dem Sprachgebrauch der LXX.[60] Dort beschreibt der Terminus – wenn auch nicht ausschließlich – die Erscheinung Gottes, seines Engels oder seiner Herrlichkeit. Doch darf man ihn nicht so überladen, dass er an sich schon eine himmlische Stellung des Erscheinenden besagt. Er wird im paganen Raum etwa auch für an Gräbern herumspukende ungeläuterte Seelen eingesetzt, die einen Rest Leiblichkeit bewahrt haben und deshalb gesehen werden können (vgl. Plato, Phaid. 81cd).[61] Überhaupt sind Erscheinungen

---

Apk 11,11, wenn die dreieinhalb Tage nicht von den „dreieinhalb Zeiten" (12,14=Dan 7,25; 12,7), der traditionellen Herrschaftszeit des Bösen, angeregt sind.

[57] Vgl. Bill. I 747 und die bei McArthur, H.K.: ‚On the Third Day', NTS 18, 1971, 81-86, 83f zitierten Texte.

[58] Dies als einzige Kritik an der These von Lehmann, wonach die palästinische Urgemeinde, wenn sie sich auf die „Schrift(en)" bezieht, ihre Deutung am ehesten in dieser „Theologie des dritten Tages" findet (277). Aber nur in Hos 6,2 hat die Rettung die Form der Auferweckung.

[59] Vgl. B-D-R 313, H-S 191g. Der Empfänger der Erscheinung wird im Dativ, nicht mit ὑπό angegeben. Dies kann freilich auch bei passivem Sinn der Fall sein. Vgl. B-D-R 191,3.

[60] Vgl. Pelletier, A.: Les apparitions du Ressuscité en termes de la Septante, Bib. 51, 1970, 76-79.

[61] Vgl. für das Folgende Zeller, D.: Erscheinungen Verstorbener im griechisch-römischen Bereich, in: Ders., Neues Testament 29-43.

15,1–11: Erinnerung an die Tradition von der Auferweckung Christi als Basis

Verstorbener in heidnischen Quellen wesentlich häufiger als in der biblisch-jüdischen Tradition (nur Beschwörung eines Totengeistes 1Sam 28, der Hohepriester Onias und der Prophet Jeremias im Traumgesicht 2Makk 15,12–16). Die Frage ist nur, was sie signalisieren. Tote, die entweder nicht bestattet wurden, gewaltsam ums Leben kamen oder zu früh verstorben sind, wollen oft auf Erden etwas nachholen. Ihre Erscheinung hat etwas Gespenstisches und bedeutet Unheil. Boten aus dem Jenseits dagegen teilen von ihrem überlegenen Wissen mit. Noch einen höheren Wirklichkeitsgrad haben Epiphanien von Heroen, ursprünglich aus ihrem Grab heraus.[62] Sie zeigen, dass die Heroen in gewisser Weise „leben", Hilfe bringen oder Schrecken verbreiten können. Mit den Ostererscheinungen vergleichbar sind am ehesten die wenigen Fälle, wo eine Vision ausgewählten Zeugen die Entrückung und Vergöttlichung eines mythischen Helden kundtut: Aristeas von Prokonnesos (Herodot IV 15), Romulus (Plutarch, Rom. 28,1–3 u.a.), Aeneas (Aurelius Victor, or. gentis Rom. 14,3f). Auf geschichtliche Gestalten wird das Motiv bei Peregrinus Proteus (Lukian, Peregr. 40) und Apollonius von Tyana (Philostrat, Ap. VIII 30f) übertragen. Auch Grabinschriften berichten manchmal, der Verstorbene sei Verwandten erschienen und habe seine Entrückung in den Himmel kundgetan.[63] Die Erscheinungen sagen, was einer verbreiteten antiken Ansicht entsprach: dass nämlich verdiente Menschen zu einem seligen Leben mit den Göttern versetzt werden. Im jüdisch-hellenistischen TestHiob 40,3 sehen die ungläubige Frau Ijobs und seine Freunde seine in den Himmel aufgenommenen Kinder (vgl. 39,12) im Osten „bekränzt (stehen) vor der Herrlichkeit des Himmlischen". Damit wird zweifellos die Frömmigkeit des Vaters Ijob belohnt. Seine Frau aber kommt durch diese Schau zu der Gewissheit, dass auch sie auferstehen und in die himmlische Stadt gelangen wird (40,4).

Erscheinungen von Verstorbenen haben in der Antike also unterschiedliche Funktionen. Sie künden nur dort von Auferstehung des Erschienenen, wo die Kategorie „Auferstehung" überhaupt etwas sagt: im jüdischen Kontext (vgl. Mt 27,52f und hier TestHiob[64]). Da aber Auferstehung eigentlich erst am Ende der Zeiten erfolgt, ist eine Erscheinung, die die Auferstehung des Erscheinenden bezeugt, äußerst selten. Die Ostererscheinungen Jesu haben also einen unverwechselbaren Inhalt, insofern mit der Erweckung Jesu die Auferstehung der Toten schon begonnen hat (s. zu V. 20 und Exkurs 9).

Visionen sind ein paradoxes Geschehen, weil hier prinzipiell Unsichtbares sichtbar wird.[65] Sie nehmen so nicht nur die äußere, sondern auch die innere Wahrnehmung in Anspruch. Deshalb kann Paulus seine Ostererfahrung auch als „Offenbarung des Sohnes Gottes" (vgl. Gal 1,16), als „Erkenntnis Christi Jesu, seines Herrn" (vgl. Phil 3,8) bzw. „der Herrlichkeit Gottes auf dem Angesicht Christi" (2Kor 4,6) umschreiben. Mögen das dritte und vierte Evangelium den Auferstandenen auch als teilweise am irdischen Leben teilnehmend zeigen,[66] bei Paulus erscheint er in himm-

---

[62] Z.B. werden bei Philostrat, her. 10–13.18–22 die andauernden Manifestationen des Protesilaos bzw. der Helden bei Troja mit ὁρᾶσθαι geschildert. Zu Protesilaos vgl. auch Lukian, dial. mort. 23,1: Er bittet Pluton darum, seiner Frau für kurze Zeit sichtbar werden zu dürfen (ὀφθεὶς αὐτῇ).

[63] Vgl. ein vom Blitz Getroffener bei KAIBEL Nr. 320 und M. Lucceius (CIL VI,3 21521).

[64] Hier ist allerdings der dogmatische Topos von der Auferstehung (vgl. 4,9) mit der Vorstellung von der Entrückung kombiniert.

[65] Vgl. FRENSCHKOWSKI, M.: Art. „Vision", TRE 35, 2003, 117–137 (Lit.!).

[66] Auch antike Gespenstergeschichten zeichnen die Wiedergänger z.T. massiv realistisch. Bei Phlegon von Tralleis, mir. 1 kommt eine gewisse Philinnion aus dem Grab, das leer erfunden wird, für drei Nächte zu ihrem Geliebten und verkehrt mit ihm. Auch Eukrates in Lukian, philops. 27 umarmt seine verstorbene Frau, die zu ihm hereingekommen war. Am plötzlichen Verschwinden merkt man aber jedesmal, dass nicht alles mit rechten Dingen zugeht.

lischer Herrlichkeit. Diese ist nur für den sichtbar, in dessen Herz Gott ihre Erkenntnis aufblitzen lässt (vgl. 2Kor 4,6). Das ist die theologische Entsprechung zu dem subjektiven Moment, welches sich mit dem modernen Begriff „Vision" verbindet. In den antiken Beispielen werden Verstorbene oft im Traum sichtbar. Das ὀφθῆναι kann sich vom Begriff her auch als Nachtgesicht ereignen (vgl. Gen 26,24LXX; 31,13LXX mit 28,12-15; Apg 16,9). Doch die Erscheinungen des Auferstandenen – zumindest die Gruppenvisionen – dürften im Wachzustand erfolgt sein. Eine ekstatische Disposition wie bei den „Gesichten und Offenbarungen des Herrn" 2Kor 12,1-4 wird nur bei der Christusvision Apg 22,17 erwähnt, sie ist zwar bei den übrigen Visionen nicht auszuschließen, aber gerade bei Paulus und auch bei anderen Jüngern erzählt das Neue Testament die österlichen Begegnungen mit Christus als etwas Überraschendes, das Unglauben überwindet. Heutige Psychologie möchte rekonstruieren, wie sie durch die „Trauerarbeit" der verlassenen und verzweifelten Jünger vorbereitet wurden.[67] Dafür scheint es vor allem bei Petrus Anhaltspunkte zu geben, den die Formel mit dem auch Paulus vertrauten Beinamen Kephas als ersten Adressaten nennt.[68] Er hatte die Verleugnung seines Meisters nach Mk 14,66-72 bereut. Er wird bei der Verheißung des „Sehens" in Galiläa Mk 16,7 besonders aus den Jüngern herausgehoben. Die Jünger kommen aber auch in der Formel V. 5 in Gestalt der „Zwölf" vor. Heutzutage ist man sich weithin einig, dass schon Jesus dieses Kollegium als Vorausdarstellung des endzeitlichen Gottesvolkes um sich gesammelt hat. Beweis ist die Bezeichnung des Judas als „einer der Zwölf" (Mk 14,10 u. ö.).[69] Die „Zwölf" haben nur solange Symbolwert, als sie als Gremium zusammen sind. Das war wenige Jahre nach der Kreuzigung Jesu, als Paulus Jerusalem besuchte (vgl. Gal 1,18f), offenbar schon nicht mehr der Fall. Paulus benutzt den Terminus sonst nicht; sein Vorkommen in V. 5 weist zusammen mit dem Kephasnamen daraufhin, dass der Vers noch zur alten, letztlich aus der Urgemeinde stammenden Überlieferung gehört. Auch die Gruppenvision der Zwölf wird man in Galiläa anberaumen müssen (vgl. Joh 21, Mt 28,16f, obwohl in der Situierung voneinander abweichend; anders die sonstige lk und joh Darstellung). Darf man sich den Zusammenhang beider Erscheinungen so vorstellen, dass Petrus nach seiner Erstvision die zerstreuten Gefährten wieder zusammenbrachte und sich dadurch als Fundament der kommenden Kirche bewährte (vgl. Lk 22,31f)?[70] Er ist jedenfalls zusammen mit den Zwölfen, den Frauen aus der Begleitung Jesu, der Mutter und den Brüdern Jesu wenige Wochen später wieder in Jerusalem anzutreffen (vgl. Apg 1,12-14). Die Zwölf

---

[67] Vgl. VOLLENWEIDER, S.: Ostern – der denkwürdige Ausgang einer Krisenerfahrung, in: ders., Horizonte 105-123, 111-114, der jedoch die damit postulierte regressive Bewegung bestreitet; REICHARDT, M.: Psychologische Erklärung der Ostererscheinungen?, BiKi 52, 1997, 28-33. Vgl. in Bezug auf Petrus den Versuch von LÜDEMANN 126-128. Kritisch dazu RESE, M.: Exegetische Anmerkungen zu G. Lüdemanns Deutung der Auferstehung Jesu, in: Bieringer u.a., Resurrection 55-71, 65-67.
[68] Die sachlich verwandte Meldung Lk 24,34 hat dagegen „dem Simon". Der Vers ist m.E. keine alte Tradition, sondern Nachtrag des ausgelassenen V. Mk 16,7 in die Jerusalemer Situation. Nach BECKER 50 ist er von der Formel 15,3b-5 her formuliert.
[69] Anders CONZELMANN 139: Der Kreis sei erst durch die Erscheinung als Kreis der „Zwölf" qualifiziert worden.
[70] Vgl. GILS, F.: Pierre et la foi au Christ ressuscité, EThL 38, 1962, 5-43.

15,1–11: Erinnerung an die Tradition von der Auferweckung Christi als Basis

sind offenbar entschlossen, dort den Grundstock des neuen Gottesvolkes zu repräsentieren. Die Situationsverschiedenheit der im Folgenden aufgezählten Visionen erschwert es, diese als von der Petruserscheinung ausgelöste Kettenreaktion zu verstehen. Sie lassen sich auch nicht immer mit den in sich widersprüchlichen Berichten der Evangelien harmonisieren. Dass Jesu Erscheinung vor den Frauen (vgl. Mt 28,9f; Joh 20,11–18) in unserer Tradition fehlt, hängt nicht damit zusammen, dass diese nach jüdischem Recht nicht als qualifizierte Zeugen galten. Vielmehr hatten die Frauen nach Mk/Lk ursprünglich nur eine Funktion bei der Entdeckung des leeren Grabes, die Erscheinungen sind eine spätere Weiterung.

V. 6 Dass das ὤφθη nicht nur einen seelischen Vorgang, sondern auch visuelle Elemente beinhaltet, geht aus der Massenerscheinung V. 6 hervor, die die vor den Zwölfen noch übertrifft. Paulus führt sie gerade wegen dieser intersubjektiven Bedeutung an. Das muss für den heutigen Leser, der auch mit religiöser Massenhysterie[71] rechnet, noch keine objektive Bedeutung besagen. Paulus legt jedoch in einer persönlichen Bemerkung[72] Wert darauf, dass die meisten[73] Erscheinungszeugen noch leben,[74] also befragbar sind.[75] Der Redlichkeit halber gibt er freilich zu, dass einige „entschlafen" (vgl. 7,39) sind. Doch darauf liegt kein Ton.[76] Wann und wo man sich konkret die Erscheinung vor fünfhundert Brüdern[77] vorzustellen hat, kann nicht geklärt werden. Sie kann einerseits eigentlich nur unter freiem Himmel stattgefunden haben; das spricht für Galiläa.[78] Andererseits kommt eine so große Zahl von Jesusanhängern dort kaum spontan zusammen. Wahrscheinlicher waren sie als Pilger zu einem Fest auf dem Weg nach Jerusalem oder trafen sich dort, etwa auf dem Tempelplatz. In der Stadt selber hatte Jesus sicher nicht so viele Gefolgsleute. Dieses Wallfahrtsfest könnte Pfingsten gewesen sein; doch das Apg 2 geschilderte Ereignis fällt schwerlich mit dieser Erscheinung zusammen.[79] Die Notiz Apg 1,15 weiß auch nur von 120 in Jerusalem versammelten Brüdern; sie werden allerdings am Pfingsttag um 3000 vermehrt.

---

[71] Man denke daran, welche existentielle Bedeutung rituelle Vorgänge um das und im Telesterion von Eleusis für die Teilnehmer der Weihenacht bekamen; man schätzt ihre Zahl gegen dreitausend.

[72] Sie ist mit relativischem Anschluss (vgl. H-S 142g, 289g) gebildet.

[73] Zum superlativen Gebrauch des Komparativ vgl. zu 9,19.

[74] Zu μένειν im Sinn von „am Leben bleiben" vgl. Joh 21,22.21a (anders 21b); Phil 1,24f.

[75] Richtig z. B. KREMER, 1Kor 330f. In seiner SBS verweist er 72, Anm. 31 auf das Quadratusfragment Eusebius, h.e. IV 3,2. Danach bezeugen die von Jesus Geheilten und Auferweckte, die z.T. bis in die Tage des Verfassers noch da sind, die Werke des Heilands auch noch nach seinem Tode.

[76] Gegen CONZELMANN, 1Kor 313 u.a. Nach ihm begründet der Hinweis, dass „selbst Auferstehungszeugen gestorben sind" – wieso sollten sie nicht sterben? – vorgreifend die These, „daß die Gläubigen, die in diesem Zeitraum sterben, in das Leben gelangten". Abgesehen davon, dass von der Auferstehung der Toten aus den Reihen der Fünfhundert nichts dasteht, setzt das die von uns abgelehnte erste Zweckbestimmung des Kap. voraus (s. o. Einleitung zum Kap.). Vgl. auch die Einwände von SENFT, 1Kor 189 gegen die „pointe anti-triomphaliste" und WOLFF, 1Kor 371f.

[77] Nach KREMER 71 besagt die Bezeichnung nur, „daß es sich um Personen handelte, die in der Zeit, da der Text formuliert wurde, ‚Brüder' (Christen) waren." Ich möchte darüber hinaus eine Beziehung zu Jesus annehmen. Wenn hier das jüdische Zeugenrecht (vgl. Josephus, ant. IV 219; SifDev § 190 – es gilt freilich zunächst nur für Prozesse) einschlägig ist, umfasst der Begriff (s. zu 1,10) an unserer Stelle nur Männer. Anders BECKER 117f, der an einen Gottesdienst als Anlass denkt.

[78] An der Erscheinung auf dem Berg in Galiläa Mt 28,16f sind aber nur die elf Jünger beteiligt.

[79] Anders zuletzt LÜDEMANN 129–139.

V. 7 In der Form von V. 5 werden wieder ein bedeutsamer Einzelzeuge und eine Gruppe als Empfänger von Erscheinungen genannt. Der Herrenbruder Jakobus gehörte nicht zu den Zwölf, hält sich aber nach Apg 1,14fin. schon vor Pfingsten mit den Zwölfen in Jerusalem auf. Offenbar war er schon früher auf Grund einer Erscheinung des Auferstandenen[80] dazugekommen. Hieronymus, vir.ill. 2 weiß anscheinend aus dem EvHebr Näheres.[81] Es setzt voraus, dass Jakobus am Abendmahl teilgenommen hat und dabei ein Mk 14,25 ähnliches Gelübde getan hat. Die Auferstehung Jesu muss sehr handfest dargestellt worden sein, denn Jesus übergibt als Beweis das Leintuch (vgl. Mk 15,46) dem Knecht des Priesters (vgl. Mk 14,47). Danach erscheint er Jakobus und reicht ihm Brot; denn dessen Gelübde ist in Erfüllung gegangen. Nach dieser stark legendären, mit Versatzstücken der Synoptiker gestalteten Darstellung wäre Jakobus schon früher Jünger Jesu geworden, die Vision hätte keine Bekehrung bewirkt;[82] vielmehr hätte Jakobus als erster den Auferstandenen gesehen. Diese Rivalität Petrus gegenüber ist 15,7 durch die zeitliche Staffelung ausgeschlossen. Da die Evangelien bei den Brüdern Jesu eher Unverständnis gegenüber der Sendung Jesu erkennen lassen (vgl. Mk 3,21.31; Joh 7,5), wird die Tradition im Recht sein, die Jakobus erst nach Ostern zu den wieder gesammelten Jüngern stoßen lässt. Jakobus zählt nach Gal 1,19 doch wohl unter die Apostel, und auch hier sieht Paulus die Erscheinung vor Jakobus im Zusammenhang mit der vor „allen Aposteln". Darunter muss man mindestens die Zwölf + Jakobus verstehen und wegen des „darauf" eine spätere kollektive Erscheinung (mit Aussendung wie Mt 28,16–20; Joh 20,21–23, im unechten Mk-Schluss 16,14–18) annehmen – eher als aufeinander folgende Erscheinungen vor den einzelnen Aposteln.[83] Sie ist wohl in Jerusalem anzusetzen. Danach gaben die Zwölf ihre Bindung an die Heilige Stadt auf und zogen – vermehrt durch neue Christusgläubige wie die Brüder des Herrn (vgl. 9,5) – als Missionare ins Umland.[84] Da diese Erscheinung vor den Aposteln nicht nur die Auferweckung beglaubigen soll, sondern auch eine Beauftragung impliziert,[85] besteht

---

[80] BECKER 259 optiert für Nazaret als ihren Ort.
[81] Text in der Übers. von VIELHAUER (in: HENNECKE/SCHNEEMELCHER, Apokryphen I 108): „Als aber der Herr das Leintuch dem Knecht des Priesters gegeben hatte, ging er zu Jakobus und erschien ihm. Jakobus hatte nämlich geschworen, er werde kein Brot mehr essen von jener Stunde an, in der er den Kelch des Herrn getrunken hatte, bis er ihn von den Entschlafenen auferstanden sähe. Und kurz darauf sagte der Herr: bringt einen Tisch und Brot: Und sogleich wird hinzugefügt: er nahm das Brot, segnete es und brach es und gab es Jakobus dem Gerechten und sprach zu ihm: Mein Bruder, iss dein Brot, denn der Menschensohn ist von den Entschlafenen auferstanden."
[82] HOLL 151 bezweifelt das mit Recht und vermutet darüber hinaus: „Er ist also auch nicht mit den Zwölfen zusammen von Galiläa nach Jerusalem gezogen, sondern hat sich der christlichen Sache erst angeschlossen, nachdem sie in Jerusalem einen entscheidenden Erfolg errungen hatte." D.h. nach der Erscheinung vor den Fünfhundert, wie es Paulus ja auch mit seinem „daraufhin" nahelegt.
[83] Wie WOLFF, 1Kor 373 meint.
[84] MERKLEIN/GIELEN, 1Kor III 286: „War die zentripetale Sammlung Israels mit Kephas und den Zwölfen verbunden, so dürfte der zentrifugale Zugriff auf Israel Sache der Apostel gewesen sein." Die führende Kraft ist aber nach Gal 2,7f wiederum Kephas (ebd. 287). Jakobus dagegen scheint in Jerusalem geblieben zu sein.
[85] Erst hier bekommt das „er erschien" auch legitimierende Funktion. U. WILCKENS hatte das auf die ὤφθη-Wendungen V. 5 und 7a ausgedehnt und sie als „Legitimationsformeln" verstanden. Damit wies er der Forschung einen Irrweg. Dagegen z.B. SCHRAGE, 1Kor IV 22f.50f.

15,1–11: Erinnerung an die Tradition von der Auferweckung Christi als Basis

keine Konkurrenz zwischen den Formeln V. 5 und 7. Das „alle" hat wohl Paulus hinzugesetzt;[86] es dürfte denselben Sinn haben wie das ἐφάπαξ V. 6a.[87] Dass jeder Apostel den Auferstandenen gesehen haben muss, ließ sich geschichtlich nicht verifizieren (s. zu 9,1bc). Aber Paulus findet so einen Ansatz, um sich – obwohl in der Sprache der Demut – als gleichberechtigten Apostel in die Reihe der Osterzeugen zu stellen.[88]

V. 8 Freilich bildet er das Schlusslicht. Bei πάντων ist wohl nicht „Apostel" zu ergänzen,[89] sondern an alle bisher genannten Visionsempfänger gedacht. Das ἔσχατον ist Adverb und nicht paradigmatisch gemeint wie das Adjektiv „letzte" in 4,9,[90] sondern chronologisch abwertend. K. Holl, dem wir bisher weithin folgten, meint, mit der Erscheinung vor den Aposteln habe die Urgemeinde die Christuserscheinungen als abgeschlossen betrachtet.[91] Er geht dabei der lk Konzeption auf den Leim, wonach zwischen den 40 Tagen der irdischen Selbstbekundung des Auferstandenen und der Zeit nach der Himmelfahrt zu trennen ist, in der Christus sich nur vom Himmel her zeigt. Wahr ist lediglich, dass die aufgeführten Erscheinungen wohl für den Bau der Kirche als konstitutiv galten. Paulus dagegen verfolgt die schon bestehende „Gemeinde Gottes" (V. 9fin.). Er vergleicht sich mit einem ἔκτρωμα. Dieser vor allem in der naturwissenschaftlich-medizinischen Literatur gebrauchte Begriff bezeichnet die tote Leibesfrucht bei Frühgeburten oder Abtreibungen. Für manche kann der Vergleichspunkt deshalb hier nur das „Moment des Unzeitigen und Außerordentlichen" sein.[92] Aber das Zuspät wird schlecht mit dem Ausdruck „Frühgeburt" ausgesagt. Er steht auch im AT in Vergleichen (Num 12,12; Hi 3,16; Pred 6,3) und illustriert Lebensunfähigkeit. Diese biblischen Stellen regen zwar dazu an, das Wort auf die bisherige Existenz des Paulus (vgl. die Erklärung V. 9) zu beziehen; er würde sich damit als geistlich tot umschreiben.[93] Aber wahrscheinlich ver-

---

[86] Vgl. MURPHY O'CONNOR 588; COLLINS, 1Kor 537. Nachgestelltes πᾶς ist bei Paulus selten und gewöhnlich emphatisch. Vgl. B-D-R 275,2.
[87] Wäre damit ein abgeschlossener Kreis gemeint – so WILCKENS 150f –, dann hätte sich Paulus durch die Übernahme der Formulierung selbst disqualifiziert, was kaum wahrscheinlich ist.
[88] Vgl. seine Rede von „den Aposteln vor mir" Gal 1,17 und FREY, J.: Paulus und die Apostel, in: Becker, E.-M./Pilhofer, P. (Hg.): Biographie und Persönlichkeit des Paulus, WUNT 187, Tübingen 2005, 192–227: Spätestens seit er in Jerusalem um Anerkennung seiner gesetzesfreien Heidenmission ringen muss, begründet er sein Apostolat mit der Christophanie.
[89] So WILCKENS 151–153. Es heißt aber nicht ἐσχάτῳ πάντων, sondern ἔσχατον πάντων, wobei ἔσχατον die vorhergehenden zum Verb „er erschien" gehörigen Zeitbestimmungen aufgreift und abschließt.
[90] Gegen SCHÜTZ, Authority 453–455.
[91] HOLL 153f.
[92] Vgl. SCHNEIDER, J.: Art. ἔκτρωμα, ThWNT 2, 1935, 463–465, 464, der noch das des Gewaltsamen hinzufügt. Zwar bedeutet das Wort nicht „Spätgeburt", aber IgnRöm 9,2 parallelisiert ἔσχατος und ἔκτρωμα. Ein Referat der neueren, oft phantasievollen Lit. bei CONZELMANN, 1Kor 315, weitere Vorschläge diskutieren HOLLANDER, H.W./VAN DER HOUT, G.: The Apostle Paul Calling Himself an Abortion, NT 38, 1996, 224–236 und MITCHELL, M.W.: Reexamining the ‚Aborted Apostle', JSNT 25, 2003, 469–435.
[93] Vgl. SELLIN, Streit 246–250, gestützt auf Philo, all. I 75f, der die Scheinzeugnisse der Unvernunft mit Num 12,12 als ἐκτρώματα bezeichnet, gleichbedeutend mit dem „seelischen Tod". STRECKER, Theologie 148–155 wittert gar das Initiationsmotiv des Absterbens gegenüber dem alten Leben. Das wäre positiv. Unwahrscheinlich.

anschaulicht er damit nur seine Außenseiterposition gemessen an den anderen; daher wohl auch der bestimmte Artikel. Er war im Unterschied zu den Jüngern, die doch schon eine Beziehung zu Jesus hatten, total untauglich für dessen Erscheinung.[94] Dass die Urapostel ihm dies mit dem Terminus ἔκτρωμα vorgehalten haben,[95] lässt sich nicht erhärten. Die Gemeinden Judäas priesen ja Gott ob der Bekehrung des Verfolgers (Gal 1,24). Obwohl er dafür keinerlei Voraussetzungen mitbrachte, wurde auch dieser Letzte einer Erscheinung Christi gewürdigt, und nichts deutet daraufhin, dass dieses ὤφθη anderer Art gewesen sei als das seiner Vorgänger. Im Gegenteil, die meisten Neutestamentler stellen sich deren Christophanie so vor wie die für Paulus – soweit sie aus dessen Briefen und mit Vorbehalt aus der Apg rekonstruiert werden kann –, nämlich als transzendente Erscheinung vom Himmel her.[96]

V. 9f Zunächst erläutert Paulus seine Stellung als ἔκτρωμα durch seinen geringen Rang unter den Aposteln. Er gibt zu, dass er eigentlich für den Ehrentitel[97] „Apostel" durch seine Verfolgertätigkeit (vgl. Gal 1,13[98]) vollkommen disqualifiziert war und jetzt noch ist. Das Geeignetsein (ἱκανός, ἱκανότης) wird dann in 2Kor (vgl. 2,16b; 3,5f) in Auseinandersetzung mit konkurrierenden Aposteln thematisiert. Es ist freilich unwahrscheinlich, dass man schon unter den Adressaten des 1Kor seine Eignung zum Apostel bestritt und dass er in ihren Reihen als „der Geringste unter den Aposteln" verunglimpft wurde. Paulus würde sonst hier eine breite verletzliche Flanke bieten. V. 9 ist vielmehr das bescheidene Eingeständnis des Apostels, damit er V. 10 umso deutlicher das Werk der Gnade an ihm und seine alle andern übertreffende Leistung hervorheben kann. Er folgt dabei einem literarischen Muster,[99] aber auch den in der Antike geltenden Grundsätzen für das Selbstlob (vgl. zu 1,31), dass man – wenn man sich schon rühmt – den Erfolg Gott oder der Vorsehung zuschreiben soll.[100] Auch in 2Kor befähigt Gott ihn, der von sich aus nichts ist, zum Aposteldienst, so dass er den Superaposteln in nichts nachsteht (vgl. 2Kor 12,11). An unserer Stelle beschreibt Paulus die ermöglichende Zuwendung Gottes mit dem Begriff χάρις, der uns aus dem Zusammenhang der Rechtfertigungslehre geläufig ist.

---

[94] HOLLANDER/HOUT (s. Anm. 92) 234f erinnern daran, dass das ein Topos der Prophetenberufung ist; eigentlich doch nur, wenn die Unfähigkeit als Einwand gegen den Ruf Gottes dient.

[95] Vgl. von den Kommentaren z.B. SCHMIEDEL, 1Kor 187; WEISS, 1Kor 352; BARRETT, 1Kor 344; FEE, 1Kor 719.733f. Doch wird hier eine Agitation der „Superapostel" eingetragen, die wir höchstens aus 2Kor kennen.

[96] Vgl. nur den kategorischen Satz von CONZELMANN, 1Kor 312: „Die Vorstellung ist, daß der Erhöhte jeweils vom Himmel aus erscheint".

[97] Καλεῖσθαι ist hier nicht mit „berufen werden" zu übersetzen. Denn dann müsste Paulus sagen: „Ich war nicht geeignet ..." Zum Titel vgl. 2Kor 11,13 und zu 1,1.

[98] Dort auch ἐκκλησία τοῦ θεοῦ als Objekt, Phil 3,6 nur ἐκκλησία. Da die Verfolgung der Gemeinde in Jerusalem wegen Gal 1,22 zweifelhaft ist, lässt die Wendung sich hieraus nicht als Selbstbezeichnung der Urgemeinde erweisen; vielmehr ist sie gewählt, um „das Ausmaß des Frevels" zu unterstreichen: so WOLFF, 1Kor 374.

[99] Vgl. ZELLER, Charis 142f, wo auf Sir 33,16–18 aufmerksam gemacht wird: „Auch ich bin als letzter (ἔσχατος) eifrig gewesen, wie einer, der Nachlese hält hinter den Winzern; mit Gottes Segen bin ich vorangekommen ..." V. 18 (30,25LXX) steht für die Mühe des Epigonen sogar κοπιᾶν. Vgl. auch wie IgnRöm 9,2 unsere V. 9f auf sein Christsein abwandelt.

[100] Vgl. Plutarch, mor. 542e; ZELLER, Selbstbezogenheit 211.

Durch die Gnade Gottes wurde er berufen (Gal 1,15), stattdessen kann er auch von Erbarmen-Finden (s. zu 7,25) reden. Das Apostelamt wird als von Gott verliehene χάρις bezeichnet (s. zu 3,10). Eph 3,7f ist ein Echo auf unsere Stelle: Gemäß dem Geschenk der Gnade Gottes wurde Paulus zum Diener des Evangeliums; ihm, dem geringsten unter allen Heiligen wurde die χάρις der Verkündigung für die Heiden zuteil. Diese Gnade steht nicht nur am Anfang des Apostolats, sondern wirkt fortwährend in ihm. Zum Beweis dafür[101] führt er mit dem Mittel der Synkrisis, die beim Lob üblich ist, seine missionarische Arbeit an, die die aller anderen Apostel[102] in den Schatten stellt. Daraus spricht sein durch Erfolge in der Asia (vgl. 16,9) gestärktes Selbstbewusstsein. Obwohl es hier auf die Effektivität ankommt, wählt er wohl nicht zufällig dafür das Verbum κοπιᾶν (Sich-Mühen, vgl. zu 3,8; 4,12). Denn nach den Regeln für das Selbstlob[103] soll man auch seine Missgeschicke und Schwierigkeiten erwähnen. Das tut Paulus beim Vergleich mit seinen Konkurrenten 2Kor 11,23-29 ja dann ausführlich; er erweist sich gerade durch das Übermaß an κόποι als wahrer Diener Christi. Hier freilich korrigiert er den Eindruck der Angeberei V. 10fin. sofort, indem er die Gnade Gottes als Subjekt des κοπιᾶν einsetzt – ziemlich unpassend, wenn man noch die Nuance „Mühsal" heraushört. Versteht man das σὺν ἐμοί adverbial, so ist der Gedanke eines Zusammenwirkens von göttlicher Gnade und Apostel – ähnlich Mk 16,20 τοῦ κυρίου συνεργοῦντος („wobei der Herr mitwirkte") – schwer abzuwehren.[104] Dagegen insistierte vor allem die protestantische Exegese darauf, dass die präpositionale Wendung, auch wenn in den besseren Hss. der Artikel fehlt, zu χάρις gehört; ein „Synergismus" sei also auszuschließen.[105] Doch auch in diesem Fall bleibt zu beachten: Aus der χάρις „für mich" (εἰς ἐμέ, vgl. 1Petr 1,10) ist die χάρις „mit mir" (σὺν ἐμοί) geworden. Die Gnade Gottes hat sich dauerhaft mit Paulus verbunden.[106] Die ausführlichere Erörterung in 3,5-9 hatte uns zwar gelehrt, dass bei aller Mühe des Apostels Gott der eigentliche Faktor für das Wachstum des Glaubens ist. Doch wird man wie bei der Rechtfertigung des Sünders auch beim Apostolat einen Beginn, die Berufung, in der die Gnade alles ist, und eine dadurch ermöglichte Aktivität unterscheiden können. Dabei steht die Gnade nicht mehr im ausschließenden Gegensatz zum menschlichen

---

[101] Wörtlich: „dass sie nicht leer wurde". Zu κενός = vergeblich vgl. V. 14.38; εἰς κενόν = ins Leere 1Thess 2,1; 3,5; Gal 2,2; Phil 2,16, in Verbindung mit der Gnade Gottes 2Kor 6,1. Vgl. auch zu κενοῦν bei 1,17; 9,15.

[102] CONZELMANN, 1Kor 317: „,Mehr als sie alle' heißt natürlich nicht: als sie alle zusammen, sondern: als jeder einzelne von ihnen." Doch ist Paulus im Zuge des Sich-Rühmens durchaus eine solche – sprachlich mögliche (vgl. dem πᾶς vorangestelltes männliches Pronomen Apg 1,14; neutrisches Mt 4,8; 6,33; Röm 8,37; 2Petr 3,11) – Übertreibung zuzutrauen. So MEYER, 1Kor 420; HEINRICI, 1Kor 453.

[103] Vgl. Cicero, inv. I 16,22; or. II 210; Plutarch, mor. 543f, 544b.

[104] Vgl. Augustinus, de grat. et lib. arb. 5,12 „ac per hoc nec gratia Dei sola, nec ipse solus, sed gratia Dei cum illo." ROBERTSON/PLUMMER, 1Kor 342 „There were two who laboured, two co-operators, grace with himself (Acts XIV. 27); but it was grace which made the labour effective (Gal. II. 20)."

[105] Vgl. die deutschsprachigen Kommentare von SCHMIEDEL, 1Kor 188 bis CONZELMANN, 1Kor 317 Anm. 107; LINDEMANN, 1Kor 335. Eine gewisse Ausnahme bildet SCHRAGE, 1Kor IV 70 Anm. 272; vgl. auch ders. 102-106 zur Auslegungsgeschichte.

[106] Kann man sich das ähnlich denken wie bei der mit χάρις im Kontext fast deckungsgleichen „Kraft Christi", die sich auf dem Apostel niedergelassen hat (2Kor 12,9)?

Werk, sie fördert es auch nicht nur helfend, sondern sie bringt es in eindrucksvoller Größe hervor.

V. 11 Nach dem kleinen Exkurs V. 9f kehrt Paulus wieder auf die Ebene von V. 1–3a zurück, in der von der Mitteilung des Evangeliums die Rede war. Sein Inhalt ist derselbe bei Paulus wie bei den vorher genannten Aposteln. Mit εἴτε ... εἴτε werden auch sonst (vgl. nur 3,22) an sich bestehende Spannungen vergleichgültigt; hier werden sie im „Wir" der Verkünder aufgehoben. Das „so" bezieht sich auf den Text V. 3b bis mindestens V. 5.[107] Man möchte gern wissen, wie wörtlich es gemeint ist. Gehört etwa der Sühnetod Christi auch zum Gemeingut der urchristlichen Verkündigung von den Jerusalemer Aposteln an? Der Schwerpunkt der Aussage ruht nach dem Kontext sicher auf der Auferweckung Christi und ihrer Bezeugung. Paulus nagelt die Korinther damit auf ihren eigenen Glauben fest. Damit schließt sich der Bogen zu V. 1f.

Weshalb Paulus zuerst so feierlich die Verkündigung von der Auferweckung Christi wachruft, ist zunächst nicht offensichtlich. Die korinthischen Christen kennen sie und haben sie ausnahmslos akzeptiert. Davon, dass einige von ihnen die Leiblichkeit der Auferstehung Jesu in Abrede stellten,[108] hat Paulus nichts gehört. Noch mit keinem Wort wird die Relevanz der Auferweckung Christi für die der Gläubigen angedeutet.[109] Noch unsinniger ist es, den Ton auf V. 6fin. zu legen, als wollte Paulus den voreiligen Enthusiasten sagen: Selbst die Auferstehungszeugen mussten (vorher) sterben. Ihre Aufzählung soll zweifellos die Tatsächlichkeit der Auferstehung Christi festschreiben. Dazu erweitert Paulus die ihm selbst überkommene Formel um V. 6–8. Die kurze Abschweifung zum Apostolat des Paulus im Vergleich mit den Uraposteln V. 9f führt nur auf einen Nebenschauplatz.[110] Indem er sich mit dem ἔκτρωμα-Vergleich als äußerst unwahrscheinlichen Empfänger einer Vision hinstellt, erhöht er auch deren Glaubwürdigkeit.[111] Im Ganzen wird die Auferweckung Christi als verbürgter Wesensbestandteil der urchristlichen Verkündigung, nicht nur der des Paulus, erwiesen. Das ist einmal nötig, damit die folgende *reductio ad absurdum* tatsächlich die Haltlosigkeit der These V. 12b dartun kann; sie widerspricht einem feststehenden Faktum. Zum andern kann Paulus seine positive Beweisführung V. 20–28 auf diesem Fundament errichten.

Diese logische Funktion von V. 1–11 hat schon immer Ärgernis bei den Theologen erregt, die darum wissen, dass Auferstehung als Ende der Geschichte nicht so ein-

---

[107] Zwar mag Paulus bei seiner Verkündigung die ihm zuteil gewordene Erscheinung nicht verschwiegen haben (MEYER, 1Kor 416), aber die andern Apostel erzählten kaum davon.

[108] Vgl. SIDER, LAMBRECHT 669f u.a. Aus den beiden Konditionalsätzen V. 2 und der Aoristform ἐπιστεύσατε V. 11 schließt man darauf, dass Paulus die Glaubenstreue der Korinther bezweifelt. Das ist wohl zu hellhörig. SELLIN, Streit 234 verweist demgegenüber auf das Perfekt ἐν ᾧ καὶ ἑστήκατε in V. 1.

[109] Gegen ERIKSSON, Traditions 253, nach dem die Tradition als Taufunterweisung die Einheit von Christus mit den Christen in der Auferstehung impliziert.

[110] Anders gewichtet VON DER OSTEN-SACKEN, gefolgt von WOLFF, 1Kor 352f: Die Korinther hätten auf Grund der Formel V. 3b–5 die Berufung des Paulus in einer Erscheinung bestritten (142), die Zeugenreihe solle die Kluft zwischen den Erscheinungen V. 5 und 8 überbrücken. Dagegen SELLIN, Streit 243.

[111] Vgl. SCHRAGE, 1Kor IV 67–69: *argumentum ab effectis*: Nur der machtvolle Eingriff Gottes kann aus einem Verfolger einen die Auferweckung bezeugenden Apostel machen.

fach in die geschichtliche Ereignisfolge einzuordnen ist.[112] R. Bultmann erfasst zwar die Intention des Paulus, das Wunder der Auferstehung als historisches Ereignis zu sichern, bezeichnet diese Argumentation aber als fatal.[113] Evangelikale Ausleger dagegen reiten fast triumphierend auf dem Text herum, der historische Ereignisse in Raum und Zeit aneinanderreihe.[114] Zunächst ist sicher festzuhalten, dass „historisches Ereignis" oder gar „heilsgeschichtliche Fakten" moderne Kategorien sind. Dann hat die Analyse auch der Glaubensformel ergeben, dass sich hier der Erfahrung zugängliche, möglicherweise verifizierbare Daten unentwirrbar mit Deutung durchdringen.[115] Wie weit sich das geglaubte Handeln Gottes in der empirischen Wirklichkeit niederschlägt, wird offenbar von neutestamentlichen Autoren und Überlieferungsschichten verschieden beurteilt; das wurde uns an der Frage vom „leeren Grab" und an der unterschiedlichen Integration des Erscheinenden ins Diesseits klar. Visionen lassen sich als tatsächliche Erlebnisse behaupten, sie können aber – ebensowenig wie das leere Grab – die Auferstehung nicht zu einem überprüfbaren Vorkommnis machen. Wie wir sahen, lässt die Vision eines Verstorbenen nur in einem bestimmten religiös-kulturellen Kontext auf Auferweckung schließen. Das ist Interpretation, aber diese setzt nicht notwendig den Glauben an die Auferweckung Jesu schon voraus.[116] Vielmehr ruft das Sehen eines Totgeglaubten, vielleicht noch mit besonderen Merkmalen (z.B. Lichtphänomene wie Apg 9,3), nach Erklärung. Es ist der Auslöser, dass der – wohl durch Jesu Reich-Gottes-Verkündigung noch intensivierte – allgemeine Glaube an die Auferstehung auf Jesus angewandt wird.[117] Dass die eschatologische Auferweckung von den Toten aber innerhalb der Geschichte einen Menschen erfasst, ist für einen Juden so schwer denkbar, dass man dafür wieder besondere Erfahrungen postulieren muss.[118] Man kann bezweifeln, dass die Jünger Jesu für die schnelle Bewältigung der durch den Tod Jesu bewirkten „kognitiven Dissonanz" genügend gerüstet waren.[119] Entsprechende psychologische Rekonstruktionen erweisen sich als extrem schwierig. Das Beispiel des Jakobus und vor allem des Paulus warnt davor, die vorösterlichen Erfahrungen mit Jesus in ihrer

---

[112] Vgl. BULTMANN, Theologie 305: „Die Tatsache der Auferstehung kann – trotz 1. Kr 15,3-8 – nicht als ein objektiv feststellbares Faktum, auf das hin man glauben kann, erwiesen oder einleuchtend gemacht werden."

[113] Neues Testament und Mythologie, in: Kerygma und Mythos. ThF 1, Hamburg-Volksdorf 1951, 15-48, 44f.

[114] Z.B. redet HEMPELMANN, Bemerkungen 104 von „einem in unserer Zeit und Geschichte datierbaren Ereignis"; SCHNABEL, 1Kor 877.884.

[115] ALKIER, Realität 356f zeigt dieses Geflecht mit Hilfe der Peirce'schen Kategorienlehre auf.

[116] Gegen DE JONGE 46: „if it is an interpretation, it must have been *preceded* by a belief in Jesus' resurrection." Ähnlich schon PESCH 217.

[117] Weiterführend der „neue Versuch" von PESCH, R.: Zur Entstehung des Glaubens an die Auferstehung Jesu, in: Hoffmann, Überlieferung 228-255, 253: Man muss zwischen einem schon vorösterlichen Auferstehungsglauben der Jünger *de iure* und ihrer Auferstehungsgewissheit *de facto* unterscheiden. Letztere wurde durch die Visionen vermittelt. So jetzt auch MÜLLER, U.B.: Auferweckt und erhöht: Zur Genese des Osterglaubens, NTS 54, 2008, 201-220, 213.

[118] So MERKLEIN/GIELEN, 1Kor III 276.

[119] Vgl. CRAFFERT, P.F.: The origins of resurrection faith: the challenge of a social scientific approach, Neotest. 23, 1989, 331-348.

Bedeutung für den Osterglauben zu überschätzen.[120] Das lässt Raum für die Annahme, dass von den Erscheinungen ein neuer Impuls ausging. Deren Inhalt ist allerdings dem Historiker unzugänglich. Mögen Visionen dem heutigen Menschen auch als Halluzinationen verdächtig sein, so können sie theologisch doch als zeitgebundenes Medium des Offenbarens Gottes gefasst werden, ohne dass man das mitgegebene subjektive Moment zu leugnen braucht und eine „mit den üblichen menschlichen Sehorganen erfassbare"[121] Erscheinung behaupten muss.

2. 15,12–34: *Die These V. 12b wird* ad absurdum *geführt, aber auch positiv überwunden*

a) 15,12–19: Negative Folgen der Bestreitung einer Auferstehung
(12) Wenn aber (von) Christus verkündigt wird, dass er von den Toten erweckt wurde, wie (können dann) bei euch einige sagen, dass es keine Auferstehung der Toten gibt? (13) Wenn es aber keine Auferstehung der Toten gibt, dann ist auch Christus nicht erweckt worden; (14) wenn aber Christus nicht erweckt wurde, dann ist folglich[122] leer unsere Verkündigung, leer auch euer[123] Glaube, (15) dann werden wir aber auch als Lügenzeugen für Gott erfunden, weil wir gegen Gott bezeugten, dass er Christus auferweckt hat, den er nicht auferweckt hat, wenn denn tatsächlich die Toten nicht auferweckt werden. (16) Wenn nämlich Tote nicht erweckt werden, dann ist auch Christus nicht erweckt worden; (17) wenn aber Christus nicht erweckt wurde, dann ist nichtig euer Glaube, dann seid ihr noch in euren Sünden. (18) Folglich sind auch die in Christus Entschlafenen verloren. (19) Wenn wir nur Leute sind, die in diesem Leben auf Christus gehofft haben, sind wir erbärmlicher daran als alle (anderen) Menschen.

BACHMANN, M.: Zur Gedankenführung in 1. Kor. 15,12ff., ThZ 34, 1978, 265–276. BUCHER, TH.G.: Die logische Argumentation in 1. Korinther 15,12–20, Bib. 55, 1974, 465–486. ERIKSSON, Traditions 255–261. LAMBRECHT, J.: Just a Possibility? A Reply to Johan S. Vos on 1 Cor 15,12–20, in: Ders., Studies 87–90. MAYORDOMO, M.: Argumentiert Paulus logisch?, WUNT 188, Tübingen 2005, 93–123. VOS, J.S.: Die Logik des Paulus in 1Kor 15,12–20, ZNW 90, 1999, 78–97 (= Ders., Kunst 158–171).

---

[120] Vgl. OBERLINNER, L.: „Gott [aber] hat ihn auferweckt" – Der Anspruch eines frühchristlichen Gottesbekenntnisses, in: Verweyen 65–79: „Der durch die Erscheinungen des Gekreuzigten ausgelöste Glaube an Jesus als den aus dem Tod Befreiten war auch und in ganz entscheidendem Maße eine radikale Überbietung, ja eine Korrektur des vorösterlichen Glaubens der Jünger" (79).

[121] So SCHNABEL, 1Kor 886 gar mit Bezug auf die „Auferstehung eines verstorbenen Menschen".

[122] ℵ* A D* F G K P 33 81 u.a. fügen schon hier ein καί („auch") ein. Es fehlt bei 𝔓46vid B 0243 1739 1881 2464 u.a.

[123] Hier folgen wir dem ὑμῶν von ℵ* A F G P und der Mehrheit, während B D* 0243 0270 und einige Minuskeln, darunter 33 1739 1881, ἡμῶν haben. Sie haben den Bezug auf ἐπιστεύσατε V. 2fin.11fin. nicht gesehen und an 14a angeglichen. Es wäre – wie 2Kor 4,13 – vom Glauben der Verkünder die Rede. So allein auf weiter Flur WEISS, 1Kor 353 Anm. 3. Etwas verunsichert auch SCHRAGE, 1Kor IV 129 Anm. 581. FITZMYER, 1Kor 563: Der Glaube des Paulus ist nur inkludiert. – Beim mehrheitlichen ὑμῶν ist freilich auch Angleichung an V. 17a denkbar.

Alle Satzperioden dieses Abschnitts werden mit einem Konditionalsatz eingeleitet, wobei εἰ δέ einen neuen Gedankenschritt unter Aufnahme des Vorigen, εἰ γάρ V. 16 eine Begründung anzeigt. V. 12 hat eine Sonderstellung: Hier ist der Konditionalsatz nicht hypothetisch; die Apodosis besteht aus einer vorwurfsvollen Frage.[124] Paulus konfrontiert die Korinther mit dem Widerspruch zwischen der einhelligen und gut bezeugten Botschaft[125] von der Auferweckung Christi und der Behauptung einer Minderheit[126] in ihren Reihen, es gebe überhaupt keine Auferstehung. Das Stichwort ἀνάστασις (τῶν) νεκρῶν zieht sich wie ein Rückgrat durch unser Kap. (V. 13.21.42) und ist offenbar gleichbedeutend mit ἐκ νεκρῶν ἐγείρεσθαι.[127] Das „aus den Toten"[128] bzw. „der Toten" gehört so selbstverständlich zu beiden Begriffen – wohl im Unterschied zu einem Erwecken aus dem Schlaf –, dass es auch wegfallen kann. Es steht hier also nicht absichtlich zur Abgrenzung gegen eine Vorwegnahme der Auferstehung in der Gegenwart, wie die Anhänger der Enthusiastenthese meinen.[129] Die Frage erhält ihre Schärfe nicht durch ein impliziertes Schlussverfahren, das die Auferstehung der Toten in der Auferweckung Christi begründet – so erst V. 20 –,[130] sondern dadurch, dass die Behauptung eines Einzelfalls von Auferstehung mit der generellen Leugnung von Auferstehung unvereinbar ist. Das kommt in der Fortsetzung heraus.

Diese zieht in den Nachsätzen – z. T. in Form des Kettenschlusses, bei dem die *conclusio* zur Prämisse des folgenden Enthymems wird – Folgerungen aus der Behauptung V. 12b, und zwar in zwei Anläufen: V. 13–15 und mit teilweiser Wiederholung V. 16–19. Da diese Folgerungen entweder in krassem Widerspruch zur V. 1–11 festgestellten Tatsache der Auferweckung Christi stehen (V. 13.16) oder zum Zusammenbruch des Glaubens (V. 14.17) und der Verkündigung (V. 15) sowie zu totaler Hoffnungslosigkeit führen (V. 18f), kann man V. 13–19 als *reductio ad absurdum* be-

---

[124] Πῶς nach Konditionalsatz wie 14,7.9.16; 2Kor 3,7f; Gal 2,14; vgl. Gal 4,9; Röm 6,2; 8,32.

[125] Christus ist hier Subjekt einer Passivform von κηρύσσειν wie 2Kor 1,19 – vgl. ähnlich Phil 1,18 mit καταγγέλλειν – und zugleich des ὅτι-Satzes, eine klassische Prolepse, die sich im Deutschen nicht wörtlich wiedergeben lässt.

[126] Zu τινές vgl. bei 4,18. Hypothesen zu ihrer Zusammensetzung und zu ihrem Slogan in der Einleitung zu diesem Kap. Zu den Informationsquellen des Paulus s. Einleitung 2c Ende.

[127] Das sieht man schon daran, dass die Auferweckung Jesu auch mit ἀνάστασις bezeichnet werden kann (vgl. Röm 1,4; 6,5; Phil 3,10 und öfter in der Apg). Und im Rückgriff auf V. 12b sprechen V. 15fin.16a.29b.32b von νεκροὶ οὐκ ἐγείρονται. Das Wort ἀνάστασις begegnet oft im Zusammenhang von Lehre als dogmatischer Topos für die endzeitliche Auferstehung: vgl. Mk 12,18parr. – hier sagen die Sadduzäer dasselbe wie die τινές –; Apg 4,2; 23,6.8; 24,15.21; 2Tim 2,18; Hebr 6,2.

[128] Es steht Lk 20,35; Apg 4,2; 1Petr 1,3 auch bei ἀνάστασις statt des Genitivs, weil beides den vorhergehenden Zustand markiert.

[129] Gegen LINDEMANN, 1Kor 339 u.a. ZELLER, Front 178. Davon anscheinend nicht überzeugt MERKLEIN/GIELEN, 1Kor III 303f, aber selbst kaum überzeugend.

[130] Gegen LAMBRECHT und Kommentatoren wie HEINRICI, ROBERTSON/PLUMMER, CONZELMANN, FEE, WOLFF, KREMER, MERKLEIN/GIELEN zu Recht BACHMANN, M.: 1Kor 15,12f.: „resurrection of the dead (= Christians)"?, ZNW 92, 2001, 295–299. V. 12b spricht von der Auferstehung im allgemeinen. Dabei tut allerdings das Fehlen des Artikels bei νεκρῶν nichts zur Sache. Vgl. 15,21f mit V. 42 und B-D-R 254,4. „Einige" leugnen nicht nur die Auferstehung „von einzelnen Toten", sondern im Blick auf den dogmatischen Topos (s.o. Anm. 127) „die Auferstehung der Toten". Zur unregelmäßigen Setzung des Artikels bei νεκρῶν und ἀνάστασις vgl. SCHRAGE, 1Kor IV 128 Anm. 574.

schreiben.[131] Wo die Argumentation die schlimmen existentiellen Folgen für die Leser herausstellt, kann man auch von einem *argumentum ad hominem* sprechen.[132]

V. 13 Das schließt nicht aus, dass zumal in den V. 13 und 16 sich der logische *modus (tollendo) tollens* anbahnt,[133] d. h. die Bestreitung der Auferstehung wird dadurch widerlegt, dass damit auch die mitgesetzte Auferweckung Christi in Frage gestellt ist. Damit das schlüssig ist, muss aus dem vorangegangenen Text stillschweigend angenommen werden, dass die Auferweckung Christi feststeht. Davon geht dann V. 20 aus. Interessanter als dieses formal-logische Verfahren ist für uns die religionsgeschichtliche Beobachtung, dass umgekehrt die Tatsache der Auferweckung Christi an die Möglichkeit der Auferstehung der Toten allgemein gebunden ist. Es gibt keine reine Faktizität ohne Denkmöglichkeit. Der Auferweckung Christi wird man nur im Horizont des jüdisch-pharisäischen Auferstehungsglaubens ansichtig (s. Exkurs 9.1).

V. 14f Deshalb höhlt seine Ablehnung Verkündigung und Glauben, deren Kern V. 3b–5 umrissen worden war, aus und überführt[134] die Verkünder des falschen Zeugnisses. Wie in 1,6 (s. z. St.) und u. U. 2,1 wird die Botschaft vom auferstandenen Christus als Zeugnis im Namen Gottes und für sein Handeln[135] aufgefasst. Dieses Handeln wird mit der Auferweckungsformel[136] umschrieben. Die apostolischen Zeugen behaupten aber von Gott etwas, was er gar nicht getan hat – wenn es keine Auferstehung gibt.

V. 16f Der begründende V. 16 muss diesen Zusammenhang noch einmal (vgl. schon V. 13) einschärfen. V. 17 hebt – den Faden von V. 14b weiterspinnend – auf die Folgen für die Glaubenden ab.[137] Der Tod Christi für ihre Sünden (vgl. V. 3b, wie dort Plural) ist offenbar nur effektiv, wenn Christus auch auferweckt wird. Ähnlich schaut Röm 4,25 die soteriologische Bedeutung von Kreuz und Auferstehung zusammen (vgl. auch Röm 5,10; 6,4f; 8,34; 2Kor 5,15).

V. 18 deutet kurz die Folgen für die verstorbenen[138] Christen an. Nach V. 1f haben sie an den Auferstandenen geglaubt, damit sie gerettet werden. Das ἐν Χριστῷ[139]

---

[131] Vgl. die Rehabilitation dieser hergebrachten Charakteristik bei Vos 89f – gegen Bucher.

[132] Vgl. Vos 94–96 mit Weiss, 1Kor (zu V. 14.17-19). Es beruht auf keineswegs überall selbstverständlichen Prämissen und zielt auf das Gemüt.

[133] Ich drücke mich vorsichtig aus, weil Aletti, Argumentation 71 zu Recht feststellt, dass man innerhalb der Einheit V. 12–19 keine ausdrückliche Konklusion findet.

[134] Zu εὑρίσκεσθαι im Gerichtskontext vgl. zu 4,2. Hier ist der öffentliche Disput das Forum.

[135] Der Genitiv τοῦ θεοῦ kann etwas über den Auftraggeber (*auctoris*) wie über den Inhalt (*obiecti*) des Zeugnisses sagen.

[136] Vgl. Wengst, Formeln 27–34; er erschließt aus 1Thess 1,10 als ursprüngliches Objekt (τὸν) Ἰησοῦν. Τὸν Χριστόν wäre durch den den Kontext von V. 3b–23 beherrschenden Christusnamen bedingt, während in 6,14 der Kyrios auch als Herr über den Leib der Gläubigen (vgl. V. 13de) im Mittelpunkt steht.

[137] Zu μάταιος vgl. das Zitat 3,20. Meyer, 1Kor 424: hier weniger „grundlos" als „erfolglos".

[138] Zu κοιμᾶσθαι vgl. V. 6fin. und zu 7,39. Der Euphemismus ist so verbreitet, dass „in Christus" hinzugesetzt werden muss, um den Tod von Christen eindeutig zu machen. Vgl. 1Thess 4,16 οἱ νεκροὶ ἐν Χριστῷ; Apk 14,13.

[139] Nur Verburg, Endzeit 138, Lindemann, 1Kor 340; Merklein/Gielen, 1Kor III 309 und Fitzmyer, 1Kor 564 möchten diese Angabe auf ἀπώλοντο beziehen. Dazu zwingt weder ihre Stellung noch ihre Artikellosigkeit. Vgl. noch einmal 1Thess 4,16; Röm 16,3.8.10-13; Phil 1,1; 3,14; 4,21; Phlm 23. Vgl. auch B-D-R 272,2f (trotz Dissens bei 1Thess 4,16).

15,12-34: Die These V. 12b wird *ad absurdum* geführt, aber auch positiv überwunden

meint diese Verbundenheit mit Christus auch im Augenblick des Todes. Im Fall aber, dass ihr Glaube gegenstandslos ist, sind sie verloren.[140] Da sie noch in ihren Sünden sind, bedeutet das Verdammnis. Hier ist tatsächlich wie in 6,14 der kausale Konnex zwischen der Auferweckung Jesu und der Auferstehung der Christen vorausgesetzt.

V. 19 In V. 12.14.17 war die Gemeinde angeredet; nach dem Zwischenspiel in der 3. Pl. (V. 18) schließt sich Paulus mit den Lesern im „Wir" zusammen. Es umfasst nicht nur die Apostel wie in V. 14f, sondern die Christen im Gegenüber zu allen anderen Menschen. Sie haben in diesem Leben ihre Hoffnung auf Christus, den Auferweckten,[141] gesetzt. Was ist nun ihr Los, wenn das Schicksal der in Christus Entschlafenen in V. 18 richtig beschrieben ist?[142] Umstritten ist der Bezug des μόνον am Ende des Konditionalsatzes. Nimmt man es zum Verbum, so kann man paraphrasieren: „Wenn wir in diesem Leben[143] auf Christus nur gehofft haben, ohne in einem anderen Erfüllung zu erfahren ..."[144] Dagegen wird eingewandt, dass die Hoffnung sonst nie als etwas Negatives erscheint. Aber nur an unserer Stelle ist auch vorausgesetzt, dass die Hoffnung grundlos ist. Da sind die übrigen Menschen, die keine Hoffnung haben (vgl. 1Thess 4,13fin.), noch besser daran, weil sie nicht nach Unwirklichem Ausschau halten. Neuerdings findet die andere Möglichkeit, μόνον zu ἐν τῇ ζωῇ ταύτῃ zu ziehen, mehr Zuspruch.[145] Streng genommen wäre die Alternative zu einer Hoffnung „nur in diesem Leben" jedoch ein Hoffen im Jenseits.[146] Das würde zwar zum „Bleiben" der Hoffnung 13,13a passen, ist aber sicher nicht die Pointe. Eher bildet eine Hoffnung auch im Sterben (V. 18!) den Gegensatz zu einem auf dieses Leben beschränkten Hoffen. Die betonte Endstellung des „nur" spricht dafür, es auf den ganzen Satz zu beziehen.[147] Man könnte umschreiben: „Wenn das alles war, dass wir in diesem Leben auf Christus gehofft haben". Der Bedingungssatz schildert ein um seine jenseitige Dimension gekapptes christliches Dasein. Dem steht ein apokalyptisches Lebensgefühl entgegen:

---

[140] Zu ἀπολλύναι als Gegenteil von σῴζεσθαι vgl. zu 1,18.

[141] Die Bestimmung ἐν Χριστῷ bezeichnet anders als V. 18 nicht den Umstand des Hoffens (so Phil 2,19), sondern sein Worauf. Dieses wird zwar gewöhnlich mit εἰς oder ἐπί mit Dativ oder Akkusativ angegeben, aber für εἰς kann in der Koine auch ἐν eintreten. Vgl. Eph 1,12; 4Βασ 18,5; Ri 9,26B; Ps 55,5LXXB.

[142] Trotz des fehlenden δέ verstehe ich V. 19 als letztes Glied eines Kettenschlusses, wobei der Konditionalsatz die Quintessenz aus V. 18 zieht.

[143] Die Unterscheidung „dieses Leben" vs. „kommendes", „ewiges Leben" findet sich bei Paulus sonst nicht; vgl. aber Mk 10,30 „in dieser Zeit" vs. „im kommenden Äon"; 1Tim 4,8 „das jetzige und das künftige Leben".

[144] Z.B. WEISS, 1Kor 355; SPÖRLEIN, Leugnung 69 Anm. 1; MERKLEIN/GIELEN, 1Kor III 309. MEYER, 1Kor 427 dagegen: Dann müßte es εἰ ἠλπικότες μόνον ἐσμέν heißen.

[145] So die meisten neueren Kommentare, z.B. CONZELMANN, 1Kor 325f; WOLFF, 1Kor 380; LINDEMANN, 1Kor 341; SCHRAGE, 1Kor IV 134f; FITZMYER, 1Kor 565.

[146] WOLFF, 1Kor 380 möchte dem entgehen, indem er versteht: „Die Hoffnung ist gerichtet auf das irdische Leben"; aber das Worauf ist bereits durch ἐν Χριστῷ besetzt. Ἐν τῇ ζωῇ ταύτῃ geht auf den Bereich.

[147] So MEYER, 1Kor 426; ALLO, 1Kor 403; BARRETT, 1Kor 349f; THISELTON, 1Kor 1221; MAYORDOMO 108 Anm. 87. – SCHMIEDEL, 1Kor 193 und WEISS, 1Kor 355 merken an, dass das Partizip Perfekt vom Standpunkt des Todes aus formuliert ist. Dagegen wohl mit Recht BACHMANN, 1Kor 439: Das Perfekt von ἐλπίζειν ist stärker als das Präsens, weil es auf einem Entschluss in der Vergangenheit beruht. Vgl. Joh 5,45; 2Kor 1,10; 1Tim 4,10; 5,5; 6,17 und B-D-R 341 Anm. 3.

Denn wenn es nur das Leben gäbe, das jedermann hier hat,
so würde nichts bitterer sein als dies (2Bar 21,13).

Wenn schon das von Vergänglichkeit gezeichnete Leben – vgl. die Fortsetzung in 2Bar – bitter ist, dann noch mehr eine christliche Existenz, deren Hoffen frustriert wird. Oft malt man[148] das noch aus: Während die Christen um des Gehofften willen Entsagung und Leiden auf sich nehmen (vgl. V. 30f), leben die Ungläubigen sorglos und den Augenblick genießend dahin (vgl. V. 32).

Exkurs 9.1: Anfänge und Funktion des Auferstehungsglaubens in Israel

AVEMARIE, F./LICHTENBERGER, H. (Hg.).: Auferstehung – Resurrection, WUNT 135, Tübingen 2001. AVERY-PECK, A.J./NEUSNER, J. (Hg.): Judaism in Late Antiquity IV. Death, Life-After-Death, Resurrection and the World-to-Come in the Judaisms of Antiquity, HO 1,49, Leiden/Boston/Köln 2000. BECKER, Auferstehung Jesu Christi 182–208. BIEBERSTEIN, K.: Jenseits der Todesschwelle, in: Berlejung, A./Janowski, B. (Hg.): Tod und Jenseits im alten Israel und in seiner Umwelt, FAT 64, Tübingen 2009, 423–446. CAVALLIN, H.C.C.: Leben nach dem Tode im Spätjudentum und im frühen Christentum. I. Spätjudentum, ANRW II 19,1, 1979, 240–345. FISCHER, A.A.: Tod und Jenseits im alten Orient und im Alten Testament, Neukirchen-Vluyn 2005. GILLMAN, N.: The Death of Death. Resurrection and Immortality in Jewish Thought, Woodstock 1997. GOLLINGER, H.: „Wenn einer stirbt, lebt er dann wieder auf? (Ijob 14,14), in: Oberlinner, L. (Hg.): Auferstehung Jesu – Auferstehung der Christen, QD 105, Freiburg usw. 1986, 11–38. LABAHN, M./LANG, M. (Hg.): Lebendige Hoffnung – ewiger Tod?!, AzBG 24, Leipzig 2007. LONGENECKER, R.N. (Hg.): Life in the Face of Death, Grand Rapids 1998. PORTER, ST.E./HAYES, M.A./TOMBS, D. (Hg.): Resurrection, JSNT.SS 186, Sheffield 1999. PUECH, É.: La croyance des Esséniens en la vie future, ÉtB NS 21, Paris 1993. SCHWANKL, O.: Die Sadduzäerfrage (Mk. 12,18–27parr), BBB 66, Frankfurt/M. 1987, 142–292. SETZER, C.: Resurrection of the Body in Early Judaism and Early Christianity, Boston/Leiden 2004. STEMBERGER, H.: Der Leib der Auferstehung, AnBib 56, Rom 1972. WISSMANN, H./STEMBERGER, G.: Art. „Auferstehung" I 1–3, TRE 4, 1979, 441–467 (Lit.!). ZELLER, D.: Religionsgeschichtliche Erwägungen zur Auferstehung, ZNT 10, 2007, 15–23.

Zwar begründet die Auferweckung Christi die Hoffnung der Christen auf die eigene Auferstehung (vgl. 15,20–28), aber die Überzeugung, dass es überhaupt so etwas wie Auferstehung von den Toten gibt, geht dem Glauben an die Auferweckung Jesu logisch voraus (vgl. 15,12f.15f). Der Auferstandene hat keine göttliche Sonderrolle, sondern es ist vorausgesetzt, dass Gott solches an Menschen tut. „Auferwecken" bzw. „auferstehen" sind bildhafte Ausdrücke, die suggerieren, dass der tot Daliegende wieder aufwacht und sich (aus dem Grab) erhebt. Solch ein Geschehen widerspricht aller menschlichen Erfahrung. Wie wir schon sahen,[149] lehnen deshalb die Griechen eine leibliche Auferstehung ab. Für Paulus aber gibt es keine andere als die leibliche Auferstehung. Allerdings nicht als Wieder-Teilnehmen an „diesem Leben", wie die Griechen sich das vorstellten, sondern als radikaler Neuanfang im Zuge des endzeitlichen Handelns Gottes.[150] Daran glaubte er als Pharisäer. Auch Josephus Flavius, Ap. II 218 verall-

---

[148] Z.B. MEYER, 1Kor 427.
[149] S. Einleitung zu Kap. 15 mit Anm. 23f.
[150] Auch in der iranischen Religion, ausdrücklich im jüngeren Avesta, wird eine leibliche Auferstehung der Toten im Zusammenhang des gottgewirkten Abschlusses der Weltgeschichte erwartet. Diese Anschau-

gemeinert seine pharisäische Frömmigkeit und gießt sie in griechische Terminologie um, wenn er schreibt:

> Jeder (Jude) hat für sich das Zeugnis des Gewissens und ist so zum Glauben gekommen – wobei der Gesetzgeber es prophezeit, Gott aber starkes Glaubensunterpfand gewährt –, dass Gott denen, die die Gesetze durchweg beobachten und auch wenn man für sie sterben müsste, bereitwillig sterben, verliehen hat wiedergeboren zu werden (γενέσθαι πάλιν) und ein besseres Leben zu empfangen beim Zeitenumschwung (περιτροπή).

In Wirklichkeit war diese Überzeugung im Judentum des 1. Jh. n. Chr. nicht so verbreitet. Nicht nur die Sadduzäer bestreiten sie, sondern auch ein großer Teil der jüdischen Schriften aus dieser Zeit kommt ohne sie aus. Wir müssen hier von den unterschiedlichen Jenseitsvorstellungen absehen und uns auf die Traditionslinie konzentrieren, die für unseren Text maßgebend ist. Sie setzt erst in späten Texten des AT ein und hat – wie ja auch Josephus andeutet – mit dem Problem des Martyriums für das jüdische Gesetz zu tun.

Dem Menschen ist es verwehrt, vom Baum des Lebens zu essen und endlos zu leben; er ist Gottes Gebilde aus Staub und muss dahin zurück (vgl. Gen 3,22.19; Sir 17,1). Auch für den Jahwegläubigen, der satt an Lebensjahren ist, versteht es sich von selbst, dass er sterben muss. Nur der frühe Tod schreckt. Doch auch dabei ist ihm bewusst, dass Gott der Herr über Tod und Leben ist (auf die Nation bezogen Dtn 32,39; auf das Individuum 1Sam 2,6). Er kann Tote lebendig machen in dem Sinn, dass er schon an der Schwelle zum Totenreich Stehende wieder heraufführt (vgl. 2Kön 5,7). Männer Gottes wie Elija und Elischa machen sogar tatsächlich Tote nach seinem Willen wieder lebendig (vgl. 1Kön 17,17–24; 2Kön 4,18–37; Sir 48,5). Obwohl die Unterwelt nur ein gottfernes, ohnmächtiges Dasein bereithält, hören wir vor allem in Gebeten vereinzelte Stimmen, die mit Zuversicht von einem Geborgensein bei Gott auch im Tod künden. Dabei kann das mythische Modell der Entrückung, das ursprünglich ein Verschwinden des Leibes einschließt,[151] aktiviert werden (vgl. Ps 73,23–26; 49,16; SapSal 4,10f). Im Blick auf das Volk dagegen ist nur bildlich von einem Wieder-Beleben und Aufrichten (Hos 6,1–3 – hier ist die Hoffnung illusorisch), ja von einem Herausführen aus den Gräbern (Ez 37,1–14) die Rede.

Eine national begrenzte Auferstehung im wörtlichen Sinn erwartet erst ein nachexilischer Text aus der sog. „Jesaja-Apokalypse" Jes 24–27. Diese ist in das Prophetenbuch eingesprengt und bewegt von der Frage nach der Rolle Israels in einer von feindlichen Völkern bestimmten Weltgeschichte. *Jes 26,7–19* spricht das Vertrauen Israels („Wir") aus, dass Gott die Fremdherrschaft brechen und seinem Volk Frieden und Mehrung schenken wird. Während es von den Feinden V. 14 heißt:

> Die Toten werden nicht leben, die Verstorbenen stehen nie wieder auf;
> denn du hast sie bestraft und vernichtet; jede Erinnerung an sie hast du getilgt.

sagt V. 19 von den Toten Jahwes, also den Israeliten:

> *Deine* Toten werden leben, ihre[152] Leichen werden auferstehen,
> erwachen und jauchzen werden, die im Staub liegen.
> Denn ein Tau der Lichter ist dein Tau, und die Erde wird Schatten gebären.

---

ung lässt sich mithilfe eines Zeugnisses des Theopomp (4. Jh. v. Chr., vgl. FGrH 115 F 64f) in die Achämenidenzeit vordatieren. Dass sie den ungefähr gleichzeitig aufkommenden Auferstehungsglauben in Israel beeinflusst hat, ist aber schwer zu beweisen.

[151] Vgl. JANOWSKI, B.: Die Toten loben JHWH nicht. Psalm 88 und das alttestamentliche Todesverständnis, in: AVEMARIE/LICHTENBERGER 3–45 auch mit archäologischen Funden. Vgl. ZELLER, D.: Art. „Entrückung", RGG⁴ 2, 1999, 1332f.

[152] Mit LXX, der syr. Übers. und BHS korrigierter Text, ebs. V. cd.

Der Ausdruck ist bildhaft-poetisch. Er umschreibt aber nicht nur die politische Wiederherstellung des Volkes; denn auch die Israeliten, die in der Zeit der Bedrängnis umgekommen sind,[153] sollen an der erneuten Blüte der Nation teilnehmen. Vgl. V. 21b:

> (Beim Gericht) deckt die Erde das Blut, das sie trank, wieder auf
> und verbirgt die Ermordeten nicht mehr in sich.

Es geht also um Wiedergutmachung für unschuldig vergossenes Blut. Eine allgemeine Auferstehung der Toten ist noch nicht angesagt. Die Auferweckung korrigiert nicht einen Mangel der menschlichen Natur, der Gedanke an sie bricht vielmehr da auf, wo von Menschen gemachter Tod den Vorzug der Erwählung Israels zunichte zu machen scheint.

Auch in der Deutung, die der letzten Vision *Daniels* zuteil wird, bildet die Rettung des Volkes – sie ist freilich auf die beschränkt, „die im Buch verzeichnet sind" (vgl. 12,1) – das Vorzeichen zu der differenziert beschriebenen Auferstehung:

> Und viele[154] von denen, die im Land des Staubes schlafen, werden erwachen,
> die einen zum ewigen Leben, die anderen zur Schmach, zu ewigem Abscheu.
> Die Verständigen werden strahlen, wie der Himmel strahlt;
> und die Männer, die viele zum rechten Tun geführt haben (vgl. 11,33),
> werden immer und ewig wie die Sterne leuchten (12,2f).

Der noch vor 164 v. Chr. verfasste Text führt uns in die Zeit des Widerstandes gegen den Eroberer Antiochus IV. Während das in der Endschlacht obsiegende Volk wohl direkt in die neue Welt gelangt, stellt sich die Frage: Was ist mit den Ermordeten, aber auch mit den Mördern und Kollaborateuren, von denen einige wohl inzwischen gestorben sind? So muss die Rettung Israels auch eine Auferstehung zum Gericht umfassen, die wohl nur die abtrünnigen Israeliten betrifft. Die qualitative Neuheit des Lebens der Frommen aus Israel wird erstmals mit dem Begriff „ewiges Leben" bezeichnet und mit dem strahlenden Glanz der Gestirne ausgemalt.[155]

2Makk teilt nicht die Naherwartung des Danielbuches und kann auf die Restauration der jüdischen Theokratie durch die Makkabäer zurückblicken. Wenn das 7. Kap. dennoch in den Ansprachen der Märtyrer an ihre Peiniger die Auferstehung thematisiert, so um bei den Lesern die Treue zum Gesetz bis in den Tod zu stärken. Der zweite Jüngling erwidert dem König:

> Du Verbrecher, du trennst uns zwar vom gegenwärtigen Leben, aber der König der Welt wird uns, die wir für seine Gesetze gestorben sind, auferstehen lassen zum ewigen Wiederaufleben des Lebens (7,9).

Die Jünglinge hoffen, die hingegebenen Glieder vom Himmel wieder zu erlangen (V. 11, vgl. 14,46). Deshalb genügt ein rein seelisches Weiterleben nicht. Diese Hoffnung ist allerdings nicht auf die Märtyrer beschränkt: V. 14 sagt ganz allgemein:

> Wie erwünscht ist es doch, dass die von den Menschen Scheidenden die Hoffnungsgüter Gottes erwarten können, durch ihn aufzuerstehen.

---

[153] Dasselbe hebr. Wort הֲרוּגִים/*hᵃrûgîm* auch Ez 37,9. Möglicherweise fasst hier eine spätere Bearbeitung die Allegorie realistisch auf: FISCHER 181-185.

[154] O. PLÖGER, Das Buch Daniel, KAT 18, Gütersloh 1965, 171 erklärt das „viele" inklusiv: alle – soweit sie zu Israel gehören. Diese Auffassung ist freilich nicht die einzige: vgl. K. KOCH, Das Buch Daniel, EdF 144, Darmstadt 1980, 239-242.

[155] Wenn die „Verständigen" am Leben geblieben sind, würde V. 3 bildhaft ihre Verklärung geschildert. Es handelt sich aber kaum um einen eigenen Akt der Entrückung in den Himmel, wie BECKER 196f meint.

15,12–34: Die These V. 12b wird *ad absurdum* geführt, aber auch positiv überwunden

Aber eine Auferstehung der Frevler wird nicht anvisiert:

> Für dich aber wird es eine Auferstehung zum Leben nicht geben (ebd.).[156]

Die Mutter verweist auf die Bildung des Embryo und die Schöpfung aus dem Nichts, und macht so einleuchtend, dass der Schöpfer ihren Kindern Atem (πνεῦμα) und Leben in seinem Erbarmen wiedergeben kann und wird (V. 22f.28f). Weil er der Herr über den Lebensatem ist, kann er dem Märtyrer all das wiedererstatten (14,46). Die Brüder duldeten zwar jetzt kurze Pein, fielen aber unter die göttliche Verheißung ewigen Lebens (7,36). Der Vers besagt nicht, dass die Märtyrer gleich bei ihrem Tod in den Himmel auferstehen.[157] Die Auferstehung ist ein „Hoffnungsgut" (7,14), ein „Vermächtnis" (7,36), ein herrlicher Lohn, der für die hinterlegt ist, die in Frömmigkeit sterben (12,45). Sie wird „erwartet" (7,14; 12,44). Anders die Wiedergabe der Episode in 4Makk (1. Jh. n. Chr.). Statt von Auferstehung ist dort mehr griechisch von „Unvergänglichkeit" (9,22) und „Unsterblichkeit" als Gabe für die Seele (18,23) die Rede. Dort leben die Märtyrer tatsächlich schon „für Gott" (7,19; 16,25) bzw. bei Gott (9,7f).

Der Gedanke der Auferstehung ist zwar nicht speziell für die Märtyrer entwickelt worden,[158] aber beim Martyrium spitzt sich die Frage, wie der Tun-Ergehen-Zusammenhang durch Gott aufrecht erhalten wird so zu, dass keine innerweltliche Lösung mehr möglich ist. Dabei geht es um den Bestand der Verheißungen für Israel. Am endgültigen Triumph des Volkes Gottes sollen auch die wegen ihrer Treue zum Gesetz Ermordeten teilhaben, aber auch früher verstorbene Gerechte wie Daniel (Dan 12,13) und die Väter (vgl. TestJud 25,1; Test-Ben 10,6–8; LibAnt 19,12). Wenn innerhalb Israels das Schicksal von Frevlern und Gesetzestreuen auch nach dem Tod unterschieden wird, dann muss man auch eine Auferweckung zum Gericht einführen (vgl. Dan 12,2). Auferstehung bedeutet hier also nicht an sich schon „ewiges Leben", sondern erst nach positivem Ausgang des Gerichts. Wird dieses Gericht auf alle Menschen ausgedehnt – so in den nach 70 n. Chr. verfassten Apokalypsen 4Esr 7,33–35 und 2Bar 50,4 sowie in LibAnt 3,10 –,[159] so wird vorher eine allgemeine Totenauferstehung notwendig: Erde und Unterwelt geben die Toten wieder her (1Hen 51,1; 4Esr 7,32; 2Bar 50,2; LibAnt 3,10). Dieser das Gesetz des Werdens und Vergehens auf den Kopf stellende Vorgang ist nur möglich, wenn der alte Äon ein Ende nimmt und ein Neubeginn von der Radikalität der Schöpfung postuliert wird. Musste Gott schon Jes 65,17 einen neuen Himmel und eine neue Erde schaffen, um in Jerusalem endlosen Jubel – neben zeitlich unbegrenzter Bestrafung der Bösen – zu ermöglichen (vgl. Jes 65,16d–66,24), so ist jetzt erst recht ein kosmischer Wandel vorausgesetzt (vgl. 1Hen 45,4f; LibAnt 3,10; Apk 21,1). Gott muss eine neue Welt bereitstellen, weil sein Volk bzw. eine Auswahl der Gerechten nach der Katastrophe des Jahres 70 sonst keinen Lebensraum mehr hat. Das wird am deutlichsten im *4. Esra*:

> Der Äon eilt mit Macht zu Ende. Er vermag es ja nicht, die Verheißungen, die den Frommen für die Zukunft gemacht sind, zu ertragen; denn dieser Äon ist voll von Trauer und Ungemach (4,26f).

Diese Welt wurde zwar auch um Israels willen geschaffen, doch seit Adams Sünde steht die Schöpfung unter dem Gericht (vgl. 7,10f). Wegen der Bosheit der Menschen hat der Höchste

---

[156] Dem König steht als Vergeltung irdische Marter durch die Kraft Gottes (V. 17, V. 31.36 als Gericht Gottes gedeutet) bevor.
[157] So auf Grund einer falschen Übersetzung bei KAUTZSCH, E.: Die Apokryphen und Pseudepigraphen des Alten Testaments (1900), 2. Neudruck Darmstadt 1962, KELLERMANN, U.: Auferstanden in den Himmel, SBS 95, Stuttgart 1979, 32.80 und einige Nachfolger. Dagegen ZELLER 18.
[158] Er begegnet schon vor Daniel in den Henochvisionen, deren Fragmente auch in Qumran aufgetaucht sind. Vgl. COLLINS, J.J.: Daniel, Hermeneia, Minneapolis 1993, 394–398 Exkurs „On resurrection".
[159] Vgl. die auch Apk 20,11–21,1 einbeziehende Synopse der Ereignisfolge bei CAVALLIN 262f.

nicht einen Äon geschaffen, sondern zwei (vgl. 7,50 im Kontext). Die zukünftige Welt wird deshalb nur wenigen Erquickung bringen, vielen aber Pein (7,47). In der Apokalyptik dienen die universale Auferstehung und die Schaffung einer neuen Welt also letztlich dazu, die Verheißungen Gottes für sein erwähltes Volk zum Tragen zu bringen, ein „neues Jerusalem" zu etablieren.

Obwohl Paulus, wie sich noch zeigen wird, nur von einer Auferstehung zum Heil spricht, ist bei ihm die Auferweckung der Toten nicht heilsgeschichtlich gebunden, sprich: israelzentriert. Zwar wird sie vom Messias Israels angeführt, aber dieser Christus hat als Antipode Adams potentiell Bedeutung für das eschatologische Leben aller Menschen (vgl. V. 22). De facto freilich werden nur die auferweckt, die sich für ihn entschieden haben, die „zu ihm gehören" (V. 23). Denn die „neue Schöpfung" ist kein Naturereignis, sondern folgt aus dem „In-Christus-Sein" durch den Glauben (vgl. 2Kor 5,17).

b) 15,20–28: Die Auferstehung aller als Folge der Auferweckung Christi
(20) **Nun aber ist Christus von den Toten auferweckt worden (als) Erstling der Entschlafenen.** (21) **Denn da durch einen Menschen der Tod (in die Welt kam)**[160]**, (musste) auch durch einen Menschen die Auferstehung der Toten (kommen); (22) wie nämlich in Adam alle sterben, so werden auch in Christus alle lebendig gemacht werden. (23) Ein jeder aber in dem ihm zugewiesenen Abschnitt: als Erstling Christus, darauf die, welche zu Christus gehören, bei seiner Ankunft. (24) Dann (kommt) das Ende, wenn er das Königtum dem Gott und Vater übergibt, wenn er zunichte gemacht hat jede Herrschaft und jede Gewalt und Macht. (25) Er muss nämlich herrschen, bis er alle Feinde unter seine Füße gelegt hat. (26) Als letzter Feind wird der Tod zunichte gemacht;**
   (27) **Alles hat er nämlich unter seine Füße unterworfen.**

Wenn es aber heißt:[161] **alles ist (ihm) unterworfen, ist klar, dass (dies gilt) mit Ausnahme dessen, der ihm alles unterworfen hat. (28) Wenn ihm aber alles unterworfen ist, dann wird [auch]**[162] **der Sohn selbst sich unterwerfen dem, der ihm alles unterworfen hat, damit Gott sei alles**[163] **in allen (Dimensionen).**

BARRETT, significance. BARTH, G.: Erwägungen zu 1. Korinther 15, 20–28, EvTh 30, 1970, 515-527. BRANDENBURGER, E.: Adam und Christus, WMANT 7, Neukirchen 1962, 15–157. CARREZ, M.: Résurrection et Seigneurie du Christ. 1Co 15,23–28, in: De Lorenzi, Résurrection 127–169. DE BOER, M.C.: Paul's Use of a Resurrection Tradition in 1 Cor 15,20–28, in: Bieringer, Correspondence 639–651. DOUGHTY, Presence 74–85. FREDRICKSON, D.: God, Christ, and All Things in 1 Corinthians 15:28, Word and World 18, 1998, 254–263. GIELEN, M.: Universale Totenauferweckung und universales Heil?, BZ 47, 2003, 86–104. GRIMM, W.: Ueber die Stelle 1 Kor. 15, 20–28, ZWTh 16, 1873, 380–411. HEIL, U.: Theo-logische Interpretation von 1Kor 15,23–28, ZNW 84, 1993, 27–35. HILL, C.E.: Paul's Understanding of Christ's Kingdom in I Corinthians 15:20–28, NT 30, 1988, 297–320. HOFIUS, Auferstehung. HOLLEMAN, Resurrection 49–65. –: Jesus' Resurrection as the Beginning of the Eschatological Resurrection (1 Cor 15,20), in: Bieringer, Correspondence 653–660. HOLTZ, Gott 42–50. JOHNSON, A.: First-

---

[160] Ergänzt nach Röm 5,12; viele Hsn. schreiben ἐγένετο.
[161] Das ὅτι *recitativum* des Mehrheitstextes fehlt in 𝔓46 B 33 630 2495 und einem Teil der lat. Tradition.
[162] Bei B D* F G 0243 33 1175 1739 Origenes und in lat. Quellen fehlt das καί. Es ist nach FEE, 1Kor 746 als Ergänzung verdächtig.
[163] Der Artikel τά vor πάντα fehlt in respektablen Hsn.: A B D* 0243 33 81 1739.

15,12-34: Die These V. 12b wird *ad absurdum* geführt, aber auch positiv überwunden   485

fruits and Death's Defeat: Metaphor in Paul's Rhetorical Strategy in 1 Cor 15:20-28, Word and World 16, 1996, 456-464. KREITZER, L.J.: Jesus and God in Paul's Eschatology, JSNT.S 19, Sheffield 1987. LAMBRECHT, J.: Paul's Christological Use of Scripture in 1 Cor. 15,20-28, NTS 28, 1982, 502-527. LEWIS, S.M.: „So that God may be all in all": The Apocalyptic Message of 1 Corinthians 15:12-34, Tesi Gregoriana, S. Teol. 42, Rom 1998. LIENHARD, J.T.: The Exegesis of 1 Cor 15, 24-28 from Marcellus of Ancyra to Theodoret of Cyrus, VigChr 37, 1983, 340-359. LINDEMANN, A.: Die Auferstehung der Toten. Adam und Christus nach 1.Kor 15, in: Evang/Merklein/Wolter, Eschatologie 155-167. Luz, Geschichtsverständnis 332-352. MORISSETTE, R.: La citation du Psaume VIII, 7b dans 1 Corinthiens XV, 27a, ScEs 24, 1972, 313-342. SCHENDEL, E.: Herrschaft und Unterwerfung Christi, BGBE 12, Tübingen 1971. THÜSING, Gott 238-254. WALLIS, W.B.: The Use of Psalms 8 and 110 in I Corinthians 15:25-27 and in Hebrews 1 and 2, JETS 15, 1972, 25-29. -: The Problem of an Intermediate Kingdom in I Corinthians 15:20-28, JETS 18, 1975, 229-242. WILCKE, H.-A.: Das Problem eines messianischen Zwischenreichs bei Paulus, AThANT 51, Zürich 1967.

V. 20 Mit einem logischen νυνὶ δέ (vgl. zu 13,13) beendet Paulus vorerst die ohnehin hypothetische Diskussion und stellt sie auf den Boden der V. 3b-11 glaubwürdig gemachten Tatsachen. Neu ist aber die hinzugesetzte Ergänzung ἀπαρχὴ τῶν κεκοιμημένων, die die Bedeutung der noch einmal festgestellten Auferweckung Christi aus den Toten für eben diese Toten[164] thetisch umreißt. Ἀπαρχή ist zwar von der LXX her kultisch konnotiert (so noch Röm 11,16), hier wie 16,15 schlägt jedoch allein die zeitliche Nuance durch. Es bedeutet: „der erste in einer Reihe".[165] Dabei soll man sich jedoch wie Röm 8,23 (ἀπαρχή entspricht hier ἀρραβών „Angeld" 2Kor 1,22; 5,5) mitdenken, dass der Erstling die Vollzahl gleichsam als Versprechen in sich enthält. Wenn es einen ersten gibt, folgen andere nach. Es würde den Ausdruck aber überladen, wenn damit gleichzeitig „eine Grenze gegenüber der Schwärmerei" gezogen würde: „Christus ist bisher der einzige".[166] Hat erst Paulus die Auferstehung Jesu als Anfang der eschatologischen Totenerweckung verstanden?[167] Der Gedanke findet sich tatsächlich vor allem in seinem Umkreis: Apg 26,23 gibt als Gegenstand seines Zeugnisses an, dass Christus „als erster aus der Auferstehung der Toten Licht künden werde dem Volk und den Heiden". Die ἀπαρχή-Stelle 1Clem 24,1 ist von 1Kor 15,20 abhängig. Paulus kann die Sache aber noch mit einem anderen Bild ausdrücken, dem der Erstgeburt. In Röm 8,29 „Erstgeborener

---

[164] „Entschlafene" greift wohl auf V. 18 zurück – so u.a. FEE, 1Kor 748.750 –, ohne dass der Kreis der Verstorbenen durch die Wahl des Euphemismus auf die Christen eingegrenzt wäre. Anders HÉRING, 1Kor 139; SCHNABEL, 1Kor 920.

[165] Vgl. AUNE, D.E.: Distinct Lexical Meanings of ἀπαρχή in Hellenism, Judaism and Early Christianity, in: Fitzgerald u.a., Early Christianity 103-129, 123. Anders WHITE, Erstlingsgabe 128-131.

[166] Gegen CONZELMANN, 1Kor 327 u.a. richtig DOUGHTY, Presence 77; FEE, 1Kor 749; SCHRAGE, 1Kor IV 161.

[167] So die These von HOLLEMAN (ausführlich HOLLEMAN, Resurrection 131-164). Sie steht und fällt mit dem von ihm angebotenen alternativen Modell, nach dem sich den Jüngern Jesu der Glaube an die Auferstehung Jesu nahegelegt haben soll: der von der endzeitlichen Auferstehung verschiedenen unmittelbaren „vindication" der Märtyrer im Himmel. Da aber 2Makk 7 nach unserem Exkurs 9.1 als Beleg dafür entfällt, sucht man vergeblich nach jüdischen Zeugnissen, die diese als „auferwecken" bzw. „auferstehen" formulieren. Vgl. meine Auseinandersetzung mit diesem Vorschlag sowie dem ähnlichen von K. Berger in: ZELLER, D. (Hg.): Christentum I, RM 28, Stuttgart 2002, 60f.

unter vielen Brüdern" steht der Verherrlichte als Urbild vor Augen. Daraus wird Kol 1,18 der „Erstgeborene von den Toten" (nach ἀρχή „Anfang"). Der hymnische Titel kommt jedoch auch in einem anderen Traditionsstrang vor: Apk 1,5. Ob diese Spur in eine vorpaulinische Phase zurückführt, ist schwer zu sagen. Paulus wird die Auferweckung Jesu wohl von Anfang an in einem endzeitlichen Rahmen gesehen haben. Er trat ja ein in den Glauben der Urgemeinde, die noch von Jesu Verkündigung eines nahen, ja anbrechenden Reiches Gottes geprägt war, und die den Heiligen Geist als Gabe der Endzeit empfangen hatte. In dieser von der Naherwartung getragenen Anfangszeit war man sich der weiterlaufenden Geschichte, in der uns jetzt die Auferstehung Jesu als die große Ausnahme erscheint, noch nicht so bewusst.

V. 21f begründet die V. 20 angerissene These. Warum kann ein anscheinender Einzelfall eine Tragweite für alle Verstorbenen haben? Weil schon am Anfang der Menschheitsgeschichte von einem[168] Menschen eine solch verhängnisvolle Wirkung ausging, die Endzeit aber – das ist das stillschweigend angenommene Postulat – der Urzeit entspricht (vgl. zu 10,11), muss in der Überwindung dieser Unheilswirkung am Ende dasselbe Prinzip herrschen: Einer führt für dasselbe Kollektiv das Leben herbei.[169] Die Erläuterung von V. 21 in V. 22 akzentuiert das „alle" und setzt die konkreten Namen „Adam" bzw. „Christus" ein; dabei steht statt der Präposition διά mit Genitiv (so auch 1Thess 4,14 διὰ τοῦ Ἰησοῦ) ein ἐν. Das muss nicht notwendig die Vorstellung eines umfassenden Leibes heraufbeschwören, in dem die Adamskinder bzw. die Christusgläubigen enthalten sind. In dem parallelen Stück Röm 5,12–21 begegnet nur διά bzw. der Dativ; der Zusammenhang zwischen der Sünde bzw. der Rechttat des Einen und dem Effekt für die Vielen ist dort juridisch; sie führen zur Verurteilung bzw. zur Rechtfertigung; erst die Folge dieses Status ist Tod bzw. Leben. Die Stufe des göttlichen Gerichtsurteils ist in 1Kor 15,21f übersprungen. Das ἐν dürfte diesen ganzen Prozess der Vermittlung von Heil oder Unheil zusammenfassen und ist wohl instrumental zu verstehen.[170] Wie diese Belebung durch Christus erfolgen soll, führen dann V. 45–49 näher aus: indem der „letzte Adam" den Erlösten zu einem lebendigmachenden Geist und zu einem himmlischen Urbild wird.

Die englischsprachige Forschung bemüht für den Einfluss des Stammvaters auf das Schicksal der Nachkommen das Modell der „corporate personality".[171] Danach repräsentiert er die von ihm Abstammenden. Eine von ihm ausgehende Wirkung wird aber an diesem Modell weniger anschaulich. Conzelmann[172] dagegen meint: „Die Bezeichnung Adams und Christi als

---

[168] Röm 5,12.15–19 wird das durch die Setzung des Zahlwortes εἷς noch unterstreichen.

[169] Das Verb ζῳοποιεῖν ist Äquivalent von „auferwecken"; es entspricht dem pi. (z.B. Hos 6,2) bzw. hif. (z.B. 2Kön 5,7) von hebr. חיה/ḥjh. und wird mit dem Objekt „die Toten" Röm 4,17; Joh 5,21, in der 2. Anrufung des Achtzehn-Bitten-Gebets (paläst. Fassung) und JosAs 20,7 traditionell von Gott ausgesagt. Insofern ist die Annahme eines theologischen Passivs hier gerechtfertigt.

[170] Vgl. analoge Bildungen wie „Gerechtfertigtwerden in Christus" Gal 2,17 – im Gegensatz zu „im Gesetz". Richtig SCHRAGE, 1Kor IV 163f: Die Schwierigkeit des universalen πάντες kann nicht durch lokale Auffassung des ἐν gelöst werden.

[171] Vgl. WEDDERBURN, body 83f.90–92 und die Reflexionen desselben Autors in Baptism 351–356.

[172] 1Kor 327. Auch Röm 5,12.15.19 redet von „einem Menschen", aber gleichbedeutend mit „dem Einen" (V. 16–18). Nach HORSLEY, 1Kor 204 entspricht Paulus schon hier einer korinthischen Unterscheidung zwischen himmlischem und irdischem „type of man". Kritisch dagegen SCHNABEL, 1Kor 921f.

15,12–34: Die These V. 12b wird *ad absurdum* geführt, aber auch positiv überwunden 487

ἄνθρωπος setzt die Idee des ‚Urmenschen' voraus", also ein vor allem in der Gnosis belegtes mythisches Konstrukt. Dagegen spricht schon, dass man mit unbestimmtem Artikel übersetzen muss: „durch einen Menschen".

Als religionsgeschichtlicher Hintergrund für V. 21f genügt also vorerst die Geschichte vom Fall Gen 3, wie sie im frühen Judentum, besonders in den Apokalypsen nach 70 n. Chr., weitergesponnen wurde. Danach haben Adam und Eva über ihre Nachkommen nicht nur den vorzeitigen Tod (so Sir 25,24; AntBibl 13,8; 37,3; 4Esr 3,7; 2Bar 17,3; 23,4; 54,15; 56,6; ApkMos 14,2 und die Mehrheit der Rabbinen), sondern auch die Sünde (VitAd 44,2; ApkMos 32,2), und damit auch Strafe nach dem Tod (4Esr 7,116–118), gebracht. Nach der Klage 2Bar 48,42f hat der Ungehorsam der Stammeltern zur Folge, „dass zum Untergang diese ganze Menge geht und Ungezählte das Feuer verschlingt".[173] Vorausgesetzt ist freilich, dass sie die im Gesetz gebotene Lebensmöglichkeit abgelehnt haben. Dann ist der Tod soviel wie „Verderben", „Verlorengehen". An unserer Stelle wird über die Sünde im Gefolge der Sünde Adams,[174] die den Tod erst unter das Zeichen von Verurteilung und Zorn stellt, nicht reflektiert (vgl. aber dann V. 56). Deshalb ist nicht klar, ob der Tod, der von Adam ausgeht, nur der physische Tod ist oder ob er auch den Ausschluss vom ewigen Leben bedeutet. Im ersten Fall würde die Lebensgabe Christi das Los der von Adam her sterblichen Menschen überbieten, aber so, dass auch die Christen sterben müssen. Im zweiten Fall würden sich die Wirkungen Adams und Christi gegenseitig aufheben. In jedem Fall ist das von Christus verliehene Leben nicht bloß das irdische. Weil es Paulus auf den Vergleich mit dem einen Menschen Christus ankommt, hat er die verhängnisvolle Rolle Evas (vgl. 2Kor 11,3) weggelassen. Das Judentum kennt freilich keine Gegengestalt zu Adam.[175] In frühjüdischen Schriften wie Sir 49,16; SapSal 10,1f; Philo, op. 144.150 wird der erste Mensch vor dem Fall eher verherrlicht. Nach 1QS IV 23; 1QH XVII (neue Zählung IV) 15; CD III 20 soll die eschatologische Reinigung in Qumran die verlorene „Herrlichkeit Adams" wiederherstellen. Hier haben wir die Entsprechung von Urzeit und Endzeit. Aber die antithetische Gegenüberstellung von Adam als Negativfigur und Christus ist die theologische Leistung des Paulus. Dabei werden, wie sich zu V. 47–49 zeigen wird, Züge des himmlischen Urmenschen ins Eschaton projiziert.

Wenn das durch Christus erwirkte Leben das „ewige" (vgl. Röm 5,21) bei Gott ist, dann ist die „Auferstehung der Toten" V. 21 nicht bloß die Auferstehung aller Menschen zum Gericht.[176] „Lebendigmachen" hat hier soteriologisch-eschatologischen Sinn wie 15,45; 2Kor 3,6; Gal 3,21; Röm 8,11. Damit klärt sich auch der Sinn des „alle" in V. 22. Potentiell erfasst die Tat Christi – wie die Untat Adams – die ganze Menschheit (vgl. Röm 5,18).[177] Weil in dem ἐν Χριστῷ aber das Heilswerk Christi – Sühnetod, Auferweckung samt Aneignung im Glauben – einbeschlossen ist, werden *de*

---

[173] Diese Aussagen des Sehers in 4Esr und 2Bar werden freilich durch den Offenbarungsengel korrigiert und relativiert, worauf u. a. BRANDENBURGER 30f hingewiesen hat.

[174] Die im Sündigen der Menschen nachvollzogen wird, wie wir aus Röm 5,12fin. nachtragen können.

[175] Vgl. SCROGGS, R.: The Last Adam, Philadelphia 1966; MEISER, M.: Die paulinischen Adamaussagen im Kontext frühjüdischer und frühchristlicher Literatur, in: Lichtenberger, H./Oegema, G.S. (Hg.): Jüdische Schriften in ihrem antik-jüdischen und urchristlichen Kontext, SJSHRZ 1, Gütersloh 2002, 376–401.

[176] Gut erkannt von GRIMM 382–385, jetzt wieder herausgestellt von HOFIUS, Auferstehung 108–111.

[177] Es geht nicht an, mit BARRETT 109 = 1Kor 352, FEE, 1Kor 750f so zu interpretieren, als stünde da πάντες οἱ ἐν τῷ Χριστῷ. Andererseits folgert etwa MEYER, 1Kor 429f, die Belebung aller sei so universal zu nehmen, dass sie auch nur zur Verdammnis erfolgen könne. Dagegen mit Recht HEINRICI, 1Kor 463f.

facto nur „die zu Christus gehören" (V. 23) lebendig gemacht.[178] Das ist nicht anders als in 1Thess 4,16, wo „die Toten in Christus" auferstehen.[179] Es geht Paulus um die grundsätzlich von Christus eröffnete Heilsmöglichkeit; deshalb braucht er die restriktive Heilsbedingung, den Glauben, von dem ohnehin V. 2.11.14.17 die Rede war, nicht ausdrücklich zu nennen. Das Futur sagt nicht Faktisches voraus, sondern folgert theo-logisch. Allerdings lässt der Gebrauch dieses Tempus in ζωοποιηθήσονται nach dem Präsens ἀποθνῄσκουσιν viele Kommentatoren aufhorchen.[180] Oft vermutet man hier wieder eine Pointe gegen die enthusiastisch in der Gegenwart gefeierte Auferstehung. Aber ein Futur für das Pendant zu „Auferstehung der Toten" in V. 21b ist zu erwarten.[181]

V. 23 präzisiert V. 22b unter Rückgriff auf V. 20. „Ein jeder" nimmt zunächst „alle" auf.[182] Als Verbum schwebt dem Leser weiterhin ζωοποιηθήσονται vor. Die hinter dem Vers stehende Frage ist: Wie kann die schon über 20 Jahre zurückliegende Auferstehung Jesu die der entschlafenen Christen ermöglichen? Weshalb stehen die Toten nicht sofort mit Christus auf? Das Futur 22b und die Erklärung V. 23 richten sich also nicht gegen die Behauptung von Korinthern, sie seien schon (in der Taufe) auferstanden,[183] sondern sichern die Auferstehung der Toten trotz dieser auch religionsgeschichtlich abnormen[184] Phasenverschiebung. Sie entspricht nämlich einer von Gott gesetzten Ordnung, die verschiedene Abteilungen (τάγματα)[185] vorsieht. Das Wort hat hier eine – sonst nicht nachweisbare – zeitliche Nuance, wie die Entfaltung mit ἀπαρχή und „dann ... bei seiner Ankunft" erkennen lässt. Der Abstand zwischen beiden Ereignissen ist sachlich darin begründet, dass die eschatologische Auferstehung kein naturhafter Vorgang ist, sondern die betrifft, die an den von Gott auferweckten Christus glauben. „Die zu Christus gehören" – mit Genitiv des Besitzers

---

[178] Vgl. BORING, E.: The Language of Universal Salvation in Paul, JBL 105, 1986, 269–292, 279f; CROCKETT, W.V.: The Ultimate Restoration of all Mankind: 1Corinthians 15:22, JSNT.S 3, 1980, 83–87; HOFIUS, Auferstehung 111–113, der den Zusammenhang von V. 23 mit V. 22 herausarbeitet.

[179] Weil LINDEMANN die ἐν Χριστῷ-Formel hier wie 15,18 auf das Verbum bezieht, findet er in beiden Texten eine „allgemeine Totenauferstehung". Vgl. DERS.: Paulus und die korinthische Eschatologie, NTS 37, 1991, 373–399, 379.382f.390f (= Ders., Paulus 64–90). Hier hat er aber die Mehrheit der Kommentatoren gegen sich.

[180] Z.B. BRANDENBURGER 72; CONZELMANN, 1Kor 319; WOLFF, 1Kor 382.284f; KREMER, 1Kor 343. Dagegen mit Recht SENFT, 1Kor 197, LUZ 336f, DE BOER, Defeat 112f, ALETTI, Argumentation 76f.

[181] Vgl. SELLIN, Streit 270f mit Verweis auf die unpolemischen Futura Röm 5,17.19.

[182] Vgl. HOFIUS 127f. Seine darüber hinaus gehenden Überlegungen – Christus sei nicht inbegriffen, bei ihm sei nicht ζωοποιεῖσθαι zu ergänzen – muten dem elliptischen Stil des Paulus zuviel Genauigkeit zu.

[183] Z.B. BARTH 521, wonach Paulus eine zeitliche Distanzierung zwischen der Auferstehung Christi und der der Glaubenden bezweckt. Richtig LUZ 342: „So gewiß das erste ‚tagma' [...] schon geschehen ist, so gewiß wird auch das zweite ‚tagma' [...] eintreffen."

[184] Eine gewisse Analogie kann man nur in TestBen 10,6–10 (s. Exkurs 9.2) finden; dort werden die verschiedenen Akte von Auferstehung und Gericht mit τότε (V. 7.9, Ms. A auch in V. 8) eingeleitet.

[185] Das Wort wird oft im Heerwesen gebraucht. Da der Kontext vom Kriegszug gegen Tod und Teufel redet, könnte es auch hier eine militärische Note haben. So JOHNSON 462 und GIELEN, ebenso P. ARZT-GRABNER in: Ders. u. a., 1Kor 481f. Anders BAUER, Wörterbuch 1601, der an unserer Stelle die Bedeutung „gruppenweise" annimmt. Aber Christus ist keine Gruppe. DELLING, G.: Art. τάγμα, ThWNT 8, 1969, 31f hält deswegen den Sinn „Stellung", „Stand" für möglich. Aber dann wäre κατά statt ἐν zu erwarten. 1Clem 37,3; 41,1 hat allerdings ἐν (weil nach 1Kor 15,23?). HOFIUS 128f notiert auch den Unterschied zwischen 1Clem und unserer Stelle.

15,12–34: Die These V. 12b wird *ad absurdum* geführt, aber auch positiv überwunden

ausgedrückt (s. zu 3,23) – sind identisch mit den „in Christus Entschlafenen" V. 18. Nach Röm 8,9b sind es die, welche den Geist haben. Das ist die Voraussetzung dafür, dass sie auch lebendig gemacht werden (vgl. Röm 8,11), wenn ihr Herr glorreich kommt. Der im Hellenismus für Staatsbesuche des Herrschers oder eines hohen Beamten bei den Untertanen gebräuchliche[186] Begriff παρουσία tritt hier (und schon 1Thess 2,19; 3,13; 4,15; 5,23) für den biblischen „Tag des Herrn" ein.[187] Er bedeutet eigentlich erst dann „Wiederkunft", wenn man – wie Justin – eine „erste Ankunft" voranstellt.

V. 24 An sich könnte man V. 24a mit seinem die Zeitbestimmung ἔπειτα fortsetzenden εἶτα (vgl. 15,5b.6.7) als dritte „Ordnung" nehmen und als Verbum ζῳοποιηθήσεται ergänzen. Τὸ τέλος würde dann – im Gegenüber zu ἀπαρχή – „der Rest" bedeuten.[188] Da es dafür aber keine Belege gibt, hat M. Gielen[189] eine schon bei Homer vorkommende militärische Spezialbedeutung von τὸ τέλος vorgeschlagen; danach bezeichnet das Wort eine größere Einheit von Soldaten.[190] Man könnte paraphrasieren: „Dann folgt das Gros".[191] Die übrige Menschheit würde auferweckt – entweder zum Gericht,[192] was merkwürdig hinter der Auferstehung der Christen zum ewigen Leben nachhinkt, oder zum Heil. Dann muss man erklären, wie auch diese Auferstehung ἐν Χριστῷ erfolgt.[193] Zu den inhaltlichen Problemen kommt hinzu, dass die Sonderbedeutung nicht ohne weiteres einleuchtet; sie muss ja von den Lexikographen erläutert werden. Deshalb belässt man am besten τέλος die Bedeutung „Ende", die es im Neuen Testament, zumal in apokalyptischem Kontext,[194] fast immer hat. Wie 4Esr 7,33 im Zusammenhang einer apokalyptischen Schilderung sagt „Dann kommt das Ende", so beschreibt V. 24 einen letzten Akt des Enddramas. Und zwar mit zwei ὅταν-Sätzen, wovon der letzte dem ersten zeitlich vorausgeht.[195]

Zuerst muss Christus die feindlichen (vgl. V. 25f) Mächte vernichten (zu καταργεῖν vgl. bei 6,13). Es sind Feinde des Messias, damit gottwidrige Mächte, sicher auch Feinde der Menschheit oder mindestens der Christen. In den Apokalypsen

---

[186] Vgl. OEPKE, A.: Art. παρουσία, πάρειμι, ThWNT 5, 1954, 856–869; P. ARZT-GRABNER in: Ders. u. a., 1Kor 482.

[187] Er ist deshalb auch immer mit κύριος, nur hier wegen des Kontextes mit Χριστός verbunden.

[188] Von LIETZMANN, 1Kor 80 ernsthaft erwogen; er kann sich kaum auf Aristoteles, de gen. anim. I 18, 726,8 berufen. Denn dort meint das τέλος der Nahrung das Endprodukt = τὸ τελευταῖον 725,18. Jes 19,15 dagegen besagt ἀρχὴ καὶ τέλος etwas über den Rang. Gegen Lietzmann KÜMMEL im Anhang 1Kor 193; WILCKE 87f.

[189] 94f, aufgenommen von MERKLEIN/GIELEN, 1Kor III 321. Der als „Leseanweisung" herangezogene Passus 1Thess 4,13–18 sagt jedoch nichts über die Auferstehung der Nicht-Christen.

[190] Vgl. L-S 1773, Nr. 10–12. Der Grammatiker Aristonicus (1. Jh. n. Chr.), de signis Iliadis X 56,2 definiert das ἱερὸν τέλος aus Ilias X 56 als τὸ μέγα τάγμα. Ähnlich erklären byzantinische Lexika.

[191] Paulus würde indirekt den Minderheitsstatus der Christen zugeben. Ist das wahrscheinlich?

[192] So WEISS, 1Kor 358.

[193] LIETZMANN kann dies – wie schon SCHMIEDEL, 1Kor 196 – nur unter Annahme vorhergehender Bekehrung aufrecht erhalten.

[194] Vgl. Mk 13,7parr.13par.; 1Petr 4,7 und die Stellen aus Apokalypsen bei DELLING, G.: Art. τέλος, ThWNT 8, 1969, 50–58, 54 Z. 20–30. Es besteht dann kein Rückbezug auf ἀπαρχή.

[195] Das dürfte sich noch in der Präsens- bzw. Aoristform des Konjunktivs in V. 24bc spiegeln. Bestätigt wird die Abfolge durch V. 28.

sind es irdische Machthaber (vgl. Exkurs 9.2); aber manche Zukunftstexte sprechen auch von einem Kampf Gottes bzw. des Messias mit Beliar (TestDan 5,10f; TestLev 18,12). In der Kriegsrolle von Qumran sind die heiligen Engel mit den Heerscharen Israels; sie kämpfen zusammen gegen das „Los Belials", bis endlich die große Hand Gottes Belial und alle Engel seiner Herrschaft unterwirft. Von daher und wegen des zweimaligen „jede" könnte man daran denken, dass der Feldzug des Christus in V. 24c sowohl gegen menschliche wie dämonische[196] Gewalten geht. Diese politische Lesart ist in unseren Tagen wieder à la mode.[197] Sie beruft sich darauf, dass 2,6.8 die „Herrscher dieses Äons", die „den Herrn der Herrlichkeit gekreuzigt haben", auch das Schicksal des καταργεῖσθαι erleiden.[198] Doch ist zu beachten, dass Christus im Unterschied zum jüdischen Messias im Himmel herrscht. Von dort unterstützt er kein irdisches Heer wie etwa Michael in 1QM XIII 10; XVII 6f. Auch der sonstige Gebrauch der drei Begriffe ἀρχή, ἐξουσία und δύναμις bei Paulus (Röm 8,38 ἀρχαί nach ἄγγελοι, V. 38fin. δυνάμεις), in Kol/Eph (Kol 1,16; 2,10.15; Eph 1,21; 2,2; 3,10; 6,12), 1Petr 3,22 deutet eher auf himmlische Mächte.[199] Sie sind zwar schon dem Erhöhten unterworfen (vgl. Phil 2,10; Eph 1,20–22; 1Petr 3,22; Polyk 2,1), drohen aber immer noch, sich zwischen Gott und die Menschen zu stellen. Röm 13,1–3 gebrauscht freilich wie Lk 12,11; 20,20; Tit 3,1; MartPol 10,2 ἐξουσία für die staatlichen Autoritäten.[200] Gerade diese Passage, in der Paulus Unterordnung unter die von Gott eingesetzte Gewalt verlangt, macht es jedoch unwahrscheinlich, dass er hier den Staat als feindliche Macht betrachtet.[201] Wenn Christus die die Welt jetzt noch beherrschenden widergöttlichen Mächte ihrer Wirksamkeit beraubt hat, wird er das so eroberte Reich und die Königswürde – beides kann βασιλεία bedeuten – „Gott und dem Vater"[202] übergeben. Bei weltlichen Reichen ist es gewöhnlich

---

[196] LIETZMANN, 1Kor 81; SCHRAGE, 1Kor IV 173f mit breitem Meinungsspektrum. Er räumt ein, dass die kosmisch-dämonischen Mächte im Vordergrund stehen mögen. Ebenso HAYS, 1Kor 265; MERKLEIN/GIELEN, 1Kor III 323f; SCHNABEL, 1Kor 931.936.

[197] Z.B. ausschließlich HORSLEY, 1Kor 205: „They are the imperial political institutions with superhuman power, not simply ‚demons' in a heavenly or spiritual realm".

[198] Doch wie wir z.St. sahen, ist der Befund nicht eindeutig.

[199] DIBELIUS, Geisterwelt 99–103, nach dem das Motiv „Kampf des Messias gegen feindliche Nationen" hier auf Völkerengel übertragen wurde. Aber wie 2,6.8 ist nichts davon zu spüren, dass die himmlischen Scharen Völker repräsentieren. Alle drei Bezeichnungen für Klassen nicht gefallener Engel finden sich in 2Hen 20,1 und TestSal 20,15 (62,11 McCOWN), ἐξουσίαι nach θρόνοι in TestLev 3,8. Δυνάμεις als Übersetzung von צְבָאוֹת/ṣebā'ôt = Heerscharen ist schon in LXX breiter belegt. Dem entspricht in 2Makk 3,24 ἐξουσία. Vgl. CH. BÖTTRICH in JHSRZ V 884 Anm. g. Kritische Präsentation der apokalyptischen Belege bei FORBES, CH.: Paul's Principalities and Powers: Demythologizing Apocalyptic?, JSNT 82, 2001, 61–88.

[200] So auch Dan 7,27LXX καὶ πᾶσαι αἱ ἐξουσίαι αὐτῷ ὑποταγήσονται („und alle Staatsmächte werden ihm [dem Volk Israel] untergeben sein"). Wegen dieses nationalen Tenors hat die an unseren Text anklingende Stelle kaum Einfluss auf das Christologumenon gehabt. Anders BLACK, M.: Πᾶσαι ἐξουσίαι αὐτῷ ὑποταγήσονται, in: Hooker/Wilson, Paul 74–82.

[201] Das mag damit zusammenhängen, dass in den ersten Jahren des jungen Nero die römische Herrschaft erträglich, ja dem Missionsunternehmen des Apostels eher günstig war. Wir sind noch nicht bei Apk 13, wo das Kaisertum als Antichrist auftritt.

[202] Beides steht in der feierlichen Formulierung „Der Gott und Vater unseres Herrn Jesus Christus" Röm 15,6; im Schwur 2Kor 11,31 und in den Gebetsanfängen 2Kor 1,3; Eph 1,3 (vgl. 5,20); Kol 1,3; 1Petr 1,3 zusammen. Angesichts auch von Jak 1,27 möchte man auf eine frühchristliche Prägung im Kult schließen.

umgekehrt: Der Vater übergibt die Herrschaft seinem erstgeborenen Sohn (z. B. 2Chr 21,3).[203]

V. 25-27 Die beiden Temporalsätze V. 24bc stellen eine Kurzfassung des in V. 25-28 in umgekehrter Reihenfolge Ausgeführten dar. V. 25-27 handeln von der Unterwerfung der Geistmächte. Das anstößige Faktum, dass Christus nur seinen eigenen Tod bezwungen hat, wird unter das δεῖ (s. zu 11,19) eines göttlichen Plans gestellt, der sich schon in Schriftworten andeutet. Der Auferweckte tritt seine messianische Herrschaft an, die als Befristung, aber wohl auch als Ziel[204] die Entmachtung aller Feinde hat. Diese wird unter Anspielung auf Ps 110,1[205] geschildert, wobei das „alle" verstärkend hinzukommt. Schon das βασιλεύειν entspricht sachlich dem Sitzen zur Rechten Gottes.[206] Als Subjekt des Unter-die-Füße-Legens wird – anders als im biblischen Text – Christus anzunehmen sein.[207] Während die hymnische Tradition (s. o. zu 24c) den Aufstieg Christi über alle kosmischen Mächte feiert, betont die apokalyptische Geschichtsschau mit dem „Bis"-Satz von Ps 110,1 die Notwendigkeit des noch ausstehenden Kampfes, sie deutet damit freilich auch ein siegreiches Ende an (vgl. Hebr 10,13). Dies ist nach V. 26 mit der Vernichtung des Todes[208] erreicht (vgl. V. 54-57). Sie vollzieht sich nicht, wie der Paulus von Apg 24,15 lehrt, in einer Auferstehung aller Menschen zum Gericht (vgl. nach dem Millennium Apk 20,11-15), sondern in der Belebung der zu Christus Gehörigen bei seiner Parusie.[209] Ein Zitat aus Ps 8,7LXX – erkenntlich am γάρ und am „es heißt"[210] in V. 27b –

---

[203] Vgl. auch Arzt-Grabner u.a., 1Kor 484.

[204] Ἄχρι οὗ kann auch finalen Sinn haben; vgl. zu 11,26.

[205] Die Übersetzung weicht von der LXX ab und verzichtet – wie Mk 12,36par. – auf das Bild des Schemels. Zum früh einsetzenden Gebrauch von Ps 110,1 im NT vgl. Hay, D.M.: Glory at the Right Hand, SBL.MS 18, Nashville/New York 1973; Loader, W.R.G.: Christ at the Right Hand - Ps. CX, 1 in the New Testament, NTS 24, 1978, 199-217; Gourgues, M.: À la droite de Dieu, ÉtB, Paris 1978; Dautzenberg, G.: Psalm 110 im Neuen Testament, in: Ders.: Studien zur Theologie der Jesustradition, SBA.NT 19, Stuttgart, 1995, 63-97; Hengel, M.: „Setze dich zu meiner Rechten!", in: Ders., Studien 281-367.

[206] Das hat Maier, F.W.: Ps 110,1 (LXX 109, 1) im Zusammenhang von 1Kor 15, 24-26, BZ 20, 1932, 139-156 gut gesehen. Aber V. 25 liefert nicht auch den „Schriftbeweis" für V. 24b, wie er meint, sondern höchstens für 24c.

[207] Mit Lietzmann, 1Kor 81; Conzelmann, 1Kor 334; Lambrecht 507-509; Aletti, Argumentation 73; dafür spricht, dass das Unter-die-Füße-Legen doch wohl denselben Vorgang meint wie das καταργῆσαι V. 24c (vgl. das Passiv V. 26). Und hier fällt es schwer, „Gott und Vater" als Subjekt anzunehmen; die Pronomina sind alle auf Christus zu beziehen und in V. 25-27a reflexiv zu fassen. Dagegen vertritt Heil eine konsequent theo-logische Interpretation der Verse schon ab V. 24c. De Boer, Defeat 116f, Verburg, Endzeit 40f, Holleman, Resurrection 59 und Lindemann, 1Kor 347 erst ab V. 25b.

[208] Zu seiner Personifikation vgl. zu 15,54f; Apk 6,8 und Conzelmann, 1Kor 334f. De Boer, Resurrection 121 schließt sogar aus V. 24-26, dass der Tod zu den V. 24c aufgezählten Mächten gehört. Das Nebeneinander in Röm 8,38f zeigt aber nur, dass er mit ihnen die Feindrolle gemeinsam hat. – Das Präsens καταργεῖται hat hier futurischen Sinn, vgl. B-D-R 323 und Holleman, Resurrection 62 Anm. 4 gegen Autoren, die hier den Triumph über den Tod in Jesu Auferweckung – so tatsächlich 2Tim 2,10 – angedeutet finden.

[209] Anders Wallis. Er verkennt, dass V. 24c und seine Erklärung in V. 25-27 dem V. 24ab vorgeordnet ist.

[210] Das εἴπῃ V. 27b dürfte dem auch in jüdischer Exegese sonst üblichen λέγει oder φησίν entsprechen. Vielleicht ist aber auch an David als inspirierten Sprecher (vgl. die Überschrift von Ps 8) zu denken (vgl. Röm 4,6; 11,9f). Ältere Kommentare, aber auch Schrage, 1Kor IV 183, lassen hier Gott oder Christus Vollzugsmeldung erstatten. Aber was soll das? Tritt Christus zum Rapport vor dem Vater an? So tatsäch-

begründet die Vollständigkeit des Sieges, der nun mit dem Verbum ὑποτάττειν = unterwerfen ausgedrückt ist (V. 27a). Der Aorist ὑπέταξεν war vom Psalm vorgegeben und bezieht sich jetzt auf den künftigen Ausgang der Schlacht (vgl. den Temporalsatz V. 28a).[211] Ursprünglich rühmte der Vers Gott, weil er den Menschen über die anderen Geschöpfe gesetzt hat. Paulus wandelt für seine Zwecke die lobende Anrede in eine Aussage in der 3. Sg. um und denkt bei „unter seine Füße" ausschließlich an Christus.[212] Schwer zu entscheiden ist, ob im Zitat V. 27a Gott der Akteur des Unterwerfens sein soll[213] wie im Original und wie es Paulus in V. 27b klarstellt. Vom vorangehenden Text und von Phil 3,21 her, wo Christus die Macht hat, sich alles zu unterwerfen, neigt man eher zu Christus als Subjekt.[214] Es kommt Paulus auf das Resultat an, wie die Zusammenfassung in V. 27b zeigt: Alles ist unterworfen, auch der Tod. Der Vers lässt aber an sich offen, wer unterwirft. Das erlaubt Paulus eine nachträgliche exegetische Bemerkung. Korrigiert wird freilich nicht das Subjekt, sondern der Umfang des Objekts: In „alles" ist Gott nicht enthalten. Da aber – so wohl der Zwischengedanke – außerhalb des Unterworfenen nur der Unterwerfende ist, muss Gott der ὑποτάξας sein. Er thront nicht als *deus otiosus* über dem Endgeschehen, sondern ermöglicht aktiv die messianische Herrschaft, wie er auch traditionell (vgl. Ps 2,8; 72,1; 110,1f.5; PsSal 17,22.37f) seinen Gesalbten stärkt, ihm die Feinde zu eigen gibt und ihm Sieg verleiht.

V. 28 Diese Aktivität Gottes wird schließlich auch vom Sohn[215] ausdrücklich anerkannt, indem er die Macht an ihren Ursprung, den Vater, zurückgibt (vgl. V. 24b). Das wird hier aber mit dem von V. 27 an dominierenden Verbum ὑποτάσσειν ausgedrückt, das ja eher für aufrührerische Elemente passt. Freilich wird ὑποταγήσεται medial zu nehmen sein. Die Unterwerfung geschieht hier freiwillig.[216] Schon 3,23 und 11,3 fassten das Verhältnis Christi zu Gott als Untergebensein. Das Ziel der Selbstunterordnung des Sohnes ist in einem Finalsatz kompakt ausgesprochen. Wie

---

lich SENFT, 1Kor 200; MERKLEIN/GIELEN, 1Kor III 328. Dagegen mit guten Gründen LINDEMANN, 1Kor 348. Das Argument von VERBURG, Endzeit 42, ὅταν mit Verb im Konjunktiv Aorist bezeichne eine zukünftige Handlung, sticht nicht, wenn das präsentische δῆλον ὅτι den Hauptsatz bildet. Vgl. K-G II 2 447–449 und H-S 276d.

[211] Die Auskunft DE BOERS 650, der Aorist sei – wie in Eph 1,22 – darin begründet, dass der Tod keine Macht mehr über den Auferstandenen habe, wird dem Zusammenhang von „alles" mit der endlichen Unterwerfung des Todes V. 26 nicht gerecht. Auch Hebr 2,8 unterstreicht sowohl die Ausnahmslosigkeit des „alles" wie das Noch-Nicht der totalen Unterwerfung.

[212] Christologisch interpretieren den Psalmvers auch Eph 1,22 und Hebr 2,3–9. Dass das durch den V. 5b vorkommenden „Menschensohn" befördert wurde, ist zweifelhaft. Eher ließ die adamitische Idealisierung des „Menschen" im Psalm an den neuen Adam denken (MORISETTE 329–334). Eph 1,22 hat wie unsere Stelle die 3. Sg. und ὑπό statt dem ὑποκάτω der LXX und des Hebr., dürfte also von 1Kor 15,27 abhängig sein. Freilich ist Gott eindeutig Subjekt des Unterwerfens. Wegen dieses und anderer Unterschiede zwischen Eph und 1Kor vermutet DE BOER 642–647 eine ältere gemeinsame Tradition, mit der die Korinther vertraut gewesen seien. Aber die Zitationsformel in V. 27b geht kaum darauf.

[213] So außer HEIL auch LUZ 340; MORISSETTE 326; KREITZER 150f; LINDEMANN, 1Kor 345–349; MERKLEIN/GIELEN, 1Kor III 325.

[214] So LIETZMANN, 1Kor 81; LAMBRECHT 507.510f; ALETTI, Argumentation 73; WOLFF, 1Kor 389.

[215] Das absolute ὁ υἱός steht in Kontexten, wo „der Vater" das Gegenüber bildet (vgl. V. 24b), bei Paulus nur hier, sonst in Lk 10,22Q; Mk 13,32par.; oft in den johanneischen Schriften und im Hebr.

[216] Ähnlich wird ὑποτάσσεσθαι in der Standesparänese verwendet: s. zu 14,34.

schon das Reich des Messias „alle" (V. 25) und „alles" (viermal seit V. 27) einschloss, so bedeutet nun in der Vollendung Gott allen Menschen oder gar allen Geschöpfen (vgl. Röm 8,21)[217] „alles", vor allem Leben. Die Wendung „alles in allem (bzw. in allen) sein" setzt nicht stoisch Gott mit dem All gleich, sondern besagt universale heilvolle Herrschaft Gottes. Damit erfüllt sich auch die 8,6 behauptete Bestimmung der „Wir" auf Gott hin. Einzig der Glaube an solch allgegenwärtige Macht Gottes kann Hoffnung auch für die Toten wecken (vgl. V. 34c).

Die Wendung (τὰ) πάντα ἐν πᾶσιν kann je nach ihrer grammatikalischen Einbettung verschiedene Funktionen erfüllen.

1. Sie ist nach meinen Feststellungen ab dem 2. Jh. n. Chr. (Dio Chrys. 71,1; Athenagoras, suppl. 16,1?; 37,1; TestAbr A 13,43) in adverbialem Gebrauch belegt. Πάντα ist ein *Accusativus relationis* und bedeutet „in jeder Hinsicht"; ἐν πᾶσιν verdoppelt das und ist neutrisch zu nehmen („in allen Stücken"). Wenn man in 1Kor 15,28 (τὰ) πάντα als Akkusativ fasst, rutscht der Ton auf ἐν πᾶσιν.[218] U.U. ist im NT Kol 3,11 so zu verstehen, wenn man bei Χριστός ἔνι zu ergänzen hat. Dadurch könnte ἐν πᾶσιν maskuline Bedeutung bekommen. Die Alternative wäre eine prädikative Auffassung des Doppelausdrucks (s. u. 4).
2. Als Subjekt begegnet πάντα in dem von Anaxagoras (5. Jh. v. Chr.) aufgestellten, in der Antike besonders im Neuplatonismus[219] fortwirkenden naturphilosophischen Satz πάντα ἐν πᾶσι μεμῖχθαι bzw. εἶναι („alles ist mit allem vermischt"). Trotz seiner Bekanntheit hat er für das NT keine Bedeutung.
3. Als Objekt steht τὰ πάντα ἐν πᾶσιν in der Apposition zu „Gott" 12,6 nach dem Verbum ἐνεργεῖν und in Eph 1,23 bei dem aktiv verwendeten Medium πληροῦσθαι, ausgesagt von Christus.[220] Ἐν πᾶσιν könnte in beiden Fällen personalen Sinn haben.
4. In Verbindung mit γίνεσθαι (9,22) oder εἶναι (15,28) steht πάντα als Prädikatsnomen.[221] Fredrickson[222] hat die Kontexte dieser Redensart zusammengestellt: vor allem erotische[223] bzw. freundschaftliche Liebe, in der die Bedürfnisse des andern erfüllt werden, dann politische Führerschaft. (Τὰ) πάντα ließe sich – u. U. zusammen mit dem neutrisch verstandenen ἐν πᾶσιν – vielleicht mit „ein und alles" wiedergeben. Die Personen, für die jemand „alles" ist, können statt mit Dativ auch einmal mit ἐν angegeben werden.[224] In 15,28 geht es jedoch nicht um die subjektive, sondern um die objektive Bedeutung, die Gott nach der Unterwerfung aller ihm widerstrebenden Mächte und schließlich seines eigenen Sohnes er-

---

[217] Ἐν πᾶσι wird meist von dem vorangehenden πάντα aus als Neutrum gedeutet, z.B. bei CONZELMANN, 1Kor 337, der von der heidnischen Formelsprache beeindruckt ist. Es kann aber auch maskulinisch gebraucht sein. So DE BOER, Defeat 125f mit Verweis auf Kol 3,11. Eine ähnliche Formel bietet Eph 1,23, wo der Erfüllende freilich der erhöhte Herr ist, der Raum, den er erfüllt, die Kirche. Eusebius, eccl. theol. III 16,2 interpretiert die Wendung 15,28 mit 2Kor 6,16c personal: Gott wird in allen – natürlich nur den Würdigen! – wohnen und ihnen alles sein, indem er sich selbst ihnen gewährt (τῷ πάντα πᾶσιν ἑαυτὸν παρέχειν). Ebenso Luther: „Jedermann soll alles an Gott und in Gott haben" (ELLWEIN, Epistel-Auslegung II 240, vgl. 246f).
[218] THÜSING 244, der jedoch zur Kopula immer etwas („der Herrscher" o.a.) ergänzt. HÉRING, 1Kor 141 dagegen landet bei einem Pan-Entheismus.
[219] Vgl. dazu VOLLENWEIDER, Horizonte 200 Anm. 30.
[220] Zur Konstruktion vgl. SELLIN, Eph 154-156.
[221] H-S 258ab reden von „Subjektsergänzung".
[222] 257-260. Meistens fehlt jedoch bei seinen Belegen ἐν πᾶσιν.
[223] Bei Petronius, sat. 37 sogar das griechische Fremdwort: Die Frau des Trimalchio ist sein *topanta*.
[224] Vgl. L-S 1345 unter D II 3 das Beispiel aus Herodot III 157,4, das auch der NEUE WETTSTEIN II 1, 392 abdruckt. Dort wäre wörtlicher „unter den Babyloniern" zu übersetzen.

langt, eine Bedeutung, die er nicht schon als Schöpfer hatte. Insofern sind die mit Berufung auf E. Norden[225] angeführten religiösen All-Formeln (s. zu 8,6) für unsere Stelle inhaltlich nicht relevant, aber auch nicht formal, weil das „All" hier meist Subjekt ist, das mit präpositionalen Wendungen zu Gott in Bezug gebracht wird. Wo dagegen von Gottheiten gesagt wird, dass sie „alles" sind, kann das einer pantheistischen Weltsicht,[226] dem Glauben an einen transzendenten Gott (vgl. Sir 43,27; Philo, all. I 44; Athenagoras, suppl. 16,2; PsClem H 3,72), der alle Dinge in sich enthält, bevor er sie erschafft,[227] oder der henotheistischen Verherrlichung eines Gottes[228] vor dem Hintergrund synkretistischer Vielfalt entspringen. So in einer Inschrift des 1./2. Jh. n. Chr. für Isis,[229] in einer Lobrede des Aelius Aristides auf den dem Sonnengott angeglichenen Serapis[230] oder am Ende eines Gedichts auf den vielgesichtigen Hermes.[231] Hier wird zugleich die All-Bedeutsamkeit und die Einzigartigkeit der Gottheit betont. Wenn sie solar konzipiert ist, auch noch ihre Wirksamkeit „in allem".[232] Von da her ist es nicht verwunderlich, dass es im Corpus Hermeticum XIII 2 vom Wiedergeborenen heißt: „Er wird sein ein anderer Gott als Gottes Sohn, alles in allem (τὸ πᾶν ἐν παντί), aus allen Kräften bestehend." Während unser deutsches „alles in allem" summarisch relativiert, drückt die griechische Wendung umfassenden Einfluss aus.

Die Zielangabe (vgl. „damit") wäre als Behauptung einer tatsächlichen „Wiederherstellung des Alls" (ἀποκατάστασις πάντων)[233] missverstanden. V. 20-28 klingen zwar spekulativ, sollen aber immer noch die These einiger Christen V. 12b positiv widerlegen. Der Menschheitshorizont wurde eröffnet, um ihnen ihre eigene Auferstehung in greifbare Nähe zu rücken. Paulus macht sich keine Gedanken darüber, was aus den Menschen wird, die das Evangelium nicht gehört haben.

Der Sinn des Abschnittes ist also, die Heilsbedeutung der Auferweckung Jesu für prinzipiell alle Verstorbenen darzulegen. In V. 21f geschieht das, indem ihre Wirkung mit der der Sünde Adams verglichen wird, V. 23-28 in einem Entwurf der Endzeit, bei dem die messianische Herrschaft des Auferstandenen in der Überwindung des Todes gipfelt. Am Schluss spitzt sich das Geschehen auf Gott hin zu. Die Apokalyptik dient hier nicht als Korrektiv gegenüber dem korinthischen Enthusiasmus,

---

[225] Vgl. Lit. zu 8,1-13. Er geht aber hier gar nicht auf 15,28 ein.
[226] So Seneca, nat. I praef. 13: „Was ist Gott? Alles was du siehst und alles, was du nicht siehst". Er ist so groß, dass nichts Größeres gedacht werden kann, wenn er denn allein alles ist (*si solus est omnia*). Wohl auch Apollonius von Tyana, epist. 58,29 von der „ersten Wesenheit": „sie wird allen alles durch alles hindurch" (πᾶσι γινομένη πάντα διὰ πάντων). Corpus Hermeticum XII 22: καὶ τοῦτό ἐστιν ὁ θεός, τὸ πᾶν.
[227] So im hermetischen Traktat Asclepius 1f.20.29. Dort wird nicht nur gesagt, dass alles eins ist – so schon Heraklit (DIELS/KRANZ, Vorsokratiker Nr. 27 B 50) –, sondern auch umgekehrt, dass einer alles ist und dass er in allen Dingen allein selbst ist (*in omnibus ipse est solus*).
[228] So kann Zeus in Lukian, Ikaromen. 24 auf eine Zeit zurückblicken, da er für die Menschen Seher, Arzt „und überhaupt alles" war.
[229] Vgl. VIDMAN, Sylloge, Nr. 502: *Te tibi una quae es omnia, dea Isis* (Dich dir weihen wir, die du als einzige alles bist, Göttin Isis).
[230] Or. 45,21.24: „Durch alles geht er hindurch und das All hat er erfüllt", „der als einziger selbst alles ist und allen als einziger dasselbe (lies ταυτό) vermag." Das εἷς (ὤν) kann auch adversativ übersetzt werden.
[231] Martial V 24: Hermes ist als einziger alles.
[232] Vgl. Macrobius, Sat. I 20,11 von Herakles: er sei bei den Ägyptern die Sonne in allen und durch alles hindurch (τὸν ἐν πᾶσι καὶ διὰ πάντων ἥλιον, vgl. Eph 4,6 von Gott: ὁ ἐπὶ πάντων καὶ διὰ πάντων καὶ ἐν πᾶσι). Das parallele διὰ πάντων spricht nun doch für neutrisches ἐν πᾶσι.
[233] So in der Neuzeit etwa GRIMM 396.400f, LIETZMANN, 1Kor 81f. Aber das Schicksal der unterworfenen bösen Geister interessiert Paulus nicht.

sondern dazu, die Heilszukunft abzusichern.[234] Man fragt sich, woher Paulus die Gewissheit für die futurischen Aussagen bezieht. Wie hat er Einblick in die Notwendigkeit (vgl. das δεῖ V. 25) der Abläufe bekommen? Obwohl das geordnete, einem göttlichen Plan folgende zeitliche Nacheinander an Apokalypsen erinnert, beruft er sich nicht ausdrücklich auf Gottes Offenbarung wie die Apokalyptiker. Er wiederholt aber auch nicht einfach jüdische Glaubenstradition, in der die Herrschaft des Messias irdisch verfasst ist. Auch von einer allgemeinen Auferstehung zum Gericht ist nicht die Rede. Das Los der Gottlosen wird nicht thematisiert. Vielmehr geht Paulus davon aus, dass Christus mit der Erweckung vom Tod im Himmel zum König eingesetzt wurde (vgl. Röm 1,4 „bestimmt zum Sohn Gottes in Macht ... von der Auferstehung der Toten her"). Damit ist für Paulus eine Dynamik in Gang gekommen, die die ganze Welt betrifft. Wenn mit Kreuz und Auferweckung Christi das Grundübel, die Sünde, in der Wurzel besiegt ist (vgl. V. 56f),[235] kann auch die Folge der Sünde, der Tod, schließlich wirkungslos gemacht werden. Zugleich ermöglicht diese Geschichtskonzeption ein dialektisches Verständnis der gegenwärtigen Situation: „*Jetzt* ist bereits die Zeit der Herrschaft Christi, damit auch der Unterwerfung der Mächte. Die Gläubigen sind diesen noch ausgesetzt, aber nicht mehr unterworfen (Röm 8 34-39)".[236] Die Unanschaulichkeit des Heils wird dadurch bewältigt, dass als die entscheidenden Faktoren des Weltgeschehens unsichtbare Mächte genannt werden, die schon stark angeschlagen sind. Schließlich ist in V. 24ab.28 die auch anderweitig bei Paulus zu beobachtende (vgl. außer 3,23; 11,3 Phil 2,11; Röm 11,36; 14,9-12; 15,7-12) Theozentrik[237] bemerkenswert; sie erlaubt es, Parallelen zur Reich-Gottes-Verkündigung Jesu zu ziehen.[238] Sie widerspricht verbal der traditionellen Beschreibung der ewigen Herrschaft des Messias (vgl. Lk 1,35; Hebr 1,8; Apk 11,15) und ist besonders da von Bedeutung, wo sich die Christologie verselbständigt und so trennend zwischen Christen und Juden schiebt.[239] Freilich lösten die Aussagen des Paulus auch erhebliche dogmatische Probleme aus.[240] Gegen die Auswertung unseres Textes bei Arianern und den Anhängern des Marcellus von Ancyra schrieb das Konzil von Konstantinopel 381 ins Credo hinein: „Seines (Christi) Reiches wird kein Ende sein."

---

[234] In diesem Sinn Luz 350 und Doughty kritisch gegenüber Käsemann, E.: Zum Thema der urchristlichen Apokalyptik, in: Versuche II 105-131, bes. 127f.

[235] Auch in Hebr 2,14f ist durch Christi Tod erst der Teufel erledigt (καταργεῖν), der Gewalt über den Tod hat, nicht aber der Tod selber.

[236] Conzelmann, 1Kor 332.

[237] Vgl. Thüsing 8-60; wegen dieses allgemeinen Zuges braucht man für das singuläre Motiv der Herrschaftsübergabe keine pragmatischen Gründe zu suchen wie Meeks, W.A.: The Temporary Reign of the Son: 1Cor 15:23-28, in: Fornberg/Hellholm, Texts 801-811. Danach bekämpft Paulus hier Statusambitionen.

[238] Vgl. Schweizer, E.: 1 Kor 15,20-28 als Zeugnis paulinischer Eschatologie und ihrer Verwandtschaft mit der Verkündigung Jesu, in: Ellis/Grässer, Jesus 301-314.

[239] Vgl. Osten-Sacken, P. von der: Die paulinische theologia crucis als Form apokalyptischer Theologie, in: Ders., Evangelium 56-79.

[240] Vgl. zur Auslegungsgeschichte Schendel, Lienhard, Lewis und Schrage, 1Kor IV 213-220.

Exkurs 9.2: Auferstehung und messianisches Reich

Soweit die Heilsvorstellungen messianisch getönt sind, erwartet man in Israel eine irdische Herrschaft des Messias als Repräsentant des Königtums Gottes. Von einer Auferweckung der Toten ist nicht die Rede. Das Gericht findet schon statt in der Ausrottung der Bösen und der Förderung der Gerechten (vgl. PsSal 17f). Wenn aber das Heil für Israel nur durch eine kosmische Erneuerung zu erreichen ist, wird – wie in 4Esr 7,28 – das nun auf 400 Jahre begrenzte Reich des Messias der Umwandlung der Welt vorgeschaltet.[241] Am Ende muss auch der Messias sterben mit allen, die Menschenodem haben. Bei der nachfolgenden Auferstehung zum Gericht wird er nicht mehr erwähnt. Auch in 2Bar 30[242] erfolgt die Öffnung der Seelenkammern erst nach der Rückkehr des Messias (in den Himmel); er selbst scheint daran unbeteiligt. Anders in Texten, die die Messiasgestalt mit dem bei Gott verborgenen Menschensohn kombinieren. Hier hat der von Gott am Ende der Tage Geoffenbarte doch eine Rolle in der Erlösung der Schöpfung. So 4Esr 13,25-52, wo er freilich doch zunächst die innerweltliche Aufgabe übernimmt, die Heiden zu vernichten und das Volk Israel, wenigstens, was davon übrig blieb, zu beschirmen. Und auch in 1Hen 51: Hier wählt der vom Herrn der Geister Auserwählte nach einer allgemeinen Totenauferstehung selbst die zu erlösenden Gerechten und Heiligen aus, setzt sich auf den Thron Gottes (vgl. 1Hen 47,3 mit Dan 7,9f) und tritt eine Herrschaft an, bei der sich himmlische mit irdischen Zügen vermischen.[243] Im Unterschied zum Sōshyans der iranischen Pahlevi-Schriften,[244] der alle Toten angefangen vom Urmenschen wiederherstellt, hat der jüdische Messias aber nirgends aktiven Anteil an der Auferweckung der Toten. Doch wohl weil er einem national beschränkten Entwurf entstammt. In der Konzeption des Paulus wird er zwar als Mensch von Gott erweckt, hat aber einen Vorrang, der sich in der zeitlichen Folge widerspiegelt. Das hat eine Parallele in der Priorität der Erzväter bei der Auferstehung nach TestBen 10,6-8:

Dann werdet ihr sehen Henoch, Noah und Sem und Abraham und Isaak und Jakob auferstehen zur Rechten mit Jubel.
Dann werden auch wir (die 12 Söhne Jakobs) auferstehen, jeder zu seinem Stamm, [...]
Dann werden auch alle auferstehen, die einen zur Herrlichkeit, die anderen zur Entehrung[245].

---

[241] Noch die im 8. oder 9. Jh. n. Chr. entstandene Geschichtsschau PRE 11 (6c) weiß um das Nacheinander von Messiasherrschaft und Gottesherrschaft. Sie zählt zehn Könige auf, die von einem Ende der Welt bis zum anderen geherrscht haben. Der neunte ist der Messias. Der letzte König aber ist der, der auch der erste war: Gott. Da kehrt die Königsherrschaft zu ihrem eigentlichen Inhaber zurück. Vgl. den Text bei Bill. III 472.
[242] V. 1, wo der Messias in Herrlichkeit (in den Himmel) zurückkehrt, gilt weithin als christliche Anpassung.
[243] Vgl. 1Hen 51,4f einerseits „Alle werden Engel im Himmel werden" (Text unsicher), andererseits werden die Gerechten auf der Erde wohnen. Vgl. auch den messianischen Nachtrag 52,4: Der Gesalbte soll mächtig und stark auf Erden sein.
[244] Vgl. den Auszug aus Bundahishn 30 bei ELIADE, M.: Geschichte der religiösen Ideen, Quellentexte, hg. G. LANCZKOWSKI, Freiburg usw. 1981, 310-313. Im jüngeren Avesta ist dagegen umstritten, ob die Auferweckung das Werk des Saoshyant oder Ahura Mazdas ist. Vgl. KLIMKEIT, H.-J.: Der iranische Auferstehungsglaube, in: Ders. (Hg.): Tod und Jenseits im Glauben der Völker, Wiesbaden 1978, 62-76.
[245] Text nach J. BECKER in JSHRZ III 36f. Im eben genannten Bundahishn 30,5 heißt es: „Zuerst werden die Gebeine des Gayōmart (Urmensch) auferstehen, dann die des Māshya und (der) Māshyoi (erstes Menschenpaar), dann die der übrigen Menschen".

15,12–34: Die These V. 12b wird *ad absurdum* geführt, aber auch positiv überwunden

Christus ist aber nicht nur der Erstling, sondern auch die exemplarische und instrumentale Ursache für das Zum-Leben-Kommen der Christen.[246] Damit lässt sich von ferne die Rolle des Mose nach dem – freilich späten – jüdischen Midrasch vergleichen: Er musste zwar wegen der Sünde Adams in der Wüste sterben und wurde dort begraben. So sollten jedoch die wegen ihrer eigenen Sünde zu Recht in der Wüste umgekommenen Israeliten „durch sein Verdienst" bei der Auferstehung mit ihm kommen. War er in dieser Welt Haupt über ganz Israel, so kommt er in der künftigen Welt „an der Spitze seines Volkes".[247]

Wie der „Auserwählte" von 1Hen 51,3 wird Christus von Gott verherrlicht und inthronisiert, freilich nicht nach einer allgemeinen Auferstehung, sondern nach seiner eigenen. Sein Herrschaftszeitraum ist definiert durch den Abstand dieser Auferstehung von der Auferweckung der Christen. Das hat wenig mit der millenaristischen Kompromisslösung zu tun, die die irdische Regierung des Messias zeitlich beschränkt und vor die allgemeine Auferstehung zum Weltgericht stellt (außer 4Esr 7,28 vgl. Apk 20,1–6; 2Bar 39,7–40,3); denn Christus ist im Himmel zu einer national entgrenzten Herrschaft eingesetzt.[248] Ihr Ziel ist, dass auch die Seinen an der Vollendung teilhaben, die er schon besitzt. Aus 15,23f kann man nicht herauslesen, dass zwischen der Parusie und einer zweiten Auferstehung das Reich Christi liegt.[249] Es beginnt schon mit seiner Erhöhung und entfaltet sich bis zur Parusie. Einzig der Umstand, dass er sich in der Zeit bis zu seiner Ankunft seine Feinde unterwirft – allerdings die ganze Menschheit verheerende Feinde wie den Tod –, erinnert an die kämpferische Auseinandersetzung des Messias mit den Feinden Israels nach seiner Machtübernahme, besonders an die Endschlacht, bei der sich alle Völker gegen den Messias und den Zion zusammentun (z. B. 1QSb V 20–29; 4QpJes[a] = 4Q161, Frgm. 10; 4Esr 13,33–38; 2Bar 72; Apk 19,11–21). Christus freilich kämpft gegen übermenschliche Mächte. Die Vernichtung des Todes dagegen, die 15,26 noch in der messianischen Herrschaft erfolgt, bildet in den Apokalypsen (LibAnt 3,10; Apk 20,14a; vgl. 4Esr 8,53) den Auftakt für die Schaffung eines neuen Himmels und einer neuen Erde. Das ist nicht mehr Sache des Messias.[250] Obwohl die jüdischen Apokalypsen die Endereignisse – ähnlich wie Paulus 15,23–28 – systematisieren, tun sie das in anderer Weise als Paulus.[251] Und auch die Darstellung des Paulus lässt wichtige Elemente vermissen: Das Weltgericht setzt an sich die Belebung von Gerechten und Ungerechten voraus. Paulus mag sie auch mit der Parusie verbinden, wenn er schreibt, dass wir alle vor dem Richterstuhl Christi erscheinen müssen (2Kor 5,10). Doch wo der Herr nur kommt, um die Seinen zu sich zu holen (so 1Thess 4,16f), ist kein Platz für ein Gerichtsszenario. Auch in 1Kor 15 steht nur die Auferstehung zu ewigem Leben im Blick, wohl weil Paulus von der Auferweckung Christi als Heilsereignis aus denkt. Dabei ist vielleicht stillschweigend angenommen, dass die Christusanhänger die richterliche Prüfung bestanden haben. Die Auferweckung erfolgt – wie 1Thess 4,16 – bei der „Ankunft" Christi. Im Anschluss daran mag man sich das anderweitig bei Paulus bezeugte Mit-Herrschen

---

[246] Zu seinem Wirken vgl. auch 15,45; Phil 3,21; Joh 5,21.

[247] Aus רָאשֵׁי עָם /*rôšeʿām* Dtn 33,21 erschlossen. Vgl. die Texte bei Bill. I 757f und schon LibAnt 19,12. Eine ähnliche Tradition (Mose als Hirt der Schafe nach Jes 63,11) wendet Hebr 13,20 auf Jesus an, den Gott „von den Toten heraufführte".

[248] So auch das Fazit von WILCKE 100 Anm. 468: Wenn man unter „Zwischenreich" „ein nach der Parusie beginnendes Reich Christi auf Erden" versteht, findet man es bei Paulus nicht.

[249] Gegen WEISS, 1Kor 358; KREITZER 146f u. a.; richtig dagegen CONZELMANN, 1Kor 350.

[250] TestLev 18, wo der „neue Priester" die Türen des Paradieses öffnet und den Heiligen vom Holz des Lebens zu essen gibt, ist stark christlich überarbeitet. Nach J. BECKER, JSHRZ III 61 reden V. 10–14 ursprünglich von Gott. Dagegen übernimmt Paulus nach CONZELMANN, 1Kor 330 aus dem millenaristischen Schema den Gedanken, dass der Tod erst am Ende des Messiasreiches vernichtet wird. Dass Christus so sein Königtum endgültig durchsetzt, ist aber doch eher der Beitrag des Paulus.

[251] Dies ist auch das Ergebnis bei HOLLEMAN, Resurrection 125–130. Vgl. auch DE BOER, Defeat 133–138.

mit Christus (vgl. zu 4,8) und das Gericht über die Engel und den Kosmos (vgl. 6,2f) denken, freilich auf einer überweltlichen Ebene. Aber es ist schwer, diese Splitter zu einem Bild zusammenzufügen.[252] Die Unterwerfung der Mächte kann nicht als Ersatz für den Gerichtsgedanken fungieren,[253] da die Mächte nach unserer Auffassung geistig sind und ihre Unterwerfung noch vor der Totenauferweckung erfolgt. Die Darstellung in 1Kor 15 konzentriert sich eben ganz auf die heilvolle Präsenz Gottes für alle Menschen.

c) 15,29–34: Weitere Gegenargumente aus der Erfahrung, Warnungen
(29) Was machen denn dann die, die sich für die Toten taufen lassen? Wenn überhaupt die Toten nicht auferweckt werden, was lassen sie sich noch für sie taufen? (30) Was schweben wir noch stündlich in Gefahr? (31) Tagtäglich sterbe ich, bei dem (Grund zum) Rühmen euretwegen, Brüder[254], den ich in Christus Jesus, unserem Herrn, besitze. (32) Wenn ich in Ephesus aus (rein) menschlicher Sicht mit wilden Tieren gekämpft habe, was ist für mich der Nutzen? Wenn die Toten nicht auferweckt werden,
   lasst uns essen und trinken,
   denn morgen sterben wir.
(33) Verfallt keinem Irrtum:
   Schlechter Umgang verdirbt gute Sitten.
(34) Ernüchtert euch in rechter Weise und verfehlt euch nicht, denn einige haben Unkenntnis Gottes; zur Beschämung sage ich euch (das).

BOWEN, C.R.: „I Fought with Beasts at Ephesus", JBL 42, 1923, 59–68. FOSCHINI, B.M.: „Those who are baptized for the dead," 1 Cor. 15:29, CBQ 12, 1950, 260–276.379–388; 13, 1951, 46–78.172–198.276–283 (Auslegungsgeschichte). HULL, M.F.: Baptism on Account of the Dead (1 Cor 15:29), SBL.Academia Biblica 22, Atlanta 2005. MALHERBE, A.J.: The Beasts at Ephesus, JBL 87, 1968, 71–80. OSBORNE, R.E.: Paul and the Wild Beasts, JBL 85, 1966, 225–230. RISSI, M.: Die Taufe für die Toten, AThANT 42, Zürich/Stuttgart 1962. STAAB, K.: 1 Kor 15,29 im Lichte der Exegese der griechischen Kirche, Studiorum Paulinorum Congressus, AnBib 17, 443–450. TAYLOR, N.H.: Baptism for the dead (1 Cor 15:29)?, Neotest. 36, 2002, 111–120. WILLIAMS, G.: An Apocalyptic and Magical Interpretation of Paul's „Beast Fight" in Ephesus (1 Corinthians 15:32), JThS 57, 2006, 42–56. ZELLER, D.: Gibt es religionsgeschichtliche Parallelen zur Taufe für die Toten (1Kor 15,29)?, ZNW 98, 2007, 68–76.

In V. 29–32 setzt sich die negative Beweisführung wie in V. 12–19 fort. Immer noch steht die Behauptung V. 12b im Raum. Sie wird hypothetisch in den Konditionalsätzen V. 29b.32b aufgenommen. Tí-Fragen (V. 29a.b.30.32a) und ein ironischer Hor-

---

[252] Z.B. fragt sich, wie sich das Gericht der Heiligen über die Welt zu ihrem eigenen Gericht verhält, das doch ihrer Auferweckung vorausgeht. Es wird klar, dass die Motive in 6,2f der Rest immanenter Vergeltungswünsche sind, die nun nicht mehr in einem tausendjährigen Reich, sondern im endgültigen Gottesreich eingelöst werden.
[253] Gegen MERKLEIN/GIELEN, 1Kor III 327.
[254] Die Anrede ἀδελφοί wird von ℵ A B K P 33 81 1175 2464 und anderen Minuskeln sowie den meisten Übers. bezeugt, von 326 1837 allerdings erst hinter ἔχω; 𝔓46 D* F G Ψ 075 0243 und eine ganze Reihe von Minuskeln, darunter 1739 1881, lassen sie aus. Dem folgen die neueren Kommentare. Die plötzliche Hinwendung zu den Adressaten macht aber einen ursprünglichen Eindruck. D* kürzt auch die christologische Titulatur.

tativ V. 32b ziehen daraus sinnlose Folgerungen. Dass aber dennoch der positive Gedankengang V. 20-28 vorausgesetzt ist, zeigt die einleitende Partikel ἐπεί, die mit „Denn, wenn es anders wäre ..." wiedergegeben werden kann.[255] Das Ganze oder mindestens die direkte Anrede V. 33f soll die Gemeinde „beschämen" (V. 34d), eine textpragmatische Bemerkung, die schon 6,5a vorkam.

V. 29 ist ein *argumentum ad hominem*. Die angezielten *homines* müssen nicht unbedingt die Leugner der Auferstehung sein, wie die Mehrheit der Ausleger postuliert.[256] Wenn man sieht, wie Paulus V. 33.34a gleichsam einen Keil zwischen die Leugner und die angeredete Gemeinde zu treiben sucht, wird es wahrscheinlich, dass er hier auf eine Praxis in der Gemeinde anspielt, die er zwar nicht angestoßen hat, aber doch duldet und nun für seine argumentativen Zwecke nutzt.[257] Die sich für die Toten taufen lassen, stehen im Grunde immer schon auf seiner Seite. Die für die einmalige Taufe ungebräuchliche Präsensform βαπτίζονται (vgl. auch das Partizip Präsens) verrät, dass es sich um einen von der eigenen Taufe verschiedenen, wiederholbaren Ritus handelt. Damit entfallen alle Deutungen, die der eigenen Taufe der Korinther einen Sinn für die Toten geben wollen.[258] Schon Getaufte haben sich offenbar anstelle ungetauft Verstorbener einer Taufe unterzogen, um die Heilswirkung der Taufe für die – ihnen wohl nahestehenden – Toten zu erreichen. Ὑπέρ heißt hier nicht nur „anstelle von", sondern auch „zugunsten von". Damit scheiden die Interpretationen aus, bei denen die Verstorbenen von dem Akt keinen Nutzen haben.[259] Der Ausdruck will mehr besagen als die eigene Taufe im Glauben an die Auferstehung der Toten[260] oder ein Bekenntnis zur Auferstehung der Toten an ihrer Stelle.[261] Die νεκροί dürfen auch nicht spiritualisiert werden;[262] es handelt sich um von den Täuflingen verschiedene[263] leiblich Tote wie in V. 29b auch. Man kommt nicht darum herum, dass der korinthische Brauch aus einer für die Volks-

---

[255] BAUER, Wörterbuch 575. Eine stilistische Parallele für die Abfolge von ἐπεί-Satz, τί-Fragen, davon die zweite mit ὄφελος bei Epiktet, diss. I 25,29; vgl. 26,6. Zum Diatribe-Charakter des Stückes vgl. MALHERBE 72f.
[256] Richtig SPÖRLEIN, Leugnung 82f, DOUGHTY, Presence 76 Anm. 63.
[257] Ähnlich SCHMELLER, Paulus 341f; VERBURG, Endzeit 264. Schon V. 14b.17 hatten an den Glauben der Korinther appelliert, jetzt geht es um ihre Praktiken.
[258] So die Vermutung von ALLO, 1Kor 413f. PATRICK, J.E.: Living Rewards for Dead Apostles, NTS 52, 2006, 71-85 verengt das auf die verstorbenen Apostel, denen die Taufe größere Ehre bringt. Aber νεκροί ist im Zusammenhang allgemein gefasst.
[259] RAEDER, M.: Vikariatstaufe in 1 Cor 15 29?, ZNW 46, 1955, 258-260; HOWARD, J.K.: Baptism for the Dead, EvQ 37, 1965, 137-141; THISELTON, 1Kor 1248 wollen das ὑπέρ final verstehen: „um mit den Verstorbenen vereint zu sein."
[260] So schon Johannes Chrys., or. 40 in 1Cor (X 348 MONTFAUCON), neuerdings HULL.
[261] So RISSI 85.89f. Lakonisch dazu CONZELMANN, 1Kor 339 Anm. 123: „Die signifikative Auffassung der Taufe ist weder korinthisch noch paulinisch, sondern barthianisch."
[262] So manche Väter, vgl. STAAB, der sich ihnen anschließt; WHITE, J.R.: „Baptized on Account of the Dead": The Meaning of 1 Corinthians 15:29 in its Context, JBL 116, 1997, 487-499; MURPHY-O'CONNOR, J.: „Baptized for the Dead" (I Cor., XV, 29) A Corinthian Slogan?, RB 88, 1981, 523-543, wonach auch βαπτίζεσθαι metaphorisch zu nehmen ist. Das ist selbst im Mund von korinthischen Spöttern unwahrscheinlich.
[263] Gegen BACHMANN, 1Kor 456 „für sich als die künftig Toten"; ebenso SCHNABEL, 1Kor 944. Das gleichbedeutende ὑπὲρ αὐτῶν verwehrt aber, die νεκροί als Subjekt des Taufens anzunehmen.

frömmigkeit typischen automatischen Auffassung der Sakramente entspringt. Paulus interessiert daran nur, dass dabei eine Heilszukunft für die Verstorbenen angenommen ist.[264] Sonst wäre solches Tun[265] vergebens. Als entfernte Analogie ist das Sündopfer für die gefallenen götzendienerischen Israeliten 2Makk 12,43–45 zu nennen, das Judas Makkabäus veranstaltete. Es wird V. 44 als „Gebet für die Toten" (ὑπὲρ νεκρῶν) verstanden und – wie bei Paulus die Taufe für die Toten – als Zeichen seiner Erwartung einer Auferstehung gewertet. Freilich bedeutet ὑπὲρ hier in erster Linie „zugunsten von"; eine Stellvertretung wird nicht ausdrücklich gemacht. Vor allem: Während Gebet und Opfer direkt auf den erzürnten Gott einwirken und so indirekt Sündenvergebung für die Verstorbenen erlangen, ändert die Taufe für die Toten unmittelbar ihren Status vor Gott. Parallelen wären nur Initiationsriten, die stellvertretend für die Toten übernommen werden. Die Suche danach in der hellenistisch-römischen Umwelt verlief aber ergebnislos, vor allem weil die seit Ende des 19. Jh. in deutschen Kommentaren angeführten orphischen Passagen Plato, rep. II 364e.365a und Frgm. 350F (BERNABÉ) anders gelesen werden müssen.[266] Die Taufe für die Toten gibt keinen Anhalt für ein „mysterienhaftes Verständnis"[267] der Sakramente in der korinthischen Gemeinde. Die auch in Korinth archäologisch nachweisbaren Bestattungs- und Grabbräuche können höchstens das Milieu beleuchten, in dem eine intensive Sorge für die Toten gedeiht, lassen aber keinen Ritus erkennen, der einen vergleichbaren Jenseitseffekt hätte.[268] Ein Nachleben der Taufe für die Toten ist zwar nur in gnostisierenden Kreisen bezeugt,[269] daraus kann man aber kaum auf die religiöse Ausrichtung der Korinther schließen, die sie üben. Höchstens dass für beide Gruppen die Taufe heilsentscheidende Bedeutung hatte, so dass man für die ungetauft Verstorbenen seine Zuflucht zu einer magischen Ersatzhandlung nahm. Dass diese – wie die vor der Taufe dahingeschiedenen Katechumenen bei den Marcioniten – schon zu Lebzeiten zum Glauben gekommen waren, wie manche Kommentatoren[270] es gerne hätten, lässt sich leider nicht sichern.

---

[264] Dass die Taufe für diese Korinther nicht nur Bedingung des ewigen Lebens, sondern der unmittelbare Eintritt in dieses war – so DELOBEL, (Un-)belief 349 –, ist allerdings nicht gesagt.

[265] Das Futur ποιήσουσιν ist wohl logisch. Zur Austauschbarkeit von Futur und Präsens vgl. 7,37f. Umgekehrt 15,32fin.

[266] Vgl. ZELLER 70–73; eine religionsgeschichtlich vertiefte Version dieses Aufsatzes ist: ZELLER, D.: Die Taufe für die Toten (1Kor 15,29) – ein Fall von „Volksfrömmigkeit"?, in: Grieser, H./Merkt, A. (Hg.): Volksglaube im antiken Christentum, Darmstadt 2009, 393–406. Die Übersetzung dieser Stellen im NEUEN WETTSTEIN II 1 393 ist leider irreführend.

[267] Gegen SELLIN, Streit 280.283f; HORN, Angeld 167.

[268] Dies kurz zu DEMARIS, R.E.: Corinthian Religion and Baptism for the Dead (1 Corinthians 15:29), JBL 114, 1995, 661–682.

[269] Vgl. die Marcioniten, die sich für verstorbene Katechumenen taufen lassen, nach Johannes Chrys., hom. 40 in 1Cor (X 347 MONTFAUCON); ferner Tertullian, Marc. V 10,2; resurr. 48,11; Didymus v. Alex. (STAAB, Pauluskommentare 8). Epiphanius, haer. XXVIII 6,4 weiß ähnliches von den Cerinthianern zu berichten. Ferner PistSoph IV 128 (vgl. 275).

[270] Vgl. MEYER, 1Kor 443; danach HEINRICI, 1Kor 476. Von einer „magischen Handlung" redet unverblümt BULTMANN, Theologie 138.

15,12–34: Die These V. 12b wird *ad absurdum* geführt, aber auch positiv überwunden

V. 30–32 Unvermittelt[271] führt der Apostel seine eigene Leidensexistenz als Ethos-Argument an.[272] Sie ist ohne die Hoffnung auf Auferstehung nutzlos.[273] Die dauernde Gefährdung (vgl. konkret 2Kor 11,26)[274] wird im Stil der Peristasenkataloge (vgl. zu 4,11–13) übertreibend beschrieben („jede Stunde", „täglich")[275] und zum täglichen „Sterben" (vgl. 4,9; 2Kor 4,11f; 6,9b; 11,23fin.; Röm 8,36) gesteigert. Dabei scheint V. 31 das κινδυνεύειν von V. 30 zu vertiefen.[276] Paulus beteuert hier die Wahrhaftigkeit seiner Aussage mit νή +Akkusativ.[277] Man kann paraphrasieren: „So wahr ich mich euer[278] rühmen kann". Wie 1Thess 2,19f, 2Kor 2,14c; Phil 2,16; 4,1 die Gemeinde den Ruhmeskranz bzw. Ruhmestitel des Apostels am Tag Christi darstellt, so involviert er hier die Korinther in seine Argumentation: Diese hat nur Bestand, wenn er sich der Gemeinde in Korinth rühmen kann – entweder vor anderen Gemeinden oder endgültig am Gerichtstag, auf jeden Fall „im Herrn", womit 1,31 Genüge getan ist. Indirekt macht er damit der Gemeinde ein Kompliment, das zeigt, dass sie noch nicht ganz in das Fahrwasser der Auferstehungsleugner geraten ist.

Schwierigkeiten macht V. 32a. Er spielt im aoristischen Konditionalsatz auf ein Ereignis in Ephesus an, in dem sich offensichtlich das tägliche Sterben des Paulus verdichtete, eine extrem lebensbedrohende Situation. Von daher sollte man den Kampf mit den wilden Tieren wörtlich nehmen,[279] obwohl weder sonst bei Paulus noch in der Apostelgeschichte davon berichtet wird. Auch ist es unwahrscheinlich, dass einer ihm lebendig entkommt. Römische Bürger dürfen eigentlich nicht *ad bestias* verurteilt werden. Aber wie in Apg 16,19–24 der römische Bürger Paulus nicht nach dem Recht behandelt wird, könnte auch die Justiz in Ephesus tumultuarisch verfahren sein. Das Stehaufmännchen Paulus (vgl. 2Kor 6,9b) wäre – wie auch immer – ge-

---

[271] Das καί gehört nicht zu ἡμεῖς – so WEISS, 1Kor 364; ROBERTSON/PLUMMER, 1Kor 361 –, sondern wie V. 29b zum Verbum. Τί καί heißt nach BAUER, Wörterbuch 1633 „warum denn eigentlich? wozu in aller Welt?".

[272] COLLINS, 1Kor 558. Ganz ähnlich IgnSm 4,2; IgnTrall 10 gegen die Doketisten, wahrscheinlich angeregt von 1Kor 15,31f.15. Vgl. auch Cicero, Tusc. I 33 (zitiert im NEUEN WETTSTEIN II 1, 395).

[273] Zur in der Diatribe gebräuchlichen Kategorie des „Nutzens" vgl. bei 13,3. Gilt die Auferstehung hier als Lohn? Die Theologen suchen Paulus von diesem Gedanken zu entlasten, doch s. 3,8.

[274] Zu κινδυνεύειν vgl. auch R.E. KRITZER in: ARZT-GRABNER u.a., 1Kor 487f. Mit dem „Wir" meint der Apostel wie 4,9–13 hauptsächlich sich selbst.

[275] Vgl. Röm 8,36 „den ganzen Tag" im Psalmzitat; „jederzeit", „immer" 2Kor 4,10f; „täglich" 2Kor 4,16; 11,28; IgnRöm 5,1 „bei Tag und Nacht". Das tägliche Sterben bei Seneca, epist. 24,20 dagegen meint die Vergänglichkeit des Daseins, das des gottlosen Dichters Kinesias (Lysias bei Athenaeus XII 552b) ein qualvoll verlängertes Sterben. Die „vielen Tode", die der verbrecherische Flaccus erleidet (Philo, Flacc. 175), sind psychischer Art.

[276] VERBURG, Endzeit 44f dagegen möchte auch V. 31 als Fragesatz verstehen.

[277] Hapaxlegomenon im NT, häufig dagegen bei Epiktet. Paulus schwört aber hier nicht wie dieser bei Gott.

[278] Der Relativsatz stellt sicher, dass ὑμετέραν nicht den Ruhm der Korinther – so 2Kor 1,14b und KREMER, 1Kor 349 – meint. Ein Beispiel für objektiven Gebrauch des Personalpronomens ist Röm 11,31 τῷ ὑμετέρῳ ἐλέει.

[279] So BOWEN, der 64–66 auf Ausnahmen im Verfahren mit römischen Bürgern verweist. Interessant ist vor allem der Fall des Märtyrers Attalus (177 n. Chr. in Lyon): Er wird schon im Amphitheater herumgeführt, als der Statthalter erfährt, dass er ein Römer sei. Zunächst bleibt er verschont. Dann aber wirft ihn der Statthalter doch den wilden Tieren vor, um der Masse einen Gefallen zu erweisen (Eusebius, h.e. V 1,44.50).

rettet worden, vielleicht weil im letzten Moment sein römisches Bürgerrecht zur Geltung gebracht wurde.[280] Die Acta Pauli[281] des 2. Jh. erzählen von einem Tierkampf in Ephesus, bei dem allerdings der vorher von Paulus getaufte Löwe von ihm ablässt.[282] Um am wörtlichen Verständnis des ἐθηριομάχησα festhalten zu können, könnte man zur Not V. 32a irreal auffassen;[283] doch leidet darunter die anschwellende Kraft der Argumentation. Dies ist allerdings auch der Fall, wenn man den Tierkampf, wie heute bevorzugt, im übertragenen Sinn nimmt. Dass brutale oder gefährliche Menschen als wilde Tiere bezeichnet werden, ist häufig;[284] seltener wird die Auseinandersetzung mit ihnen mit dem Kampf gegen Bestien verglichen.[285] Zu nennen ist hauptsächlich IgnRöm 5,1: Ignatius sieht die ihm bevorstehende Strafe des θηριομαχεῖν schon in seiner bisherigen Gefangenschaft realisiert, weil die ihn bewachenden Soldaten Leoparden gleichen. Der Sprachgebrauch ist kaum durch 1Kor 15,32 veranlasst, sondern aus der Situation heraus verständlich. Wäre das Verbum in 15,32 bildhaft verwendet, so müsste es auf den Kampf mit den vielen Widersachern in Ephesus (16,9b) gehen.[286] Weniger wahrscheinlich ist die von Malherbe vorgeschlagene Lösung: Danach ist das Verbum von der agonistischen Popularphilosophie her zu interpretieren als Bewältigung der eigenen Triebe und Leidenschaften nach dem Vorbild v.a. des Herakles, dessen Beseitigung von Ungeheuern so gedeutet wurde. Aber dann erklärt sich weder der Aorist noch die Lokalisierung.[287] Manchmal wird auch das rätselhafte κατὰ ἄνθρωπον für die metaphorische Deutung ausgeschlachtet.[288] Doch dann vermisst man ein Verbum des Redens (s. zu 9,8). Die Bestimmung ist aber adverbial gebraucht und modifiziert den Tierkampf. Sie steht wie bei der Formel „ich rede nach Menschenart" im Gegensatz zu göttlichen Maßstäben.[289] So ist wohl ein „nur"

---

[280] Möglicherweise hängt damit die Röm 16,4 genannte riskante Rettungstat von Priska und Aquila zusammen.

[281] Vgl. den Hamburger Papyrus, hg. von SCHUBERT, W./SCHMIDT, C., Glückstadt 1936. Deutsch bei HENNECKE/SCHNEEMELCHER, Apokryphen II 254–257.

[282] Im Kontrast zu dieser wunderbaren Rettung durch Gott deutet dann Johannes Chrys., hom. 40 in 1Cor (X 350 MONTFAUCON) das κατὰ ἄνθρωπον: „So weit es auf Menschen ankam".

[283] So WEISS, 1Kor 365, HÉRING, 1Kor 144. Κατὰ ἄνθρωπον bedeutet dann: „Wenn es nach Menschen gegangen wäre".

[284] Vgl. im NT das Zitat Tit 1,12 und die bei BAUER, Wörterbuch 734 unter 2 gegebenen antiken Belege. Dazu Philo, Mos. I 43.

[285] An der oft genannten Stelle Appian, civ. II 61 ist der Kampf real. Auch die bei CONZELMANN, 1Kor 340 Anm. 131 angeführten zwei Belege aus Vettius Valens gehen auf die Todesart. In Plutarch, mor. 439 kann ich das Motiv nicht finden. Es bleiben P.Ryl. I 15,6f „Sie verleiteten ihn, mit üblen Tieren allein zu kämpfen (μονομαχήσειν)", das Scholion Bodl. zu Epiktet IV 1,159f (Sokrates als Beispiel) „Du wirst erkennen, dass auch Sokrates mit wilden Tieren gekämpft hat (ἐθηριομάχησεν)" und Lukian, pisc. 17 (zitiert im NEUEN WETTSTEIN II 1, 395).

[286] Wenn darunter ihn diffamierende und bei den Behörden anklagende Juden sind (vgl. Apg 20,19), wäre die Thematik des drohenden Todes nicht ganz verlassen. So etwa MERKLEIN/GIELEN, 1Kor III 337.

[287] WILLIAMS 44f: auch nicht die Todesgefahr. Er selbst bietet eine dämonologische Deutung an.

[288] Z.B. ORR/WALTHER, 1Kor 338. Die Einheitsübersetzung hat „wie man so sagt", als sei θηριομαχεῖν eine eingeführte Redewendung. Nach SELLIN, Streit 286 Anm. 215 soll κατὰ ἄνθρωπον anzeigen, dass es sich auf Menschen bezieht.

[289] Vgl. auch den Tadel des Rein-Menschlichen 3,3f und Gal 1,11f. Spätestens seit Xenophon, Kyr. VIII 7,2; hell. III 3,1 ist die Umschreibung des Göttlichen mit „besser, größer als das Menschliche (ἢ κατὰ ἄνθρωπον)" geläufig; vgl. Plato, apol. 20e; Phil. 12c; Philo, virt. 217.

zu ergänzen: „Auf das Menschliche begrenzt" ersetzt das hier ausgefallene „Wenn es keine Auferstehung von den Toten gibt".[290] V. 32b zieht dann im inklusiven Wir, das breiter als das von V. 30 ist, die Folgerung aus einem solchen aufs Irdische beschränkten Dasein. Wie in der Antike vielfach belegt, treibt die Wahrnehmung der eigenen Sterblichkeit zu hemmungslosem *Carpe diem*. Das illustriert Paulus mit dem Motto der unbußfertigen Jerusalemer Jes 22,13bLXX, wobei er auf eine Zitationsformel verzichtet. Er hätte genauso – wären die Texte ihm zur Hand gewesen – auf SapSal 2,1–9 oder in der griechisch-römischen Welt bekannte Beispiele des Lebenspragmatismus verweisen können.[291] Dieser kann – etwa in der Schule der Kyrenaiker – theoretisch unterfüttert werden. Die Epikureer gelten damals wie heute als Vertreter eines solch lustbetonten, auf Essen und Trinken zentrierten Lebens.[292] Zwar kann das bewusst geübte *Memento mori* auch zu Selbstbescheidung (σωφροσύνη) und Mäßigung führen.[293] Aber wo jede jenseitige Perspektive, mithin die Verantwortung vor den Göttern, fehlt, liegt ein Kurz-schluss wie V. 32b nahe.

V. 33f Der uns von 6,9 her bekannte Vetitiv[294] kann medial („Täuscht euch nicht"), aber auch passivisch („Lasst euch nicht in die Irre führen") übersetzt werden. Letzteres entspricht eher der hier gegebenen Frontstellung. Er leitet nämlich einen Erfahrungssatz ein, der vor schlechtem Umgang[295] warnt. Der Vers wurde dem Komödiendichter Menander zugewiesen, dessen aus den Stücken exzerpierte Sentenzen in der Antike umliefen. Ursprünglich stammt er jedoch aus einer Tragödie des Euripides.[296] Da Paulus sonst keine antiken Autoren zitiert – Apg 17,28 und Tit 1,12 erlauben keine Rückschlüsse auf den historischen Paulus –, wird ihm der Vers wohl als Sprichwort zugekommen sein. Es hat zahlreiche Sachparallelen.[297] Paulus will damit nicht nur das häretische Gerede der Auferstehungsleugner (V. 12b) abwehren, er disqualifiziert sie damit auch moralisch. Solche Ketzerpolemik ist aber stereotyp[298] und

---

[290] Vgl. SCHMIEDEL, 1Kor 199; FEE, 1Kor 771 „at the merely human level"; THISELTON, 1Kor 1251 „only with human horizons" besser als BARBAGLIO, 1Kor 834 „per motivi puramente umani". Vgl. V. 19.

[291] Vgl. NEUER WETTSTEIN II 1,396–400, besonders die verschiedenen Grabinschriften des assyrischen Königs Sardanapal. Weitere ähnliche Grabinschriften sammelte AMELING, W.: φάγωμεν καὶ πίωμεν, ZPE 60, 1985, 35–43. Vgl. auch PERES, Grabinschriften 176f (Chios) und SCHRAGE, 1Kor IV 246.

[292] Vgl. MALHERBE 76. Zu Unrecht. Sie kennen auch seelische Lust. Ihr oberstes Ziel ist es, frei zu werden von Störungen der Seelenruhe. „Denn nicht Trinkgelage mit anschließenden ausgelassenen Umzügen machen das lustvolle Leben aus, nicht der Genuss von Knaben und Frauen, von Fischen und der andern Dinge, die eine reichliche Tafel bietet, sondern eine nüchterne Verständigkeit (νήφων λογισμός), die sorgfältig den Gründen allen Wählens und Meidens nachgeht und die Wahnvorstellungen austreibt, weswegen die Seelen die meiste Unruhe ergreift (Epikur bei Diogenes Laert. X 132). Zu νήφω vgl. gleich V. 34a!

[293] So in der Tradition des delphischen „Erkenne dich selbst" die Sieben Weisen, vgl. ALTHOFF/ZELLER, Worte 119–121.

[294] S. Anm. 89 vor 6,1–11. Auch in Jesu Diskussion mit den Sadduzäern über die Auferstehung Mk 12,24.27 begegnet πλανᾶσθαι.

[295] Ὁμιλίαι könnten auch die Reden sein (vgl. das Verbum Lk 24,14; Apg 20,11; 24,26); so etwa HEINRICI, 1Kor 483; aber zumindest die zu Grunde liegende Sentenz steht im Rahmen der Vergesellschaftung des jungen, wohlerzogenen Menschen.

[296] Vgl. NEUER WETTSTEIN II 1,401. Bei Ellision des α in χρηστά ergibt sich ein jambischer Senar.

[297] Vgl. BAUER, Wörterbuch 689 s.v. ἦθος; NEUER WETTSTEIN II 1,400–404.

[298] Vgl. BERGER, K.: Die impliziten Gegner, in: Lührmann, D./Strecker, G. (Hg.): Kirche. FS G. Bornkamm, Tübingen 1980, 373–400, 381f.384. Ein abschreckendes Beispiel ist Phil 3,19.

noch kein Anlass, die Gegner mit den Libertinisten von Kap. 6 zu identifizieren. Paulus ist im Zusammenhang an den verheerenden ethischen Konsequenzen gelegen, die der mangelnde Glaube an die Auferweckung seiner Ansicht nach hat.

Der Aufruf zur Nüchternheit (ἐκνήφειν) V. 34a passt zur Aufforderung V. 32b, ist aber wie beim Simplex νήφωμεν 1Thess 5,6.8 (entsprechende Imperative 2Tim 4,5; 1Petr 1,13; 4,7; 5,8) metaphorisch gemeint. Vgl. Sib Frgm. 3,41[299] und Philo, der in seinem Traktat über die Nüchternheit das ἐκνήφειν von Gen 9,24 auch auf seelische Zustände auslegt. Die Korinther sind schon dabei, sich an der Irrlehre der τινές zu berauschen[300] und so einen gewaltigen Fehler zu begehen.[301] V. 34c begründet wohl vor allem den zweiten Imperativ. Mit dem Vorwurf, dass „einige" – sicher wieder die Leugner der Auferstehung – keine Erkenntnis Gottes haben, stellt Paulus sie auf dieselbe Stufe wie die Heiden (vgl. SapSal 13,1 und zu 8,1). Verwandt ist die Anschuldigung Jesu, die die Auferweckung bestreitenden Sadduzäer kennten weder die Schrift noch die Macht Gottes (Mk 12,24par.). Während 8,1a allen „Erkenntnis" konzediert, wird sie hier den Zweiflern an der Auferstehung abgesprochen, ein Indiz dafür, dass sie nicht mit den Gnosis-Leuten identisch sein dürften.[302] Eher deutet das darauf hin, dass in ihnen nach Meinung des Paulus heidnisches Gedankengut nachwirkt.[303]

3. 15,35–58: Wie die Toten auferweckt werden

Die Frage nach dem Wie der Auferstehung wird zunächst in so grundsätzlicher Weise gestellt, dass man den ersten Abschnitt V. 35–49 auch überschreiben könnte: „Die Möglichkeit leiblicher Auferstehung". Hier konzentriert sich denn auch das Vorkommen von σῶμα in diesem Kapitel (zehnmal). Nach diesem positiven Aufweis konstatiert dann V. 50 zunächst eine prinzipielle Unmöglichkeit, eine Diastase zwischen Vergänglichkeit und Unvergänglichkeit. V. 51-57 zeigen, wie sie – sowohl bei den Lebenden wie bei den Verstorbenen – überwunden werden kann. In beiden Abschnitten spielen Schriftzitate eine wichtige Rolle.

---

[299] Von den Götzendienern: „Und doch wollt ihr nicht nüchtern werden und zu vernünftigem Denken kommen und den König, Gott, erkennen". Auch nach dem Corpus Hermeticum I 27 geht Rausch und Schlaf mit Unwissenheit über Gott einher. Vgl. Philo, ebr. 154-157 bewirkt die Unwissenheit in der Seele, was der Wein im Körper bewirkt: totale Abstumpfung der Wahrnehmung, dagegen ist es nach post. 175 „das Werk eines nüchternen und besonnenen Verstandes, Gott als Schöpfer und Vater des Alls anzuerkennen." Vgl. LÖVESTAM, E.: Über die neutestamentliche Aufforderung zur Nüchternheit, StTh 12, 1958, 80-102.

[300] LANG, 1Kor 231 und andere Kommentatoren konkretisieren den religiösen Rauschzustand als „das schwärmerische Hochgefühl der korinthischen Pneumatiker", die wähnen, bereits mit Christus auferstanden zu sein. Dagegen SCHNABEL, 1Kor 952.

[301] Ἁμαρτάνειν bei Paulus sonst von der Verfehlung gegen göttliches Gebot; hier wie 6,18 weiter gebraucht.

[302] Oder ist ἀγνωσία ironisch mit Spitze gegen die γνῶσιν ἔχοντες gemeint, fragt WEISS, 1Kor 367 Anm. 3. BARRETT, 1Kor 368 sieht hier sogar „strong evidence" für eine korinthische Gnosis-Gruppe, die zu bedauerlichen moralischen Konsequenzen führt. Ähnlich FEE, 1Kor 774. Nach SELLIN, Streit 288 trifft V. 32 gerade jene, die von sich mystische „Nüchternheit" und „Erkenntnis Gottes" behaupten. So ist aus einer Vermutung in heutigen Kommentaren – z.B. MERKLEIN/GIELEN, 1Kor III 341 – Gewissheit geworden.

[303] Ähnlich HAYS, 1Kor 269 im Anschluss an MARTIN, Body 275 Anm. 79.

a) 15,35-49: Leiblichkeit – jedoch pneumatischer Art
(35) Aber einer wird sagen: „Wie werden die Toten (überhaupt) erweckt? Mit welchem Leib kommen sie denn?" (36) Unverständiger, was du säst, wird nicht lebendig gemacht, es sei denn es stirbt (vorher). (37) Und was das angeht, was du säst, so säst du nicht den Leib, der entstehen wird, sondern ein nacktes Korn etwa von Weizen oder einer der übrigen (Getreidesorten); (38) Gott aber gibt ihm einen Leib, wie er gewollt hat, und zwar jedem der Samen einen eigenen Leib. (39) Nicht jedes Fleisch ist dasselbe Fleisch, sondern anders ist (das Fleisch) der Menschen, anders wieder das Fleisch des Großviehs, anders wieder das Fleisch des Geflügels, anders wieder das der Fische. (40) Und (es gibt) himmlische Körper, und (es gibt) irdische Körper; aber eine andere ist die Herrlichkeit der himmlischen, eine andere wieder die der irdischen (Körper). (41) Eine andere ist die Herrlichkeit der Sonne, und eine andere die Herrlichkeit des Mondes, und eine andere die Herrlichkeit der Gestirne; denn ein Stern unterscheidet sich in der Herrlichkeit vom (andern) Stern.

(42) So (geschieht) auch die Auferstehung der Toten. Es wird gesät in Vergänglichkeit, es wird auferweckt in Unvergänglichkeit; (43) es wird gesät in Ehrlosigkeit, es wird auferweckt in Herrlichkeit; es wird gesät in Schwachheit, es wird auferweckt in Macht; (44) es wird gesät ein seelischer Leib, es wird auferweckt ein geistlicher Leib. Wenn es einen seelischen Leib gibt, dann gibt es auch einen geistlichen. (45) So ist ja auch geschrieben:
 Es wurde der erste Mensch[304] Adam zu einer lebenden Seele;
 der letzte Adam zu einem lebendigmachenden Geist.
(46) Aber nicht (ist) zuerst das Geistliche, sondern das Seelische, dann (kommt) das Geistliche. (47) Der erste Mensch (war) von der Erde erdhaft, der zweite Mensch[305] (ist) vom Himmel. (48) Wie der erdhafte (Mensch) beschaffen (war), so (sind es) auch die erdhaften (Menschen), und wie der himmlische (Mensch) beschaffen (ist), so (werden) es auch die himmlischen (Menschen sein). (49) Und wie wir das Bild des erdhaften getragen haben, so werden[306] wir auch das Bild des himmlischen tragen.

ALTERMATH, F.: Du corps psychique au corps spirituel, BGBE 18, Tübingen 1977 (Auslegungsgeschichte in den ersten vier Jh. n. Chr.). ASHER, J.R.: Σπείρεται: Paul's Anthropogenic Metaphor in 1 Corinthians 15:42-44, JBL 120, 2001, 101-122. AUDET, L.: Avec quel corps les

---

[304] B K und wenige Minuskeln lassen das den Parallelismus störende ἄνθρωπος weg.

[305] Das durch ℵ* B C D* 0243 33 1175 1739* u. a. gut bezeugte ἄνθρωπος wird von 𝔓46 durch den Zusatz πνευματικός, von zahlreichen späteren Hsn. durch ὁ κύριος verdeutlicht. F G lat ergänzen das im Verhältnis zum Vordersatz fehlende Adjektiv ὁ οὐράνιος.

[306] Statt des Futur φορέσομεν - so B I 056 6 88 630 1881 und weitere Minuskeln, von den Vätern Aphraates, Ephraem, Cyrill, Theodoret, gegen GNT nicht Irenaeus (ALTERMATH 90) - haben viele Hsn., angefangen von 𝔓46 ℵ A C D F G K L P Ψ 075 0243 33 1739, den Hortativ φορέσωμεν. Das entspringt nicht nur einem Hörfehler, sondern einer moralisierenden Tendenz, die sich auch anderswo - etwa bei ἔχομεν Röm 5,1 - beobachten lässt. Für den Konjunktiv tritt eine beachtliche Minderheit ein, darunter HEINRICI, 1Kor 500f; ALLO, 1Kor 429; HÉRING, 1Kor 149; FEE, 1Kor 787; HAYS, 1Kor 273f; COLLINS, 1Kor 572, BRODEUR 140, JANSSEN 220-223.

justes ressuscitent-ils?, SR 1, 1971, 165-177. BAUER, Leiblichkeit 89-106. BONNEAU, N.: The Logic of Paul's Argument on the Resurrection Body in 1 Cor 15:35-44a, ScEs 45, 1993, 79-92. BRODEUR, S.: The Holy Spirit's Agency in the Resurrection of the Dead, Tesi Gregoriana, S. Teol. 14, Rom 1996. BURCHARD, CH.: 1 Korinther 15 39-41, ZNW 75, 1984, 233-258. CLAVIER, H.: Brèves remarques sur la notion de σῶμα πνευματικόν, in: Davies, W.D./Daube, D. (Hg.): The Background of the New Testament and its Eschatology. FS Ch.H. Dodd, Cambridge 1956, 342-362. DUNN, J.D.G.: 1 Corinthians 15:45 – last Adam, life-giving spirit, in: Lindars/Smalley, Christ 127-141. HULTGREN, ST.: The Origin of Paul's Doctrine of the Two Adams in 1 Corinthians 15.45-49, JSNT 25, 2003, 343-370. JANSSEN, C.: Anders ist die Schönheit der Körper, Gütersloh 2005. JUCCI, E.: Terreno, psichico, pneumatico nel capitolo 15 della prima epistola ai Corinzi, Henoch 5, 1983, 323-341. LAMPE, Concept. LORENZEN, ST.: Das paulinische Eikon-Konzept, WUNT II 250, Tübingen 2008, 141-186.195-198. MORISSETTE, R.: La condition de ressuscité, Bib. 53, 1972, 208-228. –: L'antithèse entre le „psychique" et le „pneumatique" en I Corinthiens, XV, 44 à 46, RevSR 46, 1972, 97-143. MÜLLER, Leiblichkeit. PENNA, R.: Cristologia adamica e ottimismo antropologico in 1Cor 15,45-49 (1975), in: Ders., apostolo 240-268. SCHALLER, B.: Adam und Christus bei Paulus, in: Deines/Niebuhr, Philo 143-153. SIDER, R.J.: The Pauline Conception of the Resurrection Body in I Corinthians XV. 35-54, NTS 21, 1975, 428-439. TEANI, Corporeità 155-287. USAMI, K.: „How are the dead raised?" (1 Cor 15,35-58), Bib. 57, 1976, 468-493. WEDDERBURN, A.J.M.: Philo's ‚Heavenly Man', NT 15, 1973, 301-326.

Während die polemischen Konsequenzen aus der Behauptung V. 12fin., namentlich V. 15,32bc, wenig über die Gründe der Bestreiter verraten, geht die Doppelfrage V. 35 auf ihre eigentlichen Schwierigkeiten ein. Die Antwort V. 36-49 ist entsprechend zweigeteilt und redet den vorgestellten Gegner zunächst noch in der 2. Sg. an. Dann aber mündet sie in lehrhafte Ausführungen. Bis V. 49 fehlt die Anrede, auch in der 2. Pl., es fehlt auch das auktoriale „Ich" bzw. „Wir". Die 1. Pl. V. 49 bezieht das V. 48 allgemein Gesagte auf die Christen. Das Ganze macht den Eindruck apologetischer Lehre. Der erste Gedankengang V. 36-49 zerfällt in einen bildhaften Teil V. 36-41 und eine mit „so" eingeleitete Anwendung V. 42-44b (vgl. 12,12). Diese wird durch die These V. 44c weitergeführt, die V. 45-49 durch die Konfrontation der beiden „Menschen" entfalten. Stilistisch ist der Bildteil V. 36-38 durch Verbalsätze, V. 39-41 durch Nominalsätze charakterisiert. Der Sachteil verbindet beide Satzformen. Die genauere Untergliederung geht aus der Besprechung der Verse bzw. Versgruppen hervor. Versuche, das Stück noch einmal zu zerlegen, entweder ab V. 42, ab V. 44c oder ab V. 45, müssen Zusammengehöriges auseinanderreißen.

V. 35 antizipiert im Stil der Diatribe[307] mögliche Gegenfragen des Gesprächspartners. Da diese zunächst fiktiv sind, sind Rückschlüsse auf die tatsächliche Front nur mit Vorsicht möglich. Doch nach unserer Analyse (s. o. vor 15,1-11) dürften sich hier am ehesten die Probleme der Auferstehungsleugner spiegeln: Sie lehnen die Auferstehung ab, nicht weil sie auf ein rein seelisches Heil fixiert sind, sondern weil der

---

[307] Vgl. Röm 9,19; 11,19; Jak 2,18; an letzterer Stelle auch das ἀλλά, das sich von der vorhergehenden Affirmation absetzt (ähnlich 8,7). WEISS, 1Kor 367 Anm. 4 nennt nur lat. Parallelen: Seneca, dial. IX 14,6; epist. 47,18 (47,20 ist keine); Tertullian, apol. 46,17. Vgl. aber ἐρεῖ τις bei Dio Chrys. 31,47; 32,33.43; 34,12; 74,8; φήσει τις bei Plutarch, mor. 526a.527a.

Leib, mit dem die Auferweckten „kommen"[308] könnten, längst verfallen ist. Wie Paulus fassen sie demnach Auferstehung richtig als ein leibliches Geschehen; gerade dadurch ist aber ihre Möglichkeit in Frage gestellt. Das „Wie" geht also nicht nur auf die Modalität, sondern hat wie 14,7.9.16 den Unterton „Wie ist es überhaupt möglich".[309] Auch dem Präsens ist die Grundsätzlichkeit der beiden Fragesätze anzumerken,[310] die im Grunde gleichbedeutend sind. Das δέ in der zweiten Frage ist explikativ. Es ist also nicht so, dass Paulus bisher die Faktizität der Auferstehung dargelegt hat und nun erörtert, ob sie im Leib oder ohne Leib erfolgt. Damit, dass sie als leibliche denkbar ist, steht und fällt auch ihre Tatsächlichkeit.[311] Die Fragen, die V. 35 gestellt werden, sind so wohl nicht nur die der τινές von V. 12, sondern auch die der korinthischen Mehrheit, die in Gefahr ist, sich von ihren Slogans anstecken zu lassen (vgl. zu V. 50). Dagegen ist eine zweite Ausrichtung des Abschnitts „gegen die in pharisäischen Kreisen herrschende Vorstellung, daß in der Auferstehung die frühere Leiblichkeit in gleicher Art und Erscheinung wiederhergestellt werde",[312] nicht anzunehmen. Denn die Pharisäer sind sich über das Dass einig und diskutieren nur das Wie.

V. 36 Doch sogleich wird dem Fragenden mit einer für die Diatribe typischen Invektive und einem Bildwort Paroli geboten. Die harte Anfuhr verrät, dass seine Fragen V. 35 nicht harmlos sind, sondern Auferstehung an sich bezweifeln, indem er unterstellt, dass sie Wiederkehr im selben Leib bedeuten müsste. Das Schimpfwort ἄφρων[313] reiht den τίς zunächst in die Schar der τινές ein, die – nach V. 34c – keine Gotteserkenntnis haben. Ihm fehlt aber auch das Verständnis für Naturvorgänge. Wenn V. 36 primär auf die erste Frage in V. 35 geht, V. 37f mit dem Stichwort σῶμα

---

[308] Vielleicht kann man aus dem Verbum noch das bei den Griechen mit Auferstehung assoziierte Wiederkommen aus den Gräbern bzw. aus dem Hades in diese Welt heraushören. Auch 2Bar 50,3 sieht die Auferstehung aus dem Blickwinkel der auf Erden Zurückgebliebenen: „dass (wieder)gekommen sind, die fortgegangen waren." Ebenso BerR 95 zu 46,28: „Und warum kommt der Mensch so wieder, wie er fortgeht?" Vgl. auch 2Clem 9,4.

[309] Zuletzt THISELTON, 1Kor 1261. Dagegen MÜLLER 180, obwohl er sonst unterstreicht, dass es für Paulus kein Heil ohne leibhaftiges Leben gibt. BAUER, Wörterbuch 1464 sollte diesen Fall von πῶς nicht unter 1a, sondern unter 1d verzeichnen, um dem rhetorischen Charakter der Frage gerecht zu werden. Sie ist ein Einwand und erwartet im Grunde keine Antwort, da sie die Auferstehung für eine Sache der Unmöglichkeit hält.

[310] VERBURG, Endzeit 129-133 spricht von einem potentiellen Präsens. SCHRAGE, 1Kor IV 280 dagegen rechnet mit futurischem Gebrauch des Präsens nach B-D-R 323. Jedenfalls lässt sich dem Präsens – auch in V. 42-44.50 – nichts zur „Bedeutung der gegenwärtigen menschlichen Körperlichkeit für die Rede von der leiblichen Auferstehung" (JANSSEN 184 u. ö.) entnehmen.

[311] Das hat SPÖRLEIN, Leugnung 95-99 richtig gesehen.

[312] LANG, 1Kor 232.238.

[313] Zur Verwendung in der Diatribe – neben μωρέ – vgl. BULTMANN, Stil 14.66; zur Bedeutung ZELLER, D.: Art. ἀφροσύνη, ἄφρων, in EWNT 1, 1980, 444-446. Oft vertieft man im Sinn von Ps 13,1LXX, wo der Tor in seinem Herzen spricht „Es gibt keinen Gott". Dieser Psalm war Paulus nach Ausweis von Röm 3,11f geläufig (HAYS, 1Kor 270). Besonders pikant wäre die Anrede, wenn der Fragesteller von V. 35 zu denen gehörte, die in der Gemeinde weise sein wollen (vgl. 3,18). So HORSLEY, 1Kor 209. Das σύ kann – so THISELTON, 1Kor 1263; LORENZEN 150 Anm. 30 – zu ἄφρων gezogen werden, vgl. Sophokles, Phil. 759 δύστηνε σύ. Die übliche Interpunktion nimmt es mit B-D-R 476,1b als vorangestelltes Subjekt des folgenden Relativsatzes.

auf die zweite,[314] dann ist das größte Hindernis für die Auferweckung der Toten die Tatsache, dass sie eben tot sind. Demgegenüber zeigt V. 36, dass bei der Aussaat des Getreides[315] das Sterben des in die Erde geworfenen Korns die Voraussetzung für seine Wiederbelebung in der Frucht bildet. Obwohl das Korn nicht eigentlich abstirbt, wertet auch Joh 12,24 den Vorgang ähnlich aus, allerdings für die nachösterliche Fruchtbarkeit des Todes Christi. 1Clem 24–26 bringt mehrere Naturbeispiele, die fortwährend die künftige Auferstehung anzeigen, darunter 24,4f die Aussaat des Korns, das sich „trocken und nackt auflöst", aber von Gottes Vorsehung auferweckt wird.[316] Auch Rabbinen[317] und die iranischen Pahlevi-Schriften[318] greifen zur Analogie des Saatkorns, um das Wie der Auferstehung plausibel zu machen. Die Pointe des Vergleichs liegt bei Paulus nicht darin, dass Leuten in Korinth, die sich schon auferstanden wähnen, die Notwendigkeit vorherigen Sterbens nahegebracht werden soll.[319] Vielmehr soll daran das Paradox „Leben – trotz Sterben" einleuchten.

V. 37f Gesät wird das „nackte", d.h. der Umhüllung in der Ähre ledige, dürre Korn. Daraus entsteht jedoch – und zwar als die Gabe des Schöpfers, der dies von jeher so gewollt hat,[320] – auf wunderbare Weise eine neue, fruchttragende Pflanze. Sie wird hier als „Leib" des Korns bzw. Samens bezeichnet und so auf die Auferstehungsfrage hin durchsichtig gemacht. Der Leib wiederum wird metaphorisch leicht als Hülle, als Kleid verstanden (vgl. V. 53f „anziehen"),[321] und so ist „nackt" wie 2Kor 5,3 auf den Verlust des Leibes im Tod hin transparent. Weil das Bild negativ konnotiert ist, ist es unwahrscheinlich, dass Paulus mit dem Wort die Begrifflichkeit von Spiritualisten umkehrt, die wie Philo, gig. 53 in der Entkleidung von allem Irdi-

---

[314] Vgl. Johannes Chrys., hom. 41,1 in 1Cor (X 356 MONTFAUCON); WEISS, 1Kor 368; STENGER, Beobachtungen III u.a. Großflächiger JEREMIAS, Flesh 304f: V. 36–49 beziehen sich auf die zweite Frage; V. 50ff auf die erste. Diese Gliederung wird weithin abgelehnt, z.B. von CONZELMANN, 1Kor 343. Doch FITZMYER, 1Kor 586–588 übernimmt sie.

[315] R. KRITZER in: ARZT-GRABNER u.a., 1Kor 493f macht zwar zu Recht darauf aufmerksam, dass σῖτος verschiedene Getreidesorten umfassen kann, aber wenn man es hier nicht als „Weizen" fasst, muss man am Ende zu allgemein τὰ λοιπά mit „Pflanzengattungen" übersetzen. Nicht jede Pflanze wird jedoch durch Saat von Körnern vermehrt. Das NT verwendet nie das griechische Wort für Weizen (πυρός), aber Apk 6,6 scheint die Bedeutung „Weizen" für σῖτος gesichert.

[316] Vgl. ferner BRAUN, H.: Das „Stirb und werde" in der Antike und im NT, in: Ders., Studien 136–158, 140–145.

[317] In bSan 90b bzw. bKet 111b geht es allerdings um die spezielle Frage, ob die Gerechten in ihren Kleidern auferstehen. Das wird in einem Schluss vom Kleineren, dem Weizenkorn, das nackt in die Erde fällt, aber in wer weiß wie vielen Bekleidungen herauskommt, auf das Größere dargetan. Vgl. Bill. I 551, III 475.

[318] Im Bundahishn 30 (s. Anm. 244 im Exkurs 9.2) antwortet der höchste Gott Ormazd auf die Frage „Woraus kann der Körper wiederhergestellt werden, den der Wind forttrug oder das Wasser entführte, und wie wird die Auferstehung vor sich gehen?" mit dem Hinweis auf seine Schöpfung von Himmel und Erde, u.a. auch darauf, dass er das Korn so erschaffen hat, „dass es, in die Erde gesät, hernach wächst und sich vervielfältigt".

[319] Z.B. gegen WOLFF, 1Kor 403f; LINDEMANN, 1Kor 356f. Richtig FEE, 1Kor 781, der dagegen auch V. 50–53 ins Feld führt. Zustimmung bei TEANI 170f.

[320] In dem καθὼς ἠθέλησεν (vgl. 12,18) sieht man vielfach – z.B. BECKER, Auferstehung der Toten 90 – einen Verweis auf die priesterliche Schöpfungsgeschichte, konkret Gen 1,11.

[321] Vgl. nur Hi 10,11. Dabei ist nicht daran gedacht, dass die Seele gleichsam der Träger der Identität ist. Richtig CONZELMANN, 1Kor 345 gegen eine Herleitung aus platonisierender Anthropologie.

schen eine Vorbedingung für die Begegnung mit Gott sehen.[322] Oft geht der Streit darum, ob Paulus mehr die Diskontinuität zwischen dem todgeweihten und dem neuen Leib betont oder die Kontinuität.[323] Letzteres könnte uns Heutigen vom V. 37f gebrauchten Bild her so scheinen: Wir wissen, dass der anscheinend tote Same die Keime für die künftige Pflanze enthält. Doch für Paulus vollzieht sich im Sprießen des Getreides das leise Wunder der fortwährenden Schöpfung. Der Fokus des Bildes richtet sich in unserem Brief darauf, dass Gott dem abgestorbenen Korn ein frisches Leben schenkt, dass er also trotz des radikalen Endes, das der Tod mit sich bringt, eine neue Leiblichkeit zu schaffen vermag.

Neben dieser Aussage wird jedoch noch ein anderer Aspekt des Bildes hervorgehoben: Mit der Formulierung V. 37fin. und dem Adjektiv „eigen" macht Paulus auf die Artenvielfalt[324] aufmerksam. So bereitet er die asyndetisch angeschlossenen Ausführungen V. 39–41 vor.

V. 39–41 Das Stichwort vom „eigenen Leib" (σῶμα) wird in V. 39 zunächst mit „Fleisch" (σάρξ) aufgenommen, V. 40 mit σῶμα, wo es jedoch neutraler mit „Körper" zu übersetzen ist. Zwei vorangestellte Thesen, V. 39a und V. 40a.b, betonen die Verschiedenheit der Arten von σάρξ bzw. σῶμα, die in anschließenden Sätzchen exemplifiziert wird. Dabei wechselt Paulus in V. 40 von der Beschaffenheit der Körper zu ihrer „Herrlichkeit" (δόξα), ein Stichwort, das dann in der Anwendung auf die Auferstehungsleiber V. 43b noch wichtig werden wird. Dass es bei den Lebewesen verschiedene Arten von „Fleisch"[325] gibt, suggeriert zunächst die Anschauung, wird aber auch etwa in der damaligen Medizin vertreten.[326] Für die heutige Biologie ist dagegen kein großer Unterschied zwischen dem Fleisch von Menschen und z.B. Schweinen. Weil Paulus nicht streng wissenschaftlich argumentiert, sollte man auch von der Einteilung des Lebendigen in Menschen, Großvieh[327], Vögel und Fische nicht zu viel Systematik erwarten. Der priesterliche Schöpfungsbericht (Gen 1) stand kaum Pate, da er im Vokabular und in der Reihenfolge abweicht.[328] Paulus will

---

[322] So HORSLEY, How 14f; SELLIN, Streit 213; zur Nacktheit bei Philo auch ebd. 133f.

[323] S. auch Exkurs 9.3; TEANI 176–184.

[324] Da es um die Arten und nicht um das Individuum geht, ist die Pointe, die CONZELMANN, 1Kor 345 herausliest, verfehlt: „je *mein* Leben". Dass Conzelmann Heideggers „Jemeinigkeit" einträgt, haben wir auch am Ende der Erklärung von 8,1–13 beobachtet. Auch andere finden hier zu Unrecht individuelle Identität.

[325] Das Wort ist hier in keiner Weise negativ konnotiert, eine Ausnahme, vgl. zu 6,16. Πᾶσα σάρξ ist nicht wie 1,29 biblische Umschreibung der Menschheit („alles Fleisch"), sondern mit „jedes Fleisch" zu übersetzen.

[326] Galen, const. art. med. 9 (I 255 KÜHN) etwa erklärt die Verschiedenheit des Fleisches nicht nur innerhalb der Arten, sondern auch unter den Individuen durch die unterschiedliche Mischung der Elemente. Vgl. schon Empedokles (DIELS/KRANZ, Vorsokratiker Nr. 31 B 98): Daraus „entstanden Blut und die Arten anderen Fleisches".

[327] Τὸ κτηνόν ist nach BAUER, Wörterbuch 924 das Haus- und Herdentier. Die wilden Tiere wären dann ausgelassen. Die kleineren Landtiere und die Reptilien fallen so oder so unter den Tisch. Oder soll man mit HEINRICI, 1Kor 489 einfach „Vieh" übersetzen? So als Alternative auch R. KRITZER in: ARZT-GRABNER u.a., 1Kor 494f. Paulus formuliert exemplarisch. Außerdem erzielt er eine Alliteration: κτηνῶν – πτηνῶν: ROBERTSON/PLUMMER, 1Kor 370.

[328] Das gilt auch für Gen 1,26LXX, eine Stelle, die noch am ehesten an unseren Text herankommt. Vgl. die mühsamen Überlegungen von MERKLEIN/GIELEN, 1Kor III 356f. Richtig ASHER, Polarity 101 Anm. 28. Die von ihm 104.140 beigebrachten klassischen „Parallelen" sind freilich ebensowenig schlagend.

die Vorstellungskraft der Hörer beflügeln, die alles über einen Kamm, den der Vergänglichkeit allen Lebens, scheren. Gott hat viele Möglichkeiten, Leiber zu schaffen. V. 40 weitet sich der Blick. Der Kosmos, der aus Himmel und Erde besteht, zeigt noch eine größere Differenz der diesen beiden Sphären zugeordneten „Körper". Da die damalige Physik alles Sichtbare, das irgendwie zusammenhält, als σῶμα bezeichnete, empfiehlt sich zunächst diese vorsichtige Übersetzung. Die bisher behandelten Lebewesen dürften unter den pauschaleren Ausdruck „irdische Körper" subsumiert sein. Ihnen stellt Paulus die Himmelskörper gegenüber.[329] Es ist nicht sicher und auch für den Vergleich nicht unbedingt notwendig, dass sie ihm – entsprechend der landläufigen Meinung, aber auch nach den meisten Philosophenschulen[330] – als belebt gelten.[331] Das erfordert auch nicht der Anschluss von V. 40 mit καί. Wenn Paulus nebenbei auch den irdischen Körpern „Herrlichkeit" zugesteht, dann vielleicht im Sinn von „Schönheit". Die himmlischen sind jedoch aus einem ganz anderen Stoff gemacht, z.B. dem Feuer oder dem Äther, und deshalb eignet ihnen auch „Herrlichkeit" als strahlender Glanz, und zwar eine je verschiedene, nicht nur was die populär aufgezählten drei Hauptarten Sonne, Mond und Sterne angeht, sondern auch bei den einzelnen Sternen.[332] Dabei könnte Paulus an den verbreiteten Glauben, dass die Gestirne auf Grund ihrer besonderen Stofflichkeit unvergänglich sind,[333] anknüpfen. Dann würde er in V. 40f die „Auferweckung in Unvergänglichkeit" V. 42c gedanklich vorbereiten. So weit die Argumentation aus der Natur, die leider auf heute nicht mehr akzeptablen Anschauungen beruht.

V. 42–44b Die Sachhälfte greift zunächst das Saatbild V. 36–38 auf und formt daraus vier parallele Antithesen, die jeweils aus zwei Verbalsätzen im „zeitlosen" Präsens bestehen.[334] Sie wollen glaubhaft machen, dass auf Hinfälligkeit, Tod, Begräbnis

---

[329] ASHER, Polarity 102–105 konzentriert sich einseitig auf diese räumliche Polarität und wird V. 39.40d nicht gerecht. Richtig LORENZEN 155: Der Unterschied ist gradueller, nicht dichotomischer Natur.

[330] Pythagoreer und Platoniker schlossen von der regelmäßigen Kreisbewegung der Gestirne nicht auf eine Mechanik, sondern darauf, dass sie „beseelt und vernünftig" sind, vgl. z.B. Philo, gig. 7f; plant. 12. Auch nach stoischer Auffassung ist der ganze Kosmos mit Lebewesen erfüllt, die sich auf die vier Elemente verteilen.

[331] So aber die meisten neueren Kommentatoren, z.B. CONZELMANN, 1Kor 346, ausgenommen LINDEMANN, 1Kor 358. Nach MÜLLER 204f macht es dagegen die sachliche Sprache von Gen 1 unwahrscheinlich, dass sich Paulus die Himmelskörper beseelt denkt. Aber hält sich Paulus an die „Leitplanke des priesterschriftlichen Berichtes" (206)?

[332] Wenn V. 41d auf die unterschiedliche Helligkeit der einzelnen Sterne geht, ist das begründende γάρ nicht ganz logisch. Denn die „Herrlichkeit der Gestirne" (vgl. Sir 43,9) wird zunächst von der der – in unseren Augen – großen Himmelskörper Sonne und Mond abgehoben.

[333] So wenigstens in platonisch-aristotelischer Tradition; dagegen hatte Anaxagoras im 5. Jh. anstößigerweise die Gleichartigkeit von Gestirnen mit irdischer Materie behauptet; die Stoiker lassen die Sterne periodisch im Weltenbrand unter- bzw. wieder aufgehen. vgl. ZELLER, D.: Halt und Bedrohung im Weltall, in: Ders., Neues Testament 241–250, 242–246.

[334] Vgl. B-D-R 318,2. Zur Stilfigur der Symploke vgl. H-S 294s. Weil in V. 36–38 nur das Korn, nicht die Pflanze gesät wird, ist wenig wahrscheinlich, dass das Gesätwerden „die gegenwärtige Zeit irdischer Leiblichkeit" (SCHRAGE, 1Kor IV 294 mit vielen anderen) meint. MERKLEIN/GIELEN, 1Kor III 350 interpretieren allerdings schon V. 36 entsprechend. Die Explikation des logischen Subjekts von σπείρεται auf Gott – z.B. SCHNABEL, 1Kor 965 – vergisst, dass der Schöpfer erst V. 38 hereinkommt. Sie macht die Anwendung zu einer neuen Allegorie. Noch abwegiger ist die Beziehung des σπείρεται auf „the creative power of God in the creation of Adam" – so ASHER 103. Dazu FITZMYER, 1Kor 595: nicht beweisbar.

und Verwesung eine Auferweckung folgen kann, weil dies der Logik von Saat und Aufsprießen des Korns entspricht und weil inzwischen andere Arten von Leiblichkeit in Sicht gekommen sind. Die Andersartigkeit steigert sich allerdings nun zum Gegensatz, den die drei ersten Satzpaare mit ἐν-Wendungen markieren: Vergänglichkeit-Unvergänglichkeit ist eine hellenistische Kategorie, die normalerweise das Menschlich-Irdische vom Göttlich-Himmlischen abgrenzt.[335] Wie in Röm 2,7 ist Unvergänglichkeit als eschatologisches Heilsgut mit Herrlichkeit[336] und Ehre gepaart. Die bei Paulus auch sonst übliche (vgl. 11,14f; 2Kor 6,8; Röm 9,21.23) Gegenüberstellung von Herrlichkeit und Ehrlosigkeit zeigt, dass δόξα nicht bloß äußerlichen Glanz meint, sondern auch Würde und Anerkennung.[337] Zum für unseren Brief wichtigen Kontrast zwischen typisch menschlicher Schwachheit und Kraft (δύναμις) als Signatur des Göttlichen vgl. zu 1,18; 2,3. Auf Tod und Auferstehung Christi spezialisiert ist das Begriffspaar in 2Kor 13,4a (vgl. Phil 3,10 „Macht seiner Auferstehung"). Zur Auferweckung der Christen durch die δύναμις τοῦ θεοῦ vgl. 6,14. Während die drei Aussagen 42b-43 kein bestimmtes Subjekt haben,[338] nimmt V. 44 ausdrücklich das Stichwort σῶμα von V. 38-41 auf und entwirft zwei verschiedene Arten von Leib, die jedoch – das macht das Saatbild deutlich – sukzessiv demselben Menschen zugehören können. Die Polarität „seelisch-geistlich" (ψυχικός-πνευματικός) war uns schon 2,13-15 begegnet. Sie kennzeichnet dort zwei Menschenklassen in ihrer Haltung gegenüber der Offenbarung Gottes. Diese Terminologie erwies sich aber als unabhängig von der jüdischen Exegese des Schöpfungsberichts (s. Exkurs 3 unter 2), die in V. 45-49 eine Rolle zu spielen scheint. Die Gabe des Geistes macht Menschen schon jetzt zu Pneumatikern, hier aber ist πνευματικός die Qualität des künftigen Auferstehungsleibes, während selbst die Pneumatiker jetzt nur einen psychischen Leib haben. Gemeinsam aber ist beiden Passagen die Auffassung von der „Seele": sie ist das Prinzip eines nur auf das Irdische beschränkten – in 2,13-15 auch: sich beschränkenden – Lebens. Und der „Geist" ist keine anthropologische Komponente, sondern der göttliche Geist. Deshalb können „Seele" und „Geist" hier die philosophisch unmögliche Verbindung mit σῶμα eingehen. Die bei-

---

[335] Ἀφθαρσία, ἄφθαρτος begegnet in der LXX nur in den original griechischen Schriften 4Makk und SapSal, im NT nur in der Briefliteratur. V. 53f steht es parallel mit dem ebenfalls unbiblischen ἀθανασία (wieder nur 4Makk und SapSal, im NT nur noch 1Tim 6,16) wie öfter auch bei Philo: vgl. SELLIN, Streit 221. Dass sich Paulus an die Diktion des von den korinthischen Auferstehungsleugnern hoch geschätzten Philo anlehnt – so MERKLEIN/GIELEN, 1Kor III 359f, ähnlich HORSLEY, 1Kor 210 –, ist aber reine Spekulation. Die Begriffe kommen auch 9,25; Gal 6,8; Röm 1,23; 2,7; 8,21 vor. Der Gegensatz ist auch in der Apokalyptik rezipiert, vgl. 4Esr 7,31.96.113; 8,53f; 2Bar 44,9-12; 74,2; 85,5 u. ö. Vgl. den zum nächsten Abschnitt zit. Art. von MORISSETTE, ScEs 26, 1974, 60-66.

[336] Zur δόξα vgl. schon bei 2,7.

[337] In der jüdischen Tradition wird diese den Menschen vor Gottes Richterstuhl zuteil; nach dem Anhang 1Hen 108,10-13 werden die Guten, denen in ihrem Fleisch mit keiner Ehre gelohnt wurde, auf den Thron der Ehre gesetzt „glänzen". Vgl. TestBen 10,8: Auferstehung aller zu Herrlichkeit bzw. Ehrlosigkeit (ἀτιμία wie bei Paulus); es folgt das Gericht. Dan 12,2LXX hat für den negativen Ausgang „Schimpf" und „ewige Schande" (ὄνειδος, αἰσχύνη αἰώνιος). Bei Paulus gibt es nur Auferweckung „in Herrlichkeit". Die „Ehrlosigkeit" ist nicht moralisch gefasst, sondern physisch. Sie ist die Kondition des schließlich von Würmern zerfressenen Leibes (vgl. Phil 3,21 „Leib der Niedrigkeit" vs. „der Herrlichkeit"). Anders SIDER 433: auch moralisch.

[338] BURCHARD 242 möchte dagegen „Leiber" als grammatische Subjekte ergänzen.

den Prinzipien – das rein menschliche und das göttliche – machen die Qualität des jeweiligen Leibes aus.[339] Die wörtliche Übersetzung von ψυχικός mit „seelisch" legt das Missverständnis nahe, dass der pneumatische Leib keine psychischen Funktionen mehr hat.[340] Deshalb ziehen manche Exegeten die Wiedergabe mit der Opposition „natürlich-übernatürlich" vor.[341] Hingegen haben wir für πνευματικός – wie bisher – auch nicht „geistig", sondern „geistlich" eingesetzt. Dadurch soll klargestellt werden, dass der pneumatische Leib nicht aus „Geist" besteht – ebensowenig wie der seelische nur aus Seele –, sondern ganz vom Geist Gottes erwirkt und durchwirkt ist.[342] Dies hat freilich Folgen für die Beschaffenheit (ποιότης – vgl. die Frage V. 35c) des Leibes, wie besonders aus der Fortsetzung V. 47–49 erhellt.

V. 44c.45 Der Vergleich ist abgeschlossen. Die Existenz des pneumatischen Leibes ist durch das Bisherige freilich noch nicht gesichert. Nun aber wird sie V. 44c keck aus dem Vorhandensein eines psychischen Leibes erschlossen, „nach dem sich gegenseitig bedingenden Verhältnisse der Gegensätze".[343] V. 45 dient der Begründung,[344] obwohl Paulus hier von den beiden Leibern zu ihrem Ursprung in den beiden Prototypen fortschreitet. Für den Schriftbeweis handhabt er ein merkwürdiges Verfahren: Er füllt eine Lücke, die der biblische Text (Gen 2,7cLXX)[345] lässt. Wie Paulus ihn liest, ist die Sterblichkeit des Menschen nicht erst durch die Schuld Adams – so vielleicht V. 21f vorausgesetzt, ausdrücklich in Röm 5,12–21 – bedingt, sondern schon konstitutionell bei der Erschaffung angelegt. Adam wurde nämlich „nur" zu einer „lebenden Seele", wie die LXX das hebräische Wort für „Lebewesen" wiedergibt. M.a.W.: Das Leben ist ihm nicht wesenhaft zu eigen, sondern als ψυχή verliehen. Dann aber muss auch etwas existieren, das Leben wirkt. Das ist eigentlich nach dem vorangehenden V. 2,7b („und er hauchte in sein Angesicht Atem des Lebens [πνοὴν ζωῆς]") Gott. Während Philo hier für πνοή auch manchmal πνεῦμα einsetzt[346] und von der Begabung des aus Erde entstandenen Menschengeistes mit

---

[339] Sie sind exklusiv. Deshalb sind Überlegungen wie die von ALLO, 1Kor 424, wonach auch der pneumatische Leib immer eine Seele besitze, die ihn lebendig macht, abwegig. Aber auch der Leib der Christen ist jetzt zwar Tempel des Heiligen Geistes (6,19), doch deshalb noch nicht pneumatisch. Auffassungen, die eine Gleichzeitigkeit der beiden σώματα konstruieren, weist SCHRAGE, 1Kor IV 298f zu Recht zurück.

[340] Darüber denkt Paulus nicht nach. In seinem Sinn müsste man wohl antworten: Doch, aber sie sind ganz vom Geist bestimmt.

[341] Vgl. HÉRING, 1Kor 147; BARRETT, 1Kor 372f.

[342] Analoges haben wir zu σαρκινός bzw. σαρκικός bei 3,1.3ab ausgeführt. Adjektivische Ableitungen auf -ικός bezeichnen zunächst eine Zugehörigkeit, die oft auf Herkunft beruht. Gegen LIETZMANNS Paraphrase „ein Leib aus himmlischem πνεῦμα" (1Kor 84) vgl. KÜMMEL ebd. 194f. Lietzmann ist durch die Bildhälfte V. 39–41 verleitet, wo es tatsächlich auf die verschiedene Substanz ankommt. BRODEUR 95–103 bespricht die Studien zum Suffix -ικός und kommt zum Schluss, dass πνευματικός hier „supernatural origin" besagt.

[343] MEYER, 1Kor 462. Das Prinzip ist in der Antike verschiedentlich belegt, z.B. Philo, aet. 104: „Es ist unmöglich, dass bei Gegensatzpaaren das eine Glied existiert, das andere aber nicht." Vgl. ASHER, Polarity 139.

[344] Statt des üblichen „denn" (γάρ) steht zwar καί, das aber – gegen DUNN 130 – nicht mit „moreover", sondern mit „ja auch" zu übersetzen ist.

[345] Paulus ergänzt „der erste" und – aus Gen 2,7a – „Adam", öffnet also die Bibelstelle typologisch.

[346] Vgl. all. III 161, det. 80. In all. I 42 unterscheidet er aber auch zwischem dem kräftigen πνεῦμα und der leichten, flüchtigen πνοή. Der Höchstwert ist dabei die menschliche Vernunft, die einem Paulus in der existentiellen Frage „Auferstehung oder das Nichts" nicht hilft.

göttlichem πνεῦμα redet (all. I 32f; vgl. op. 135), blendet Paulus V. 7b bewusst aus und postuliert aus der mangelhaften Ausstattung des ersten Adam einen letzten[347] Adam, der – durch seine Auferweckung[348] – zu „einem lebendigmachenden Geist" wurde. Diese Folgerung gibt sich formal als Schriftwort.[349] Es ist aber unwahrscheinlich, dass Paulus die Elemente des zweiten Teils aus Gen 2,7b bezieht.[350] Denn Adam wurde ja nicht selbst zu dem belebenden Hauch, den ihm Gott einblies. Hier aber wird der Auferstandene in seiner Wirkung mit dem übernatürlichen Lebensprinzip (zum „lebendig machen" s. V. 22b) gleichgesetzt.[351] Allerdings ergänzten wir in Entsprechung zu „eine lebendige Seele" auch bei „Geist" den unbestimmten Artikel. Das πνεῦμα ist zunächst nicht als „der Geist Gottes" erkennbar, obwohl letztlich nur diesem solche Schöpfermacht eignet. Wir übersetzen aber nicht mit „Hauch", um die Beziehung zu πνευματικός, der geistlichen Qualität des Auferstehungsleibes, nicht zu vertuschen. Geisthauch und Leben werden in der Tradition nicht nur bei der Erschaffung des Menschen assoziiert, sondern auch bei der fortwährenden Erneuerung des Lebens durch die רוח/*ruaḥ* Gottes (Ps 104,29f; Hi 33,4); in Ez 37,5LXX belebt Gott sein daniederliegendes Volk, indem er in Analogie zu Gen 2,7[352] Lebensatem (πνεῦμα ζωῆς) in es hineinlegt;[353] nach dem Gericht gibt er den Frommen Geist, Leben und Gnade (Sib 4,46). Πνεῦμα ist hier wie 2Makk 7,23; 14,46 der „Atem" der Menschen und nur vom Geber her theologisch qualifiziert. Dagegen beinhaltet das Wort im NT stärker die Selbstmitteilung Gottes. Dieser lebendigmachende Geist ist nach johanneischer und paulinischer Theologie (Joh 6,63; 2Kor 3,6; vgl. Röm 8,2.6) vielfach im Glaubensgeschehen am Werk. Bezeichnend für unsere Stelle aber ist die christologische Engführung und der Bezug auf die Aufer-

---

[347] Das ältere rabbinische Judentum kennt zwar Adam als den „ersten Menschen", aber keinen „zweiten" oder „letzten Menschen". Vgl. Bill. III 477f. Auch Philo spricht in nicht allegorischen Zusammenhängen vom „ersten Menschen": op. 136.138.140.142.145.148.151; Abr. 56; spec. IV 123; virt. 203; quaest. in Gn I 14. SCHALLER 152f verweist auf Philo-Stellen, in denen Noah gegenüber Adam als „Anfang der zweiten Schöpfung des Menschen" bzw. „eines neuen Menschengeschlechts" bezeichnet wird. Im samaritanischen Genesis-Kommentar Memar Marqah heißt er sogar „zweiter Adam". Doch ist das für Paulus kaum von Belang.
[348] Darauf deutet das auch für V. 45c gültige ἐγένετο. WEISS, 1Kor 374f möchte es auch in V. c von der Schöpfung verstehen, hier sei Paulus von seiner Vorlage abhängig. Zu hypothetisch.
[349] Vgl. KOCH, Schrift 134. Anders STANLEY, Paul 209 Anm. 99: nur „(antithetical) interpretive parallel to the actual quotation in v. 45a"; LINDEMANN, 1Kor 361.
[350] Anders MORISSETTE 121f; SELLIN, Streit 91; WOLFF, 1Kor 409; COLLINS, 1Kor 569.571; TEANI 238f, nach denen πνεῦμα ζωοποιοῦν der πνοὴ ζωῆς entspricht. Paulus hätte Einzelelemente beziehungslos extrapoliert.
[351] Zum Verhältnis Christus – Geist vgl. HORN, F.-W.: Kyrios und Pneuma bei Paulus, in: Schnelle/Söding, Christologie 58–75; FATEHI, M.: The Spirit's Relation to the Risen Lord in Paul, WUNT II 128, Tübingen 2000, bes. 275–289.302–307 spricht von „dynamischer Identifikation". 2Kor 3,17f ist zu komplex, um als direkte Parallele zitiert zu werden.
[352] Sie wird auch von den Rabbinen gesehen. Vgl. BerR 14,8 (Text bei MÜLLER 215 Anm. 153). Der Unterschied ist hier das Einblasen – so allerdings auch Ez 37,9 – vs. Hineinlegen. Dass V. 45c eine „Erinnerung an Ez 37, (1–)14" enthält (MÜLLER 218 Anm. 160), ist jedoch wenig wahrscheinlich.
[353] In der Auslegung der Vision V. 14 ist das πνεῦμα als Geist Gottes bestimmt. Der „Geist des Lebens" wird auch den Proselyten zeichenhaft vermittelt: JosAs 16,14; 19,11. Gott muss sie ja erst wieder zum Leben bringen und durch seinen Geist erneuern (vgl. das Gebet 8,10).

weckung am Ende der Tage, wo sich das ζωοποιεῖν wohl vollziehen soll.[354] Die nicht immer ganz logischen Zusammenhänge zwischen dem Geist Gottes, der zugleich der Geist Christi ist, und der Auferweckung Christi wie der Gläubigen expliziert am besten Röm 8,9-11.

V. 46 Die *correctio* scheint sich präzisierend auf die These V. 44c zu beziehen; dennoch ist zu τὸ πνευματικόν bzw. τὸ ψυχικόν nicht σῶμα zu ergänzen. Die Abstraktionen – vgl. ähnlich τὸ φθαρτόν bzw. τὸ θνητόν V. 53f – umfassen ja auch, wie der Kontext lehrt, Adam und seine eschatologische Entsprechung als Muster dieser Leiber.[355] Doch weshalb rückt Paulus die Abfolge des Pneumatischen und des Seelischen zurecht? Die neuere Exegese hat wahrscheinlich gemacht, dass er sich von einer jüdisch-hellenistischen Auslegung von Gen 1f absetzt, wie sie bei Philo noch vorliegt. Danach wird die doppelte Erschaffung des Menschen in den allegorischen Kommentaren (all. I 31-42), aber auch in op. 134f so erklärt, dass Gott in Gen 1,26 zunächst eine geistige (νοητός) Idee des Menschen ausprägt, den „Menschen" par excellence, der ganz dem Urbild, der Vernunft Gottes, entspricht. Erst Gen 2,7 formt dann Gott den konkreten Menschen aus Staub von der Erde. Nur wenn Gott diesem „erdhaften" Geist sein πνεῦμα einhaucht, bekommt er sozusagen Anteil am himmlischen Urbild (vgl. plant. 18-20). Hier erinnert manches an Paulus: Der Gegensatz von „erdhaft"[356] und „himmlisch"[357], die Bildfunktion des himmlischen Menschen V. 49. Allerdings ignoriert Paulus, wie wir zu V. 45 sahen, die soteriologische Bedeutung von Gen 2,7. Auch wird der modellhafte Mensch bzw. Logos bei Philo nicht ausdrücklich als pneumatisch charakterisiert.[358] Und der „zweite Mensch" (vgl. V. 47) ist bei ihm (all. II 5) natürlich der aus Erde Gebildete. Doch dürfte Paulus statt der vorausgehenden ideellen Schöpfung die endzeitliche Neuschöpfung in Christus eingeführt und die Aussagen über den himmlischen Menschen auf den eschatologisch vom Himmel kommenden Christus übertragen haben.

Wer nun in Korinth, konkret hinter 15,12, Spiritualisten annimmt, sieht in der philonischen Lehre von den beiden Urmenschen den Hintergrund für die Ablehnung einer Auferstehung der Toten.[359] Die Korinther hätten Christus mit dem Logos, der

---

[354] Anders WOLFF, 1Kor 410; er will dem Präsenspartizip entnehmen, „daß der lebenschaffende Geist des Kyrios bereits in der Gegenwart wirkt." Ebenso SCHNABEL, 1Kor 972. Aber das Partizip besagt nichts über die Zeit. Vgl. H-S 193a, 228. Vom Kontext nicht gedeckt auch die existentialistische Exegese DUNNS 131f: „lebendigmachender Geist" könne nur als Verweis auf die geistliche Erfahrung der frühen Gläubigen begriffen werden.

[355] Deshalb greift SELLIN, Streit 179 zu kurz: „V. 46 muß als *polemische* Erläuterung zu V. 45 verstanden werden."

[356] Philo hat γήϊνός, Paulus – ebenfalls im Anschluss an Gen 2,7LXX – χοϊκός, was man genauer mit „staubartig" wiedergeben müsste. Beide Autoren charakterisieren den Menschen von Gen 2,7 als „von der Erde" (vgl. all. I 32; II 4). Ebenso Sir 17,1; 33,10LXX; vgl. die Niedrigkeitsaussagen 1QS XI 21f; 1QH I (IX) 21; III (XI) 21.23f; IV (XII) 29.

[357] Philo, all. I 31 οὐράνιος, 1Kor 15,48f ἐπουράνιος.

[358] Doch nach all. I 42 hat die nach dem Bild (Gottes) und nach der Idee gewordene Vernunft (νοῦς) Anteil am Geist (πνεῦμα).

[359] Vgl. die ausführliche Darstellung der Grundgedanken Philos und ihre Anwendung auf V. 45f bei SELLIN, Streit 90-189. Ebenso MERKLEIN/GIELEN, 1Kor III 362-365. Ähnlich SCHRAGE, 1Kor IV 306-308 von

Idee des Menschen, identifiziert. Erlösung besteht dann in einer Angleichung an ihn durch eine pneumatische Seinsweise, aber nicht in der Auferweckung von den Toten. Paulus hätte dagegen nach Ausweis von V. 46 die Protologie durch Eschatologie ersetzt. „In klarer Abgrenzung von der philonischen Interpretation der Schöpfungserzählungen" verbinde Paulus „die Dimension des Pneumatischen nicht mit dem ersten Adam, sondern mit dem letzten, d.h. dem eschatologischen Adam als dem ihn überbietenden Antitypos."[360] Nun ist aber nicht sicher, dass V. 45f gegen die Schriftauslegung der Leugner gerichtet sind. Aus Philo, quaest. in Gn I 8 geht hervor, dass auch andere jüdische Gelehrte in Gen 1f eine Zweiheit von sinnlich-wahrnehmbarem und geistig-unsichtbarem Menschen, der nach Gottes Bild geschaffen ist, annahmen.[361] Sollte Paulus diese Erklärung in seiner synagogalen Vergangenheit kennengelernt haben, wie er ja auch anderswo (vgl. zu 5,7; 10,4) Berührungen mit allegorischer Exegese à la Philo zeigt?[362] Der Sinn der Umstellung in V. 46 dürfte dann auf der Linie von V. 36f zu suchen sein:[363] Die Tatsache der Vergänglichkeit des Menschen, und zwar schon auf Grund seiner Erschaffung, spricht nicht gegen einen Auferstehungsleib. Die Neuschöpfung kann und muss erst am Ende stehen. Sie wird geradezu künstlich aus der Unvollkommenheit der ersten Schöpfung herausgepresst. Das ist kaum Polemik gegen Enthusiasten, die den gegenwärtigen Geistbesitz in den Vordergrund stellen. Ihnen gegenüber betone Paulus, man müsse erst noch durch den Tod hindurch, um das Geistige zu erreichen.[364] Aber, wie wir zu V. 35f sahen, ist der Tod für die Gesprächspartner gerade die selbstverständliche Tatsache, die die Hoffnung auf Auferstehung zerstört. Wie V. 44c erahnen lässt, kannten sie so etwas wie ein σῶμα πνευματικόν kaum.

V. 47-49 entwickeln das V. 44c-46 Gesagte weiter; dabei tritt anstelle des Kontrastes „seelisch-geistlich" der zwischen „erdhaft" und „himmlisch" (s. zu V. 46), und zwar in dreifacher Abwandlung.[365] Bei den Nominalsätzen V. 47f bleibt es vage, welche Zeitformen man den zu ergänzenden Verben geben soll. V. 47 stellt den „ers-

---

seiner Enthusiastenthese aus. Weil Enthusiasmus vom endzeitlichen Impuls lebt, passt eine schöpfungstheologische Vorordnung des Pneumatischen nicht gut zu ihm. Schrage zitiert denn auch gnostische Texte für den Satz „Der himmlische Ursprung gewährleistet die Rückkehr in die himmlische Lichtheimat." Dagegen HULTGREN 344-352.

[360] MERKLEIN/GIELEN, 1Kor III 366. Gen 1,26f hat aber im Text keine Spuren hinterlassen: LORENZEN 161f.

[361] Sie müssten dem Diaspora-Judentum angehört haben, denn der hier waltende Dualismus ist wurzelhaft hellenistisch. Vgl. schon SCHIELE, F.: Die rabbinischen Parallelen zu 1 Kor. 15, 45-50, ZWTh 42, 1899, 20-31.

[362] Diese Möglichkeit fasst auch CONZELMANN, 1Kor 353 ins Auge: „dann kann Paulus seine Gedanken in theoretischer Auseinandersetzung mit seiner jüdischen Schulweisheit vortragen." Und 354 zu V. 46: „Der Schluß auf korinthische Behauptungen ist so unsicher wie im ganzen Kapitel." Ähnlich SCHMELLER, Paulus 352f.

[363] Ähnlich MÜLLER 221 Anm. 170 mit älteren Autoren. Dabei wird V. 36f allerdings nicht immer gleich verstanden.

[364] Vgl. WOLFF, 1Kor 410. Ähnlich WEDDERBURN 302, FEE, 1Kor 791 „they must reckon with the physical side of their present life in the Spirit"; LANG, 1Kor 236; KREMER, 1Kor 358: Tendenz, das Irdische enthusiastisch abzuwerten.

[365] Dagegen unterbricht V. 46 nach SELLIN, Streit 189 einen zwischen V. 45 und V. 47f bestehenden Zusammenhang.

ten Menschen" (s. V. 45b) und den zweiten, Christus, ihrer Herkunft nach einander gegenüber. Während für Adam das Präteritum angebracht ist, ist Christus bleibend durch seine Herkunft vom Himmel bestimmt. Zunächst denkt man dabei an Präexistenz und Inkarnation (vgl. Röm 10,6; der Sache nach Phil 2,6–11), die aber nur im Johannesevangelium (3,13.31; 6,33.38.41.50.51.58) und wohl noch Eph 4,9f[366] als Herabsteigen vom Himmel beschrieben wird. Bei Paulus bezieht sich Jesu Kommen vom Himmel 1Thess 4,16 (vgl. 1Thess 1,10; Phil 3,20; 2Thess 1,7) sonst auf die Parusie.[367] Hier wird Christus zwar als „lebendigmachender Geist" tätig, aber dann sollte man ein Verbum im Futur erwarten. Vielleicht kann man das ἐξ οὐρανοῦ weder eindeutig auf den Aufenthaltsort des Präexistenten[368] noch auf das Woher des Wiederkommenden[369] konkretisieren; da Paulus auf die verklärte Leiblichkeit des zweiten Menschen abzielt, darf man auch die Auferweckung nicht außer Acht lassen.[370] Ob bei der Menschwerdung, an Ostern oder bei seiner Wiederkunft, immer kommt der Christus aus Gottes Transzendenz. Durch die Herkunft der beiden „Menschen" ist nun nicht nur ihre stoffliche Eigenart bedingt, sondern nach V. 48 auch die ihrer Nachkommen bzw. Gefolgsleute. Die knappe Formulierung ohne Verbum lässt zwar an ein Nebeneinander zweier unterschiedlicher Arten von Menschen denken, doch der mit „und" angeschlossene[371] V. 49 erläutert, dass es sich um ein Nacheinander bei denselben Subjekten handelt. Paulus denkt noch immer darüber nach, wie die Auferstehung der Christen (1. Pl.!) möglich ist. Wie sie von Geburt an Adamssöhne und damit der Erde verhaftet waren,[372] so werden[373] sie als vom himmlischen Herrn Geprägte „himmlische" sein. Sie empfangen ihre endgültige Behausung „vom Himmel" (vgl. 2Kor 5,2). Das bedeutet von V. 40 her: ihre Leiblichkeit ist mit der strahlenden Herrlichkeit der Himmelskörper vergleichbar (vgl. Dan 12,3; 1Hen 104,2; 4Esr 7,97.125; 2Bar 51,10; 2Hen 66,7; Mt 13,43). V. 49 macht die Gleichheit der Qualität, die V. 48 zwischen dem jeweiligen Urmensch und seinen Ab-

---

[366] So jedenfalls SELLIN, Eph 334–337.
[367] Sie steht nach HAYS, 1Kor 273; HORSLEY, 1Kor 212; SCHNABEL, 1Kor 974 auch hier im Blickpunkt. Ältere Autoren bei SCHRAGE, 1Kor IV 309 Anm. 1516.
[368] So wenige Kommentatoren, z. B. SCHMIEDEL, 1Kor 203. Die neueren schließen diese Deutung wegen der angeblichen Polemik V. 46 gegen einen präexistenten Himmelsmenschen aus. Aber Präexistenz und endzeitlicher Auftrag Christi müssen sich nicht widersprechen.
[369] Stünde das fest, dann wäre auch die traditionsgeschichtliche Herleitung des „Menschen vom Himmel" vom Menschensohn in Dan 7, die BARRETT, significance 116–118 versucht, überzeugender.
[370] So MEYER, 1Kor 466f und die meisten. CONZELMANN, 1Kor 354 Anm. 62 verweist auf V. 45c, den er – zu Recht – auf die Auferstehung gedeutet hatte. Aber die Frage nach dem Woher kann dahinter zurückgehen. Auf ähnliche Schwierigkeiten stößt der Versuch, das Herabholen Christi vom Himmel Röm 10,6 im Unterschied zum Heraufführen aus den Toten (V. 7) zu bestimmen.
[371] Schon der Anschluss mit καί macht es unwahrscheinlich, dass es sich hier – wie bei der Lesart φορέσωμεν anzunehmen – um den paränetischen Ausklang des Abschnittes handelt wie V. 33f.58 (dazu oben Anm. 306). Vielmehr setzt sich der Indikativ fort. Theodoret z.St.: „Das ‚wir werden tragen' meinte er voraussagend, nicht ermahnend."
[372] So bekennt Salomo SapSal 7,1: „Auch ich bin ein sterblicher Mensch wie alle anderen, Nachkomme des ersten, aus Erde gebildeten Menschen."
[373] Das Futur kann aus V. 49 eingetragen werden. Es bringt eine sachbedingte Asymmetrie in die Parallele hinein. Das Präteritum in V. 49a ist nur vom Standpunkt der Zukunft aus Vergangenheit.

kömmlingen statuiert hatte, mit dem „Tragen des Bildes"[374] anschaulich. Das hat zunächst direkt nichts mit der Gottebenbildlichkeit Gen 1,26f zu tun, eher berührt sich V. 49a mit Gen 5,3, der Erzeugung des Set nach Adams Bild; bei Philo gibt es nur für den „himmlischen Menschen" eine ähnliche Aussage, insofern der menschliche Geist Abbild des Logos ist (vgl. her. 231). Der Logos freilich ist das Ebenbild Gottes, wie auch Christus in seiner Herrlichkeit 2Kor 4,4 „Bild Gottes" genannt wird. Bei Paulus fungiert der Auferstandene auch 2Kor 3,18; Röm 8,29 als Bild, dem die Gläubigen gleichgestaltet werden sollen (vgl. Phil 3,21).[375] Das geschieht hier nicht in der sittlichen Erneuerung des Lebens, sondern in der schließlichen Auferstehung von den Toten. Denn da φορεῖν sonst oft mit Kleidung als Objekt verbunden wird,[376] ist das „Bild" konkret die pneumatische Leiblichkeit des Auferweckten, die die ihm Zugehörigen anziehen[377] werden. Dagegen kann nach Philo die Ähnlichkeit mit dem Logos, letzlich mit Gott, nur im Geistigen (νοῦς) liegen. Die Vorstellung vom „Bild" ergänzt die bisherigen stofflichen Assoziationen durch den Form-Aspekt.

b) 15,50–58: Notwendigkeit der Verwandlung, paränetische Folgerung
(50) Das aber[378] sage ich, Brüder: Fleisch und Blut kann das Reich Gottes nicht erben, noch erbt die Vergänglichkeit die Unvergänglichkeit. (51) Siehe, ich sage euch ein Geheimnis: Wir werden nicht alle entschlafen, aber alle werden wir verwandelt werden,[379] (52) im Nu, in einem Augenblick, bei der letzten Posaune; die Posaune wird nämlich ertönen, und die Toten werden auferweckt werden als unvergängliche, und wir werden verwandelt werden. (53) Es muss nämlich dieses Vergängliche Unvergänglichkeit anziehen, und dieses Sterbliche Unsterblichkeit anziehen. (54) Wenn aber dieses Vergängliche angezogen

---

[374] SCHALLER 148 Anm. 23 findet nur noch ein ähnliches Sprachmuster in 4Esr 8,6 „alle Sterblichen, die angezogen/getragen haben das Bild (*dmuth*) des Menschen". Philo freilich gebraucht 16-mal metaphorisch das Verbum ἀγαλματοφορεῖν „ein (Götter)bild tragen", u.a. im Kontext der Gottebenbildlichkeit des Geistes: op. 69: Er wurde nach dem Archetyp des universalen Gottesgeistes gebildet und „ist gewissermaßen der Gott dessen, der ihn trägt und als Götterbild mit sich führt" (τοῦ φέροντος καὶ ἀγαλματοφοροῦντος αὐτόν), nämlich des Körpers. Vgl. 137.
[375] In 2Kor 3,18 als präsentisches Geschehen, das jedoch eine Dynamik zu immer größerer Herrlichkeit hat.
[376] Vgl. BAUER, Wörterbuch 1724 unter 1; R. KRITZER in: ARZT-GRABNER u.a., 1Kor 499f. Zur Gewandmetaphorik vgl. schon bei V. 37. Vgl. 1Hen 62,15f: Die Gerechten „werden mit dem Kleid der Herrlichkeit angetan sein"; 1QS IV 8; 2Hen 22,8.
[377] Vgl. V. 53f. Paulus kennt freilich auch eine sittliche Nuance dieser Metapher: Röm 13,14; vgl. Kol 3,9f; Eph 4,22–24. Darauf können sich die berufen, die V. 49b als Appell hören. Doch würde dann die himmlische Art des Urbilds herausgestellt?
[378] D F G haben γάρ statt δέ. Das würde den Vers stärker an das Vorausgehende anbinden.
[379] So B D¹·² K L P Ψ 056 075 0243 1881 und zahlreiche weitere Minuskeln. Die Änderungen (Übersicht bei CONZELMANN, 1Kor 355 Anm. 1) haben meist dogmatische Gründe. 999 liest statt οὐ οὖν, A* stellt stattdessen οἱ vor πάντες; beide eliminieren so die Naherwartung, 𝔓46 A^c wiederholen οὐ vor 51c, schränken also die Verwandlung ein, wohl auf die Gerechten. F G verbinden beide Änderungen. Ebenso ℵ C 33 1739, die nur den zweiten Teil negieren. D* denkt an die Auferstehung zum Gericht: „alle werden wir auferstehen, nicht alle aber werden wir verwandelt werden." So auch Ambrosiaster.

haben wird Unvergänglichkeit, und dieses Sterbliche angezogen haben wird Unsterblichkeit,[380] dann wird geschehen das Wort, das geschrieben steht:
Verschlungen wurde der Tod in den Sieg.
(55) Wo ist von dir, Tod,[381] der Sieg?
Wo ist von dir, Tod, der Stachel?[382]
(56) Der Stachel des Todes aber (ist) die Sünde, die Kraft der Sünde jedoch das Gesetz. (57) Gott aber (sei) Dank, der uns den Sieg gibt durch unsern Herrn Jesus Christus. (58) Folglich, meine geliebten Brüder, seid gefestigt, unerschütterlich, überaus aktiv im Werk des Herrn jederzeit, im Wissen darum, dass eure Mühe nicht vergeblich ist im Herrn.

GILLMAN, J.: Transformation in I Cor 15,50-53, EThL 58, 1982, 309-333. -: A Thematic Comparison: 1 Cor 15:50 57 and 2 Cor 5:1-5, JBL 107, 1988, 439-454. GLADD, *Mysterion* 223-262. HARRELSON, W.: Death and Victory in 1 Corinthians 15:51-57: The Transformation of a Prophetic Theme, in: Carroll/Cosgrove/Johnson, Faith 149-159. JEREMIAS, Flesh. LINDEMANN, A.: Paulus und die korinthische Eschatologie, NTS 37, 1991, 373-399. LÜDEMANN, G.: Paul, Christ and the Problem of Death, in: McLean, Origins 26-43. MERKLEIN, H.: Der Theologe als Prophet, NTS 38, 1992, 402-429 (= Ders., Studien II 377-404). MORISSETTE, R.: Un midrash sur la Mort (I Cor., XV, 54c à 57), RB 79, 1972, 161-188. -: „La chair et le sang ne peuvent hériter du Règne de Dieu", ScEs 26, 1974, 39-67. MÜLLER, Leiblichkeit 227-255. TOMSON, P.J. „Death, Where is Thy Victory?", in: Bieringer/Koperski/Lataire, Resurrection 357-386.

Der formale Aufbau des Abschnittes ist klar: Das in dem Grundsatz V. 50 aufgeworfene Dilemma wird durch die Mitteilung eines „Geheimnisses" V. 51f gelöst, wobei das neue Stichwort „verwandelt werden" entscheidend ist. In V. 53 zieht Paulus daraus das Fazit in der V. 42bc.50c von ihm eingeführten Terminologie. Ein Schriftzitat mit Deutung V. 54-56 erläutert es. Auf den hier angekündigten „Sieg" reagiert der χάρις-Spruch V. 57. Wie 1Thess 4,18 ein mit ὥστε eingeleiteter Imperativ 2. Pl. die praktische Anwendung der apokalyptischen Belehrung bringt, so der „Schlussappell"[383] V. 58, der nicht nur auf V. 51-57, sondern auf dem ganzen Plädoyer für die Auferstehung fußt.

Das Stück ist nicht wie V. 35-49 Auseinandersetzung mit einem anonymen Widersacher, sondern durch die Anrede „Brüder" im Rahmen V. 50, V. 58 gesteigert zu „meine geliebten Brüder" (vgl. 10,14), und durch die 2. Pl. in V. 58 auf die Gemeinde hin ausgerichtet. Mit ihr schließt sich der Apostel im „Wir" V. 51bc.52d.57 zusammen, betont aber auch in den Redeeinführungen V. 50a.51a im „Ich" seine Autorität als Lehrer und Offenbarungsträger. Nachdem V. 53 die spezielle Problematik der bei

---

[380] 𝔓46 ℵ* C* 088 0121 0243 1175 1739* lassen den ersten Wenn-Satz aus; das scheint zunächst eine durchaus erwägenswerte Variante. Sie erklärt sich aber nach ROYSE, Habits 290 durch Sprung vom 1. auf das 2. τό. Die Umstellung der beiden Wenn-Sätze bei A 326 1837 ist dagegen sachlich nicht von Bedeutung. Ebenso ihr Fehlen bei F G.

[381] Einige Hsn., darunter ℵc Ac, wechseln für „Tod" „Hades" ein und gleichen so an die biblische Vorlage an.

[382] 𝔓46 B ℵ* C und Minuskeln verbürgen den Text; D F G K L P Ψ und andere drehen dagegen die Folge „Sieg-Stachel" um.

[383] Dazu auch die Einführung zu Kap. 15 mit Anm. 8.

der Auferstehung noch Lebenden verlassen ist, kann der Rest des Abschnitts als Finale zum ganzen Kap. gelten, zumal das Motiv vom Sieg über den Tod Erinnerungen an V. 26 weckt. Wegen dieser *recapitulatio* und der das Überlegenheitsgefühl stimulierenden rhetorischen Fragen V. 55 mag man V. 53–58 als *peroratio* bezeichnen.[384]

V. 50 Schon rein syntaktisch ist strittig, ob das τοῦτο auf das Voranstehende geht, was an sich durchaus möglich ist (vgl. zu 9,3); der ὅτι-Satz müsste dann den Grund für die Ausführungen V. 42–49 angeben.[385] Oder ob die Formel „dies sage ich euch" wie 7,29 das Folgende einleitet und ein ὅτι *recitativum* vorliegt (wie 10,19 nach φημί, 1,12 nach λέγω). Letzteres ist auf Grund der Analogien, vor allem 1Thess 4,15, wahrscheinlicher. Auch inhaltlich hat der Vers zwei Gesichter: „Vergänglichkeit" vs. „Unvergänglichkeit" könnte zurückweisen auf die Auferstehung der Toten (V. 42, vgl. auch 52c), während „Fleisch und Blut" im Blick auf die bei der Parusie noch Lebenden, also die folgende Thematik, gewählt wäre.[386] Aber eher sind V. 50b und c auch dem Sinn nach parallel. „Fleisch und Blut", eine geprägte Wendung, die erstmals im 2. Jh. v. Chr. in jüdischen Schriften (Sir 14,18; 17,31) auftaucht, bezeichnet den vergänglichen Menschen als solchen,[387] der nur im Wechsel der Generationen existiert (vgl. Sir 14,18).[388] Im NT steht das Hendiadyoin im Gegensatz zum offenbarenden Gott (Mt 16,17; Gal 1,16) oder zu den himmlischen Geistmächten (Eph 6,12). Auch die Rabbinen gebrauchen den Doppelbegriff „vornehmlich dort, wo die vergängliche Natur des Menschen – gewöhnlich in einem Schlusse a minori ad maius – zu der Ewigkeit u Allmacht Gottes ins Verhältnis gesetzt wird."[389] So wird also hier die Inkompatibilität zwischen irdischem Menschen und „Reich Gottes"[390] festgehalten, vermutlich in einem traditionellen Satz V. b, den Paulus durch V. c für hellenistische Leser „übersetzt" hat. Nimmt Paulus also wieder zurück, was er V. 42 behauptet hatte? Kaum, der Satz geht eher gegen ein Missverständnis an, das auch den skeptischen Fragen V. 35 zu Grunde liegt: dass nämlich Reich Gottes und ewiges Leben

---

[384] LINDEMANN, 1Kor 371 und SCHRAGE, 1Kor IV 362: nur V. 58, der an das frühere Vokabular des Kap. anknüpft (s. Besprechung). Ihn zur *peroratio* des ganzen Briefes zu machen – so COLLINS, 1Kor 578 nach MITCHELL, Paul 290 –, ist unbegründet. Die Thematik der Einheit der Gemeinde fehlt hier.

[385] So ziemlich allein auf weiter Flur VERBURG, Endzeit 222f.

[386] Dies die Thesen von JEREMIAS, dem BARRETT, 1Kor 379.382 folgt. Zur Entgegnung vgl. SCHWEIZER, E.: Art. σάρξ κτλ., ThWNT 7, 1964, 98–151, 128: V. 53f zeigt, dass Paulus beide Gruppen unter „das Vergängliche" = „das Sterbliche" fassen kann.

[387] Deshalb steht das Verbum δύναται auch im Sg. wie Mt 16,17; Sir 17,31, was Hsn. in V. 50 „verbesserten".

[388] Vgl. noch 1Hen 15,4: Die Himmelswächter haben mit den Menschenfrauen „Fleisch und Blut hervorgebracht, wie jene tun, die sterblich und vergänglich sind." In Sir 17,31LXX ist auch noch Sündigkeit konnotiert: „und Böses wird begehren Fleisch und Blut". Der Grieche dagegen setzt nicht einfach „Fleisch und Blut" für den Menschen, sondern spricht von „Menschen, die Blut und Fleisch (Pl.) haben" – im Gegensatz zu den Göttern: Polyainos, strat. III 11,1.

[389] Vgl. MEYER, R. in dem o. Anm. 386 zitierten ThWNT-Art. 115. Dagegen scheitert eine Herleitung aus dem hellenistischen Judentum, die MERKLEIN/GIELEN, 1Kor III 376–378 versuchen, schon daran, dass bei Philo, her. 57 αἷμα und σάρξ – hier moralisierend als Sinnlichkeit – nicht im selben Kasus stehen.

[390] Zum Paulus vorgegebenen Begriff „Reich Gottes" vgl. zu 4,20; oft wird auch noch auf die an den Vater übergebene βασιλεία 15,24 verwiesen; sie ist dort aber weniger Heilsgut als *nomen actionis*. Zum „Erben" bei 6,9f. Im Unterschied zum dortigen Futur steht hier das Präsens, das wohl wie in V. 35 der Grundsätzlichkeit der Aussage angemessen ist.

dem sterblichen Menschen als solchem zuteil werden. Der Frager von V. 35 hatte daraus geschlossen, dass diese Güter überhaupt utopisch sind, wenn die menschlichen Empfänger durch den Tod hinweggerafft sind. Paulus hatte dialektisch darauf geantwortet, dass der Tod kein Hindernis, im Gegenteil die Voraussetzung dafür ist, dass dem Menschen eine ganz andersartige Leiblichkeit geschenkt wird. Unwillkürlich stellt sich dem gläubigen und in der Erwartung des kommenden Herrn stehenden Hörer dann aber die Frage: Was ist mit denen, die die Parusie sehen, ohne vorher gestorben zu sein? V. 50 blickt also nicht nur zurück,[391] indem er die Denkweise des Skeptikers V. 35 unterminiert, er bereitet noch mehr V. 51-53 negativ vor. Ob noch lebendig oder schon tot: Die Menschen sind nie unmittelbar Empfänger der Unvergänglichkeit. Die scharfe Negation führte zu Diskussionen in der Alten Kirche. Die Gnostiker beriefen sich auf Paulus und lehnten eine „Auferstehung des Fleisches" ab. Die Orthodoxie verteidigte sie, z.T. indem sie „Fleisch" in V. 50 ethisch als „Werke des Fleisches" fasste.[392] Die ethische Dimension[393] ist nicht auszuschließen; im Vordergrund steht aber die ontologische. Der Satz zielt diesmal auf Christen, die für die Verheißungen des Reiches Gottes und der Unvergänglichkeit aufgeschlossen sind, und die nach den bisherigen Ausführungen weitere Klärung des Wie erhoffen. Insofern ist der Einschnitt zwischen V. 49 und 50, den auch das δέ anzeigt, gerechtfertigt.

V. 51f Mit Aufmerksamkeit heischendem ἰδού – bei Paulus sonst hauptsächlich in 2Kor – führt Paulus ein „Geheimnis"[394] ein. Er erweist sich damit als prophetisch begabter Charismatiker (s. zu 13,2), der auf Grund einer eigenen „Offenbarung" (s. zu 14,6) Leerstellen des göttlichen Heilsplans zu füllen vermag. Wie Röm 11,25-26a formuliert er selber dem Kontext angepasst; das wird besonders deutlich in der 1. Pl. der Verben und in der Aufnahme des Stichworts „unvergänglich". Andererseits verweisen Hapaxlegomena (ἀλλάσσεσθαι als Passivform,[395] ἐν ἀτόμῳ, ἐν ῥιπῇ ὀφθαλμοῦ[396]) und in apokalyptischen Zusammenhängen häufige Motive wie die „letzte Posaune" (vgl. 1Thess 4,16; Mt 24,31; die sieben Posaunen in Apk 8,2.6-9,21; 11,15-19, wo die letzte ebenfalls herausgehoben ist; 4Esr 6,23; ApkAbr 31,1; 6Esr 4,36; Sib 4,173f)[397] auf eine in Prophetenkreisen geprägte Sprache. Eine ähnliche Scheidung in aktuelle und traditionelle Elemente kann bei dem „Wort des Herrn" – eher

---

[391] So einseitig SCHWEIZER (s.o. Anm. 386) 128, dem CONZELMANN, 1Kor 357 Anm. 10 zustimmt.
[392] Zur Auslegungsgeschichte vgl. PIETRELLA, E.: „Caro et sanguis regnum dei possidere non possunt" (I Cor. XV,50), Aevum 49, 1975, 36-76; THISELTON, 1Kor 1306-1313; SCHRAGE, 1Kor IV 387-392.
[393] Dafür MORISSETTE 49, THISELTON, 1Kor 1291f; dagegen GILLMAN 318.
[394] Zu diesem apokalyptischen Terminus s. bei 2,7. Zur Verwendung bei Paulus s. noch bei 2,1; 4,1; 14,2 und Exkurs 8.2.
[395] Vgl. 1Hen 90,38; 2Bar 51,1.3.10, z.T. reflexiv wiedergegeben; LibAnt 28,9; TestBen 10,8 (A) πάντες ἀλλαγησόμεθα (Einfluss von 1Kor 15,51f, auch in der 1. Pl.); vgl. das Aktiv von Gott ausgesagt im Nachtrag 2Hen 108,11; 2Bar 49,3; Paulus gebraucht sonst für die eschatologische Verwandlung μεταμορφοῦσθαι (2Kor 3,18) bzw. μετασχηματίζειν (Phil 3,21).
[396] Vgl. TestAbr (A) 4,5: Abraham „stieg in einem Augenblick zum Himmel auf."
[397] Vgl. noch die sieben Posaunenstöße bei der Wiederbelebung der Toten in einem auf R. Aqiba zurückgeführten Midrasch (Bill. III 481). Die drei Angaben mit ἐν sind locker an V. 51 angehängt. Das letzte Glied wird von Paulus noch verbal paraphrasiert (V. 52b). Hier wird erst klar, dass der Posaunenstoß der Auferstehung vorausgeht. All das deutet auf vorgegebenes Material.

15,35-58: Wie die Toten auferweckt werden

eine prophetische Äußerung des Paulus als die eines anderen urchristlichen Propheten – 1Thess 4,15-17 vorgenommen werden. Es weist eine mit 1Kor 15,51-53 übereinstimmende Struktur[398] auf:

1Thess 4,15-17	1Kor 15,51-53
Redeeinleitung V. 15a	Redeeinleitung V. 15a
Denn das sagen wir euch mit einem Wort des Herrn	*Siehe, ein Geheimnis sage ich euch:*
vorweggenommener Inhalt in 1. Pl. V. 15b	vorweggenommener Inhalt in 1. Pl. V. 51bc
wir, die Lebenden ... keineswegs den Entschlafenen zuvorkommen werden.	*Wir werden nicht alle entschlafen, aber alle verwandelt werden,*
eigentliche Botschaft mit dreifacher Umstandsangabe mit ἐν V. 16.17a	eigentliche Botschaft mit dreifacher Umstandsangabe mit ἐν V. 52
Denn beim Befehl, bei der Stimme des Erzengels und bei der Posaune Gottes	*im Nu, in einem Augenblick, bei der letzten Posaune,*
[wird der Herr selbst vom Himmel herabsteigen,]	*[die Posaune wird nämlich ertönen]*
und die Toten in Christus werden zuerst auferstehen, darauf werden wir, die Lebenden ... zugleich mit ihnen entrückt werden ...	*und die Toten werden auferweckt werden [als unvergängliche], und wir werden verwandelt werden.*
Folgerung des Paulus V. 17b	begründender Kommentar des Paulus V. 53
und so (καὶ οὕτως vgl. Röm 11,26a) *werden wir immer mit dem Herrn sein.*	*Es muss nämlich dieses Vergängliche Unvergänglichkeit anziehen, und dieses Sterbliche Unsterblichkeit anziehen.*
(praktische Anwendung mit ὥστε und Imperativ 2. Pl. V. 18)	(praktische Anwendung mit ὥστε und Imperativ 2. Pl. V. 58)

Die Übereinstimmungen im Kern – besonders die drei ἐν-Wendungen, das Nacheinander von Toten und Lebenden – sind so frappierend, dass man fast meinen könnte, Paulus habe in 1Kor ein älteres Orakel nur aufgefrischt.[399] Aber die in 1Thess 4,16a.17a so wichtige Herabkunft des Kyrios zur Begegnung mit den Seinen fehlt. Die Problemstellung ist eine andere. Musste Paulus in 1Thess das Schicksal der Verstorbenen klären, ist hier eher angesichts von V. 50 die Frage, was mit denen geschieht, die bei der Parusie noch am Leben sind. Das wird aus der V. 51bc vorweg gegebenen Zusammenfassung des Geheimnisses evident. Noch erwartet man die Endereignisse in Bälde, zumindest einige werden sie noch erleben (vgl. Mk 9,1). Obwohl keine Zahlen genannt werden, ist doch gegenüber 1Thess 4,15-17 eine gewisse Verschiebung zu bemerken: Während dort die Wir mit den bei der Parusie Lebenden identisch sind, wird in V. 51bc der Tod eines Teils der Wir[400] ins Auge gefasst.[401] In

---

[398] Die eckig eingeklammerten Teile haben keine Entsprechung. Ähnliche Analyse bei WOLFF, 1Kor 414f; abweichend MERKLEIN 410-419.
[399] So SENFT, 1Kor 212, der aber auch die Unterschiede heraushebt. Ebenso LÜDEMANN 37 „deliberate reworking"; WOLFF, 1Kor 414; SCHNABEL, 1Kor 981.
[400] Zur Stellung der eigentlich zu „alle" gehörigen Negation in V. 51b vgl. B-D-R 433,2. Anders HEINRICI, 1Kor 504: zum Verbum; „wir alle" hätte dann im Vorder- wie im Nachsatz den gleichen Umfang (= „Wir" V. 52d). Aber hat das „Geheimnis" Todesfälle vor der Parusie ausgeschlossen?
[401] LINDEMANN 387-391 warnt mit Recht davor, aus diesem Befund auf eine Entwicklung im eschatologischen Glauben des Apostels zu schließen. Eine brauchbare Faustregel bei BARRETT, 1Kor 382: Wenn sich die Perspektive ändert – z.B. in Phil 1 –, dann nicht weil Paulus die Parusie in größerer Ferne denkt, sondern weil er den Tod näher vor Augen hat.

V. 52fin. umfasst das Wir aber wieder nur die Lebenden,[402] da der Vers der Struktur von 1Thess 4,16b.17a verhaftet ist. In V. 51bc dagegen haben wir nur ein Subjekt: „Wir", und es ist klar, dass alle Christen, ob tot oder noch am Leben, „verwandelt werden".[403] Für die Toten sagt das der an das traditionelle Nacheinander gebundene V. 52c nur indirekt: Sie werden zu „Unvergänglichen" (s. zu V. 42ab). Auferstehung impliziert also „Verwandlung". Und die Lebenden erfahren nicht nur eine Ortsveränderung, die Entrückung in den Himmel (1Thess 4,17), sondern eine einschneidende qualitative Veränderung.[404] Das alles geschieht nicht in einem allmählichen Prozess, sondern schlagartig,[405] obwohl eingebaut in ein apokalyptisches Szenario: auf das Erschallen der „letzten Posaune" hin, was ja doch wohl eine gewisse Abfolge von Posaunensignalen voraussetzt.[406]

V. 53 gibt Paulus als Begründung einen grundsätzlichen Kommentar zum mitgeteilten Geheimnis. Die Verwandlung entspricht dem eschatologischen Plan Gottes (δεῖ, vgl. V. 25),[407] sie ist aber auch sachlich notwendig – wegen der V. 50 festgestellten Unmöglichkeit. Der Vers klingt denn auch in seiner ersten Hälfte an das Vokabular von V. 50c an, aber auch an das ἄφθαρτοι von V. 52c.[408] Das Demonstrativpronomen beim Abstraktum τὸ φθαρτόν bzw. θνητόν ist ähnlich gebraucht wie bei der Wendung „dieser Äon".[409] Also *pro concreto:* Dieses vorfindliche, sterbliche Dasein muss – auch im Fall derer, die die Ankunft Christi erleben – bekleidet werden mit Unvergänglichkeit. Dieses „Anziehen" des Auferstehungsleibes beschreibt dann – anknüpfend an die Metapher vom himmlischen Haus – 2Kor 5,1f.[410] Neu ge-

---

[402] Anders SELLIN, Streit 46f. Aber obwohl die Verwandlung nicht „auf die Überlebenden eingeschränkt werden" darf, stehen doch die Subjekte der parataktisch angeordneten Sätzchen gleichberechtigt nebeneinander.

[403] Um des Ausgleichs mit V. 52d willen möchten WEISS, 1Kor 378 und SPÖRLEIN, Leugnung 120f das „alle" in V. 51c auf die, die übrig bleiben, einengen. Aber in V. 51b schließt es auch die ein, die entschlafen.

[404] Die Vorstellung der „Verwandlung" (zur Sache vgl. Exkurs 9.3) scheint Paulus von seiner pharisäischen Schulung her vertraut zu sein; denn die sonstigen Belege dafür finden sich in den Pharisäern nahestehenden Schriften des 1./2. Jh. n.Chr 2Bar, LibAnt (s.o. Anm. 395). In 2Bar 50f gehen allerdings eine als leibliche Restitution verstandene Auferstehung und das Gericht der Verwandlung voran, sie ist für die Schuldigen eine Verwandlung zum Schlimmeren.

[405] Der im NT einmalige Ausdruck ἐν ἀτόμῳ wird illustriert durch Aristoteles, phys. VI 5 236a6f: Während Bewegung in der Zeit verläuft und so teilbar ist, geschieht der Umschlag (μεταβολή) in einem unteilbaren Moment, in dem das eine zu Grunde geht und das andere entsteht. ASHER, Polarity 202–205 möchte die paulinischen Aussagen vor diesem philosophischen Hintergrund sehen. Aber das apokalyptische Konzept der Verwandlung liegt näher.

[406] Anders die meisten, z.B. HEINRICI, 1Kor 505 mit Verweis auf das erklärende „Die Posaune wird ertönen" V. 52b und 1Thess 4,16. CONZELMANN, 1Kor 359: „die eschatologische". Aber auch beim „letzten Tag" gehen andere Tage voran. Der „letzte Adam" V. 45 ist zwar nicht der letzte in einer Reihe, aber doch Pendant zum „ersten Menschen Adam".

[407] Herausgestellt von SENFT, 1Kor 213; dagegen verweisen etwa ROBERTSON/PLUMMER, 1Kor 377 auf V. 50.

[408] Die Begründung geht also – gegen HEINRICI, 1Kor 506 – nicht nur auf V. 52d. Richtig BACHMANN, 1Kor 471.

[409] Vgl. auch das bei V. 19 zu „diesem Leben" Gesagte. Das Demonstrativpronomen unterstreicht nicht die Selbigkeit der Person: Gegen ALLO, 1Kor 434; GILLMAN 331f; THISELTON, 1Kor 1297f.

[410] Vgl. auch zur Gewandmetaphorik bei V. 37.49. Vgl. als christliche Weiterentwicklung 5Esr 2,45 von den Märtyrern: „Das sind diejenigen, die das sterbliche Gewand abgelegt und das unsterbliche angezogen

genüber V. 42 (s. dort) ist die parallele Opposition „das Sterbliche" (auch 2Kor 5,4) vs. „Unsterblichkeit". Man muss nur Sir 17,30aLXX („Nicht unsterblich ist das Menschenkind") und 1Tim 6,16 („Gott, „der allein Unsterblichkeit besitzt") lesen, um zu merken, dass es – zumal in griechischen Ohren – an die Privilegien der Götter rührt, was Paulus hier den Christen in Aussicht stellt. Aber auch eine Apokalypse wie 4Esr träumt vom „Schatz der Unsterblichkeit" (8,54; vgl. 7,13lat.96). In ApkMos 28,4 verspricht Gott dem moralisch geläuterten Adam, ihm nach der Auferweckung vom Baum des Lebens zu geben, dass er unsterblich sei in Ewigkeit.

V. 54f Das nun folgende Schriftzitat liefert nicht eigentlich einen Beweis für das künftige Geschehen, sondern zeigt auf, dass es dem Willen Gottes entspricht, den das Prophetenwort als schon vollzogen beschreibt.[411] Zugleich wird die Verwandlung der Toten wie der Lebenden in Unsterbliche als Sieg über den Tod überhaupt interpretiert. Die beiden Stichworte θάνατος und νῖκος sind es auch, die die Kombination aus Jes 25,8a und Hos 13,14b zusammenhalten.

Die erste Zeile ist dem Heilswort für Israel und die Völker Jes 25,6–8 entnommen, das im Rahmen der nachexilischen Jesaja-Apokalypse 24–27 steht.[412] Mit einer unbekannten griechischen Übersetzung hat Paulus die aktive Formulierung von MT „(Gott) wird verschlingen den Tod" und LXX „Verschlungen hat der Tod" in ein Passiv umgewandelt. So später auch Theodotion, wenigstens nach Cod. March. Paulus hat zwar wie LXX eine Vergangenheitsform, wahrt aber gegen LXX den Heilssinn des Halbverses. Das abschließende לָנֶצַח/lānæṣaḥ „für immer" wird von LXX auch anderswo mit εἰς νῖκος wiedergegeben.[413] Theodotion und Aquila haben es auch an unserer Stelle. Möglicherweise war für diese Übertragung ein aram. Verbum נצח/nṣḥ „siegen" leitend. Die beiden Fragen V. 55 sind dagegen ihrem ursprünglichen Kontext entfremdet. Sie stehen in einem Drohwort gegen Ephraim (Hos 13,1–14,1); eigentlich ruft Jahwe hier Tod und Unterwelt herbei, damit sie die Strafe an dem sündigen Stamm vollstrecken. Auch in LXX haben die Fragen einen drohenden Unterton, wie das anschließende „Trost ist verborgen vor meinen Augen" bestätigt. Der hebräische Text scheint zunächst tödliche Seuchen herauszufordern. LXX spricht dafür vom „Recht" (δίκη) des Todes, Paulus vom Sieg (νῖκος). Es ist unklar, ob es für dieses den Text zusätzlich verklammernde Stichwort einen Anhalt im griechischen Text gab.[414] Die Voranstellung des Personalpronomens und der Ersatz von „Unterwelt" durch „Tod" dürften jedenfalls auf das Konto des Paulus gehen.

---

haben"; auch OdSal 15,8 schon realisiert: „Ich legte Unvergänglichkeit durch seinen Namen an und zog die Vergänglichkeit durch seine Gnade aus."

[411] Zur Einleitungsformel vgl. CD VII 10; XIX 7, allerdings mit „kommen, eintreffen" statt „geschehen". Sie ist im NT singulär; vgl. aber mit „sich erfüllen" Joh 15,25. Das τότε bei Erfüllungszitaten auch Mt 2,17; 27,9. Es besteht – gegen LINDEMANN, 1Kor 372f – kein Anlass, es mit „erst dann!" zu paraphrasieren und eine Spitze gegen pneumatische Enthusiasten zu wittern.

[412] Auf Jes 25,8 beruht auch die Ankündigung Apk 21,4. Die Stelle dient in der rabbinischen Diskussion als Beleg für Verschiedenes, u.a. spricht sie gegen R. Chanina, der den Tod nur bei den Israeliten abschaffen wollte. Vgl. Bill. III 481–483.

[413] Vgl. DE BOER, Defeat 127; HARRELSON 155.

[414] Nur späte Hsn. der LXX haben νίκη („Sieg"); vgl. die Meinungen bei KOCH, Schrift 168–170; STANLEY, Paul 212–214. Nach CONZELMANN, 1Kor 361 ist die Ablösung von δίκη durch νῖκος „offensichtlich durch die Jesaja-Stelle verursacht." Aber vielleicht war das Stichwort νῖκος erst Anlass für die Verschmelzung der Schrifttexte.

Der Tod wird hier als kämpferische Macht (vgl. V. 26), als Tier mit giftigem Stachel[415] vorgestellt. Sein „Verschlungenwerden" (καταπίνεσθαι) schwingt noch 2Kor 5,4 nach. Das Thema des eschatologischen Sieges über alle Bedrängnisse, auch über den Tod, entfaltet dann Röm 8,35–39. Während das τότε γενήσεται V. 54 eindeutig in die Zukunft weist, realisiert sich das ὑπερνικᾶν Röm 8,37 schon gegenwärtig im Bestehen der Widrigkeiten.[416]

V. 56 erklärt das bildhafte Element des Zitats, den Stachel, mit Nominalsätzen (vgl. das „ist" 2Kor 3,17a; Gal 4,24f). Schien das Sterbenmüssen nach V. 45 bereits in die Verfasstheit des ersten Menschen eingespeist, sozusagen eine biologische Notwendigkeit, so wird hier angedeutet, dass der Tod immer schon im Zeichen der Sünde (vgl. Röm 5,12; 6,16.21.23) und des darauf folgenden Zornes Gottes steht; die Sünde ist das eigentlich Verderben Bringende am Tod. Sie gewinnt aber Macht über den Menschen durch das Gesetz. Es provoziert den Menschen erst zur Übertretung (vgl. Röm 7,7–12)[417] und stellt die Sünde unter tödliche Sanktionen. Weil die beiden Sätzchen so nur von der späteren Entfaltung im Römerbrief her verständlich sind, hat man hier eine nachpaulinische Glosse gesehen.[418] Doch die in der jüdischen wie christlichen Umwelt unerhörte Bewertung des Gesetzes[419] deutet auf die Hand des Paulus. Es ist seine höchstpersönliche Bemerkung. Schon gar nicht muss der Sprung auf das Gesetz durch etwas im zitierten Text oder seinen Versionen veranlasst sein.[420] Auf die Leser nimmt Paulus allerdings kaum Rücksicht. Bisher erschien das Gesetz ja keineswegs als Unheilsmacht. Es war zwar in seinen rituellen Teilen nur für die Juden verbindlich und dadurch relativiert, als „Gebote Gottes" aber doch für alle verpflichtend (vgl. 7,18f; 9,20f).[421] Paulus entnimmt ihm sogar einzelne sittliche (vgl. 5,13b) oder sonstige (vgl. 9,9f; 14,34) Weisungen.[422] Der Vers könnte jedoch verraten, dass Paulus schon immer tiefer nachdenkt. Dass er nicht erst einer späteren Ent-

---

[415] Vgl. Apk 9,10. Τὸ κέντρον ist auch der Treibstachel für die Zugtiere (vgl. Apg 26,14), metaphorisch etwa als „Stachel der Leidenschaft" (Belege bei BAUER, Wörterbuch 871 unter 2). Das liegt hier fern. Auch bei Solon, Frgm. 24,20 (DIEHL) wird κέντρον nicht ganz negativ gesehen: es steht für die züchtigende Gewalt der Staatsmänner, nicht für die Gewaltherrschaft, wie SCHRAGE, 1Kor IV 381 missversteht. Für das Folterinstrument (z.B. Herodot III 130,2), auch im übertragenen Sinn (Sophokles, Frgm. 622), wird der Pl. gebraucht.

[416] Diesen Gegenwartsbezug des Sieges darf man aber nicht aus dem Präsenspartizip ὁ διδούς V. 57 herauslesen. S.o. Anm. 354 zu V. 45c.

[417] Der δύναμις der Sünde entspricht hier, dass die Sünde durch das Gebot eine Angriffsfläche (ἀφορμή) bekommt und auflebt. Durch das Gebot tötet sie auch das „Ich".

[418] So schon SCHMIEDEL, 1Kor 305; WEISS, 1Kor 380: „Besser faßt man das Wort als eine fremde Exegese auf". Neuerdings HORSLEY, 1Kor 215; HORN, F.-W.: 1 Korinther 15,56 – ein exegetischer Stachel, ZNW 82, 1991, 88–105; dagegen SÖDING, TH.: „Die Kraft der Sünde ist das Gesetz" (1 Kor 15,56), ZNW 83, 1992, 74–84 (= Ders., Wort 93–103).

[419] HOLLANDER, H.W./HOLLEMAN, J.: The Relationship of Death, Sin, and Law in 1Cor 15:56, NT 35, 1993, 270–291, 280–282 nehmen dafür die hellenistische Kritik am geschriebenen Gesetz als Hintergrund an.

[420] Anders TOMSON 379.

[421] Aufhorchen ließ hier freilich, dass Paulus sich nach 9,20b als nicht „unter dem Gesetz stehend" betrachtet.

[422] Vgl. ZELLER, Schriftverwertung 510–513 in Auseinandersetzung mit LINDEMANN, A.: Die biblischen Toragebote und die paulinische Ethik, in: Schrage, Studien 242–265 (= LINDEMANN, Paulus 91–114).

wicklungsphase des paulinischen Gesetzesverständnisses entstammen muss, zeigt 2Kor 3,6, wo ähnlich thesenartig von der tödlichen Wirkung des Gesetzesbuchstabens die Rede ist.[423]

V. 57 Die Danksagung[424] anerkennt die Urheber des V. 54f angesagten Geschehens: Gott und Christus, dessen Mittlerschaft am Kreuz wie an der verwandten Stelle Röm 8,37 und oft (vgl. zu 8,6) durch διά mit Genitiv ausgedrückt wird. Wegen 15,21 ist sicher auch seine Auferstehung hinzuzudenken. Die präpositionale Wendung gehört hier nicht zum Danksagen (so Röm 1,8; 7,25a; Kol 3,17), sondern zum Partizip, das den Grund des Dankes angibt. In der Stellung nach V. 56 ist V. 57 vor allem Röm 7,25a vergleichbar, auch dort ein absetzendes δέ. Mit dem Stichwort νῖκος bezieht er sich aber weiter zurück. Der Sieg über den Tod bleibt weiterhin das Thema. Er ist sicher schon dadurch angebahnt, dass dem Tod im Christusgeschehen der Stachel, die Sünde, gezogen wurde. Es wird jedoch nicht ausdrücklich, dass der Sieg, den Gott „presently" verleiht,[425] der über Sünde und Gesetz ist.[426] Beim Partizip Präsens muss die zeitliche Valeur aus dem Kontext bestimmt werden, und das ist hier der futurisch ausgerichtete V. 54f.

V. 58 Bei γίνεσθε kann man zunächst unschlüssig sein, ob man mit „werdet" übersetzen soll – so nach dem Kontext 4,16; 10,32; 11,1; 14,20 – oder ob das Verbum als Ersatz für Formen von εἰμί dient,[427] ob also eine Verhaltensänderung oder ein Verharren in einer Haltung angemahnt wird. Angesichts von 15,1fin., wo der hier angesprochenen Mehrheit der Stand im Evangelium bescheinigt wird, wird man sich für das Zweite entscheiden. Gegenüber den Zweiflern von V. 12 sollen sie im Auferstehungsglauben feststehen. Die hier gebrauchten Adjektive fügen sich ein in die Metaphorik des Stehens (dazu 10,12), zu der auch das Bild vom Fundament 3,10f passt. Vgl. Kol 1,23 „fundiert, gefestigt und nicht erschüttert" (τεθεμελιωμένοι καὶ ἑδραῖοι καὶ μὴ μετακινούμενοι).[428] Zu diesem eher statischen Ideal gesellt sich die Aufforderung zu alles Maß übersteigender[429], unausgesetzter[430] Aktivität im „Werk

---

[423] Vgl. WILCKENS, U.: Zur Entwicklung des paulinischen Gesetzesverständnisses, NTS 28, 1982, 154-190, 157-161; THIELMAN, F.: The Coherence of Paul's View of the Law: The Evidence of First Corinthians, NTS 38, 1992, 235-253; SCHNELLE, Paulus 246f: Es fehlt aber noch der Kerngedanke der Rechtfertigungslehre (πίστις contra ἔργα νόμου).

[424] Zu ähnlichen Charis-Sprüchen und ihrer Funktion vgl. zu Beginn der Einleitung zu Kap. 15. Zum Formgeschichtlichen DEICHGRÄBER, R.: Gotteshymnus und Christushymnus in der frühen Christenheit, StUNT 5, Göttingen 1967, 43f.

[425] Zur Formulierung vgl. 2Makk 10,38.

[426] Anders FEE, 1Kor 807; WOLFF, 1Kor 419. Zur gebotenen Vorsicht bei der Auswertung des Präsenspartizips vgl. o. Anm. 416 zu V. 54f. Richtig MÜLLER 241 Anm. 244. Gegenüber Enthusiasten freilich hätte Paulus sich vorsichtiger ausdrücken müssen.

[427] Vgl. BAUER, Wörterbuch 320 unter II 1. ORR/WALTHER, 1Kor 353 z.B. übersetzen „continue".

[428] Zu ἑδραῖος vgl. schon 7,37. Auch Ignatius liebt diese bildhafte Redeweise: IgnEph 10,2; Phld inscr.; Sm 1,1; 13,2; Pol 1,1; 3,1. Zu ἀμετακίνητος vgl. noch Polyk 10,1; Aristoteles, eth.Nic. II 4,3 1105a: Tugendhaft ist nur einer, der die Tugend „ständig und unerschütterlich (βεβαίως καὶ ἀμετακινήτως) besitzt und praktiziert". Vgl. auch βεβαιοῦν 1,8.

[429] Zu περισσεύειν vgl. 8,8; 14,12 und der Sache nach bei 1,5.

[430] Zu πάντοτε in Ermahnungen vgl. 1Thess 5,15f; Gal 4,18; Phil 4,4; Kol 4,6; Eph 5,20, speziell im Zusammenhang von Gebet vgl. bei 1,4.

des Herrn." Das meint hier wohl nicht nur die Missionsarbeit,[431] aber doch ein Gemeindeleben, das über die eigenen Grenzen hinaus von der Heilsinitiative des Kyrios (*Genetivus auctoris*)[432] zeugt. Motivierend wirkt das Wissen[433] um den eschatologischen Lohn[434] für die Mühe (vgl. zu 3,8), das Paulus in diesem Kap. verstärkt hat. Er ist „im Herrn" garantiert. Das hinzugesetzte ἐν κυρίῳ fungiert nicht als Gegengewicht gegen ein Leistungsdenken, sondern untermauert die Gewissheit des Wissens.

Exkurs 9.3: Identität und Andersartigkeit des Auferstehungsleibes

Nicht nur für den Fragesteller von V. 35, sondern auch für den heutigen Menschen ist ein sich durchhaltendes materielles Substrat unabdingbar, wenn das Leben irgendwie „weitergehen" soll. Weil aber gerade daran die Vorstellbarkeit von Auferstehung scheitert, setzen die meisten theologischen Ausleger, sich im Bund mit Paulus wissend (vgl. V. 36-38.50), den Akzent auf die Diskontinuität zwischen irdischem und pneumatischem Leib: „Das Kontinuum liegt somit allein auf der Seite Gottes, dessen Schöpfermacht auch in der Totenauferstehung am Werke ist (vgl. die Parallelität in Röm 4,17)."[435] Da Gott aber nach V. 38 den Leib einem Träger gibt, dem nackten Korn, fügt Schrage hinzu: „auch wenn mit αὐτῷ, das sich wahrscheinlich auf γυμνὸν κόκκον bezieht, die Selbigkeit des Objekts festgehalten wird." Andere betonen die Kontinuität, die die Gegner zwar leugnen, die aber für Paulus im Leib verbürgt sei.[436] Statt von Kontinuität reden andere lieber von Identität – nicht des Leibes, sondern des „Ich" bzw. des „Subjekts", was auch immer diese Identität ausmacht.[437] Die meisten geben aber zu, dass dies bei Paulus nicht ausdrücklich thematisiert wird.

Um die Diskussion zu entkrampfen, mag helfen, daran zu erinnern, dass der Auferstehungsglaube im Wesentlichen aufkam, um ein Identitätsproblem zu lösen, das des bedrängten Israel und seiner Märtyrer. Dabei ist gerade den in Stücke gehackten Märtyrern eine leibliche Fortexistenz verwehrt. Dennoch sind sie zuversichtlich, ihre Glieder wieder zu erhalten (vgl. 2Makk 7,11; 14,46). Es gibt keinerlei Kontinuität zwischen dem zerschundenen und dem erhofften Leib, und doch soll Gott dem Märtyrer wiedergeben (ἀποδιδόναι), was die Menschen ihm genommen haben. Gerade weil die Märtyrer sich nicht auf ein unzerstörbares geistiges Selbst zurückziehen, wird der Leib zum Identitätsfaktor. Die Wahrung der Identität ist hier jedoch allein aus den Möglichkeiten des Schöpfers gewährleistet.

---

[431] Zu ἔργον in diesem engeren Sinn vgl. zu 3,13-15; 16,10b; „Werk Christi" Phil 2,30. Salopp könnte man dafür „Unternehmen Christus" sagen.

[432] SCHRAGE, 1Kor IV 385 zieht einen objektiven Genitiv („im Dienste des Herrn") vor. Das drängt sich jedoch nicht schon dadurch auf, dass Menschen sich im Werk des Herrn mühen oder es gar betreiben (vgl. 16,10). Vgl. zu 3,6-9.

[433] Ähnliches Partizip εἰδότες 2Kor 1,7; 4,14; 5,6; Röm 5,3 u. ö.

[434] So wird man die uns von 15,10.14 her geläufige Rede vom „nicht leer, unerfüllt bleiben" mit 3,8b positiv wenden dürfen. Vgl. auch „Nutzen" V. 32a. Dagegen heißt es SapSal 3,11 von den Gottlosen: „leer ist ihre Hoffnung, ihre Mühen sind vergeblich und ihre Werke wertlos".

[435] SCHRAGE, 1Kor IV 287 für viele andere. Vgl. 299f.

[436] Z.B. FEE, 1Kor 776, vgl. 779.781; HAYS, 1Kor 270 spricht gar von „organischer Kontinuität". Andererseits polemisiert CONZELMANN, Grundriss 212f gegen Bultmann, der das σῶμα als Kontinuitätsfaktor betrachte.

[437] Z.B. KÜMMEL in LIETZMANN, 1Kor 195; KREMER, 1Kor 358 folgert „personale Identität" aus dem identischen Subjekt in V. 49ab. Ebenso GILLMAN 330f, der noch darauf hinweist, dass das Wir sich im Transformationsprozess V. 51f durchhält.

15,35–58: Wie die Toten auferweckt werden

Für die Entwürfe, die eine allgemeine Auferstehung zum Gericht der Zuteilung des endgültigen Schicksals vorausgehen lassen, ist die im Leiblichen bis in die Details ausgeprägte Identität aus einem anderen Grund wichtig. Die Menschen, die jetzt vor Gottes Richterstuhl stehen, müssen dieselben sein wie die, die damals gesündigt hatten. Das verdeutlicht ApokrEz Frgm. 1 mit dem Gleichnis vom Blinden und Lahmen.[438] Wie sie aufeinander angewiesen sind, „so ist der Leib an die Seele und die Seele an den Leib gebunden, zur Überführung gemeinsamen Tuns." So ergeht das vollkommene Gericht über beide; dazu muss der Mensch zunächst in seiner leiblichen Gestalt wiedererstehen.

> Denn sicherlich gibt die Erde alsdann die Toten zurück, die sie jetzt empfängt, um sie aufzubewahren, indem sie nichts ändert an ihrem Aussehen, sondern wie sie sie empfangen hat, ebenso gibt sie sie zurück, und wie ich sie ihr überliefert habe, ebenso lässt sie sie auch auferstehen.
> (V. 3: Ein Wiedersehen mit den noch Lebenden dient der Identifikation.)
> Und wenn die einander erkannt haben, die sich jetzt kennen, alsdann wird das Gericht mächtig sein.[439]

Die alte Formel „Die Erde gibt ihre Toten wieder"[440] lässt noch daran denken, dass menschliche Überreste für die Wiederherstellung verwendet werden, noch mehr die Bilder von Ez 37, die spätestens ab dem 1. Jh. v. Chr. wörtlich genommen werden:[441] Die Gebeine, die Gott wieder mit Fleisch bekleidet,[442] die Öffnung der Gräber.[443] Dagegen spielt ein apokalyptischer Text wie 1Hen 61,5 den Fall durch, dass diese Überreste unwiederbringlich sind, etwa weil einer von wilden Tieren verschlungen wurde. Fazit: „Keiner wird vor dem Herrn der Geister umkommen." Die plastischen Ausdrücke sollen offenbar nur veranschaulichen, dass Gott an denselben Menschen, die geschichtlich gelebt haben, Wiederbelebung und Gericht vollzieht. Auch wo er die Welt vorher total durch Feuer vernichtet wie in Sib 4,175–177,

> wird Gott selbst wiederum die Gebeine und den Staub der Männer gestalten
> und die Sterblichen wieder aufrichten, wie sie zuvor waren (Sib 4,181f).

Erst nach dem Gericht verleiht er den Frommen Leben und unvergänglichen Wohlstand (V. 189).

Mit der Vorstellung von einem langen und glücklichen Leben auf Erden kommt dieser Autor den hellenistischen Lesern entgegen. Dagegen stellen auf palästinischem Boden entstandene Apokalypsen die völlige Andersartigkeit des Auferstehungslebens heraus, das Gott nach dem Richterspruch den Gerechten zuteilt. Das kann durch den Vergleich mit dem Glanz der

---

[438] Vgl. JSHRZ V 52f, ähnlich das Gespräch zw. Antoninus und Rabbi bSanh 91ab bei Bill. IV 1110.

[439] 2Bar 50; damit das Wiedererkennen klappt, dürfen die Verstorbenen auch noch nicht allzu lange tot sein. Der zeitliche Horizont ist ziemlich kurz. Vielleicht kann die Erde deshalb auch die Toten unversehrt wiedergeben. Die Rabbinen lassen dann die Toten auch zunächst mit ihren irdischen Gebrechen auferstehen, vgl. Bill. IV 1175f.

[440] Vgl. BAUCKHAM, R.: Resurrection as Giving Back the Dead, in: Ders.: The Fate of the Dead, NT.S 93, Leiden/Boston/Köln 1998, 269–289.

[441] Vgl. 4Q385, Frgm. 2; 4Makk 18,17; Schammai (s. folgende Anm.), später, ca. 250 n. Chr., die Fresken von Dura-Europos.

[442] Daher wohl der Brauch, die Gebeine nach der Erdbestattung in Ossuarien aufzubewahren. Die Schule Schammais meint, dass der Mensch in der zukünftigen Welt – im Unterschied zu dieser Welt – angefangen von Sehnen und Knochen gebildet wird, wie es Ez 37,8 beschreibt: BerR 14 (10c) bei Bill. III 473.

[443] Ez 37,12f, vielleicht 4Q521, Frgm. 7,8 nach PUECH. Auch Mt 27,52 gehen aus den geöffneten Gräbern Leiber hervor. Ferner 6Esr 4,36.

Himmelskörper[444] oder der Daseinsweise der Engel[445] ausgedrückt werden. Durch die Bekleidung mit der göttlichen Herrlichkeit[446] partizipieren die Erwählten an Gottes Ewigkeit (vgl. 1Hen 62,15f). Dadurch sind sie nicht nur der Vergänglichkeit enthoben, sondern auch der menschlichen Sündhaftigkeit. Das wird am deutlichsten in der Frage des Sehers 2Bar 49, die Kap. 50-52 einleitet:[447]

> In welcher Gestalt sollen die Lebendigen weiterleben, die an deinem Tag (noch) leben? Oder wie wird ihr Glanz fortdauern, der danach ist? Sollen sie das heutige Aussehen etwa wieder annehmen und werden sie anlegen die Glieder von Fesseln, die jetzt in Bosheit sind, mit deren Hilfe sie ausführen ihre Bosheiten?

Die Antwort des Offenbarungsengels ist dieselbe wie die, die Paulus V. 51-53 gibt: Gott wird die, die einst in der Welt waren, verwandeln,[448] wie er es auch mit der Welt selbst tut. Nachdem die Toten in ihrer irdischen Existenz wiederhergestellt und gerichtet sind, wird sich sowohl die Gestalt derer verändern, die schuldig erfunden sind – davon schweigt Paulus –, als auch die Herrlichkeit derer, die als Rechtschaffene gelten können.

> Ihr Glanz wird dann verherrlicht sein in unterschiedlicher Gestalt. Ins Licht ihrer Schönheit wird verwandelt sein das Ansehen ihres Angesichts. So können sie die Welt bekommen und empfangen, die nicht vergeht, so wie sie ihnen versprochen ward (2Bar 51,3, vgl. 10).

Diese Herrlichkeit ist offensichtlich die Entschädigung dafür, dass sie in der jetzigen Zeit verachtet werden (vgl. 2Bar 51,5; 1Hen 104,2f; 108,11). Das zeigt noch einmal, dass die meisten derartigen Texte in der Theodizee- bzw. Vergeltungsproblematik angesiedelt sind. Deshalb steht sowohl die Erwartung leibhaftiger Identität in der Auferstehung wie die eines alles, besonders aber die Bösen überstrahlenden Glanzes unter dem Verdacht der Projektion. Dieser verstärkt sich noch, wo man Wert darauf legt, dass die Sünder sehen, wie die Gerechten leuchten, und ihr Entsetzen ausmalt (vgl. 2Bar 51,5f; 1Hen 108,15; Lk 13,28).

In unserem Kap. verzichtet Paulus auf solche Kontrasteffekte. Sein Anliegen ist ja, die Auferstehung – und nur die zum Heil – den Christen überhaupt als Hoffnungsgut nahezubringen. Nachdem er sie im ersten Teil hauptsächlich in der Auferweckung Christi verankert hat, regt er im zweiten die Phantasie der Leser für die Möglichkeiten Gottes an; er rückt ihnen das Paradox eines „geistlichen Leibes" vor Augen, das wiederum christologisch begründet wird, und unterstreicht die Notwendigkeit der Verwandlung. Die Identität des Subjekts ist dabei vorausgesetzt, aber nicht anthropologisch vertieft. Besonders V. 20-28 erscheint die Auferstehung als krönender Abschluss eines auf Gott hin ausgerichteten Geschichtsentwurfs. Dies bringt auch wieder der Dank an Gott V. 57 zum Ausdruck. Gott aber kommt groß

---

[444] S.o. zu V. 40f.48.

[445] Vgl. Mk 12,25parr.; 2Bar 51,5.9; nach 51,12 wird sogar die Herrlichkeit bei den Gerechten größer sein als bei den Engeln. Hsn. von 1Hen 51,4 sagen direkt: „Alle werden Engel im Himmel werden".

[446] Vgl. zum „Gewand der Herrlichkeit" Anm. 376 zu V. 49. In 2Kor 5,2-4 suggeriert das „Darüberziehen" (ἐπενδύσασθαι) eine gewisse Permanenz der irdischen Hülle. Paulus besteht nicht wie die Gnostiker auf der Notwendigkeit, das Fleisch vorher auszuziehen. Aber auch hier wird das Sterbliche vom eschatologischen Leben „verschlungen".

[447] Sie wird oft V. 35 an die Seite gestellt. Aber anders als diese zweifache Frage scheint Baruch die Tatsache der Auferstehung vorauszusetzen. Er reflektiert vielmehr wie Paulus V. 50-52 über den Status der am Tag Jahwes Lebenden. Übersetzung von A.F.J. KLIJN in JSHRZ V 155.

[448] Zu diesem Stichwort vgl. Anm. 395 zu V. 51f.

15,35-58: Wie die Toten auferweckt werden

heraus, wo er den Menschen leibhaftiges Heil schenkt. Dabei wehrt sich Paulus dagegen, wenn Korinther dieses Handeln Gottes durch menschliche Maßstäbe einschränken wollen. Es gilt vielmehr das, was 2,9 zu seiner Unvorstellbarkeit sagt. Dadurch ist aber auch menschlichen Spekulationen Einhalt geboten, zumal sich heute der Projektionsverdacht über sie legt. Bleibt Paulus durch seine theozentrische Sicht gegen ihn gefeit? In diesem Sinn hatte K. Barth[449] als die eigentliche Aussage des Kap. herausgearbeitet, dass Gott der Herr des Leibes ist. R. Bultmann stimmt dem zu, wies aber darauf hin, dass Paulus seiner traditionellen apokalyptischen „Weltanschauung" verhaftet auch eine „Schlussgeschichte" entwirft, die der „Sachkritik" bedarf.[450] Für ihn ist nicht Kap. 15, sondern Kap. 13 der Höhepunkt des Briefes, weil in ihm am besten herauskommt, was Christus für den gegenwärtigen Menschen bedeutet, nämlich den Vollzug der Liebe.[451] Hat einer, der der Überzeugung ist, dass die Liebe kein Ende nimmt (vgl. 13,8a), nicht auch schon das Wesentliche von Kap. 15 verstanden? Demgegenüber weist W. Schrage darauf hin, dass nach 13,13a nicht nur die Liebe, sondern auch Glaube und Hoffnung Bestand haben. Die Erwartung der Totenauferstehung bilde deren übergreifenden Horizont.[452] Andere Theologen kritisieren an Bultmann die existentialistische Verengung auf das Individuum hin. Sie loben an der Apokalyptik ihre Ausrichtung auf die Weltgeschichte und ihre politische Dimension. Wie gerade V. 24-28 zeigt, geht es im Eschaton tatsächlich um einen Machtkampf. Der Ausgangspunkt für apokalyptische Entwürfe ist aber die Ohnmacht der Gerechten in der Gegenwart. Theologen, die den Ansatz der Apokalyptik positiv aufnehmen, unterstreichen nun, dass die Aussagen über die Zukunft das Widerstandspotential der Menschen mobilisieren, sich für die Veränderung der bestehenden Verhältnisse einzusetzen.[453] Dabei darf man aber das Proprium der apokalyptischen Weltsicht (vgl. Exkurs 9.1 gegen Ende) nicht vergessen: Sie erwartet das Heil „nicht von Menschenhand", sondern von einem Eingreifen Gottes, das die Gründlichkeit der Schöpfung hat. So ragt Kap. 15 als ein monumentaler anachronistischer Fingerzeig auf das Unabgegoltene christlicher Hoffnung in eine Zeit hinein, in der das Sterben, vor allem auch das von Menschen verursachte Sterben, weitergeht.

---

[449] Auferstehung 115.
[450] Karl Barth, „Die Auferstehung der Toten" (1926), in: Ders.: Glauben und Verstehen I, Tübingen 1933, 38-64, 51f, 55.
[451] Ebd. 51.64.
[452] Paulinische Eschatologie im 1. Korintherbrief, in: Ders., Studien 151-208, 207.
[453] Vgl. z.B. JANSSEN 296. Ihre Bemühungen, den Bezug zur Gegenwart im Paulustext zu verdeutlichen, erschienen uns philologisch zweifelhaft.

H. 16,1–12: Über verschiedene Projekte

Eine Überschrift für das ganze Kap. 16 zu finden ist schwierig. Meist stellt man es unter eine allgemein gehaltene Inhaltsangabe. Ältere Kommentare etwa titulieren „Geschäftliches und Persönliches",[1] jüngere „Mitteilungen und Grüße".[2] 16,13–24 zeigen deutlich die Formalien des Briefschlusses. 16,1–4 und 16,12 dagegen scheinen wie die bisherigen περὶ δέ-Perikopen Antworten auf vorliegende Anfragen zum Thema Kollekte und Apollos zu sein. Weil theologisch nicht so bedeutsam, sind sie knapp gehalten. Doch stilistisch kann man sie zusammen mit den von ihnen eingerahmten Versen als Abschluss des Briefkorpus betrachten.[3] Dazwischen stehen – wie V. 1 und 12 mit weiterführendem δέ einsetzend – Reisepläne (V. 5–9) und die Anweisungen betreffs des Timotheus (V. 10f). Da die Ankündigung von Besuch und die Empfehlung von Mitarbeitern sich öfter am Ende ntl. Briefe finden (vgl. Röm 15,14–33; 16,1f; Phlm 22; Kol 4,7–9 = Eph 6,21f; Tit 3,12f; Hebr 13,23; 2Joh 12; 3Joh 14), schlagen andere Autoren auch V. 1–12 dem Briefschluss zu.[4] Aber – wie wir zu 4,17–21 bemerkten – ist die Stellung dieser Topoi nicht obligatorisch. Auch 2Kor 12,14; 13,1 beschließt die Ansage des Besuchs das Korpus. Weil der Brief die persönliche Anwesenheit des Apostels in der Gemeinde ersetzt oder vorbereitet, ist es nur natürlich, dass er am Ende seines Schreibens auf den möglichen Besuch zu sprechen kommt. In unserem Kap. ist das Motiv des Kommens und der Weiterreise aber schon im Kollektenabschnitt angeschlagen worden, so dass sich V. 5–9 sachlich anschließt. Hier erfährt die Gemeinde, wann sie in etwa mit dem Eintreffen des Paulus rechnen darf, d.h. auch, welcher Zeitrahmen ihr für die Geldsammlung zur Verfügung steht.[5] Und V. 10f ist wiederum mit dem Vorhaben V. 5–9 verschränkt, weil Timotheus der Parusie des Apostels den Weg bahnt. Erst wenn er zurück ist, kann Paulus kommen. Insgesamt hält die Zukunftsperspektive die Ausführungen V. 1–12 zusammen; daher unsere Überschrift zu dieser letzten Einheit des Briefkorpus (H).

1. 16,1–4: Über die Sammlung

(1) Was aber die Sammlung für die Heiligen betrifft, so tut auch ihr so, wie ich (es) für die Gemeinden Galatiens angeordnet habe. (2) Am ersten Tag der Woche soll ein jeder von euch bei sich (etwas) zur Seite legen, indem er anspart, worin er Gewinn macht, damit nicht erst, wenn ich komme, Sammlungen veranstaltet werden. (3) Wenn ich aber bei euch bin, werde ich die, welche ihr für

---

[1] Z.B. HEINRICI, 1Kor 510; WEISS, 1Kor 380. ALLO, 1Kor 455 nur „Questions personnelles", ORR/WALTHER, 1Kor 355 nur „Personal Matters", was zu V. 1–4 nicht passt.
[2] CONZELMANN, 1Kor 362; LANG, 1Kor 243; LINDEMANN, 1Kor 374; SCHNABEL, 1Kor 996. Das Kap. enthält aber auch Anordnungen (V. 1–4) und Aufforderungen (V. 10f; 13f; 15f.18b).
[3] WEIMA, Endings 201; KLAUCK, Briefliteratur 232; FEE, 1Kor 825; HORSLEY, 1Kor 220 rechnen wie wir nur V. 13–24 zum Briefschluss.
[4] STROBEL, 1Kor 264; MERKLEIN/GIELEN, 1Kor III 395 wegen fehlender theologischer Argumentation; SCHRAGE, 1Kor IV 422, obwohl er Anm. 2 sieht, dass die Kollektenfrage nicht eigentlich zum Briefschluss zu zählen ist; deshalb beginnt die „conclusion" bei BARRETT, 1Kor 388 erst bei V. 5.
[5] MERKLEIN/GIELEN, 1Kor III 421.

geeignet haltet, mit (Empfehlungs-)Briefen schicken, dass sie eure Spende nach Jerusalem wegbringen. (4) Wenn es aber die Sache wert ist, dass auch ich hinreise, werden sie mit mir zusammen reisen.

BECKHEUER, Paulus. BERGER, K.: Almosen für Israel, NTS 23, 1977, 180–204. DOWNS, D.J.: The Offering of the Gentiles, WUNT II 248, Tübingen 2008. ECKERT, J.: Die Kollekte des Paulus für Jerusalem, in: Müller, P.-G./ Stenger, W. (Hg.), Kontinuität und Einheit, FS F. Mußner, Freiburg usw. 1981, 65–80. GEORGI, gedenken. GNILKA, J.: Die Kollekte der paulinischen Gemeinden für Jerusalem als Ausdruck ekklesialer Gemeinschaft, in: Kampling/Söding, Ekklesiologie 301–315. HOLL, K.: Der Kirchenbegriff des Paulus in seinem Verhältnis zu dem der Urgemeinde, in: Rengstorf, Paulusbild 144–178. JOUBERT, ST.: Paul as Benefactor, WUNT II 124, Tübingen 2000. KIM, BYUNG-MO: Die paulinische Kollekte, TANZ 38, Tübingen/Basel 2002. LINDEMANN, A.: Die Jerusalem-Kollekte des Paulus als „diakonisches Unternehmen", WuD 28, 2005, 99–116. SCHMITHALS, Kollekten. WEDDERBURN, A.J.M.: Paul's Collection: Chronology and History, NTS 48, 2002, 95–110. VERBRUGGE, V.D.: Paul's Style of Church Leadership illustrated by his Instructions to the Corinthians on the Collection, San Francisco 1992. ZELLER, D.: Juden und Heiden in der Mission des Paulus, FzB 8, Stuttgart ²1976.

Der erste Abschnitt ist zunächst im Stil apostolischer Anordnungen (zu διατάσσειν vgl. bei 9,14) gehalten: Imperativ 2. Pl. und Jussiv (s. Einleitung zu Kap. 7). V. 3f stehen die Verben dann im Futur. Die Ankündigungen sind so autoritativ, dass man V. 4 auch übersetzen kann: „sollen sie ... reisen".[6]

V. 1 Die περὶ δέ-Wendung scheint vorauszusetzen, dass die Korinther wissen, worum es sich bei der Kollekte für die Jerusalemer Christen handelt. Diese werden hier ganz selbstverständlich mit dem Ehrentitel „die Heiligen" (s. zu 1,2) bedacht. Spätestens im Vorbrief muss Paulus zur Aktion aufgerufen haben; jetzt ist nur noch die Art und Weise der Sammlung zu regeln.[7] Das Vorbild dafür sind die Weisungen, die Paulus „den Gemeinden Galatiens" (Plural wie Gal 1,2) gegeben hat. Indirekt erfahren die Korinther so, dass die Kollekte in einem großen Netzwerk eingezogen wird. Wenn man die galatischen Gemeinden in der Landschaft Galatien zu suchen hat (nordgalatische Hypothese), müsste die Instruktion bei der Durchreise Apg 18,23 geschehen sein. Wer aber bei Galatien an die auch südlichere Städte umfassende Provinz denkt, kann die Anordnung in den Besuch nach dem Apostelkonvent Apg 16,1–5 verlegen. Dass Paulus sich erst jetzt, auf der „dritten Missionsreise", darauf beruft, spricht für die erste Auffassung. Auf jeden Fall betreibt der Apostel die Abgabe nicht schon bei der Erstmission, sondern erst, wenn er bereits bestehende Gemeinden besucht bzw. ihnen schreibt. Anscheinend nahm er Titus auf diese dritte Reise mit, damit er die Gemeinden für die Sammlung aktivierte.

---

[6] CONZELMANN, 1Kor 363. VERBRUGGE 62 weist für V. 1f die Züge einer „letter of command" nach. Auch JOUBERT 156 hebt die autoritäre Art unseres Stückes – im Gegensatz zu 2Kor 8f – hervor.

[7] Diese Instruktion kann nicht schon durch Titus übermittelt worden sein: gegen ROBERTSON/PLUMMER, 1Kor 382, KIM 174. Der Besuch des Titus ist später anzusetzen. Wenn es 2Kor 8,6 heißt, dass er das Liebeswerk in Gang gebracht hat (προενήρξατο), so vielleicht in dem Sinn, dass er die privaten Vorbereitungen (V. 2) erstmals auf Gemeindeebene zusammenführte. Dann konnte man feststellen: Achaia ist gerüstet (vgl. 2Kor 8,10; 9,2). Vgl. GEORGI 42f.

V. 2 Merkwürdigerweise liegt die Vorbereitung der Kollekte zunächst bei jedem Einzelnen. Es gibt keinen offiziellen Kassenwart. Das Beiseitelegen des Ersparten[8] geschieht jedoch am Tag der Auferstehung Jesu (vgl. Mk 16,2parr.; Barn 15,9),[9] den wir aus späteren Quellen als Tag des „Zusammenkommens" der Christen (Apg 20,7) bzw. als „Herrentag" (Apk 1,10; Did 14,1; IgnMagn 9,1; EvPetr 9.12) kennen. Denkt man deshalb an diesem Tag an Gemeindeangelegenheiten? Dass die Rücklage in der Gemeindeversammlung erfolgen soll, ist allerdings durch παρ' ἑαυτῷ ausgeschlossen.[10] Über den Sinn der Sammlung braucht Paulus sich nicht zu verbreiten; er ist uns nur aus seiner Darstellung und möglicherweise aus Apg 24,17 zugänglich. Beim Apostelkonvent wird der Delegation aus Antiochien als einzige Bedingung für die beschneidungsfreie Heidenmission auferlegt, „der Armen zu gedenken" (Gal 2,10). Was wie die persönliche Sache des Paulus aussieht (vgl. den Relativsatz Gal 2,10; Röm 15,31 spricht er von *seinem* Dienst), ist also ursprünglich eine von der antiochenischen Gemeinde übernommene Verpflichtung für sie selbst und ihre vorwiegend heidenchristlichen Gründungen. Die dritte Missionsreise, auf der Paulus die Sammlung forciert, geht nicht von ungefähr wieder von Antiochien aus (Apg 18,22).[11] Aus der gemischten Gemeinde von Rom z.B. hören wir nichts von einer Kollekte. Die Römer müssen Röm 15,27f erst über das Unternehmen unterrichtet werden. V. 27 wird am deutlichsten, was seinen heilsgeschichtlichen Hintergrund angeht. Die Heiden haben unverdienten Anteil an den eigentlich den Judenchristen als den Repräsentanten des Volkes Gottes zustehenden geistlichen Gütern gewonnen; jetzt sollen sie ihre Dankesschuld in materiellem Beistand ableisten.[12] Die Sammlung hat also etwas mit der Anerkennung einer geistlichen Priorität der Jerusalemer zu tun, die sich auch in ihrer Selbstbezeichnung „die Heiligen", möglicherweise auch „die Armen",

---

[8] Das passive εὐοδοῦσθαι bedeutet an sich „auf einem guten Weg geführt werden", „Erfolg haben": vgl. BAUER, Wörterbuch 655. LIETZMANN, 1Kor 89 schlägt „gewinnen" vor, CONZELMANN, 1Kor 363 übersetzt mit „erübrigen können". Wie Röm 1,10 wird das Verbum persönlich gefasst sein, zu ergänzendes Subjekt ist „einjeder". Der Akkusativ ὅ τι gibt die Hinsicht an und ist gleichzeitig Objekt von θησαυρίζων. Die Konstruktion auch 2Makk 10,23 τοῖς δὲ ὅπλοις τὰ πάντα ἐν ταῖς χερσὶν εὐοδούμενος („Mit seinen Waffen hatte er in allem, was er unternahm, Erfolg"). Weil LXX weit häufiger die Sache, in der einer Erfolg hat, mit ἐν ausdrückt, plädiert MICHAELIS, W.: Art. εὐοδόω, in ThWNT 5, 1954, 113–118, 117 für unpersönliches Verständnis: „indem er sammelt, was jeweils gelingt". Aber gleichbedeutend ist καθὼς εὐπορεῖτό τις Apg 11,29. Auch in 2Kor 8,3 legt Paulus Wert darauf, dass die Hilfe „nach Vermögen" erfolgt, V. 12 „nach Besitz". Vgl. den „Überschuss" (περίσσευμα 2Kor 8,14, περισσεύειν 2Kor 9,8) beim „Auskommen" (αὐτάρκεια 2Kor 9,8). Unter diesen Umständen kann sich „einjeder" beteiligen. Praktisch sind vor allem die Hausväter gefordert.

[9] Der Singular σάββατον wie auch der Plural σάββατα kann sowohl den Sabbat wie auch die darauf beginnende Woche – so hier – bedeuten.

[10] Gegen LLEWELYN, S.R.: The Use of the Sunday for Meetings of Believers in the New Testament, NT 43, 2001, 111–122, der die präpositionale Wendung zu „einjeder" ziehen und mit „individually" übersetzen möchte, vgl. die „Response" von YOUNG, N.H.: NT 45, 2003, 111–122. Der Ausdruck gehört hier und in den meisten außerbiblischen Beispielen zum Verb und bedeutet „bei sich zur Seite" (vgl. Ex 16,18; Philo, Cher. 48), wenn auch nicht unbedingt „zuhause". Τιθέτω ist sonst zu blass. DOWNS 128 will allerdings Llewelyn mit zwei Inschriften zu Hilfe kommen. Doch die zweite (SEG 43, 26, 315 v. Chr.) kehrt sich gegen ihn: Der hier gerühmte Schatzmeister „hat das übrige Geld aus der Finanzverwaltung bei sich für die Acharner deponiert" (παρ' ἑαυτῷ heißt nicht „for each member").

[11] Vgl. SUHL, Paulus 132–136.

[12] Zur Interpretation vgl. ZELLER 229–236.

ausspricht. Es geht um Rückbindung an den Ursprung. K. Holl hat das richtig gesehen und der Jerusalemer Kirche sogar „ein gewisses Besteuerungsrecht" zugesprochen.[13] Es wäre also nicht so weit her gewesen mit der von Paulus 2Kor 8,3 (αὐθαίρετοι); 9,7 und Röm 15,26f (zweimal ηὐδόκησαν) so betonten Initiative der neuen Kirchen.[14] Das an sich neutrale Wort λογεία besagt nicht unbedingt eine freiwillige Sammlung.[15] Paulus jedoch stellt sie als eine spontane karitative Maßnahme für die Armut leidende Jerusalemer Gemeinde hin. Schon in der Formulierung von Gal 2,10, noch deutlicher in Röm 15,26, sind „die Armen" kein Ehrentitel, das μνημονεύειν hat keine sakralrechtliche Bedeutung. In unserem Brief 16,3 sowie 2Kor 8,6f.19[16] ist von der χάρις, dem Gunsterweis der Heidenchristen die Rede, zu dem der Apostel im Rahmen einer theologisch überhöhten Wohltätigkeitsethik animiert. Auf dieser Linie liegen die Umschreibungen als „Solidaritätsbeitrag" (κοινωνία 2Kor 9,13; Röm 15,26), „Dienst" (διακονία 2Kor 8,4; 9,1.12f; Röm 15,31; διακονεῖν 2Kor 8,19; Röm 15,25), „Dienstleistung" (λειτουργία 2Kor 9,12; λειτουργεῖν Röm 15,27), Zeichen der Liebe (2Kor 8,8.24). Der Paulus der Apg spricht mehr jüdisch von „Almosen" für sein Volk und Opfergaben (24,17), die er überbringen wolle. Hier sind nur Paulus als Überbringer und Israel als Empfänger genannt, in Wirklichkeit war er begleitet von Vertretern der Spendergemeinden in Mazedonien, der Asia und wohl auch der südlichen Provinz Galatien (vgl. Apg 20,4). Sie stehen zugleich für den Erfolg der Heidenmission. Mit der Röm 15,31 noch fraglichen Annahme ihrer Gabe würde die Jerusalemer Urgemeinde die Gemeinschaft mit den Heidenchristen antiochenisch-paulinischer Herkunft besiegeln. Mit einem gewissen Recht hat K. Berger die Hilfeleistungen von Proselyten und mit dem Judentum Sympathisierenden für Israel und den Tempel als Analogie ins Spiel gebracht. Sie wollten so ihre mangelnde Integration ins Gottesvolk kompensieren. So soll die Kollekte zwar auch faktische Armut lindern. Die ist aber relativ; auch den makedoni-

---

[13] 164–170. Den Vergleich mit der jährlichen Tempelsteuer zieht allerdings nicht er, sondern die von ihm 164f Anm. 28 angeführten Tübinger. Auseinandersetzung damit bei CONZELMANN, 1Kor 365. Am weitesten folgte HAINZ, Ekklesia 242–245 den Thesen von Holl. Paulus habe den rechtlichen Charakter der Jerusalemer Auflage verschleiert.

[14] WEDDERBURN 100f sucht die Divergenz zu beseitigen, indem er einen Neuansatz nach dem angeblichen Bruch des Paulus mit Antiochien annimmt. Dem steht aber Apg 18,22 entgegen. Der antiochenische Konflikt (Gal 2,11–14) kann – gegen WEDDERBURN 108 – nicht erst danach anberaumt werden, da die Trennung von Barnabas schon vor der zweiten Missionsreise erfolgte. KIM, der – wie üblich – den Einschnitt hier annimmt, meint, die Kollekte sei danach in Antiochien nicht mehr betrieben worden, sondern Paulus habe etwa im Spätherbst des Jahres 53 eine eigene Sammlung unter seinen Gemeinden im Osten begonnen, als er seine Mission in den Westen verlagern wollte. Eine solche Trennung in „antiochenische" und „paulinische" Kollekte – noch schärfer bei DOWNS 34–39, der Gal 2,10 mit Apg 11,27–30 zusammenbringt – ist aber fraglich, wenn unter den Delegierten Apg 20,4 Gaius und Timotheus jene Gemeinden vertreten, die auf der ganz von Antiochien getragenen ersten Missionsreise gegründet worden waren. Lokalisiert man die „Gemeinden Galatiens" hier im Süden der Provinz, ist das noch mehr evident.

[15] Gegen KÜMMEL in LIETZMANN, 1Kor 196. Vgl. R. KRITZER in: ARZT-GRABNER u.a., 1Kor 506: Das Wort bezeichnet in den Papyri zunächst allgemein die „Einhebung" oder „Einziehung" von verschiedensten Abgaben. S. 507 auch Beispiele für sakrale Kollekten, etwa für Heiligtümer.

[16] In 2Kor 8,4 möchte ich τὴν χάριν καὶ τὴν κοινωνίαν τῆς διακονίας – gegen KIM 13 – weiter mit „die Gunst der Teilnahme am Dienst" wiedergeben. Vgl. ZELLER, Charis 189. Richtig JOUBERT 136. Theologisch überinterpretiert wird χάρις für die Kollekte auch bei BECKHEUER 113–115; SCHRAGE, 1Kor IV 430f.

schen Spendern bescheinigt Paulus abgrundtiefe Armut (2Kor 8,2). Wichtiger ist der symbolische Wert. Die kirchenpolitischen Ziele, die Paulus selber damit verfolgt, stehen auch hinter seinen Überlegungen in V. 3f.

V. 3f Das Sammelergebnis soll durch von der Gemeinde bestimmte[17] Gesandte nach Jerusalem überbracht werden. Paulus will das nicht alleine tun, weil sonst leicht der Verdacht entsteht, er wolle sich bereichern (vgl. 2Kor 8,20f; 12,17f). Die Abgeordneten sollen nicht nur den Transport sichern, sondern auch die aus den Heiden gewonnenen Christen in Jerusalem repräsentieren. Sie führen den judenchristlichen Brüdern die weltweite Unterwerfung unter die Christusbotschaft vor Augen (vgl. 2Kor 9,13). Ihre Entsendung ist allerdings Sache des Apostels, der sie durch Beglaubigungsschreiben gegenüber der Urgemeinde im Zusammenhang der antiochenisch-paulinischen Mission ausweist. Noch zeichnet sich nicht ab, dass die Delegation sieben bis zwölf Personen umfassen wird, weil sie auch den Ertrag anderer Gemeinden überbringt: vgl. die Liste Apg 20,4, die wohl unvollständig ist, weil die nach 2Kor 8f und Röm 15,26 sicher beteiligten Vertreter Achaias fehlen.[18] Es steht noch nicht einmal fest, ob Paulus selbst mitreist. Das ist offensichtlich vom Ergebnis der Sammlung abhängig. So verstehen wenigstens die meisten Ausleger den Konditionalsatz ἐὰν δὲ ἄξιον ᾖ.[19] Er ist indirekt ein Aufruf zur Großzügigkeit.[20] Hier kann sich das 15,58 allgemein geforderte περισσεύειν – 2Kor 8,2.7; 9,8 im Zusammenhang der Kollekte – beweisen. Eine Minderheit übersetzt allerdings: „Wenn es eurer Meinung entspricht".[21] Es ist aber unwahrscheinlich, dass sich der Initiator der Sammlung dermaßen dem Gutdünken einer Einzelgemeinde unterstellt. Mit V. 6 zusammen ist vielmehr zu vermuten, dass – sollte das Ergebnis blamabel ausfallen – Paulus sein schon länger gehegtes Vorhaben (vgl. Röm 1,13), die Mission über Rom in den Westen auszuweiten, in die Tat umsetzen wollte.

2. *16,5–9: Reisepläne*

(5) Ich werde aber zu euch kommen, wenn ich Mazedonien durchquert habe; denn durch Mazedonien (will) ich (nur) hindurchziehen, (6) bei euch aber werde ich wohl bleiben[22] oder gar überwintern, damit ihr mir Geleit gebt, wo auch immer ich hinreisen werde. (7) Denn ich will euch jetzt nicht (nur) auf der

---

[17] Zu δοκιμάζειν „prüfen" vgl. zu 3,19; 11,19.28. Die Prüfung ist hier wie 2Kor 8,22; 1Thess 2,4 mit günstigem Ausgang abgeschlossen, so dass das Verb fast dem χειροτονηθεὶς ὑπὸ τῶν ἐκκλησιῶν 2Kor 8,19 gleichkommt. Hier greift die Parallele der Tempelsteuer, zu deren Überbringung in jeder Stadt die bewährtesten (δοκιμώτατοι) Männer bestimmt werden (χειροτονοῦνται): Philo, spec. I 78.

[18] Die Begleitgruppe ist allerdings nicht so groß, dass die Jerusalemer darin die eschatologische Wallfahrt der Völker zum Zion erkennen müssten. Entsprechende Thesen von MUNCK, Paulus 298f; GEORGI 85 u.a. finden bei neueren Forschern keinen Anklang. Vgl. ZELLER 282–284; GNILKA 313; KIM 153–155; DOWNS 6–9.

[19] Zum Sprachlichen vgl. BAUER, Wörterbuch 155 1c; R. KRITZER in: ARZT-GRABNER u.a., 1Kor 510 und B-D-R 400,3.

[20] So Johannes Chrys., hom. 43 in 1Cor (X 370 MONTFAUCON).

[21] CONZELMANN, 1Kor 363; ähnlich BARRETT, 1Kor 387; SENFT, 1Kor 220.

[22] Die meisten Mss., darunter 𝔓46 ℵ A, haben παραμενῶ, 𝔓34 B und drei Minuskeln καταμενῶ, was ein längeres Verweilen andeuten könnte. Mit „verweilen" übersetzen wir dann ἐπιμένειν V. 7b.8.

Durchreise besuchen, ich hoffe nämlich einige Zeit bei euch zu verweilen, wenn der Herr es gewährt. (8) Ich werde aber bis Pfingsten in Ephesus verweilen; (9) denn eine große und wirksame Tür hat sich mir aufgetan, aber (auch) die Widersacher (sind) viele.

FUNK, Parusia. SCHNIDER/STENGER, Studien 92-107 (Die Behandlung der apostolischen Parusie innerhalb der Schlussparänese ist nicht ganz glücklich).

Das Stück ist getragen von futurischen Verbalsätzen in der 1. Sg. (V. 5a.6.8) bzw. Absichtserklärungen (V. 5b.[23]7ab). Die Pläne stehen freilich unter dem Vorbehalt des „vielleicht" (τύχον V. 6) und der christlich abgewandelten Formel „Wenn Gott will".[24] Immer wieder unterbrechen begründende Sätze mit „denn" die Ankündigungen (V. 5b.7a.b.9). Der Apostel will den Korinthern verständlich machen, was er vorhat, zumal es sich nicht immer mit ihren Erwartungen deckt. Erklärungsbedürftig sind drei Sachverhalte:

V. 5 Der schon im Vorbrief versprochene, 4,18f noch einmal zugesicherte und 11,34 erwähnte Besuch erfolgt auf einem Umweg: über Mazedonien. Paulus will unbedingt die ersten Gründungen in Europa wiedersehen, die er bald wieder hatte verlassen müssen. Das Kommen zieht sich also noch hin, unter Umständen bis zum Herbst, wenn die Seefahrt unmöglich wird. Ein Trost ist, dass er im Unterschied zu Mazedonien Korinth nicht nur eine Stippvisite abstatten will.[25]

V. 6f Deshalb bereitet Paulus die Korinther auf einen längeren Aufenthalt vor. Irritierend ist das ἄρτι „eben, jetzt". Da es nicht im Gegensatz zu einem tatsächlichen Zwischenbesuch stehen kann, müsste[26] sich Paulus auf eine im Vorbrief geäußerte Absicht beziehen. Danach wollte er zunächst nach Korinth per Schiff und von da aus nach Mazedonien. Ist das der 2Kor 1,15f genannte Plan, für dessen Änderung Paulus sich verteidigt?[27] Wohl nicht.[28] Gegebenenfalls bleibt er den Winter über in Korinth, bis er in See stechen kann, entweder nach Jerusalem (vgl. V. 4, so auch in der Fassung der Reisepläne 2Kor 1,16) oder – so können wir ergänzen – nach Rom.[29] In jedem Fall sollen sich die Korinther darauf einstellen, Paulus das „Geleit zu

---

[23] Das Präsens διέρχομαι in V. 5b gilt allgemein als dem Futur gleichwertig. Vgl. B-D-R 323. Anders nur WEISS, 1Kor 382, nach dem die V. 5-7 in Mazedonien geschrieben sind.

[24] Vgl. zu 4,19. Hier wie Hebr 6,3 ἐπιτρέπειν statt θέλειν.

[25] Wenn man mit HEINRICI, 1Kor 514 u.a. in V. 5b ein „nur" ergänzt, muss man die geläufige Interpunktion ändern und vor V. 6 nur ein Komma setzen. FEE, 1Kor 818 macht dagegen geltend, dass διέρχεσθαι nicht nur einen Aufenthalt über Nacht bedeutet. Das Verbum ist bei Lk/Apg häufig und oft mit Evangelisation oder missionarischer Nacharbeit verbunden. Die Wandermissionare halten sich allerdings nirgends lange auf.

[26] Viele Ausleger, etwa ALLO, 1Kor 459f, meinen allerdings, dass das Adverb im hellenistischen Griechisch einfach die Gegenwart bezeichnet, ohne einen Vergleich mit der Vergangenheit oder der Zukunft zu implizieren. Sie übersetzen „unter den jetzigen Umständen" o.ä.

[27] So HEINRICI, 1Kor 514. Die Schwierigkeit ist, dass hier die von den Korinthern geförderte Reise des Apostels nach Judäa schon feststeht, im Unterschied zu V. 4.6. Deshalb wohl auch die Rückkehr von Makedonien nach Korinth.

[28] Mit THRALL, M.E., 2 Corinthians 1-7, London/New York 2004, 69-74 halten die neueren Autoren 2Kor 1,15f für eine spätere Modifikation von 16,5f.

[29] Eine Rückkehr nach Mazedonien – so KREMER, 1Kor 371 mit 2Kor 1,16 – ist hier noch nicht im Blick.

geben" (προπέμπειν). Das Verbum kann lediglich Verabschiedung bedeuten (Apg 20,38; 21,5), aber auch offizielle Abordnung (Apg 15,3), besonders wenn es auf eine längere Reise geht, darüber hinaus Ausstattung mit dem Nötigen (vgl. Tit 3,13 „damit ihnen nichts fehle"; 3Joh 5-8) und Finanzierung der Fahrt. Dies legt der Apostel wohl den römischen Christen im Blick auf seine Spanienmission nahe (Röm 15,24). Zumal Paulus in Begleitung einer größeren Gesandtschaft nach Judäa zu reisen gedenkt, wirbt er hier bei den Korinthern[30] bereits schonungsvoll Mittel dafür ein. Weil diese Unterstützung im Zusammenhang mit der Kollekte steht, muss kein Widerspruch zu den Kap. 9 vertretenen Grundsätzen aufkommen.[31]

V. 8f Und noch einen Dämpfer erhält die Erwartung der Korinther: Der Apostel will zunächst noch in Ephesus bleiben.[32] Der Grund dafür sind die Chancen für die Mission, die in geprägter Sprache (vgl. 2Kor 2,12; Kol 4,3; etwas anders Apg 14,27)[33] mit dem Bild einer durch Gott geöffneten Tür umschrieben werden. Dazu passt nicht ganz das Adjektiv ἐνεργής (noch Phlm 6), das wir mit „erfolgreich", „effizient" wiedergeben könnten. Der Erfolg ruft aber[34] auch gleich die Gegner (ἀντικείμενοι noch Phil 1,28) auf den Plan, vermutlich nicht in der Gemeinde, sondern in der Synagoge, der die Gottesfürchtigen abhanden kommen (vgl. Apg 19,9). Weniger in Betracht kommen die heidnischen Silberschmiede von Apg 19,23-40, die eine Geschäftseinbuße befürchten und einen Aufruhr in der Stadt verursachen. Die Geschichte strotzt von Lokalkolorit und Unwahrscheinlichkeiten. Wohl aber konnten die Juden Paulus bei den römischen Behörden denunzieren (vgl. zu 15,32a).

3. 16,10f: Empfehlung des Timotheus

(10) Wenn aber Timotheus kommt, seht zu, dass er sich ohne Furcht bei euch aufhalten kann; denn das Werk des Herrn verrichtet er wie[35] ich; (11) niemand soll ihn also geringschätzen. Geleitet ihn aber in Frieden, damit er zu mir (zurück)kommt, denn ich erwarte ihn zusammen mit den Brüdern.

HUTSON, CH.R.: Was Timothy Timid?, BR 42, 1997, 58-73.

---

[30] ALLO, 1Kor 459 entnimmt 2Kor 10,15f, dass Paulus Korinth als Zentrum seiner apostolischen Expeditionen anvisierte.

[31] FEE, 1Kor 819: „Although he has refused to take money while with them [...] he now offers them the opportunity to assist him on his further journeys". Den Unterschied zum Unterhalt hebt auch SCHRAGE, 1Kor IV 439 hervor.

[32] Bis zum Wochenfest. Paulus zählt die Tage immer noch nach dem jüdischen Festkalender (vgl. auch V. 2), ohne an den Festen teilzunehmen. Nach Apg 20,16 will er freilich bis Pfingsten in Jerusalem sein – um mitzufeiern?

[33] In Apk 3,7f scheint das Bild allgemeiner auf die in Christus eröffnete Heilsmöglichkeit zu gehen. Analoge Ausdrucksweise im jüdischen Midrasch bei Bill. III 484f. Pagane Beispiele für κλισιάδες (eigentlich „Türflügel") als Chancen im NEUEN WETTSTEIN II 1, 409-411. Wieder anders Epiktet, diss. I 9,20; 24,20; 25,18; II 1,19f: „Die Tür steht offen" bedeutet letzte Freiheit, auch im Selbstmord.

[34] Das καί dürfte hier adversativ (vgl. V. 12b) gemeint sein. Sonst wären die vielen Gegner gerade ein Grund zum Ausharren – so jedoch WEISS, 1Kor 384; BARRETT, 1Kor 389.

[35] ZUNTZ, Text 210f zeigt überzeugend, dass die Auslassung von καί in 𝔓46 B 0121 0243 6 1739 1881 und wenigen anderen Zeugen original sein muss.

V. 10f Mit den Imperativen V. 10a[36] (verstärkt durch den Vetitiv V. 11a) und V. 11b setzt sich Paulus für seinen Mitarbeiter Timotheus ein, von dessen Entsendung schon 4,17 die Rede war. Er sieht die Gefahr, dass sein Zögling nicht mit dem nötigen Respekt aufgenommen, sondern von den aufgeblasenen Anhängern menschlicher Weisheit (vgl. 4,18f) bzw. von selbstbewussten Pneumatikern (vgl. 14,37) verachtet (ἐξουθενεῖν, vgl. 1,28; 6,4) wird. Das liegt nicht an seiner Jugend (vgl. 1Tim 4,12) oder an seinem schüchternen Charakter,[37] sondern an der Tatsache, dass er den Apostel nur vertritt. Deshalb betont dieser, dass Timotheus wie er im „Werk des Herrn" (s. 15,58) arbeitet. Das wissen die Korinther eigentlich von der Zeit der Erstverkündigung her (vgl. Apg 18,5; vor allem 2Kor 1,19, wo Timotheus neben Paulus und Silvanus als Christusverkünder in Korinth genannt wird). So sollen sie ihm jetzt ein Auftreten ohne Furcht,[38] positiv gewendet: in Freimut (παρρησία), ermöglichen. Paulus hofft, dass das konfliktfrei verläuft, so dass die Korinther Timotheus „in Frieden" verabschieden können. Wahrscheinlich impliziert das Verbum προπέμπειν (s. V. 6) auch, dass sie ihm die Schiffahrt zurück nach Ephesus bezahlen sollen. Dort wartet Paulus mit den Christen der Stadt[39] schon gespannt auf die Rückkehr des Timotheus. Wird dessen Besuch, vorbereitet durch 1Kor, Erfolg haben?

4. 16,12: Über Apollos

(12) **Was aber Apollos, den Bruder, betrifft,[40] so habe ich ihn inständig gebeten, er möge zu euch mit den Brüdern kommen; aber in keiner Weise war er gewillt, jetzt zu kommen; er wird jedoch kommen, wenn er Zeit hat.**

KER, Paul 93–96.

V. 12 Auch in diesem letzten περὶ δέ-Stück dürfte Paulus die Anfrage der Apollosjünger vorgelegen haben, wann ihr verehrter Meister endlich wieder nach Korinth kommt. Bezeichnenderweise erfolgt die Antwort erst am Schluss des Briefes. Paulus hat angeblich Apollos dieses Anliegen oft bzw. inständig[41] vorgetragen, zumal es gerade eine Gelegenheit gibt, „mit den Brüdern", d.h. hier der V. 17 erwähnten Drei-

---

[36] Zu βλέπετε mit Finalsatz vgl. bei 8,9.
[37] Das wird manchmal aus 2Tim 1,7f erschlossen. Dagegen HUTSON.
[38] Vgl. Phil 1,14; der Gegensatz zu 2,3 ist kaum bewusst; s. dort zu γίνεσθαι πρὸς ὑμᾶς.
[39] Vgl. die V. 20 von dort grüßenden „Brüder". Die präpositionale Wendung gehört zum Verbum „ich erwarte". Weniger wahrscheinlich ist, dass sie das Objekt modifiziert, dass sich also „mit den Brüdern" auf die Begleitung des Timotheus bezieht. So jedoch WOLFF, 1Kor 433; COLLINS, 1Kor 597 u.a. Aber warum sollte Paulus schon wieder eine Abordnung der Korinther erwarten? Berichterstatter ist doch Timotheus. Richtig MERKLEIN/GIELEN, 1Kor III 430f. Apg 19,22 darf man nicht heranziehen: GIELEN ebd. 426f. Schon gar nicht sind die Brüder in V. 11 mit denen in V. 12 identisch. Dazu tendieren STROBEL, 1Kor 269; WOLFF, 1Kor 433 und SCHRAGE, 1Kor IV 445f. Aber Apollos soll nicht erst reisen, wenn Timotheus und seine Begleitung angekommen sind.
[40] ℵ* D*¹ F G vervollständigen: δηλῶ ὑμῖν ὅτι („ich tue euch kund, dass").
[41] Der adverbiale Akkusativ πολλά kann Häufigkeit oder Intensität (mit παρακαλεῖν auch Mk 5,10.23) besagen, vgl. V. 19; BAUER, Wörterbuch 1380 unter 2bβ.

ergruppe, dahin zu reisen. Aber[42] Apollos ist ein Kollege,[43] kein Mitarbeiter, über den er verfügen kann. Und er will unter keinen Umständen[44] kommen. Obwohl die Wendung „es ist der Wille" im NT sonst nur von Gott gesagt vorkommt (vgl. Joh 6,38f; 1Thess 4,3; 5,18; 1Petr 5,12, wie hier negiert Mt 18,14)[45] und absolutes τὸ θέλημα in Röm 2,18; IgnSm 11,1; IgnPol 8,1 der Wille Gottes ist, wird θέλημα an unserer Stelle der Wille des Apollos sein.[46] Wie kann sonst Paulus kategorisch verneinen, dass ein gegenwärtiger Besuch des Apollos in Korinth der Wille Gottes ist, wenn er später von so läppischen Bedingungen wie „Zeit haben"[47] abhängig gemacht wird? Aus der Weigerung des Apollos kann man gewiss kein Zerwürfnis mit Paulus entnehmen. Aber vielleicht hat Apollos erfahren, welche Blüten der Personenkult um ihn in Korinth getrieben hat. Sein Kommen würde die Spannungen nur vertiefen. Nun schiebt er seine anderweitige missionarische Tätigkeit vor und vertröstet die Korinther auf ein ungewisses „Später". Das alles lässt ihn seinen Anhängern nicht im günstigsten Licht erscheinen. Paulus dagegen hat sein Mögliches getan.

---

[42] Zum adversativen καί in V. 12b vgl. B-D-R 442, 1a.

[43] Vgl. KER 95.

[44] Zu πάντως vgl. 5,10; 9,10.22.

[45] Vgl. auch IgnEph 20,1; IgnRöm 1,1 die Floskel „wenn es der Wille ist". Der fromme Jude kann statt „es sei der Wille vor dir" auch einfach beten: „es sei der Wille": SCHRENK, G.: Art. εὐδοκέω, εὐδοκία, ThWNT 2, 1935, 736–748, 743,6–8. Aber immer ist die theologische Bedeutung aus dem Kontext ersichtlich.

[46] So die meisten neueren Ausleger. Anders WEISS, 1Kor 385: „er will ja, es fehlt nur die εὐκαιρία"; HÉRING, 1Kor 153; BARRETT, 1Kor 391.

[47] Εὐκαιροῦν wie Mk 6,31; Apg 17,21 und in Papyri, vgl. R. KRITZER in: ARZT-GRABNER u.a., 1Kor 516f. Dagegen ist im NT bei εὐκαιρία, εὔκαιρος, εὐκαίρως auch der rechte Zeitpunkt wichtig.

III. 16,13–24: Der Briefschluss

Allgemeine Mahnungen in knappen Imperativsätzen (V. 13f), Stärkung der Autorität von Führungspersonen in der Gemeinde (V. 15-18), Übermittlung und Bestellung von Grüßen (V. 19-21), Fluch und Segen (V. 22-24) sind typisch für das Ende der – echten wie unechten – Paulusbriefe, den Galaterbrief aus situativen Gründen ausgenommen, aber auch anderer ntl. Schreiben wie Hebr, 1Petr, 2/3Joh.[1] Denn am Ende eines Briefes sucht der Autor naturgemäß sicherzustellen, dass das Geschriebene seinen Zweck erreicht.[2] Deshalb mahnt er und knüpft Sanktionen daran, setzt sich für die Mitarbeiter ein, die den Kontakt mit der Gemeinde aufrecht erhalten oder seinen Weisungen Gehör verschaffen sollen. Der anhaltenden Kommunikation dienen aber auch der Austausch von Grüßen und die schließliche Zusicherung der Liebe des Verfassers V. 24. Diese Elemente sind also von der Situation des Briefes her erfordert. Andere Motive akzentuiert die rhetorische Betrachtung, die den Brief als (Gerichts-)Rede nimmt. Hier müsste die *peroratio* das Ganze wiederholend zusammenfassen und Emotionen erregen, um ein günstiges Urteil des Auditoriums zu erwirken.[3] Davon ist in unserem Text wenig zu spüren.

1. 16,13f: Kurze Mahnungen

(13) **Wachet, steht (fest) im Glauben, seid mannhaft, werdet stark.** (14) **All eure Angelegenheiten sollen in Liebe geschehen.**

DOBBELER, Glaube 172-188. LÖVESTAM, E.: Spiritual Wakefulness in the New Testament, AUL N.F. Avd. 1, 55,3, Lund 1963, bes. 58-60.

Abrupt setzen hier die Schlussmahnungen ein, die in anderen Briefen mit „im übrigen, Brüder" (2Kor 13,11a-e; Phil 4,8-9a)[4] oder „ich ermahne euch aber, Brüder"

---

[1] Vgl. eine Zusammenstellung der Elemente bei SCHNIDER/STENGER, Studien 75 und bei WEIMA, Endings, Kap. 4. Wir geben die Parallelen bei der Besprechung der einzelnen Teile an. Von den Standardtopoi fehlt einzig der Friedenswunsch, was verwunderlich ist, wenn man die Einheit der Gemeinde für das Thema von 1Kor hält. Pagane Briefschlüsse weisen manchmal auch Schlussparänese und Drohungen auf: BERGER, Gattungen 1348f.

[2] MÜLLER, M.: Vom Schluß zum Ganzen, FRLANT 172, Göttingen 1997, untersucht deshalb die Briefschlüsse als „Leseanleitung" für den ganzen Brief, behandelt aber nicht 1Kor. Sein stark von außen veranlasster additiver Charakter erschwert ein zusammenfassendes Schlusswort. Auch WEIMA, Endings, der die These vertritt, „that the letter closings recapitulate the major concerns of their respective letters" (26), muss zugeben, dass dies für 16,13-24 zu viel behauptet wäre (207).

[3] Quintilian, inst. VI 1. Das versucht ERIKSSON, Traditions 279-298 an unseren Versen zu zeigen.

[4] Zu nennen ist auch die παρακαλῶ-Passage 1Petr 5,1-9, obwohl sie in die Form der Ständeermahnung gegossen ist.

(Röm 16,17-19; 1Thess 5,14-22; 2Thess 3,6-15; Hebr 13,22)[5] oder wenigstens der Bruderanrede (Gal 6,1-10) eingeleitet werden. Solch asyndetischer Einsatz findet sich aber auch Phil 4,4-6; Kol 4,2-6; 1Petr 5,8f. Die Aneinanderreihung von vier Imperativen 2. Pl. und einem Jussiv hat in 1Thess 5,13b-22; 2Kor 13,11a-e; Phil 4,4-6 ihre nächste stilistische Parallele. Wegen des generellen Tenors der Mahnungen wird man vorsichtig sein, detaillierte Bezüge zu den vorher aufgeworfenen Problemen herzustellen.[6]

V. 13 Der Aufruf zur Wachsamkeit (γρηγορεῖν) steht 1Thess 5,6 – hier wie 1Petr 5,8 verbunden mit dem Appell zum Nüchternbleiben (vgl. V. 34) –, in den ersten drei Evangelien (Mk 13,34f.37par.; Mt 24,42f; 25,13; Lk 12,37Q?; 21,36 mit ἀγρυπνεῖν wie Mk 13,33) sowie in der Johannesapokalypse (Apk 3,2f; 16,15) in der Paränese zum Verhalten vor dem Ende, das auf sich warten lässt bzw. nach der Deutung der christlichen Autoren überraschend kommt. Metaphorisch wird so auch die Vorsicht gegen die Versuchungen des Teufels (vgl. Mk 14,38par.; 1Petr 5,8) oder der Irrlehrer (Apg 20,30f) eingeschärft. Dabei hält das Beten (Mk 14,38; Kol 4,2; Eph 6,18 mit ἀγρυπνεῖν) wach. Benachbart ist die Standhaftigkeit (zum bildhaft gebrauchten „Stehen" vgl. bei 10,12; 15,58), wobei der Glaube Stand gibt,[7] aber auch das Feld ist, in dem sich die Christen als prinzipientreu bewähren sollen. Die Metaphorik schwenkt um ins Männlich-Militante. Ἀνδρίζεσθαι („sich als Mann erweisen") ist ntl. Hapaxlegomenon.[8] Es steht allerdings nicht nur zum Femininen in Gegensatz, sondern auch zum Unreifen.[9] Dazu passt „erstarken" (κραταιοῦσθαι), das auch Ps 26,14LXX; 30,25LXX; 2Kön 10,12LXX[10] neben ἀνδρίζεσθαι vorkommt; das passiv gebrauchte faktitive Verbum meint in Wachstumsnotizen (Lk 1,80; 2,40) und Eph 3,16 einen Prozess, natürlich einen geistigen bzw. durch den Heiligen Geist bewirkten.

V. 14 Neben diese – mindestens nach Ansicht der Griechen – „typisch männlichen" Haltungen tritt aber zuletzt als alle Dinge regulierendes Prinzip die (weiblich-weiche) Liebe. Sie soll nicht nur das Verhältnis der Charismatiker zueinander (Kap. 13), sondern alle Angelegenheiten der Gemeindeglieder bestimmen. Johannes Chrys.[11] meint sogar, dass alles, was Paulus vorher im Brief zu beanstanden hatte, mit mangelnder Liebe zusammenhängt.

---

[5] Vgl. auch die Phil 4,4-6, der Dublette zu Phil 4,8-9a, vorausgehenden, an einzelne gerichteten παρακαλῶ- bzw. ἐρωτῶ-Sätze V. 2f.

[6] Wie z.B. Gielen in MERKLEIN/GIELEN, 1Kor III 436-440. Z.B. soll κραταιοῦσθε ein Seitenhieb gegen die „Starken" sein. Richtig SCHRAGE, 1Kor IV 450: „primär eher der usuellen Paränese zuzuordnen".

[7] Statt der ἐν-Konstruktion kann auch der Dativ τῇ πίστει stehen: 2Kor 1,24; Röm 11,20; vgl. 1Petr 5,9 στερεοὶ τῇ πίστει.

[8] Vgl. im NEUEN WETTSTEIN II 1,411 zwei Beispiele aus Romanen; R. KRITZER in: ARZT-GRABNER u.a., 1Kor 517 aus Papyri.

[9] Vgl. 13,11 und THISELTON, 1Kor 1336.

[10] Hier in einer Ansprache vor dem Kampf wie 1Sam 4,9; 1QM XV 7. Sonst kombiniert LXX oft das gleichbedeutende ἰσχύειν mit ἀνδρίζεσθαι. Wegen der Verbreitung des Motivs kann man kaum von einer „Anspielung auf Ps 30,25LXX" – so CONZELMANN, 1Kor 368, vgl. HAYS, 1Kor 289 – reden.

[11] Hom. 44,1 in 1Cor (X 375 MONTFAUCON).

2. 16,15–18: Mahnung zur Achtung von Gemeindestützen

(15) Ich ermahne euch aber, Brüder: Ihr kennt das Haus des Stephanas – es ist ja der Erstling von Achaia und in den Dienst für die Heiligen haben sie sich gestellt –, (16) dass ihr euch solchen Leuten auch unterordnet und jedem, der mitarbeitet und sich müht. (17) Ich freue mich aber über die Ankunft des Stephanas und des Fortunatus und des Achaikus – sie haben ja euer Fehlen wieder gut gemacht, (18) denn sie haben meinen Geist und den euren beruhigt. Achtet also solche Leute.

HORN, F.W.: Stephanas und sein Haus – die erste christliche Hausgemeinde in der Achaia, in: Bienert, D.C./Jeska, J./Witulski, Th. (Hg.): Paulus und die antike Welt, FRLANT 222, Göttingen 2008, 83–98. VENETZ, H.-J.: Stephanas, Fortunatus, Achaikus, Epaphroditus, Epaphras, Onesimus & Co, in: Kessler/Ricklin/Wurst, Curiositas 13–28. WINTER, After 184–211.

Mit „ich ermahne euch aber, Brüder" (s. unter 1, zu παρακαλεῖν s. bei 1,10) schließt sich ein Stück an, das ein spezielleres Anliegen verfolgt.[12] Es will wie 1Thess 5,12–13a; Hebr 13,7.17 – ebenfalls im Schlussteil – die Autorität von führenden Vertrauensleuten in der Gemeinde stärken. Die entsprechenden Mahnungen, V. 16 als Finalsatz, abhängig von παρακαλῶ oder als Äquivalent eines Imperativs wie 7,29, V. 18b als Imperativ 2. Pl. formuliert, sind von indikativischen Aussagen V. 15b. 17.18a eingeführt. Das Stück weist – wie Röm 16,1f – Züge des antiken „Empfehlungsbriefes" auf.[13]

V. 15 Bevor Paulus die Gemeinde zur Unterordnung unter das „Haus"[14] des Stephanas auffordert, erinnert er an dessen Auszeichnung: Stephanas und die Seinen sind nicht nur die ersten,[15] die Paulus in der Provinz für das Christentum gewann, sie haben sich auch von sich aus für die Gemeinde engagiert.[16] Mit dem „Dienst für die Heiligen" ist wohl nicht wie 2Kor 8,4; 9,1 speziell die Kollekte für die Jerusalemer Christen[17] gemeint, sondern ein Bündel von innergemeindlichen Aufgaben, die von der Organisation bis zu materiellem Sponsoring reichen können. So umfassend sind

---

[12] WEIMA, Endings 146 unterscheidet hier nicht und fasst V. 13f mit V. 15–18, sogar noch mit V. 22 unter „hortatory material" zusammen. Differenzierter SCHNIDER/STENGER, Studien 83–87, die auch noch die spezielleren Aufrufe Phil 4,2f unter das Stichwort „Amt" stellen.

[13] Vgl. KIM, C.H.: Form and Structure of the Familiar Greek Letter of Recommendation, SBL.DS 4, Missoula 1972, bes. 130f; COLLINS, 1Kor 602f. Als Einleitung dient manchmal eine Form von παρακαλεῖν.

[14] Οἰκία bezeichnet hier wie οἶκος 1,16 nicht das Gebäude, sondern die Familie mit Kindern und Sklaven. Beide Wörter begegnen im Zusammenhang von Mission und Bekehrung: Vgl. Mt 10,12f mit Lk 10,5; 19,9. Ferner die „Hausformel" Joh 4,53 mit Apg 10,2; 11,14; 16,15.31; 18,8. Zu scharfsinnig besteht WINTER, After 196 auf einem Bedeutungsunterschied. Οἰκία ist das Subjekt des ὅτι-Satzes V. 15bα, das in 15bβ mit der 3. Pl. aufgenommen wird. Sonst könnte wie im analogen Fall 2Tim 1,16–18 auch nur Stephanas als Subjekt gedacht sein.

[15] Zu ἀπαρχή vgl. bei 15,20; als Erstbekehrten einer Provinz nennt Röm 16,5 noch Epainetos. WHITE, Erstlingsgabe 200–203 will hier noch einen sakralen Ton (Gottgeweihtsein) hören.

[16] Zum Ausdruck vgl. Plato, rep. 371c von den Zwischenhändlern, die das Geschäft zwischen Produzent und Verbraucher übernehmen: εἰσὶν οἵ ... ἑαυτοὺς ἐπὶ τὴν διακονίαν τάττουσιν ταύτην.

[17] So LÜDEMANN, Paulus I 113; SCHMITHALS, Kollekten 91, der 93 auch Kol 4,17 so deutet; BECKHEUER, Paulus 106–108; COLLINS, 1Kor 587f; HORN 92f. Hätten sie dann nicht von der Gemeinde beauftragt werden müssen? Zu den „Heiligen" im weiteren Sinn vgl. bei 1,2.

jedenfalls die „Dienste" 12,5 (s. z.St.). Im Fall des Stephanas dürfte besonders wichtig sein, dass er mit seinen Reisen dem Gründer Einfluss sichert. Auch sonst hören wir von Männern (Kol 4,17)[18] und Frauen (Röm 16,1), die sich dienend für die Gemeinde einsetzen, allgemein rühmt Hebr 6,10 das διακονεῖν τοῖς ἁγίοις bei den Adressaten. In Phil 1,1; 1Tim 3,8–13 wird daraus das Amt der διάκονοι, d.h. Person und Funktion sind miteinander fest verbunden. Der Bezug auf die Gemeinde unterscheidet diesen „Dienst" vom missionarischen, der auch mit dem Stamm διακον- umschrieben wird (s. bei 3,5). In der verallgemeinernden Retrospektive 1Clem 42,4 haben die Apostel „ihre Erstlinge [...] zu Bischöfen und Diakonen für die künftigen Gläubigen eingesetzt." Es ist fraglich, ob man die V. 15bfin. betonte freie Initiative des Stephanas und seiner Leute gegen solche Einsetzung durch Apostel ausspielen darf.[19] Dass Gott der eigentlich Bestimmende ist, sagt jedenfalls 12,28.

V. 16 Paulus drängt darauf, dass die Korinther[20] sich nicht nur Stephanas und seinem Haus unterordnen (zu ὑποτάσσεσθαι s. bei 14,34) bzw. solche Leute anerkennen (V. 18b, zu ἐπιγινώσκειν s. bei 13,12), sondern auch jedem συνεργῶν. Das συν- wird man nicht auf Zusammenarbeit mit Paulus, noch weniger mit Stephanas[21] konkretisieren dürfen; vielmehr wirken die συνεργοῦντες gemeinsam am „Werk des Herrn" (s. 15,58; 16,20);[22] sie setzen das missionarische Sich-Mühen des Paulus (zu κοπιᾶν s. bei 3,8) auf Gemeindeebene fort.[23] Die Mahnung ist besonders sinnvoll, wenn die Empfohlenen zugleich den Brief mitbringen und die Sache des Paulus in der Gemeinde vertreten.

V. 17f Kundgebungen der Freude finden sich sonst oft als Einleitung des Briefkorpus (vgl. 2Joh 4; 3Joh 3f; vielleicht auch Phil 4,10);[24] bei Paulus sind sie über den Brief verstreut (1Thess 3,9; 2Kor 7,9.13; Phil 1,18; 2,17; 4,10; vgl. Kol 1,24; 2,5) und stehen wie hier auch Röm 16,19b am Ende. Grund ist die Ankunft dreier Korinther, die Paulus die Anwesenheit der Gemeinde ersetzen. So ist wohl τὸ ὑμέτερον ὑστέρημα objektiv als ihr Fehlen zu deuten. Man darf nicht aus dem ähnlichen Ausdruck Phil 2,30 schließen, dass die Drei eine materielle Gabe überbrachten, die die Korinther ihm verweigerten.[25] Nach 9,15 erwartet er ja von ihnen keine Unterstüt-

---

[18] 2Tim 1,18 dürfte διακονεῖν wie Phlm 13 spezieller die Versorgung des Apostels im Gefängnis meinen.
[19] So ROBERTSON/PLUMMER, 1Kor 395; BARRETT, 1Kor 394. Dagegen der Katholik ALLO, 1Kor 465.
[20] Das καί vor ὑμεῖς bleibt rätselhaft, wenn so die Angesprochenen zu einer anderen Gruppe – etwa den „Heiligen" V. 15b (so LINDEMANN, 1Kor 384; aber das ist doch die Gesamtgemeinde) – in Parallele gesetzt werden sollen. Eher gehört es zum Verbum und zieht die logische Folgerung aus der Vorzugsstellung des Hauses des Stephanas und seiner Dienstbereitschaft. Solches nicht auf das folgende Subjekt gehende ἵνα καί Joh 7,3; 19,35 und in unserem Brief 11,19. Vgl. ZELLER, D.: Problematisches ἵνα καί im Neuen Testament, ZNW 100, 2009, 298–302. Die meisten Kommentare, z.B. HEINRICI, 1Kor 519, sehen nur die Entsprechung zum Dienst V. 15fin.
[21] So die Einheitsübersetzung „ihren Helfern und Mitarbeitern"; MEYER, 1Kor 488; HEINRICI, 1Kor 519.
[22] Vgl. zu 3,9 und OLLROG, Paulus 70f.
[23] Zu 12,28 haben wir am Ende die den „Hilfeleistungen" und „Steuermannskünsten" entsprechenden Funktionäre besprochen.
[24] Vgl. WEIMA, Endings 149f.
[25] Erwogen bei THEISSEN, Studien 249, wo noch ὑστέρημα im Zusammenhang der Kollekte angeführt wird. Aber wie wir bei 8,8 sahen, verwendet Paulus den Stamm vielfach. HORN 94 meint gar, die Hausgemeinde des Stephanas hätte die Kollekte schon durchgeführt, sieht aber selbst, dass die Forderung an die ganze Gemeinde noch aussteht. OLLROG, Paulus 96–100 denkt weniger materiell an die Verpflichtung der

zung. Dass sie die Kollekte schon bei sich durchgeführt hatten, ist unwahrscheinlich, wenn die Ausführungsbestimmungen 16,1–4 erst in dem Brief gegeben werden, den sie vermutlich mitnehmen sollen. Nein, das Trio steht Paulus für die ganze Gemeinde, Stephanas, der Erstling, aber auch seine beiden Begleiter, für die Paulus ja auch V. 18b Anerkennung verlangt. Deshalb liegt es nahe anzunehmen, dass sie zum Haushalt des Stephanas gehörten.[26] Nachträglich wird so die 3. Pl. in V. 15fin. verständlich. Mindestens in den Augen des Apostels handelt es sich also um eine repräsentative Vertretung der Gemeinde in Korinth, dies um so mehr, wenn sie den Fragenbrief mitbrachte.[27] Ihr Eintreffen lässt Paulus den Schmerz der Trennung von der Gemeinde vergessen, sie beruhigen aber auch das Gemüt[28] des Apostels, der seit dem Vorbrief in Sorge und Ungewissheit um seine Gründung war. Dass er daneben noch aus anderer Quelle (1,11; 5,1; 11,18) beunruhigende Nachrichten erhielt, bleibt ausgeblendet. Ein wenig befremdet, dass die Gesandten auch das πνεῦμα der Korinther erquickten. Vielleicht indem diese sich durch die Drei vom Wohlergehen des Apostels überzeugen können, von dessen Gefährdung (15,32!) sie vorher gehört hatten. Das würde hier als fait accompli[29] im Brief vorweggenommen, den die Korinther erst nach ihrer Rückkehr verlesen bekommen. Oder erquicken sie diese schon durch die Überbringung des Briefes? Möglicherweise ist die Formulierung auch nur typisch für die „philophronetische", die Gegenseitigkeit betonende Art solcher Bemerkungen (vgl. ähnlich Phil 2,19).[30]

3. 16,19–21: Verschiedene Grüße

(19) **Es grüßen euch die Gemeinden der (Provinz) Asia, es grüßt euch im Herrn vielmals Aquila und Priska zusammen mit der Gemeinde in ihrem Haus. (20) Es grüßen euch alle Brüder. Grüßt euch gegenseitig mit heiligem Kuss. (21) Der Gruß mit meiner Hand: von Paulus.**

BAHR, G.J.: The Subscriptions in the Pauline Letters, JBL 87, 1968, 27–41. BUTTON, M.B./ VAN RENSBURG, F.J.: The „house churches" in Corinth, Neotest. 37, 2003, 1–28. GEHRING, R.W.: Hausgemeinde und Mission, Bibelwissenschaftliche Monographien 9, Gießen/Basel 2000. GIELEN, M.: Zur Interpretation der paulinischen Formel ἡ κατ' οἶκον ἐκκλησία,

---

Gemeinde zur Mitarbeit in der Mission. Doch der Dienstort des Stephanas ist in der Gemeinde von Korinth (vgl. V. 15b). Vgl. die Kritik von VENETZ an Ollrogs Konzeption der missionarischen Gemeindevertreter.

[26] Fortunatus ist ein beliebter Sklavenname, bei Achaikus lässt sich wenigstens wahrscheinlich machen, dass er in Italien nach seiner Herkunft aus Griechenland benannt wurde. Vgl. Einleitung 2b.

[27] Skeptisch gegen eine „offizielle Delegation" aber BACHMANN, 1Kor 476 und HORN 96f. Dass dann die Mahnung von V. 15 und 18 überflüssig wäre, vermag ich nicht einzusehen.

[28] Zu πνεῦμα im anthropologischen Sinn vgl. zu 2,11a; 5,3, mit ἀναπαύειν 2Kor 7,13.

[29] Vgl. WOLFF, 1Kor 436. BACHMANN, 1Kor 477 und FEE, 1Kor 832 dagegen beziehen das Ende von V. 18a auf vorherige Dienste brüderlicher Liebe. MEYER, 1Kor 489; HEINRICI, 1Kor 520 auf die Anwesenheit der Abgeordneten bei Paulus: „insofern sie […] als Vertreter der ganzen Gemeinde gekommen sind, ihr Verhalten also für jene massgebend werden musste."

[30] So etwa WEISS, 1Kor 386: „Denn es war doch sicher auch euer Herzenswunsch, daß sie mich beruhigten!?"

ZNW 77, 1986, 109-125. GNILKA, J.: Die neutestamentliche Hausgemeinde, in: Schreiner, Freude 229-242. HOFMANN, K.-M.: Philema hagion, BFChTh.M 38, Gütersloh 1938. KLASSEN, W.: The Sacred Kiss in the New Testament, NTS 39, 1993, 122-135. KLAUCK, H.-J.: Hausgemeinde und Hauskirche im frühen Christentum, SBS 103, Stuttgart 1981. -, Herrenmahl 352-358 (zum heiligen Kuss). MULLINS, T.Y.: Greetings as a New Testament Form, JBL 87, 1968, 418-426. SCHNIDER/STENGER, Studien 108f.119-123.126f.151-158. THRAEDE, K.: Ursprünge und Formen des ‚Heiligen Kusses' im frühen Christentum, JAC 11/12, 1968/9, 124-180.

Charakteristisch für den Schluss antiker Briefe, darunter die meisten neutestamentlichen Briefe, sind die Grüße, sei es, dass Dritte Grüße an die Gemeinde bestellen (hier V. 19-20a),[31] sei es, dass die Adressaten jemand grüßen sollen – hier nicht eine Einzelperson, sondern sich untereinander (V. 20b),[32] sei es, dass der Verfasser selber grüßt, in unserem Fall (V. 21) „mit eigener Hand".[33] Das Autograph[34] zieht sich sicher noch bis zum letzten Vers hin, aber vor V. 22 ist ein formaler Einschnitt zu machen.

V. 19-20a In den Grüßen, die Paulus ausrichtet, scheint wieder der ökumenische Horizont des Briefes (s. bei 1,2) auf. Nicht nur „alle Brüder" – hier sind die Schwestern im Glauben eingeschlossen – wohl in Ephesus, wo Paulus schreibt,[35] lassen grüßen (vgl. „die Brüder, die bei mir sind" Phil 4,21b; „alle, die bei mir sind" Tit 3,15a; „alle Heiligen" 2Kor 13,12b; Phil 4,22), sondern auch die andern Gemeinden der Provinz Asia (vgl. Röm 16,16b noch weiter „alle Gemeinden Christi"; Hebr 13,24b „die aus Italien"). Dazu mag Kolossä, Hierapolis und Laodizea gehören, aber auch noch die eine oder andere Gemeinde in den Apk 1,9-3,22 genannten sieben Städten. Von den pauschalen Grußbestellern V. 19a.20a hebt sich das den Korinthern bekannte Paar Aquila und Priska[36] ab. Formal sticht V. 19b heraus durch die *ad sensum* gebildete Singularform ἀσπάζεται, durch den Zusatz ἐν κυρίῳ (vgl. Röm 16,22;[37] Phil 4,21a ἐν Χριστῷ ᾽Ἰησοῦ) und den „modifier" πολλά.[38] Gut möglich, dass Paulus auch in Ephesus bei den beiden untergekommen war, wie westliche Hsn. (D F G) wissen möchten. Jedenfalls war ihr Haus regelmäßiger Versammlungsort für einen

---

[31] Vgl. bei WEIMA, Endings 107 die Liste zum „Third-Person Type of Greeting"; außerhalb der Paulusbriefe 1Petr 5,13; 2Joh 13; 3Joh 15b.

[32] Vgl. die Tafel zum „Second-Person Type of Greetings" bei WEIMA, Endings 106. Weit gefasst sind die Grußempfänger auch Phil 4,21a; Tit 3,15b; Hebr 13,24a; 3Joh 15c. Tit 3,15b sind es nur, die den Apostel lieben.

[33] Vgl. die Tafel zum „First-Person Type of Greetings" bei WEIMA, Endings 106. Exakte Parallelen nur in den pseudepigraphen Briefen 2Thess 3,17; Kol 4,18. Formal ist auch der Gruß des Schreibers Röm 16,22 zu vergleichen.

[34] Vgl. noch die Eigenhändigkeitsvermerke Gal 6,11; Phlm 19 und WEIMA, Endings 118-135. BAHR 37 vermutet aus inhaltlichen Gründen, dass der eigenhändige Teil oft schon früher anfängt, z.B. in 1Kor bereits ab V. 15. Das ist stilistisch nicht zu erweisen.

[35] Grüße der bei Paulus weilenden korinthischen Brüder sind sinnlos, weil sie doch wohl den Brief überbringen. Gegen MERKLEIN/GIELEN, 1Kor III 457 u.a.

[36] So auch – obzwar in umgekehrter Reihenfolge – Röm 16,3f; in der Apg 18,2.18.26 dagegen heißt Priska Priszilla. Zu den beiden vgl. Einleitung 2ab und COLLINS, 1Kor 608f.

[37] Auch Röm 16,3.8 könnte man versucht sein, das ἐν Χριστῷ ᾽Ἰησοῦ bzw. ἐν κυρίῳ zu ἀσπάζεσθαι zu ziehen. Aber V. 11-13 machen den Bezug zum voranstehenden Substantiv bzw. Adjektiv klar.

[38] MULLINS 422: häufig in Papyri.

Teil der ephesischen Christen. Solche „Hausgemeinden" (vgl. noch Röm 16,5a) werden noch Kol 4,15 (im Haus der Nympha in Laodizea) und Phlm 2 (im Haus des Philemon) erwähnt. In Ermangelung von Kirchen waren sie die Zellen, in denen sich die frühe Christenheit in den Städten organisierte. Sie entstanden wohl durch die Predigt des Apostels in einem Haus (vgl. Apg 18,7, verallgemeinert 20,20); zu Verwandten der gastgebenden Familie und sozial von ihr Abhängigen stießen mit der Zeit Freunde und Bekannte hinzu. Diskutiert wird das Verhältnis von Haus- zu Gesamtgemeinde.[39] Es sieht so aus, als existierte die Gesamtgemeinde zunächst nur in Form von mehreren Hausgemeinden, es sei denn, dass ein Haus – wie das des Gaius Röm 16,23 – für die „ganze ἐκκλησία" (vgl. 14,23) Platz bot.

V. 20b Die zur Verlesung des Briefes – vermutlich im Gottesdienst[40] – versammelten Korinther werden nun wie 1Thess 5,26; 2Kor 13,12a; Röm 16,16a; 1Petr 5,14 („mit dem Kuss der Liebe") aufgefordert, sich untereinander den „heiligen Kuss" zu geben. Damit sollen sie alle Spaltung und Streitigkeit hinter sich lassen und sich zu einer intimen Gemeinschaft zusammenschließen.[41] Der auch in der Frühen Kirche noch lange geübte Brauch (vgl. Justin, 1.apol. 65,2) ist durch das Attribut „heilig" gegen sexuelle Fehlinterpretation geschützt.[42] Dennoch gab er Anlass, die Christen der Ausschweifung zu verdächtigen. Er lebt im Friedenskuss der Liturgie weiter.[43] Da bei Justin der gegenseitige Kuss zwischen Gebetsgottesdienst (anlässlich einer Taufe) und Eucharistie seinen Platz hat,[44] haben viele vermutet, die mit dem heiligen Kuss beschlossene Verlesung des Briefes sei – innerhalb eines Wortgottesdienstes – vor der Eucharistiefeier erfolgt. Der V. 22 wird dann oft als Überleitung zum Mahlgottesdienst verstanden.[45] Freilich könnte man für ein früheres Stadium die Aufforderung zum heiligen Kuss und den Charis-Segen auch als Ende eines selbständigen Gebetsgottesdienstes ansetzen.[46] Das zeigt den hohen Grad von Spekulation beim Übergang von epistolaren Elementen zum kultischen „Sitz im Leben".

V. 21 Doch mit dem Gruß von des Paulus eigener Hand sind wir zunächst noch auf der Ebene des Briefes. Es war allgemein üblich, dass man bei Diktat wenigstens

---

[39] Dazu Gielen in MERKLEIN/GIELEN, 1Kor III 460-464; sie wendet sich gegen eine „funktionale Parallelexistenz" der Hausgemeinde zur Ortsgemeinde. Ähnlich BUTTON/VAN RENSBURG. Ausgewogen GEHRING 275-282.

[40] Natürlich können sie sich auch im Alltag mit Kuss begrüßen; aber hier scheint doch ein Zusammensein zur Verlesung des Briefes vorausgesetzt. Zu KLASSEN 130-133, nach dem die Christen den heiligen Kuss überall, wo sie sich treffen, praktizieren sollen.

[41] Zur Bedeutung des Kusses im Judentum s. Bill. I 995f. JosAs 8,5-7: Joseph darf die götzendienerische Aseneth nicht küssen, erst nach der Bekehrung seiner Braut gibt er ihr mit einem dreifachen Kuss den Geist des Lebens, der Weisheit und der Wahrheit.

[42] Dagegen auch der apokryphe Logos bei Athenagoras, apol. 32,3. Ferner Clemens Alex., paed. III 11, 81. Hier wird der Kuss offensichtlich noch *promiscue* gegeben.

[43] Vgl. HOFMANN 94-128; STÄHLIN, G.: Art. φιλέω κτλ., ThWNT 9, 1973, 112-169, 141f. In der römischen Kirche ist er vom Beginn der *missa fidelium* vor die Kommunion gewandert.

[44] So auch Tertullian, or. 18,1-5; Origenes, comm. in Rom 10,33; ConstAp II 57,12; Hippolyt, trad. apost. 43,3f, hier nach Geschlechtern getrennt!

[45] Vgl. etwa LIETZMANN, H.: Messe und Herrenmahl, AKG 8, Berlin ³1955, 229. Dagegen insistiert KLINGHARDT, Gemeinschaftsmahl 336-338 darauf, dass der heilige Kuss zunächst einmal Teil der brieflichen Grüße und „sicher nicht liturgisch zu verstehen" ist. Schließt sich das so sicher aus?

[46] So CUMING, G.J.: Service-Endings in the Epistles, NTS 22, 1975, 110-113.

das abschließende „Lebewohl" persönlich unter den Brief setzte. Im Galaterbrief weitet sich dieses Postskript zu einer Zusammenfassung und Vertiefung der Botschaft des Briefes aus (Gal 6,11-18). In 1Kor 16,21 macht die Eigenhändigkeit den Gruß zunächst persönlicher.[47] In zweiter Linie könnte sie der Autorisierung dienen. Damit steht die Person des Apostels hinter dem ganzen Brief.[48] In den Paulus zugeschriebenen Briefen täuscht die wörtliche Nachahmung von 1Kor 16,21 in Kol 4,18 bzw. der Hinweis auf die Handschrift 2Thess 3,17 Echtheit vor. Das ist in 1Kor nicht nötig,[49] weil die Authentizität des Schreibens schon durch die Überbringer gesichert ist.

4. 16,22-24: Fluch und Segen

(22) **Wenn einer den Herrn nicht liebt, sei er verflucht.** *Marana tha.*[50] (23) **Die Gnade des Herrn Jesus**[51] **(sei) mit euch.** (24) **Meine Liebe (ist) mit euch allen in Christus Jesus.**[52]

BLACK, M.: The Maranatha Invocation and Jude 14,15 (1 Enoch 1: 9), in: Lindars/Smalley, Christ 189-196. BORNKAMM, G.: Das Anathema in der urchristlichen Abendmahlsliturgie, in: Ders., Ende 123-132. ERIKSSON, Traditions 279-298. FITZMYER, J.A.: New Testament *Kyrios* and *Maranatha* and Their Aramaic Background, in: Ders., advance 218-235. KLAUCK, Herrenmahl 356-363. KUHN, K.G.: Art. μαραναθά, ThWNT 4, 1942, 470-475. MOULE, C.F.D.: A Reconsideration of the Context of *Maranatha*, NTS 6, 1960, 307-310. SCHNIDER/STENGER, Studien 131-136. SPICQ, C.: Comment comprendre φιλεῖν dans 1 Cor. XVI, 22?, NT 1, 1956, 200-204. STÄHLIN, G.: Art. φιλέω κτλ., ThWNT 9, 1973, 112-169, 134f.

Unvermittelt erscheint V. 22a ein bedingter Fluch.[53] Eine ähnliche Ausgrenzung, aber gleich am Briefanfang, nimmt Paulus in Gal 1,8f vor. Sie hat ihre positive Entsprechung in der Heilszusage am Ende Gal 6,16. Unserer negativen Aussage am Briefschluss könnte man höchstens 2Thess 3,14 zur Seite stellen, vgl. aber auch die Warnung Röm 16,17f. Die in V. 22a vorausgesetzte heilsentscheidende Bedeutung des Kyrios wird unterstrichen durch einen liturgischen Ruf in Aramäisch V. 22b. Dem Anathema steht der sogenannte „Charis-Segen" V. 23 gegenüber, der alle echten und unechten Paulusbriefe einschließlich Hebr, aber auch die Apk (22,21) beschließt.[54] Die beiden Verse hängen auch in der christologischen Titulatur - κύριος,

---

[47] THISELTON, 1Kor 1347: „a sign of affection".
[48] SCHNIDER/STENGER 151-158 nehmen noch V. 22 hinzu und schreiben den Versen die Aufgabe zu, das Vielerlei der brieflichen Anordnungen abschließend in rechtliche Geltung zu setzen. Dies sei allerdings das Werk des „großkirchlichen Bearbeiters".
[49] Anders ROBERTSON/PLUMMER, 1Kor 400; FEE, 1Kor 837; dagegen LINDEMANN, 1Kor 387.
[50] Die älteren Hsn. 𝔓46 ℵ A B C D* 33 u.a. trennen so, jüngere wie D² G K Ψ schreiben Μαραν αθα.
[51] Bis auf ℵ* B 1243 1424 1611 2815 fügen die Handschriften Χριστοῦ hinzu, oft auch noch ἡμῶν zu κυρίου.
[52] 𝔓46 schließt schon mit V. 22. Viele spätere Hsn. setzen zu V. 24 ein „Amen" hinzu, verstehen ihn also als Gebet. Ohne „Amen" jedoch B F 33 630 1739* 1881.
[53] Zu ἀνάθεμα vgl. bei 12,3.
[54] Vgl. die Tabelle bei WEIMA, Endings 80.

16,22-24: Fluch und Segen

dem ein aramäisches מָרֵא/*mārē* entspricht – zusammen. Ohne richtige Parallele in den ntl. Briefschlüssen ist die zusätzliche persönliche Versicherung V. 24.[55]

Strittig ist, ob die Abfolge V. 20b.22f auch einen liturgischen Ablauf spiegelt, der durch das Verlesen des Briefes im Gottesdienst induziert worden wäre.

V. 22a Nach einem Schreiben, das den Herrn, sein Kreuz, seinen Herrschaftsanspruch bis ins Leibliche hinein, sein verpflichtendes Wort und Vorbild, als Kriterium in die Mitte gestellt hatte, bringt Paulus noch einmal negativ zum Ausdruck, dass von der Loyalität zum Kyrios das Heil abhängt. Die Formulierung mit φιλεῖν ist in den echten Paulusbriefen singulär.[56] Paulus spricht traditionell von der Liebe (ἀγαπᾶν) zu Gott (vgl. zu 2,9). Im Johannesevangelium (16,27; 21,15-17 – hier synonym mit ἀγαπᾶν) meint φιλεῖν die treue, fast freundschaftliche Anhänglichkeit des Jüngers an seinen Meister. Hier hingegen hat es weniger eine affektive Note, sondern zielt – wie „lieben" im Bundeskontext[57] – auf die Anerkennung des Höheren als einer Macht, die das Leben bestimmt. Der κύριος ist sowohl der Irdische wie der zur Herrlichkeit Erhöhte (vgl. zu 12,3). Der Fluch schließt die vom Segen aus, die ihm nicht in Liebe zugetan sind; vgl. Eph 6,24: Die Gnade gilt nur denen, die „unsern Herrn Jesus Christus lieben" (ἀγαπᾶν). E. Käsemann[58] sah in V. 22a wieder einen „Satz heiligen Rechts". Durch sein Wort vollzieht der Apostel – ähnlich wie 5,3-5 – vorweg das Gericht. Aber Paulus zielt ja nicht auf bestimmte Leute; der Konditionalsatz verleiht dem Ganzen eine warnende Note. Vielleicht will der Halbvers zur Selbstprüfung (vgl. 11,28) vor dem Empfang der Eucharistie anleiten. Dann hätte er eine ähnliche Funktion wie der Did 10,6 dem Maranatha vorausgehende Aufruf „Wenn jemand heilig ist, komme er; wenn er es nicht ist, tue er Buße!" Vergleichbar ist der Vorspruch (πρόρρησις) bei Mysterienfeiern, der z.B. in Athen von der Initiation in Eleusis die ausschloss, die unreine Hände hatten[59] und kein Griechisch verstanden. In den von Alexander aus Abonuteichos eingerichteten Weihen hieß es zunächst: „Wenn ein Gottloser, Christ oder Epikureer kommt, um die Feiern in Augenschein zu nehmen, möge er fliehen". Darauf fand eine Austreibung dieser Personengruppen statt (Lukian, Alex. 38), und zwar mit einem ἔξω-Ruf, der wiederum an Apk 22,15 erinnert.

V. 22b bringt einen kultischen Ruf („Akklamation") aus der aramäisch sprechenden palästinischen Urgemeinde, wahrscheinlich vermittelt durch die zweisprachige Gemeinde Antiochiens. Der Ruf ist jedoch – im Unterschied zum *abba* von Röm 8,15; Gal 4,6 – nicht übersetzt. Dennoch dürfte seine Bedeutung klar sein. Man kann ihn als Indikativ Perfekt fassen, d.h. als Transkription von מָרַנָ(א) אֲתָא/*mā-*

---

[55] BERGER, Gattungen 1350 vergleicht den vorletzten Satz im Brief des Musonius an Pankratides (HENSE 142,19f): „Du sollst wissen, dass du von mir geliebt bist."
[56] Nur im unechten Titusbrief 3,15 kommt φιλεῖν als Zum-Apostel-Stehen im Glauben vor. V. 22a ist jedoch wegen der ähnlich gebildeten Sentenz Gal 1,9 nicht sicher vorpaulinisch.
[57] Vgl. Dtn 6, wo „fürchten", „dienen" parallel zu „lieben" stehen; Dtn 7,9 (parallel „auf seine Gebote achten"); 10,12f; 11,1.13.22; 13,4f; 19,9. Davon sind nach 11,26-32 Segen und Fluch abhängig (vgl. Kap. 28; 30,15-20).
[58] Sätze 72. Vgl. dazu bei 3,17.
[59] So auch die *praefatio sacrorum* in Samothrake nach Livius XLV 5,4.

ran(ā)[60] ʾ ᵃtā; „unser Herr kommt" würde als Begründung zur vorhergehenden Drohung gut passen,[61] aber ein solches prophetisches Perfekt ist im Aramäischen selten.[62] In der Vokalisation מָרַן אֲתָא/māran ʾ ᵃtā kann derselbe Bestand jedoch auch als Imperativ verstanden werden, der in der Abteilung מָרֲנָא תָא/māranā tā[63] eindeutiger wäre. Für den Imperativ spricht die griechische Parallele in Apk 22,20b (vgl. schon V. 17ab) und der Kontext des aramäischen Wortes in Did 10,6. Die Gemeinde verlangt also nach der Parusie des an der Seite Gottes thronenden Christus, den sie als „unsern Herrn" anerkennt. Was ist der Zusammenhang der beiden Halbverse? Das Kommen des Herrn könnte die Stellung, die V. 22a ihm jetzt schon gibt, bestätigen. Bornkamm sieht im Maranatha eher eine Bekräftigung des Anathema, dem es „drohenden Nachdruck" verleiht.[64] Dann stünde das Kommen zum Gericht im Vordergrund. Andere Autoren unterstreichen seinen positiven Gehalt, die im Kommen erfüllten Heilserwartungen der „Wir".[65] Das wäre noch überzeugender, wenn V. 22b enger mit V. 23 zusammenhinge, wie Apk 22,20f der Charis-Wunsch auf den Ruf nach dem Kommen des Kyrios folgt.[66] Weniger einleuchtend ist, dass das Maranatha das „Kommen" des Herrn in der Eucharistie heraufbeschwört. In Did 10,1–6 steht es zwar am Ende eines eucharistischen Dankgebets, dieses ist aber V. 5 und 6ab eschatologisch ausgerichtet (vgl. auch 1Kor 11,26fin.).

V. 23 Dass der am Schluss antiker Briefe stereotype Wunsch ἔρρωσο („Lebe wohl", seltener εὐτύχει „Lass es dir gut gehen") o.ä. in den ntl. Briefen durch den christologischen Gnadenwunsch[67] ersetzt wird, dürfte nicht erst auf das paulinische Vorbild (vgl. 1Thess 5,28; Gal 6,18; Phil 4,23; Röm 16,20b, trinitarisch abgewandelt 2Kor 13,13; auch 2Thess 3,18; Kol 4,18c) zurückgehen.[68] Denn er begegnet auch außerhalb des Pauluskreises (Apk 22,21; 1Clem 65,2; als mündliche Segensformel ActThom 49). Vermutlich wurde der jüdische Segenswunsch „Der Herr sei mit euch" (im Briefschluss 2Thess 3,16b; 2Tim 4,22a mit Singular, vgl. Lk 1,28) so abgewandelt, dass man als Subjekt „die Gnade des Herrn Jesus" einfügte. Barn 21,9c belegt noch eine Mischform: „Der Herr der Herrlichkeit und jeglicher Gnade sei mit

---

[60] Das Suffix der 1. Pl. kann sowohl in der Kurz- wie in der Langform (mit ā) stehen. Im letzteren Fall ist eine Elision des ā anzunehmen. Vgl. FITZMYER, 1Kor 630.

[61] So WEISS, 1Kor 387 mit Phil 4,3 – gemeint ist 4,5 – als Analogie. Ähnlich ROBERTSON/PLUMMER, 1Kor 401, die ein „password among Christians" vermuten, also keinen Gebetsruf, sondern eine Parole.

[62] Vgl. Dan 7,27. BLACK verweist auch auf 1Hen 1,9 (griech. ἔρχεται mit futurischer Bedeutung, dem im Zitat Jud 14 ein Aorist ἦλθεν entspricht). Das aramäische Original – möglicherweise ein Partizip nach „siehe" (vgl. Dan 7,13) – steht jedoch nicht fest.

[63] Der apokopierte Imperativ tā wird freilich nur noch im Sinn von „Wohlan" verwendet.

[64] BORNKAMM 125. Auch MOULE und KLINGHARDT, Mahlgemeinschaft 341–343 verstehen es als Strafandrohung, freilich außerhalb eines liturgischen Rahmens. Christliche Quellen des 5.–7. Jh. belegen das Nacheinander von Anathema und Maranatha, „was Verderben bei der Ankunft Jesu Christi bedeutet" (ebd. 341).

[65] ALLO, 1Kor 468; KONRADT, Gericht 451–455; MERKLEIN/GIELEN, 1Kor III 468f.

[66] So SCHRAGE, 1Kor IV 465.473.

[67] Die funktionale Gleichheit spricht für eine optative Auffassung des verblosen Ausdrucks. Ebenso das bekräftigende Amen Gal 6,18. Dagegen plädiert SCHRAGE, 1Kor IV 474 dafür, ein ἔστιν bzw. ἔσται zu ergänzen. Doch der Verweis auf die Verheißungen 2Kor 13,11 und Phil 4,9 zieht nicht: sie stehen nach Imperativen. Obwohl Schrage wie zu 1,3 den Zuspruch von Gnade betont, übersetzt er hier wie dort mit „sei".

[68] Vgl. mein analoges Minderheitsvotum zum Segenswunsch am Eingang 1,3 und ZELLER, Charis 133f.

eurem Geist". Dagegen verchristlichen die Ignatiusbriefe und Polykarp das heidnische Lebewohl, indem sie zu ἔρρωσθε ergänzen „in Gott dem Vater und in Jesus Christus" (IgnEph 21,2) oder Ähnliches. Der Gnadengedanke wird in IgnSm 13,2 und Polyk 14 mit ἐν χάριτι (θεοῦ) aufgenommen. Jedenfalls verbürgt die vom erhöhten Herrn ausgehende Gnade (vgl. 1,4) als Beistand alles, was man sich am Ende eines Briefes Gutes wünscht, und noch mehr.

V. 24 Dieser offizielle Schluss wird aber in 1Kor durch einen persönlichen Zusatz abgerundet, der die semitische Formel vom Mit-Sein – ausgesagt von Personen oder abstrakten Größen – wiederholt. Im Unterschied zu V. 23 wird man freilich kein Verbum im Optativ oder Jussiv hinzudenken.[69] Denn V. 24 ist kein Gebet, sondern versichert die Korinther, und zwar alle, nach so viel Kritik der bleibenden Liebe des Apostels.[70] Das „in Christus Jesus" gibt dann den Grund an, in dem das möglich ist, und lässt das Schreiben christologisch ausklingen.

Bei allen Formalien, die den Briefschluss prägen, und trotz des fehlenden Zusammenhangs bezeichnet das Stichwort „Liebe" (V. 14.22.24) denn doch für viele Ausleger die spezifische Quintessenz, die aus ihm zu ziehen ist und das Anliegen des ganzen Schreibens wiedergibt. Doch ist ihre verschiedene Ausrichtung zu beachten: Die zwischenmenschliche Liebe V. 14 ist sicher ein wichtiges Thema in den Kapiteln über das Essen von Götzenopferfleisch (vgl. 8,1) und das Zusammenspiel der Charismen (vgl. 13; 14,1). Enger ist die Liebe des Apostels (V. 24) zu seinen „Kindern" (vgl. 4,14f), die jedoch in diesem Brief manchmal auch der Androhung des Stocks weichen musste. Sprachlich wenig vorbereitet – der Sache nach wohl im Brief vorhanden – schien uns die Liebe zum Kyrios V. 22a. Eine tiefer gehende Thematik, die Liebe Gottes zu den Menschen, die die Liebe zwischen den Menschen bzw. zwischen Apostel und Gemeinde trägt, klingt erst im Schlusswunsch des 2Kor (13,13) auf.

---

[69] Anders ROBERTSON/PLUMMER, 1Kor 402; ORR/WALTHER, 1Kor 366f. Richtig dagegen SCHRAGE, 1Kor IV 475.

[70] Zu ἀγάπη bzw. ἀγαπᾶν, ausgesagt vom Apostel vgl. bei 4,21.

KEK – Zuletzt erschienene Bände

Gerhard Sellin
Der Brief an die Epheser
Kritisch-exegetischer Kommentar
über das Neue Testament, Band 8.
2008. 496 Seiten, Leinen
ISBN 978-3-525-51550-1

Der Epheserbrief, der im neutestamentlichen Kanon unter die 14 Paulusbriefe gerechnet wird, ist weder ein echter Paulusbrief – er zählt zu den sogenannten deuteropaulinischen Schriften: sein Verfasser ist ein unbekannter Paulusschüler –, noch wurde er ausschließlich an die christliche Gemeinde in Ephesus geschickt. Ursprünglich richtete er sich an alle damaligen Christen im südwestlichen Kleinasien. Der unbekannte kluge und philosophisch gebildete Verfasser lässt das Bild des (wahrscheinlich noch vor 70 n.Chr. in Rom hingerichteten) Apostels Paulus in seiner Zeit (zwischen 80 und 100 n.Chr.) neu aufleben.
Der Epheserbrief hat eine besonders enge Beziehung zum Brief an die Kolosser, der auch kein echter Paulusbrief ist, aber eine deutliche Vorstufe zum Epheserbrief darstellt.
Gerhard Sellin übersetzt und kommentiert diese deuteropaulinische Schrift und vermittelt ein vertieftes Verständnis nicht nur des Epheserbriefes, sondern auch des Neuen Testaments

Akira Satake
Die Offenbarung des Johannes
Redaktionell bearbeitet von Thomas Witulski.
Kritisch-exegetischer Kommentar
über das Neue Testament, Band 16.
2008. 429 Seiten, gebunden
ISBN 978-3-525-51616-4

Satake verdeutlicht die großen Linien der Komposition der Johannesoffenbarung. Er stellt die sachlichen und inhaltlichen Bezüge dar und legt die Struktur offen, die der Johannesoffenbarung zugrunde liegt.

Das Buch der Offenbarung wird oft als unzugängliches Werk empfunden. Akira Satake jedoch gelingt es, dem Leser einen gangbaren Weg durch das argumentative und darstellerische Dickicht des letzten Buches der Bibel zu bahnen. Er bietet ihm einen Schlüssel zur Interpretation an, indem er die großen Bögen der Buchkomposition, sowie die sachlichen und inhaltlichen Bezüge zwischen den einzelnen Texten innerhalb des Gesamtwerkes Johannesoffenbarung pointiert herausstellt. Dies und die klare Sprache Satakes lassen seinen Kommentar zu einer wirklichen »Erklärung« der Johannesoffenbarung werden.

Vandenhoeck & Ruprecht

Kritisch-exegetischer Kommentar über das Neue Testament

Neuauslegungen. Begründet von Heinrich August Wilhelm Meyer

V&R

Eine Auswahl lieferbarer Bände:

Band 1,3: Hans Klein
Das Lukasevangelium
übersetzt und erklärt von Hans Klein.
2006. 745 Seiten, Leinen
ISBN 978-3-525-51500-6

Band 2: Rudolf Bultmann
Das Evangelium des Johannes
21. Auflage 1986. XV, 567 Seiten und 59 Seiten Ergänzungsheft, Leinen
ISBN 978-3-525-51513-6

Band 3: Jacob Jervell
Die Apostelgeschichte
17. Aufl. (1. Auflage dieser Neuauslegung) 1998.
635 Seiten, Leinen
ISBN 978-3-525-51627-0

Band 4: Eduard Lohse
Der Brief an die Römer
15. Auflage (1. Auflage dieser Neubearbeitung) 2003. 423 Seiten, Leinen
ISBN 978-3-525-51630-0

Band 7: Heinrich Schlier
Der Brief an die Galater
15. Auflage (6. Auflage dieser Auslegung) 1989.
287 Seiten, Leinen
ISBN 978-3-525-51545-7

Band 8: Gerhard Sellin
Der Brief an die Epheser
2008. 496 Seiten, Leinen
ISBN 978-3-525-51550-1

Band 12,1: Leonhard Goppelt
Der erste Petrusbrief
Hrsg. von Ferdinand Hahn
8. Auflage (1. Auflage dieser Auslegung) 1978.
358 Seiten, Leinen
ISBN 978-3-525-51618-8

Band 12,2: Henning Paulsen
Der zweite Petrusbrief und der Judasbrief
1992. 188 Seiten, gebunden
ISBN 978-3-525-51626-3

Band 13: Hans-Friedrich Weiß
Der Brief an die Hebräer
15. Auflage (1. Auflage dieser Auslegung) 1991.
801 Seiten, Leinen
ISBN 978-3-525-51625-6

Band 14: Georg Strecker
Die Johannesbriefe
1989. 381 Seiten, Leinen
ISBN 978-3-525-51621-8

Band 15: Martin Dibelius
Der Brief des Jakobus
Mit Ergänzungen von Heinrich Greeven. Literaturverzeichnis und Nachtrag von Ferdinand Hahn
12. Auflage (6. Auflage dieser Auslegung) 1984.
324 Seiten, Leinen
ISBN 978-3-525-51612-6

Band 16: Akira Satake
Die Offenbarung des Johannes
Redaktionell bearbeitet von Thomas Witulski
2008. 429 Seiten, gebunden
ISBN 978-3-525-51616-4

Vandenhoeck & Ruprecht